河源年鉴

2022

《河源年鉴》编纂委员会 编

方志出版社
Publishing House of Local Records

图书在版编目（CIP）数据

河源年鉴. 2022/《河源年鉴》编纂委员会编.—北京：方志出版社，2022.12

ISBN 978-7-5144-5537-3

Ⅰ.①河… Ⅱ.①河… Ⅲ.①河源市—2022—年鉴 Ⅳ.①Z526.53

中国国家版本馆CIP数据核字（2023）第057628号

责任编辑：罗 滔
责任校对：刘玉霞
责任印制：梅中英
出 版 者：方志出版社
地　　址：北京市朝阳区潘家园东里9号（国家方志馆4层）
邮　　编：100021
网　　址：http://www.zgfzcb.cn
发　　行：方志出版社图书营销中心（010-67110500）
印　　刷：惠州市联谊印刷有限公司
开　　本：889毫米×1194毫米　1/16
印　　张：32
字　　数：1329千字
版　　次：2022年12月第1版
印　　次：2022年12月第1次印刷
定　　价：230.00元

编辑说明

一、《河源年鉴》是由中共河源市委员会、河源市人民政府主办，《河源年鉴》编纂委员会编纂的年度资料性文献。首次编纂于2002年，尔后逐年编纂，2010年始国内外公开出版发行。《河源年鉴》的编纂以马克思列宁主义、毛泽东思想、邓小平理论、“三个代表”重要思想、科学发展观、习近平新时代中国特色社会主义思想为指导，坚持辩证唯物主义和历史唯物主义的立场、观点和方法，全面、系统、翔实地载录河源市自然、政治、经济、文化、社会和生态文明等方面基本面貌和发展情况，为社会各界和海外人士了解和研究河源提供基本资料。

二、《河源年鉴（2022）》（以下简称本年鉴）由图片、文字两部分组成。采用分类编辑法，设类目（部分设次类目）、分目（部分设次分目）、条目三个结构层次，以条目为表现内容的基本形式。全书条目的标题统一用黑体字加【 】表示，表格统一编号，图以条目、文件为单元分别编号，照片不编号。

三、本年鉴主要载录河源市2021年经济社会发展的基本资料，全书设特载、大事记、总述、党政机关、民主党派·工商联、群众团体、法治、军事、生态·环保、农业农村、工业、交通·邮政·通信业、商务、旅游业、金融业、经济管理、城乡建设·自然资源、教育·科学、文化·卫生健康·体育、外事·侨务·台港澳事务、社会生活、区·县、人物·荣誉、社会经济统计资料、名录、附录、主题索引等。

四、本年鉴在保持基本框架稳定的情况下对部分类目进行调整或更名。把“群众团体”类目的分目名由简称改为全称；把“法治”类目的“政法工作”分目更名为“政法委及综治”，把“金融业”类目的“银行业”分目和“保险·证券”分目撤并为“金融机构选介”；取消“生态·环保”类目的“生态环境保护”分目。同时，把“工业”类目的“工业企业选介”分目中的常设条目“广东省核工业地质局二九二大队”和“中国石化销售股份有限公司广东河源石油分公司”分别归于“城乡建设·自然资源”类目“自然资源管理”分目作条目和“商务”类目设“石化销售”分目记述。

五、本年鉴统计数据采用法定计量单位，主要统计数据均经撰稿单位与统计部门核对。由于统计口径不一，个别数据可能不一致，使用时以市统计局提供的社会经济统计资料中数据为准。

六、本卷年鉴配备双重检索系统：正文前有目录，书后有索引。索引范围详及条目和表格等。

《河源年鉴》编纂委员会

《河源年鉴（2022）》编辑部

2021 河源数字

- 土地面积：1.57万平方千米
- 年末户籍人口：371.93万人
- 年末常住人口：284.09万人
- 地区生产总值：1273.98亿元
- 人均地区生产总值：44886元
- 第一产业增加值：153.81亿元
- 第二产业增加值：463.15亿元
- 全部工业增加值：359.45亿元
- 第三产业增加值：657.02亿元
- 第一、第二、第三产业构成：12.1∶36.4∶51.5
- 固定资产投资：比上年增长8.9%
- 货物运输量：6548万吨
- 旅客运输量：992万人次
- 邮电业务总量：350.20亿元
- 社会消费品零售总额：387.62亿元
- 出口总额：246.6亿元
- 进口总额：60.3亿元
- 实际利用外资：10.61亿元
- 地方公共财政预算收入：84.30亿元
- 地方公共财政预算支出：347.08亿元
- 税收收入：139.84亿元
- 城乡居民储蓄存款余额：1045.01亿元
- 城镇居民人均可支配收入：30446元
- 农村居民人均可支配收入：19146元
- 高等学校在校学生数：16452人
- 医院、卫生院床位数：17769张
- 旅游接待总人次：650.19万人次
- 旅游业总收入：51.09亿元
- 森林覆盖率：73.18%
- 多年人均水资源拥有量：4500立方米

（王瑞峰）

河源

赵佗——岭南人文始祖。公元前214年，秦平定南越，设龙川县，赵佗为龙川首任县令

- 中国优秀旅游城市
- 全国双拥模范城
- 全国卫生城市
- 全国生态环境保护最佳范例城市
- 国家园林城市
- 中华恐龙之乡
- 中国绿色经济十佳城市之一

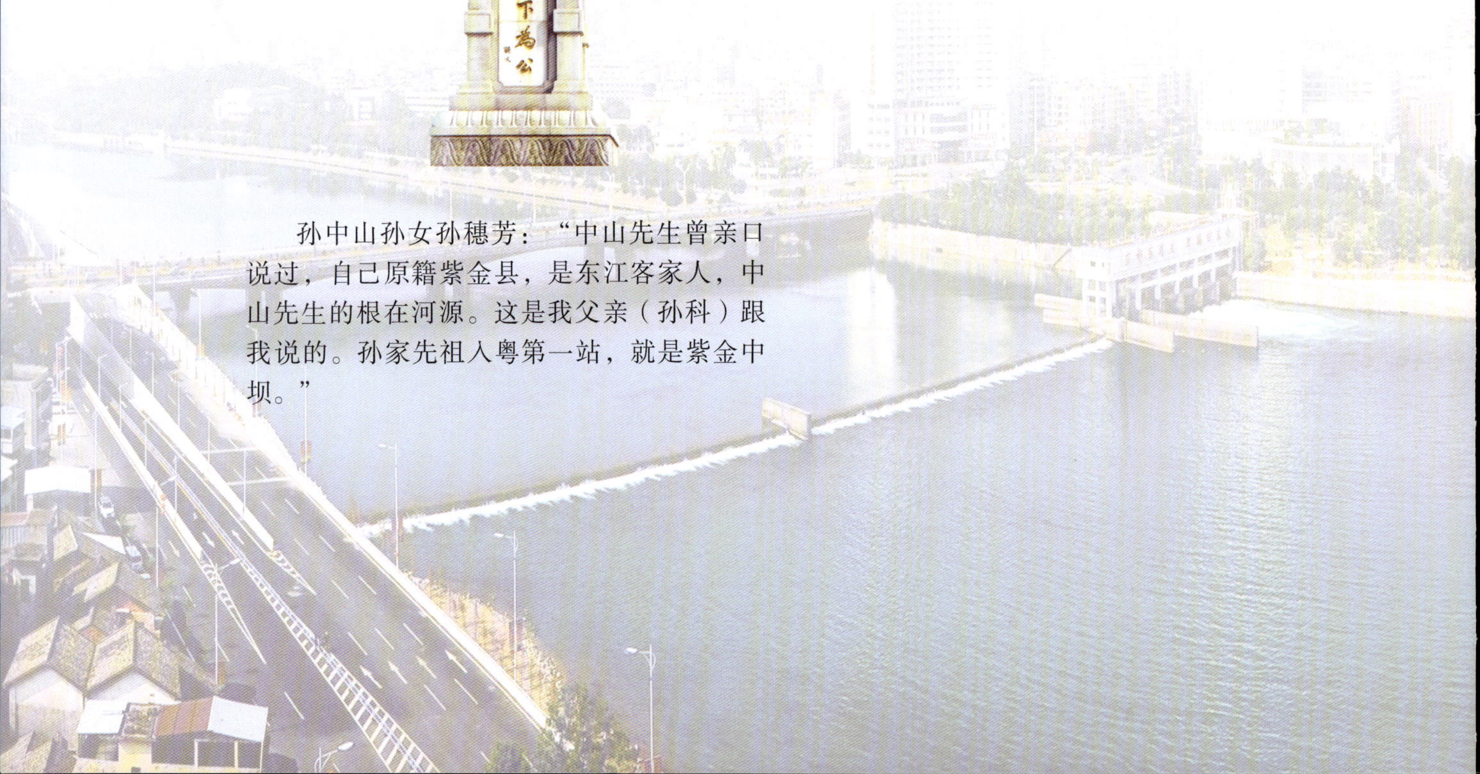

孙中山孙女孙穗芳：“中山先生曾亲口说过，自己原籍紫金县，是东江客家人，中山先生的根在河源。这是我父亲（孙科）跟我说的。孙家先祖入粤第一站，就是紫金中坝。”

荣誉

- 中国十大特色休闲城市之一
- 中国节能减排二十佳城市之一
- 中国优质饮用水资源开发基地
- 全国最具发展潜力金融生态示范城市
- 全国环境综合治理先进城市
- 国际绿色生态旅游名城

来自东江中上游河源地区的中国共产党早期的党员阮啸仙、刘尔崧、黄居仁，被称为广东革命史上著名的“东江三杰”

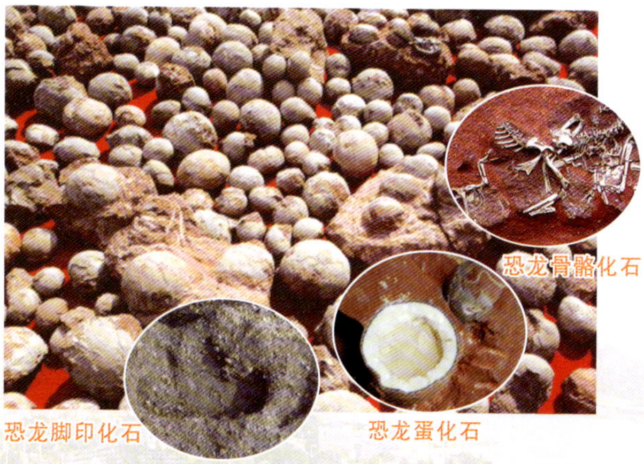

河源是世界罕见的恐龙蛋化石、恐龙骨骼化石、恐龙脚印化石“三位一体”共生地。河源市博物馆馆藏恐龙蛋化石1.8万枚，当今世界上其他馆藏恐龙蛋化石加起来的数量还没有河源市的一半，创吉尼斯世界纪录

2021年12月8日，中国共产党河源市第八次代表大会开幕 （杨境廷 摄）

2021年12月10日，中国共产党河源市第八届委员会委员、候补委员合影 （杨海荣 摄）

2021年4月28日，东瑞食品集团股份有限公司在深圳证券交易所挂牌上市　（杨境廷 摄）

2021年8月30日，河源市人民政府与广东省农业农村厅共同推进灯塔盆地现代农业高质量发展合作框架协议（2021—2023年）签订仪式举行 （杨境廷 摄）

2021年11月3日，河源市水产业规划发展与水产业园建设发布会举行 （杨海荣 摄）

2021年3月25日，“奋斗百年路 启航新征程——百年征程 红动河源”大型采访活动启动仪式暨新闻界党史学习教育动员会在河源烈士陵园举行（市委宣传部 提供）

2021年9月20日，由市文联举办，市流行音乐协会承办的“月圆中秋 情满家园”2021年河源红色文艺轻骑兵基层文艺汇演在万隆城广场举行（市文联 提供）

2021年，河源市党史百姓宣讲团深入农村、社区、学校宣讲党史（市委党史研究室 提供）

2021年12月10日，赣深铁路开通运营，河源市进入高铁时代。图片分别为河源东站、和平北站、龙川西站

（陈宇宇 摄，和平县史志办、龙川县史志办 提供）

2021年，河源市高新区一角　（冯晓铭 摄）

2021年12月29日，河源市深河人民医院投入运营　（河源市深河人民医院 提供）

2021年8月31日，江东新区东环路人行天桥正式通行　　（肖 斌摄）

2021年，沿江休闲长廊——东江湾公园夜景　　（冯晓铭 摄）

2021年，鳄湖公园新姿　　（肖斌 摄）

2021年5月6日，河源市乡村振兴局挂牌仪式举行　（杨海荣 摄）

2021年9月23日，河源市在东源县柳城镇下坝村智慧农业示范园举行庆祝2021年中国农民丰收节（东源）主场活动。图为收割机在收割稻谷　（杨海荣 摄）

2021年10月14日，广东省推进撂荒耕地复耕复种现场会在河源市召开。图为东源县蓝口镇榄子围村复耕复种场地 （杨境廷　摄）

2021年，连平县大湖花海游园活动 （黄赞福　摄）

2021年，东源县顺天镇诗画田园风貌示范带 （市乡村振兴局 提供）

2021年，江东新区古竹镇雅色村葡萄种植基地 （江东新区 提供）

2021年，源城区埔前镇上村村红色文化广场　（肖 斌 摄）

2021年，源城区埔前镇春沐源小镇　（冯晓铭 摄）

2021年11月12日，源城区人民政府与华润怡宝饮料（中国）有限公司项目签约仪式举行

（源城区史志办 提供）

2021年3月30日，河源市2021年春季重大项目集中动工活动源城分会场

（源城区史志办 提供）

2021年，源城区创业孵化基地 （源城区史志办 提供）

2021年，坚基商业中心　　（源城区史志办 提供）

2021年，客天下国际旅游度假区　　（源城区史志办 提供）

2021年，龙岭工业园全景　　（源城区史志办 提供）

2021年1月1日，东源县城乡公交线路正式开通
（东源县史志办　提供）

2021年2月6日，黄田东江大桥动工仪式在黄田镇黄田村举行
（东源县史志办　提供）

2021年5月11日，广东省文史馆在东源县蓝口镇咸水塘、东江联络站、红四师宿营地开展调研。图为调研人员合影
（东源县史志办　提供）

2021年6月8日，河源市储备补充耕地暨垦造水田现场会在涧头镇召开 （东源县史志办 提供）

2021年9月22日，东源县委领导到柳城镇检查指导丰收节筹备工作 （东源县史志办 提供）

2021年9月26日，河源市2021年第三季度重大项目集中动工暨招商项目签约活动举行。图为东源分会场 （东源县史志办 提供）

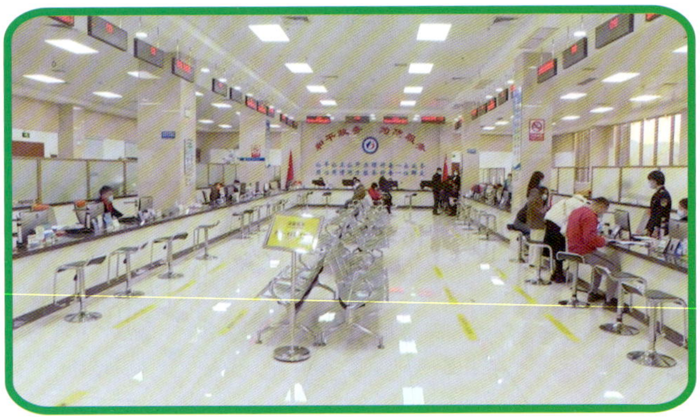

2021年，和平县公共服务中心
（和平县史志办 提供）

2021年2月，和平县长塘镇秀河畲族村入选第一批国家森林乡村　　（和平县史志办 提供）

2021年，和平县合水玫花渡民宿
（和平县史志办 提供）

2021年6月2日，“永远跟党走 筑梦新时代”和平县庆祝中国共产党成立100周年“百歌颂中华”歌咏活动合唱比赛在县商务中心影剧院举行
（和平县史志办 提供）

2021年8月19日，中央电视台13频道新闻直播间播出“乡村振兴之星——家门口就业 醒狮制作技艺助力乡村振兴”，广东省河源市和平县林寨镇楼镇村村民将醒狮制作发展成乡村振兴的支柱产业　（和平县史志办　提供）

2021年11月20日，广东省关注森林活动组委会与和平县联合举办的“走进大美森林 推动绿色发展”第三届广东省森林文化周主题活动在热水镇启动

（和平县史志办　提供）

2021年，和平县彭寨镇首次试种巨型水稻获得成功，试种的巨型水稻亩产达到600千克的预期。图为巨型水稻收割现场

（和平县史志办　提供）

2021年，“奋斗百年路·启航新征程”——龙川百年奋斗历程图片展
（龙川县史志办 提供）

2021年，龙川县乡村复兴少年宫　（龙川县史志办 提供）

2021年，深圳宝安（龙川）产业转移工业园 （冯晓铭 摄）

2021年，鹤市镇鹤市村哈密瓜种植基地 （冯晓铭 摄）

2021年，老隆镇（江边、板塘、浮石）美丽乡村风貌提升示范带 （冯晓铭 摄）

2021年，龙川县四都镇福光村“逐梦田园”百合花海 （曾 璐 摄）

2021年3月9日，紫金县举行党史学习教育动员大会
（紫金县史志办 提供）

2021年，坐落在炮子村大陂田自然村的苏区镇农民运动纪念馆 （陈迅明 摄）

2021年7月13日，紫金县庆祝中国共产党成立100周年大型现代花朝戏《血田英魂》首演
（紫金县史志办 提供）

2021年9月7日，龙华·紫金委托办学学校揭牌仪式在龙紫实学校举行（紫金县史志办 提供）

2021年9月28日，2021年“中国流动科技馆”广东省巡展活动·紫金站启动仪式暨紫金县科技馆开馆仪式在紫金县科技馆举行

（紫金县史志办 提供）

2021年11月18日，深圳对口帮扶紫金工作座谈会在紫金县召开（紫金县史志办 提供）

2021年，水墩镇陂湖村乡村振兴“一河两岸”改造项目 （陈迅明 摄）

2021年3月11日，连平县召开全县党史学习教育动员大会　　　　（连平县史志办 提供）

2021年5月19日，河源市党史学习教育宣讲团到连平走进学校开展党史宣讲活动　（连平县史志办 提供）

2021年4月27日，连平县开展交通安全进校园主题宣传活动。图为百日行动组到连平县第二小学进行交通安全知识讲座　（连平县史志办 提供）

2021年1月12日，连平县乡村振兴现场会走进大湖镇（连平县史志办 提供）

2021年2月1日，连平县农产品电商交易服务中心正式开业运营，首届“电商年货节”正式启动（连平县史志办 提供）

2021年3月26日，连平县举行南部片区乡村振兴示范带EPC总承包项目开工奠基仪式（连平县史志办 提供）

2021年11月15日，深圳市南山区欢乐社区大舞台乡村振兴主题文艺演出走进连平（连平县史志办 提供）

2021年3月30日，河源市2021年春季重大项目集中动工活动江东新区分会场（江东新区 提供）

2021年3月30日，河源市2021年春季重大项目集中动工活动江东新区分会场培土仪式（江东新区 提供）

2021年12月10日，河源市2021年高铁经济系列经贸活动江东新区主会场
（江东新区 提供）

2021年12月25日，河源中骏世界城开业 （江东新区 提供）

2021年11月18日，卓翼科技河源一期项目投产仪式在市高新区举行　　（市高新区 提供）

2021年2月，河源市深大湾区研究院在河源高新区金地创谷揭牌

（市高新区 提供）

2021年，市高新区基层党建项目路演活动　　（市高新区 提供）

2021年4月，高新1路、高新2路免费公交开通仪式举行　　（市高新区 提供）

2021年，市高新区会议中心落成　　（市高新区 提供）

2021年，河源国家高新区管委会大楼　　（市高新区 提供）

目 录
CONTENTS

党政机关
PARTIES AND GOVERNMENT ORGANIZATIONS

民主党派 · 工商联
DEMOCRATIC PARTIES & THE FEDERATION OF COMMERCE AND INDUSTRY

群众团体
MASS ORGANIZATIONS

法 治
RULE OF LAW

军 事
MILITARY AFFAIRS

生态 · 环保
ECOLOGICAL & ENVIRONMENTAL PROTECTION

农业农村
AGRICULTURAL AND COUNTRYSIDE

工　业
INDUSTRY

交通·邮政·通信业 TRANSPORTATION & POST & COMMUNICATION INDUSTRY

商务 BUSINESS

旅游业
TOURISM

金融业
BANKING

经济管理
ECONOMIC ADMINISTRATION

城乡建设·自然资源
URBAN AND RURAL CONSTRUCTION & NATURAL RESOURCES

教育 · 科学
EDUCATION & SCIENCE

文化 · 卫生健康 · 体育
CULTURE & HEALTH & SPORTS

外事·侨务·台港澳事务
FOREIGN AFFAIRS & OVERSEAS CHINESE AFFAIRS & TAIWAN, HONGKONG AND MACAU AFFAIRS

社会生活
SOCIAL LIFE

区·县
DISTRICTS & COUNTIES

人物·荣誉
FIGURES & HONORS

社会经济统计资料
ECONOMIC AND SOCIAL STATISTICS

名 录
NAME LISTS

附 录
APPENDICES

特 载

编辑：王瑞峰

在中国共产党河源市第八次代表大会上的报告

（2021年12月8日）

中共河源市委书记 林 涛

现在，我代表中国共产党河源市第七届委员会向大会作报告，请予审议。这次大会，是在我们党成立100周年的重要时期、开启现代化新征程的关键时刻，召开的一次十分重要的大会。大会的主题是：以习近平新时代中国特色社会主义思想为指导，深入贯彻习近平总书记对广东系列重要讲话、重要指示批示精神，从党的百年奋斗重大成就和历史经验中汲取智慧和力量，大力弘扬伟大建党精神，团结带领全市广大党员干部和人民群众，担当实干，勇毅前行，深入践行“绿水青山就是金山银山”理念，锚定建设全省绿色发展示范区、融入粤港澳大湾区生态“排头兵”的目标任务，加快培育“五大产业”，大力实施“七大行动”，在新时代新征程上为建设幸福和谐美丽河源而不懈奋斗。

一百年来，党始终把为中国人民谋幸福、为中华民族谋复兴作为自己的初心使命，始终坚持共产主义理想和社会主义信念，团结带领全国各族人民为争取民族独立、人民解放和实现国家富强、人民幸福而不懈奋斗，书写了中华民族几千年历史上最恢宏的史诗。河源具有光荣的革命传统，经过建市33年的努力拼搏，已经与全国、全省一道全面建成小康社会。现在，我们又意气风发踏上向第二个百年奋斗目标进军的新征程。我们一定要牢记初心使命，赓续红色血脉、传承红色基因，在新时代新征程上展现新气象新作为，为实现第二个百年奋斗目标开好局、起好步。

一、市第七次党代会以来的主要工作

市第七次党代会以来的五年，我们砥砺奋进，坚持以习近平新时代中国特色社会主义思想为指导，在党中央的坚强领导下，紧紧围绕省委赋予河源建设“示范区”“排头兵”的目标任务，有力有效应对重大考验，推动各项事业发展迈出坚实步伐。

（一）我们坚持尽锐出战，脱贫攻坚全面胜利。始终把打赢脱贫攻坚战作为全面建成小康社会的底线目标来抓，累计投入资金46.32亿元，38568户、107372名农村贫困人口全部脱贫，255个相对贫困村全部出列，“两不愁三保障”政策全部兑现，如期高质量完成脱贫攻坚目标任务。

（二）我们大抓实体经济，综合实力持续提升。始终坚持稳中求进工作总基调，把经济发展着力点放在实体经济上，全市地区生产总值突破千亿大关，固定资产投资增长80.2%，规上工业增加值增长30.3%。产业加快转型升级，高新技术企业实现5倍增长，河源国家高新区排名增幅全省第一，新增2个省级高新区。全域旅游“河源样本”加速打造，万绿湖风景区创国家AAAAA级旅游景区工作取得实质性进展，源城区、东源县、和平县、龙川县入选省全域旅游示范区。

（三）我们坚持全域全面“融湾”“融深”，改革开放取得显著成效。始终坚定不移走改革开放道路，全面深化改革纵深推进，对外开放平台加快打造，岭南现代农业实验室、国家植物航天育种工程技术研究中心等一批重大科创平台分支机构落地建设，交通基础设施建设取得重大突破，河源进入高铁时代，汕昆、武深、河惠莞等高速公路建成通车。

（四）我们注重“三农”优先，乡村振兴深入推进。始终把解决好“三农”问题作为全市工作重中之重，市灯

塔盆地农高区管委会（筹）顺利挂牌运作，灯塔盆地正加速向国家农高区迈进。农业现代化扎实推进，省级现代农业产业园实现县（区）全覆盖，农民人均收入增速超过全省平均水平，农村基础设施短板加快补齐，乡村振兴“三年取得重大进展”目标全面完成。

（五）我们着力补齐短板，城市建设提速提质。始终以完善基础设施网络为抓手，不断提高城市公共服务水平，创建全国文明城市取得扎实成效，成功创建国家园林城市，一批大型城市综合体建成开业，江东新区开发建设全面推进，高铁新城、钓鱼台片区建设取得重要进展。

（六）我们坚守生态底线，生态屏障持续巩固。始终践行“两山”理念，坚决打好污染防治攻坚战，地表水省考断面综合指数、环境空气质量优良率持续领跑全省，工业园区循环化改造实现全覆盖，河源国家高新区获评国家级绿色园区，河源成为首批国家级生态保护与建设示范区。

（七）我们用心用情用力为民，保障和改善民生取得扎实进展。始终坚持人民至上，切实解决人民群众关心的实际问题，实现广东省推进教育现代化先进县（区）全覆盖，首所本科院校广东技术师范大学河源校区顺利开办。卫生强市建设稳步推进，社会保障体系不断完善。就业形势保持总体稳定，“粤菜师傅”“广东技工”“南粤家政”三项工程深入实施。

（八）我们凝聚强大合力，统筹发展和安全成果突出。始终强化底线思维和风险意识，扎实做好防范化解重大风险工作，成功应对“6·10”“6·12”特大洪涝灾害，抗击新冠肺炎疫情取得重大成果，平安河源、法治河源建设扎实推进，推动扫黑除恶专项斗争取得重大胜利。

（九）我们坚持全面从严治党，党的领导和党的建设全面加强。始终牢记全面从严治党永远在路上，严格执行“第一议题”制度和省委坚决落实“两个维护”十项制度机制，扎实开展“两学一做”学习教育、“不忘初心、牢记使命”主题教育、党史学习教育，深入开展“大学习、深调研、真落实”，全市上下进一步增强“四个意识”、坚定“四个自信”、做到“两个维护”。持之以恒正风肃纪反腐，风清气正的政治生态进一步巩固。加强党对各项工作的全面领导，全力支持人大、政协工作高质量发展，大统战工作格局加快建立；群团、民族宗教、外事侨务、对台、港澳、老干部、关工委等工作取得新成效，持续巩固军政军民团结，荣获全国双拥模范城“四连冠”。

今年以来，我们坚决贯彻习近平总书记、党中央决策部署，进一步完善和创新工作举措，大力推进“六个抓”重点工作，全市经济社会发展保持稳中向好态势，社会各界对河源发展的信心与日俱增。我们聚力抓党建，积极争创党建引领示范市，高质量开展党史学习教育和庆祝建党100周年系列活动，实施市领导联镇包片抓落实工作机制，坚决打通基层落实“最后一公里”，基层党组织建设更加坚强有力。我们聚力抓发展，赣深高铁建成通车，龙寻高速、梅龙高铁加快推进，河源正式融入粤港澳大湾区1小时生活圈；单体投资超50亿元的卓翼科技项目成功投产，农夫山泉（三期）、华润怡宝、碧优选等一批水产业项目落地建设，水产业园建设正式启动，成功引进超亿元项目118个、超10亿元项目20个，正加快打造千亿级新一代电子信息产业集群、百亿级水产业集群，成为全省珠江东岸电子信息产业带重点城市；生态旅游业蓬勃发展，成功举办民宿招商大会，“一晚两天”“两晚三天”旅游线路逐渐成熟推向市场，现代产业体系加速构建。我们聚力抓“三农”，与省农业农村厅签订灯塔盆地共建协议，全国首家农业医院即将建成，禽畜育种国家重点实验室等纷纷落户灯塔盆地；以农业龙头企业为引领实现河源主板上市公司“零的突破”，新增河源（美林基业集团）油茶跨县集群产业园、源城区畜禽产业园、东源县蓝莓产业园、龙川县丝苗米产业园、连平县花生产业园5个省级现代农业产业园，东源县入选全国首批创建农业现代化示范区，粤北规模最大的绿然灯塔物流园正式运营；全域推进力度空前的撂荒耕地复耕复种，省委、省政府在河源召开现场会，河源市先进经验在全省推广；驻镇帮镇扶村工作全面推进，美丽乡村建设成效突出，农村生产生活条件进一步改善。我们聚力抓民生，突出抓好重大民生补短板项目建设，在全省率先建成“家政一条街”，市人民医院成功融入省人民医院体系，深河人民医院（暨南大学附属第五医院）建成运营，新增公办学位12780个；实施市委书记、市长“面对面”解决群众“急难愁盼”问题机制，“看病难”“饮水难”等问题得到有效解决，人民群众幸福指数不断提升。我们聚力抓环境建设，扎实推进中央生态环境保护督察整改，新丰江水库水生态环境保护全面加强，生态环境质量持续提升；要素市场化配置综合改革省级试点工作扎实推进，数字政府改革建设持续深化，投资审批事项、全流程审批时间持续压减，政务服务实现“一网通办”，改革热度指数稳居全省首位。我们聚力抓队伍，高质量完成县镇村三级换届，成功引进一批博（硕）人才，干部队伍结构进一步优化；顺利完成政法队伍教育整顿各项任务，教育整顿工作被评为“优秀”档次；优化完善干部考核评价机制，持续拓展基层减负工作，干部干事创业精气神进一步提振。

各位代表、同志们，市第七次党代会以来，河源各项事业能够取得新的重大进展，是习近平总书记掌舵领航的结果，是习近平新时代中国特色社会主义思想科学指引的结果，是以习近平同志为核心的党中央坚强领导的结果，是省委、省政府正确领导、关心支持的结果，是深圳市和省直部门大力帮扶的结果，是历届市委接续奋斗奠定坚实基础和全市上下团结奋斗的结果！在此，我代表中共河源市第七届委员会，向辛勤工作在全市各条战线上的党员干部群众，向各民主党派、工商联、无党派、各人民团体和社会各界人士，向离退休老领导、老同志，向中央和省属驻河单位、企业、高校，向人民解放军驻河部队、武警官兵、公安干警和消防救援队伍指战员，向所有关心和支持河源发展进步的海内外朋友，表示衷心的感谢！

成绩蕴含艰辛，经验弥足珍贵。我们深刻认识到，河源要实现高质量发展，坚持党的全面领导是根本保证，我们必须坚持以习近平新时代中国特色社会主义思想为指导，把党的领导贯穿改革发展全过程各方面，始终同以习近平同志为核心的党中央保持高度一致；贯彻新发展理念是必然要求，我们必须完整、准确、全面贯彻新发展理念，解放思想大胆闯、紧盯目标放手干、聚焦问题攻坚拔，努力在现代化进程中勇争先、创一流；坚守为人民服务是根本宗旨，我们必须坚持以人民为中心的发展思想，永远与群众坐在一条板凳上，关心人民安危冷暖、解决群众急难愁盼，以实际行动改善人民生活、赢得人民支持；践行“两山”理念是基本路径，我们必须深入贯彻习近平生态文明思想，坚决打好污染防治攻坚战，着力夯实生态优势，厚植绿色根基；统筹发展和安全是重要前提，我们必须牢固树立总体国家安全观，坚持系统观念和底线思维，积极防范和化解各领域风险，警惕“黑天鹅”、防范“灰犀牛”，以高水平安全护航高质量发展；不折腾、不懈怠、一任接着一任干是重要保障，我们必须树立正确政绩观，讲团结、树正气、聚合力，一张蓝图绘到底，在一任一任的接续奋斗中不断书写河源事业新篇章。

二、以习近平新时代中国特色社会主义思想为引领，在新时代新征程上建设幸福和谐美丽河源

党的十九届六中全会审议通过的决议，开创性提出“两个确立”的政治论断，系统性总结四个历史时期的伟大成就，全局性概括“十个坚持”的历史经验，开拓性阐述“十个明确”的创新理论，发出了在新时代新征程上赢得更加伟大胜利和荣光的号令。我们要深入学习宣传贯彻党的十九届六中全会精神，凝聚民心，汇聚力量，把推动河源高质量发展融入中华民族伟大复兴的进程中，深刻认识河源高质量发展面临的阶段特点和历史使命，找准未来五年工作的奋斗目标和重点任务，以党建第一责任引领和保障发展第一要务，奋力向党和人民交上一份优异的时代答卷。

新时代新征程，我们要准确把握发展大势。进入新发展阶段，国内外环境不稳定性不确定性明显增加，河源仍处于大有可为的战略机遇期，随着“双循环”新发展格局的加快构建、“双区”和两个合作区建设叠加效应的加速释放，河源高质量发展具备多方面的有利条件。建市三十多年来，河源各方面工作都踏上了一个新的台阶、站到了一个新的高度，河源高质量发展其时已至、其势已成、其风正劲。我们要保持强烈的机遇意识、风险意识和奋斗意识，下好先手棋、打好主动仗，把工作的着力点放在更加主动系统谋划上、放在更加积极对接跟进上、放在创造性落实党中央决策部署上，努力走出一条具有河源特色的高质量发展之路。

新时代新征程，我们要准确把握现实挑战。进入新发展阶段，河源拥有更多发展机遇和有利条件，同时也面临许多现实挑战。我们还要持续改进工作作风。有的党员干部执行力不够，观念视野、专业能力跟不上新形势新要求，“中梗阻”问题依然存在。我们还要持续加快经济发展。河源经济规模较小，支撑经济发展的基础仍然较弱，产业结构不优、创新资源不足、集群发展不够等问题较为突出，构建现代化产业体系任重道远。我们还要持续加强生态保护。全市生态环境在整体持续优化的大趋势下仍有一些局部问题需要解决，生态环境质量改善成效并不稳固。我们还要持续推进乡村振兴。乡村产业链条短、规模小，基础设施和公共服务设施点多线长、投入巨大，乡村建设任务艰巨。我们还要持续补齐民生短板。在教育、医疗、文化、养老等方面的短板仍较突出。短板就是潜力，困难激扬斗志。我们要坚持底线思维，强化问题导向，持续不懈地补短板、强弱项、抓提升，在一个一个地攻城拔寨、攻坚克难中夺取新的更大胜利。

新时代新征程，我们要准确把握实践新要求。面对浩浩荡荡的发展大势，面对严峻的现实挑战，我们必须勇挑河源高质量发展的重担，接好“接力棒”、跑好“接力赛”，奋进“十四五”、谋求新突破。我们要更加自觉践行“两山”理念。河源作为生态发展区，要主动承担起保护好绿水青山的政治责任，立足生态这个最大优势，坚持“面上保护、点上开发”，将河源自然生态优势转化为绿色发展优势，走出一条生态保护与经济发展双赢之路。我们要聚焦建设幸福和谐美丽河源的战略定位。人民对美好生活的向往就是我们的奋斗目标。在新时代新征程上，建设幸福和谐美丽河源就是我们的战略定位，这一战略定位，既同省委赋予河源建设“示范区”“排头兵”的目标任务一脉相承，又是市委立足当下、谋划长远的系统布局。“幸福”反映了物质文明和政治文明，“和谐”反映了精神文明和社会文明，“美丽”反映了生态文明。我们要突出培育“五大产业”的主攻方向。建设幸福和谐美丽河源，培育“五大产业”是重要支撑，要抓住重点、集中用力，聚焦培育千亿级电子信息产业、百亿级水产业、百亿级先进材料产业、生态旅游业、现代高效农业等“五大产业”，为河源市高质量发展注入强大动力。我们要牢牢把握实施“七大行动”的发展路径。建设幸福和谐美丽河源，“七大行动”是重要抓手，要大力实施产业兴市、“融湾”“融深”、乡村振兴、城市提质、形象提升、民生保障、生态优先等“七大行动”，推动河源市在高质量发展的大道上阔步前行、行稳致远。历史长河奔涌不息，时代重任落在我们肩上。惟有不懈奋斗、永不停滞，惟有守正创新、永不僵化，

才能把河源各项事业不断推向前进。我们要严格按照新形势下的实践新要求，统筹河源各项工作，保持定力、持续用力，从工作布局优化、工作资源盘活、工作方法创新、工作责任压实等方面落实落细落具体，推动河源高质量发展取得丰硕成果。

今后五年，全市工作的指导思想是：高举中国特色社会主义伟大旗帜，坚持以习近平新时代中国特色社会主义思想为指导，深入贯彻落实习近平总书记对广东系列重要讲话、重要指示批示精神和党中央决策部署，增强“四个意识”、坚定“四个自信”、做到“两个维护”，统筹推进“五位一体”总体布局，协调推进“四个全面”战略布局，立足新发展阶段、贯彻新发展理念、服务构建新发展格局，大力弘扬伟大建党精神，坚持和加强党的全面领导，坚持稳中求进工作总基调，践行“两山”理念，以推动高质量发展为主题，以深化供给侧结构性改革为主线，以改革创新为根本动力，以满足人民日益增长的美好生活需要为根本目的，统筹发展和安全，深入落实省委“1+1+9”工作部署，锚定建设“示范区”“排头兵”的目标任务，以“融湾”为纲、“融深”为牵引，加快培育“五大产业”，大力实施“七大行动”，奋力建设幸福和谐美丽河源。

今后五年，全市工作的主要目标是：圆满完成河源市“十四五”规划目标，全域全面融入“双区”和两个合作区建设，深圳都市圈副中心建设迈出坚实步伐，经济社会高质量发展迈上新台阶，整体影响力、竞争力、辐射力显著增强，基本建成幸福和谐美丽河源。

到2035年，河源经济实力、综合竞争力将大幅跃升，基本公共服务实现均等化，共同富裕取得更为明显的实质性进展，建成更高水平的幸福和谐美丽河源。到本世纪中叶，河源物质文明、政治文明、精神文明、社会文明、生态文明将全面达到新高度，实现治理体系和治理能力现代化，碳中和取得重大进展，共同富裕基本实现，建成富强民主文明和谐美丽的社会主义现代化强市，河源人民将享有更加幸福安康的生活。

奋斗创造历史，实干成就未来。全市广大党员干部要胸怀“两个大局”、心系“国之大者”，因势而谋、乘势而上，披荆斩棘、加压奋进，以更加昂扬的姿态迈进新征程、建功新时代！

三、坚定捍卫“两个确立”、坚决做到“两个维护”，确保党中央决策部署在河源不折不扣落地落实

坚持以党的政治建设为统领，把准政治方向，夯实政治根基，涵养政治生态，不断提高政治领导力、思想引领力、群众组织力、社会号召力。

（一）更加坚定自觉做到“两个维护”。深刻领悟“两个确立”的决定性意义和实践要求，在思想上拥戴核心、在政治上维护核心、在行动上紧跟核心，增强“四个意识”、坚定“四个自信”，真正把坚定捍卫“两个确立”转化为坚决做到“两个维护”的思想自觉、政治自觉、行动自觉。严格执行省委坚决落实“两个维护”十项制度机制，严格执行政治要件闭环落实机制，确保党中央重大决策部署落地见效。

（二）坚持不懈加强思想理论武装。强化思想政治引领。坚持把学习贯彻习近平新时代中国特色社会主义思想作为首要政治任务，严格执行“第一议题”等制度，持续开展“大学习、深调研、真落实”，推动党的创新理论在河源落地生根、结出丰硕成果。学深悟透党的十九届六中全会精神。把学习宣传贯彻党的十九届六中全会精神作为当前和今后一个时期的重大政治任务，坚持原原本本学、融会贯通学、联系实际学，深刻领会要点要义，更加自觉用全会精神统一思想、统一意志、统一行动。纵深推进党史学习教育。充分发挥党员培训主阵地作用，深化理想信念教育，加强“四史”宣传教育，巩固拓展“不忘初心、牢记使命”主题教育和党史学习教育成果，引导广大党员干部守初心、担使命。

（三）严守党的政治纪律和政治规矩。深学细照笃行党章党规党纪。把学习和遵守党章、党规、党纪作为基础性经常性工作来抓，教育党员强化自我约束，自觉规范政治言行。始终把纪律和规矩挺在前面。牢记“五个必须”，杜绝“七个有之”，做到“三个决不允许”，始终做政治上的明白人、老实人。严肃党内政治生活。严格执行民主集中制、重大事项请示报告等制度，落实好各项组织生活制度，弘扬积极健康的党内政治文化，切实增强党内政治生活的政治性、时代性、原则性、战斗性。

（四）持之以恒加强政治能力建设。着力提高政治判断力。坚持从政治上研判形势、把握大局、发现问题、明确方向、掌控风险，确保政治立场不变、政治方向不偏。着力提高政治领悟力。坚持从政治上把党中央精神领会好、领会透，始终同以习近平同志为核心的党中央保持高度一致。着力提高政治执行力。大力弘扬斗争精神、增强斗争本领，引导党员干部把对党绝对忠诚体现在强执行、抓落实、促发展的具体行动上。

（五）严格落实意识形态工作责任制。牢牢掌握意识形态工作主动权和领导权，强化意识形态领域重大情况分析研判，有效防范化解意识形态领域重大风险。牢牢把握正确舆论导向，强化网络文明建设，加强阵地管理，筑牢意识形态安全“护城河”。加强意识形态工作队伍建设，全方位开展队伍素质能力培训，努力打造新时代宣传思想工作“铁军”。

四、大力实施产业兴市行动，打造生态经济发展新标杆

坚持把做实做强做优实体经济作为主攻方向，牢牢把握高铁时代带来的产业发展机遇，系统优化产业结构，主动承接现代产业延伸，着力打造一批千亿级、百亿级产业集群和产业园区，推动产业生态化、生态产业化，加快构建特色鲜明、优势突出的现代产业体系，为高质量发展夯好基、垒好台。

（一）打造千亿级电子信息产业集

群。推动电子信息产业成链集群发展，力争到2025年总产值超1000亿元。优化调整产业布局。强化河源国家高新区电子信息产业发展“主阵地”作用，发挥各县（区）电子信息产业发展“多点支撑”作用，规划建设电子信息产业园，加快建设高端化智能终端产业集聚区，形成“一干多支、各地协同”的区域产业发展格局。补齐建强产业链条。聚焦手机与新型智能终端、新一代通信设备、超高清视频显示、新型电子元器件等领域，引进培育一批“链主”企业和产业生态主导型企业，做大做强卓翼科技、西可通信、景旺电子等龙头企业，引导鼓励上下游产业链配套项目落户集聚，打造大湾区电子信息产业装备配套产业基地。建立完善产业生态。出台河源市新一代电子信息产业发展政策，建设新一代信息基础设施，强化以智能制造为核心的工业技术改造，支持本地龙头企业搭建线上线下供需对接平台，带动中小企业嵌入国际国内供应链。

（二）培育百亿级水产业集群。做好水文章、激活水经济，把“水库”变“金库”，力争到2025年水产业总产值超100亿元。加快建设水产业园。坚持高起点规划、高标准建设、高效能管理，实施“一核三轴两带三基地”空间布局，集成研发、生产、销售、检测等产业功能，大力发展软饮料、酒、食品等核心产业和配套产业，把水产业园打造成为全国食品饮料产业发展示范区。扎实推进项目建设。坚持以项目促进产业集聚，加快推进碧优选饮用水、华润怡宝饮用水、今麦郎饮品等项目建设投产，推动农夫山泉、霍山矿泉水、正能量山泉水等项目增资扩产，不断完善区域性专业物流配套设施，推动食品检验、安全性评价、新产品开发等公共服务项目建设。持续引进行业领军企业。实施水产业发展规划，创新招商引资模式，加快元气森林饮料等一批龙头产业项目落地，开发高附加值特色水产品，推动水产业向产业链、价值链高端迈进。

（三）培育百亿级先进材料产业集群。推动矿产资源向精深加工领域延伸，力争到2025年先进材料产业规模达到100亿元。打造先进材料特色产业链。围绕汽车制造、装备制造、电子信息等市场需求，聚焦有色金属精深加工、硅材料精深加工、先进钢铁材料、装配式建材等领域，重点发展硬质合金与金属基复合材料、绿色高端建筑材料、优特钢材料产业。支持重点企业和项目发展。着力推动硅基新材料产业园、硬质合金特色产业园建设，加快晟源永磁材料、铂科新材等项目建设投产，不断提升产业规模效益和集群程度。前瞻布局前沿新材料产业。支持企业建立研发机构，加快突破关键核心技术，鼓励打造一批具有自主知识产权的高端产品，重点发展电子新材料、先进金属材料、新能源材料等前沿新材料产业。

（四）全域发展生态旅游业。创新全域旅游发展体制机制，加快旅游供给侧结构性改革，做大做强“六色”旅游品牌，着力推动旅游业从门票经济向产业经济转变、从单一景点景区建设向综合目的地服务转变，力争到2025年旅游总收入达120亿元。发展“绿色”生态旅游。依托优质生态资源，开发康养旅游、民宿旅游、乡村旅游、森林旅游等生态旅游产品，积极发展生态旅游经济。发展“蓝色”湖水旅游。全力推进万绿湖风景区创建国家AAAAA级旅游景区，完善水上交通系统，全力打造全省标志性旅游景点。发展“古色”历史人文旅游。深入挖掘“中华恐龙之乡”内涵，加快恐龙遗址公园保护开发，打造恐龙文化旅游IP，深入挖掘赵佗文化、阳明文化，抓好佗城整体保护开发，建设阳明文化特色小镇，推动古城、古村落、古驿道活化利用。发展“红色”革命教育旅游。加强红色文化资源开发，抓好重点红色基地和爱国主义教育基地建设，力争将苏区革命遗迹群、阮啸仙故居等红色旅游点打造成国家AAA级旅游景区，促进红色旅游融合发展。发展“特色”温泉旅游。充分利用温泉资源，推进温泉休闲旅游依城、依景、依通道集聚，打造一批主题突出、特色鲜明的温泉旅游项目群。发展“夜色”休闲旅游。依托两江交汇岸水景观和太平古街，打造灯光秀，开发新丰江夜游，开展河源特色夜文化和旅游消费主题活动，建设旅游消费集聚区。丰富旅游精品线路。大力发展高铁旅游，培育高铁旅游消费群体、旅游产品和商业业态，将核心景区、重点景区、旅游特色小镇、旅游特色乡村串珠成链，打造更多“一晚两天”“两晚三天”经典旅游线路。

（五）发展现代高效农业。坚持科技兴农、质量兴农、品牌兴农，加快构建现代农业产业体系、生产体系、经营体系，着力提高农业质量效益和竞争力。提升现代农业产业园建设水平。对标国家级农业产业园建设标准，聚焦调结构、扩规模、抓龙头、创品牌、全链条、增效益的主攻方向，围绕农业“八大特色产业”，突出龙头企业带动，探索建设现代种业、加工服务、设施装备等功能性产业园，高水平构建“跨县集群、一县一园、一镇一业、一村一品”现代农业产业体系，打造农业产业园2.0版，力争2025年全市现代农业产业园总产值超130亿元。推动农业全产业链现代化建设。紧扣“粮头食尾”“农头工尾”，以农产品加工业为重点打造农业全产业链，围绕多功能拓展、多业态聚集、多场景应用，开发“看乡景”“品乡味”“享乡俗”“忆乡愁”等综合体验项目，促进一产往后延、二产两头连、三产走高端。着力构建农产品市场营销体系。体系化推进“万绿河源”农产品区域公用品牌建设，聚焦油茶、蓝莓、鹰嘴蜜桃、猕猴桃、柠檬、茶叶、板栗等特色优势农产品，不定期筹办专项招商大会，促进政府、供应商与采购商三方在产销两端共同发力，实现产销精准对接。完善利益联结机制。坚持把农产品加工业主要放在乡村，逐步把小农户纳入农业现代化体系，积极支持农业产业化龙头企业等充分发挥服务带动作用，形成企业和农户在产业链上优势互补、分工合作的格局。提高粮食综合生产能力。落实粮食安全党政同责，巩固拓展撂荒耕地复耕复种成果，加快推进高标准农田建设，真正把藏粮于地、藏粮于技战略落到实处。

（六）积极扩大消费促进有效投资。有效发挥消费基础性作用和投资关键性作用，形成需求牵引供给、供给创造需求的更高水平动态平衡。加强传统消费。促进农村消费提质升级，稳定和扩大汽车消费，促进绿色节能家电、家具消费。培育新型消费。加快大型商业体建设，做优做强一批重点商圈，大力发展老店经济、小店经济、假日经济，增加养老、托幼、教育、健康等领域优质供给。发展现代服务业。推动现代物流、金融、会计、法律服务、人力资源、电子商务等生产性服务业提质增效，建立健全专业化生产性服务业体系。精准扩大有效投资。加大重大项目落地和储备力度，保持投资合理较快增长，优化投资结构，扩大工业投资，力促完成“十四五”期间重大建设项目投资计划3300亿元。加快基础设施和重大能源项目建设。加强市政工程、公共安全、生态环保、公共卫生、民生保障等补短板基础设施建设，推动5G、物联网、工业互联网等新型基础设施建设，推进天然气县县通、河源岑田抽水蓄能电站、东源县天然气热电联产项目等重大能源项目建设。激发民间投资活力。全面落实放宽民营企业市场准入政策措施，鼓励引导民间资本参与新型基础设施、重大公共服务等领域项目建设，支持本地民营企业增资扩产、做大做强。

（七）推动工业园区提档升级。加快建设特色园区、品牌园区，力争到2025年打造1个千亿级园区，实现百亿级园区全覆盖。提高园区产业集聚度。实施园区主导产业培育提升计划和园区产值倍增计划，明确各园区主导产业发展方向，支持县（区）园区创建省级“特色产业基地”，培育壮大“6+5”战略性产业集群，谋划打造百亿级机械与模具产业集群，力争五年内河源国家高新区、各县（区）园区产值翻番。增强园区产业承载力。科学规划园区用地布局，健全“亩均效益”综合评价机制，完善基础设施配套，加快产城融合发展，创建河源国家高新区省级“5G+工业互联网”应用示范园区。提升园区产业协同性。创新发展“大湾区总部+河源基地”“大湾区科研+河源生产”等产业协同新模式，积极承接大湾区产业延伸、企业转移，推动形成梯度发展、合理分工、优势互补的产业协作体系。

五、大力实施“融湾”“融深”行动，激发全方位开放合作新动力

坚持“湾区所向、深圳所需、河源所能”，依托深圳对口帮扶有利契机，积极借力政府的“有形之手”和市场的“无形之手”，加快全域全面“融湾”“融深”，形成与大湾区目标同向、措施一体、优势互补、互利共赢的协同发展格局。

（一）推动“硬联通”向更高水平融合。构建高效便捷的对外通道网络。优化对接省“12312”现代化综合立体交通体系，推进河源“米”字形现代综合立体交通网络建设，加快龙寻高速、梅龙高铁和长深高速改扩建工程等建设，协调推进广河客专、河惠汕高速开工建设，积极推进深河高铁、厦（汕）昆高铁、河揭高铁、赣广高铁、韶河汕铁路等铁路和广紫、深河、梅河韶、紫金至汕尾等高速规划研究工作，加快打造河源至广州、深圳“2+2+1”高快速通道，统筹推进东江航道扩能升级和河源港建设，着力打造“1+3+4+N”机场体系。构建快速畅通的市域交通网络。加快推进国省道及其他重要经济网络公路升级改造，打造中心城区、各县城、中心镇、产业园区等重要板块之间市域1小时交通圈，启动河紫高速建设，全面推进“四好农村路”示范市创建，不断提升交通服务区域协调发展水平。打通“融湾”“融深”多式联运物流通道。聚焦打造“通道+枢纽+网络”现代物流运行体系，加快无水港、综合保税区、保税物流园规划建设，完善现代商贸流通体系，提升与大湾区物流通达水平。

（二）推动“软联通”向更深层次拓展。畅通体制机制对接渠道。积极对接“湾区通”工程，拓展与“双区”商事规则衔接、职业资格互认、标准对接的领域范围，促进要素高效便捷流动。对标“双区”推进营商环境综合改革。持续推进“放管服”改革，深化行政审批、商事制度、“证照分离”、信用监管等改革，高标准推进数字政府改革建设，优化政务服务“一网通办”，推动更多高频事项“跨省通办”“省内通办”，深化“一网协同”，打造效率河源。深入推进创造型引领型改革。全力推进要素市场化配置综合改革省级试点，深化国资国企改革，推动市属国企战略性重组、市场化转型，完善改革落实机制，加强改革激励宣传，打造一批具有河源特点的改革品牌。

（三）推动“企联通”向更大范围延伸。深化与“双区”产业协同发展。用好政策引导、市场机制和深河对口帮扶机制，谋划建设深河产业共建示范区，打造“双区”现代产业重要战略腹地。创新完善招商引资工作机制。发挥大湾区河源商会协会、市驻外机构的桥梁纽带作用，以企招商、以会招商、以商招商，提高招商引资工作实效。深度对接融入“双区”经贸网。深入实施贸易高质量发展十大工程，大力支持企业参加“双区”展会，积极发展市场采购、跨境电商等外贸新业态，拓展河源“买卖全球”的双向贸易通道。分类推进企业上市。加大企业上市扶持力度，推动成立深圳证券交易所河源服务基地，分层次建立上市后备企业资源库，力争到2025年新增IPO上市企业2家以上。全力推动工业企业上市，支持企业股份制改造，建立上市服务绿色通道，重点筛选一批科技含量高、发展前景好的工业企业进行上市培育。支持农业企业建立现代企业制度，充分用足用好金融资源，强化与财政资金、国有资本等各类资源统筹利用，不断挖掘和培育农业上市后备企业资源。拓宽文旅、物流等服务业企业融资渠道，撬动社会资本参与服务业发展，支持符合条件的现代服务业企业上市融资。

（四）推动“智联通”向更高质量迈进。深化区域协同创新。鼓励企业与“双区”高校、科研院所、研发机构全面对接，构建与“双区”科技设施联通、科技要素畅通、创新链条融通的创新网络。打造“双区”科技成果转化地。积极承接承办“双区”院士峰会、科技成果洽谈会、学术论坛等活动，争取“双区”重大科技成果产业化项目在河源转移转化。强化创新主体培育。深入实施新一轮高新技术企业倍增计划、“树标提质”行动计划、科技型中小微企业成长计划，实施“专精特新”企业培育工程，培育和打造一批创新型龙头企业和隐形冠军企业。

六、大力实施乡村振兴行动，培育广东农业农村现代化新样板

坚持把乡村振兴作为加快农业农村现代化的主要抓手，全面深化农业农村改革，努力实现农业高质高效、乡村宜居宜业、农民富裕富足。

（一）推动灯塔盆地建设提质增效。灯塔盆地开发建设已转入提质增效阶段，要以创建国家农高区为契机，梯度纵深推进全域20个乡镇协同发展，建成具有全国领先水平的国家现代农业示范区。高标准创建国家农高区。紧扣国家农高区“农”“科”“高”的建设发展要求，发展岭南丘陵绿色低碳农业，聚焦食品精深加工、生态畜禽、油茶等产业，进一步整合各类农业科创资源力量，打造具有国际影响力的现代农业创新高地、人才高地、产业高地。加快发展农业高新技术产业。常态化举办灯塔盆地现代农业高质量发展高峰论坛和全国农业产业招商大会，千方百计吸引国内外农业高新技术龙头企业向灯塔盆地集聚，发展农产品精深加工、立体生态种养、现代农业服务业等主导产业。加快搭建农业科技创新平台。强化技术链条和产业链条的对接，大力推进岭南现代农业实验室河源分中心（灯塔实验室）、华南农业大学研究生院河源分院、农业医院等重要科创平台载体建设，加快推动农业科技成果转移转化。统筹大型灌区水利基础设施网络建设。深化东江流域水安全保障提升工程研究论证，加快完善以灯塔盆地灌区改造提升工程为核心的水利设施规划建设，加快推进水田垦造，把灯塔盆地打造成为全省第四个大型灌区，全面激活灯塔盆地耕地资源。完善区域性城市承载功能。优化提升灯塔盆地交通路网，统筹推进信息通信、仓储保鲜、冷链物流等基础设施建设，加快补齐教育、医疗、供水、供电等公共服务短板。

（二）打造农民安居乐业的美丽家园。乡村建设是贯穿全面推进乡村振兴全过程的长期任务，一定要稳扎稳打、久久为功，促进乡村宜居宜业、农民安居乐业。统筹县域城镇和村庄规划建设。科学布局乡村生产生活生态空间，建设具有岭南文化气息和客家人文特色的美丽乡村。全面推进乡村特色风貌提升。以提升农村住房风貌为重点，建设一批具有客家传统文化元素、功能现代的宜居示范村居。全域抓好农村人居环境整治。突出抓好“厕所革命”、生活垃圾和生活污水处理“三个重点”，巩固整治成果，促进村庄清洁常态化持续化。建设乡村振兴示范带。结合“四好农村路”、万里碧道等建设，以东江为主轴打造“一区四带”，沿线连片建设美丽乡村和风景长廊。建设乡村便捷高效生活圈。实施村庄基础设施建设工程，谋划建设田头智慧小站，推动农村供水规模化和城乡供水一体化，推进5G网络、千兆光网、移动互联网、燃气等更好更快下乡。

（三）提高农村综合改革效能。农村改革是全面推进乡村振兴的重要法宝，要围绕关键要素做文章，深入推动“一镇一改革”，一揽子推进农业农村重点领域和关键环节改革。做好“钱”文章。促进涉农资金整合，推进农业农村金融改革，综合运用财政资金、市场化基金、信贷、担保、保险等多种方式，加大对发展乡村产业的资金支持力度。做好“地”文章。深化农村土地制度改革，稳慎推进新一轮农村宅基地制度改革试点，用好农村集体产权制度改革成果，激发农村资源要素活力。做好“人”文章。健全人才下乡机制，完善吸引人才返乡留乡政策，更好引导外出乡贤、外出务工人员、科技人员等各类人员回到乡村发展、带动农民致富。

（四）推动巩固拓展脱贫攻坚成果同乡村振兴有效衔接。脱贫攻坚全面胜利成果来之不易，务必牢牢守住。促进脱贫攻坚政策平稳过渡。严格落实“四个不摘”要求，巩固“两不愁三保障”成果，推动过渡期内脱贫攻坚政策平稳转型、无缝对接、有效衔接。加强防返贫监测对象常态化帮扶。执行好、落实好防止返贫动态监测和帮扶机制，采取精准帮扶措施拓展稳定增收渠道，健全社会救助、关爱服务和医疗保障体系。做好驻镇帮镇扶村工作。发挥镇村作为推进有效衔接的重要节点和平台功能，完善驻镇帮镇扶村的组织体系、工作体系、管理体系，实现镇村联动发展。

七、大力实施城市提质行动，彰显区域协调发展新优势

坚持推进以人为核心的新型城镇化，优化区域发展布局，提升中心城区功能和城镇能级，推进城乡融合发展。

（一）提升中心城区综合服务功能。着力提升中心城区首位度，增强集聚和辐射功能。促进老城区内涵式发展。坚持尊重历史、修旧如旧、避免大拆大建的原则，注重对传统建筑、文化资源活化利用，最大程度保留历史遗迹原始风貌，强化文化底蕴、夯实历史根基。加快钓鱼台片区与水产业园产城融合发展。协同推进产业发展、市政设施、公共服务设施建设，着力打造“城市客厅”。推动河源国家高新区跨江融合发展。采取滚动开发模式跨江规划建设高新区扩展区，与规划中的深河科技园一体化开发，形成产业集群跨江协同发展格局。统筹东源县城与市区城市北区联动发展。加强交通及市政设施对接，提

升一体化规划发展水平，把东源县城建成中心城区重要组成部分。推进江东新区城市高质量发展。大力发展高铁经济，打造“融湾”“融深”枢纽门户和河源未来城市发展核心。提升城市功能品质。推动市区一批市政道路升级改造和人行天桥建设，加快建设市会展中心等一批重大商务功能项目，推进老旧小区升级改造、客家文化公园四期、智慧滨江公园等建设，加快贯通由河源大道、纬十四路、东环路、迎客大道形成的市区首条“快速路网内环”。提高城市治理水平。进一步理顺城市治理体制机制，开展城市建设安全专项整治，积极有序推进海绵城市、智慧城市建设，提升城市管理法治化、科学化、精细化、智能化水平。

（二）坚持县（区）发展分类管理。各县（区）要结合区位优势、资源禀赋和产业基础，各尽所能、各展所长，奋力在各自跑道上赛龙夺锦。和平县、龙川县、紫金县、连平县，要坚持“稳”字当头，实现又稳又好发展，重点补短板、保安全、促稳定，有序抓好园区招商引资工作，宜农则农、宜工则工、宜游则游，积极探索“农业+”“旅游+”“生态+”等县域经济发展模式，不断增强发展的底气和后劲。源城区、东源县、江东新区、河源国家高新区、河源灯塔盆地农高区，要坚持“快”字当头，实现又快又稳发展，培育发展特色产业集群，推动一批标志性、骨干性重大项目发展，全面提升综合实力和整体竞争力，示范引领全市经济加快发展。

（三）增强县域城镇承载力。推进以县城为重要载体的城镇化建设，不断增强县域经济发展的支撑作用。提升县城综合承载能力。强化县城人口集聚、产业集中和功能集成，东源县城要高质量建设滨江新城区，扎实开展国家县城新型城镇化建设示范工作；和平县城要推动“产城融合”“城园互动”；龙川县城要加快构建“一江两岸五组团”城市空间格局；紫金县城要实施品质县城建设三年提升行动；连平县城要加快打造生态旅游新城。发挥城镇联结城乡作用。统筹推进灯塔盆地、东源县船塘镇、紫金县蓝塘镇3个省级城乡融合试点建设，示范带动中心镇和小城镇加快环境卫生、市政公用等设施提级扩能，推动医疗卫生、教育、养老、文旅体育等公共服务设施提标扩面，加快形成“以镇带村、以村促镇”发展格局。

八、大力实施形象提升行动，塑造河源内涵品质新魅力

坚持打造城市品牌，塑造特色鲜明的城市形象，凸显魅力出众的城市品质，不断提升河源的知名度、美誉度。

（一）推动全域文明创建。以市县（区）协同创建文明城市为抓手，一体推进文明村镇、文明单位、文明家庭、文明校园等创建，全面提升全社会文明程度。积极培育和践行社会主义核心价值观，拓展新时代文明实践中心建设，大力弘扬老区精神、苏区精神，深化群众性精神文明创建，弘扬社会文明新风。繁荣发展新闻出版、广播影视、文学艺术、哲学社会科学等事业，不断提高市民文化素养和文明素质。

（二）大力提升文化软实力。深入挖掘优势文化资源。实施岭南文化“双创”工程，传承发展非物质文化遗产，创新开发优质文化产品，推出一批具有河源特色、体现河源水平、展示河源气派的精品力作。大力实施“文化+”战略。发展数字文化产业和创意文化产业，注重文化产业与河源传统特色产业交互发展，精心打造文化创意、文化消费街区，开发具有河源标识的文创精品。提升公共文化服务水平。推进公共文化基础设施提档升级，规划建设一批重大文体设施，高标准建成县（区）、乡镇（街道）、村（社区）三级公共文体设施网络。

（三）精心塑造地方品牌。塑造河源品牌。擦亮“中国好水”“中国天然氧吧”等金字招牌，打响“客家古邑、万绿河源、温泉之都、恐龙故乡、红色经典”等特色品牌。培育城市活动品牌。积极承接和举办大型文化、旅游、体育、商贸等活动，打造文旅融湾产业联盟、万绿湖主题体育赛事等品牌。加强河源形象营销推介。积极“走出去”，借力广交会、进博会、文博会等重大国际国内平台，展示河源形象、提升河源魅力。

（四）全面构建大宣传格局。强化全市“一盘棋”，构建党委统一领导、党政齐抓共管、宣传部门组织协调、各县（区）和各部门共同参与的大宣传格局。大力提升传播能力，推动媒体深度融合，做大做强主流媒体，打造“拳头产品”“品牌栏目”，加强县级融媒体中心建设，畅通国家级、省级主要媒体和行业媒体发布渠道，讲好河源故事。提升全面参与意识，变“单兵作战”为“全员作战”，在全市营造“人人都是宣传员、代言人”的浓厚氛围，共奏河源好声音。

九、大力实施民生保障行动，创造共同富裕新生活

坚持在发展中保障和改善民生，常态化实施“面对面”解决群众“急难愁盼”问题机制，不断提高人民群众获得感、幸福感、安全感。

（一）努力提高就业质量。实施就业优先战略。强化就业优先政策，抓好重点群体就业工作，保障劳动者合法权益。推动“粤菜师傅”“广东技工”“南粤家政”三项工程规范化、标准化、品牌化发展，加快“两街两园”建设，促进劳动力就业创业。实施“大众创业、万众创新”。完善促进创业带动就业、多渠道灵活就业和新职业的保障制度，支持和规范平台就业、网络就业、共享员工等新就业形态发展。提高居民收入水平。多渠道增加居民收入，以增加低收入职工收入、缩小不合理收入差距为重点，完善工资合理增长机制。健全就业公共服务体系。持续推进“市县镇村”四级公共就业服务平台建设，规范发展人力资源市场，完善高校毕业生、异地务工人员、退役军人、特困家庭等重点群体就业支持体系。

（二）促进教育高质量发展。统筹

推进城乡教育均衡发展。进一步优化基础教育城乡资源配置，给予边远山区更多的支持和关注，持续改善农村基本办学条件，稳步提升学校办学能力。促进教育水平整体提升。推动学前教育普及普惠安全优质发展，大力推进义务教育薄弱环节改善与能力提升工程，有序推进“双减”工作落地见效，规范民办义务教育，协调发展中等职业教育和普通高中教育，扶持发展高职教育。提升教育现代化水平。加强教育信息化基础设施建设，完善教育信息化资源与平台建设，推进建设数字化（智慧）校园。全面加强教育系统队伍建设。健全师德师风建设长效机制，拓宽教师培训渠道，创新教育人才培养模式，培育教育高层次人才队伍。

（三）全面推进健康河源建设。健全医疗卫生体系。深化“三医联动”改革，紧抓市人民医院成功融入省人民医院体系以及河源市与暨南大学合办深河人民医院的重要契机，推动河源市医院综合治疗水平和管理水平实现跨越式提升，加快构建强大的公共卫生体系。提升基层医疗卫生服务能力。深化紧密型县域医共体建设，引导优质资源下沉基层，创新基层卫生人才培养方式，推动一批县级医院达到综合服务能力推荐标准。全力抓好常态化疫情防控。健全完善“提级指挥、属地处置、区域协作、高效联动”的应急处置机制，坚决做到外防输入、内防反弹。促进全民健身与全民健康融合发展。推动中小型、社区型健身场馆以及县（区）“两馆两场”建设，建设一批体育公园，构建城市社区15分钟健身圈。积极应对人口老龄化。加强对老年群体养老服务的保障，加快建设居家社区机构相协调、医养康养相结合的养老服务体系。

（四）健全多层次社会保障体系。完善社会保险制度。落实企业职工养老保险、工伤保险等社会保险省级统筹制度，鼓励支持商业健康保险、慈善捐赠、医疗互助等协同发展。健全医疗保障公共服务体系。持续完善基本医疗保障制度，深入实施全民医疗保障计划，推动实现应保尽保。健全分层分类社会救助和社会福利体系。统筹健全社会救助、福利慈善、优抚安置等制度，加强对困难群体和特殊群体的关爱帮扶，完善基本民生兜底机制。推动妇女儿童和青年事业发展。实施中长期青年发展规划，保障妇女、未成年人和残疾人基本权益，进一步健全农村留守儿童和困境儿童关爱服务体系。常态化落实党政主要领导“面对面”解决群众“急难愁盼”问题机制。健全“明责、履责、督责、问责”闭环落实制度，多样化征集意见、清单化建档立项、项目化推动落实、全程化跟踪考核、绩效化结果运用，努力把“急难愁盼”问题清单变为群众美好生活的“幸福清单”。

十、大力实施生态优先行动，构筑宜居宜业宜游新高地

坚定不移走生态优先、绿色发展的现代化道路，准确把握保护和发展的关系，推进人与自然和谐共生，让人们在高质量发展中过上更健康更幸福的高品质生活。

（一）强力推进中央生态环境保护督察整改。压实生态环境保护责任，严肃考核问责，严格监督执法，举一反三健全生态环境保护长效机制。深化水环境治理。科学规划、因地制宜建设市政管网，完善农村污水处理设施及配套管网，持续加强水环境保护，全面提升国控和省考断面水质，确保水环境质量保持优良。加强矿山生态修复。实施绿色矿山建设，严格矿产资源开发利用，推进矿山闭坑及生态修复治理工作，全面加强地质公园建设管理。强化自然保护地管理。建立健全自然保护地管理长效机制，把好自然保护区内建设项目的审批关和监测关。补齐垃圾处置短板。加快推进市、县（区）热力发电项目建设，完善农村生活垃圾收运处理体系，着力解决垃圾处理突出问题。

（二）厚植生态环境优势。优化生态空间布局。统筹生产、生活、生态空间，认真实施“三线一单”生态环境分区管控，坚决保护好重要水源涵养区和生态保障功能区。深入打好污染防治攻坚战。深化大气污染联防联控联治，深入落实河（湖）长制，统筹水资源保护、水环境治理、水生态修复、水安全保障，加强土壤环境监测、评估、预防和执法体系建设，筑牢江湖河水、蓝天绿地的生态屏障。实施新一轮绿化河源大行动。全力推进万里碧道建设，全面推行林长制，进一步落实速生桉林的退出机制，加快创建国家生态文明建设示范市、国家森林城市，推动建设公园城市。

（三）构建现代环境治理体系。实施最严格的生态环境保护制度，更好运用法律、经济、技术等手段提高环境治理效能。构建全过程监管体系，严格落实领导干部自然资源资产离任审计、生态环境损害赔偿和责任终身追究等制度，创新环境管理方式，加快建设河源市生态环境智慧云平台，完善全社会共同参与环境治理的责任体系。强化跨界跨区域生态环境保护合作与交流，推动构建东江流域省内生态保护长效补偿机制，推动建立深圳都市圈生态环境治理信息共享和治理联动机制。

（四）推进绿色低碳发展。统筹有序做好碳达峰、碳中和工作。以碳达峰、碳中和引领绿色发展，制定实施全市碳达峰行动方案，确保如期实现减排降碳目标。推动产业体系绿色化转型。坚决遏制“两高”项目盲目发展，加强能耗双控工作，深入推进重点行业和重要领域绿色化改造，提升产业链供应链绿色化水平。大力发展循环经济。推进资源节约集约利用，构建资源循环型产业体系，积极打造循环经济绿色示范园区。全面提高资源利用效率。建立健全自然资源资产产权制度，加强国土空间科学管控，坚持最严格的耕地保护和节约用地制度。推广绿色生活方式。广泛开展绿色学校、绿色社区、绿色家庭等“绿色细胞”创建活动，全面推进垃圾分类，推动形成节约适度、绿色低碳、文明健康的生活方式。

（五）推进生态产品价值实现。完

善生态产品价值实现机制。加强政策研究储备，探索建立生态产品调查监测、保护补偿、价值实现等保障机制，构建具有河源特色的政策和制度体系。建立生态产品价值核算规范。探索构建GEP核算体系，将生态效益纳入经济社会发展核算体系，加强生态产品价值核算结果在政府决策和绩效考核评价中的应用，推动生态产品总值进规划、进项目、进交易、进监测、进考核。拓宽生态产品价值实现路径。推动生态要素向生产要素转变，深入推进生态产品供需精准对接，推进用水权、用能权、排污权、碳排放权市场化交易，形成生态资源多元创新高效利用格局。

十一、统筹发展和安全，推进社会治理现代化

坚持把政治安全放在首要位置，统筹做好政治安全、经济安全、社会安全、科技安全、新型领域安全等安全工作，实现高质量发展和高水平安全良性互动。

（一）建设更高水平的平安河源。全面贯彻总体国家安全观，加强国家安全和全民国防宣传教育，强化国防动员和后备力量建设，加快推进军民融合深度发展，坚定维护国家政权安全和制度安全。加强经济安全保障，推动能源供需平衡，坚决守住不发生系统性、区域性金融风险底线。保持对违法犯罪的高压震慑态势，加强社会治安防控体系建设，常态化开展扫黑除恶斗争，持续深入开展涉毒专项打击整治行动。完善和落实安全生产责任制，强化安全生产和食品药品安全监管，坚决遏制重特大安全事故发生。加强防灾减灾基础设施建设，增强应急救援队伍力量和社会救援力量，全面提高防灾减灾抗灾救灾能力。

（二）打造更高质量的法治河源。扎实推进全面依法治市，一体推进法治河源、法治政府、法治社会建设，全面提高依法行政工作能力和水平。强化法治理念、法治思维和规则意识，用法治明确政府边界、规范市场行为，切实维护市场主体和群众合法权益。巩固拓展政法队伍教育整顿成果，持续深化司法体制综合配套改革，严格落实防止干预司法“三个规定”，努力让人民群众在每一个司法案件中感受到公平正义。强化法治宣传，深入实施“八五”普法，在全社会形成良好的法治环境。

（三）推进更高效能的社会治理。深化网格化服务管理，推动社会治理和服务重心下移、资源下沉，构建以人民为中心的党建引领基层治理体系。坚持和发展新时代“枫桥经验”，完善社会矛盾纠纷多元预防调处化解综合机制，推进完善“矛盾—化解—维稳”一体化平台建设，推广基层创新治理新模式，依法及时解决群众的合理诉求。积极推进市域社会治理现代化，加强和完善城乡社区治理，建设“一核多元”基层协同治理体系，引导更多社会组织、市场主体和社会工作者、志愿者有序参与社会治理。

十二、加强党的全面领导和党的建设，为建设幸福和谐美丽河源提供坚强政治保证

全面落实新时代党的建设总要求和新时代党的组织路线，坚持全面从严治党不松劲，全面提升党的建设质量，把各级党组织建设得更加坚强有力。

（一）不断织密建强党的组织体系。牢固树立大抓基层、大干实事的鲜明导向，全面落实新一轮基层党建三年行动计划，推动各级党组织全面进步全面过硬。持续推进市领导联镇包片抓落实工作机制，坚持问题导向、结果导向、群众导向，用好“四个抓手”，健全县镇干部联镇包村、联村包户机制，坚决打通基层落实“最后一公里”。创新实施基层党建示范引领创建活动，高标准创建党建引领乡村振兴示范市，实施镇街改革示范行动和红色村建设示范行动，全面增强基层党组织的政治功能和组织功能。深化基层党组织“头雁”工程、“雏雁”工程、“归雁”工程，深化党群服务中心建设，努力把每个基层党组织都建成坚强战斗堡垒。

（二）建设高素质专业化干部队伍。树牢鲜明用人导向。坚持党管干部原则，突出政治标准选优配强干部队伍，完善全方位多角度考察干部表现制度，严格执行领导干部选拔任用工作条例规定，全面推进政治审查和廉政意见“双签字”制度，防止“带病提拔”，防止提拔“两面人”。抓好干部队伍能力建设。建立健全干部工作“五大体系”，实施一把手政治能力提升计划，健全年轻干部选育管用常态化长效化机制，统筹女干部、少数民族干部、党外干部培养使用，注重在基层一线锤炼党员干部“八项本领”“七种能力”，不断培养选拔忠诚干净担当的高素质专业化干部特别是优秀年轻干部。健全干部考评机制。突出基层导向和实绩导向，加快完善年度考核、平时考核和专项考核相结合的立体化考核评价体系，推动形成“能者上、优者奖、庸者下、劣者汰”的良好环境，激发党员干部干事创业精气神。

（三）全方位培养引进用好人才。坚持党管人才。坚持人才引领发展的战略地位，大力推进人才强市，实施“雁归源”“候鸟汇河”等人才行动，落实四项人才新政，打造党性锤炼、科技创新、技能培训等人才平台，聚天下英才而用之。深化人才发展体制机制改革。坚持真心爱才、悉心育才、精心用才，优化提升人才流动、评价激励、服务保障机制，打破人才流动壁垒，根据需要和实际向用人主体充分授权，实实在在帮助解决子女上学、家属就业等问题，让人才进得来、留得住、用得好。加强对人才的政治引领和政治吸纳。发挥好党的政治优势、组织优势、密切联系群众优势，加快建立完善市县镇领导班子联系服务专家人才制度，全面增强高层次人才的政治认同感和向心力。

（四）从严从实抓好作风建设。持续为基层松绑减负。严格落实中央八项规定及其实施细则精神，坚决纠治形式主义、官僚主义、享乐主义和奢靡之风，深入整治“文山会海”，改进调查研究，持续拓展基层减负工作，让基层有更多时间和精力抓落实。坚持纠“四

风”和树新风并举。深入开展党的优良传统和作风教育，加快完善作风建设长效机制，纵深推进模范机关创建，坚决整治推诿扯皮、办事拖沓、作风漂浮等重点问题，让“尽责任、快节奏、高效率”成为工作常态。旗帜鲜明激励担当作为。坚持严管厚爱与激励约束并重，精准运用监督执纪“四种形态”和容错纠错机制，建立健全干部担当作为的激励和保护机制，完善和落实政治上激励、工作上支持、待遇上保障、心理上关怀的各项措施，有效发挥督查考核“指挥棒”作用，全面激发党员干部干事创业的内生动力。

（五）标本兼治持续深化反腐败斗争。坚定不移推进全面从严治党。坚持严的主基调，抓住“关键少数”，层层传导压力，把严的标准、严的措施贯穿管党治党全过程各方面。始终保持惩治腐败高压态势。一体推进不敢腐、不能腐、不想腐，严肃查处政治问题和经济问题交织的腐败案件，聚焦重点领域和关键环节，坚持受贿行贿一起查，持续巩固发展反腐败斗争压倒性胜利。加强对权力运行的制约和监督。构建巡察上下联动格局，以党内监督为主导，贯通协调各类监督，加强对“一把手”和领导班子监督，建立完善的监督管理机制、有效的权力制约机制和严肃的责任追究机制，切实把监督贯穿于党领导经济社会发展全过程。强化警示教育。坚持惩治震慑、制度约束、提高觉悟一体发力，统筹运用党性教育、政策感召、纪法威慑，深化以案促改、以案促治，推动全市政治生态持续净化。

各位代表、同志们，在新时代新征程上推动河源高质量发展，取决于齐心协力、团结奋斗。我们要继续支持和保证人大及其常委会依法行使职权，坚持和完善中国共产党领导的多党合作和政治协商制度，进一步做好统战、民族宗教、老干部、国防后备建设等工作，发挥工会、共青团、妇联等人民团体作用，发挥党代表联系群众的桥梁纽带作用，努力形成最大公约数、画出最大同心圆。

各位代表、同志们，站在新的历史起点，牢记省委重托，顺应人民新期待，我们深感责任重大、使命光荣。让我们更加紧密地团结在以习近平同志为核心的党中央周围，在省委的坚强领导下，大力弘扬伟大建党精神，勠力同心、奋力拼搏，担当实干、勇毅前行，在新时代新征程上谱写建设幸福和谐美丽河源的壮丽篇章，为实现第二个百年奋斗目标、实现中华民族伟大复兴的中国梦作出新的更大贡献！

链接：

名词注释

五大产业 千亿级电子信息产业、百亿级水产业、百亿级先进材料产业、生态旅游业、现代高效农业。

七大行动 产业兴市行动、协同发展行动、乡村振兴行动、城市提质行动、形象提升行动、民生保障行动、生态优先行动。

黑天鹅 极其罕见、出乎意料的风险。

灰犀牛 大概率且影响巨大的潜在危机。

两个确立 确立习近平同志党中央的核心、全党的核心地位，确立习近平新时代中国特色社会主义思想的指导地位。

十个坚持 坚持党的领导，坚持人民至上，坚持理论创新，坚持独立自主，坚持中国道路，坚持胸怀天下，坚持开拓创新，坚持敢于斗争，坚持统一战线，坚持自我革命。

中梗阻 特指各级党政机关中层干部在行使权力过程中居关设卡、以权谋私，给投资者制造麻烦，给基层和群众办事设置障碍，导致政令不通、执行不力、效能低下的现象。

两个大局 实现中华民族伟大复兴的战略全局和世界百年未有之大变局。

四史 党史、新中国史、改革开放史、社会主义发展史。

五个必须 必须维护党中央权威，必须维护党的团结，必须遵循组织程序，必须服从组织决定，必须管好亲属和身边工作人员。

七个有之 搞任人唯亲、排斥异己的有之，搞团团伙伙、拉帮结派的有之，搞匿名诬告、制造谣言的有之，搞收买人心、拉动选票的有之，搞封官许愿、弹冠相庆的有之，搞自行其是、阳奉阴违的有之，搞尾大不掉、妄议中央的也有之。

三个决不允许 决不允许“上有政策、下有对策”，决不允许有令不行、有禁不止，决不允许在贯彻执行中央决策部署上打折扣、做选择、搞变通。

“链主”企业 在整个产业链中占据优势地位，具有核心竞争优势、发展前景广阔、产业链带动作用明显的企业。

一核三轴两带三基地 “一核”指综合服务核心，“三轴”指产业发展轴、北部产城功能联系轴和南部产城功能联系轴，“两带”指产业形象展示带、产业联动发展带，“三基地”指饮料产业及孵化基地、新兴产业及配套基地和食品产业及总部基地。

“六色”旅游品牌 “绿色”生态旅游、“蓝色”湖水旅游、“古色”历史人文旅游、“红色”革命教育旅游、“特色”温泉旅游、“夜色”休闲旅游。

农业“八大特色产业” 优质稻、无公害蔬菜、生态畜牧、健康水产、特色水果、高山茶叶、良种油茶、岭南药材。

粮头食尾 农业种植在源头，农产品走在餐桌尾端，着重解决农产品种与销的问题。

农头工尾 农业在前端，工业在尾端，推进一产与二产融合，推动种植业与农产品精深加工的融合发展，实现“种的好，销的也好”。

“6+5”战略性产业集群 河源市纳入省“双十”产业集群布局的新一代电子信息、汽车产业、先进材料、现代轻工纺织、生物医药与健康、现代农业与食品等六大战略性支柱产业集群，以及半导体与集成电路、前沿新材料、激光与增材制造、精密仪器设备、安全应急与环保等五大战略性新兴产业集群。

“亩均效益”综合评价机制 围绕提高经济效益、社会效益、生态效益，明确分行业分区域投资强度标准，强化对亩均税收、亩均增加值、单位能耗增加值、单位排放增加值等效益指标的综合评价机制。

“12312”现代化综合立体交通体系 珠三角内部主要城市间1小时通达、珠三角与粤东粤西粤北各市陆路2小时通达、与国内及东南亚主要城市3小时左右通达、与全球主要城市12小时左右通达。

“米”字形综合立体现代交通网络 对应国家和我省综合交通立体网规划，依托铁路、高速公路、航道等骨干线路，构建京深港、沪广2条综合运输主通道以及河源—粤东、河汕、汕昆、河清4条综合运输次通道，形成串联长江经济带与粤港澳大湾区、面向内地海外的“米”字形对外通道格局。

河源至广州、深圳“2+2+1”高快速通道 河源到广州，有赣深—广汕高铁、广河客专2条高铁通道，广河、广紫2条高速公路通道，广州—惠州—河源1条城际轨道；河源到深圳，有赣深、深河2条高铁通道，长深、河深2条高速公路通道，深圳—惠州—河源1条城际轨道。

“1+3+4+N”机场体系 1个河源支线运输机场，江东、龙川、连平3个A1级通用机场，4个A2级通用机场，N个直升机起降点。

四好农村路 建好、管好、护好、运营好农村公路。

无水港 在内陆地区建立的具有报关、报验、签发提单等港口服务功能的物流中心。

综合保税区 设立在内陆地区的具有保税港区功能的海关特殊监管区域，由海关参照有关规定对其进行管理，执行保税港区的税收和外汇政策，集保税区、出口加工区、保税物流区、港口的功能于一身，可以发展国际中转、配送、采购、转口贸易和出口加工等业务。

贸易高质量发展十大工程 贸易新业态工程、数字贸易工程、展会提升工程、“粤贸全球”“粤贸全国”品牌工程、重大进口平台工程、贸易投资融合工程、贸易龙头企业工程、贸易园区提质工程、消费中心城市建设工程、贸易金融创新工程。

IPO 首次公开募股，指企业首次将其股份向公众出售，公开募集资本挂牌上市。

一区四带 灯塔盆地美丽乡村示范区，以及沿东江画廊、沿省际边界、沿赣深高铁、沿高速公路出口4条美丽乡村风貌提升示范带。

四个不摘 摘帽不摘责任、摘帽不摘政策、摘帽不摘帮扶、摘帽不摘监管。

一江两岸五组团 龙川县城东江两岸，以及老隆组团、水贝组团、佗城组团、幸福组团、城北组团。

两街两园 河源家政一条街、粤菜师傅美食一条街、深河人力资源服务产业园、深河农村电商产业园。

双减 有效减轻义务教育阶段学生过重作业负担和校外培训负担。

“三医联动”改革 医疗、医保、医药改革联动。

三线一单 生态保护红线、环境质量底线、资源利用上线和生态环境准入清单。

“两高”项目 高耗能和高排放项目。

GEP 生态系统生产总值，指一定区域的生态系统为人类提供的最终产品与服务的经济价值总和，包括生态物质产品价值、生态调节服务价值与生态文化服务价值。

三个规定 《领导干部干预司法活动、插手具体案件处理的记录、通报和责任追究规定》《司法机关内部人员过问案件的记录和责任追究规定》《关于进一步规范司法人员与当事人、律师、特殊关系人、中介组织接触交往行为的若干规定》。

“八五”普法 《中央宣传部、司法部关于在公民中开展法治宣传教育的第八个五年规划（2021-2025年）》。

枫桥经验 20世纪60年代初，浙江省诸暨市枫桥镇干部群众创造的“发动和依靠群众，坚持矛盾不上交、就地解决，实现捕人少、治安好”的经验。

“一核多元”基层协同治理体系 建立以基层党组织为核心、构建多元主体为依托，多元互动、多主体参与、共建共享的新型社会管理模式。

三个导向 问题导向、结果导向、群众导向。

四个抓手 联镇包片抓落实工作制度、工作清单、工作专班、工作台账。

五大体系 素质培养、知事识人、选拔任用、从严管理、正向激励。

八项本领 学习本领、政治领导本领、改革创新本领、科学发展本领、依法执政本领、群众工作本领、狠抓落实本领、驾驭风险本领。

七种能力 政治能力、调查研究能力、科学决策能力、改革攻坚能力、应急处突能力、群众工作能力、抓落实能力。

“雁归源”人才行动 鼓励支持河源籍乡贤返乡就业创业专项人才行动。

“候鸟汇河”人才行动 完善引才措施，加大柔性引才力度，依托项目、平台吸引大批“候鸟型”人才、“双休日”工程师、“远程式”专家汇聚河源，为河源发展贡献才智。

四项人才新政 《河源市高层次教育人才引育若干措施》《河源市高层次医疗卫生人才引育若干措施》《河源市高层次科技人才引育若干措施》《河源市属国有企业人才引育若干措施》。

监督执纪“四种形态” 经常开展批评和自我批评、约谈函询，让“红红脸、出出汗”成为常态；党纪轻处分、组织调整成为违纪处理的大多数；党纪重处分、重大职务调整的成为少数；严重违纪涉嫌违法立案审查的成为极少数。

在中共河源市委八届一次全会上的讲话

（2021年12月10日）

中共河源市委书记　林　涛

刚刚闭幕的市第八次党代会，选举产生了中共河源市第八届委员会和市纪律检查委员会。刚才，市委八届一次全会又选举产生了新一届市委常委和书记、副书记，通过了市纪委一次全会的选举结果。在此，我代表新一届市委常委会，对大家的信任和支持表示衷心的感谢！

八届市委受命于“两个一百年”奋斗目标历史交汇的关键节点，肩负着走好新的赶考之路、奋力建设幸福和谐美丽河源的历史重任。对于今后五年河源的发展，对于新一届市委的作为，省委寄予厚望，全市人民充满期待，我们一定要倍加珍惜时代提供的机遇和舞台，倍加珍惜全市人民的信任和支持，恪尽职守、勇担使命，以“功成不必在我”的精神境界和“功成必定有我”的历史担当，努力交出一份无愧于党、无愧于人民、无愧于时代的优异答卷。借此机会，我用五个“始终坚持”，与大家共勉。

一要始终坚持做到对党绝对忠诚。落实“两个确立”是党员干部应有的政治信念、政治忠诚、政治立场、政治态度。新一届市委要在政治坚定、对党忠诚上作出示范、做好表率。要旗帜鲜明讲政治抓政治，把坚定捍卫“两个确立”转化为坚决做到“两个维护”的思想自觉政治自觉行动自觉，严格执行省委坚决落实“两个维护”十项制度机制，在思想上政治上行动上同以习近平同志为核心的党中央保持高度一致。要把学习贯彻习近平新时代中国特色社会主义思想作为首要政治任务，坚持全面系统学、及时跟进学、深入思考学、联系实际学，从中汲取强大真理力量、思想力量、实践力量，做习近平新时代中国特色社会主义思想的坚定信仰者、忠实实践者。要严明政治纪律和政治规矩，坚持和加强党的全面领导，落实管党治党政治责任，严肃党内政治生活，严守“五个必须”，杜绝“七个有之”，做到“三个决不允许”，确保总书记、党中央决策部署在河源落地生根、结出硕果。

二要始终坚持一心一意谋发展。发展是硬道理，也是解决一切问题的关键。新一届市委担负着带领全市人民探索发展新路、开创发展新局的重任，必须抓牢发展第一要务，笃定心志开拓具有河源特色的高质量发展道路。要服务大局促发展，积极主动落实国家和省重大发展战略，立足新发展阶段，贯彻新发展理念，服务全省打造新发展格局战略支点，紧紧抓住“双区”、两个合作区建设的历史机遇，以“融湾”为纲、“融深”为牵引，激发强大的发展动能，持续提升河源经济实力。要紧扣中心谋发展，聚焦建设幸福和谐美丽河源的战略定位，突出培育“五大产业”的主攻方向，牢牢把握实施“七大行动”的发展路径，把各项战略部署转化为工作思路、工作举措和具体行动，拿出明确具体的“时间表”和“施工图”，确保新一届市委工作高点起步、良好开局。要合力攻坚抓发展，坚持心往一处想、劲往一处使，带头团结共事，不折腾、不懈怠，坦诚沟通、互相补台，班子之间、部门之间既要种好各自“责任田”，又要胸怀“一盘棋”，做到职责分、思想合，工作分、目标合，权限分、力量合，切实把智慧和力量、把心思和精力放在河源发展事业上来。

三要始终坚持提高本领善作为。河源的发展底子薄、困难多、压力大，新时代新征程对我们的素质和能力提出了新的更高要求。新一届市委接过“接力棒”，要保持“归零”的心态、“赶考”的状态、“奋斗”的姿态，当好增强本领、提升能力的表率，跑好推动河源现代化建设这一棒。要把拓宽视野作为担当作为的迫切需要，始终心怀“国之大者”，适应党和国家工作的新进展，不断增强“八项本领”，提高“七种能力”，善于在错综复杂的矛盾中抓住本质，在发展变化的形势中把握方向，在千头万绪的工作中理清思路，不断提高政治判断力、政治领悟力、政治执行力。要把加强学习作为履职尽责的迫切需要，增强知识不足、本领不足、能力不足的紧迫感，保持虚怀若谷、如饥似渴的学习状态，结合各自工作的特点和需要，加快知识更新，丰富知识储备，优化知识结构，争当学习型领导干部。要把改革创新作为干事创业的迫切需要，坚决破除旧的思维定势，破除传统路径依赖，在观念理念、体制机制等“软件”上对接粤港澳大湾区，永葆“闯”的精神、“创”的劲头、“干”的作风，带头敢想敢干、敢闯敢试，着力练就想干事、能干事、干成事的宽肩膀、铁肩膀。

四要始终坚持用心用情惠民生。江山就是人民，人民就是江山。我们能够当选，是组织多年培养的结果，更是人民群众信赖和支持的结果，必须始终践行全心全意为人民服务的根本宗旨，从群众中来、到群众中去，切实让发展实绩更有“温度”，让惠民答卷更有“厚度”。要站稳人民立场，牢固树立以人民为中心的发展思想，厚植人民至上情怀，坚持走群众路线，充分尊重群众主体地位，尊重群众首创精神，不断把为民造福的事业推向前进，推动人的全面发展、促进共同富裕。要倾听群众呼声，执行好市领导联镇包片抓落实工作制度，落实好党政主要负责人“面对面”解决群众“急难愁盼”问题机制，多深入农村、深入企业、深入社区了解群众所思所想，用心用情解决人民群众关心的实际问题。要办好民生实事，深入开展“我为群众办实事”实践活动，持续在加强普惠性、基础性、兜底性民生建设上下更大功夫，着力解决好就业、教育、医疗、养老等群众最关心最现实最直接的问题，多做补短板、促均衡、兜底线之事，让改革发展成果更多更公平惠及全市人民，不断提高人民群众的获得感、幸福感。

五要始终坚持清正廉洁树新风。干事是本职，干净是本分。新一届市委在遵纪守法、廉洁自律上要有更高的标准、更严的要求，以清正廉洁、干净干事、正派做人来树立威信、赢得支持。要自觉遵守党章党规党纪，坚决落实中央八项规定精神，力戒形式主义、官僚主义，抵制享乐主义、奢靡之风，大力弘扬党的光荣传统和优良作风，自觉赓续共产党人的精神血脉，共同维护河源风清气正的政治生态。要自觉接受监督，从严执行个人有关事项报告、述责述廉等制度，主动配合谈话函询、巡视巡察等党内监督，自觉接受人大监督、群众监督等各方面监督，习惯在受监督和约束的环境下工作和生活，在阳光下干事，在透明中用权，做到依法用权、秉公用权，心存敬畏、手握戒尺。要自觉执行廉洁自律准则，筑牢思想“防火墙”，把稳权力“方向盘”，当好作风“风向标”，严守行为“警戒线”，做到自己清、家人清、身边清、队伍清，永葆共产党人清正廉洁的政治本色。

同志们，站在新的历史起点上，走好新时代新征程“赶考路”，答好让河源人民更加幸福美好的“卷子”，是初心所在、使命所系。让我们更加紧密地团结在以习近平同志为核心的党中央周围，始终坚持以习近平新时代中国特色社会主义思想为指导，担当实干，勇毅前行，以饱满热情和昂扬斗志奋力推动幸福和谐美丽河源建设，以优异的成绩迎接党的二十大胜利召开！

政府工作报告

——2022年1月6日在河源市第八届人民代表大会第一次会议上

河源市市长 何国森

各位代表：

现在，我代表市人民政府，向大会报告工作，请予审议，并请各位政协委员和列席人员提出意见。

一、过去五年政府工作回顾

我们坚持以习近平新时代中国特色社会主义思想为指导，坚决贯彻落实党中央、国务院和省委、省政府的决策部署，在市委的坚强领导下，在市人大及其常委会、市政协的监督支持下，全面贯彻新发展理念，认真落实省委“1+1+9”工作部署，全力加快“示范区”“排头兵”建设，较好完成各项目标任务，实现全面建成小康社会、脱贫攻坚和“十三五”规划“三个圆满收官”。

（一）凝心聚力谋发展，经济运行稳中提质

积极应对新冠肺炎疫情冲击，克服经济下行压力，经济平稳健康运行，经济增速保持与全国、全省同步。地区生产总值突破千亿大关，预计2021年地区生产总值比2016年增长30.3%，一般公共预算收入比2016年增长22.4%，规上工业增加值比2016年增长35.7%，固定资产投资总额比2016年增长76.9%，社会消费品零售总额比2016年增长29.6%，进出口总额比2016年增长16.4%，农林牧渔业总产值比2016年增长34.7%，城乡居民人均可支配收入比2016年增长50%。本外币贷款余额较2016年末增长78.97%，存贷比为107.01%、排名全省第二。累计实际利用外资35.68亿元。

（二）坚持不懈抓产业，产业体系不断优化

电子信息产业、水产业、先进材料产业产值分别达500亿元、38.52亿元、27.7亿元。11个产业集群纳入省“双

十”产业集群布局、数量位居粤东西北地区前列。累计签约项目1289个，其中投资超10亿元项目190个；累计投产项目1497个、计划投资额5074.5亿元。新增规上企业315家、国家级高新技术企业222家、省“专精特新”中小企业23家，推动560家企业完成技改投资超270亿元。累计新增上限商贸企业401家，培育本地电商企业600余家。制定实施促进民营经济高质量发展的若干政策措施，民营企业达3.46万家。工业园区扩园45.1平方千米，产业园区用地整治提升行动扎实推进。河源国家高新区获评国家绿色园区，近五年在全省国家级高新区中排名进位幅度最大，水产业园启动建设。新增省级高新区2个。源城区和东源、龙川、和平县创成省级全域旅游示范区，建成游客集散中心7个，接待旅游者1.21亿人次。市跨境电商监管中心、盐田国际河源内陆港投入运营。大力推动科技创新，R&D经费投入从2016年的2.52亿元增加到4.69亿元，累计投入19.26亿元。建成河源广工大创新研究院、市深大湾区研究院、广师大研究院、河源市省科院研究院等科研平台，国家级孵化载体数量位居粤东西北地区前列。新获“中国专利优秀奖”3个。国企改革稳步推进，组建5家企业板块，完成央企、省企职工家属区1869户“三供一业”分离移交工作和全市102家“僵尸企业”出清任务。

（三）驰而不息促振兴，“三农”工作扎实推进

农村居民人均可支配收入从2016年的12046元增加到19000元，连续四年超全国平均水平；村集体经营性收入平均达12.6万元，是2016年的2.1倍。投入46.32亿元打好脱贫攻坚战，107372建档立卡贫困人口全部脱贫，255个省定贫困村全部出列，“两不愁三保障”全面实现，脱贫攻坚成果同乡村振兴有效衔接。省级现代农业产业园达14个，实现县区全覆盖。新增省级农业科技园区3个，新增国家级农业龙头企业3家、省级农业龙头企业56家。培育国家地理标志保护产品4个、“粤字号”农产品88个、“圳品”14个，获评“一村一品、一镇一业”国家级示范镇村7个、国家农业产业强镇3个，紫金县获评中国茶业百强县。实现行政村农村金融服务全覆盖，为贫困户发放扶贫小额信贷4384笔共1.85亿元。灯塔盆地农高区党工委、管委会（筹）挂牌运作，获评国家优秀农业科技园区，全力创建国家农高区。建成“四好农村路”7460千米，紫金县、源城区创成“四好农村路”全国示范县（区）。实现国家级或省级电子商务进农村综合示范县全覆盖。农村生活垃圾处理率、保洁覆盖率均达100%，无害化卫生户厕全面普及。创建美丽宜居村514个、特色精品村30个。获评全国文明村4个。加强乡村治理，获评全国乡村治理示范村4个、省乡村治理示范村39个。

（四）坚定不移护生态，生态优势持续提升

创成国家园林城市、省级节水型城市，生态环境状况指数连续十年获评优级。投入48.96亿元推进污染防治攻坚战。新建生活污水处理设施1039座，新增配套生活污水管网690.74千米，污水处理能力从2016年的32.63万吨/日提高到62.54万吨/日。地表水国、省考断面水环境质量稳居全省第一，城市建成区黑臭水体基本消除，建成都市型、城镇型、乡野型碧道200千米。空气质量保持全省前列，6项指标稳定达标，$PM_{2.5}$浓度均值稳定优于世卫组织第二阶段标准。城市生活垃圾无害化处理率100%，工业危废、医废安全处置率均达99%以上。我市在2020年度省环境保护责任暨污染防治攻坚战考核中获评“优秀”。森林覆盖率73.18%、排名全省第三，生态公益林面积1027.18万亩（68.48万公顷）、排名全省第二，自然保护地总面积34.13万公顷、排名全省第二。完成桉树林改造27.46万亩（1.83万公顷）。创成省、市级生态示范村镇505个。狠抓能耗双控目标和污染减排任务落实。全面落实河（湖）长制、林长制、田长制，推动出台施行农村生活垃圾治理、扬尘污染防治等法规。东源县获评全国首批“绿水青山就是金山银山”实践创新基地。

（五）精准发力强基础，发展环境日臻完善

完成省市重点项目投资1480亿元，完成新增债券项目417个、总投资1438亿元。实施水利项目432个，完成中小河流治理1750千米。紫金桥重建等94个省补助灾后重建项目全面建成。交通设施加快完善，赣深高铁及汕昆、武深、河惠莞等高速公路建成通车，建设普通国省干线公路510千米，公路网密度从2016年101.1千米/百平方千米增加到111.1千米/百平方千米，改造普通公路危旧桥（隧）191座，东江航道河源段恢复通航。城市品质显著提升，建成西优工程一期、西环路改造、客家文化公园三期等城建项目25个、总投资64.6亿元。“三旧”改造3868亩（257.87公顷），改造老旧小区55个，新增县级以上城市污水管网135千米，改造城镇老旧污水管网70.5千米，建成5G基站1900座、充电桩919个。江东新区加快开发建设，建成东江东路、凤凰路等市政道路25条，建成区面积由2平方千米拓展到8平方千米。营商环境加快优化，政府投资、社会投资类工程建设项目审批时间分别压缩至90、50个工作日内。推进“证照分离”全覆盖试点改革，525项涉企经营许可事项全部纳入改革范围。率先在粤东西北地区完成市级政务云建设试点市一期建设。

（六）用心用情增福祉，民生事业稳步发展

市人民医院创成“三甲”综合医院，入选全省高水平医院建设名单，三年内省政府给予3亿元资金、相应政策支持，由省人民医院实施全方位、多维度、紧密型“一对一”帮扶，首批省医专家团队全面进驻，超10项诊疗技术为国内先进，医院整体医疗服务水平大幅提升。建成市人民医院二期、市妇幼保健院二期、市精神卫生中心、市公共卫

生服务中心（中心血站）、市120指挥中心。基层医疗机构床位增加533张，3家中心卫生院升级为县第二人民医院。实现省推进教育现代化先进县（区）、义务教育标准化学校全覆盖。投入资金30亿元，新改扩建义务教育学校105所，新增义务教育学位75795个。本科入围率从2016年的32.8%增长到48.37%。首所本科院校广东技术师范大学河源校区顺利开学。实现市县“三馆”、镇街文化站、村级综合性文化服务中心全覆盖全达标，源城区创成省公共文化服务体系示范区。大力推进“创文”“巩卫”工作。完成农贸市场升级改造37个。退役军人工作、双拥工作成效明显，实现全国双拥模范城“四连冠”，连平县实现省双拥模范县“九连冠”。推动出台革命旧址保护、农村村民住房建设管理等多部法规规章。全市建成体育馆6个、社区体育公园93个。“粤菜师傅”“广东技工”“南粤家政”三项工程带动就业创业10.2万人以上。新增城镇就业19万人，城镇登记失业率控制在3%以内。基本医疗保险参保率稳定在98%以上。连续5年提高低保、特困供养、残疾人“两项补贴”、孤儿养育标准，底线民生保障水平不断提高。乡镇社工站实现全覆盖，社工服务村（居）覆盖率69%、排名全省第一。成功应对“6·10”“6·12”特大洪涝灾害，完成540户因灾“全倒户”、1258户因灾“严损户”房屋修缮重建。成立市级森林消防队伍，率先在全省建立市县镇三级森林防火监测体系。法治政府建设取得新成效。社会治理能力提升。扫黑除恶专项斗争圆满收官并常态化纵深推进。

与此同时，国防动员、预备役建设等工作进一步加强，老龄、社会组织、殡葬、红十字、妇女儿童、残疾人等社会事业进一步发展，统计、民族、宗教、社科、外事、侨务、台港澳、地方志、气象、科普、住房公积金管理等工作取得新进展。

2021年，我们坚持以习近平新时代中国特色社会主义思想为指导，坚决贯彻落实中央、省的决策部署和市委的工作要求，精准施策、精确发力，经济社会平稳健康发展，实现“十四五”顺利开局。

一是疫情防控大局稳定。扎实做好常态化疫情防控，有效防范境外和国内重点地区疫情输入。全面推进疫苗接种工作，接种疫苗493.52万剂次、239.92万人，3岁以上人群接种率84.55%，完成全程接种224.72万人，群众免疫屏障加快筑牢。成立村居公共卫生委员会1226个，基层公共卫生服务能力增强。建立应急处置队伍108支，开展疫情全流程全要素综合应急演练，储备一批卫生应急物资，日核酸检测能力提高至3万份。

二是项目建设持续发力。完成省市重点项目投资400亿元，谋划“十四五”时期重大项目350个、计划总投资3300亿元。赣深高铁建成通车，我市4个高铁站场同步建成投入使用，阔步迈入“高铁时代”。河源东站综合交通枢纽工程（西部）投入使用，江东新区高铁新城加快建设。长深高速改扩建项目启动建设，龙寻高速、梅龙高铁等项目加快建设，东江航道河源段扩能升级等项目前期工作扎实推进，5个通用机场被纳入省规划布局并开展选址研究工作，“水陆空铁”现代综合交通运输体系加快构建。万达广场、中骏世界城建成开业。无水港、区域物流分拨中心等加快建设，跨境电子商务综合试验区申报工作有序推进。

三是现代工业加速集聚。单体计划投资超50亿元的卓翼科技项目，半年内实现签约顺利投产上规，刷新我市项目建设速度。投资超10亿元的艾佛光通科技、显赫电子、名格光电等项目加快建设，河源国家高新区获批国家信息终端设备制造创新型产业集群、国家外贸转型升级基地、全省首批特色产业园，我市被纳入全省珠江东岸电子信息产业带重点扶持城市，电子信息产业集群加快壮大。发布水产业园建设规划，开展招商引资活动。农夫山泉三期、今麦郎、碧优选等一批水产业项目签约落地，现代农业与食品产业集群核心城市加快建设，水产业集群加快打造。硅基新材料产业园加快建设，引进铂科新材料、晟源永磁材料等项目，先进材料产业集群加快成型。鹏城实验室河源节点落户。举办系列招商活动，签约项目176个、计划投资868.33亿元，产业发展后劲更足。盘活清理园区用地5029亩（335.27公顷），扩园8.2平方千米，稳步推进河源国家高新区跨江发展。深圳南山河源高新区共建产业园一期开园、二期启动建设，深河产业共建示范区成为我省六大省级合作区之一，深河产业共建进一步深化。

四是生态旅游蓬勃发展。全年接待旅游者699.15万人次，增长10%。成功举办民宿招商大会，签约民宿项目14个，已登记民宿主体135家，东源县义合镇获评省乡村民宿示范镇，8家乡村民宿获评省乡村民宿示范点，民宿旅游发展迅速。万绿湖风景区创国家AAAAA级旅游景区工作取得实质性进展，霍山景区获评国家AAAA级旅游景区，推动春沐源等12个重点文旅项目加快建设，赣深高铁河源东站市全域旅游集散中心投入使用，旅游设施加快升级。与省旅控集团合作打造本市旅游企业，设计推广4条“2晚3天”精品旅游线路。龙川、和平两县创成省全域旅游示范区。源城南片区景区景点“串珠成链”、结盟营销。

五是农业农村基础夯实。在全省率先出台文件明确部门工作体制衔接、强化扶贫资产管理，健全防止返贫动态监测和帮扶机制，脱贫成果持续巩固。在全省率先成立市、县区乡村振兴局，落实市领导同志联镇包片抓落实工作机制，全面开展驻镇帮镇扶村工作，乡村振兴全面推进。东瑞股份在主板上市，成功实现我市主板上市公司零突破，新增省级以上农业龙头企业15家，美林油茶、茶浓缩液等项目落地建设，东源县入选全国首批创建农业现代化示范区，农业产业加快发展。与省农业农村厅签约共同推进灯塔盆地现代农业高质量发展，新增油茶跨县集群产业园等5个省级现代农业产业园，粤北规模最大的绿然灯塔农产品物流园完成主体建筑封顶。国家植物航天育种工程技术研究中心河源创新研究院挂牌成立，畜禽育种国家重点实验室落户，农业科技支撑作用凸显。被省列为农村生活污水治理试点市、农村生活污水治理率40%，农村集中供水实现全市自然村全覆盖，整治农村削坡建房风险点6260个、农村房屋安全隐患73个，农村“厕所革命”工作得到国家乡村振兴局肯定。“一区四带”加快建设，15条县级美丽乡村风貌提升示范带启动建设，东源县仙坑村获评“中国美丽休闲乡村”。基本完成撂荒耕地复耕复种任务，广东省在我市举办推进撂荒耕地复耕复种现场会并推广我市经验。建成高标准农田13.73万亩（9153公顷），粮食总产量稳定在80万吨以上。

六是重点改革取得进展。推动实施一批创造型引领型改革，改革热度指数稳居全省首位。要素市场化配置综合改革省级试点工作有力推进，在全省率先编制上报整体实施方案，出台实施5个要素市场化改革行动方案及要素市场运行监管方案。大力推进国企改革三年行动，完成80%以上改革任务，完成10家市属全民所有制企业的公司制改革。“数字政府”加快建设，“数字财政”全面上线。企业开办时间压减至1个工作日内，商事登记便利度不断提升。大力简政放权，先后三批授予河源国家高新区198项、江东新区174项市级经济社会管理权限。农村综合改革纵深推进，探索建立土地股份联结机制，开展82个集体经济发展试点村扶持培育工作。

七是民生保障持续改善。全力保障民生投入，民生支出238.4亿元、占全市一般公共预算支出73.9%。“十件民生实事”基本完成。落实市委书记、市长“面对面”解决群众“急难愁盼”问题工作机制，用心用情解决“看病难”“饮水难”“上学难”等民生问题。全面加强新丰江水库水生态环境保护，扎实推进中央环保督察整改，生态环境质量持续提升。以全省第二的历史最好成绩，通过国家卫生城市复审。“粤菜师傅”“广东技工”“南粤家政”三项工程纵深推进，在全省率先建成家政一条街，建成深河农村电商产业园、人力资源服务产业园，“粤菜师傅”美食一条街加快建设，新增城镇就业2.7万人，城镇登记失业率控制在3%以内。在深圳市帮扶下，深河人民医院全面建成，在暨南大学帮助下，深河人民医院顺利投入运营，暨南大学首批平移专家团队全面进驻。市疾控中心迁址新建、市公共卫生医学中心等项目顺利推进。全民健康信息管理平台上线，90%二级以上医院实现看病就医“一键诊疗”。新改扩建公办幼儿园18所、新增学位4535个，新增普惠性民办幼儿园19所、新增学位6602个，“5080”成果巩固提升。新改扩建公办中小学9所、新增学位12780个，改扩建农村义务教育寄宿制学校11所、新增学位2362个，义务教育发展更均衡。“双减”工作全面开展，全市536所义务教育阶段学校均出台作业管理办法和建立作业公示制度，压减学科类培训机构183家、压减率95.81%。推动民办义务教育规范发展。河源理工学校、河源市职业技术学校入选省高水平中职学校建设单位名单。市中小学生综合实践基地、市博爱学校职高部等项目加快建设。食品药品安全监管持续加强。兜底民生服务社会工作“双百工程”扎实推进，“五社联动”机制取得实效，市养老综合服务中心、居家养老服务信息平台项目加快推进。全市图书馆文化馆总分馆制实现全覆盖，仙坑登云书院遗址保护获全国历史文化保护传承创新专项奖。

八是政府作风务实高效。坚持“第一议题”制度，扎实开展党史学习教育。自觉接受人大的依法监督和政协的民主监督，办理人大代表建议和政协提案233件。坚持过“紧日子”，大力压减和严控一般性支出，市本级“三公”经费同比下降11.23%。严格落实中央八项规定精神，坚决反对形式主义、官僚主义，加强对重点领域的监督管理，党风廉政建设和反腐败工作不断加强。坚持不懈加强干部队伍建设，引进一批博硕人才。全面推行政务公开。深入推进依法行政，率先在粤东西北地区实现市县镇三级执法主体全面上线行政执法“两平台”。政务服务“跨省通办、省内通办”深入推进，实现300项高频事项异地办理。市级1785项政务服务事项实现“一网通办”，让“数据多跑路、百姓少跑腿”。市政务服务中心设立“办不成事”反映窗口，协调解决一般问题242宗、疑难问题21宗。定期召开重点项目推进会、县区长座谈会，强化考核督查，加快推进重点工作，政府系统运转更加高效。

各位代表，五年的工作成果来之不易。这是坚持以习近平新时代中国特色社会主义思想统领一切工作的结果，是省委、省政府正确领导的结果，是深圳市和省直部门大力帮扶的结果，是市委坚强领导的结果，是市人大及其常委会依法监督和市政协民主监督支持的结果，是全市人民共同奋斗的结果，是海内外各界人士大力支持的结果。在此，我代表市人民政府，向全市人民，向各位人大代表、政协委员，向各民主党派、各人民团体、各界人士，向中央、省驻河源有关单位和人民解放军指战员、武警官兵、公安干警、消防救援队伍指战员，致以崇高的敬意！表示衷心的感谢！

我们也清醒认识到面临的困难和严峻的挑战。当前，我市经济总量小，发展不充分。现代产业体系还不够健全，高端环节偏少，创新能力不足，产业生态相对薄弱，园区效益不高，企业经营较为困难；个别地区环境质量改善成效还不稳固，提升生态优势仍面临较大压力；教育、医疗、文化、养老等民生领域短板仍较为突出，社会治理能力还需加强。受新冠肺炎疫情、外部环境不确定等叠加影响，做好经济社会发展工作难度增大。对此，我们将直面问题、迎难而上，逐一攻坚、全力解决。

二、今后五年指导思想和主要目标

今后五年是河源开启全面建设社会主义现代化新征程的关键时期。当今世界百年变局加速演进，国内经济发展面临需求收缩、供给冲击、预期转弱三重压力。但我国经济发展和疫情防控保持全球领先，我省经济稳健发展，“双区”和两个合作区辐射带动作用持续释放，加上赣深高铁开通运营，我市经济发展前景可期、大有可为。我们要按照市第八次党代会提出的“加快培育‘五大产业’，大力实施‘七大行动’，奋力建设幸福和谐美丽河源”要求，牢牢把握机遇，坚定信心、凝心聚力，担当实干、勇毅前行，加快把宏伟蓝图变为美好现实。

今后五年，政府工作的指导思想是：高举中国特色社会主义伟大旗帜，坚持以习近平新时代中国特色社会主义思想为指导，深入贯彻落实习近平总书记对广东系列重要讲话、重要指示批示精神和党中央决策部署，增强“四个意识”、坚定“四个自信”、做到“两个维护”，统筹推进“五位一体”总体布局，协调推进“四个全面”战略布局，立足新发展阶段、贯彻新发展理念、构建新发展格局，大力弘扬伟大建党精神，坚持和加强党的全面领导，坚持稳中求进工作总基调，践行“两山”理念，以推动高质量发展为主题，以深化供给侧结构性改革为主线，以改革创新为根本动力，以满足人民日益增长的美好生活需要为根本目的，统筹发展和安全，深入落实省委“1+1+9”工作部署，锚定“示范区”“排头兵”的目标任务，以“融湾”为纲、“融深”为牵引，激发政府系统内生动力，提升服务发展整体效能，加快培育“五大产业”，大力实施“七大行动”，奋力建设幸福和谐美丽河源。

今后五年，全市经济社会发展的主要目标是：圆满完成我市“十四五”规划目标，全域全面融入“双区”和两个合作区建设，经济社会高质量发展迈上新台阶，整体影响力、竞争力、辐射力显著增强，基本建成幸福和谐美丽河源。

——在加快高质量发展上取得新进展。经济逐步迈向高质量发展轨道，增长潜力充分发挥，内需潜力充分释放，实现质的稳步提升和量的合理增长。生态产业体系初具雏形，到2025年电子信息产业、水产业、先进材料产业、生态旅游业总产值分别达到1000亿元、100亿元、100亿元、120亿元，现代农业产业园总产值超130亿元，现代产业蔚然成群。

——在全面推进乡村振兴上取得新进展。脱贫攻坚成果巩固拓展，美丽乡村建设成效明显，城乡居民收入差距进一步缩小，乡村振兴战略全面推进。现代农业产业体系建设取得突破，粮食综合生产能力稳定在80万吨以上，农业现代化进程加快。

——在推动改革创新上取得新进展。要素市场化配置改革取得重大进展，市场主体更具活力，高质量发展体制机制进一步健全。创新环境不断优化，创新能力显著提升，建设成为“双区”和两个合作区科技成果转化的重要承载地。

——在推动幸福和谐上取得新进展。城市功能品质进一步提升，中心城区首位度明显提升，河源品牌更加响亮。居民收入增长和经济增长基本同步，就业、教育、医疗、养老等基本公共服务均等化水平大幅提升，社会保障体系更加健全，国防动员体系更加完善，民兵预备役建设全面加强，社会治理和安全保障水平明显提高。

——在建设美丽河源上取得新进展。国土空间开发保护格局清晰合理、优势互补，生产生活方式绿色转型成效显著，能源资源利用效率大幅提高，单位GDP能耗持续下降，主要污染物排放量持续减少，生态环境优势持续提升，生态系统安全性稳定性显著增强，绿色生态屏障更加牢固。

三、2022年工作安排

2022年是党的二十大召开之年，是实施“十四五”规划承上启下之年，是我们深入贯彻落实市第八次党代会精神、加快“示范区”“排头兵”和幸福和谐美丽河源建设的关键之年。我们要始终保持开拓进取的锐气和昂扬向上的士气，坚持稳字当头、稳中求进，统筹疫情防控和经济社会发展，继续做好“六稳”“六保”工作，埋头苦干、担当进取，更加有效应对各种风险和挑战，着力在补齐短板、优化结构、增强动力上取得突破，确保经济社会平稳健康发展。

今年经济社会发展的主要预期目标是：地区生产总值增长6.5%左右，规上工业增加值增长8%左右，固定资产投资总额增长8%左右，社会消费品零售总额增长6.5%左右，一般公共预算收入增长5%左右，进出口总额实现正增长，城乡居民人均可支配收入增长与经济增长基本同步，居民消费价格指数控制在3%左右，城镇登记失业率控制在3%以内，完成省下达的节能减排任务。

为实现上述目标，重点做好7方面工作：

（一）聚焦增量升级，扎实推进产业兴市行动。坚持把做实做强做优实体经济作为着力点，加快发展现代产业，着力构建现代产业体系。

壮大主导产业。推动卓翼科技一期、凯中精密、联天科技等投资超10亿元项目达产达效；推动今麦郎饮品、铂科新材料、固达机械等投资超10亿元项目加快建设；推动农夫山泉四期、卓翼科技二期、华润怡宝等投资超10亿元项目落地；推动西可通信、景旺电子、美晨通讯等企业增资扩产。力争电子信息产业、水产业、先进材料产业产值分别超600亿元、65亿元、30亿元，为力争在2025年打造一个千亿级、两个百亿级产业集群打下坚实基础。深入实施优势特色农业产业提档升级行动计划，加快2021年获批创建的省级现代农业项目建设，新增市级以上农业龙头企业20家以上，做优做强水稻、油茶、水果、生猪、茶叶、花生、腐竹、板栗等产业。激发企业活力。全面落实减税降费政策措施，帮助市场主体特别是中小微企业、个体工商户减负纾困、恢复发展。支持企业做大做强，落实奖励政策，力争新上规企业50家。推动100家企业完成技改投资65亿元。大力培育“专精特新”企业。提升企业竞争力，扎实开展“上云上平台”，推动270家规上企业完成数字化改造。落实鼓励商贸流通业高质量发展促进消费增长奖励政策，扶持推动限上商贸市场主体创新发展。引导金融机构加大对实体经济的支持，用好市中小企业融资专项资金、科技信贷风险补偿金等政策，着力缓解企业融资难、融资贵问题。落实促进民营经济高质量发展若干政策措施，推动民营经济健康发展。加快推进雅达电子等工业企业上市。大力开展质量提升行动，强化知识产权保护。

提升园区效益。力争完成基础设施投资35亿元、扩园8.5平方千米。持续打好产业园区用地整治提升攻坚战，处置闲置用地、提升存量产业用地5000亩（333.33公顷）。推动河源国家高新区加快跨江融合发展，推动水产业园建设取得新成效，创建国家知识产权试点园区、示范园区，加快打造成承接“双区”产业延伸的牵引区和引领发展的产业新城、科技新城。推动深圳南山河源高新区共建产业园一期入园企业投产达产、二期加快建设。推动龙川产业园创建省级高新区、紫金产业园申报省级产业转移园。健全“亩均效益”综合评价机制，深入实施产业园区高质量发展综合评价工作，提高园区发展效益，实现园区产值倍增计划目标。完成东源、连平工业园循环化改造，推动资源全面节约、集约、循环利用。推动油茶跨县集群产业园油茶加工中心、研发中心等项目建设取得实质性成效，东源县加快建设国家农业现代化示范区、创建国家现代农业产业园，启动龙川县整县推进现代农业产业园建设试点工作，力争全市现代农业产业园总产值达100亿元。

做旺生态旅游。推动源城区、东源县创建国家级全域旅游示范区，紫金县创建省级全域旅游示范区，做大做强“六色”旅游品牌。推动万绿湖风景区创国家AAAAA级旅游景区，推动黄龙岩、佗城、霍山、苏区革命旧（遗）址群、阮啸仙故居、林寨古村、仙坑古村等景区提档升级。加强红色文化资源挖掘开发。加快古城、古村落、古驿道等活化利用。推进中医药文化养生旅游示范基地建设和康养产品开发，打造一批主题突出、特色鲜明的温泉旅游项目。推动河源恐龙文博园扩容提质，加快恐龙遗迹公园保护开发，将恐龙遗迹公园打造成河源旅游IP。推动源城南片区巴伐利亚庄园、客天下、春沐源等景区扩容提质，打造南部文旅集群“入户大堂”。创建特色民宿村2个，新建文化和旅游特色村2个，新增乡村旅游精品线路2条，推动乡村文旅融合。依托两江交汇岸水景观和太平古街，开发新丰江夜游，建设旅游消费集聚区。发挥线上线下旅游平台作用，发展智慧旅游服务，加快建设市、县全域旅游集散中心。强化与旅游类国企、旅游龙头企业合作，整合资源“串珠成链”，打造更多“1晚2天”“2晚3天”经典旅游线路。持续开展文旅融合创新大赛和文旅“繁花”音乐季系列活动。

做强现代农业。推进“菜篮子”工程建设，力争新认定粤港澳大湾区及省、市菜篮子基地15家以上。推动优势农产品品种培优、标准化生产、扩大出口注册备案认证和品质提升，打造更多“圳品”、国家地理标志保护产品。健全“12221”农产品市场体系，擦亮“万绿河源”农产品区域公用品牌。巩固撂荒耕地复耕复种成果，增加粮食生产投入。开展新一轮垦造水田三年行动，建设高标准农田8.5万亩（5667公顷），深入实施种业振兴行动，提高农机装备水平，红火蚁疫情发生面积控制在16.6万亩（1.11万公顷）以下，提高粮食供给能力。稳定生猪生产，提升猪肉供应安全保障能力。加快完善农产品仓储保鲜、冷链物流等基础设施，积极发展农村电子商务。

（二）聚焦巩固提升，扎实推进生态优先行动。坚持生态优先、绿色发展，深入打好污染防治攻坚战，严厉打击破坏生态环境的违法行为，坚决守护好一江清水、青山翠岭。

确保水环境质量保持全省领先。大力实施河（湖）长制，常态化规范化推进河湖“清漂”，建成碧道50千米。扎实开展新丰江水库及其主要支流水环境整治行动，推进水生态调查评估，开展重点入河排污口清理整治，水环境质量保持优良。加快城镇生活污水处理设施建设查漏补缺、差别化精准提标，城镇生活污水处理率提高到50%。基本完成生活污水治理老旧设施整改工作，设施有效运行率80%以上。加强农业面源污染治理，持续推进化肥农药减量增效。强化地下水污染防治，地下水国考点位水质稳定达标。推进农村饮用水水源地规范化建设，科学储备应急水源地，建立健全长效管护机制，保障农村饮用水水源地水质安全。落实最严格水资源管理制度，申报国家节水型城市。

确保森林覆盖率保持全省一流。发挥市县镇村四级林长体系作用，深入实施新一轮绿化河源大行动，扎实开展“绿盾”自然保护地强化监管等专项行动，推进绿美河源工程和环城生态屏障工程，完成高质量水源林建设7万亩（4667公顷）、森林抚育13.5万亩（9000公顷），改造桉树林10万亩（6667公顷）以上，实施松材线虫病防治面积7.79万公顷以上。

确保空气质量保持优良。加强主要污染物协同管控，深化机动车、非道路移动机械污染防治。持续开展工业大气污染整治，推动钢铁水泥行业超低排放改造、工业炉窑C级企业升级转型，深度治理重点涉挥发性有机物企业。落实扬尘污染防治条例，精细化管控扬尘、露天焚烧等面源污染。加强空气质量预测研判，精准应对污染天气，空气质量优良率、细颗粒物年均浓度等约束性指标达标。

确保土壤和固废安全。加强土壤污染源头控制，严防废弃金属、废塑料等“洋垃圾”进口，严格农用地安全利用和建设用地环境风险管控，污染地块安全利用率90%以上。全面建成运行市医疗废物处置项目，提升危险废物规范化管理水平，县级以上医疗废物无害化处置率、工业危险废物安全处置率分别达100%和99%以上。

确保绿色低碳发展。严守生态保护红线，加强生态环境分区管控，强化“三线一单”成果应用。制定落实碳达峰实施方案，落实能耗“双控”目标任务，坚决遏制“两高”项目盲目发展。充分发挥环保智慧云平台作用，提升生态环境现代化监管能力。做好新一轮市县矿产资源总体规划编制。推进自然资源资产产权制度改革。完成创建国家生态文明建设示范市规划编制工作。实施全面节约战略，倡导简约适度、绿色低碳的生活方式，增强全民节约意识。

落实环保督察反馈问题整改。新增垃圾填埋场渗滤液处理能力400吨/天，安全有序减少渗滤液存量。清理整改16宗自然保护地小水电站，全面强化自然保护地规范化建设和监管，修复连平陂头眼镜湖矿区生态。加快建筑垃圾消纳场、县级生活污水处理设施建设，整治修复废弃稀土矿点。推动省级环保督察整改任务销号清零并巩固前期整改成果。

（三）聚焦全面提速，扎实推进“融湾”“融深”行动。抢抓“双区”和两个合作区建设机遇，借势借力，在主动对接、全面融入中推动高质量发展，提高开放水平。

完善交通网络。持续优化对接省“12312”现代综合立体交通体系，加快构建“米”字形现代交通网络。完善赣深高铁4个站点综合交通枢纽设施建设。确保粤赣高速公路顺天互通立交建成通车，加快梅龙高铁、龙寻高速、长深高速改扩建等项目建设，全面推进G205、G105、S120等一批国省道项目改造建设，启动河紫高速前期工作，积极推进厦（汕）昆高铁、广河客专、河惠汕高速、东江航道扩能升级、河源港源城港区码头等项目前期工作，着力构建高效便捷的对外通道网络和快速畅通的市域交通网络。

优化营商环境。扎实推进“数字政府”建设，做好“一网统管”工作，优化完善一体化政务服务平台，推行行政审批全程电子化。深化商事制度、“证照分离”改革，加快建立以告知承诺制为主的市场主体准营管理模式，开展“一照通行”涉企审批服务改革，提升企业开办便利度。继续推进工程建设项目“一网通办”工作，推动自然资源领域“多审合一”“多证合一”改革。提高跨境贸易便利度，压缩进出口整体通关时间。全面落实公平竞争审查制度，推进“双随机、一公开”监管，完善信用体系建设，营造公平公正的法治化市场环境。出台建筑业企业奖励政策实施细则、建筑业骨干企业评选和奖励办法等配套文件，鼓励外地建筑业企业在我市设立子公司或联合本地企业参与政府投资项目建设运营。

深化重点改革。纵深推进省要素市场化配置综合改革试点工作，系统提升试点工作成果，努力为全省推进要素市场化配置综合改革提供“河源经验”。加快推进省政务大数据中心河源分节点建设，提升数据应用水平。大力创建国家知识产权试点城市。完成国企改革三年行动工作任务，用好国有资源，盘活国有资产。深化税收征管改革。推进农业农村金融改革，出台金融服务乡村振兴政策措施，打造乡村振兴金融服务模式的“河源样本”。推动“一镇一改革”，推进农业生产托管服务。试点推进农村殡葬改革。

对接科技创新。R&D经费投入增长10%以上。推进高企倍增计划和树标提质行动，新入库科技型中小企业超350家，高新技术企业存量超320家。加快鹏城实验室河源节点建设，争取现代种业省重点实验室等高端创新平台落地建设，努力打造成“双区”和两个合作区科技创新的重要延伸。举办好第二届创新创业大赛，建设一批成果中试基地，争取一批国家、省重大科技项目研究成果落地应用，推动“双区”和两个合作区科技成果供给端与我市需求端精准对接，加快打造成“双区”和两个合作区科技成果转化地。强化博士后创新实践基地、博士后科研工作站建设。实施高层次人才三年倍增计划，新增博士研究生、硕士研究生、高级职称人员不少于1000人。探索走出军民深度融合发展路子，推动基础设施军民共享、军需和民用双向转化、国防建设和经济社会共同发展。

承接产业外溢。强化全市招商引资“一盘棋”，落实产业集群联动协调推进机制，建立服务工作专班，实行项目挂图作战。大力实施电子信息产业链链长制，制定水产业招商地图，编制产业招商计划和目标企业清单，出台培育新一代电子信息、水产业、先进材料产业集群发展政策措施，着力引进一批行业领军企业、核心配套企业。发挥西可通信、铂科新材料等企业龙头带动作用，以商引商带动一批上下游企业落户。积极参加进博会、高交会、消博会、大湾区城市投资年会，精准开展系列招商推介活动。主动对接重点电子信息、食品饮料等商协会，着力承接产业溢出。实行“一对一”上门招商，力争引进亿元以上项目100个以上。全力做好引进项目要素保障，提高项目转化率。

（四）聚焦赋能添彩，扎实推进乡村振兴行动。坚持优先发展农业农村，推进驻镇帮镇扶村，加快农业农村现代化进程。

加快灯塔盆地建设。推动美林油茶加工产业园、茶浓缩液、华源康、蓝莓庄园等项目建设，着力引进一批国家级、省级农业龙头企业，做大做强油茶、蓝莓等农业产业。推动岭南现代农业科学与技术广东省实验室河源分中心（灯塔实验室）实体化运作，着力打造农业科技公共综合服务平台。加快推动国家航天育种工程技术研究中心河源创新研究院、省部共建木本油料资源利用国家重点实验室岭南联合实验室、P3实验室、农业医院、畜禽育种国家重点实验室等科创平台建设。深化与科研院所的合作，推动一批重点实验室、工程技术中心、种质资源库落户。高水平办好全省油茶产业大会、灯塔盆地农业高峰论坛和招商大会，着力打造全国农业交流合作品牌。加快高新农业综合体一期、农高区自来水厂、污水处理厂、园区道路等基础设施建设。加快推进灯塔盆地灌区工程建设。

加快美丽乡村建设。实施农村人居环境整治提升五年行动，农村生活垃圾处理率、村庄保洁覆盖率均保持100%。扎实开展农村生活污水治理攻坚行动，农村生活污水治理率50%以上。持续推进“厕所革命”，全面整改问题厕所。建成“四好农村路”120千米，全力创建省级“四好农村路”示范市，推动龙川县创建“四好农村路”国家级示范县、和平连平两县创建“四好农村路”省级示范县。每个县区建成2条不少于10千米的乡村振兴示范带，每个乡镇建成1条三村连片以上的美丽乡村风貌带或美丽乡村精品带。

巩固拓展脱贫攻坚成果。严格落实“四个不摘”要求，巩固“两不愁三保障”成果，保持现行帮扶政策、资金支持、帮扶力量总体稳定。推进驻镇帮镇扶村工作，深入开展“千企帮千镇、万企兴万村”行动、高校毕业生志愿服务乡村振兴行动。健全防止返贫动态监测和帮扶机制，防止致贫返贫。完善扶贫资产运营管理和监督机制。加强农村电商、乡村工匠等高素质农民人才队伍建设，完善吸引人才返乡留乡政策，新增一批乡村振兴人才。

（五）聚焦环境优化，扎实推进城市提质行动。坚持“人民城市人民建，人民城市为人民”，遵循城市发展规律，科学推进城市建设，提高城市管理水平，推动城市空间结构优化和品质提升。

高标准规划。强化中心城区规划建设，完成古竹片区、埔前片区、源城工业园区等片区控制性详细规划编制，实现中心城区控制性详细规划100%覆盖。推动钓鱼台片区与水产业园产城融合发展，着力打造“城市客厅”。强化市区两江沿岸城市天际线的规划引导和管控力度。尊重城市历史，建立健全城乡历史文化保护传承体系，系统完整保护传承城乡历史文化遗产，坚决杜绝城市建设中的破坏性建设行为，防止大拆大建。坚持“房住不炒”，加强市场引导，推进保障性住房建设，支持商品房市场更好满足购房者的合理住房需求。

高质量建设。推动东江东岸“东塔”、东江西岸“西塔”等项目加快建设。推动东华路、益民街等道路升级改造项目及华达街、雅居乐、江源小学、中山大道4座人行天桥项目建设。继续推进2021年城镇老旧小区改造，开工改造31个城镇老旧小区，完成24个农贸市场升级改造，巩固提升“百街千巷”综合整治成果。推动智慧滨江公园等加快建设。建成宝源片区及老城西区污水治理工程。加快新江市场水浸点整治、旺业街排水排污改造项目建设。加快江东新区开发建设，有序开发高铁新城，推动东江东岸碧道工程（胜利大桥至紫金桥段）、生态环保城市会客厅等项目建设取得实质性进展。推进学府大桥建设，加快贯通由河源大道、永康大道、东环路、迎客大桥形成的市区首条“快速内环”。强化市区与东源县城交通等市政设施的对接。

高水平管理。开展“十好百佳千优”创建活动，加快“智慧城管”建设，建设城市综合管理服务平台，建立智慧城管综合指挥中心，实现中心城区一体化管理，全面提升城市治理水平。规范街道门牌设置，优化交通信号灯管理。大力推进智慧停车项目，缓解市区停车难问题。制定实施城市生活垃圾分类管理条例及奖惩办法，建成江东新区生活垃圾分类示范区，有序推进中心城区生活垃圾分类全覆盖，各县至少有1个乡镇基本建成生活垃圾分类示范片区。全面推进垃圾分类处理。加快建设日处理能力200吨的厨余垃圾处理厂，解决中心城区厨余垃圾处理问题。推进江东新区国家智慧城市试点工作。

高定位发展。推动源城区、东源县、江东新区、河源国家高新区、河源灯塔盆地农高区又快又稳发展，推动和平、龙川、紫金、连平县又稳又好发展。推动各县区特色发展、错位发展，引导企业向县域产业园区集中，促进产业链延伸和集群发展，加快形成特色支柱产业。依托赣深高铁沿线站点规划建设综合客运枢纽，带动县域城镇提质扩容。推动东源全国县城新型城镇化建设示范工作，推动灯塔盆地、东源县船塘镇、紫金县蓝塘镇省级城乡融合试点建设。扎实推进各县中心镇规划建设。开展美丽圩镇建设攻坚行动，推动所有圩镇达到“宜居圩镇”标准，每个县区10%以上的圩镇达到“示范圩镇”标准。

（六）聚焦内生动力，扎实推进形象提升行动。持续优化发展条件，打造宜居宜业宜游的良好环境，全面提升凝聚力影响力。

打造充满活力的发展形象。充分发挥投资的关键作用、消费的基础作用和出口的支撑作用，着力打造活力充沛、后劲充足的发展形象。推动一批专项债项目、补短板项目加快建设，推动万洋众创城一期、综合资源利用中心等189个、年度投资约322亿元的重点项目建设，重点项目对固定资产投资的贡献率不低于30%。编制三年滚动计划，突出谋划储备中央预算内投资、地方政府专项债券、“驰援粤东粤西粤北”专项融资等项目。推动网络购物、直播带货等线上平台与传统百货、商超便利店等传统实体线上线下融合促销，开展家居家电惠民、旅游美食嘉年华等活动，大力发展老店经济、小店经济、假日经济等新业态新消费，提升养老、托幼等领域服务消费水平；推动农村水电路气网基础设施提档升级，优化农村消费环境，深挖农村消费潜力。支持企业通过广交会、进博会、“粤贸全球”等线上、线下展会平台抢抓订单。推进“河货回流”工作，鼓励发展跨境电商等新业态新模式。

培育文化繁荣的文明形象。拓展新时代文明实践中心建设，高标准建成县区、乡镇街道、村社区三级公共文体设施网络。深化数字文化馆建设，打造“全民阅读”数字服务平台。大力弘扬老区精神、苏区精神、新丰江水库精神，提升城市精气神。大力实施“文化+”战略，壮大文化人才队伍，繁荣发展新闻出版、广播影视、文学艺术、哲学社会科学等事业。推动高埔岗文创园、大同文创园创建省级文化创意产业园，发展数字文化产业和创意文化产业。持续开展“河源发声”“百姓舞台”“深莞惠汕河流动大舞台”“山歌大赛”“忠信花灯节”系列活动。实施文艺创作水平提升行动，创新开发优质文化产品，推出一批具有河源特色、体现河源水平、展现河源气派的精品力作，向全省、全国乃至全世界讲好河源故事、传播河源声音，提升城市文化软实力。深入实施岭南文化“双创”工程，开展传统工艺振兴计划，加强非遗传承传播和活化利用，厚植文化底蕴，提升文化影响力、知名度。

创建实至名归的品牌形象。深入实施新时代河源精神文明建设提质工程，深化精神文明创建九大行动，掀起新一轮创建全国文明城市工作新高潮。大力宣传“国家卫生城市”“国家园林城市”“全国双拥模范城”“国家级生态保护与建设示范区”“中国优秀旅游城市”“国际绿色生态旅游名城”等“城市名片”，扩大城市品牌的知晓率。把旅游景点、优质资源作为城市影响力的主要载体，大力推介万绿湖、恐龙文博园等知名旅游景点，擦亮“中国好水”“中国天然氧吧”等“金字招牌”，推动霸王花、聪明人等知名龙头企业走出去，进一步打响“客家古邑、万绿河源、温泉之都、恐龙故乡、红色经典”等特色品牌。打造文旅融湾产业联盟、万绿湖主题体育赛事等品牌，积极承接和举办大型文化、旅游、体育、商贸等活动，借助文博会等重大平台，充分展现河源魅力、展示河源形象。

（七）聚焦社会事业，扎实推进民生保障行动。落实“面对面”解决群众“急难愁盼”问题工作机制，努力在发展中保障和改善民生，不断提高人民群众获得感、幸福感、安全感。

提升医疗卫生水平。坚持“外防输入、内防反弹”，科学精准做好疫情防控工作。纵深推进公共卫生防控救治能力建设三年行动，健全完善应急处置机制。促进公立医院高质量发展，加快推进市中医院、市妇幼保健院、深河人民医院、龙川县人民医院创“三甲”医院，推动市二级以上公立医院建立现代医院管理制度。大力发展中医药事业。整体提升基层医疗服务能力，深化紧密型县域医共体建设，推动4家以上县级公立综合医院达国家县级综合医院推荐水平标准，加快各县区人民医院五大救治中心建设。进一步规范发展0~3岁婴幼儿照护服务机构。全面推开健康河源20项专项行动，启动源城区省级健康促进县区创建工作，建设一批省、市级卫生镇村，打造一批健康乡村示范村。落实省全民健身实施计划，加快推进县区“两馆两场”建设，打造一批高质量体育公园。

提升就业保障水平。强化就业优先导向，落实就业优先政策，完善“两街两园”等特色服务平台建设，推进“粤菜师傅”“广东技工”“南粤家政”三项工程规范化、标准化、品牌化发展，推动“南粤家政”工程“家政+区块链”平台应用，促进退役军人等重点群体就业创业，力争全年新增城镇就业25000人。深入实施职业技能提升行动。实施中长期青年发展规划。新增“雁归源”创业就业人才不少于150人。完善社会保险制度，大力促进社保扩面，推动实现应保尽保。深化医保支付方式改革，加快完善异地就医医疗费用直接结算服务。深入开展医保参保人员个人信息授权查询和使用国家试点工作。推动新的生育政策落地见效。积极应对人口老龄化，推动市养老综合服务中心、市居家养老信息平台规划建设。深入实施兜底民生服务社会工作“双百工程”。健全残疾人、孤儿保障体系和农村留守儿童、困境儿童关爱服务体系，保障妇女儿童合法权益。推进退役军人和其他优抚对象优待抚恤、社会救助、社会福利、慈善事业发展。

提升教育发展水平。大力推动公办幼儿园和普惠性民办幼儿园发展，巩固提升学前教育“5080”成果。加快义务教育学校新改扩建，推进义务教育学区化、集团化办学，增加公办优质学位供给，建成深河中学三期宿舍楼及饭堂、市二中综合楼等项目。实施普通高中全面提升计划，加快规划建设河源中学新校区、市田家炳中学新校区，建成紫金佑文中学等一批高中学校。推动中职教育健康发展，启动规划建设1所市区公办中职学校，迁建市职业技术学校，推动河源理工学校、河源技师学院扩建增容，加快东源县卫生职业技术学校、东源县职业技术学校、龙川县职业技术学校迁建，推动产教融合。建成市博爱学校职高部、市特殊教育指导中心，推进东源、龙川、紫金、连平县特殊学校标准化建设。完成市专门教育学校建设，成立市专门教育指导委员会。推进“双减”工作落地见效，常态化治理校外培训机构。持续规范民办义务教育发展。建成市青少年宫和教师发展中心、市中小学生综合实践基地、市中小学科普教育馆。推进“新强师工程”。加强未成年人思政教育、劳动教育和美育教育。推动市科技馆新馆建设。

提升社会治理水平。树牢底线思维，增强风险意识，以“大概率思维”应对“小概率事件”，全面防范化解重大风险。高质量完成安全生产专项整治三年行动。加快建设智慧应急指挥平台、应急物资仓库、消防训练基地等防灾减灾基础设施，加强应急救援队伍建设，提升防灾减灾、安全生产监管和应急处置能力。适时组织开展人工增雨抗旱工作。全面加强三防、森林防灭火、防震减灾及食品、药品安全监管等工作。全面完成9520户农村削坡建房风险点综合整治。推进市域社会治理现代化试点工作，强化网格化服务管理，构建共建共治共享的社会治理格局。大力推进公共安全视频监控系统和公安监管场所基础设施建设，加强社会治安防控体系建设，深入开展打击电信诈骗等专项整治行动。完善县区信访工作机构，加快打造智慧信访。持续开展常态化扫黑除恶斗争，建设更高水平的平安河源。

办好十件民生实事。一是继续提高底线民生保障水平。二是提高孤儿和残疾人等困难群众的救助补助标准。三是提升食品药品安全风险防控能力。四是实施公路桥梁检测和安全保障工程。五是全面实现适龄女生HPV疫苗免费接种。六是实施高校毕业生志愿服务河源乡村振兴行动。七是提高城乡居民基本医疗保险保障水平。八是推动中等职业教育提质扩容。九是提升公共文化艺术体育服务水平。十是继续推进地质灾害治理工程。

四、全面加强政府自身建设

各位代表！新形势、新任务对政府工作提出了新要求。我们将主动适应新形势、践行新理念，切实加强政府自身建设，不断创新管理方式，努力提升服务效能，为经济社会高质量发展提供坚强保障。

以政治建设为统领。坚持以习近平新时代中国特色社会主义思想为指导，进一步增强“四个意识”、坚定“四个自信”、做到“两个维护”，不断提高政治判断力、政治领悟力、政治执行力，做到在思想上政治上行动上同以习近平同志为核心的党中央保持高度一致，确保把党的领导贯穿到政府履职全过程。落实市政府党组会、市政府常务会“第一议题”学习制度，始终坚定理想信念、践行根本宗旨。坚决贯彻中央、省决策部署和市委工作要求，不折不扣落实到位。

以法治建设为关键。严格执行市人大及其常委会的决议决定，主动向人民政协通报情况，认真办理市人大代表建议和市政协委员提案，广泛听取各民主党派、工商联、无党派人士和各人民团体意见，注重听取社会公众和企业意见。依法履行好重大行政决策法定程序，推动政府工作全面纳入法治化轨道。完善政府立法工作，推动城乡建设与管理、生态环境保护、历史文化保护等重点领域立法。出台法治建设“一规划两方案”，全面实施“八五”普法规划，推动各级领导干部尊法学法守法用法，运用法治思维和法治方式推动发展。继续推行行政执法“三项制度”，充分发挥行政执法“两平台”作用，深入推进镇街综合行政执法改革，全面提升行政执法水平。加快整合公共法律服务资源，基本形成覆盖城乡、便捷高效、均等普惠、智能精准的现代公共法律服务体系。大力推进政务公开，打造“阳光政府”。

以宗旨建设为根本。坚持以人民为中心的发展思想，坚持正确政绩观，敬畏历史、敬畏文化、敬畏生态，慎重决策、慎重用权。加强经济学知识、科技知识学习，提高经济工作的专业能力。落实市领导同志联镇包片抓落实工作机制，打通工作落实“最后一公里”，确保各项决策部署落实落地。大力推进政务服务“跨域通办”及“一件事”主题服务，提供一体化、高效、便捷的政务服务。推动市市民服务中心加快建设，推进政务服务标杆大厅培育，全面提升服务能力。推进“粤系列”融合互通，全面加快政府机关内部数字化进程。

以作风建设为保障。坚决落实全面从严治党主体责任和“一岗双责”，严格贯彻落实中央八项规定精神，力戒形式主义和官僚主义，持续加强政府系统党风廉政建设。旗帜鲜明激励担当作为，激发干事创业精气神。持续为基层松绑减负，让基层有更多时间和精力抓落实。全面加强行政监察和审计监督，加大对公共资金、公共资源交易等重点领域监管，不断完善政府权力运行监督机制。坚决遏制新增地方政府隐性债务。坚持党政机关过紧日子，严控“三公”经费和一般性支出，严肃财经纪律，切实把有限的资金用在发展经济和改善民生上。

各位代表，好风凭借力，扬帆正当时！让我们更加紧密地团结在以习近平同志为核心的党中央周围，高举习近平新时代中国特色社会主义思想伟大旗帜，在省委、省政府和市委的坚强领导下，锚定建设“示范区”“排头兵”的目标任务，不忘初心、牢记使命，奋勇争先、狠抓落实，奋力推进幸福和谐美丽河源建设，以优异成绩迎接中共二十大胜利召开！

在全市全面推行林长制工作动员电视电话会议上的讲话提纲

（2021年12月13日）

河源市市长 何国森

同志们：

今天，我们在这里召开全市全面推行林长制工作动员电视电话会议，主要是深入贯彻落实习近平生态文明思想，按照中央、省关于全面推行林长制的决策部署，动员全市上下全面推行林长制工作。刚才，海鹰同志详细解读了《实施方案》，俊钦主任对我市下一步工作提出了具体要求，大家要抓好贯彻落实。下面，我强调四点意见。

一、提高政治站位，切实增强全面推行林长制的责任感、紧迫感

全面推行林长制，是以习近平同志为核心的党中央统筹山水林田湖草系统治理作出的重大决策部署。习近平总书记多次发表重要讲话、作出重要指示，强调要落实好国家生态战略，加快构建起以国家公园为主体、自然保护区为基础、各类自然公园为补充的自然保护地体系，守护好自然生态，保育好自然资源，维护好生物多样性，为我们全面推行林长制指明了方向、提供了根本遵循。

全面推行林长制，是深入践行习近平生态文明思想的具体行动，也是推进我市生态环境保护工作的关键抓手。近年来，全市各级各部门大力发展保护森林资源，全市森林覆盖率、森林蓄积量、生态公益林面积、自然保护地总面积均排名全省前三，获评国家级生态保护与建设示范区、省林业生态市。但我们也要清醒认识到，全市林业工作的问题还较为突出。一是森林资源还不够优。据统计，去年全市林业用地总面积达120.86万公顷，但单位面积蓄积量仅为54.76立方米/公顷，质量还不够高；中幼林占乔木林面积三分之二，成熟林较少，生态功能较为松散，防护功能不强；森林资源纯林多、混交林少，人工林多、天然林少，特别是桉树林种植面积较大，林分结构需进一步改良。二是森林管护还不够到位。体制机制有待进一步理顺，林业行政执法队伍力量不足，责任落实“最后一公里”还存在堵点。去冬今春，连平、龙川、紫金等地相继发生森林火灾，特别是连平县大湖镇“1·13”森林火灾燃烧时间长、动员扑救力量多、社会影响大，16人在这次山火中受到追责和处分；松材线虫病防治经费缺口较大，面上除治覆盖率低。三是林业发展层次还不够高。林业产品科技含量、附加值、知名度还不够高，比如说油茶产业，规模化、集约化程度还不够高，多数油茶企业为传统作坊，设备工艺较为落后，产品品质参差不齐，销售渠道较为单一。做好林业工作责任重大、任务艰巨、不容乐观，亟需通过全面推行林长制大力解决以上问题。

中央、省高度重视全面推行林长制工作，中办国办专门印发了《关于全面推行林长制的意见》，省印发了《实施意见》，并于9月召开了全省全面推行林长制工作推进电视电话会议，全面部署各项任务。但从全市全面推行林长制总体进展来看，我市工作还较为滞后。虽然市里已经成立全面推行林长制工作领导小组，印发了《实施方案》，建立了市级林长体系，各县区也成立了领导小组，但只有紫金、连平两县出台了实施方案，个别县区在林长体系构建和林长制信息化建设等方面进展缓慢，相关经费仍未落实，离中央、省的要求还有距离。各级各部门要全面深化思想认识，牢固树立“绿水青山就是金山银山”理念，深刻认识到全面推行林长制对于保障和维护生态安全的重大意义，将其作为生态文明建设的重要政治任务和头等大事全力推进，狠抓工作落实，推动全市林业高质量发展。

二、立即行动起来，确保在年底前建立四级林长体系

全面推行林长制，必须紧贴“林”这个主题，紧盯“长”这个关键，紧抓“制”这个保障，通过系列有效措施，全面提升推行林长制工作的精准性、实效性，确保在今年年底前建立市县镇村四级林长体系。

（一）迅速制定方案。各县区要迅速印发实施方案，设置各级林长、明确责任区域，推动镇村因地制宜、因林制宜制定实施具体明确、具有可操作性的工作方案，确保按时完成四级林长体系建立工作。

（二）完善工作机制。加快建立符合本地实际的领导小组工作规则、林长会议、信息公开、部门协作、工作督查、林长巡查、工作考核等配套制度，完善保障、激励、惩处和评价机制，形成完备的工作推进体系。

（三）强化资金保障。要在保障财政资金投入的同时，积极探索建立林业多元投入保障机制、生态公益林、湿地等生态效益补偿机制，加快推进森林资源资产评估、林业抵押担保等平台建设，完善森林保险制度，落实惠农惠林贷款政策，保障生态建设和生态保护资金需求。

三、用好用足林长制，推动林业高质量发展

要以全面推行林长制为契机，进一步强化国土绿化、森林管护等工作，推动林业高质量发展。重点做好三项工作。

（一）在“护绿”上下功夫。一要守红线。严格执行林地、湿地用途管制和森林采伐限额制度，强化动态监测和数据衔接整合，加大公益林、天然林管护力度，突出抓好涉自然保护地环保督察反馈问题整改，严厉打击涉林违法犯罪行为。二要强管护。严格执行城市绿线管理制度，加强城市古树大树养护管理，坚决防止擅自侵占城市绿地、迁移或砍伐城市树木行为发生。认真学习借鉴清远“阳山经验”，落实“包山头、守路口、盯重点、签责任、打早小”各项措施，筑牢森林防灭火严密防线。三要防虫害。通过清理病（枯）死木、挂设诱捕器、飞机喷药等方式，全力防治松材线虫病，确保松林监测普查覆盖率、疫木处理率、除害处理合格率100%。四要强支撑。充分运用北斗巡护终端机、无人机等设备以及卫星遥感影像、防火码等技术，推动森林资源网格化管理，科学监控入林群众，以信息化推动全面推行林长制工作提速增效。

（二）在“增绿”上下功夫。一方面，要造林。大力实施绿美河源工程，强化重点区域生态修复和水土资源保护，科学推动国土绿化，推进大径材示范基地、国家储备林和高质量水源涵养林建设，持续实施封山育林，筑牢绿色生态安全屏障。另一方面，要提质。大力实施森林质量精准提升工程，纵深推进桉树林改造，持续优化森林树种结构，开展低产低效林改造和中幼林抚育，提升森林质量。

（三）在“用绿”上下功夫。一要发展林下经济。聚焦发展现代高效农业，因地制宜发展油茶、蓝莓、南药等特色优势农产品，提升农业质量效益和竞争力。二要发展森林旅游。聚焦全域发展生态旅游业，加快推动林业和旅游业融合发展，打造一批有影响力的森林旅游特色线路和森林康养基地。三要发展富民产业。推动林业适度规模经营，探索建立“企业+合作组织+基地+农户”的产业化运作模式，促进林业增效、农民增收。

四、狠抓责任落实，确保取得实效

全面推行林长制是一项系统工程，要统筹各方力量，压紧压实责任，一级抓一级、层层抓落实，确保按时保质完成各项目标任务。

（一）强化组织领导。各县区主要领导要亲自研究部署、亲自推动落实，不仅要揭榜“挂帅”，更要“出征”巡林，以上率下带动各级林长强化责任区域森林资源保护发展，落实保护发展森林资源目标责任制。要督促镇村林长把建管责任落实到山头地块、田间地头，加强日常巡护，强化源头管理，切实发挥好村级林长、基层监管员、护林员“一长两员”作用。

（二）强化协同配合。各级林长办要充分发挥牵头抓总作用，加强统筹协调、沟通对接，确保林长制落地落实。公安部门要依法查处破坏森林资源刑事案件，维护林区安全稳定；应急管理部门要统筹抓好森林防灭火工作，有效推动隐患排查整治、应急救援等工作；自然资源部门要做好森林、湿地等自然资源资产确权登记工作；财政部门要确保资金投入；各有关单位要切实履行好行业监管责任，主动履责担责，确保工作落实到位。

（三）强化宣传指导。围绕植树节、爱鸟周等时间节点，通过新媒体、电视、报纸等形式加大宣传力度，主动公示林长职责等信息，提升公众管护森林资源的责任意识和参与意识，营造良好氛围。要通过专题讲座、业务培训等形式，加强对县区特别是镇村的业务培训指导，帮助基层林长和林业工作者掌握工作重点、工作要求，提高履职能力。

（四）强化考核奖惩。要定期督查林长制实施情况和林长履职情况，定期通报各县区生态建设与保护情况，推动制度落实。要强化结果运用，将其作为领导干部综合考核评价和自然资源资产离任审计的重要依据，对落实不力、履职不到位的各级林长严格追究责任，推动工作取得实效。特别要严格落实党政领导干部生态环境损害责任终身追究制，对造成森林和湿地资源严重破坏的，市政府将报告市委按照有关规定追究责任。

同志们，全面推行林长制责任重大、使命光荣。各级各部门要进一步凝心聚力、迅速行动，担当实干、勇毅前行，为建设幸福和谐美丽河源作出新的更大贡献！

大事记

编辑：黄书伟

1月

1日　河源粤运东源公交分公司开通东源县县镇公交线路。

6日　河源市以市委理论学习中心组专题（扩大）学习会的形式，举行省委宣讲团中共十九届五中全会精神宣讲报告会，邀请省委宣讲团成员、省政府发展研究中心副主任谭炳才作宣讲报告。

△ 市委书记、市人大常委会主任丁红都，市长林涛会见深圳科技工业园（集团）有限公司党委书记、董事长何景成和中国一冶集团有限公司党委书记、董事长宋占江。

10日　市公安局在源城区老城公园举行首个中国人民警察节河源公安升警旗仪式。

11日　市政府与广东省广晟资产经营有限公司签署战略合作框架协议，在应急产业、绿色循环经济产业、5G智慧城市建设等方面开展合作。

△ 河源市区出现少见的下霰气象。

12日　市委书记、市人大常委会主任丁红都会见中国工商银行广东省分行行长韩松。

13—14日　市委书记、市人大常委会主任丁红都，市委副书记、市长林涛率河源市党政代表团赴江西省赣州市考察交流。

△ 潮州市考察团到河源市考察学习脱贫攻坚工作经验。

21日　中国共产党河源市第七届委员会第十二次全体会议召开。

△ 河源市政府与深圳科技工业园（集团）有限公司、中国一冶集团有限公司签署战略合作框架协议，在江东新区合作建设深河科技园。

△ 市委书记、市人大常委会主任丁红都，市长林涛会见中电产融控股有限公司董事长任慧勇一行。

26日　广东省首个农村科技特派员之家——河源市农村科技特派员之家揭牌。

29日　市委常委会召开会议，传达学习习近平总书记在中共十九届中央纪委五次全会上的重要讲话精神。

是月　2018—2019年度全国无偿献血表彰名单公布，河源市被授予无偿献血先进市奖，河源市中心血站被授予无偿献血促进奖。

△ 武汉斑马快跑科技有限公司（斑马快跑）、广东粤运发展有限公司（粤运悦行）、深圳万顺叫车云信息技术有限公司（万顺叫车）、滴滴出行科技有限公司(滴滴出行)、广东潮运汽车运输有限公司(潮运出行)、蓝海科技有限责任公司（帮邦行）、欧拉信息服务有限公司（欧拉出行）、泉州市顺道网络科技有限公司、平源网络科技（山东）有限公司（快来用车）、哈尔滨顺荣强科技有限公司（K9用车）、郑州哈拜网络科技有限公司（哈拜出行）11家网络预约出租汽车平台企业在河源市取得经营许可。

△ 龙川县获2020年度中国百佳营商环境示范县市称号。

△ 省政府批复，同意江东新区产业转移工业园（江东新区产业园）和东源县产业转移工业园（东源工业园）为省级高新技术产业开发区，实行现行的省级高新区政策。

△ 河源市周文家庭、黄宁家庭被评为第十二届全国五好家庭，刘彩云家庭、戴进芹家庭被评为2020年度全国最美家庭。

△ 深圳市龙华区对口帮扶紫金指挥部选报的《深圳龙华对口帮扶紫金县：打造产业扶贫样板　赢取脱贫攻坚胜利》案例获评第三届中国优秀扶贫案例——预防返贫优秀案例。

△ 市委常委会召开会议，学习习近平总书记对关心下一代工作的重要指示和纪念中国关工委成立30周年暨全国关心下一代工作表彰大会精神，传达学习省委常委会会议有关精神。

△ 市委书记、市人大常委会主任丁红都，市委副书记、市长林涛率河源市党政代表团赴惠州市考察交流。惠州市委书记、市人大常委会主任李贻伟，市委副书记、市长刘吉陪同考察。

△ 东源县曾氏仙湖茶业发展有限公司获评广东省农业龙头企业。

△ 东源县被命名为2020年四好农村路省级示范县。

△ 东源县义合镇下屯村被命名为2020年广东省环境教育基地。

△ 河源市紫金蝉茶、龙川高山茶油入选2020年全国乡村特色产品目录。

△ 东源县与中石油昆仑燃气有限公司广东分公司、北京京能清洁能源电力股份有限公司、广东锦泰电力集团有限公司3家企业签订新能源产业园项目战略合作框架协议，投资约200亿元在东源建设新能源产业园。

△ 和平县林寨镇石镇村、连平县田源镇肖屋村、东源县船塘镇老围村、紫金县九和镇金光村、龙川县细坳镇小参村和龙川县丰稔镇黄岭村入选第二批广东省文化和旅游特色村名单。

△ 河源市建档立卡贫困人口38568户、107372人全部达到省定脱贫标准，全部完成退出手续，255个相对贫困村全部达到退出标准，全部完成退出手续。

2月

1—2日 政协河源市七届五次会议召开，选举钟挥锷为政协第七届河源市委员会主席。

2—3日 河源市七届人大八次会议召开，市长林涛作政府工作报告，首次对河源市十件民生实事项目进行投票表决。

3日 东源县文化广电旅游体育局发出首批8张旅游民宿登记证。

△ 在2021年全国皮划艇激流回旋锦标赛暨第十四届全国运动会资格赛上，广东队的河源籍选手朱浩然夺得男子单人皮艇冠军。

7日 深圳市铂科新材料股份有限公司落户江东新区，投资10亿元打造高端合金软磁材料生产基地。

8日 浮法玻璃新技术国家重点实验室硅材料研究中心、凯盛硅基（东源）新材料科技有限公司在河源东源高新技术产业开发区宏松源工业园举行揭牌仪式，中国工程院院士、浮法玻璃新技术国家重点实验室主任、凯盛科技集团有限公司党委书记、董事长彭寿，中建材蚌埠玻璃工业设计研究院有限公司副院长汤红运，中建材蚌埠玻璃工业设计研究院有限公司副总工程师、硅基新材料创新中心主任于永琪，中国建材工程集团有限公司海南分公司总经理宋劲松等企业负责人和市、县有关负责人为该中心揭牌。

9日 市委书记、市人大常委会主任丁红都到江东新区、市高新区，就贯彻落实习近平总书记关于统筹推进疫情防控和经济社会发展工作的重要讲话和重要指示批示精神以及关于安全生产工作的重要指示批示精神，进一步做好常态化新冠肺炎疫情防控和安全生产工作进行调研检查。

13日 东源县组织180多人支援五华县搜救七目嶂景区登山后失联群众并在黄村镇祝岗村与五华县交界处找回。

20日 河源市首家消防所在河源高新技术开发区管委会揭牌成立。

23日 丁红都、林涛等市四套班子领导在河源市分会场收看收听全省党史学习教育动员大会电视电话会议。

25日 在全国脱贫攻坚总结表彰大会上，源城区埔前镇坪围村委会获评全国脱贫攻坚先进集体；市扶贫工作局扶贫开发指导科科长黄陈强，和平县长塘镇秀河村驻村第一书记兼扶贫工作队队长、市住房和城乡建设局村镇建设科副科长罗文干获评全国脱贫攻坚先进个人。

26日 市委常委会召开会议，学习习近平总书记在党史学习教育动员大会上的重要讲话和中共中央有关通知精神，传达学习全省党史学习教育动员大会、省委常委会会议有关精神。

△ 市委书记、市人大常委会主任丁红都和市长林涛会见在全国脱贫攻坚总结表彰大会上河源市受表彰的先进个人和先进集体。

28日 河源爱尔眼科医院挂牌成为广东省科普教育基地。

是月 深圳大学第一个粤港澳大湾区研究院——河源市深大湾区研究院在河源高新区金地创谷揭牌启用。

△ 紫金县乌石敬老院院长廖小平获全国民政系统抗击新冠肺炎疫情先进个人称号。

△ 和平县长塘镇秀河畲族村入选第一批国家森林乡村。

△ 春节假期河源市共接待游客64.63万人次，旅游总收入26576.99万元。

△ 省文明办公布2020年第三季度广东好人名单，河源市龙川县廻龙镇中心小学教师刁景坤和河源市众爱志愿者服务中心秘书长雷晓琼入选助人为乐好人，河源市龙川县人民医院急诊科护士长曾巧红入选敬业奉献好人，河源市连平县陂头镇夏田村村民谢贵花入选孝老爱亲好人。

△河源市和平县被授予2018—2020年全国计划生育优质服务先进单位称号。

△ 《关于命名2020年河源市道德模范的决定》印发，其中助人为乐道德模范有市中医院护士邹群、河源市红十字会志愿者公益宣传服务队队员张学芬；见义勇为道德模范有连平县元善镇密溪村支书、村主任冯桂龙，东源县公安局巡特警大队中队长刘晓阔，中共紫金县凤安镇委宣传委员邓崇福；诚实守信道德模范有源城区鑫滔实业有限公司经营者赖佳琪；敬业奉献道德模范有市人民医院内分泌科主任何金，市公安局特警支队二大队二级警员孙尘演；孝老爱亲道德模范有龙川县光荣院护理员黄国珍，连平县陂头镇夏田村村民谢贵花。

△ 东源县新回龙镇犁洞嶂万绿湖畔发现新石器时代晚期的文物——石箭镞和石锛。

△ 河源市粤运绿都公共交通有限公司获2020年度广东省交通运输系统感动交通人物——最美抗疫奋斗者（集体）称号。

3月

1日 《河源市革命旧址保护条例》实施。

△《河源市深化环境影响评价制度改革实施方案》实施。

△《河源市户外广告和招牌设置管理办法》施行。

2日 河源市党史学习教育动员大会召开，学习贯彻习近平总书记在党史学习教育动员大会上的重要讲话精神和中共中央《关于在全党开展党史学习教育的通知》精神，贯彻落实全省党史学习教育动员大会精神，对河源市开展党史学习教育进行动员部署。

3日 市委书记、市人大常委会主任丁红都，市长林涛会见广州市规划协会会长潘安一行，双方就全面推进乡村振兴工作进行交流。

5日 主题为“传承雷锋精神·献礼建党百年”的2021年河源市学雷锋全民志愿服务行动月系列活动启动。

△ 河源市召开政法队伍教育整顿动员部署会议。

8日 河源市庆祝中国共产党成立100周年活动部署会召开。

15日 河源市传达贯彻习近平总书记重要讲话精神暨全国两会精神干部大会召开。

22日 市委书记、市人大常委会主任丁红都等市四套班子领导与干部职工、部队官兵、志愿者到广东技术师范大学河源校区参加义务植树活动。

23日 中国共产党河源市第七届纪律检查委员会第六次全体会议召开。

25日 河源市春季农业生产暨水稻机耕机种演示现场会在紫金县凤安镇下石村召开，现场展示机械化插秧、机械化抛秧、无人机直播、机械化旱直播四种不同种稻方式。

26—28日 中华全国归国华侨联合会党组成员、副主席程学源率队到河源市就侨联工作进行调研。

30日 河源市举行2021年春季重大项目集中动工活动，259个重大项目集中动工建设，计划总投资达913.55亿元。

△ 河源市启动大规模人群新冠病毒疫苗接种工作。

是月 《河源市人民政府关于公布实施征收农用地区片综合地价的公告》发布。

△ 市税务局货物和劳务税科科长钟靖被中华全国妇女联合会评选为2020年度全国巾帼建功标兵。

△ 市消防救援支队源城大队文昌消防救援站助理站长张友金的妻子张瑜获全国消防救援队伍优秀女家属称号。

△ 中国工程院院士、华南农业大学教授罗锡文带领团队成员到东源县柳城镇、灯塔盆地农业高新技术产业示范区现场指导春耕生产，并到岭南现代农业科学与技术广东实验室河源分中心指导建设工作。

△ 河源市东源县康和镇仙坑村四角楼修缮项目入选2020年度全国优秀古迹遗址保护项目名单。

△ 广东霸王花集团被授予全国就业与社会保障先进民营企业称号。

△ 中华全国工商业联合会到河源市就民营企业经济发展情况进行调研指导。

△ 中国长安网、中央政法委长安剑主办的2021年2月平安之星网络票选活动结束，河源市公安局源城分局情报指挥中心三级警长郑晓田、连平县司法局忠信司法所所长吴镜明分别获得2月平安英雄榜第一名和第二名。

4月

1日 《河源市鼓励农村承包土地经营权流转奖补实施方案》施行。

△《河源市社会投资简易低风险工程建设项目审批服务实施细则（试行）》实施。

2日 东源县新的社会阶层人士（主要包括民营企业和外商投资企业管理技术人员、中介组织和社会组织从业人员、自由职业人员、新媒体从业人员）联合会成立。

3日 河源市各界代表自发到河源革命烈士陵园或革命遗址献花，缅怀革命先烈。

7日 河源市农村基层妇联连片（灯塔盆地东源片区）试点工作部署会召开。

△ 在龙川县岩镇东方村一个因枫树坝水库水位下降露出的小山头上，发现西汉时期文物——13枚圆饼形陶制品（陶饼）。

8日 市长林涛会见深圳市卓翼科技股份有限公司董事长陈新民一行。

9日 河源市创建第七届全国文明城市工作动员会召开。

12—13日 省人大常委会调研组到河源市了解野生动物保护和管理等情况，为野生动物保护法的修订开展专题调研。

13—14日 河源市举办市委理论学习中心组暨全市县处级主要领导干部党史学习教育专题研讨班。

△ 省人大常委会副主任罗娟率调研组到河源市，开展省人大常委会“七五”普法决议执行情况调研暨“八五”普法决议征求意见工作。

14日 市委书记、市人大常委会主任丁红都，市长林涛会见广州市规划协会会长潘安一行。

△ 东源县叶潭镇半埔畲族村举办首届“三月三”文化节活动。

15日 河源市举行重型货车全面安装智能视频监控报警装置启动仪式。

19日 《广东省委实施乡村振兴战略领导小组关于通报表扬乡村振兴先进集体和先进个人的决定》发布，河源市3个集体、14人获表扬。

22日 河源市以市委理论学习中心组专题（扩大）学习会的形式，举行党史学习教育省委宣讲团河源宣讲报告会。省委宣讲团成员、省委宣传部副部长杜新山作专题辅导。

△《河源市科技企业孵化载体管理办法》实施，有效期五年。

22—23日 省委常委叶贞琴到河源市，调研乡村振兴战略实施、灯塔盆地开发建设等情况。

23日 深河创智产业园（河源市港澳科技园、市高新区半导体产业园、深圳大学河源科技园）举行揭牌仪式。

28日 东瑞食品集团股份有限公司在深圳证券交易所挂牌上市，正式登陆

A股主板，标志着河源市实现A股上市企业“零的突破”。

△ 首届万绿湖全域旅游发展高峰论坛举行。

△ 河源市举行仪式，欢送2021年全国五一劳动奖章，全国工人先锋号，广东省五一劳动奖状、奖章获得者代表赴省接受表彰。

△ 中铁（河源）投资建设有限公司举行揭牌仪式，河源首家拥有市政公用工程施工总承包一级资质的央企全资子公司正式运营。

30日 河源市召开庆“五一”劳模座谈会。

是月 河源市印发《关于做好清明期间农村疫情防控工作的通知》。

△ 清明节假期，河源市接待游客35.91万人次，旅游总收入21542.11万元。

△ 市委、市政府印发《关于促进民营经济高质量发展的若干政策措施》。

△ 中国工程院院士张洪程受聘为岭南现代农业科学与技术广东省实验室河源分中心学术委员会主任。

△ 河源市举行“4·15”全民国家安全教育日河源市公交专线“国安号”启动仪式。

△ 第五届源城区节地生态葬（树葬）活动在长乐园公墓举行。

△ 《河源市生态环境违法行为举报奖励办法（试行）》出台。

△ 市人民医院成功开展河源市首例在ECMO（心肺替代仪器）支持下的麻醉与手术。

△ 河源市开展人工增雨作业，旱情得到缓解。

△ 省市场监管局对河源市建设期满的省级农业标准化示范区进行终期验收，紫金县的广东省茶叶标准化示范区获优秀等次，东源县的广东省山楂标准化示范区获良好等次，均通过终期验收。

△ 全国政法队伍教育整顿中央第十一督导组广东小组到河源督导政法队伍教育整顿。

△ 市委常委会召开会议，学习贯彻习近平总书记对打击治理电信网络诈骗犯罪工作作出的重要指示和全国打击治理电信网络新型违法犯罪工作电视电话会议精神，传达学习省委常委会会议有关精神，研究贯彻落实意见。

△ 紫金县邓亮新获诚实守信类“中国好人”称号。

5月

6日 河源市举行市乡村振兴局挂牌仪式。

10日 市生态环境保护委员会第一次会议召开。

11日 河源市举行2021年美丽乡村民宿招商推介会。

13日 由河源市政府和深圳市电子信息产业联合会主办的河源市2021年电子信息产业招商推介会在河源举行。推介会签约30个项目，投资总额83.58亿元。

16日 紫金站出现河源市极端最高气温37.3℃，为河源市1961年以来同期最高温。

17日 市委政法队伍教育整顿工作领导小组召开会议。省委政法队伍教育整顿驻河源指导组组长李世威出席会议。

18日 零时44分16秒，源城公安分局在广东非税收入管理一体化平台完成全省第一张缴款通知书的开单、缴费、开票完整流程，并打印出对应的电子票据。

19日 河源市有两条红色文旅线路在中国旅游日广东省分会场展示，分别是：上村村—罗焕荣故居—春沐源岭南生态小镇—阮啸仙故居，河源恐龙文博园—紫金苏区革命遗址群。

22日 市新冠肺炎防控领导小组（指挥部）召开会议，落实省委、省政府工作部署以及市委有关要求，市长林涛出席会议并讲话。

23日 河源市最高气温为38.2℃，打破河源市5月份最高温历史纪录。

27日 河源市开展党史学习教育工作会议召开。省委党史学习教育第七巡回指导组组长李振河出席会议并讲话。

△ 市委常委会暨市新冠肺炎防控领导小组（指挥部）召开会议，传达贯彻省委常委会暨省新冠肺炎防控领导小组（指挥部）会议、省新冠肺炎防控指挥部办公室会议精神，研究部署疫情防控工作。

△ 河源市委农村工作会议暨全市实施乡村振兴战略工作推进会召开。

△ 河源市霍山旅游风景区由国家AAA级旅游景区晋升为国家AAAA级旅游景区。

是月 市委常委会暨市委实施乡村振兴战略领导小组召开会议，传达学习省委常委会会议、省委农村工作会议暨全省实施乡村振兴战略工作推进会和省有关文件精神。

△ “五一”假期，河源市接待游客56.68万人次，旅游收入33879.55万元。

△ 《河源市区2020年度集体建设用地及集体农用地基准地价》公布。

△ 河源高级中学、广州大学附属东江中学、和平县福和高级中学入选第二批广东省中学生志愿服务示范校名单。

△ 河源市55个社区获评2020年度广东省三星级宜居社区。

△ 广东省老区建设促进会（简称“省老促会”）副会长刘文炎率调研组到河源市开展新时代支持革命老区振兴发展调研，省老促会副会长翁立平参加活动。

△ 广东省首个高速公路消防救援站——河源市热水服务区消防救援站启用。

△ 源城创意设计小镇——春沐源小镇、和平热水绿谷康养创新小镇、连平忠信商贸小镇、灯塔盆地农业科创小镇等纳入广东省特色小镇清单管理名单。

△ 河源市古志奋家庭入选2021年广东十大最美家庭，黄晓珍家庭、刘天娇家庭、杨圣玉家庭、周俊杰家庭、谢江帆家庭入选2021年广东百户最美家庭。

△ 紫金县的“红色紫金——蝉茶飘香”入选全国百条红色茶乡旅游精品路线。

△ 河源市8名企业家入选广东民营企业家智库成员名单，分别是：广东鹏

祥建设集团有限公司董事长何祥礼，紫金县天高矿业有限公司董事长李强、总经理付建生，龙川县航辉钢业有限公司总经理陈恒，和平县壹达电子商务有限公司总经理吴达，深圳市首熙机械设备有限公司、广东首熙智能装备有限公司董事长邓旭君，河源市新锐网络科技有限公司法定代表人、总经理黄新军，河源友华微机电科技有限公司总经理李劲松。

6月

1日 河源市召开全市三防工作视频会议，落实全省三防工作视频会议精神。

△ 即日起，河源市执行居民电价“一户多人口”优惠政策。

△ 龙川县鹤市镇鹤联村发现一只亚成体、重2千克、长约50多厘米的雄性中华穿山甲，并送到省野生动物救护中心。

3日 市人民医院举行“中国胸痛中心”“国家高级卒中中心”揭牌仪式。

4日 市委理论学习中心组举行专题学习会，集中学习研讨《习近平新时代中国特色社会主义思想学习问答》。

5日 万绿湖上榜2021年广东省十大美丽河湖。

△ 12时始，和平县公安局联合卫健、交通、公路等部门，全面启动省际联合检疫检查站，做好重点地区人车离粤查控工作。

6—7日 全国政协委员、省委原常委、省纪委原书记黄先耀率调研组到河源市，调研乡村振兴工作。

7日 市长林涛主持召开农村集中供水专题会议。

△ 是日起，旅客进站乘车需出示绿色健康码，广州市、佛山市旅客须出示健康码绿码和48小时内核酸检测阴性结果。出省的河源旅客需同时提供72小时内核酸检测阴性证明和健康码绿码。

7—9日 河源市2.3万余名考生参加广东省新高考综合改革后的首次高考。各考场落实防疫措施，秩序井然，考风考纪良好。

9日 市长林涛率队到大广高速连平服务区检查省际边界卡口疫情防控工作。

△ 市委书记、市人大常委会主任丁红都到龙川县调研经济社会发展、乡村振兴、灾后复产重建等工作，并检查防汛工作。

14日 河源市召开安全生产工作视频会议，贯彻习近平总书记关于安全生产的重要论述特别是对湖北十堰市张湾区艳湖社区集贸市场燃气爆炸事故作出的重要指示精神，落实全省安全生产工作视频会议精神。

15日 市委书记、市人大常委会主任丁红都到紫金县，调研安全生产、经济社会发展、乡村振兴、党史学习教育等工作。

△ 市长林涛到河源高新区、源城区督导检查安全生产工作。

16日 市委书记、市人大常委会主任丁红都到东源县，调研安全生产、经济社会发展、乡村振兴、党史学习教育等工作。

17日 市长林涛率队到龙川县督导检查疫情防控工作。

18日 河源市直2021年第一批20套配租保障房公开抽签分配。

中旬 省委决定：林涛任中共河源市委书记；丁红都不再担任中共河源市委书记、常委、委员职务，另有任用。

21日 市七届人大常委会第五十六次会议召开，接受林涛辞去河源市市长职务的请求；任命江海鹰为河源市副市长；免去赖小卫的河源市副市长职务。

22日 副省长陈良贤率队到河源，调研疫情防控工作。

23日 市领导林涛等在河源市分会场收听收看全省脱贫攻坚总结表彰大会。

△ 市委理论学习中心组举行专题学习会，观看《生命重于泰山——学习习近平总书记关于安全生产重要论述》电视专题片，落实国家和省有关会议精神。

24日 市委书记林涛到和平县，调研检查疫情防控、乡村振兴等工作。

28日 河源市举行庆祝中国共产党成立100周年“共产党・恩情长”群众音乐歌会。

△ 河源移动公司获中国移动脱贫攻坚模范称号。

△ 中共河源市委作出表彰河源市优秀共产党员、优秀党务工作者和先进基层党组织的决定，授予河源市优秀共产党员、河源市优秀党务工作者称号各100名，授予河源市先进基层党组织称号120个。

29日 市领导林涛、何国森、钟挥锷等在河源市分会场收听收看全省“两优一先”表彰大会。

△ 河源市七届人大九次会议召开，林涛当选市人大常委会主任，何国森当选市长。

△ 市委书记、市人大常委会主任林涛等市四套班子领导到河源市革命历史革命烈士纪念馆开展革命传统教育。省委党史学习教育第七巡回指导组副组长朱华仙、黄海光参加活动。

△ 全市政法队伍教育整顿工作意见反馈暨总结大会召开，市委书记、市人大常委会主任、市委政法队伍教育整顿领导小组组长林涛主持会议并讲话。省委政法队伍教育整顿驻河源指导组组长李世威到会指导并讲话。

30日 河源市举行2021年广东扶贫济困日活动暨“百企帮百镇 千企兴千村”行动启动仪式。市委书记、市人大常委会主任林涛出席活动并讲话。

△ 市委书记、市人大常委会主任林涛到源城区、东源县，开展“七一”慰问活动，看望慰问党龄超过50年的老党员。

是月 总投资约10亿元的河源高新区科创金融中心举行开工仪式。

△ 江东新区举行2021年东江流域渔业资源增殖放流活动，共投放52.5万尾鱼苗。

△ 河源市为12246名老党员颁发光荣在党50年纪念章。

△ 河源市第一中学学生廖智慧获2021年度广东新时代好少年称号。

△《河源市实现巩固拓展脱贫攻坚成果同乡村振兴有效衔接实施意见》印发。

△ 河源富马硬质合金股份有限公司硬质合金精密刀具设计中心入选广东省第四批省级工业设计中心名单。

△ 市公安局交警支队车辆管理所发放河源市首张C5类残疾人专用小型汽车驾驶证。

△ 源城区埔前镇上村村红色文化教育基地、和平县和东行政委员会旧址（九连“小延安”）、中共连平县第一工作委员会旧址、连平县大湖镇何新屋阻击战旧址、河源市客家文化公园先贤雕塑园、河源市劳模文化馆等被命名为河源市市级爱国主义教育基地。

7月

1日 庆祝中国共产党成立100周年大会在北京天安门广场隆重举行。市委书记、市人大常委会主任林涛，省委党史学习教育第七巡回指导组组长李振河及副组长朱华仙、黄海光，市四套班子领导班子成员，市有关单位主要负责人一起收听收看大会直播。

△ 河源市“两优一先”表彰大会召开。对优秀共产党员、优秀党务工作者和先进基层党组织进行表彰。

△ 河源扶贫干部、全国优秀共产党员罗文干在北京参加庆祝中国共产党成立100周年大会。

2日 全省干部动员大会在广州召开，传达学习习近平总书记“七一”重要讲话精神，对全省学习宣传贯彻工作进行全面动员部署。市委书记、市人大常委会主任林涛，省委党史学习教育第七巡回指导组组长李振河及副组长朱华仙、黄海光，市四套领导班子成员和河源市正厅级以上老干部等在河源市分会场收听收看会议。

△ 市委常委会召开会议，传达学习习近平总书记在庆祝中国共产党成立100周年大会上的重要讲话精神。

5日 河源市干部动员大会召开，传达学习习近平总书记“七一”重要讲话精神，对河源市的学习宣传贯彻工作进行全面动员部署。市委书记、市人大常委会主任林涛出席会议并讲话，省委党史学习教育第七巡回指导组副组长朱华仙、黄海光出席会议。

△ 河源市推进粮食生产工作会议召开。

8日 源城区埔前镇坪围村、上村村夺得“乡村振兴河源大擂台”十强总决赛金奖。

△ 源城区女企业家协会成立。

14日 市长何国森率队到205国道东源段，调研系统防范化解道路交通安全风险工作。

15日 河源市脱贫攻坚总结大会暨驻镇帮镇扶村工作动员会议召开。

△ 河源市扫黑除恶专项斗争总结暨平安河源建设工作会议召开。

20日 河源市召开全市市县镇三级人大换届选举工作部署会议。

21—22日 省人大常委会副主任李春生率调研组到河源市，开展村庄规划建设管理情况专题调研。

23日 河源市科技创新大会召开。

23—27日 河源江东新区蓝天救援队在河南省新乡市参加灾区抢险救援，营救被洪水围困群众281名。

27日 在广东省第一届“南粤家政”技能大赛上，河源代表队总成绩第三名，有3名选手获广东省技术能手称号。

29日 25千克第二代太空稻——“航聚香丝苗”稻种首次在东源县锡场镇林禾村用无人机播种。该稻种是2020年约0.04千克稻种搭乘嫦娥五号前往月球返回，经华南农业大学实验基地培育收获的稻种。

是月 2021年普通高考，河源市本科上线人数突破1万人。

△ 河源市“证照分离”改革暨深化商事制度改革工作电视电话会议召开。

△ 河源市首个移动支付示范镇“党费通”平台落户龙川县佗城镇。

△ 河源市知识产权纠纷人民调解委员会成立。

△ 龙川县车田中心小学与河源市首个公办教育集团——河源市第三小学教育集团举行签约仪式。

△《河源市明确市区综合用地性质管理办法》印发。

△ 商务部认定河源高新区为国家外贸转型升级基地。

△ 河源市全面开放60岁及以上老人的新冠疫苗接种服务。

△ 河源中学学生曾宬铭被清华大学提前批录取，彭仕俊、陈侃被北京大学录取。

△ 河源市与深圳、惠州、东莞、汕尾4市签订政务服务“3+2”跨市通办合作协议。

△ 市税务局被评为全省首批“零酒驾”示范单位。

△ 河源市高新技术企业协会成立。

△ 在广东省第十四届“百歌颂中华”歌咏活动中，河源市3名歌手、2个合唱团获得一金、两银、两铜的好成绩。

△ 在2017—2018年度和2019—2020年度“菜篮子”市长负责制考核工作中，河源市考核结果均为优秀，列全省第二名。

8月

1日 是日起，河源市推行增值税、消费税及附加税费申报表整合。

△ 河源市正式施行《高层民用建筑消防安全管理规定》。

2日 市委书记、市人大常委会主任林涛到医疗机构、集中医学隔离观察点、市气象局、重大项目建设现场等地，督导检查疫情防控、安全生产工作和开展“我为群众办实事”实践活动。

△ 市长何国森到源城区检查安全生产和防汛备汛工作。

4日 投资12.5亿元的广东晟源永磁材料项目在东源县新材料特色产业园培土

奠基。

△ 市领导林涛等在河源市分会场收听收看国务院联防联控机制电视电话会议。

△ 市委书记、市人大常委会主任林涛，市长何国森会见深圳市环境水务集团有限公司党委书记、董事长吴晖一行。

△ 广东省首例、国内罕见的双连拱变截面隧道——连平县内莞隧道全线贯通。

5日 河源海关预警科科长马磊磊、龙川县公安局警察训练大队辅警罗于人、东源县万绿松种养专业合作社销售与推广经理黄宁被评为2021年第一季度“广东好人”。

9日 河源市在国家医保信息平台上线全省统一的门诊特定病种，符合病种范围的基本医疗保险参保人可按政策享受待遇。

10日 河源市双拥模范表彰暨新一轮创建工作动员大会召开。

11日 河源市以市委理论学习中心组专题（扩大）学习会的形式，举行学习贯彻习近平总书记“七一”重要讲话精神省委宣讲团河源宣讲报告会。省委宣讲团成员、省委党校常务副校长、广东行政学院常务副院长张广宁作专题辅导报告。

12日 东源县涧头镇大往村传统花生种子被国家植物航天育种工程技术研究中心选中。

△ 东源县义合镇阮啸仙纪念大桥通车。

13日 中共河源市委七届十三次全会召开。

17日 河源市召开秋季学期开学暨“双减”（中共中央办公厅和国务院办公厅《关于进一步减轻义务教育阶段学生作业负担和校外培训负担的意见》）工作部署电视电话会议。

18日 市委书记、市人大常委会主任林涛到龙川县调研乡村振兴和文旅产业工作。

△ 市委书记、市人大常委会主任林涛率河源市拥军慰问团到某集团军驻连平部队慰问部队官兵。

19日 河源市召开第一次全国自然灾害综合风险普查工作动员会。

20日 市委常委会召开会议，传达学习习近平总书记在5月31日中央政治局会议上的重要讲话精神和中央《关于优化生育政策促进人口长期均衡发展的决定》精神及省委常委会会议有关精神。

△ 2021年南国书香节河源分会场活动启动仪式在市图书馆举行。

24日 河源市举行“便民医保”“智慧医保”“阳光医保”启动仪式。

27日 河源市召开迎接第二轮第四批中央生态环境保护督察动员会。

△ 市长何国森会见暨南大学原校长、暨南大学老教授协会荣誉会长胡军一行，就推进深河人民医院合作共建进行交流。

30日 市委理论学习中心组举行（扩大）学习会，邀请省委农办主任、省农业农村厅厅长、省乡村振兴局局长顾幸伟围绕做好“三农”工作作专题报告。

△ 市政府与省农业农村厅签订共同推进灯塔盆地现代农业高质量发展合作框架协议。

是月 龙川县中医院手术麻醉科自主研发的多功能持续通气型口咽通气管获得国家实用新型专利。

△ 河源市全面推动驻镇帮镇扶村工作，576名干部全部进驻乡镇。

△ 河源市印发《关于加强耕地保护确保粮食安全的若干措施》《关于市区部分新增道路命名的通告》《河源市产业园区用地整治提升行动工作方案》。

△ 东源仙湖茶、东源板栗、和平百香果、和平猕猴桃、龙川山茶油、紫金红茶、紫金绿茶、连平鹰嘴蜜桃生产基地被评为广东省特色农产品优势区。

△ 河源高新区信息终端设备制造创新型产业集群被科技部火炬中心纳入2021年创新型产业集群试点。

△ 广东省省级乡村振兴战略专项资金项目——珍贵药材树种猴耳环苗圃试验示范基地在龙川县建成。

△ 紫金县推广种植旱稻400多亩（26.67公顷），灌溉用水减少50%以上，亩产达500千克，全县节水灌溉农业探索成功。

△ 第十四届广东省茶叶质量推选结果：紫金茶叶获得5个金奖、9个银奖。

△ 东源县双江镇增坑村野猪坑自然村发现形成于三叠纪、距今2.5亿年至2.03亿年的雨痕化石。这次发现的雨痕化石，在河源市乃至中国华南地区尚属首例。

△ 省政协副主席黄武率队到河源市开展“助力推动粤北地区绿色产业发展”“健全个人信息保护机制”专题调研。

△ 市长何国森会见省港航集团有限公司党委书记、董事长杨显昌一行。

△ 河源市10家工程中心被认定为2021年度广东省工程技术研究中心。

9月

1日 《关于调整河源市市区住宅物业服务收费政府指导价有关问题的通知》执行。

2日 市委理论学习中心组举行专题学习会，集中学习习近平法治思想。

△ 市委全面依法治市工作会议召开。

3日 省人民医院河源医院正式揭牌，省人民医院对河源市人民医院开始进行为期5年的“一对一”紧密型帮扶。

4日 在东京残奥会上，河源市和平县籍的中国队选手徐婷婷获羽毛球女单WH2（轮椅2级）级别亚军，龙川县籍的林穗玲率领中国女子轮椅篮球队获得银牌。

9日 市委书记、市人大常委会主任林涛，市长何国森分别率队到新河实验学校和市田家炳实验中学，慰问在教育一线的教职员工，向全市广大教师、教育工作者和离退休教师致以节日的问候和美好的祝福。

10日 市委常委会暨市新冠肺炎防控领导小组（指挥部）召开会议，学习省委常委会暨省新冠肺炎防控领导小组（指挥部）会议精神，研究部署下一步疫情防控工作。

10—12日 河源20家文旅企业组团参加在广州举行的广东国际旅游产业博览会。

13日 龙川县、和平县上榜第四批广东省全域旅游示范区名单。

14日 河源火灾隐患举报投诉电话“96119”停用，并入“12345”热线。

△ 市司法局、市委普法办、市中级人民法院联合组织开展全市领导干部和国家工作人员旁听庭审活动，该活动在中国庭审公开网同步直播。

△ 即日起，符合河源市迁入条件的福建、广西、海南3省（区）户籍的群众，可申请户口迁移网上“跨省通办”一站式办理户口迁移业务。

15日 市委书记、市人大常委会主任林涛到东源县开展定点联系和联镇包片工作，调研乡村振兴、产业发展、教育事业、非遗项目保护等情况。

△ 市长何国森到江东新区调研督查赣深高铁河源东站综合交通枢纽规划建设情况。

16日 河源退役军人应急救援队和河源市业余无线电协会联合组织的救援力量到四川省泸县福集镇地震灾区参加救援工作。

18日 市委书记、市人大常委会主任林涛，市长何国森分别到森林消防队、森林防火卡点和源城区、连平县，调研督导检查疫情防控、安全生产和森林防灭火工作。

23日 河源市庆祝2021年中国农民丰收节主会场活动在东源县柳城镇下坝村智慧农业示范园举行。市委书记、市人大常委会主任林涛，市长何国森，中国工程院院士、华南农业大学教授罗锡文等出席活动。

△ 河源市400多种优质农产品在深圳举行的第7届国际现代绿色农业博览会展出。

23—27日 河源参展团以“中国万绿湖、世界中华龙”为主题参加在深圳举办的第十七届中国国际文化产业博览交易会。

24日 由工业和信息化部主办的第四届“绽放杯”5G应用征集大赛智慧园区专题赛决赛结果公布，河源移动《东源县5G OnePARK智慧园区建设方案》在全国智慧园区专题赛857个项目中获优秀奖。

26日 河源市在五县三区（源城区、江东新区、市高新技术开发区）举行重大项目集中动工暨招商项目签约活动，共有100个总投资484.4亿元的重大项目集中动工，90个总投资498.2亿元的项目集中签约。

28日 河源市七届人大常委会第60次会议审议市监察委员会关于开展惩治涉黑涉恶腐败和“保护伞”工作情况的报告。这是市监察委员会首次向市人大常委会报告专项工作。

30日 河源市在河源烈士陵园举行公祭烈士活动。

是月 河源市4所新建中小学（源城区实验中学、龙光城小学、东源县第五小学、深圳龙华紫金实验学校）投入使用。

△ 河源市的广东省春沐源小镇自然基地、广东省万绿谷自然教育基地、广东省东江林场上榜2021年广东省自然教育基地名单。

△ 第九届广东省残疾人美术作品大赛结果：河源市获一等奖2件，二等奖3件，三等奖4件。市残联获优秀组织奖。

△ 河源市有6个绿茶类品牌和1个红茶类品牌入选2021年广东十大茗茶名单。

△ 广东省表彰优秀教师，河源市获南粤优秀教师称号35人、南粤优秀教育工作者称号3人、特级教师称号18人。

△ 河源市43个行政村入选2020年广东省森林乡村。

△ 中秋节假期，河源市接待游客29.13万人次，旅游总收入2.37亿元。

△ 河源市东源海事处、市公安局出入境办证大厅、龙川县霍山风景区票务部3个集体被评为第20届全国青年文明号。

△ 龙川县耕地肥料站沙海辉获评广东十佳最美农技员，连平县畜牧兽医水产技术推广中心吴素芬获评广东农技推广能手。

△ 河源职业技术学院、河源理工学校、河源市卫生学校、连平县第一小学、龙川县老隆镇第二小学、源城区雅居乐中学、源城区金沟湾小学、和平县阳明镇龙湖学校、紫金县紫金中学、紫金县中山实验学校、深圳中学河源实验学校、河源职业技术学院附属小学、连平县大湖中学、源城区公园西小学、东源县第三小学、广州大学附属东江中学等获评2021—2023年广东省文明校园先进学校。

10月

8日 市委全面依法治市委员会第七次会议召开。

9日 河源市禁毒工作会议召开。

11日 市领导联镇包片抓落实工作推进会召开。

12日 市长何国森到和平、龙川等地督查农村集中供水全覆盖工作。

15日 河源市23家企业参加第130届中国进出口商品交易会（广交会）。

△ 国家植物航天育种工程技术研究中心河源创新研究院在源城区揭牌成立。

19日 市委书记、市人大常委会主任林涛主持召开首场面对面座谈会，就“看病难”问题，倾听群众呼声，解决群众难题。

25日 省政协原副主席、省宋庆龄基金会主席唐豪到河源市调研省宋庆龄奖学金评选工作情况和教育事业发展情况，向河源中学和获奖学生代表赠送纪念奖章。

26日 2021年河源市创建全国文明城市工作推进会召开。

△ 市长何国森到源城区开展定点联系和联镇包片工作。

27日 河源市党政领导干部自然资源资产离任审计进点会召开。

29日 农夫山泉广东第三生产基地项目签约仪式举行。

是月 河源市骆汉强在广东创业创新大赛残疾人公益赛决赛获企业类自强组金牌。

△ 国庆期间，河源市共接待游客128.7万人次，旅游收入86912.73万元。

△ 《河源市乡村工匠专业人才职称评审工作方案》印发。

△ 东源县顺天镇获广东省第二届“乡村振兴大擂台”十强镇称号。

△ 河源参展团参加第十七届中国（深圳）国际文化产业博览交易会展出，累计线上、线下交易额3300多万元，近30家采购商与河源市参展企业签订意向协议。

△ 市人民医院确诊河源市首例气管支气管巨大症，这是一种罕见的先天性疾病。

△ 河源市紫金蝉茶、和平猕猴桃获得2021年“粤字号”农产品百县百品县域公用品牌优秀品牌称号。

△ 2020年度《广东省毒品治理监测体系评价报告》：河源市公众对禁毒工作满意度连续两年（2019—2020年）居全省第一位。

△ 河源市保安协会成立。

△ 东源县税务局第一税务分局获评广东省青年文明号标兵号。

△ 河源市21家社科普及基地入选省级人文社会科学普及基地。

△ 东源县康禾镇仙坑村入选《2021年中国美丽休闲乡村名单》。

11月

3日 河源市水产业园建设正式启动。

△ 河源市3~11岁儿童开始接种新冠疫苗。

4日 市委书记、市人大常委会主任林涛到河源职业技术学院调研，向学生讲思政课。

△ 市长何国森到东源县船塘镇检查农村集中供水、生活污水治理工作，调研特色农业发展情况。

5日 获全国道德模范提名奖的龙川县人民医院护理部主任胡珍赴京参加表彰活动。

6日 河源市举行广东省“居家上门服务证”首发仪式。

9日 2022年度河源市普惠型补充医疗保险“河源市民保”项目启动会举行。

10日 市委书记、市人大常委会主任林涛到和平县开展党史学习教育，实地调研红色革命遗迹保护和乡村振兴工作。

11日 河源市举行百名法学家百场报告会暨市委理论学习中心组专题（扩大）学习会，邀请广东外语外贸大学校长、省法学会副会长、教授石佑启作专题报告。

12日 河源市举行华润怡宝（河源）饮用水项目签约仪式。

15日 市委常委会召开会议，学习贯彻习近平总书记在中共十九届六中全会上的讲话精神和全会精神，贯彻落实省委常委会会议、全省干部大会精神。

16日 河源市传达学习贯彻中共十九届六中全会精神干部大会召开。

17日 江西赣州和广东深圳、东莞、惠州、河源五城党媒以及粤赣两地众多主流媒体齐聚河源，共同见证赣深高铁五城党媒联动暨“五城耀粤赣 融抱大湾区——走进多彩河源”大型联合采访活动的启动。

18日 河源电子信息产业的龙头企业——深圳市卓翼科技河源项目正式投产。

20日 第三届广东省森林文化周河源分会场暨河源市创建国家森林城市宣传活动在源城区春沐源小镇启动。

23日 江东新区一彩民中得中国福利彩票双色球5注一等奖，奖金总额5308万元，刷新河源彩票最高中奖纪录。

24日 河源新一代电子信息产业集群知识产权运营中心正式启动。

△ 由河源职业技术学院、市委党史研究室共建的河源职业技术学院红色文化研究院成立。

29日 河源市社区矫正委员会第一次会议召开。

是月 河源市在广州、佛山、江门、中山、珠海、深圳、揭阳等市举办“两晚三天”经典旅游线路及精品民宿推介活动。

△ 河源市原创曲目《绿油飘香》在广东省群众艺术花会决赛中获铜奖。

△ 粤东北片区首个小型消防站——东源县蝴蝶岭工业园消防救援站揭牌成立。

△ 河源市启动新冠疫苗加强针接种工作。

△ 东源康禾省级自然保护区通过红外相机拍摄到国家一级重点保护动物等多种国家重点保护野生动物身影。

△ 市委常委会召开会议，传达学习习近平总书记在纪念辛亥革命110周年大会上的重要讲话精神和省委常委会会议有关精神。

△ 和平县贝墩镇（豆制品）、连平县高莞镇二联村（花生）入选第11批全国一村一品示范村镇名单，东源县上莞镇仙湖村入选全国乡村特色产业十亿元镇亿元村名单。

△ 新丰江国家森林公园入选广东十大最美森林旅游目的地。

△ 2021年广东省农业转基因生物安全管理培训班在河源市举办。

△ 市委办、市府办印发《关于做好中小学教师减负工作的通知》。

△ 紫金县老年人体育协会、龙川县老年人体育协会、广东和平君乐药业有限公司、源城区教育局、河源江东新区社会事务局被评为2017—2020年度全国群众体育先进单位，黄卓森、蔡锐、朱武标、刘导贤、何志坚等被评为2017—2020年度全国群众体育先进个人。

△ 东源县灯塔法庭被评为广东最美人民法庭，紫金县龙窝法庭庭长黄远青被评为广东最美基层法官。

△ 河源国家高新区成为移动智能终端产业生态栖息地入选广东省首批特色产业园名单。

△ 河源市在全省率先开展乡村工匠专业人才职称评审相关工作。

△ 河源速度轮滑队在2021年广东省速度轮滑锦标赛上获5金、8银、

2铜的成绩。

△ 粤东片区农村削坡建房风险点整治工作现场培训会在紫金召开。

△ 在潮州市举行的第六届广东省朗诵大赛总决赛上，河源赛区的选手获得3金、4银的成绩，市文化馆获得优秀组织奖。

△ 河源市首个“整镇授信”项目在连平县忠信镇启动。

12月

1日 省长马兴瑞到河源市，就确保供水安全、农业生产稳定、电力供应充足相关保障措施进行调研。

△《河源市扬尘污染防治条例》经省十三届人大常委会第三十七次会议批准通过。

△ 河源市首次在东源县锡场镇林禾村实验稻田种植的20亩（1.33公顷）航天水稻品种“航聚香丝苗”收割，共产出稻谷近8000千克。

3日 市长何国森到源城区检查创建全国文明城市工作。

6日 市长何国森到江东新区检查赣深高铁开通准备工作。

8—10日 中国共产党河源市第八次代表大会召开。

9日 第21届全国名优茶评选结果，紫金县的青林峰紫金蝉茶等7款茶样获金奖。

10日 中共河源市委八届一次全会召开。选举林涛为市委书记，何国森、方明为市委副书记。

△ 中共河源市委八届一次全会选举产生的市纪委举行第一次会议。选举李洋为市纪委书记，李小明、阳胜国、张炜超为副书记。

△ 赣深高铁开通运营。

13日 河源市全面推行林长制工作动员电视电话会议召开。

14—15日 副省长王曦率省直有关部门到河源开展定点联系调研。

15日 岭南现代农业科学与技术广东省实验室河源分中心（灯塔实验室）第一届理事会成立大会召开。

△ 河源市召开第16批保护恐龙蛋化石有功单位及人员表彰大会。

△ 省人大法制委副主任吴克昌、黄伟忠率省人大调研组到河源市开展《广东省革命遗址保护条例（草案）》立法调研。

16日 省委宣讲团中共十九届六中全会精神宣讲报告会暨河源市县处级以上领导干部学习贯彻中共十九届六中全会精神专题研讨班开班式在市会议中心举行。省委宣讲团成员、中山大学马克思主义学院院长林进平作宣讲报告。

17日 河源市疫情防控工作电视电话会议召开，落实全国疫情防控工作电视电话会议和省委常委会暨省新冠肺炎防控领导小组（指挥部）会议精神，部署疫情防控工作。

19日 河源市首次在和平县和平粮仓彭寨基地尝试种植的巨型稻收割，每亩产量约600千克。

21日 河源市召开教育系统校园安全暨疫情防控工作电视电话会议。

23日 2021手机创新周暨第九届手机设计大赛以线上方式在河源举行，河源市龙鑫光学科技有限公司的手机盖板玻璃脱除油墨处理方案获2021年度最佳终端解决方案。

27日 由深圳对口帮扶的河源市图书馆和源城区公园东小学共建的“馆校共享图书”项目建成并启用。

28日 河源市有5个产业园入选2021年省级现代农业产业园建设名单，其中广东油茶跨县集群产业园入选跨县集群产业园建设名单，源城区畜禽产业园、东源县蓝莓产业园、连平县花生产业园、龙川县丝苗米产业园入选特色产业园建设名单。

29日 中共河源市委八届二次全会召开。市委书记林涛作报告，市委副书记、市长何国森就经济工作作具体部署。

△ 深河人民医院·暨南大学附属第五医院开业运营。

是月 在2021年广东省青少年皮划艇（激流回旋）锦标赛上，河源代表队摘得7金、8银、3铜，获团体总分第一名。

△《河源市优势特色农业产业化提档升级行动计划（2021—2025年）》印发。

△《河源市出租屋消防安全管理规定》出台。

△ 河源市郑尔君家庭、蔡光明家庭获评2021年全国最美家庭。

△ 市税务局“职工书屋”被授予2021年全国工会职工书屋示范点称号。

△ 河源市首个公办教育集团——河源市第三小学教育集团举行揭牌仪式。

△ 河源市通过国家卫生城市复审。

△ 2021年深莞惠汕河流动大舞台五地文艺巡演（河源专场）在万绿湖景区举行。

△ 2022年河源市百名博（硕）士党政储备人才引育工程启动。

△ 农业农村部、财政部和国家发改委公布2021年农业现代化示范区创建名单，东源县成为河源市首个列入创建名单的县。

△ 河源籍作家丘树宏、吴志良参加中国作家协会第十次全国代表大会。

△ 东源县灯塔镇灯塔村被列入全国首批村级议事协商创新实验试点单位。

△ 源城区妇联被授予全国维护妇女儿童权益先进集体称号。

△《河源市中心城区工业用地使用权供应管理办法》印发。

△ 河源市在广东省率先出台《关于进一步做好义务兵优待相关工作的通知》。

△ 源城区文昌路消防救援站站长助理张友金、龙川县老隆消防救援站代理站长助理叶健林、国有坪山林场护林员刘天娇获2021年第三季度广东好人称号。

说明：“△”指该事件发生时间与上一事件相同。

（黄书伟）

总 述

编辑：王瑞峰

市情概貌

【建置沿革】 河源，战国时期属楚。秦于龙川置县后，历汉、三国、两晋，均属南海郡龙川县地。南朝齐永明元年（483），龙川析地置河源县，仍属南海郡。南朝梁天监二年（503），南海郡置梁化郡（今惠阳梁化），河源属梁化郡。隋开皇十年（590）改梁化郡置循州（治今龙川佗城）。隋开皇十一年（591）省龙川，并入河源县，为循州属。隋大业元年（605），改循州为龙川郡。河源属龙川郡辖。唐武德五年（622），龙川郡复名循州，唐嗣圣元年（684）改循州为雷乡郡。唐天宝四载（745）改雷乡郡为海丰郡。唐乾元元年（758）又改称循州。南汉乾亨元年（917）析循州分置祯州、循州，河源属循州。南汉大宝元年（958），改旧循州治为祯州，河源属祯州辖。北宋天禧五年（1021）改祯州为惠州[一说北宋天禧四年（1020）改祯州为惠州]。北宋宣和二年（1120）改惠州郡为博罗郡。南宋绍兴三年（1133）复称惠州。元至元十六年（1279）惠州升路，河源属惠州路辖。明洪武元年（1368），惠州路改为惠州府。清代，河源属惠州府辖。民国2年（1913），河源属广东省都督府潮循道，民国14年（1925），河源隶属东江行政区。民国17年（1928），河源属东江善后委员公署。民国21年（1932），属东江绥靖委员公署辖。民国25年（1936），河源隶属广东第四区行政专员公署。民国29年（1940），第四区行政专员公署由惠州移至河源。民国38年（1949年9月30日止），改称第六区行政专员公署。中华人民共和国成立后，河源先后属东江行政委员会、东江行政专员公署，1953年，属粤东行政专员公署。1956年3月，属惠阳地区专员公署。1959年3月，惠阳地区被撤销，属韶关地区专员公署管辖。1963年7月，恢复惠阳地区，河源又划归惠阳地区辖。1988年1月7日，国务院批准撤销河源县，设立河源市，原河源县划分为河源市源城区和郊区。河源市辖源城区、郊区、龙川县、紫金县、连平县、和平县。1988年3月2日，市委、市政府正式挂牌办公。1993年11月8日，国务院批准撤销河源市郊区，设立东源县。 （《河源年鉴》编辑部）

【行政区划】 2021年，河源市辖源城区、东源县、和平县、龙川县、紫金县、连平县5个县和1个区。全市设95个乡镇（其中1个民族乡）、6个街道办事

2021年河源市行政区划一览表

表1

区县	乡镇（街道办）名称	数 量
源城区	镇：源南、埔前；街道办事处：上城、东埔、新江、源西、高埔岗、城东	2个镇、6个街道办
东源县	镇：灯塔、顺天、骆湖、船塘、仙塘、上莞、曾田、柳城、义合、蓝口、黄田、叶潭、黄村、康禾、锡场、新港、双江、涧头、新回龙、半江；乡：漳溪畲族乡	20个镇 1个民族乡
和平县	镇：阳明、大坝、上陵、下车、长塘、贝墩、彭寨、东水、林寨、热水、优胜、古寨、礼士、公白、合水、青州、浰源	17个镇
龙川县	镇：老隆、四都、黄石、细坳、车田、贝岭、黎咀、麻布岗、上坪、丰稔、赤光、龙母、廻龙、田心、铁场、登云、通衢、鹤市、黄布、紫市、佗城、新田、岩镇、义都	24个镇
紫金县	镇：紫城、中坝、龙窝、九和、上义、蓝塘、凤安、义容、古竹、临江、柏埔、黄塘、敬梓、水墩、南岭、苏区、瓦溪、好义	18个镇
连平县	镇：元善、上坪、大湖、忠信、隆街、陂头、内莞、绣缎、高莞、油溪、田源、溪山、三角	13个镇
合计	全市共5个县、1个区，101个乡镇（街道）：95个乡镇（其中1个畲族乡），6个街道办事处	

处。其中，源城区辖2个镇、6个街道办事处；东源县辖20个镇、1个民族乡；和平县辖17个镇；龙川县辖24个镇；紫金县辖18个镇；连平县辖13个镇。（巫　胶）

【位置、范围与面积】 河源市位于广东省东北部，地处东江中上游，东靠梅州，南接惠州市、汕尾市，西连韶关市，北邻江西省赣州市。其范围是北纬23° 10′ ~24° 27′ ，东经114° 14′ ~115° 36′ 。全市面积1.57万平方千米。

（骆菲茵）

【人口】 2021年，河源市常住人口284.09万人，比上年增长0.19%；城镇人口比重49.8%，比上年增长1.25个百分点。同期河源市户籍人口371.93万人，比上年下降0.07%。全市少数民族人口3万多人，有1个畲族乡、9个畲族村，东源县漳溪畲族乡是全省唯一的畲族乡。河源籍海外华人华侨约36万人，港澳台同胞约21万人。

【语言】 河源市地处梅州市与广州市之间，河源话受正统客家话及白话（广州话）的影响较大。有的词语读音与梅州话相似，有的词语与广州话相近，而河源市内各县区之间的方言也有较大差异。但总体上河源市均属于客家方言地区。

【民族】河源市居民主要由汉族组成，人口占全市总人口的99%以上；汉族祖先属中原客家民系，所操语言为汉族客家语系方言。少数民族中，人口较多的是畲族。2021年，畲族有19045人，其风俗习惯基本与汉族相同，但仍保留着自身的一些风俗习惯。此外，境内还有壮族、苗族、瑶族、土家族等少数民族人口。　　（《河源年鉴》编辑部）

【地貌特征】 河源市处于粤东北山区与珠江三角洲平原地区的结合部，属山地丘陵地区。境内地势东北向西南倾斜，粤赣边境山高岭峻，最高峰连平县黄牛石顶，海拔1430米。山脉多北东走向，主要山脉有北西部九连山脉，斜贯中部的罗浮山脉及南东边缘的莲花山脉。东江、新丰江纵贯全境，山岭盆地相间，在山间和东江边分布着冲积小平原和宽广的谷地。　　（骆菲茵）

2021年河源市户籍人口民族一览表

表2　　单位：人

民族	人口	民族	人口	民族	人口	民族	人口	民族	人口
汉族	3689907	回族	136	毛南族	24	哈萨克族	3	羌族	2
畲族	19045	彝族	129	藏族	14	赫哲族	3	裕固族	2
壮族	5978	蒙古族	89	傈僳族	13	景颇族	3	阿昌族	1
苗族	1017	仫佬族	74	佤族	11	纳西族	3	东乡族	1
土家族	991	仡佬族	67	土族	9	怒族	3	普米族	1
瑶族	907	朝鲜族	65	京族	5	维吾尔族	3	塔塔尔族	1
侗族	566	水族	49	布朗族	4	锡伯族	3	乌孜别克族	1
黎族	295	白族	39	拉祜族	4	独龙族	2		
布依族	288	傣族	35	达斡尔族	3	鄂伦春族	2		
满族	208	哈尼族	28	高山族	3	珞巴族	2		

说明：全市共47个民族。数据由河源市公安局提供　　（宋永鸿）

【环境质量】 2021年，河源市生态环境质量总体保持优良水平。主要江河湖库水质保持优良，10个国考、省考断面达标率100%，全市集中式饮用水水源水质达标率100%，地表水水质优良比例达到100%；新丰江水库水质稳定达地表水Ⅰ类、东江河源段水质稳定达地表水Ⅰ～Ⅱ类标准，枫树坝水库水质达到地表水Ⅱ类标准。市区空气质量优良率96.7%，优良天数353天，其中优的天数为189天，良的天数为164天，轻度污染的天数为11天，中度污染的天数为1天，无重度及以上污染状况；环境空气6项指标均达到国家《环境空气质量标准》二级标准或以上。市区声环境质量基本稳定，城市声环境功能区昼间时段达标率95%；土壤环境总体安全；农村生态环境良好，均达到功能要求；辐射环境处于安全状态。　　（赵晓菲）

2021年河源市区县最高山峰一览表

表3

山峰名称	所在区县	海拔高度
黄牛石顶	连平	1430米
七目嶂	龙川	1318米
风吹蝴蝶	和平	1272米
武顿山	紫金	1232米
蝉子顶	东源	1125米
桂山	市区	1056米

（《河源年鉴》编辑部）

【气候】 2021年，河源市主要气候特点：温高雨少台风影响轻，阶段性气象干旱影响严重。全年气候年景偏差。年平均气温和高温日数均创历史新高，年平均降雨量为1960年以来第二少；“龙舟水”偏轻，但降水极端性强；台风影响偏轻；温高雨少致阶段性气象干旱严重。年平均气温22.1℃，较常年（20.8℃）偏高1.3℃，创1960年以来最高纪录。平均高温日数（最高温度≥35℃的日数）52.8天，较常年（21.6天）偏多31.2天，创1960年以来最高纪录。开汛日为4月15日，较多年平均开汛日（4月7日）偏晚；平均降雨总日数（日降水量≥0.1毫米的日数）117天，其中平均暴雨日数2.2天；年总降雨量1030.9毫米，较常年同期（1768.9毫米）偏少42%；年日照时数2187.9小时，较常年同期（1686.8小时）偏多30%。是年，影响河源市的气象灾害主要是寒潮、强对流天气、暴雨、台风、高温和干旱灾害。降水极端性强。5月31日，江东新区古竹1小时降雨量113.1毫米，破全市历史极值。年末受寒潮影响，降温显著。（叶丽娜 单雪珂）

【土地资源】 2021年，河源市辖区土地总面积156.53万公顷。农用地面积145.54万公顷（其中耕地10.53万公顷、园地4.06万公顷、林地124.49万公顷、草地5.24公顷、其他农用地6.45万公顷），建设用地面积7.58万公顷（其中城镇村及工矿用地6.04万公顷、交通运输用地1.47万公顷、水工建筑用地768.12公顷），未利用地面积3.41万公顷（其中水域及水利设施用地面积1.66万公顷、其他草地面积1.43万公顷、其他土地面积0.32万公顷）。

【矿产资源】 2021年，河源市已发现主要矿产64种，查明资源储量的有34种，矿产地（矿点）422处。其中，能源矿产2种，矿产地34处；金属矿产12种，矿产地（矿点）139处；非金属矿产19种，矿产地245处；水气矿产1种，矿产地4处。（骆菲茵）

【水资源】 河源市位于广东省东北部，地处东江中上游、韩江上游和北江上游，全市总面积1.57万平方千米，其中东江流域占87.5%，韩江流域占10.5%，北江流域占2%。全市区域内河流众多，集雨面积在100平方千米以上的河流有49条，集雨面积超过1000平方千米的河流有6条，东江、新丰江两条河流纵贯全境。河源市水资源丰富，多年平均降雨量为1700毫米，多年平均年径流总量为151.3亿立方米，全市多年人均水资源拥有量约为4500立方米，为全国、全省人均水平的2倍以上。华南地区最大水库——新丰江水库位于河源市境内，蓄水总库容达139亿立方米。全市水力资源理论蕴藏量168.74万千瓦，占全省的24%，其中可开发水力资源量达133.4万千瓦。河源市水环境质量优良，境内主要大中型水库水质良好，新丰江、枫树坝两个广东最大的大型水库和东江河源段的水质，常年保持国家地表水Ⅰ~Ⅱ类标准。尤其是新丰江水库水量大、水质优，多年平均年入库流量为61亿立方米，水质常年保持国家地表水Ⅰ类标准，是中国湖泊（水库）少有的优质饮用水源，具有“人无我有，人有我优”的水资源优势。2021年为枯水年，全市年降水量1153.2毫米，比上年减少17.8%，比多年平均值减少32.2%。全市水资源总量57.31亿立方米，比上年减少54.0%，比多年平均值减少62.1%。全市大、中型水库年末蓄水总量48.51亿立方米，较年初减少21.16亿立方米（其中新丰江水库蓄水量减少18.92亿立方米）。（宋丽平）

【植被和生物资源】 河源市光、热、水资源丰富，四季常青，动植物种类繁多。全市有国家一级保护动物中华穿山甲，国家二级保护动物蟒蛇和白鹇（省鸟）等，省重点保护动物棘胸蛙、沼蛙、平胸龟等。国家一级保护植物有伯乐树、紫纹兜兰等，国家二级保护植物有桫椤、金毛狗等。在植被类型中，有属于地带性植被的北热带季雨林、南亚热带季风常绿阔叶林、中亚热带典型常绿阔叶林。（丘尚轩）

【民俗风情选录】 连平忠信花灯节 明末清初，连平忠信地区流行“吊灯”“赏灯”的习俗。最初起源叫“点灯”，因“点灯”谐音“添丁”，大凡生了男孩的人家，都高兴到灯街购买或定做花灯，挂在祠堂里，以示“添丁”。中华人民共和国成立后，特别是随着改革开放的深入和社会经济的发展，倡导新风气、新风尚，忠信地区盛行为生育儿女、建新房、娶媳妇、以优异成绩升学、勤劳致富、参军入伍、长寿、祈求平安、事业顺利等而吊灯。农历正月初六到十三，便是忠信地区盛行的上灯挂彩日子。在此期间，花灯昼夜通明。农历正月十八或二月初二要进行化灯（暖灯）。在上灯与化灯之日，主人家大都设宴招待亲朋好友。农历正月是忠信地区传统的花灯节。正月初九一过，便是灯市，方圆十里的人都赶往忠信圩，灯节便开始了。

蓝大将军出巡节 每年农历四月初九是畲族传统的节日。这一天，在东源县漳溪畲族乡定会举行盛大的蓝大将军招兵、出巡等活动。相传，蓝大将军名蓝光辉，是驸马王的二儿子，因其本领超群、才智过人、护国有功，被高辛帝封为“护国将军”辅佐江山。他麾下有5名英勇善战的统领，分统五路兵马，这五路兵马分别是“三秦兵”“五狄兵”“六戎兵”“八蛮兵”和“九夷兵”。有一年农历四月初九，蓝大将军和他的部下打胜仗归来，当时畲民和军队杀牛宰猪犒劳将军，载歌载舞庆祝一天一夜。尔后，在每年的农历四月初九都举行蓝大将军出巡民俗活动。这天，漳溪畲族乡彩旗飘飘，醒狮起舞，锣鼓喧天，村民男女老幼身着节日盛装，共同欢庆畲族节的到来。当天清晨，由主事（长者）率领十多名青壮年，头扎红巾、腰围红绸、手持各式兵器和猎枪，抬着一顶轿子、一匹白马，带上“三牲”、供品、鞭炮、香烛，上山三跪九拜后，恭请蓝大将军神位上轿，然后回到村寨门前举行入寨仪式。首先进行“招兵”仪式，然后敲锣打鼓，抬着蓝大将军牌位挨家挨户去巡寨，由五路兵马“护驾”，每家每户都出来迎接，放鞭炮，争着把香火点插在蓝大将军的灵位前，以求福灭灾、祈祷和平、护佑人寿年丰。当蓝大将军神位进村寨时，村民在长者的带领下跪拜迎接，锣鼓、鞭炮齐鸣，场面非常壮观。

扫墓祭祖 河源客家人扫墓祭祖有春祭和秋祭。春祭，指新坟不过二月社，上年坟和上年老墓新修地，在次年春分为开青祭拜，更多的是择吉进行；秋祭，在中秋节前后进行，除寅日和破日外，都可上山为亲人扫墓。在河源客家地区，几乎每个姓氏都有他们一世祖的坟地，每年到扫墓（也叫铲地）那天，从四面八方而来的同宗人员聚在一起，共同祭祀祖宗。客家人扫墓一般在农历八月，有些也在重阳节；清明节扫墓是近些年才有的事。客家人扫墓的时间都是在上午，不管是大的宗族还是个人家庭，最主要的祭祀物品是“三牲”，一般都是鸡、猪、鱼，整个宗族可能用上整头猪，个人家庭就用一大块猪肉，准备好香纸爆竹、茶酒、米糕、饼干、水果等。到坟地，大家在家族中最长的成员带领下，进行割草、扫坟堂等清洁活动，然后摆好“三牲”等祭品，在碑前点上蜡烛香火，接着就是过坟堂。过坟堂很有讲究，只有家庭的男丁才有资格。过坟堂从家族中辈分最高的成员开始，只要辈分高，哪怕是三岁男孩也有比那些辈分低的花甲老人享有优先过坟堂的权利。大家手捧香火，一个一个地从坟堂走过，跪拜祖先，向祖先祈福。过完坟堂后，烧纸宝、香烛，燃烧爆竹，最后是分发米糕，这样扫墓就算是完成了。

畲族服饰 河源地区畲族妇女服装特点是上衣多刺绣，最主要的装束是“凤凰装”。红头绳扎的长辫高盘于头顶，象征着“凤头”；衣裳、围裙（合手巾）上用大红、桃红、杏黄及金银丝线镶绣出五彩缤纷的花边图案，象征着凤凰的颈项、腰身和羽毛；扎在腰后飘荡不定的金色腰带头，象征着“凤尾”；佩于全身的叮当作响的银饰，象征着“凤鸣”。已婚妇女一般头戴“凤冠”，它是在精制的细竹管外包上红布帕，悬一条30多厘米长、3厘米宽的红绫做成的。冠上有一块圆银牌，下垂3个小银牌于前额，称为“龙髻”，表示是“三公主”戴的凤冠。龙髻是用各种颜色丝线或纱线做材料编织而成。畲族男子服饰崇尚黑色，上衣短仅及腰，裤子则长到踝骨。*（《河源年鉴》编辑部）*

经济和社会发展综述

【概况】 2021年，河源市坚持以习近平新时代中国特色社会主义思想为指导，坚决贯彻落实党中央、国务院和省委、省政府的决策部署，在市委的坚强领导下，在市人大及其常委会、市政协的监督支持下，完整、准确、全面贯彻新发展理念，认真落实省委“1+1+9”工作部署，全力加快“示范区”“排头兵”建设，经济社会平稳健康发展，实现“十四五”顺利开局。

2021年，河源市实现地区生产总值1273.98亿元，比上年增长8.0%。分产业看，第一产业、第二产业、第三产业增加值分别为153.81亿元、463.15亿元、657.02亿元，比上年分别增长8.0%、11.1%、6.1%。三次产业结构由上年的12.0：34.8：53.2调整为12.1：36.4：51.5，第一产业、第二产业所占比重分别提高了0.1和1.6个百分点，第三产业所占比重回落了1.7个百分点。全体居民人均可支配收入24627元，比上年增长10.5%，扣除价格因素，实际增长10.1%。

【疫情防控】 2021年，河源市扎实做好常态化疫情防控工作，有效防范境外和国内重点地区疫情输入，全市无新增确诊病例。全面推进疫苗接种工作，接种疫苗493.52万剂次、239.92万人，3岁以上人群接种率84.55%，完成全程接种224.72万人。成立村居公共卫生委员会1226个，基层公共卫生服务能力增强。建立应急处置队伍108支，开展疫情全流程全要素综合应急演练。日核酸检测能力增加至3万份。

【农业】 2021年，河源市实现农林牧渔业总产值240.26亿元，比上年增长8.7%。其中，农业产值133.11亿元，比上年增长1.6%；林业产值37.23亿元，增长11.8%；牧业产值59.45亿元，增长31.7%；渔业产值6.57亿元，增长4.1%；农林牧渔专业及辅助性活动产值3.90亿元，增长14.9%；生猪出栏量增长42.2%。建成高标准农田9153.33公顷，粮食播种面积13.3万公顷、总产量81.15万吨，基本完成撂荒耕地复耕复种任务，广东省在河源市举办推进撂荒耕地复耕复种现场会并推广河源市经验。灯塔盆地国家农高区创建工作扎实有效推进，新增油茶跨县集群产业园、源城区畜禽产业园、东源县蓝莓产业园、连平县花生产业园、龙川县丝苗米产业园等5个省级现代农业产业园，美林油茶现代农业产业园、茶浓缩液及衍生产品项目、光明鸽产业园等一批项目加快建设。东瑞股份在主板上市，成功实现河源市主板上市公司“零的突破”，新增省级以上农业龙头企业15家。和平县贝墩镇被评为全国“一村一品”示范村镇，东源县入选全国首批创建农业现代化示范区。

【工业】 2021年，河源市实现全社会工业增加值359.45亿元、增长12.7%。新增规模以上工业企业78家，年末全市共有规模以上工业企业597家，比上年末增加6家，其中年产值超亿元200家。实现规模以上工业增加值349.53亿元、增长12.5%。高技术制造业增加值120.73亿元、增长13.5%。先进制造业增加值176.06亿元、增长10.8%。先进制造业、高技术制造业增加值占规模以上制造业增加值比重分别为50.4%和

34.5%。单体计划投资超50亿元的卓翼科技项目，半年内实现签约顺利投产上规，刷新河源市项目建设速度。投资超10亿元的艾佛光通科技、显赫电子、名格光电等项目加快建设，河源国家高新区获批国家信息终端设备制造创新型产业集群、国家外贸转型升级基地、全省首批特色产业园，河源市被纳入全省珠江东岸电子信息产业带重点扶持城市，电子信息产业集群加快壮大。发布水产业园建设规划，开展招商引资活动。农夫山泉三期、今麦郎、碧优选等一批水产业项目签约落地，现代农业与食品产业集群核心城市加快建设，水产业集群加快打造。硅基新材料产业园加快建设，引进铂科新材料、晟源永磁材料等项目，先进材料产业集群加快成型。鹏城实验室河源节点落户。举办系列招商活动，签约项目176个，计划投资868.33亿元，产业发展后劲更足。盘活清理园区用地335.27公顷，扩园8.2平方千米，稳步推进河源国家高新区跨江发展。深圳南山河源高新区共建产业园一期开园、二期启动建设，深河产业共建示范区成为广东省六大省级合作区之一，深河产业共建进一步深化。

【服务业】 2021年，河源市服务业平稳发展，服务业增加值657.02亿元，比上年增长6.1%，占地区生产总值的51.6%；现代服务业增加值338.94亿元，增长4.9%，占服务业增加值的51.6%，比上年提高2.3个百分点。服务业企业经营稳步复苏，全年规模以上服务业企业实现营业收入68.75亿元，比上年增长25.8%，利润总额1.72亿元，增长2.8倍。赣深高铁河源东站市全域旅游集散中心投入使用，全市接待旅游者人数699.15万人次，比上年增长10%。龙川县、和平县创成省级全域旅游示范区，万绿湖风景区创国家AAAAA级旅游景区工作取得实质性进展，霍山景区获评国家AAAA级旅游景区。举办民宿招商大会，签约民宿项目14个，已登记民宿主体135家，东源县义合镇获评省乡村民宿示范镇，8家乡村民宿获评省乡村民宿示范点。

【对外贸易】 2021年，河源市外贸进出口总额306.9亿元，比上年增长4.7%。其中，出口总额246.6亿元，比上年增长1.9%；进口总额60.3亿元，增长17.8%。全市工商登记在册的外商及港澳台商投资企业2297家，增加290家。全年签订利用外商直接投资项目28个，实际利用外商直接投资10.61亿元，比上年增长64.2%。落实兑现各级稳外贸资金1948万元，实现市场采购贸易约60.2亿元，拉动全市外贸增长约26.9个百分点。组织22家企业、超过1000名境内采购商参加第129届和第130届广交会，组织65家采购商参加第四届中国国际进口博览会等重点展会。

【社会事业】 教育事业提质发展 2021年，河源市新改扩建公办幼儿园18所、新增学位4535个，新增普惠性民办幼儿园19所、新增学位6602个。新改扩建公办中小学9所、新增学位12780个，改扩建农村义务教育寄宿制学校11所、新增学位2362个。“双减”工作全面开展，全市536所义务教育阶段学校均出台作业管理办法和建立作业公示制度，压减学科类培训机构183家、压减率95.8%。全市21320人参加普通高考，上清北线6人，本科线以上10246人，本科率高全省2个百分点。河源理工学校、河源市职业技术学校入选省高水平中职学校建设单位名单。

医疗健康服务水平稳步发展 市人民医院成功融入省人民医院体系，列入全省高水平医院建设名单。深河人民医院投入运营，“三甲”综合医院创建工作扎实推进。市疾控中心迁址新建、市公共卫生医学中心等项目顺利推进。“互联网+医疗健康”体系不断深化，与省平台内的84家医疗机构实现互联互通，全市90%二级以上医院实现看病就医“一键诊疗”。加强老龄健康服务，源城区陂角村和江东新区东环学府社区成功创建全国示范性老年友好型社区。强化妇幼健康工作，启动新一轮出生缺陷综合防控项目，顺利完成年度筛查任务，规范发展3岁以下婴幼儿照护服务机构，全市有3岁以下婴幼儿照护机构56间。

文体事业蓬勃发展 建设“馆校共享图书”服务点13家、“粤书吧”3家。完成东源县总分馆建设，全市文化馆图书馆总分馆制建成率100%。建成基层综合性文化服务中心和旅游咨询中心融合试点4个。河源市客家山歌擂台赛列入广东省2021年“非物质文化遗产宣传展示重点活动”，龙川县黎咀镇被评为2021—2023年度“广东省民间文化艺术之乡”。东源县康禾镇仙坑村荣封第修缮工程入选“2020年度优秀古迹遗址保护项目”。仙坑村登云书院遗址保护获中国建筑学会“历史文化保护传承创新专项奖”。河源市体育健儿在东京残奥会获得银牌，“2021年广东省皮划艇（静水）锦标赛”获1金1铜，“2021年广东省赛艇锦标赛”获1金1银5铜。

民生保障不断完善 民生支出238.4亿元、占全市一般公共预算支出的73.9%。“十件民生实事”基本完成，落实市委书记、市长“面对面”解决群众“急难愁盼”问题工作机制，解决“看病难”“饮水难”“上学难”等民生问题。政务服务“跨省通办、省内通办”深入推进，实现300项高频事项异地办理，市级1785项政务服务事项实现“一网通办”。“粤菜师傅”“广东技工”“南粤家政”三项工程纵深推进，新增城镇就业2.7万人，城镇登记失业率控制在3%以内。乡镇社工站实现全覆盖，社工服务村（居）覆盖率69%、排名全省第一。医保改革扎实推进，实现生育保险和职工基本医疗保险合并实施，全市52个门诊特定病种在医院审批认定全面推开。社保覆盖面进一步扩大。城乡居民基本养老保险、失业保险参保人数分别为130万人、28万人。加强困难人员兜底帮扶，建立特困人员救助供养护理制度，连续5年提高低保、特困供养、残疾人“两项补贴”、孤儿养育标准，底线民生保障水平不断提高。

社会大局和谐安定 深化“平安河源”建设，加强“枫桥式派出所”“智慧新警务”建设，全市1180所中、小学及幼儿园“一键报警”安装率、报警平台接入率和监控视频安装等均达到100%。推进常态化扫黑除恶斗争，大力开展严打突出刑事犯罪专项行动，严厉打击电信网络新型违法犯罪，持续深化黄赌、枪爆、食药环等突出治安问题整治，坚决打击治理毒品类违法犯罪，人民群众对社会治安的满意度和总体评价不断提升。深入开展系统防范化解道路交通安全风险工作，突出抓好道路运输“两客一危一重货”安全监管工作，全市事故起数、死亡人数实现“双下降”。集中攻坚安全生产专项整治三年行动，各类生产安全事故起数和受伤人数实现“双下降”。扎实防范化解风险，未发生涉银行类、涉股权类、涉保险类不稳定金融矛盾风险。

【城乡建设】 **基础设施日臻完善** 2021年，河源市完成省市重点项目投资400亿元，谋划“十四五”时期重大项目350个、计划总投资3300亿元。首条途经河源市的高铁赣深高铁建成通车，河源市4个高铁站场同步建成投入使用。梅龙铁路、龙寻高速、粤赣高速顺天互通立交建设加快推进，长深高速改扩建项目、国道205线热水至埔前段改建项目先行工程开工建设，广河客专、赣广高铁、深河高铁等项目规划研究工作推进，东江航道河源段扩能升级等项目前期工作推进，5个通用机场被纳入省规划布局并开展选址研究工作，“水陆空铁”现代综合交通运输体系加快构建。持续推进“清四乱”专项行动（指对乱占、乱采、乱堆、乱建等河湖管理保护突出问题开展专项清理整治行动），累计清理河道3723.45千米，消除水库安全隐患68宗。累计建设5G基站1569座，5G用户累计34万户。抽水蓄能、天然气热电联、天然气利用“县县通工程”等工程加快推进。

城市功能品质不断提升 推进市县级国土空间总体规划和国土空间规划“一张图”编制，初步完成市级国土空间总体规划市域规划内容制定，基本实现中心城区控制性详细规划全覆盖。推动老旧小区改造等提质工程，综合整治背街小巷525条。以全省第二的成绩，通过国家卫生城市复审。开展“巩卫”“创文”等多项市政设施整治行动，市政设施完好率98%以上。推进城市生活垃圾分类，市区公共机构垃圾分类开展率100%，开展市容秩序专项整治行动，加强城市“六乱”（乱搭乱建、乱堆乱放、乱设摊点、乱拉乱挂、乱贴乱写乱画、乱扔乱吐）专项整治，城市面貌不断改善。

乡村振兴全面推进 在全省率先出台文件明确部门工作体制衔接、强化扶贫资产管理，健全防止返贫动态监测和帮扶机制，脱贫成果持续巩固。在全省率先成立市、县区乡村振兴局，落实市领导联镇包片抓落实工作机制，全面开展驻镇帮镇扶村工作。农村综合改革纵深推进，探索建立土地股份联结机制，开展82个集体经济发展试点村扶持培育工作。农村居民人均可支配收入19000元，连续4年超全国平均水平，村集体经营性收入平均12.6万元。农村生活垃圾处理率、保洁覆盖率均达100%，整治农村削坡建房风险点6260个、农村房屋安全隐患73个。无害化卫生户厕全面普及，农村“厕所革命”工作得到国家乡村振兴局肯定。被省列为农村生活污水治理试点，市、农村生活污水治理率40%，农村集中供水实现全市自然村全覆盖。源城区创成“四好农村路”全国示范县（区），“一区四带”加快建设，15条县级美丽乡村风貌提升示范带启动建设，东源县仙坑村获评中国美丽休闲乡村。

【生态环境】 2021年，河源市地表水水质优良比例、县级以上集中式饮用水水源水质达标率均达100%，新丰江水库、东江干流水质维持国家地表水Ⅰ类、Ⅱ类标准，成功创建省级节水型城市，万绿湖被评为“2021年广东省十大美丽河湖”。市区空气质量优良率96.7%，市区空气质量优良天数353天，排名全省第六，6项污染物指标100%达标，$PM_{2.5}$浓度均值稳定优于世卫组织第二阶段标准。完成高质量水源林建设5320公顷，完成桉树林改造1.83万公顷，全市森林覆盖率73.18%，全省排名第三。城市建成区绿化覆盖率42.62%，人均公园绿地面积15.33平方米。城市生活垃圾无害化处理率100%，工业危险废物、医疗危险废物安全处置率均达99%以上，污水处理能力62.54万吨/日。（*黄紫纯*）

政治文明建设

依法治市

【工作会议】 2021年，河源市召开市委全面依法治市工作会议、市委依法治市委员会会议，深入学习贯彻习近平法治思想，贯彻落实中央全面依法治国工作会议、省委全面依法治省工作会议精神，部署推进法治河源建设。

【法治河源建设】 2021年，中共河源市委印发《法治河源建设规划（2021—2025年）》，中共河源市委办公室印发《河源市法治社会建设实施方案（2021—2025年）》，明确河源市法治建设路线图。

【压实法治建设责任】 2021年，河源市出台《关于组织开展党政主要负责人履行推进法治建设第一责任人职责述职工作的实施方案》，压实各级各部门法治建设责任。

【强化基层法治建设和法治建设创新】 2021年，河源市在全省率先出台《关于全面加强乡镇（街道）法治建设的意见》，夯实基层法治建设基础。出台

《关于创新工作机制推进法治河源建设的实施方案》，实施“1+7+N”［“1”代表市一级每年谋划开展至少一项法治建设创新项目；“7”代表7个县区（包括江东新区）每年各自谋划开展至少一项法治建设创新项目；“N”代表市、县（区）承担法治建设职责任务的单位每年开展至少一项法治建设实事。］法治建设创新工程，推动法治河源建设创新发展。

【法治建设考评】 2021年，河源市召开2次中共河源市委常委会会议、3次市委依法治市委员会会议，研究部署法治广东考核整改工作，并召开2020年度法治广东建设考评整改暨迎接2021年度法治广东建设考评动员会议。通过压实整改工作责任、狠抓整改措施落实，河源市法治广东考评整改取得明显成效。开展法治河源建设考评，推动法治建设各项目标任务落到实处。

依法行政

【法治政府建设】 2021年，河源市各级行政机关全面落实法治政府建设年度报告制度，按期公开率100%。法治政府示范创建工作成效明显，河源市《法治声音》普法栏目获评广东省法治政府建设示范项目。

【政府立法】 2021年，河源市人民政府制订《河源市政府2021年立法工作计划》，配合市人大完成地方性法规正式项目《河源市扬尘污染防治条例》的起草和审查工作，组织完成《河源市文明行为促进条例》的调研和起草工作。出台《河源市政府规章立法后评估办法》。探索省级立法基层联系点建设，河源市新的社会阶层人士联合会确认入选省级立法基层联系点。

【行政决策行为规范】 2021年，河源市政府常务会议学习贯彻《广东省重大行政决策程序规定》。制定《2021年度市政府重大行政决策事项目录》。健全政府聘请法律顾问制度，实现市县镇三级政府聘请法律顾问全覆盖。修订《河源市行政规范性文件管理规定》，印发并向社会公布市级行政规范性文件制定主体清单。全面落实行政规范性文件合法性审核机制。

【行政执法】 2021年，河源市推行行政执法公示制度、执法全过程记录制度、重大执法决定法制审核制度，促进严格规范公正文明执法。加强行政执法资格及证件管理，应用广东省执法队伍管理系统，全市279个行政执法单位在广东省执法队伍管理系统开通账户，上线使用率100%。组织开展行政执法案卷评查活动，提高行政执法案卷质量。印发《镇街综合行政执法问答手册》，提升执法人员素质。在粤东西北地区率先实现市县镇三级行政执法主体全面上线运用行政执法“两平台”（行政执法信息平台和行政执法监督网络平台）。全面推行证明事项告知承诺制，全面做好减证便民工作。

【行政复议应诉】 2021年，河源市制定《河源市行政复议体制改革工作方案》，按时完成行政复议体制改革任务。河源市司法局增设行政复议应诉综合科，将行政复议科、行政应诉科调整为行政复议应诉一科、行政复议应诉二科。出台《关于加强行政应诉工作的通知》，推动行政机关负责人出庭应诉，建立败诉行政案件和行政机关负责人出庭应诉年度报告制度。2021年，河源市行政机关负责人出庭应诉率46.8%。（陈 健）

政务公开

【概况】 2021年，河源市各级政府及工作部门以习近平新时代中国特色社会主义思想为指导，深入学习中共十九大和十九届二中、三中、四中、五中、六中全会精神，坚持以人民为中心的发展思想，认真贯彻党中央、国务院和省委、省政府决策部署，围绕市委、市政府中心工作，准确执行《条例》，聚焦深化“放管服”改革、“六稳”“六保”积极回应社会关切，稳步推进政务公开工作，以公开促落实、促规范、促服务。

【主动公开】 2021年，河源市政府网站主动公开政府信息40712条，其中发布政策解读材料162篇，规范性文件解读比例实现100%。编印《河源市人民政府公报》14期，发行总数达4.2万份，主要向基层、办事服务大厅倾斜赠阅，电子版同步在市政府门户网站发布。及时发布最新疫情防控权威信息，通过政府网站、政务新媒体、电视、广播、报刊等渠道进行全方位宣传解读，使群众及时全面获取疫情相关信息。

【依申请公开】 2021年，河源市统一使用新版广东省政府信息依申请信息公开办理系统，切实提升全市政府信息公开申请办理工作规范化水平和办理质量。全年收到和办理政府信息公开申请218宗，办结216宗，结转下年度办理2宗；信息公开类行政复议1起，行政诉讼1起。

【政府信息管理】 2021年，河源市全面完成市、县两级信息主动公开基本目录的编制发布，进一步提高政府信息公开的规范性和可操作性。做好政府工作报告、行政规范性文件、财政预决算等重点政府信息公开，完成全市现行有效规章集中统一公开，并提供在线查阅、检索、下载等服务，方便群众获取。

【平台建设】 2021年，河源市继续推进全市政务新媒体缩量提质增效工作，对无力运维、安全保障能力薄弱的政务新媒体进行关停整合，着力构建全市政务新媒体宣传矩阵。强化常态化监管，严格实行政府网站及政务新媒体周监测机制，累计发布监测报告102份，发现问题及时通知有关单位立即整改。

【监督保障】2021年，河源市把政务公开工作纳入政府绩效考核内容，规范开展政务公开第三方评估工作，以评促改，以考促优。深入开展调研和培训，加强对基层政务公开的业务指导，切实增强基层政务公开工作能力。

2021年河源市主动公开政府信息情况表

表4　　　　单位：件

第二十条第（一）项			
信息内容	当年新制作数量	当年新公开数量	对外公开总数量
规章	1	0	5
行政规范性文件	167	13	416
第二十条第（五）项			
信息内容	当年处理决定数量		
行政许可	391838		
第二十条第（六）项			
信息内容	当年处理决定数量		
行政处罚	817325		
行政强制	100997		
第二十条第（八）项			
信息内容	当年收费金额（单位：万元）		
行政事业性收费	120415.2117		

2021年河源市收到和处理政府信息公开申请情况表

表5　　　　单位：件

（此列数据的勾稽关系为：第一项加第二项之和，等于第三项加第四项之和）	申请人情况						
	自然人	法人或其他组织					总计
		商业企业	科研机构	社会公益组织	法律服务机构	其他	
一、当年新收政府信息公开申请数量	211	0	0	1	0	1	213
二、上年结转政府信息公开申请数量	5	0	0	0	0	0	5
三、当年度办理结果 （一）予以公开	125	0	0	3	0	0	128
三、当年度办理结果 （二）部分公开（区分处理的，只计这一情形，不计其他情形）	12	0	0	0	0	0	12
三、当年度办理结果 （三）不予公开 1.属于国家秘密	0	0	0	0	0	0	0
三、当年度办理结果 （三）不予公开 2.其他法律行政法规禁止公开	1	0	0	0	0	0	1
三、当年度办理结果 （三）不予公开 3.危及“三安全一稳定”	0	0	0	0	0	0	0
三、当年度办理结果 （三）不予公开 4.保护第三方合法权益	1	0	0	0	0	0	1
三、当年度办理结果 （三）不予公开 5.属于三类内部事务信息	5	0	0	0	0	0	5

续表5

（此列数据的勾稽关系为：第一项加第二项之和，等于第三项加第四项之和）			申请人情况						
			自然人	法人或其他组织					总计
				商业企业	科研机构	社会公益组织	法律服务机构	其他	
三、当年度办理结果	（三）不予公开	6.属于四类过程性信息	1	0	0	0	0	0	1
		7.属于行政执法案卷	0	0	0	0	0	0	0
		8.属于行政查询事项	1	0	0	0	0	0	1
	（四）无法提供	1.本机关不掌握相关政府信息	46	0	1	1	0	0	48
		2.没有现成信息需要另行制作	4	0	0	0	0	0	4
		3.补正后申请内容仍不明确	1	0	0	0	0	0	1
	（五）不予处理	1.信访举报投诉类申请	2	0	0	0	0	0	2
		2.重复申请	1	0	0	0	0	0	1
		3.要求提供公开出版物	0	0	0	0	0	0	0
		4.无正当理由大量反复申请	0	0	0	0	0	0	0
		5.要求行政机关确认或重新出具已获取信息	0	0	0	0	0	0	0
	（六）其他处理	1.申请人无正当理由逾期不补正，行政机关不再处理其政府信息公开申请	5	0	0	0	0	0	5
		2.申请人逾期未按收费通知要求缴纳费用，行政机关不再处理其政府信息分开申请	0	0	0	0	0	0	0
		3.其他	9	0	0	0	0	0	9
	（七）总计		214	0	0	0	1	1	216
四、结转下年度继续办理			2	0	0	0	0	0	2

2021年河源市政府信息公开、行政复议、行政诉讼情况表

表6

单位：件

行政复议					行政诉讼									
					未经复议直接起诉					复议后起诉				
结果维持	结果纠正	其他结果	尚未审结	总计	结果维持	结果纠正	其他结果	尚未审结	总计	结果维持	结果纠正	其他结果	尚未审结	总计
0	0	1	0	1	0	0	0	0	0	6	1	0	0	1

（池映雪）

精神文明建设

【思想引领】 2021年，河源市坚持思想引领，推动习近平新时代中国特色社会主义思想深入人心。

强化理论学习 把学习宣传贯彻习近平新时代中国特色社会主义思想作为头等大事和首要政治任务，落实“第一议题”制度。把习近平新时代中国特色社会主义思想，中共十九大和十九届二中、三中、四中、五中、六中全会精神，习近平总书记对广东重要讲话精神和重要指示批示精神一体学习领会、整体贯彻落实。把习近平总书记关于精神

文明建设的重要讲话纳入市委常委会、市委理论学习中心组、百姓宣讲等活动。2021年，结合党史学习教育、理论学习中心组学习、群众宣讲等，学习有关精神文明建设的新思想3000场次，河源市文明网发布9000余条信息、策划专题报道18篇、被中央文明网采纳32篇。

强化阵地建设 深化拓展新时代文明实践中心试点建设，在龙川县国家试点、源城区和东源县省试点建设的基础上，每个县打造2个文明实践示范所、每个镇打造2个文明实践示范站。完成7个实践中心、101个实践所、1414个实践站全覆盖建设，完成14个文明实践示范所、200个文明实践示范站建设，成立1868支文明实践志愿服务队，整合1539个理论宣讲平台、820个教育服务平台、1151个文化服务平台、547个科普服务平台、771个体育服务平台。依托新时代文明实践中心（所、站），搭建“文明实践公共服务平台”“‘融愿’App志愿服务平台”，围绕“实施乡村振兴战略”“幸福都是奋斗出来的”“绿水青山就是金山银山”等重大战略重要理念，运用“十路轻骑兵”“百姓宣讲”、广电网络宣讲教育频道、乡村“大喇叭”“七个一百”精品项目下基层等方式，打造“三戏三新”“小珑小川”卡通形象人物、“说唱十九大快板”等传播新思想特色品牌，传播习近平新时代中国特色社会主义思想，打通理论武装工作体系的“最后一公里”，占领农村基层思想文化阵地。

【全国文明城市创建】 2021年，河源市委、市政府把创建全国文明城市当作最大的民生工程来抓，坚持“创建为民、创建靠民、共建共享”工作原则，推进各项民生事业发展。

高位推进全国文明城市创建 贯彻落实中央、省文明委有关全国文明城市创建工作部署，市委多次召开“创文”推进会、协调会，市委书记、市长先后多次深入“创文”一线调研指导、现场办公，解决“创文”的重点难点问题。市“创文”办每季度向市委常委会汇报一次“创文”工作，12个“创文”专项工作组不定期召开协调会，推进“创文”各项工作的落实。

协同联动推进全国文明城市创建 市创文办与区创文办联合开展“创文”专题调研、联合实施“创文”专项督查，市区同步规划、共同实施推进全国文明城市创建。市直相关职能部门与源城区直对应部门实现无缝对接，市区一体、上下联动，强力协同推进全国文明城市创建。

推动幸福和谐美丽河源建设 市委书记、市长每月开展一次“面对面”解决群众“急难愁盼”问题，满足市民群众对健身场地、公园绿地、学校医院、出行购物、居家养老的等需求，打造开放便捷、尺度适宜、配套完善、邻里和睦的城市15分钟生活圈，推动幸福和谐美丽河源建设。推进中心城区公园广场建设，公园广场建在群众家门口，中心城区建有80个公园广场，人均公园绿地面积有13.39平方米，解决休闲体育锻炼需求。实施“百街千巷”综合整治工程和停车场建设，完成832条街巷改造、10条精品示范街建设，新规划2个停车场建设，解决出行难的问题。推进集贸市场升级改造工程，市中心城区完成21间集贸市场升级改造，解决便捷安全购买食品问题。推进义务教育，义务教育学校新建或改扩建48所、新增优质学位3万多个，解决读书难的问题。推进医院建设，加快深河人民医院建设和13间县级公立医院升级改造，解决看病难的问题。推进镇（街）文化站、村居文化服务中心的提升工程，完善提升市文化馆、市图书馆、市博物馆建设，开展“共创文明城市·共建书香社区”等各类公益性文化惠民活动1000余场次，解决市民群众精神文化生活需求。推进平安河源建设，开展扫黑除恶专项行动，全市“双抢”、盗窃等立案数均有下降，整体治安环境继续向好，群众安全感和满意度提升。

创新工作方法 建设河源市创建全国文明城市网上申报系统、河源市“创文”网格智能管理系统、河源“文明码”文明积分管理系统、河源市城管“码上办”App手机小程序，实施“互联网+文明创建”，提升创建工作水平。组织市、区直单位到“创文”网格开展“双报到”活动，提升基层社会治理能力。实施“创文”任务“亮灯”管理，纳入市委、市政府绩效考核，推动“创文”任务工作落实。

【全域文明创建】 2021年，河源市以创建全国文明城市为龙头，协同推进文明城市、文明村镇、文明单位、文明校园、文明家庭创建，推动创建工作向基层延伸，提升城乡文明程度和乡风文明水平，助推乡村振兴战略实施，推动县域经济发展。

深入推进文明村镇创建 以文明村镇创建为抓手，建立健全“一约四会”，完善修订村规民约，提升基层自治能力和水平。推进移风易俗行动，开展婚嫁丧葬、破除封建迷信等宣传教育活动，提升乡风文明程度。开展新乡贤、“十星级文明户”等先进典型选树活动，开展新时代文明实践志愿服务活动、文化医疗科技“三下乡”等活动，提升农村思想道德建设水平。2021年评选14个市文明镇，60个市文明村。

实施文明单位、文明校园、文明家庭帮扶共建 深入实施文明单位、文明校园、文明家庭创建活动，开展文明单位、文明校园、文明家庭深入农村基层实施帮扶共建活动，2021年共评选18个市文明单位、21所市文明校园、10户市文明家庭，组织历届100个优质文明集体结对帮扶100个村。

推进精神文明创建行动 印发《河源市出租汽车文明服务拓展行动实施方案（2020—2022年）》等精神文明创建行动实施方案，针对精神文明建设重难点实施专项整治，提升精神文明建设整体工作水平。

【立德树人】 2021年，河源市围绕社会主义核心价值观这一主线，强化教育引导、立德树人，开展系列教育主题实践活动，培育时代新人。

开展社会主义核心价值观主题教育实践活动 依托图书馆、文化馆、博物馆、科技馆、爱国主义教育基地，通过升国旗仪式、入党入团入队仪式开展系列主题活动。

开展先进典型选树活动 开展河源好人、道德模范等先进典型选树活动，2021年选树“河源好人”20人、河源道德模范10人、“广东好人”6人、“中国好人”1人、全国道德模范提名奖1人，开展120场道德模范、河源好人进校园、进社区、进机关等宣讲活动。

弘扬优秀传统客家文化 挖掘家训文化、客家谚语、乡贤文化、传统节日、民俗文化等优秀传统文化，建设主题公园、示范点。

加强未成年人思想道德建设 开展“践行社会主义核心价值观+文明礼仪伴我行”“扣好人生第一粒扣子”“我的中国梦”主题教育实践活动2000余场次，打造“以优秀传统文化滋养人”“文明礼仪之花香溢校园”等未成年人思想道德建设工作品牌。加强校外心理健康辅导中心、乡村复兴少年宫试点建设、校外教育基地建设，利用图书馆、校外心理健康辅导站等场馆和阵地为未成年人服务。加强文明校园建设、开展校园周边环境和网吧综合整治，优化未成年人良好成长环境。2021年“选树”市级新时代好少年12人，省级新时代好少年1人，《小小蒲公英》《少年共创新时代》获得省原创童谣优秀作品二等奖和三等奖。

【新时代文明新风培育】 培育新时代文明细胞工程 2021年，河源市推动文明行为促进条例立法；开展文明公筷公勺行动、文明祭扫、文明交通、文明旅游、文明餐桌、文明上网、文明礼仪等系列主题活动，增强文明意识、养好文明习惯；推进移风易俗专项治理，破除陈规陋习、树立新风正气。

加强讲文明树新风公益广告宣传 结合地域特色和“创文”要求，统一对市区公益广告进行整体设计，着力打造公益宣传品牌，制作一批“公筷公勺”“文明健康，绿色环保”等公益广告，并进行广泛刊播展示，营造良好社会氛围。

丰富群众精神文化生活 举办“红色耀河源，永远跟党走”等庆祝中国共产党成立100周年文艺演出活动，开展“大美河源·百姓舞台”、客家山歌大赛、送文化下基层、节庆文化活动等群众文化活动400余场次。开展“网聚全民力量·点亮文明之光”文明城市创建线上线下宣传系列活动，322万人次参与活动。

加强志愿服务制度化建设 推进志愿服务项目创新和管理创新，推行“互联网+志愿”“党团建+志愿服务”“新时代文明实践+志愿服务”模式，2021年开展疫情防控、基层文化惠民、进社区结对帮扶、关爱困境老人儿童等各类志愿服务活动近万场。实名注册志愿者人数23.8万人，全市人均志愿服务时数超过78.8小时。

大力推进诚信制度化建设 联合市发展和改革局（市信用办）出台系列诚信建设制度和工作方案，开展“3·15”消费者权益日、“食品安全宣传周”等主题教育实践活动。（肖巧玲）

2021年，河源市道德模范先进事迹进校园宣讲活动（市文明办 提供）

社会建设

【市域社会治理创新】 2021年，河源市全领域开展市域社会治理创新，以短板创新、重点突破为抓手，深化“一村（居）一辅警”工作，探索实践“矛盾—化解—维稳”综合治理一体化新模式并在江东新区试点启用，探索实践“四合四共”的党建带妇建创平安家园、实践“红色引擎工程”基层社会治理新模式，首创“和家园”智慧视频系统建设、全时空、全覆盖精准反诈新机制分别获第九届广东省市直机关“先锋杯”工作创新大赛二、三等奖，河源紫金“小积分”撬动乡村治理“大格局”探索案例入选2021年“全国社会治理创新最佳案例”。系统推进市域社会治理创新，编制河源市社会治理现代化“十四五”规划，完善平安河源建设领导小组及工作机制，建立第二批市域社会治理实践创新项目库，首批创新项目库已遴选14个项目，全力打造市域社会治理河源模式。

【平安河源建设】 2021年，河源市切实把平安建设考评整改作为全市重大政治任务来抓，市委主要领导亲自部署推动，以考评整改为契机，推动全市各级各部门牢固树立平安观念，压实责任，全力整改，推动提升。全市加强镇（街）综治中心线上线下一体化、实体化运作，深入开展社会治安重点地区和突出问题排查整治，全面开展综合网格工作，以《河源市平安建设月报表》为手段，加强乡村治理体系建设。全力推进“粤心安”社会心理服务站（室）建设，全市全域覆盖101个镇级社会心理服务站、1439个村级社会心理服务室，提前完成省工作要求。推进“雪亮工程”、大数据智能化建设。严重精神障碍患者服务管理工作综合评价指数排名全省第二，河源市是全省唯一被授予广东省严重精神障碍管理治疗工作优秀市。强势推进“飓风2021”专项行动，河源市在省“飓风2021”专项行动考核和省系统防范道路交通安全风险工作考核中均为优秀等次，全市公安机关共立刑事案件8635件，破案3256件、比上年上升4%，侦破一批大案要案，有效回应了群众呼声和期待。

【社会治理体制改革】 2021年，河源市社会治理体制改革专项小组按照省、市有关改革工作部署，统筹协调，扎实工作。河源市2021年社会治理体制改革任务共七大项、17小项任务，涉及11个牵头单位，17个责任单位，各项任务均完成。改革工作成效主要有以下几点：一、完善社会矛盾纠纷多元预防调处化解机制。实行“党政主导、公安司法主抓、综治协调、部门联动、社会参与”的调解格局，在全市推广“老吴调解工作室”经验，各县区人民法院完善诉讼服务站、法官联络点配套建设机制，全市调解组织共排查化解矛盾纠纷案件6098宗，调解成功6053宗，调解成功率99.2%，取得良好成效。二、推进城乡社区治理现代化。市县镇村已全部在广东政务服务网开通服务站点，实现大部分事项一网通办，部分事项网上全流程办理。三、打造新型智慧城市。全面完成全市营运车辆重型货车4947辆安装使用智能视频监控报警装置的任务，降低了重型货车的事故风险，提升行业安全生产管理水平。按照巡防工作机制，组建无人机和警员立体化巡逻防控义警分队，构建全面的立体化智慧安防方式，至2021年年底，全市义警总人数达5万人。

链接：

相关词语注释

一村（居）一辅警 为促使政法综治工作向基层延伸，公安辅助警力向基层下沉，推动社会治安综合治理由被动应对向主动作为转变、单一管理向多元共治转变，在河源市各村（居）推行每一村（居）配备一名辅警的创新举措。

矛盾—化解—维稳 是江东新区创新性建立了市、县（区）、镇（街）、村（社区）四级“矛盾-化解-维稳”一体化综合治理工作体系，通过自主研发大数据平台，完善“一体化运作、一站式接待、一条龙调处、一揽子化解”的运行模式。

四合四共 是和平县以“优势聚合、思想共进；上下结合、资源共享；力量整合、队伍共建；聚合融合、平安共创”的探索基层治理新模式。

红色引擎工程 是源城区以聚焦落实“大党建”“精治理”“微服务”“强阵地”四项重点措施，聚力打造“红色联盟”“红色号角”“红色网格”“红色结亲”“红色社工”“红色驿站”“红色物业”“红色订单”八个支柱项目，逐步搭建城市基层党建的“四梁八柱”，集中彰显“红”的特色，体现“治”的成效，展现新活力、实现新治理。

和家园 是以“共建、共治、共享”为理念，采取广泛发动社会力量参与、部门联动、警种配合、政府兜底的模式，完善社会面感知采集设备的布建和联网汇聚——“和家园”智慧视频建设，最大限度织密河源市公共安全视频监控网，为公安机关打击违法犯罪和服务群众提供重要支撑，初步实现“全域覆盖、全网共享、全时可用、全程可控”的目标。

先锋杯 是广东省直机关工委、省委深改委等联合举办广东省市直机关“先锋杯”工作创新大赛。

小积分大格局 是紫金县探索推行“网格+积分”乡村治理模式，着力构建形成“党建引领、网格支撑、民意保障、积分激励”的乡村治理“网格+积分”工作机制，依托网格管理体系，以积分为激励，助推形成良好乡风民风。

粤心安 是加强和创新社会治理，加强心理健康服务，健全社会心理服务体系和疏导机制、危机干预机制；推进健康中国建设，倡导健康生活方式。

雪亮工程 是以县、乡、村三级综治中心为指挥平台、以综治信息化为支撑、以网格化管理为基础、以公共安全视频监控联网应用为重点的“群众性治安防控工程”。它通过三级综治中心建设把治安防范措施延伸到群众身边，发动社会力量和广大群众共同监看视频监控，共同参与治安防范，从而真正实现治安防控“全覆盖、无死角”。因为“群众的眼睛是雪亮的”，所以称之为“雪亮工程”。

飓风2021 是广东省公安厅组织全省公安机关开展的专项行动，重点打击整治涉盗骗、涉严重暴力、涉黄赌、涉枪爆、涉经济、涉走私、涉野生动物、涉食药环，以及拒不支付劳动报酬等违法犯罪，强力推进“团圆护苗”、刑事技术、追逃等工作。

老吴调解工作室 是连平县司法

局在忠信镇成立的连平县第一个个人调解工作室，标志着传统调解模式的创新发展。

（肖 榕）

生态文明建设

【概况】 2021年，河源市坚持生态环境保护优先，推动绿色发展方式和生活方式，重点加强生态系统保护，以点带面促进生态文明建设。截至年底，全市有各级自然保护区52个，其中省级8个、市级6个、县级38个。有1个县级（连平县）“国家生态示范区”，5个省级生态示范镇，22个省级生态示范村，478个市级生态示范村。共创建国家级绿色学校1所、省级绿色学校40所、市级绿色学校89所，省级环境教育基地13个、市级环境教育基地9个，省级绿色社区8个、市级绿色社区10个，环保主题环境教育展厅1个。东源县入选全国第一批“绿水青山就是金山银山”实践创新基地。

【生态文明宣传】 2021年，河源市生态环境局加强与各级新闻媒体的深度合作，围绕河源市生态文明建设、污染防治、环境执法、生态环保督察整改等重点工作开展宣传，深入社区、企业、学校、农村开展系列宣传活动，有序推进环境教育基地、绿色企业等创建工作，在全市营造生态环境保护良好氛围。守牢舆论主战场，在《中国环境报》《南方日报》《河源日报》等媒体发稿1000多篇次，及时稳妥处理环保网络舆情3起，主动公开生态环境保护政务信息600多条。广泛开展宣传活动，播放环保宣传标语、公益广告1000多条次，印制发放生态环境保护宣传资料近10万份，制作播出《河源生态环境前线》专题栏目48期，开展5场“生态文明建设进社区（进校园）”宣传活动，组织开展“携手植树护绿、共建生态文明”2021年校园生态植树护绿活动、“呵护自然人人有责”——国际生物多样性日系列活动、“人与自然和谐共生”——“六五”世界环境日系列活动、“乐享低碳健康生活·共建美好绿色家园”——绿色环保进社区活动等14项生态环保主题宣传活动。推进环保示范教育，组织学生到水质、大气自动监测站等地参观环保设施，配合省绿色公益链协会创成河源第一批绿色企业8家。以创全国文明城市为契机，推进党员志愿者进社区、进学校、进家庭、进企业、进农村，广泛开展生态环保志愿服务。（赵晓菲）

体制改革

【概况】 2021年，河源市深入推进要素市场化配置、投融资体制、社会信用体系、建设深河特别合作区、国有资产监管机制、消费供给侧、通关便利化、财政体制改革、企业主体技术创新体系、违法建筑处理机制等重点改革，改革热度持续提升，河源连续4个季度改革热度指数全省第一。

【要素市场化配置改革】 2021年，河源市要素市场化配置综合改革试点方案围绕五个要素和要素市场监管领域，在土地的扩大增量和盘活存量、劳动力的引才和留才、资本的直接融资和间接融资、科技的成果孵化和转化、数据的前台开放和后台监管上，共提出23项措施。省经济体制改革小组审议并通过了河源市实施方案。河源市围绕要素市场化重点领域深化改革，着力破除制约要素自由流动的体制机制障碍，推动要素按照市场规则实现效益最大化、效率最优化配置，打造要素市场化配置综合改革“河源样本”。

【投融资体制改革】 2021年，河源市开展建立完善重大项目联动机制改革课题研究。针对河源市在重大项目谋划和管理、投资要素资源配置现状和突出问题，建立部门间重大项目联动机制，整合“国资”“国库”“国土”资源，最大限度引导资金、土地等各类要素协同向重大项目、重大工程、重大平台等有效投资领域集聚，推动重大项目顺利落地实施。出台《河源市市属国有企业市场化投融资改革实施方案》，发挥国有资本在城市建设发展中的生力军作用，不断创新城市建设投融资机制，有效解决城市建设资金难题，切实减轻市级财政投入压力，促进中心城区城市建设发展。

【社会信用体系完善】 2021年，河源市组织市、县（区）有关部门梳理信用约束和惩戒措施，建立河源市失信约束措施台账，完成台账内10个文件的清理和规范工作。同时联合部门实行联合惩戒，2021年，有1186户（次）企业、1284户（次）农民专业合作社被列入经营异常名录，390户企业列入严重违法失信企业黑名单，清理1320户失联企业，立案吊销791户企业，对失信企业向社会公示。印发《关于进一步推广使用“全国信易贷平台”的通知》等文件，推动银行与中小企业对接244笔“信易贷”，成功授信121笔，累计发放贷款9.88亿元。印发《广东省河源市中级人民法院关于审理侵害知识产权民事案件适用惩罚性赔偿的细则（试行）》，法院及市场管理部门签订《共建河源市知识产权侵权惩罚机制合作备忘录》，2021年，法院受理涉及知识产权案件302件，审结82件。

【深河特别合作区建设】 2021年，河源市推进深河特别合作区试验区工作、起步区建设，出台《深河特别合作区实验区招商引资专项扶持措施》，与南山区商定工业产值及税收利益共享分配方案。深河特别合作区试验区规划用地1平方千米，起步园区占地约12.8万平方米，建筑面积约26万平方米，总投资约8.1亿元，项目全面投产后，预计总投资33亿元以上，年总产值60亿~80亿元，年总税收3亿元以上。同时深河特别合作区已列入省“十四五”规划纲要中“全省区域发展和城镇化重大平台”。

【国有资产监管机制健全】 2021年，河源市出台《关于推动县（区）党政机关和事业单位经营性国有资产集中统一监管的实施意见》，实现县区经营性国有资产集中统一监管工作。印发《河源市国资委授权放权清单（2021年版）》，给予各监管企业授权放权，激发市属企业活力和市场竞争力。

【消费供给侧】 2021年，河源市出台《河源市支持鼓励商贸流通业高质量发展促进消费增长若干措施》《2021年河源市消费促进活动方案》等措施，部署系列促消费活动。建成市级肉类蔬菜等重要产品追溯管理平台，实现肉类蔬菜流通终端信息电子化，形成完整流通信息链条，已有767家经营户备案上线运行，累计上传信息77.35万条，实现肉类蔬菜来源可追溯可查证。发展外贸外资新业态，组织企业开展市场采购贸易等外贸新业态合计约60.7亿元，全市实现外贸进出口总值306.9亿元，比上年增长4.7%。国务院发布《国务院关于同意在鄂尔多斯等27个城市和地区设立跨境电子商务综合试验区的批复》，同意设立中国（河源）跨境电子商务综合试验区。

【通关便利化】 2021年，河源市“日监控、周通报、月研判”监控机制，及时分析和处置超时长报关单。同时优化异常报关单处置流程，加快办理报关单修撤手续，加强与口岸海关的信息互通。2021年河源海关进口整体通关时间0.56小时，出口整体通关时间0.23小时，分别较2017年压缩94.5%、97.1%，完成国务院“2021年整体通关时间比2017年压缩一半”的目标。

【财政体制改革】 2021年，河源市印发《关于深化预算管理制度改革的实施方案》，市直共压减一般性支出1.28亿元，从政府性基金预算和国有资本经营预算调入公共预算资金12.61亿元。编制《关于建立市级大事要事财政保障机制实施办法》，构建贯通重大战略任务到政策项目的财政保障链条，加快推进全面实施预算绩效管理，截至2021年年底，收到上级直达资金58.34亿元，已分配下达资金57.95亿元，分配进度99.3%；已支出55.13亿元，支出进度94.5%。印发《河源市财政局“数字财政”建设实施方案》，河源市率先在全省上线广东省非税收入管理一体化平台，实现财政信息化“业务一体化、建管一盘棋、全省一张网”。出台《河源市市本级涉农统筹整合资金项目调整管理办法》，有效规范涉农资金的管理和使用，健全涉农资金统筹整合长效机制，全市涉农资金支出进度达92.8%。

【企业主体技术创新体系】 2021年，河源市修订《河源市科技企业孵化载体管理办法》，构建“众创空间—孵化器—加速器—产业园”全链条孵化育成体系。印发《河源市技术要素市场化配置改革行动方案》，推进“双区”（粤港澳大湾区、深圳建设中国特色社会主义先行示范区）科技成果转移转化扶持机制改革，完善企业有偿使用高校院所科技成果的扶持机制。同时加快农村科技特派员“三库一平台”（系统企业信息库、人才信息库、法规标准信息库，行政服务平台）建设，成立全省首个农村科技特派员之家，面向涉农高校院所征集农村科技特派员近1000名；实施“千名科技专家进千村”工程，在全市95个重点镇设立特派员驻镇工作站。推进高新技术企业倍增计划，新增高新技术企业66家，存量达到292家，提前一年完成高企倍增计划工作目标。

【违法建筑处理机制】 2021年，河源市制定《河源市区规划区历史遗留产业类和公共配套类违法建设分类处理意见》，全年全市查处违法建设面积71.61万平方米，其中拆除面积41.06万平方米，对比省人民政府下达河源市2021年33.5万平方米的治理任务，治理进度比为213.8%，治理进度比排名全省第7。印发《河源市城镇老旧小区改造规划（2021—2025年）》《河源市城镇老旧小区改造领导小组办公室关于加强城镇老旧小区管线改造整治工作的指导意见》等政策，全年全市开工改造42个城镇老旧小区改造，已完成50%改造工程量。

（郑宇骏）

党政机关

编辑：王瑞峰

中国共产党河源市委员会

重要会议

【中共河源市委七届十二次全会】 于2021年1月21日在河源市区召开。全会由市委常委会主持。全会坚持以习近平新时代中国特色社会主义思想为指导，深入贯彻落实中共十九大和十九届二中、三中、四中、五中全会及中央经济工作会议精神，全面落实省委十二届历次全会精神，总结2020年工作，部署2021年工作。全会听取市委书记丁红都代表市委常委会所作的报告和市长林涛关于经济工作的专题讲话，审议市委常委会2020年政治要件贯彻落实情况和抓党建工作情况的书面报告。全会认为，2020年是中华人民共和国历史上极不平凡的一年，21世纪罕见的三重严重冲击叠加来袭，在习近平总书记、党中央坚强领导下，市委坚持以习近平新时代中国特色社会主义思想统领河源一切工作，坚决贯彻习近平总书记、党中央决策部署，全面落实中共广东省委十二届历次全会精神和省委书记李希关于河源工作的讲话要求，既历经风雨又波澜壮阔，既艰难困苦又玉汝于成，战胜一个又一个挑战，办成一件又一件实事。2020年来，深入学习贯彻习近平新时代中国特色社会主义思想，不折不扣落实党中央决策部署，奋力推进“双统筹”，有力推动经济快速复苏；决胜脱贫攻坚，如期高质量完成脱贫攻坚目标任务，全面建成小康社会取得决定性成就；聚力打造生态经济发展新标杆，建设全省绿色发展的示范区扎实推进；“融深”“融湾”全面加快，建设融入粤港澳大湾区的生态排头兵笃实前行；建设三大高质量发展平台，生态河源、现代河源相得益彰的发展新路更加清晰；打造人民幸福“心城”，人民群众幸福感、获得感、安全感持续提升；加强党的全面领导和党的建设，政治生态持续优化，“示范区”“排头兵”和“两个河源”建设全面提效破局、开启新局。全会强调，要认真学习贯彻习近平总书记系列重要讲话精神，坚定在新征程中加快“示范区”“排头兵”和“两个河源”建设的信心决心。坚持从讲政治的高度把握和推动经济工作，立足新发展阶段、贯彻新发展理念、投身新发展格局，全力办好自己的事，运用系统观念指导“示范区”“排头兵”和“两个河源”建设，走好新时代的长征路。全会提出，2021年是中国共产党成立100周年，是“十四五”开局之年，也是现代化建设进程中具有特殊重要性的一年，做好各项工作至关重要。必须围绕全省在新征程中的使命任务，坚持稳中求进工作总基调，立足新发展阶段，贯彻新发展理念，服务全省打造新发展格局战略支点，以推动高质量发展为主题，以深化供给侧结构性改革为主线，以改革创新为根本动力，以满足人民日益增长的美好生活需要为根本目的，坚持系统观念，巩固拓展疫情防控和经济社会发展成果，更好统筹发展和安全，深入落实“1+1+9”工作部署，以“融湾”为“纲”、“融深”为牵引，扎实做好“六稳”工作、全面落实“六保”任务，保持经济运行在合理区间，朝着“到2025年‘示范区’‘排头兵’成效初显，‘两个河源’格局基本形成，经济实力、发展活力大幅提升”的奋斗目标扎实迈进，努力跟跑、并跑，并创造性地在符合河源优势的新跑道上领跑。全会指出，要服务全省打造新发展格局战略支点，以高铁新城综合枢纽开通为契机，加快全域全面“融深”“融湾”；以灯塔盆地创建国家农高区为引擎，全面推进乡村振兴；以国家高新区为龙头引领产业园区发展，加快构建现代产业体系；以探索加快深河特别合作区建设为突破口，全面推动创新发展；以加快“三江六岸”城市建设为重点，大力实施都市经济带动战略；以系统做好“六水”“六林”文章为切入点，拓展绿色发展新优势；以促消费扩投资稳外贸为着力点，不断激发高质量发展内生动力；以对接深圳综合改革试点为带动，全面推进改革开放；以创建“全国文明城市”为牵引，全力打造人民幸福“心城”；统筹好发展和安全，建设更高水平的平安河源法治河源，奋力推动“示范区”“排头兵”和“两个河源”建设在“十四五”全面开启新局。全会强调，要加强中国共产党的全面领导和建设，持之以恒用党的创新理论“铸魂”，坚持以党的政治建设为统领，牢牢掌握意识形态工作领导权、管理权、主动权，不断织密建强党的组织体系，建设忠诚干净担当的高素质专业化干部队伍，坚定不移正风肃纪反腐，为加快建设“示范区”“排头兵”和“两个河源”提供坚强政治保证和组织保证。全会强调，要增强政治意识、保持政治定力、把握政治方向、承担政治责任、提高政治能力，把着眼未来河源应该干、能够干、必须干好的事情办好。践行“两个维护”抓落实、提高政治判断力抓落实、提高政治领悟力抓落实、提高政治执行力抓落实、涵养良好政治生态抓落实。全会号召，全市各级党组织和广大党员干部要更加紧密地团结在以习近平同志为核心的党中央周围，不忘初心、牢记使命、接续奋斗，以一往无前的奋斗姿态、风雨无阻的精神状态，全力推动“示范区”“排头兵”和“两个河源”建设，以优异成绩庆祝中国共产党成立100周年。市委委员出席会议。正厅级老干部；不是市委委员、候补委员的市领导及县（区）党政主要负责人，市四套班子秘书长，市纪委常委、市监委委员，市委、市政府副秘书长，市直和中央、省驻河源副处以上各单位党员主要负责人，中共河源市第七次代表大会部分基层代表列席会议。

【中共河源市委七届十三次全会】 于2021年8月13日在河源市区召开。全会由市委常委会主持。全会以习近平新时代中国特色社会主义思想为指导，全面贯彻落实中共十九大和十九届二中、三中、四中、五中全会精神，深入学习贯彻习近平总书记“七一”重要讲话和对广东系列重要讲话、重要指示批示特别是关于横琴、前海开发开放的重要论述精神，认真贯彻落实省委十二届十四次全会精神，总结上半年工作，就支持横琴粤澳深度合作区和前海深港现代服务业合作区建设、做好下半年工作作出部署。全会听取市委书记林涛代表市委常委会所作的报告和市长何国森的讲话，审议关于召开中国共产党河源市第八次代表大会有关事项。全会指出，2021年以来，在以习近平同志为核心的党中央坚强领导下，市委团结带领全市干部群众坚决贯彻习近平总书记、党中央决策部署，认真落实省委“1+1+9”工作部署，围绕“示范区”“排头兵”建设，统筹推进新冠肺炎疫情防控和经济社会发展，推动脱贫攻坚取得全面胜利，与全国、全省一道全面建成小康社会，顺利开启全面建设社会主义现代化新征程。河源市深入开展庆祝中国共产党成立100周年活动，推动党史学习教育不断走深走实，扎实开展常态化疫情防控，保持经济发展稳中向好，全面推进乡村振兴取得新成效，有效巩固提升生态环境质量，持续改善民生福祉，有序推进政法队伍教育整顿，保持社会大局和谐稳定，进一步加强中国共产党的全面领导和建设，推动各项工作取得新进展新成效。全会强调，要不折不扣落实省委要求，切实增强主动参与、主动对接、主动支持、主动服务、全面融入横琴、前海两个合作区建设的思想自觉、政治自觉、行动自觉，主动承接两个合作区的辐射带动，为“示范区”“排头兵”建设注入新动力。要对接改革联动传导，共享改革整体效应；对接创新联动传导，促进更多科研新成果在河源转移转化；对接产业联动传导，加快构建河源现代产业体系；对接市场联动传导，增强服务全国、全省“双循环”能力；对接文旅康养资源，打造全域旅游“河源样本”；对接农产品供给需求，激发全域乡村振兴活力。全会提出，要完整准确全面贯彻新发展理念，围绕服务全省打造新发展格局战略支点，按照省委“一核一带一区”区域发展战略和“1+1+9”工作部署，抢抓两个合作区建设重大机遇，聚焦聚力抓党建、抓发展、抓“三农”、抓民生、抓生态环境和营商环境、抓队伍，确保高质量完成既定目标任务。坚持把党的政治建设摆在首位，高质量开展党史学习教育，持续强化组织体系建设，推动基层党组织更加坚强有力。大力发展实体经济，积极培育高铁经济，聚力发展全域旅游，扎实推进项目建设，着力推进科技创新，不断提升经济实力。加快灯塔盆地开发建设，着力做好巩固拓展脱贫攻坚成果同乡村振兴有效衔接，着力促进乡村产业集聚，着力加快乡村建设行动，全面推进乡村振兴。加快补齐防灾减灾、教育、公共卫生、城建、就业、公共文化服务短板，全面推进“创文”工作，推动扫黑除恶常态化，加强“平安河源”“法治河源”建设，“面对面”解决群众“急难愁盼”问题，充分共享发展成果。进一步厚植生态环境优势，创新绿色低碳发展模式，推进全面深化改革，坚定不移扩大开放，巩固提升核心竞争力。高标准完成换届工作，激发干事创业精气神，持续改进工作作风，持之以恒正风肃纪反腐，持续激发干事创业活力。全会强调，要从织密疫情防控网、统筹发展和安全、抢抓发展机遇、聚焦工作实效、提高能力水平、强化督查考核等方面抓好落实。要严谨细致做好党代会筹备工作，将党的全面领导贯穿换届选举全过程，确保河源市第八次党代会成功召开。全会号召，全市各级党组织和广大党员干部要更加紧密地团结在以习近平同志为核心的党中央周围，坚决响应习近平总书记、党中央伟大号召，继承发扬伟大建党精神，不忘初心、牢记使命、接续奋斗，以一往无前的奋斗姿态、风雨无阻的精神状态，奋力推动“示范区”“排头兵”建设在“十四五”开好局、起好步，为广东在全面建设社会主义现代化国家新征程中走在全国前列、创造新的辉煌作出河源贡献。市委委员出席会议。不是市委委员、候补委员的市有关领导及县

（区）党政主要负责人；市四套班子秘书长，市委、市政府副秘书长，市纪委常委、市监委委员，市直和中央、省驻河源副处以上各单位党员主要负责人，中共河源市第七次代表大会部分基层代表列席会议。

【中共河源市委七届十四次全会】 于2021年12月4日在河源市区召开。全会由市委常委会主持。市委书记林涛作讲话。全会决定，中国共产党河源市第八次代表大会将于2021年12月8日至10日召开。全会审议通过中国共产党河源市第七届委员会向中国共产党河源市第八次代表大会的报告，书面审查中国共产党河源市第七届纪律检查委员会向中国共产党河源市第八次代表大会的工作报告，审议通过关于召开中国共产党河源市第八次代表大会的决议。会议指出，中共河源市第七次代表大会以来，七届市委坚持以习近平新时代中国特色社会主义思想为指导，在党中央和省委的坚强领导下，紧紧围绕省委赋予河源建设“示范区”“排头兵”的目标任务，团结带领全市人民有力有效应对重大考验，推动脱贫攻坚取得全面胜利，与全国全省一道全面建成小康社会，乘势而上开启现代化建设新征程。会议强调，中共河源市第八次代表大会是在中国共产党百年华诞的重要历史时刻、“两个一百年”奋斗目标交汇的重大历史关头，是河源市在新时代新征程上奋力走好新的赶考之路的关键时期，召开的一次具有重要意义的会议，将为河源今后五年发展提供重要保障。河源市要坚持以习近平新时代中国特色社会主义思想为指导，深入贯彻落实中共十九届六中全会精神，认真审议好、修改好党代会报告，使报告成为指导河源市迈进新征程、建功新时代的纲领性文件。要认真细致做好大会各项工作，确保大会顺利圆满召开。要从严从实贯彻落实“十严禁”纪律要求，依法依规进行换届选举。要充分发挥主流媒体的舆论导向作用，营造良好的社会舆论氛围。会议强调，各级各部门要突出抓好年底经济社会发展工作，确保全面完成2021年经济社会发展目标任务。要扎实推进平安河源、法治河源建设，切实做好综治维稳工作，认真做好民生保障工作，确保农民工工资发放，抓好物资、能源供应，抓好常态化疫情防控和安全生产。要及早谋划2022年发展，提前定好明年各项工作的“施工图”“任务表”，确保新一届市委工作高点起步、良好开局。会议号召，要更加紧密地团结在以习近平同志为核心的党中央周围，严格按照省委部署要求，精心组织、周密安排，把这次党代会开成统一思想、凝聚共识、民主和谐、团结奋进的大会。市委委员出席会议。

【中国共产党河源市第八次代表大会】 于2021年12月8日至10日在河源市区召开。大会的主题是：以习近平新时代中国特色社会主义思想为指导，深入贯彻习近平总书记对广东系列重要讲话、重要指示批示精神，从中国共产党的百年奋斗重大成就和历史经验中汲取智慧和力量，大力弘扬伟大建党精神，团结带领全市广大党员干部和人民群众，担当实干，勇毅前行，深入践行“绿水青山就是金山银山”理念，锚定建设全省绿色发展示范区、融入粤港澳大湾区生态排头兵的目标任务，加快培育“五大产业”，大力实施“七大行动”，在新时代新征程上为建设幸福和谐美丽河源而不懈奋斗。林涛代表中国共产党河源市第七届委员会向大会作题为《担当实干，勇毅前行，在新时代新征程上为建设幸福和谐美丽河源而不懈奋斗》的报告。中国共产党河源市第七届纪律检查委员会向大会作书面工作报告。大会审议通过林涛代表中国共产党河源市第七届委员会所作的报告，审查批准中国共产党河源市第七届纪律检查委员会工作报告。大会选举产生中国共产党河源市第八届委员会，委员69名，候补委员13名；选举产生中国共产党河源市第八届纪律检查委员会，委员31名。大会提出今后年全市工作的指导思想是：高举中国特色社会主义伟大旗帜，坚持以习近平新时代中国特色社会主义思想为指导，深入贯彻落实习近平总书记对广东系列重要讲话、重要指示批示精神和党中央决策部署，增强“四个意识”、坚定“四个自信”、做到“两个维护”，统筹推进“五位一体”总体布局，协调推进“四个全面”战略布局，立足新发展阶段、贯彻新发展理念、服务构建新发展格局，大力弘扬伟大建党精神，坚持和加强党的全面领导，坚持稳中求进工作总基调，践行“两山”理念，以推动高质量发展为主题，以深化供给侧结构性改革为主线，以改革创新为根本动力，以满足人民日益增长的美好生活需要为根本目的，统筹发展和安全，深入落实省委“1+1+9”工作部署，锚定建设“示范区”“排头兵”的目标任务，以“融湾”为纲、“融深”为牵引，加快培育“五大产业”，大力实施“七大行动”，奋力建设幸福和谐美丽河源。大会提出今后五年全市工作的主要目标是：圆满完成河源市“十四五”规划目标，全域全面融入“双区”和两个合作区建设，深圳都市圈副中心建设迈出坚实步伐，经济社会高质量发展迈上新台阶，整体影响力、竞争力、辐射力显著增强，基本建成幸福和谐美丽河源。到2035年，河源经济实力、综合竞争力将大幅跃升，基本公共服务实现均等化，共同富裕取得更为明显的实质性进展，建成更高水平的幸福和谐美丽河源。到21世纪中叶，河源物质文明、政治文明、精神文明、社会文明、生态文明将全面达到新高度，实现治理体系和治理能力现代化，碳中和取得重大进展，共同富裕基本实现，建成富强民主文明和谐美丽的社会主义现代化强市，河源人民将享有更加幸福安康的生活。大会对林涛代表中国共产党河源市第七届委员会所作的报告给予高度评价。报告高举中国特色社会主义伟大旗帜，坚持以习近平新时代中国特色社会主义思想为指导，全面贯彻中共十九大和十九届二中、三中、四中、五中、六中全会精神，深入贯彻落实习近平总书记对广东系列重要讲话和重要指示批示精神，实事求是总结市第七次党代会以来的工作，深入分析河源实现高质量发展面临的形势、机遇与挑战，科学提出今后五年工作的指导思想和主要目标，全面部署今后五年各项工作，符合中央和省委的要求，切合河源实际，体现全市人民的共同期盼，是指导河源未来一个时期发展的行动纲领。大会充分肯定中共河源市第七届委员会的工作，一致认为，在党中央的坚强领导下，在省委的正确领导和关心支持下，七届市委团结带领全市人民，坚决贯彻落实党中央决策部署，紧紧围绕省委赋予河源建设“示范区”“排头兵”的目标任务，有力有效应对重大考验，推动各项事业发展迈出坚实步伐。五年来，脱贫攻坚全面胜利，综合实力持续提升，“融湾”“融深”成效显著，乡村振兴深入推进，城市建设提速提质，生态屏障持续巩固，保障和改善民生取得扎实进展，统筹安全和发展成果突出，党的领导和党的建设全面加强，特别是2021年以来，七届市委进一步完善和创新工作举措，聚力抓党建、抓发展、抓“三农”、抓民生、抓环境建设、抓队伍，全市经济社会发展保持稳中向好态势，为建设幸福和谐美丽河源奠定坚实基础。大会一致认为，河源要实现高质量发展，坚持党的全面领导是根本保证，贯彻新发展理念是必然要求，坚守为人民服务是根本宗旨，践行“两山”理念是基本路径，统筹发展和安全是重要前提，不折腾、不懈怠、一任接着一任干是重要保障。大会强调，新时代新征程，要准确把握发展大势，准确把握现实挑战，准确把握实践新要求。要保持强烈的机遇意识、风险意识和奋斗意识，下好先手棋、打好主动仗，把工作的着力点放在更加主动系统谋划上、放在更加积极对接跟进上、放在创造性落实党中央决策部署上，努力走出一条具有河源特色的高质量发展之路。大会同意报告提出的今后五年全市工作的指导思想和主要目标。大会强调，要高举中国特色社会主义伟大旗帜，坚持以习近平新时代中国特色社会主义思想为指导，深入贯彻落实习近平总书记对广东系列重要讲话、重要指示批示精神和党中央决策部署，增强“四个意识”、坚定“四个自信”、做到“两个维护”，统筹推进“五位一体”总体布局，协调推进“四个全面”战略布局，立足新发展阶段、贯彻新发展理念、服务构建新发展格局，大力弘扬伟大建党精神，坚持和加强党的全面领导，坚持稳中求进工作总基调，践行“两山”理念，以推动高质量发展为主题，以深化供给侧结构性改革为主线，以改革创新为根本动力，以满足人民日益增长的美好生活需要为根本目的，统筹发展和安全，深入落实省委“1+1+9”工作部署，锚定“示范区”“排头兵”的目标任务，以“融湾”为纲、“融深”为牵引，加快培育“五大产业”，大力实施“七大行动”，奋力建设幸福和谐美丽河源。大会同意报告对今后五年主要任务的部署。大会强调，必须以习近平新时代中国特色社会主义思想为引领，坚定捍卫“两个确立”、坚决做到“两个维护”，确保党中央决策部署在河源不折不扣落地落实。要大力实施产业兴市行动，打造生态经济发展新标杆；大力实施“融湾”“融深”行动，激发全方位开放合作新动力；大力实施乡村振兴行动，培育广东农业农村现代化新样板；大力实施城市提质行动，彰显区域协调发展新优势；大力实施形象提升行动，塑造河源内涵品质新魅力；大力实施民生保障行动，创造共同富裕新生活；大力实施生态优先行动，构筑宜居宜业宜游新高地。要统筹发展和安全，推进社会治理现代化。大会强调，办好河源的事情，关键在党，必须加强党的全面领导和党的建设。要坚持全面从严治党不松劲，不断织密建强党的组织体系，建设高质量专业化干部队伍，全方位培养引进用好人才，从严从实抓好作风建设，标本兼治持续深化反腐败斗争，为建设幸福和谐美丽河源提供坚强政治保证。大会号召，全市各级党组织、广大党员和人民群众，更加紧密地团结在以习近平同志为核心的党中央周围，在省委的坚强领导下，大力弘扬伟大建党精神，勠力同心、奋力拼搏，担当实干、勇毅前行，在新时代新征程上谱写建设幸福和谐美丽河源的壮丽篇章，以优异成绩迎接中共二十大胜利召开，为实现第二个百年奋斗目标、实现中华民族伟大复兴的中国梦作出新的更大贡献！431名中国共产党河源市第八次代表大会代表出席会议。不是中共河源市第八次代表大会代表的市领导和军分区领导干部；正厅级老干部和此届担任市领导职务的老干部；市各民主党派、无党派人士代表；不是中共河源市第八次代表大会代表的市直和中央、省驻河源副处以上单位党员主要负责人列席会议。

【中共河源市委八届一次全会】 于2021年12月10日在河源市区召开。受中国共产党河源市第八次代表大会主席团的委托，林涛主持会议。全会选举产生中国共产党河源市第八届委员会常务委员会委员和书记、副书记。林涛、何国森、方明、李洋、刘东豪、张和志、方文华、江海鹰、孔德胜、廖继聪、陈贤亮当选为市委常委，林涛当选为市委书记，何国森、方明当选为市委副书记。全会表决通过中国共产党河源市第八届纪律检查委员会第一次全体会议关于市纪委常委和书记、副书记选举结果的报告，李洋任市纪律检查委员会书记。全会认为，刚刚胜利闭幕的中国共产党河源市第八次代表大会，是在中国共产党成立100周年重要时期、开启现代化建设新征程的关键时刻，召开的一次十分重要的大会。大会坚持以习近平新时代中国特色社会主义思想为指导，深入贯彻习近平总书记对广东系列重要讲话、重要指示批示精神，全面总结中共河源市第七次代表大会以来河源各项事业发展取得的成绩，科学描绘未来5年河源高质量发展的蓝图，对指导全市上下紧紧围绕省委赋予河源建设“示范区”“排头兵”的目标任务，加快培育“五大产业”，大力实施“七大行动”，奋力建设幸福和谐美丽河源，具有十分重要而深远的意义。全会强调，新一届市委领导班子要恪尽职守、勇担使命，以“功成不必在我”的精神境界和“功成必定有我”的历史担当，努力交出一份无愧于党、无愧于人民、无愧于时代的优异答卷，努力把宏伟蓝图变成生动实践。全会强调，要始终坚持做到对党绝对忠诚，把学习贯彻习近平新时代中国特色社会主义思想作为首要政治任务，确保习近平总书记和党中央决策部署在河源落地生根、结出硕果。要始终坚持一心一意谋发展，抓牢发展第一要务，笃定心志开拓具有河源特色的高质量发展之路。要始终坚持提高本领善作为，保持“归零”的心态、“赶考”的状态、“奋斗”的姿态，当好增强本领、提升能力的表率。要始终坚持用心用情惠民生，始终践行全心全意为人民服务的根本宗旨，切实让发展实绩更有“温度”，让人民答卷更有“厚度”。要始终坚持清正廉洁树新风，以清正廉洁、干净干事、正派做人来树立威信、赢得支持。全会号召，全市各级党组织和广大党员干部群众要更加紧密地团结在以习近平同志为核心的党中央周围，始终坚持以习近平新时代中国特色社会主义思想为指导，担当实干、勇毅前行，以饱满热情和昂扬斗志奋力推动幸福和谐美丽河源建设，以优异成绩迎接中共二十大召开。市委委员、候补委员出席会议。市纪委委员列席会议。

【中共河源市委八届二次全会】 于2021年12月29日在河源市区召开。全会由市委常委会主持。全会坚持以习近平新时代中国特色社会主义思想为指导，深入学习贯彻中共十九届六中全会和中央经济工作会议精神，深入贯彻习近平总书记对广东系列重要讲话和重要指示批示精神，认真落实省委十二届十五次全会和中共河源市第八次代表大会精神，总结2021年工作，部署2022年工作。全会听取市委书记林涛代表市委常委会所作的报告和市长何国森关于经济工作的讲话，审议2021年传达学习贯彻落实习近平总书记重要讲话和重要指示批示精神情况、抓党建工作情况的书面报告。全会指出，2021年是党和国家历史上具有里程碑意义的一年，也是河源改革发展历史上具有重要意义的一年。在习近平总书记、党中央坚强领导下，河源市持续深入学习贯彻习近平新时代中国特色社会主义思想，高质量开展庆祝中国共产党成立100周年系列活动，深入开展党史学习教育，同全国全省一道胜利打赢脱贫攻坚战、如期全面建成小康社会，实现“十四五”良好开局；顺利圆满召开中共河源市第八次代表大会，提出建设幸福和谐美丽河源战略定位、“五大产业”主攻方向、“七大行动”发展路径，科学制定河源未来五年发展的“任务书”。2021年来，河源市科学有效应对新冠肺炎疫情，高标准开展安全生产专项整治三年行动，积极稳妥防范化解风险挑战；全面落实省委“1+1+9”工作部署，聚焦“六个抓”重点工作，基层党组织建设坚强有力，经济实现质的稳步提升和量的合理增长，乡村振兴取得新成果，民生福祉不断改善，生态环境、营商环境持续巩固优化，有效激发干事创业活力，经济社会高质量发展取得新成效。全会强调，全市各级党组织和广大党员干部要从广州市大规模迁移砍伐城市树木问题中认真汲取教训，全面检视、全面整改、举一反三，从中受到深刻的政治教育、党性教育、思想教育、作风教育，全力以赴把河源的事情办实办好，为服务全国全省大局作出河源新的贡献。全会指出，中共十九届六中全会是在中国共产党成立100周年的重要历史时刻，在“两个一百年”奋斗目标交汇的重要历史关头召开的一次具有重大现实意义和深远历史意义的会议。全市上下要以学习贯彻中共十九届六中全会精神为强大动力，深刻领会“两个确立”的决定性意义，不断增强做到“两个维护”的思想自觉、政治自觉、行动自觉；深刻领会习近平新时代中国特色社会主义思想实现马克思主义中国化新的飞跃，切实做到学思用贯通、知信行统一；深刻领会中国共产党百年奋斗的初心使命和重大成就，坚定践行以人民为中心的发展思想；深刻领会中国共产党百年奋斗的历史意义和历史经验，坚定历史自信、增强历史定力；深刻领会“以史为鉴、开创未来”的伟大号召，奋力扛起使命任务，更加奋发有为加快建设幸福和谐美丽河源。全会强调，2022年将召开中共二十大，这是中国共产党和国家政治生活中的一件大事，中共广东省第十三次代表大会也将召开，要保持经济环境平稳健康、社会环境国泰民安、政治环境风清气正。必须坚持以习近平新时代中国特色社会主义思想为指导，全面贯彻落实中共十九大和十九届历次全会及中央经济工作会议精神，深入贯彻习近平总书记对广东系列重要讲话和重要指示批示精神，弘扬伟大建党精神，坚持稳中求进工作总基调，完整、准确、全面贯彻新发展理念，服务构建新发展格局，全面深化改革开放，坚持创新驱动发展，推动高质量发展，坚持以供给侧结构性改革为主线，统筹疫情防控和经济社会发展，统筹发展和安全，深入落实省委十二届十五次全会精神和省委“1+1+9”工作部署，贯彻落实中共河源市第八次代表大会精神，锚定建设“示范区”“排头兵”的目标任务，以“融湾”为纲、“融深”为牵引，继续做好“六稳”“六保”工作，加快培育“五大产业”，大力实施“七大行动”，保持经济运行在合理区间，保持社会大局稳定，奋力推进幸福和谐美丽河源建设，以优异成绩迎接中共二十大胜利召开。全会提出，全面贯彻落实习近平总书记、党中央决策部署和省委工作要求，稳字当头、稳中求进，高质量推进各项重点任务落实落地。以打造千亿级电子信息产业集群为龙头，扎实推进产业兴市行动；以对接“双区”和两个合作区联动传导为契机，扎实推进“融湾”“融深”行动；以灯塔盆地争创国家农高区为带动，扎实推进乡村振兴行动；以打造深圳都市圈副中心为引领，扎实推进城市提质行动；以创建全国文明城市为重点，扎实推进形象提升行动；以“面对面”解难题为切口，扎实推进民生保障行动；以有序落实碳达峰碳中和为框架，扎实推进生态优先行动；以平安河源、法治河源建设为抓手，在更高水平上统筹发展和安全。全会强调，办好河源的事，关键在党。要加强党的全面领导和党的建设，始终把党的政治建设摆在首位，全面落实意识形态工作责任制，持续织密建强党的组织体系，抓好干部和人才队伍建设，坚定不移推进正风肃纪反腐，为建设幸福和谐美丽河源提供坚强保证。全会号召，全市各级党组织和广大党员干部要更加紧密地团结在以习近平同志为核心的党中央周围，担当实干、勇毅前行，不折不扣完成省委赋予河源建设“示范区”“排头兵”的目标任务，全面开启建设幸福和谐美丽河源新征程，以优异成绩迎接中共二十大胜利召开。市委委员、候补委员出席会议。不是市委委员、候补委员的市领导；市四套班子秘书长，市委、市政府副秘书长，市纪委常委、市监委委员，市直和中央、省驻河源副处以上各单位党员主要负责人，中共河源市第八次代表大会部分基层代表列席会议。

【中共河源市委常委会扩大会议】 中共河源市委于2021年1月20日在市会议中心召开市委常委会扩大会议，传达学习省委十二届十三次全会精神，研究部署河源市贯彻落实意见。市委书记丁红都主持会议并讲话。市长林涛传达省委十二届十三次全会精神。会议指出，全市各级各部门要深刻领会省委十二届十三次全会的重大意义，坚定在新征程中加快“示范区”“排头兵”和“两个河源”建设的信心决心。一要深刻领悟在以习近平同志为核心的党中央坚强领导下，广东各项事业取得新进步。二要深刻领悟习近平总书记对大局大势的科学洞察和战略运筹，确保沿着习近平总书记指引的方向谋划和推动改革发展各项工作。三要深刻领悟省委对打造新发展格局战略支点的部署要求，着眼未来把河源应该干、能够干、必须干好的事情办好。会议强调，要深入学习贯彻省委十二届十三次全会精神，推动“示范区”“排头兵”和“两个河源”建设在“十四五”全面开启新局。一要全域全面“融深”“融湾”，在“双循环”中提升“引进来”“走出去”功能。二要全面推进乡村振兴，加快农业农村现代化。三要抓好促消费扩投资稳外贸，不断增强高质量发展内生动力。四要提升产业供应链水平，加快构建现代化经济体系。五要实施都市经济带动战略，提升中心城区发展能级。六要大力推进创新驱动发展，培育高质量发展新动能。七要坚持生态优先、绿色发展，建设更高水平的美丽河源。八要全面推进改革开放，进一步提升竞争新优势。九要打造人民幸福“心城”，提高人民生活品质。十要统筹发展和安全，建设更高水平的平安法治河源。会议强调，要坚定不移加强中国共产党的全面领导和建设，持续深入抓好理论学习武装，旗帜鲜明讲政治抓政治，全面加强组织建设和干部队伍建设，深入推进党风廉政建设和反腐败斗争，为贯彻落实省委全会精神、为“十四五”开好局提供坚强政治保证和组织保证。会议强调，要提高政治站位，强化底线思维，加强应急值守，坚决防范和遏制森林火灾事故发生，抓牢安全生产工作，全力防范化解社会矛盾风险，确保人民群众生命财产安全，维护社会和谐稳定。市委、市人大常委会、市政府、市政协领导班子成员及正副秘书长，市法院院长、市检察院检察长，江东新区、市高新区党（工）委书记、管委会主任，市有关单位主要负责人参加会议。

中共河源市委于2021年1月28日在市会议中心召开市委常委会扩大会议，听取各县（区）党（工）委书记和市直机关工委、市委教育工委、市国资委党委、市委“两新”工委书记抓基层党建工作述职并进行评议。市委书记丁红都主持会议并讲话。各县（区）党（工）委书记和市直机关工委、市委教育工委、市国资委党委、市委“两新”工委书记围绕抓好基层党建工作进行述职。与会人员对述职情况进行评议。丁红都逐一作出点评，充分肯定上年各县（区）、各部门党（工）委在党的建设各项工作中所取得的成绩，同时对河源市基层党建工作中存在的问题进行深刻剖析，对进一步加强和改进基层党建工作提出明确要求。丁红都强调，要坚持以习近平新时代中国特色社会主义思想为指导，深入实施新一轮党的基层组织建设三年行动计划，为“示范区”“排头兵”和“两个河源”建设在“十四五”全面开启新局提供坚强政治保证和组织保证。一要着力提升政治领导力，旗帜鲜明讲政治抓政治，完善各领域基层党组织发挥领导作用工作机制，在服务中心大局中更好发挥党建的政治引领和保障作用，持之以恒把党的全面领导落实到基层。二要着力提升思想引领力，推动学习贯彻常态化制度化，提高运用习近平新时代中国特色社会主义思想解决实际问题的能力，加强对全社会的宣传教育，自觉深学笃行习近平新时代中国特色社会主义思想。三要着力提升群众组织力，加强基层组织体系建设，健全“两新”组织党建工作长效机制，切实提高基层组织的组织力，不断提高基层党的组织覆盖和工作覆盖质量。四要着力提升社会号召力，推进民生实事落地落实，强化党员干部联系服务群众的能力，优化提升基层治理体系，不断夯实党的执政根基。五要着力提升队伍战斗力，持续推进“头雁”工程，纵深推进党员先锋工程，强化基层基础保障工程，不断提高基层干部队伍素质能力。六要着力提升自我革新力，坚持纠“四风”与树新风并举，大力整治群众身边腐败问题，持续推进扫黑除恶，不断巩固提升风清气正的政治生态。丁红都强调，全市各级党组织要压实全面从严治党责任，推动基层党建各项工作落地见效。一要层层压实责任，各级党委（党组）书记要坚决扛起“第一责任人”职责，推动各级党组织履行好管党治党政治责任、领导班子成员和各级领导干部履行好“一岗双责”，形成齐抓共管的基层党建工作格局。二要加强监督指导，确保基层党建始终沿着正确方向前进。三要严格执行制度，落实制度治党、依规治党要求，确保党内法规制度落地见效。省委组织部有关负责人到会指导并作出点评。市政协主席张丽萍，市委副书记、组织部部长边立明，市人大常委会常务副主任吴善平出席会议。市委常委，市委党的建设工作领导小组成员单位主要负责人，各县（区）党（工）委书记、组织部部长，江东新区、市高新区、市灯塔盆地农高区党（工）委分管领导；市直机关工委、市委教育工委、市国资委党委、市委“两新”工委书记；部分市党代表、市人大代表、市政协委员、基层党员干部、群众代表；市委组织部有关负责人参加会议。

中共河源市委于2021年12月23日在市委常委会议室召开市委常委会扩大会议，深入学习贯彻中共十九届六中全会精神和中央经济工作会议精神，传达学习省委十二届十五次全会精神，研究部署河源市贯彻落实意见。市委书记林涛主持会议并讲话。市委副书记、市长何国森传达省委十二届十五次全会精神。会议指出，省委十二届十五次全会是在全省上下深入学习贯彻中共十九届六中全会精神和中央经济工作会议精神的重要时期，召开的一次重要会议，对广东在新时代新征程上走好新的赶考之路作全面系统部署。全市各级各部门要认真学习领会、抓好贯彻落实，深刻认识省委十二届十五次全会的重大意义，以强烈的使命感推进幸福和谐美丽河源建设。一要从学习贯彻中共十九届六中全会精神中汲取前进的智慧和力量，以更加昂扬的姿态走好新的赶考之路。二要从学习贯彻省委十二届十五次全会精神中坚定走好新征程的信心决心，积极主动作为，在服务全国全省大局中作出河源贡献。三要从加强政策对接中抢抓机遇促发展，奋力开创河源改革发展新局面。会议强调，要深入贯彻落实省委十二届十五次全会部署要求，努力在新时代新征程上高标准建设幸福和谐美丽河源。一要大力发展实体经济，着力培育千亿级电子信息产业、百亿级水产业、百亿级先进材料产业、生态旅游业、现代高效农业等“五大产业”，夯实高质量发展基础。二要加快“融湾”“融深”步伐，牢牢把握赣深高铁开通带来的发展机遇，进一步做好“硬联通”“软联通”“企连通”“智连通”，激发全方位开放合作新动力。三要全力促进乡村振兴，推动灯塔盆地高质高效发展、宜业宜居乡村建设、农村综合改革、巩固拓展脱贫攻坚成果同乡村振兴有效衔接，培育广东农业农村现代化新样板。四要不断增强城市功能，提升中心城区综合服务功能，补齐城市建设短板、坚决防止大拆大建，对县区发展进行分类管理，增强县域城镇承载力，推进城乡融合发展。五要着力推进形象提升，推动全域文明创建，提升文化软实力，精心塑造地方品牌，不断提升河源的知名度、美誉度。六要强化民生保障措施，坚持就业优先，落实“小切口大变化”民生实事办理制度，常态化落实党政主要领导“面对面”解决群众“急难愁盼”问题机制，努力办好各项民生事业。七要巩固提升生态优势，强力推进中央生态环保督察整改，深入打好污染防治攻坚战，推进绿色低碳发展。八要统筹好发展和安全，抓实抓细疫情防控、安全生产、森林防灭火等工作，确保社会大局平安稳定。会议强调，要加强组织领导，确保省委十二届十五次全会精神在河源落实到位。要加强中国共产党的全面领导和建设，不断增强“四个意识”、坚定“四个自信”，真正把坚定捍卫“两个确立”转化为坚决做到“两个维护”的思想自觉、政治自觉、行动自觉。要迅速掀起学习宣传贯彻热潮，组织开展接地气、有生气、聚人气的宣传宣讲，把省委全会精神传达到广大干部群众。要抓好岁末年初各项工作，全力完成全年既定目标任务，保持平稳健康的经济环境、国泰民安的社会环境、风清气正的政治环境。市委、市人大常委会、市政府、市政协领导班子成员；市法院院长、市检察院检察长；江东新区、市高新区、市灯塔盆地农高区党（工）委书记；市有关单位主要负责人参加会议。

【全市党史学习教育动员大会】 河源市委于2021年3月2日在市会议中心召开全市党史学习教育动员大会，认真学习贯彻习近平总书记在党史学习教育动员大会上的重要讲话精神和中共中央《关于在全党开展党史学习教育的通知》精神，深入贯彻落实全省党史学习教育动员大会精神，对河源市开展党史学习教育进行全面动员部署。市委书记丁红都主持大会并讲话。市委副书记、市长林涛传达习近平总书记在党史学习教育动员大会上的重要讲话精神和中共中央《关于在全党开展党史学习教育的通知》精神及全省党史学习教育动员大会精神。丁红都指出，习近平总书记的重要讲话，深刻阐述开展党史学习教育的重大意义，深刻阐明开展党史学习教育的重点和工作要求，为河源市开展好党史学习教育指明方向、提供根本遵循。大家要认真学习领会习近平总书记重要讲话精神，坚定开展党史学习教育的政治自觉、思想自觉、行动自觉。一要充分认识开展党史学习教育是牢记初心使命、推进中华民族伟大复兴历史伟业的必然要求，引导各级党组织和广大党员以史为镜、以史明智，把苦难辉煌的过去、日新月异的现在和光明宏大的未来贯通起来，激发为实现中华民族伟大复兴而奋斗的信心和动力。二要充分认识开展党史学习教育是坚定信仰信念、在新时代坚持和发展中国特色社会主义的必然要求，引导各级党组织和广大党员进一步筑牢信仰之基、补足精神之钙、把稳思想之舵，焕发革命理想高于天的豪迈情怀，坚定走好新时代的长征路。三要充分认识开展党史学习教育是推进党的自我革命、永葆党的生机活力的必然要求，引导各级党组织和广大党员干部发扬彻底的革命精神，保持赶考的清醒，促进党员干部修身律己，自重自省自警自励，实现自我净化、自我完善、自我革新、自我提高。四要充分认识开展党史学习教育是贯彻落实习近平总书记对广东重要讲话和重要指示批示精神，奋力实现“示范区”“排头兵”和“两个河源”建设的必然要求，从百年来中国共产党领导全国人民、领导广东人民推进伟大社会革命的实践中，汲取前进的智慧和奋进的力量，加快“示范区”“排头兵”和“两个河源”建设。丁红都强调，要突出开展党史学习教育的重点，高质量高标准贯彻落实学习教育各项要求，坚持把学史明理、学史增信、学史崇德、学史力行的目标要求贯穿党史学习教育全过程，引导全市党员干部切实提高政治站位，真正做到学党史、悟思想、办实事、开新局。一要深入落实进一步感悟思想伟力的要求，学懂弄通做实习近平新时代中国特色社会主义思想。深刻认识马克思主义何以深刻改变中国、改变世界，系统学习马克思主义中国化最新成果，推动习近平新时代中国特色社会主义思想在河源市落地生根、结出丰硕成果。二要深入落实进一步把握历史规律和大势的要求，系统掌握推动工作的方法论。深刻领悟中国共产党科学把握历史规律和世界大势的宝贵经验，深刻领悟习近平总书记对大局大势的深刻洞察和科学研判，深刻领悟习近平总书记教给的世界观方法论，从而提升研判形势、利用规律、把握机遇的能力，坚定不移办好自己的事情。三要深入落实进一步深化对中国共产党的性质宗旨认识的要求，坚持做到以人民为中心。深刻体悟习近平总书记坚持人民至上、紧紧依靠人民、不断造福人民、牢牢植根人民的要求，深刻领悟党的初心和使命，践行为人民服务的宗旨。四要深入落实进一步总结党的历史经验的要求，不断提高应对风险挑战的能力水平。要从中国共产党领导人民进行革命、建设和改革的历程中，从习近平总书记带领大家打赢的一场场硬仗和党的自我革命中学习斗争经验、增强斗争本领。五要深入落实进一步发扬革命精神的要求，提振干事创业的精气神。系统掌握中国共产党人的精神谱系，进一步继承发扬好河源的宝贵精神财富，传承弘扬光荣传统和优良作风，在新征程中谱写中国共产党人崭新的精神篇章。六要深入落实进一步增强党的团结和集中统一的要求，始终同以习近平同志为核心的党中央保持高度一致。从党史中深刻认识做到“两个维护”的极端重要性，在实践中充分认识做到“两个维护”是做好一切工作的根本保证，更加自觉践行“两个维护”。丁红都强调，要高度重视开展党史学习教育，务求取得实实在在的成效。一要切实加强组织领导。各级党委（党组）要承担抓好本地区本部门本单位学习教育的主体责任，各级党委（党组）主要领导要切实履行第一责任人的责任，各级领导干部要坚持以上率下，示范带动广大党员干部全身心投入，切实做到学有所思、学有所悟、学有所得。二要树立正确党史观，坚持政治引领，精心组织专题宣讲，认真组织专题研讨，切实加强文艺生产创作，在全市广泛开展以党史为重点的“四史”宣传教育，更好地正本清源、固本培元。三要坚持把为群众办实事解难题贯穿始终，时刻谨记实现好、维护好、发展好人民群众的根本利益是一切工作的出发点和落脚点，用心用功用情办好民生实事。四要注重创新方式方法，发扬马克思主义优良学风，开展特色鲜明、形式多样的学习教育，认真组织专题培训，力戒形式主义、官僚主义。五要加强宣传引导，充分运用新闻报道、言论评论、典型宣传等形式，营造舆论氛围，突出宣传重点，推动学习教育深入群众、深入基层、深入人心。六要坚持统筹兼顾，将党史学习教育同宣传贯彻习近平总书记、党中央决策部署和中共十九大以及十九届二中、三中、四中、五中全会精神紧密结合起来，同贯彻落实省委对河源的要求紧密结合起来，同统筹疫情防控和经济社会发展紧密结合起来，同落实“1+1+9”工作部署、推进“融深”“融湾”、加快打造三大高质量发展平台、全面推进乡村振兴等重点任务紧密结合起来，同动员人民群众创造美好生活紧密结合起来，使学习教育的行动和成效都紧密融入到工作中，用河源高质量发展来检验学习教育成果。会议以电视电话会议形式开至各县区。市政协主席钟挥锷，市委副书记、组织部部长边立明，市人大常委会常务副主任吴善平出席大会。市委、市人大常委会、市政府、市政协领导班子成员及正副秘书长；市法院院长，市检察院检察长；市纪委副书记；市委各部委，市直和中央、省驻河源副处以上各单位党组（党委）主要负责人参加会议。

【全市政法队伍教育整顿动员部署会】

河源市委于2021年3月5日在市会议中心召开全市政法队伍教育整顿动员部署会，贯彻落实全国政法队伍教育整顿动员部署会议、省委政法队伍教育整顿领导小组会议以及全省政法队伍教育整顿工作推进会精神，动员部署全市政法队伍教育整顿工作。市委书记、市委政法队伍教育整顿领导小组组长丁红都作动员讲话，省委政法队伍教育整顿省级驻河源点指导组组长周华山出席会议并讲话。丁红都指出，开展政法队伍教育整顿，是以习近平同志为核心的党中央从党和国家事业发展全局的高度作出的重大决策部署，是坚持从政治上建设政法队伍、确保忠诚纯洁可靠的必然要求，是坚持全面从严管党治警、推进政法队伍自我革命的必然要求，是适应新发展阶段形势任务、更好履行职责使命的必然要求，是建设更高水平的平安河源法治河源、打造人民幸福“心城”的重要措施。要深入学习贯彻习近平总书记关于政法队伍建设的重要论述，切实增强开展政法队伍教育整顿的思想自觉、政治自觉、行动自觉，扎实开展教育整顿，锻造新时代河源政法铁军。丁红都强调，要准确把握党中央部署要求和工作原则，把牢教育整顿的正确方向，把中国共产党的领导与紧紧依靠群众相结合，把整体推进与重点突破相结合，把着力当前与着眼长远相结合，把负面警示与正向激励相结合，把开展教育整顿与做好维护安全稳定工作相结合，以进一步提升人民群众安全感，以抓稳定保安全的实际成效检验教育整顿成果。丁红都强调，要坚决贯彻落实党中央决策部署，注重政治教育引领狠抓学习教育环节，深入开展政治教育、党史教育、警示教育、英模教育；注重“自查从宽、被查从严”狠抓查纠整改环节，抓好自查自纠、组织查处、专项整治，用好“四种形态”；注重总结评估、建章立制狠抓总结提升环节，科学评估教育整顿效果，持续深化问题整改，抓好建章立制，推动教育整顿取得扎实成效。丁红都强调，要加强组织领导，强化市县两级党委承担本地政法队伍教育整顿主体责任和党委书记第一责任人责任，落实各级党委政法委和政法各单位党组（党委）的直接责任，发挥各部门力量，压实各级责任，形成整体合力，坚决打好打赢政法队伍教育整顿这场硬仗；密切上下联系，强化督促指导，全方位配合省级驻点指导组开展工作，确保教育整顿工作务实开展；注重宣传引导，牢牢把握宣传思想工作的主动权，把握舆论宣传的要求，为顺利推进河源市教育整顿营造良好氛围。周华山强调，要深刻认识开展政法队伍教育整顿的重大意义，认真贯彻落实习近平总书记重要讲话、重要指示精神，切实增强做好教育整顿工作的政治责任感和时代使命感，打造一支“四个铁一般”的高素质政法队伍。要准确把握政法队伍教育整顿的具体要求，对照中央和省委明确的总体要求、对象范围、任务目标、时间节点、环节举措，形成市县联动、环环相扣、有序推进的工作局面。要结合重点工作统筹推进政法队伍教育整顿，把教育整顿与党史学习教育相结合，与当前各项重点工作和激发政法队伍干事创业的精气神相结合，从严从实抓好防风险、保安全、护稳定、促发展各项措施落实。要切实加强组织领导和工作配合，构建齐抓共管的责任体系，强化对派驻指导工作的配合，推动教育整顿取得实效。市委常委、市委政法委书记叶春球部署全市政法队伍教育整顿工作。副市长、市公安局局长林少威传达全国政法队伍教育整顿动员部署会议、省委政法队伍教育整顿领导小组会议以及全省政法队伍教育整顿工作推进会精神。市委副书记、市长、市委政法队伍教育整顿领导小组第一副组长林涛主持会议。市领导张和志，省委政法队伍教育整顿省级驻河源点指导组副组长及成员出席会议。市委政法队伍教育整顿领导小组成员及办公室有关人员，市纪委监委、市委组织部、市委宣传部主要负责人，市直政法各单位领导班子成员，各县（区）党委书记、政法委书记（分管领导）参加会议。

【全市传达贯彻习近平总书记重要讲话精神暨全国两会精神干部大会】 河源市委于2021年3月15日在市会议中心召开全市传达贯彻习近平总书记重要讲话精神暨全国两会精神干部大会，深入学习贯彻习近平总书记重要讲话精神和全国两会精神，全面落实省委部署要求，对河源市贯彻落实工作进行部署。市委书记丁红都主持会议并讲话。会议指出，这次全国两会，是在中国共产党成立100周年的关键时刻，在开启全面建设社会主义现代化国家新征程、向第二个百年奋斗目标进军的开局之年召开的一次重要会议。大家要深入学习贯彻习近平总书记重要讲话精神和全国两会精神，切实把思想和行动统一到总书记、党中央决策部署上来。一要深刻领悟中国经济社会发展取得的极不平凡的成就，坚定做好“十四五”和2021年工作的信心决心，积极主动作为，为全国全省发展大局践行河源担当、作出河源贡献。二要深刻领悟总书记、党中央对大局大势的科学判断，牢牢把握发展主动权，集中力量办好自己的事。三要深刻领悟总书记关于新发展阶段、新发展理念、新发展格局和高质量发展的重要论述精神，笃定心志走出具有河源特色的高质量发展道路，努力实现更高质量、更有效率、更加公平、更可持续、更为安全的发展。四要深刻领悟习近平总书记人民至上的真挚为民情怀，坚定践行以人民为中心的发展思想，更好把全市人民的智慧和力量凝聚到加快河源振兴发展中来。五要准确把握“十四五”和2021年中国经济社会发展目标任务及重点工作，扎扎实实做好河源各项工作，奋力推进“示范区”“排头兵”和“两个河源”建设在“十四五”全面开启新局。会议强调，要深入贯彻落实习近平总书记重要讲话精神和全国两会精神，努力在新征程中走好河源高质量发展之路。一要加快打造农业农村高质量发展的综合平台，大力发展富民兴村产业，大力实施乡村建设行动，实现巩固拓展脱贫攻坚成果同乡村振兴有效衔接，全面推进乡村振兴。二要抓住中心城区列为深圳都市圈副中心的机遇，以高铁新城综合枢纽开通为契机，加快打造城市高质量发展的区域平台，强化与“双区”“硬联通”，大力实施都市经济带动战略，全域全面“融深”“融湾”。三要加快打造产业高质量发展的功能平台，稳定产业链供应链，大力发展战略性产业集群，更好发挥创新驱动发展作用，加快构建现代产业体系。四要系统做好“六水”“六林”文章，深入推进污染防治攻坚战，不断改善城乡环境，持续巩固提升绿色发展新优势。五要全面推进改革开放，进一步优化营商环境，推进要素配置改革，坚持扩大内需这一战略支点，持续激发高质量发展内生动力。六要打造人民幸福心城，深入推进文化强市建设，大力提升创业就业质量，着力保障和改善民生，让全社会共建共治共享发展成果。七要统筹发展和安全，全力维护国家安全，加强和创新社会治理，建设更高水平的平安河源、法治河源。会议强调，要加强中国共产党的全面领导和建设，为奋进新征程提供坚强政治保证和组织保证。一要高质量高标准开展党史学习教育，围绕学懂弄通做实习近平新时代中国特色社会主义思想，推动党史学习教育不断往深里走、往实里走。二要织密建强党的组织体系，发挥好基层党组织战斗堡垒作用。三要持续强化干部队伍建设，建设忠诚干净担当的高素质专业化干部队伍。四要持之以恒正风肃纪反腐，打造风清气正的政治生态。五要迅速掀起学习宣传贯彻热潮，做到家喻户晓、深入人心，推动学习成果转化为发展成效。会议以电视电话会议形式开至各县区。市长林涛，市政协主席钟挥锷，市委副书记、组织部部长边立明，市人大常委会常务副主任吴善平出席会议。市委、市人大常委会、市政府、市政协领导班子成员；市法院院长、市检察院检察长；正厅级以上老干部；市四套班子正副秘书长，市纪委副书记、监委副主任；市直和中央、省驻河源副处以上各单位主要负责人；河源市全国人大代表，市各民主党派主要负责人在市主会场参加会议。

【河源市创建第七届全国文明城市工作动员会】 河源市委、市政府于2021年4月9日在市会议中心召开河源市创建第七届全国文明城市工作动员会，深入学习贯彻习近平总书记关于精神文明建设的重要论述，认真落实中共十九届五中全会关于精神文明建设的部署安排，总结上一轮创建全国文明城市工作，对新一轮创建全国文明城市工作进行动员部署。市委书记、市创建全国文明城市工作领导小组组长丁红都出席会议并讲话。丁红都强调，要深入学习贯彻习近平总书记关于精神文明建设的重要论述，深刻认识创建全国文明城市意义之重要、任务之艰巨、现有之基础，为理想而战，切实增强工作使命感、紧迫感和信心决心，按照“2021年夯实基础、2022年提质升级、2023年全面达标”的安排，瞄准目标任务靶向发力，从高从细从实狠抓创建全国文明城市各项工作落实。一要大力推进精神文明建设，把精神文明建设作为创建全国文明城市的关键，把弘扬和践行社会主义核心价值观贯穿文明城市创建全过程，全面提升社会文明程度。要紧密结合党史学习教育，积极宣传党带领人民取得的革命、建设、改革伟大成就，传承弘扬党在长期实践中培育的光荣传统和优良作风。二要持续优化城市规划建设，不断优化城市空间布局，系统提升城市功能品质，加快推进智慧城市建设。三要对标测评体系精准发力，认真研究解读文明城市创建指标体系，针对一些重点测评指标下更大力气，继续做好档案材料的汇总、整理和提交工作。四要突出重点问题靶向整治，持续强化城乡人居环境治理，加大交通秩序管理力度，加强平安法治河源建设。五要坚持创建为民创建惠民，把以人民为中心的发展思想贯彻落实到文明城市创建的全过程和各环节。丁红都强调，要加强组织领导，确保创建全国文明城市各项工作落细落实落具体。一要压实工作责任，各级各部门要进一步细化“任务书”“施工图”，以责任落实倒逼任务落实。二要加强作风建设，坚持求真务实的工作作风，加大督查督导力度，严格落实全国文明城市负面清单责任制管理。三要动员全民创建，持续开展进社区和入户宣传工作，充分调动市民群众支持和参与创建全国文明城市的积极性，努力在全社会营造浓厚的创建全国文明城市氛围。市长、市创建全国文明城市工作领导小组执行组长林涛在主持会议时强调，要聚焦目标抓落实，切实增强文明城市创建工作的责任感和紧迫感，真正把创建全国文明城市工作作为“示范区”“排头兵”和“两个河源”建设的重要抓手，全力推动河源市文明城市创建工作再上新台阶；要聚焦问题抓落实，全面结合国家卫生城市复审工作，对环境卫生、集贸市场、交通秩序、餐饮摊档、物业管理、窗口服务等工作抓常抓细抓长；要聚焦结果抓落实，各级各部门要牢固树立全市“一盘棋”思想，各部门“一把手”要亲自部署、亲自落实，一级做给一级看、一级带着一级干，确保创建全国文明城市各项工作落细落实落具体。省委宣传部二级巡视员马必文到会指导，肯定河源市创建全国文明城市各项工作并对新一轮创建全国文明城市工作提出建议，强调要提高认识，心无旁骛，朝着既定目标全力推动文明城市创建工作；要突出重点，在美心、美景、美序“三大工程”上下功夫，提升文明创建水平；要健全机制，建立完善领导机制、奖励机制、问责机制、投入机制、淘汰机制、群众参与机制、舆论监督机制，压实工作责任，形成工作合力；要树立人民情怀、家国情怀、英雄情怀，用心用情用功做好各项工作。市委常委、宣传部部长、市创建全国文明城市工作领导小组执行副组长朱蔚蔚对新一轮创建全国文明城市工作进行部署。源城区、市教育局、市公安局、市城管综合执法局、市林业局负责人在会上作发言。会议以电视电话会议形式开至各县区。市领导张和志、吴素香、林少威、庞启彪、何伟良、唐汉芳，源城区党委主要负责人，市直和中央、省驻河源副处以上各单位主要负责人在市主会场参加会议。

【全市加强基层党组织建设工作会议】 河源市委于2021年4月27日在市会议中心召开全市加强基层党组织建设工作会议，深入学习贯彻习近平总书记关于加强基层党组织建设的重要论述精神，认真贯彻落实全省加强基层党组织建设工作会议精神，总结河源市基层党建三年行动方案落实情况，研究部署实施新一轮三年行动计划工作。市委书记丁红都出席会议并讲话。丁红都强调，要深入学习贯彻习近平总书记关于加强基层党组织建设的重要论述精神，以强烈的政治自觉、思想自觉、行动自觉加强基层党组织建设。一要深刻领会加强基层党组织建设是做到“两个维护”、推动习近平总书记和党中央决策部署落到基层的必然要求，牢固树立大抓基层的鲜明导向，把各领域基层党组织建设成为实现党的领导的坚强战斗堡垒，推动习近平新时代中国特色社会主义思想在河源落地生根、结出更加丰硕的成果。二要深刻领会加强基层党组织建设是汲取党的历史经验、进一步严密组织体系的必然要求，坚决贯彻落实习近平总书记、党中央的决策部署，不断改进和创新基层党组织工作思路、内容、方式，推动党的领导、党的工作和党组织的作用覆盖经济社会发展全过程、各方面。三要深刻领会加强基层党组织建设是践行党的根本宗旨、深深根植人民群众的必然要求，在加强基层党建上下功夫，及时把习近平总书记、党中央的亲切关怀传递到基层，把人民群众的呼声心愿反映上来，始终与人民群众同呼吸、共命运、心连心。四要深刻领会加强基层党组织建设是团结带领群众听党话跟党走、巩固党的执政根基的必然要求，坚持不懈抓基层打基础，一刻不停加强基层党组织建设。五要深刻领会加强基层党组织建设是推进“示范区”“排头兵”和“两个河源”建设、服务全省打造新发展格局战略支点的必然要求，充分发挥基层党组织战斗堡垒作用和党员先锋模范作用，对标最高最好最优推动工作，确保“十四五”全面开启新局。丁红都强调，要突出重点落实新一轮三年行动计划，推动全市基层党组织全面进步、全面过硬。一要强化思想引领，坚持用习近平新时代中国特色社会主义思想武装头脑、指导实践、推动工作。把学习贯彻习近平新时代中国特色社会主义思想作为基层党组织建设的头等大事和首要政治任务，持续推动基层强化理论武装，深入推动基层学习常态化制度化，提高基层学习针对性实效性。二要强化政治建设，推动基层形成风清气正的政治生态。把党的政治建设作为基层党建的根本性建设，推动“两个维护”在基层全面落实、党内政治生活在基层全面规范、党内先进政治文化在基层全面弘扬。三要强化政治功能和组织力，建强各领域基层党组织。要提升农村基层党建、城市基层党建、机关企事业单位党建、两新组织党建工作质量，巩固发展党的政治优势和组织优势。四要强化队伍战斗力，不断提高基层干部队伍素质能力。要加强队伍建设，提高个人素质，深入正风反腐，强化激励保障，全面提升基层党员干部队伍素质。五要强化重大任务落实，推动基层党建和重点工作任务有效结合。要以党建促进乡村振兴、引领基层治理、增进民生福祉，以高质量党建引领新发展阶段高质量发展。丁红都强调，要加强组织领导，推动基层党组织建设各项工作有序有效开展。一要层层压实责任，推动形成齐抓共管的基层党建工作生动实践。二要严格执行制度，确保党内法规制度落地见效。三要加强分类指导，推动基层党建工作实现更大提升。四要注重工作实效，力戒形式主义，切实为基层松绑减负。市委副书记、组织部部长边立明就《河源市加强党的基层组织建设三年行动计划（2021—2023年）》作说明。东源县顺天镇党委、源城区埔前镇坪围村党总支部、市卫生健康局直属机关党委、东瑞食品集团股份有限公司党支部等单位作交流发言。市委副书记、市长林涛主持会议。会议以电视电话会议形式开至各县区。市领导方明、朱蔚蔚、张和志、赖小卫；市法院院长、市检察院检察长；市有关单位主要负责人；各县区党（工）委主要负责人，各县区委组织部部长，江东新区、市高新区、市灯塔盆地农高区党（工）委分管基层党建工作的负责人；东源县顺天镇党委、源城区埔前镇坪围村党总支部、市卫生健康局直属机关党委、东瑞食品集团股份有限公司党支部主要负责人在市主会场参加会议。

【河源市委农村工作会议暨全市实施乡村振兴战略工作推进会】 河源市委于2021年5月28日在市会议中心召开市委农村工作会议暨全市实施乡村振兴战略工作推进会，深入学习贯彻习近平总书记关于“三农”工作的重要论述精神，全面贯彻落实中央农村工作会议、全国脱贫攻坚总结表彰大会、省委农村工作会议暨全省实施乡村振兴战略工作推进会精神，总结河源市“三农”工作情况，研究部署新发展阶段“三农”工作任务，全面推进乡村振兴落地见效，为“示范区”“排头兵”和“两个河源”建设在“十四五”全面开启新局提供有力支撑。市委书记丁红都出席会议并讲话。丁红都强调，要深入学习贯彻习近平总书记重要讲话精神，进一步增强新发展阶段做好“三农”工作、全面推进乡村振兴的使命担当。一要深刻领会“三农”工作在“两个大局”中的重大意义，坚定不移全面推进乡村振兴，奋力加快河源市农业农村现代化进程。二要深刻领会“三农”工作在统筹发展和安全中的重大意义，坚持不懈抓好粮食和重要农副产品生产供给。三要深刻领会“三农”工作在构建新发展格局中的重大意义，把高质量发展贯穿乡村振兴全过程各方面，在高质量服务全省打造新发展格局战略支点中体现河源农业担当、河源作为。四要深刻领会“三农”工作在“示范区”“排头兵”和“两个河源”建设中的重大意义，进一步强化推动乡村振兴走在全省前列的责任担当，为全国全省解决发展不平衡不充分问题提供“河源方案”。丁红都强调，要牢牢抓住乡村振兴“主引擎”，奋力开启河源乡村振兴的新征程。一要加快灯塔盆地开发建设。要以创建国家农高区为主线，以打造全省示范为目标，继续以改革的精神、担当的意识、市场的思维、现代的标准、开放的胸怀、示范的自觉，提高产业集聚能力，强化科技支撑功能，提升产城、产镇、产村融合水平，加快把灯塔盆地打造成为引领河源未来农业农村高质量发展的综合平台，示范带动全市农业农村全面发展。二要全力做好巩固拓展脱贫攻坚成果同乡村振兴有效衔接。平稳有序推进有效衔接，切实做好驻镇帮镇扶村工作，加强农村低收入人口常态化帮扶，推动脱贫攻坚工作体系全面转向乡村振兴。三要坚决保障粮食生产供给安全。落实最严格的耕地保护制度，加快发展种业，强化粮食和重要农产品有效供给，为保障国家粮食安全作出河源贡献。四要加快发展乡村产业。谋划打造农业产业集群，着力构建现代农业经营体系，促进一、二、三产业融合发展，大力推进城乡融合发展，推动乡村产业发展壮大。五要全面启动乡村建设行动。突出规划引领作用，全面提升宜居乡村建设水平，提升现代农村综合治理水平，加快建设美丽宜人、业兴人和的社会主义新农村。六要积极培育现代农民。提升农民收入水平，加快新时代客家特色乡风文明建设，提升农民就业创业质量，让广大农民在投身乡村振兴中分享现代化成果，实现自身全面发展、生活富裕富足。丁红都强调，要加强党对“三农”工作的全面领导，为河源乡村振兴提供坚强政治保证。一要压实抓乡村振兴的政治责任，坚决落实五级书记抓乡村振兴，充分发挥农村基层党组织战斗堡垒作用，打造政治过硬、本领过硬、作风过硬的乡村振兴干部队伍，强化对农村党员干部教育管理监督。二要积极推进农村重点领域改革，全力抓好农村土地制度改革、严格落实“一户一宅”、全面开展农村集体产权制度改革试点等工作。三要加大资金投入，实施金融支持乡村振兴攻坚行动，加强用地保障和人才保障，强化乡村振兴投入保障。四要强化社会发动，打造支持平台，抓好舆论宣传，汇聚推进乡村振兴的强大合力。市长林涛主持会议时强调，全市各级各部门要切实把思想和行动统一到习近平总书记、党中央和省委、省政府及市委的决策部署上来，进一步增强全面推进乡村振兴的政治自觉和责任担当，巩固拓展脱贫攻坚成果同乡村振兴有效衔接，加快灯塔盆地开发建设，大力发展富民兴村产业，进一步强化粮食和重要农产品供给保障能力，深入实施乡村建设行动，深化新一轮农村综合改革，扎实推进“九大攻坚行动”，促进农业高质高效、乡村宜居宜业、农民富裕富足，奋力推动河源市“三农”工作在新征程中开新局。市委副书记边立明对《河源市全面推进乡村振兴加快农业农村现代化的实施方案》作说明。会上播放了全市推进乡村振兴战略成果专题片。会议以电视电话会议形式开至各县区。市政协主席钟挥锷，市人大常委会常务副主任吴善平出席会议。市领导黎意勇、方明、叶春球、叶少军、张和志、林少威、庞启彪、何伟良、赖小卫、刘东豪；市委实施乡村振兴战略领导小组成员单位主要负责人和分管负责人；市高新区党工委主要负责人和分管负责人；市有关单位主要负责人；市水务局、市农业农村局、市乡村振兴局、市林业局、市供销社、市移民局、市水资源办、市灯塔盆地农高区管委会、市气象局班子成员，深河指挥部精准扶贫组组长；市级以上农业龙头企业代表和农民专业合作社代表在市主会场参加会议。

【全市学习贯彻习近平总书记在庆祝中国共产党成立100周年大会上重要讲话精神干部动员大会】 河源市委于2021年7月5日在市会议中心召开全市学习贯彻习近平总书记在庆祝中国共产党成立100周年大会上重要讲话精神干部动员大会，主要任务是传达学习习近平总书记在庆祝中国共产党成立100周年大会上的重要讲话精神，对河源市的学习宣传贯彻工作进行全面动员部署。市委书记林涛出席会议并讲话。林涛指出，习近平总书记的重要讲话，全面回顾中国共产党波澜壮阔的百年历程，深刻指出实现中华民族伟大复兴这一主题，庄严宣告“我们实现了第一个百年奋斗目标，在中华大地上全面建成了小康社会”，精辟概括伟大建党精神，全面总结以史为鉴、开创未来的“九个必须”，号召全体中共党员在新的赶考之路上努力为党和人民争取更大光荣。大家要深入学习贯彻习近平总书记重要讲话精神，牢牢把握实现中华民族伟大复兴这一主题，在总书记、党中央坚强领导下，切实增强实现第二个百年奋斗目标的政治责任感、历史使命感，奋力推动“示范区”“排头兵”和“两个河源”建设，为实现中华民族伟大复兴作出河源贡献。一要深刻领悟总书记关于中国共产党的百年奋斗光辉历程和伟大成就的重要论述，坚定不移沿着总书记指引的方向奋勇前进。二要深刻领悟总书记关于全面建成小康社会的庄严宣告，坚定不移向着第二个百年奋斗目标迈进。三要深刻领悟总书记关于伟大建党精神的重要论述，永远把伟大建党精神继承下去、发扬光大。四要深刻领悟总书记关于“九个必须”的重要论述，在新征程上把河源发展的路子走对走实走好。五要深刻领悟总书记向全党发出的号召，努力向人民、向历史交出合格的河源答卷。林涛强调，学习好、宣传好、贯彻好习近平总书记重要讲话精神，是当前和今后一个时期的头等大事和重大政治任务。全市各级各部门要精心组织安排，全面掀起学习宣传贯彻热潮。一要高质高效制定学习宣传贯彻方案。对标中央和省委部署，结合实际制定具体方案，突出讲政治、高质量、针对性，有力有序推进，确保取得实效。二要高质高效推进学习培训。发挥“关键少数”作用，各级党委（党组）领导班子示范带头、领学促学，推动学习培训覆盖到每个支部、每名党员，着力打造精品课程，把习近平总书记重要讲话精神纳入学校思政课内容，切实把学习培训抓出成效。三要高质高效开展宣传宣讲。精心组织宣传，广泛开展宣讲，强化对外宣介，推动习近平总书记重要讲话精神家喻户晓、深入人心。四要高质高效做实理论阐释。立足专业力量、河源实践和百姓视角，结合河源革命、建设、改革实践和群众切身经历感受进行深入阐释，引导全社会准确领会、有效落实。五要高质高效深入指导督查。市领导要加强指导督学，有关部门要强化督促检查和跟踪问效，确保学习宣传贯彻工作落地落实落具体。林涛强调，要强化组织领导，推动学习宣传贯彻往深里走、往实里走。一要把学习宣传贯彻习近平总书记重要讲话精神作为重大政治任务抓紧抓实，周密部署安排、精心组织实施，主要负责人亲自抓、负总责。二要把学习宣传贯彻习近平总书记重要讲话精神作为党史学习教育的重中之重，引领党史学习教育高质量开展，进一步振奋干事创业的精气神。三要把学习宣传贯彻习近平总书记重要讲话精神与推进“示范区”“排头兵”和“两个河源”建设贯通起来，深入把握河源所处的历史方位、肩负的历史使命，持续深化“1+1+9”工作部署，努力走出具有中国特色、时代特征、河源特点的发展之路。四要把学习宣传贯彻习近平总书记重要讲话精神与推动重点工作落地见效结合起来，统筹抓好疫情防控、“六稳”“六保”、“融深”“融湾”、乡村振兴、三大高质量发展平台建设、安全生产等工作，确保“十四五”开好局、起好步。市委副书记、市长何国森主持会议。会议以电视电话会议形式开至各县区。市政协主席钟挥锷，省委党史学习教育第七巡回指导组副组长朱华仙、黄海光，市委副书记边立明，市人大常委会常务副主任吴善平出席会议。市委、市人大常委会、市政府、市政协领导班子成员，市法院院长、市检察院检察长；市四套班子正副秘书长，市纪委副书记、监委副主任；市各民主党派主要负责人；市直和中央、省驻河源副处以上单位主要负责人在市主会场参加会议。

【全市脱贫攻坚总结大会暨驻镇帮镇扶村工作动员会议】 河源市委、市政府于2021年7月15日在市会议中心召开全市脱贫攻坚总结大会暨驻镇帮镇扶村工作动员会议，深入学习贯彻习近平总书记“七一”重要讲话精神和在全国脱贫攻坚总结表彰大会上的重要讲话精神，回顾总结河源市脱贫攻坚历程，表彰先进个人和先进集体，动员和激励全市上下大力弘扬伟大脱贫攻坚精神，抓好驻镇帮镇扶村工作，乘势而上全面推进乡村振兴，奋力推动“示范区”“排头兵”和“两个河源”建设在新征程中再上新台阶。市委书记林涛出席会议并讲话。林涛指出，习近平总书记在全国脱贫攻坚总结表彰大会上的重要讲话，充分肯定脱贫攻坚取得的伟大成绩，深刻总结脱贫攻坚的光辉历程和宝贵经验，深入阐述伟大脱贫攻坚精神，对下一步工作提出明确要求。大家要认真学习领会、抓好贯彻落实，进一步增强“四个意识”、坚定“四个自信”、做到“两个维护”，强化巩固拓展脱贫攻坚成果、全面推进乡村振兴的责任担当，沿着正确方向把河源各项事业推向前进。林涛指出，作为广东脱贫攻坚主战场之一，河源牢记习近平总书记殷殷嘱托，尽锐出战、披荆斩棘、迎难而上，奋力夺取了脱贫攻坚战的全面胜利。经过持续奋斗，全市建档立卡贫困人口38568户、107372人全部脱贫，255个相对贫困村全部出列，贫困山区旧貌换新颜，脱贫群众精神风貌焕然一新，农村基层基础更加牢固，如期交出一份高质量的脱贫攻坚河源答卷。林涛强调，要大力弘扬伟大脱贫攻坚精神，乘势而上、再接再厉，在新的起点上谱写乡村振兴新篇章。一要强化动态监测、精准施策和责任落实，不断巩固拓展脱贫攻坚成果。二要做好工作衔接、政策衔接和机构队伍衔接，稳步推进巩固拓展脱贫攻坚成果同乡村振兴有效衔接。三要聚焦推动乡村振兴走在全省前列的目标要求，以“九大攻坚行动”为牵引，加快灯塔盆地开发建设，加快构建现代化乡村产业体系，加快实施乡村建设行动，强化粮食和重要农产品供给保障，全面推进乡村振兴。四要切实抓好驻镇帮镇扶村工作，把握好强镇兴村的主要目标，实施好“组团式”的帮扶模式，发挥好乡镇的纽带作用，落实好各方面的工作责任。市长何国森主持会议时强调，各级各部门要切实把思想和行动统一到习近平总书记、党中央决策部署上来，认真贯彻落实省委、省政府和市委的工作安排，进一步增强政治自觉和责任担当，全力做好驻镇帮镇扶村工作，推动巩固拓展脱贫攻坚成果同乡村振兴有效衔接，确保河源市乡村振兴工作继续走在全省前列。市委副书记边立明就《河源市乡村振兴驻镇帮镇扶村工作方案》和《关于加强耕地保护确保粮食安全的若干措施》进行解读。副市长江海鹰宣读《河源市委实施乡村振兴战略领导小组关于表扬2019—2020年全市脱贫攻坚突出贡献集体和个人的通报》，市领导为受表彰代表颁奖。会议以电视电话会议形式开至各县区。市政协主席钟挥锷，市人大常委会常务副主任吴善平出席会议。市领导黎意勇、方明、叶春球、朱蔚蔚、张和志、林少威、庞启彪、何伟良、刘东豪；市法院院长、市检察院检察长；市高新区，市直及中央、省驻河源副处以上各单位主要负责人；全市脱贫攻坚突出贡献集体和个人代表，中直和省直单位派驻河源驻村工作队负责人在市主会场参加会议。

【全市扫黑除恶专项斗争总结暨平安河源建设工作会议】 河源市委于2021年7月15日在市会议中心召开全市扫黑除恶专项斗争总结暨平安河源建设工作会议，深入学习贯彻习近平总书记关于扫黑除恶、平安建设工作的重要论述和对广东系列重要讲话、重要指示批示精神，贯彻落实全省有关会议精神，总结河源市扫黑除恶专项斗争和平安建设工作，对建设更高水平的平安河源进行全面部署。市委书记林涛出席会议并讲话。林涛指出，扫黑除恶专项斗争开展以来，河源坚决贯彻落实以习近平同志为核心的党中央决策部署，坚持强力扫黑、铁腕惩恶，坚持依法严惩、不枉不纵，坚持固本强基、筑牢堡垒，坚持聚焦民生、攻坚克难，扫黑除恶专项斗争取得明显成效。林涛强调，要深入学习贯彻习近平总书记关于平安建设的重要论述精神，增强“四个意识”、坚定“四个自信”、做到“两个维护”，常态化开展扫黑除恶斗争，加快建设更高水平的平安河源，为推进“示范区”“排头兵”和“两个河源”建设提供有力保障。一要以高度的政治责任感和历史使命感建设更高水平的平安河源。深刻认识建设更高水平的平安河源，是统筹发展和安全的现实需要，是防范化解重大风险的内在要求，是践行以人民为中心发展思想的必然要求，是服务广东省实现习近平总书记赋予广东的使命任务的重要要求，以更有力举措推进平安河源建设，努力实现更高质量、更有效率、更加公平、更可持续、更为安全的发展，不断提升人民群众的获得感、幸福感和安全感。二要牢牢把握重点工作任务，推动更高水平的平安河源建设取得新的更大进展。要贯彻落实总体国家安全观，提高防范和抵御安全风险能力，筑牢国家安全屏障。要全力维护社会大局稳定，持续抓好社会矛盾化解工作，着力防范化解经济金融风险，扎实推进市域社会治理现代化试点工作。要全面提升公共安全水平，织密公共安全防护网，持续深化安全生产专项整治三年行动，改革完善疾病预防控制体系、健全重大疫情救治体系，做好自然灾害防御工作。要加强网络社会综合治理，建立健全网络综合治理体系，推进网络空间治理法治化，提高网络监管水平，筑牢网络意识形态安全“护城河”“防火墙”。要常态化开展扫黑除恶斗争，深化重点行业领域整治，把打击锋芒对准群众反映最强烈、最深恶痛绝的各类黑恶势力违法犯罪，广泛发动群众参与扫黑除恶斗争。三要强化组织领导，为建设更高水平的平安河源提供有力保障。要加强组织领导，全市各级党委和政府要把平安建设作为重大政治任务，各级党委主要负责人要切实履行好“护一方平安”的主体责任，平安建设领导小组要发挥牵头抓总作用，各成员单位要坚持平安建设与业务工作同部署、同推进、同落实。要增强协调协同，优化方式方法，推进社会治理体系和治理能力现代化，不断提高社会治理科学化、法治化、智能化水平。市长何国森主持会议时强调，各级各有关部门要切实把思想和行动统一到党中央的决策部署上来，切实增强责任感、使命感，聚焦重点领域任务，坚持把常态化扫黑除恶斗争同保平安、护稳定各项工作一体推进，奋力开创新时代法治河源、平安河源建设和市域治理新局面。会议以电视电话会议形式开至各县区。市领导方明、叶春球、张和志、林少威，市法院院长、市检察院检察长；市高新区党工委主要负责人；市有关单位负责人在市主会场参加会议。

【全市疫情防控和安全生产工作会议】河源市委于2021年7月21日在市会议中心召开全市疫情防控和安全生产工作会议，深入学习贯彻习近平总书记关于疫情防控和安全生产的重要论述精神，全面落实省有关会议精神，对抓好常态化疫情防控和安全生产工作进行再部署、再推动，全力保障人民群众生命安全和身体健康。市委书记林涛主持会议并讲话。林涛强调，全市各级各部门要进一步提高政治站位，深入贯彻落实习近平总书记关于疫情防控和安全生产的重要论述精神，以对人民群众生命安全和身体健康高度负责的态度，把常态化疫情防控和安全生产工作作为当前最重要的政治任务来抓，以实实在在的工作成效体现“两个维护”。一要始终绷紧常态化疫情防控这根弦，坚决筑牢“外防输入、内防反弹”防线。坚决守住防院感底线，全面加强医疗机构管理，严格落实防院感各项措施，全面落实防院感责任，及时堵塞漏洞，防范化解风险。坚决守住外防输入底线，做好境外返回人员健康管理，落实跨境货车司机“三点一线”闭环管理措施以及进口冷链食品疫情防控工作，坚决打击偷渡行为，积极开展重点地区人员排查管控。加大常态化疫情防控力度，加强社区疫情防控，充分发挥哨点监测作用，严格落实医疗救治“四集中”原则，做好应急准备工作，全力推进疫苗接种。二要突出重点行业领域，落实落细安全生产各项防范措施。紧盯安全生产的重点环节、关键部位，迅速组织开展建筑施工、道路交通、消防、危化品、旅游、水上交通、非煤矿山、特种设备、农业机械、涉农生产经营场所等重点行业领域的安全隐患排查整治，确保隐患消灭在萌芽之时、成灾之前。强化暑假防溺水宣传引导工作，加强对重点水域巡防巡查，设置警示牌、隔离带、防护栏等设施设备，坚决遏制溺水伤亡现象。扎实做好防汛、防台风工作，用大概率思维应对小概率事件，重点防范中小河流洪水、山洪和地质灾害、城乡内涝等灾害风险。三要压紧压实各方责任，全力保障常态化疫情防控和安全生产各项工作落到实处。坚持守土有责、守土担责、守土尽责、守土有方，主要负责人要亲自上手亲自抓，坚决压实疫情防控各方责任，全面落实安全生产监管责任，严肃追究相关责任人的责任，共同推动常态化疫情防控和安全生产各项工作落到实处、取得实效，为河源市经济社会发展大局保驾护航。会议以电视电话会议形式开至各县区。市长何国森出席会议。市领导黎意勇、方明、张和志、林少威、庞启彪、何伟良，市有关单位主要负责人在市主会场参加会议。

【全市科技创新大会】河源市委、市政府于2021年7月23日在市会议中心召开全市科技创新大会，深入学习贯彻习近平总书记关于科技创新的重要论述和对广东系列重要讲话、重要指示批示精神，贯彻落实全省科技创新大会工作部署，总结部署全市科技创新工作，为“示范区”“排头兵”建设提供有力的科技支撑。市委书记林涛出席会议并讲话。林涛指出，要深入学习贯彻习近平总书记重要讲话精神，充分认识做好科技创新工作是全面建设社会主义现代化的必然要求、把握发展主动权的关键所在、服务全省打造新发展格局战略支点的重要举措、增强人民群众获得感幸福感安全感的有力支撑、实现省委赋予河源历史使命的有效途径，以强烈的思想自觉、政治自觉、行动自觉推动科技创新工作。林涛强调，要聚焦关键重点，持续精准发力，不断推动科技创新事业向更高水平迈进。一要集聚更多科技创新资源，引进一批科技创新平台，推动现有创新平台提质增效，强化企业创新主体地位，加快提升河源市科技创新能力。二要构建“湾区研发+河源产业化”创新链，打造科技成果转化主要承载地，服务主导产业、特色产业高质量发展，强化科技成果精准对接，把市场作为最有效的孵化器，推动产业链、创新链融合发展。三要强化科技引领支撑现代农业发展，助力国家农高区创建工作，加大农业领域共性关键技术攻关，构建特色农业技术服务体系，完善农村科技特派员工作机制，加快乡村振兴步伐。四要丰富民生领域科技成果供给，致力提升医疗服务水平、推动绿色低碳发展、提升公共服务质量和社会治理效能，持续增强人民群众获得感、幸福感、安全感。五要强化人才第一资源，加快招才引才，健全育才方式，营造留才环境，为科技创新提供强有力人才支撑。六要完善科技创新体制机制，大力实施技术要素市场化配置改革，深化科技管理改革，实施最严格的知识产权保护制度，深化与“双区”协同创新，不断激发科技创新活力。林涛强调，要坚持和加强党对科技创新工作的全面领导，确保科技创新各项措施落实、落细、落具体。一要加强组织领导。各级党委、政府要突出抓好科技创新工作，党政一把手要亲自抓，相关部门要各司其职、联动配合，凝聚工作合力。二要提升工作效能。坚持规划引领，强化要素保障，改善科技创新生态，有力、有序、有效推进各项工作。三要汇聚强大合力。结合党史学习教育，讲好河源创新创业故事，弘扬科学家精神，做好科普工作，让创新在河源大地蔚然成风。市长何国森主持会议时强调，全市各级各部门要切实把思想和行动统一到习近平总书记、党中央的决策部署上来，按照省委、省政府的工作要求和此次会议部署，切实增强实施创新驱动发展战略的政治自觉和责任担当，全力推进科技“融深”“融湾”，加快打造粤港澳大湾区国际科技创新中心重要拓展区，奋力实现高质量发展。市委常委、常务副市长黎意勇宣读《河源市人民政府关于对国家优秀农业科技园区、省级高新技术产业园区、广东省农业科技园区进行授牌奖励的通报》。灯塔盆地农业科技园获评2020年度“国家优秀园区”；江东新区、东源县产业转移园升级为省级高新区；源城区、紫金县农业园区被认定为省级农业科技园区。市领导为获奖园区进行授牌、颁奖。大会举行“千名科技专家进千村”启动仪式，市领导为专家代表授旗。会议以电视电话会议形式开至各县区。市政协主席钟挥锣，市委副书记边立明，市人大常委会常务副主任吴善平出席会议。市领导叶少军、张和志、孔德胜，市法院院长、市检察院检察长；市有关单位主要负责人；农村科技特派员代表，部分省实验室分中心、科研机构、高新技术企业代表，获评定国家优秀农业科技园区以及获认定省级高新技术产业园区、广东省农业科技园区代表在市主会场参加会议。

【全市传达学习贯彻中共十九届六中全会精神干部大会】 河源市委于2021年11月16日在市会议中心召开全市传达学习贯彻中共十九届六中全会精神干部大会，深入学习贯彻习近平总书记在中共十九届六中全会上的重要讲话精神和全会精神，贯彻落实省有关会议精神，对河源市学习宣传贯彻工作进行部署，动员全市上下把思想和行动统一到中共十九届六中全会精神上来，在新征程中高质量推进“示范区”“排头兵”建设，为实现第二个百年奋斗目标、实现中华民族伟大复兴的中国梦作出新贡献。市委书记林涛主持会议并讲话。林涛指出，中共十九届六中全会是在中国共产党成立100周年的重要历史时刻、“两个一百年”奋斗目标交汇的重大历史关头，召开的一次具有重大现实意义和深远历史意义的会议。习近平总书记在全会上所作工作报告和重要讲话，为河源市在新时代新征程上赢得更加伟大的胜利和荣光提供了根本遵循。全会审议通过的《中共中央关于党的百年奋斗重大成就和历史经验的决议》（以下简称《决议》），是一篇光辉的马克思主义纲领性文献，是新时代中国共产党人牢记初心使命、坚持和发展中国特色社会主义的政治宣言，是以史为鉴、开创未来、实现中华民族伟大复兴的行动指南。河源市完全拥护总书记所作的工作报告和重要讲话，完全拥护全会审议通过的《决议》。河源市要坚决按照总书记、党中央的决策部署要求，认真抓好中共十九届六中全会精神的贯彻落实。林涛强调，要深入学习贯彻习近平总书记代表中央政治局所作报告的重要精神，深刻认识过去一年来党和国家各项事业取得的新的重大进展，深刻认识隆重庆祝中国共产党成立100周年、开展党史学习教育、筹备中共十九届六中全会的重大意义，深刻认识经济保持较好的发展态势，深刻认识改革开放的不断深化，深刻认识民生保障的有效改善，深刻认识统筹发展和安全的突出成果，深刻认识加强中国共产党的全面领导和建设的明显成果，进一步增强“四个意识”、坚定“四个自信”、做到“两个维护”，以必胜的信心决心沿着总书记指引的方向砥砺奋进、阔步前行。林涛强调，要深刻领会习近平总书记重要讲话和《决议》的丰富内涵、精髓要义，坚持以史为鉴，奋力开创未来。一要深刻领会中国共产党百年奋斗的光辉历程和重大成就，严格执行省委坚决落实“两个维护”十项制度机制，始终在思想上、政治上、行动上同以习近平同志为核心的党中央保持高度一致。二要深刻理解中国共产党百年奋斗的历史意义，从中国共产党的百年奋斗中获得深刻的启迪，保持战略定力，坚定理想信念，始终沿着中国特色社会主义正确方向阔步前行。三要传承发扬中国共产党百年奋斗的历史经验，结合学习习近平总书记在“七一”重要讲话中提出的“九个必须”的重要要求，正确判断形势，科学预见未来，努力把河源的路子走对、走实、走好。四要始终牢记新时代中国共产党的历史使命，坚决落实均习近平总书记重要指示要求，进一步把党的历史学习好，把党的成功经验传承好、发扬好，扎扎实实办好河源的事，努力在新征程上创造出无愧于党、无愧于人民、无愧于时代的新的业绩。林涛强调，要深入学习领会、准确把中共十九届六中全会的实践要求，以“示范区”“排头兵”建设的具体行动把习近平总书记、党中央各项决策部署要求落到实处。一要加强中国共产党的全面领导和建设，旗帜鲜明讲政治抓政治，加强意识形态工作，实施新一轮加强党的基层组织建设三年行动计划，抓好市领导联镇包片抓落实工作，把各级党组织锻造得更加坚强有力。二要狠抓发展第一要务，大力推进千亿级新一代电子信息产业集群、百亿级食品饮料及水产业集群建设和打造百亿级先进材料产业集群，着力发展全域旅游，积极培育高铁经济，推动产业园区提质增效，促进河源国家高新区跨江融合发展，实行县区分类管理，持续提升河源经济实力。三要全面推进乡村振兴，推动灯塔盆地综合发展，持续做好撂荒耕地整治，大力发展富民兴村产业，大力推进乡村建设行动，深化农业农村改革，推进巩固拓展脱贫攻坚成果同乡村振兴有效衔接，加快农业农村现代化。四要坚持以人民为中心，不断提高居民收入水平，落实党政主要负责人“面对面”解决群众“急难愁盼”问题机制，加快补齐民生短板，推进文化强市建设，不断增强群众获得感、幸福感。五要塑造优质生态环境和营商环境，厚植生态环境优势，推动绿色低碳发展，深化改革开放，巩固提升核心竞争力。六要加强干部队伍建设，有力有序抓好换届后干部培训工作，提振干事创业精气神，激发干事创业活力，持之以恒正风肃纪反腐，推动全面从严治党向纵深发展。林涛强调，学习宣传贯彻中共十九届六中全会精神是当前和今后一个时期的重大政治任务，要加强组织领导，推动学习宣传贯彻工作走深走实。一要压实工作责任，确保学习宣传贯彻工作取得实效。二要深入学习宣传，确保全会精神家喻户晓。三要抓好岁末年初各项工作，努力实现全年目标任务，以优异成绩迎接中共二十大召开。大会以电视电话会议形式开至各县区。市委副书记、市长何国森，市政协主席钟挥锷，市人大常委会常务副主任吴善平出席会议。市委、市人大常委会、市政府、市政协领导班子成员及正、副秘书长，市法院院长、市检察院检察长；市直和中央、省驻河源副处以上各单位主要负责人，市各民主党派、工商联主要负责人，市属国企主要负责人在市主会场参加会议。

【河源市委人才工作会议】 河源市委、市政府于2021年12月30日在市会议中心召开市委人才工作会议，主要任务是，坚持以习近平新时代中国特色社会主义思想为指导，深入学习贯彻中共十九届六中全会精神，认真学习贯彻习近平总书记关于人才工作的重要论述精神，全面贯彻中央和省委人才工作会议部署要求，认真落实省委十二届十五次全会精神以及中共河源市第八次代表大会、市委八届二次全会精神，部署推进新时代人才强市工作，为建设幸福和谐美丽河源提供更加有力的人才支撑。市委书记林涛出席会议并讲话。林涛指出，中共十八大以来，河源市深入学习贯彻习近平总书记关于人才工作的重要论述精神，不折不扣贯彻落实中共中央决策部署和省委工作要求，始终把人才工作摆在突出位置抓实抓好，党管人才工作格局不断完善，人才队伍规模不断壮大，人才发挥作用的平台不断健全，人才发展生态不断优化，有力支撑了河源高质量发展。林涛强调，要深入学习贯彻习近平总书记关于人才工作的重要论述精神，深刻认识推进新时代人才强市建设是贯彻落实总书记、党中央决策部署的必然要求，是全域全面“融湾”“融深”的应有之义，是落实“新发展阶段、新发展理念、新发展格局”重要要求和推动高质量发展的具体行动，是加快建设幸福和谐美丽河源的重要举措，不断增强建设人才强市的思想自觉、政治自觉、行动自觉，努力培养一支高素质人才队伍，助推幸福和谐美丽河源建设在新征程上不断取得新成效。林涛强调，要贯彻落实人才强省“五大工程”部署，推动新时代人才强市建设迈上新台阶。一要建设战略人才队伍，大力引进高层次人才和创新团队，大力培育青年科技人才队伍，大力培养支撑制造业高质量发展的卓越工程师队伍，提升发展支撑力量。二要加大人才培养力度，强化高校培养人才主力军作用，有效发挥企业培育人才作用，发挥重大人才工程牵引作用，提升人才供给能力。三要着力拓宽引才渠道，认真落实引才政策措施，创新引才方式方法，打造引才载体平台，发展壮大人才队伍。四要深化人才发展体制机制改革，根据需要和实际向用人主体充分授权，积极为人才松绑，不拘一格使用人才，进一步完善人才使用评价体系，构建有吸引力的人才制度体系。五要优化人才发展生态，大力营造尊重人才、求贤若渴的社会环境，公正平等、竞争择优的制度环境，待遇适当、保障有力的生活环境，营造良好的人才发展环境。林涛强调，要加强党对人才工作的全面领导，为推进新时代人才强市建设提供坚强保证。要压实政治责任，不断完善党委统一领导，组织部门牵头抓总，职能部门各司其职、密切配合，社会力量广泛参与的人才工作格局。要强化工作落实，加强工作谋划，细化人才引育工作措施，加大人才发展投入，确保人才引得来、留得住、用得好。要加强政治引领，以党史学习教育为契机，鼓励人才深怀爱国之心、砥砺报国之志，主动担负起时代赋予的使命责任。市长何国森主持会议时强调，全市各级各部门要按照这次会议要求，提高政治站位，坚持人才引领发展战略，用好用足即将出台的五项人才政策，狠抓工作落实，努力让人才引得来、留得住、用得好，不断提升人才工作整体水平，为建设幸福和谐美丽河源作出更大贡献。市委副书记方明传达习近平总书记在中央人才工作会议上的重要讲话精神和省有关会议精神。市委常委、组织部部长张和志就《河源市高层次教育人才引育若干措施》《河源市高层次医疗卫生人才引育若干措施》《河源市高层次科技人才引育若干措施》《河源市属国有企业人才引育若干措施》（审议稿）作起草说明。会议以电视电话会议形式开至各县区。市政协主席钟挥锷，市人大常委会常务副主任吴善平出席会议。市领导刘东豪、廖继聪、陈贤亮、赵峰，市四套班子正副秘书长，河源国家高新区、市灯塔盆地农高区党工委主要负责人，市有关单位主要负责人，市高层次人才代表在市主会场参加会议。

重要决策

【加快培育“五大产业”，大力实施“七大行动”】 2021年12月8日至10日，中国共产党河源市第八次代表大会召开。大会提出，加快培育“五大产业”，大力实施“七大行动”，奋力建设幸福和谐美丽河源。建设幸福和谐美丽河源，培育“五大产业”是重要支撑，要抓住重点、集中用力，聚焦培育千亿级电子信息产业、百亿级水产业、百亿级先进材料产业、生态旅游业、现代高效农业等“五大产业”，为河源市高质量发展注入强大动力。建设幸福和谐美丽河源，“七大行动”是重要抓手，要大力实施产业兴市、“融湾”“融深”、乡村振兴、城市提质、形象提升、民生保障、生态优先等“七大行动”，推动河源市在高质量发展的大道上阔步前行、行稳致远。

【大力实施产业兴市行动】 2021年12月8日至10日，中国共产党河源市第八次代表大会召开。大会提出，大力实施产业兴市行动，打造生态经济发展新标杆。坚持把做实做强做优实体经济作为主攻方向，牢牢把握高铁时代带来的产业发展机遇，系统优化产业结构，主动承接现代产业延伸，着力打造一批千亿级、百亿级产业集群和产业园区，推动产业生态化、生态产业化，加快构建特色鲜明、优势突出的现代产业体系，为高质量发展夯好基、垒好台。1.打造千亿级电子信息产业集群。推动电子信息产业成链集群发展，力争到2025年总产值超1000亿元。优化调整产业布局。强化河源国家高新区电子信息产业发展“主阵地”作用，发挥各县（区）电子信息产业发展“多点支撑”作用，规划建设电子信息产业园，加快建设高端化智能终端产业集聚区，形成“一干多支、各地协同”的区域产业发展格局。补齐建强产业链条。聚焦手机与新型智能终端、新一代通信设备、超高清视频显示、新型电子元器件等领域，引进培育一批“链主”企业和产业生态主导型企业，做大做强卓翼科技、西可通信、景旺电子等龙头企业，引导鼓励上下游产业链配套项目落户集聚，打造大湾区电子信息产业装备配套产业基地。建立完善产业生态。出台河源市新一代电子信息产业发展政策，建设新一代信息基础设施，强化以智能制造为核心的工业技术改造，支持本地龙头企业搭建线上线下供需对接平台，带动中小企业嵌入国际国内供应链。2.培育百亿级水产业集群。做好水文章、激活水经济，把“水库”变“金库”，力争到2025年水产业总产值超100亿元。加快建设水产业园。坚持高起点规划、高标准建设、高效能管理，实施“一核三轴两带三基地”空间布局，集成研发、生产、销售、检测等产业功能，大力发展软饮料、酒、食品等核心产业和配套产业，把水产业园打造成为全国食品饮料产业发展示范区。扎实推进项目建设。坚持以项目促进产业集聚，加快推进碧优选饮用水、华润怡宝饮用水、今麦郎饮品等项目建设投产，推动农夫山泉、霍山矿泉水、正能量山泉水等项目增资扩产，不断完善区域性专业物流配套设施，推动食品检验、安全性评价、新产品开发等公共服务项目建设。持续引进行业领军企业。实施水产业发展规划，创新招商引资模式，加快元气森林饮料等一批龙头产业项目落地，开发高附加值特色水产品，推动水产业向产业链、价值链高端迈进。3.培育百亿级先进材料产业集群。推动矿产资源向精深加工领域延伸，力争到2025年先进材料产业规模达到100亿元。打造先进材料特色产业链。围绕汽车制造、装备制造、电子信息等市场需求，聚焦有色金属精深加工、硅材料精深加工、先进钢铁材料、装配式建材等领域，重点发展硬质合金与金属基复合材料、绿色高端建筑材料、优特钢材料产业。支持重点企业和项目发展。着力推动硅基新材料产业园、硬质合金特色产业园建设，加快晟源永磁材料、铂科新材等项目建设投产，不断提升产业规模效益和集群程度。前瞻布局前沿新材料产业。支持企业建立研发机构，加快突破关键核心技术，鼓励打造一批具有自主知识产权的高端产品，重点发展电子新材料、先进金属材料、新能源材料等前沿新材料产业。4.全域发展生态旅游业。创新全域旅游发展体制机制，加快旅游供给侧结构性改革，做大做强“六色”旅游品牌，着力推动旅游业从门票经济向产业经济转变、从单一景点景区建设向综合目的地服务转变，力争到2025年旅游总收入达120亿元。发展“绿色”生态旅游。依托优质生态资源，开发康养旅游、民宿旅游、乡村旅游、森林旅游等生态旅游产品，积极发展生态旅游经济。发展“蓝色”湖水旅游。全力推进万绿湖风景区创建国家AAAAA级旅游景区，完善水上交通系统，全力打造全省标志性旅游景点。发展“古色”历史人文旅游。深入挖掘“中华恐龙之乡”内涵，加快恐龙遗址公园保护开发，打造恐龙文化旅游IP，深入挖掘赵佗文化、阳明文化，抓好佗城整体保护开发，建设阳明文化特色小镇，推动古城、古村落、古驿道活化利用。发展“红色”革命教育旅游。加强红色文化资源开发，抓好重点红色基地和爱国主义教育基地建设，力争将苏区革命遗迹群、阮啸仙故居等红色旅游点打造成国家AAA级旅游景区，促进红色旅游融合发展。发展“特色”温泉旅游。充分利用温泉资源，推进温泉休闲旅游依城、依景、依通道集聚，打造一批主题突出、特色鲜明的温泉旅游项目群。发展“夜色”休闲旅游。依托两江交汇岸水景观和太平古街，打造灯光秀，开发新丰江夜游，开展河源特色夜文化和旅游消费主题活动，建设旅游消费集聚区。丰富旅游精品线路。大力发展高铁旅游，培育高铁旅游消费群体、旅游产品和商业业态，将核心景区、重点景区、旅游特色小镇、旅游特色乡村串珠成链，打造更多“一晚两天”“两晚三天”经典旅游线路。5.发展现代高效农业。坚持科技兴农、质量兴农、品牌兴农，加快构建现代农业产业体系、生产体系、经营体系，着力提高农业质量效益和竞争力。提升现代农业产业园建设水平。对标国家级农业产业园建设标准，聚焦调结构、扩规模、抓龙头、创品牌、全链条、增效益的主攻方向，围绕农业“八大特色产业”，突出龙头企业带动，探索建设现代种业、加工服务、设施装备等功能性产业园，高水平构建“跨县集群、一县一园、一镇一业、一村一品”现代农业产业体系，打造农业产业园2.0版，力争2025年全市现代农业产业园总产值超130亿元。推动农业全产业链现代化建设。紧扣“粮头食尾”“农头工尾”，以农产品加工业为重点打造农业全产业链，围绕多功能拓展、多业态聚集、多场景应用，开发“看乡景”“品乡味”“享乡俗”“忆乡愁”等综合体验项目，促进一产往后延、二产两头连、三产走高端。着力构建农产品市场营销体系。体系化推进“万绿河源”农产品区域公用品牌建设，聚焦油茶、蓝莓、鹰嘴蜜桃、猕猴桃、柠檬、茶叶、板栗等特色优势农产品，不定期筹办专项招商大会，促进政府、供应商与采购商三方在产销两端共同发力，实现产销精准对接。完善利益联结机制。坚持把农产品加工业主要放在乡村，逐步把小农户纳入农业现代化体系，积极支持农业产业化龙头企业等充分发挥服务带动作用，形成企业和农户在产业链上优势互补、分工合作的格局。提高粮食综合生产能力。落实粮食安全党政同责，巩固拓展撂荒耕地复耕复种成果，加快推进高标准农田建设，真正把藏粮于地、藏粮于技战略落到实处。6.积极扩大消费促进有效投资。有效发挥消费基础性作用和投资关键性作用，形成需求牵引供给、供给创造需求的更高水平动态平衡。加强传统消费。促进农村消费提质升级，稳定和扩大汽车消费，促进绿色节能家电、家具消费。培育新型消费。加快大型商业体建设，做优做强一批重点商圈，大力发展老店经济、小店经济、假日经济，增加养老、托幼、教育、健康等领域优质供给。发展现代服务业。推动现代物流、金融、会计、法律服务、人力资源、电子商务等生产性服务业提质增效，建立健全专业化生产性服务业体系。精准扩大有效投资。加大重大项目落地和储备力度，保持投资合理较快增长，优化投资结构，扩大工业投资，力促完成“十四五”期间重大建设项目投资计划3300亿元。加快基础设施和重大能源项目建设。加强市政工程、公共安全、生态环保、公共卫生、民生保障等补短板基础设施建设，推动5G、物联网、工业互联网等新型基础设施建设，推进天然气县县通、河源岑田抽水蓄能电站、东源县天然气热电联产项目等重大能源项目建设。激发民间投资活力。全面落实放宽民营企业市场准入政策措施，鼓励引导民间资本参与新型基础设施、重大公共服务等领域项目建设，支持本地民营企业增资扩产、做大做强。7.推动工业园区提档升级。加快建设特色园区、品牌园区，力争到2025年打造1个千亿级园区，实现百亿级园区全覆盖。提高园区产业集聚度。实施园区主导产业培育提升计划和园区产值倍增计划，明确各园区主导产业发展方向，支持县（区）园区创建省级“特色产业基地”，培育壮大“6+5”战略性产业集群，谋划打造百亿级机械与模具产业集群，力争五年内河源国家高新区、各县（区）园区产值翻番。增强园区产业承载力。科学规划园区用地布局，健全“亩均效益”综合评价机制，完善基础设施配套，加快产城融合发展，创建河源国家高新区省级“5G+工业互联网”应用示范园区。提升园区产业协同性。创新发展“大湾区总部+河源基地”“大湾区科研+河源生产”等产业协同新模式，积极承接大湾区产业延伸、企业转移，推动形成梯度发展、合理分工、优势互补的产业协作体系。

【大力实施“融湾”“融深”行动】

2021年12月8日至10日，中国共产党河源市第八次代表大会召开。大会提出，大力实施“融湾”“融深”行动，激发全方位开放合作新动力。坚持“湾区所向、深圳所需、河源所能”，依托深圳对口帮扶有利契机，积极借力政府的“有形之手”和市场的“无形之手”，加快全域全面“融湾”“融深”，形成与大湾区目标同向、措施一体、优势互补、互利共赢的协同发展格局。1.推动“硬联通”向更高水平融合。构建高效便捷的对外通道网络。优化对接省“12312”现代化综合立体交通体系，推进河源“米”字型现代综合立体交通网络建设，加快龙寻高速、梅龙高铁和长深高速改扩建工程等建设，协调推进广河客专、河惠汕高速开工建设，积极推进深河高铁、厦（汕）昆高铁、河揭高铁、赣广高铁、韶河汕铁路等铁路和广紫、深河、梅河韶、紫金至汕尾等高速规划研究工作，加快打造河源至广州、深圳“2+2+1”高快速通道，统筹推进东江航道扩能升级和河源港建设，着力打造“1+3+4+N”机场体系。构建快速畅通的市域交通网络。加快推进国省道及其他重要经济网络公路升级改造，打造中心城区、各县城、中心镇、产业园区等重要板块之间市域1小时交通圈，启动河紫高速建设，全面推进“四好农村路”示范市创建，不断提升交通服务区域协调发展水平。打通“融湾”“融深”多式联运物流通道。聚焦打造“通道+枢纽+网络”现代物流运行体系，加快无水港、综合保税区、保税物流园规划建设，完善现代商贸流通体系，提升与大湾区物流通达水平。2.推动“软联通”向更深层次拓展。畅通体制机制对接渠道。积极对接“湾区通”工程，拓展与“双区”商事规则衔接、职业资格互认、标准对接的领域范围，促进要素高效便捷流动。对标“双区”推进营商环境综合改革。持续推进“放管服”改革，深化行政审批、商事制度、“证照分离”、信用监管等改革，高标准推进数字政府改革建设，优化政务服务“一网通办”，推动更多高频事项“跨省通办”“省内通办”，深化“一网协同”，打造效率河源。深入推进创造型引领型改革。全力推进要素市场化配置综合改革省级试点，深化国资国企改革，推动市属国企战略性重组、市场化转型，完善改革落实机制，加强改革激励宣传，打造一批具有河源特点的改革品牌。3.推动“企联通”向更大范围延伸。深化与“双区”产业协同发展。用好政策引导、市场机制和深河对口帮扶机制，谋划建设深河产业共建示范区，打造“双区”现代产业重要战略腹地。创新完善招商引资工作机制。发挥大湾区河源商会协会、市驻外机构的桥梁纽带作用，以企招商、以会招商、以商招商，提高招商引资工作实效。深度对接融入“双区”经贸网。深入实施贸易高质量发展十大工程，大力支持企业参加“双区”展会，积极发展市场采购、跨境电商等外贸新业态，拓展河源“买卖全球”的双向贸易通道。分类推进企业上市。加大企业上市扶持力度，推动成立深圳证券交易所河源服务基地，分层次建立上市后备企业资源库，力争到2025年新增IPO上市企业2家以上。全力推动工业企业上市，支持企业股份制改造，建立上市服务绿色通道，重点筛选一批科技含量高、发展前景好的工业企业进行上市培育。支持农业企业建立现代企业制度，充分用足用好金融资源，强化与财政资金、国有资本等各类资源统筹利用，不断挖掘和培育农业上市后备企业资源。拓宽文旅、物流等服务业企业融资渠道，撬动社会资本参与服务业发展，支持符合条件的现代服务业企业上市融资。4.推动“智联通”向更高质量迈进。深化区域协同创新。鼓励企业与“双区”高校、科研院所、研发机构全面对接，构建与“双区”科技设施联通、科技要素畅通、创新链条融通的创新网络。打造“双区”科技成果转化地。积极承接承办“双区”院士峰会、科技成果洽谈会、学术论坛等活动，争取“双区”重大科技成果产业化项目在河源转移转化。强化创新主体培育。深入实施新一轮高新技术企业倍增计划、“树标提质”行动计划、科技型中小微企业成长计划，实施“专精特新”企业培育工程，培育和打造一批创新型龙头企业和隐形冠军企业。

【大力实施乡村振兴行动】 2021年12月8日至10日，中国共产党河源市第八次代表大会召开。大会提出，大力实施乡村振兴行动，培育广东农业农村现代化新样板。坚持把乡村振兴作为加快农业农村现代化的主要抓手，全面深化农业农村改革，努力实现农业高质高效、乡村宜居宜业、农民富裕富足。1.推动灯塔盆地建设提质增效。灯塔盆地开发建设已转入提质增效阶段，要以创建国家农高区为契机，梯度纵深推进全域20个乡镇协同发展，建成具有全国领先水平的国家现代农业示范区。高标准创建国家农高区。紧扣国家农高区“农”“科”“高”的建设发展要求，发展岭南丘陵绿色低碳农业，聚焦食品精深加工、生态畜禽、油茶等产业，进一步整合各类农业科创资源力量，打造具有国际影响力的现代农业创新高地、人才高地、产业高地。加快发展农业高新技术产业。常态化举办灯塔盆地现代农业高质量发展高峰论坛和全国农业产业招商大会，千方百计吸引国内外农业高新技术龙头企业向灯塔盆地集聚，发展农产品精深加工、立体生态种养、现代农业服务业等主导产业。加快搭建农业科技创新平台。强化技术链条和产业链条的对接，大力推进岭南现代农业实验室河源分中心（灯塔实验室）、华南农业大学研究生院河源分院、农业医院等重要科创平台载体建设，加快推动农业科技成果转移转化。统筹大型灌区水利基础设施网络建设。深化东江流域水安全保障提升工程研究论证，加快完善以灯塔盆地灌区改造提升工程为核心的水利设施规划建设，加快推进水田垦造，把灯塔盆地打造成为全省第四个大型灌区，全面激活灯塔盆地耕地资源。完善区域性城市承载功能。优化提升灯塔盆地交通路网，统筹推进信息通信、仓储保鲜、冷链物流等基础设施建设，加快补齐教育、医疗、供水、供电等公共服务短板。2.打造农民安居乐业的美丽家园。乡村建设是贯穿全面推进乡村振兴全过程的长期任务，一定要稳扎稳打、久久为功，促进乡村宜居宜业、农民安居乐业。统筹县域城镇和村庄规划建设。科学布局乡村生产生活生态空间，建设具有岭南文化气息和客家人文特色的美丽乡村。全面推进乡村特色风貌提升。以提升农村住房风貌为重点，建设一批具有客家传统文化元素、功能现代的宜居示范村居。全域抓好农村人居环境整治。突出抓好“厕所革命”、生活垃圾和生活污水处理“三个重点”，巩固整治成果，促进村庄清洁常态化持续化。建设乡村振兴示范带。结合“四好农村路”、万里碧道等建设，以东江为主轴打造“一区四带”，沿线连片建设美丽乡村和风景长廊。建设乡村便捷高效生活圈。实施村庄基础设施建设工程，谋划建设田头智慧小站，推动农村供水规模化和城乡供水一体化，推进5G网络、千兆光网、移动互联网、燃气等更好更快下乡。3.提高农村综合改革效能。农村改革是全面推进乡村振兴的重要法宝，要围绕关键要素做文章，深入推动“一镇一改革”，一揽子推进农业农村重点领域和关键环节改革。做好“钱”文章。促进涉农资金整合，推进农业农村金融改革，综合运用财政资金、市场化基金、信贷、担保、保险等多种方式，加大对发展乡村产业的资金支持力度。做好“地”文章。深化农村土地制度改革，稳慎推进新一轮农村宅基地制度改革试点，用好农村集体产权制度改革成果，激发农村资源要素活力。做好“人”文章。健全人才下乡机制，完善吸引人才返乡留乡政策，更好引导外出乡贤、外出务工人员、科技人员等各类人员回到乡村发展、带动农民致富。4.推动巩固拓展脱贫攻坚成果同乡村振兴有效衔接。脱贫攻坚全面胜利成果来之不易，务必牢牢守住。促进脱贫攻坚政策平稳过渡。严格落实“四个不摘”要求，巩固“两不愁三保障”成果，推动过渡期内脱贫攻坚政策平稳转型、无缝对接、有效衔接。加强防返贫监测对象常态化帮扶。执行好、落实好防止返贫动态监测和帮扶机制，采取精准帮扶措施拓展稳定增收渠道，健全社会救助、关爱服务和医疗保障体系。做好驻镇帮镇扶村工作。发挥镇村作为推进有效衔接的重要节点和平台功能，完善驻镇帮镇扶村的组织体系、工作体系、管理体系，实现镇村联动发展。

【大力实施城市提质行动】2021年12月8日至10日，中国共产党河源市第八次代表大会召开。大会提出，大力实施城市提质行动，彰显区域协调发展新优势。坚持推进以人为核心的新型城镇化，优化区域发展布局，提升中心城区功能和城镇能级，推进城乡融合发展。1.提升中心城区综合服务功能。着力提升中心城区首位度，增强集聚和辐射功能。促进老城区内涵式发展。坚持尊重历史、修旧如旧、避免大拆大建的原则，注重对传统建筑、文化资源活化利用，最大程度保留历史遗迹原始风貌，强化文化底蕴、夯实历史根基。加快钓鱼台片区与水产业园产城融合发展。协同推进产业发展、市政设施、公共服务设施建设，着力打造“城市客厅”。推动河源国家高新区跨江融合发展。采取滚动开发模式跨江规划建设高新区扩展区，与规划中的深河科技园一体化开发，形成产业集群跨江协同发展格局。统筹东源县城与市区城市北区联动发展。加强交通及市政设施对接，提升一体化规划发展水平，把东源县城建成中心城区重要组成部分。推进江东新区城市高质量发展。大力发展高铁经济，打造“融湾”“融深”枢纽门户和河源未来城市发展核心。提升城市功能品质。推动市区一批市政道路升级改造和人行天桥建设，加快建设市会展中心等一批重大商务功能项目，推进老旧小区升级改造、客家文化公园四期、智慧滨江公园等建设，加快贯通由河源大道、纬十四路、东环路、迎客大道形成的市区首条“快速路网内环”。提高城市治理水平。进一步理顺城市治理体制机制，开展城市建设安全专项整治，积极有序推进海绵城市、智慧城市建设，提升城市管理法治化、科学化、精细化、智能化水平。2.坚持县（区）发展分类管理。各县（区）要结合区位优势、资源禀赋和产业基础，各尽所能、各展所长，奋力在各自跑道上赛龙夺锦。和平县、龙川县、紫金县、连平县，要坚持“稳”字当头，实现又稳又好发展，重点补短板、保安全、促稳定，有序抓好园区招商引资工作，宜农则农、宜工则工、宜游则游，积极探索“农业+”“旅游+”“生态+”等县域经济发展模式，不断增强发展的底气和后劲。源城区、东源县、江东新区、河源国家高新区、河源灯塔盆地农高区，要坚持“快”字当头，实现又快又稳发展，培育发展特色产业集群，推动一批标志性、骨干性重大项目发展，全面提升综合实力和整体竞争力，示范引领全市经济加快发展。3.增强县城城镇承载力。推进以县城为重要载体的城镇化建设，不断增强县域经济发展的支撑作用。提升县城综合承载能力。强化县城人口集聚、产业集中和功能集成，东源县城要高质量建设滨江新城区，扎实开展国家县城新型城镇化建设示范工作；和平县城要推动“产城融合”“城园互动”；龙川县城要加快构建“一江两岸五组团”城市空间格局；紫金县城要实施品质县城建设三年提升行动；连平县城要加快打造生态旅游新城。发挥城镇联结城乡作用。统筹推进灯塔盆地、东源县船塘镇、紫金县蓝塘镇3个省级城乡融合试点建设，示范带动中心镇和小城镇加快环境卫生、市政公用等设施提级扩能，推动医疗卫生、教育、养老、文旅体育等公共服务设施提标扩面，加快形成“以镇带村、以村促镇”发展格局。

【大力实施形象提升行动】2021年12月8日至10日，中国共产党河源市第八次代表大会召开。大会提出，大力实施形象提升行动，塑造河源内涵品质新魅力。坚持打造城市品牌，塑造特色鲜明的城市形象，凸显魅力出众的城市品质，不断提升河源的知名度、美誉度。1.推动全域文明创建。以市县（区）协同创建文明城市为抓手，一体推进文明村镇、文明单位、文明家庭、文明校园等创建，全面提升全社会文明程度。积极培育和践行社会主义核心价值观，拓展新时代文明实践中心建设，大力弘扬老区精神、苏区精神，深化群众性精神文明创建，弘扬社会文明新风。繁荣发展新闻出版、广播影视、文学艺术、哲学社会科学等事业，不断提高市民文化素养和文明素质。2.大力提升文化软实力。深入挖掘优势文化资源。实施岭南文化“双创”工程，传承发展非物质文化遗产，创新开发优质文化产品，推出一批具有河源特色、体现河源水平、展示河源气派的精品力作。大力实施“文化+”战略。发展数字文化产业和创意文化产业，注重文化产业与河源传统特色产业交互发展，精心打造文化创意、文化消费街区，开发具有河源标识的文创精品。提升公共文化服务水平。推进公共文化基础设施提档升级，规划建设一批重大文体设施，高标准建成县（区）、乡镇（街道）、村（社区）三级公共文体设施网络。3.精心塑造地方品牌。塑造河源品牌。擦亮“中国好水”“中国天然氧吧”等金字招牌，打响“客家古邑、万绿河源、温泉之都、恐龙故乡、红色经典”等特色品牌。培育城市活动品牌。积极承接和举办大型文化、旅游、体育、商贸等活动，打造文旅融湾产业联盟、万绿湖主题体育赛事等品牌。加强河源形象营销推介。积极“走出去”，借力广交会、进博会、文博会等重大国际国内平台，展示河源形象、提升河源魅力。4.全面构建大宣传格局。强化全市“一盘棋”，构建党委统一领导、党政齐抓共管、宣传部门组织协调、各县（区）和各部门共同参与的大宣传格局。大力提升传播能力，推动媒体深度融合，做大做强主流媒体，打造“拳头产品”“品牌栏目”，加强县级融媒体中心建设，畅通国家级、省级主要媒体和行业媒体发布渠道，讲好河源故事。提升全面参与意识，变“单兵作战”为“全员作战”，在全市营造“人人都是宣传员、代言人”的浓厚氛围，共奏河源好声音。

【大力实施民生保障行动】 2021年12月8日至10日，中国共产党河源市第八次代表大会召开。大会提出，大力实施民生保障行动，创造共同富裕新生活。坚持在发展中保障和改善民生，常态化实施“面对面”解决群众“急难愁盼”问题机制，不断提高人民群众获得感、幸福感、安全感。1.努力提高就业质量。实施就业优先战略。强化就业优先政策，抓好重点群体就业工作，保障劳动者合法权益。推动“粤菜师傅”“广东技工”“南粤家政”三项工程规范化、标准化、品牌化发展，加快“两街两园”建设，促进劳动力就业创业。实施“大众创业、万众创新”。完善促进创业带动就业、多渠道灵活就业和新职业的保障制度，支持和规范平台就业、网络就业、共享员工等新就业形态发展。提高居民收入水平。多渠道增加居民收入，以增加低收入职工收入、缩小不合理收入差距为重点，完善工资合理增长机制。健全就业公共服务体系。持续推进“市县镇村”四级公共就业服务平台建设，规范发展人力资源市场，完善高校毕业生、异地务工人员、退役军人、特困家庭等重点群体就业支持体系。2.促进教育高质量发展。统筹推进城乡教育均衡发展。进一步优化基础教育城乡资源配置，给予边远山区更多的支持和关注，持续改善农村基本办学条件，稳步提升学校办学能力。促进教育水平整体提升。推动学前教育普及普惠安全优质发展，大力推进义务教育薄弱环节改善与能力提升工程，有序推进“双减”工作落地见效，规范民办义务教育，协调发展中等职业教育和普通高中教育，扶持发展高职教育。提升教育现代化水平。加强教育信息化基础设施建设，完善教育信息化资源与平台建设，推进建设数字化（智慧）校园。全面加强教育系统队伍建设。健全师德师风建设长效机制，拓宽教师培训渠道，创新教育人才培养模式，培育教育高层次人才队伍。3.全面推进健康河源建设。健全医疗卫生体系。深化“三医联动”改革，紧抓市人民医院成功融入省人民医院体系以及河源市与暨南大学合办深河人民医院的重要契机，推动河源市医院综合治疗水平和管理水平实现跨越式提升，加快构建强大的公共卫生体系。提升基层医疗卫生服务能力。深化紧密型县域医共体建设，引导优质资源下沉基层，创新基层卫生人才培养方式，推动一批县级医院达到综合服务能力推荐标准。全力抓好常态化疫情防控。健全完善“提级指挥、属地处置、区域协作、高效联动”的应急处置机制，坚决做到外防输入、内防反弹。促进全民健身与全民健康融合发展。推动中小型、社区型健身场馆以及县（区）“两馆两场”建设，建设一批体育公园，构建城市社区15分钟健身圈。积极应对人口老龄化。加强对老年群体养老服务的保障，加快建设居家社区机构相协调、医养康养相结合的养老服务体系。4.健全多层次社会保障体系。完善社会保险制度。落实企业职工养老保险、工伤保险等社会保险省级统筹制度，鼓励支持商业健康保险、慈善捐赠、医疗互助等协同发展。健全医疗保障公共服务体系。持续完善基本医疗保障制度，深入实施全民医疗保障计划，推动实现应保尽保。健全分层分类社会救助和社会福利体系。统筹健全社会救助、福利慈善、优抚安置等制度，加强对困难群体和特殊群体的关爱帮扶，完善基本民生兜底机制。推动妇女儿童和青年事业发展。实施中长期青年发展规划，保障妇女、未成年人和残疾人基本权益，进一步健全农村留守儿童和困境儿童关爱服务体系。常态化落实党政主要领导“面对面”解决群众“急难愁盼”问题机制。健全“明责、履责、督责、问责”闭环落实制度，多样化征集意见、清单化建档立项、项目化推动落实、全程化跟踪考核、绩效化结果运用，努力把“急难愁盼”问题清单变为群众美好生活的“幸福清单”。

【大力实施生态优先行动】 2021年12月8日至10日，中国共产党河源市第八次代表大会召开。大会提出，大力实施生态优先行动，构筑宜居宜业宜游新高地。坚定不移走生态优先、绿色发展的现代化道路，准确把握保护和发展的关系，推进人与自然和谐共生，让人们在高质量发展中过上更健康更幸福的高品质生活。1.强力推进中央生态环境保护督察整改。压实生态环境保护责任，严肃考核问责，严格监督执法，举一反三健全生态环境保护长效机制。深化水环境治理。科学规划、因地制宜建设市政管网，完善农村污水处理设施及配套管网，持续加强水环境保护，全面提升国控和省考断面水质，确保水环境质量保持优良。加强矿山生态修复。实施绿色矿山建设，严格矿产资源开发利用，推进矿山闭坑及生态修复治理工作，全面加强地质公园建设管理。强化自然保护地管理。建立健全自然保护地管理长效机制，把好自然保护区内建设项目的审批关和监测关。补齐垃圾处置短板。加快推进市、县（区）热力发电项目建设，完善农村生活垃圾收运处理体系，着力解决垃圾处理突出问题。2.厚植生态环境优势。优化生态空间布局。统筹生产、生活、生态空间，认真实施“三线一单”生态环境分区管控，坚决保护好重要水源涵养区和生态保障功能区。深入打好污染防治攻坚战。深化大气污染联防联控联治，深入落实河（湖）长制，统筹水资源保护、水环境治理、水生态修复、水安全保障，加强土壤环境监测、评估、预防和执法体系建设，筑牢江湖河水、蓝天绿地的生态屏障。实施新一轮绿化河源大行动。全力推进万里碧道建设，全面推行林长制，进一步落实速生桉林的退出机制，加快创建国家生态文明建设示范市、国家森林城市，推动建设公园城市。3.构建现代环境治理体系。实施最严格的生态环境保护制度，更好运用法律、经济、技术等手段提高环境治理效能。构建全过程监管体系，严格落实领导干部自然资源资产离任审计、生态环境损害赔偿和责任终身追究等制度，创新环境管理方式，加快建设河源市生态环境智慧云平台，完善全社会共同参与环境治理的责任体系。强化跨界跨区域生态环境保护合作与交流，推动构建东江流域省内生态保护长效补偿机制，推动建立深圳都市圈生态环境治理信息共享和治理联动机制。4.推进绿色低碳发展。统筹有序做好碳达峰、碳中和工作。以碳达峰、碳中和引领绿色发展，制定实施全市碳达峰行动方案，确保如期实现减排降碳目标。推动产业体系绿色化转型。坚决遏制“两高”项目盲目发展，加强能耗双控工作，深入推进重点行业和重要领域绿色化改造，提升产业链供应链绿色化水平。大力发展循环经济。推进资源节约集约利用，构建资源循环型产业体系，积极打造循环经济绿色示范园区。全面提高资源利用效率。建立健全自然资源资产产权制度，加强国土空间科学管控，坚持最严格的耕地保护和节约用地制度。推广绿色生活方式。广泛开展绿色学校、绿色社区、绿色家庭等“绿色细胞”创建活动，全面推进垃圾分类，推动形成节约适度、绿色低碳、文明健康的生活方式。5.推进生态产品价值实现。完善生态产品价值实现机制。加强政策研究储备，探索建立生态产品调查监测、保护补偿、价值实现等保障机制，构建具有河源特色的政策和制度体系。建立生态产品价值核算规范。探索构建GEP核算体系，将生态效益纳入经济社会发展核算体系，加强生态产品价值核算结果在政府决策和绩效考核评价中的应用，推动生态产品总值进规划、进项目、进交易、进监测、进考核。拓宽生态产品价值实现路径。推动生态要素向生产要素转变，深入推进生态产品供需精准对接，推进用水权、用能权、排污权、碳排放权市场化交易，形成生态资源多元创新高效利用格局。

【制定促进民营经济高质量发展的政策措施】 2021年3月12日，河源市委书记丁红都主持召开市委七届第219次常委会会议，审议《关于促进民营经济高质量发展的若干政策措施（送审稿）》（以下简称《政策措施》稿），会议经讨论，原则同意该《政策措施》稿。2021年3月17日，中共河源市委办公室、河源市人民政府办公室印发《关于促进民营经济高质量发展的若干政策措施》。主要内容：1.精简优化政务服务。（1）推进商事制度改革。推动企业开办全流程“一网通办、一表填报、一窗通取”。放宽民营企业住所登记条件，在源城区试点实行“住改商”分类管理。按照“唤醒一批、规范一批、吊销一批”的原则，依法启动对失联企业的吊销出清，切实提高市场主体存活质量。全面推开“互联网+不动产登记”，实现一般登记压缩到3个工作日内、抵押登记压缩到1个工作日内。工业物业产权可按幢、层等固定界限为基本单元分割登记和转让。（2）优化项目审批服务。推行2020年版《河源市工程建设项目审批流程图》，对审批时间进行极限压缩，政府投资类、社会投资类、带方案出让类工程建设项目全流程审批时间分别压缩至90个、50个和35个工作日内。落实环境影响登记表备案制，将项目环评审批时限压缩至法定时限的一半。深入实施企业投资项目分类管理和落地便利化改革，积极推进投资项目审批告知承诺制。2.营造公平竞争的市场环境。（1）进一步放宽市场准入。全面落实放宽民营企业市场准入的政策措施，不得以任何形式增设民营企业准入条件。强化公平竞争审查制度刚性约束，清理妨碍统一市场和公平竞争的政策措施。破除招投标隐性壁垒，对具备相应资质条件的企业，不得设置与业务能力无关的企业规模门槛和明显超过招标项目要求的业绩门槛等。（2）放开相关行业和领域准入。贯彻落实《关于加快河源市建筑业高质量发展的实施意见》等有关文件精神，在重大规划、重大项目、重大工程、重大活动中积极吸引民营企业参与。鼓励通过资本证券化、政府和社会资本合作（PPP）等方式，吸引民营资本投资运营市政基础设施项目。鼓励民营资本新建、改建创业孵化基地，被认定为省级创业孵化器示范性基地、市级创业孵化器示范性基地的分别给予奖补；对符合条件的创业孵化基地，按实际孵化成功户数发放奖补。3.降低民营企业经营成本。（1）进一步降低税费负担。全面落实降低增值税税率、增值税期末留抵税额退税、小微企业普惠性税收减免、研发费用加计扣除、提高部分产品出口退税率等减税降费政策。（2）进一步降低要素成本。扩大售电侧改革试点，省级以上工业园区积极组织企业联合参与电力直接交易，降低用电成本。推广电商新模式，举办“电商+直播”线上活动。对进驻双创基地、孵化器、众创空间等载体的创业企业连续3年每年给予4000元租金补贴。划定工业用地控制线，充分保障民营企业发展空间。积极推行“工业标准地”供地模式。在符合规划、不改变用途的条件下，适当提高工业用地和仓储用地容积率。支持民营企业依法利用“三旧”改造等政策完善历史用地手续。4.改善民营企业融资环境。（1）加大信贷支持力度。落实普惠金融定向降准政策，用好支小再贷款、再贴现工具，加大对小微企业支持力度。进一步扩大市融资专项资金规模，推动市、县（区）财政共同出资设立中小微企业融资专项资金平台，为企业提供转贷续贷服务。进一步优化风险补偿金运作机制，积极稳妥推广信用贷。充分发挥政策性融资担保机构作用，推进中小微企业政策性融资担保业务。（2）完善信用评价和供应链金融。加强与省中小企业融资平台对接并大力推广应用，有效整合河源市各类公共服务平台和资源，畅通政银企信息共享渠道，提高信用良好企业融资可获得性。大力发展供应链金融，发挥中征应收账款融资服务平台等金融基础设施作用。（3）进一步拓宽融资渠道。加大企业上市挂牌政策扶持力度，对在国内证券交易所上市的企业、在新三板挂牌的企业、在区域股权挂牌的企业分别给予奖励；对前5家上市企业再分别给予奖励；对进入新三板精选层、创新层的，再给予每家企业一定奖励。进一步扩大粤和产业发展基金规模，推动粤和等产业发展基金做大做强。5.推进民营企业高质量发展。（1）推动发展战略性新兴产业。重点推动新一代电子信息、汽车制造产业、先进材料、现代轻工纺织、生物医药与健康、现代农业与食品产业等战略性支柱产业和半导体与集成电路产业、前沿新材料产业、激光与增材制造产业、精密仪器设备、安全应急与环保等战略性新兴产业发展。（2）推动企业创新发展。统筹市财政专项资金，积极推动民营农业、工业、建筑业、文化旅游业、商贸服务业企业加强校企、研企合作，组建科研机构，加强自主创新，强化转型升级，创新营销方式，创建企业品牌，力争用5年时间培育一批骨干企业，推动民营企业高质量发展。推进实施股改5年财政扶持政策，引导一、二、三产业民营企业建立现代企业制度。（3）加强企业梯度培育。落实财政扶持措施，鼓励各类民营企业晋升资质，增强市场竞争力。加大对“专精特新”企业的支持力度，培育一批专精特新“小巨人”和国家高新技术企业。落实财政奖励措施，大力推动企业“上规模”“上限额”。6.健全民营企业公共服务。（1）提升公共平台服务水平。加大“粤省事”“粤商通”推广应用，加强技术支撑，加快推进“粤省事”“粤商通”本地化应用开发建设，为民营企业提供更加便利化的政务服务。（2）保障服务资源供给。认定一批中小企业公共服务机构（平台）。推动组建具有影响力的产业联盟，推进行业关键共性技术研发，上下游产业链资源整合和协调发展。建立技术专家服务队，免费提供节能降效、质量管理、标准、计量管理评价等服务。举办中小企业服务日系列活动。（3）强化对外交流合作。支持推动民营企业与央企、省企和广州、深圳等地国企加强交流合作。完善“走出去”公共服务信息平台，为企业提供政策法规、国别指南、项目信息、办事指引、风险预警等服务。支持企业参加国外博览会，开拓国际市场。7.支持民营企业培养引进人才。（1）大力引进高层次人才。将符合条件的民营企业高层次人才推荐纳入“优粤卡”服务对象。建立高级人才技术入股制度，鼓励引进高层次人才或团队。民营企业引进高层次人才，符合有关奖励标准的，按《河源市促进人才优先发展若干措施》实施。各县（区）逐步推进人才公寓建设，加强高层次人才引进安置工作。（2）加强民营企业家培训。积极推荐河源市优秀民营企业家参加省“新粤商培训工程”。每年组织一批民营企业家到“双一流”大学培训学习和组织企业中高层人员进行短期集中培训。鼓励社会专业培训机构为民营企业提供专业培训，全面提升民营企业队伍素质。（3）强化企业用工保障机制。在广东技术师范大学河源校区和河源职业技术学院等职业院校开展新工科、新农科建设，建立紧密对接产业链、服务创新链的学科专业体系，扩大招生规模。推动校企合作，支持校企联合招生，实施订单培养。支持民营企业创建博士工作站、技能大师工作站，探索推行特级技师、首席技师制度。优化民营企业技能人才自主评价机制，支持民营企业开展企业主体系列职称评审。鼓励发展“共享员工”等灵活就业新模式。8.保护民营企业合法权益。（1）依法保护民营企业合法权益。依法慎重决定是否对涉嫌违法的企业和人员财产采取相关强制措施，采用“活封”“活扣”等方式执行保全措施，最大限度降低对企业正常生产经营活动的不利影响。规范涉案财物处置，严格区分违法所得与合法财产、个人财产与企业法人财产、涉案人员个人财产与家庭成员财产，依法维护涉案企业和人员的合法权益。（2）健全民营企业司法保护机制。加大对民营企业的保护力度，依法惩治侵犯民营企业投资者、管理者和从业人员合法权益的违法犯罪行为。持续甄别纠正错案冤案，定期发布保护产权和企业家合法权益典型案例。开展执行专项活动，加大长期未结案件督办力度，更好兑现民营企业胜诉权益。组建民营企业律师服务团，开展

"法治体检"活动。9.弘扬民营企业家精神。（1）加强民营企业党务和诚信建设。支持民营企业建立党组织，树立正确的理想信念和核心价值观，增强企业内部凝聚力和企业文化软实力。建立完善信用联合奖惩机制，将信用核查和联合奖惩嵌入行政审批、事中事后监管和公共资源交易流程，增强企业家诚信经营意识。把党建工作和诚信经营作为民营企业推荐表彰、评先评优的重要依据。（2）加强民营企业典型宣传。建立完善优秀民营企业和优秀民营企业家宣传、表彰和评价机制，加大对民营企业和优秀民营企业家典型事迹的宣传力度，大力弘扬优秀民营企业家精神。积极推荐优秀民营企业家担任人大代表、政协委员，提升民营企业家社会地位和政治地位。10.构建"亲清"政商关系。（1）畅通政企沟通渠道。完善市、县（区）促进民营经济高质量发展领导小组，加强对促进民营经济高质量发展的领导。建立市、县（区）党政领导挂钩联系骨干企业、商会、协会制度，面对面听取企业家、商会、协会建议，协调解决企业发展中的问题，适时调整扶持民营经济发展的政策措施。（2）规范行政执法检查。坚决摒除随意检查、多重检查、重复处罚等执法歧视行为。凡无法律、法规依据，一律不得开展执法，严防执法扰企。加强执法检查分类指导，切实防止对民营企业采取查封、停电、停产等"一刀切"简单粗暴执法检查。（3）完善民企投诉机制。依托"粤商通"，发挥中小企业诉求响应平台，建立全市统一、协调、高效运作的民营企业投诉、举报和维权 受理工作体系，畅通民营企业诉求表达渠道，构建绿色通道保障民营企业合法权益。

【制定加强党的基层组织建设三年行动计划】 2021年4月15日，河源市委书记丁红都主持召开市委七届第225次常委会会议，审议《河源市加强党的基层组织建设三年行动计划实施方案（2021—2023年）（送审稿）》（以下简称《方案》），会议经讨论，原则同意该《方案》。2021年4月25日，中共河源市委办公室印发《河源市加强党的基层组织建设三年行动计划实施方案（2021—2023年）》。《方案》提出加强党的基层组织建设三年行动计划的主要目标：2021—2023年分别以"完善组织体系开启新征程""提升党建引领基层治理效能""高质量党建推动高质量发展"为主题，不断扩大基层党的组织覆盖和工作覆盖，不断提升基层党组织建设制度化、规范化、科学化水平，不断增强基层党组织的政治领导力、思想引领力、群众组织力、社会号召力。通过3年努力，大抓党建、大抓基层的氛围更加浓厚，全面从严治党主体责任更加落实，党组织领导的基层治理体系更加完善，基层党组织和党员的作用发挥更加充分，党的执政基础更加牢固。《方案》提出加强党的基层组织建设三年行动计划的主要任务：1.坚持党的全面领导，增强基层党组织政治领导力。（1）坚持把政治建设摆在首位。严格执行省委坚决落实"两个维护"十项制度机制，增强"四个意识"、坚定"四个自信"、做到"两个维护"。充分发挥基层党组织政治功能，不断提高党员干部政治判断力、政治领悟力、政治执行力，确保党中央决策部署贯彻落实到基层。（2）巩固农村基层党组织领导地位。深入贯彻落实《中国共产党农村基层组织工作条例》，强化乡镇党委、村党组织对农村各类组织和各项工作的全面领导。深化乡镇体制改革，推动下放更多管理职权到乡镇一级。选优配强村党组织书记，积极稳妥推行实现"三个一肩挑"。落实村各类组织向村党组织报告工作制度和重大事项决策"四议两公开"制度，强化村党组织对村民小组、村民理事会、老人会、乡贤会、慈善会等的领导管理监督。（3）健全街道社区党组织领导机制。完善街道"大工委"、社区"大党委"工作机制，强化街道党工委抓党建、抓治理、抓服务职能，推进街道赋能减负增效，推动驻地单位、"两新"组织党组织与街道党工委有效对接、互联互通。增强社区党组织政治功能，优化社区党组织设置，健全社区党组织兼职委员制度。推动机关、国有企业、事业单位党组织和在职党员到社区报到。（4）强化机关、国有企业和事业单位等领域基层党组织的领导。落实机关工委统一领导、单位党组（党委）具体领导机关党建的要求，推动当好"三个表率"，巩固深化模范机关创建成果。完善"双向进入、交叉任职"国有企业领导体制，加快建立各司其职、各负其责、协调运转、有效制衡的国有企业公司治理机制。完善高校党委领导下的校长负责制，落实中小学校、公立医院党组织领导的行政领导人负责制。健全公立医院党委会议、院长办公会议议事决策规则，推动二级及以上公立医院实行书记、院长分设。压实行业管理部门、业务主管单位和属地党组织抓两新组织党建责任。2.坚持用习近平新时代中国特色社会主义思想凝心铸魂，增强基层党组织思想引领力。（1）推动党员在学懂弄通做实上下功夫。把学习贯彻习近平新时代中国特色社会主义思想、习近平总书记重要讲话和重要指示批示精神作为首要政治任务，常态化推进"大学习、深调研、真落实"。（2）推动党员干部不忘初心、牢记使命。坚持把不忘初心、牢记使命作为加强党的建设的永恒课题和全体党员干部的终身课题，全面落实关于巩固深化"不忘初心、牢记使命"主题教育成果的若干举措。（3）健全党员教育长效机制。落实"第一议题""三会一课"、组织生活会等制度，常态化开展党章党规学习。坚持党员领导干部领学带学督学，发挥新时代文明实践中心、党员教育基地、廉政教育基地、红色村示范点作用。（4）提高党员集中培训质量。加强党员教育培训课程体系建设，利用"党建网""党建为村"和学习强国平台等载体，开发新课程，增强培训实效。开展镇街党（工）委书记任期培训、新任村（社区）党组织书记和驻镇驻村干部岗位培训，抓好基层党组织书记县级年度轮训、村（社区）党员镇街党校年度轮训。（5）加强党员教育阵地建设。坚持每年创建一批市级镇街党校示范点。推进“啸仙干部学院”建设。在现有的革命遗址、烈士陵园、红色村、各类专项教育基地中，培育打造并组织认定一批功能完善、特色鲜明、实用管用的党员教育基地。（6）提高村干部学历水平。继续举办村干部大专学历教育班，聚焦全面实施乡村振兴战略，不断改进教学方式和教学内容。3.坚持党的群众路线，增强基层党组织群众组织力。（1）完善联系服务群众工作机制。严格贯彻落实《关于加强党员干部联系服务群众工作的实施方案》，健全市县镇村四级党员干部联系服务群众工作体系。坚持以基层党组织为主渠道落实投向基层的各类资源和服务，把党群服务中心建设成为党领导基层治理和服务群众的坚强阵地。（2）健全党组织领导的自治、法治、德治相结合的乡村治理体系。完善以村党组织为领导，村民自治组织和村务监督组织为基础，集体经济组织和农民合作组织为纽带，其他经济社会组织为补充的村级组织体系，加强党领导下的村民小组建设。（3）提升党建引领城市基层治理水平。健全党组织领导的居民自治、民主协商、群团带动、社会参与机制，构建“四级联动”的街道社区治理格局，提升城市基层治理精准化、精细化水平。4.坚持党建引领重大任务落实，增强基层党组织社会号召力。（1）大力抓党建促乡村振兴。强化乡镇党委龙头作用，开展乡村建设行动，实施“人才下乡、干部返乡、能人回乡”计划，做好巩固拓展脱贫攻坚成果同乡村振兴有效衔接。因地制宜发展壮大村级集体经济，重点抓好122个试点村的产业项目，推动全市基本实现村级集体经济年收入达到10万元以上目标。建立市县优秀年轻干部到镇村实践锻炼的工作机制，持续和完善向镇村选派工作队、第一书记的制度。（2）推进红色村党建示范工程项目。继续提高第一批6个红色村的建设质量，全力抓好东源县船塘镇老围村、义合镇下屯村和龙川县廻龙镇大塘村3个全国组织振兴试点村建设。实施红色村倍增计划，2021年新增打造7个红色村，发挥好红色村示范引领作用，支持老区、苏区和民族地区全面振兴发展。（3）强化党建引领经济社会发展。围绕中心工作找准基层党组织发挥作用的切入点，推动党建工作融入经济社会发展，凝心聚力落实“1+1+9”工作部署，抢抓“双区”建设等重大机遇，围绕“融深”“融湾”，投身新发展格局，塑造高质量发展新优势。（4）坚持以党建夯实社会稳定基础。持续开展基层正风肃纪反腐行动，推进扫黑除恶常态化，建立防范和整治“村霸”问题长效机制。5.强化组织建设，提升组织体系战斗力。（1）深化基层党组织规范化建设。修订基层党组织规范化建设工作指引，规范基层党组织设置，理顺基层党组织隶属关系，严格执行基层党组织按期换届制度。以村（社区）为重点开展新一轮软弱涣散基层党组织排查整顿工作，不设比例、应整尽整、动态销号。（2）拓展农村、城市基层党组织建设。实施农村党建“整镇推进、整县提升”示范县镇创建活动，推动“强镇带村、强村带组”。坚持以行政村为基本单元设置党组织，加大在村民小组、农村合作经济组织和社会组织中建立党组织力度。实施城市基层党建“整区提升、示范引领”行动，推动源城区提升“城市基层党建示范区”创建质量、江东新区探索区域党建联建工作机制、市高新区培育一批非公企业党建工作示范点。加强社区物业党建联建，推进在住宅小区、管理网格、物业服务企业建立党组织。（3）加强机关、国有企业和事业单位党组织建设。坚持围绕中心、建设队伍、服务群众，推动机关党建与业务工作有机融合，健全机关党委、机关纪委议事规则和工作规则。开展国有企业“五强五化”示范创建活动，推动国有企业把党组织建在生产经营单元、项目工地和重组混改企业中。修订完善国有企业董事会、经理层决策事项清单，落实好国有企业党组织前置研究讨论企业重大经营管理事项清单。理顺县级教育工委体制机制，指导高校党委依托重大项目组、课题组、科研平台或学生公寓等设置师生党支部。落实支部建在公立医院科室上的设置要求，推动公立医院党建“四有”工程。（4）健全两新组织党建工作长效机制。织密行业党建和区域党建“两张网”，坚持“六项创新机制”，拓展底数摸排和组织建设“双同步”工作，着力在有形覆盖的基础上推进有效覆盖。指导“小个专”企业、互联网企业、快递物流业、注册会计师等行业加快成立党委。6.强化队伍建设，提升基层党员干部人才支撑力。（1）深化基层党组织“头雁”工程。做好村（社区）“两委”换届工作“后半篇文章”，全面实施村（社区）党组织书记县级党委组织部门备案管理，全面落实村（社区）“两委”成员资格联审机制。推动机关、事业单位党支部书记由所在部门或单位党员主要负责人担任，国有企业基层党组织书记重点从优秀经营管理骨干党员中选拔，高校基层党组织书记重点从教学、科研、管理带头人和优秀辅导员中选拔，两新组织党组织书记重点从管理层中选拔。探索选派行业管理部门、业务主管单位或属地乡镇（街道）在职（退休）党员干部到两新组织党组织担任第一书记。（2）实施后备干部“雏雁”工程。按照村推、镇选、县审查的程序，从外出的大学毕业生、退役军人、外出务工经商人员等群体中选拔一批优秀年轻的后备干部，与村（社区）干部同工同酬，结合实际择优使用，不断优化村（社区）干部队伍结构。（3）强化对村干部的激励措施。开展优秀基层党组织书记表彰，选拔优秀村（社区）党组织书记进入乡镇（街道）公务员队伍，加大从优秀村（社区）“两委”干部中招聘乡镇（街道）事业编制人员的力度，吸引更多优秀人才返乡。逐年提高村干部的工作生活补贴标准，落实正常离任村干部补助。（4）深化党员先锋工程。坚持把政治标准放在首位，落实政治审查制度，进一步提高发展党员质量。注重在产业工人、青年农民、高知识群体、大学生以及两新组织从业人员等群体中发展党员，加强对优秀人才的政治吸纳。（5）加强乡镇（街道）干部队伍建设。规范乡镇领导干部选拔任用，不断优化领导班子和干部队伍结构。做好2021年乡镇领导班子换届工作，选优配强乡镇领导班子特别是党委书记。（6）加强党务工作者队伍建设。增强县级组织部门、镇街抓基层党建工作力量。配齐配强基层党委专职副书记、组织委员和专职党务工作者。7.强化制度建设，提升制度执行力。（1）持续抓好建章立制。建立健全涵盖组织设置、组织生活、组织运行、组织管理、组织监督等的完整组织制度体系。（2）加强制度执行。严格落实党内法规执行责任制，常态化开展执行组织制度的监督检查与专项评估。8.强化基础保障，提升基层党组织和党员发挥作用集群力。（1）优化经费保障机制。各级财政部门要落实经费保障，重点保障基层组织运行、党员教育培训、服务群众和阵地建设。机关单位要在办公经费中专设党建工作经费。强化两新组织党建经费保障，落实行业党委工作经费。（2）加强基层阵地建设。深化党群服务中心实体化功能化建设，推动乡镇（街道）公共服务中心升级改造为党群服务中心。探索建立各领域基层党建学院，加快推进乡镇“五小”场所建设，加强村民小组活动阵地建设。（3）加快党建信息化建设。健全基层党建信息化标准体系，推进各级各领域党建信息化平台互联互通。（4）加强党内激励关怀。加大评选表彰优秀共产党员、优秀党务工作者和先进基层党组织力度，依规依纪保障党员权利，关爱基层党员干部，关怀帮扶老党员、困难党员和长期承担急难险重任务党员，落实因公殉职党员、因公伤残党员抚恤保障政策。《实施方案》提出加强党的基层组织建设三年行动计划的组织领导：（1）压实主体责任。党委（党组）书记是抓党建工作第一责任人，要发挥领导把关、示范带头、推动落实作用，深入实际、挂点蹲点、下抓两级，帮助解决实际问题。各级党的建设工作领导小组及其办公室协助本级党委统筹协调党的建设各项工作，开展党建工作述职评议考核。（2）推动计划落实。各级党委（党组）和机关工委、教育工委、国资委党委、两新工委等要结合实际制定落实举措。各级组织部门要细化工作任务，完善制度机制，加强分类指导，强化过程管理，推动基层党建各项任务落地见效。（3）加强督促检查。各级党的建设工作领导小组及其办公室要加强督促检查，推动问题整改，对工作不实、开展不力、基层党组织软弱涣散依然严重、党组织弱化虚化边缘化问题仍然突出的，依纪依规予以问责。

重要活动

【河源市党政代表团赴惠州市学习考察】 2021年1月8日，河源市委书记丁红都，市委副书记、市长林涛率河源市党政代表团赴惠州市学习考察。河源市党政代表团先后前往惠州市惠城区赣深高铁惠州北站、金山湖公园和惠阳区胜宏科技公司、大亚湾石化区等地，参观考察惠州市大交通规划建设、惠州湾产业新城规划建设，金山新城、启动区站展融合及水环境整治规划建设等情况，详细了解大亚湾区建设世界级绿色石化产业基地、惠州炼化项目建设情况以及埃克森美孚惠州乙烯项目建设推进情况等。考察期间，双方就两地“十四五”时期加强交通互联互通、产业协同发展、红色资源合作、区域环境污染联防联治、民生服务共建共享等，进行深入交流。惠州市委书记李贻伟，市委副书记、市长刘吉陪同考察。惠州市领导余金富、张玲、何广延、徐毅参加相关活动。河源市领导黎意勇、张和志、庞启彪、何伟良、刘东豪，源城区、东源县、江东新区、市高新区党（工）委或政府（管委会）主要负责人，市发展和改革局、市工业和信息化局、市自然资源局、市生态环境局、市住房城乡建设局、市交通运输局、市水务局、市商务局主要负责人参加学习考察活动。

【河源市党政代表团赴赣州市学习考察】 2021年1月13日至14日，河源市委书记丁红都，市委副书记、市长林涛率河源市党政代表团赴江西省赣州市学习考察。河源市党政代表团先后到赣州市信丰县西牛镇城乡结合部农房集中安置和环境整治点、信丰农夫山泉果业有限公司、5G产业园，南康区赣州国际陆港、家居小镇，于都县禾丰镇兰花小镇、梓山镇富硒蔬菜产业园、梓山镇潭头社区和中央红军长征集结出发地纪念园，实地考察人居环境整治、农产品深加工、电子信息产业发展、家居产业发展、家具内外贸、乡村产业发展、农旅融合等情况。江西省委常委、副省长、赣州市委书记吴忠琼，赣州市委副书记、市长曾文明与河源市党政代表团进行座谈交流。吴忠琼说，赣州与河源山水相连、人文相亲，自古以来两市人文商贸交往非常频繁，可以说是亲如兄弟、胜似一家。近年来，赣州与河源互动交流密切，共同签订合作协议，开展深入合作，结下深厚友谊。希望双方能够保持密切交流合作的态势，进一步健全机制，特别是在加快融入粤港澳大湾区方面，多分享政策信息，交流经验，携手争取大项目、好项目，实现优势互补、互利双赢、共同发展。建议两市加快交通基础设施互联互通，联合推进赣广高铁前期工作，共同争取列入国家新时代中长期铁路网规划和“十四五”规划；深化区域旅游合作，合力打造精品旅游线路，建立旅游联盟，互相推送客源，共建粤港澳大湾区旅游休闲的后花园；加强跨区域生态保护合作，进一步落实好东江源头水资源保护和跨界河流水污染联防联控机制，共同维护好东江流域的生态环境；加强产业经贸合作，依托各自优势产业，联手开展经贸活动。丁红都表示，这次学习考察，既看到赣州经济社会发展的巨大成就，也感受到赣州聚精会神谋发展、心无旁骛抓落实的精气神。河源将以真诚的态度，学习经验、启迪思路、优化举措，找准河源在广东参与“双循环”的东部大通道中的定位，推动“十四五”时期河源高质量发展。赣州与河源是好亲戚、好邻居，长期以来，两市党政、企业、民间交往频繁，经济、文化、旅游等领域交流合作丰富多彩，在市情、发展、政策机遇上有许多相似之处，两市加强合作既有良好基础，也有广阔空间，更有现实需要。希望两市进一步加大合作力度、拓展合作空间，在实现更高标准的互联互通、更高质量的产业对接合作、更高水平的共建共治共享等方面再下功夫、再上台阶，取得更大成效。赣州市委副书记、常务副市长胡雪梅，市领导徐兵、李新民参加相关活动。河源市领导黎意勇、张和志、何伟良、赖小卫，市发展和改革局、市工业和信息化局、市自然资源局、市生态环境局、市住房城乡建设局、市农业农村局、市商务局、市文化广电旅游体育局、市灯塔盆地农高区管委会主要负责人参加学习考察活动。

【丁红都主持召开城市和交通建设现场市委常委会会议专题研究推动城市和交通建设工作】 2021年3月26日、29日，河源市委书记丁红都主持召开城市和交通建设现场市委常委会会议，专题研究推动城市和交通建设工作，全力加快城市和交通建设，促进全市经济高质量发展。与会人员先后前往御龙湾商业中心、钓鱼台片区、赣深高铁河源东站、建设大道与国道205东移线交叉口、国道205线热水至埔前段改线工程古云大桥、粤港商务中心等项目建设现场，实地调研重大城建、交通项目推进情况。会议听取河源市城市建设和交通建设总体工作情况汇报，充分肯定近年来河源市城市和交通建设取得的成效。会议认为，在城建和交通系统以及各县（区）各有关部门的共同努力下，河源市城市和交通建设全面提效破局，城市骨架进一步拉开、区位优势进一步凸显，为河源市“十四五”开好局、起好步打下良好基础，值得充分肯定。会议强调，城市和交通建设是河源发展的关键和引领，各级各相关部门要深刻认识抓好城市和交通建设的重大意义，进一步增强工作责任感和紧迫感，充分发挥交通的基础性、战略性、先导性作用和城市的带动性、聚集性作用，以高水平的城市和交通建设推动河源市高质量发展。会议要求，要准确把握自然规律、社会规律和经济规律，结合河源区位优势、发展实际，紧盯“融深”“融湾”，全域谋划城市和交通建设。坚持规划引领，加强包括交通在内的城市建设发展战略性规划研究，在概念性规划、控制性规划、修建性规划上下功夫，增强规划的前瞻性、科学性、严肃性和连续性，不要因为代际更替、局部利益和一时的困难，随意改变规划，科学安排各类重大平台、重点项目、重大工程建设的规模、布局和时序。会议要求，要抓住当前河源发展的“黄金机遇期”，充分发挥好资源的驱动能力、平台的撬动功能和要素的联动作用，扎实做好土地收储和出让工作，努力搭建投融资平台，深化要素市场化配置改革，全力攻坚克难，大力推进城市和交通建设。会议强调，各县（区）、各部门要以“明知山有虎，偏向虎山行”的决心，充分发挥市场主体作用和政府在资源配置中的有效作用，加速要素流动聚集，促进城市能级跃升，不断提升城市首位度，促进“示范区”“排头兵”和“两个河源”加快建设。市长林涛，市委副书记边立明，市委常委黎意勇、方明、叶春球、叶少军、朱蔚蔚、张和志、方文华出席会议。市领导钟挥锷、吴善平、林少威、庞启彪、何伟良、赖小卫，源城区、江东新区党委主要负责人，市委编办、市发展和改革局、市教育局、市公安局、市民政局、市财政局、市自然资源局、市生态环境局、市卫生健康局、市国资委、市金融局、市城管综合执法局、市林业局、市土地储备中心、市代建局、市城投公司主要负责人，市住房城乡建设局、市交通运输局领导班子成员列席会议。

【丁红都主持召开江东新区现场市委常委会会议专题研究江东新区经济社会发展工作】 2021年4月15日，河源市委书记丁红都主持召开江东新区现场市委常委会会议，专题研究江东新区经济社会发展工作。与会人员先后到河源东塔商务中心选址、东江东岸碧道建设示范点、智慧城市指挥中心、江东新区产业园东片区、深河人民医院等地，详细了解江东新区城市、综合交通、碧道、高铁新城、工业园规划建设情况以及社会综合治理联动平台建设、民生实事等情况。会议听取江东新区经济社会发展工作情况汇报。会议认为，近年来，江东新区认真贯彻落实市委、市政府工作部署，努力推进经济社会发展各项工作，在规划设计、项目建设、基础设施、民生领域等方面取得明显成效，值得充分肯定。会议强调，江东新区是河源市实施都市经济带动战略的主战场、城市高质量发展的区域平台、未来城市发展的核心，各级各部门要从全市角度、全局高度充分认识推进江东新区开发建设的重要性，按照既定的整体战略，全力加快江东新区开发建设。市长林涛，市委副书记边立明，市委常委黎意勇、方明、叶少军、朱蔚蔚、刘渤、张和志出席会议。市领导钟挥锷、吴善平、林少威、庞启彪、何伟良、赖小卫、刘东豪，江东新区党委、管委会领导班子成员，市委组织部、市委编办、市发展和改革局、市科技局、市工业和信息化局、市公安局、市财政局、市人力资源和社会保障局、市自然资源局、市生态环境局、市住房城乡建设局、市交通运输局、市水务局、市农业农村局、市卫生健康局、市国资委、市城管综合执法局主要负责人列席会议。

【丁红都主持召开市高新区现场市委常委会会议专题研究市高新区经济社会发展工作】 2021年4月29日，河源市委书记丁红都主持召开市高新区现场市委常委会会议，专题研究市高新区经济社会发展工作。与会人员先后到深河产业城A区、深河国际模具城、深河特别合作区试验区（南山产业园）、新电子新能源科技园、深河金地创谷、江滩公园、商务会议中心、中央活力区等地，实地查看河源高新区“七区一带”规划建设情况和相关项目推进情况。会议听取市高新区经济社会发展工作情况汇报。会议认为，近年来，市高新区紧紧围绕市委、市政府确定的发展战略，科学谋篇布局，在规划编制、产业发展、产业共建、产城融合、环境打造、营商服务上持续发力，开发建设呈现良好态势，进一步坚定现代河源建设的信心。会议强调，市高新区作为全市产业园区发展的“火车头”，是支撑河源未来产业高质量发展的功能平台，要紧扣“融深”“融湾”，保持战略定力，细化工作举措，真正走“高”“新”之路，打造引领河源发展的产业新城、科技新城。会议强调，要加强中国共产党的全面领导和建设。进一步加强干部队伍建设和廉政建设，打造忠诚干净担当的高素质专业化干部队伍。要用好容错纠错机制，坚持严管和厚爱结合，充分调动广大干部干事创业的积极性。各级各有关部门要从落实市委市政府决策部署、支持整个河源发展的高度，各尽所能，全力支持、推动市高新区和“一区四园”在“十四五”时期实现跨越式发展。市长林涛，市委副书记边立明，市委常委黎意勇、方明、叶少军、朱蔚蔚、刘渤出席会议。市领导钟挥锷、吴善平、林少威、庞启彪、赖小卫、刘东豪，源城区委、区政府主要负责人，市高新区党工委、管委会领导班子成员，市发展和改革局、市科技局、市工业和信息化局、市财政局、市自然资源局、市住房城乡建设局、市商务局、市统计局主要负责人列席会议。

【丁红都主持召开灯塔盆地现场市委常委会会议专题研究灯塔盆地开发建设工作】 2021年5月19日，河源市委书记丁红都主持召开灯塔盆地现场市委常委会会议，专题研究灯塔盆地开发建设工作。与会人员深入灯塔盆地（连平片区）美丽乡村示范点、东源县顺天镇沙溪村融和蓝莓庄园、大坪村蓝莓育苗基地、乡村振兴培训学院、美林油茶基地等项目以及东源县顺天镇党演村、滑滩村等地，实地查看灯塔盆地在发展规划、产业发展、基础设施建设、美丽乡村建设、科技平台建设等方面工作进展情况。会议听取灯塔盆地开发建设情况汇报。会议认为，过去一年，灯塔盆地以改革的精神、担当的意识、市场的思维、现代的标准、开放的胸怀和示范的自觉，在东源、和平、连平县委县政府和各级各有关部门的大力支持下，全力推动各项工作，开发建设取得显著成效，值得充分肯定。会议强调，灯塔盆地作为引领河源未来农业农村高质量发展的综合平台，对河源市推动乡村振兴具有重要的示范引领作用，全市各级各有关部门，特别是市灯塔盆地农高区党工委和管委会，要深刻领会习近平总书记关于“三农”工作的重要论述精神，切实增强加快灯塔盆地开发建设的使命感和紧迫感，继续保持当前干事创业的劲头和加快发展的势头，在工作中不断总结经验、反思不足，持续优化提升工作思路、工作方法、工作举措，进一步坚定信心、凝聚共识、形成合力，集中力量推动灯塔盆地加快建设。市长林涛，市委副书记边立明，市委常委方明、叶少军、朱蔚蔚、刘渤、张和志出席会议。市领导钟挥锷、吴善平、林少威、庞启彪、何伟良、赖小卫，东源县、和平县、连平县党委主要负责人，市灯塔盆地农高区党工委、管委会领导班子成员，市发展和改革局、市科技局、市财政局、市自然资源局、市生态环境局、市住房城乡建设局、市交通运输局、市水务局、市农业农村局、市乡村振兴局、市国资委、市金融局、市林业局、农行河源分行、农发行河源市分行、河源农商行系统党委、市土地储备中心主要负责人列席会议。

【河源市委举办市委理论学习中心组暨全市县处级主要领导干部党史学习教育专题研讨班】 2021年4月13日至14日，河源市委在市委党校举办市委理论学习中心组暨全市县处级主要领导干部党史学习教育专题研讨班。研讨班的主要任务是，以习近平新时代中国特色社会主义思想为指导，深入学习贯彻习近平总书记在党史学习教育动员大会上的重要讲话精神，认真落实全省省级、市厅级主要领导干部党史学习教育专题研讨班精神，进一步统一思想、提高认识，从百年党史中感悟思想伟力、汲取奋进力量、涵养为民情怀、继承优良传统，不断提高政治判断力、政治领悟力、政治执行力，更好地立足新发展阶段、贯彻新发展理念、投身新发展格局，抢抓“双区”建设等重大机遇，加快全域全面“融湾”“融深”，推动高质量发展，确保“示范区”“排头兵”和“两个河源”建设在“十四五”全面开启新局。市委书记丁红都作动员讲话暨主题报告。丁红都指出，要突出学党史、悟思想，深化对习近平新时代中国特色社会主义思想的理解和把握，坚定不移用习近平新时代中国特色社会主义思想武装头脑、指导实践、推动工作，努力做学思用贯通、知信行统一的表率。要紧扣办实事、开新局，把党史学习教育成果转化为“示范区”“排头兵”和“两个河源”建设的动力与成效。要在党史学习教育中不断提高政治判断力、政治领悟力、政治执行力，为“示范区”“排头兵”和“两个河源”建设提供坚强保证。要总结运用好专题研讨成果，以更高站位、更实举措、更大力度推动党史学习教育走深走实。参加研讨的学员围绕习近平总书记重要讲话精神，通过分组讨论、交流发言、集中自学等形式深入开展党史学习教育。开班式以电视电话会议形式开至各县区。市长林涛主持开班式、结业式。市政协主席钟挥锷，市委副书记、组织部部长边立明，市人大常委会常务副主任吴善平出席开班式、结业式。市委、市人大常委会、市政府、市政协领导班子成员及秘书长，市法院院长、市检察院检察长，河源职业技术学院党委书记、院长，各县区党（工）委、政府（管委会）主要负责人，市纪委副书记、监委副主任，市直和中央、省驻河源副处以上各单位主要负责人，市各民主党派主要负责人参加研讨班。

【河源市委召开市委理论学习中心组（扩大）会议深入学习贯彻落实习近平总书记“七一”重要讲话精神】2021年7月6日至7日，河源市委在河源国家高新区省通信终端产品质量监督检验中心召开市委理论学习中心组（扩大）会议，深入学习贯彻习近平总书记在庆祝中国共产党成立100周年大会上的重要讲话精神，围绕落实省委“1+1+9”工作部署，结合河源实际，进一步分析形势、统一思想、明确任务，凝心聚力干事创业，全力以赴抓好经济社会发展稳定各项工作。市四套班子领导成员集中时间、集中精神、集中精力，深入学习贯彻习近平总书记“七一”重要讲话精神，并结合工作实际作充分交流发言，梳理当前各项重点任务，找到工作着力点和落脚点，以实际行动贯彻落实省委提出的“在学中干、在干中学”的要求。市委书记林涛主持会议并讲话。林涛指出，习近平总书记“七一”重要讲话，为大家奋进新时代、走好新征程进一步指明前进方向、提供根本遵循。大家要深入领会党团结带领人民不懈奋斗的光辉历程和伟大成就，深入领会全面建成小康社会的历史性成就，深入领会伟大建党精神的深刻内涵和时代价值，深入领会以史为鉴、开创未来的“九个必须”根本要求，深入领会习近平总书记代表党中央发出的伟大号召，在新征程上把河源发展的路走对、走实、走好。全市各级各部门要深入贯彻落实习近平总书记“七一”重要讲话精神，保持“示范区”“排头兵”和“两个河源”建设的战略定位不变，保持全域全面“融深”“融湾”的战略路径不变，保持三大高质量发展平台的战略平台不变，坚持方向不变、力度不减、劲头不松，不折腾、不内卷，以更高标准、更实作风、更有力措施扎实推进，向人民、向历史交出合格的河源答卷。林涛强调，要在既定的“定位、路径、平台”的框架下，结合新时代新要求，抓住重点，重在落实，贵在解决问题，一件事情接着一件事情办好、干好。会上，林涛对下半年要抓好的六项具体工作提出明确要求。市长何国森，市政协主席钟挥锷，市委副书记边立明，市人大常委会常务副主任吴善平出席会议。市委、市人大常委会、市政府、市政协领导班子成员，市法院院长、市检察院检察长，市四套班子正副秘书长，各县区党（工）委、政府（管委会）主要负责人，市有关单位主要负责人参加会议。

【河源市四套领导班子成员到市革命历史革命烈士纪念馆开展革命传统教育】2021年6月29日，河源市委书记、市人大常委会主任林涛，市委副书记、市长何国森，市政协主席钟挥锷，市委副书记边立明，市人大常委会常务副主任吴善平等市四套班子领导到河源市革命历史革命烈士纪念馆开展革命传统教育。河源市革命历史革命烈士纪念馆主要分为大革命时期、土地革命时期、抗日战争时期、解放战争时期4个单元，重点包括血田事件、东江大营救、三角岭战役、阮啸仙烈士等专题，共展出珍贵历史文献档案15份、历史实物192件、大型革命史实油画1幅、大型场景7个，生动记载和展现发生在河源的重大革命历史事件及其深远影响。参观结束后，市领导在党旗下庄严地重温入党誓词。省委党史学习教育第七巡回指导组副组长朱华仙、黄海光，市委、市人大常委会、市政府、市政协领导班子成员，市法院院长、市检察院检察长，市四套班子正副秘书长，市委组织部、市委宣传部、市退役军人事务局主要负责人，源城区党委、政府主要负责人参加活动。

【河源市四套领导班子成员集中收看庆祝中国共产党成立100周年大会直播】2021年7月1日，河源市委书记、市人大常委会主任林涛，市政协主席钟挥锷，市委副书记边立明，市人大常委会常务副主任吴善平等市委、市人大常委会、市政府、市政协领导在市会议中心集中收看庆祝中国共产党成立100周年大会直播。直播后，大家表示，习近平总书记的重要讲话，回顾了中国共产党百年奋斗的光辉历程，展望了中华民族伟大复兴的光明前景，让人倍感振奋和自豪。大家要更加紧密地团结在以习近平同志为核心的党中央周围，坚持以习近平新时代中国特色社会主义思想为指导，认真贯彻落实习近平总书记重要讲话精神，弘扬伟大建党精神，赓续共产党人精神血脉，不忘初心、牢记使命、接续奋斗，在奋进新征程中谱写河源新篇章，为实现第二个百年奋斗目标、实现中华民族伟大复兴的中国梦贡献力量。省委党史学习教育第七巡回指导组组长李振河，副组长朱华仙、黄海光，市委、市人大常委会、市政府、市政协领导班子成员，市法院院长、市检察院检察长，市四套班子正副秘书长，市委组织部、市委宣传部、市委统战部、市委编办、市信访局、市机关事务局主要负责人一起收看大会直播。

【河源市四套领导班子成员参观“百年恰是风华正茂”主题档案文献展】2021年8月23日，河源市委书记、市人大常委会主任林涛，市长何国森，市政协主席钟挥锷，市委副书记边立明，市人大常委会常务副主任吴善平等市四套班子领导出席在市档案馆举办的“百年恰是风华正茂”主题档案文献展开幕式并参观展览。“百年恰是风华正茂”庆祝中国共产党成立100周年主题档案文献展由中央档案馆、新华社主办，省委党史学习教育领导小组办公室、省委组织部、省委宣传部、省委党史研究室、省档案馆承办，市委党史学习教育领导小组办公室、市委组织部、市委宣传部、市委党史研究室、市档案馆协办。同时，“奋斗百年路，启航新征程”河源百年党史重要档案文献展也一并开展。“百年恰是风华正茂”主题档案文献展精选500件文献档案，其中近半数为首次公开，分为9个篇章，全面、立体、鲜活地展示中国共产党带领中国人民筚路蓝缕、砥砺奋进的百年光辉历程，具体讲述中国共产党人坚守初心使命的感人故事，深刻诠释中国共产党不断取得胜利的成功密码和力量所在。“奋斗百年路，启航新征程”河源百年党史重要档案文献展则真实记录河源地方党组织百年来的重大活动、重大事件和重要人物，全景呈现河源地方党组织百年的奋斗历程和光辉业绩。市委常委、宣传部部长朱蔚蔚主持开幕式。市委、市人大常委会、市政府、市政协领导班子成员，市法院院长、市检察院检察长，市四套班子正副秘书长，市档案馆主要负责人参加活动。

市委办工作

【会议公务活动】2021年，中共河源市委办公室坚持科学谋划会议活动安排，紧盯时间节点，紧扣重要部署，强化统筹，精益求精做好服务，完成全省撂荒耕地复耕复种现场会以及中国共产党河源市第八次代表大会和5次市委全会等重要会议活动的组织工作。全年统筹安排市委常委会会议72次、市委书记专题工作会议34次、书记专题会45次，组织市委其他各类会议188次、公务活动414次，统筹服务省部级以上领导到河源考察调研14次。

【综合文稿工作】2021年，中共河源市委办公室优质高效完成中国共产党河源市第八次代表大会、市委全会等重要会议、政务活动的文稿起草工作，实现文稿服务由“高产”向“高质”迈进。全年起草整理综合文稿材料230余篇。

【文电法规】2021年，中共河源市委办公室加强文件制发工作前期指导，强化前置审核，从严审核把关，着力改进文风，提高制发质量，按规定向省委报送的党内规范性文件18个全部顺利通过备案审查。及时准确办理各级来文来电，精准规范提出拟办意见，全年办理来文2101个。加强文件运转统筹，完善收件、送件、退件机制，实现文件流转安全顺畅有序高效。

【信息服务】2021年，中共河源市委办公室扎实做好信息采编和报送工作，围绕市委中心工作向上级报送《河源信息》144期，整理送阅中央重大决策部署和省重要工作安排等重要信息70期。围绕市委关注重点、全市经济社会运行中的新问题新动向和重要工作推进情况等，编发《河源信息·参阅专刊》《河源信息·通报》12期，当好市委的“千里眼”和“顺风耳”。立足党委信息“主渠道”作用，高效处理各类信息简报，特别是对省委办公厅有关信息刊物、省有关疫情工作动态信息“日收日结”，全年办理（送阅）各类信息刊物2067期。建立健全信息工作机制，促进信息工作制度化、规范化。

【应急值班】2021年，中共河源市委办公室立足于“早发现、早研判、早处置”，全面做好风险隐患排查、网络舆情收集、紧急信息报送、紧急突发事件协调处置等工作，全年处理各类紧急敏感信息293条，编发《值班要情专报》《每日要情快报》《河源要情快报》360期。系统梳理值班日常业务操作、值班工作制度、紧急重要信息处理情况，制定《河源应急值班工作手册》，推动应急值班工作规范化。

【督查督办工作】2021年中共河源市委办公室围绕中央和省委、市委关注的重点、焦点、难点问题，针对性抓好督查督办工作，全年形成8份专项督查报告供市领导决策参考。围绕中国共产党河源市第八次代表大会、市委全会等重要会议部署，科学高效做好任务分解，明确主抓单位，压实工作责任，确保市委决策部署落实落细。通过建账立项、列账督办的方式，对省领导批示指示精神和市委常委会会议决定事项、市委主要领导交办批示事项等落实情况加大督促检查力度，定期梳理落实情况，适时开展专项督查和“回头看”，确保督到点上、督在实处、督出结果。全年跟进督办省委领导交办批示事项11项，督办市委常委会会议决定事项和市委主要领导交办批示事项443项。统筹做好全市疫情防控督查督办工作，全年牵头开展实地明察暗访8次，共走访检查超320个现场点，发现并推动解决问题148个，向省督查督办组报送工作信息52次，确保防控措施落实到位，服务市委有力有序做好常态化疫情防控工作。服务市委建立市领导联镇包片抓落实工作制度，制定《市领导同志联镇包片抓落实工作清单》，将七方面重点任务细化为25项75个具体任务，为市领导及工作专班开展专题研究部署、实地督促指导提供有效参考，推动联镇包片抓落实工作落实落细。

【档案管理】2021年，中共河源市委办公室坚持完善党管档案工作机制，建立档案局长馆长联席会议制度，主动服务中心大局，全面完成全市脱贫攻坚、疫情防控档案归档移交工作任务。做好县（区）、市直单位平安河源建设档案安全考评、6个县级综合档案馆业务建设评价工作，统筹推动各县（区）档案工作质量不断提高。

【保密管理】 2021年，中共河源市委办公室坚持党管保密、依法治密，强化保密管理、保密服务保障，深入开展保密宣传教育，加大执法监督检查力度，坚持日常检查、专项检查、巡回检查、进驻检查“多管齐下”，严格执法，严防失泄密风险。

【调查研究】 2021年，中共河源市委办公室聚焦市委中心工作，坚持深入一线、摸清实情、深度思考、潜心研究，推动信息调研、督查调研、专题调研有机融合、协调开展，形成《关于我市乡村小规模学校撤并工作的情况报告》《赴惠州、赣州调研考察报告》《我市社会救援组织发展情况分析及建议》等一批调研成果，为市委决策提供参考。

【精准扶贫和驻镇帮镇扶村工作】 2021年，中共河源市委办公室切实抓好精准扶贫和驻镇帮镇扶村工作。完成挂钩的东源县蓝口镇礤头村扶贫工作任务，扶贫工作队获省表扬。扎实开展驻镇帮镇扶村工作，在全市率先派出工作队进驻到新挂钩的东源县康禾镇开展工作，协助开展防止返贫动态监测、推动脱贫攻坚与乡村振兴工作有效衔接，全力助推康禾镇提升产业发展水平，加强农村人居环境整治，推进仙坑、黎顺、大禾、若坝新农村示范片建设。

（王受章）

组织工作

【概况】 截至2021年年底，河源市党员总数为157794名，比上年净增3512名。全市有党组织6874个，其中基层党委292个，总支部521个，支部6061个。

党员队伍结构 党员的性别、民族和学历：女党员40291名，占党员总数的25.5%；少数民族党员1200名，占党员总数的0.8%；具有大专以上学历的党员72150名，占党员总数的45.7%。党员的年龄：35岁以下党员32245名，36～45岁党员31691名，46～60岁党员46530名，61岁及以上党员47328名。党员的入党时间：中华人民共和国成立前入党的63名；中华人民共和国成立后至中共十一届三中全会前入党的22462名，中共十一届三中全会后至中共十八大前入党的106203名，中共十八大后入党的29066名。党员的职业：工人（工勤技能人员）7400名，农牧渔民67936名，企事业单位、社会组织专业技术人员18322名，企事业单位、社会组织管理人员13640名，党政机关工作人员18492名，学生485名，其他职业人员2866名，离退休人员28653名。

发展党员情况 2021年，全市发展党员4695名。发展党员性别、民族、年龄和学历：发展女党员1912名，占40.7%；发展少数民族党员43名，占0.9%；发展35岁及以下党员3613名，占77%；发展具有大专以上学历的党员3193名，占68%。发展党员的职业：工人（工勤技能人员）657名，企事业单位、社会组织专业技术人员601名，企事业单位、社会组织管理人员718名，农牧渔民1526名，党政机关工作人员648名，学生475名，其他职业人员70名。

申请入党情况 2021年，全市入党申请人11769名，其中入党积极分子8618人。

党组织情况 党的地方委员会：全市有党的各级地方委员会7个，其中市党委1个，县（区）党委6个。城市街道、乡镇、社区（居委会）、行政村党组织：全市6个城市街道、95个乡镇、193个社区（居委会）、1251个行政村全部建立党组织。机关、事业、企业和社会组织党组织：全市共有机关基层党组织1623个，事业单位基层党组织1346个，企业基层党组织1238个，社会组织基层党组织281个。

【思想政治建设】 2021年，中共河源市委组织部坚持把党的政治建设摆在首位，聚焦学习贯彻习近平新时代中国特色社会主义思想这一头等大事和首要政治任务，推动广大党员干部不断增强“四个意识”、坚定“四个自信”、做到“两个维护”。深入学习贯彻习近平总书记“七一”重要讲话精神、中共十九届六中全会精神，举办90期主体培训班，累计培训干部2.1万人次。创新“镇街党校+村级教学点+教育培训基地”的培训模式，组织党员参与网上党史和党内法规考学活动累计达5.9万人次，培训村级党组织书记2900人次、“两委”干部9000多人次、基层党员13.8万人次，各基层党组织开展党课7300场次，推动学习贯彻抓在经常、融入日常。严格执行省委坚决落实“两个维护”十项制度机制，抓好“大学习、深调研、真落实”，常态化开展第一议题集中学习，严把政治关选人用人、发展党员，突出基层党组织政治功能，强化对人才的政治引领、政治吸纳。

【庆祝中国共产党成立100周年】 2021年，中共河源市委组织部围绕中国共产党成立100周年，组织开展形式多样、内容丰富的宣传教育活动，引导广大党员干部群众了解党、热爱党、拥护党。开展表彰慰问，14名党员、6个基层党组织获得全国或全省“两优一先”表彰，评选表彰市优秀共产党员100名、优秀党务工作者100名、先进基层党组织120个，为12292名老党员发放“光荣在党50年”纪念章，广泛宣传“两优一先”和“光荣在党50年”先进事迹，走访慰问困难党员、中华人民共和国成立前入党农村老党员。扎实做好党史学习教育，开展“我为群众办实事”实践活动，在全市推广实施“十万党员干部返乡”行动，党员干部主动参与乡村振兴、疫情防控、社区服务等工作，开展志愿服务累计20万人次，办好民生微实事5.4万件。开展“永远跟党走”“党旗在基层一线高高飘扬”活动，各级党委（党组）书记和班子成员到基层党支部联系点开展宣讲活动3300余场次，市县镇村四级党组织利用革命旧址、革命纪念馆和烈士陵园等红色资源，组织党员就近开展重温入党誓词活动12.8万人次，组织讲党课和优秀党课展播活动，3部党课和6名党史宣讲员入选全省“百部精品党课”“百名优秀党史宣讲员”，数量名列全省第五。

【市县乡领导班子换届选举】 2021年，中共河源市委组织部围绕“五个好”（绘出好蓝图、选出好干部、配出好班子、树立好导向、形成好气象）目标，落实“五个突出”（突出用人导向，大力选拔忠诚干净担当的优秀干部；突出关键少数，高标准选配党政正职；突出整体功能，着力优化领导班子结构；突出常态配备，加大选拔优秀年轻干部力度；突出组织主导，做好代表、委员产生和大会选举工作）要求，切实选优干部配强班子。稳妥有序推进市县镇干部交流，选派优秀年轻市直单位干部充实到县（区）党政领导班子，推动市直科级干部与乡镇（街道）党政正职双向交流，选拔“五方面人员”（乡镇事业编制人员、优秀村党组织书记、到村任职过的选调生、第一书记、驻村工作队员）进入乡镇领导班子。圆满完成市党代会、两会组织工作，创新建立会议主办、推演排练、工作督办等机制，统筹抓好市“两代表一委员”推选工作，高质量选出市党代表、市人大代表、市政协委员。严格落实“凡提四必”（干部档案“凡提必审”，个人有关事项报告“凡提必核”，纪检监察机关意见“凡提必听”，反映违规违纪问题线索具体、有可查性的信访举报“凡提必查”）和廉政意见“双签字”[党委（党组）在向上级党组织推荐报送拟提拔或进一步使用的人选时，要认真负责地对人选廉洁自律情况提出结论性意见，实行书记、纪委书记（纪检组组长）在意见上签字制度。提拔或进一步使用本级管理职位人选时，应由分管领导班子成员、纪检组组长（机关纪委书记）在人选廉洁自律情况结论性意见上签字]规定，对市县两级干部进行专项核查，坚决防止“带病提拔”。严格落实“十严禁”（严禁结党营私、严禁拉票贿选、严禁买官卖官、严禁跑官要官、严禁个人说了算、严禁说情打招呼、严禁违规用人、严禁跑风漏气、严禁弄虚作假、严禁干扰换届）“八不准”（不准自行其是、不准擅自表态、不准说情干预、不准跑风漏气、不准弄虚作假、不准打探消息、不准借机谋私、不准吃请收礼）换届纪律要求，印发“一片一函一书一须知一手册一汇编”（警示教育片、《换届纪律提醒函》、《严守换届纪律承诺书》、市县乡领导班子换届工作纪律须知、乡镇党委换届应知应会手册、组织工作党内法规汇编）等宣传资料，在关键节点派出指导监督组深入县镇指导督查，有效排查化解风险隐患。

【基层组织建设】 2021年，中共河源市委组织部聚焦“完善组织体系开启新征程”主题，推动基层党建三年行动计划深入实施，不断织密建强组织体系，引领基层各项重大任务取得新成效。完成村级换届，“两委”队伍结构优化。创新实施市领导联镇包片抓落实工作机制，市领导每人联系3～4个乡镇（街道），实现全市乡镇（街道）全覆盖，清单化推动乡镇抓党建促乡村振兴、镇街体制改革和基层治理等重点任务，有力推动资源和力量下沉基层一线。完成上一轮驻镇村干部任期考核，全覆盖选派重点村第一书记238名，修订完善第一书记管理工作指引。持续创新开展优秀村干部招聘为事业编制人员工作。加快实施红色村建设示范行动，新增两个中组部红色村，总结形成全市红色村建设“十个一、两个统筹”（制定一个建设方案、完善一个村庄规划、谋划一个产业项目、做好一个红色项目、建成一个坚强战斗堡垒、建立一个专班队伍、探索试行一个红色村用地办法、梳理一张任务清单、细化一张资金清单、明确一张时间表；统筹绘制一张全市红色村地图，统筹总结一套建设经验做法）经验。利用本土红色资源，打造评定首批10个市级党员教育基地。深入推进基层党组织规范化建设，新设村级党组织23个，完成街道“大工委”设置6个、城市社区“大党委”设置35个，完成市县教育党（工）委设置，归口管理中小学校党组织，新建两新党组织60个，新设市县行业党委14个，排查处置违规发展党员168名。深化“党员先锋”工程，落实机关企事业单位党组织和在职党员到社区“双报到”工作机制，设置党员先锋岗、责任区，开展疫情防控志愿服务、承诺践诺等活动。创新流动党员管理机制，加大在外出流动党员集中地设立流动党组织力度。强化基层基础保障，推进乡镇“五小场所”（乡镇小食堂、小澡堂、小卫生间、小阅览室、小文体活动室）建设和两新组织党建活动阵地建设。

【领导班子和干部队伍建设】 2021年，中共河源市委组织部统筹做好干部育选管用工作，打造一支与河源高质量发展相适应的德才兼备、忠诚干净担当的高素质专业化队伍。做深做实干部政治素质考察，开展“三项联查”（常查“工作项”，严查“关联项”，深查“隐藏项”），探索建立“一把手”政治素质档案。精准科学选人用人，加大在改革发展主战场、维护稳定第一线、服务群众最前沿选拔干部力度，全年累计选任市管干部35批、425人次，市管班子的年龄、专业等结构得到优化。加快培养选拔优秀年轻干部，实施交流任职和跟班挂职计划。规范公务员管理，全年招录公务员585人，健全公务员登记、调转任、奖励、平时考核等机制，规范实施公务员分类管理和职务与职级并行制度，全面完成市级单位行政执法类公务员入轨工作，制定高素质专业化公务员队伍建设若干措施，实施高素质专业化公务员选育工程。率先创建公务员管理业务一网办平台，实现100多项

2021年12月30日，河源市人才发展合作项目集中签约仪式 （市委组织部 提供）

业务只跑一次。强化干部管理监督，开展领导干部个人有关事项查核，高质量完成全市干部档案专项审核，开展选人用人专项检查、信访举报查核，强化事前事中事后监督，多措并举织密管理监督网。

【人才队伍建设】 2021年，中共河源市委组织部坚持党管人才原则，构建"1+1+7"（一个高层次人才三年倍增计划，一个"雁归源"人才行动，"七大人才引育工程"）人才工作体系，人才素质和数量实现双提升。升格市县人才工作领导小组，市县党委书记担任领导小组组长，召开市委人才工作会议。印发《"广纳英才·智汇河源"人才开发三年行动方案》，聚焦教育、卫生、科技、国企、农业等领域出台五项人才新政。实施"七大人才引育工程"[百名博（硕）士党政储备人才引育工程、百名优秀校长引育工程、百名医疗卫生学科带头人引育工程、百名宣传文化人才培养工程、千名科技专家引育工程、万名乡村振兴人才培育工程、万名企业从业人员学历技能提升工程]，"百名博（硕）士党政储备人才引育工程"取得阶段性成效。抢抓粤港澳大湾区建设高水平人才高地重大机遇，与华师大、省人民医院、省农科院等8所高等院校、湾区医疗机构和科研机构建立战略合作关系，加强鹏城实验室河源数字经济技术创新中心（智慧农业河源创新中心）、岭南现代农业科学与技术广东省实验室河源分中心等科创平台建设，全年新增省级工程技术研究中心10家、孵化载体2家。创新开展"雁归源"人才行动，建成服务中心9家、服务窗口101个，建立市县镇村四级引才网络。提升人才培养效能，以广州、深圳对河源教育、卫生等领域组团式帮扶为契机，全年累计培训校长、班主任、骨干教师等3万人次；培训医疗卫生人员2.8万人次；培训"广东技工""粤菜师傅""南粤家政"技能人才累计2.34万人次，培育农村实用人才1.7万人次。健全人才体制机制，建立领导班子联系服务专家人才制度，加大人才经费投入，建立高层次人才专项编制"周转池"制度，畅通机关、国有企事业单位优秀人才流动渠道，建成8个人才驿站，加快推进70个县镇乡村振兴人才驿站建设，建成深河人力资源服务产业园。 （唐世梁）

宣传思想工作

【新闻舆论】 2021年，河源市多角度立体化展示中国共产党的百年风采。开展"奋斗百年路 启航新征程"大型主题采访活动，推出《百年征程 红动河源》等一系列专题报道，累计推出动态消息、深度报道、融媒产品等1.2万条次，展示中国共产党成立百年的辉煌历程、伟大成就和宝贵经验。其中，在2021年"五四"青年节期间，策划制作红色短视频《百年前这些河源青年，干了惊天动地的大事》，单条播放量超100万次，引爆广大干部群众特别是青年的"朋友圈"，传播力指数位居"五四"期间全省同类短视频首位。深入开展主题主线宣传。开展习近平总书记"七一"重要讲话，中共十九届五中、六中全会精神的宣传报道。围绕五大产业、七大行动、统筹推进疫情防控和经济社会发展等全市中心工作，策划推出一系列有深度、有广度、有温度的主题报道、融媒产品和评论文章。广拓渠道加强对外宣传。开展"发现高新区之美"原创短视频挑战赛，吸引网友踊跃参与打卡创作。利用广交会、进博会、文博会等重大国际国内平台，借力借势展示河源形象。加强与中央、省主要媒体的联系对接，积极提供突出河源市亮点的新闻线索，吸引上级主流媒体到河源市深入采访报道。2021年，中央广播电视总台各频道栏目播发有关河源市新闻28条，《南方日报》全媒体平台推出河源市相关报道600余条，"学习强国"广东学习平台采用河源市稿件近1200条。

【理论武装】 2021年，河源市理论学习持续强化。坚持把学习宣传贯彻习近平新时代中国特色社会主义思想作为头等大事和首要政治任务，市委理论学习中心组开展专题学习14场次。全市各级党委（党组）理论学习中心组全面系统学、及时跟进学、联系实际学，推动全市干部群众学习常态化制度化。理论宣讲持续深入。开展中共十九届五中、六中全会精神，百年党史专题，习近平总书记"七一"重要讲话等宣讲活动超1800场次。整合各类宣讲资源，持续打造"榕树下""公园里"等百姓宣讲品牌。理论宣传阐释持续推进。宣传推广运用"学习强国"学习平台，全市注册用户超20万人，举办"学习强国·学习之星”评选暨答题挑战赛，评选出百名“学习之星”，推动党的创新理论“飞入寻常百姓家”。《河源日报》理论专版推出有思想含量、有理论分量、有话语质量的理论文章1300多篇。

【文化建设】 2021年，河源市文艺佳作不断涌现。创作动漫微纪录片《穿越白垩纪——河源恐龙探秘》、歌曲《骨肉情深》、广播剧《起红谣》等一批具有河源特色、体现河源水平、展示河源气派的精品力作，纪录片《客家人》获得全国十佳纪录片奖，小舞剧《我的舞蹈梦》获得广东省第七届岭南舞蹈大赛小舞剧（非专业组）届别第一名、最佳主演奖等6个奖项。公共文化服务水平不断提升。建成岭南书院槎江分院，将其打造为客家文化传播重要载体。提升55个行政村（社区）综合性文化服务中心综合水平。建设“馆校共享图书”服务点13家、“粤书吧”自助图书馆3家，基层综合性文化服务中心和旅游咨询中心融合试点4个。推动数字阅读、“微阅读”手机客户端，打造“全民阅读”数字服务平台。中国共产党成立百年文艺活动精彩纷呈。组织“共产党恩情长”大型群众歌会活动，组织开展“百歌颂中华”歌咏活动，选送节目获得省决赛1金、2银、2铜，举办“恰百年风华”诗文朗诵会，开展“永远跟党走”群众性主题宣传教育活动。打造“大美河源·百姓舞台”等系列群众文艺活动平台，举办“‘我们的中国梦’——文化进万家”“文化轻骑兵下基层”等文化惠民活动。

【精神文明建设】 2021年，河源市推动文明创建提质升级。坚持“创建为民、创建惠民、共建共治共享”的工作理念，以创建全国文明城市引领河源文明建设。健全完善“创文”三级网格化管理体系，实施“百街千巷”等城市更新工程和十大专项整治提升行动，常态化开展“创文”督查和跟踪整改。坚持全域文明创建，推进各县区文明城市、文明村镇、文明单位、文明家庭创建，推动创建工作向基层延伸。加强公民思想道德建设。开展“最美人物”“身边好人”“新时代好少年”“道德模范”等先进模范选树活动。2021年，河源市胡珍获评第八届全国道德模范提名奖。《河源文明行为促进条例》完成起草工作。推进新时代文明实践中心建设。聚力打造1522个新时代文明实践中心（所、站），创新打造“文明实践公共服务平台”、“融愿”App志愿服务平台等平台，线上线下同频共振。依托中心（所、站）累计开展文明实践志愿服务活动约7.4万场次，服务群众近600万人次，打通宣传教育服务群众“最后一公里”。

（林　峰）

统战工作

【习近平新时代中国特色社会主义思想学习贯彻】 2021年，中共河源市委统一战线工作部把学习习近平新时代中国特色社会主义思想作为首要政治任务，全年落实“第一议题”24次，举办理论学习中心组学习会17次、专题学习研讨6次、宣讲报告会3次。学习习近平总书记在庆祝中国共产党成立100周年大会上的重要讲话、在纪念辛亥革命110周年大会上的重要讲话和中共十九届五中、六中全会精神，举行全市各界人士庆祝中国共产党成立100周年座谈会，召开市委情况通报会2次，引导全市统一战线成员深刻理解和准确把握“两个确立”的决定性意义，深刻领会新时代统一战线职责使命，用习近平总书记重要讲话精神统一思想、指导行动。

【党史学习教育】 2021年，中共河源市委统一战线工作部开展党史学习教育，创新开展“七个一”系列主题活动：党支部书记上一次专题党课；组织党员干部开展一次红色教育，重温入党誓词；到源城区统一战线工作服务中心统战知识展示阅览室进行一次参观学习；对退休老党员、生活困难的党员进行一次走访慰问；到挂钩帮扶村开展一次“深入走访调研助力乡村振兴”主题党日活动；组织部机关党员领导干部和全市统战系统主要骨干参加一次培训；围绕党史学习教育至少撰写一篇心得体会，教育引导党员干部深化历史认知、筑牢历史记忆、坚定历史自信。开展“我为群众办实事”实践活动，完成各项重点民生项目，推动党史学习教育在统一战线走深走实，有关做法得到广东省开展党史学习教育情况简报的刊登报道。

【《中国共产党统一战线工作条例》学习宣传贯彻】 2021年，中共河源市委统一战线工作部抓好《中国共产党统一战线工作条例》（以下简称《条例》）学习宣传贯彻工作。提请市委常委会召开会议传达学习《条例》精神，并对全市学习宣传贯彻工作进行部署，召开市委统一战线工作领导小组会议，专题研究《河源市学习宣传贯彻〈中国共产党统一战线工作条例〉工作方案》，推动《条例》落细落实。推动《条例》纳入各级党委（党组）理论学习中心组学习内容，纳入党校（社会主义学院）教学内容和全市科级干部教育培训计划，纳入全市宣传工作计划。举办全市统战系统干部能力素质提升暨学习贯彻《条例》专题研讨班、党外代表人士能力素质提升暨学习贯彻《条例》专题研讨班，集中培训市委统一战线工作领导小组成员单位负责人、全市统战业务骨干及党外代表人士200余人。运用多媒体平台开展宣传解读《条例》，营造浓厚的《条例》学习氛围。

【大统战工作格局】 2021年，河源市完善落实以“二三四三”为主要内容的大统战工作格局体制机制。市委、市政府主要领导对统战有关工作作出批示15次，召开市委统一战线工作领导小组会议3次，市、县（区）党委研究统战工作47次、听取统战工作汇报64次，党政主要领导调研统战有关工作42次、带头参加统战重要活动76次，各级党校举办学习《中国共产党统一战线工作条例》、统战工作有关培训52班次，统战工作“两个责任”[各级党委对本地区统战工作的主体责任和各级党委（党组）主要负责人对本地区本部门统战工作的第一责任人责任]、“三个落实”[落实成立以各级党委（党组）书记为组长的统一战线工作领导小组，落实制定《领导小组工作规则》，落实明确各级分管统战工作的领导]、“四个纳入”[将统战工作纳入党委（党组）重要议事日程、纳入每年的党政领导班子和领导干部考核内容、纳入宣传工作计划以及纳入各级党校、社会主义学院教学内容]和“三个带头”（党委领导带头学习宣传和贯彻落实统一战线理论、方针、政策和法律法规，带头参加统一战线各项活动，带头广交深交党外朋友）得到强化。推动统战工作平台提质增效。全市新建统一战线“同心圆”工作站47个、统战工作实践创新基地5个，实现全市县（区）统战工作服务中心事业单位全覆盖，全市各级各类统战工作平台开展考察学习、走访慰问、座谈交流、扶贫济困等活动160多场次，统战工作平台“重要阵地”“桥梁纽带”和“形象窗口”作用得到发挥。创新推动统战工作资料库和党外代表人士人才库（两库）建设，召开部署会、现场会3次，开展调研指导140余人次，实现市、县（区）、镇（街道）、村（社区）和市、县（区）统一战线工作领导小组成员单位“两库”全覆盖，为推动统战工作规范化、信息化探索出新路径。

【多党合作】2021年，中共河源市委主要领导开展民主党派工作专题调研，与市各民主党派座谈交流，听取意见建议并梳理形成清单，督促市有关部门将意见建议吸收转化为改进工作、完善政策、推动发展的务实举措。协助民主党派搞好换届，完成民革河源市委会、民盟河源市基层委员会、民进河源市基层委员会、九三学社河源市基层委员会

2021年3月17日，全市民主党派工作座谈会召开　　（市委统战部 提供）

4个民主党派换届工作，选好配强新一届领导班子。拓宽参政议政渠道，各民主党派共提交政协提案65件、人大建议21件，上报社情民意39条。召开民主党派工作座谈会，围绕市委“点题”，支持市各民主党派聚焦河源市发展战略、乡村振兴、民生项目、社会治理等方面开展调查研究和民主监督，形成调研成果16个。支持民主党派有序开展各项社会服务活动。

【非公有制经济统战工作】2021年，河源市做好非公有制经济人士综合评价工作，严把“入口关”，在市、县（区）人大、政协和工商联换届工作中，共对1300多名非公有制经济人士开展综合评价工作。指导做好市、县（区）工商联换届各项工作，完成市、县（区）两级工商联换届工作。

【爱国统一力量壮大】2021年，河源市依托万绿湖供港水源基地、台港澳青年创新创业基地、台港澳科技园和活猪供应基地，开启港澳乡亲“思源之旅”活动，努力壮大爱国统一力量。推动台港澳青年创新创业基地和台港澳科技园建设，促进港澳台同胞交往交流。

【党外知识分子和新的社会阶层人士作用发挥】2021年，河源市推进县（区）党外知识分子和新的社会阶层人士联合会建设工作，实现县（区）党外知识分子和新的社会阶层人士联合会组织全覆盖，有效搭建联系党外知识分子和新的社会阶层人士平台载体。组织市、县（区）党外知识分子和新的社会阶层人士常态化开展学习教育、走访慰问、联络交流、建言献策、社会服务等活动130余场次。

【“两项创新”和宣传信息工作】2021年，中共河源市委统一战线工作部组织全市统战系统单位开展统战理论创新和实践创新工作，共完成统战理论论文35篇，获得2021年度全市优秀调研成果二等奖1个、三等奖14个。向省委统战部报送9个创新成果，其中，河源市委统战部报送的《建立系统规范的统战工作“两库”全力夯实基层统战工作基础》被评为2021年度全省统战工作实践创新成果；《关于建立宗教活动场所建设行为监管联动机制的思考》《以推动县（区）“两会”全覆盖为切入点 切实加强统战团体建设——新形势下河源加强统战团体建设的实践与思考》分别获2021年度全省统战理论政策研究创新成果三等奖、优秀奖。加强统战宣传工作，刊发《河源统战信息》31期，“河源统战”微信公众号发布信息430多篇；向省委办公厅、省委统战部、省民族宗教委等省级信息平台报送信息70余篇；河源市委统战部获2021年度全省民

族宗教信息工作先进单位称号。

【海外统战工作】 2021年，河源市贯彻《广东省海外统战工作协作机制》，建立河源市海外统战工作协作机制，发挥统筹联动作用，推动形成海外统战工作强大合力。 （赖二超）

机构编制

【概况】 中共河源市委机构编制委员会办公室（简称市委编办）作为市委机构编制委员会的办事机构，承担市委机构编制委员会日常工作，为正处级，列市委办事机构序列，归口市委组织部管理。

2021年，市委编办坚持以习近平新时代中国特色社会主义思想为指导，全面贯彻中共十九大和十九届历次全会精神，学习贯彻习近平总书记关于机构编制工作的重要论述，贯彻落实省委“1+1+9”工作部署和市委“六个抓”（抓党建、抓发展、抓“三农”、抓民生、抓环境、抓队伍）工作要求，在巩固机构改革成果、深化乡镇街道体制改革、加强机构编制管理、推进机构编制法定化等方面做了大量工作，取得扎实成效。

【机构编制刚性约束】 2021年，河源市委编办学习贯彻机构编制党内法规制度，准确掌握党内法规制度要求，加大违规行为查处力度，强化机构编制刚性约束。

机构编制党内法规学习贯彻持续深入 出台学习贯彻方案，推动《条例》、两个《办法》[机构编制工作条例；“三定”（职能配置、内设机构和人员编制规定）规定制定和实施办法、机构编制监督检查工作办法]等机构编制党内法规在全市铺开学习贯彻。落实机构编制分析研判，用机构编制党内法规对照检查机构编制事项，将解决违规问题作为研究事项的前置条件。编印机构编制工作法律法规汇编口袋书，为党员干部“充电”“加油”。多措并举指导督促《条例》、两个《办法》各项规定落到实处，切实提高运用党内法规做好机构编制工作的能力和水平。

实名制管理水平不断提升 机构编制统计年报和月（季）报工作顺利完成，为机构编制工作提供了数据支撑。实名制系统数据持续更新完善，全年审核人员变动1651项，办结用编申请193项、入编申请180项、领导职数使用申请123项。实名制系统功能不断拓展，推动编制、职级职数使用及公务员业务全过程一站式网上办理，改变多部门多次跑动的传统办理模式，实现最多只跑一次。

机构编制监督工作持续加强 严格贯彻落实机构编制报告、核查有关要求，组织开展机构编制执行情况报告、机构编制核查工作，不断加大违规行为查处，及时纠正部门条条干预行为20余例，维护机构编制党内法规的严肃性。

【乡镇街道体制改革】 2021年，河源市委编办聚焦重点难点问题，持续发力，打造一批履职顺畅、机制健全、运转高效、服务到位的示范镇（街），以点带面推动改革落地生效。

着力构建联动工作格局 坚持高位部署，分管市领导亲自谋划，研究制定改革示范行动方案，明确示范行动“施工表”“路线图”。成立示范行动工作专班和指导组，建立“周报告、周指导”工作制度，构建市县镇三级联动工作格局。

着力厘清基层职责边界 推动279项执法事项下放镇街，制定镇街权责清单和第一批政务服务事项目录，推进权责政务“两清单”（乡镇街道权责清单、政务服务事项清单）与“三定”规定相衔接。推行镇街岗位职责标准化、精细化管理，构建边界清晰、分工合理、权责一致的“条块关系”。

全力完善配套保障 选优配强镇街领导班子、“三大平台”（综合治理委员会、公共服务委员会、综合行政执法委员会）组成人员，规范建设综合执法队伍。出台财政配套保障文件，合理划分县区和镇街财政事权和支出责任。推动行政执法“两平台”（广东省行政执法信息平台、行政执法监督网络平台）上线应用，打造标准化网上政务服务大厅。

全力激发基层治理活力 出台“三大平台”建设工作指引，建立完善平台议事规则、指挥协调和督查考核机制，集中设置“三大平台”便民服务窗口，推动“三大平台”制度化、规范化运作。“三大平台”运作以来，开展行政执法1750次；受理信访等综治案件增至6632宗，比上年增长7.6%；办结服务事项升至606328项，增长39.6%，服务范围、办事效率得到提高，基本实现镇街事务一门通办，群众获得感、幸福感提升。

【机构编制管理】 2021年，河源市委编办坚持问题导向、需求导向，持续创新机构编制管理，自觉把机构编制放在经济社会发展大局中去谋划和推进。

建立两个“池”挖潜编制使用效益 按照“单列管理、按需调配、动态流转、周转使用”的思路，创新建立市级编制周转池、中小学教职工编制周转池，用活用好两个“池”的编制资源，保障市直单位领导干部配备、军队转业干部安置、人才引进，以及中小学教职工等用编需求。

持续优化重点领域机构编制 强化抓发展、抓“三农”、抓民生，统筹调整优化国家安全、生态农业、建筑和市政工程、民生保障、思政课教师队伍建设等领域机构设置、职能配置和人员编制，持续服务中心、服务社会发展大局。

持续为机关事业单位提供登记服务 全年办理事业单位法人设立登记17项、变更163项、补领1项、换证217项，办理机关群团统一社会信用代码证初领1项、变更36项、换证16项、补领1项。

【机构改革后续工作】 2021年，河源市委编办着眼于转变政府职能，不断发现、解决制约更好发挥政府作用的体制机制新问题，持续构建优化协同高效机构职能体系。

行政管理体制机制不断完善 推动森林公安机关整建制划归同级公安机关直接领导管理，理顺森林公安机关管理体制；推动市、县扶贫工作局调整为乡村振兴局，确保脱贫攻坚同乡村振兴在机构和职能上有效衔接。

法治政府建设机构持续优化 按照省关于法治政府建设的要求，做好行政复议体制改革相关机构调整、编制划转等工作，推动各县区调剂编制加强依法治县（区）办工作力量。

健全安全生产责任体系 根据省委关于推进安全生产领域改革发展的相关文件精神，修订印发《河源市党政部门及中央、省驻河源有关单位安全生产工作职责》，明确市有关党政部门及中央、省驻河源有关单位的安全生产工作职责，完善河源市安全生产责任体系。

（蓝嘉琪）

政策研究

【概况】 中共河源市委政策研究室是河源市委从事综合性调查研究的工作机关，对外加挂市政府研究室牌子。2021年，市委政研室以习近平新时代中国特色社会主义思想为指导，学习贯彻习近平总书记重要讲话和重要指示批示精神，贯彻落实中共十九大和十九届历次全会精神，全面落实市委各项工作安排，发挥“1+2+N”大组制（“1”是指由1位市委分管领导统筹，“2”是指由市委政研室、市委改革办的2位主要负责人具体组织，“N”是指由市委政研室、市委改革办的相关负责人担任N个工作组的组长）优势，强内功树形象、强中枢当参谋，推动各项工作获取新进展、迈上新台阶。

【调查研究】 2021年，中共河源市委政策研究室围绕“十四五”开好局起好步开展调研，把调查研究作为基本的工作任务，坚持调查突出一个“细”字、研究突出一个“实”字，为市委决策提供客观充分的事实依据。围绕贯彻落实中央、省委有关要求组织开展调研。围绕学习贯彻习近平总书记重要讲话、重要指示批示精神，对接、支持横琴和前海两个合作区建设，加快推进市委有关工作安排，组织开展两轮“深调研”共35个专题，形成一批解决问题、深化改革、促进发展的政策思路和工作举措，有关研究成果成为市委决策部署。围绕起草中共河源市第八次代表大会、市委七届十三次全会、市委八届二次全会报告组织开展调研。联合市发展和改革局开展关于持续推进“示范区”“排头兵”建设专题调研，研究提出建设“示范区”“排头兵”的五大任务、十大工程，为中共河源市第八次代表大会报告提供重要参考依据。联合部门开展专题调研，形成打造千亿级新一代电子信息产业集群、打造百亿级水经济产业集群等一批研究成果，相关内容融入市委七届十三次全会、市委八届二次全会报告。围绕市委、市政府年度重点工作组织开展调研。联合市委办制订印发《2021年全市调研工作计划》，重点组织48个部门开展80个专题调研，形成一批有深度、质量高、覆盖广的调研成果，其中会同河源国家高新区形成的《推动高新区跨江融合发展调研报告》，获得市委主要领导肯定性批示。同时，扎实做好数据统计、资料分析等基础性调研工作，先后形成《河源与赣州主要经济指标对比分析》等15份针对性较强、参考价值较高的数据分析材料。围绕重点改革工作组织开展调研。谋划推动12项重点改革课题研究，其中加快推进社会治理现代化等课题已转化为政策文件、进入实施阶段。聚焦推进要素市场化配置综合改革省级试点工作，联合7部门分赴省内外10多个地市开展调研，形成一批高质量研究成果，有效转化为要素市场化配置综合改革政策体系。围绕基层和群众普遍关注的热点问题组织开展调研。聚焦“看病难”“饮水难”“上学难”等群众关心关注的热点难点问题，联合县（区）、部门开展关于河源市卫生人才状况、河源市乡村小规模学校撤并等专题调研，形成系列调研成果有效转化为各级各有关部门解决问题的具体措施，不断提升人民群众的获得感、幸福感、安全感。抓好调研成果的评价和转化工作。不断创新工作载体，搭好展示平台，沟通报送渠道，努力为调研成果的转化创造条件。年终对各县区各部门报送的调研成果及时组织评审，对其中61篇优秀调研报告予以通报表扬。

【文稿起草】 2021年，中共河源市委政策研究室坚持把起草重要文稿作为直接服务市委决策的重要过程，全年高质量完成中共河源市第八次代表大会报告，中共河源市委七届十二次、十三次全会和市委八届二次全会报告起草工作，共完成130多篇重要文稿起草任务。全力以赴完成中共河源市第八次代表大会报告起草任务。把起草好中共河源市第八次代表大会报告作为全年文稿任务的重中之重，年初部署、年中铺开、年底攻坚，高标准完成超2.2万字的报告稿，获得各方面的肯定和高度评价。以专班模式分块推进，抽调写作骨干组成工作专班，专班内细分为4个模组，分块负责起草和修改各自对应领域的报告稿板块。全面掌握上情下情，系统梳理上级政策文件中涉及河源的事项近100个、河源市各领域工作总结80余篇，全面系统掌握“面”上情况和“点”上亮点。借鉴各地思路，派出工作组赴省内6个地市开展2次专题学习调研活动，收集整理2021年60余篇各地党代会报告全文进行研究，处理好借鉴和创新的关系。凝聚各方智慧，先后召开系列座谈会，征求市四套班子成员、各县（区）、各相关单位和各方面代表的意见和建议，收集150多条意见建议。突出“早”字做好文稿统筹。创新实施文稿起草“五早”工作法（早知情、早安排、早调研、早起草、早交稿），强化市委各类重要文稿起草工作的协调联动。“早知情”，努力变被动服务为主动服务，及时跟进市委各类会议和公务安排，对重要文稿起草实行清单式管理、销号式落实。“早安排”，对各项重要文稿起草任务进行提前谋划、精心部署，起草市委重要会议材料均至少提前1个月时间作出安排。“早调研”，把提前开展调研作为提高文稿质量的重要环节，深入田间地头调研形成的《河源市撂荒耕地复耕复种工作情况报告》有案例、有数据、有成绩，获省委、省政府主要领导等多位省领导批示肯定。“早起草”，采取边调研边起草、边讨论边修改等方式，不断加快起草进度和提高起草效率，有力克服会议召开时间大幅提前、文稿起草时间大幅压缩、文稿框架结构大幅调整等多个现实考验。“早交稿”，每次均在预定时间前交稿，为征求意见、修改完善等环节预留充足时间，其中起草中共河源市委八届二次全会报告在时间非常紧张的情况下仍提前1天交稿。突出“实”字改进文风。提倡“短、实、新”文风，确保起草的文稿能够实实在在总结经验、解决问题、推动工作。做到“对得准”，在起草文稿时深入落实习近平总书记、党中央决策部署，做到在思想内涵、语言表述、内容形式上对标对表、方向正确。做到“接得住”，在起草文稿时把省委、省政府各类会议和文件精神贯穿起草全过程，结合河源实际，创造性贯彻落实到市委各类重要文稿中。做到“立得起”，在起草文稿时找准上级要求与河源实际的结合点，在中共河源市委七届十三次全会报告稿中梳理提出“六抓六促”等市委认可的新举措，起草的乡村振兴、脱贫攻坚、思政课等各类专题文稿均拿出翔实案例、真实数据、扎实举措。

【信息服务】 2021年，中共河源市委政策研究室坚持把信息工作作为服务市委决策的一个可以大有作为的新领域，让信息服务真正“参”到点子上、“谋”到关键处。《参阅信息》获批示率大幅上升。持续擦亮《参阅信息》“金字招牌”，2021年共编印358期、超250万字，获市委主要领导批示81条、比上年增长58.8%。配强工作力量，实行工作组季度轮流负责制，由经济组、社会组、党建组3个组每季度轮流负责编印工作，人员力量从4人扩充至13人。优化工作模式，对信息选题、搜集方式、编印流程等作出优化调整，让编印工作实现效率和质量“双提升”。丰富信息内涵，根据市委公务安排、工作备忘、重要部署等作出分析研判，结合河源实际每期提出不少于2条对策建议供市委决策参考。各类刊物影响力不断提升。《河源调研》更显深度，围绕高质量发展、党史学习教育、要素市场化综合配置改革等专题深度编排、深挖内涵，全年编发4期、43篇文章、超20万字，打造出展示河源多方位多领域情况的重要窗口。《河源市情手册》新版12万字全面、准确对外展示河源市各领域新情况、新做法、新亮点，为广大干部群众提供较权威的综合性参考资料。《政研参阅》更有高度，科学选取研判专业、视角宏阔、分析透彻的研究材料进行编印，围绕加快农业农村绿色发展、优化干部考核评价等方面编印24期、48篇外地调研文章，为市委提供高站位信息参考。各类参阅材料更具广度，围绕领导预排好的重要公务，超前收集好可能用到的相关政策背景、总结报告、核心数据等素材，整理的碳排放、产业、“三农”、党建等专题参阅材料均为市委领导提供有效参考。经济分析研究水平不断提高。发挥好市委财经办的经济参谋助手作用，辅助市委抓好中央、省委经济工作部署的落地落实。强化统筹协调，编印《市委财经委员会2021年工作要点》，组织召开市委财经委第三、四、五次会议，因应经济形势变化推进经济工作策略和重点及时调整。强化形势研判，编印3期《2021年全省经济形势研判会会议材料汇编》、6期《财经专报》，及时反映省、市经济工作动态，提出经济工作意见建议。强化与省委财经办对口联系，高质高效完成中央财经委第十次会议任务贯彻落实情况的报送任务、省委财经办关于县域经济高质量发展的调研任务。

【调研报告和重要文稿简介】 *《关于河源市红色资源保护利用情况的调研报告》* 红色资源是一部厚重而生动的党史教科书。保护利用好红色资源，既能为河源建设文化强市铸魂固本，也能为增强文化自信凝神聚气，更能为建设“示范区”“排头兵”和幸福和谐美丽河源注入强大精神动力。近年来，河源始终重视保护利用红色资源，先后印发一系列文件，就修缮和保护革命遗址、加强红色文化研究采取一系列举措，为利用好红色资源、发扬好红色传统、传承好红色基因提供有力保障。但同时，红色资源利用率还不够高，红色资源的社会效益、经济效益挖掘得还不够深，将红色资源开发与文化产业发展相结合的探索实践还不够多。为此，建议以党史学习教育为契机，加强红色资源的保护利用，推动红色文化实现创新发展，打响具有河源特色的红色文化品牌。以构建河源红色资源数据库为抓手，深入开展红色资源发掘工作，夯实基础工作。以健全多元投入机制为着力点，坚持全面保护、整体保护，切实加大保护力度。以打响河源红色研学品牌为突破，培育壮大一批红色文化研学基地，拓展利用途径。以打造指尖上的“红色河源”为切入点，对革命文物进行全景式、立体式、延伸式展示宣传，不断创新传播方式。以建设红色研究人才库为引领，讲好河源“红色故事”，最大限度挖掘政策红利。

（作者：邓勇、董福军、吴溢宏，写于2021年4月）

《河源建设“示范区”“排头兵”的战略路径研究》 “建设全省绿色发展示范区，争当融入粤港澳大湾区的生

态排头兵”是省委书记李希赋予河源的重大战略定位。这一重大历史使命要求河源找准在构建新发展格局中的位置，加快“融湾”“融深”建设步伐，发挥后发优势和生态比较优势，把后发地区的巨大潜能迸发出来，不断提升生态产业和绿色发展水平，为广东打造新发展格局战略支点作出河源努力、河源贡献。新征程上，立足河源在新发展阶段特征要求，亟需明晰具体路径和工作举措，推动“示范区”“排头兵”建设提质增效。建议强化功能引领，构建“一主三平台多片区”新格局；找准发展定位，构建“1+2+3”绿色生态产业体系；紧扣一体化发展，全域全面“融湾”“融深”；筑牢蓝绿本底，打造“两山”理念转化新样板；瞄准共同富裕，推动引领乡村振兴高质量发展。同时，实施河源品牌形象塑造工程、绿色发展动能培育工程、绿色技术创新应用工程、清洁能源示范引领工程、生态价值发掘实现工程、十大绿色田园建设工程、智汇河源人才引育工程、招大商招好商优链工程、应用场景“十百千”工程、公共服务平台建设工程等10项重大工程。

（作者：邓勇、陈甫逵飞、冯志紫、黄智浩、陈仕逸，写于2021年10月）

《河源建设成为广东省绿色发展示范区调研报告》 省委、省政府对河源寄予厚望，赋予河源“建设成为全省绿色发展的示范区”的重要使命。河源作为北部生态发展区核心城市之一，是全省重要的生态屏障，拥有1.2万平方千米生态发展区，具备优异的绿色发展基础条件。新形势下，河源有必要、有能力坚定践行“绿水青山就是金山银山”理念，为全省加快实现绿色发展、破解生态保护与经济发展两难问题提供河源方案。建议构建绿色产业体系，打造高质高效发展的绿色低碳产业集聚区；筑牢生态保护屏障，打造天蓝地绿水清的生态环境保护引领区；深挖生态资源价值，打造践行“两山转化”的生态价值实现样板区；持续优化能源结构，打造清洁安全高效的绿色能源应用场景区；破解体制机制难题，打造可复制可推广的绿色发展模式创新区。

（作者：邓勇、陈甫逵飞、冯志紫、黄智浩、陈仕逸，写于2021年10月）

《河源建设成为融入粤港澳大湾区的生态排头兵调研报告》 省委、省政府对河源寄予厚望，赋予河源“争当融入粤港澳大湾区的生态排头兵”的重要使命。2021年，国家深入推动“双区”建设，河源融入粤港澳大湾区迎来“新机遇”；广东省构建“一核一带一区”区域发展格局，河源生态经济发展凸显“新优势”；深圳都市圈一体化发展加快形成，河源区域协调合作呈现“新路径”。建议聚焦特色细分领域，强化协同联动的创新链，打造大湾区科技成果转化的“试验田”；提升主导产业能级，培育融合发展的产业链，打造融入大湾区现代产业的重要战略腹地；挖掘湾区消费潜力，共建优质生活的服务链，打造“双区”优质生活圈重要承载地；强化多层次人才供给，构筑面向产业需求的人才链，加快打造大湾区集智聚力新高地；坚持交通设施先行，构建便捷高效的物流链，建设服务珠三角、辐射内陆的交通物流枢纽；瞄准共同富裕目标，做大做强现代农业“金字招牌”，打造乡村振兴示范标杆；紧扣一体化发展，创新与“双区”的深度合作机制，成为区域协调发展新机制的“河源样板”。

（作者：邓勇、陈甫逵飞、冯志紫、黄智浩、陈仕逸，写于2021年10月）

《河源市撂荒耕地复耕复种工作情况报告》 为深入贯彻落实习近平总书记关于粮食安全的重要指示精神，河源围绕省委、省政府关于稳定粮食生产确保粮食安全的工作部署，全域开展力度空前的撂荒耕地复耕复种行动，抢抓晚造播种窗口期，通过加强政策支持、引导流转代耕、加大宣传力度、做好服务保障等多种举措，用50余天复耕复种撂荒耕地15.6万亩（1.04万公顷），平均每天复耕复种面积近3000亩（200公顷）。市委政研室深入田间地头，总结成效做法，形成工作报告并呈报有关省领导，得到省委、省政府主要领导等多位省领导的批示肯定，促成全省撂荒耕地复耕复种现场会在河源召开，让河源经验在全省推广。

（作者：邓勇、陈甫逵飞、冯志紫、黄智浩，写于2021年8月）

（张　勇　黄智浩　丁　成）

【“1+2+N”工作机制】 2021年，河源市深化“以改革促调研、以调研推动改革”，完善市委政策研究室、市委全面深化改革委员会办公室“1+2+N”（“1+2+N”工作机制是市委政策研究室、市委全面深化改革委员会办公室在全市党政机关中率先开展“大组制”改革探索，整合两个单位工作力量，组建市委“大参谋部”，实行两个单位、一套工作机制，建立高效、规范的运作体系。“1”：由一位分管市领导统筹；“2”：由两个单位的两位主要负责人具体组织；“N”：由两个单位的负责人担任N个工作组组长，经济组、社会组、党建组分别对应市委全面深化改革委员会的10个专项小组和融入粤港澳大湾区建设6个专项小组，承担本领域重要综合材料起草、政策研究等业务工作，改革组承担统筹制定全市年度改革任务安排、改革督察评估、考核等业务工作）大组制机制，形成大“参谋部”，建立高效、规范的运作体制。坚持把起草重要文稿作为直接服务市委决策的重要抓手，全年高质量完成中共河源市第八次代表大会报告，市委七届十二次、十三次全会和市委八届二次全会报告起草工作，共完成130多篇重要文稿起草任务。持续擦亮《参阅信息》“金字招牌”，2021年共编印358期、超250万字，获市委主要领导批示81条、比上年增长58.8%。锚定河源市“十四五”蓝图，把市委关注的重点和社会关心的热点变成调研工作的发力点，在选题高度、研究深度、方式广度、评价精度上下功夫，先后组织开展35个专题“深调研”，联合有关部门开展专题调研，形成一批高质量的调查研究成果进入市委、市政府领导视野，转化为市委、市政府工作部署。

（邱艺锐）

乡村振兴

【概况】 2021年，河源市深入学习贯彻习近平总书记关于“三农”工作的重要论述，按照“产业兴旺、生态宜居、乡风文明、治理有效、生活富裕”的总要求，统筹疫情防控和经济发展，打基础、补短板、树示范，全面推进乡村产业、人才、文化、生态、组织振兴。是年，2020年度省推进乡村振兴战略实绩考核全省12名，比2019年排名靠前9名。

【乡村振兴工作推进】 2021年，河源市乡村振兴工作坚持农业农村优先发展，聚集全市资源力量，着力构建“高位推动、部门联动、上下互动”一盘棋推进工作格局。

完善组织体系 落实“五级书记抓乡村振兴”责任制，市县两级成立实施乡村振兴战略领导小组，下设11个以分管市领导为组长的专项组，在全省率先配置专门机构和专职工作人员，并及时根据人员变动进行调整，全面落实各级党委、政府及乡村振兴领导小组成员单位责任。市委、市政府准确把握“三农”工作重心的转移的新形势，鉴于脱贫攻坚已全面完成，在全省率先把市县两级扶贫工作部门整体转制成立市、县（区）乡村振兴局（办），从集中资源支持脱贫攻坚向全面推进乡村振兴平稳过渡。

坚持高位推进 河源市召开市四套领导班子成员参加的实施乡村振兴战略工作推进会，市委常委会议、市政府常务会议、市委实施乡村振兴战略领导小组会议定期研究乡村振兴工作29次，及时学习《中国共产党农村工作条例》《中国共产党农村基层组织工作条例》等政策法规和习近平总书记关于“三农”工作的重要论述和重要批示指示精神，确保乡村振兴各项工作沿着正确方向推进。市委、市政府主要领导定期深入基层调研乡村振兴工作，带头落实市领导联镇包片抓乡村振兴工作制度，示范引领各级各部门把主要精力向乡村振兴倾斜，在基层一线访民情、破难题、促发展，推动乡村振兴各项工作落实到乡村一线。

明确目标任务 河源市乡村振兴局将实施乡村振兴战略纳入“1+1+9”工作部署，制定出台《关于实施乡村振兴战略的行动方案》等4个指导文件及19个配套文件，明确实施乡村振兴战略的责任状和任务书。脱贫攻坚取得全面胜利后，对标制定出台《河源市全面推进乡村振兴加快农业农村现代化的实施方案》，落实中共河源市第八次代表大会报告提出的“大力实施乡村振兴行动，培育广东农业农村现代化新样版”的目标。

落实“四个优先” 优先配备“三农”干部。制定《关于优先选拔优秀乡镇党委书记的原则建议》，15名优秀乡镇书记提拔为副处级领导岗位；统筹300个事业编制分批从优秀村干部中招聘乡镇事业编人员。制定实施驻镇帮镇扶村工作方案，实施组团式帮扶，省直、深圳市、市直、县直共选派597名驻镇干部、56名金融助理、140名科技特派员、106名大学生志愿者进驻95个乡镇开展驻镇帮镇扶村工作。选定红色村15个、集体经济薄弱村81个、软弱涣散村4个以及乡村振兴任务重的村138个，选派238名优秀干部担任驻村第一书记和工作队员，为全面推进乡村振兴提供坚强的干部人才支持。

优先保障“三农”资金投入 健全涉农资金统筹整合管理工作机制，出台《河源市涉农资金统筹整合管理办法》等文件，及时做好项目报备和进度跟踪，资金依法依规使用、绩效明显。2021年全市财政一般公共预算农林水支出26.84亿元，比上年增长2%。累计统筹11.72亿元新增地方政府债券资金用于乡村振兴。涉农贷款余额627.2亿元，比上年增长5.5%；普惠型涉农贷款余额126.75亿元，增长27.7%。

优先满足“三农”用地要素配置 每年安排不少于15%的用地指标用于保障乡村振兴用地需求，其中，2021年安排948.26亩（63.22公顷），占全市用地指标24.2%。

优先安排农村公共服务 加快推进基层综合性文化体育、乡村医疗卫生、养老保健、农村幼儿园和义务教育等公益设施建设，农村公共服务“最后一公里”问题有效解决。

【脱贫攻坚成果巩固拓展】 2021年，河源市开展脱贫攻坚全面总结，巩固拓展脱贫攻坚成果，实现同乡村振兴有效衔接。

深入开展脱贫攻坚总结 开好总结表彰大会。2021年7月15日，河源市召开脱贫攻坚总结表彰大会，对2016年后脱贫攻坚的光辉历程进行全面深入总结。2021年，河源有2名个人和1个集体受到中共中央、国务院表彰；23名个人和15个集体受到省委、省政府表彰；844名突出贡献个人和279个集体受到省、市扶贫开发领导小组通报表扬。市乡村振兴局、各县区召开各类座谈会17场次，以不同方式表达对驻村干部的谢意。向深圳市委、市政府和省直17个帮扶单位分别发送一封感谢信，感谢他们长期以来的倾情倾力帮扶。由市乡村振兴局发起，组建一个原驻村干部的“情系河源、感恩有您”微信群，希望他们继续关心、关注、帮扶河源乡村振兴。整理17.1万册扶贫档案，已全面归档移交档案部门，留下珍贵的记录。把脱贫攻坚形成的政策、制度和工作体系等一整套行之有效的办法，进行归纳提升，汇编成册，指导乡村振兴工作实践。

严格落实“四个不摘”要求 （“四个不摘”指的是贫困县党政正职要保持稳定，做到摘帽不摘责任；脱贫攻坚主要政策要继续执行，做到摘帽不摘政策；扶贫工作队不能撤，做到摘帽不摘帮扶；要把防止返贫放在重要位置，做到摘帽不摘监管）印发《河源市实现巩固拓展脱贫攻坚成果同乡村振兴有效衔接的实施方案》，先后出台相关配套政策和文件，明确设立5年过渡期，脱贫人口"两不愁三保障"政策有效落实，就业、产业、消费三大帮扶工程扎实推进，现行帮扶政策保持总体稳定。2021年有劳动能力脱贫人口平均收入达到18892元，超过全市农村居民增速水平。

建立防返贫监测机制 建立农户主动申报、镇村干部入户核实、数据部门共享的工作机制，市直相关职能部门主动共享、对接数据，县镇村三级常态化排查、网格化管理、精准化施策，认定符合监测标准农户487户、2094人（其中，脱贫不稳定户164户、733人、突发严重困难户44户、190人、边缘易致贫户279户、1171人），并精准落实就业、产业、消费等帮扶措施，坚决守住防止规模性返贫底线。特别是东源县统筹安排2000万元建立防返贫资金池，每年将10%的分红用于易返贫致贫人口的帮扶工作。

加强扶贫资产管理 出台全市扶贫资产管理办法，全市确权扶贫资产项目9494个、金额30.54亿元，对扶贫资产开展了第三方审计，确保扶贫资产安全有效。权益类扶贫资产收益优先用于脱贫户稳岗就业、低收入人口产业发展以及公益类扶贫资产维护等，从根本上保障扶贫项目资产的基本属性。

【农村人居环境改善】 2021年，河源市坚持把乡村建设作为乡村振兴基础工作，补短板、促提升，厚植河源农村的靓丽底色。

持续开展农村危房清拆 在尊重群众意愿的基础上，对影响村庄整体风貌、有安全隐患的危旧房屋进行持续性的、密集式的集中整治，常态化开展村庄清洁行动，累计拆除破旧泥砖房22.37万间、1773.73万平方米，村容村貌、农户房前屋后的环境卫生实现干净整洁。全面推进乡镇政府及村委会周边、集中居住点及道路沿线绿化美化，并利用破旧泥砖房清拆出的空地，统一规划实施植绿补绿，引导和鼓励农户对围墙、庭院进行修缮改造，因地制宜打造"四小园"（小菜园、小果园、小花园、小公园）45276个，村庄绿化覆盖率28%。

补齐工作短板 有序推动农村厕所革命，按照"群众接受、经济适用、维护方便、不污染公共水体"的要求，对497980个户厕、2023个公厕进行调查摸底，99.23%的农户实现无害化卫生厕所。对核定的问题户厕6904个、问题公厕103个，鼓励和推进农村户用厕所进院、入室，推广适合客家生产生活习惯、农民群众能够接受的改厕模式，按照求好不求快的原则，逐步落实整改。同时，科学规划农村公厕布点，将有条件的厕所免费向社会开放，完成新（改）建农村公厕1919个，切实为群众提供便利服务。全面治理农村生活垃圾，集中力量、不留死角地开展垃圾清运工作，全力推进镇级简易填埋场建设工作，优化配备垃圾收集点32471个，配足配齐农村保洁员6719名，建立完善农村垃圾处理长效机制，农村"脏乱差"面貌得以有效改观。全面落实农村生活污水治理，按照"高效耐用、简便实用"原则，因地制宜、统筹规划农村污水处理设施建设，农村生活污水治理率40%。

完善基础设施建设 推进农村基础设施提升工程，全域推进自然村集中供水工作，全市行政村、自然村集中供水实现全覆盖。全面推进通行政村道路改造和村内道路硬化，"四好农村路"（指把农村公路建设好、管好、护好和运营好）提质扩面，100人以上自然村通硬化路全面完成，累计完成村内道路硬化18.4万千米。源城区获全国"四好农村公路"示范县。行政村4G网络实现全覆盖。基本完成圩镇"三清理、三拆除、三整治"[三清理：清理村巷道生产工具、建筑材料乱堆乱放；清理房前屋后和村巷道杂草杂物、积存垃圾；清理沟渠池塘溪河淤泥、漂浮物、障碍物。三拆除：拆除危旧房、废弃猪牛栏及露天厕所茅房；拆除乱搭乱建、违章建筑；拆除非法违规商业广告、招牌等。三整治：整治垃圾乱扔乱放；整治污水乱排乱倒；整治"三线"（电线、电视线、通信线）乱搭乱接]任务，圩镇的人居环境、基础设施和公共服务水平得到全面提高。全部行政村成为干净整洁村，680个行政村成为美丽宜居村，34个行政村成为特色精品村。

打造示范亮点 加强农房管控和乡村风貌提升，建立以"一户一宅"为基础的农房管控制度机制和乡村风貌提升"1+N"政策体系，大力实行农房"建前、建中、建后"审查机制，从根本上解决农村建房"多、大、空、杂、违、乱"等问题，累计完成存量农房微改造18451户。集中力量，整合资源，高起点规划、高标准建设15条县级乡村振兴示范带、95条镇级美丽乡村风貌带和美丽乡村精品带。东源县大坪村获评省十大美丽乡村。东源县顺天镇"诗画田园"风貌带获评省级十大美丽乡村风貌提升示范带。源城区槎城之南、紫金县"红色基因、古韵茶香"精品线路获评省十大美丽乡村精品线路。

【富民兴村产业发展】 2021年，河源市坚持把农业产业发展作为乡村振兴第一要务，扛牢粮食生产安全主体责任，不断夯实农业农村发展基础。

抓粮食安全 实施"藏粮于地、藏粮于技"战略，层层压实粮食安全责任，复耕复种撂荒耕地22.45万亩（1.50万公顷），2021年完成高标准农田建设13.73万亩（9153公顷），划定粮食生产功能区94.4万亩（6.29万公顷），粮食播种面积199.52万亩（13.3万公顷）、总产量81.15万吨。落实"菜篮子"市长负责制，培育建成粤港澳大湾区菜篮子基地18个、省级菜篮子基地34个、市级菜篮子基地84个，有机蔬菜、特色水果供应稳定，生猪产能全面恢复，产销衔接有效紧密，“保供稳价”工作在央视《晚间新闻》《新闻直播间》《朝闻天下》栏目报道。广东兆华种业有限公司、华南畜禽良种科研创新基地成功落户河源市，种业主体不断壮大，种业振兴步伐稳步迈进。

抓提档升级 加快灯塔盆地国家农高区创建工作。美林油茶基地、蓝莓种植基地、光明鸽产业园、高楼生猪养殖项目、智慧渔业产业园、农业科技博览园等重大项目加快推进。2项省重点领域研发项目科技攻关顺利推进，农业医院开始装修、河源市农科院正在筹建、P3实验室启动建设。农高区核心区顺天镇被纳入国家全域土地综合整治试点，灯塔盆地探索的土地流转、“三变”（资源变资产、资金变股金、农民变股东）改革、联农带农等经验做法正逐步辐射推广。推进农业供给侧结构性改革，加快转变农业发展方式，制订《河源市优势特色农业产业化提档升级行动计划（2021—2025年）》及其实施细则，持续壮大生猪、油茶、茶叶、蔬菜、水果、水产、南药、丝苗米八大特色优势产业，东源县入选全国首批创建农业现代化示范区，成功申报省级现代农业产业园5个，现代农业发展规模和质效明显提升。加快农产品品牌培育，紧盯高端需求，加强“三品一标”（无公害农产品、绿色食品、有机农产品和农产品地理标志）认证，农产品“12221”市场体系有效构建，“万绿河源”区域公共品牌效应不断增强。“一村一品、一镇一业”建设有序开展，累计认定专业村124个，专业镇18个，创建全国“一村一品、一镇一业”示范村8个、示范镇4个。

抓美丽经济 在依托生态旅游资源的基础上，深入挖掘农村特色文化旅游资源，举办首届民宿招商大会，大力发展乡村民宿，以美丽生态催生“美丽经济”，新创建省级休闲农业与乡村旅游重点县1个、省级休闲农业与乡村旅游示范镇2个、示范点6个。紫金县“红色紫金—蝉茶飘香”入选全国“百条红色茶乡旅游精品路线”，更多的群众分享到乡村生态旅游发展的红利。

【基层治理模式探索】 2021年，河源市探索基层治理模式，全面提升乡村治理能力和服务水平，切实维护农村社会和谐稳定。龙川县佗城镇枫深村、和平县大坝镇水背村等获评为全国乡村治理示范村；连平县忠信镇司前村、龙川县黄布镇宦境村获评为全国民主法治示范村；4个镇、39个村被评为全省乡村治理“百镇千村”示范镇村。

加强治理体系建设 把加强基层党的建设、巩固党的执政基础作为贯穿社会治理和基层建设的红线，完成村“两委”、集体经济组织换届工作，村级党组织书记“三个一肩挑”比例达99.9%，村级党组织书记和“两委”干部均实现年龄学历“一降一升”。组织开展全市新任村（社区）党组织书记培训示范班，农村党支部书记的政治理论水平和履职能力得到提高。

加强自治建设 加强党组织领导的基层群众性自治组织建设，建立健全党组织领导、村（居）委会负责、各类协商主体共同参与的基层协商工作机制，在全市推广龙窝“五老一贤”（老族长、老干部、老教师、老党员、老退伍军人和外出乡贤）工作法和“积分+”基层治理模式，“全部行政村完成村规民约修订，村务公开阳光透明，村民自觉主动参与村务管理，‘小积分’撬动乡村治理‘大格局’的紫金探索”入选2021年全国社会治理创新“最佳案例”。

加强平安法治建设 全面发力扫黑除恶专项斗争，一批涉黑涉恶组织成员和“保护伞”受到法律惩处，农村社会治安环境持续净化。深入推进社会治安防控体系建设，市级“雪亮工程”建设基本完成，成功与省对接。完善法筑平安、法治创建、法促和谐、法惠民生4个机制，定期开展法治宣传教育，“一村（社区）一法律顾问”全覆盖，建成示范性乡镇公共法律服务工作站82个、示范性村公共法律服务工作室477个，广大农民群众自觉主动运用法治思维和法治方式协调利益关系、处理基层事务、化解矛盾纠纷。

培育文明乡风 高质量建成文明实践示范所14个，选出文明实践示范站200个，建成基层综合性文化服务中心和旅游咨询中心融合试点4个，1249个村达到省文明村镇创建标准，文明村镇覆盖率100%。推进农村精神文明建设，常态化开展“乡风文明我先行”“寻找最美家庭”等先进典型选树行动，推进明礼、诚信建设，文明乡风、良好家风、淳朴民风加快形成。 （黄陈强）

深化改革

【概况】 2021年，中共河源市委全面深化改革委员会以习近平新时代中国特色社会主义思想为指导，全面贯彻中共十九大和十九届历次全会精神，学习贯彻习近平总书记关于全面深化改革的重要论述，围绕建设“示范区”“排头兵”目标任务，立足新发展阶段，贯彻新发展理念，构建新发展格局，推动高质量发展，抢抓“双区”（粤港澳大湾区和深圳建设中国特色社会主义先行示范区）建设、深圳综合改革试点和横琴、前海两个合作区建设重大历史机遇，推进创造型、引领型改革，激发基层改革创新活力，为河源市“十四五”实现良好开局作出贡献。根据发展和改革委员会主管的中国经济体制改革研究会发布的“改革热度第三方评估报告”显示，2021年，河源连续4个季度改革热度指数全省排名第一。

开展“我为群众办实事”实践活动，制定重点民生改革项目清单并推动落实，统筹推进老旧小区改造提质、完善特殊困难群众兜底保障长效机制等民生改革，推动解决一批群众“急难愁盼”问题。

【全面深化改革】 2021年，中共河源市委全面深化改革委员会印发实施《河源市委全面深化改革委员会2021年重点改革工作安排》，系统部署10大领域、79项重点改革任务，总体进展顺利。

扎实推进要素市场化配置综合改革省级试点 承接省级试点工作，围绕土地、劳动力、资本、技术、数据及要素市场运行监管等方面开展深入研究，借助各要素领域智库团队力量，深入研究深圳综合改革试点、广州全面深化改革、广东自贸区、国家级新区的改革政策，并赴省内外开展调研，通过学习借鉴先进地区经验做法，明晰改革目标任务、方法路径。成立领导小组和工作专班，制定内容清单、责任清单和时间表，督促各要素改革牵头单位倒排工期、稳步推进，在全省6个试点市中率先完成试点方案并上报省审核，推动各要素行动方案出台。推进试点工作，产业园区用地整治、“一园三基地”（人力资源服务产业园，创业创新孵化基地、“粤菜师傅”研发培训基地、“南粤家政”综合服务示范基地）建设、绿色信贷投放、技术经理人培养、省政务大数据中心河源分节点建设等改革工作扎实推进，取得明显成效。

深入推进创造型、引领型改革 围绕制约河源发展的瓶颈问题，统筹推动市委重大改革任务取得阶段性重要进展，营商环境、数字政府、国资国企、财政预算、农村土地、重点民生等领域改革效能持续释放。以要素市场化配置综合改革省级试点工作为牵引，接续推进重要领域和关键环节改革，推动落实省《关于新发展阶段推进创造型引领型改革的实施方案》，切实发挥重大改革关键牵引作用。

做好重点改革课题研究 围绕新发展阶段河源市经济社会发展重点工作，制定《河源市2021年第一批重点改革课题研究的安排》，组织市有关单位对产业发展、生态产业、乡村振兴、文旅发展、消费提升、社会治理等12项具有前瞻性、针对性、实效性的改革工作进行深入研究。

加强改革文件审核把关 对照中央和省委改革部署，按照市委关于改革工作的指示要求，研究处理和审核把关有关单位提出的重要改革事项及请示71件次，比上年增长近200%，确保河源市全面深化改革沿着正确的方向稳步推进。

积极开展改革宣传 深入宣传报道各级各部门改革新思路、举措、成效，营造“比学赶超”良好氛围，河源改革知名度和影响力显著提升。加强全媒体宣传，组织《南方日报》、《河源日报》、河源电视台等新闻媒体和政府网站、微信公众号、微博等平台刊播改革宣传报道183条，并与河源日报社建立改革宣传合作机制，深入开展39期“启航新征程·改革进行时”系列报道，有效凝聚改革共识，营造良好的改革氛围。加强改革典型宣传推广，按照难度大小、覆盖影响面、成果成效等标准，结合网络投票和线下核查评估开展改革案例评选，评选出2021年度改革优秀案例17个。加强改革信息报送工作，及时总结推广改革经验，2021年印发《改革工作简报》10期。

【“融湾”“融深”工作】 2021年，河源市抢抓“双区”和横琴、前海两个合作区建设等重大机遇，创新工作方式方法，不断提升“融湾”“融深”质量和效益。

统筹谋划有新提升 组织召开市融入粤港澳大湾区建设领导小组全体会议，制定实施《河源市融入粤港澳大湾区建设2021年工作要点》，部署10大领域、198项“融湾”“融深”任务，完成调研督导，调研情况以签报方式报送市委有关领导。探索建立“融湾”“融深”数据库，初步设定60个具体指标，立体呈现全市“融湾”“融深”工作成效。

营商环境有新进步 主动接受“双区”和两个合作区的辐射带动，强化改革衔接、开放协同、发展联动，加快打造市场化法治化国际化营商环境。推动“证照分离”全覆盖，525项涉企经营许可事项全部纳入改革范围，企业开办时间压减至1个工作日内，商事登记便利度大幅提升；纵深推进“数字政府”建设，819项政务服务事项实现与大湾区“一网通办”，26项高频政务事项实现“跨省通办”，实现省内市场主体迁移一次申请、联网通办；深入推进信用监管、知识产权保护、减税降费等改革，市场主体投资河源的积极性更足，全年引进“双区”超亿元项目160个、超10亿元项目26个。

民生融湾有新成果 对接“湾区通”工程，推动与“双区”民生领域深化合作。强化优质教育资源对接，紫金县探索跨区域集团化委托代管办学新模式取得良好成效，实现在“家门口”享受“双区”优质教育资源；推动一流医疗资源对接，加强与大湾区知名医院、优势医疗重点专科合作，组建松散型医联体22个，加入省内专科联盟26个，市人民医院成功融入省人民医院体系，深河人民医院（暨南大学附属第五医院）建成运营；推动生态环境保护合作，建立东江流域生态环保部门污染联防联控合作机制，广东省东江流域省内生态保护补偿机制试点工作取得明显成效；推动文化旅游交流合作，联合举办“湾区之眼·河源怀抱”河源文旅红色系列活动，面向湾区市民设计推广4条“2晚3天”精品旅游线路。

【改革督察】 2021年，河源市加大改革督察督促力度，构建以改革项目落地见效为目标的督察机制，对改革任务实行挂图作战、“亮灯”管理、定期通报，统筹做好全年改革督察调研，及时掌握改革任务推进情况，多次以提醒函、进展情况通报等形式督促工作滞后、落实不力的单位加快落实改革举措。用好考核“指挥棒”，将改革推进落实情况纳入市直机关目标管理责任制考核、全市（含县区）副处以上单位领导班子及领导干部年度考核范畴，制定《2021年度改革专项考核实施方案》，对评分项目分类细化。

【重要会议】 2021年，河源市组织召开4次市委全面深化改革委员会会议，审议通过《河源市市委全面深化改革委员会2021年重点改革工作安排》《河源市要素市场化配置综合改革试点实施方案》《河源市土地要素市场化配置改革行动方案》等13个重要改革文件，听取市农村综合改革专项小组、市党的建设制度改革专项小组等7个改革专项小组改革工作情况汇报，研究部署全市改革工作。组织召开1次市融入粤港澳大湾区建设领导小组全体会议，审议通过《河源市融入粤港澳大湾区建设2021年工作要点》等有关文件，听取河源市“融湾”“融深”工作情况汇报，研究部署下一阶段工作。（邱艺锐）

党校工作

【概况】 2021年，中共河源市委党校坚持把教学作为党校的中心工作，把教学质量视为党校教育的生命线，持续扩大培训规模、推进教学改革、优化教学布局、丰富教学内容、提升教学质量、加强学风建设，在为干部补钙壮骨、立根固本、“加油充电”方面发挥了重要作用。是年，中共河源市委党校举办主体班35期，培训干部5293人次。

完善教学课程体系，教学内容丰富 坚持“一个中心，四个方面”教学布局，形成理论教育、党性教育、能力提升、河源实践4大板块的课程体系。2021年主体班党的理论教育和党性教育占总课时71%，党性教育占总课时22%，习近平新时代中国特色社会主义思想课程占总课时53%，均达到党校教学要求。新开发6门课程，并按要求将23项需列入干部培训的内容全部纳入主体班课程。

打造精品特色课程，教学质量提高 组织开展全市党校系统“用学术讲政治”精品课评选活动，评出6门精品课并编印汇编。深入挖掘本地教学资源，将河源市经济社会发展的特色做法和经验编写成4个教学案例，其中1个案例入选“新时代广东创新实践案例”选题，成为全省首批11个优秀创新案例之一，并已进入市委党校主体班课程，该课程被评为全省党校系统精品课。组织骨干教师深入调研，打造4门极具河源特色的课程，其中2门课程已在主体班开讲。

开发现场教学资源，教学形式丰富 建立现场教学基地数据库，设计6条以红色为主、绿色为辅的教学线路，打造特色品牌，省委党校、省社会主义学院4个培训班到河源市开展现场教学，反映很好。基于习近平生态文明思想在河源的丰富生动实践，推动设立省委党校习近平生态文明思想实践基地（河源），进入立项和课程打磨试讲阶段。拓宽异地教学范围，将重点班次学员安排到深圳改革开放干部学院学习深圳改革创新实践经验，开阔学员视野和眼界。

整合内外教师资源，教学效果增强 建立校内外、市内外师资库，全年邀请省直部门领导24人次、专家教授66人次到市委党校授课。持续推动领导干部上讲台制度落实，邀请市领导8人次、市直部门领导23人次、县区党政领导4人次到市委党校授课。

加强师资培养，教学能力提升 实施“育苗”工程，实行“一对一”导师制。倡导全员“上讲台”，鼓励有条件又有志于教学工作的干部积极备课。加强师资培训，举办全市党校系统师资培训班，选派市县区党校教师374人次参加全国全省党校各类师资培训班。

严格学员教育管理，学习风气进一步浓厚 在严格纪律教育管理、评选优秀学员和“有思想、能钻研”学员的基础上，开展小组讨论、学员论坛、户外拓展、辩论赛、调研报告会、座谈会和理论测试等形式多样的学习教育活动。实行校领导推门听课制度，不定期检查监督课程质量和学员学习情况，有力推动学风建设。

【科研工作】 2021年，中共河源市委党校聚焦习近平新时代中国特色社会主义思想在河源的生动实践，围绕市委中心工作、党史学习教育、庆祝中国共产党成立100周年和中共十九届六中全会等主题，推出一系列体现党校特色的优秀研究成果，提出一些有价值的对策和建议，在推动学习贯彻习近平新时代中国特色社会主义思想走深走实、加强党的思想阵地建设和服务党委政府科学决策方面发挥重要作用。论文发表质量有新提升。在期刊报纸上公开发表文章23篇，其中省级以上期刊发表文章6篇，在《河源日报》发表理论文章17篇。课题研究数量有新增加。课题研究总数37项，其中省级课题6项，市级课题15项，市委党校立项市情研究课题16项。完成省级课题4项，市委政策研究室和市政府研究室重点课题3项，其他课题19项。3个课题获全省社会主义学院系统科研课题优秀奖。组织学员到基层调研并撰写调研报告，出版3期学员市情反映摘编，其中1期获市领导批

2021年10月14日，中共河源市委党校召开2021年全市党校常务副校长会议，推进全市党校系统建设，推动新时代党校工作发展 （市委党校 提供）

示。学术研讨活动有新进展。组织教师参加省委党校、省社会主义学会等举办的各类学术研讨会，9篇文章入选。在广东省党校系统智库2021年年会暨“决策咨询与高质量发展”研讨会上作经验交流发言。首次打破区域界限，与汕尾党校联合举办学习贯彻习近平总书记在中央党校中青班开班式重要讲话精神理论研讨会。

【党史学习教育】 2021年，中共河源市委党校发挥干部教育培训主渠道作用，扛起党校在党史学习教育中的职责使命，较好发挥主力军作用。开设10门以党史为重点的“四史”（党史、新中国史、改革开放史、社会主义发展史）专题课程，打造具有河源特色的《河源革命斗争史》《阮啸仙“家国”情怀》等。组织以学习百年党史、习近平总书记“七一”重要讲话精神等内容为主题的学员论坛9期。协助市委举办专题研讨班5期、1542人次。选派13名骨干教师参加市委宣讲团、群众宣讲团等，开展宣讲83场次。发挥学科优势和理论研究优势，形成一批有理论有深度的优秀研究成果。牵头协调广东技术师范大学、河源职业技术学院、市教育工委，高质量完成8个党史学习教育课题研究；组织开展全市党校系统庆祝中国共产党成立100周年征文比赛。推进“我为群众办实事”实践活动，完成民生项目7项（其中重点民生项目3项）。坚决落实市委交办事项，为市妇幼保健院医生护士提供40个车位，间接缓解群众就医停车难问题。

【县区党校工作】 2021年，河源全市县区党校举办主体班次72期，其中源城、东源、和平、龙川、紫金、连平分别举办10期、7期、7期、13期、16期、19期。全市县区党校共完成科研成果28篇（项），其中源城党校完成课题1项；东源党校完成课题4项，发表文章1篇；和平党校完成课题2项；龙川党校完成课题1项，发表文章10篇；紫金党校完成课题1项，发表文章4篇；连平党校完成课题2项，发表文章2篇。促进县区党校增强办学软硬实力，东源党校新校园建设正在稳步推进，预计2022年底交付使用；和平党校新建党员健身活动中心、录播室、图书阅览室；龙川党校完成会议系统升级改造项目；紫金党校新学员宿舍、食堂各项设施设备竣工正在验收。领导班子成员赴各县区党校调研指导工作14次，协调县区党委政府解决党校遇到的问题。为县区党校教师提供学习教育提高的平台，先后组织县区党校骨干教师66人次参加中央党校、省、市级学习培训。

【镇街党校工作】 2021年，河源市镇街党校实现全覆盖，并全部达到有领导机构、有学习场地、有授课老师、有学习计划、有规章制度、有经费保障的“六有”标准，办学机制较为完善。建立系列镇街党校制度，如《镇街党校管理制度》《镇街党校师资库暂行管理办法》《教师职责》《学员守则》等，规范镇街党校的运行。发挥源城高埔岗、东源仙塘两个镇（街）党校的示范带动作用，指导东源党校组织编印适合镇（街）党校开展培训的“特色教材”，全市镇（街）党校教育培训得到较好发挥。（伍雪玲）

党史 地方志

【第三批河源市中共党史教育基地评选】 2021年，中共河源市委党史研究室组织专家到各县区进行实地调研评选河源市第三批中共党史教育基地。经专家组评审确定授予中共河东分工委成立旧址、花树下屋——大坪战斗前线指挥部旧址、中共河源县工委旧址、马肩坳战斗遗址、龙川县革命烈士陵园、叶卓烈士故居、霍山反“围剿”战斗旧址、龙母战斗指挥部旧址、和平县革命烈士陵园、九连工委机关驻地遗址、中共和平县第一个支部成立地遗址、中共九连工委遗址（竹林居）、林寨镇明星村革命烈士纪念碑、刘尔崧纪念馆、紫金县革命烈士纪念碑和烈士墓、新丰楼保卫战旧址、钟一强故居、大湖寨反扫荡战斗旧址、中共连平县工作委员会旧址、忠信中学党组织活动遗址20处革命旧（遗）址为第三批河源市中共党史教育基地，并给予授牌和颁发证书。

【党史百姓宣讲】 2021年，中共河源市委党史研究室组建河源市党史百姓宣讲团，围绕习近平总书记党史学习教育动员会和“七一”重要讲话精神，组织党史百姓宣讲团成员深入学校、农村、社区、企业，以及河源市党史教育基地进行宣讲。至2021年年底，累计宣讲173场，受众约2.92万人次。

【党史研究推广】 2021年8月19—20日，中共河源市委党史研究室与中共和平县委员会联合举办九连山革命根据地历史座谈会。这个座谈会是2021年河源市红色历史研究的重点项目，也是党史工作的亮点。与会专家学者先后前往和平县青州镇中共九连工委旧址、热水镇中共和平县第一党支部旧址、和平县新时代文明实践中心和电子商务公共服务中心等地参观考察，了解和平县九连山红色历史文化研究、开发、利用情况以及和平县经济社会建设的成就。九连山革命根据地历史座谈会的召开，有利于挖掘保护九连山革命根据地的红色资源，助推九连山这块红土地的红色旅游开发，为推动河源经济发展，加速融入粤港澳大湾区发挥应有作用。与河源职业技术学院校地合作成立红色文化研究院，为红色研究培养人才和课题研究增添新动能。

【河源市红色革命遗址数据库重新上线】 2021年，中共河源市委党史研究室利用现代科学技术手段，重新上线河源市红色革命遗址数据库。让市民足不出户，通过网络就能体验革命遗址现场瞻仰之感。该数据库收录全市范围内

248处新民主主义革命时期的革命遗址和中华人民共和国成立后兴建的涉及革命战争年代内容的纪念设施，以图片、文史资料、视频、三维全景等形式展示呈现，每一处还制作相应的电子二维码，并颁发“身份证”。

【电影剧本和书籍文稿审读】 2021年，中共河源市委党史研究室重视红色题材资料和作品的审读工作，组织专家进行史实审核把关。全年审读《解放河源》《阮啸仙》两部电影剧本，审读《誉传岭表》（文史实录）、《红色革命遗址画册》、《粤黄风云》、《中国共产党河源市源城区历史 1988—2021》、《龙川黄布三杰 张增文 黄麟书 黄石华》、《龙川县革命遗址展览》、《东江三杰传连环画》7部书稿，审读龙川中央苏区留守红军纪念园项目展陈资料、河源市革命历史革命烈士纪念馆展陈资料，以及中共河源市委办公室、市城市管理和综合执法局、源城区、河源江东新区、河源市博物馆等单位共8个布展的党史资料。

【《中共广东省委执政纪事》组稿工作】 2021年，中共河源市委党史研究室按照中共广东省委办公厅、中共广东省委执政纪事编辑部《关于做好〈广东省委执政纪事〉(2018年卷、2019年卷)组稿工作的通知》的工作部署，按时完成组稿任务。

【志鉴史编修】 2021年，河源市地方志办公室继续组织编写《中国国家人文地理·河源》。年内，该书稿送至出版社审核。

按省政府统一部署和要求，推进《全粤村情（河源篇）》各县区分卷的出版。至2021年年底，全市有4781个自然村落，分为15卷辑录，文稿全部送出版社，完成印刷2卷（龙川县卷一、和平卷）。

第三轮志书编修试点的龙川县细坳镇《小参村志》年内公开出版；纳入中国名镇志文化工程的龙川县《佗城镇志》志稿完成复审，处于终审出版阶段；《老隆镇志》送出版社审核。东源县船塘镇《老围村志》在编修中。至2021年年底，全市有7部镇村志纳入“十四五”规划时期修志单位，其中镇志2部[龙川县《贝岭镇志》（统稿阶段）、《黄布镇志》]；村志5部（东源县仙塘镇《观塘村志》、双江镇《桥头村志》、蓝口镇《长江头村志》、义合镇《下屯村志》，龙川县麻布岗镇《壮士村志》）。

2021年3月，河源市启动编纂《民国时期广东河源史》工作。该书计划用5年时间完成编修工作。

《河源年鉴（2021）》于2021年12月底出版发行，全书设置26个类目、194个分目、1193个条目，有彩页35版、随文图片54张，120多万字。

【市级革命遗址补录认定】 2021年，河源市开展革命遗址大普查工作阶段性结束后，陆续有群众反映革命遗址漏登现象。为此，中共河源市委党史研究室专门召开会议，研究补报遗漏革命遗址，并组织专门力量实地调研，推动县区核实史实补录上报。至2021年年底，全市有百余处红色革命遗址进行重新认定，审核入库。

【党史宣传】 2021年，中共河源市委党史研究室利用《河源史志》微信公众号开设“百年党史”专栏，推送党史学习文章28期。截至年底，发布推文100多篇。联合河源市政协、河源日报社在《河源日报》开设《奋斗百年路 启航新征程“党旗正红——庆祝建党100周年系列”》专栏，年内推出40期。

【党史展、文献展布展】 2021年，中共河源市委党史研究室与市委宣传部、市文化广电旅游体育局、市博物馆联合布展“庆祝建党100周年‘潮涌东江 党旗飘扬’——河源市革命文物专题展览”。与市档案局联合开展《百年奋斗路 启航新征程》文献展陈。

【地方志数字化工作】 2021年，河源市地方志数字化工作步伐加快。根据《关于进一步加快推进全省地方志数字化工作的通知》精神，按照《广东省地方志图书资料数字化入库标准》，对标河源市地方志存量图书数字化入库任务清单，河源市市级于2021年10月底全部完成数字化处理入库任务。至2021年年底，东源县、连平县全部完成，龙川县完成80%，源城区57%，紫金县40%，和平县33%。参与省情网《产业·产品》《工作动态》栏目内容建设。河源市地方志办公室发送广东省情网《产业·产品》栏目稿件9篇，报送《工作动态》栏目稿件3篇。地情网站（频道）建设情况。在政府门户网站，开设地方志专属地情信息类栏目一个“部门集约——河源市地方志办公室”。至2021年年底，发布地情信息数量26条。

【线上“百年辉煌 我心向党”“红色薪火永相传”活动】 2021年，中共河源市委党史研究室与市委党史学习教育领导小组办公室、市委宣传部、市委网络安全和信息化委员会办公室等单位联合开创线上“百年辉煌 我心向党”“红色薪火永相传”活动。活动利用互联网平台传播的优势，打造“指尖微课堂”，搭建网上学习阵地；通过在线学习、知识竞答、“云游”红色经典遗址等方式，引导党员干部发扬红色传统，赓续革命精神，激发奋进新时代的信心和力量。活动于5月25日启动上线，7月6日闭幕，全市680多万人次参与打卡学习。联合市委宣传部、市妇女联合会、市教育局、市文化广电旅游体育局、市文学艺术界联合会、市文化馆举办“童心向党梦飞翔”河源市庆“六一”儿童节暨“少年儿童心向党”系列活动。

【党史学习教育“本土教材”编纂出版】 2021年，中共河源市委党史研究室编纂出版《河源市党史学习简要读本》（口袋书），印刷1.5万册，赠予全市党员干部阅读学习。

联合河源市档案馆收集编纂出版《中国共产党河源地方史重要文献选编》（以下简称《选编》）。该《选编》收录的是中共河源市地方组织100年发展史的档案文献。《选编》分三辑：第一辑为重要档案文献篇，收录1921—2021年中共河源市地方组织的各类重要文献200篇；第二辑为中国共产党河源市历次代表大会及历届市委全会报告篇，收录1988—2021年中国共产党河源市第一次到第七次代表大会报告和历届市委全会报告58篇；第三辑为中国共产党河源市地方史大事记，记述1919—2020年中国共产党河源市地方组织的重大事件、重大活动等。《选编》将河源红色档案资源转化为党史学习教育资源，为党史学习教育活动的开展，提供有地方特色的党史学习教材。

2021年河源市各级中共党史教育基地一览表

表7

级别	所属县区	基地名称	公布批次	公布时间	详细地址
省级	源城区	河源烈士陵园		2011年9月	上城街道办事处公园居委会人民广场西街中山公园内
省级	东源县	阮啸仙故居		2013年12月	义合镇下屯村
省级	龙川县	龙川县人民政府成立旧址——福建会馆		2013年12月	老隆镇华新居委会华新路39号
省级	紫金县	紫金县苏区革命旧址群		2013年12月	苏区镇炮子村湖子仓
市级	源城区	河源市革命烈士陵园、纪念馆	第一批	2010年7月	上城街道办事处公园居委会人民广场西街中山公园内
市级	源城区	城区地下工作队 智取国民党196师城防图旧址（上城丘屋）	第一批	2010年7月	上城街道办事处上城居委会北直街86号
市级	源城区	埔前三角岭大会战革命烈士陵园	第一批	2010年7月	埔前镇莲塘岭村劳白山
市级	源城区	罗焕荣烈士故居	第二批	2019年2月	埔前镇上村村楼角下小组乡道162南侧
市级	源城区	广东省青年抗日先锋队泥金乡队部旧址	第二批	2019年2月	埔前镇泥金村坝心小组
市级	东源县	中共后东特委旧址	第一批	2010年7月	黄村镇永新村
市级	东源县	黄村革命烈士陵园	第一批	2010年7月	黄村镇红十月村
市级	东源县	中共九连地委、粤赣边支队旧址	第一批	2010年7月	上莞镇新南村
市级	东源县	阮啸仙审计教育基地	第一批	2010年7月	义合镇下屯村
市级	东源县	河西革命烈士纪念公园	第二批	2019年2月	船塘镇墟镇
市级	东源县	河源县人民政府旧址	第二批	2019年2月	上莞镇太阳村昌隆屋
市级	东源县	萝溪书院旧址	第二批	2019年2月	船塘镇老围村
市级	东源县	曲龙支部旧址	第二批	2019年2月	康禾镇曲龙村
市级	东源县	咸水塘会议旧址	第二批	2019年2月	蓝口镇长江头村
市级	东源县	中共河源县委成立旧址	第二批	2019年2月	叶潭镇叶潭村
市级	东源县	中共河东分工委成立旧址	第三批	2021年10月	黄村镇梅龙村石楼
市级	东源县	花树下屋——大坪战斗前线指挥部旧址	第三批	2021年10月	骆湖镇红花村
市级	东源县	中共河源县工委旧址	第三批	2021年10月	黄村镇邬洞村
市级	东源县	马肩坳战斗遗址	第三批	2021年10月	黄村镇宁山村
市级	和平县	连和县人民政府旧址	第一批	2010年7月	青州镇山塘村
市级	和平县	中共九连地委旧址	第一批	2010年7月	青州镇永丰村朝科
市级	和平县	东江纵队第三支队总部、中共九连山区工作委员会遗址	第一批	2010年7月	热水镇南湖村新洞

续表7

级别	所属县区	基地名称	公布批次	公布时间	详细地址
市级	和平县	和东行政委员会旧址 （小延安）	第二批	2019年2月	古寨镇河东村 嶂下
		中共九连地区工作委员会旧址	第二批	2019年2月	青州镇永丰村斋公背
		中国“工合”和平印刷社旧址	第二批	2019年2月	阳明镇金带路
		中共四联中学支部成立旧址	第二批	2019年2月	四联中学
		中共九连工委遗址（竹林居）	第三批	2021年10月	青州镇云丰村河洞围
		九连工委机关驻地遗址	第三批	2021年10月	青州镇先锋村湖塘围
		林寨镇明星村革命烈士纪念碑	第三批	2021年10月	林寨镇明星村
		和平县革命烈士陵园	第三批	2021年10月	和平县县城
		中共和平县第一个支部成立地遗址	第三批	2021年10月	和平县热水镇
	龙川县	东征左路军指挥所——福建会馆	第一批	2010年7月	老隆镇华新居委会华新路39号
		龙川县苏维埃政府旧址	第一批	2010年7月	佗城镇三印村上印寨
		五（华）兴（宁）龙（川）苏维埃政府旧址	第一批	2010年7月	廻龙镇大塘村
		后东特委旧址（水贝黄氏大宗祠）	第二批	2019年2月	老隆镇水贝村黄氏大宗祠
		黄居仁故居	第二批	2019年2月	铁场镇桥头行政村岭下定自然村
		仙寨乡苏维埃政府旧址	第二批	2019年2月	黄布镇欧江村
		古柏烈士纪念碑	第二批	2019年2月	上坪镇青化村草皮岗
		小参村中央苏区食盐储运中转站旧址	第二批	2019年2月	细坳镇小参村
		彭德怀率短枪队在龙川活动旧址	第二批	2019年2月	麻布岗镇向前村寨坑村
		后东特委在龙川活动旧址（南拔寮）	第二批	2019年2月	紫市镇民乐西村嶂红自然村南客寮（南拔寮）张屋
		龙川县革命烈士陵园	第三批	2021年10月	老隆镇铁场坑
		叶卓烈士故居	第三批	2021年10月	登云镇东山村
		霍山反“围剿”战斗旧址	第三批	2021年10月	田心镇东江村霍山旅游区内
		龙母战斗指挥部旧址	第三批	2021年10月	龙母镇大塘村大塘小学
	紫金县	苏区革命历史遗址群	第一批	2010年7月	苏区镇炮子村
		刘尔崧故居	第一批	2010年7月	紫城镇永安居委会北河街
		红二、四师会师遗址公园	第二批	2019年2月	龙窝镇龙窝居委会附近
		紫金“四二六”武装暴动纪念广场	第二批	2019年2月	紫城镇北门街
		中共紫河特别区委会旧址	第二批	2019年2月	好义镇积良村陈屋
		紫河游击队总部旧址	第二批	2019年2月	好义镇积良村小坑练屋
		赖炎光故居	第二批	2019年2月	紫城镇永安居委会北河街
		紫五人民抗征大队旧址	第二批	2019年2月	白溪村第四村小陂坑
		刘尔崧纪念馆	第三批	2021年10月	紫城镇安良居委会广场路
		紫金县革命烈士纪念碑、烈士墓	第三批	2021年10月	紫城镇安良居委会安良街1巷
		新丰楼保卫战旧址	第三批	2021年10月	龙窝镇礼坑村东联自然村
		钟一强故居	第三批	2021年10月	南岭镇瑞邱村合石村民小组

续表7

级别	所属县区	基地名称	公布批次	公布时间	详细地址
市级	连平县	柘陂华南小学党组织活动旧址	第一批	2010 年 7 月	忠信镇柘陂村
		华侨回乡抗日服务团龙和队队部旧址——大塘村茶壶耳屋	第一批	2010 年 7 月	油溪镇茶新村
		塔岭烈士墓园	第一批	2010 年 7 月	绣缎镇塔岭村
		中共连平县第一个党支部成立旧址	第二批	2019 年 2 月	大湖镇湖东村
		中共九连地区临时工作委员会旧址	第二批	2019 年 2 月	内莞镇高湖村
		迫降谢岳臣战斗旧址	第二批	2019 年 2 月	陂头镇金中村
		大湖何新屋战斗遗址	第二批	2019 年 2 月	大湖镇油村村
		大湖寨反扫荡战斗旧址	第三批	2021 年 10 月	大湖镇大湖寨
		中共连平县工作委员会旧址	第三批	2021 年 10 月	大湖镇湖西村
		忠信中学党组织活动遗址	第三批	2021 年 10 月	忠信中学校园内
	江东新区	广东青年抗日先锋队紫金支队队部旧址 东江华侨回乡服务团团部 古竹民众抗日自卫大队队部旧址	第一批	2010 年 7 月	古竹镇居委会 古竹大道西
		中共东江特委第一次党代会会址	第二批	2019 年 2 月	古竹镇古竹居委会上联新楼村11号（新楼片4号）
		中共后东特委旧址、抗日井	第二批	2019 年 2 月	古竹镇水东村三巷、陈屋片区
县级	源城区	源城区革命烈士墓园	第一批	2018 年 8 月	白岭头
		红色太平街	第一批	2018 年 8 月	上城街道办事处下城居委会太平街
		第二次东征叶剑英活动旧址 阮啸仙就读中学旧址	第一批	2018 年 8 月	上城街道河源教师进修学校
		河源市革命历史、革命烈士纪念馆	第一批	2018 年 8 月	上城街道河源烈士陵园内
		阮啸仙烈士纪念亭	第一批	2018 年 8 月	上城街道办事处公园居委会人民广场西街中山公园内

说明：1.市级第一批的原名为河源市中共党史和革命传统教育示范基地，是由中共河源市委办公室发文公布；第二、三批是由中共河源市委党史研究室发文公布。2. 1988年连平县大塘村析出茶新村后，茶壶耳屋归属茶新村

（潘焕智）

老干部工作

【概况】2021年底，河源市离休干部348人，比上年减少66人，其中：机关单位161人，事业单位104人，企业单位83人。全市有退休干部23321人，比上年增加570人，其中：机关单位8338人，事业单位14534人，企业449人。全市老干部工作部门和全体老干部工作者以习近平新时代中国特色社会主义思想为指导，贯彻落实习近平总书记关于老干部工作的重要论述，把握为党和人民的事业增添正能量的价值取向，加强老干部思想政治建设和党组织建设，用心用情用功做好老干部服务管理工作，引导老干部发挥独特优势和作用，推动全市老干部工作取得新成效。

【老干部政治建设、思想建设和党支部建设】2021年，中共河源市委老干部局坚持把政治建设放在首位，把学习贯彻习近平新时代中国特色社会主义思想作为头等大事和首要政治任务，依托离退休干部党支部、老干部（老年）大学、老年团体等主阵地，运用互联网新媒体、“云课堂”等平台，采取支部学习、宣讲辅导等方式，持续加强理论武装，强化党性教育，引导老干部深刻把握习近平新时代中国特色社会主义思想的深刻内涵和核心要义，不断增强“四个意识”、坚定“四个自信”、做到“两个维护”。2021年，全市组织开展42场次离退休干部学习会，覆盖老干部2038人次。

【落实老干部各项待遇】2021年，河源市落实老干部各项福利待遇。离休干部“三个保障机制”（离休费保障机

制；医疗费保障机制；财政支持保障机制）正常运转，全市离休干部生活待遇的相关补贴、离休费都按时、足额发放，医药费实报实销。年内，全市414名离休干部提高生活补贴标准；6名离休干部提高按副省（部）长级标准报销医疗费待遇；350名离休干部提高享受副厅局级医疗待遇。制定离休干部一人一策精准服务方案，明确困难补助、医疗保健、家政保洁、心理疏导、精神慰藉等7条具体服务措施。完善个性化精准化关爱机制，实施“四个一”（一封感谢信、一场座谈会、一本纪念相册、一束鲜花和礼物）暖心工程、组织开展党性实践、加强干部退休后的衔接管理，持续完善老干部就医“绿色通道”服务举措。加大老干部特殊困难帮扶力度，全市全年帮扶特殊困难老干部277人，发放帮扶资金65.64万元。

【走访慰问老干部工作】 2021年，河源市继续做好走访慰问老干部工作，坚持向老干部通报全市经济社会发展情况，征求老干部的意见和建议。全市各级老干部门召开座谈会、报告会等20多场次。坚持在重大节日、老干部生病住院或有特殊困难时，通过电话问候、召开座谈会、茶话会、走访等方式，开展慰问活动。全年全覆盖走访慰问全市离休干部，走访慰问老党员、老干部、困难老干部2071人次，帮助老干部解决实事共计41件。

【发挥老干部优势和作用】 2021年，河源市继续深化“银发生辉”正能量工作品牌，发挥离退休干部优势和作用，开展“3个100”活动（寻找 100 名“最美老党员”、讲好 100 个赞颂中国共产党的故事、打造 100 堂精品党课），组织老干部“银发先锋宣讲团”深入到大中专院校、中小学校举办“传承红色基因”大课堂、“赓续红色精神”座谈会等活动12场次，组织全市各级离退休干部党员开展220多场次形式多样、内容丰富的党课，与河源日报社、河源广播电视台联合录制13名老干部亲身经历过、见证过的重大历史事件、重要战役战斗以及退出工作岗位后初心不改、发挥余热的故事视频并播放。全年组织开展8场次“我看建党百年新成就”专题调研，“七一”期间组织离退休干部党支部书记开展“百年回首忆初心”主题党日活动和市直离退休干部党史知识竞赛。通过报刊、电视台、“河源组工”和“河源老干部”微信公众号、老干部工作简报等线上线下媒体平台，做好老干部先进事迹的宣传工作。市老干部（老年）大学“三大学堂”（“红心向党”大学堂、“老少共建”大学堂、“医心医意”大学堂）入选《广东老干部工作品牌创建100例》，课题组撰写的《试论广东山区城市新时代老年教育高质量发展问题——以河源市为例》获第五次全省老年教育理论研讨会征文一等奖。

【老干部活动】 2021年，河源市组织老干部举办征文、文艺演出、座谈讨论会、书画摄影展览、小型文艺会、音乐会、歌舞比赛等文艺演出20多场次。组织引导老干部志愿者服务队、社区老干部资源等主动融入市委中心工作，开展相关志愿服务活动10多场次，参加活动200多人次。5月，组织全市离退休干部以网络参赛方式同唱红色经典歌曲《唱支山歌给党听》；6月，举办老干部党史知识竞赛；7月，举办全市老少书画家“双百”学党史、颂党恩书画展，征集并筛选出100名老干部和100名小学生代表优秀书画作品进行集中展览；10月，举办“欢歌颂党恩·载舞庆重阳”文艺汇演和“重阳祖孙情·共享阅读乐”重阳节主题阅读活动，组织老干部以艺术展演和文化交流的形式表达对党的无限深情和祝福。市老干部（老年）大学开办13个精品班，开展相关学习活动100多场次。

（陈　戈）

保密工作

【督促检查】 2021年，河源市国家保密局分别联合市直有关单位开展全市宣传（网信）系统、卫生健康系统、邮政机要通信系统、地理信息安全4个保密专项检查；对2个单位开展电子邮箱现场核查；对4家印刷公司开展保密风险排查，排除一批泄密隐患。抽调各县区保密干部组成检查组分别对东源县、紫金县进行保密巡回检查，共抽查20个县直单位，规范各县区保密管理工作。对市检察院、市金融局2个重要涉密单位开展进驻式保密检查，责令对问题隐患进行整改。做好全国普通高考、公务员、中小学教师资格、卫生专业技术资格、法律职业资格、硕士研究生招生等10多场国家级考试试卷保密监管工作，共对试卷保密室和考点进行突击检查39个次。对全市保密自查自评工作进行全面督查，列出检查发现的问题清单，持续跟进整改落实情况，推进各级机关单位保密自查自评工作常态化、规范化。加大保密违规违法行为查处力度，联合有关单位核查涉嫌泄露国家秘密线索1条，查处某乡镇工作人员利用微信图文识别小程序传输处理涉密文件泄密案1起，并督促有关部门落实对相关责任人作出处分。

【宣传教育】 2021年，河源市国家保密局制定《“十四五”时期河源市保密宣传教育工作安排》，加大保密宣传教育力度。联合市国安局、市普法办等单位举办“4·15”全民国家安全日普法展览活动，利用全市各类媒体平台开展为期1个月的保密公益视频播放工作，共播放保密宣传片3800多次。以庆祝中国共产党成立100周年活动和党史学习教育活动为契机，组织开展保密知识竞赛、宣传教育作品征集评选、公益宣传片创意文案征集、保密系统演讲比赛等活动，全市28900多人参加。在公务员各类主体班开设常态化保密教育课程；

2021年11月18—19日，河源市保密局在河源市人民检察院开展进驻式保密检查

（市保密局 提供）

邀请省保密局有关人员为全市定密管理工作暨保密员岗位资格培训班授课；派出保密干部为25个市直单位干部职工上保密培训课。

【依法治密】 2021年，河源市国家保密局修订印发《中共河源市委保密委员会工作规则》，及时调整市委保密委员会成员，发挥各级党委保密委员会的职能作用，落实领导干部保密工作责任制。严格执行保密室管理规定，核发2个试卷保密室合格证，批复同意2个新建保密室启用。依法审批确认5家涉密设备定点维修维护资质单位，其中新审批1家、续期4家；对4家保密资质单位开展“双随机”抽查，切实加强事中、事后监管和服务。高效完成承接省级下放权限事项、“证照分离”改革、保密行政执法数据录入公示等工作。规范经管国家秘密人员管理，严格落实经管国家秘密人员认定备案注册制度，建立市直机关单位经管国家秘密人员数据库，并实行动态管理。在全市范围内开展定密统计调研工作和2020年度定密事项统计分析工作，全面摸清各级机关单位定密底数。

【技术防护】 2021年，河源市国家保密局在全国普通高考前，开展为期1个月的“净化涉考网络环境”专项治理，加大对散发疑似试题泄密信息的监控和搜索。加大对党政机关单位互联网门户网站和工作邮箱的监测和检查，并协调有关部门做好网络攻击监测预警。完成保密监测平台前期建设。

【服务保障】 2021年，河源市国家保密局完成中共广东省委员会十二届十三次、十四次、十五次全会和中共河源市第八次代表大会、中共河源市委员会七届十三次全会等重大会议的工作人员保密提醒教育、会议保障设备保密技术检查、会场和参会领导驻地环境的安全保密检测等保密服务工作。常态化为市涉密电视电话会议提供技术保障。全力做好河源市领导班子换届考察的保密纪律培训和保密技术检查等保密服务保障工作。

（陈婷婷）

直属机关工委工作

【思想政治建设】 2021年，中共河源市直属机关工作委员会党建工作坚持以习近平新时代中国特色社会主义思想为指导，持续深入学习习近平新时代中国特色社会主义思想和中共十九大及十九届历次全会精神，把开展党史学习教育作为一项重大政治任务，把习近平总书记在庆祝中国共产党成立100周年大会上的重要讲话精神作为开展党史学习教育重要内容。加大党员干部培训力度，深入贯彻《中国共产党党员教育管理工作条例》，共举办培训班6期、8个班次，共培训党员干部1087人，其中培训党委书记37名、党务干部146名、新党员187名、党员发展对象399名、入党积极分子318名。开展形式多样的学习教育活动，召开市直机关学习贯彻习近平总书记“七一”重要讲话精神座谈会，举行“光荣在党50年”纪念章颁发暨老党员座谈会，组织市直机关广大党员干部参加广东省精品党课和优秀党史宣讲员评选以及党建知识竞赛，号召市直机关各级党组织充分利用“三会一课”、主题党日、志愿服务等开展主题突出、特色鲜明、形式多样的学习教育活动，营造党史学习教育的浓厚学习氛围。

【组织建设】 2021年，中共河源市直属机关工作委员会推进基层党组织建设三年行动计划，深入贯彻落实《中国共产党党和国家机关基层组织工作条例》《中国共产党支部工作条例（试行）》，不断提高党组织规范化建设水平。指导做好换届选举工作，及时补选和按期换届，确保基层党组织换届选举工作规范有效；开展市直机关“两优一先”表彰活动，表彰一批优秀共产党员、优秀党务工作者和先进基层党组织；推动党建工作示范点建设，建设中共河源市直属机关工作委员会挂钩扶贫点龙川县老隆镇水贝村红色文化长廊，重点推动市公安局警训教育基地等一批党建文化阵地建设，打造市直机关党员教育示范点，作为市直机关各级党组织举办支部主题党日活动、开展党史教育的基地；高质量做好发展党员工作，全年发展党员331名，100%完成计划数；筹备市直机关党代表会议，高标准严要求做好市直机关出席中共河源市第八次党代表大会代表推选工作；开展党组织书记抓党建工作述职评议考核，严格落实“党建第一责任人”职责；开展“戴党徽·亮身份”活动，为市直机关各党组织发放一面党旗（挂旗），为党组织书记发放一面党旗（桌面旗），强化党员干部“第一身份是党员，第一责任是为党工作”的意识。

【模范机关创建】 2021年，中共河源市直属机关工作委员会结合党史学习教育，根据《省委办公厅关于深化模范机关创建的通知》要求，拟制《深化市直机关模范机关创建的通知》，以市委名义下发到市直机关各级党组织。系统梳理归纳创建活动好的经验做法，在河源广播电视台综合频道播放36期《模范机关创建微视频展播》，并通报表扬一批市直机关模范机关创建先进单位，推动模范机关创建在市直机关单位落地生根。

【机关作风建设】 2021年，中共河源市直属机关工作委员会推进政风行风工作。开展民主评议政风行风工作，把事关民生的重点工作部门和窗口单位作民主评议政风行风的重点，推动机关单位转作风提效能；抓好《政风行风热线》栏目上线和播报，全年节目共播出43期、上线单位67个。上线单位领导中，正职17位，副职58位，其他165位；共接听热线电话116个，其中现场解答104个，调查处理回复12个，播出《回音壁》43期。在《政风行风热线》栏目开设“我为群众办实事”访谈小版块，邀请市直各单位主要负责人走进直播间，聚焦群众操心事烦心事揪心事，介绍各单位深入开展“我为群众办实事”的生动实践，展示市直机关党史学习教育的成效。

【党风廉政建设】 2021年，中共河源市直属机关工作委员会持续加强党风廉政建设，夯实从严治党主体责任，严格落实“一岗双责”，签订《党风廉政建设目标责任书》；扎实履行监督主体责任，开展彭定邦案有关问题专项整治；开展纪律教育月活动，组织机关党员干部到传统教育基地开展廉政教育，集中观看党风廉政教育片，学习《宪法》《民法典》等法律法规，推动普法教育进社区、进机关；实行警示约谈、提醒约谈、履责约谈、廉政约谈机制，努力做到警示在先、防范在前。

市直纪监工委着力聚焦主责主业，加强和规范问题线索处置，不断探索执纪审查工作新途径、新方法，以提升纪律审查工作效率和质量。全年审理案件58宗，建议给予党纪、政纪处分科级以下干部58人，案件审结率100%。

【民兵工作】 2021年，中共河源市直属机关工作委员会不断加强民兵队伍建设。成立民兵骨干队伍和6个临时党组织，组织民兵队伍开展水电故障抢修等专业训练，开展民兵工作先进单位与优秀个人评比；组织市直民兵到龙川部队开展冲锋舟演练救援等20多个科目的集中训练；组织网络分队民兵参加梅州区域网络协同培训；组织民兵参加河源军分区组织的全市民兵比武竞赛，获得团体总分第三名，组织指挥、防暴演练、轻武器射击3个项目分别获得第二名的优异成绩；组织市直机关民兵参加四川泸州地震应急救援。

【活力机关建设】 2021年，中共河源市直属机关工作委员会坚持落实新时代党的建设总要求，确保机关党员干部始终走在前作表率。组织动员市直机关党员志愿者开展文明交通劝导、结对共建、乡村振兴、平安创建、垃圾分类、清洁卫生、慰问帮扶、常态化疫情防控等形式多样的志愿服务，为河源市“创文”助力添彩。市直机关各党组织共开展志愿服务活动累计3442次，达25528人次，发布“i志愿”活动1491次，累计时长28332小时；继续推动“党建带工建”“党建带团建”“党建带妇建”等工作。组织开展春节、“七一”慰问老党员、困难党员系列活动，为500余名党员送上党内关怀和慰问，其中包括市直机关困难党员、老党员、疫情防控临时党支部书记、帮扶村党员等，共计发放慰问金、慰问品等价值约50万元；举办市县（区）直机关第四届工作创新大赛，推荐优秀作品参加省市直机关第九届“先锋杯”工作创新大赛，获得2名二等奖、4名三等奖。

（王　涛）

关心下一代工作

【概况】 2021年，河源市各级关心下一代工作委员会（简称“关工委”）和“五老”（老干部、老战士、老专家、老教师、老模范）学习贯彻习近平新时代中国特色社会主义思想，落实习近平总书记对关心下一代工作的重要指示要求，围绕市委、市政府的中心工作，以培养担当民族复兴大任的时代新人为着眼点，以立德树人为根本任务，坚持与青少年携手同行，立足基层，不断创新思路、强化措施，培育和践行社会主义核心价值观、加强青少年思想道德建设，将党建带关心下一代建设作为工作的主要切入点，着重抓好基层关工委组织建设，推进调查研究和青年创业培训，全力构建“大关工”格局。以培育和践行社会主义核心价值观为主线，健全“五老”队伍，创新联动机制，形成齐抓共管合力，发挥社会组织的资源优势，参与创新社会管理。

【青少年思想道德教育】 *加强青少年学生爱国主义教育* 2021年，河源市关心下一代工作委员会结合中国共产党成立100周年这一重要节点，与市委老干部局、市教育局等单位开展“红心向党”系列活动，增强青少年爱党爱国情怀；和市委老干部局、市教育局、市文学艺术联合会等单位联合举办纪念中国共产党成立百年华诞“七一”书画展览；与市作家协会联合举办“大手牵小手”作文活动；全市中小学党组书记、校长共上1200多堂党史课。全市举行1316场次活动，受教育青少年36万多人次。

打造富有特色的各类教育活动 市

关工委联合市司法局、市公安局、市民政局等组成单位开展针对法治教育进校园的系列活动，实现全市各中小学校法治副校长配备率100%。截至2021年11月中旬，全市法治副校长上法治课870余次，受教育师生38万余人次，接受学校法律咨询200余次，化解校园纠纷100余件，处置可能引发校园暴力的安全隐患事件20余件，协调多方力量帮助10余名陷入失学困境的未成年人成功复学；市县区采取多种形式进行禁毒宣传活动，在市县区关工委和相关部门的努力工作下，取得全市中小学在校学生吸毒率为零的良好佳绩。受新冠肺炎疫情的影响，市关工委转变传统观念，推陈出新，牵头与相关单位合作，出资拍摄一部防溺水宣传教育微电影《危险夏日》，并举行首映式，各相关单位都派人出席首映式活动，受到社会各方的好评。全市开展文化育人活动582场次，受教育青少年约10万人次；开展家庭教育和法治教育方面的讲座报告等活动474场次，受教育家长约4万多人次。

【参与关爱留守儿童工作】 2021年，河源市各级关工委重视关注关爱留守儿童工作，深入开展“学校、家庭、社会”相结合教育活动，教育、公安、妇联、团委等有关职能部门互相配合，联合关工、社工、义工等社会力量，形成以学校为中心，以家庭为重心，以社区为重点的关爱留守儿童网络，开展以关爱留守儿童为重点的弱势群体的关爱工作。继续延展“三工”（关工、义工、社工）联动的“大关工”工作格局，以“三爱”（爱学习、爱劳动、爱祖国）教育为课题，完善关爱留守儿童的帮扶保障网络。利用各方载体开展形式多样关爱活动。市关工委通过向贫困大学生发放助学金与文具、组织“五老”人员积极开展对贫困青少年儿童帮教活动等系列活动，实现“关爱不留守，留守感关爱”的工作愿景。全市发放助学金60多万元，资助青少年3890人；建立关爱之家39个，关爱留守儿童和困境儿童3万多人。

【农村创业青年培训】 农村创业青年培训是河源市关心下一代工作委员会的工作品牌。围绕实施乡村振兴战略，助力美丽乡村建设，培养和引导农村青年特别是大学生回乡创业成为“双带型”人才，是2021年河源市关工工作的亮点。全市各级关工委都能抓好培训工作，培养“双带”农村青年人才。市关工委在农村创业青年培训工作方面，开办一期以“助力乡村振兴”为主题培训内容的培训班，邀请市乡村振兴局、人力资源和社会保障局的领导讲课，同时也安排政策形势等课程，得到创业青年的点赞，并通过理论与实践相结合的方式，除了面授的单向输入，还在课程中安排经验交流分享会，使创业青年们进行双向讨论，互换经验，并且组织到优秀创业基地进行实地参观，探讨实际操作和经营技术。全年各级关工委共举办各类农村创业青年培训班54期，实现培训3561人次。

【关工建设】 2021年，河源市关心下一代工作委员会结合不同的工作要求开展大调研活动。不仅通过走访各县区检查贯彻落实习近平总书记对关心下一代工作重要指示精神和省委、市委常委会要求的情况，还到十几个市直机关进行调研，推动市直机关关工组织建设。推动建立和完善“党建带关建”的工作机制，在争取市委和县区委把关心下一代工作列入党建工作责任考核体系这项工作上有一定成效。2021年11月举办全市关工干部培训班，市直和中央、省驻河源副处以上单位，市直学校、市县区关工委工作人员等150多人参加培训。这是河源首次组织举办市直单位领导参加培训，除全体学员集中学习培训之外，市县区关工委系统的学员还到梅州学习。通过培训，提高领导干部对关心下一代工作的认识，增强关工干部的责任感和使命感，理清工作思路，提升关工干部的素质能力，更好地凝聚关心下一代工作力量，关心、关爱青少年的健康成长，推进“党建带关建”工作机制建设，推动全市关心下一代事业更好发展。

（骆尹霖）

2021年10月，河源市举办年度乡村振兴工作培训提高班　（市关工委 提供）

河源市人民代表大会

重要会议

【概况】 2021年，召开河源市第七届人民代表大会2次、常委会会议14次。

【市七届人大八次会议】 河源市第七届人民代表大会第八次会议于2021年2月2—3日在河源市区举行。河源市第七届人民代表大会应出席代表342名，出席此次会议的代表316名，符合法定人数。会议审议通过关于河源市人民政府工作报告的决议、关于河源市国民经济和社会发展第十四个五年规划和二〇三五年远景目标纲要决议、关于河源市2020年国民经济和社会发展计划执行情况及2021年计划的决议、关于河源市2020年预算执行情况及2021年预算的决议、关于河源市人民代表大会常务委员会工作报告的决议、关于河源市中级人民法院工作报告的决议、关于河源市人民检察院工作报告的决议。会议于2021年2月3日依法选出吴荣辉、钟作文、袁华丽、曾洪虹为河源市第七届人民代表大会常务委员会委员。会议票选出2021年河源市十件民生实事项目，这是河源市首次实行民生实事项目人大代表票决制。

【市七届人大九次会议】 河源市第七届人民代表大会第九次会议于2021年6月29日在河源市区举行。河源市第七届人民代表大会共有代表344名，应出席会议代表340名，出席此次大会的代表共有316名，符合法定人数。会议依法选出林涛为河源市第七届人民代表大会常务委员会主任、何国森为河源市人民政府市长。

2021年6月29日，河源市第七届人民代表大会第九次会议召开（市人大办 提供）

【市七届人大常委会会议】 2021年河源市七届人大常委会会议选辑：

市七届人大常委会第五十三次会议 审议通过市政府关于2021年民生实事候选项目的报告、市七届人大常委会代表资格审查委员会关于个别代表的代表资格审查报告。

市七届人大常委会第五十五次会议 对《河源市扬尘污染防治条例（草案）》（以下简称《草案》）进行二审，审议关于河源市温泉资源管理和开发利用情况的调研报告，审议通过市政府关于河源市消防安全工作情况的报告、市政府关于河源市2019年度市级预算执行和其他财政收支审计查出问题整改情况的报告、市七届人大常委会代表资格审查委员会关于个别代表的代表资格审查报告及有关人事任免事项。

市七届人大常委会第五十六次会议 审议通过关于召开河源市第七届人民代表大会第九次会议的决定、河源市七届人大常委会代表资格审查委员会关于个别代表的代表资格审查报告；表决通过人事任免事项，审议河源市第七届人民代表大会第九次会议主席团和秘书长名单（草案）。

市七届人大常委会第五十七次会议 审议通过市政府关于提请审议2021年第一批新增地方政府债券转贷资金分配使用及市本级预算调整方案的议案、市政府关于河源市市本级社会保险基金收支管理工作情况的报告、市政府关于2020年全市环境状况和环境保护目标完成情况的报告、市政府关于河源市开展打击治理电信网络诈骗犯罪工作情况的报告；听取和审议关于河源市注重农村土地确权成果应用、助力乡村振兴工作情况的调研报告，关于河源市农村义务教育发展情况的调研报告，会议审议市政府关于河源市推动实施“广东技工”“粤菜师傅”“南粤家政”工程工作情况的报告；开展满意度测评，三项工程均获满意评价。会议还审议通过有关人事任免事项。

市七届人大常委会第五十九次会议 审议通过市政府关于河源市2020年市本

级财政收支决算的报告并批准市本级决算、市政府关于河源市2021年1—6月国民经济和社会发展计划执行情况的报告、市政府关于河源市2021年1—6月财政预算收支执行情况的报告、市政府关于贯彻实施《河源市农村生活垃圾治理条例》情况的报告、市政府关于河源市桉树林改造工作情况的报告、市政府关于河源市科技融湾融深工作情况的报告、市七届人大常委会代表资格审查委员会关于个别代表的代表资格审查报告及有关人事任免事项。

市七届人大常委会第六十次会议 审议通过市监委关于开展惩治涉黑涉恶腐败和“保护伞”工作情况的报告及有关人事任免事项。

市七届人大常委会第六十二次会议 审议通过《河源市扬尘污染防治条例（表决稿）》、市政府关于河源市国有资产管理工作情况的综合报告、市政府关于提请审议2021年第2批新增地方政府债券转贷资金分配使用及市本级预算调整方案的议案；审议关于河源市现代冷链物流业发展情况的调研报告、关于河源市全域旅游发展情况的视察报告；审议通过市七届人大常委会代表资格审查委员会关于个别代表的代表资格审查报告以及有关人事任免事项。

市七届人大常委会第六十三次会议 审议通过有关人事任免事项。

市七届人大常委会第六十四次会议 审议通过关于召开河源市第八届人民代表大会第一次会议的决定，决定市八届人大一次会议于2022年1月6日至8日召开；审议通过关于列席和邀请列席人员参加河源市第八届人民代表大会第一次会议有关事项的决定；会议听取审议2021年市人大常委会备案审查工作情况的报告、市政府关于2021年市十件民生实事工作完成情况的报告，并进行满意度测评。经测评，共有8件民生实事项目获评“满意”，2件民生实事项目获评“基本满意”；会议审议通过市政府关于市七届人大八次会议代表建议办理情况的报告及人事任免事项。

市七届人大常委会第六十五次会议 审议通过市政府关于提请审议2021年市本级预算调整方案的议案、市政府关于河源市“七五”普法决议执行情况的报告及河源市“八五”普法决议、市政府关于2022年市民生实事候选项目的报告、河源市人民代表大会常务委员会工作报告（稿）；审议河源市七届人大常委会代表资格审查委员会关于河源市第八届人民代表大会代表资格的审查报告；审议通过河源市第八届人民代表大会第一次会议主席团和秘书长名单（草案）、计划预算委员会组成人员名单（草案）、议案审查委员会组成人员名单（草案）及有关人事任免事项。

重要工作和活动

【概况】 2021年，河源市七届人大常委会坚持以习近平新时代中国特色社会主义思想为指导，全面贯彻落实中共十九大和十九届历次全会精神，坚决贯彻落实中共中央决策部署和省委、市委工作安排，坚持党的领导、人民当家作主、依法治国有机统一，坚定制度自信，依法履职尽责，推动新时代河源人大工作迈出坚实步伐。2021年，共召集代表大会2次，召开常委会会议14次、主任会议18次，顺利完成既定的目标任务，为河源市民主法治建设和经济社会发展作出了积极贡献。

【学思践悟习近平新时代中国特色社会主义思想】 2021年，河源市人大常委会坚持把学习贯彻习近平新时代中国特色社会主义思想作为首要政治任务，把学习贯彻习近平法治思想和习近平总书记关于坚持和完善人民代表大会制度的重要论述作为必修课和基本功。

自觉坚持党的全面领导 深刻认识党的领导是人民代表大会制度的本质特征，也是人民代表大会制度的最大优势。坚持把党的全面领导作为人大工作的最高政治原则，贯穿人大工作各方面全过程。市委对人大工作高度重视，加强对人大工作的全面领导。市委常委会会议多次听取市人大常委会党组工作汇报，及时研究人大工作中的重要事项，解决重大问题和实际困难。市委主要领导多次对人大工作提要求、交任务，为人大履职提供强有力政治保证。市人大常委会党组切实发挥把方向、管大局、保落实作用，履行重大事项决策、廉政建设、意识形态等职责，强化政治引领，把好履职方向。制定并严格执行市人大常委会党组向市委请示报告制度，2021年认真落实省委和市委人事安排意图，依法批准和任免国家机关工作人员110人次，其中依法任命副市长5名，为河源市国家机关正常运转提供坚强组织保障。

自觉坚持以人民为中心 深刻认识满足人民对美好生活的向往，是人大的政治责任和光荣使命，是人大工作的根本出发点和落脚点。坚持以人民为中心的发展思想，做到人民有所呼、人大有所应，让惠民答卷更有“厚度”、发展实绩更有“温度”，切实维护人民群众的切身利益。紧扣乡村振兴。把农村土地确权、现代冷链物流作为监督重点，助力乡村全面振兴，打造生态经济发展新标杆。紧扣社会关切和民生改善。听取审议河源市市本级社会保险基金收支管理工作、推动实施“广东技工”“粤菜师傅”“南粤家政”工程、河源市消防安全工作，对社会关注的农村义务教育、养老服务等工作进行监督，推进事关民生之基问题加快解决。实施民生实事项目人大代表票决制，对民生实事落实情况开展监督和满意度测评，推动民生实事更贴民意、更好落地。

自觉坚持服务发展大局 深刻认识人大工作是党和国家事业的重要组成部分，主动把人大工作融入全市经济社会发展大局，放在全局中来谋划和推进。坚持围绕中心、服务大局，做到党委工作重心在哪里，人大工作就跟进到哪里，力量就汇聚到哪里，作用就发挥到哪里。聚焦经济高质量发展。做好计划、预算、决算、审计及审计整改等法定项目的审查，听取审议2021年新增地方政府债券额度及资金分配使用情况，促进经济稳中求进、持续健康发展。听取审议国有资产管理情况综合报告，守好全市人民共同财富。聚焦“融湾”“融深”。持续发声发力，组织对全域旅游发展、科技创新、现代冷链物流等工作进行监督，推动“硬”“软”联通、全方位开放合作。聚焦生态环境保护。听取审议市政府环境状况和环保目标完成情况报告，对中央和省级环保督查问题整改情况以及常委会环保监督审议意见落实情况开展“回头看”检查，推动河源市生态优势更加显现。聚焦依法治市。听取审议市政府打击治理电信网络诈骗犯罪工作情况报告，听取审议市法院执行、市检察院公益诉讼等工作情况报告，首次听取和审议市监委关于开展惩治涉黑涉恶腐败和“保护伞”工作情况的报告，在全省率先作出支持和促进检察机关公益诉讼工作的决定。检查“七五”普法工作情况，督促健全普法责任机制，提升全民知法守法意识。弘扬宪法精神，开展好《宪法》《民法典》宣传教育和国家宪法日、宪法宣誓等活动，推动全社会尊崇宪法、捍卫宪法。

【贯彻落实全过程人民民主】 2021年，河源市人大常委会深入贯彻落实习近平总书记关于发展全过程人民民主的重要论述，探索更好履行人大职责的新机制新方式，不断丰富拓展人大工作的时代特色和实践特色，推动新时代人大工作高质量发展。

坚持依法有效履职尽责 围绕市委中心工作依法履职、主动履职、高效履职、创新履职，在服务大局中展现人大担当、贡献人大力量。地方立法有所为。实施《河源市革命旧址保护条例》，推进《河源市扬尘污染防治条例》《河源市文明行为促进条例》立法，建立常态化的法律草案公开征求意见机制，完善人大立法的民主民意表达平台，发挥基层立法联系点“直通车”作用。稳步开展备案审查工作，听取审议规范性文件备案审查专项工作报告。2021年依法审查市政府等有关单位报备规范性文件22件、政府规章2件，向省人大常委会报备地方性法规1件。监督工作重实效。坚持突出重点、增强实效，强化人大计划预决算审查监督和国有资产管理监督等职能，加强对法律实施和“一府一委两院”工作的监督，紧扣法律规定、突出法律责任开展执法检查，切实做到正确监督、有效监督、依法监督。2021年，审查批准决算、听取审议计划和预算执行情况报告、审计和审计整改报告1项，听取审议“一府一委两院”专项工作报告8项；组织专题调研4次、代表集中视察1次；开展执法检查1项，协助全国人大开展“回头看”检查1项。2021年，首次听取审议市监委专项工作报告，依法有序推进人大监督工作；首次对市政府实施“广东技工”“粤菜师傅”“南粤家政”专项工作开展满意度测评。讨论决定规范化。制定讨论决定重大事项规定，督促市政府制定重大决策出台前向市人大常委会报告制度，配套印发年度讨论决定重大事项工作计划，制定决议决定和审议意见督办办法，党委决策、人大决定、政府执行的全链条运行制度机制更加健全。选举任免保一致。坚持党管干部原则与人大依法选举任免相统一，规范完善选举任免程序，严格落实任前法律知识考试、颁发任命书、宪法宣誓和任后监督等制度，确保党委推荐人选经过法定程序成为国家机关领导人员。同时，加强对市县镇人大换届选举工作全过程监督指导。

着力提升代表工作质效 牢固树立服务代表理念，支持和服务代表依法履职。更好发挥代表作用。组织五级人大代表开展“更好发挥人大代表作用”主题活动。2021年，共7403名各级代表聚焦全面推进健康广东建设等主题，开展形式多样的履职活动，共收集群众意见建议1261件，形成代表建议105件，一批与人民群众生产生活息息相关的难点堵点痛点问题得以改善和解决。创新代表议案建议办理工作机制。完善代表建议交办、办理和督办工作机制，依托信息系统对建议办理进行实时动态管理和“亮灯”全程督办。“面对面”督办关于加强城市公园秩序管理的建议，加强对《加快打造乡村精品旅游路线》《加快市区重点路段人行天桥建设》《推进河源市生物医药与健康战略性支柱产业集群发展》《规范农村“三线”架设》《建立健全便民机制，提高医疗医保服务水平》5件重点建议的督办。通过政府负责人牵头领办、常委会领导牵头督办、承办单位落实“一把手”责任制等方式，有力推动代表关注、群众关切的问题得到有效解决。扎实推进“双联系”工作。制定加强和改进市人大代表工作的具体措施，完善常委会组成人员联系代表和代表密切联系人民群众的制度，扩大代表对常委会工作的参与。

全面加强县乡人大工作和建设 强化全市人大工作“一盘棋”思想，突出规范化建设和特色化打造，扎实开展“推进县乡人大工作年”和“巩固基础、强化履职”两年行动，推动县乡人大工作面貌焕然一新。组织建设明显健全。县区人大及其常委会机构设置、常委会专职组成人员比例、机关工作人员配备保持合理，乡镇、街道人大机构运转高效，履职基础明显夯实。至2021年年底，全市所有乡镇人大都配备专职副主席和专职工作人员、单独设立人大办，人大街道工委均配备专职主任和专职工作人员。阵地建设明显加强。按照“六有”（有机构、有制度、有人员、有场所、有设备、有经费）标准，全面规范基层联络站工作和建设，建成并投入使用101个镇街代表中心联络站和1347个村居代表联络站，实现镇村全覆盖，为代表开展工作、依法履职奠定坚实基础。

履职水平明显提高。县乡人大全部健全议事规则，县区人大常委会建成电子表决系统，会议组织、代表作用发挥、监督工作、重大事项讨论决定、选举任免工作和乡镇人大主席团闭会期间工作水平全面提高，履职更加规范充实。其中“立法规范农村生活垃圾治理助力建设美丽宜居乡村——河源市农村生活垃圾治理立法工作情况报告”“创新监督方式增强监督实效——源城区人大常委会开展专题询问和满意度测评工作”2项工作入编“全省人大工作优秀实务案例”。

市人大代表建议选辑

【关于规范农村“五线”架设，建设美丽宜居乡村的建议】 随着网络科学技术的不断进步，农村居民依托于网络传输，农村居民的生活变得更加便利，也变得越来越丰富多彩，居民可以足不出户便能享受到很多服务。这些都依托于镇村内架设的电线、电话线、电视信号传输、网线等。但随着用户的增加、设备的更新换代以及运营商的商业竞争，在旧线路未处理的基础上又不断增加新的电线、光纤、网线、电缆，加之安装前并无统一规划，安装时乱拉乱接，在农村经常可以看到线线交错相通的现象，严重影响村容村貌、乡村振兴战略的实施，阻碍美丽乡村建设。比如在圩镇、主村道两旁及入户巷道就经常因承重问题、线路老化问题等，造成捆线掉落或断线悬在半空。这主要是由于以下原因导致的。一是无统一规范的市场准入机制。至2021年年底，农村属于开放式场所，在公共设施建设方面，施工准入并无一个明确的标准，很多经营单位随意种线桩、安装、架设，哪怕村委介入，也无法（无权）制止。二是无明确的管理（监管）主体。村民见到有人来架设线路，由于当时没有危及个人利益，通常都不会主动出来干预，同时由于施工无需向村委申报，至于是否依法依规，村委根本无从查证，更谈不上管理，造成安装的线路很多。

随着新农村建设、乡村振兴的加快推进，特别是农村房屋外立面进行改造后，乡村旧貌焕然一新。但从目前情况来看，村容村貌并没有得到全面推进，如河源各县（区）镇村都存在或多或少供电、电信、宽带、电视、路灯线路相交叉或共杆的情况。一是供电、电信等电缆多为原来排布，后来增加了电视、路灯、宽带，为了方便或出于成本考虑，各单位为新用户安装时多为横跨或直拉，或与供电网交叉、或混用电杆，或混绑在一起，在风吹雨打下易造成电线损坏漏电，发生触电事故。二是由于多数电杆多为几米高，横跨道路的电网线都有压道现象，阻碍车辆通行，电缆线被车辆撞断的情况时有发生，影响交通安全。为深入贯彻实施乡村振兴战略，加强农村“五线”综合治理，提出三点建议：

一、市政府及相关职能部门制定相关管理规定，明确管理（监管）主体，对“五线”施工单位实施申报（备案）制度。

二、明确“五线”整治的牵头单位，组织相关部门对镇村“五线”现有情况进行全面摸底调查，制定整改方案并分步、分片区落实整改。对所有通信线路进行一次大维护，撤掉已不使用、老化的线路，迁移妨碍道路建设及群众通行安全的线桩，规范线路走向，加固线路支撑。

三、遵循“先通后剪”的原则，实行先搭建后拆除方法，尽量避免断网对用户的影响。

代表：张枢鹏

【关于推进河源市生物医药与健康战略性支柱产业集群发展项目的建议】 《广东省发展生物医药与健康战略性支柱产业集群行动计划(2021—2025年)》提出：“我省生物医药与健康产业发展基础雄厚，要紧紧抓住国家建设粤港澳大湾区和支持深圳建设中国特色社会主义先行示范区重大机遇，集聚资源、突出重点、发挥优势、补齐短板，推动生物医药与健康产业高质量发展。”“鼓励各地区培育区域特色产业集群，争创国家级产业集群。”就河源市而言，河源市的企业广东富阳生物科技有限公司，其入选的“基于互叶白千层的高端医用敷料的研制及其产业化示范项目”是河源市唯一经省人民政府批准立项实施的产业集群项目。该项目基于互叶白千层的高端医用敷料的研制及其产业化发展，利用互叶白千层所提取茶树精油良好的抗菌作用和促进伤口愈合的作用，对提高我国军队的医疗装备水平，提高战场救治效果具有重要的战略价值。开发基于茶树精油、具有抗菌、止血功能的创面敷料，满足此类敷料在军民领域的巨大市场需求，拓展茶树精油的高端应用方向，形成具有鲜明特色的新型高附加值产品，将逐步扭转我国高端医用敷料严重依赖进口的局面。

河源市自然资源丰富，非常适宜种植中药材等天然药物，但因科研实力薄弱，致使产品附加值低。如果有更多此类型的生物医药项目能得到有效实施，将带动河源市生物医药产业的快速发展，并带动当地老百姓参与种植、就业增收、脱贫致富。

建议：

1.加强组织领导。建议河源市成立省“十四五”重点项目建设领导小组，整合科技、工信、发改、卫健、医保、药监等部门力量，合力推动生物医药产业发展，鼓励培育河源市生物医药产业集群，争创国家级产业集群。

2.加大资金支持。加大财政投入力度，鼓励国有资本投入扶持，强化风投创投扶持，引导社会资本投入生物医药研发创新、重大科技成果转化和企业孵化。支持河源市重点生物医药企业境内外上市、挂牌，多渠道扩大直接融资。

3.加强人才保障。加大对生物医药产业高层次人才支持，组建“三站一中心”（院士科研工作站、博士后科研工作站、博士工作站，省级工程技术研究中心），完善人才引进配套设施。

4.加强知识产权创造。开展生物医药产业专利培育，加快生物医药产业关键技术领域发明专利优先审查和专利快速预审、确权、维权和协同保护工作。

5.加大用地保障。支持河源市将生物医药产业集群建设内容纳入国土空间规划，加强用地供给，优先用于生物医药产业领域科技创新项目建设。

6.强化应用推广。推动河源市企业生产的高品质药品纳入国家基本医疗保险药品目录，并扶持纳入国家基本药物目录。

代表：朱华益

【关于进一步提升医疗机构服务质量和医疗水平的建议】 近年来，河源市委、市政府高度重视卫生与健康工作，将提升医疗卫生服务水平作为重要民生工程来抓。在改善医疗卫生机构基础设施建设、医疗卫生人才队伍建设、专科联盟和医共体建设、医疗信息化发展、公共卫生服务工作等方面做了大量工作，取得较为显著的成效，极大地方便和满足了广大群众的就医需求。由于河源市地处粤东北，经济欠发达，医疗机构整体服务质量和医疗水平与发达地区相比尚有差距，难以满足人民群众的医疗卫生服务需求。存在的主要问题有：

一、医疗资源分布不均衡。城乡发展差距大，先进的医疗仪器设备、专业人才和技术集中在县级以上医疗机构，乡镇、村和社区等基层医疗机构卫生资源不足，诊疗条件较差，服务水平和能力不够强，群众认可度和信任度低。

二、医疗机构建设规划设计存在不足。一是床位数不足，全市现有每千人口床位数为5.12张，低于《全国医疗卫生服务体系规划纲要（2015—2020年）》提出的到2020年每千常住人口医疗卫生机构床位数控制在6张的标准；二是城区医院“停车难”，严重影响就医体验和就医效率。

三、医疗卫生人才匮乏。一是人员不足。全市每千人口执业医师（含执业助理医师）数为2.13人，与《全国医疗卫生服务体系规划纲要（2015—2020年）》目标的2.5人仍有差距。尤其是基层医疗卫生机构人才紧缺，缺编情况严重，空编率25.72%。二是医疗队伍整体素质偏低。全市卫生专业技术人员中，本科及以上学历的仅占11.05%，比全省低22.94个百分点，高职称、高学历人员少。三是高级专业技术人才引进难，留住也难。河源由于地处粤东北，经济欠发达，加之毗邻广州、深圳、东莞等大城市，在薪酬待遇、个人事业发展前景、综合生活居住条件等各方面不具有竞争优势，人才特别是高端医学人才引进难度大，稳定压力大，每年专业技术人才尤其是高职称、高学历专业技术人才流出比例大。四是地区医学教育能力不足。全市缺失医药学类高等教育，目前全市仅有河源市卫生学校和东源县卫生职业学校两所中职学校能培养卫生人才，且受制于国家政策，人才培养以护理类专业为主。

四、医疗卫生行业秩序监管存在漏洞。一是租借执业证照开设医疗卫生机构和无医生执业资格从事地下诊疗活动的非法行医行为依然存在。二是医疗机构执业人员未经备案多点执业的违规执业行为偶有发生。三是部分民营医院为了招揽生意违规发布虚假违法医疗广告，误导公众的现象仍然存在。

为进一步促进河源市医疗机构服务质量和医疗水平的提升，特建议如下：

一、科学合理配置医疗卫生资源，缩小城乡差距。进一步加强基层医疗卫生机构建设，调整资源结构和布局，引导资源流向，科学合理配置医疗卫生资源，拉近城乡差距，提升基层服务能力。继续大力推动分级诊疗制度，强化基层对常见病、多发病的诊疗水平，实现一般诊疗到基层医疗卫生机构，引导初级医疗服务需求到基层，实现“小病在乡镇，大病在医院”的合理格局。

二、进一步完善医疗机构规划设计。一是以常住人口规模为主要依据，综合考虑区域内经济、社会、卫生等方面实际状况，结合医疗机构基本任务和功能，合理配置床位规模，保障床位数满足人民群众就医需要。二是合理规划设计，充分利用场地和空间，在医院附近空余场地配建公共停车场、停车位，同时在院内规划建设立体停车场，增加停车位供给，破解“停车难”问题。

三、加强医疗卫生人才队伍建设。一是多措并举，外部引进。联动多部门加大力度、加大投入，针对临床医学专家、学科带头人、骨干医师、技师、优秀高校毕业生等不同层次人才，制定相应的人才引进优惠政策，改善就业环境，配套优质教育资源，促使优质人才的个人事业发展前景、综合生活居住条件等有保障，增强人才吸引力。二是通过“送出去”“请进来”等方式，加强培训，内部挖潜，提升医务人员职业道德和专业水平。三是加大力度实施高等医学院校农村订单定向免费培养项目，为乡镇卫生院培养“用得上”“留得住”“干得好”的本专科高素质医学技术人才。四是大力筹设创建医学类高等院校，加强自主“造血能力”，依托本地医学院校培养人才。

四、以评促建、以评促改、以评促进。目前全市仅有市人民医院1家三甲医院，积极谋划深河人民医院、市妇幼保健院、市中医院、龙川县人民医院等规模医院继续积极创建“三甲”医院，以创建“三甲”医院为抓手，促进“大医院”内涵建设，全面提高医疗质量和医疗水平。

五、加强医疗卫生行业监管，规范行业秩序。强化全行业监管，建立严格规范的监管制度，严厉打击非法行医行为。严肃查处租借执业证照开设医疗卫生机构的行为，严厉打击各类虚假违法医疗广告，严肃查处假冒医疗机构或医务人员宣讲医疗和健康养生知识、推销药品、推荐医疗机构等行为，严厉打击医药、医疗器械、设备购销领域商业贿赂行为，严禁医疗机构给医务人员设定创收指标，医务人员薪酬不得与药品、耗材、医学检查等收入挂钩，严肃查处“大处方、大检查”等过度医疗行为。

代表：李燕

（邹嵩嵩）

河源市人民政府

重要会议和重要政务活动

【概况】 2021年，河源市人民政府办公室组织安排各类会议、活动217次，组织收看和收听电视电话会议85次，疫情防控方面的会议156次。

【重要会议】 2021年，河源市人民政府办公室组织安排的各类会议主要有：全市质量大会；全市2021年征兵工作电视电话会议；全市春运工作电视电话会议；听取副厅级以上离退休老干部对《2021年政府工作报告》意见和建议；2021年全市固定资产投资大会；重点项目建设及政府专项债券工作会议；2021年国家卫生城市复审工作动员大会；河源市全域旅游示范区创建工作推进会；全市审计工作电视电话会议；2021年第2次县（区）长座谈会（专题工作推进会）；召开征求各界别人士对《2021年政府工作报告》意见和建议会议；2021年第3次县（区）长座谈会（专题工作推进会）；全市端午节期间疫情防控和安全防护工作视频会议；全市2021年下半年征兵工作电视电话会议；2021年全市上半年经济形势研判会；全市重点项目及政府新增债券项目（紫金县）建设调度会；召开专题工作会议[研究推进东江流域水安全保障提升工程和河源深圳新丰江水库供水工程（深圳市新丰江水库直引水工程）建设有关工作]；召开专题工作会议（研究河源市产业园区用地整治提升行动工作方案）；召开市预防道路交通事故联席会议；召开专题工作会议（研究新建九潭水库和灯塔盆地灌区续建配套工程有关工作）；召开市“十四五”规划编制工作领导小组第三次会议；召开万绿湖景区创建国家AAAAA级旅游景区工作推进会；2021年全市第一季经济工作推进会暨2021年第1次县（区）长座谈会；全市今冬明春森林防灭火工作电视电话会议；全市产业园区用地整治现场会；国家自然资源土地督察工作汇报会议；2021年全市第三季度经济分析暨重点工作推进会议；2020年度安全生产责任制及消防工作考核整改工作暨2021年度迎考部署工作视频会议；全市全面推行林长制工作动员电视电话会议；全市经济工作会议；油茶跨县集群产业园建设工作推进会。参加省政府召开的十三届省政府139次常务会议；参加省新冠肺炎防控指挥办新冠肺炎疫情防控工作电视电话会议；参加2021年全省交通运输工作电视电话会议；参加全市森林防灭火工作紧急电视电话会议；参加全国安全生产电视电话会议及全省安全生产和消防工作第一季度防范重特大生产安全事故电视电话会议；参加2020年度全省政府办公室（厅）工作会议；召开专题会议（研究2020年度财政管理和收支审计整改有关工作）；参加省政府召开的十三届省政府140次常务会议；参加2021年全省金融工作会议；参加全省商务工作电视电话会议；参加省新冠肺炎防控指挥办新冠肺炎疫情防控工作电视电话会议；参加全省根治欠薪冬季专项行动工作推进视频会议；参加省政府召开的十三届省政府142次常务会议；参加全国春运电视电话会议；参加省政府召开的十三届省政府144次常务会议；参加2021年大气污染防治重点工作部署会暨非法成品油（燃料油）整治联防联控第一次会议；参加全省进一步深化供销合作社综合改革工作部署电视电话会议；参加2021年全省工业和信息化工作会议；参加2021年全省住房城乡建设领域重点工作部署暨住房城乡建设工作电视电话会议；参加省政府召开的十三届省政府145次常务会议；参加省政府召开的十三届省政府147次常务会议；参加全国春季农业生产工作电视电话会议；参加省政府召开的十三届省政府148次常务会议；参加省政府召开的十三届省政府150次常务会议；市长何国森召开高铁开通系列活动筹备组会议；参加省政府召开的十三届省政府153次常务会议；参加省政府召开的十三届省政府154次常务会议；参加2021年全省审计工作电视电话会议；省基础教育高质量发展视频会议；参加省政府召开的十三届省政府155次常务会议；2021年全省一季度经济形势研判会；召开专题工作会议（听取市教育领域等有关民生项目进展情况）；召开专题工作会议（部署国家卫生城市复审迎检有关工作）；召开专题会议（连平县陂头地质公园非法采矿工作）；省农村房屋安全隐患排查整治工作省级协调机制第一次会议暨全省工作推进会电视电话会议；参加全国安全生产电视电话会议及全省安全生产和消防工作暨第三季度防范重特大生产安全事故电视电话会议；参加全省促进天然气发展利用工作会议；参加省政府召开的十三届省政府156次常务会议；全省战略性产业集群联动协调推进工作部署视频会议；参加省重大工程建设项目总指挥部会议暨2021年第一季度全省重大项目集中开工活动；参加国务院剥离国有企业办社会职能和解决历史遗留问题工作电视电话会议；参加省政府召开的十三届省政府157次常务会议；参加省政府召开的十三届省政府

158次常务会议；参加省政府召开的十三届省政府159次常务会议；召开专题工作会议（研究全面加强学校及周边综合治理工作）；参加省政府召开的十三届省政府162次常务会议；召开专题工作会议（研究中央生态环保督察整改、卫生医疗补短板民生项目有关工作、全域无隐性债务试点市工作）；参加省政府召开的十三届省政府163次常务会议；参加省政府召开的十三届省政府164次常务会议；参加第一次全国自然灾害综合风险普查工作电视电话会议及全省第一次全国自然灾害综合风险普查工作电视电话会议；参加全省审计查出问题整改工作电视电话会议；参加6月全省稳外贸工作研判调度会议；召开全市道路交通安全工作联席会议（视频会议）；参加省政府召开的十三届省政府165次常务会议；召开专题工作会议（研究岭南实验室会议分中心建设有关工作）；全省推进粮食生产视频会议；参加省政府召开的十三届省政府166次常务会议；参加省政府召开的十三届省政府167次常务会议；参加省政府召开的十三届省政府169次常务会议；召开专题工作会议（研究《新丰江水库水生态环境保护工作情况汇报》稿及下一步工作方案）；参加省政府召开的十三届省政府171次常务会议；参加2021年全省第三季度经济形势研判会暨稳外贸工作研判调度会；参加省政府召开的十三届省政府173次常务会议；参加省政府召开的十三届省政府175次常务会议。

【重要政务活动】 2021年，河源市人民政府办公室组织安排参加的活动有：新丰江水库集水区水生态环境专题调研组在河源行程安排；林涛拜访省广晟资产经营有限公司；省根治欠薪冬季专项行动第七督查组在河源行程安排；省安全生产责任制及消防工作现场考核工作组在河源行程安排；2021年省慰问团在河源行程安排；深圳大学张学记在河源调研行程安排；林涛到源城区开展2021年春节“送温暖”慰问活动并到挂联点调研；林涛到市区检查安全生产、节日供应及企业员工就地过年情况；林涛调研2021年市高新区工业产业引进落地建设及国家稀土技术创新中心广东分中心选址工作；林涛到市农副产品批发中心项目现场调研；林涛会见连平县昕隆实业公司董事长顾卫东一行；省经济体制改革专项小组在河源行程安排；林涛调研东江航道（河源市区至古竹段）及全市交通规划有关工作情况；林涛到和平县调研工业经济和重点项目有关工作情况；国家盐业体制改革专项调研组在河源行程安排；省农科院廖明一行在河源行程安排；省人民医院余学清一行在河源行程安排；林涛检查巩固国家卫生城市有关工作；省新冠肺炎疫苗接种工作督导组一行在河源行程安排；省调研组在河源行程安排；林涛会见深圳市卓翼科技服务股份有限公司董事长陈新民一行；深圳市卫健委调研深河人民医院项目建设工作行程安排；广东省“菜篮子”市长负责制考核组在河源实地考核行程安排；林涛到连平县调研；林涛出席东瑞食品股份有限公司上市仪式；省环境保护监察办公室调研组行程安排；省老促会第二调研组在河源行程安排；省政府参事室调研组在河源行程安排；林涛到龙川县调研防汛备汛、工业经济、农村安全饮水工作及开展巡河、党史学习教育；林涛会见深圳科技工业园集团党委书记、董事长何景成一行；国家林草局广州专员办关进敏在河源行程安排；国务院发展研究中心调研组在河源调研行程安排；林涛到紫金县调研（乡村振兴、农村集中供水工作、防汛备汛工作）和开展党史学习教育、“我为群众办实事”实践活动；林涛检查春节值班值守工作；省林业局陈俊光在河源行程安排；林涛专题调研高考备考有关工作和开展“我为群众办实事”实践活动；参加卓翼科技项目推进协调会；林涛到河源中学检查高考各项准备工作；参加农村集中供水专题会议；林涛到连平县检查省际边界卡口疫情防控工作；林涛督导检查安全生产工作；市长何国森督导检查安全生产、防汛备汛工作，会见深圳市水务（集团）有限公司高层；副省长王曦在河源调研行程安排；何国森到深河人民医院调研；何国森到紫金县调研安全生产有关工作；何国森到源城区开展联镇包片、“带案下访”活动及检查节日安全生产和疫情防控工作；省长马兴瑞在河源调研行程安排；省政府领导在河源调研行程安排；省生态环境保护督察工作领导小组第八督导组在河源行程安排；国务院联防联控机制综合组广东工作组第三组在河源行程安排；国家林草局广州专员办贾培峰在河源督查行程安排；省生态环境厅何炎在河源调研行程安排；何国森到市财政局调研；何国森到市应急管理局调研；何国森到205国道东源段调研防范化解道路交通安全风险工作；国务院根治拖欠农民工工资工作领导小组第十核查组在河源行程安排；副省长陈良贤在河源调研行程安排；常务副省长林克庆一行在河源调研行程安排；何国森到紫金县调研农村集中供水工作；何国森到东源县调研防旱抗旱及农村集中供水、污水处理有关工作；何国森检查东埔河综合整治工作情况；何国森会见暨南大学原校长胡军一行；何国森拜访国开行广东省分行、省林业局；中央生态环境保护督察广东协调联络组边督边改督导河源市行程安排；何国森调研督查高铁河源东站综合交通枢纽规划建设情况；何国森督导检查巩固国家卫生城市迎检、节日安全生产和疫情防控工作；何国森到连平县开展北江流域巡河工作调研及检查森林防灭火工作，参加全省撂荒耕地复耕复种现场会行程安排；省防汛防旱防风总指挥部防汛抗旱调研组在河源行程安排；何国森会见国家能源集团广东公司总经理周治和国粤投资集团总裁林少青一行；何国森到市灯塔盆地农高区管委会调研；何国森到深河指挥部、市高新区调研；何国森到市发展和改革局调研；何国森到龙川县检查第一轮中央环保督查整改项目落实情况及

调研督查赣深高铁河源段沿线建设有关工作。（何　丹）

重大举措

【印发“十四五”规划和2035年远景目标纲要】 2021年，河源市人民政府印发《河源市国民经济和社会发展第十四个五年规划和二〇三五年远景目标纲要》，力争2035年河源经济实力、科技实力、综合竞争力大幅增强，经济总量和城乡居民人均收入迈上新的大台阶，人均地区生产总值达到更高水平，实力雄厚、特色鲜明的“示范区”“排头兵”地位更加凸显，形成“两个河源”新格局，在粤东粤西粤北率先振兴，基本实现社会主义现代化。

【开展市产业园区用地整治提升行动】 2021年，河源市人民政府出台《河源市产业园区用地整治提升行动工作方案》，计划利用3年的时间完成全市整治提升存量产业用地15000亩（1000公顷）的目标，挖掘盘活存量土地资源，拓展产业发展空间，提升产业园区用地综合利用水平，推动全市制造业高质量发展。

【完善市中心城区工业用地使用权供应管理】 2021年，为贯彻落实广东省人民政府关于深化工业用地市场化配置改革若干措施的要求，促进土地资源高水平保护和高效率利用，河源市人民政府出台《河源市中心城区工业用地使用权供应管理办法》，通过设立产业用地准入条件及灵活供地方式，建立工业用地“准入—供给—监管—退出”全生命周期管理机制，构建更低成本、更高效率、更具弹性的产业用地运营模式，为河源加快培育“五大产业”和推进产业兴市行动提供强有力土地要素制度保障。

【鼓励农村承包土地经营权流转】 2021年，河源市人民政府出台《河源市鼓励农村承包土地经营权流转奖补实施方案》，在全市农村承包土地经营权流转激励政策的推动下，放活农村土地经营权，引导农村流转的土地用于市、县（区）主导产业发展，促进农村土地合理集约利用、农业适度规模经营，力争2023年全市农村承包地流转面积占家庭承包地面积（简称“流转率”）40%，2025年全市流转率43%以上。

【加强城市供水用水管理】 2021年，为加强城市供水用水管理，保障城市供水用水安全，促进城市供水事业与经济社会协调持续发展，河源市人民政府出台《河源市城市供水用水管理办法》，规定市、县（区）人民政府对城市供水用水管理的统筹职能，明确由城市供水行政主管部门履行城市供水用水的行政管理和监督职能，明确城市供水用水应当遵循开发水源、安全供水、计划用水、节约用水相结合，优先保障居民生活用水，统筹兼顾生产及其他用水的原则。

【规范中心城区建设项目停车位配建管理】 2021年，为规范中心城区建设项目停车位配建管理，优化营商环境，河源市人民政府出台《河源市中心城区建设用地停车位配建管理暂行办法》，确定分区域差别化停车配建标准管理原则，明确中心城区停车配建标准、各类停车库设置要求和停车位占比要求、停车空间建筑面积计算规则。

【实施城乡居民、城镇职工大病保险制度】 2021年，河源市人民政府出台《河源市大病保险实施细则》，在基本医疗保障的基础上，实施城乡居民、城镇职工大病保险制度，对大病患者发生的高额医疗费用给予保障，通过竞争择优委托具有资质的商业保险机构承办大病保险，发挥商业保险机构的专业优势，着力提高大病保险的运行效率、运行质量和服务水平，增强重特大疾病保障能力，为基本医疗保险提供有益补充，防范和解决参保人因病致贫、因病返贫问题。

【实施生态环境分区管控】 2021年，河源市人民政府出台《河源市“三线一单”生态环境分区管控方案》，按照广东省“一核一带一区”区域发展格局，坚定不移走生态优先、绿色发展之路，以改善生态环境质量为核心，建立以“三线一单”为核心的生态环境分区管控体系，提升生态环境治理体系和治理能力现代化水平，到2025年建立较为完善的生态环境分区管控体系，全市生态安全屏障更加牢固，生态环境质量持续改善，水环境质量持续领跑全省，大气环境质量保持全省前列，土壤环境质量总体保持稳定，能源资源利用效率稳步提升，绿色发展水平显著提高，生态环境治理体系和治理能力现代化水平明显提升。

【深化环境影响评价制度改革】 2021年，为深入贯彻习近平生态文明思想，深化生态环境领域“放管服”改革，河源市人民政府出台《河源市深化环境影响评价制度改革实施方案》，强化“三线一单”空间管控，优化区域规划环评宏观指导，简化建设项目环评管理，以生态环境质量为底线，对生态环境影响大、风险高的行业及建设项目实施重点管理，严格环评要求；对生态环境影响小、风险可控的实施简化管理，试行环评豁免、告知承诺制、简化环评内容等改革措施。（黄紫纯）

市府办工作

【办文办会】 2021年，河源市人民政府办公室按照办文办会工作细则，做好来文办理和会务安排工作，规范办理程序。

公文规范高效办理 按照来文内容，研究法规政策、背景资料，撰写高质量拟办意见供领导决策，提升公文拟办质量。坚持急件即办，平件速办，特提件第一时间办理的原则，对可直接呈批的立即呈批，对需深入研究的，马上组织研究，提高办理效率。及时跟踪在办文件，按时间节点提醒领导处理文件，注重督查催办。2021年办理各级各单位给市政府或市府办公室来文8300多次，其中本级来文3800多件、上级及其他来文4800多件；办理疫情防控文件1700多件，其中本级来文200多件、上级及其他来文1500多件。严格控制以市政府（或办公室）名义下发的文件数量，按照中央八项规定精神和省委、省政府相关要求，精简文件，可发可不发的文件坚决不发，可由部门印发的文件不由市政府（或办公室）印发。2021年，以市政府名义下发正式文件34个，以市府办公室名义下发正式文件31个，达到正式发文总数不超过100个的工作要求。

提升会务活动质量 按照中央八项规定精神有关工作要求，大力精简会议数量，提升会议质量和效率。完善会议办理机制，强化会前准备、会中服务、会后落实三大环节管理，切实做到深入细致、精益求精，提高办会服务工作的效率和质量。2021年，共召开市政府党组会33次、市政府常务会议43次、联审会43次；负责草拟或办理的上级领导及有关兄弟市团组到河源市考察调研的行程安排33次，其中省政府领导调研行程安排9次；草拟市领导公务活动安排方案185个，其中县区调研30次，组织收看收听上级电视电话会议（含疫情防控）169次，组织疫情防控方面的会议48次。

【参谋助手】 2021年，河源市人民政府办公室围绕市委、市政府的中心工作，履行综合协调、统筹全局的职责，勇于担当，积极谋划、指导、督促、配合部门落实有关工作。

主动做好统筹协调 各位副秘书长牵头协调，推进疫情防控、稳住经济大局、生态环境保护、公共服务提级扩能、灾后重建、防灾减灾、乡村振兴、脱贫攻坚等重点工作，推动出台《河源市民宿管理实施细则》《河源市三线一单生态环境分区管控方案的通知》《河源市新丰江水库及其主要支流水环境（降氮控磷）综合整治行动方案（2021—2025年）》等重要文件。同时，配合开展授予江东新区第三批市级经济和社会管理权限，推进岭南现代农业科学与技术广东省实验室河源分中心（灯塔实验室）建设和农村集中供水攻坚工作等。

扎实做好以文辅政 始终把起草文稿作为办公室的重要职责，坚持提高文稿质量，围绕市委、市政府和上级党政的重大决策和部署，准确把握领导意图，紧贴基层工作实际，做好文稿起草工作，力求思路清、角度新、语言准。坚持从领导的角度、全局的高度去思考、谋划和处理问题，文稿质量明显提升，完成2021年《政府工作报告》的起草和修改完善工作，完成市委七届十二次、十三次全会的有关材料任务。2021年，共起草、核改各类文稿约730篇、200万字。

积极做好沟通联络 加强与上级办公厅和下级办公室、与部门的沟通交流，加强与市委、人大、政协、两院衔接联系，在工作上争取支持和密切配合；统筹各方，沟通左右，及时上情下达、下情上达，确保政府各项工作的开展。

【督查督办】 2021年，河源市人民政府办公室聚焦重点工作，强化督查督办，将《政府工作报告》督查重点任务分解细化，逐一明确分管市领导、各承办单位及负责人。对市政府承诺的十件实事及年度重大部署工作，也明确工作职责、工作进度和具体要求。按照“逐项推进、逐件检查、逐个落实”的原则，对《政府工作报告》、十件民生实事实行“亮灯管理”；对市政府常务会议决定、市政府主要领导批示交办事项等进行督促检查，动态掌握具体落实情况。市政府主要领导定期召开县区长座谈会研究推进进展缓慢事项，市政府督查室加强会议事项的督查督办，完善督查工作的网络体系，形成上下联动、左右协同、齐抓共管、层层抓落实的督查工作运行机制。2021年，市政府督查室共承办涉及上级来文及交办事项，国务院、省、市政府工作报告督查重点任务，省市十件民生实事，市政府常务会议决定事项、专项工作等督查事项1343项。其中，国务院、省、市政府督查重点任务364项，省市十件民生实事27项、市十件民生实事31项，市政府常务会议决定事项60项，“互联网+督查”平台200项；市政府主要领导调研、检查、批示、专题会议交办事项295项，涉政府系统落实2021年上级考核检查通报重点事项31项，国务院督查激励工作30次，开展、参与现场督促检查调研及会议约240次；拟写《河源政务督查》（通报、专报）25期、各类督查通知约40份。

【政务信息公开】 2021年，河源市人民政府办公室围绕深化改革、“六稳”“六保”、改善民生、助力政府建设等重点工作，推进政务信息和政务公开工作。全面加强政府网站和政务新媒体监管，严格落实每周2次通报制度，压实各单位工作责任，切实提升工作效能；统筹做好信息公开、内容保障、舆情观测应对等工作，重点推进市县级主动公开基本目录和政府信息公开年度报告的编制发布、政府现行有效规章的集中统一公开、市政府网站重点领域专栏的优化调整等工作；严格实行全国公众假期和重要时期24小时应急值守制度，特别加强全市庆祝中国共产党成立100周年网络保密防范和安全防护值守工作，确保期间政府网站和政务新媒体安全运维。发挥政府公报“传达政令、宣传政策、指导工作、服务社会”的作用，编发《河源市人民政府公报》14期，发行总数达4.2万份。高质量严要求答复群众诉求，全年办理网民给总理、省长留言62件，办理网民在省政府门户网站留言16件，主要涉及土地纠纷、劳资纠纷、农村用水用电等问题，均按时按质回复，办结率100%，切实做到“件件有回音、事事有着落”；全年办理19个依申请公开文件，严格按照《中华人民共和国政府信息公开条例》进行规范答复，为申请人依法获取政府信息提供便利，全年答复实现“零复议”“零诉讼”。政务信息报送工作保质保量，全年编印《河源政务信息》80期，被省采用13条信息，得分在200分以上。到县区及市直部门开展工作调研，组织召开全市政务公开、政务信息培训会，提高全市政务公开、政务信息工作人员业务水平。

【“放管服”改革】 2021年，河源市人民政府办公室推动“放管服”改革工作持续深化，督促市直相关部门推动行政审批流程再造，权责清单动态调整，工程建设项目审批制度改革，推行证明事项和涉企经营许可告知承诺制，提升政务服务效能等，并制定《河源市2021年“放管服”改革重点工作安排》，明确改革工作的重要抓手、目标要求、任务分工。为优化江东新区发展和服务环境，持续激发江东新区发展新活力，完成赋予江东新区第三批市级经济和社会管理权限68项，涉及自然资源、住建、发改、城市管理及水务五大领域。组织对江东新区、市高新区自2017年以来接权运行情况的“回头查”，仔细了解新区授权事项的运行情况、取得成效及存在问题等，并针对性提出意见建议，为做好简政放权工作凝练宝贵经验。组织开展“放权强市”改革工作落实情况调研，全面掌握市直部门自2017年以来省政府及省有关部门调整至地市实施的省级权责清单事项、行政职权事项承接情况，总结工作经验，发现存在短板，并向省提出意见建议，深入推进和完善“放权强市”改革工作，同时向《南方日报》报送3篇改革案例参与全省典型案例评选。

【脱贫攻坚与乡村振兴衔接】 2021年，河源市人民政府办公室推动脱贫攻坚政策举措和工作体系向乡村振兴平稳过渡，确保实现同乡村振兴有效衔接。2021年，市政府办公室对口扶贫村北坑村党支部被评为全市先进基层党组织。驻村工作队和村干部走家串户充分宣传换届政策和纪律，全面发动村民参与选举，在规定的时间节点完成村级换届工作。2021年村集体收入达到50万元以上。同时，贯彻落实国家、省和市有关乡村振兴的工作要求，派出精兵强将开展乡村振兴驻镇帮扶工作，巩固脱贫攻坚成果，全面推进乡村振兴。

【应急值守】 2021年，河源市人民政府总值班室安排专人分管，落实专人负责、专职人员值班。严格落实岗位责任制，严明工作纪律，值班人员实行24小时全天候值班工作制度，始终坚守岗位，确保值班值守工作严谨、有序。做好市领导政务活动信息汇总和发布工作。2021年，累计接报各地各部门报告相关重要紧急信息1385条，向市有关领导编发手机短信息6.8万余条，编发《值班信息》183期，及时向省政府总值班室报告《突发事件信息专报》15期，未出现迟报、漏报等情况。强化值班值守督促检查，2021年，抽查221个单位2968人次，确保领导指挥体系畅通和值班工作平稳有序，全力维护社会大局稳定。（何维莉）

信访工作

【概况】 2021年，河源市信访局深入学习贯彻习近平总书记关于加强和改进信访工作的重要指示精神，坚持以人民为中心的发展思想，坚持和发展新时代“枫桥经验”，切实扛起为民解难、为党分忧的政治责任，统筹推进信访安全服务保障和基础业务提质增效，全市信访工作取得明显成效，在2021年全省信访工作考核中获得优秀等次。2021年，全市信访总量5701件，比上年增长4.1%。其中来信1090件次，比上年增长61%；来访1364件次，增长26.5%；网信3247件次，下降12.8%。

【矛盾纠纷化解】 2021年，河源市信访局推行党政主要领导、分管领导带头落实值班接访以及包案化解工作制度，高位推动化解一批“骨头案”“钉子案”。依托市委书记、市长“面对面”解决群众“急难愁盼”问题机制，深入开展民生重点领域信访突出问题化解专项行动，排查化解一大批重点民生领域突出信访问题。深入开展集中治理重复访、化解信访积案专项工作，中央联席办交办第一批重复信访治理案件356件，审核认定化解340件、审核认定化解率95.51%，督办倒流3件、倒流率0.8%。第二批重复访治理案件128件已全面落实全员包案，正在全力加快推进化解。严格落实全员包案工作，市信访局干部职工58人次、3批、包案471件。其中第一、二批共308件，办结率均为100%，第一批信访部门满意率65.8%、责任单位满意率63.3%，第二批信访部门满意率73.9%、责任单位满意率73.9%；第三批163件、已办结163件、办结率100%，信访部门满意率100%、责任单位满意率97.1%。

【信访超市建设】 2021年，河源市信访局高质量推进县（区）信访超市标准化建设，全面完成全市6个县区及江东新区的信访诉求综合服务中心（信访超市）标准化建设任务，同时将信访超市延伸到乡镇建站村居设点，共建设101个群众信访诉求综合服务站和1382个群众信访诉求综合服务点。各县（区）信访超市统筹行政、司法等有关职能部门和人民调解员、法律顾问、心理咨询师等力量，让职能部门和专家团队在化解信访领域突出问题中发挥关键作用，以“一站式接待、一揽子调处、一体化解决”工作模式，实现群众矛盾纠纷化解“只进一扇门、最多跑一地”。

【信访专项治理】 2021年，河源市信访局加强协调对接联络，深入开展重点信访事项专项治理工作，以最高政治站位、最严工作要求、最有力措施落实排查化解、督查督导等工作。

（胡　昱）

移民安置

【概况】2021年，河源市水库移民系统深入贯彻习近平新时代中国特色社会主义思想，牢牢把握国家后期扶持中长期目标和实施乡村振兴战略有关要求，扎实推进党史学习教育与移民业务工作有机融合，全市移民工作有序开展，成效明显。河源市《金色阳光照亮移民发展致富路——广东省河源市水库移民村光伏发电模式探索》创新经验入选国家水利部后扶发展典型案例；河源市移民美丽家园建设经验做法《河源市扎实推进水库移民美丽家园建设》在省水利厅简报上得以推广。2021年，获全市党史知识线上竞答活动集体第一名；获评市直机关创建模范机关先进单位。

【移民美丽家园】2021年，河源市水库移民工作局结合乡村振兴战略，推进移民地区美丽移民村、道路交通、水利设施、饮水安全、污水垃圾处理、文化教育、医疗卫生、供电及通讯等项目建设，全年审批后期扶持资金计划项目477个。移民美丽家园建设作为“十四五”期间水库移民后期扶持重点任务之一，2021年，河源加大资金投入，重点打造10个具有河源特色、生态宜居的市级美丽家园示范点，辐射带动县区移民美丽家园建设，整体提升移民村村貌，全面改善移民生活居住环境条件，移民获得感和幸福感显著提升。

【移民生产生活】2021年，河源市水库移民工作局探索产业发展新模式，引导和扶持移民发展特色农产品种植，并通过“公司运营+村委监管+移民户参与”模式，选定省定贫困村东源县义合镇曲滩村开展屋顶光伏发电项目，让移民户“零投入”“零风险”实现长期稳定收益；聚焦医疗卫生保障，从移民项目资金中切块资金对省属水库移民购买新型农村合作医疗保险给予补助；对实施复明手术的移民给予手术费补助，切实强化移民生产生活保障。2021年，全市移民年人均可支配收入增速继续领先全市农村居民。

【移民园区管理】2021年，河源市水库移民工作局围绕厂房宿舍维修维护、完善园区服务配套、园区安全生产等方面，靠前服务、主动作为，市水库移民工作局领导和业务部门经常深入厂区调研检查，定期召开园区企业、租户座谈会，在解决问题上下功夫，着力改善营商环境。至2021年年底，市级移民工业园区厂房出租率94.7%，解决当地劳动力2000多人，进驻企业创税2600万元，上缴租金1593万元，进驻企业的订单量全面超过同期订单量，乘势而上，实现“全年精彩”目标。

【移民培训工作】2021年，河源市完成移民培训1598人次，其中市级重点开展全市大中型水库移民村干部业务培训198人次；县区举办移民干部业务培训、“十四五”规划编制培训、农产品营销培训、移民种植技能培训等1400人次。通过培训，提高移民干部业务能力水平，造就一批移民产业发展能手，实现移民更充分就业。

【移民资金项目监管】2021年，河源市水库移民工作局贯彻移民政策法规，规范移民资金使用与项目管理。持续完善全市水库移民资金管理系统，派出专门力量开展巡回监管检查，抓好移民资金项目审计、稽查、绩效评价及监测评估等工作；提前做好项目储备，实现由“钱等项目”到“项目等钱”的转变；利用全省水库移民动态监管系统，核定水库移民人口，对相关信息进行动态管理，提高水库移民后期扶持工作效率和管理水平。2021年11月，省水利厅公布广东省2020年度水库移民后期扶持资金绩效自评复核结果，河源市位居全省第五、粤东西北地区第一。

【移民信访】2021年，河源市各级移民部门严格落实市县镇村四级联动机制，坚持开门接访、依法办访，优化矛盾纠纷多元化解机制，采取横向联动和纵向深入等方法，实现各级资源共享，积极解决移民信访反映的热点难点问题。2021年，市县（区）移民部门全年接访移民群众75批、125人次，比上年下降33%，处理群众来信23件（重复件9件）。其中，市移民局接待22批、49人次，下降38%，处理移民群众来信2件。信件及时办理率及按期办结率均为100%。

（袁　芳　钟舒珊）

政务服务

【“数字政府”改革建设】2021年，河源市政务服务数据管理局实行规划引领，以政务云、网、数建设为抓手，着力构建数据治理共建、共治、共享工作格局。夯实基础设施建设。率先在粤东西北地区完成市级政务云建设试点市建设任务，共部署运行82个单位的175个政务信息系统。开展全市电子政务外网升级改造，完成电子政务外网互联网出口三级等保建设，提高政务外网安全防护能力。逐步建立完善政务数据管理应用体系，推动完成省统一部署实施的省政务大数据中心河源分节点基本架构功能建设。规范管理政务信息化服务项目。印发《河源市人民政府办公室关于印发河源市市级政务信息化项目管理办法的通知》，以项目建设驱动数字政府改革建设，明确项目建设单位、财政、审计等部门的职责，为市直各部门协同做好政务信息化项目管理工作提供依据。2021年，完成市级政务信息化项目立项评审56个、项目验收30个，通过规范政务信息化项目管理，累计核减项目预算22.9%。全面监督政务服务行为。推进市政务服务综合效能监督系统县区对接应用实施工作，实现市、县区级全覆盖，运用信息化系统监督政务服务；将全市政务服务大厅1845个窗口纳入“好差评”系统平台，实现线上线下一体化评价，强化“好差评”常态化测评，采取季度测评、年度考核相结合方式，定期对政务服务“好差评”管理体系、政务服务便利度、数据管理应用、“12345”政府服务热线等指标进行测评，高效推进工作落实，使政务服务提质增效。推进网上中介服务超市工作。强化监督管理，要求各单位凡使用财政性资金购买中介服务事项清单中的中介服务，必须100%通过网上中介服务超市选取采购；出台《关于进一步明确河源市网上中介服务超市选取方式的通知》，优化直接选取方式；召开全市网上中介服务超市工作推进会，开展市级及五县三区网上中介服务超市操作业务专题培训8场次，在全市范围内加大中介服务超市宣传推广力度，引导各单位及企业通过省中介超市平台购买中介服务。全市中介超市项目业主入驻1082家，采购项目交易量1243宗。

【政务服务能力提升改革】 2021年，河源市政务服务数据管理局深化“放管服”改革，全面优化审批流程，深化政务服务“一网通办”，打造政务服务新模式。推进政务服务事项标准化。完成40个部门、1574个事项颗粒化梳理和办事指南优化编制，对200个事项进行了“四免”优化（政府部门核发的办理材料免提交、可用电子印章的免用实物印章、业务表单数据免填写、可用电子签名的免用手写签名），提升行政审批效率。加快工程建设项目审批制度改革。在广东政务服务网开设工程建设项目“一网通办”主题集成服务专栏，按照省统一部署，完成市工程建设项目审批管理平台与省工程建设项目“一网通办”主题集成服务系统对接，实现全市工程建设项目审批线上“一次登录、一网通办”。在全市各级政务服务大厅设立工程建设项目审批服务专窗，提供综合服务，实现工建项目线下“一窗受理、一次办好”。推进工程建设项目并联审批、联合验收等工建审批关键环节改革，有效提升审批效率，政府投资类项目全流程审批时限压缩至90个工作日，社会投资类项目全流程审批时限压缩至50个工作日。推进企业开办审批改革。不断优化企业开办专窗服务，将设立登记、印章刻制、发票申领、公积金缴存登记、银行预约开户等整合成“一个环节”，企业开办主要环节在1个工作日即可完成，企业设立登记由原来的3个工作日压缩到0.5个工作日，实现企业当天即可开张营业。推动“一件事”主题服务落地实施。立足群众眼中的“一件事”，推动多部门、多环节事项业务整合、流程优化，完成“一件事”软件系统开发和广东政务服务网专题门户建设，并配套制定“一件事”主题服务业务流程，实现22个“一件事”可办业务在广东省政务服务网上线运行，为群众提供方便快捷的“套餐服务”。全面推进政务服务“跨域通办”。按照省统一部署推动300个高频事项实现“跨省通办、省内通办”，与江西赣州、广西贺州签订“跨省通办”合作协议，与深圳、广州、东莞、惠州、汕尾、云浮等市建立“跨城通办”合作关系，在市域范围内县、区之间实现政务服务“市内通办”，累计上线2367个“跨域通办”事项。线下在政务服务大厅设立“跨域通办”专窗，线上在广东政务服务网设置《跨域通办》主题服务专栏，基本实现企业和群众“进一扇门、上一个网、办两地事”。创新政务服务方式。坚持以人民为中心的理念，依托企业群众办事的主阵地市政务服务大厅，开展“我为群众办实事”实践活动，持续提供“中午不停歇”及延时服务、上门服务、错时服务、帮办代办陪办服务、免费速递服务、设立“办不成事”反映窗口等个性化服务，实现便民利企“有温度”。全年累计办理“中午不停歇”及延时服务780项，为特殊群众提供上门帮办服务48人次，免费寄送邮件8072件，“办不成事”反映窗口受理并现场协调解决群众一般问题242宗、集中协调解决疑难问题21宗，办事满意率99.99%，群众获得感、幸福感显著增强。持续深化“粤系列”移动政务服务平台应用。粤省事上线事项935项，实名注册用户达344.5万户。15.7万户市场主体注册使用粤商通，河源市惠企利民服务平台接入“粤商通”App移动端，实现惠企利民政策补贴事项“不出门”“掌上办”。“粤政易”覆盖市、县、镇、村四级公职人员，开通人数7.2万人，激活人数6.8万人，日均活跃人数4.2万人。市政数局联合市农商行推行“政务+金融”模式，在村（街道）完成1331台“粤智助”政府服务自助机投放，实现1249个行政村“粤智助”投放全覆盖，打通了基层政务服务“最后一百米”，推动基层群众办事“就近办、自助办、智能办”。

【政务服务便民热线】 2021年，河源市“12345”政府服务热线高效完成国家部委及省内各部门设立的34条热线优化整合工作，并将“河源市‘12345’政府服务热线”更名为“河源市‘12345’政务服务便民热线”。2021年7月，河源市“12345”政府服务热线平台信息化建设项目（第一期）完成建设，利用大数据整合分析技术，多方位、多维度归集、分析、展现群众诉求的焦点、热点和部门办理的难点、堵点，充分挖掘热线海量数据价值，为推进社会治理现代化、城市管理精细化以及数字政府建设提供有力支撑。2021年，河源市“12345”政务服务便民热线共受理有效热线事项299001宗，比上年上升25.6%，其中当场答复热线事项173960宗，转办工单125041宗，办结296199宗，办结率99.1%。

【建立市委书记、市长“面对面”解决群众“急难愁盼”问题机制】 2021年，河源市委、市政府结合党史学习教育“我为群众办实事”实践活动，建立市委书记、市长“面对面”解决群众“急难愁盼”问题机制。“面对面”机制是“12345”热线一项创新解决民生问题机制，通过整合各类诉求反映渠道，收集突出民生问题，建立民生事项库。每月围绕一类民生主题通过微信小程序开展公开征集，广泛征集群众意见建议，精准锁定群众“急难愁盼”问题。2021年，召开3场“面对面”座谈会，推动解决“看病难”“饮水难”“上学难”突出民生问题1167宗。（李　悦）

应急管理

应急管理综述

【概况】 2021年，河源市以习近平新时代中国特色社会主义思想为指导，学习贯彻落实习近平总书记关于应急管理工作的重要论述、重要讲话和重要指示批示精神，按照广东省应急管理厅关于应急管理工作的部署要求，坚持“人民至上、生命至上”的发展理念，全面落实各项安全防范措施，防范化解各类安全风险，各项工作均取得明显成效。2021年度，安全生产形势总体稳定可控，亡人事故起数比上年分别下降20.2%和21%；防范应对16轮较强降雨，实现洪涝灾害、台风灾害防御零伤亡；遏制森林火灾，实现清明、中秋、国庆、重阳等重大节假日零山火。

【安全生产】 2021年，河源市发挥市安全生产委员会办公室统筹协调作用，落实各项综合监管措施，修订完善《河源市党政部门及中央、省驻河源有关单位安全生产工作职责》，厘清相关职能部门安全生产职责，实现安全监管全覆盖、无盲区、全方位，压紧压实安全生产企业主体责任、行业监管责任和地方属地监管责任，织密织牢安全生产责任网，安全生产形势总体稳中向好。组织开展安全生产专项整治三年行动，统筹组织开展重点时段、重点行业领域事故隐患排查整治，特别是6月13日湖北十堰市张湾区艳湖社区集贸市场燃气爆炸事故发生后，河源市安全生产委员会办公室迅速派出5个督导组深入各县区各相关部门开展安全生产大排查大整治专项督导行动，全面推动各级各相关部门履行安全生产职责，落实各项防范措施。2021年度，全市累计出动检查人员58622人次，检查各类生产经营单位28705家，排查发现并消除事故隐患36135处。牵头组织开展系统防范化解道路交通安全风险各项工作，成立工作专班办公室，统筹《河源市系统防范化解道路交通安全风险工作方案》19项、64小项任务落实，推动建立“七个一”工作机制（每季度召开一次全市会议、每周一次调研指导、每周一研判、每周一通报、每天一集中、每天一报告、每月一督导），组织开展综合督导8次。2021年3月11日至12月31日，全市发生一般道路交通事故1773起，死亡154人，比上年分别下降16.8%、29.7%；发生较大道路交通事故2起，比上年减少1起。实现道路交通事故起数、死亡人数和较大道路交通事故持续减少，坚决防止重特大道路交通事故的目标。推进应急管理部门监管行业安全生产工作，持续开展危险化学品、烟花爆竹经营“打非治违”专项行动，组织开展尾矿库全覆盖检查，强化烟花爆竹、工贸行业安全生产监管，防范化解安全生产风险。2021年，累计出动执法人员1068人次，检查企业2162家，排除事故隐患9292余处，捣毁危险化学品、烟花爆竹非法储存经营窝点6个，安全生产基础夯实，本质安全水平提升。

【防汛救灾】 2021年，河源市创新实施“防汛六问”举措，对镇级领导干部、乡镇包村干部、村居包户干部分别提出“平时三问”（一问“是否清楚辖区内危险区域、削坡建房、泥砖房的常住人口情况”，二问“是否设置好应急转移安置场所”，三问“是否储备好群众生活应急物资”）和“战时三问”（一问“本镇危险区域、削坡建房、泥砖房的群众是否都转移出来”，二问“转移出来的群众是否都安置好”，三问“镇里的交通、通信、供电是否都畅通或正常”），以问促行，明确“防什么、怎么防”，并组织开展“防汛六问”培训79场次、7048人次，全面提升基层应急能力。河源市创新实施“防汛六问”举措的做法，得到广东省委、省政府的肯定，并通过《广东每日汇报》《广东政务信息》向全省各级各部门宣传推广。按照“雨前排查、雨中巡查、雨后复查”的原则，对重点区域、危险区域开展不间断巡查，河源市累计出动检查人员17864人次，检查排除风险隐患11836处（宗）。严格执行“县领导联系镇、镇领导联系村、村干部联系户”的三个联系责任对接机制和临灾转移“四个一”[“每户一对接”转移责任、“每村（居）一台账”转移清单、“每镇（街）一张网”转移体系、“每灾一行动”]工作机制，切实把主动避让、提前避让、预防避让作为刚性要求抓到位。河源市共组织紧急转移群众4次，共提前转移群众3587人次，实现人员零伤亡。深刻吸取国内多地气象灾害引发的事故教训，针对气象部门发布的暴雨黄色、橙色、红色预警信号，制定印发气象灾害预警应急联动机制“十五条”措施和市县防御工作指引，建立起气象灾害预警应急联动的长效机制。

【森林火灾防线筑牢】 2021年，河源市推进森林火灾隐患排查工作，按时完成森林火灾风险隐患数据外业采集工作，累计采集隐患点数据51566个，采集数据量在全省地市中排名靠前。河源市森林防灭火指挥部印发《河源市森林特别防护期森林防火宣传教育工作方案》，利用广播电视、电台、微信、报纸、宣传车、发放宣传单等多种形式开展宣传工作，在主要进山进村路口、交通枢纽、镇村政务公告栏、学校、森林旅游景区等醒目位置张贴宣传标语，向全市发出森林防火宣传教育提醒短信，在重点时间段播放森林防火公益广告，在全市中小学校组织开展森林防火知识宣传教育“五个一”（出一期森林防火知识黑板报、每个学生写一篇以‘倡导文明祭祀·共建绿色家园’为主题的作文、悬挂一条森林防火标语、上一堂森林防火知识课、组织学生向家长发一份护林防火倡议书）活动，形成浓厚宣传氛围。突出抓好清明、中秋、国庆等重大节日期间森林防灭火工作，河源市森林防灭火指挥部派出督导组，持续开展多轮驻点县区督导行动，督促各县区、100个有森林防灭火任务的乡镇和市森防指有关成员单位落实防控措施，实现重大节假日期间零山火。组织对河源市连平县大湖镇湖西村“1·13”森林火灾提级调查，对相关责任人进行从快从严问责；对河源市龙川县义都镇、铁场镇、丰稔镇和紫金县柏埔镇及连平县溪山镇、三角镇等乡镇发出整改督办函并对镇主要领导进行约谈提醒，形成森林防灭火工作的高压态势，倒逼基层森林防灭火主体责任落实。组织市、县（区）、镇（街）森林防灭火有关负责人一行到清远市阳山县进行实地参观学习，全面学习推广“阳山经验”，提升全市基层森林防灭火治理能力。

【应急管理体系完善】2021年，河源市成立市县两级应急救援总指挥部和11个专项应急指挥部，理顺三防、森林防灭火应急职能划分并完善相应责任落实工作分工。同时，市县两级应急指挥平台接入综治网打通应急指挥平台“最后一公里”，推进市县镇三级指挥中心和市县应急通信指挥车建设，储备卫星电话数量为330台、对讲机396台，实现全市所有镇街全覆盖。完成市县两级总体应急预案修订、28个市级专项应急预案修编、168个县级专项应急预案修订和村级“一页纸”应急预案修订，累计组织安全生产、防汛救灾、森林防灭火等各类预案演练288场次，参演人数达12103人次。推动出台《河源市基层应急救援力量体系建设工作方案》，推动全市镇街应急管理办公室实体化运作，力争利用3年时间建立健全基层应急救援力量体系，打通基层应急救援的“最后一公里”，得到广东省应急管理厅肯定，并在全省推广。同时，整合现有队伍资源，推动组建市级应急救援队伍23支、1305人，县级应急救援队伍44支、2151人。建立预警转移责任人对接机制，推动落实市县镇村四级联系人责任联系机制，建立所有行政村居灾害信息员队伍1670人，成立镇村应急转移工作组1406个，对全市5989名独居老人、伤残人士等特殊群体登记造册，落实临灾转移“四个一”工作机制。同时，河源市推进防灾减灾“十有”（有组织体系、有大喇叭、有警报器、有避难场所、有风险地形图、有明白卡、有应急通讯、有应急照明、有小册子、有宣传栏）建设，完成1440个应急避难所和95个应急避护场所规划建设，实现铜锣、手摇报警器、手持扩音器、口哨等报警设备所有自然村全覆盖，完成重点沿河村落655处简易水位站建设，全面推动村村通大喇叭。（翁家平）

消　防

【概况】2021年，河源市消防救援机构受理警情3793起，其中灭火救援1900起，抢险救援723起，社会救助（含其他）1170起。抢救疏散被困群众478人，抢救和保护财产价值近亿元。事故涉及人员死亡27人，受伤99人，其中火灾事故造成2人死亡，4人受伤；抢险救援事故造成25人死亡（交通事故17人、溺水3人、坠井2人、安全事故1人、坠楼1起、山地救援1起），受伤95人。成功处置源城“4·1”钢铁厂火灾、紫金“2·8”深井救援、“龙舟水”抗洪救援等急难险重任务。

【思想教育工作】2021年，河源市消防救援支队始终把“不忘初心、牢记使命”作为加强中国共产党的建设的永恒课题，持续深化党委班子“五个能力”（与时俱进的学习力、统揽全局的领率力、团结奋进的凝聚力、攻坚克难的执行力、清正廉洁的免疫力）建设，规范党委“七必议”（议教制度、议训制度、议管制度、议防制度、议廉制度、议财制度、议审制度）制度，选优配强机关科室和基层各级党组织班子，举办2期党组织书记培训班，培训党建工作“明白人”45人。全面理顺党群团关系，机关和基层两级共青团、工会、妇联组织全部成立并实体化运作，规范设置专职队党支部14个。参政议政和建言献策，6名指战员当选地方党代表、人大代表。创新开展“蓝朋友”（指消防员）讲党史、重走“两纵”（东江纵队、粤赣湘边纵队）革命路、“火焰蓝”（火焰蓝是国家综合性消防救援队伍制服的主色调，火焰蓝体现的是这支队伍的职业特性和职业责任，象征着这支队伍守护人民群众生命财产安全的热情和决心）助学金等活动，挂牌成立3个教育基地（阳明博物馆思想政治教育基地、阮啸仙故居思想政治教育基地、连平县博物馆廉政教育基地），组建“火焰蓝”心理服务队定期巡回心理辅导，承办总队“蓝焰心向党、奋进新征程”先进典型事迹报告会。与河源职业技术学院签订《队校合作框架协议》并挂牌成立槎城“火焰蓝”学院；16人次入选“南粤消防优才计划”三级教员，3人考取中国消防救援学院，64名指战员参加在职学历教育，全市76%指战员获得大专以上学历。

【消防监督】2021年，河源市消防救援支队适应国家治理体系和治理能力现代化，提请市、县两级政府挂牌督办火灾高风险区域14个、重大火灾隐患单位19个，强力推进重大火灾隐患整治；强化行业部门联合监管，与公安、应急、住建、教育等7个部门建立风险会商、预警研判、信息共享、联合检查、警示约谈和宣传教育等机制，开展各类联合行动30余次，夯实火灾防控基础；汲取国内外火灾事故教训，协调相关行业部门集中开展“三合一”（住宿与生产、储存、经营等一种或几种用途混合设置在同一连通空间内的场所）、“三小”（小档口、小作坊、小娱乐场所）场所、出租屋群租房及类似场所大排查大整治工作。结合辖区火灾形势，因地制宜开展镇（村）级工业园区、农村地区独居老人居住场所和民宿行业等专项治理，全面提升消防安全治理水平。全市挂牌成立6家“消防所”，市高新技术开发区“消防所”独立实体化运行，构筑消防监管新模式；强化信息化支撑，全市“智慧消防”项目完成6家试点单位建设工作。

【实战练兵】 2021年，河源市消防救援支队发挥核心带动效应，建强源城区、江东新区和东源县等核心队伍，构建“1小时增援圈”，以核心强队辐射保障全市各县区。谋划综合性消防救援专业队建设，打造专业实训体系，建强高层建筑、城市综合体、水域救援、高空绳索救援等专业队伍，新建1支30个单元、83名消防救援人员的高层建筑灭火救援作战编成队伍，在全省率先组织开展“六个一”（预案编制、业务授课、案例分析、装备教学、想定作业、训练组织）评比活动，结合“一短三快”（接警短，出动快、到场快、出战灭火快）试点工作创新高空山岳救援操法，选送6人参加全国水域救援技术骨干培训班，2人获得教练员资格。开展“守护2021”地震救援、抗击洪魔水域救援等实战拉动演练7次，举办游泳救生员培训、心肺复苏培训、小型船舶驾驶员培训、高空绳索救援等9类、263人次的实训班。与气象、海事、交警铁骑队等13个行业部门建立联动响应保障机制，依托市皮划艇训练基地开展水域救援专业培训，在市泳跃游泳馆挂牌成立游泳指定训练馆，与蓝天救援队、退役军人志愿队开展技术交流，实现与社会救援组织在训练设施、资源、技术上的共享，以常态化联训不断提升协同作战能力。

【消防宣传】 2021年，河源市消防救援支队邀请全国人大代表缪国乐为河源消防宣传代言，并就经济欠发达地区的老旧小区“智慧消防”建设向全国人大提案，大力推动全市火灾防控和消防宣传工作；首次举办“忠诚到永远—藏品中的人民消防”主题展，吸引数万名群众前来“打卡”；联合共青团河源市委建立12个“消防驿站”宣传点，开设全市应急消防科普教育基地“线上+线下”同步预约功能，年内接待群众超过15万人；携手“南粤家政”，联合快递、外卖小哥，近5万相关从业人员“上门入户”送消防知识。结合“我为群众办实事”“119”消防宣传月和“百车南粤万村行”等活动，发动行业部门和社会志愿力量开展消防安全知识宣传，累计发放宣传资料近10万份，播放消防公益广告3万余条次，发送消防安全提示短信400余万条。采取“实地+线上”模式，为近6000余家场所近100万群众开展消防安全培训；在“南方+”、《河源日报》、《河源晚报》等媒体开设消防专栏，录播32期《河源消防》电视栏目，扩大消防宣传覆盖面。年内，在中央媒体、省级媒体、市级媒体分别上稿45条、32条、737条。新媒体素材被中国应急管理、中国消防、广东消防等新媒体采用335条。

【公共消防基础设施建设】 2021年，河源市消防救援支队贯彻落实财政部38号文件精神，出台贯彻《国家综合性消防救援队伍经费管理暂行规定》实施意见，全市消防救援队伍纳入财政一级预算单位管理。2021年投入3162.82万元购置各类消防车8辆、器材3137件（套），车辆装备结构进一步优化；开展全市消防救援队伍装备巡检、装备性能测试，发明车载排除电线障碍装置，完成515件灭火防护服和445件抢险救援服统型工作，推动装备建设由数量规模型向质量效能型转变。年内，建成2个高速公路消防救援站（粤赣高速公路热水服务区消防救援站、粤赣高速公路和平服务区消防救援站）、1个小型消防救援站（东源县蝴蝶岭工业园消防救援站）和2个政府专职消防队（紫金县黄塘镇政府专职消防队、连平县陂头镇政府专职消防队），源城区文星消防站、江东新区消防站完成主体工程建设，源城区消防救援大队公寓房完成旧楼拆除、连平县消防救援大队公寓房完成地基建设，源城区文昌路消防站样板房工程全面完成升级改造，东源县水域救援训练中心完成外部结构搭建。

【消防救援队伍建设】 2021年，河源市消防救援支队下辖6个消防救援大队、8个执勤消防站、1个大队筹备组和36个直管政府专职消防队。支队注重用党的奋斗历程和伟大成就鼓舞斗志、明确方向。年内，举办纪念授旗训词三周年文艺调演暨颁奖晚会。连平中队副中队长谢振威在2019年河源市“6·10”“6·12”抗洪抢险救援战斗中表现突出，立个人二等功，并在2021年获评“南粤消防忠诚卫士”。同年，市消防救援支队2名消防救援人员获评“广东好人”，2个大队立地方集体三等功，4名个人获省级表彰，4个集体、10名个人获市级表彰，1人获评省委组织部“优秀党史宣讲员”，1人入选市“党史百姓宣讲团”“青年讲师团”成员，全国火调比武、广交会、珠海航展消防安保均有河源消防监督员的身影，“火焰蓝”良好形象深入人心。 （刘文杰）

接待工作

【概况】 2021年，河源市接待办以习近平新时代中国特色社会主义思想为指导，围绕市委、市政府中心工作，发挥后勤保障职能，完成各项接待任务。2021年，接待来宾897批、7709人次。其中，国家领导人和省部级领导33批、519人次；厅局级领导干部314批、2810人次；港澳台来宾及外宾6批、83人次；检查组、调研组127批、833人次；参观考察团组25批、482人次；其他来宾392批、2982人次。

【重要政务接待】 2021年，河源市接待办把牢政务接待的政治属性，用心用情用功完成接待省长马兴瑞，林克庆、叶贞琴、黄业斌、张新、王曦、黄先耀、薛晓峰等省部级领导；乡村振兴审计组、国务院根治农民工欠薪第十核查组、省政法教育整顿督导组、省委党史学习教育指导组、全省撂荒耕地复耕复种现场会、市领导班子换届省委干部考察组、中共河源市第八次代表大会等重大接待任务；协助省接待办完成冬休、珠海航展等重要接待任务。（黄婷婷）

机关事务

【财务管理】 2021年，河源市机关事务管理局坚持依法理财、科学管理的原则，落实“过紧日子”的要求，牢固树立改革创新和资金效益意识，贯彻落实各项决策部署，保障机关事务工作高效运转。协调做好预决算管理，强化财务预算支出管理，严格把好机关公共运转经费管理关和“三公”经费[政府部门公务出国（境）经费、公务用车购置及运行费、公务接待费用]、会议经费开支的审批报账关，依法依规执行政府采购规定，完成项目采购62宗。连续18年获全市财政决算工作先进单位称号。

【房管工作】 2021年，河源市机关事务管理局推动办公用房统一权属登记，全面完成河源市党政机关办公用房信息统计报告工作，推动接入省机关事务管理局党政机关办公用房管理信息系统。统筹调剂办公用房，盘活存量资源，11家市直单位办公用房不足问题得到有效解决。规范市直单位办公用房维修管理，严格履行审批手续，确保办公用房修缮改造不超标、不违规。扎实做好市机关事务管理局直接管理的办公用房日常修缮和房屋安全管理工作，全年实施办公用房零星修缮186宗。

【安保工作】 2021年，河源市机关事务管理局坚持人防、物防、技防并举措施，常态化抓安保队伍建设，定期开展思想摸排和教育培训工作，全面提升安保人员思想水平和业务技能，加大所负责管理的办公区（生活区）消防巡查、值班巡逻力度，持续深化电子通行证等信息化管理，技防、消防检查维护常态化深入开展，实施市机关大院3号楼、8号楼消防设施改造，实现安保工作“零事故”目标。市机关事务管理局负责管理的办公区（生活区）连续17年没有发生治安事件和消防安全事故，连续13年获全市平安单位称号。

【会务工作】 2021年，河源市机关事务管理局全面优化会议（活动）服务流程，完善制度和服务标准，制定市会议中心会议服务标准，举办高级商政务礼仪培训班，对市会议中心会议室、高清视频会议系统进行升级改造，软硬并举全力打造精细化标准化会议服务。全年承接会议服务619场次。

【厅级离退休干部服务】 2021年，河源市机关事务管理局用心用情为老干部办实事、解难事、做好事，做优政策落实，开展暖心服务，各项服务保障工作到位，得到老干部的认可。坚持开展走访慰问活动，全年慰问老干部113人次。做好老干部就医看病的服务工作，为老干部安排用车 560多车次，协助老干部解决看病就医困难280多人次。

【资产和公务用车管理】 2021年，河源市机关事务管理局国有资产管理扎实推进。加强行政事业单位资产清查核实，全面核查涉改事业单位固定资产台账，统计汇总27个涉改单位的资产信息，指导18个涉改单位开展资产清查工作，全面完成11个涉改单位资产处置方案的审核工作，严格把好行政事业单位国有资产处置关，对52个市直行政事业单位73项资产处置业务进行审核审批，完成84份市直行政事业单位资产处置备案工作。公务用车管理科学。制定《河源市公务用车业务指南》《河源市公务用车管理台账清单指引》，开展多形式公车培训交流活动，推动规范化管理。加强公务用车编制管理，重新梳理全市各级非参公事业单位公务用车编制，确定全市行政综合执法用车编制。加强公务用车标识、定位管理工作，全市各级党政机关公务用车安装北斗终端补装率30%以上。全面完成省开展公务用车管理审计发现问题专项整改工作和省开展公务用车监管工作专项整改。举办河源市新能源汽车推介会，推动河源市行政事业单位配备新能源汽车。

【机关服务】 2021年，河源市机关事务管理局交通运行服务方面，规范市四大机关公务用车服务平台车辆及驾驶员的管理，完善公务车辆维修保养事前审批报告和日常用车检车等制度，实行公务用车定点维护保养，科学调度使用车辆，开展驾驶员安全知识培训，为重要调研接待公务活动提供安全稳定的交通运行服务。全年提供交通运行服务约2850车次，行驶里程约40万千米。服务干部生活方面，密切关注和及时跟进领导干部服务工作，设立干部宿舍楼专职服务岗，提高膳食服务水平和供给质量，专人对接公务经费开支，全面落实易地任职领导干部办公用房、住房保障服务工作，得到领导干部的肯定。市机关大院环境方面，深入推进园林绿化、清洁卫生、安全保卫等物业管理社会化，完成新一轮物业管理招标工作；加大水电网络日常维保力度，实施市机关大院重要网络机房改造等10多项水电网络改造项目，13个办公区（生活区）物业服务质量得到有效提升。（廖蔚根）

派驻机构

【市驻北京联络处】 2021年3月，河源市人民政府驻北京联络处领导带队到东莞市驻京办开展学习、交流活动。4月，开展“学党史 忆先烈 鼓斗志”主题党日活动；举办河源籍北京高校学子座谈会。6月，成立考察小组协助河源市委组织部考察在京选调生。7月，与所驻惠新里社区联合举办“建党百年 红心向党”主题党日活动；举行向惠新里社区居委会捐赠物资仪式。10月，河源市委第四巡察组进驻巡察；全处党员干部前往党史展览馆举行主题党日活动；成功对接科技部，支持灯塔盆地创建国家农业高新技术示范区；协助东源县对接文化和旅游部，助力万绿湖创建国家AAAAA级旅游景区。（肖胜荣）

【市驻广州办事处】 2021年，河源市人民政府驻广州办事处发挥“桥梁”作用。向市政府主要领导汇报在穗河源籍优秀乡贤企业的发展情况，搭好家乡和异地乡贤企业家交流对接的平台，并为返乡投资、支援家乡建设的企业家做好服务、协调工作。做好信息工作。全年向市委办编报《信息参考》26期、104条信息。抓好资产管理，确保国有资产保值增值。河源市驻广州办事处获评全国各省市人民政府驻广州办事处信息协会2021年度先进单位、2021年度驻穗机构成绩突出单位，驻村工作队被河源市实施乡村振兴战略领导小组评为先进单位。单位帮扶村工作在全市考核中被评定为好等次。（陈铭涛）

政协河源市委员会

重要会议

【市政协七届五次会议】 中国人民政治协商会议第七届河源市委员会第五次会议于2021年2月1—2日在河源市区举行。会议议程：听取和审议中国人民政治协商会议第七届河源市委员会常务委员会工作报告；听取和审议中国人民政治协商会议第七届河源市委员会常务委员会关于七届四次会议以来提案工作情况的报告；收听收看河源市七届人大八次会议，听取和讨论市政府工作报告及其他报告；审议中国人民政治协商会议第七届河源市委员会提案法制委员会关于七届五次会议期间提案审查情况的报告(书面)；表彰中国人民政治协商会议第七届河源市委员会第四次会议以来的优秀提案；表彰2020年履职优秀委员；委员发言；选举中国人民政治协商会议第七届河源市委员会主席、常务委员会部分组成人员；审议通过中国人民政治协商会议第七届河源市委员会第五次会议决议。

【市政协常委会会议】 2021年，市政协召开常委会会议7次。

政协河源市七届二十次常委会会议 会议传达学习习近平总书记在省部级主要领导干部学习贯彻中共十九届五中全会精神专题研讨班上的重要讲话精神；传达贯彻省政协十二届四次会议精神，研究市政协贯彻意见；通报市政协2020年度委员履职情况评定结果；听取市政协常委述职报告；协商通过有关人事事宜。

政协河源市七届二十一次常委会第一次会议 会议听取市委副书记、组织部部长边立明就中共河源市委向大会推荐的七届市政协主席及常务委员候选人作有关情况说明，并协商候选人建议名单（草案）；审议选举办法（草案），总监票员、监票员名单（草案），政协第七届河源市委员会第五次会议决议（草案）；协商通过有关人事事宜。

政协河源市七届二十一次常委会第二次会议 会议听取各讨论组召集人关于讨论市政协常委会工作报告、提案工作报告以及市政府工作报告、《河源市国民经济和社会发展第十四个五年规划和二〇三五年远景目标纲要（草案）》和其他报告，酝酿协商七届市政协主席候选人及常务委员候选人的有关情况汇报；协商通过七届市政协主席候选人及常务委员候选人名单（草案）；通过选举办法（草案），总监票员监票员名单（草案）；书面听取政协河源市七届五次会议提案情况通报。

政协河源市七届二十二次常委会会议 学习习近平总书记在党史学习教育动员大会上的重要讲话精神和习近平总书记《论中国共产党历史》中关于“学好党史、新中国史、改革开放史、社会主义史”的有关论述；协商有关人事事宜，研究2021年度市政协常委会专题调研、专题视察工作。

政协河源市七届二十三次常委会会议 会议传达学习全省政协系统学习贯彻习近平总书记在庆祝中国共产党成立100周年大会上重要讲话精神座谈会精神、市委七届十三次全会精神和市委理论学习中心组（扩大）会议精神，并就优化营商环境和加快乡村振兴发展进行专题议政。

政协河源市七届二十四次常委会会

议　会议学习贯彻习近平总书记在中央党校（国家行政学院）中青年干部培训班开班式上的重要讲话精神、习近平总书记在中央民族工作会议上的重要讲话精神、习近平总书记在中央党外人士座谈会上的重要讲话精神、习近平生态文明思想，以及中央生态环境保护督察组在河源市调研精神和省委书记李希批示精神；审议通过有关人事事项。

政协河源市七届二十五次常委会会议　会议传达学习中共十九届六中全会精神和中共河源市第八次代表大会精神。会议决定，政协第八届河源市委员会第一次会议于2022年1月4—7日在河源市区召开。会议对《河源市人民政府工作报告（征求意见稿）》（以下简称《市政府工作报告》）进行协商议政，听取河源市人民政府关于河源市政协七届五次会议以来提案办理情况的通报。与会常务委员围绕《市政府工作报告》，就优化生态环境和营商环境，促进产业集群、发展生态旅游、推进乡村振兴、抓好医疗卫生和教育事业建设等方面工作，提出具体的意见建议。会议协商通过《政协第七届河源市委员会常务委员会工作报告(草案)》和《政协第七届河源市委员会常务委员会关于提案工作情况的报告(草案)》，市政协常务委员们对两个报告提出修改补充意见。会议还协商通过政协第八届河源市委员会第一次会议有关事宜，听取河源市政协各专门委员会工作报告及市政协常务委员履职报告。

重要工作和活动

【政治建设】　强化理论武装　2021年，政协河源市委员会牢牢把握人民政协是政治组织的根本属性，坚持把党的政治建设摆在首位，深入学习贯彻习近平新时代中国特色社会主义思想。学习贯彻中共十九届五中、六中全会精神，习近平总书记“七一”重要讲话精神和习近平总书记对广东系列重要讲话重要指示批示精神，开展党组理论中心组学习会12次，第一议题学习17次，政协常委会学习7次，组织主题党日、集中学习研讨、党员领导干部讲党课等形式多样的学习活动，引导广大政协委员和机关干部深刻认识“两个确立”的决定性意义，切实增强“四个意识”、坚定“四个自信”、做到“两个维护”。

加强党组织建设　坚持把中国共产党的领导作为最大的政治纪律和政治规矩，自觉加强党的领导。市委高度重视政协工作，定期听取政协党组专题汇报。市政协党组严格执行向市委全面报告、定期报告、专题报告、及时请示报告等制度。做到党政工作推进到哪里，政协工作就跟进到哪里，协商民主就开展到哪里。推进党的组织和党的工作全覆盖，全面落实全体会议、重要视察考察调研、集中培训期间设立临时党组织要求。

开展党史学习教育　落实中央、省委、市委关于开展党史学习教育活动的部署，组织开展“学党史、读党史”、党史学习教育及综合素质提升培训班、专题宣讲报告会、专家授课、专题宣讲会、纪律教育月专题学习会、参观革命遗址等系列专题活动，编印市政协及机关《党史学习教育简报》77期，以丰富的形式有效推动党史学习教育走深走实。开展“我为群众办实事”实践活动，市政协领导班子推进联镇包片工作，主席会议成员深入34个镇（街）、村，指导帮助基层和群众解决发展难题，打通服务群众的“最后一公里”；积极反映民生民盼，《关于优化河源市营商环境的提案》《关于加强电动自行车充电安全管理的建议》等一批涉及医疗、教育、交通、乡村振兴等群众“急难愁盼”的问题得到解决，推动经济发展与改善民生实现良性循环。

换届工作　按照省委、市委关于换届工作的部署安排，在市委的坚强领导下，完成市政协八届一次会议筹办工作，全面总结七届市政协工作成绩和经验，对未来五年工作作出全面部署。

【服务中心大局】　2021年，政协河源市委员会强化专门协商机构作用，围绕全市发展大局建言献策。聚焦市委“六个抓”重点工作部署，就优化河源市营商环境促进河源市经济高质量发展、加快乡村振兴发展开展专题调研视察，形成《关于优化河源市营商环境，推动经济高质量发展专题调研报告》和《关于加快河源乡村振兴发展的专题视察报告》提交市委、市政府，得到市委书记林涛、市长何国森的高度重视，林涛批示：“这两个专题选题准，调研深、分

2021年10月26日，2021年河源市政协常委暨机关干部党史学习教育及综合素质提升培训班在深圳大学罗湖校区开班（市政协办 提供）

析透、可借鉴性很强”，推动工作落地落实。各专委会结合自身职能就未成年人保护、提升河源市医疗机构服务质量和医疗水平、有效减轻中小学生课业和课外负担、生态旅游业发展、综合保税区建设等课题进行调研。2021年，报送调研报告7篇，组织开展专题协商14次、对口协商16次、界别协商9次。

强化民主监督职能，助推中心工作落地见效。以界别为纽带，以委员为主体，推荐委员担任特约监督员，选派委员参加有关部门组织的监督检查、考核评估、征询意见座谈会、重大案件审理等活动，为委员搭建反映呼声的平台，同时也为委员在界别宣传中国共产党的主张提供基础条件。2021年，组织协调委员开展监督活动112人次，为委员反映各界呼声、精准提出意见建议提供坚实保障。

强化为民宗旨，助推民生福祉持续改善。引导委员深入基层了解群众“急难愁盼”问题。发挥政协社情民意信息“直通车”作用，向市委、市政府报送社情民意信息32条，内容涉及公共服务、教育医疗、乡村振兴、城市提质等领域。其中《加强医保基金监管的建议》《关于规范临时交通管控设施使用消除交通安全隐患的建议》等10条得到市委、市政府领导的高度重视，市长何国森专门作出批示，推动有关部门研究落实。促进提案建议转化为工作措施，办理2021年立案的128件提案，已100%办复。市委、市政府主要领导、市政协领导班子成员领衔督办重点提案11件，各专委会督办重要提案14件，督办领导和委员们通过对口协商、界别协商、专题协商以及与提案承办单位进行面对面协商、专题调研、现场察看、电话咨询等方式，推动提案转化为实际效果，为推动补齐民生短板、解决人民群众关切作出政协贡献。

强化政治引领，加强交流凝聚共识。参与省政协组织的学习会、座谈会和“政协悦读”活动，派员参加省政协举办的“国是学堂”；组织省政协委员开展调研视察、学习考察、履职培训等；调研走访各县（区）政协和各乡镇（街道）政协联络工委，邀请县（区）政协干部职工参与市政协组织的学习培训，增强全市政协工作整体效能。密切党派沟通交流，以督办党派提案、邀请调研视察等多种形式，搭建各党派行使民主权利的平台；加强与港澳台同胞、海外华侨和宗教界人士交往交流，听取他们对做好凝聚共识工作的意见建议；推进乡镇（街道）政协联络工委建设，指导连平县上坪镇政协联络工委参加人民政协报社主办的首届人民政协“委员工作室（站）”案例征集活动，并获优秀委员工作室（站）称号。

强化文史宣传，传播河源好声音。坚持“存史、资政、团结、育人”的宗旨，立足政协，精心征集，打造精品。在《河源日报》刊登《党旗正红——庆祝建党100周年》系列报道46期；与河源广播电视台联合开办《口述河源文史》栏目，打造“有声河源人文历史”精品，全年播出51期。加强政协意识形态和履职宣传工作，2021年市政协门户网站发布信息200余条，微信公众号推送信息145期、543条，《委员直播间》播出52期，编发《河源政协》杂志4期，市级媒体刊播新闻100多条，讲好河源故事，传播河源好声音，汇聚强大正能量。

【固本强基】 2021年，政协河源市委员会加强班子自身建设。落实中共河源市政协委员会党组主体责任和班子成员“一岗双责”制度，落实全面从严治党主体责任。严格开展党内政治生活。定期听取机关党组工作汇报，指导机关党建工作严格开展，发挥政协党组和政协机关党组主体作用。每年对意识形态工作作专题部署，领导班子成员带头抓意识形态，带头管阵地、把导向、强队伍，带头批评错误观点和错误倾向，牢牢把握意识形态工作领导权。

优化委员服务管理。坚持落实走访委员制度，制定出台《河源市政协委员联系服务群众实施办法》，搭建更广阔的“有事好商量”平台，倾听委员对经济社会发展及政协工作的意见建议。创新学习培训方式，举办市政协常委培训班；通过请进来讲、走出去学、座谈会谈等形式，对委员进行履职培训；通过微信群、微信公众号、专委会专题学习会等平台，拓宽委员视野，提升委员政治素养和履职水平。

提升机关工作效能。全面推进模范机关创建，持之以恒开展党风廉政建设。组织举办市政协机关干部党史学习教育暨综合素质能力提升培训班，提升机关干部履职能力和水平。配合市委巡察组对机关党组开展巡察，严格落实并全面完成巡察反馈整改任务。

市政协委员提案选辑

【关于大力发展乡村民宿，助推河源乡村建设高质量发展的提案】 案由：中共中央国务院在《乡村振兴战略规划(2018—2022年)》中对乡村振兴提出“产业兴旺、生态宜居、乡风文明、治理有效、生活富裕”的20字总要求。2018年11月，文化和旅游部在浙江安吉召开全国发展乡村民宿推进全域旅游现场会，将乡村民宿发展视为重点工作。乡村民宿能盘活闲置资源，促进城乡融合，正逐渐吸引城里人下乡、农村人返乡，成为推动乡村建设高质量发展、实现乡村振兴的重要抓手。民宿被誉为乡村经济的主要动力，成为经济体系的“毛细血管”，对落实《中共中央关于制定国民经济和社会发展第十四个五年规划与2035年远景目标建议》中乡村建设、民生福祉、全面小康、共同富裕等都具有重要意义。

近年来，河源市柒月民宿、万绿民宿、涟岸禧悦庄、梨花屋舍民宿等一批个性化民宿成为乡村建设的亮点。民宿经济助力产业兴旺，民宿文化培育乡风文明，民宿岗位带动村民就业，乡村旅游市场也由此实现转型升级。但河源市乡村民宿发展仍然面临诸多困境：一是亟待规划引领，统筹发展。目前全市民宿还处于自发生长阶段，对于困扰民宿健康发展的很多问题，如民宿选址、民宿产品设计、民宿分类引导、民宿与农业协调发展等，都没有整体和专项规划，急需政府从战略高度解决民宿“散而有序”的问题。二是民宿营商环境亟待优化。《河源市民俗管理实施细则》《河源市农村村民住房建设管理办法》等政策和法治保障有所完善。但是疫情下为实现民宿经济复苏升级，还要加大财政、融资方面的扶持力度，减缓民宿业主的压力，激活河源市民宿投资的一池春水。三是要引导行业规范有序发展。近两年河源市民宿行业协会行业成立，在加强行业自律和培训方面取得成效。但审批监管、诚信经营、人才队伍建设等方面可以进一步完善，实现民宿的可持续发展。四是品牌效应有待提升。河源民宿仍处在起步阶段，还没有形成足够的市场影响力和品牌效应。目前“民宿微景区化”能实现民宿联动乡村发展，但依然存在的零散、偏远、规模小的总体现状。现在少部分已有民宿发展雏形，如东源县新港镇。未来要实现民宿品牌特色化，规模化，提升河源市乡村民宿品牌知名度。五是需要加强民宿集聚的示范效应。广东省的民宿业态相对发达，形成景区带动型（如丹霞山周边民宿、罗浮山周边民宿等）、城市带动型（如广州周边民宿、深圳周边民宿）等集聚类型，尽管万绿湖创AAAAA级旅游景区已经初见成效，但其周边民宿还无法形成集聚带动效应。

建议：

一、盘点乡村资源，做好统筹规划

第一，探索河源市的乡村民宿发展模式，制定合理规划体系。乡村资源是乡村民宿发展的前提与基础。近两年，周边的惠州、韶关等以“民宿+景点”为抓手，进行乡村民宿建设高质量发展的整体谋划，已经取得初步成效。在乡村振兴的大背景下，在“十四五”规划的开局之年，民宿业的提质升级，需要有全局意识，统筹规划，防止盲目开发，资源浪费和低水平重复建设。“他山之石，可以攻玉”，河源市也应借鉴周边优秀代表，分类指引发展，构建“一湖多点”民宿体系。河源市共有94个镇、1个民族乡、5个街道办事处，1251个村委会，179个居委会。建议开展闲置房屋的资源调查，了解可供开发的民宿储备资源，并在此基础上编制专项的近—中—长期规划，发展民宿集群和民宿综合体，让“民宿脱单”，打造“微度假乡村民宿综合体”模式，带动乡村全域旅游。具体来说，要根据土地性质、年限和权属合理规划村庄，在此基础上做好民宿用地的空间布局，充分利用“点状供地”“宅基地流转”“自留地”等土地政策解决民房合规认定，分级分类统筹规划：构建以万绿湖为核心的民宿集聚区，并兼顾巴伐利亚庄园国家级休闲度假区、东江百里画廊、中央苏区留守红军纪念园、江东新区东江抗日战争革命遗址群等项目带动的特色民宿“点”，以及传统温泉度假周边的民宿，把民宿打造成“旅游目的地”，延长消费者在河源市的停留时间，形成民宿“面”的效应，真正实现以民宿为抓手的乡村建设，实现普通百姓对美好生活的向往。

第二，完善配套支持，构建乡村民宿品牌标识。完善道路、水电、公共服务等相关基础设施，并建立设施的建设标准，如景点标识、旅游公厕、咨询服务中心、生态停车场等，形成乡村民宿旅游服务体系。当前民宿的发展开始向高端化、规模化和品牌化转型，省内比较成功的企业案例是丹霞山的“丹霞印象”民宿品牌，其示范与带动效应明显。省内比较成功的区域案例是广州增城的“万家旅舍”，全面盘活了沉睡的乡村。企业品牌和区域品牌各有优势。河源市应该利用乡村在地文化和民宿特性，挖掘文化内涵，打造出独属于当地的文创产品，让鲜活的具象化产物成为地方的符号，增强游客与民宿、乡村之间的粘性。通过以上打造本土品牌或引入知名品牌的方式，让乡村民宿推动乡村的建设更为持续化。同时，加大品牌宣传力度，提升品牌知名度和美誉度。政府可以利用新媒体宣传，仿照乡村农产品“直播带货”形式，推出“云游民宿”等方式，用政府的公信力宣传地方品牌民宿；策划系列主题活动，邀请知名综艺节目，提高宣传的效率。引入多种业态和内容运营主体，深入开发村庄资源，如联动研学、美食等，规划整合并宣传推荐各种主题民宿路线。因为乡村振兴未来的产业业态将丰富多元，也更会面临更多的、更复杂的产业链条上的协作、联动关系。因此，政府还要处理好民宿投资管理和乡村其他要素投资、运营、管理、服务等主体之间的关系。

二、优化营商环境，深化民宿领域“放管服”改革

第一，放宽投资融资限制，提供相关惠企政策。建议河源市区政府出台福利政策，如通过减免房租、减轻用电用水成本、减税降费、给予乡村民宿产业专项资金补贴、加大金融支持力度，降低贷款融资成本、拓宽融资渠道等方式加大资金扶持力度，让乡村民宿这种非暴利行业减轻经营压力。

第二，拓宽管理覆盖面，加大监管力度。民宿在河源市民宿起步较晚，只有短短四五年时间，管理体系亟待完善。建议河源市搭建统一的民宿动态管理系统，一方面各民宿可以利用系统进行线上房态管理和财务统计等；另一方面政府更方便在价格管理、资格审查、民宿装修升级和消防安全管理等方面查看“管理记录”，如通过管理系统更好的落实消防安全许可和经营特许的分类实施政策，加强房屋安全检测、消防等隐患排查结果的登记录入，防止发生安全事故。同时，做好现有民宿的调研工作，包括规模数量人员组成、用地形式、经营状况、与村民互动关系等各方面，构建民宿管理的大数据中心，更好的进行规范式民宿管理。此外，建议河源市建立行业诚信机制，并将信用纳入贷款、经营的各环节，设置行业黑名单制度，让进行虚假营销和损害消费者权益的民宿“无所遁形”。同时，出台从业规范，把握好现有民宿的存量和未来增量之间的关系，针对新开民宿，要严格审核民宿项目；针对现有民宿要进行评星，对优者进行奖励，让民宿市场更加公平有序运行。

第三，深化“互联网+政务”服务，优化“线上+线下”服务方式。建议河源市开设统一的线上微信公众号或App，定期推送民宿经营管理相关的土地政策、资金政策、安全管理、法律纠纷等小知识，推出线上预约政务服务功能。在涉及食品许可、特种经营等证照办理上提供线下“一站式”服务；完备民宿建设的手续，细化的审批内容，优化审批流程。简化消防、建设、卫生、工商等部门的审批流程，提高民宿经营管理的效率。健全民宿等级评分评价机制，初步构建河源市特色的民宿经营管理评价指标体系。

三、加强人才队伍建设，构建人才体系

第一，引入国内外知名学者如建筑设计师、乡村民宿旅游管理人才、律师、优秀乡村民宿创业者、新媒体达人等定期进行人员培训，如参访学习和职业技能实训，培育懂民宿经营、爱民宿文化、有先进管理经验的民宿管理人才，让民宿创客这种“新村民”带来乡村发展持续活力和内生动力；同时，与中山大学、华南师范大学、广东工业大学等高校和企业合作，成立产学研一体化的人才孵化基地。

第二，建立村级议事议会中心，成立专门协调小组，协调解决民宿业在发展中遇到土地、环保、消防、交通等瓶颈问题，并定期进行联席座谈会，建设民宿人、游客、村民的共生社区，由政府发出相关乡村民宿建设的文明倡议书，维护好原住民和外来者的良好关系。并成立调解委员会，建立旅游纠纷调解中心，维护游客的合法权益，调解协会会员之间、非会员之间、村民和民宿业主之间、消费者之间的旅游消费、服务等纠纷问题，营造良好的行业经营环境。

提案者：杨　志

承办单位：市文化广电旅游体育局，市自然资源局，市农业农村局

领衔督办领导：林　涛

【关于河源市现代农业产业园建设的系列提案】 案由：习近平总书记在中共十九大报告中关于实施乡村振兴战略时强调：“要按照产业兴旺、生态宜居、乡风文明、治理有效、生活富裕的总要求，加快推进农业农村现代化”。省委、省政府高度重视现代农业产业园建设工作，将现代农业产业园建设作为实施乡村振兴战略的重要抓手、推动城乡融合发展的重要平台。

产业兴旺是实施乡村振兴战略的要求，是加快推进农业农村现代化的首要任务。现代农业产业园的发展是整个乡村产业发展的牛鼻子和龙头，是推进乡村产业振兴的重要抓手。自2017年农业农村部部署建设现代农业产业园以来，市委、市政府高度重视、周密部署，成立了市现代农业产业园创建工作领导小组，各县区根据要求均成立现代农业产业园建设工作领导小组，积极推进现代农业产业园建设工作。目前，河源市获批创建9个省级现代农业产业园，基本实现一县一园的布局。分别是紫金县茶叶产业园、和平县猕猴桃产业园、龙川县油茶产业园、连平县鹰嘴蜜桃产业园、河源市（东瑞）生猪产业园、源城区蔬菜产业园、东源县板栗产业园、东源县茶叶产业园、和平县腐竹产业园。现代农业产业园的建设在推进乡村振兴、农业高质量发展起到重大作用。但从建设的总体成效来看，河源市省级现代农业产业园建设还存在诸多薄弱环节，亟待通过增加政策、资金、用地等要素有效供给，强化科技支撑，创新工作机制，狠抓工作目标落实，发挥现代农业产业园的联农带农功能，助推乡村振兴战略实施。

根据广东省农业农村厅《2021—2023年全省现代农业产业园建设工作方案》《广东省现代农业产业园建设指引》等文件精神，广东省正在启动第二轮产业园建设工作，这又是一次推进乡村振兴、提升河源市农业高质量发展的一个千载难逢的机遇。

一、河源市省级现代农业产业园创建工作现状

自2018年以来，河源市共获批创建9个省级现代农业产业园，其中：2018年获批创建4个，分别是紫金县茶叶产业园、和平县猕猴桃产业园、龙川县油茶产业园、连平县鹰嘴蜜桃产业园；2019年获批创建3个，分别是河源市（东瑞）生猪产业园、源城区蔬菜产业园、东源县板栗产业园；2020年获批创建2个，分别是东源县茶叶产业园、和平县腐竹产业园。经过3年时间的建设，河源市现代农业产业园建设取得一定成绩，全市9个产业园计划总投资17.7044亿元（其中省级财政资金4.5亿元，市县统筹5.0962亿元，撬动实施主体等投入8.1082亿元），截至2020年12月底完成投资144704.84万元。创建工作的主要做法：一是成立现代农业产业园创建工作领导小组，由市政府主要领导担任组长。二是印发《河源市现代农业产业园建设工作方案》。三是按照“生产+加工+科技+营销”的产业园定位要求，推动全产业链发展。四是产业园各实施主体采取多种方式联农带农。五是带动县域特优新农产品区域公用品牌价值不断加强。六是为河源市省级现代农业产业园量身制定综合服务方案，帮助解决各实施主体融资难、融资贵、担保难等问题。

二、河源市省级现代农业产业园建设中工作存在的问题

（一）建设进展不平衡，有的园区建设进度较为缓慢。2019年建设的3个产业园中，东源板栗产业园的省级财政资金仍有部分贴息贷款及加工项目的财政资金未按时落实使用，产业园园区建设进度相对缓慢，建设中需要协调解决的问题相对较多。2020年建设的2个产业园建设进度也存在差距。

（二）现代农业产业园的基础设施建设有待加强。支撑产业园高质量发展的路网建设、电力扩容、供水与排污设施建设、现代物流设施建设、5G网络覆盖等配套基础设施建设还相对滞后，难于满足产业园发展需要。尤其是东源板栗产业园园区作为新建的园区，道路、供水与排污等配套基础设施建设短板更加突出，严重制约了产业园园区的建设进度。

（三）现代农业产业园的辐射功能较弱。9个省级现代农业产业园的建设都还处在初创阶段，很多框架和工作机制还没有形成，还无法真正发挥对区域内农户发展的动能输送功能。各产业园的主导产业产业链延伸不够、价值链拓展不够，产品的市场占有率还比较低，整体竞争优势不明显，联农带农发展的能力较弱。如源城区蔬菜产业园，蔬菜种植面积和产量增长较快，但产业化水平还较低，种植仍以农户经营为主，规模相对较小，大多分散不连片，管理粗放，标准不一，单产较低；蔬菜的设施栽培占地面积和规模不大、冷库等配套设施不全，蔬菜分拣和加工能力不强，产业化水平有待提高。

（四）缺乏专业人才支撑，创新能力不足。从总体看，各产业园从业的专业人才还比较缺乏，科技支撑力量还比较薄弱，推动产品创新能力不足，产品附加值不高，抢占市场的能力偏弱，产业整体效益低，制约了产业做强做大。如和平县腐竹产业园，产品创新能力不足，科技投入几乎为零，产品形式单一，缺乏创新型产品；生产沿用传统工艺，缺乏统一的生产管理和卫生标准，影响产品质量安全。如东源县板栗产业园，科研支撑力量没有形成体系化，良种良法等配套关键栽培技术科技普及推广不到位，管理相对比较粗放。此外，在数字化应用能力方面也有待于加强。

（五）政府配套政策支撑不力，实施主体的积极性没有得到充分调动。解决产业园区建设的用地指标难于落实到位，导致建设用地产权证无法及时办理，影响银行融资，滚动发展受到限制，实施主体的投资信心不足，如东源县板栗产业园和茶叶产业园的实施主体都反映有这方面的困难。绩效评价考核制度不健全，激励奖补机制有待进一步完善。组织学习交流重视不够，借鉴外地现代农业产业园建设经验有待加强。

建议：

加快河源市省级现代农业产业园建设的建议，河源市是农业大市，农业资源较为丰富，从业人员相对较多，加快河源市省级现代农业产业园建设，发挥联农带农作用，对于促进现代农业发展、增加农民收入、推进乡村振兴战略实施，具有十分重要的现实意义。

一、坚持问题导向，分类施策，加快建设进度。针对建设进度较慢的园区，建议市政府加强领导，组织相关部门深入园区现场办公，认真倾听产业园实施主体的诉求和意见，加强部门协调协作，落实工作责任，尽快解决产业园建设中遇到的各种困难，为加快产业园建设进度保驾护航。

二、加大政策支持和部门协调力度。一是积极申报省级农业产业园、国家农业级产业园。按照省府办公厅《关于支持省级现代农业产业园建设的政策措施》等文件精神，河源市应提前布署储备一批产业基础好、有地方特色、有市场前景、牵头实施主体实力雄厚、联农带农效果好的产业园项目。并为产业园申报所涉及到的行政审批事项，走绿色审批通道，加快审批效率，提升部门协调力度，加大政策支持力度。鼓励、支持继续申报省级现代农业产业园，申报国家级产业园，申报省级优势产区产业园、特色产业园等。二是针对建设用地指标难解决问题，建议市政府统筹落实解决创建省级现代农业产业园的牵头实施主体及参与实施企业的建设用地指标问题，安排足够的用地指标，发挥和调动社会资本参与创建工作的热情。三是针对产业园配套基础设施建设滞后问题，建议市政府重视利用专项债券助推交通基础设施、农林水利和产业园区基础设施等领域重大基础设施项目建设的政策，迅速开展项目库建设，积极向上争取申请更多专项债券额度，加快产业园配套基础设施建设。四是针对企业建设资金紧张问题，建议市政府用好金融政策，通过向金融机构提供更大力度的企业贷款风险补偿，发挥企业和金融机构的主力军作用，发挥财政专项资金“以存引贷”“以存促贷”作用，引导金融资源精准有效地用到支持现代农业发展，加大对省级现代农业产业园的牵头实施主体及参与实施企业加大信用融资支持力度，切实帮助解决企业融资问题。

三、加快融深融湾，与深圳市建立重要农产品对接生产加工基地。加强与深圳市场作为主销区的农产品合作力度，建立“放心肉”“放心菜”等粤港澳大湾区“菜篮子”生产基地。坚持构建新发展格局，把战略基点放在扩大内需上，与深圳市政府及各部门签订全面合作协议，落实各项管理制度，为“产+销”搭建沟通桥梁，为建立市场导向的扩大内需夯实坚定基础。

四、加大河源区域公共品牌“万绿河源”宣传力度。出台推动品牌建设的扶持政策，加强品牌培育、宣传、保护和推广，不断提高品牌的内涵和知名度，打造一批竞争力强的名牌产品，全面推动“区域品牌+企业品牌”的双牌共建模式，提升绿色安全优质和特色农产品供给能力，以绿色、环保为特色的茶叶、水果、蔬菜、活猪、腐竹等农副产品供给珠三角和港澳市场，成为穗深港澳农产品重要供应基地及全国优质安全农产品核心产品。

五、协调金融机构加大对产业园项目的信用贷款扶持。鉴于农业企业有产权的固定资产较少，各级财政资金应发挥引领激励作用，引导社会金融资本，撬动社会资本参与产业园建设。为保障支持产业园建设项目落地提供信用贷款资金，加强财政涉农资金的整合力度，协调金融机构提高信用贷款信用额度，实现产业与金融高度融合发展。

六、创新发展模式，增强带动功

能。针对产业园发展模式单一，辐射带动功能偏弱的问题，建议市政府引导产业园实施企业积极开展模式创新探索。一是加强集中连片推进。改变目前部分产业园分散布局、插花建设的状况，通过土地流转、托管等方式实现土地相对集中，同时，大力引导市内外的国有资本及大型企业参与土地整合。积极推进加工项目集中落地，做好产品深加工，提高产品附加值，探索“产业园+加工园”模式，促进产业园尽快形成规模发展。二是推动融合发展。推进美丽乡村示范点、乡村旅游景区与现代农业产业园一体建设，一个主体管理、一套资金使用、一张图纸规划，实现生产、生活、生态和宜居、宜业、宜游的有机结合，探索“产业园+美丽乡村”模式，促进产业园与乡村振兴无缝对接。三是实现联农带农。鼓励产业园所在村以土地所有权、集体资产，合作社、家庭农场、农户以土地承包权、资金入股产业园，提升产业园牵头企业和运营企业的股权多元化程度，探索“产业园+股权”模式，促进产业园提升辐射带动能力。四是加强数字化应用。主动适应新时代发展形势，积极探索“产业园+数字化”模式，以数字化建设推动产业园建设提质增效。

七、强化人才支撑，增强发展内生动力。针对产业园专业人才缺乏，科技支撑力不足问题，建议市政府加大培育力度，加快培育一批懂技术、善管理、会经营的农业专业人才队伍，为产业园发展服务。完善引进农业高端专业人才的工作机制，每年对引进农业科技领军人才的实验室、农业合作社、企业，根据服务期给予一次性补助、津贴，以更好地留住人才。鼓励科研院所和高等院校的农业科研人员到企业兼职，形成强有力的科研力量，为河源市加快省级现代农业产业园建设提供坚强的人才支撑和智力保障。要加强先进适用技术和生物技术的推广使用，持续减少化肥、农药投入，在产业园开展生物药肥全面替代化学药肥试点工作，打响“万绿河源、生态优品”品牌，彰显生态特色，促进品牌打造，提升产品市场竞争力，推动产业园健康快速做强做大。

提案者：李添鸿，袁建康，王秀军

承办单位：市农业农村局，市工业和信息化局，市财政局，市人社局，市自然资源局，市灯塔盆地农高区管委会，河源银监分局

领衔督办领导：何国森（丁红都）

【关于优化河源市营商环境，推动经济高质量发展的系列提案】 案由：近年来，河源市围绕“示范区”“排头兵”“两个河源”建设，先后出台多项政策举措，高质量发展形成良好态势，河源市经济处于快速发展阶段，但与省内发达地区相比，河源市经济发展仍较为滞后、质量不高，人均GDP（地区生产总值）和人均收入仍低于全省平均水平，还存在着影响河源市经济发展的一些困难和问题。

一是营商政策和机制有待完善。近年来，河源市虽然出台了不少优化营商环境的政策，但企业反映较多的是优惠政策缺乏吸引力，“虚的多”“干货少”，有些扶持政策规范性和可操作性不强，缺乏操作细则和办事指南，加上政策的宣传解释不够到位，造成不少政策在实际工作难以真正落到实处，企业普遍反映没有得到实惠。

二是工业园区整体竞争力较弱。工业园区投资软环境较差，缺乏医疗服务、教育服务、金融服务等生活配套设施。园区企业多为孤军作战状态，与科研机构尚未建立制度性联姻，科技服务支撑能力不足明显。据统计，截至2020年年底，落户河源知名企业7家，涉及三大产业集群，国家级科技企业孵化器1家，入市孵化企业以技术型小企业为主，难以发挥产业集群效应。此外，存在项目落地审批程序多，项目建设融资渠道相对狭窄等原因，导致部分项目落地慢、项目建设资金缺口大，直接影响园区建设进度。

三是缺乏人才和技术支撑。首先是科技经费投入不足，企业在质量攻关和核心技术研发上严重不足，企业自主创新能力弱，生产工艺、管理模式落后，竞争力不强，对带动传统产业优化升级的引领作用不够突出。截至2020年年底，河源市拥有2个院士工作站，新增国家知识产权优势企业15家，新增高新技术企业29家；国家授权专利248件，全省排名倒数第三，与周边城市惠州、梅州等其他地市相比差距较大。其次是高技术人才不足，各类教育和培训滞后。据统计，全市硕士研究生以上学历仅有1735人，博士55人，人才的匮乏已经成为制约河源市产业经济发展的一大瓶颈。第三是中小企业融资渠道窄，融资成本高，招工难、人力成本高等问题依然突出，限制企业的发展。

四是缺乏责任担当精神。有些领导干部对发展工业认识不足，重视程度不够，有的不熟悉经济工作特别是工业工作；有些干部怕背上政治包袱，认为做多错多，多一事不如少一事；有些经济发展部门领导在招商引资过程中，消极悲观不敢创新，手握政策要政策，对于已有政策的贯彻落实不到位，错失了许多良机，在全国各地招商抢资竞争激烈的情况下，未能有效地承接广深莞佛等珠三角产业转移。

建议：为进一步优化河源市营商环境，推动河源市经济高质量发展。现提出如下建议。

一、做好产业规划，引进优质项目，以产业带旺商业。以珠三角城市为例，每个城市有拥有数个拳头产业，多个城市更是以一镇一品著称，产业的兴旺，带动产业链的延伸，市场辐射的扩大，带动数十万甚至数百万企业的兴起。河源可根据各县、镇的产业优势做好产业规划，做优做大，慢慢带动周边地区加入，形成品牌，抱团发展，扩大市场。

二、打通政策落地渠道。切实解决好政府与企业信息不对称问题，大力推动各种公正透明的政商互动平台和机制建设。主动加强和工商联组织联系，注重发挥工商联组织的作用，通过座谈会、通报会、交流会等形式，邀请相关部门负责人与非公有制经济代表人士进行面对面交流，着力搭建政企互信、双向交流的新平台。加强政策解读和宣传工作，多措并举，采取多渠道、多方式、多平台、多手段宣传和解读政策法规知识，确保各项政策法规宣传解释到位。特别是对涉及面广、社会关注度高或专业性较强的重要政策法规，要以会议、电话、网络、微信等方式进行充分宣传和详细解读，让企业通过最方便渠道、最快捷时间把握上级最准确政策信息，确保惠企政策落实应知尽知、应会尽会、应享尽享。

三、持续完善基础设施建设。基础设施建设是提升和改善营商环境的重要因素，是当地营商环境的硬名片，不断加强基础设施建设领域投资，不断完善医疗、教育、金融等生活配套设施建设。健全完善政务服务、基层治理、社会救助、生活服务体系等治理体系，软硬环境一起建，全面优化营商环境。特别是要大力改善交通环境。在“外联”交通上做文章。增加与外兄弟市链接的高速路建设项目，加快河源通用机场规划建设，打造与大湾区核心城市出行便捷、设施齐全、风景秀丽的“一小时生活圈”；在“内通”交通上下工夫。全面规划建设以市区为核心、连接各县区的高快速通道，打造市县“一小时经济生活圈”。还要做好农村公路建设工作，改善农村道路通行状况，让投资者走得通，走得顺，留得下。同时，应加大生态治理、污染防治，打造美丽家园，生态河源。

四、提高政府服务水平，建立专项负责制，增强协同办公。打造诚信政府，出台各类文件要抓督查，增加各职能部门的执行力，落实政策。建立主要领导挂钩责任制，专人负责，让引进的项目感受到“河源温暖”。优化行政审批，提高审批效率，加快推进数字政府建设，倡导“立说立行、马上就办、办就办好”的作风，从严整治政务工作中的不正之风，真正实现深化“放管服”改革，增强政务各部门协同性，不能让项目落地耽误在政府部门层次，推行精准贴心服务，积极贯彻“一次性告知、一窗受理、一站办结”的工作模式，深入推进互联网全流程“不见面审批”，推动政务服务最多跑一次向一次都不跑转变，让企业感受到“河源速度”，切实帮助企业解决困难和问题。制定招商政策时就充分设定好政策时效，同时相关部门明确好政策兑现时限，不能无限制的拉长，此项内容建议列入政府相关部门和责任人员考核，干得好的奖，干得不好的就责或换，激发积极性，也让企业真正体验到一站式服务。

五、激励干部主动担当积极作为。积极学习借鉴发达地区的先进经验和成功做法，结合本地本部门实际，用长远发展眼光和创新方式方法谋划工业发展，用现代市场的、法治的、国际的理念和视野推进工业发展；建立免责容错机制，激励干部想为能为敢为；注重学习培训，提高干部把握产业转移规律进行产业选择的能力，提高招商引资水平。

六、建立健全市场营商制度。全面系统地梳理现有的营商环境相关规章制度，清理不符合市场规律的僵硬条例，全面清理规范行政审批中介服务，有效激发市场活力。另外，创优企业要素环境，加快构建“亲”“清”新型政商关系，政府部门要多深入企业走访调研，了解企业合理诉求，协调解决企业经营发展中问题，一企一策破解发展瓶颈，把为企服务做到实处。

七、推出人才优惠政策。提高先进人才的待遇和生存发展空间，为他们提供优惠政策的绿色通道，保护创新人才的专利，给予特殊人才补贴，帮助解决人才户口落地、配偶工作以及子女教育等问题。

提案者：市政协联络工作委员会，黄经胜，李国军，叶发兴，朱昆明，刘质佳，邝照光，肖良华，黄聚平，黄练雄

承办单位：市发展和改革局，市委组织部，市工业和信息化局，市人力资源和社会保障局，市交通运输局，市商务局，市政务服务数据管理局，市工商业联合会

领衔督办领导：钟挥锷

（黄尧铭）

纪检·监察

重要会议

【七届六次全会】2021年3月23日，在市会议中心召开中国共产党河源市第七届纪律检查委员会第六次全体会议。中共河源市委书记、市人大常委会主任丁红都出席全会并讲话，全会审议通过市委常委、市纪委书记、市监委主任方明代表市纪委常委会所作的《推动新时代纪检监察工作高质量发展，为推进“示范区”“排头兵”和“两个河源”建设提供坚强保障》的工作报告。

【七届七次全会】2021年12月1日，在市纪委监委机关召开中国共产党河源市第七届纪律检查委员会第七次全体会议。全会审议通过《中国共产党河源市

2021年12月10日，中国共产党河源市第八届纪律检查委员会第一次全体会议召开
（市纪委监委 提供）

第七届纪律检查委员会向中国共产党河源市第八次代表大会的工作报告》，同意将工作报告提请中国共产党河源市第七届委员会第十四次全体会议审议。

【八届一次全会】 2021年12月10日，在市会议中心召开中国共产党河源市第八届纪律检查委员会第一次全体会议。会议选举产生中国共产党河源市第八届纪律检查委员会常委和书记、副书记。

【工作会议】 2021年2月8日，召开市纪委监委2020年度机关总结大会。3月16日，召开河源市纪委监委党史学习教育动员大会。4月28日，召开全市纪检监察机关严肃换届纪律加强换届风气监督工作推进会暨审查调查安全工作会议。5月12日，召开河源市纪委监委党史学习教育宣讲报告会。6月27日，召开全市纪检监察机关"走读式"谈话安全工作专题会。7月6日，召开河源市纪委监委学习贯彻习近平总书记在庆祝中国共产党成立100周年大会上重要讲话精神干部动员大会。8月2日，召开全市纪检监察机关监督检查和审查调查工作专题会。9月26日，召开河源市纪委监委学习贯彻习近平总书记"七一"重要讲话精神专题宣讲报告会。9月29日，召开全市领导干部党章党规党纪教育培训班开班动员会。11月17日，召开河源市纪委监委传达学习贯彻中共十九届六中全会精神干部大会。12月24日，召开河源市委反腐败协调小组工作会议。

主要工作

【党史学习教育】 2021年，河源市纪委监委坚持不懈用习近平新时代中国特色社会主义思想武装头脑，在党史学习教育中感悟初心使命、汲取精神力量。把党史学习教育作为贯穿全年的重大政治任务，学习习近平总书记在党史学习教育动员大会、庆祝中国共产党成立100周年大会上的重要讲话精神，贯通学习党史、新中国史、改革开放史、社会主义发展史以及纪检监察史。学习贯彻中共十九届六中全会精神，深刻理解和把握"两个确立"的决定性意义，贯通领会《中共中央关于党的百年奋斗重大成就和历史经验的决议》的理论内涵和实践要求，坚定信念、凝聚力量，鼓舞斗志、砥砺品格。市纪委监委领导带头讲党课，并以普通党员身份参加所在党支部组织生活会。纪委监委机关副处级以上领导干部、各党支部书记讲专题党课51次，举办党史学习教育宣讲报告会，推动党史学习教育走深走实。坚持学史明理、学史增信、学史崇德、学史力行，把落脚点放到做好工作、解决问题上，开展"我为群众办实事"实践活动，完成重点民生项目2项，用学习教育成果推动纪检监察工作高质量发展。

【政治监督】 2021年，河源市纪委监委聚焦"国之大者"强化政治监督，自觉担负起"两个维护"重大政治责任。加强对习近平总书记重要讲话、重要指示批示精神和党中央重大决策部署落实情况的监督。紧盯疫情防控、耕地保护、违建别墅、安全生产、生态环保、粮食购销、教育医疗等与群众利益息息相关的民生领域加强监督检查，确保党中央重大决策部署和省委、市委工作要求落地见效。在全市开展安全生产领域专项监督检查，发现并督促整改问题74个，约谈问责67人。开展常态化疫情防控监督工作，3轮派出12个监督检查组开展疫情防控专项监督，发现并督促整改问题165个，约谈问责25人。加强对换届纪律风气的监督，发挥党风廉政意见回复的把关作用，坚决防止"带病入围""带病提拔"。全市纪检监察机关回复党风廉政意见26860人次，提出不宜使用188人次，暂缓使用232人次。会同市委组织部等6个部门建立违反换届纪律联查联办和快查快结工作机制，组建3个巡回督查组对各县（区）换届风气开展6轮、39次巡回督查，发现并督促整改问题117个，保障换届风清气正。全市纪检监察机关受理的涉换届信访举报量比上一届大幅减少。加强对"关键少数"的监督，贯彻落实《中共中央关于加强对"一把手"和领导班子监督的意见》，督促"一把手"履行对党员干部的教育管理监督责任。组织各县（区）、市直党组织"一把手"118人向市委书面述责述廉，组织8名县（区）和市直有关单位"一把手"向市纪委全会述责述廉并进行评议，向8名"一把手"反馈意见26条。建立市管干部廉政档案，加强对市管领导干部的日常监督管理。

【"三不"一体推进】 2021年，河源市纪委监委坚定不移深化反腐败斗争，努力在一体推进不敢腐、不能腐、不想腐上取得更多制度性成果和更大治理成效。保持惩治腐败高压态势，全市纪检监察机关共受理信访举报2377件次，其中检举控告类1404件次，比上年下降12.4%；处置问题线索3450件，增长32.6%。立案1321件，比上年增长2.2%；结案1276件，下降6%；处分1229人，下降6.9%，追缴违纪违法所得1.16亿元。运用“四种形态”批评教育帮助和处理3675人次，比上年增长15.9%，“四种形态”分别占比65.8%、27.1%、3.5%、3.6%。增强“三不”一体推进综合效应，共发出纪检监察建议书100份，提出纪律检查建议和监察建议196条，发挥查处一案、治理一域综合效应。督促相关单位召开案件通报会、专题民主生活会（组织生活会）、警示教育大会1624次，播放警示教育片1155场次，累计警示教育5.1万余人次。深挖本地红色资源，打造兼具党味、廉味、客家味的红星廉洁文化主题公园。发挥廉政教育基地功能，分批次组织领导干部开展党性党纪教育。协助市委举办全市领导干部党章党规党纪教育培训班，汇编11名严重违纪违法市管干部忏悔录，拍摄警示教育片《警钟》和《欲望囚徒》，推动开展同级同类警示教育。把握审查调查信息发布时度效，持续释放越往后越严的强烈信号。

【“四风”持续纠治】 2021年，河源市纪委监委持之以恒落实中央八项规定精神，驰而不息整治“四风”。坚持抓典型抓具体促整改，对贯彻落实党中央决策部署打折扣搞变通做选择、不担当不作为、敷衍塞责、弄虚作假等突出问题精准施治。针对河源市安全生产事故、森林火灾等多发易发的情况，严肃查处问题背后的形式主义、官僚主义。全市查处形式主义、官僚主义问题254个，给予党纪政务处分306人。锲而不舍贯彻落实中央八项规定及其实施细则精神，开展乱发滥发津贴补贴、违规吃喝、公务接待中“吃公函”、违规使用公车、违规收送礼品礼金等问题专项整治，坚决防止享乐主义、奢靡之风反弹回潮。全市查处享乐主义、奢靡之风问题178个，给予党纪政务处分167人。落实节前通报曝光、节中监督检查、节后督促整改工作机制，推动作风建设常态化长效化。全市通报曝光违反中央八项规定精神典型问题54起、70人。

【基层正风反腐】 2021年，河源市纪委监委坚持人民至上根本立场，整治群众身边腐败和不正之风。制定《市纪委监委开展乡村振兴领域监督执纪问责工作任务清单》，助力脱贫攻坚与乡村振兴有效衔接。深入镇村监督检查乡村振兴工作，对存在问题及时督促整改、堵塞漏洞。围绕农村乱占耕地建房、耕地撂荒问题等重点，开展耕地保护专项监督检查，发现并督促整改问题41个。会同市委、市政府有关部门开展乡村振兴实施情况联合督查，发现并督促整改问题84个。围绕群众普遍关注、反映强烈的突出问题开展专项整治，常态化推进基层正风肃纪反腐。全市纪检监察机关立案基层党员干部违纪违法案件942件，给予党纪政务处分861人，移送司法机关20人。常态化推进惩治涉黑涉恶腐败，把“惩腐打伞”和政法队伍教育整顿结合起来，不断巩固深化专项斗争成果。

【政治巡察】 2021年，河源市纪委监委坚守政治巡察职能定位，发挥党内监督利剑作用。贯彻落实巡视工作方针，着力发现和纠正政治偏差，以巡促改、以巡促建、以巡促治。开展常规巡察3轮，紧扣“三个聚焦”（聚焦脱贫攻坚，聚焦特殊群体，聚焦群众关切）发现问题511个，推动纪检监察机关立案25人，推动党纪政务处分19人。七届市委巡察收官，累计开展常规巡察12轮，巡察市直单位党组织110个，实现巡察全覆盖。采取县（区）交叉循环方式对全市公安系统开展巡察，参与市检察院、市司法局专项检查督导，一体推进政法队伍教育整顿。市县联动开展涉粮问题专项巡察。县级共巡察107个党组织，完成100%覆盖目标任务，发现问题2291个，推动查处274人。深化巡察整改和成果运用，完成对第九轮15个党组织的巡察整改“回头看”工作，首次启动巡察整改约谈机制。组织实施第十轮整改督导检查，推动整改落实落细。督导检查各县（区）法院落实巡察整改，推动清退群众款项4.3亿元。向市委提交干部违规出国（境）等专报6份，推动职能部门开展专项治理。

【纪检监察体制改革统筹推进】 2021年，河源市纪委监委持续深化纪检监察体制改革。理顺派驻改革的体制机制，指导县（区）纪委监委推进机构改革，推动各县（区）监委向各镇（街）派出监察组（监察专员）101个，实现对全市所有乡镇的监察监督全覆盖。全市纪检监察机关派驻（出）机构共立案203件，给予党纪政务处分183人。加强纪律监督、监察监督、派驻监督、巡察监督的统筹衔接，建立健全信息沟通、线索移交、措施使用、成果共享等机制，推动各类监督贯通融合。落实宪法和监察法规定，在省纪委监委和市委领导下，市监委围绕惩治涉黑涉恶腐败和“保护伞”，首次向市人大常委会报告专项工作，配合市人大开展专题调研，落实市人大常委会审议意见。制定市县两级监委首次向同级人大常委会报告专项工作总体方案，指导县（区）监委完成向同级人大常委会报告专项工作。

（陶思明）

民主党派·工商联

编辑：王瑞峰

民主党派

【概况】 2021年，河源市各民主党派紧紧围绕中心、服务大局，不断加强自身建设，精准发力推动各项工作取得明显成效。河源市民主党派工作扎实有效推进，民主党派组织规范有序发展。截至2021年年底，七个民主党派在河源市分别建立1个市级委员会、4个基层委员会、2个总支部委员会。分别是民革河源市委员会、民盟河源市基层委员会、民建河源市总支部、民进河源市基层委员会、农工党河源市基层委员会、致公党河源市总支部、九三学社河源市基层委员会。民主党派成员共556人，其中民革109人、民盟101人、民建77人、民进100人、农工党45人、致公党36人、九三学社88人。

【中国国民党革命委员会河源市委员会】 民革河源市委员会至2021年年底有109名成员。其中，担任省人大代表1名，县（区）人大代表2名，市政协副主席1名、常委2名、委员5名，县（区）政协常委1名、委员5名。是年，民革有序推进自身建设，围绕市委、市政府的中心工作，发挥优势，履行参政党职责，为河源市各项事业发展作出贡献。

2021年民革河源市委员会大事。8月2日，民革广东省委会副主委熊水龙率调研组到河源市就2021年民革广东省委会大课题“农村一二三产业融合发展情况”开展实地调研。8月15日，民革河源市第三次全体党员大会召开。经过选举，刘伟德当选为民革河源市第三届委员会主委，赖思平、姚家芳、黄正阳、陈伟娟当选为副主委。市委常委、统战部部长叶少军，民革中央委员、民革广东省委会专职副主委黎智明出席会议。9月23—24日，民革广东省委会副主委熊水龙率队赴河源开展作风建设年专题调研。

【中国民主同盟河源市基层委员会】 民盟河源市基层委员会至2021年年底有101名成员。其中，担任省政协委员1名，市政协常委3名、委员5名，县（区）政协副主席1名、委员3名。是年，民盟积极开展各项活动，履行参政议政职能，建言献策，当好参谋助手，为河源市经济社会发展作出贡献。

2021年民盟河源市基层委员会大事。8月28日，民盟河源市基层委员会盟员大会召开。大会选举庞启彪为新一届基层委员会主委，刘涉、王方、余笑梅、刘永辉为副主委。民盟中央常委、民盟广东省委副主委、民盟深圳市委会主委、深圳市政协副主席吴以环出席会议。9月15—16日，民盟广东省委会副主委汪华侨率调研组到河源市开展重点课题调研。9月25日民盟河源市基层委员会获民盟广东省基层组织先进集体称号。

【中国民主建国会河源市总支部委员会】 民建河源市总支部至2021年年底有77名成员。其中，担任市人大代表4名，县（区）人大常委会委员1名，市政协常委1名、委员4名，县（区）政协常委4名、委员5名。是年，民建发挥成员与经济界联系广泛和人才集中的优势，全面加强自身建设，积极参政议政、努力服务社会，为河源市经济发展和社会进步献计出力。

2021年民建河源市总支部大事。3月24—25日，民建广东省委会专职副主委兼秘书长欧壮喆带队到河源专题调研基层组织建设工作。7月17—18日，民建广东省委员会专职副主委兼秘书长欧壮喆率队到河源市连平县开展乡村振兴专题调研。11月27日，民建广东省委会2021年度参政议政中标课题终审会议在河源召开，省委会专职副主委兼秘书长欧壮喆主持会议。11月29日，由民建河源市总支部牵头，东源残联主办，深河农村电商公共服务中心承办的2021年东源县残疾人电商创业培训班正式开班。

【中国民主促进会河源市基层委员会】 民进河源市基层委员会至2021年年底有100名成员。其中，担任市人大常委会委员1名、代表4名，县（区）人大常委会委员2名，市政协委员5名，县（区）政协副主席1名、委员5名。是年，民进不断加强理论武装、巩固政治共识、强化责任担当、推进自身建设，为河源市经济社会发展作出贡献。

2021年民进河源市基层委员会大事。2021年，民进河源市基层委员会在河源市20家敬老院开展“情满敬老院”服务活动，营造敬老、爱老、助老社会风尚。5月20—21日，民进广东省委会专职副主委胡献率调研组到河源市开展调研。10月18—20日，民进广东省委会副主委陈日远、秘书长王福一行就“助力乡村振兴工作”到河源调研。11月6日，民进河源市基层委员会2021年会员大会召开。大会选举谢运畅为新一届基层委员会主委，张建中、游玉文为副主委。民进广东省委会专职副主委胡献出席会议。11月26—28日，民进广东省委会专职副主委胡献一行就“乡村文化振兴、关于义务教育阶段的双减、广东兜底民生服务社会工作双百工程等课题”到河源开展调研。12月1日，民进河源市基层委员会获民进全国反映社情民意信息工作先进集体称号。

【中国农工民主党河源市基层委员会】农工党河源市基层委员会至2021年年底有45名成员。其中，担任市人大代表1名，县（区）人大副主任1名，市政协常委2名、委员2名，县（区）政协常委1名。是年，农工党利用自身特点和优势，在医疗卫生工作等方面积极建言献策、开展社会服务，为河源市医疗卫生事业发展作出贡献。

2021年农工党河源市基层委员会大事。2021年，农工党河源市基层委员会党员发挥专业优势，投身疫情防控第一线。

【中国致公党河源市总支部委员会】致公党河源市总支部至2021年年底有36名成员。其中，担任市政协常委1名、委员3名，县（区）政协委员1名。是年，致公党立足本职，开展调查研究、民主监督和参政议政，组织形式多样的主题活动，为河源市经济社会发展作出贡献。

2021年致公党河源市总支部大事。6月25日，由致公党河源市总支部捐建的致公·童心阅览室在和平县彭寨镇三省小学揭牌。这是致公党河源市总支部在河源市捐建的第三个农村学校阅览室。12月25日，致公党河源市总支部在龙川县佗城镇东瑶村举行第三个“党员活动之家”的揭牌仪式。

【九三学社河源市基层委员会】九三学社河源市基层委员会至2021年年底有88名社员。其中，担任市政协副主席1名、常委3名、委员4名，县（区）政协常委1名。是年，九三学社发扬优良传统，立足本职，积极参加社会活动，在参政议政、反映社情民意、加强自身建设、服务社会方面取得明显成效。

2021年九三学社河源市基层委员会大事。7月21日，九三学社河源市基层委员会“社员之家”揭牌仪式在广东万绿印象实业发展有限公司举行。8月28日，九三学社河源市基层委员会换届大会召开。大会选举唐汉芳为新一届基层委员会主委，范志君、袁光华为副主委。九三学社中央委员、九三学社广东省委副主委、九三学社深圳市委员会主委、深圳市人大常委会副主任蒋宇扬出席会议。11月30日，九三学社河源市基层委员会助力乡村振兴启动仪式暨派送康仙糯稻米谷种活动在东源县顺天镇大坪村举行。（赖二招）

市工商联

【概况】河源市工商业联合会（简称市工商联）成立于1988年，1990年加挂“河源市总商会”牌子。2003年，成立河源市民营企业投诉中心，由市工商联负责具体运作，主要任务是负责民营企业投诉的管理登记、呈报、转办及投诉处理结果的反馈、答复工作。2016年7月，经中共河源市委组织部批准成立中共河源市非公有制经济组织委员会（简称市非公经济组织党委），设在市工商联，接受中共河源市委统一战线工作部和市“两新”组织（新经济组织、新社会组织）党工委的双重领导，日常管理工作由市工商联党组负责。至2021年年底，全市工商联会员有7195人，有7个县级以上工商联组织，70个各级商会组织。是年，市工商联获2020年度全省工商联系统调研成果优秀奖；获2021年度全市统战工作实践创新成果三等奖。

【党史学习教育】2021年，河源市工商业联合会按照中央、省委、市委部署要求，在市工商联机关、市非公有制经济组织党委各企业基层党组织同步开展党史学习教育工作。成立领导小组，制定印发实施方案，召开党史学习教育动员会议，对市工商联机关、市非公有制经济组织党委各基层党组织党史学习教育工作进行全面动员、全面部署。组织开展党史专题学习、宣讲活动。党组书记讲授专题党课，班子成员带头领学促学，机关全体党员定期开展学习研讨交流；邀请市委宣讲团成员到机关、到企业开展作专题党课辅导；举行“百场党课进千家商会万家民企”理想信念教育活动暨党史学习教育专题宣讲报告会。累计组织宣讲、培训、学习活动26场次，参加学习、培训1200余人次，开展线上党史知识竞赛，参与人数突破万人次。开展革命传统教育活动。组织机关及企业党员前往红色教育基地开展“传承红色基因、牢记初心使命”活动，走进河源市革命烈士陵园、阮啸仙纪念馆、罗焕荣故居、紫金苏区等红色教育基地参观学习，重温入党誓词，传承红色传统和革命精神。“七一”前夕，共开展新党员宣誓25人，重温入党誓词党员567人。开展“我为群众办实事”实践活动。深入企业开展专题调研，掌握企业生产经营情况和民营经济人士思想动态，反映企业困难和诉求，帮助企业解决发展问题，助力企业发展。

【思想政治引领工作】2021年，河源市工商业联合会把学习贯彻习近平新时

2021年2月25日，河源市工商联、市非公有制经济组织党委举办党史学习教育动员会
（市工商联 提供）

代中国特色社会主义思想作为首要政治任务。将党史学习教育与非公有制经济人士理想信念教育有机融合，通过组织各类学习会、报告会、宣讲会，引导非公有制经济人士自我学习、自我教育、自我提升。邀请市委宣讲团成员、全国人大代表为机关干部及非公有制经济人士进行宣讲，有民营经济人士代表近1000人次参会。加强对民营企业家的培训。5月，在北京大学举办“北京大学—河源市工商联2021年民营企业家自主创新研修班”，参训学员82名。该研修班采取企业管理知识专题讲授、现场参观教学、红色教育相结合的方式开展学习教育。注重典型宣传。推荐企业及企业家参与第六届广东省非公有制经济人士优秀中国特色社会主义事业建设者、广东省光彩事业贡献奖等各类荣誉、表彰活动评选活动。是年，广东霸王花实业集团有限公司被全国工商联、人力资源和社会保障部、全国总工会授予全国就业与社会保障先进民营企业。广东华域重工有限公司等6家企业被评选为2020年广东省法治文化建设示范企业。广东融和生态农业集团有限公司等13家企业被评为2019—2020年全市脱贫攻坚突出贡献集体。

【交流互动工作】 2021年，河源市工商业联合会学习贯彻《中国共产党统一战线工作条例》《中共中央办公厅关于加强新时代民营经济统战工作的意见》和全国民营经济统战工作会议精神，完善河源市非公有制经济领域统战工作领导体制、工作机制，制定并实施《河源市工商联机关领导干部联系服务民营企业和商会协会的实施方案》《河源市工商联政商关系交往“正面清单”“负面清单”制度》等，规范工商联干部与非公有制经济人士的交往行为，推动挂点联系和指导工作规范化和制度化。组织在大湾区创业的河源企业家联谊联络、交流合作。4月，在中山市举办大湾区河源商会会长联盟（中山站）交流座谈会，促进在大湾区的河源企业交流合作和发展，引导乡贤企业家参与粤港澳大湾区、“一带一路”和“两个河源”建设。定期组织会员企业对外交流。组织执委企业家分组到深圳、珠海、清远、中山、佛山等地学习考察交流；参加全国工商联、省工商联组织开展的“广东民企国际化服务计划”“慧眼行动”等学习交流会、展览会；组织企业参加全市“美丽乡村民宿招商推介会”等专题经贸活动，扩大对外交流与合作，引导企业大胆引进来、走出去。

【服务企业发展】 2021年，河源市工商业联合会推动缓解民营企业融资难融资贵问题。搭建银企合作对接平台，协助金融部门召开银企座谈会，拓宽企业融资渠道，缓解企业融资难融资贵问题。开展法律政策服务宣传，营造法治化营商环境。联合河源市公安局经侦支队在民营企业举办“护航企业——我为群众办实事”预防企业员工职务犯罪专题讲座，提高企业法律风险预防和化解能力；利用微信群、公众号等信息平台进行《战疫说法》系列法律宣传，指导和帮助民营企业有效应对疫情防控新形势下出现的法律问题，及时防范和化解法律风险，全力打赢疫情防控这场硬仗。与市司法局推动建立“百所联百会”机制。推动做好律师事务所与商协会的挂点联系服务，搭建律师服务商会、民营企业新平台。做好日常会员企业维权工作。运用省中小企业应诉响应平台，畅通会员企业诉求反映与权益维护渠道。推动源城区总商会成立人民调解委员会，发挥工商联所属商会组织优势和人民调解基础性作用，提高预防和化解商事领域矛盾纠纷的能力，调解一批经济纠纷及劳动纠纷，维护社会和谐稳定。搭建平台，加强建言献策。成立市工商联人大代表、政协委员联络站，改进各类会议、培训、调研内容，邀请工商联、经济界别人大代表、政协委员到民营企业作报告、宣讲及共同到民营企业作调研，了解企业难处，为民营企业发展遇到的问题建言献策、形成调研报告上报市委、市政府。

【履行社会责任】 2021年，河源市工商业联合会引导民营企业参与“万企兴万村”行动。截至12月底，注册企业共有997家，参与帮扶660家，帮扶村庄1354个，实现村企对接1398对，帮扶资金和帮扶物资累计1.14亿元。动员企业认捐资金1400万元，助力东源县顺天镇参加省乡村振兴大擂台。引导民营企业参与光彩公益事业。在2021年“6·30”广东省扶贫济困日活动中，发动民营企业认捐2147万元。有32家会员企业被授予2020年度广东扶贫济困日活动万绿杯荣誉奖杯、证书。开展创建全国文明城市相关工作。引导非公有制经济组织参与“创文”爱国卫生运动，到源西街道办光明社区开展爱国卫生运动、交通劝导志愿者服务，参加服务的志愿者累计200多人次，服务对象500多人次。

【非公领域党建】 2021年，河源市工商业联合会加强企业和非公有制经济中共基层组织建设。加强组织领导，根据省非公有制经济党委指导意见，调整改革市非公有制经济组织党委领导班子成员，落实党组与非公有制经济党委“一岗双责”责任，将市工商联领导班子成员、业务科室负责人纳入党委班子成员，明确将党建工作与业务工作同步开展，加强对企业党建工作的指导。加强教育培训。结合党史学习教育，组织开展专题学习会、宣讲活动，利用党员在线学习、党员远程教育、非公党建工作群、微信公众号等平台，强化党员理论武装和加强业务充电，全面提升基层党组织书记和党务工作者政治素质。年内，举办各类学习宣讲会、发展对象和入党积极分子培训班等，累计400余人（次）参加。加强非公有制经济组织党建示范建设。通过业务指导，各基层党组织党建工作更加规范化、制度化。7月1日，在全市“两优一先”表彰大会上，中共河源市委授予广东霸王花实业集团党委河源市先进基层党组织称号；授予广东华域重工有限公司党支部书记易新河河源市优秀共产党员称号；授予广东锦泰电力集团党支部书记欧远珍河源市优秀党务工作者称号。市非公有制经济组织党委《推动党组织负责人与非公企业管理层双向交叉任职充分发挥党组织“两个作用”》、广东霸王花集团党委《党建共建聚合力 互促发展谱新篇》、广东坚基集团党委《党建引领守初心 深度融合践使命》获评全省非公经济领域党建工作创新案例。推进“两个覆盖”（党的组织覆盖和工作覆盖）跃升行动和发展党员工作。持续推进党建摸排和组织建设“双同步”工作，是年，共批复成立基层党组织4个，其中执委企业2个，非执委企业2个。对尚未建立党组织的执委企业，通过市工商联联合党支部和派驻党建指导员方式，协助培养入党积极分子，有计划、有步骤地发展党员，在执委以上企业发展预备党员15人。2021年，市非公有制经济组织党委新组建党组织7家，培训发展对象和入党积极分子106名，发展预备党员59名。截至年底，党委下辖78家非公企业党组织，登记在册党员599名。

【商会组织建设】 2021年，河源市工商业联合会推进“五好”（政治引领好、队伍建设好、商会发展好、作用发挥好、工作保障好）县级工商联建设。指导县区工商联申报全国“五好工商联”，指导其工作提质增效。经推荐、评选，源城区、东源县、和平县、龙川县、紫金县工商联被全国工商联确认为2020—2021年度全国“五好”县级工商联。加强对商会协会的管理、指导和服务。出台印发《河源市工商业联合会（总商会）市级商会行业管理办法（暂行）》，明确市级商协会组织自愿申请以团体身份加入工商联（总商会），经该会行政办公会议审核同意，归口由市工商联进行业务指导、服务和管理，并完善入会登记程序和手续，落实河源市商协会改革任务。至2021年年底，以团体会员身份加入市工商联的商协会共28家。同时，持续做好“四好”（班子建设好、团结教育好、服务发展好、自律规范好）商会创建工作，加强对基层商会指导服务。经自评、推荐、审议，和平县酒类行业协会被省工商联认定为2021年广东省工商联系统“四好”商会。

【市、县（区）工商联换届】 2021年，河源市市、县（区）工商业联合会进行换届工作。该工作8月启动，11月19日，在全省率先完成。

县（区）工商联换届工作 2021年8月，市工商业联合会召集五县一区工商联党组书记专题部署2021年全市工商联换届工作。截至10月28日，各县区工商联按要求完成换届工作。

市工商联换届工作 2021年8月，河源市工商业联合会开始筹备换届工作，由中共河源市委统一战线工作部牵头成立换届筹备工作领导小组，按省文件要求制定《河源市工商联（总商会）2021年换届工作方案》。本着注重与市、县区人大、政协换届相衔接、新老交替传承、区域代表性、各行业代表性、行业商协会中的带头人、新生代非公有制经济组织代表性的原则，经过一定的民主程序和严格的综合评价、考察研究，商同市委统战部提名第七届执行委员会执委候选人人选，其中领导班子人选由市委统战部商工商联党组提名，上报市委同意，提交代表大会选举。七届执委会名额规模数为213名，实际安排203名，预留10名届中增补，其中主席（会长）1人，副主席24人，兼职副会长17人，秘书长1人，常委41人，执委119人。在11月18日，河源市工商业联合会七届代表大会召开，选举产生七届执委会。欧小鲁当选为河源市工商业联合会（总商会）第七届执行委员会主席、会长；徐耀目当选为常务副主席，副会长。 *（李 艺）*

群众团体

编辑：王瑞峰

河源市总工会

【概况】 2021年，河源市总工会以习近平新时代中国特色社会主义思想为指导，以推动高质量发展为主题，以庆祝中国共产党成立100周年为主线，以开展党史学习教育为抓手，紧扣强化思想政治引领、拓展建功立业平台、增强维权服务实效、深化工会改革创新、激发组织动力活力，工会事业取得积极进展和显著成效：在省总工会开展的2020年综合考评等9项工作考评中，获得1项特等奖，3项一等奖，5项二等奖；被评为“市文明单位”“市直机关创建模范机关先进单位”。在全省城市困难职工解困脱困工作总结表彰会上，市总工会被授予“全省工会城市困难职工解困脱困工作中作出重要贡献集体”，市总工会主要负责人被授予广东省五一劳动奖章。

【思想政治引领】 2021年，河源市总工会强化职工群众思想政治引领。

推进理论学习宣传 发挥工会“大学校”作用，把学习宣传习近平总书记在党史学习教育动员大会上的重要讲话精神、“七一”重要讲话精神和中共十九届五中、六中全会精神结合起来，以群众喜闻乐见的形式进企业、进车间、进班组（职工受教育15万余人次），引领广大职工做新思想的坚定信仰者、忠实践行者。

加强职工思想政治工作 深入贯彻落实意识形态工作责任制，发挥市总工会微信公众号、工人文化宫等宣传阵地的作用，围绕庆祝中国共产党成立100周年、党史学习教育、“中国梦·劳动美”等重大主题，浓墨重彩宣传党的光辉历程、伟大成就，引导职工爱党爱国、敬业乐业，坚定不移听党话、矢志不渝跟党走。

开展庆祝中国共产党成立100周年系列活动 组织开展“中国梦·劳动美——永远跟党走 奋进新征程”全市职工演讲比赛。这次比赛吸引全市300多名职工参加，评选表彰10名优秀选手。举办“学党史 跟党走——我为河源发展作贡献”职工摄影比赛优秀作品展和职工书法作品展等系列展览，吸引3600多人次参观。组织工会干部、职工群众500多人拍摄“回望百年 感恩奋进”——讲述新民主主义革命时期河源工人运动主要历史事件系列视频，让工会干部、职工群众走进镜头当好宣传员。粤工惠客户端专门发布，点击量、转发量超10万，引起热烈反响。

【建功立业】 2021年，河源市总工会动员职工建功立业，凝聚职工群众奋斗伟力。

弘扬劳动精神、劳模精神、工匠精神 坚持政治性、先进性、群众性、廉洁性，推荐评选全国五一劳动奖章1人、全国工人先锋号1个；省五一劳动奖章7人、省五一劳动奖状7个。开展“2021年度河源市最美新时代工人”评选和“致敬劳动者·致敬劳动模范”全城亮灯展播活动，推出《奋斗百年路 启航新征程—劳模精神宣传》系列报道，在全社会营造劳动光荣和精益求精的良

2021年12月30日，河源工运史展馆在市工人文化宫揭幕（市总工会 提供）

好氛围。开展2021年职业教育周暨党史学习教育——劳模精神、劳动精神、工匠精神进学校、进企业宣讲活动。首场宣讲在市劳模文化馆采用现场宣讲和网络直播的方式同步进行，有超过4.097万人次同步收听收看直播，2.789万人次观看直播回放。“学习强国”App予以报道。

深化产业工人队伍建设改革 协调召开全市产业工人队伍建设改革工作推进会，推动印发《河源市新时期产业工人队伍建设改革重点任务分工方案》，推进改革走深走实。指导创建省、市级劳模和工匠人才创新工作室10家，女职工创新工作室10家。邀请知名专家，对全市41家创新工作室技术创新成果进行评选并布设优秀成果展，推动劳模、工匠传播精神财富、传授技术技能。

开展建功立业活动 围绕打造农业农村高质量发展的综合平台、产业高质量发展的功能平台、城市高质量发展的区域平台三大高质量发展平台，组织供电、移动、气象、卫生、建筑等行业企业开展劳动和技能竞赛，参赛职工20000多人次，产生“金牌工人”7人、“岗位技术能手”14人，有力激发了广大职工的劳动热情、工作激情。

【维权服务工作】 2021年，河源市总工会紧扣满足职工美好生活需要，提升维权服务工作质效。

维护劳动领域政治安全 牵头开展河源市维护劳动领域和重点企业政治安全专项行动，做到防范在先、发现在早、处置在小。协调召开全市性专项工作会议，研究部署职工队伍稳定风险排查化解工作，组织排查企业800多家，涵盖职工5万多人次，走访重点企业22家，确保全市未发生劳动领域重大涉稳涉政治安全事件。

参与劳动关系协调 切实做好职工来信来电来访工作，参与处置劳资纠纷55宗。继续聘请36名律师担任72家重点企业工会法律顾问，做实“法院+工会”工作，在每个县区法院设置劳动争议调解对接工作室，成功调解案件15宗。推进集体协商“稳就业促发展构和谐”行动，新培育集体协商行业7家，组织签订工资集体合同企业2100多家，覆盖职工11.2万人。

加大普惠服务工作力度 做实做细春送岗位、夏送清凉、秋送助学、冬送温暖等传统帮扶品牌，帮扶困难职工5700多人次，发放帮扶金794.9万元。深入开展工会“二次医保”工作，发动职工参保107864人，全年理赔7734人次，理赔金额983.33万元。开展“情暖农民工，留河过大年”送温暖慰问活动，发放慰问物资158万元，惠及农民工1万余名。在“初心楼”常态化举办各类公益文体培训班40多场次，举办爱心托管班3期，受益职工3800多人次。

【基层工会工作】 2021年，河源市总工会夯实基层工会工作，扩大工会组织覆盖面影响力。

重点抓好建会入会 以职工100人以上未建会企业、“三新”（新技术、新业态、新模式）领域和“八大”（货车司机、快递员、护工护理员、家政服务员、网络送餐员、商场信息员、房产中介员、保安员）群体建会入会工作为重点，组织召开全市新就业形态劳动者建会入会工作会议，推动下发《关于进一步加强基层工会组织建设的通知》，全年组建基层工会105家，发展会员11000多人，其中新就业形态劳动者3100多人，超额完成省总工会下达的工作任务，有力扩大了对分散从业、灵活就业人员的组织覆盖。

推进基层规范建设 12个省级“三个一批”（建设一批社区、园区、镇街和行业工会联合会，建设一批社会化工会工作者队伍，建设一批会、站、家一体化的“职工之家”）示范点全部通过省总工会考核验收，走在全省前列。指导创建全国模范职工之家2家、全国模范职工小家1家、省模范职工之家7家、省模范职工小家4家、全国级职工书屋示范点1家。评选表彰91家工会河源市先进职工之家称号；授予50家工会河源市先进职工小家称号。

加大基层支持力度 下拨经费400多万元支持镇街、园区工联会改善条件、升级功能，并注重加强对分布在全市镇街和工业园区的110名社会化工会工作者的培训和激励，发放绩效金66万元。深入开展干部蹲点基层工会工作，成立领导小组，派出专干3人、拨出专款30多万元，确保蹲点工作取得实实在在的成效。（陈　浩）

中国共产主义青年团河源市委员会

【概况】 2021年，共青团河源市委员会坚持以习近平新时代中国特色社会主义思想为指导，团结带领全市各级团组织和广大团员青年围绕中心、服务大局，深化改革创新，共青团河源市委员会获评2021年度广东共青团工作先进单位，并就先进工作经验在团省委全会上作交流发言。截至2021年年底，全市有共青团员112345名，少先队员35万名，团组织7117个，其中学校团组织4524个，机关团组织502个，国企团组织53个，非公有制企业团组织251个，新社会组织团组织54个，村级团组织1560个，其他团组织173个。

【青少年思想引领】 2021年，共青团河源市委员会聚集主责主业，强化思想引领，将庆祝中国共产党成立100周年作为贯穿河源共青团全年工作的主线，深入开展河源共青团“学党史、强信念、跟党走”学习教育，引领青少年增进对党的思想认同、政治认同和情感认同。

开展党史学习教育 紧扣庆祝中国共产党成立100周年、党史学习教育等重大主题，组织全市共青团扎实开展“学党史、强信念、跟党走”学习教育，深化参与“青年大学习”“红领巾爱学习”网上主题团课、队课，推进

2021年4月2日，共青团河源市第七届委员会第二次全体（扩大）会议暨河源共青团党史学习教育动员会召开

（团市委 提供）

“灯塔工程”、党员先锋“青年讲师团”宣讲、“团干讲团课”等，利用“学习强国”学习平台、“青年大学习”主题团课等，开展“党史知识天天学”等学习活动，全市团支部累计开展各类学习活动6万余次、参与人次超200万，河源共青团组织化开展党史学习教育综合指标在全省共青团系统排名前列，“青年大学习”网上主题团课参学率排名全省前列。开展主题团队日等活动4600多场次，开展规范化离队入团、入队仪式，组织开展“童心向党·党的故事我来讲”等活动，教育引导青少年听党话、感党恩、跟党走。

选树先进典型 大力选树“两红两优”“最美南粤少年”“向上向善好青年”“最美志愿者”“红领巾奖章”等国家级、省级和市级各类青少年先进典型和先进集体372个，河源理工学校交通运输教学部团总支获评全国五四红旗团支部，和平县福和高级中学团委书记叶志生获评全国优秀共青团干部。培育新增“全国青年文明号”3个，是近年来河源市“青年文明号”创建工作最好成绩。

打造网络宣传精品 依托“青网计划”“青年之声”“智慧团建”“河源青年”微信矩阵等平台，打造河源青少年网上思想引领和舆论引导新阵地。开展“河源市青少年传承红色基因志愿宣讲行动”线上直播2场、累计观看人次超300万，“五四”青年节联合推出微信短视频《百年前这些河源青年，干了惊天动地的大事》播放量超100万，全市各级团组织制作“忆东江骄子传红色基因”等原创青少年新媒体作品100多个，作品《追忆河源红色历史·传承革命历史精神》入选第二届广东省中学团校“百佳微团课”。

【服务党政中心】 2021年，共青团河源市委员会在围绕中心、服务大局中找准共青团工作的结合点、着力点，努力拓宽为党分忧的工作领域，用好平台项目资源，发挥青年生力军和突击队作用，引导广大青年在建功立业、贡献大局中成长成才，提升河源共青团的大局贡献度。

助力疫情防控 有序组织动员青年、志愿者参与核酸检测、疫苗接种、疫情防控知识宣传等常态化疫情防控志愿服务，开展全市大规模核酸检测志愿服务工作培训，“i志愿”系统发布防疫志愿服务项目1147个、参与志愿者3.5万余人次，织密织牢疫情防控网。

助力乡村振兴 招募选派106名高校毕业生志愿者和175名支教志愿者到乡镇开展志愿服务乡村振兴活动，积极助力乡村人才振兴。围绕乡村振兴政策、成效，大力开展乡村振兴宣讲志愿服务，提升村民对乡村振兴工作的知晓度。组织开展撂荒地复耕、关爱乡村留守青少年等活动600余场次，投身乡村振兴火热实践。

助力文明创建 开展“学雷锋”系列活动，组织志愿者投身“创文”“巩卫”工作，打造文明交通劝导志愿服务示范路口20个，指导建设学雷锋志愿服务岗60个，开展各类志愿服务培训、交流活动，全年开展“创文”志愿服务活动4000余场次，助力河源以高分通过国家卫生城市复审，志愿服务成为全市的靓丽风景。

助力平安建设 推进市级“青少年零犯罪零受害社区（村）”试点工作，开展社区青少年矫正工作。牵头开展校园及周边交通安全调研并形成调研报告，举办校园交通安全主题活动1000余场次，防溺水等自护宣传教育活动覆盖青少年近5万人次。

助力生态建设 紧扣河源全力筑牢粤北生态屏障的目标，构建四级“河小青”队伍网格体系，创新开展“湖小青”志愿服务活动，组织15万名青少年开展巡河护河、植树造林、垃圾分类等生态环保活动1700余场次，“河小青”志愿服务工作排名全省前列，河源“河小青”志愿服务队入围全国第十届“母亲河”绿色团队奖。

【青少年成长成才服务】 2021年，共青团河源市委员会统筹推进服务大局与服务青年，推进中长期青年发展规划实施，以帮助青少年解决突出困难为重点，多措并举深化服务，青年群体的获得感和幸福感增强。

加强联系青年阵地建设 扎实推进“青年之家”等阵地建设，发挥社区志愿服务站、“四点半课堂”等社区青年服务阵地作用，深化“共青团与人大代表、政协委员面对面”活动，建立团代表联络站6个，开展“深调研”“团干讲团课”等活动1200多场次，初步构建“委员—代表—团员青年”的扁平化联系路径，畅通联系青年的“最后一公里”，深入了解青少年的思想动态和利益诉求。

关爱青少年健康成长 深入开展希望工程项目、“福彩育苗班”等帮扶活动，资助困难学生300余名，建设“幸福厨房”“希望小屋”等12个。启动乡村留守青少年心理健康专项帮扶计划项目，覆盖200所乡村学校，心理健康筛查4.9万人。开展“健康直通车”活动，对2万余名乡村青少年进行重症疾病排查。“青春守护”关爱农村青少年专项行动等2个项目获省“两帮两促”行动优秀项目。发挥校外未成年人心理健康辅导站作用，常态化开展线上线下个辅、团辅活动，守护青少年心理健康。

服务青少年现实需求 牵头实施《河源中长期青年发展规划（2021—2025年）》，召开青年工作联席会议，推动青年工作高质量发展。推进“我为青年做件事”主题实践活动，培育、推动2名创业青年分别入围中国青年创业奖终评和全国乡村振兴青年先锋候选人。开展“圆梦计划”“青年安居计划”等系列活动，帮助200名务工青年圆大学梦，为1800多个大学生提供见习岗位，向就业青年投放87套房源，组织河港澳青年“红色寻根之旅”系列活动，为港澳大学生来河源实习实践提供便利。提供青年婚恋交友暖心服务，开展“青春有约”系列青年交友联谊活动，累计服务青年6000多人次。

【深化改革和从严治团】 2021年，共青团河源市委员会坚持目标导向、聚焦薄弱环节，统筹推进共青团深化改革和从严治团，深化党建带团建工作，狠抓干部队伍建设，团的政治性、先进性、群众性提升。

加强机关党的建设 强化党建对业务工作的统领，全面落实政治要件闭环管理，严格落实理论学习中心组学习、“第一议题”学习制度，全年共召开中心组理论学习会议26次，组织“第一议题”学习60余次，邀请各级宣讲团成员作专题宣讲会3场次。开展模范机关创建活动，团市委于2021年先后获评“创建模范机关先进单位”“先进基层党组织”“脱贫攻坚先进集体”“法治宣传教育先进单位”等。全面完成巡察整改任务，营造共青团系统风清气正的良好政治生态。

全面加强基层团组织建设 全面实施加强团的基层建设提升组织力三年行动“命脉工程2.0”，建立健全派员列员县级团委领导班子民主生活会制度，高标准落实好基层团组织规范化建设，充分发挥“智慧团建”平台作用，实现全团大数据化。加强团的组织建设，抓好传统领域团组织建设，推动建立300个“两新组织”团组织，新兴领域团组织活力进一步增强。

从严管好团干团员队伍 完成市直机关、学校、镇村团组织集中换届工作，举办面向团干部、少工委主任、镇团委书记的培训班，提高干部队伍的专业素养和工作能力。加强和改进团员教育管理，规范团内政治生活，落实“三会两制一课”（支部大会、支部委员会、团小组会、团员教育评议制度、团员年度团籍注册制度和团课），全年发展团员7410名，建立中学团校171所，团员的先进性更加突显。全面摸底核查犯罪团员并按程序进行集中处置。

推进改革试点工作 推进县域共青团基层组织改革全国试点（源城区）、省中长期青年发展规划实施首批综合试点（和平县）、省社区青春行动首批实施社区（源城区康乐路北社区、紫金县上坝社区）等试点工作，并取得阶段性成果。全面完成规范乡镇（街道）共青团组织设置工作、推进“两新组织”团建“三个百分百”工作等两项2021年市委全面深化改革重点任务。

【河源共青团“青春情暖”活动】 2021年春节期间，共青团河源市委员会围绕“青春情暖”这一主题，整合资源，联合市青联、市少工委、市志愿者联合会开展河源共青团2021年“青春情暖”活动，分别开展“青春情暖·暖冬行动”、“青春情暖·感谢有您”公益慰问活动、“青春情暖”关爱残疾人志愿服务活动、“平安春运 青春情暖”、“情暖驿站”爱心公益活动以及“青春情暖——向白衣战士致敬行动”等活动，为志愿者、环卫工人、消防战士、防疫志愿者、“留河过年”一线青年职工等不同群体开展慰问公益活动，为他们送去爱心物资及新年祝福，取得良好的活动成效。

【“湖小青”志愿服务队】 2021年3月，共青团河源市委员会联合河源海事局成立“湖小青”志愿服务队，围绕“保护水源地、服务大湾区”的总体目标，壮大志愿服务队伍，常态化开展环保执勤及水资源保护、水源地生态保护、节约用水、亲水护水实境体验等志愿服务活动，定期组织志愿者深入万绿湖重点水域开展巡湖检查、安全管理、垃圾清理等工作，不断擦亮“湖小青”品牌，促进河湖保护志愿服务持续健康发展。截至2021年年底，“湖小青”志愿者服务队累计派出志愿者2000多人次，巡湖总里程800多千米，开展各类河湖保护主题活动100多场次，清理水面垃圾300多立方米，发放宣传资料1万多份，劝返进入水源保护地船舶100多艘。

【“两帮两促”行动】 2021年，共青团河源市委员会争取团省委、粤财控股公司等部门支持，于2021年5月在全省试点启动广东省“两帮两促”（学业帮助、就业创业帮助，体质健康促进、心理健康促进）行动——乡村留守儿童心理健康专项帮扶计划，围绕乡村留守儿童心理健康筛查、心理健康知识宣教、结对书信陪伴帮扶、建设乡镇青少年心理健康阵地等内容，多管齐下关爱乡村留守儿童心理健康。

开展留守儿童及学生心理健康筛查测评和个案跟踪办理，依托12355青少年综合服务平台的专家团队，对3个试点县区200所中小学近20000名学生进行心理健康筛查，筛选出192名心理问题存在中度风险的留守儿童和学生进行一对一的面询和跟踪疏导工作。全面开展心理健康知识宣教，截至2021年年底，共开展心理健康知识宣讲及心理健康筛查33场次，针对200所乡村学校心理老师、社工、志愿者等开展线上培训4场次。携手蓝信封留守儿童关爱中心开展结对书信陪伴帮扶活动，截至2021年年底，共有2745名学生与通信大使进行通信，累计通信9924次。建设乡镇青少年心理健康阵地，从交通便利、群体受益覆盖面、建设成本等方面考虑，确定统一建设标准和工作流程。截至2021年年底，3个试点县区完成阵地的建设和改造升级工作。

【志愿服务乡村振兴行动】 为深入贯彻落实中共中央关于全面推进乡村振兴的战略部署，做好高校毕业生等重点群体就业工作，引导和鼓励高校毕业生到基层、到乡村工作，投身乡村振兴，团省委、省文明办、省委农办、省发展改革委、省教育厅、省科技厅、省财政厅、省人力资源和社会保障厅、省农业农村厅于2021年起共同实施广东大学生志愿服务山区计划——广东高校毕业生志愿服务乡村振兴行动。

在市委、市政府的坚强领导下，建立市、县两级管理机制，分级成立“志愿服务乡村振兴行动”工作领导小组，负责项目总体规划、协调和指导工作。领导小组下设项目管理办公室，分别设在市、县级团委，负责项目具体组织实施工作。经过岗位申报、宣传招募、审核筛选、面试、体检、公示、培训后，录用的106名高校毕业生志愿者于2021年11月15日派遣到河源市95个乡镇，围绕产业振兴、人才振兴、文化振兴、生态振兴、组织振兴五大方面开展乡村振兴志愿服务工作。 *（温思静）*

河源市妇女联合会

【概况】 2021年，河源市妇女联合会深入开展“巾帼心向党 奋斗新征程”庆祝中国共产党成立100周年群众性宣传教育系列活动。举行纪念三八国际妇女节111周年云直播，总观看量5万多人次。开展“党的女儿话初心”“河源少年儿童心向党”“百年党史知识巡展”“唱支新歌给党听”“颂百年风华 传红色基因”家庭亲子阅读等系列活动133场次，吸引10多万学生和家长参与。开展“看电影学党史，心里有话对党说”“感党恩颂党情 传家风促新风”红色家风传承等系列活动，让广大家长带领、陪伴少年儿童学习“四史”（党史、新中国史、改革开放史、社会主义发展史），传承红色基因，厚植爱党爱国爱社会主义的情怀。

【岗位建功】 2021年，河源市妇女联合会向71名妇女发放创业小额贷款695万元，贴息金额53.53万元，扶持带动900多名妇女就业创业。联合市农业农村局创建6个市级、1个省级巾帼创业基地。举办“绿色低碳 美丽家园”客家厨娘厨艺大赛、“春暖万家”巾帼助农产品进万家活动、“情系民族畲乡 助力乡村振兴”非物质文化遗产传承等系列行动。开展家政培训班53期，巾帼创业、巾帼电商培训76期，培训人数约3367人，培育女致富带头人68人，辐射带动创业就业人数3695人；联合市人力资源和社会保障局开展“春风送岗”女性专场云招聘活动、“客家味 家乡美”河源阿嫂烹饪技能展示活动。成功培树河源市图书馆为全国“三八红旗集体”，1人获评全国维护妇女儿童合法权益先进个人，2个单位获评全国维护妇女儿童合法权益先进集体，59人获评省、市“三八红旗手（集体）”“巾帼文明岗”称号。

【妇儿福祉】妇女儿童事业创新发展 2021年，河源市妇女联合会完成妇女儿童发展规划（2011—2020年）终期评估，河源市妇女儿童发展规划可比量化指标共112项，总达标率92%。制作《美好新时代——2011—2020年河源市妇女儿童发展成果剪影集》纪念册。

维权服务全方位加强 2021年受理信访案件365宗，处理率100%。开展“关爱女童 护苗成长”系列活动，共举办专题讲座218场、民生座谈会4场，覆盖人群近8万人。成立35个市县婚姻矛盾纠纷调解组织，在全市各村（社区）成立1402个妇女议事会，开展议事活动4197场。

关爱帮扶力度持续加大 2021年完成“两癌”（乳腺癌、宫颈癌）初筛99459人次。联合市人寿保险股份有限公司开展“爱心保险玫瑰公益”行动，累计为贫困妇女送上44683份爱心保障。争取粤丰集团出资76万元，援助河源市500名孤贫儿童学业。开展妇女儿童“幸福·微心愿”活动，为困难上访

2021年10月20日，2021年河源市家庭文化节开幕式暨家庭教育论坛在市文化馆举行 *（市妇联 提供）*

人员、重病困境妇女儿童共400人提供暖心救助近20万元。

【家庭文明】2021年，河源市妇女联合会开展寻找“最美家庭”活动和“十大优秀书香之家”评选活动，评选出48户“最美家庭”和“优秀书香之家”。创建省、市家庭文明建设示范点34个、市家教家风实践基地8个。成立河源市家庭教育指导协会和河源市家庭教育指导站，挂牌成立12个村级家庭教育指导站。

【妇联改革】2021年，河源市妇女联合会开展河源市强基层妇联·促乡村振兴三年行动。河源市强基层妇联·促乡村振兴——农村基层妇联连片试点工作初见成效，并得到王伟中、张义珍、叶贞琴等省委领导的肯定。省妇联专门印发《关于学习借鉴河源市典型经验做法进一步“强基层妇联·促乡村振兴”的通知》至各地级市妇联。全市成功打造100多个强基层妇联·促乡村振兴试点，助力农村社会综合治理和乡村振兴卓有成效。（吴 璁）

河源市科学技术协会

【概况】2021年，河源市科学技术协会（以下简称市科协），由市级学会、协会、研究会，市辖各县（区）科协、乡镇科协及高校、企业科协等基层组织组成。有市级学会34个，会员5687人，下属事业单位有市科技馆和市科技咨询服务中心。

是年，市科协被省科协评为2021年度政务信息建设先进单位、基层科协组织建设及提升基层科协组织力“3+1”工作先进单位，2020年度统计调查及财务数据汇总工作优秀单位。2021年“云上科普日”河源市全民科学素质网络竞赛活动被中国科协和省科协评为2021年全国科普日优秀活动。

【服务科技工作者】2021年，河源市科学技术协会完善市科协领导班子成员联系县（区）科协和市级学会制度，改进联系服务方式。开展“全国科技工作者日”系列活动，召开2021年河源市科技工作者代表座谈会，走访慰问一线科技工作者，听取科技工作者意见建议，及时解决急难愁盼问题，送上党和政府关怀温暖。举办河源市科普中国e站培训班、科技辅导员交流培训活动，提升科技工作者的能力水平。做好河源市首批专业技术拔尖人才的津贴、补贴发放和医疗体检等服务工作。开展寻找“最美科技工作者”学习宣传活动，评选出10名河源市2021年“最美科技工作者”。通过《河源日报》、河源广播电视台和市科协微信公众号、视频号等渠道宣传报道河源市“最美科技工作者”和专业技术拔尖人才，营造尊才爱才氛围。

【服务创新驱动发展】2021年，河源市科学技术协会精准对接企业需求，主动对接省科协，推动中科院广州分院、华南农业大学专家与东瑞食品集团股份有限公司签订合作协议，推动科技成果在河源市转化落地。搭建学术交流平台，优化学术活动月品牌，举办河源市科协第十九届学术活动月开幕式，举办联想智慧中国行之河源市智慧教育论坛等各类学术活动65场次，营造河源市学术氛围。推动建立1家广东省院士工作站。持续推进市级学会有序承接政府转移职能，市养猪行业协会、市风景园林协会、市林学会、市质量协会等得到政府相关部门的认可。联合省科协、华南农业大学在顺天镇柠檬现代产业园建设“科技小院”，推动产学研融合发展。

【提高全民科学素质】2021年，河源市科学技术协会举办《广东省科学技术普及条例》宣讲报告会，推进《科普条例》在河源市的宣传贯彻。推动市政府建立科普工作联席会议制度。完成《河源市科协事业发展“十四五”规划》《河源市全民科学素质行动规划纲要实施方案（2021—2025年）》。推动市科技馆新馆建设，推进河源高级中学、中小学科普教育馆建设，加强校园科学室和科普教育基地建设，夯实科普阵地。做好市科技馆免费开放工作，2021年接待参观人数约3.2万人次。开展全国科普日系列活动，“云上科普日”河源市全民科学素质网络竞赛活动吸引74000多人次参与竞答。开展文化科技卫生“三下乡”“全国科技活动周”暨“广东省科技进步活动月”等各类主题科普活动，科学宣传新冠肺炎疫情防控等知识，提升城镇居民科学素质。组队参加第36届广东省青少年科技创新大赛获一等奖5项，参加第九届广东省青少年科技创新实践成果交流活动获二等奖1项；举办河源市青少年科技创新大赛、校园科技文化艺术节、小学生科普作品竞赛等品牌赛事，编印历届省市青少年科技创新大赛参赛师生成长故事，激发青少年创新精神，提升青少年科学素质。举办农村健康知识科普服务，组织专业技术拔尖人才到农村开展科技服务，解决蜜蜂、油茶等种养技术问题，助力乡村振兴。举办“为广东不断创造新辉煌厚植沃土——新时代科普工作的创新实践”专题报告会，提升领导干部和公务员科学素质。

【服务党委和政府科学决策】2021年，河源市科学技术协会牵头开展“加强我市青少年科技教育工作”专题调研，形成的调研报告被市委政策研究室、市政府研究室评为2021年度全市优秀调研成果三等奖。提出“加强科普信息化建设管理”“进一步加强中小学科技辅导员队伍建设”的政协提案；汇总梳理科技工作者座谈会上的意见建议并上报市委、市政府，为党委和政府的科学决策提供参考。（赖浩健）

河源市归国华侨联合会

【概况】河源市归国华侨联合会（以

下简称市侨联）是中共河源市委领导的由归侨、侨眷组成的人民团体，是党和政府联系归侨侨眷、海外侨胞的桥梁和纽带，正处级建制。2021年，市侨联以习近平新时代中国特色社会主义思想为统领，围绕中心、服务大局，履行职责、发挥优势，团结动员归侨侨眷和海外侨胞，为建设幸福和谐美丽河源贡献侨界力量。推进党建带侨建工作。发挥示范点带动作用，推进21个“侨胞之家”建设，支持海创联合办公中心打造创新创业新阵地。

【文化宣传和联谊联络工作】 2021年，河源市侨联坚持“国内、海外工作并重”，发挥联谊联络工作优势，做好侨界思想政治工作，抓实意识形态工作，不断引领侨心向党。履行意识形态主体责任。成立市侨联意识形态工作领导小组和工作专班，抓好侨联“一号一网”宣传阵地建设。凝聚侨界思想共识。通过座谈交流、网络宣传、推送资料等方式，在侨界掀起学习宣传中共十九届六中全会和中共河源市第八次代表大会精神的热潮，凝聚侨心向党、奋进新征程的磅礴力量。协调纪录片《琴魂》摄制工作。深度挖掘中国第一代钢琴家、河源籍华人艺术家巫漪丽的艺术人生故事，宣传华侨华人“爱国、爱乡、爱家人”精神。加强与侨团侨领的联系。走访在境内的海外侨胞，通过电话、电邮、微信群组，做好侨领、侨青、海归三大群体的联络工作。鼓励海外侨团参与中国共产党成立100周年庆祝活动。引导、发动他们讲好中国共产党故事、河源故事，与河源市建立联系的57个海外侨团均举行不同形式的庆祝活动。

【侨界经济交流合作】 2021年，河源市侨联坚持“老侨、新侨工作并重”，积极牵线搭桥，促进侨界经济科技交流合作，服务新侨创新创业。推动“南粤侨创”工作。成功申办2个“南粤侨创基地”，完善运营环境，搭建侨界创新创业发展平台。促进侨界经贸交流。组织侨界青年企业家到先科、西可、深河金地创谷、华汇智谷考察交流，走访江门市河源商会，加强互动交流、促进项目对接。加强与侨青、海归的联系。引导市侨青会、海归协会团结凝聚侨界青年、海归精英，服务创新发展。

【中国侨联副主席程学源到河源市调研】 2021年3月26—28日，中国侨联党组成员、副主席程学源一行5人在广东省侨联党组成员、副主席谢惠蓉等陪同下，到河源市调研联谊联络和基层建设工作情况。中共河源市委书记、市人大常委会主任丁红都，市委副书记、市长林涛会见程学源一行。市委常委、统战部部长叶少军，市委常委、秘书长张和志等参加会见。调研组一行先后到市侨联机关、市高新区科技企业孵化基地深河金地创谷（台港澳青年创新创业基地）、华汇智谷科技有限公司(南粤侨创基地)、源城区高埔岗新作塘社区“党建带侨建”示范点、海归创业服务中心（侨胞之家）进行实地调研考察，听取基层侨联组织和“侨胞之家”联系服务侨胞、组织侨界特色活动等方面情况的汇报，了解河源市服务侨界创新创业的工作情况。 *（程水山）*

2021年3月26—28日，中国侨联副主席程学源到河源市调研联谊联络和基层建设工作情况。图为26日，在河源市侨联机关举行座谈会 *（市侨联 提供）*

河源市文学艺术界联合会

【概况】 2021年，河源市文学艺术界联合会下辖16个市级文艺家协会（分别是市作家协会、戏剧家协会、音乐家协会、舞蹈家协会、美术家协会、书法家协会、摄影家协会、曲艺家协会、民间文艺家协会、诗词协会、民俗摄影协会、朗诵艺术学会、国际标准舞协会、文化艺术交流协会、流行音乐协会、网络作家协会等）和2个行业文联（分别是河源公安文联、市金融系统文化体育联合会）以及五县二区文联7个（分别是源城区文联、东源县文联、和平县文联、龙川县文联、紫金县文联、连平县文联、江东新区文联）。截至12月，市级会员1972人（其中国家级会员76人、省级会员310人）。

【文艺展览展演活动】 2021年，河源市文学艺术界联合会先后组织举办“红歌永流传”流行音乐组歌传唱、“唱支山歌给党听”舞蹈专场演出、“新时代、新征程”河源美术作品展、“红色传承、振兴乡村”主题摄影展、“永远跟党走·翰墨颂华章”书法作品展、

“党旗飘飘红心向党”文化下基层演出活动6场次。通过多种艺术形式的展演展览，把教育活动贯穿于庆祝活动的全过程，以“共产党好”“社会主义好”等主题营造好氛围，唱响时代主旋律。

【“我为群众办实事”实践活动扎实推进】 2021年，河源市文学艺术界联合会扎实开展“我为群众办实事”实践活动，结合文联工作实际，以学习促工作，回应群众、艺术工作者关心、关切的问题。开办美术书法摄影等各类公益课堂7场次。多次组织开展下协会走基层调研座谈，为文艺工作者解决创作时间不稳定，影响创作质量的难题；加强与有关单位的沟通联系，协助作家协会解决无办公场地的难事。在2021年春节期间，组织市书法家协会开展义写春联进万家惠民活动，市文联及五县一区文联共组织开展义写春联活动约50场次，为群众义写春联约20000副、送“福”帖约6000张；组织民俗摄影协会深入各县区为近800户群众拍“全家福”照。先后组织有关协会深入村（居）开展“月圆中秋 情满家园”“党旗飘飘 红心向党”等“文化下基层”文艺汇演，举办“福满华夏 花好月圆”中秋朗诵艺术沙龙等红色文艺轻骑兵基层志愿服务4场次，丰富基层精神文化生活。按照市委乡村振兴工作部署，对接帮扶黄田镇，深入实地调研，制定实施文艺下基层惠民工程、文艺基地共建等帮扶措施，助力乡村文化振兴，以实际行动践行“建党”精神。

【文艺惠民活动】 2021年，河源市文学艺术界联合会坚持“二为”方向和“双百”方针，立足河源实情，组织开展文艺展演展览活动和创作活动30多场次；组织全市文艺家骨干赴广西开展2021年“感党恩 跟党走”主题文艺采风活动，各县区文联及市各协会开展主题文艺采风活动23次，激发全市文艺工作者、文艺爱好者的创作热情，为河源市“融深”“融湾”作出文联贡献。河源市与深圳市文联联合举办的“欣欣向‘融’——广东水彩名家走进河源”、“红色兰亭——河源第五届兰亭雅会”、“河源市书法专题研修班结业作品展”、“共筑梦·同挥毫”2021年河源市第二届青少年书法展活动、庆祝中国共产党成立100周年“江东杯”征文比赛、“庆祝中国共产党百年华诞暨文学志愿服务进万家‘大手牵小手·使命永传承’建设幸福河源红色采风活动”、河源市庆祝中国共产党100周年——“百歌颂中华”歌咏活动、“再唱山歌给党听”快闪活动、“河源发声”第三届音乐作品创作大赛、我们的节日·七夕“爱在七夕 音为有你”——2021河源市七夕音乐会、欣欣向“融”——广东水彩名家走进河源深河作品巡展、湾区精品——广东水彩名家作品邀请展、墨韵南粤·佛山市艺术名家作品展、2021年河源市“星河华附杯”青少年才艺大赛、以“学党史·跟党走——我为河源发展做贡献”为主题的摄影大赛、“守护绿水青山·珍爱自然资源2021年全国‘土地日’摄影作品征集大赛”、首届校园鼓王大赛、《声动河源 幸福华章》河源市2021新年诗文朗诵会、“我们的中国梦—文化进万家”的新时代文明实践《最美古村落》主题摄影展、2021中国广东标准舞·拉丁舞巡回赛（河源站）暨第三届河源市标准舞·拉丁舞锦标赛等。

【文艺精品创作成果显著】 2021年，河源市文学艺术界联合会引导文艺工作者在守正创新中践行以人民为中心的创作导向，鼓励河源市各协会和文艺工作者深入改革开放前沿、重大工程建设一线、脱贫攻坚、“融深”“融湾”幸福和谐美丽河源建设等重大战略发展的历史实践中，准确把握文艺的创作方向，创作更多具有河源特色、体现河源水平、展示河源气派的精品力作，展现河源文艺工作者的文艺担当。全市各文艺家协会文艺精品创作成果喜人，创作各类题材文艺作品在全国刊物上发表600多件，在国家级展览展演活动中入展或获奖作品32件，在省级比赛中获奖或入展作品200多件。其中：市舞蹈家协会全国首部以“新农村少儿舞蹈教室”美育工程为题材的原创舞蹈作品《我的舞蹈梦》（原名：向阳花）获“广东省第七届岭南舞蹈大赛”小舞剧（非专业）第一名，为所有小舞剧总排名第二，实现河源市小舞剧在省级大赛上获奖“零的突破”。市音乐家协会民族管弦乐《古邑欢歌》获2021年“广东音乐新经典工程”原创民乐优秀作品，实现河源建市后原创民乐作品获此殊荣“零的突破”；邹国忠作词《骨肉情深》登上中央电视台音乐频道，为中国共产党成立百年倾情献礼；罗伟力作词曲的客家民谣《车田豆腐》获2021年省群众文艺作品三等奖；欧阳山改编的童谣《小小蒲公英》获省文明办“童心向党”2021年岭南童谣征集传唱活动二等奖。市美术家协会入选国展省展作品共有40件，其中入选国展16件获奖3件，入选省展20件获奖1件，入选国展数量为河源建市后作品最多的一次。市书法家协会王慧芬书法作品在第七届广东省“南雅奖”书法篆刻展中获金奖;蓝俊强作品入选西泠印社第十届篆刻艺术评展。市作家协会冯燕花《那时远时近的光》获省文化馆“我和我的文化馆”征文“十佳作品”；陈振昌《殷实人家》获得“邹记福杯”省小小说大赛优秀奖；吴楚生《身残志坚脱贫奔小康》获“学习强国”广东学习平台“走向我们的小康征文”三等奖；彭子桥军旅赞等系列作品获得广东省退役军人事务局“老兵永远跟党走·传承红色基因，续写军旅荣光”征文优秀奖；骆心慧《警察叔叔顶呱呱（儿歌四首）》获省公安厅和省教育厅联合主办的“守护平安·警民同行”征文三等奖；张湘涛《敲开幸福门》获全国总工会“亿万职工心向党”活动歌曲入围奖；朱晓敏《清澈的爱只为中国》获教育部全国大中小学诗歌大赛教师组三等奖；张庆富《赤色黎明》获省公安厅“党的光辉照我心”征文优秀奖。市戏剧家协会杨作炬创作的山歌剧《第一书记的妙招》、赖胜锋创作的小戏《山海情》均获2020年度省群众文艺作品评选戏剧类三等奖。市诗词协会乐文英《参观古田会议遗址》、曾善辉《咏蛙》等诗词作品获“岭南杯”诗词大赛“优秀奖”。

河源市各协会出版各类作品集30多本。其中市作家协会徐飞、巫丽香、古锦标、张湘涛、朱晓敏、张庆富、杨立谦7人分别出版《木偶》《美丽家园——河源江东新区决胜小康与乡村振兴纪实》《脚下这片土地》《大地飞歌》《左手创业右手爱情》《派出所的故事》《文润花开》7本。市美术家协会出版发行《欣欣向“融”——广东水彩名家走进河源作品集》《红色河源——革命老区行写生作品集》。市诗词协会陈启鹏出版《铁马秋风》个人诗词作品集。另外，市流行音乐协会推出庆祝中国共产党成立100周年原创音乐作品MV《七月的火把》。市戏剧家协会由杨作炬编剧、省戏剧家协会刘华浪作曲的红色题材中型木偶剧《十万挑夫上赣南》于2021年6月29日首演。网络作家协会也无风雨也无晴的《珠圆玉润也倾城》、了了一生的《妙手》被改编成影视，谢雅娜的《彩虹在转角》入选广东现实题材网络文学精品。

【文艺人才培养】 2021年，河源市文学艺术界联合会加强平台载体建设，吸收各类文艺创作者加入文联大家庭。开展文艺专题培训。组织开展美术、书法、摄影、舞蹈、诗词、文学、音乐等各类文艺专题培训约20场次，培训人数达1300人。全市各文艺家协会新增国家级会员3人，省级会员19人，市级会员199人，文艺家队伍不断壮大。

【守好文艺意识形态安全阵地】 2021年，河源市文学艺术界联合会加强学习，通过民主生活会、组织生活会、理论中心组（扩大）会议等，先后9次组织意识形态工作专题学习；主要领导与分管领导、分管领导与部门负责人等层层签订责任书，每月开展一次意识形态与网络安全研判会议，每月由办公室负责对各文艺家协会意识形态工作进行管控与检查监督，守好文艺阵地，做到守土有责、守土负责、守土尽责。

（*黄伟忠*）

河源市残疾人联合会

【社会保障】 2021年，河源市残疾人联合会推进残疾人脱贫攻坚成果与乡村振兴战略有效衔接，防止返贫现象的发生。配合民政、社保等部门落实符合条件的残疾人按单人户纳入城乡最低生活保障范围、参加城乡居民社会保险享受个人缴费资助等社会保障政策。残疾人“两项补贴”实现提标扩面，非重度智力、精神残疾人纳入重度护理补贴保障范围。全市享受残疾人“两项补贴”达到90998人次，其中重度护理补贴56334人（每人每月243元），生活津贴34664人（每人每月181元）。3350人次困难残疾人获得临时救助。残疾人托养服务稳步推进，全市建立托养中心3家和社区康园中心104家，可为2360多名残疾人提供托养服务。开展国家通用手语和国家通用盲文推广培训班2期。针对残疾人自身的残障情况，投入385万元帮助全市770户贫困重度残疾人家庭进行无障碍改造，为其居家生活、出行提供便利。

【康复服务】 2021年，河源市残疾人联合会推进残疾人“人人享有康复服务”工作，建立政府推动、社会联动、项目带动的康复服务机制。为12784名有康复需求残疾人提供康复服务，康复服务率98.68%；为2289名有辅具适配需求的残疾人提供辅具适配2288件，辅具适配率99.94%。全市1207名0～6岁残疾儿童在河源市定点康复机构接受康复训练，31名听障儿童享受安装人工耳蜗补贴。完成白内障复明手术2514例，社区康复18128人，对3269名精神障碍患者开展康复救助，居家康复服务441人，培训家长298人。加强康复人员师资培训，累计培养康复教育专业人员236人次。抓好2021年河源市“十件民生实事”中“免费实施出生缺陷筛查”工作，开展残疾预防各项工作，源城区全面完成创建全国残疾预防综合试验区工作任务。

【教育就业】 2021年，河源市残疾人联合会联合教育部门，推进特殊教育。安置适龄残疾儿童3550人，入学率达到97.69%。实施“南粤扶残助学工程”，为符合条件的43名残疾大学生发放助学金50万元；市残疾人联合会秋季资助考取大中专院校残疾学生68名，金额达21.3万元。推进残疾人就业创业。全市残疾人联合会扶持残疾人就业创业163人，扶持资金49.37万元。截至2021年11月底，全市城乡残疾人稳定就业11874人；城镇、农村残疾人新增就业695人，城镇职业技能和农村实用技术培训884人次。举办残疾人专场招聘会2场，推荐就业50人。建立残疾人扶贫培训就业基地6个，辐射带动780名贫困残疾人增加生产收入；对1138户残疾人进行种养和个体创业。参加2021年广东“众创杯”创业创新大赛残疾人公益赛决赛，河源市获得1金、1铜的历史最好成绩。全市累计征收残疾人就业保障金6356万元（市本级2457万元）。

【信访与维权】 2021年，河源市残疾人联合会加强《广东省实施〈中华人民共和国残疾人保障法〉办法》等残疾人法治宣传教育，增强全社会依法保障残疾人权益意识。开展涉残扫黑除恶专项斗争，建立健全重大事项社会稳定风险评估和残疾人法律救助工作机制，发挥残疾人法律救助站作用。实行初信初访首办责任制，全市残联共接待来访1244人次，信件256件，做到来访有接访，来电有答复，来信有回复。残疾人反映问题和解决困难的渠道——“12385”热线畅通，2021年受理86条信息。全市对1220名疑似智力残疾人和精神女童进行评残办证。落实“护苗行动”关爱残疾女童服务方案，依法保护女童人身权益。推动河源市开通C5驾驶证考试，为残疾人考取驾驶证提供便利。

【组织建设】 2021年，河源市残疾人联合会深入贯彻实施《河源市残疾人联合会改革实施方案》，健全市残疾人联合会各项规章制度，制定出台康复、就业、信访、党建、人事、财会等工作制度。贯彻落实《关于实施“广东兜底民生服务社会工作双百工程”的通知》精神，将合同期内乡镇（街道）残疾人专职委员按程序纳入乡镇（街道）社会工作服务站统一管理使用。全市对98704名持证残疾人开展基本状况调查，建立残疾人人口数据库，为实现精准化服务和精细化管理奠定基础。各级残疾人专门协会加强自身建设，发挥协会桥梁作用，组织各类残疾人参加省市各项活动，精神残疾人及亲友协会、肢残人协会进行法人登记注册，法人治理成效明显；推进乡镇(街道)残联、村(社区)残协建设工作。规范残疾人办证工作，实现残疾人业务跨省通办。河源市残疾人持证率稳步提高，全市持证98403人，全年新增6460人。

【文体宣传】 2021年，河源市残疾人联合会以庆祝中国共产党成立100周年为契机，依托各级公共文化阵地，组织开展残疾人文化节、盲人诗歌散文朗诵大赛和残疾人美术作品大赛等形式多样活动，引导残疾人和党员知党史、感党恩、跟党走。举办国际残疾人日“南粤扶残·艺海有爱”暨残疾人康复成果汇演，开展文化进家庭“五个一”（帮助贫困、重度残疾人家庭每年读一本书，看一次电影，游一次园，参观一次展览，参观一次文化活动）项目，不断丰富残疾人精神文化生活。参加第九届广东省残疾人美术作品大赛，获一等奖

2021年12月3日，河源市残疾人联合会举办2021年国际残疾人日“南粤扶残·艺海有爱”暨河源市残疾人康复成果汇报演出 *（市残联 提供）*

2个，二等奖3个，三等奖4个。加强残疾人体育工作，举办2021年残疾人象棋比赛、残健同行羽毛球友谊赛等活动，培养选拔残疾人体育和文艺苗子，组团参加各项残疾人体育赛事和省、市文艺汇演，其中由市残疾人联合会选送的河源籍运动员林穗玲、徐婷婷在东京残奥会上分别获得女子轮椅篮球银牌和羽毛球女子单打WH2级银牌。加强宣传阵地建设，多渠道拓展宣传载体、通过各种媒介向社会宣传展示残疾人事业发展新成就、扶残助残政策措施及自强不息等残疾人典型。全面启用政务微信“粤群通”网宣服务平台，打通密切联系、广泛宣传和精准服务残疾人的“最后一米”，全市有78821名残疾人或亲属加入“粤群通”网宣服务平台，实现服务覆盖率81.81%。在河源广播电视台开办《共享阳光》残疾人工作专栏和《民生一线》电视手语节目，帮助残疾人了解社会资讯。在省、市主流媒体发表新闻稿件136篇。*（赖晓龙）*

河源市红十字会

【红十字会改革】 2021年，河源市红十字会贯彻落实《关于全省红十字系统落实省领导批示精神的指导意见》，以改革统领全局、破解难题、推进事业发展。推进红十字会改革取得新进展。制定出台《河源市贯彻落实〈广东省红十字会改革方案〉实施方案》，于2021年3月由河源市人民政府办公室印发实施，推动河源市红十字会改革发展。完善组织机构，增设办公室和内设机构领导职数，并面向基层公开遴选2名优秀公务员充实队伍，为事业发展夯实基础。基层组织体系建设取得新突破。县级红十字会全部理顺管理体制，均已独立设置，配备专职人员，并在农村、社区建立6个红十字基层组织。依法治会迈出坚实步伐。筹备召开第一次会员代表大会，成立一代会筹备工作领导小组及代表资格审查委员会，制定筹备工作方案，依法推选会员代表，确保会议召开。

【救灾救助工作】 2021年，河源市红十字会健全应急救援体系，备灾救灾能力有效提升。主动融入政府应急救援体系。修订自然灾害等突发公共事件应急救援预案，做好备灾救灾物资储备，保证突发灾害发生时的救援所需。广泛动员社会力量参与红十字会救援工作。组建河源市红十字会赈济救援队，组织培训和演练，加强与民间救援组织的协作，提高红十字系统应急反应能力。抓好常态化疫情防控。贯彻落实市疫情防控指挥部相关部署和要求，调拨救灾帐

篷助力疫情防控，大力宣传疫情防控和疫苗接种知识，提高人民群众防范疫情意识。

关爱易受损人群，人道救助覆盖面不断扩大。加强数字化建设，提升人道资源动员能力。创新运用“互联网+金融+公益”模式，建设打造河源“数字红会”综合服务平台，实现核心业务“网上办”“掌上办”，推动红十字会工作更加规范化、智能化、便捷化、透明化，信息化工作走在全省前列。凝聚人道力量，人道救助水平不断提高。在全市组织开展“99公益日”一起捐、助学、地贫和先心病救助等公益筹资活动，动员社会力量、汇集各方资源，提升筹资能力和服务管理水平。市、县两级红十字会整体联动，常态化开展“红十字博爱送万家”活动，发放近40万元慰问款物，受益困难群众2500余人次。实施“大病救助”“爱心助学”等项目，对困难群众实施救助，发放大病救助金1.4万元，受益11人次，发放助学金5.7万元，受益贫困学生28人次。实施“扶贫救心”“燃料卡计划”等项目，分别为24名贫困先天性心脏病患儿和69名地贫患儿资助治疗费用近35万元。“小天使基金”项目救助贫困白血病患儿31名，资助金99万元。开展“银龄安康行动”和“玫瑰行动”，募集资金30多万元，加强老年人社会保障工作和关爱农村妇女身体健康。

【应急救护工作】 2021年，河源市红十字会推进应急救护培训，群众自救互救能力明显增强。深入实施应急救护推进年工作，参加省红十字会应急救护大赛，开展“预防溺水·救在身边”志愿活动，实施“红十字救在身边”项目品牌，持续推动应急救护进机关、企业、社区、学校和农村，提高群众自救和互救知识与技能。2021年举办应急救护培训班21期，培训急救员814名，开展普及培训讲座27次，发放急救知识宣传资料6000多份，受益群众5500多人次。

2021年5月8日，河源市卫星小学举行应急救护培训活动 （市红十字会 提供）

【无偿捐献工作】 2021年，河源市红十字会实施生命接力，“三献”工作扎实推进。市、县红十字会参与无偿献血、造血干细胞、人体器官捐献宣传、推动和表彰工作，2021年开展宣传招募活动18场，全市无偿献血8304050毫升，造血干细胞入库血样157份，有4名志愿者成功捐献造血干细胞，登记器官捐献志愿者10人，宣传群众3000多人次，发放宣传资料5000余份。

【志愿服务工作】 2021年，河源市红十字会弘扬奉献精神，志愿服务成效明显。加强红十字会志愿者队伍的组织建设，以群众需求为导向，打造“红十字志愿服务进社区”“童心行·关爱留守儿童”“情暖槎城·博爱驿站”等志愿服务项目品牌，积极为人民群众办实事办好事。2021年，举办志愿者培训3期，开展40多次志愿服务活动，参与志愿者500多人次，服务群众8500多人次，有多名志愿者和服务队、志愿服务项目获得国家、省、市级荣誉称号，其中廖伟梅获得全国红十字志愿服务先进典型称号、黄新辉获得广东省学雷锋最美志愿者称号，廖伟梅、黄慧获得河源好人称号，市红十字会志愿者公益宣传服务队获得广东省学雷锋最佳志愿服务组织称号，“童心行”项目获评河源市学雷锋优秀志愿服务项目。

【红十字宣传】 2021年，河源市红十字会加强宣传力度，红十字会影响力扩大。依托红十字会官方微信公众号、“数字红会”综合服务平台、微视频等载体，联合有关政府部门和社会各界，以“世界红十字日”“世界急救日”“世界献血者日”等大型主题宣传活动为契机，宣传红十字会“三救三献”核心业务和人道主义工作宗旨。年内，开展宣传活动30多次，发放宣传资料5000余份，通过微信公众号、“数字红会”综合服务平台等媒介共发布图文信息200多条，向省红十字会报送信息20多条，全市各类媒体报道红十字相关信息30多条。 （罗　超）

法 治

编辑：王瑞峰

政法委及综治

【概况】 2021年，河源市政法系统按照习近平总书记、中共中央决策部署和省委、市委工作要求，开展党史学习教育和政法队伍教育整顿，大力推进市域社会治理现代化，全面加强平安河源、法治河源建设，全力防风险、保安全、护稳定、战疫情，为庆祝中国共产党成立100周年和实现“十四五”良好开局提供保障。

【政法队伍教育整顿】 2021年，河源市开展政法队伍教育整顿，结合党史学习教育，累计开展“三项教育”2700多场次，选树政法英模47人，入选全国“平安之星”2人。全市立案审查225人，核查认定1489件顽瘴痼疾全部整改完毕，出台便民利民举措765项，建立正风肃纪、能力提升、执法司法制约监督、干部交流轮岗、暖警爱警等制度机制653项。通过教育整顿，政法队伍政治生态优化，纪律作风好转，素质能力增强，执法司法公信力提升。全市政法系统共有58个集体、359名个人立功受奖，其中13个集体、33名个人受到省级表彰，3个集体、7名个人获得国家表彰。

【维护社会稳定】 2021年，河源市开展维护政治安全专项行动工作，开展社会矛盾问题专项治理和基层矛盾纠纷排查化解，开展基层维稳“结亲连心”活动，落实重大决策社会稳定风险评估机制，全领域开展社会治理创新，探索实践“矛盾—化解—维稳”综合治理一体化新模式并在江东新区试点启用，严格落实等级响应工作机制，完成中国共产党成立100周年庆祝活动等节点安保维稳任务。

【扫黑除恶专项斗争】 2021年，河源市常态化开展扫黑除恶专项斗争，全年打掉涉黑组织1个、涉恶犯罪集团3个、涉恶犯罪团伙3个；侦破涉黑涉恶刑事案件258宗（排名全省第三）；立案查处涉黑涉恶腐败和“保护伞”89人、党纪政务处分85人（均排名全省第二）；深入开展五大行业领域整治，制发“三书一函”100份并全部完成整改反馈；建立健全25项长效常治机制，河源市被列为2021年度广东省建立完善扫黑除恶常态化机制试点地区。

【平安河源建设】 2021年，河源市编制社会治理现代化“十四五”规划，完善平安河源建设领导小组及工作机制，建立首批市域社会治理实践创新项目库共14个项目，全力打造市域社会治理河源模式。在全市范围内开展“防事故、保安全、护稳定”秋冬季安全防范专项行动。强化镇（街）综治中心线上线下一体化、实体化运作，全市全域覆盖101个镇级社会心理服务站、1439个村级社会心理服务室。推进“雪亮工程”、大数据智能化建设，公安“和家园”智慧视频建设项目获省创新大赛二等奖。严重精神障碍患者服务管理工作综合评价指数排名全省第二，河源市是

2021年9月7日，河源市“防事故、保安全、护稳定”秋冬季安全防范专项行动启动（市政法委 提供）

全省唯一被授予广东省严重精神障碍管理治疗工作优秀市。

【疫情防控】 2021年，河源市政法系统坚持把人民群众生命安全和身体健康放在首位，充分发挥政法保障作用，一手抓疫情防控，一手抓维护稳定，围绕“外防输入、内防反弹”，运用大数据和网格化防控措施，以村居“三人小组”为主要力量，全面做好网格化疫情防控工作，扎实做好涉疫情矛盾纠纷排查化解，确保疫情防控万无一失，新冠肺炎确诊病例是全省最少的地级市之一。

【法治河源建设】 2021年，河源市推进政法领域改革，通过推进市民主与法治领域和社会治理体制两个专项改革，稳步推进改革，年度改革任务基本完成或取得阶段性重要进展。推进执法司法责任体系改革和建设，制定《首责工作闭环管理制度》，进一步提升群众初信初访办理水平。全市法院受理案件数和审结率分别比上年增长33%和38%，全市检察机关批捕案件数增长3.3%，起诉案件数增长36.7%。推进法治创建，1439个民主法治示范村（社区）创建实现全覆盖。实施“八五”普法规划，加强法治文化建设。推进法学会改革，大力开展法学研究和法律宣传服务活动，积极支持民营经济健康发展。整合涉法涉诉信访平台，率先在全省设立市涉法涉诉接访窗口。推进涉法涉诉信访积案清零专项行动，省交办积案全部清零。

链接：

相关词语注释

三项教育 指政治教育、警示教育、英模教育。开展政法队伍教育整顿，是以习近平同志为核心的党中央提出的新要求，是政法战线自我革命的新举措，是人民群众继扫黑除恶之后的新期盼，是确保政法机关担负起新时代职责使命的重要举措。

平安之星 由中国长安网、中央政法委长安剑联合开展的网络宣传活动，每月选出100位“平安英雄”、50位“平安卫士”，组成月度“平安之星”。最后对所有月度“平安之星”进行总投票，决出年度“平安之星”300名，即“平安英雄”榜200名、“平安卫士”榜100名。

“结亲连心”活动 在领导包案制度基础上，要求镇（街）村（居）两级干部主动进村入户，通过“相亲、定亲、走亲、暖亲”四个步骤开展活动，以干部的“真心诚心用心”换取群众的“信任理解支持”，进一步维护社会稳定。

矛盾—化解—维稳 是江东新区创新性建立的市、县（区）、镇（街）、村（社区）四级“矛盾—化解—维稳”一体化综合治理工作体系，通过自主研发大数据平台，完善“一体化运作、一站式接待、一条龙调处、一揽子化解”的运行模式。

三书一函 指纪检监察机关、审判机关、检察机关、公安机关在办理涉黑涉恶案件过程中发现行业领域监管漏洞所制发的监察建议书、司法建议书、检察建议书和公安提示函。

防事故、保安全、护稳定 为有效防范各类安全事故，消除风险隐患，维护中华人民共和国成立70周年大庆前后经济社会形势的平安和谐稳定的专项行动。

雪亮工程 以县、乡、村三级综治中心为指挥平台、以综治信息化为支撑、以网格化管理为基础、以公共安全视频监控联网应用为重点的“群众性治安防控工程”。它通过三级综治中心建设把治安防范措施延伸到群众身边，发动社会力量和广大群众共同监看视频监控，共同参与治安防范，从而真正实现治安防控“全覆盖、无死角”。因为“群众的眼睛是雪亮的”，所以称之为“雪亮工程”。

和家园 以“共建、共治、共享”为理念，采取广泛发动社会力量参与、部门联动、警种配合、政府兜底的模式，完善社会面感知采集设备的布建和联网汇聚——“和家园”智慧视频建设，最大限度织密河源市公共安全视频监控网，为公安机关打击违法犯罪和服务群众提供重要支撑，初步实现“全域覆盖、全网共享、全时可用、全程可控”的目标。

外防输入、内防反弹 当前疫情防控工作的一种手法，对外防止外来病例的输入，对境内是严格防控内部病情的反弹。

三人小组 指的是由民警、医护和社区干部组成的防疫队伍，同时赶赴现场、同时开展工作、同时处置疫情。

“八五”普法规划 指中央宣传部、司法部关于开展法治宣传教育的第八个五年规划。2021年6月16日，中共中央、国务院转发了《中央宣传部、司法部关于开展法治宣传教育的第八个五年规划（2021—2025年）》并发出通知。

（肖 榕）

公 安

【概况】 2021年，河源市公安机关严厉打击各项违法犯罪活动，深化警务机制改革和大数据智能化建设，推进党史学习教育和政法队伍教育整顿，狠抓防风险、抗疫情、保安全、护稳定、促发展各项措施落实，完成庆祝中国共产党成立100周年大会、中共十九届六中全会等重大安保维稳和一系列急难险重任务。2021年，全市公安机关共有100个集体、513名个人获得表彰奖励，其中集体二等功7个、集体三等功32个、集体嘉奖61个，个人一等功1人、个人二等功17人、个人三等功152人、个人嘉奖343人。河源市公安局被评为河源市双拥模范单位。

【维护国家安全和社会稳定】 2021年，河源市公安局坚持总体国家安全观，始终把防范政治风险置于首位，扎实做好反渗透、反颠覆、反分裂工作，维护国家政治安全。开展社会矛盾纠纷排查化解工作，深入开展信访积案攻坚，维护社会治安大局稳定。

【严打突出违法犯罪】 2021年，河源市公安机关始终保持严打高压态势不动摇，深入开展常态化扫黑除恶专项斗争和“八大专项行动”（包括“三个打击”“三个整治”“两项活动”。“三个打击”是指严厉打击危害国家安全犯罪、严厉打击电信网络诈骗犯罪和严厉打击突出刑事犯罪。“三个整治”是指整治社会治安秩序、整治交通安全秩序和整治执法突出问题。“两项活动”是指“我为群众办实事”实践活动和“学党史、严党纪、铸警魂”活动）以及“飓风2021”“清湾”专项行动，严厉打击严重暴力刑事犯罪，持续打击整治电信网络诈骗、黄赌、盗抢、食药环、走私等突出违法犯罪，扎实做好失踪人员排查和违法犯罪人员信息勘误工作，做到命案现案全破、大案要案快破、民生小案多破，成功侦破“3·08”重大网络组织卖淫案、“12·03”特大虚开增值税发票案等一批大要案件以及“1995年连平周必建被故意杀害案”等命案积案，全市刑事案件破案数比上年增长4%，打掉涉黑组织1个、涉恶犯罪集团3个；八类暴力性案件破案数增长13%；连续4年实现命案全破；侦破电信网络诈骗案件数增长35%，及时冻结涉诈资金7573万元，挽回群众潜在损失约3亿元。

【疫情防控】 2021年，河源市公安局始终紧绷疫情防控这根弦，严格落实“外防输入、内防反弹”防控策略，配合职能部门做好疫情防控预警、流调数据核查、黄码“清零”、隔离场所安保等工作，强化公安机关内部防控，为河源市做好常态化疫情防控工作提供有力支撑。

【社会治安防控体系建设】 2021年，河源市公安局开展社会治安防控体系建设示范城市创建活动，坚持群防群治和联防联控，严格落实“1、3、5分钟”快速处置要求，逐步实现被动型巡防向主动型巡防的转变。推进智慧新警务和大数据智能化建设，完成“和家园”视频联网7250家、停车场联网备案545个。推进最小应急单元建设，以实现“1分钟自救、3分钟互救、5分钟增援到位”为目标，全市共建设最小应急单元1881个，充实群防群治力量。推进“护校安园”工作，严格落实“高峰勤务”和“护学岗”制度，切实维护校园内部及周边治安秩序。深入实施全民禁毒工程，全力推进禁毒重点整治、示范创建和宣传教育活动，会同有关部门落实吸毒人员帮扶和管控工作，新增吸毒人员数量持续放缓，吸毒人员戒断巩固率大幅提升。

【公共安全】 2021年，河源市公安局扎实推进“四合一”专项整治，全面加强出租屋、物流寄递行业、管制刀具、“三非”（非法入境、非法居留、非法就业）外国人的管理，消除潜在风险隐患，确保全市社会治安形势持续向好。全面加强大型活动治安管控，持续强化民爆物品、易制爆化学品单位的储存、经营、运输、保管、使用环节的安全监管工作，全市未发生涉危爆安全案事件。持续开展系统防范化解道路交通安全风险和“减量控大”工作，深入开展各类交通违法行为专项整治行动，推动落实安全生产主体责任，确保全市道路交通安全形势平稳向好。2021年，全市道路交通事故数、死亡人数比上年分别下降6.9%、18.2%，较大交通事故数比上年下降33.3%。河源市公安机关牵头负责的系统防范化解道路交通安全风险工作多次被省道安办评为优秀、良好等次。

【公安基层基础建设】 2021年，河源市公安局聚焦基层基础建设，强化实战应用引导，推动基层基础建设再上新台阶。全面加强刑事技术基础建设，提升刑事技术引领侦查、服务全局能力水平。推进派出所“精准脱困”、省际公安检查站“升级增效”工作，推进公安监管中心等基础设施建设，夯实公安基层基础。推动智能执法办案场所示范点建设，探索建立“智能化管理、全流程监督”执法办案场所管理新模式。

2021年1月10日，河源市公安局举行升警旗仪式，热烈庆祝首个中国人民警察节
（市公安局 提供）

【公安改革】2021年，河源市公安局深化警务机制改革，创新完善“情指勤舆”一体化实战化运行机制及合成作战体系，完成各级情报指挥中心和县区侦查打击合成作战中心建设。坚持深化执法监督机制改革，推进“法治公安行动计划”,提升执法规范化水平。深化公安“放管服”改革，结合“我为群众办实事”活动，出台16项便民利民措施，全面推行省内户口迁移“一站式”办理、身份证异地受理、特快专递领证以及交通违法处罚、出入境证照自助办理等便民措施，推进平安厅“厅局长信箱”工作，提升服务群众能力水平。（宋永鸿）

检察

【概况】2021年，河源市检察机关全面履行法律监督职责，推进平安河源、法治河源建设，开展党史学习教育、检察队伍教育整顿，推动检察工作高质量发展，各项检察工作取得新进展。2021年，河源市人民检察院获评全国维护妇女儿童权益先进集体、广东省零酒驾示范单位、全市脱贫攻坚突出贡献集体。

【国家安全和社会稳定维护】2021年，河源市人民检察院贯彻总体国家安全观，扎实做好检察环节保安全、护稳定工作。履行批捕、起诉职责，依法惩治各类刑事犯罪，全市检察机关共受理审查逮捕案件2099件、3132人，受理审查起诉案件3172件、4416人；批捕1465件、2176人，比上年分别上升3.3%和下降0.8%；起诉2622件、3631人，比上年分别上升36.7%和28.5%。严厉打击故意杀人、抢劫、强奸等严重影响人民群众安全感的犯罪，共批捕199人，起诉177人；依法打击涉疫情犯罪，批捕8件、13人，起诉12件、15人。贯彻习近平总书记关于打击治理电信网络诈骗的重要指示精神，突出打击电信网络诈骗犯罪，配合公安机关开展“断卡”行动，共批捕41件、65人，起诉52件、114人，守护人民群众“钱袋子的安全”。贯彻习近平总书记关于安全生产工作的重要指示精神和省市部署要求，加强与公安机关的沟通配合，依法惩治危险驾驶、交通肇事等危害交通安全的犯罪，共起诉1094件、1095人。参与全民禁毒工程，从严打击毒品犯罪，共批捕64人，起诉91人，比上年分别下降62.4%和52.6%，有效遏制毒品犯罪。

【扫黑除恶专项斗争常态化推进】2021年，河源市人民检察院贯彻中央和省委、市委以及上级检察机关的部署要求，落实市扫黑除恶专项斗争领导小组暨五大行业领域整治推进会精神，坚决依法准确有力惩治黑恶势力犯罪及其保护伞。加快办案进度，严把案件质量，共批准逮捕涉黑恶犯罪案件12件、37人，提起公诉17件、58人；逮捕、起诉涉黑恶势力保护伞2人；依法办理陈某平等31人涉黑案、杨某宗13人涉黑案等一批群众反映强烈的重大案件。加强诉讼监督，纠正漏捕1人，纠正遗漏同案犯1人，纠正移送起诉遗漏罪行3人。参与五大行业领域整治，发出检察建议18份。

【市域社会治理现代化参与】2021年，河源市人民检察院推进集中治理信访、化解信访积案专项工作，对171件涉法涉诉信访案件全部落实“7日内程序性回复、3个月内办理过程或结果答复”。加大检察公开听证力度，对58件案件进行公开听证，推动矛盾化解，接受群众监督。坚持从重从快打击侵害未成年人犯罪，批捕114件、142人，起诉129件、176人。注重将教育感化贯穿办案始终，依法对涉嫌轻微犯罪未成年人不捕56件、87人，不诉26件、35人，协调开展司法救助、法律救助、心理疏导等多元救助措施。加强与公安、教育、关心下一代工作委员会等部门沟通协调，持续抓好“一号检察建议”的督促落实，参与平安校园创建，用法治力量呵护未成年人健康成长。

【法治化营商环境营造】2021年，河源市人民检察院落实市检察院制定的大力营造法治化营商环境的意见，强化服务保障措施。依法平等保护市场各类主体合法权益，严厉打击破坏市场经济秩序、侵犯企业生产经营秩序犯罪，共批捕88件、149人，起诉100件、210人。加强知识产权检察保护，持续开展打击侵犯知识产权和制售假冒伪劣商品犯罪、防范和处置非法集资、扫黄打非等专项工作，共批捕生产、销售伪劣商品、侵犯知识产权犯罪案件19件、36人，起诉21件、50人。参与涉众金融领域社会矛盾专项治理，做好检察环节处置非法集资、互联网金融风险专项整治工作，依法批捕危害金融安全、破坏金融管理秩序犯罪案件9件、10人，维护经济安全、金融安全。突出服务保障民营经济持续健康发展，继续落实涉民营企业案件司法政策，深化涉民营企业刑事诉讼“挂案”专项清理、羁押必要性审查专项活动，加强与市工商业联合会、重点企业的沟通联系，深化“检察护航民营企业发展”系列活动，为民营企业经营发展营造良好法治环境。

【保障绿色发展服务】2021年，河源市人民检察院践行“绿水青山就是金山银山”的理念，依法打击破坏生态环境犯罪，共批捕污染环境、盗伐滥伐林木、非法采矿等犯罪案件58件、113人，起诉76件、156人。加大生态环境公益诉讼力度，共办理该类案件96件，发出检察建议39份，督促有关行政机关依法履职，修复、治理被损毁污染的林地、耕地、水域28820亩（1921.33公顷），处理生活垃圾、固体废物24267吨，挽回经济损失6124万元。深化落实与深圳、韶关、梅州、惠州、江西赣州等地检察机关建立公益诉讼协作机制，推动加强东江、新丰江、韩江流域生态环境区域保护。

【民生检察工作】2021年，河源市人民检察院立足检察职能，依法打击涉农犯罪，市人民检察院领导带队深入紫金县敬梓镇调研指导乡村振兴驻镇帮镇扶村工作，助力巩固脱贫攻坚成果和乡村振兴战略实施。聚焦人民群众最关心的食品药品安全，办理该领域公益诉讼案件15件，努力维护人民群众“舌尖上的安全”。贯彻落实最高人民检察院“四号检察建议”，加强与城管、住建、供水等部门的沟通联系，推动加强窨井盖的管理，维护人民群众“脚底下的安全”。加大对涉案扶贫对象和陷入生活困难被害人或近亲属等的司法救助力度，办理国家司法救助案件31件，省市县三级检察院联合对罗某强、罗某飞等3人申请司法救助案件进行公开听证及开展案后回访，让人民群众感受到司法温度。龙川县检察院在司法办案中，主动为农民工讨薪撑腰，为11名农民工要回近10万元血汗钱，“南方+”等平台进行报道。

【刑事诉讼监督】 2021年，河源市人民检察院监督立案13件，监督撤案9件，追加逮捕20人，追诉漏罪15人；对侦查活动违法和不规范情形发出书面纠正违法意见47件次。在公安机关法制部门设立侦查监督工作室23个，拓展侦查活动监督渠道。加强行政执法与刑事司法衔接，有关行政执法机关通过“两法衔接”平台移送涉嫌犯罪线索100件。坚定落实“少捕慎诉慎押”司法理念，大力推进降低诉前羁押率工作，全市刑事案件诉前羁押率降至54.73%；对不构成犯罪、证据不足的，决定不批捕549人；对犯罪情节轻微、依法不需要判处刑罚或者免除刑罚的，决定不起诉383人。加强刑事审判监督，对认为确有错误的刑事判决、裁定依法提出抗诉并改判7件。

【刑事执行监督】 2021年，河源市人民检察院贯彻中央和省委政法委、市委政法委以及上级检察机关部署要求，推进违规违法办理减刑、假释、暂予监外执行案件专项排查整治工作，共排查认定并监督纠正存在相关问题的案件373件，发出检察监督意见256份，其中依法监督收监执行6人，立案侦查5人。2021年共依法审查执行机关提请减刑、假释、暂予监外执行案件2252件，纠正违法和不当变更刑罚执行87人。

【民事行政诉讼监督】 2021年，河源市人民检察院受理审查民事行政申诉案件264件，依法办理民事行政生效裁判监督案件77件、执行监督案件187件，发出检察建议153份，对认为确有错误的民事行政裁判提请抗诉或提出抗诉9件。加强土地执法等领域行政非诉执行监督工作，办理行政非诉执行监督案件100件。开展促进行政争议实质性化解专项活动，加强与政府及相关部门的沟通协作，综合运用检察建议、司法救助等多元化解方式，促进行政机关依法行政、减少行政争议。

【公益诉讼检察工作】 2021年，河源市人民检察院依靠党委、人大和政府的支持，加强公益诉讼检察工作。落实河源市人大常委会《关于支持和促进检察机关公益诉讼工作的决定》，加强与生态环保、退役军人事务局等的沟通协调，深入开展“公益诉讼守护美好生活”和森林资源、英烈权益保护等领域的检察公益诉讼专项工作，推动公益诉讼检察工作发展，共受理公益诉讼案件线索144件，立案136件，办理诉前程序案件104件，发出检察建议59份，提起公益诉讼26件。

【依法惩治职务犯罪】 2021年，河源市人民检察院加强与监察机关的沟通衔接，依法办理职务犯罪案件，共依法提前介入职务犯罪案件18件，受理移送审查起诉38件、49人，决定逮捕28人，起诉38人。依法行使检察机关侦查权，立案7人。

【司法责任制全面落实】 2021年，河源市人民检察院落实政法领域全面深化改革的部署要求，加快推进执法司法责任体系改革和建设。全市检察机关权责清单明晰，检察职能优化，办案质效提升。市县两级检察院入额院领导带头办理案件1313件。坚持严格规范公正文明司法，完善落实检察官业绩考评制度，加强司法办案制约监督，促进依法正确行使检察权。

【相关改革任务统筹抓好】 2021年，河源市人民检察院深化以审判为中心的刑事诉讼制度改革，全面落实认罪认罚从宽制度，加强与司法行政部门的沟通协调，推动建立健全值班律师制度落实常态化、正常化机制，全年适用率84.2%，提高司法效率、减少社会对抗。全面落实“案–件比”为核心的案件质量评价指标体系，河源市刑事检察“案–件比”为1∶1.20。深化检务公

2021年3月24日，省委政法队伍教育整顿驻河源指导组组长李世威带队到河源市检察院调研指导检察队伍教育整顿工作 （市检察院 提供）

开，向社会公开案件信息4981件、生效法律文书1528份，为律师提供查询服务2034次，以公开促公正、赢公信。

【素质能力建设】 2021年，河源市人民检察院持续开展政治培训、业务培训和职业道德培训，市检察院领导带头讲课，组织干警参加各类培训2432人次，提高法律监督能力、防控风险能力、群众工作能力、科技应用能力、舆论引导能力。开展新时代“五好”基层检察院建设，解决基层发展短板弱项。

【纪律作风建设】 2021年，河源市人民检察院落实“两个责任”，加强队伍教育管理监督。结合队伍教育整顿，加强正风肃纪，深化警示教育，严格执行防止干预司法“三个规定”,着力解决队伍存在的问题，推动建立健全加强政治建设、加强办案监督制约、加强8小时外管理等12项制度。

链接：

相关词语注释

扫黑除恶专项斗争“五大行业” 社会治安、乡村治理、金融放贷、工程建设、交通运输。

新时代“五好”基层检察院建设 省检察院决定在全省检察机关深入开展新时代“五好”基层检察院建设活动。“五好”是指党的建设好、检察理念好、职能发挥好、素质能力好、纪律作风好。

两个责任 是指在落实党风廉政建设责任制过程中，“党委负主体责任，纪委负监督责任”的简称。

三个规定 为防止领导干部干预司法活动、插手具体案件处理，确保司法机关依法独立公正行使职权，2015年3月，中共中央办公厅、国务院办公厅印发《领导干部干预司法活动、插手具体案件处理的记录、通报和责任追究规定》；2015年3月，中央政法委印发《司法机关内部人员过问案件的记录和责任追究规定》；2015年9月，最高人民法院、最高人民检察院、公安部、国家安全部、司法部印发《关于进一步规范司法人员与当事人、律师、特殊关系人、中介组织接触交往行为的若干规定》。

（谢童瑶）

法 院

【概况】 2021年，河源市中级人民法院深入贯彻习近平法治思想，扎实开展党史学习教育和队伍教育整顿，忠诚履行宪法法律赋予的职责，为河源奋力推动“示范区”“排头兵”建设提供有力的司法服务和保障。全市法院受理各类案件42675件，审结35060件，比上年增长17.8%和9.8%；结收案比91.0%；法官人均结案273.6件，增加70.6件。其中，市法院受理各类案件6013件，审结5415件，比上年增长9%和1%，结收案比92.3%，法官人均结案164.1件，增加15.1件。

【审判执行】 2021年，河源市中级人民法院贯彻总体国家安全观，全力保障国家安全、社会安定、人民安宁。全市法院依法受理各类刑事案件3052件，审结2768件。坚持“打伞破网”（“伞”指黑恶势力“保护伞”，“网”指黑恶势力背后的“关系网”。打掉黑恶势力的保护伞以及摧毁他们的关系网，才能消除黑恶势力滋生蔓延土壤）、“打财断血”（指针对黑恶势力的源头，破坏黑恶势力的资金链和财路，让黑恶势力无法进行资金运作，从而断了其血脉，让黑恶势力无以为继）相结合，深入推进扫黑除恶斗争。加大惩治腐败犯罪力度，审结贪污、贿赂、渎职等职务犯罪案件17件、24人。推进“行业清源”，发出司法建议31份。聚焦市委“融湾”“融深”和“示范区”“排头兵”建设目标，服务防范化解重大风险。受理各类民事案件26204件，审结20859件。与河源市工商业联合会签订促进民营企业健康发展12条意见，严禁超标的查封扣押冻结财产，创新适用“活封活扣”（指法院在执行过程中为最大限度保护企业正常的生产经营活动采取的措施。2016年，最高人民法院印发《关于在执行工作中规范执行行为切实保护各方当事人财产权益的通知》。通知要求，对能采取“活封”“活扣”措施的，尽量不“死封”“死扣”，对有多种财产并存的，尽量优先采取方便执行且对当事人生产经营影响较小的执行措施。在不损害债权人利益前提下，允许被执行人在法院监督下处置财产，为企业预留必要的流动资金和往来账户，最大限度降低对企业正常生产经营活动的不利影响）等强制措施，制定知识产权惩罚性赔偿细则。服务脱贫攻坚和乡村振兴，妥善审结涉农村土地“三权分置”（指在坚持农村土地集体所有的前提下，促使承包权和经营权分离，形成所有权、承包权、经营权三权分置，经营权流转的格局）、乡村产业发展等案件32件。助力法治政府建设，审结行政案件657件，行政机关负责人出庭应诉94件。坚持以保民生为根本，受理执行案件10374件，执结8612件。开展“南粤执行风暴”等专项行动，执结抚养费等涉民生案件562件、5038万元。举行执行案款集中发放日活动，当场兑现2722.7万元。完善失信联合惩戒机制，发布失信被执行人名单3946人，限制高消费8118人，罚款、拘留32人。

【司法为民】 2021年，河源市中级人民法院推进一站式诉讼服务体系建设，实行窗口首接负责制，推进适老诉讼服务，实现“马上办”“一次办”“集中办”。完善多元解纷联动化解机制，与河源市知识产权局、河源市归国华侨联合会等单位签订诉调对接机制。利用数据平台赋能，全面推广在线诉讼服务，完成网上立案17022件，网上调解3645件，电子送达28828件次，网络司法拍卖案件1707件，成交207件，成交额3.95亿元。开展“我为群众办实事”实践活动，以“民法典万场普法基层行”等活动为载体，加强巡回审判、在线调解、判后答疑等工作。聚焦人民群众“急难愁盼”问题，全市法院集中推出便民利民措施82项，为民办实事239件。加大司法救助力度，为困难当事人缓、减、免交诉讼费286.22万元，发放司法救助金141.5万元。全面深化阳光司法，及时推送审判流程信息24548条，网上公开生效裁判文书7987份，庭审直播1851场。开展“法律六进”（是中国特色的普法术语，指通过开展普及法律的活动，使法律进机关、进乡村、进社区、进学校、进企业、进单位，是中宣部、司法部、全国普法办2006年提出并布置的为期5年的一项普法工作）普法宣传活动103场，在河源广播电视台播出“以案说法”节目36期，在《河源日报》刊发典型案例46例。市法院获2016—2020年河源市法治宣传教育先进单位。

【深化改革】 2021年，河源市中级人民法院紧扣制度建设主线，深化司法责任制配套措施。完善审判权监督制约机制，细化权责清单，压实院庭长审判监督管理职责。健全院庭长常态化办案机制，全市法院院庭长办结案件17619件，占全市法院结案数的50.3%。推进诉讼制度改革，全面推进以审判为中心的刑事诉讼制度改革，实现庭审实质化；推进民事诉讼繁简分流改革，成立速裁快审团队31个，办理速裁快审案件4786件。推动市域社会治理，完善“多元解纷联动化解”机制，以“小联动”撬动“大治理”。加快“一站式多元解纷机制”（指从矛盾纠纷源头预防到诉前多元解纷、再到简案快审、繁案精审的机制，强调通过主动融入，服务诉讼纠纷源头治理体系，促进非诉纠纷解决机制实质化、一体化、前置化，形成从风险源头预防到矛盾纠纷前端解决，再到诉讼裁判、开庭审理的分层递进、繁简结合、协调配套的纠纷解决新机制）建设，建立诉讼服务站60个、法官联络点85个，对接各类调解组织52个，设立专门调解室30个，引入特邀调解员255名，成功调解各类案件7303件。参与基层社会治理，开展人民法院调解平台进乡村、进社区、进网格“三进”活动，实现矛盾纠纷在线咨询、在线分流、在线调解、在线确认。市法院“一站式多元解纷”机制入选市第一批市域社会治理创新项目。

【队伍教育整顿】 2021年，河源市中级人民法院扎实开展队伍教育整顿。聚焦“六大顽瘴痼疾”（包括违反防止干预司法“三个规定”；违规经商办企业和配偶、子女及其配偶违规从事经营活动；违规参股借贷；违规违法减刑、假释、暂予监外执行；有案不立、压案不查、有罪不究；法官检察官离任后违规从事律师职业、充当司法掮客等6个方面），落实“四项任务”（指筑牢政治忠诚、清除害群之马、整治顽瘴痼疾、弘扬英模精神），全市法院完善各类规章制度181项。成立教育整顿整改工作巡回指导组，出台做好教育整顿“后半篇文章”20条措施，不断巩固提升队伍教育整顿成果。抓牢党史学习教育。将党史学习教育与队伍教育整顿同部署同推进同落实，全市法院党组书记上党课36场次，开展政治轮训、举办专题学习研讨会和专题宣讲报告会115次、2267人，累计组织学习教育189场次，接受教育10826人次。加强队伍专业化建设。常态化开展法官遴选、递补和退出工作，遴选法官7名，完成审判辅助人员过渡衔接工作。市法院组织司法人员交流轮岗14人次，提拔使用年轻干部9人次。组织开展各类业务培训115场2267人次，持续开展岗位练兵活动，举办首届法院系统“十佳干警”评选活动。落实防止干预司法“三个规定”（为防止领导干部干预司法活动、插手具体案件处理，防止机关内部人员干预办案，规范司法人员与当事人、律师、特殊关系人、中介组织的接触交往行为，确保司法机关廉洁公正司法，2015年，中央办公厅、国务院办公厅印发《领导干部干预司法活动、插手具体案件处理的记录、通报和责任追究规定》，中央政法委印发《司法机关内部人员过问案件的记录和责任追究规定》，最高人民法院、最高人民检察院、公安部、国家安全部、司法部联合印发《关于进一步规范司法人员与当事人、律师、特殊关系人、中介组织接触交往行为的若干规定》，这三个规范性文件简称《三个规定》、禁止法官与律师不正当接触交往等铁规禁令，以《用

2021年9月14日，河源市普法办、河源市司法局、河源市中级人民法院联合举办2021年全市领导干部和国家工作人员旁听庭审活动 （市中级人民法院 提供）

身边案警示身边人》为镜，开展“以案三释”（是“以案释德、以案释纪、以案释法”专题警示教育活动的简称）警示教育。严格执行中央八项规定及其实施细则精神，全面加强审务督察、司法巡查、一案双查，不断加大正风肃纪反腐力度。（叶璐璐）

司法行政

【平安河源建设】2021年，河源市完成庆祝中国共产党成立100周年安保维稳工作。印发《河源市司法行政系统平安建设工作实施方案》，市司法局高分通过市级平安建设考评。严格落实疫情防控措施，常态化推进扫黑除恶专项斗争。

【社区矫正和安置帮教】2021年，河源市839名在册社区矫正对象在矫期间总体安全稳定，重新犯罪率远低于全省平均水平。推动社区矫正委员会实现市县两级全覆盖。开展“一县区一品牌”创建活动，和平县“家风沐浴回归路”、紫金县“与心对画，绘就新生”、连平县“内矫于心，外矫于行”等成为河源市社区矫正工作特色品牌。打造三级四方共建社矫对象心理矫治能力提升示范项目。落实刑满释放人员衔接和疫情防控等工作要求，实现管控安全。2021年，全市接收安置帮教对象2290人，安置2283人，帮教2290人，安置率99.7%和帮教率100%。

【人民调解】2021年，河源市深入开展基层矛盾纠纷排查化解专项行动。2021年，全市调解矛盾纠纷7709宗，调解成功7650宗，调解成功率99.2%。成立河源市知识产权纠纷人民调解委员会，助力优化河源市营商环境。推广连平县“老吴调解工作室”和源城区“警调对接”经验做法，吴镜明获全国平安英雄。举办全市基层司法行政能力提升培训班。紫金县“全国首个司法所”和东源县“阮啸仙法治文化展览馆”建设扎实推进。

【普法和依法治理】2021年，河源市普法依法治理工作深化。全面完成“七五”普法任务，启动河源市法治宣传教育第八个五年规划。开展领导干部旁听庭审、“谁执法谁普法”履职评议、“12·4”宪法宣传周等活动。承办第三届广东省法治文化节活动。东源县突出以宪法、民法典为核心开展法治宣传，拍摄全县首部民法典宣传片，《少年说民法典》获全省法治文化节评选大赛优秀奖。推动出台《关于加强法治乡村建设的实施方案》。深入开展“民主法治示范村（社区）创建工作。河源市普法办获评全国“七五”普法工作先进单位。

【公共法律服务体系建设】2021年，河源市建成82个示范性乡镇公共法律服务工作站、477个示范性村（社区）公共法律服务工作室。公证、司法鉴定、仲裁工作加强。完成河源公证处体制改革任务。在全市推广公证“最多跑一次”工作，开展“主动上门”服务、邮寄服务，缩短办证时长等9条便民措施。规范司法鉴定机构和司法鉴定人的执业行为，努力提升司法鉴定社会公信力和群众认可度。仲裁事业稳步发展，2021年，河源市仲裁委受理案件54件，涉案标的超3.3亿元。

【律师工作】2021年，河源市推进律师行业党建强基工程、领航工程、聚力工程、先锋工程四大工程建设，开展“十个一”系列主题活动教育，引导广大律师唱响爱党爱国红色主旋律。深化“一村（社区）一法律顾问”工作，着力提升村（社区）法律顾问法律服务水平。举办2021年全市涉外法律服务人才培训班。开展“百所联百会”[司法部建立律师事务所与工商联所属商会联系合作机制（简称“万所联万会”）机制，为民营企业提供法律服务；广东省提出建立“千所联千会”机制；河源市相应建立“百所联百会”机制]、法律进园区、法律进企业、法律进乡村、法律进社区等系列活动。坚持每周派出公职律师、法援律师参与市领导接访日接访工作。

【法律援助】2021年，河源市落实“法律援助司法鉴定合作机制”创新举措，助力困难群众减免司法鉴定费。持续深化“法援惠民生 助力农民工”活动，在河源市各级劳动人事争议仲裁院设立法律援助工作站7个。（陈　健）

军事

编辑：李文举

河源军分区

【概况】 2021年，河源军分区各级贯彻党中央、中央军委和习近平主席决策部署，坚定看齐追随、突出备战打仗、强化担当作为，完成年度各项任务。

思想政治建设 围绕庆祝中国共产党成立100周年主线，坚持不懈用习近平强军思想武装官兵，18次组织常委会集体学习，贯彻中共十九届六中全会精神，抓好习近平主席系列重要讲话特别是“七一”讲话精神的学习贯彻。完成省军区赋予的以实际成效检验思想政治教育试点任务，首次对所属人武部进行思想政治教育综合检验。源城区人武部作为先进单位代表，在省军区先进事迹报告会上作交流发言。浓厚军营文化氛围，推进军事历史展陈场所建设，督导市代建局完成军事职业教育配套项目建设。抓好贯彻军委主席负责制意见落实，要讯报送工作在省军区排名第六，新闻宣传报道用稿量省军区排名第四。深化政治整训，抓好巡视巡察反馈问题整改，打好意识形态领域主动仗，抓紧抓实涉密人员政治考核，保持部队纯洁可靠。

党的建设 深入贯彻新时代党的建设总要求，结合党委中心组理论学习、党史学习教育、主题教育抓好8部党的建设法规的学习贯彻。规范党内政治生活，领导干部带头过双重组织生活，以普通党员身份参与讨论交流发言，主动接受组织和群众监督。军分区党委利用党委全会、交班会、检查调研等时机，加强对人武部新进班子成员，特别是新任书记、副书记的经常性指导帮带。落实党委议军、双重领导、双向兼职、工作述职等制度，解决民兵训练经费不达标、专武干部队伍弱、人武部营院面积不达标、基层武装部规范化建设滞后等问题，增强军地各级党管武装意识。做好迎接军委巡视巡察问题整改“回头看”专项巡视和军委国防动员部巡察准备，抓好对照整改和落实。持之以恒正风肃纪，落实《关于加强对主要领导和党委班子监督的意见》《关于加强省军区团级以上党委建设的措施》要求，第一时间传达学习违规违纪问题通报，观看《基层法纪教育专题片》《做“四有”新时代革命军人》警示教育片，依规依纪调查处理瞒报个人事项问题和上级移交线索。

国防动员 规范调整市、县（区）两级国动委职能配置、机构设置，修订完善国防动员方案。编实建强国防动员专业队伍和省级新质国防动员专业队伍。落实《基层人民武装建设要则》《民兵基层建设要则》，依托市委党校组织2期专武干部集训，协调市委组织部完成专武干部资格认证，推进全市基层武装部规范化建设。

安全管理 落实党委议管制度，组织开展“学条令、正秩序、树形象”“百日安全”活动，始终保持依法治军、从严治军的强劲态势。推进军分区“四个秩序”建设，协调地方专项经费，规范办公室及各类会议室、功能室设置。狠抓隐患整治，军地联合开展民用危化品重大危险源专题调研，组织安全大检查、专项隐患排查，对安全隐患问题整改进行“回头看”。坚持把疫情防控摆在紧要位置，守住“零感染”底线。聚焦春节、两会、“七一”等重要时段，采取“四不两直”（不发通知、不打招呼、不听汇报、不用陪同接待、直奔基层、直插现场）方式检查抽查，保持军分区高度集中统一和安全稳定。

服务保障 提升精细保障服务质量，营区物业管理、食堂餐饮服务、原料配送服务全面实施社会化保障，协调组织全区官兵文职人员到公立医院体检，更换营区老旧水管、整修食堂。推动紫金县人武部营院置换、和平县国防教育训练基地管理使用权回收工作，协调市政府联合发文，提高民兵训练补助标准。严格军车管理，组织驾驶员整训和安全教育。

【党史学习教育】 2021年，河源军分区把党史学习教育作为重大政治任务。3月，召开党史学习教育动员部署会进行动员部署。及时购置下发指定书籍和《中共中央关于党的百年奋斗重大成就和历史经验的决议》（以下简称《决议》）学习辅导百问、《决议》辅导读本，纳入党委理论学习中心组学习和思想政治教育计划；团以上领导干部上讲台进行理论释讲，组织党委中心组30次集中学习，开展3次专题研讨，党员干部撰写心得体会进行集中展示。组织参观江东新区党史学习教育主题馆。筹办省军区第三片区党史知识复赛，取得片区第一名、省军区决赛第五名。联合河源市广播电视台制作党史微课慕课，展示百年前6名河源籍有志青年光辉事迹。树立源城区人武部“全面建设先进单位”的典型，在省军区先进事迹报告会上进行交流发言；转发军分区优秀军转干部、河源市委宣传部副部长俞美清被“学习强国”学习平台刊用的《巧用“七种语言”讲好思政课》理论研讨文章，推动理论武装、思想教育创新发展。持续开展“我为群众办实事”实践活动，军分区机关“加快推进国防教育基地建设、解决人武部职工养老保险缴纳问题、改善公寓楼条件、配齐健身房器材、更新厨房设施餐具”等5项实事清单逐项推进落实。

【党管武装工作量化考评】 2021年，河源军分区依据《2020年河源市党管武装工作量化考评办法》，于4月20—22日，由市国防动员委员会牵头，市委常委、军分区政治委员方文华带队，市委组织部、宣传部，市退役军人事务局，军分区战备建设处、动员处、政治工作处相关人员组成军地联合考评组，采取听取汇报、查阅资料、座谈了解、现地检查等方式，坚持平时检查与现场考核相结合、定性与定量相结合，对6个县（区）党管武装工作进行现地考评。

【政治工作会议暨主题教育示范先行会议召开】 2021年，河源军分区政治工作会议暨主题教育示范先行会议在源城区人武部召开。会议总结讲评2020年政治工作情况，分析解决政治工作存在的问题，明确特殊之年政治工作需要把握的重点。规范思想调查、党委议教、备课示教、分组讨论、配合活动开展等程序标准，提升思想政治教育工作层次水平。针对思想政治教育存在的问题，组织研讨交流会，对党史学习教育、全民国防教育、新闻宣传工作等进行研讨交流，重点研究探索“如何以实际成效检验思想政治教育效果”课题，形成研讨成果。围绕“依托现代传媒手段扩大教育受众面，提升民兵、专武干部教育质量”主题，在传统教育方法基础上创新教育手段，借助军事职业教育资源拓展民兵学习渠道。

【民兵整组】 2021年，河源军分区围绕“聚焦备战打仗、强化问题导向、压实责任标准”要求，在优化结构、实化编组、强化练兵中推动民兵建设发展。军地联合召开民兵整组任务部署会，开展3轮整组潜力数据会审、4轮编兵数据会审、7轮检查督导及指导帮抓，2次专题分析全市民兵建设形势，向地方党委政府专题报告加强改进民兵工作的10条措施建议，完成普通民兵、基干民兵整组任务。基干民兵队伍专业化程度提高，民兵队伍人员结构更趋合理，排以上民兵分队预建党组织，排以上民兵干部都是中共正式党员，建制班均有党员，各项硬性指标均达标，民兵建设质量比上年有较大提高，在省军区检查考评中排名第九。

【征兵工作】 2021年，河源军分区抓早抓实兵役登记，6月底完成全市18岁男青年兵役登记，登记率100%。根据《一年两次征兵两次退役改革实施方案》要求，狠抓一年两征改革落实落地。春秋征兵工作从2020年12月开始筹划准备，至2021年3月底征兵工作结束；秋季征兵工作从6月份开始筹划准备，9月底征兵工作结束，全年持续8个月时间，分6个阶段组织实施，完成新兵征集任务，征兵质量提升。河源市征兵办被省征兵办、省教育厅联合表彰为征兵工作先进单位。

【学生军训】 2021年，河源军分区与市教育局多次对接、核准学生军训帮训需求，派遣教官完成全市44所高中以上学校学生军训任务。

【国防动员潜力调查】 2021年，河源军分区制定《河源市国防动员潜力调查方案》，核查一些领域的重点机构、企业，统计调查潜力内容，收集、更新、整改国防动员潜力数据。 *（周　普）*

武警河源支队

【概况】 中国人民武装警察部队河源支队（以下简称武警河源支队）前身是东江纵队第三支队，成立于1944年9月，先后经历13次编制体制调整，2018年1月1日，依据武警部队编制体制改革部署，支队整编为“中国人民武装警察部队河源支队”。传承着红色基因一路走来，支队始终铁心向党、不辱使命，争创一流、屡立战功。2021年完成“6·9”重大抗洪抢险任务，被总队表彰为基层建设先进支队，连续19年安全无事故。所属和平中队自1998年以来，连续22年被总队表彰为基层建设标兵中队，1次被武警部队表彰为基层建设标兵中队，2次被武警部队表彰为基层建设先进中队，3次被武警部队表彰为先进基层党组织，先后荣立集体一等功1次、集体二等功7次、集体三等功15次。

【思想政治建设】 2021年，武警河源支队坚持立足为党育人、向战育人、立德树人的政治高度，着力打牢官兵思想政治根基。坚持以“教材有痕、思想有印、实践有样”为目标，以党委中心组学习和“理论课”为抓手，以政治工作20个载体为助推，用好理论学习“七步法”（读、划、抄、悟、交、考、评），学好理论学习教材，开展“读书分享交流会”，跟进习近平主席最新重要讲话尤其是中共十九届六中全会、全国两会精神的学习领悟，官兵拥护“两个确立”的政治自觉增强。深入贯彻总队思想政治教育推行“课时制”培训会精神，按照“理论课讲透、教育课讲精、活动课讲活”的思路，探索教育“三课”和理论“三学”的授课模式，推动思想政治教育“破冰”。统筹推进“聚焦‘忠诚维护核心、矢志奋斗强军’深化主题教育”“学训词、迎盛会、谱新篇”开年教育和“四个不正当”专题教育，精心打磨每月“槎城卫士大讲堂”，定期组织政治教员竞岗上“精品课”，增强教育针对性实效性。开展上网问题专题教育，抓好形势分析、政治考核、纪律警示等常态工作落实，确保部队纯洁巩固。结合“外封闭、内丰富”要求，因情就势、见缝插针开展读书充电、家信寄情、群众观影、板报创作、文体竞赛等系列活动，实现稳思想、稳部队目标。

【聚焦备战打仗】 2021年，武警河源支队坚持把备战打仗作为主责主业紧抓不放，真研实练、真抓实训、真建实备，着力提升打赢制胜能力。支队指挥员维稳执勤体系依案讲解受到总队大会表扬，并在总队范围内介绍推广。持续端正训风演风考风，以总队军事训练督导检查反馈问题为鞭策，开展军事训练领域大调研、大检查、大起底，坚持每天视频查训、每周实地督训、每月检查通报，真正让战斗力标准立起来落下去。

【依法从严管理】 2021年，武警河源支队深入贯彻武警部队、总队安全稳定工作会议精神，坚持逢会必讲、凡事必提、每环必抓，强化官兵“安全无小事”的思想认同。学习借鉴合肥支队执勤九中队建设成果，严密组织“四个秩序”正规化建设学习培训，对内务设置、军容风纪、标牌悬挂、物品摆放、作风养成等进行全面规范，持续归正“四个秩序”。坚持每日喊安全口号、翻安全计时牌，每周组织安全提示，见缝插针开展安全小教育，营造“人人讲安全、时时抓安全”浓厚氛围。按组织责任抓安全，叫响“既挂帅又出征”的口号，用好安全工作协调督导机制，开展安全大检查、“四不两直”督查，指名道姓点问题、跟踪督导抓整改，确保风险控在最低、问题止于萌芽。按业务领域抓安全，明确“管行业必须管安全”的要求，厘清责任、对口认领，每周交班会提示、每月办公会讲评、每季常委会分析，确保问题清仓、隐患归零。按领导层级抓安全，落实“谁挂钩、谁负责”“谁检查、谁签字”的原则，坚持把险点部位、重点人员、堵点环节想到、问到、走到、看到、查到，确保上下联动、齐抓共管。

【武装押解】 2021年，武警河源支队执行任务过程中，带队干部坚持靠前指挥、严密组勤，确保勤务组织安全顺利；全体参勤官兵严守纪律规定，履行职责，与公安干警紧密配合，完成武装押解勤务，受到目标单位领导肯定。

（郭鹏飞）

生态·环保

编辑：李文举

生态环境综述

【水环境质量】 2021年，河源市推进水污染防治，巩固提升优良水环境。紧盯水质达标攻坚，加强国考、省考断面水质监测预警和现场督导，印发实施《河源市2021年水污染防治工作方案》《河源市新丰江水库及其主要支流水环境（降氮控磷）综合整治行动方案（2021—2025年）》和年度工作方案，推进水环境精准保护与治理。开展排污口整治，完成入河排污口“查、测、溯”工作，排查河流约2400.39千米河湖岸线约6359千米、排口8408个，形成入河排口监管整治清单。强化饮用水源保护，完成农村水源地基础信息调查，开展饮用水水源地清理整治“回头看”，推进饮用水水源保护区规范化建设和饮用水水源水质保障工程。推进生态保护补偿试点，合理安排使用东江流域生态保护补偿资金。谋划水生态项目，实施河源市重点江河湖库水生态调查评估项目，实施新丰江流域水环境精准治理与水生态保护修复行动项目。是年，河源市水环境质量保持优良水平，新丰江水库水质保持地表水Ⅰ类，被评为“2021年广东省十大美丽河湖”。东江干流水质保持地表水Ⅰ～Ⅱ类标准，其中东江龙川铁路桥断面水质达Ⅰ类。

【大气环境质量】 2021年，河源市推进大气污染防治，守护“河源蓝”。加强统筹协调，印发《河源市2021年大气污染防治工作方案》，开展夏秋季臭氧污染防治攻坚行动、大气污染防治80天攻坚行动，落实每日巡查和会商研判制度，巡查交办大气污染问题567宗，开展污染天气应对17次共110天。整治工业排放污染，开展“VOCs整治利剑专项行动”，落实企业错峰生产、减产限产、停产等应对措施，开展大气专项巡查83次，巡查企业1514家次。加强尾气油气污染管控，完成机动车遥感监测和黑烟车电子抓拍系统、14个汽车排放性能维护（维修）站建设，处置“黑烟车”111辆，查处非道路移动机械36台，公交电动化率95.14%。加强面源污染管控，协调加大扬尘、露天焚烧、餐饮油烟和露天烧烤管控力度，建成14个高清视频24小时监控市区烟尘排放。是年，河源市环境空气质量综合指数为2.84；PM_{10}、$PM_{2.5}$年均浓度分别为39微克/米^3、21微克/米^3；主要空气污染物为O_3-8h，其作为每日首要污染物的比例为83.6%；超标首要污染物为O_3-8h，比例为100%。

【土壤环境质量】 2021年，河源市生态环境局推进土壤和固废污染防治，严防土壤和固体废物污染。印发《2021年土壤污染防治工作方案》，推进土壤污染防治。完成重点监管单位和主要工业园区周边土壤环境监测，加强建设用地土壤环境联动监管，举办河源市建设用地土壤污染状况调查与风险评估技术培训班，持续开展90个省控土壤监测点位采样监测，对14块疑似污染地块落实每月巡查制度。河源市暂无土壤污染地块。强化固体废物监管，建立预防和打击非法处置固体废物长效机制，加强危险废物转移处置监管，督促1258家企业完成危险废物申报登记、1168家企业完成管理计划备案，对危险废物经营单位及重点行业企业开展抽查和专项整治行动，工业危险废物利用处置率99%以上。加强医疗废物监管，强化医疗废物、医疗废水规范处置现场督导，新建医疗废物处置项目一期投入运营，县级以上医疗废物无害化处置率100%。

【农村和自然生态环境质量】 2021年，河源市生态环境局推进农村生态环境保护。推动生态振兴，印发实施《河源市推进乡村生态振兴2021年重点工作任务实施方案》，东源县“绿水青山就是金山银山”实践创新基地通过省级复核。综合整治农村环境，印发《2021年河源市农村生态环保工作要点》，推进农业面源污染治理与监督指导试点，排查核清11条农村黑臭水体，新增完成农村环境整治村庄55个。加快农村污水治理，配合住建部门编制《河源市农村生活污水治理攻坚行动方案》。完成列入2021年省农村生活污水治理民生实事成效评估的35个自然村治理任务。推进自然生态保护，联合林业部门开展“绿盾2021”行动，强化自然保护地监管。

【环境管治能力】2021年，河源市生态环境局严格环境监管，依法整治突出环境问题，加大环境管治能力建设。继续强化执法，制定实施《新丰江水库生态环境保护巡查制度》，抓好生态环境领域安全生产，落实日常监管巡查，落实“双随机、一公开”监管要求，开展岁末年初环境安全大检查、危险化学品环境安全生产整治、汛期环境安全检查、尾矿库环境风险隐患排查整治、排污许可证证后监管专项执法行动、全市钢铁行业企业生态环境保护专项执法行动、排污许可专项执法行动等27项生态环境保护专项行动；市生态环境局获得全省生态环境保护执法大练兵实战比武理论考核第三名。排查化解环境矛盾，有序推进平安建设，印发《河源市生态环境违法行为举报奖励办法（试行）》，受理调处环境信访案件2064件，办结2044件，结案率99%。推进环境法治建设，办理省市人大建议和政协提案16件，成功磋商河源市首宗生态环境损害赔偿案件，《河源市扬尘污染防治条例》获省人大常委会批准。提升智慧监管水平，重点污染源在线监控数据传输有效率90%以上，生态环境智慧云平台项目建设正在收尾。

【环保服务水平】2021年，河源市生态环境局深化环保领域改革，注重调控，提升服务，绿色发展保障到位。科学编制重点规划，完成《河源市水生态环境保护“十四五”规划》初稿编制，《河源市生态环境保护“十四五”规划》通过专家评审,印发《河源市“三线一单”生态环境分区管控方案》。推进生态文明建设，开展生态环境领域“创文”工作，完成《河源市创建国家生态文明建设示范市规划》初稿编制。协调落实减污降碳，编制“十四五”污染减排综合工作方案并报省审定。24家企业通过清洁生产审核。16家控排企业碳排放交易履约率100%。2个省级碳普惠项目核证减排量4013吨二氧化碳当量。深化“放管服”改革，落实告知承诺、环评容缺、环评豁免等政策，对医疗废物处置项目等重点项目提供绿色通道服务，审批环评项目283个（报告书25个、报告表258个），网上登记备案393个，对12个项目采用告知承诺制审批，对82个项目豁免办理环评手续，70%以上的项目通过备案完善手续或者豁免办理环评手续。

【环保督察整改】2021年，河源市落实环保督察整改任务。持续推进第一轮督察整改，巩固第一轮中央环保督察整改成果，推进省级环保督察剩余3项问题整改。主动配合开展第二轮中央生态环保督察，做好资料调阅、交办信访件办理、下沉督察配合等工作，推进边督边改，按程序将第二轮中央生态环保督察整改方案报省审定。截至2021年12月31日，225件交办信访件中，202件办结，办结率89.8%；阶段性办结21件，正在办理2件。（赵晓菲）

省级自然保护区简介

【大桂山省级自然保护区】大桂山自然保护区于2006年2月经省政府批准晋升为省级自然保护区，位于河源市源城区南部，其北部为新丰江水库部分水面，西面与东源县的新港镇接壤，总面积7505.2公顷，其中陆地面积7146.9 公顷，水面面积358.3 公顷。范围涵盖埔前镇径背林场，市属桂山林场，源南镇塔坑林场和塔坑村等连片的山林及新丰江水库部分水域。主要保护对象是涵养水源的亚热带常绿阔叶林生态系统以及区内生长的国家和省级珍稀濒危保护动植物。据最新生物多样性调查统计，大桂山保护区共有野生维管植物192科、713属、1481种，蕨类植物37科、67属、130种，裸子植物8科、10属、12种，被子植物147科、636属、1339种。区内珍稀濒危、保护植物共20种，隶属16科、17属，其中蕨类植物4科、4属、5种，裸子植物3科、3属、3种，双子叶植物9科、10属、12种。另有兰科植物13属、21种。

【新港省级自然保护区】新港省级自然保护区始建于1976年6月，1989年9月晋升为省级自然保护区。保护区位于河源市东源县，地处新丰江水库中部—东北部的锡场镇，属南亚热带北缘。总面积7513.0公顷，其中林业用地6150.5公顷，水域面积1269.4公顷，其他用地93.1公顷。森林活立木蓄积量16.7万立方米，森林覆盖率81.9%。保护区主要保护对象是南亚热带常绿阔叶林、珍稀动植物（水鹿）。保护区内野生动植物资源极其丰富，野生动物有149种，其中兽类24种、鸟类103种、爬行类14种、两栖类8种；植物有156科、431属、785种。

【康禾省级自然保护区】康禾省级自然保护区（以下简称保护区）于2001年10月经广东省人民政府批准成立，总面积6621.4公顷，属生态系统类别的森林生态系统类型自然保护区，主要保护对象为亚热带常绿阔叶林、国家重点保护和珍稀濒危野生动植物资源及其栖息地、水源涵养林。区内有维管植物180科、605属、1026种，陆生脊椎动物22目、70科、191种，国家重点保护植物由伯乐树、金毛狗、苏铁蕨、花榈木、樟树、半枫荷及兰科植物等，国家重点保护动物蟒蛇、穿山甲、小灵猫、斑灵狸、蛇雕、苍鹰、果子狸、红隼等。

【黄石坳省级自然保护区】黄石坳省级自然保护区于2004年1月经广东省政府批准成立，位于广东省河源市和平县西南部,九连山东麓，地跨阳明、热水、合水、青州（黎明林场）4个镇，总面积8096.8公顷。中亚热带季风气候区，属中低山丘陵地貌，以亚热带常绿阔叶林为主，属“森林生态系统类型”的自然保护区。主要保护对象为珍稀动植物资源及其栖息地；复杂的森林类型和亚热带森林生态系统；独特的物种种质资源。地带性植被为典型的亚热带常绿阔叶林。有维管植物206科、740属、1417种，属国家重点保护植物有10科、11属、11种，其中国家一级保护植物有伯乐树、红豆杉2种，国家二级保护植物有金毛狗、桫椤、苏铁蕨、水蕨、香樟、闽楠、半枫荷、花榈木、伞花木等9种。属珍稀濒危植物有7科、7属、7种。有脊椎动物148种。属国家和省级重点保护野生动物有17种。

【枫树坝省级自然保护区】 枫树坝省级自然保护区于1998年成立，位于龙川县中部偏北，以库区水面为中心，赤光、岩镇、车田、贝岭、新田5镇24个行政村和国营鹤畲林场，北部与和平县接壤，东部部分地段与兴宁市接壤。保护区总规划面积15806.5公顷。主要保护对象为南亚热带至中亚热带南缘的森林植被及水源涵养林，区内整个生态系统及其生态环境，国家和省级保护的珍稀濒危动植物。区内有国家保护植物种类有7科、8种，均属国家二级保护植物；有多种野生动物栖息繁衍，分布有鱼类102种；两栖类动物14种；爬行动物有39种；鸟类有94种；哺乳类有38种。区内分布有1万多公顷的水源涵养林，通过对降水的拦截和滞蓄实现其涵养水源、净化水质、调节径流等功能。

【白溪省级自然保护区】 白溪省级自然保护区于2001年经省人民政府批准成立，位于东江中游、紫金县东北部，总面积5755.5公顷。主要保护对象为亚热带长绿阔叶林及珍稀野生动植物和水资源。保护区属粤东莲花山脉支脉，属中低山地地貌。区内有白溪水库和散滩水库两大水体。有野生维管植物200科639属、1135种，野生陆生脊椎动物22目、571科、165种。2020年，保护区主持的紫金县多样性调查、监测与保护项目获南粤林业科学技术奖二等奖；编撰出版《兰生于野——紫金兰科植物荟萃》，收录紫金野生兰科植物75种；建立起动物红外相机公里网格检测体系，拍摄到小灵猫、白鹇等国家重点保护动物珍贵活动影像；发现超千株珍稀濒危植物大苞山茶野外种群，是目前世界上有资料记载的最大的大苞山茶种群，证实紫金为大苞山茶中心分布区。2020年，保护区被评为广东省自然教育基地。保护区大力开展生态科普宣教工作，与广东省林学会生态与自然保护专业委员会合作，在紫金举办自然保护科普活动。

【黄牛石省级自然保护区】 广东连平黄牛石省级自然保护区于2001年10月晋升为省级自然保护区，批复面积4334公顷，实际控制面积4438公顷，大部分为自然林，局部保存较完整。位于粤赣两省交界处连平县北部，北与江西省九连山国家级自然保护区相连，东北与连平县的上坪镇交界、西南与陂头镇接壤、东南和南面与元善镇毗邻。黄牛石保护区属于九连山脉，为亚热带地区中低山地，山体自北向南渐次降低。保护区属于森林生态系统类型的自然保护区，物种多样性高，森林生态系统的组成成份与结构复杂，以亚热带常绿阔叶林和国家重点保护野生动植物及其栖息地、自然景观、水源林为主要保护对象。有维管植物1549种（含种下等级），隶属于766属、206科，野生动物23目、64科、172种。野生动植物中，珍稀濒危保护植物33种，隶属于25属、13科；国家Ⅰ级重点保护动物2种，国家Ⅱ级重点保护动物21种。

【河源恐龙化石省级自然保护区】 河源恐龙化石省级自然保护区于2001年12月获省政府批准。保护区总规划面积1002公顷，其中以保护恐龙化石为目标的保护区面积为751公顷，以保护菊石化石为目标的保护区面积占251公顷。恐龙化石主要分布在源城区源南镇胜利村和东源县仙塘镇东方红村、黄沙村等；菊石化石主要分布在东源县双江镇增坑村。河源红色盆地的白垩纪地层中蕴藏着丰富的恐龙化石资源，分布面积约100平方千米，发掘面积约70平方千米，已发现13具恐龙骨骼化石、8组168个恐龙脚印化石和大量恐龙蛋化石，其中还包括华南首次发现的窃蛋龙类化石——黄氏河源龙的正型标本，是世界上罕见的恐龙蛋化石、恐龙骨骼化石、恐龙脚印化石“三位一体”的地区。保护区内已发现有23窝、100多个裸露的恐龙蛋化石外，还发现8组、168个恐龙足印化石以及珍贵的菊石化石。

（丘尚轩）

水生态文明建设

【概况】 2021年，河源市贯彻落实习近平生态文明思想，坚持“绿水青山就是金山银山”的发展理念，通过全面推行河长制湖长制、强化水土保持治理，推进河源碧道建设、落实最严格的水资源管理制度等措施推进水生态文明创建，保护好一江清水，巩固核心竞争优势，水生态、水环境总体良好。

【完善河长制湖长制】 2021年，河源市完善河长制市级河长助理及联络员制度，健全涉水部门联合执法、毗邻区域协同执法的联动工作机制，设立河湖警长177名，加强行政执法与刑事司法的有效衔接，依法严厉打击严重破坏河湖生态的违法犯罪行为。制定《河源市开展河湖“清四乱”专项行动方案》《河源市开展“五清”专项行动方案》，把“清漂”纳入河湖管护日常工作，实现“清漂”常态化。坚持日常清理与专项整治相结合，每年5月、9月开展全市集中“清漂”专项行动。2021年清理河道4096千米，清理水面漂浮物5.19万吨。整治销号水利部交办河湖“四乱”问题16宗、自查自纠河湖“四乱”问题77宗，推进省水利厅遥感河湖“四乱”问题整治销号工作，遏制涉河违建、非法围河围湖、非法堆砌废弃物等河湖“四乱”问题，保障防洪安全。聚焦水浮莲这一东江保护难题，在东源、龙川、紫金等县13个行政村开展收购水浮莲助农工作。收购水浮莲152.5万千克，惠及村民4381人次，实现河湖治理与农民增收“双赢”。常态化开展巡河（湖）护河（湖）志愿服务，启动“我的家乡、我的河”东江支流全民保洁系列行动，开展护河净滩、休渔放生等活动，发动群众参与河湖保护、公众宣传826748人次，净滩捡拾垃圾99.2吨。

【河源碧道建设推进】按照“一年打基础、三年显成效、六年大变样、十年新跨越”目标，稳步推进碧道建设。突出粤北山区乡村和自然生态资源丰富、滨水景观秀美如画的特点，优先对原中央苏区、革命老区、少数民族地区、乡村振兴示范点等规划碧道建设。至年底，完成投资5.29亿元，建成碧道73.6千米，完成率为100%。市高新区滨水公园碧道、江东新区柏埔河省级试点碧道、新丰江碧道、连平大席河碧道等一批已建成的亮点碧道工程，为群众提供生活休闲的好去处，《中国水利报》专版宣传河源市碧道建设成效。

【水土保持工作开展】2021年，河源市推进水土保持信息化工作，加强生产建设项目现场检查信息化应用，开展“天地一体化”监管，对326宗疑似违法违规图斑开展复核、认定和查处等工作。依法严把项目审查审批关，审批生产建设项目水土保持方案2宗，完成生产建设项目水土保持设施验收报备7宗，从源头上防止水土流失和生态环境的破坏。推进水土保持综合治理工程项目5宗，预防和减少水土流失，保护和改善生态环境效果明显。

【水资源管理制度落实】2021年，河源市贯彻落实水资源管理“三条红线”，严格控制用水总量，提高用水效率，严格控制入河湖排污总量。编制完成《河源市东江—韩江流域水资源分配方案》，发放取水许可电子证照982宗，整改完成348宗取水问题，涉及取水口449个。开展取水计量监管，指导6宗较大取水户自主安装在线监控设备。全力配合做好东江、韩江流域水量调度管理，保障全市各交水断面最小控制流量。压减东江干流河道外重点取水户取水，实际取水量比上年同期减少10%以上，同时加强梯级电站流量管控，保障东江下游城市生产生活用水特别是对港供水安全。

【节水型社会创建】2021年，河源市组织开展“世界水日”“中国水周”节水宣传活动，制定完善节水用水相关法规和规范性文件，完成节水载体创建，市场在售生活用水器具中节水型器具占比100%。7月15日，通过省住房城乡建设厅和省发展改革委考核验收，获广东省节水型城市称号。推进源城区、东源县县域节水型社会达标建设，完成小区46家、公共机构92家、企业9家、灌区等节水载体单位创建工作，通过省级节水型社会达标建设考核。（宋丽平）

高新区滨水公园碧道（市水务局 提供）

新丰江库区（万绿湖）生态保护

【概况】新丰江库区总面积约1600平方千米，其中林地面积约1100平方千米，水域面积约370平方千米，有360多个小岛，集雨面积5734平方千米，库容量约139亿立方米，丰水期（最高）水位116.701米（1983年6月20日），枯水期（最低）水位84.14米（1972年4月5日）。2021年为枯水年，最低水位93.06米（5月29日）。库内有半江镇、锡场镇、新回龙镇、新港镇、双江镇、涧头镇、新丰江林场6镇、1场。设有新港省级自然保护区、新丰江国家森林公园、万绿湖国家湿地公园、万绿湖国家AAAA级旅游风景区。

【管理机构改革】2021年，广东省新丰江林业管理局内设科室林政保护科新增森林防火工作职责、旅游科加挂安全生产监督管理办公室牌子、原直属行政执法机构河源市公安局新丰江森林分局（挂森林防火指挥部办公室牌子，为副科级建制）于2021年4月7日正式转隶至东源县公安局，更名为东源县公安局新丰江森林警察大队。

【水产养殖】2021年，广东省新丰江林业管理局开展渔船“不安全、不出船”专项行动，举办渔民安全生产和应急救援技能培训班，联合公安、林业、海事、交通、库区各镇等部门打击涉渔“三无”船舶，查扣“三无”船舶37艘，开展渔业增殖放流活动，投放“四大家鱼”等鱼苗21.8万尾，促进水库水生生物多样性和渔业资源增长。

2021年，该局水产渔政主管部门加大渔政执法力度，发挥半江西溪水域、锡场牛肚水域2个执勤点和新港机动巡查组的作用，严格执行禁（休）渔制度。拆除网具120个、拆除灯光网220张、虾笼47个，没收渔网24张。查扣涉渔船9艘，没收涉渔船1艘，罚款0.7万元，维持万绿湖渔业生产秩序。

【森林资源培育】 2021年，广东省新丰江林业管理局在库区坚持多种树管好树，做好种苗质量管理和林业有害生物防治及检疫工作，森林资源持续实现增量提质。完成高质量水源林（水土保持林）2020年新造林抚育1314.87公顷、2021年造林备耕499.93公顷，送出5600株大苗和100千克草籽到库区各乡镇，发动库区群众义务植树2.3万人次，栽下各种苗木10.3万株。采取普查、监测、疫木除治、诱捕器诱杀和飞防喷洒药物等措施完成松材线虫病疫情防治面积2640公顷。

【生态林建设】 2021年，广东省新丰江林业管理局完成2021年生态公益林效益补偿资金发放工作，共发放6522.78万元。持续加强护林队伍建设，发挥49个临时检查站作用，确保库区生态公益林安全。共聘请专职护林员224人，人平管护面积4.91平方千米。

推进全库区护林员大数据智能网格化的管理平台落实，使用北斗巡护终端机238台（其中新港镇林业工作站32台、新回龙镇林业工作站44台、锡场镇林业工作站52台、涧头镇林业工作站36台、半江镇林业工作站43台、双江镇林业工作站31台），加强护林员的规范管理工作。

是年，全库区生态公益林面积为1002.13平方千米，全年发放生态公益林补偿资金6522.78万元，直接由财政局委托银行发放到农户手中。

【林木、林地资源管理】 2021年，广东省新丰江林业管理局按照《中华人民共和国森林法》和《广东省林地保护管理条例》的规定，加强对征占用林地的审核审批，查处毁林开垦或乱占滥用林地的行为。2021年，森林资源管理“一张图”年度更新工作基本完成，开展打击毁林专项行动，完成核查相关违法图斑660个。

库区桉树林退改工作完成伐区调查、采伐作业设计2466.67公顷，完成签订桉树改造协议书、除萌承诺书703户，面积2466.67公顷，批准桉树采伐2106.67公顷，完成砍伐1080公顷。

2021年，该局组织开展新丰江库区涉山林矛盾纠纷化解专项行动，经排查，库区仍存涉林权争议案件10件，涉林面积461.47公顷。全年信访案件6件30人次，信访涉林面积152.8公顷，其中县信访局转办案件2件，信访答复2件。省高院终审判决1件。

【森林防火】 2021年，广东省新丰江林业管理局贯彻“预防为主，积极消灭”的方针，部署库区森林防火工作，加强防火宣传，加大野外火源管理力度，开展森林火灾风险普查工作。在重要节假日和高危火险天气营造全民防火氛围，启动临时检查站，严格进山管理，严防火种入山，禁止一切野外用火。提前摸清扫墓底数，进行“一对一”跟踪，采取“回头看”措施，防止火灾发生。全面实施专职护林员管理体制改革，推广森林防火“阳山经验”，完成双江镇黄陂村试点建设，为库区全面推广“阳山经验”奠定基础，实现库区全年“零山火”的目标。

2021年，立案查处林地、野外用火违法案件7件，其中违法使用林地案件4件，破坏林地0.87公顷，其中恢复林地原状0.29公顷（其中0.58公顷立案未结案），收缴罚款2.437万元（其中还有分期罚款1.777万元未交齐）；野外用火案件3件，破坏林地0.4公顷，收缴罚款0.6万元。

【林业执法】 2021年，广东省新丰江林业管理局立案查处各类违法案件33件，其中毁林案件17件（行政案件15件、刑事案件2件）、破坏林地案件9件、破坏野生动物案件3件、森林防火案件3件，其他案件1件。遏制库区涉林违法犯罪行为，巩固库区林业生态建设成果。

【野生动植物资源保护管理】 2021年，广东省新丰江林业管理局通过举办“世界野生动植物日”暨广东省第四十届“爱鸟周”主题宣传活动，提高公众生态保护意识、动员全社会参与保护野生动物。在大叶山撒网式布控红外相机30台，于11月监测拍摄到国家Ⅰ级保护动

2021年11月16日，河源新港省级自然保护区通过红外监测相机拍摄到中华穿山甲在洞穴处活动的影像，这是保护区近20年来首次发现穿山甲 *（新丰江林管局 提供）*

物穿山甲，并与科研团队合作调查掌握保护区内穿山甲和其他野生动物种群数量及分布特点等基本情况。

万绿湖国家湿地公园，总面积26689.39公顷，其中湿地面积为24880.4公顷，属人工湿地中的库塘湿地。共有维管植物184科、589属、915种，珍稀濒危植物7科、9属、9种。野生脊椎动物28目、63科、132属、158种，其中国家重点保护动物27种（国家一级重点保护动物3种、国家二级重点保护动物24种）。

新港省级自然保护区，总面积7513公顷，有维管植物168科、574属、956种，野生脊椎动物270种，隶属5纲、33目、105科（国家一级保护野生动物2种、国家二级保护野生动物30种）。

【水资源保护】 2021年，广东省新丰江林业管理局持续加大万绿湖水浮莲等漂浮物的打捞力度，完成半江、涧头厂区新丰江水库二期拦漂工程验收和试运行，打捞水浮莲及漂浮物2.49万吨。开展渔业增殖放流活动，投放“四大家鱼”等。加大渔政执法力度，严格执行禁（休）渔制度。完成桉树砍伐1080公顷，并积极排查整治非法占用岸线行为，对5处筑坝围湖问题及时依法进行整治。完成高质量水源林（水土保持林）造林任务，发动库区群众义务植树。

【森林病虫害防治】 2021年，广东省新丰江林业管理局坚持“预防为主，综合防治”的方针，对库区检疫性病虫害进行调查与监测，加强库区进出调运木材、种苗和花草的检疫。完成松材线虫病疫情防治面积约2640公顷，其中松材线虫防治示范工程建设659.33公顷；飞机喷药防治松褐天牛面积1663.47公顷；松材线虫病纯松林改造面积316.48公顷。

【旅游资源开发保护】 万绿湖是华南地区最大的人工湖，总面积1600平方千米，其中水域面积370平方千米，山林面积1100平方千米，蓄水总量139亿立方米，内有360多座岛屿。湖内开发有自然观光、生态野趣、客家风情、娱乐参与等四大系列7个景区景点：龙凤岛、水月湾、桂山、镜花缘、镜花岭、客家风情馆、万绿谷。2021年万绿湖风景区接待游客131.78万人次。

2021年，广东省新丰江林管局坚持“环保至上、科学规划、强化管理、生态旅游”的开发理念，对万绿湖景区旅游交通、游览服务、综合服务、特色文化、信息化、旅游安全、资源与环境保护、综合管理八大体系进行全方位的攻坚提升。新（扩）建万绿湖综合服务区游客中心、生态停车场、龙凤岛环湖景观步道；新建和改建20座旅游厕所全部达到A级以上；开通机场候机楼途经汽车站、火车站直达景区的旅游专线车；完善视频监控、流量监测、语音导览、在线预订门票等智慧化服务，实现5G网络、无线宽带网络在景区游览区域全覆盖。推进文化和旅游产业融合发展。编制完成《万绿湖创AAAAA级旅游景区旅游总体规划（2020—2035）》《万绿湖环湖旅游小镇产业融合与环境提升规划》等规划设计方案。加快“旅游+”融合发展，重点打造万绿亲水游、库区乡村游等精品路线，开通精品旅游线路，统筹推进文化游、农旅融合游、乡村游，培育特色精品乡村民宿、趣味农家乐等。在2021年第三季度广东省旅游景区游客满意度大数据调查中，万绿湖风景区在全省AAAA级旅游景区热度排名第一，在全省A级景区满意度排名第一。6月，万绿湖获评“2021年广东省十大美丽河湖”。 *（黄国华　徐粤霞）*

2021年6月，万绿湖获评“2021年广东省十大美丽河湖” *（新丰江林管局 提供）*

农业农村

编辑：吴静文

综 述

【概况】 2021年，河源市农林牧渔业总产值240.26亿元，比上年增长8.7%，其中，农业产值133.11亿元，林业产值37.23亿元，牧业产值59.45亿元，渔业产值6.57亿元，农林牧渔专业及辅助性活动产值3.90亿元。农村人均可支配收入19146元，其中源城区、江东新区、东源县、龙川县、紫金县农民收入均超过全国平均水平。连平县农民人均可支配收入18932元，首次达到全国平均水平18931元。蔬菜种植面积3.93万公顷，产量79.8万吨；茶叶产量8185吨，增长11%。水产品总产量4.7万吨。生猪出栏129.34万头，增长42.2%；猪肉产量10.1万吨，增长45.1%。有市级以上重点农业龙头企业292家（其中国家级5家，省级73家），创建14个省级现代农业产业园。

【粮食安全基础夯实】 2021年，河源市划定粮食生产功能区6.29万公顷，粮食作物面积13.30万公顷，粮食产量81.15万吨，超额完成省下达的目标任务。高标准农田建设稳步推进，9153.33公顷高标准农田建设任务有序推进，按时完成建设。撂荒耕地整治强有力推进，复耕复种工作成效明显，市农业农村局被农业农村部表彰为“全国粮食生产先进集体”。实施种业保护与提升攻坚行动，种质资源普查有序推进，种业主体引育力度不断加大，广东兆华种业有限公司、国家植物航天育种工程技术研究中心河源创新研究院落户河源市。

【重要农产品稳产保供保障】 2021年，河源市紧密对接粤港澳大湾区和“两个合作区”建设发展需求，完善“菜篮子”基地建设，有机蔬菜、特色水果供应稳定，生猪产能全面恢复，产销衔接有效紧密，“菜篮子”市长负责制考核连续两次获评“优秀”等次。生猪出栏129.31万头，比上年增长42.2%；猪肉产量10.1万吨，增长45.1%；培育建成粤港澳大湾区菜篮子基地18个（2021年新增3个），省级菜篮子基地34个，市级菜篮子基地84个。

【农业产业提档升级】 2021年，河源市新增创建油茶跨县集群、东源蓝莓、龙川丝苗米、连平花生、源城区畜禽等5个现代农业产业园，现代农业产业园14个，东源县入选全国首批创建农业现代化示范区。实施优势特色农业产业化提档升级行动，以优质稻、无公害蔬菜、生态畜牧、健康水产、特色水果、高山茶叶、良种油茶、岭南药材八大特色产业为核心的农业产业集聚发展成效初显。建设“一村一品、一镇一业”，立足地域产业特色，指导组织各县区优势产业开展“一村一品、一镇一业”项目申报及建设。累计认定专业村124个，专业镇18个，创建全国“一村一品、一镇一业”示范村8个、示范镇4个。实施品牌兴农强农战略，“政府主导+企业运营+市场化运作”的一体化运作模式逐步建立，农产品“12221”市场体系有效构建，“万绿河源”农产品区域公用共品牌效应增强。粤字号农产品104个，14个农产品入选全国名特优新农产品名录（2021年新增3个），“广东十大好春茶”数量居全省第一。

【农村综合改革】 2021年，河源市开展农村集体产权制度改革试点“回头看”，做好农村土地股份合作制试点工作，有效巩固改革试点成果。集体经济组织成员身份确认、登记赋码颁证、列入资产量化的集体经济组织合作制改革等试点任务基本完成，7个试点镇涉及13个村组开展土地入股规模309.23公顷，收益分配形式基本为保底收益+按股分红，入股农户1318户。“一镇一改革”全面铺开。印发《河源市“一镇一改革”总体实施方案》，98项改革任务进入实施推进阶段。农村集体经济发展壮大，争取中央扶持资金2460万元，落实市级配套资金82万元扶持82个试点村，同步列入驻村第一书记重点帮扶对象。谋划中长期发展壮大集体经济工作，实施扶持壮大村级集体经济三年行动计划。规范宅基地管理，严格落实“一户一宅”，启动宅基地管理系统建设，面向全市各乡镇举办宅基地管理政策专题培训班，设计制作政策宣传广告视频，促进宅基地管理规范化、制度化水平提升。

【现代农业经营主体培育】2021年，河源市推动农民专业合作社示范创建，龙川县、连平县农民合作社整县推进有序开展。创建市级以上示范社408家（其中国家级41家，省级164家，市级203家）。完成2021年国家农民合作社示范社监测工作。推进家庭农场建设，引导支持适度规模经营，注重选树培育典型，发挥示范引领作用。新增省级示范家庭农场16家、市级示范家庭农场24家。以提供“耕、种、管、收、售”等托管服务加快实现小农户与现代农业有机衔接，促进完善联农带农机制，龙川县、紫金县农业生产托管社会化服务建设有序推进，“县生产托管服务中心+镇托管员+村托管员”三级服务协办体系初步建立。

【农业绿色发展】2021年，河源市实施化肥减量增效行动，建成紫金县实施化肥减量增效666.67公顷项目示范区，连年持续保持“负增长”。提升畜禽粪污资源化利用水平，完善养殖污染防治配套设施，“种养结合”“以种定养”的生态养殖模式得到推广，专项督察整改任务整改完成，提高畜禽粪污资源化利用率。开展农产品“治违禁、控药残、促提升”行动计划，加大农产品质量安全监督检测力度，强化部门协作，注重检打联动，建立全乡镇农产品质量安全网格化管理体系，推进标准化生产，提高农产品质量安全水平。农产品定量检测合格率99%；累计创建农业部畜禽标准化示范场16个、国家级水产健康养殖示范场10个、国家地理标志农产品4个，省级畜禽标准化养殖场11个、省级现代化美丽牧场5个，水产健康养殖示范面积200公顷，省级水产健康养殖示范场14个、省级水产健康养殖和生态养殖示范区（生产主体）3个、东源县成为全省首批水产健康养殖县。推进受污染耕地安全利用工作，制定受污染耕地安全利用工作方案，围绕重点任务开展受污染耕地安全利用和风险管控，受污染耕地措施到位率100%，受污染耕地安全利用率90%以上。开展耕地质量监测调查。建成耕地质量长期定位监测点12个，实现平均每6666.67公顷耕地面积监测全覆盖。

【农业安全监管】2021年，河源市规范农资经营秩序，完成农资门店检查650家次，整顿问题52起；加强生猪定点屠宰厂监管，关闭不符要求生猪屠宰场15间，捣毁私屠滥宰窝点11个，查获生猪产品25958公斤/活猪267头，遏制肉品质量违法犯罪行为；打击非法捕捞行为，开展集中销毁非法捕捞渔具活动，整治“三无”（无船名船号、无船舶证书、无船籍港等）船舶，查处非法渔具462具，收缴电捕鱼具15套，查扣/拆解涉渔“三无”船舶16艘；查处案件20宗。健全农业应急管理工作机制，落实农业领域“三防”工作，开展重点领域、重点行业安全生产风险隐患排查。开展安全生产大检查行动79次，出动人员423人次，检查企业43家次，检查渔船263艘次，发现安全隐患49个，整改问题49个；信访满意率100%；做好重大动物疫病防控，非洲猪瘟防控各项关键措施落实到位，生猪环节“两项制度”（非洲猪瘟自检制度和官方兽医派驻制度）有效落实，支持指导紫金东瑞、河源兴泰两家企业成功创建国家级无非洲猪瘟小区。

【基层农技推广体系健全】2021年，河源完善基层农技推广体系，提升农技推广公共服务能力，全市基层农技推广体系改革与建设项目稳步推进。推动高素质农民培育，推进乡村工匠职称评审，把乡村人才培养作为健全基层农技推广体系建设的重要途径。2021年，完成培训高素质农民730人，评定200位乡村工匠中初级职称评审专业技术人才。院地合作科技支撑作用持续显现。与省农业科学院签署第二轮共建协议，成立广东首家农村科技特派员服务平台“河源市农村科技特派员之家”，累计对接省、市级龙头企业和合作社等经营主体81家、召开技术培训班和现场会20场次，农业科技水平得到有效提升。推进农业科技进村入户，运用“线上+线下”模式，开办农业科技专题技术培训班，进行现场宣传、入户指导，引导广大农民群众选择优良品种和先进适用技术，提高农民科学种养水平。遴选农业主导品种38个、主推技术86项。

【乡村建设行动实施】2021年，河源市累计清拆破旧泥砖房23.2万间1901万平方米，打造建设“四小园”45276个。农村生活垃圾收运处理体系，保洁覆盖率、处理率100%。厕所问题摸排全面结束，3123个户厕、59个公厕得到有效整改。圩镇“三清理、三拆除、三整治”任务基本完成。100人以上自然村全部实现村道硬底化，紫金县、源城区创成“四好农村路”全国示范县（区）；完成农村集中供水攻坚任务，健全县、镇、村三级电商物流及冷链仓储物流。规划美丽乡村示范带、特色精品路线示范带、乡村振兴示范带110条，基本建成35条。

【河源首家A股上市企业——东瑞食品集团股份有限公司】2021年4月28日，东瑞食品集团股份有限公司在深圳证券交易所挂牌上市，正式登陆A股主板，股票代码001201，河源市实现A股上市企业零的突破。东瑞股份创立于2002年，是有多家控股公司、高级别兽医实验室和饲料化验室的现代生态农业集团，是内地供港活猪前三大供应商之一，先后获得农业产业化国家重点龙头企业、粤港澳大湾区“菜篮子”生产基地等称号，“东瑞”牌活肉猪还被评为广东十大名牌农产品。

【“航聚香丝苗”太空稻首次在河源市播种】2021年7月29日，25千克第二代“太空稻”——“航聚香丝苗”稻种首次在河源市东源县锡场镇林禾村用无人机播种。

2020年12月，搭乘嫦娥五号探月返回后的约40克稻种，经华南农业大学实验基地培育收获25千克稻种。此稻种具有产量高、抗病性强、米质香软滑、富含微量元素等特点，借助锡场镇优越的生态环境进行有机栽培。

2021年12月1日，“航聚香丝苗”收割完毕，稻穗长约25厘米，每粒稻谷长约1厘米，产出稻谷近8000千克。

【河源市美丽乡村民宿招商推介会举办】 2021年5月11日，河源市举办美丽乡村民宿招商推介会，达成意向投资民宿是建设项目188个，投资总额63亿元；累计创建中国美丽休闲乡村2个、全国休闲农业和乡村旅游示范县1个、示范点1个，省级休闲农业和乡村旅游重点县1个、示范镇12个、示范点34个。推介会现场发布的《河源市民宿产业发展报告》显示，河源有民宿约200家、床位超2000张，直接或间接解决就业约4000人。这些民宿普遍拥有“山水田林湖”优势，呈现出“民宿微缩景区化”“亲子互动、团队建设特色化”“精品化”的发展特征，从“住宿”功能转向“住宿+乡村文旅”融合发展。 （吴京嵘）

2021年5月11日，河源市美丽乡村民宿招商推介会现场 （市农业农村局 提供）

林 业

【概况】 2021年，河源市有林业用地面积120.85万公顷，占总面积的77.2%，其中，森林面积114.58万公顷。国家级、省级生态公益林面积68.52万公顷，森林蓄积量6619万立方米，森林覆盖率73.18%，位居全省地级市前列。自然保护区52个（其中省级8个、市级6个、县级38个），森林公园33个（国家级森林公园2个、省级森林公园3个），省级地质公园1个，湿地公园11个（国家级2个）。

【造林绿化】 2021年，河源市开展植树造林活动，提升国土绿化取得新进展。举办各类创森主题宣传活动，对标对表国家森林城市指标，推进河源市创建国家森林城市工作。建设高质量水源林0.53万公顷，新造林抚育1.68万公顷，中幼林抚育2.21万公顷，生态景观林带56.67公顷。签订桉树林退改协议1.43万公顷，审批桉树林采伐面积1.03万公顷，采伐桉树林0.81万公顷。以“全民植绿四十载、美丽中国谱新篇”为主题，在客家文化公园等地区建立总面积0.70万公顷的义务植树基地411个。累计参加植树活动188.59万人次，折算植树株数约682.63万株。

【森林防火】 2021年，河源市修订《河源市护林员和专业森林消防队伍管理办法》。牵头制定《河源市强化森林防火机制的工作方案》，强化森林防火行政首长责任制，提升森林火灾防控和早期火情应急处置能力。构建以林业部门预防为主体、应急管理部门综合监管、公安部门支持的现代化森林防火工作管理体系。强化森林防火宣传，通过宣传牌、标语、小手册、播放森林防火公益广告等多种方式，提升市民群众对森林防火相关法律认识。印制森林防火宣传小手册5万本，发送提醒森林防火公益短信130万条，组织全市公职人员签订《森林防火承诺书》3万余份。森林火灾受害率远远低于省控指标1‰，未发生重大以上森林火灾，清明节、中秋节、国庆节等重大节日期间实现“零山火”。

【林地林木管理】 2021年，河源市严格落实国家和省关于全面推行林长制工作的要求，印发实施方案，召开动员部署会议，有效建立起市县镇村四级林长体系，打造以村级林长、基层监管员、护林员为主体的“一长两员”森林资源源头管护机制。以每年的“森林督查”为抓手，开展打击毁林违建专项行动，打击毁林违建等破坏森林资源的违法犯罪行为，以高度负责的态度保护好森林资源。省林业局下达河源市林地定额指标315公顷，经争取，省林业局额外追加河源市林地定额指标219.8公顷，在全省各地级市使用林地定额指标中排名第一，保障河源市基础设施和民生项目建设及省、市重点项目，助力河源市经济社会发展。

【生态公益林和自然保护管理】 2021年，河源市加强自然保护区、森林公园、湿地公园和地质公园等各类自然保护地的巡护巡查及违建项目清查整治工作，促进各类自然保护地生态环境不断改善。召开河源市打击野生动植物非法贸易部门联席会议，多部门联合对全市野生动物人工繁育场所、野生动物活动区域开展联合清查整治，并依法依规做好罚没野生动物及其制品的救护、放生、移交等处理工作。以“植树节”“环境日”“森林文化周”等重要时间节点为契机，做好森林资源保护宣传教育工作。全面实施封山育林，加快实施低效林林分改造，优化生态公益林布局，提高公益林生态功能等级，林业生态质量明显提升。

【森林病虫害防治】 2021年，河源市印发实施《河源市松材线虫病防治规划（2021—2025年）》，推进松材线虫病防控工作。举办松材线虫病精细化防控监管平台应用及红火蚁防控培训班，邀请广东省林业科学研究院专家现场讲授，提升防控能力。协助省林业局在河源市举办广东省2021年春季飞机喷药防控松材线虫病启动仪式。全市累计投入5434.9万元，完成松材线虫病防治示范工程作业面积约2.37万公顷，清理病枯死树约15万株，病死树数量22.35万株，比上年下降33.6%。坚决落实国家、省市有关政策性森林保险决策部署，召开全市林业系统政策性森林保险业务培训会，提高森林资源保障水平，降低林户生产经营森林灾害风险。

【林下经济】 2021年，河源市以“公司+基地+农户（合作社）”经营模式，发展南药、油茶等林下经济。广东汇友生态农业有限公司被认定为国家林下经济示范基地，和平县长弘农林有限公司、连平县贵宾种养专业合作社被认定为广东省林下经济示范基地，和平县乐益种养专业合作社、连平县上坪镇三洞茶叶种植专业合作社被评为广东省林业专业合作社示范社，和平县绿雅林场被评为广东省示范家庭林场。落实专项资金补助，争取中央、省财政支持，对新造、低产改造的油茶进行专项资金补助，提高企业（农户）新建油茶林及改造低产低效油茶林的积极性，提升油茶种植科学化、标准化、规范化水平。实施油茶低产低效林改造面积1667公顷。完善激励机制建设，对新种油茶连片面积66.67公顷以上的，给予一次性补助10万元；对改造油茶低产林连片面积13.33公顷以上的，给予一次性补助2万元。拓宽油茶销售渠道，加强与电商平台合作，开展形式多样的茶油产品网络促销活动，扩大河源油茶品牌的知名度。

【森林旅游】 2021年，河源市推动国家级重点林业龙头企业、省级林业龙头企业的申报工作，申报国家级重点林业龙头企业2家，申报省级林业龙头企业11家。至年底，全市有省级林业龙头企业40家，入选省级森林旅游特色线路6条，入选省级森林旅游新兴品牌地7个，申报1个国家级、3个省级森林康养基地。

【城市公园】 2021年，河源市加强城市公园的建设和管理，实施精细化、网格化管理模式。城市建成区绿化覆盖面积1839.05公顷，绿化覆盖率42.62%，绿地面积1699.25公顷，绿地率39.38%，公园绿地面积468.02公顷，人均公园绿地面积15.33平方米。有城市公园广场85个，城内公园分布较为合理，公园绿地服务半径覆盖率91.17%，基本达到推窗见绿，出行300米见公园。完成红星廉洁文化主题公园建设，推动园林绿化垃圾处理场及客家文化公园四期工程等项目建设。为有效解决占用城市绿地、破坏城市绿化、配套绿化用地不达标等问题，根据《河源市人民政府2021年立法工作计划》要求，成立《河源市城市绿化管理办法》政府规章起草团队，实地调研汕头市、惠州市、广州市三地的经验做法，召开各类工作会议，按期完成《河源市城市绿化管理办法》的起草工作。（丘尚轩）

水利水电

【概况】 2021年，河源市加快补齐水利工程短板，强化涉水事务监管，水安全、水资源、水生态、水环境持续向好。有大型水库2宗，中型水库15宗，小Ⅰ型水库86宗，小Ⅱ型水库518宗，小水电站815座、总装机容量67.79万千瓦，初步形成具有防洪、排灌、灌溉、发电、供水、养殖及水生态等多功能的水利工程体系。万亩以上的中型灌区有22宗，设计总灌溉面积2.65万公顷，实际总灌溉面积2.11万公顷。千亩以上小型灌区566宗，设计总灌溉面积5.9万公顷，实际总灌溉面积5.71万公顷。另外还有一大批小型灌区工程。

【河（湖）长制工作】 2021年，河源市推进“清四乱”“清漂”行动，清理河道长度4096.33千米，清理水面漂浮物5.19万吨。整治销号河湖“四乱”问题547宗，有效解决影响水环境的突出问题。加强岸线空间管控，编制新丰江、安远水、俐江、船塘河、秋香江及铁场河6条集雨面积1000平方千米以上的河流水域岸线保护与利用规划，保障河势稳定，推动防洪安全、供水安全、生态安全。开展新丰江河源市段（含水库）河湖健康评价，委托技术团队对新丰江94.27千米开展健康评价。全市各级河长累计巡河32940人次，巡河过程中发现问题233个，处理231个，问题处理率99.14%，有效推动解决河湖治理的重点难点问题。

【民生水利工程建设】 2021年，河源市开展水库大坝安全鉴定349宗，对经鉴定达到三类坝的病险水库全面实行除险加固工作。鼓励推广水库物业化管理模式，龙川县、紫金县、源城区和江东新区所有公益水库已全部实行水库物业化管理模式。累计完成标准化创建水库436宗，为水库物业化、信息化管理奠定基础。开展革命老区、少数民族地区乡村振兴水系治理，完成龙川县小庙河等灾后河道综合治理工程、龙川县上坪镇流田河治理工程。全市五县筹集13.89亿改造提升113座老旧水厂、新建568座水厂、配置633台套制水一体机，达成省最新标准的粤美水厂663座，完成77个镇、496个行政村、2050个自然村13.59万户、52.24万农村人口集中供水全覆盖攻坚任务。

【水资源管理】 2021年，河源市实施最严格水资源管理制度，加强用水总量控制，科学分配东江、韩江流域水资源，全市用水量15.8亿立方米，比上年少0.6%。开展河道外取水户计划用水审批。加强水量调度管理，保障东江中下游城市生产生活用水特别是对港供水安全。

【汛情灾情】 雨情 2021年，河源市年平均降雨量1030.9毫米，较常年偏少42%，汛期全市平均总降雨量为815.5毫米，较常年同期偏少约35%，均为近60年（自1960年）以来第二少，仅次于1963年。“龙舟水”期间，平均总降雨量为165.0毫米，较常年同期偏少50%。

水情 2021年1—9月，东江主要控制站龙川、河源水文站平均来水分别为60.5米³/秒和216米³/秒，较多年平均同期（1991—2020年）分别偏少57%和70%，排在建站以来的倒数第2位和1位。汛期河源市“龙舟水”偏轻，各江河均未发生超警洪水，大中型水库均未超汛限水位。

险情、灾情 汛期河源市出现14次降水过程，致灾天气过程5月30日夜间至6月4日，全市出现连续性强降水过程，平均面雨量127.5毫米，全市最大降雨量出现在江东新区古竹375.8毫米，有69个站点录得100毫米～250毫米的累积雨量，有5个站点录得250毫米以上的累积雨量。此次强降雨导致江东新区和紫金县17个乡镇不同程度受灾。受灾人口3002人；紧急转移安置418人，其中集中安置384人；农作物受灾78.26公顷，其中绝收0.41公顷；水产养殖受灾0.3公顷；直接经济损失1433.4万元，其中房屋及居民家庭财产损失106.3万元；农林牧渔业经济损失311.9万元，基础设施损失1015.2万元。全市水利设施受损90万元，全市水利无人员伤亡，无重大险情发生。

【水旱灾害防御】 2021年，河源市汛期4月15日至10月21日193天，市水务局参与值班、带班人员1236人次。处置山洪预警信息118条，处置率100%，向镇村责任人发送预警短信8260条。市水务局启动水利防汛Ⅳ级应急响应1次，派出工作组39人次、专家13人次。县区水务局启动水利防汛Ⅳ级应急响应11次，派出工作组583人次、专家162人次，处置险情4处。

是年，河源市遭遇1963年以来最严重两年连旱。其间，全市大、中、小型水库蓄水量持续偏少，生产生活用水形势一度紧张严峻。全市5个县筹集资金13.89亿元，完成77个镇、496个行政村、2050个自然村、13.59万户、52.24万农村人口集中供水全覆盖攻坚任务。争取和统筹各级各类资金，实施重点抗旱应急水源工程4个：紫金县投入49.8万元实施县城用水应急工程，江东新区投资380万元完成古竹镇从东江取水点引水工程，连平县投入250万元建设高莞水厂连通忠信镇主管网工程解决忠信镇应急供水，投入986万元实施县城应急水源工程。各县区组织镇村启用和新建引调提水工程81处、抗旱井57口、蓄水池55处、其他应急水源20处。全市投入抗旱应急资金3992.05万元，抗旱设备1640台，抗旱人数94571人，累计解决饮水困难人口99350人。

【依法治水工作】 2021年，河源市深化“放管服”改革，利用“世界水日”“中国水周”“宪法宣传周”等活动及电视台、广播电台、报纸等媒体深入开展宪法、水法规及河湖长制等有关水事活动的宣传。各县区开展执法巡查1734次，出动执法人员5343人次，巡查河道8.71万千米，现场制止违法行为114次，依法查处水行政执法案件50宗，作出行政处罚金额160.42万元，没收违法所得、非法财物6.47万元。联合河源市海事局、交通、农业、公安等部门，组织县区水务局对“三无”采砂船舶开展联合执法行动，集中拆解约36艘中大型“三无”采砂船只，源头治理非法采砂行为。

【供水节水工作】 2021年，河源市强化水质检测，每月定期检测取水口、出厂水水质。完善供水管网，完成管网新敷设及改造完成市区老旧管网改造长度76.45千米，配合完成市政道路升级、开展老旧小区改造。加强水厂运营监督管理和安全管理，组织修订《河源市市区供水突发事件应急预案》，开展2021年河源市区供水管网爆管应急演练，提高供水应急调度指挥协调能力和快速抢险处置能力，以保证市区供水安全。建立健全城市供用水管理办法、节约用水管理办法等法规文件，供水管网漏损率下降到10%以内，创建为省级节水型城市。推进县域节水型社会达标建设，完成小区46家、公共机构92家、企业9家、灌区等节水载体单位创建工作，源城区、东源县通过省级节水型社会达标建设技术评估及验收。 （宋丽平）

万绿湖水资源开发管理

【万绿湖优质水直供项目】 河源新丰江水库（万绿湖）拥有华南地区最优质的天然水资源，年均入库量61亿立方米，且水质长期保持在国家地表水Ⅰ类标准，被中国食品工业协会、中国环境科学学会先后授予当时全国唯一“中国优质饮用水资源开发基地”和首届“中国好水”水源地称号，是国内罕见的水域功能最高的源头水和珠三角主要城市最重要的饮用水源区。中共十九大提出建设粤港澳大湾区战略，省委十二届四次全会提出构建“一核一带一区”区域发展格局，加快推动区域协调发展，2019年中央提出将深圳建设成中国特色社会主义先行示范区，使深圳对提高城市品位和生活质量越发重视和迫切。河源万绿湖优质水资源直供深圳，能明显改善城市饮用水水质，补齐深圳建设中国特色社会主义先行示范区基础设施的硬件需要。2021年3月河源市深圳两市领导进行会谈并同意建立两市水务工作联席会议机制，加快项目前期推进。10月，省水利厅把项目纳入“851”水利高质量发展蓝图中。

【河源市区水源工程】 河源市区水源工程通过隧洞从新丰江水库大坝上游右岸1400米处取水，经隧洞、分岔管、主输水干管和支管将原水送往市区两家新建水厂。工程供水区域主要为城市规划区内的东埔区、老城区、新城区、江东新区、白田区、高新区、源城工业区、埔前镇、东源县城等区域，日供水能力64万立方米/天，惠及供水人口104万人，总投资概算约3亿元。工程分两期实施，第一期为取水口、隧洞、主管线、南支线工程，满足市区新建南水厂、高新区水产业园生产用水及直饮水项目水源；第二期为北支线管道工程，主要满足市区新建北水厂的生产水源。市区水源工程供水暂时服务有城南勤诚达应急水厂、市水业集团西环路应急水厂，日供水量达11万方，解决市区边远地区原水不足问题，化解市民用水矛盾。同时，工程也满足农夫山泉一厂及二厂和深河水产业城企业的生产用水需求。（曾海锋）

气象

【概况】 气温 2021年，河源市年平均气温22.1℃。平均高温日数（最高温度≥35℃的日数）52.8天，较常年偏多31.2天。极端最高气温出现在和平7月28日为38.8℃；极端最低气温出现在和平1月13日为-3.7℃。

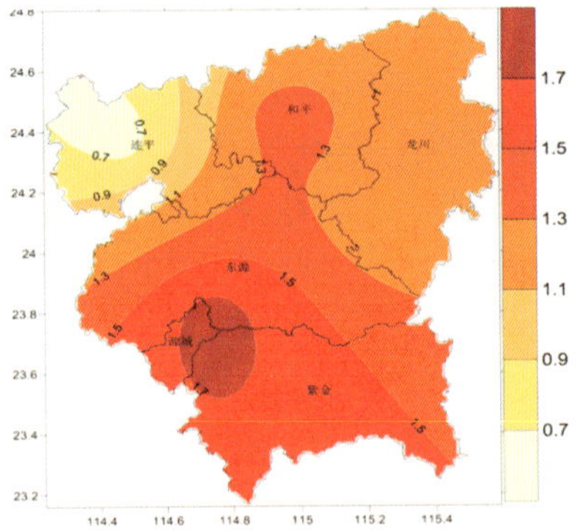

图1 2021年河源市平均气温及距平（℃）

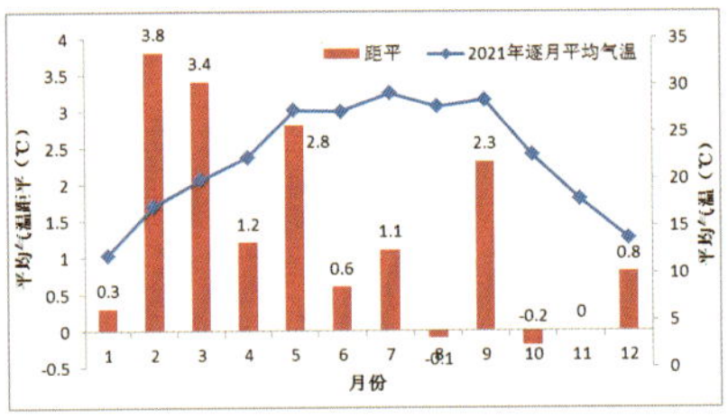

图2 2021年河源市逐月平均气温及距平（℃）

降水 全市年平均降雨量1030.9毫米，较常年偏少42%，较上年偏少24%。从逐月降雨量来看，除10月、12月较常年同期偏多外，其余各月均较常年同期偏少，其中1月平均降雨量仅为0.6毫米。

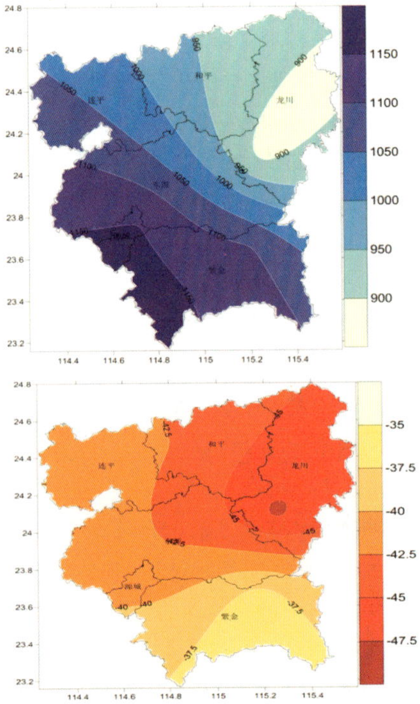

图3 2021年河源市总降雨量（毫米）及距平百分比（%）

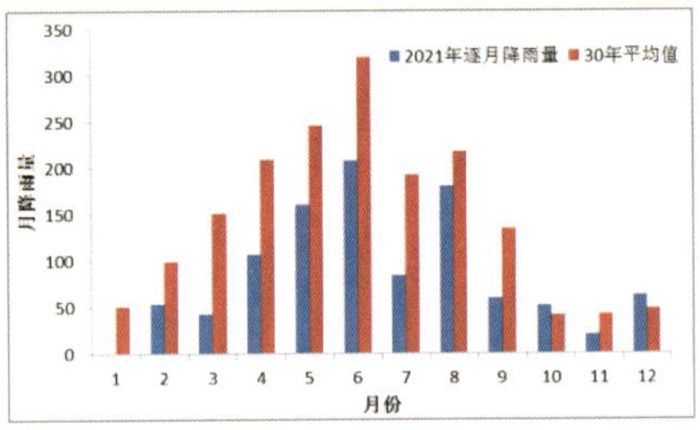

图4 2021年河源市逐月降雨量及常年同期逐月降雨量（毫米）

【主要灾害性天气及影响】 年平均气温破历史极值 2021年，河源市年平均气温破历史极值。年平均气温较常年偏高1.3℃，创1960年以来最高纪录。

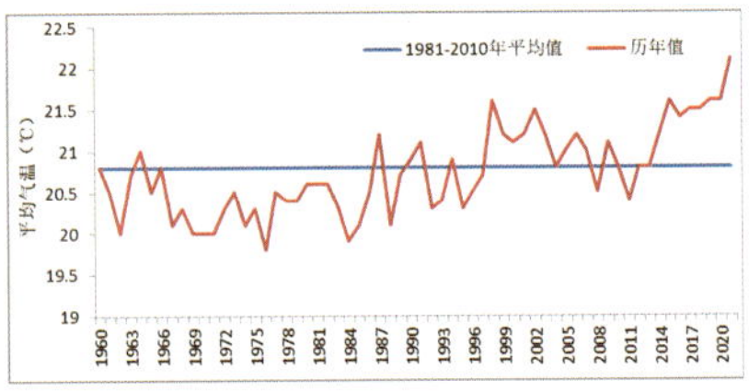

图1 1960—2021年河源市年平均气温历年变化（℃）

高温日数破历史极值 全市平均高温日数（最高温度≥35℃日数）52.8天，较常年偏多31.2天，创1960年以来最高纪录。

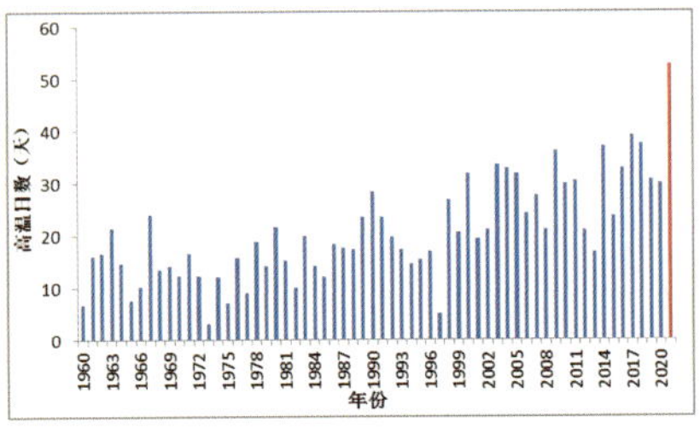

图2 1960-2021年河源市高温日数历年变化（天）

降水显著偏少 全市年平均降雨量 较常年偏少42%，较去年偏少24%，为1960年以来第二少。

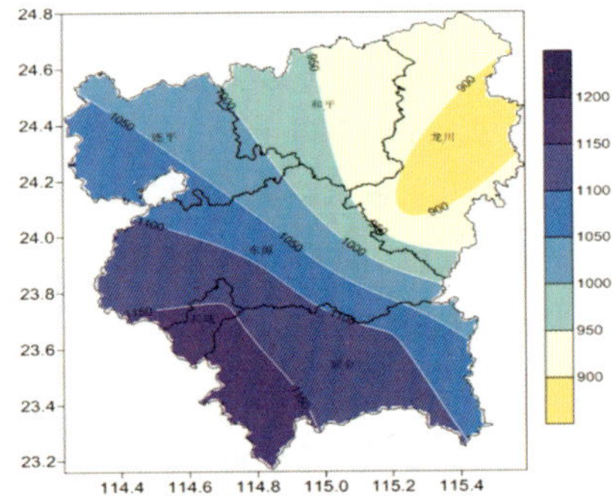

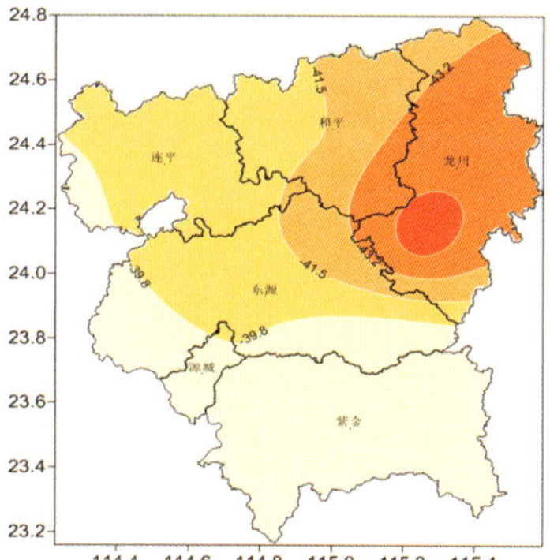

图3 2021年河源市年总雨量分布（毫米）及距平百分率

降水极端性强，小时雨量破纪录 5月30日至6月4日，全市出现连续性强降水过程，全市平均面雨量127.5毫米，最大降雨量出现在江东新区古竹375.8毫米，同时该站录得本次过程最大1小时雨量113.1毫米，突破全市1小时最大降雨量历史极值。

链接：

河源1小时最大累积降雨量历史排名

江东新区古竹中学
113.1毫米（2021-05-31 06:00）
源城区气象站
111.2毫米（2015-05-20 06:00）
龙川县佗城
105.8毫米（2010-05-06 17:00）
连平县陂头
95.3毫米（2021-05-17 09:00）
东源县柳城
94.5毫米（2010-05-06 17:00）

阶段性气象干旱造成严重影响 2021年全市平均气温创历史新高，平均降雨量为1960年以来第二少，导致河源市出现持续时间长、影响范围广的阶段性气象干旱，致使土壤墒情低，江河水位下降，山塘水库干涸，对农业生产、森林防火等造成严重影响。1—11月，全市平均降雨量为968.1毫米，较常年同期偏少44%，为1960年以来历史同期最少，加之江河来水少、水库蓄水少，致使河源市气象干旱阶段性发展。

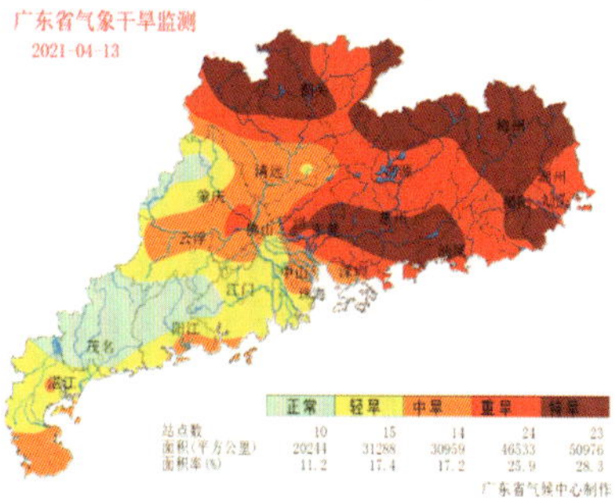

图 4 2021年4月13日广东省气象干旱监测

台风影响程度轻 全年台风影响程度总体偏轻。年内有2个台风（台风“查帕卡”和热带风暴“卢碧”）登陆广东，4个台风（“小熊”“狮子山”“圆规”“雷伊”）影响广东。初台“查帕卡”于7月20日登陆阳江，较常年偏晚22天。其中有两个台风（“卢碧”“圆规”）对河源市影响较明显。

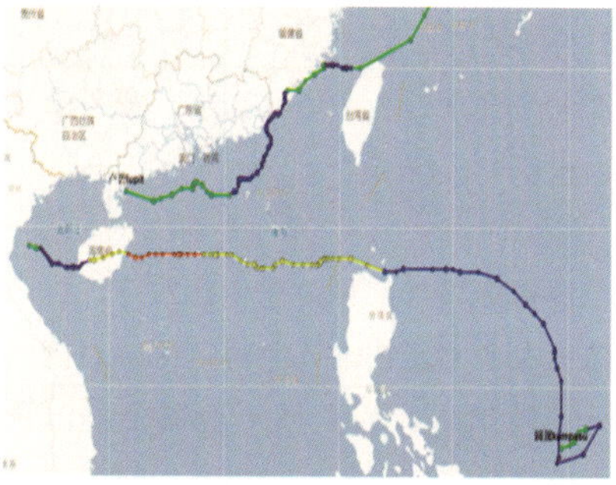

图5 2021年影响河源的台风路径

年末寒潮影响 12月25—27日，河源市出现寒潮天气过程，过程降温幅度9℃～11℃，全市普遍录得5～7级偏北大风，龙川上坪录得过程最低气温-1.0℃，中、北部高海拔山区出现雾凇现象。

河源市北部高海拔山区雾凇现象

（市气象局 提供）

9月气温破历史极值 2021年9月平均气温为28.4℃，较常年同期偏高2.3℃，创1960年以来最高纪录。

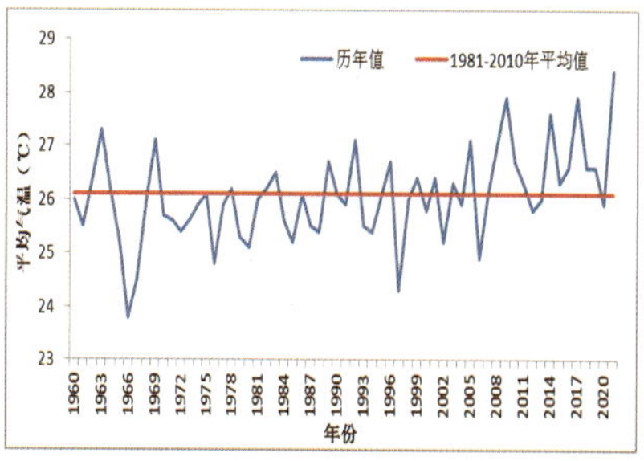

图 6 1960—2021年河源市9月平均气温历年变化（℃）

（叶丽娜 单雪珂）

灯塔盆地国家现代农业示范区 灯塔盆地农业高新技术产业示范区

【概况】 灯塔盆地国家现代农业示范区包括东源、和平、连平3县、20个乡镇、239个村（居委），约57.3万人，总面积22.91万公顷。盆地可用于农业开发的土地面积17.98万公顷，占盆地总面积的78.5%，其中耕地面积3.53万公顷（含旱地1.4万公顷、水田2.13万公顷），林地面积12.8万公顷，园地面积0.77万公顷，未利用土地面积0.88万公顷。

灯塔盆地农业高新技术产业示范区包括东源县顺天镇全域（含致富林场），灯塔镇黄埔地村、柯木村、新光村、灯塔村、结游草村及高车村2镇、18村，总面积为1.53万公顷，其中耕地面积0.32万公顷（含水田0.12万公顷、旱地0.20万公顷）、园地面积0.14万公顷、林地面积0.82万公顷，其他土地0.25万公顷。农高区拥有优渥的基础条件，南接粤港澳大湾区，北连大内陆，已成为连接“长三角”与粤港澳大湾区的“大陆桥”。地形以山地、丘陵为主，境内气候温和、雨量充足、土地肥沃、生态优良，年平均气温20.7℃，年平均降水量1768.9毫米，年平均日照时数1687.0小时，无霜期267—345天，地表水资源和动植物资源丰富，适宜 粮食作物、蔬菜、亚热带水果、经济苗木、南方药材和养殖业等农业产业发展。

【规划编制不断深化】 2021年，灯塔盆地农业高新技术产业示范区规划面积152.92平方千米，核心区规划面积14.07平方千米，起步区规划面积3平方千米，符合国土空间规划用地要求。核心区重点布局创新创业、生物科技、精深加工、智慧农业等高新技术企业集群，配套科技服务、展示交易、农业旅游等功能。核心区外的示范区规划占地面积138.85平方千米，重点承担科技成果转化、产业基地示范、推广辐射带动等功能。

【产业基础发展壮大】 2021年，灯塔盆地农业高新技术产业示范区初步拟定以“岭南丘陵绿色低碳农业”为主题，现已初步形成以高山茶油和蓝莓鲜果加工为代表的农产品精深加工业、以油茶种植和生猪养殖为代表的立体生态种养业、以绿然灯塔农产品物流园为代表的现代农业服务业三大主导产业方向。新型农业经营主体发展迅猛，灯塔盆地内现有9个省级现代农业产业园（分别为和平猕猴桃、和平腐竹、连平鹰嘴蜜桃、连平花生、东源板栗、东源茶叶、东源蓝莓、东瑞生猪、跨县油茶），国家级农业龙头企业6家（分别为东瑞、中兴绿丰、聪明人、霸王花、海纳、融和）、省级28家、市级100家。年供应粤港澳大湾区粮食5万吨、蔬菜32万吨、水果18万吨、水产品0.7万吨、生猪16万头，保障粤港澳大湾区粮食、农副产品供应安全和稳定。

【科创资源加速聚集】 2021年，灯塔盆地国家现代农业示范区 灯塔盆地农业高新技术产业示范区开展与华南农业大学、华南理工大学、广东省农科院等科研院所的交流合作，引进落户5个国家级、8个省级、17个市级科创分中心平台。其中，岭南现代科学与技术广东省实验室河源分中心实体运作，华南农业大学、仲恺农业工程学院等涉农科研院所在盆地落地转化的农业科技成果约140项，涉及产值近11亿元，包括油茶高产栽培技术、柠檬真空冰冻干燥加工技术、富硒水产品研究与开发技术等。打造“人才高地”，实施“扬帆计划”，引育和柔性引进高层次人才133名，其中院士5名；累计培养基层实用人才超1.4万人次，新型职业农民队伍加速形成。

【基础设施逐步完善】 2021年，灯塔盆地农业高新技术产业示范区核心区基础设施建设已实现“七通一平”，供水、排水、电力、道路、通信和污水处理等基础设施基本完善，综合服务配套健全。水利设施方面，编制农高区灌区工程规划，启动船塘河引水工程，完成5口山塘蓄水提升工程，有效解决约2000名群众的生产用水需求，覆盖灌溉面积1333.34公顷。

【乡村振兴扎实推进】 2021年，灯塔盆地农业高新技术产业示范区核心区顺天镇被纳入国家全域土地综合整治试点，并获“广东省乡村振兴大擂台十强镇”“2021年广东省乡村治理示范镇”等称号。推进农村综合改革，沙溪盲桥小组“三变”试点、美林公司返还5%土地收益联农带农机制、党演乡贤能人自行组织土地流转模式等农村综合改革等工作取得初步成效。农高区农村居民人均可支配收入2.18万元，比上年增长18%，比全市平均水平高0.26万元。

（谢浩然）

规模以上农业龙头企业选介

【东瑞食品集团股份有限公司】 东瑞食品集团股份有限公司（以下简称“公司”）创立于2002年，2021年4月在深交所挂牌上市（股票代码：001201）。公司采用“自育、自繁、自养生态养殖”经营模式，形成集“饲料生产、生猪育种、种猪扩繁、商品猪饲养、活大猪供港及内地销售、屠宰加工、冷链配送”于一体的生猪全产业链，是农业产业化国家重点龙头企业、国家生猪核心育种场、全国疫情防控重点保障企业，是内地供港活大猪最大供应商和粤港澳大湾区“菜篮子”重要生产基地。

公司参与河源市产业扶贫、乡村振兴工作，累计向社会公益慈善事业捐款2000余万元，被评为“脱贫攻坚突出贡献集体”。

公司推动畜牧产业转型升级，增强创新驱动能力，加快扩大生产规模，实施标准化生产战略、质量战略、品牌战略、创新战略、人才战略。

【广东美林农业投资发展有限公司】 广东美林农业投资发展有限公司（以下简称公司），隶属于美林基业集团，成立于2013年。公司践行“科技兴农”的发展理念，布局以农业技术开发服务、商品零售与批发贸易为重点，物业管理及生态旅游管理并行的业务发展战略；响应国家“乡村振兴”的伟大号召，致力于打造良种培育、精细种植、精深加工、产品研发、立体营销、产业观光、生态循环为一体的油茶生态全产业链。2021年在广东省内布局建成油茶种植示范基地6个，流转林地总面积约4000公顷，主要分布在广州、清远、河源、韶关、肇庆、茂名等地区；并已建成油茶苗木良种培育基地3个，总面积66.67公顷。公司重点在河源灯塔盆地投资建设1.34万公顷规模的大型油茶产业基地；建设200公顷国家级“三圃一园”示范区，并以河源美林油茶加工产业园区为先导，建设油茶精深加工厂、科技研发中心、油茶交易中心等，创建完善的现代化油茶加工链和产品生态群。

（吴京嵘）

工 业

编辑：曾红艳

综 述

【概况】 2021年，河源市全社会工业增加值359.45亿元，增长12.7%；规模以上工业总产值1475.23亿元，增长10.5%；规模以上工业增加值349.53亿元，增长12.5%。

【工业经济发展】 2021年，河源市工业和信息化局强化数据匹配分析，关注全市重点工业企业的生产经营状况和经济运行走势，及时掌握经济发展中出现的新情况，协调解决企业生产经营和运行过程中的困难和问题。加强企业服务指导，组织召开制造业企业家座谈会，收集办理企业需协调解决事项41个、企业意见建议30条。紫金县、龙川县、江东新区等县区分别召开工业企业座谈会，现场回应解决企业需求。是年，全市规上工业增加值比上年增长12.5%，增速排全省地级以上市第九位、北部生态发展区五市第三位。

【工业项目建设】 2021年，河源市工业和信息化局实施制造业高质量发展“六大工程”（“强核工程”“立柱工程”“强链工程”“优化布局工程”“品质工程”“培土工程”），11个产业集群纳入省产业集群空间布局，数量位居粤东西北地区前列。成立制造强市建设领导小组，印发实施市战略性产业集群联动协调推进机制，“6+5”（战略性支柱产业集群共6个：新一代电子信息、汽车产业、先进材料、现代轻工纺织、生物医药与健康、现代农业与食品。战略性新兴产业集群共5个：半导体与集成电路、前沿新材料、激光与增材制造、精密仪器设备、安全应急与环保）产业集群加快发展。建立并动态更新全市工业项目库，开展项目建设督导，协调推进项目建设堵点难点。市高新区卓翼科技一期、今麦郎等项目顺利投产，卓翼二期、艾佛光通等项目加快建设，农夫山泉三期、华润怡宝等项目加速落地；东源县以富马硬质合金等为龙头的先进材料产业加快发展，正能量等水产业项目增资扩产动工建设。是年，全市完成工业投资259.6亿元，比上年增长8.6%。

【园区发展】 2021年，河源市工业和信息化局推动各县区夯实发展平台，完成园区基础设施投入39.6亿元、扩园8.71平方千米。东源县转移工业园被纳入全国20个“十四五”时期重点支持的县城产业转型升级示范园区之一，新材料产业园完成土地平整60万平方米。蓝塘产业新城完成平整土地2平方千米，累计签约项目12个、总投资超300亿元。创建特色产业园，组织市高新区、东源园、龙川园申报特色产业园，市高新区被认定为全省首批特色产业园区。加快园区土地清理，贯彻落实产业园区用地整治提升行动工作方案，开展用地整治专项督导，形成上下联动合力，完成园区土地盘活清理超333.34公顷。加快建立深圳产业疏解河源招商引资项目清单和招商引资项目库，深圳南山河源高新区共建产业园一期建成开园，南山（连平）园一、二期投入使用，谋划三期建设。2021年，全市园区规上企业达459家，规上工业增加值增长10.3%，入库税收增长9.2%。

【产业转型升级】 2021年，河源市工业和信息化局贯彻落实省、市技术改造奖励政策，支持鼓励优势传统制造业改造升级，完成技改投资增长5.9%。推进绿色制造体系建设，推动24家企业通过清洁生产审核验收，超额完成省下达河源市任务。贯彻落实国家重点节能诊断服务工作，组织11家企业开展节能诊断服务。主动开展高耗能企业评估提升工作，新认定节水型企业11家。推动制造业创新发展，组织开展省级、市级企业技术中心认定工作，河源市电子信息产业智能制造公共技术服务平台成功认定为省级智能制造公共技术支撑平台。

【民营中小企业】 2021年，河源市工业和信息化局继续落实市“民营经济十条”，推动民营经济高质量发展。东源县、市高新区等县区出台支持实体经济、老企业激发新活力、支持先进制造业重大招商引资等惠企政策，助力企业做大做强。加强中小企业服务，依托全市企业诉求响应平台，累计处理企业诉求173个（处理率100%），499家次企业

（项目）新增融资49.12亿元。市高新区成立全市首个企业产销对接平台，实现园区企业产销信息精准对接。紫金县举办政银企合作座谈会，为立国制药、振扬实业等25家企业解决融资1.6亿元。和平县积极宣传发动企业入驻“全国信易贷平台河源站”，企业获授信融资310万元。培育国家级高新技术企业及省级科技型中小企业，支持企业重大科技成果转化及产业关键技术攻关。是年，全市新增认定省级研发机构10家、市级企业技术中心10家，组织23家企业申报省专精特新中小企业，推动78家小微企业上规模。

【产业数字化建设】 2021年，河源市工业和信息化局实施“工业互联网”战略，工业企业信息技术应用率90%，数控技术应用率80%，16家企业入围省两化融合试点企业。市高新区成功申报省工业互联数字化转型试点，建成“西可通信5G+工业互联网智能制造应用”示范标杆，63家工业企业完成“上云上平台”数字化转型示范。累计完成5G基站建设近2500座，5G用户累计34万户，实现5G网络县（区）城域全覆盖。

主要工业行业

【食品饮料业】 2021年，河源食品饮料业完成工业增加值19.77亿元，比上年下降6.7%（忽略工价指数变动）。其中农副产品加工业增加值0.98亿元，下降83.9%；食品制造业增加值5.96亿元，增长13.1%；酒、饮料和精制茶制造业增加值12.82亿元，增长30.3%；完成软饮料产量294.36万吨，增长26.0%。

【矿产冶金业】 2021年，河源市矿产冶金业完成增加值51.71亿元，比上年增长44.3%（忽略工价指数变动）。其中黑色金属矿采选业增加值16.53亿元，增长119%；有色金属采选业增加值0.31亿元，下降2.2%；黑色金属冶炼及压延加工业增加值26.96亿元，增长36.2%；有色金属冶炼及压延加工业增加值2.31亿元，下降4.3%；金属制品业增加值5.60亿元，下降3.2%。主要产品中，铁矿石原矿量702.76万吨，增长43.8%；钢材239.53万吨，下降0.3%。

【机械制造业】 2021年，河源市机械制造业完成工业增加值55.91亿元，比2020年增长59.3%（忽略工价指数变动）。其中专用设备制造业增加值14.99亿元，增长8.6%，完成模具38.61万套，增长7.2%。通用设备制造业增加值5.36亿元，下降8.3%；仪器仪表制造业增加值3.11亿元，增长4.1%；文教、工美、体育和娱乐用品制造业增加值30.65亿元，增长179.9%；其他制造业增加值1.80亿元，增长20.4%。

【电子电器业】 2021年，河源市电子电器业完成工业增加值126.64亿元，比2020年增长21.5%。其中电气机械及器材制造业增加值13.23亿元，下降15.2%；计算机、通信和其他电子设备制造业增加值113.41亿元，增长28.0%。

【轻纺服装业】 2021年，河源市轻纺服装业完成增加值13.68亿元，比2020年下降4.4%（忽略工价指数变动）。其中纺织业增加值1.12亿元，下降25.5%，纺织服装、服饰制造业增加值8.02亿元，下降11.8%；皮革、毛皮、羽毛（绒）制造业增加值4.54亿元，下降10.7%。主要产品中，制作服装872.7万件，增长23.9%；制作皮革鞋靴980.00万双，增长12.6%。

【建材陶瓷业】 2021年，河源市建材陶瓷业完成工业增加值26.78亿元，比上年增长15.9%（忽略工价指数变动）。其中非金属矿采选业增加值2.85亿元，增长4.9%；非金属矿物制品业增加值23.93亿元，增长17.4%。主要产品中，水泥产量345.90万吨，增长7.7%；瓷质砖产量1805.75万平方米，增长31.5%。

【医药制造业】 2021年，河源市医药制药业完成增加值2.87亿元，比上年下降59.0%。主要产品中，化学原料药641吨，下降17.0%；中成药8329吨，下降3.4%。

【电力、热力生产及供应业】 2021年，河源市电力、热力生产及供应业完成增加值30.37亿元，比上年增长61.6%。累计发电量106.51亿千瓦时，增长51.5%；全市用电量1157580万千瓦时，增长16.5%，其中工业用电量626384万千瓦时，增长15.1%。

【化工及石化制品业】 2021年，河源市化工及石化制品业完成工业增加值9.21亿元，比上年下降10.8%（忽略工价指数变动）。其中化学原料及化学制品制造业增加值2.25亿元，下降4.4%；橡胶和塑料制品业增加值6.96亿元，下降12.8%。 *（杨桂莲）*

工业企业选介

【河源供电局】 河源供电局是广东电网有限责任公司直属单位，担负着河源市五县一区的电网规划建设和电力供应服务。供电面积1.57万平方千米，供电人口340万人，供电户数145.95万户，营业网点101个。2021年，河源全网运行的35千伏及以上等级变电站104座（不含5座110千伏牵引站和7座110千伏用户站），其中500千伏2座、220千伏12座、110千伏63座、35千伏27座，主变198台，容量1236.45万千伏安，输电线路256回（不含用户线路），长度4549.61千米。直管源城、东源、和平、龙川供电局4个分公司、连平、紫金供电局2个县级子公司和9个大集体企业（其中一个为平台企业）。是年，最高负荷218.56万千瓦（2021.06.20），比上年同期最高负荷（2020.07.28）增长12%。全社会用电量累计115.75亿千瓦时，增长16.5%；售电量111.86亿千瓦时，增长16.9%；客户平均停电时间（低压）3.32小时，下降31.7%。

服务地方经济发展　2021年，河源供电局落实农村电网改造升级工作，完成革命老区电网建设投资16.52亿元，农网投资7.44亿元，提升农村电网智能化水平，解决低电压台区项目178个，农网三大指标（农村户均配变容量、供电可靠率、综合电压合格率）达到国家标准。加大扶贫帮扶力度，捐赠资金138万元，落实消费及协助销售帮扶99.84万元，免费电惠民政策落实率100%。做好重大项目供电服务，是年，河源供电局完成赣深高铁全线施工最复杂的220千伏龙川站电力线路迁改，率先投运赣深高铁河源境内3座220千伏牵引站，为赣深高铁开通运营打下基础；抢抓时间窗口完成500千伏源和电厂二期接入系统工程建设，为全省电力提升供电能力200万千瓦；提前建成梅州抽水蓄能开关站，建设工期6个月，是全省首个完成的网公司重点项目，为能源结构绿色转型完成重要拼图；完成阿里巴巴数据中心3座110千伏用户站、金盛兰（河源）钢铁公司220千伏用户站工程投产。推动新能源发展，河源供电局推广应用清洁能源和电能替代，完成电能替代电量2亿千瓦时（年度目标3100万千瓦时），消纳清洁能源12.89亿千瓦时。为解决新能源汽车充电需求，河源供电局投资5000多万元，在全市新增充电枪209个（年度目标200个），充电设施数量比上年提高165%，投资力度为历年之最。全市充电枪数量达到550个，实现充电设施乡镇全覆盖，缓解充电难问题。改造电力设施助力河源“创文”工作，河源供电局承接落实“创文”工作部署，按照《河源市“三线”整治工作实施方案》的工作要求，开展全市范围内配电线路保护区“三线”（通讯线、广播线、电视线）隐患问题的排查整治工作，涉及供电方责任的45个区域电力线路都予以全部整改。各县区供电局对现存的715个区域“三线”后建缠绕搭设供电方电力线路隐患，处理87个区域，属运行商责任需协调处理628个区域，对16个区域电力线路窨井盖完成整改，对“创文”督办的35处64个残旧表箱全部完成改造。开展破损表箱自排查工作，排查整改1039处残旧表箱或存在安全隐患表箱。执行有序用电，保障社会经济发展，河源供电局落实“四保”（保经济增长、保社会稳定、保民生用电、保电网安全）要求，调度电力负荷，优先控制高耗能企业，满足居民、公共服务和重要用户的用电需求，保障电网安全稳定运行，保持全省第二的电量增速，支撑地方经济社会发展，实现错峰不减产，限电不拉闸。

电网企业发展　2021年，河源市用电量115.74亿千瓦时，增长16.5%。客户平均停电时间3.51小时，下降27.8%（非大湾区城市排名第一），完成庆祝中国共产党成立100周年、春节、“两会”、高考、中共十九届六中全会等43项保供电任务。全年，电网建设投入16.56亿元，建成主网项目17个。优化电力营商环境，助力招商引资，河源供电局供电服务连续10年在地方政府公共服务满意度评价中名列第一（其中排名第一的县区局有4个，占比66.7%，占比率排序全省并列第六）。利用“南网在线”平台推行“一次都不跑”办电服务，构建现代供电服务体系，互联网业务比例达99%以上，客户办电时长下降超过20%。启动大客户跟踪联动机制，为大客户提供一站式服务。为客户提供“高效、及时、顺畅”的一站式服务，为河源企业按时投产提供保障。推进工商业电价改革，落实国务院发改委关于进一步深化燃煤发电上网电价市场化改革工作相关精神，推动全部工商业用户进入市场，取消工商业目录销售电价，保持保持居民、农业用电价格不变。河源市供电局首次实施代理购电工作，实现电价由价差模式转为顺价模式，助力建立起“能跌能涨”的市场化电价机制，从机制上应对可能出现的电力供应紧张情况，兼顾居民、农业等行业电力稳价保供。电网规划适应性增强，聚焦解决河源南北部供电通道问题，促成220千伏香车、登云输变电工程纳入规划，为构建“双核驱动、南北互济”（双核是指500千伏上寨变电站和500千伏碧山变电站）输电网打下基础，为河源未来的经济社会发展提供稳定的电力保障。开展河源地区新能源规划适应性研究，分析46家500万千瓦新能源集中发电项目并网方案，规划新增徐洞、赤光等输变电工程以满足东源、龙川县分布式光伏接入需求。夯实中低压配网网架基础，坚持以“目标网架实现率、问题解决率”为导向，以馈线组为单位差异化开展目标网架规划，规划期新增10千伏出线470回，新增台区

2021年11月8日，河源供电局第100座变电站——越王山变电站投入运营

（河源供电局 提供）

2676台，重点解决存量配变重过载和低电压台区，提升城农网供电水平，实现城乡供电均等化。电网步入“双百”时代，2021年，河源全社会用电量和工业用电量增速均排名全省第二，累计供电量于11月8日首次突破100亿千瓦时，创下历史新高。投运的220千伏越王山变电站成为河源电网第100座变电站，首座智能变电站220千伏越王山输变电工程投产。投产后新增变电容量36兆伏安，新增220千伏线路162.6千米。使河源电网达成运行变电站超100座和年用电量超100亿千瓦时的“双百”目标。

（刘 婷）

【广东粤电新丰江发电有限责任公司】2021年，广东粤电新丰江发电有限责任公司全年累计发电量5.26亿千瓦时，上网电量5.21亿千瓦时；机组平均等效可用系数完成率100.6%；发电耗水率6.65米^3/千瓦时，水能利用提高率10.3%；厂用电率0.3%；两票合格率100%；年度“两措”完成率100%。是年，该公司党委被授予“集团公司2019—2020年度先进基层党组织”。

安全生产 2021年，广东粤电新丰江发电有限责任公司提高政治站位，压实主体责任。学习宣贯新《安全生产法》，完善相关制度；建立健全员工安全生产责任制，层层签订安全生产责任书，把安全主体责任和监督责任传递到各层级、各部门、各岗位。落实庆祝中国共产党成立100周年等特别防护期安全保障工作，完成220千伏六氟化硫全封闭式组合电器设备改造工程；完成智慧大坝项目验收投运工作，实现大坝智能化监测；做好抗旱保供水，严格执行水量调度计划、指令，制定《新丰江水库死水位以下保水供水方案》，确保机组运行安全，设备设施安全，抓好发电保供水工作，受到省水利厅表扬。全年未发生疫情事件，未发生电力生产人身轻伤及以上事故，未发生电力生产设备事故，未发生火灾事故、未发生交通事故，未发生职业健康危害事件。

水库运行 2021年，新丰江水库入库水量20.68亿立方米，比多年均值偏少65.5%，属特枯年份；全年平均水位95.91米，比多年均值降低7.27米，降低发电水头效益10%；机组平均负荷率70%。在水位降低的情况下，调整发电计划，降低发电水耗，完成年发电量5.26亿千瓦时；配合东江流域局完成水量调度，全年出库水量35.98亿立方米；年末水位94.27米，可调水量2.672 亿立方米。在特枯年份保障电力供应和保证下游供水需求。

检修工作 2021年，广东粤电新丰江发电有限责任公司重视机组检修方案、检修文件包的编制，做好方案评审和修前策划；加强检修过程控制，严格执行检修工艺，把控关键环节，严格三级验收；落实领导干部靠前督导机制，启动“打造水电机组检修精品工程”，编制工作指引、书记项目工作方案、劳动竞赛方案，推动项目落实落地。全年完成集团水电机组A级检修2台次、B级检修3台次、C级检修23台次，D级检修3台次。

（邹思宽）

【广东粤电枫树坝发电有限责任公司】广东粤电枫树坝发电有限责任公司隶属广东省能源集团有限公司，是广东省第二大常规水力发电厂。以防洪、供水、灌溉为主，兼航运、发电等综合利用的水利枢纽工程，装机容量为2×10万千瓦。2021年，该公司履行国企政治责任、社会责任、经济责任，统筹推进党的建设、生产经营、改革发展、抗旱保供水和疫情防控等重点工作。公司党委获“广东省国资系统先进基层党组织”称号；广东能源集团党委授予“五强五化”示范党组织；广东省电力系统继电保护专业、电测专业、水轮机与金属专业技术监督工作“先进单位”；南方电网“2021年度发电先进集体”。

安全生产及企业经营 2021年，广东粤电枫树坝发电有限责任公司召开年度安全生产工作会议和月度生产（消防）安委会，研究部署安全生产工作，全员签订安全生产责任书，学习宣贯新《中华人民共和国安全生产法》《中华人民共和国消防法》等安全生产法律法规，提升全员安全生产责任意识。推进安全生产专项整治三年行动。开展风险分级管控专题培训，制订风险识别、分析、评价、分级和管控措施，开展安全检查和隐患排查治理工作，推动风险分级管控和隐患排查治理“双控”（安全生产风险分级管控和隐患排查治理双重预防机制建设的措施）机制有效运作。完成2台机组C修、厂房2x200T桥式起重机改造、1#机压力钢管防腐、隔直装置安装等技改修理项目。加强消防安全管理。优化消防管理职能调整，成立消防综合班，完善消防安全管理标准制度，完成厂区消防系统整体改造项目的招标和合同签订工作。

全年未发生C类及以上障碍或事故，未发生非计划停运事件，生产安全、消防环保、疫情防控等保持平稳，至2021年12月31日，公司连续安全生产5858天。

优化细化经营管理 2021年，水库全年累计入库水量11.5亿立方米，比上年下降71.4%，水库承担保供水任务长期低水位运行，发电水耗9.07米^3/千瓦时，比上年上升30.1%，完成发电量1.29亿千瓦时。该公司按照集团公司考核指标调整不考核发电量和净利润、全力保障抗旱保供水，优化细化财务管理，强化预算导向及管控作用，从严从紧做好可控费用管控，尽量减少不必要的支出，各项预算控制情况良好，未发生超支情况。

社会责任 2021年，广东粤电枫树坝发电有限责任公司完成东江局旬、日水量调度任务271次，完成率100%，2020年秋季以来抗旱期间累计回蓄水量3.61亿立方米、动用库容补水16.33亿立方米，完成三防工作各项目标任务，保障东江流域抗旱保供水。

（罗 君）

【河源电厂】河源电厂是由深圳能源集团股份有限公司和合和实业（香港）

有限公司按6：4的比例共同投资组建，负责华南地区首台超超临界燃煤发电厂。该厂的建成及投产有效缓解珠三角东北部地区电力供需矛盾，减轻主网西电东送压力，改善河源地区电力系统结构，区域社会经济的协调发展。一期实现三个100天安全周期，二期实现两个100天安全周期，该厂无轻伤及以上人身伤害事件、无一般以上安全事件，持续实现“五无”（无重大伤亡事故、无中毒、无倒塌、无火灾、无重大机械设备交通事故）。

经营业绩 2021年，河源电厂一期实现发电量66.44亿千瓦时，二期投产至年底完成发电量26.12亿千瓦时，一期营业收入26.65亿元，二期营业收入12.41亿元。该厂一期完成供电标煤耗302.87克/千瓦时，按负荷率修正后比上年年降低0.9克/千瓦时，节约燃煤成本600.1万元。实施科技创新项目3项，申报发明专利3项、实用新型专利6项。机组电力保供及大修任务完成，灰场建设完工，完成二期生产准备和机组运维管理工作，热力公司运营平稳，员工持证上岗。

环保设施 2021年,河源电厂环保治理总投入11.2亿元，占总投资的21.5%。该厂建立环保设施运维管理机制，建设高效烟气脱硝、脱硫、除尘及废水零排放等环保设施，有完整的废水、废气与固废处理系统，一期脱硫效率98.4%，除尘效率99.99%；二期脱硫效率94.95%，除尘效率99.2%；利用自有专利技术率先在国内实现废水零排放，固废全部综合利用。自建成投产以来，各项环保及节能减排指标在国内保持领先地位。环保工作自投产以来连续11年获得广东省环保信用评价绿牌，排污申报合格率100%，固废综合利用率100%，环保设施投运率100%，污染物排放量受控。

（杜 娟）

产业转移工业园

【概况】 2021年，河源市围绕“6+5”（产业集群：战略性支柱产业集群共6个：新一代电子信息、汽车产业、先进材料、现代轻工纺织、生物医药与健康、现代农业与食品。战略性新兴产业集群共5个：半导体与集成电路、前沿新材料、激光与增材制造、精密仪器设备、安全应急与环保）战略性产业集群，按照“一主两副四节点”的空间发展格局和中心城区“1+6”（“1”是“三江六岸”生态景观城市功能廊道。是中心城区未来发展的纽带，是实施都市经济带动战略的载体，将打造成为河源都市经济载体、生态休闲平台、城市形象窗口。要以“三江六岸”为抓手，重点打造“三江六岸”生态城市功能廊道，引导中心城区六大片区的发展。“6”是中心城区的六大片区。将按照“强化城市北区、优化老城区、加快江东新区、提升市高新区、激活西部资源、培育东源县城”的思路，统筹推进六大片区建设，不断优化城市空间布局，提升城市功能品质，形成现代要素向中心城区集聚的发展态势）体系，构建“中心城区四园协同，县域园区多点支撑”的发展格局，工业园区加快提质增效，园区产业集聚度、承载力和协同性不断增强。

【园区质量效益】 2021年，河源市工业园区完成园区基础设施建设投入资金39.6亿元；实现“三通一平”8.71平方千米；实现规模以上工业总产值1220.9亿元，增长6.6%；规模以上工业增加值287.1亿元，增长10.3%；园区实现入库税收30.6亿元，增长9.2%。

【中心四园发展】 2021年，河源市高新区被认定为广东省首批特色产业园（移动智能终端），电子信息、先进材料、食品饮料等一批特色产业初具规模。签约项目113个，其中10亿多元项目13个；开工项目81个，其中超10亿元项目7个，是年，完成投资39.5亿元；投产项目70个，其中超10亿元项目3个，累计完成投资90.47亿元。

【产业共建深化】 2021年，深圳市南山区政府和河源市政府采取小投资、易开发的“小组团”合作开发模式，在河源国家级高新区、连平产业转移工业园内各规划建设1个“园中园”作为共建产业园，专门承接深圳市优质产业项目外溢，计划集中资源、分步实施、重点突破，以“小组团”撬动园区大发展，探索“市场主导、政府引导、企业参与、利益共享”的市场化园区运营模式，为推动深圳南山区与河源市产业“转移—承接”无缝对接、产业互动协调发展提供载体支撑。2021年，南山（高新）园一期项目招商引资工作已进入尾声，正式进驻投产项目8个；南山（连平）园一、二期已有8家企业入驻，继续谋划三期军民融合特色示范园建设。

（杨桂莲）

交通·邮政·通信业

编辑：李文举

交通管理

【交通基础设施建设】 2021年，河源市加快构建“米”字型现代综合立体交通网络，完成交通建设投资107.8亿元，超额完成年度投资计划。其中，高速公路、高速铁路完成投资55.2亿元，普通国道、省道完成投资25亿元，农村公路及其他完成投资27.6亿元。河源形成以高速公路为主骨架，国道、省道干线公路为重要支撑，县乡公路为联络支线的公路网络体系。全市公路通车里程17333千米，全省排名第五；公路密度111千米/百平方千米，全省排名第十五；二级及以上等级公路1945千米，全省排名十二，占全市公路总里程的11.2%，全省排名十八；全市桥梁30.6万延米/4127座，全省排名第二，（其中三类及以上桥梁30.2万延米/4061座，四类及以下桥梁0.4万延米/66座）。

综合交通运输发展规划 编制《河源市综合交通运输体系发展“十四五”规划》《河源市综合立体交通网规划（2021—2035年）》《河源市主城区交通优化提升行动方案》，开展河源市客货运枢纽规划、灯塔盆地骨架路网规划，完成河惠汕高速公路、普通国省道及重要经济网络公路国土空间规划成果，完成2449千米县道网调整规划，广河客专列入粤港澳大湾区基础设施互连互通规划、《广东省综合交通运输体系“十四五”发展规划》前期研究项目，在广州白云机场扩建工程中T3航站楼引入广河高铁2台4线开工建设。

重点项目建设 赣深高铁完成投资38.8亿元，占年度计划投资的107%，于12月10日正式通车，结束河源不通高铁历史；梅龙铁路完成投资11.7亿元，占年度计划投资的107%。龙寻高速完成投资4亿元，占年度计划投资的133%；粤赣高速公路顺天互通立交完成主体工程；长深高速公路改扩建启动建设。

市域交通 国道、省道建设项目24个，完成投资20.35亿元，完成路面108千米。其中国道205线东源县骆湖杨坑村及灯塔至徐洞段路面改造工程、东源县义合镇阮啸仙纪念大桥及其故居连接线工程、国道358线和平县芬沙至石板滩段路面改造工程、国道205线龙川东出口至佗城段路面改造工程等4个项目基本完工；国道205线河源热水至埔前段改线工程、国道205线龙川县城段改线工程、国道236线龙川县龙江大桥、省道238线四都至贝岭段、省道238线河惠莞高速龙川黄鹤出口至紫市段、省道259线韶关市界至东源锡场段、省道253线连平县忠信至青州段、省道341线连平隆街至新河段等项目持续推进；省道512线和平县浰源至热水段、省道339线赤光至车田段路面改造工程顺利开工；国道236线龙川县丰稔至县城段改建工程准备开工；国道105线连平县城过境段改线工程、国道238线鸭塘至兴隆中桥段改建工程等项目加快推进前期工作。

交通服务乡村振兴成效 加快县乡道升级改造，推动“四好农村路”（四好：建好、护好、管好、运营好）高质量发展，打造“一村一路、多路成网、多村成片”的农村公路网体系，建设通村畅乡农村路网，助力乡村振兴。完成建设里程259千米，新增18个建制村通双车道公路，源城区乡道152线被评为全省“十大最美农村路”，源城区被评为“四好农村路”全国示范县，龙川县省级“四好农村路”示范县创建通过省复核。龙川县成功创建“四好农村路”省级示范县。做好驻镇帮镇扶村工作，挂点连平县溪山镇。

【运输服务保障】 **道路运输从业人员从业资格管理** 2021年，河源市优化从业资格证受理核发服务，启用道路运输从业资格证电子证件，推动相关事项“一个工作日办结”“一件事一地一次办”。

驾培服务 强化机动车驾驶员培训监管，重新核查驾培机构经营许可条件，全面清查培训学时造假行为，不漏“一企”“一场”“一车”“一员”。推行计时培训计时收费和先培训后收费服务措施，推广应用驾驶培训服务标准化合同文本，保障群众权益。

疫情防控 抓好交通卡口联合检疫点检测（全市15个，其中汽车站12个、火车站3个），全年交通、公安、卫健、林业、农业等部门派驻检测点人员65880次，排查检测6118452人次。做好站场港口码头、粤港货运业务跨境货车司机疫情防控措施，落实行业重点人员疫苗接种及核酸检测工作任务，遏制疫情通过交通运输领域传播。

【依法治交】 行业“放管服”改革 2021年，河源市规范行政审批流程，做好年度一体化政务服务能力（政务服务“好差评”）第三方调查评估及河源市迎接2021年省营商环境评价工作，在5个主项业务、18个子项业务深化政务服务“跨省通办、省内通办”改革，实现网上受理、审查决定、电子证照等全流程全环节网上服务，让企业群众“零跑动”。分类推进25项涉企经营许可事项“证照分离”改革；强化事中事后监督，推动部门“双随机、一公开”抽查规范化及部门联合“双随机、一公开”抽查常态化；强化信用交通建设，落实以信用为基础的分级分类监管措施。

推进交通运输改革 落实公务员分类改革，完成行政执法类公务员的职级和工资套转。制定市交通建设工程质量监督站改革方案，推动成立市交通运输综合事务中心，撤销市交通运输信息服务中心，理顺道路运输机关行政和相关事务工作的关系，完成道路运输事务机构改革。

法治交通建设 落实行政执法“三项”制度，做好执法信息公开、执法全过程记录、重大行政执法决定法制审核、两法衔接等工作。贯彻执行人民调解、行政复议、行政应诉等制度，督促落实矛盾纠纷行政预防调处化解工作，完善诉源治理机制。开展交通运输执法领域突出问题专项整治行动，完成宗旨不牢、作风不优、本领不强、担当不力、执法不廉方面的15个突出问题整改。坚持普法依法治理，深入开展11个专题普法活动，特别是“执法体验周”的有效开展，坚持送法进企业、召开约谈会议等系列活动，推进“说理式”执法，改善执法环境。市交通运输局被评为全国交通运输系统“七五”普法突出成绩单位。

【平安交通】 重点推进安全生产专项整治三年行动 2021年河源市在“集中攻坚年”、道路交通安全问题挂牌整治、系统防范化解道路交通安全风险三项重点工作中，发生道路运输事故6起，死亡7人，未发生较大以上事故。

系统防范化解道路交通安全风险 推进“百日攻坚”，落实交通运输部门牵头负责10类、18项及配合开展的16类、34项任务。防范化解驾驶人不安全驾驶风险，完成驾驶员谈心谈话约10万人次；防范化解重点车辆安全风险，完成4947辆重型货车智能视频监控报警装置安装、接入任务；防范化解货车非法改装风险，检查维修企业439家，督促260家企业限期整改；防范化解长途客车安全风险，全市57座以上大客车、卧铺车（共4辆）全部报废淘汰；防范化解重点路段安全风险，完成公路交通安全设施9项重点任务，完成县乡道与国省道平交路口“一清一灯一带”建设、国省道沿线村道出入口“平安村口”建设、四车道以上的国省道穿村过镇路段增设中央隔离设施任务，排查整治公路隐患里程2223千米，增设急弯陡坡、临边临崖路段警示提醒48处，完成危桥改造76座，完成村道安全生命防护工程建设401千米；防范化解企业安全生产主体责任不落实风险，开展“双随机、一公开”检查、行业重点领域安全生产大检查，完成安全隐患整改。

“两客一危一重”监管 严格把好客运、危运许可关，严防不符合资质主体进入市场。办理客运企业、线路、车辆有关业务264宗，制作更换市际客运班线标志牌500条。

应急管理 修订行业总体应急预案和专项预案，组建应急保障队伍，常备应急救援车辆和设备，开展安全专项应急演练，提升关键时刻保障能力。

【交通执法】 2021年，河源市交通运输部门坚持依法监管、标本兼治，开展行业常态化扫黑除恶专项斗争和非法营运、变相挂靠、危险货物运输、出租汽车客运、驾培行业、干线公路路域环境、“扫黄打非·新风2021”等专项整治，规范道路交通运输市场秩序，全年查处交通运输违法违规案件3607件。

整治非法营运 部署开展以打击“黑大巴”“营转非”客车、危险货物运输车辆、普通货物运输车辆、出租汽车等车辆从事非法营运、非法违法运输为重点的专项整治行动，查处非法营运案件125件。

“两客一危”整治 加强客运班车、旅游包车执法监管，查处客运案件211件，查处包车（旅游）客运案件21件。部署开展为期8个月的打击危险货物运输车辆非法违法运输行为专项整治行动，查处道路危险货物运输案件36件。

客运市场整治 联合公安交警部门开展专项执法行动，打击小汽车、假冒出租汽车、非法网约车从事非法营运活动，查处出租汽车异地驻点经营等违法违规经营行为，约谈企业督促落实企业主体监管责任。查处出租车（含网约车）客运案件67件，查处七座以下小汽车和其他客车案件95件。

道路运输行业整治 市县两级交通执法部门开展打击机动车维修行业、机动车驾驶员培训行业违法经营行为专项整治行动，组织执法力量深入辖区内机动车维修业户和企业、驾培机构报名点、教学场地等场所开展执法监督检查，排查维修企业1289家，发现未备案企业652家，责令限时备案；查处机动车维修经营案件25件，机动车驾驶员培训经营案件124件。

占道经营整治 排查重点占道经营隐患风险点24个，结合“路政宣传月”活动全面动员公路沿线群众主动配合参与公路占道经营违法行为整治，于8月份全面完成整治工作。

治超工作 坚持路面治超联合执法、源头治超监管、高速公路入口治超联合执法、公路治超非现场执法等多措并举地推进治超工作，累计查处超限超载案件1698件，卸载转运货物约22649吨。

落实治超综合治理，引导企业完成搅拌运输车辆更新换代工作，全市1179辆搅拌车全部更新为四轴车辆，全面解决泥头车大吨小标问题。（黄晓明）

公路建设

【概况】2021年，河源市完成普通公路建设投资约22亿元（含农村公路建设及危桥改造等项目投资）。截至年末，河源通车公路总里程17363千米，其中高速公路里程712千米，二级及以上公路里程1954千米，等级公路里程17349千米；其中普通国道783千米，普通省道1487千米，农村公路14381千米。全市公路密度为110.92千米/百平方千米。

【普通国省干线公路建设】2021年，河源市普通国省干线公路新开工建设项目6个：粤赣高速顺天互通立交工程、国道205线龙川东出口至佗城段路面改造工程、省道512线和平浰源至热水段路面改造工程、省道339线赤光至车田段路面改造工程、省道238线河惠莞高速公路地友川黄鹤出口至紫市段改造工程、省道238线龙川四都至贝岭段二级公路改建工程，推进续建项目11个。由市公路事务中心组织建设的省市重点项目国道205线河源热水至埔前段改线工程年内完成投资约10亿元（含征地拆迁及高铁新城下穿隧道完成的投资）。该项目控制性工程（梧桐山隧道、古云特大桥、临浦特大桥）正常施工，累计完成投资约12亿元；粤赣高速顺天互通立交工程于年内5月开工建设，年内完成投资约1亿元（占总投资的68%）。由各县区公路部门组织建设的国道205线龙川县城段改线工程、236线龙川县龙江大桥新建工程、省道253线东源县顺天至灯塔段改建工程等项目正常推进实施。年内完工项目3个：国道205线东源骆湖杨坑村及灯塔至徐洞段路面改造工程、国道358线和平县芬沙至石板滩段路面改造工程、东源县义合镇阮啸仙纪念大桥及其故居连接线工程。

【农村公路建设】2021年，河源市完成农村公路建设里程198.6千米，完成400.8千米农村公路安防工程建设；源城区成功创建“四好农村路”全国示范县，龙川县完成省级“四好农村路”示范县复审工作，源城区埔前镇乡道152环线公路被评为2021年度广东省“十大最美农村路”；更新并汇总14380.65千米农村公路电子地图及统计年报数据，推进农村公路数字化管理。

【公路危桥改造】2021年，省交通运输厅下达河源市2021年危桥改造任务数83座（年度完工任务80座，3座为开工建设任务；包括三类桥37座，四五类桥46座；其中由省统一打包实施37座，由河源市自主实施46座）。市公路事务中心负责督促指导各县区公路部门按照省要求落实完成危桥改造任务。截至12月底，由省统一实施的完工33座、在建4座；由河源市自主实施的完工43座、在建3座。

【系统防范化解道路交通安全风险】2021年，河源市公路事务中心统筹推进全市系统防范化解道路交通安全风险工作，结合安全生产专项整治三年行动，开展公路安全隐患排查与治理工作。从4月起至12月止，全市各县区年内按要求完成931个县乡道与国省道平交路口“一清一灯一带”及2704个国省道沿线村道路口“平安村口”建设任务，完成275个中央分隔带不合理开口封闭及5处四车道以上国省道穿村过镇路段增设中央隔离设施工作，完成555处道路安全隐患整治及8个三级督办路段整治，完成2223千米的国省道标志标牌安防设施达标清理及203千米文明示范路创建等整治任务，有效防范化解道路交通安全风险，提升公路安全防护能力。

【阮啸仙纪念大桥及其故居连接线工程】阮啸仙纪念大桥及其故居连接线工程总长2869米，其中阮啸仙纪念大桥长576.4米、宽13米，采用双向两车道二级公路技术标准设计，设计行车速度40千米/小时。该工程于2019年7月开工，2021年8月完工通车，项目施工单位为中铁二十五局集团公司。

【公路管理机构改革】2021年，按照市委关于公益三类及从事生产经营活动事业单位改革有关要求及市编委批复的改革实施方案，河源市公路事务中心成立工作专班，做好沟通协调，推进涉改的下属6个公益三类及从事生产经营活

2021年，源城区埔前镇乡道152环线公路被评为2021年度广东省“十大最美农村路”（市公路事务中心 提供）

动事业单位按要求开展改革工作。截至12月底，两个调整登记设立事业单位（应急抢险物资储备站、公路工程质量监测站）的改革工作完成；两个须撤销的事业单位（直属养路费征收站、公路建设投资管理中心）的人员分流工作完成，待市批复资产处置方案后，即按程序注销；实施转企改制的勘察设计院按规定程序移交市国资委管理，实施转企改制的工程队尚在准备移交相关工作。

（陈文雄）

道路运输管理

【概况】 2021年，河源市交通运输部门坚持一手抓疫情防控、一手抓行业发展。截至年底，全市有客运企业27家，车辆1039辆，35629客位；等级客运站25个（其中，三级及以上客运站9个：一级1个，二级4个，三级4个）；货运企业263家，货运车辆11515辆（载货汽车4232辆、牵引车3134辆、挂车4149辆），191245吨，其中：危运企业14家、车辆166辆，4057吨（危运挂车：119辆，3748吨）；出租车汽车企业14家，出租车324辆，其中：市区234辆；一、二类汽车维修企业153家；机动车驾驶员培训业户108家，道路运输行业从业人员12574人。

【节日运输管理】 2021年春运及“十一”黄金周，河源市交通运输部门围绕“畅顺春运、平安出行”的春运主题，坚持“以人为本、安全第一、保障有力、便捷高效”的原则，扎实开展防疫情、保安全、治拥堵、强服务、优保障等工作，确保春运和疫情防控总体平稳、安全、有序、畅通，保障184.3万人次的顺利出行及境内高速1140万车次的顺畅通行。

【客货运输管理】 2021年10月，河源市交通运输综合事务中心开始承接危运车辆现场审验工作，根据实际更新现场审验的工作流程，调整每月现场集中审验次数，提高危险货物年审业务的办事效率。2021年第四季度完成14家危险货物运输企业59辆危险货物运输车辆的年审工作。

跟进外市交通主管部门和交警抄送河源市市籍车辆2843台在外市违章的教育整改工作。要求各县区交通运输主管部门对各自辖区违章的运输企业、经营者和驾驶员均进行教育处理。通过学习教育和处罚，使企业的安全生产主体责任意识提升，驾驶员的交通法规和安全意识增强。

协助做好2021年度城乡道路客运成品油价格补助工作。根据广东省城市公交车、农村道路客运、出租汽车成品油价格改革和新能源车辆运营补助实施细则规定，城乡客运成品油价格补助工作要求存量车年度运营里程不得低于1.8万千米；对考核年度新增、更新车辆的或者新调整为通村农村客运的，月均运营里程不低于1500千米进行折算补助，并按照实际运营月份数以1.5万元/月计算运营补助金额。2021年协助市交通运输局有关部门审核上报农客油补企业20家，油补车辆550辆。

【驾培维修管理】 2021年，河源市交通运输部门加强从业资格管理。做好疫情期间从业资格管理，因受疫情影响未换证的从业人员不实施处罚，并允许其从业资格证有效期延续至疫情结束后45天。全年受理道路客货运从业资格证到期换证、遗失补办、破损换发、信息变更受理等业务1681人次，注销无效道路运输从业资格证件198个。深入开展驾培行业整治。配合河源市交通运输局开展驾培专项整治工作，通过采取重新核查驾培机构经营许可条件、全面清查培训学时造假行为、加强驾培违法执法检查、加强教练车日常监管、探索建立驾驶培训学费第三方托管机制等措施，深入推进驾培行业整治工作，规范驾校经营行为。整治活动以来，停止64所驾校招收新学员15天，清理虚假学时13682条，清理教练车227辆，查处驾校违法违章案件76件，下调级别驾校6家，撤销驾校经营许可2家。严格培训质量监管。发挥市级机动车驾驶员计时培训平台的日常监管作用，不定期对培训系统培训数据进行抽查，发现伪造培训信息、上传虚假培训记录等违规行为的，及时进行通报并督促整改。严格落实机动车维修企业备案。将机动车维修危险废物的分类、收集、贮存、利用和处置等情况纳入机动车维修经营备案。强化档案管理。整理、归档积压道路运输驾驶员从业资格证档案、外省迁入重新建档等工作，处理档案约10600份；加强档案安全管理，按时做好灭火器年审，清理废旧电线等工作，保障档案室安全。

【道路运输安全管理】 2021年，河源市交通运输综合事务中心参加行业安全生产督查检查。严格落实“党政同责、一岗双责、齐抓共管”制度，参与市交通运输局组织的安全生产综合督查活动，派检查人员4批4人次，检查运输企业6家次，查看车辆档案12份、驾驶员档案12份，发现存在问题23处。根据县区整改报告和事后复查结果，督查发现的存在问题均能按要求及时整改到位，减少车辆带病上路、企业带病经营等现象。加强科技管理手段，强化车辆监控管理。坚持每月对营运车辆超速、不在线情况、疲劳驾驶、客运车辆凌晨2—5时运行等情况进行通报；针对市监管平台工作实际和平台监控员变动的情况，为规范监管业务和提高监控员的操作 能力，制定完善市级监管平台的各项管理制度，组织部分监控员学习动态监管相关法规制度和系统应用操作培训；配合市交通运输局开展重型货车智能视频监控设备安装工作，全市6187辆重型货车，全部安装智能视频监控终端，并将智能视频监控数据接入省级监管平台。

【行业管理服务】 2021年，河源市交

通运输部门加强行业诚信建设。完成2020年度道路运输企业质量信誉考核和诚信评价工作，全市道路旅客运输企业43家，AAAA级4家，AAA级38家，AA级1家；道路货物运输企业56家，AAA级14家，AA级42家；危险品货物运输企业12家，AAAA级1家，AAA级11家。全市参评道路运输驾驶员36044人，AAA级32010人，AA级1789人，A级2238人，B级7人;机动车驾驶员培训机构105家，AAAA级11家，AAA级89家，AA级5家；一、二类机动车维修业户85户,AAAA级为74户，AAA级10户，A级1户；通过诚信评价，净化全市道路运输市场，激励优秀企业主动树立品牌项目意识，增强驾驶员文明安全、诚信经营、优质服务的意识。畅通群众沟通渠道，做好“12328”交通运输服务监督电话管理工作，并与“12345”政府服务热线合并运行，推动群众投诉建议受理工作在监督下开展。截至2021年12月，共受理群众投诉、询问670件，办结率100%。在有效畅通群众诉求渠道的同时，及时收集群众对行业的意见建议，为强化行业管理提供依据。

（*黄晓明　高秋燕*）

城市交通

【概况】 2021年，河源市有公交公司6家（市区、东源、和平、龙川、紫金、连平各1家），公交车514辆。市区公交企业是粤运绿都公交公司，常规公交线路47条、定制公交线路6条、车辆250辆，线路总长度738千米，年运营里程1154万千米。全市公交车电动化率95%，其中市区100%。市区中心城区公交站点500米覆盖率100%。全市有网络预约出租汽车平台企业13家，核发《网络预约出租汽车驾驶员证》1221张。市区有共享单车企业4家，车辆1万辆。全市有出租车企业14家，出租车324辆。

【城市公共交通工具】 2021年，河源市主要有公交车、共享单车、网约车、出租车等交通工具。

公交车 优化调整市区2路、7路、11路、29路、15路等4条公交线路，新增以高铁河源东站为接驳点的高铁河源东站至高新区、市商业中心、市汽车客运站、东源汽车客运站的4条快速公交线路。

共享单车 协调做好对共享单车的管理，召开市区租赁互联网租赁自行车联席会议，解决共享单车新车更新、配额减少等方面问题。

网约车 组织开展9批次网约车从业资格考试，1221人通过考核取得《网络预约出租汽车驾驶员证》。新增网络预约出租汽车平台企业1家。

出租车 开展2020年度全市出租汽车企业及驾驶员服务质量信誉考核，2020年度全市14家出租汽车企业及400名出租汽车驾驶员服务质量信誉参加考核，13家出租汽车企业初评为AAA级、1家初评为AA级；190名驾驶员初评为AAA级，203名驾驶员初评为AA级，7名驾驶员初评为A级。完善出租汽车运营服务设施配套，协调公安交警部门在出租汽车服务需求比较大的大学城片区，专门设置出租汽车上下客点；公开发布两期次全市出租汽车市场运行监测指标信息，合理引导社会预期；12月底上线“95128”“一键叫车”服务，方便老年人出行。（*黄晓明*）

国有交通企业选介

【河源市粤运汽车运输有限公司】 2021年，河源市粤运汽车运输有限公司（以下简称“河源粤运”）有员工1096人，营运车辆653辆（含营运客车、公交车和出租车），比上年减少9辆，运营线路82条。营运车辆安全行驶里程3282.42万车千米，完成旅客运输量1680.45万人次（含公交运输），比上年增长9.34%；实现营业收入10579.96万元，下降8.39%；有城市公交车辆327辆（其中市区粤运绿都公交公司250辆，东源公交分公司20辆，龙川粤运公交分公司57辆），运行线路68条。

减亏扭亏 围绕减亏一半的年度考核任务，公司制订“一企一策”方案，并推进落实；重点关注龙川、连平两家亏损县级公司经营问题。截至2021年12月，两家公司分别减亏332万元和194万元。推动处置灯塔车站，启动新城站处置，通过商业改造、合作开发等方式弱化紫金、龙川站场功能，提升物业收益；做好资金使用计划，确保不出现资金问题，维持银行授信额度不减少，维护银行滚动信贷。

高铁＋快速公交 是年12月10日，途经河源市区和东源的赣深高铁全线开通运营。为了实现市区与河源高铁东站城市公交运输的无缝接驳，方便市民乘坐公交出行。河源粤运绿都公交公司按照市区公交线路路网的布局，结合河源市区城市发展规划需要，以赣深高铁河源东站为始发站，开通F1路（河源汽车客运站—河源东站）、F2路（河源东站—市商业中心）、F3路（东源县政府—河源东站）、F4路（高新区公交首末站—河源东站）和F5路（火车站—河源东站）5条高铁公交线路。高铁公交线路实行一票制，票价为上车4元，车内安装有舒适的软座椅，中途上落站点少，通常为5～7个。

发展线上定制业务 年初，河源粤运通过制订非传统客运业务考核和奖励方案，发动员工拓展站外业务。各单位重点对接市县的研学包车业务，对接企事业单位拓展固定通勤业务，配合防疫部门开展防疫接种专车业务。全年非传统客运板块实现营收2089.64万元，比上年增加1111.3万元，增幅113.6%。同时，加大“悦行”推广应用，公司先后上线定制班线6条，分别是河源—广州省站、河源—东莞虎门、河源—深圳龙岗、河源—佛山顺德、河源广附中学校—河源各县区、市区往返和平县城的定制线路。全年实现定制班线营收107万元，并通过关停售票窗，引导旅客使用微信、App购票，提升线上售票比例，线上售票占比21.7%。

管理制度改革 5月，河源粤运根据广东粤运交通股份有限公司有关实行经理层聘任制和契约化管理的有关要求，结合实际制定经理层聘任制和契约化管理的实施细则，并经公司董事会审议通过，同时完成河源粤运本部和属下子公司经理层的契约化责任书签订工作，强化公司经理层的绩效考核管理，提升经营管理动能和活力。

降本增效 是年，该公司按照“一企一策”的要求，做好组织机构优化及缩并管理主体工作，组织开展管理人员定编定岗，并按照站场服务能力、经营情况分阶段开展站场降级，调整为招呼站点（便捷站），缩减站场一线人员，全年实现退出在岗员工226人，人工成本比上年减少3200余万元，降幅28%。

党建经营融合结硕果 2021年，河源粤运坚持党建引领和党建创新，推进“五强五化”示范党组织创建和党建创新“开路先锋”工程，并将党建深度融入生产经营，在疫情防控、线路开发、业务拓展和研学包车等方面发挥支部的战斗堡垒和党员的先锋模范作用，扎实开展“下决心、增信心、高质量发展新粤运”活动，以及在党史学习教育中开展“我为群众办实事”实践活动，收到较好的成效。2月，河源粤运绿都公交公司被省交通运输厅评为2020年度广东省交通运输系统“感动交通人物——最美抗疫奋斗者（集体）”荣誉。6月，河源粤运绿都公交公司党支部被中共广东省委评为“先进基层党组织”。11月，河源粤运《服务群众便利出行、打造市民满意公交》事迹，被河源市委党史学习领导小组列为“我为群众办实事”实践活动典型案例。

开发红色革命教育体验式线路 2021年4月，河源粤运为了契合河源市党史学习教育“弘扬革命策源地精神、传承红色基因”主题要求，推出紫金苏区革命遗址群红色教育线路、传承红色基因构筑时代精神的阮啸仙故居红色教育线路，以及追溯红色记忆，助力乡村振兴和庆祝中国共产党成立100周年主题活动的中共连平县党支部红色革命旧址、河源市灯塔盆地国家现代农业示范区（农高区）等多条红色革命教育体验线路，让党员干部牢记革命先烈的光辉历史，传承革命精神，坚定理想信念，切实肩负起历史赋予的使命。（徐海志）

【河源市粤运绿都公共交通有限公司】河源市粤运绿都公共交通有限公司前身是成立于2010年5月的河源市绿都公共交通有限公司。2012年12月28日，更名为“河源市粤运绿都公共交通有限公司”，系河源粤运公司下属全资子公司，也是河源市区唯一一家经营城市公交的国有公交企业。

2021年，公司有建成的公交首末站2个（客家公园北、文化广场），完成枢纽站一期工程建设项目的公交枢纽站2个（技工学校、龙岭工业园枢纽站），完成首末站一期工程建设的公交首末站1个（儿童公园首末站），完成一期建设的综合公交站场1个（源西公交综合站场）；设有调度点5个；设有充电站8个，共配置28个充电桩。全年日均投入运营车辆约190台次，营运总里程约1123万千米，完成客运量约1165万人次。截至12月，公司有员工315人，公交线路47条，其中市区线路25条，郊区线路22条；新能源纯电动车250台。新增5条高铁快速公交线路，优化调整3条线路（2路、11路、29路），线路总数为47条，线路总长719.6千米，比上年增加63.5千米。

是年，该公司还完成东源县仙塘蝴蝶岭工业园公交首末站一期建设；完成源西公交综合站场地硬化工程项目；完成河源汽车客运站公交发车区风雨连廊改造工程。（温海城）

铁路运输

【概况】 截至2021年年底，河源市铁路通车里程393.5千米，其中普铁2条228千米，分别是京九铁路193千米、漳龙铁路35千米；高铁1条，为2021年12月10日通车的赣深高铁，长165.6米。在建高铁1条，为梅龙高铁，长35千米。运营的铁路运输场站17个（3个客货共用站），其中普铁客运站3个（河源站、龙川站及和平站）、高铁客运站4个（河源东站、河源北站、龙川西站、和平北站）、货运站8个。

是年，全市铁路发送旅客221.4万人次，比上年增长1.52%；到达旅客219.1万人次，增长0.81%；其中高铁发送旅客201684人，到达旅客193031人。全市铁路货运到发量764.7万吨，其中：货物到达量488.95万吨，到达量比上年增长101.02%，货物发送量275.77万吨，下降14.5%。（黄晓明）

【河源火车站】 河源火车站为三等一般中转站，主要办理旅客到发及货物列车通过作业。到发、通过旅客列车到达广东的广州、深圳、汕头、梅州；江西的南昌、九江、鹰潭、上饶；安徽的合肥、阜阳；福建的龙岩、厦门；河南的信阳、潢川、商丘；湖北的武昌、襄阳、随州、麻城；山东的菏泽、聊城、青岛；陕西的安康、西安；四川的成都；青海的西宁；江苏南京、徐州、苏州、南通；北京、上海、杭州、南京、昆明、重庆、大同、沈阳、齐齐哈尔等地。2021年，实行火车票实名制和电子客票制度，采取互联网购票、电话订票和人工窗口售票相结合，火车票代售点2家，车站售票厅提供互联网自动取票机5台，进站口安装3台实名验证闸机，进站口安装6台自助检票闸机和2台半自助闸机，出站口安装4台自助检票闸机和半自助闸机。实行火车票全国联网售票、退票、改签。办理行包托运业务。

河源货场主要办理全国各铁路营业站运输作业到发站作业，2021年发送货物主要为铁矿、石子、饮料矿泉水、集装箱，发送地点涉及全国各货运营业站；到达主要货物为矿建、钢铁、饮

2021年12月10日，赣深铁路（河源）开通运营，河源市进入高铁时代

（陈宇宇 摄）

料、化肥、化工、集装箱。

2021年，车站客运收入7441万元，比上年下降4.8%；发送旅客112.3万人次，增长6%；完成装车48186车，发送量301万吨，下降6.7%；卸车79172车，到达量489.1万吨，增长103%。

（肖美娜）

【龙川火车站】 龙川火车客运站位于龙川县老隆镇新城经济开发区，京九和广梅汕铁路交会处，占地面积20200平方米，其中主副客运大楼建筑面积3800平方米。2021年，火车客运站有旅客乘降站台2个，军供站隧道1座，售票厅自助取票机4台，进站口自助验证验票闸机3台，候车室柜式空调7台。火车客运站验票口全自助验证闸机6台，半自助闸机2台，出站口全自助验证闸机4台，半自助闸机1台。是年，车站发送旅客107.5万人次，受新冠肺炎疫情影响比上年减少0.4%。完成客运收入6403万元，比上年增长0.4%。是年停时完成16.1小时（超年计划0.1小时）。调车作业1455批，7738勾；装车5403辆，比年计划增加293辆；卸车328辆，比年计划减少402辆。

（钟文芳）

【龙川北站】龙川北站位于广东省河源市龙川县老隆镇境内，位于京九线2093千米399米处，隶属中国铁路广州局集团有限公司惠州车务段管辖。

龙川北站按技术性质为编组站，按业务性质为货运站，该站为二等站、电气化区段车站。车站主要办理京九线、漳龙线、畲龙线、梅汕线货物列车到达、解编、始发作业以及京九旅客列车通过作业，办理龙川机务段专用线及广州北车辆段龙川北运用车间站修专用线货运营业业务，不办理客运业务。

站场设备为单向横列式一级三场，即上行到发场（Ⅲ场）、下行到发场（Ⅰ场）、编组场（Ⅱ场），及自动化驼峰一座。到发场有12条股道，编组场有14条股道。随着集装化运输和电煤运输快速发展，2021年车站日均办理车3913车，其中11月日均办理车4730车。年日均、月日均、日办理车均创历史纪录。

为了应对集装化运输和电煤运输快速发展，发挥龙川北站作为粤东地区枢纽站的作用，车站加强优化组织。2021年3月开始就JSQ6型车驼峰溜放进行可行性研究，2021年7月5日过峰试验成功。龙川北东联络线自2021年9月9日7:00起接触网设备带电，2021年11月16日18:00正式启用龙川北东联络线接触网等设备。解决惠州西电煤车可以走联络线接发，减少该类列车反方向接发的次数，提高运输效率。

（黄集斌）

海事管理

【概况】 河源海事工作由河源海事局负责。该局隶属中华人民共和国广东海事局，为广东海事局的一个分支局。2021年，东江海巡执法大队正式挂牌，下属基层执法站点增至2个。

是年，河源辖区通航里程223千米，包括东江干流201千米，新丰江支流9千米，秋香江支流13千米。辖区万绿湖是华南地区第一大人工湖，水域面积370平方千米，涉及6个乡镇，通航总里程140多千米。东江流域的枫树坝水库水域面积30平方千米，在2020年被列为非通航水域。辖区登记注册船舶企业6家，各类登记在册船舶558艘，其中客船94艘，货船243艘，拖轮2艘，非运输船219艘。注册船员4534人，持有内河船员有效适任证书的船员为2069人。辖区有渡口31道，渡船30艘。

【水上交通安全保障】 2021年，河源市落实广东海事局关于打好打赢水上交通事故歼灭战的要求，保障2.2万余艘次船舶安全进出港，22万人次安全出行。连续82个月没有发生列入统计范围内的水上交通事故，连续5年获市安全生产考核“优秀领导班子”。制定三年行动年度重点任务推进路线图，动态管理三年行动“两张清单”（问题隐患清单和制度措施清单）12项隐患，完成整改落实12项，推动整改桥梁隐患8项，发现整治辖区存在水上无线电问题船舶17艘次，行政处罚5宗，开展航运企业内河船舶涉海运输监督检查和约谈2场次。纳入建立长期逃避海事监管清单船舶105艘，建立整治台账船舶105艘，建立并上报辖区灭失船舶清单200艘。河源辖区3个AIS（船舶自动识别系统）基站补点建设获交通运输部海事局批复。发挥信息化监管手段，推行“净海卫士+海事之手+现场检查”方式，推动地方政府、农业农村部门、企业主动为32艘船舶安装AIS设备。

2021年4月7日，河源海事局联合河源蓝天救援协会开展水上应急训练

（河源海事局 提供）

【水上应急】 2021年，河源市印发《河源市加强水上搜救工作方案》。修订印发《河源市水上险情应急预案》，成员单位从原24个增加到29个。两艘摩托艇列编市水上搜救中心，提升水上快速应急反应能力。组织、指导航运企业、船厂开展各类防台防汛、防污染应急演练9场次。深化“清源”危防品牌建设，辖区30艘旅游客船以及货船生活污水直排管路完成管系改造，万绿湖船舶实现生活垃圾“零排放、全上岸”。

【联合救援演练】 2021年，河源海事局举行2次水上联合救援训练。4月7日，联合河源蓝天救援协会在东江海事码头水域开展水上应急救援队成立后的首次联合训练。5月21日，联合河源市应急救援队、河源蓝天救援队、河源市退役军人应急救援队在东江海事码头水域开展防汛联合演练暨水上搜救训练。

（赖雨欢）

港务管理

【河源港】 河源港位于珠江水系东江中上游与新丰江会合处，组建于1950年4月，历经几十年的经营管理，港口从小到大发展成为以机械化作业为主的内河中二型港口，港口日装卸能力4000吨，年吞吐量80万吨至100万吨。担负河源市五县一区水路货物集散中转运输，是河源市的中心港口。上可直达老隆枫树坝，下可直达惠州、东莞、广州、深圳、珠海、中山、江门等珠江三角洲港口。

【港口建设】 2021年，随着河源市城市扩容建设，东江西岸河源港5个港口码头和东江东岸13号码头先后征用。规划后续码头还没有建，港口码头得不到及时补充，导致有货无码头存放、中转、运输，使得大部分货主单位弃水从陆，改用汽车直运石龙、博罗龙溪存放、中转、运输。2021年，河源港源城港区码头规划建设工作在推进中。（李文举）

航道管理

【概况】 2021年，广东省东江航道事务中心河源航标与测绘所主要负责东江干流枫树坝至观音阁及新丰江库区航道的维护管理，总里程515千米（航道发展规划技术等级Ⅲ级航道313千米、Ⅳ~Ⅶ级航道64千米、等外级航道138千米）。承担辖区通航水域航标的设置、迁移和撤除工作；恢复漂移、流失、损坏的航标；承担辖区航道的测绘，向相关单位、船舶提供航道尺度的信息及变化情况；采集与航道有关的水文信息；承担航道机构管辖的船闸、拦河坝操作运行和管理工作。

【航道维护管理】 2021年，广东省东江航道事务中心河源航标与测绘所严格执行航道巡查维护的各项制度，开展枯、洪水期航道维护及日常维护管理工作，对沥口以下航道浅滩进行维护疏浚，完成51866立方米疏浚任务，疏浚航道里程9千米，完成抗旱情保畅通任务。全年航道扫床10次，其中全线扫床4次，航道水深保证率100%。加强古竹站航标遥测遥控系统的运用管理，推进航标科技化管理步伐。

【航标维护管理】 2021年，广东省东江航道事务中心河源航标与测绘所做好航标日常维护管理，按航标技术规范标准配布和设置航标，面对东江严重旱情，航道水位低下，及时调标位，全年调整航标标位263座次。坚持对水标进行活锚作业，全年活锚作业252座次。全年保养航标383座，航标维护正常率100%，确保航标助航效能正常发挥。

【船舶养护管理】 2021年，广东省东江航道事务中心河源航标与测绘所严格执行船舶机务管理制度，做好船舶日常三级保养工作，确保船舶处于良好技术状态。加强船舶危险品存放管理，完成粤标226船、粤标巡208船、粤道政208和粤标巡202船的排修任务。

【船闸养护管理】 2021年，广东省东江航道事务中心河源航标与测绘所制订船闸年度养护计划、监测维修计划、防洪预案、应急预案等，按养护项目、内容和周期进行船闸机电设备、闸阀门、水工建筑物、闸区卫生和环境绿化等日常养护工作。加强船闸试运行期间的机电设备、闸阀门、水工建筑物的日常观察和监管，船闸通航时间保证率达100%，确保船闸安全畅通。

【航道执法监管】 2021年，广东省东江航道事务中心河源航标与测绘所开展航道巡查72次，参加人员164人次，巡查航道里程累计8414千米；开展技术核查253次，参加人员506人次，全面及时掌握辖区涉及航道的水上作业情况。在航道巡查监管中，全年发现涉嫌航道违法案件6件。

【航道项目建设】 2021年，广东省东江航道事务中心河源航标与测绘所基建任务稳步推进，古竹站新建铝合金巡标工作船第二期项目于3月24日竣工验收；古竹站粤标221船技术改造第二期项目于8月31日竣工验收；河源站粤标223船技术改造首期项目完成2021年度工程量。

【“绿色高效和谐”航区共创】 2021年，广东省东江航道事务中心河源航标与测绘所与河源市海事局东源海事处就航道维护管理、水上交通安全监管等领域达成共建共识，签订《“绿色高效和谐”航区共创协议书》。双方正式组成“共建联合体”，共同增强业务水平，协力打造东源辖区“航道通、航行畅、服务优、生态美”现代化新航道和“绿色 高效 和谐”的水运交通环境，优化通航环境，提升水上通航水平。

（程晓静）

邮 政

【概况】 2021年，河源市邮政业务总量完成7.46亿元，比上年增长22.47%；邮政行业业务收入（不包括邮政储蓄银行直接营业收入）完成9.36亿元，增长16.35%。河源市快递服务企业业务量累计完成3549.96万元，增长39.05%；快递业务收入6.3亿元，增长21.54%。

河源市邮政业安全中心于2021年9月正式揭牌运作。

【联合执法机制进一步完善】 2021年，河源市邮政系统加强与公安、国安、消防等部门的合作，制定联合工作机制和执法机制，共同开展寄递行业扫黑除恶、综治隐患治理、扫黄打非、涉枪涉爆、涉烟、禁毒、打击假冒伪劣、打击走私、社会维稳等工作，构建行业共建共治共享社会治理格局。联合市公安局、国安局开展春节前、全国两会、业务旺季服务安全检查。加强与市禁毒办、公安、消防局等部门的密切协作，互通检查情况，充分发挥寄递渠道安全领导小组机制职能优势，不定期开展联合执法检查，联合应对处置寄递渠道发生的各类突发情况，确保寄递渠道安全畅通。

【邮政系统道路交通安全风险防范化解】 2021年，河源市邮政系统制定印发《河源市邮政业防范化解道路交通安全风险工作方案》，成立市邮政快递行业系统防范化解道路交通安全风险工作领导小组，明确时间表和路线图，细化工作措施，确保按时按质按量完成各项任务。印发《防范化解摩托车电动自行车风险工作指引》。召开全市邮政快递行业安全生产工作会议暨系统防范化解道路交通安全风险工作动员会议，树立企业安全发展理念，提高交通安全意识。按时开展道路交通秩序大整治检查。全市共计快递电动三轮车2263台，其中登记备案上牌2067台，考取D类驾驶证快递员数383人。

【防范化解重大风险能力增强】 2021年，河源市邮政系统做好行业“扫黄打非”、反恐、禁毒、打击侵权假冒、网络安全和信息安全等工作。全市建立“扫黄打非”基层站点6个。联合市公安局、市禁毒办部署推进寄递渠道禁毒“百日攻坚”行动并联合源城区禁毒委员会组织邮政、顺丰、申通、德邦、极兔等企业开展快递小哥禁毒宣传进万家活动，加强寄递渠道管控和寄递企业“三项制度”（收寄验视、实名收寄、过机安检）的落实，推进禁毒堵源截流。

【邮政市场执法检查强化】 2021年，河源市邮政系统全面实施日常执法检查“双随机、一公开”制度，制订年度执法计划和随机检查计划，确保全年随机抽查比例不低于全部企业（不含末端网点）的8%。建立约谈制度，根据检查情况，对存在问题的企业，约谈企业主要负责人，要求其立即整改，并上报整改报告。全年抽检邮政普遍服务营业场所42个，邮票销售网点10个，检查快递企业网点208家，出动执法人员430人次，下发整改通知书15份，约谈企业3次，行政处罚11件，罚款金额5.8万元。

【邮政许可管理】 2021年，河源市邮政系统按照“放管服”改革的要求，做好邮政企业营业场所信息变更和快递企业行政许可企业申请协查、分支机构核查、末端网点备案工作，主动邀请国安部门参与许可企业核查。收到邮政普遍服务营业场所信息变更备案5个，快递企业许可延期核查4个，分支机构变更核查24个，末端网点备案208个。完成对用品用具企业荣华印刷包装（河源）有限公司快递封套现场核查。

【邮政服务“乡村振兴”战略】 深入推进“快递进村” 2021年，河源市邮政系统落实“快递进村”三年行动方案，因地制宜推动邮快、交快、快快合作多模式并进，多品牌快递服务有效下沉，提高覆盖率、增加代投量、提升信息对接率。市申通快递公司与市粤运公司签订合作协议，开展交快合作试点，在市新城客运站、城南客运站开展合作，共同推进市区至各县区的当日达寄递业务。全市建制村快递服务基本实现全覆盖。持续推动快递服务现代农业，畅通“快递进村、农品出村”微循环，实现基层网点、一线员工和广大农民受益。连平鹰嘴蜜桃获评2020年全省快递服务现代农业银牌项目。指导市快递行业协会与中国电信河源分公司继续开展“快电合作”，共同做好末端网点升级改造，资源共享，双方合作网点有

116个（包括有电信业务代理权限的快递网点）。

促进农村电子商务与快递协同发展　完成《关于促进我市农村电子商务发展的思考和建议》调研报告，提出完善农村电子商务支撑体系建设，支持“电商+快递物流”园区建设。推动快递与深河E家、今时达等农村电商平台合作，助力农特产品触网销售。2021年3月26日，京东物流集团与河源市农村电子商务协会签订战略合作协议，推动农村电商城乡双向循环畅通，着力解决农村劳动力就业创业问题，助推乡村振兴发展，加快完善县镇村三级农村物流体系，提升改造农村寄递物流基础设施，深入推进电子商务进农村和农产品出村进城，推动城乡生产与消费有效对接。

推动“邮快合作”　河源市邮政管理局召开全市邮政普遍服务和特殊服务工作和“邮快合作”等会议，梳理邮快合作的模式，加快推进和指导末端网点开展具体合作。全市各县（区）均签订邮快合作框架协议，邮政企业与快递企业签订的具体合作协议7份，邮政企业将乡镇邮政网点改造转型为邮快合作网点。同时，将贝岭镇确定为全市“邮快合作”示范点，并投入专项资金10万元用于贝岭镇邮政代办所的升级改造，将贝岭镇邮政代办所建设为集邮政、快递服务于一体的综合处理中心，打通“农产品进城，工业品下乡”双向通道。年底，全市通达建制村“邮快合作”网点有25个。

【行业监管信息平台建设】　2021年，河源市邮政系统配合国家邮政局绿盾系统建设，抓好智能安检机、智能视频监控等新技术使用及推广，在中通、申通、圆通3个主要快件分拨中心实现安检机数据联网，新增10个快递末端网点视频监控纳入安全监管平台。

【邮政绿色发展】　2021年，河源市邮政系统各寄递企业按照《邮件快件绿色包装规范》推动邮件快件包装规范化和标准化，采购使用符合国家标准、行业标准及国家有关规定的包装产品，加快淘汰不可降解塑料包装袋、胶带和一次性塑料编织袋，推广应用“瘦身胶带”和免胶带纸箱，推行简约包装，有效降低邮件快件包装平均用量。2021年3月26日，组织召开《广东省快递市场管理办法》宣贯会及举办相关业务培训班，将绿色快递纳入重点培训内容。结合日常执法检查工作，开展河源市邮政业生态环保督导检查。并对县区一家企业未按规定向协议客户书面告知封装用品、胶带环保要求的违法行为下达处罚决定书。2021年，河源市邮政快递企业可循环快递箱（盒）使用量16.6万个，电商快件不再二次包装率92%，采购使用符合标准的包装材料应用比例98.2%，按照规范封装操作比例97.5%。

2021年9月10日，河源市邮政管理局举行“邮快合作”协议签约仪式
（市邮政管理局　提供）

【邮政普遍服务发展迈上新台阶】　2021年，河源市邮政系统深化警邮、政邮、税邮合作。全市开办“警邮合作”网点10个，“政邮合作”进驻行政服务中心6个，“税邮合作”1个。“警邮合作”累计交易量24.08万笔；“政邮合作”累计交易量15.8万笔；“税邮合作”累计交易量3.7万笔，累计代征税款额41.4 万元。

建设“邮乐购”电商服务生态圈，推广“村邮站+快递超市+电商服务+便民服务”模式，扩大行政村覆盖面，在农产品进城、农产品互通、工业品下乡中，发挥国家队的作用。全市“邮乐购”实体店301个，其中分布在市区（县城）的115个，乡镇区域106个，农村区域80个。（曾妮丽）

【中国邮政集团有限公司河源市分公司】　2021年，中国邮政集团有限公司河源市分公司强化普遍服务质量管控。普遍服务“六三三一”各项指标基本达到100%，国网申诉处理满意率100%，投递外勤监控关键点扫描率91%以上，条码平信丢损率为0，普服给据邮件丢损率为0。全市没有违反“两条红线”（指未经邮政管理部门批准，停止办理或者限制办理邮政普遍服务业务和特殊服务业务；或者撤销提供邮政普遍服务的邮政营业场所）情况，无重大媒体负面曝光，机要通信保密安全万无一失。绿色邮政活动持续开展。落实国家邮政局“2582”工程，全市配置900个可循环快递箱；电商快包件不再二次包装率99.81%，超目标4.81个百分点；全市126个邮政营业网点及揽投部设置包装废弃物回收装置，总体覆盖率100%；邮政营业网点以及主要电商平台一联电子面单使用率100%。

服务地方经济　全市代理金融总资产新增规模创新高，存款规模稳步提升。河源邮政不断提升金融服务水平和服务能力，努力践行“普之城乡、惠之于民”的社会责任，支持民营企业发展，提升风险防控能力，提升服务地方经济发展服务能力。

渠道转型 推进渠道平台转型工作。全市渠道平台转型网点覆盖率77.59%；累计成立“商会协会邮局”30家；转型“四大类”业务[简易险转介、农品销售扫码购、自提代投、线上各类业务（集邮、报刊等）]叠加持续推进。全市普服营业网点100%开通自提服务；90个网点开办简易保险业务，自办网点开办率100%；搭建无实物扫码购场景90个，自办网点搭建率100%。

“邮快”合作 与5家民营快递企业签订框架协议，全市开展邮快合作邮政营业网点52个、建设的邮快合作站点42个。全市830个建制村通过邮快合作实现快递进村，建制村邮快合作覆盖率66.35%，超考核目标21.35个百分点。

能力建设 加强寄递网能力建设。开展时限体系“路长制”管控，河源第一批次、第二批次挂钩管控线路分别为8条和9条。改善特快同城互寄、省内互寄、省际进出口的6项时限管控指标，其中快递包裹省内出口执行率98.44%。降低寄递业务成本，收寄环节下降36%，投递环节下降20%，内部处理环节下降13%，管理及支撑环节件均成本下降20%。提升省内互寄要件次日递率，达到99.89%。政务平台陆续对接社保、法院等系统，支撑业务增量超过8.6万件。

优化内部流程。河源邮政处理中心完成工艺流程一期优化，人均效能和自动化分拣占比大幅度提升，按照月均业务量计算，每月可节省成本约11万元；推进县处理中心和揽投部流程优化。投入18.5万元为站前路等5个站点配置简易皮带设备，全力推进县中心、县城揽投部资源整合，实行大班组作业，场地、人员复用，完成转运、分拣、投递“三合一”功能，实现提质增效；推进金融流程优化工作。推行代理金融网点单现金台席营运方式以及替班柜员集中排班管理，全面压降台席，离柜率为88.9%。

加强硬件能力建设。推进代理金融网点整治工作，全市投入616万元，整治代理金融网点8个。投入168.3万元，用于25个网点形象改造工作。同时，完成2个普遍服务网点均等化改造。提升网点厅堂服务能力，成立市分公司代理金融形象标准化建设工作领导小组，投入23.2万元用于19个代理金融标杆网点形象标准化建设。投入64.8万元用于投递站点整治及警邮网办中心建设。 *（李 静）*

通信业

【概况】 2021年，河源市累计建设4G基站1.2万座，5G基站2482座，重点场所5G网络通达率100%，移动宽带用户245.2万户，其中4G用户179.9户，占比73.4%，5G用户超63万户，占比25.7%，全省排名第八位。全市固定宽带接入用户85.1万户，其中光纤接入用户80.6万户，占比94.8%，全省排名第九位；家庭宽带接入用户73.2万户，城市家庭千兆光纤网络覆盖率114.4%（按2015年全国1%人口抽样数据计算），全省排名第九位；城市10G-PON端口占比25.6%，全省排名第七位；光纤用户网速普遍提升至300Mbps（百万位每秒），其中500Mbps（百万位每秒）及以上用户占比为7.2%。全市累计建成NB-IoT基站1823个、基站站址4430个。*（杨桂莲）*

【中国移动通信集团广东有限公司河源分公司】 2021年，中国移动通信集团广东有限公司河源分公司（以下简称“河源移动公司”）秉承中国移动集团担当网络强国、数字中国、智慧社会主力军使命定位，落实市委、市政府战略要求，推进新型基础设施建设，发挥信息化赋能作用，推动优质信息服务融入百业、服务大众，助力全市统筹推进疫情防控和经济社会发展。公司全年通信服务收入超14亿元，服务手机客户超200万户，服务家庭宽带用户和电视客户超40万户，服务集团客户超4万家。

推进新基建打造精品网络 打造5G精品网络，累计投资超5亿元，投产超1700个5G基站，实现全市5G镇镇通，5G网络健康度保持在全省靠前水平。优化无线网络品质，拥有无线基站数突破15000个，赣深高铁河源段专网覆盖开通率98%，沿途地市排名第一，全年保持手机客户满意度行业领先。推进智简光网建设，汇聚机房超过300个，光缆规模突破3万千米，传输路由突破1.1万千米，管道长度突破4000千米，家宽覆盖用户数突破140万户，实现市区、县城全域及近30个重要乡镇千兆覆盖。

加快5G普及应用 打造和彩云、视频彩铃、咪咕视频等5G特色应用，带动5G终端销售超58万台。构建数字家庭生态。新增宽带100%超300兆，打造60多个智慧社区，累计销售智能安防等智慧家庭设备近20万台。创新5G行业应用。打造东源“5G+智慧园区”、灯塔盆地“5G+智慧农业”、西可通信“5G+工业互联网”等12个5G+示范应用项目，获第四届“绽放杯”5G应用征集大赛全国智慧园区赛道优秀奖、广东区域赛三等奖、优秀奖，是粤北片区获奖数量最多的地市；数字赋能中小企业，推出“移动E企”智慧管理方案，服务近5万家中小企业数字化升级。提供便捷服务，顺应服务线上化需求，推动超60项服务事项上线，全年重点业务线上服务占比近50%。

深度参与推动数字政府建设 助力社会治理智慧化，在法治建设领域，助力完善社会治理数字化水平；在环境治理领域，承建生态量化监管系统、市环保黑烟车抓拍系统等项目，实现污染源监管状况的全景实况播报及执法联动，助力打赢污染防治攻坚战。助力公共服务智慧化，在教育领域，承建河职院ICT（信息通信技术）人才创新基地等项目，助力推进教育现代化，打造全市ICT产业人才基地，为全市产业数字化升级提供人才保障；在医疗领域，承建市妇幼保健院、深河医院信息化等项目，通过建立统一信息化平台，帮助实现医疗指标数据的统一采集、分析，提升全市重点医院医疗精细化管理服务水

2021年12月，河源移动保障赣深高铁沿线网络平稳顺畅运行

（河源移动公司 提供）

平；在交通领域，承建江东交通非现场执法、市交通源头治超监管信息系统等重点项目，帮助提升交通监管工作效率。

履行央企社会责任 做好疫情防控保障，年内开通103条防疫专线，保障75个卫生系统单位通信顺畅平稳运行，实现全市全部自有员工和全量第三方人员保持零疑似零感染。提升应急保障能力，投入1500人次，完成中国共产党成立100周年等应急和重大活动网络保障。打击电信网络新型违法犯罪，全面落实“断卡”行动要求，全年累计关停高危号码超5.7万个，发送反诈宣传短信2500万条，报送反诈线索32次，协助抓获嫌疑人63个（团伙9个）。助力乡村振兴，推进“平安乡村”建设工程，与全市超600个村合作，完成超4.5万个农村室外摄像头和800个智慧云喇叭系统安装，追加投资超3100万元，完成近700个120户以上自然村宽带全覆盖，打造2个“平安乡村”标杆示范村，承接办理全市“我和我的家乡之移动5G寻梦河源”主题摄影作品展及“乡村振兴河源大擂台”等活动，成为广东唯一获中国移动脱贫攻坚模范的单位。（*包惠先*）

【中国联合网络通信有限公司河源市分公司】 2021年，中国联合网络通信有限公司河源市分公司（以下简称“河源联通”）深化数字化转型，促进收入结构健康发展，整体收入盘面保持稳健，盈利能力改善，主营收入比上年增长12.5%。全年项目型信息化收入比上年增长25%。

网络提速降费 5G网络覆盖范围提升19%，核心区域5G良好覆盖率92%，最高速率可达1Gbps；4G网络覆盖范围提升16.9%。2021年，千兆家庭宽带服务月费下降40%，同时对老用户推出宽带免费提速、加快千兆光纤到户建设。套餐资费优化，新增畅听王卡（针对听障人群）、银龄卡（针对老年人）以低资费及针对性功能满足特定人群的通信需求。针对中小企业在坚持云网一体的基础上推出自媒体广告、来电名片等新业务，中小企业互联网接入费用继续降低。

疫情防控 新冠肺炎疫情期间，河源联通全力保障通信网络和信息服务畅通，7×24小时对全市定点医疗机构等重要区域专线实施重保监控。在疫情防控区域，对疫情防控点、疫情检测站的网络通信需求，紧急开通专线宽带、无线网络容量紧急扩容或网络覆盖新建，安排应急保障工作专班小组，做好重点区域通信网络畅通工作。

助力全域全面融入粤港澳大湾区建设 利用“一网统管”全面贯彻数字政府省域治理理念，在经济、住建、应急、生态、水利、消防六大专题具备数据治理的成熟运用能力；在5G扬帆行动方面，在网络能能力、平台能力、5G应用能力全面发力，储备5G平台+产品能力。利用自身的系统集成能力，搞好智慧城市、数字政府、智慧医疗、工业互联网、数字乡村等信息化领域的建设，为政务、执法、水利环保及工业制造等提供专业的信息化服务。

网络能力大幅提升 2021年，河源联通4G网络在全市79%的有效面积投放65.58%网络资源，贡献76.47%流量。全年释放LTE站点112个，累计1954个；全年释放5G站点406个，累计1017个，5G登网率从59%提升至66%，5G流量占比从2%提升至19%，5G驻留比从17%提

2021年，“七一重保”现场值守及外线巡检 *（河源联通 提供）*

升至60%；宽带网络全年新增千兆端口1.2万个，总端口数达11万个。

防灾减灾、抢险 2021年4月，河源联通进行2021年防台防汛工作部署暨应急保障演练。5—10月汛期，河源部分区域遭到雷电强暴雨台风自然灾害袭击，出现山体滑坡等次生灾害，通信设备遭到破坏。另外，联通南北传输大动脉京汉广二线被河南、河北持续特大暴雨冲断三条，仅剩一条京汉广三号光缆（途经河源段）在苦苦支撑。面对灾情，河源联通动用队伍21支96人，车辆23台，移动油机13台，光缆储备80千米，抗灾抢修。

实名制、信息安全、网络安全 2021年，河源联通重视防范打击通信信息诈骗工作，加强实名登记管控力度，加强对新入网用户的稽核。全年稽核用户94562户，实名不合规394户，实名不合规比例为0.42%，均未超出省公司管控目标0.15%且均按要求整改完毕；加强渠道管控，处罚违规人员与代理商，全年扣罚自有人员32人次，扣罚代理商11家；每天监控异常号码，全年对2987个高危号码进行关停处理，对874个号码进行溯源核查并关停，并把1432个证件号码加入黑名单；加强与地市反诈中心合作，为反诈中心提供41条线索（其中GOIP窝点9个、疑似倒卡卖卡32个），抓获GOIP窝点犯罪嫌疑人6人、倒卡卖卡3人。

重大活动专项网络应急保障 在中国共产党成立100周年、中共十九届六中全会、冬奥会等重大活动期间，公司党政班子靠前指挥，保障人员现场值班，结合5G物联网等智能化智慧技术，提升一线维护人员人防的效率。并与通信连、友商（电信）建立重保期联合护线、快速响应的机制，保障人员徒步巡视重要干线，每天两次核心局房巡检，每天投入保障人员72人，保障车辆23台，累计巡查线路总长度9.6万千米。2个核心机房、11条重保干线、16段本地光缆、34个汇聚机房、5家重点客户电路在保障期间运行平稳。

信息安全 河源联通贯彻落实《网络安全法》，建立多层次的防护体系、完备的技术手段及过硬的技术队伍，持续提升网络安全防护能力。落实网络资产分级分类防护，完成网络线通信网络单元及系统的定级备案，完成公网资产清查，中高危漏洞均为0；2021年配合省公司做好安全防护，拦截网络攻击3次、主动监测拦截钓鱼邮件8封，护网行动期间网络0攻破。协助河源市公安局、河源市发展和改革局等政府单位案件落地工作，并协助网络主管部门完成IP地址溯源，宽带木马信息协查以及疑似存在挖矿行为的专线用户关停，处置8次共28条僵尸网络与木马专项工作。组织完成2021年度河源联通网络与信息安全应急演练工作，并完成该单位网络信息安全应急预案的更新以及演练方案、演练实操以及报告总结。完成元旦、中国共产党成立100周年、国庆重保的网络信息安全防护保障工作。

加强互联网接入及网站备案管理工作，消除信息安全隐患 严格落实“先备案、后接入”制度及责任，对接入网站开展自查自纠，做好现存未备案网站的清理，对备案的网站信息及IP地址信息要定期核查更新。对发现涉嫌传播违法违规、淫秽色情内容的网站立即终止其接入。（叶红妙）

【中国电信股份有限公司河源分公司】 2021年，中国电信股份有限公司河源分公司对2020年未完成收入营销中心实施“1+1”结对帮扶全覆盖，18个结对营服中心，全部实现同比正增长，13个中心收入完成预算目标。

提速降费 推进光宽千兆接入能力建设，新增10G EPON端口1928个、XGPON端口32个，10G EPON端口达9772个，GPON、XGPON端口达13274个，FTTH EPON设备全面替换退网，全面实现千兆能力覆盖。推进光线路开关保护（OLP）工作，二干系统实现100%OLP保护，一干系统仅剩2个系统未实现OLP保护。推动新建小区、人口密集老小区的光纤覆盖水平，通过开展末梢光纤衰耗整治专项工作、扩容上联端口速率，加强城市、农村光纤宽带覆盖能力，提升用户宽带感知和光宽服务质量。互联网总出口2200G，其中：IPTV 12808-MSE 760G（本地）；MSE上联CR 1220G，BR上联CR 80G，IDC出口900G；光宽接点：OLT共552台，OBD共10.997万个，光端口94.22万个；支持千兆的OBD9.9万台、光端口85.45万个，千兆网格覆盖全市五县一区及99个乡镇（街道），全市实现千兆网络接入。有光纤用户38万户，100兆以上35万户，100兆占比超90%；农村光纤用户20万户，100兆以上用户18万户，100兆占比90%。推进5G网络建设，完成610个室外站和642个pRRU以及赣深高铁62个红线外站点及112台室分的建设开通工作，实现全市乡镇100%通达，快速提升用户体验，保障高铁通车后的通信服务。持续提升4G覆盖，新建开通271个4G站点，其中4G站址数基站达3024个，4G小区数达7333个，全面改善电梯、停车场、室内深度区域和农村偏远地区的网络质量4G网络覆盖，全市行政村覆盖率100%，自然村覆盖率提升4%，新增20户以上自然村覆盖200个，达到6062个；落实共建共享要求，与联通开展4G/5G网络共建共享工作，5G站点开通即共享，共享率100%，电联深化4G共享，全年电联双方共开通使用4G小区1808个。

助力“智慧河源”信息化建设 承建东源智慧新警务、源城雪亮工程项目，承建金额超8000万元，新建701个前端监控，基于云计算、大数据、物联网等技术，打造智能化、功能完备、绿色环保、安全可靠的云计算中心，汇聚公共安全海量数据，建设大数据平台，构筑以人、车、物为重点关注目标的视频图像信息线索、案事件、关联分析等多类专题业务数据库，为公安开展大数据和人脸、车辆等实战业务奠定基础。加强“数字政府”政务云运营，完成多次扩容，可提供近2万核计算资源，上线80个单位162个政务应用系统，并完成国产化资源池建设，不断优化服务流程，创新服务方式，推进数据共享，助力提升政务服务智慧化水平。

在完善“12345”热线运营基础上，与技术人员共同研究开发“面对面”公开征集小程序和“面对面”系统，通过小程序和系统快速实现群众诉求问题在分发、办理、督办、处理结果反馈和群众满意度评价等环节的互联网流程化运作，做到接得“快”、分得“准”、办得“实”，提升服务质量和办理效率，助力市委书记、市长“面对面”解决民生问题。

推动数字乡村建设，河源电信与全市近70%行政村（居委会）签订数字乡村合作协议。

严格执行实名制规定 杜绝非实名入网，确保人证一致。2021年新入网实名率100%，开展在网存量用户疑似未实名用户整改清理工作，确保在网用户100%实名，严格执行过户、补换卡等业务办理规范，执行线上线下实名认证方式不得混用，开展疑似风险入网监测、核查处置与筛查模型优化，提升技防、人防的主动性、有效性、针对性和及时性。

打击发送垃圾短信行为 规范流程加强短信审核管控，严格控制用户关怀网内短信数量，对高频发送短信、被举报发送垃圾短信及疑似发送垃圾短信的号码一律停机处理。2021年分公司垃圾短信被举报量为0宗。

打击通信信息诈骗 优化反诈专项管理机制和技术手段，实现重点业务风险管控四个100%目标（语音专线100%主叫鉴权，100%关闭除白名单外的语音专线呼转，100%关闭号码隐藏，移动新装、补换卡号码100%外呼回访）；派员进驻市公安反诈骗中心，配合政府部门的防范打击诈骗行动，打击通信信息诈骗高发态势。*（江奕君）*

【中国铁塔股份有限公司河源市分公司】 中国铁塔股份有限公司河源市分公司（以下简称“铁塔河源市分公司”）主要从事通信铁塔等基站配套设施和高铁地铁公网覆盖、大型室内分布系统的建设、维护和运营。2021年，公司推动转型升级，强化创新驱动，践行新发展理念，做大共享文章，着力深化行业共享，拓展社会共享。全年营业收入1.67亿元，资产规模6.81亿元；截至年底，公司站址总数4388个，租户6527个（移动3067个、联通1310个、电信2150个），站址共享率48.75%，减少新建铁塔近1650座，节约投资2.7亿元，节约土地3.7万平方米。

加强规划，统筹推进5G基站建设取得显著成效 自2019年下半年起，铁塔河源市分公司统筹三家运营商（中国电信、中国移动、中国联通）5G建设需求并启动建设。截至2021年12月，完成河源三大运营商2211个5G基站建设任务，投入5G建设资金4530万元。

根据《河源市加快5G产业发展行动计划（2019—2022年）》文件要求，铁塔河源市分公司加强规划统筹，扩大5G建设覆盖区域，主要覆盖全市五县一区主要区域、各乡镇街镇、赣深高铁沿线及各区县新发展区域。

突破地域观念，实现高效监控和保障 在故障处理方面，铁塔河源市分公司通过运维平台集中监控全市基站站址，集网管监控和故障派单于一体，提供7×24小时不间断故障申告服务，做到对故障及时发现、定位和排除，实现故障全流程闭环管理，提升故障响应速度；在电力保障方面，铁塔河源市分公司具备动力配套设施的站址全部安装动环监控，第一时间采集停电信息上传运维监控平台，平台根据机房（机柜）内蓄电池续航时长，动态派发发电工单，让维护人员第一时间响应发电需求，通过蓄电池备电、油机发电等方式提供后备电力续航服务，确保机房7×24小时不间断供电，保障设备持续稳定运行。

整合资源多元化拓展 铁塔河源市分公司利用站址资源、持续的电力保障、集中的维护平台以及便利的通信条件，整合站址资源，传输专线及多种第三方设备，为客户提供从数据采集、回传、汇总到分析及应用的端到端的“一揽子”服务，向不同行业的客户提供站址资源服务和基于站址的信息服务。

共享发展、绿色发展、协调发展 铁塔河源市分公司以深化行业资源共享、面向各行各业的社会共享、减少重复建设和资源浪费、促进移动通信持续快速健康发展为目标，在缓解城市多塔林立、美化城市环境方面做出贡献，同时为抢险救灾、各种突发事件和重大社会活动提供通信保障。　*（叶　科）*

商务

编辑：李文举

商贸流通

【概况】 2021年，河源市社会消费品零售总额387.62亿元，比上年增长7.5%。按经营地统计，城镇消费品零售额294.75亿元，增长7.1%；乡村消费品零售额92.87亿元，增长8.5%。从消费类型看，商品零售357.13亿元，增长7.4%；餐饮收入30.49亿元，增长8.3%。网络消费市场运行良好，限额以上单位通过公共网络实现商品零售额增长9.1%，增速比上年提高10.4个百分点。出台《河源市支持鼓励商贸流通业高质量发展促进消费增长若干措施》，从扶持培育新增限额以上商贸企业、鼓励限额以上商贸企业规模发展、鼓励消费载体提质升级三方面，对符合条件的限额以上商贸企业给予资金扶持。同时，按照“质”与“量”并进、以“质”为先的原则，挖掘条件成熟的企业入库。2021年推动66家商贸企业申报入库。举办大型车展、汽车下乡、“家520”购物节、电商促消费购物节等系列促消费活动，推动消费市场持续复苏、稳步发展。

【电子商务】 2021年，河源市商务系统指导举办农村电商培训班71期，培训数量约2000人次，新增127个镇村电商服务站点，入驻各县级电商公共服务中心的企业150多家。东源县获得2021年国家级电子商务进农村综合示范项目。

2021年1月，河源市商务局指导连平县举办电子商务进农村电商普及培训班

（市商务局 提供）

举办河源网上年货节、粤贸全国·万绿河源等线上促销活动，促进直播电商发展，拓宽农产品销售渠道。（潘秋玲）

粮油业

【应急供应网络建设】 2021年，河源市按照国家和省的有关要求，加强全市粮油应急供应网点合理布局，调查和摸底全市粮油应急供应网络建设情况。按照“每个乡镇、街道应至少有1个应急供应网点；各市、县政府所在地人口集中的社区，每3万人应至少有1个应急供应网点”的要求，分解下达粮食应急网点建设任务。年末，全市确定粮食应急保障企业共计150家。其中，供应网点114家，加工企业13家，储运企业7家，配送中心6家，应急保障中心10家。全年全市粮食应急体系建设投入26.05万元，其中，市级5万元，县（区）级21.05万元。

【粮油价格监测预警机制】 河源市建立粮油价格信息监测点5个（其中1个为国家直报监测点，4个为省直报监测点），定期采集粮食供求和价格信息。通过定期采集、分析全市粮食市场供求和价格信息，随时掌握粮食市场供求和价格动态变化情况，及时报告主要粮食品种的价格、质量等信息，为政府实施粮食宏观调控、制定粮食应急决策提供可靠依据。

【应急预案及制度体系建设】 2021年，河源市根据《广东省粮食应急预案》并结合实际，对《河源市粮食应急预案》进行草拟修订，并将修订后的预案送各相关单位征求意见和进行评审，报市政府批准并以市政府办公室名义于2021年12月印发实施。

【粮食应急培训工作】 2021年，河源市为贯彻执行好新修订的《国家粮食流通统计调查制度》及《广东省粮食应急预案》，12月17日，举办2021年粮食流通统计及应急预案视频培训班。市及各县（区）粮食和储备部门业务负责人、具体负责各项统计业务及粮食应急工作的相关工作人员共24人参加视频培训。通过培训，参训人员熟悉新制度新预案，掌握粮食统计年报填报审核要点，为做好粮食统计及应急工作打下良好基础。

【规模以上粮食加工企业社会责任储备试点工作】 2021年，河源市按照《广东省发展和改革委员会 广东省粮食和物储备局 广东省财政厅 中国农业发展银行广东省分行关于开展规模以上粮食加工企业社会责任储备试点工作的通知》，稳妥推进规模以上粮食加工企业建立社会责任储备，探索企业社会责任储备的具体标准、激励约束机制，动用办法等。通过试点，形成可复制推广的经验做法，逐步建立常态化的社会责任储备和相应的运行管理机制。按照以上要求，河源市粮食和物资储备局、河源市财政局、农发行河源市分行共同制订《河源市规模以上粮食加工企业社会责任储备工作方案》，并报送市政府审定后，按照该方案委托第三方机构进行竞争性谈判，确定了规模以上粮食加工企业社会责任储备企业，落实社会责任储备粮1000吨。 （黄永生）

供销合作业

【概况】 2021年，河源市供销合作系统有市级供销合作联社1个，县（区）级供销合作联社6个，乡镇级供销合作社95个。实现销售总额25亿元，比上年增长27.3%；实现利润总额1179.85万元，增长103.5%。

【联农扩面五项工程扎实推进】 2021年，河源市供销系统实施村级供销社联农、镇级供销社联农、县域助农服务平台联农、农民专业合作社联农、农业产业化联合体联农5项联农带农工程，推进供销基层组织发展，拓展业务范围，提升服务“三农”水平。打造具备3项以上服务功能的镇级供销社16个，建设村级供销社29个，新增培育农民专业合作社42个，发展特色农产品全产业链服务示范基地3个，建设农业产业化联合体26个。基层社营业总收入增长率24.7%，基层社所有者权益增长率23.4%。

【全程农业社会化服务网络构建】 2021年，河源市供销合作系统推动河源供销公共型农产品冷链物流基础设施骨干网建设（以下简称“骨干网”）和广东供销放心农产品区域直供配送子平台建设（以下简称“直供配送网”）。市供销社、源城区和东源县供销社入股放心农产品直供配送省级平台，并完成注册资本金认缴。广东新供销天业冷链东源基地（5万吨）建设一期建设完成，龙川、和平、紫金冷链物流基地（各2万吨）确定项目选址，其中紫金项目动工建设。通过骨干网和直供配送网，全市供销系统共建设6个区域农产品直供配送子平台、23个“供销农场”生产示范基地，带动对接全市农民专业合作社56家，带动农户6000多户，实现农产品累计购销1.5亿元。完成土地全托管2346.67公顷，开展农业社会化服务面积17053.33公顷。

【完善联合社治理】 2021年，河源市供销合作系统各级联合社按照章程如期召开社员代表大会、理事会和监事会全体会议，完善组织架构建设。源城、东源、龙川、紫金、连平县社均召开代表大会，选举产生理事会、监事会成员，市县两级联社均完成“三会”制度建设。调整完善社有资产管理委员会，规范运作，成立合作发展基金，印发基金管理制度。

【农副产品行业】 2021年，东源县供销社以其集团公司牵头，整合配送中心经营网络、再生资源回收、农村电商和农村金融升级改造助农服务综合平台。和平县供销社与东森堂和平农产品开发有限公司合作，建设面积6000平方米的助农服务综合服务平台，服务功能内容包括农村电商、农产品分拣中心、农产品购销加工、冷链物流配送、农资农技培训等。

【安全生产】 2021年，河源市供销合作系统执行“一岗双责”制度，推进实施安全生产“一线三排”（坚守发展决不能以牺牲人的生命为代价这条不可逾越的红线，对生产过程中存在隐患进行排查、根据隐患排除难易程度及影响程度进行排序、排除隐患措施、过程），以排查治理安全隐患为重点，防范和遏制发生重特大事故为目标，落实以烟花爆竹批发企业及所属零售网点、加油站以及危旧楼房等经营领域和薄弱环节的安全隐患排查整治工作为重点的安全生产责任制。督导各县（区）供销社及社有企业制定完善行业风险隐患排查指南，建立健全经常性、常态化安全生产检查巡查工作机制。全市供销系统实现全年安全生产零事故的安全管理目标。 （周 维）

卷烟业

【概况】 广东省河源市烟草专卖局（公司）下辖东源、龙川、紫金、连平、和平5个县级烟草专卖局（分公司），2021年年底，全市有从业人员503人。

2021年，广东省河源市烟草专卖局（公司）统筹做好疫情防控和生产经营，主要经济指标持续优化，完成各项目标任务。是年，获得广东省五一劳动奖章、广东省法治文化建设示范企业、连续三十一年广东省守合同重信用企业等称号。

【卷烟经营】 2021年，广东省河源市烟草专卖局（公司）贯彻落实“总量控制、稍紧平衡，增速合理、贵在持续”十六字方针，将保持良好的市场状态摆在突出位置，卷烟经营呈现持续向好态势。落实“136、345”品牌发展目标，打造一批“发展定位清晰、引领消费趋势、价值持续提升、充满生机活力”高质量品牌。梳理全市20支网络终端建设，规范星级评价流程，推广“易灵通”店铺管家。推广20同话社区，成立全市运维小组，建立运行机制，开展零售户特色活动，全市激活K吧客户7393户，共享文章16篇，开展线上活动9次。率先推进河源市茄香吧建设，实现20支经营水平提升。

【专卖管理】 打假打私 2021年，广东省河源市烟草专卖局（公司）持续深化“烟草+多警种”办案模式，发挥情报小组作用，开展打击涉烟违法犯罪“蓝剑”专项行动，推进打击非法卷烟中转分销“斩链”行动。查获运输假、私、烟叶烟丝案件30件；查处涉烟案件767件，查获假烟4596万支，走私烟86万支，烟叶烟丝42吨，滤嘴棒587万支，案值超5000万元；捣毁假烟仓储窝点8个，协助政法机关刑事拘留涉烟犯罪嫌疑人20名，逮捕13名，判刑2名，破获国标网络案件2件，省标网络案件5件。

市场监管 推进“守护成长”专项行动，查获全省首宗向未成年人售烟案，依法开出全省首份向未成年人售烟的行政处罚决定书。深化违法违规大户治理，落实“双随机、一公开”和“APCD”工作法，坚持“零容忍态度，顶格化处理”，查处违规大户62户，查处5万元或5万支以上真烟案件73件。

2021年3月15日，河源市烟草专卖局东源县烟草专卖局会同市县双打办、财政、公安、检察、法院、市场监管等部门举行2021销毁假冒伪劣烟草专卖品现场会，公开销毁2020年以来查没的案值2000多万元假冒伪劣烟草专卖品　　　　（市烟草专卖局　提供）

证件管理 始终站在维护专卖专营体制、建设现代烟草体系、推进行业高质量发展的高度，化解零售户数量过快增长问题。全面修订发布《全市烟草制品零售点合理布局规定》，按照广东省烟草专卖局关于排队轮候工作要求，落实黑名单维护制度。　　（李子灏）

盐　业

【概况】 2021年，河源市销售盐产品8665.1吨（小包装盐销售6951.9吨），其中高端盐销售80.5吨，中端盐销售3467.8吨，普通盐销售3403.6吨，营业收入为2396.8万元。

【品牌宣传】 2021年，广东省盐业集团河源有限公司春节期间以“喜迎新年，总有粤盐”活动主题开展品牌宣传活动，向广大市民派发宣传折页近2万张、宣传海报1000份，传递粤盐安全、健康、美味的品牌理念。以“3·15”消费者权益日为契机，携手市场监督管理局、消费者协会等部门在全市开展以“守护舌尖安全，悦享放心粤盐”为主题的食盐安全科普活动，向广大市民科普健康用盐知识，活动派发宣传折页约1万份、《食盐安全小百科》约5000本。以“5·15”防治碘缺乏病日为契机，联合市场监督管理局、疾病预防控制中心等部门，围绕“科普碘盐办实事，粤盐力行守健康”的主题在全市范围内开展防治碘缺乏病宣传活动，普及防治碘缺乏病日宣传核心信息及碘盐相关知识，活动派发单张、折页3万份。以全民营养周和“5·20”中国学生营养日为契机，在全司上下开展地推宣传活动，普及少吃盐、吃好盐的健康理念，派发“三减三健”（三减：减盐、减油、减糖，三健：健康口腔、健康体重、健康骨骼）宣传单张约2万张、宣传环保袋约5000个。利用中秋、国庆双节消费契机，联合河源日报社，以“欢乐庆双节，粤盐添滋味”为主题，深入社区开展“我为群众办实事”科普健康用盐公益宣传活动，把绿色、健康、安全的“粤盐”和食盐安全科普知识送到百姓家门口，推进高端盐的推广、宣传和销售，活动派发宣传单张2万张、宣传环保袋3000个。与河源广播电视台携手合作，利用电台广播、新媒体短视频播报粤盐低钠盐产品宣传广告，强化“粤盐”品牌与安全、放心、健康、品质等关键词的认知关联，提升消费者对“粤盐”产品的认可与信赖。

【食盐储备】 2021年，广东省盐业集团河源有限公司成立食盐储备管理工作领导小组，由执行董事任组长、副总经理任副组长、经营管理部人员为成员。及时与市工信局签订食盐储备合同，落实食盐政府储备任务（800吨）。按照上级要求做好食盐储备工作。加强储备库点管理，确保储备安全规范。做到规范标牌标识，制度张贴上墙；规范作业管理，保持库容整洁；严格轮储规定，确保质量合格；防护设施到位，确保安全管理。实行存放挂卡管理。在每个政府储备食盐品种存放显著位置前挂卡，每日及时登记进出数量，按品种记载明细账，按月汇总上报市工信局。实行定期盘点制度。每月对政府储备食盐数量进行盘点，确保台账数量与实际库存一致。做好应急管理。加强食盐储备和应急管理，确保在发生突发事件和自然灾害时食盐的稳定供应。 （邵　新）

石化销售

【概况】 中国石化销售股份有限公司广东河源石油分公司是河源地区成品油供应的主渠道。该企业拥有河源地区唯一一座成品油储存油库及遍布城乡的加油站网络。2021年在营加油站94座，易捷便利店网点94个，主要从事汽油、柴油、润滑油和车用天然气（LNG和LPG）的零售、直销、批发及便利店非油品销售等业务。

【经营业绩】2021年，中国石化销售股份有限公司广东河源石油分公司加快智慧油站建设，在加油站开通“加油闪付”“扫码购”等多种形式支付手段，推广自助专区，超过36万会员通过电商网站、官方微信和App享受互联网时代营销新体验。全年营业收入47.25亿元，全省排名第11，高于河源GDP全省排名，日均服务客户6.35万人。

【安全环保生产】2021年，中国石化销售股份有限公司广东河源石油分公司通过QHSE体系，落实风险分级管控，关注加油加气站、综合汽服等新业态风险，加强过程管理，聚焦风险防控，提升加油站接卸油准确率，各级政府质量抽检合格率100%。持续推进绿色加油站建设，加强油站水、土、气、固废等设施设备建设、保养,实现环保依法合规，助力生态河源建设。 （曾丹萍）

对外经济贸易

【概况】2021年，河源市外贸进出口总额306.9亿元，比上年增长4.7%。其中，出口246.6亿元，增长1.9%；进口60.3亿元，增长17.8%。

【对外经济贸易结构】 2021年，河源市对外经济贸易结构从贸易方式看，加工贸易进出口159亿元，比上年增长20.2%；一般贸易进出口85.4亿元，下降0.6%；开展市场采购贸易出口约60.7亿元，拉动全市进出口增长约20.7个百分点。从企业性质看，外商投资企业进出口187.8亿元，增长16.9%；民营企业进出口119.0亿元，下降10.1%。从进出口商品看，进口商品前三位分别是机电产品、高新技术产品、初级形状的塑料；出口商品前三位分别是机电产品、劳动密集型产品、文化产品；累计出口活猪21.42万头，出口总额达7.63亿元，下降25.1%，出口活猪数量排名全国地级市首位，在中国香港活猪市场占有率近三成。从贸易伙伴看，贸易额前三位分别为美国（进出口74.8亿元，比上年增长5.7%）、中国香港（进出口56.9亿元，增长13.7%）、东盟（进出口35.4亿元，增长3.4%）。

【外贸活动】 2021年，河源市组织企业参加第129届网上广交会、第130届线上线下广交会、进博会、2021粤澳名优展等展会,通过省驻境外经贸代表处、市驻境外商务联络处平台发布企业需求信息，组织企业入驻新西兰广东商品展销中心、南太平洋中国商品线上交易中心、菲律宾广东商品展销中心，助力企业抢抓订单，开拓海外市场。

对外及台港澳经济合作

【招商引资】 2021年，河源市签约项目205个，计划投资总额1090.83亿元（其中工业类186个，计划投资总额937.78亿元）；动工项目153个，计划投资总额538.33亿元（其中工业类138个，计划投资总额462.32亿元）；投产项目90个，计划投资总额248.7亿元（其中工业类89个，计划投资总额248.2亿元）。签约项目中，计划投资总额超亿元项目160个，超10亿元项目26个，项目主要涉及电子信息、智能装备、智能家居、新材料、模具等行业。制定印发《河源市招商引资工作体系指引手册（试行）》，提升招商引资工作的服务质量和效率；成立河源市招商引资“海豹突击队”，打造河源精准招商引资工作队伍；推行工业类招商项目挂图作战服务制度、招商项目首席服务官制度等工作机制，加强对项目进展情况的动态管理。聚焦河源市主导产业、重点项目主动出击，上门拜访食品饮料知名品牌企业，开展“一对一”精准招商活动；对接相关行业商协会，开展商协会招商。举办2021年春季重大项目集中动工活动、河源市2021年美丽乡村民宿招商推介会、河源市2021年电子信息产业招商推介会、2021年河源市第三季度重大项目集中动工暨招商项目签约活动、河源市2021年高铁经济系列经贸活动及华润怡宝饮用水项目、铂科新材料项目、固达机械制造项目、卓翼科技项目、农夫山泉三期项目专场签约仪式等活动，持续掀起招商引资工作的“新热潮”。

【外商直接投资】 2021年，河源市实

2021年9月，河源市举办第三季度重大项目集中动工暨招商项目签约活动
（市商务局 提供）

际利用外资10.61亿元，比上年增长64.2%，增速排名全省第六，其中制造业实际利用外资4.9亿元，下降9%。新设立外商直接投资项目（企业）28个，合同利用外资22.05亿元，下降10.88%，其中高技术产业（制造业）合同利用外资2.51亿元，下降26.85%。增资扩产外资项目21个，增资总额达12.92亿元。

（潘秋玲）

海关

【概况】 2021年，河源海关统筹疫情防控和促外贸稳增长工作，提升监管效能，增强稽核查威慑力，监管出口活猪数量稳居全国地级市首位。提升服务经济质量和效能，进口整体通关时间排名广州海关第一，减免税、原产地政策帮助企业享惠近6640万元，企业升级计划助推关区高级认证企业数量“倍增”。

【综合业务改革深化】 2021年，河源海关深化“智慧海关”建设。关区8家供港澳猪场复制推广供港澳活猪智能立体检疫监管系统；推进“两步申报”改革。一对一跟进指导重点企业，实施“每周一报”，强化分析监控，确保应用率提升；持续压缩进出口通关时间。12月，河源海关进口、出口整体通关时间在广州关区分别排名第一和第二。

【企业升级计划实施】 2021年，河源海关摸清辖区企业底数，多种形式开展动员，制订和开展“企业升级计划”；关地联动推进计划落实，与河源市商务局、东源县政府签署合作备忘录，合力帮促辖区进出口企业质量提升；创新实地认证流程，变四大标准“独立考评”为“串联评育”，创新“不见面”实地认证方式，提升培育效率。培育海关高级认证企业16家，总数增至34家。

【支持打造高质量发展平台】 2021年，河源海关支持申建综合保税区、保税物流中心（B型），密切与广州海关职能部门沟通，做好申建过程中的政策指导、材料审核、协调联络等日常工作，并就项目存在问题专报地方党政领导，为推进项目建设提出合理化建议；支持促进车检场转型发展，密切与市县区商务部门联系配合，就深圳市产业园区发展促进会计划在河源投资建立跨境电子智慧产业园项目进行深入研究并提出意见建议。

【促进监管质效提升】 **持续提升后续监管效能** 2021年，河源海关强化稽查威慑作用。深入开展涉税、再生金属、跨境电商等重点领域专项稽查，办结稽查作业11宗；创新核查工作方式。推进采信第三方报告改革，优化线上核查作业模式，提高核查工作效率；探索实施企业自查结果认可模式改革，便利高资信企业生产经营；办结核查作业88宗，核查有效率60.23%；推进稽查业务改革，突出查发主导，围绕稽查理念、重点、机制、资源、保障以及风险防控6个方面进行深入研讨，制定推进实施措施，确保改革落地见效。

提升征管质量 2021年，河源海关抓好重点税源企业调研，做好月度税收监控和预测分析，科学研判每月关区税收走势，及时优化调整综合治税措施；引导异地企业回流纳统，针对河源企业以外地总部名义申报进出口的问题，制定针对性措施，关地联动引导企业税款回流；全面支持大宗商品进口，专人专岗协助企业进口煤炭额度审批，加强与职能部门、进口口岸沟通联系，争取并获批4船次约30万吨进口额度。

筑牢生物安全防线 2021年，河源海关抓好疫情防控。选派2名干部分别参与海关总署、广州海关疫情防控专班，参与地方农贸市场和冷链防控专班、陆空口岸防控专班工作，参与地方防控会议；全力保障供港澳活猪安全稳定出口。做好非洲猪瘟防控，保障活猪出口。助力东瑞集团敲钟上市并成为河源首家A股主板上市企业；做好风险监测和疫病监控。完成非洲猪瘟等疫病监测24次，抽样送检样品4000个；开展安全风险监控8次，抽样送检样品176个；强化进口粮检疫监管。受理进境粮食调运申请65批次、28.098万吨，比上年增加2.17倍和3倍。

保持打击走私高压态势 2021年，河源海关立足关区反走私工作特点，坚持打防结合，推动全员打私、智慧缉私、综合治理。缉私分局刑事立案7件，增长250%，涉案案值1.81亿元。其中，查获涉嫌通过伪报品名、低报价格、伪报贸易方式进口的邮包2030个，走私进口的奢侈品牌皮包、项链一批，案值约5000万元，淫秽书刊和光碟近

1000册（个）、走私冻品牛肉13.6吨、走私枪支及配件若干；行政一般案件立案10件，比上年增长150%，案值1.75亿元，涉税553万元。其中一起案件获署局批准作为行政大要案，另一起加工贸易案件案值达1.5亿元、涉税250万元，被海关总署列为督办案件。

【外贸服务增添新动力】 2021年，河源海关支持重点企业、重点项目稳定发展。制定对接重点项目企业工作方案，针对疫情影响、用柜难、限电等问题开展调研，收集诉求和困难，逐条逐项解决，帮助企业稳产达产；支持加工贸易快速发展。综合实施以企业为单元改革、内销集中纳税、免收风险担保金等惠企措施，全年加工贸易进出口159亿元，增长20.2%。

坚持问题导向，帮助企业做大做强。帮助竹木草制品扩大出口。指导解决企业台风雨季抢出口难题累计出口7233批次，货值6518.8万美元，帮助竹木草生产企业稳住订单，直接带动3000余名村民实现家门口就业，助力乡村振兴；帮助企业用足用好海关税收政策。推动原产地改革政策措施落地，签发原产地证书6995份，助力“河源制造”享惠约5865万元。累计为农夫山泉、景旺减免税款约775万元；提升“河源制造”品牌质量。为皓勤等4家企业开展知识产权培塑，对企业关切问题实行“清单式管理”并及时清零反馈。

强化海关统计，服务地方党政决策部署。组建关区政研团队，学习研究海关和地方“十四五”发展规划，结合关区业务实际，为地方研究制定《推进贸易高质量发展的行动方案》出谋划策；强化外贸分析研判。落实“快、广、深”的工作要求，运用内外部资源，拓宽统计分析广度和深度，做好每月外贸形势分析，提升快报、月报分析水平。累计报送统计分析文章11篇，提供统计数据服务26次；及时做好外贸监测预警，动态监控重点数据完成情况，及时通报地方政府优化调整稳增长措施。

（刘　鹏）

打击走私

【概况】 2021年，河源市开展“国门利剑2021”、“海啸2021”打击成品油、打击冻品、打击野生动物及其制品走私专项行动，打击整治流通领域农产品、打击整治“三无船舶”（无船名船号、无船舶证书、无船籍港的船舶）专项行动和“清湾”行动，参与珠江口水域反走私联合行动，重拳打击走私违法犯罪活动，推进反走私综合治理，遏制不法分子的走私违法活动。全市公安机关侦破涉走私刑事案件46件，刑拘109人，逮捕92人，涉案值4000多万元。

【成品油走私打击力度加大】 2021年，河源市加大成品油走私打击力度。全市共侦破成品油涉走私刑事案件3件（其中侦破“飓风126号”非法经营成品油专案，得到省公安厅的肯定和表扬），逮捕犯罪嫌疑人12人，起诉1人，现场查扣成品油308.51吨。

（宋永鸿）

旅游业

编辑：李文举

综述

【概况】 2021年，河源市文化广电旅游体育系统以“融湾”为“纲”、“融深”为牵引，全面践行“绿水青山就是金山银山”理念，加强文旅资源保护开发，提升旅游服务质量，加大营销推广，规范市场监管，聚力打造全域旅游河源样本，建设粤港澳大湾区优质生活重要承载地，助力全市文旅企业经济复苏提振和产业融合高质量发展，实现“十四五”河源旅游事业开新局、起好步的预期目标。全市接待旅游人次650.19万人次，旅游总收入51.09亿元。

【全域旅游】 2021年3月31日，河源市政府召开全市全域旅游示范区创建工作推进会，全面部署全市全域旅游发展工作，加快旅游业高质量发展。是年，和平县、龙川县成功创建省级全域旅游示范区。截至年底，全市有4个省级全域旅游示范区，数量居全省前列。

旅游产业提质扩点 着力推动万绿湖风景区创国家AAAAA级旅游景区，投入5.5亿元对景区的景观质量、基础设施配套、文化内涵、服务水平等方面进行全面改造提升；2021年，霍山景区成功创建国家AAAA级旅游景区，和平温泉之都（热龙温泉）获评省级旅游度假区，源城野趣沟旅游区、龙川绿油花果树小镇成功创建国家AAA级旅游景区；新评6个省级休闲农业与乡村旅游示范点、2个省级休闲农业与乡村旅游示范镇、1个省级休闲农业与乡村旅游重点县、3个省级文化和旅游特色村、3条省级乡村旅游精品线路。

乡村旅游创新发展 举办第三届乡村文旅融合创新大赛，通过“以奖代补”扶持激励机制形式，支持河源市乡村旅游点、精品民宿、红色旅游点、文旅商品发展；配合农业农村部门承办河源市2021年美丽乡村民宿招商推介会，188个民宿建设项目达成投资意向，为河源市乡村旅游业规模化、品牌化、集约化发展打下坚实基础。全市民宿业态发展态势良好，知名度持续攀升，发展经验在全省得到推广。是年，义合镇被评为省乡村民宿示范镇，杨家小院等8家民宿被评为省乡村民宿示范点。

文旅融合巩固突破 推动“旅游+工业”产业融合，打造百家鲜、云彩实业等工业旅游点，新评省级工业旅游精品线路1条，推动1家企业入选省工业旅游培育资源库；推动“旅游+教育”产业融合，组织编制《河源市研学旅行机构服务规范》，并于是年1月正式实施，河源成为广东省第一个发布研学服务地方标准的地级市；开发一批河源特色“客家文化研学实践教育精品课程”和“河源红色文化研学实践教育精品课程”等一批精品教材；设计6条特色精品研学线路；举行“两晚三天”研学实践教育精品线路推介会，与深圳、东莞、惠州签订河深莞惠研学联盟合作协议，着力打造研学实践教育优质目的地和示范高地。推动“旅游+红色”融合，加大对红色革命文化遗址的修缮保护和开发利用，修缮紫金苏区革命遗址群、东源阮啸仙故居、龙川县五兴龙苏维埃政府旧址等一大批革命遗址，红色河源文旅影响力不断扩大。

【规范管理】 2021年，河源市文化广电旅游体育局做好星级饭店复核、全民禁毒、社会信用体系建设、质量强市以及政务服务等其他业务工作，推进文化和旅游行业规范化、标准化建设。按照法定程序做好文化市场营业性演出和旅行社设立审批工作。2021年依法受理旅行社设立、变更、注销事项22项，依法审批文化市场涉外及涉港澳营业性演出申请4项。落实《河源市民宿管理实施细则》，加快民宿登记管理工作，提升民宿业经营服务水平，截至2021年12月31日，全市完成民宿登记159家。不断提升旅游服务质量，通过举办全市旅行社服务质量提升培训班，加强全市旅行社服务质量和安全生产工作，提高诚信经营和文明旅游意识，推动全市旅行社在后疫情时期加快转型升级，实现高质量发展。组团赴清远市、韶关市考察学习民宿行业监管和建设经验，加快民宿行业规范性建设和发展。深入推进旅游住宿业转型升级，推动文化和旅游深度融合发展，指导河源福朋喜来登酒店和河源春沐·禾悦庄温泉酒店获评广东省首批金鼎级文化主题旅游饭店。落实星级旅游饭店退出机制，提升星级饭店设施标准化、服务规范化、管理科学化水平，对2家运营质量下降的二星级酒店取消星级资格。是年，河源市文广旅体局指导成立河源市旅行社等级评定委员会，发动符合条件的旅行社参与评定。指导翔丰国际旅行社、好世界旅行社申评AAAA级旅行社；指导旅行社建完善内部管理、人员培训制度，规范服务流程，严格落实旅游监管平台“一团一报”制度，推广使用电子合同，规范产品广告宣传；指导河源市导游协会开展培训活动，先后举办导游社交礼仪、演讲与服饰搭配、应急知识培训，举办首届政务导游选拔比赛、文明旅游志愿服务等活动12场，培训导游人员530人次，服务游客1200多人次。

【文明旅游】 2021年，河源市文化广电旅游体育局狠抓“创文”任务落实，推进文明旅游工作，营造文明和谐的旅游环境。利用悬挂横幅、LED显示屏滚动播放宣传标语、张贴宣传画、设置温馨提示等,在景区景点、星级饭店、网吧、娱乐场所、公共文体场馆等广泛开展创建全国文明城市、巩固国家卫生城市宣传，设计制作“巩固国家卫生城市”“文明健康有你有我”等宣传台牌2100套，横幅17条，发放给市区星级饭店、景区、娱乐场所摆放悬挂，营造浓厚氛围。组织举办2021年河源市文明旅游志愿服务活动、“与文明相伴与健康同行”——2021年河源市文明旅游志愿服务暨文明景区创建系列活动、2021年河源市传统文化体育及文明旅游进校园活动等文明旅游主题活动8场，累计参与志愿者224人，服务游客2800人次。培育和创建文明旅游示范单位，推荐河源客天下国际旅游度假区参加2021年度国家级文明旅游示范单位评选。

【旅游宣传推广】 2021年，河源市文化广电旅游体育局成功举办广州、深圳等七市旅游精准推介活动，河源“2晚3天”4条经典旅游线路备受大湾区游客关注。先后举办“2晚3天”旅行社金秋擂台赛、河源首批政务推广大使选拔比赛、“湾区之眼·河源怀抱”河源文旅大湾区全媒体行等活动。推出“文旅体惠民年卡”，购卡人数超2万人。推出“中国万绿湖·世界中华龙”文旅新口号，摄制《舞魅河源》文旅宣传片和《乡居美宿》河源民宿宣传片；与马蜂窝旅游网、南方卫视等平台及《河源日报》、河源广播电视台、《河源晚报》等合作推出大量宣传报道和文旅宣传推介作品。围绕赣深高铁通车冠名两组高铁列车开展沿线城市文旅推广，推动源城南片区景区景点“串珠成链”、结盟营销，打造“湾区零距离”南片区统一文旅品牌。

2021年中国旅游日河源主会场活动　（市文广旅体局 提供）

旅游餐饮与土特产品

【特色美食】 美味靓汤（10种） 五指毛桃龙骨汤、鲫鱼豆腐汤、客家猪肚鸡汤、塘虱乌豆汤、紫金牛肉丸汤、枸杞叶猪什汤、八刀汤（全猪汤）、酸菜鱼头汤、黄酒鸡蛋汤、鸡蛋腐竹汤。

特色名菜（20种） 东江盐焗鸡、客家娘酒鸡、板栗焖鸡、水晶（蒸）鸡、蒸鸡腿、客家酿豆腐、炸豆腐、上汤牛三鲜、紫金天光牛肉、清蒸桂花鱼、苦荬炒黄鳝、鱼生、仔姜焖鸭、蒸圆蹄、客家红焖肉、客家腊味、客家酿三宝、酸菜炒猪肠、煎酿鸡蛋（蛋角煲）、客家菜干煲。

风味小食（30种） 老隆牛筋糕、蒸（炒）米粉、炒板栗、忠信蒜香花生、客家豆腐花、猪脚粉、豆腐角、客家擂茶、酸萝卜、河源蛋卷、料花、花生麻糕、酥角、“牛耳朵”、炒米（米糕）、铁勺饼（铁勺喇）、月光饼、连平米饼、豆腐头饼、粄皮（铜盘皮）、灰水粽、油粄（煎堆）、糍粑、仙人粄（凉粉）、灰水粄、艾粄、萝卜粄、酿粄、蒸笼粄、米酵粄。

【客家乡土特产】 土特产品种类 河源土特产品种类多，且具地方特色。当地盛产品质端正、优良的板栗、鹰嘴桃、忠信花生、香菇等特产，勤劳智慧的客家人用传统的工艺，把它们加工成或美味可口、或具有保健作用的绿色天然食品、饮料、汤料，其品种齐全，部分产品走向系列化、品牌化，既活跃市场，又丰富群众生活。传统的土特产主要有：紫金辣椒酱、竹壳茶、龙川牛筋糕，连平火蒜、忠信花生、康禾茶、河源蛋卷、料花等。

河源新评十佳土特产 霸王花牌米排粉；聪明人奇异果果汁饮料；上莞仙湖茶；望郎回风味炒栗；绿纯客家喜酒；河之源山泉饮用天然净水；黄田牌黄田米酒；赵佗牌枫深腐竹；上莞丹仙湖茶；万宝源客家米饼。

旅游行业管理

【疫情防控】 2021年，河源市文化广电旅游体育局及时印发相关通知，要求全市文化和旅游系统坚持常态化新冠肺炎疫情防控和应急处置有机结合，全面压实属地监管责任和企业主体责任，做好疫情防控工作。全市公共文化场馆、旅游景区均采取预约、限流等方式开放，严格落实戴口罩、测体温、扫码登记等防控措施；星级饭店、民宿等场所严格执行入住旅客体温检测、查验粤康码（行程卡）实名登记、信息填报制度，加强人员管理。同时，参与防输入专班工作，严格各类演艺活动审批，开展全市娱乐场所、网吧等疫情防控常态化巡查，完成河源市疫情防控指挥部交办的各项工作任务。

【文旅企业安全监管加强】 2021年，河源市文化广电旅游体育局与各科室、直属各单位、市直各文化旅游企业签订《2021年度安全生产责任书》，全面压实安全生产工作责任，持续开展安全生产专项整治三年行动。在重要节点、重要时段开展安全生产大检查，排查治理各类风险隐患。累计开展各类安全检查21次，共出动检查人员833人次，检查文化、旅游企业402家次，排查各类安全隐患均跟踪落实整改并实施相应的管控措施。

【高危旅游项目管控】 2021年，河源市文化广电旅游体育局督促A级旅游景区加强对游船、客运索道、大型游乐设施设备、观光车等的安全检查和维护保养；加强游泳池、漂流等高危项目的日常监管；关停没有安全许可的玻璃桥、玻璃索道、滑道等高风险项目。

【市场综合执法加强】 2021年，河源市文化广电旅游体育局开展专项整治13次，出动执法人员13200人次，检查文化经营场所2310家次、涉旅企业915家次。

【安全生产宣传培训】 2021年，河源市文化广电旅游体育局参与和开展安全生产各类主题活动5场，派发宣传资料逾2000份；先后举办全市旅行社安全生产管理培训、旅游客运包车安全讲座，指导旅游企业提升安全生产工作水平；及时发布旅游出行安全温馨提示和天气预警预报信息，提高旅游企业和游客的安全红线意识，全年发出预警信息、温馨提示、安全知识900条次。9月22日，在万绿客家驿站举办全市民宿消防安全管理培训班暨消防安全应急演练，全面加强民宿行业消防安全管理，提升消防工作水平。

AAAA级旅游景区

【万绿湖风景区】 万绿湖景区位于东源县境内，距市区6千米，是新丰江水库建成后的华南地区最大的人工湖，因其处处是绿、四季皆绿而得名。湖区总面积1600平方千米，湖中360多个绿岛，水域面积370平方千米，平均深度30米至40米，最深处达到80多米，库容量139亿立方米，水质达到国家地表水Ⅰ类标准，水域壮美、水质纯美、水性恬美、水色秀美，与云南的西双版纳、肇庆的鼎湖山一起，被誉为北回归线上沙漠腰带的“东三奇”。至2021年，以万绿湖为依托，形成的景区、景点主要有桂山、镜花缘、万绿谷、万绿湖客家情馆、镜花岭、龙凤岛、水月湾、送水观音等。

桂山风景区 依山面湖，山环水抱，主峰千秀峰海拔1056米，自然风光得天独厚。花、果、山、林、石、溪、藤、瀑形成桂山风景区的八大特色，素有“植物王国、动物乐园、旅游天堂”之美誉。至2021年年底，风景区开发有三大功能区：生态文化体能娱乐区、杂技表演娱乐区、保健养生娱乐区及摘果观湖区，是野营、环保、教育、拓展训练、旅游观光、休闲度假的理想之地。

镜花缘景区 依托万绿湖优美的自然风光和良好的生态环境，以清代著名的小说家李汝珍的长篇古典神话名著《镜花缘》为文化底蕴，将中国古典传说与自然环境巧妙地融合在一起。景区主要项目有大型客家歌舞、仙女戏水狂欢、高空速降、红颜洞、森林攀爬、水上娱乐、迷缘阵、5D电影、碉楼小镇等。

万绿谷休闲度假旅游区（简称万绿谷） 位于东源县新回龙镇东星村万绿湖畔，距河源市区约30千米，是万绿湖环湖公路上第一个原生态自然渔村。景区由原生态体验区和叶屋坪湖边渔家度假区两大部分组成，精彩项目有空中漂流、原生态体验区、沙滩排球、田园采摘、干塘捕鱼、天然泳场、野趣烧烤场、乡村卡拉OK、篝火晚会、烟花会演等项目。

【巴伐利亚庄园】 巴伐利亚庄园是国家级旅游度假区，位于广东省河源市源城区，地处万绿湖水脉和大桂山龙脉交汇之处，占山地面积近5平方千米，距香港、深圳、广州仅2小时车程。2021年，庄园创新融合金融保险、医疗教育、生物科技、农场体验、国药温泉等资源，打造健康养生、禅修养心、度假养老的“三养度假”梦想庄园，是一个集娱乐游玩、美食购物、休闲养生度假的理想之处。

【客天下河源水晶温泉度假区】 客天下河源水晶温泉度假区，是省级旅游度假区，位于源城区高埔岗，距市区13千米，占地面积133.33公顷。温泉水资源十分丰富，有12个泉眼，日流量9000立方米，平均水温68℃，勘测日流量近万吨，含有40多种有益身体的微量元素，是广东省内唯一同时富含游离二氧化碳和氡的矿疗温泉。度假区以世界沐浴文化为主题，有热带风景区、中国浴区、日本浴区、别墅区、欧洲浴区、东南亚浴区等，集世界沐浴文化为一体，是一处综合性的休闲度假旅游区。

【御临门温泉度假村】 御临门温泉位于紫金县九和镇，距河源市区1小时车程。温泉出水口温度86℃～92℃，日流量1万立方米，温泉水晶莹剔透，富含偏硅酸等多种对人体有益的微量元素和矿物质。景区以巴厘岛风情和客家文化的结合为主题，建有东南亚风情特色的各式竹楼、垂钓长廊、小桥凉亭等休闲设施，是一所集住宿、餐饮、会议、娱乐、休闲、商务、健身和大型露天温泉功能于一体的豪华温泉度假村。在这里您将体会到巴厘岛式风情建筑散发出的异域神秘和诱人的东南亚气息。

【苏家围·东江画廊旅游景区】 *苏家围客家乡村旅游区* 位于东源县义合镇苏围村，距市区26千米，是全国首批农业旅游示范点，是国家AAAA级旅游景区。景区因苏东坡后裔在此聚居而得名，由18座府第式的客家民居组成，其中最古老的房子有500多年的历史，是回归自然乡村、品味客家文化和苏氏文化的好去处。客家古老民居、乡村性别文化、农耕农事长廊，游人处处能体会到客家人的纯朴与自然。古榕、老屋、江风、竹韵、牧歌和野趣，造就一个南中国的画里乡村。

东江画廊风景区 位于东江东源县河段，全长76千米，距市区7千米。景区是以东江为主线，两岸风景为依托，农业生态、客家民俗为主题，集客家风情、田园风光、科普教育、农业科技、休闲娱乐于一体的新型综合功能景区。乘坐玻璃钢游船饱览东江美景，沿岸风景秀美，如一幅幅客家乡土气息浓厚的水彩画，体会“船在江中走，人在画中游”的感觉。同时欣赏船上的客家歌舞表演，感受东江流域客家风情。

【叶园温泉旅游度假区】 叶园温泉度假区位于东源县黄田镇。温泉出水口温度在68℃左右，水质含有多种对人体有益的矿物质及微量元素，尤以碱的含量最高，故为“苏打泉”，有很好的养生、医疗、美容、养颜之功效。景区以“客家·生态”文化为主题，打造酒店客房、度假别墅、客家围屋休闲区、神秘神山溶洞区、造浪池、水疗SPA池、客家草药池、亲亲鱼疗池等项目，是一家集温泉养生、休闲度假、观光旅游、商务会议为一体的综合型休闲度假景区。

【和平县温泉之都旅游区】 和平县温泉之都旅游区，位于广东省河源市和平县热水镇南湖村，热龙温泉以其独特的设计理念被建设部、中国环境艺术委员会评为“中国环境艺术示范基地”。2021年，热龙温泉旗下的热龙温泉度假村、九连山温泉度假山庄、热水漂流、粤北老区自驾车示范营地、女子越野训练营、5D大型实景生态水秀在营业中。热龙温泉是以养生度假为核心，集休闲旅游、商务会议、文化科普和运动娱乐五大功能为一体的“大美山谷、大养汤泉”度假胜地。

【霍山风景区】 霍山风景区位于龙川县田心镇、铁场镇的交界处，距河源市区146千米。秦始皇时期有霍龙字灵阳者居之，因名霍山，是国家AAAA级旅游景区、省级森林公园。景区属于丹霞地貌，有“粤东丹霞”之美誉，名胜颇多，有险峻峰峦372座，以其险峻的丹崖赤壁和奇岩秀石而闻名遐迩，为广东七大名山之一，著名的景点有船头观日、玉麟玩月、雄狮吼风、横岩傲雾、一线曙光、砻盂接佛、七井仙泉、沙僧拜寿、铁拐李挑葫芦等。

【恐龙文博园】 河源恐龙文博园是国家AAAA级旅游景区，园内有河源市博物馆、河源恐龙博物馆、龟峰塔等场馆。其中：河源恐龙博物馆（中国古动物馆恐龙蛋馆）以恐龙文化为主题，主要展出馆藏数量世界第一的近2万枚各种恐龙蛋化石、10多具恐龙骨骼化石个体及众多恐龙足迹化石模型，展现河源市作为“中华恐龙之乡”的丰富恐龙化石资源。馆内建设有“史前部落”恐龙科普主题乐园等项目。河源市博物馆以“河源历史文化”和“河源客家民俗”两个基本陈列，展现河源从新石器时代到近现代的5000多年时光，以及河源客家人的生活习俗、文化传统和精神生活。位于园内龟峰山上的龟峰塔是全国重点文物保护单位，始建于南宋绍兴二年（1132），是“河源八景”之首，有“东江第一塔”美誉。此外，园内还建有总跨度800米的大型《恐龙梦幻世界》雕塑墙、10组钢铁恐龙创意雕塑和“龟峰塔诗词文化长廊”“客家建筑文化墙展示区”等景点。 （刘崇昱）

金融业

编辑：曾红艳

综　述

【概况】 2021年，河源辖区主要银行业金融机构有：政策性银行市分行1家，机构网点2个；国有商业银行市级分行5家，机构网点79个；股份制银行市分行1家，机构网点7个；外资银行1家，机构网点1个；农村商业银行7家，其中6家为地方法人农商行，1家为广州农商行河源分行，机构网点175个；邮政储蓄银行市分行1家，机构网点80个；村镇银行2家，机构网点4个；小额贷款公司23家。

【金融运行】 各项存款情况 2021年，河源市银行业金融机构本外币各项存款余额1567.98亿元，比上年增长1.5%；其中，人民币各项存款余额1551.21亿元，增长1.4%；外汇各项存款余额2.63亿美元，比上年增长22.7%。

各项贷款情况 2021年，全市银行业金融机构本外币各项贷款余额1671.36亿元，比上年增长6.3%。其中，人民币各项贷款余额1664.13亿元，增长6.2%；外汇各项贷款余额1.13亿美元，增长49.8%。

贷款质量与盈利情况 2021年，全市银行机构不良贷款余额19.74亿元，比上年增长20.9%；不良贷款率1.18%，增长0.14个百分点，全市银行机构实现税后利润32.44亿元，降低16.2%。

银行结售汇情况 2021年，河源市银行代客结售汇总额18.79亿美元，增长9.2%；结汇16.91亿美元，增长4.6%；售汇1.88亿美元，增长80.6%；结售汇顺差15.03亿美元，下降0.6%。其中，经常账户顺差14.57亿美元，增长5.0%；资本与金融项目顺差0.46亿美元，下降63.1%。

【货币政策】 2021年，中国人民银行河源市中心支行落实货币政策，提升金融服务水平，促进地方经济持续健康发展。加强货币政策工具运用，实施扶贫再贷款展期1.86亿元，发放支农再贷款（不含扶贫）2.04亿元、支小再贷款7.92亿元；通过实施普惠金融定向降准、“比例考核”优惠政策及定向降准，推动银行机构加大对普惠小微企业、“三农”领域等薄弱环节的信贷投入。是年，全市各项贷款余额1671.36亿元，比上年增长6.3%；存贷比106.6%，位居全省地市第二；全市涉农贷款余额627.2亿元，增长5.5%；小微企业贷款余额330.7亿元，占企业贷款余额的比例59.9%；普惠口径小微企业贷款余额215.34亿元，增长25.1%。

【金融稳定与改革】 2021年，中国人民银行河源市中心支行持续维护辖区金融稳定，通过推动金融机构改革和发挥央行金融机构评级等工作的激励与约束作用，提升金融机构经营稳健性，牢牢守住不发生系统性金融风险的底线。是年，河源辖区未发生重大金融风险事件，未出现高风险法人金融机构，金融业保持稳健运行；辖内农商行化 解不良贷款16.63亿元、高风险贷款5.97亿元；大型商业银行发展稳定，各项贷款余额858.53亿元，增长4.7%，各项贷款余额1034.71亿元，增长7.8%。

是年，中国人民银行河源市中心支行推动绿色金融改革创新，全市绿色金融“三大功能”（金融支持绿色发展的资源配置、风险管理和市场定价）得到发挥，绿色金融体系“五大支柱”（完善绿色金融标准体系、强化金融机构监管和信息披露要求、逐步完善激励约束机制、不断丰富绿色金融产品和市场体系、拓展绿色金融国际合作空间）初步形成。绿色信贷规模实现大增。2021年，河源市绿色贷款余额44.28亿元，增长74.2%，涵盖清洁生产、清洁能源、绿色农业、绿色建筑、绿色交通等领域。绿色金融产品体系持续丰富。引导辖区金融机构推出“可再生能源补贴确权贷款”“碳排放权质押融资”“小企业排污贷”“绿色项目贷款”“林权抵押贷”“真猪贷”“商品林保险”“蛋鸡保险”等绿色金融产品。其中紫金农商行“蝉茶贷”入选广东2020年度绿色金融创新案例。

【金融服务】 征信体系建设 2021年，中国人民银行河源市中心支行推动个人信用报告自助查询代理点布点扩容工作，逐步实现市、区（县）、镇三级阵地覆盖，辖内设立代理点22个，个人系统查询量161831次。推广“中征平台”和“粤信融”两大平台，助力企业融资发展。是年，“粤信融”注册企业480家；完成银企融资撮合941笔；完成银企融资86.20亿元；“中征平台”实现融资成交237笔，交易金额55.17亿元。推动动产和不动产登记工作取得突破，为各类市场主体提供统一、高效、便捷的登记公示和查询服务。推动农村信用体系建设。依托“农融通”平台，统筹和指导辖区农村信用体系建设。2021年，累计采集信用档案农户数40.92万户，占辖区农户总数84.2%。加强诚信文化宣传，提升社会诚信氛围。2021年，推动全市银行机构举办征信知识宣传活动120余场次，受众人数20万余人；建设河源市首个征信文化教育驿站。

支付服务水平 做好ACS（中央银行会计核算数据集中系统）等现代化支付系统的运行和维护工作，保障辖区资金支付高效便捷安全。2021年，全市银行卡跨行支付系统联网特约商户3.00万户，增长28.2%，联网ATM机具1016台，增长1.8%；全市银行机构发生银行卡交易金额2167.69亿元，票据业务金额313.48亿元，增长7.4%和2.7%；助农取款服务点1643个，全覆盖全市1251个行政村。推动银联云闪付实现各类便民场景的规模化应用，全市银联云闪付注册用户54.30万户，增长49.8%。移动支付便民工程和示范镇建设取得成效，建成龙川佗城、源城埔前、东源新港、连平忠信、和平热水、源城源南、东源顺天、连平元善、紫金黄塘9个广东省移动支付示范镇，其中龙川佗城为广东省移动支付精品示范镇。

货币发行管理和服务 加强现金投放、回笼工作，2021年累计投放现金62.69亿元，回笼现金55.77亿元，净投放6.92亿元，保障全市现金供应稳定。坚持抗击疫情和保证现金供应两手抓，调拨新钞支持社会用现需求，公布实施现金消毒政策稳定民心，确保基础金融服务工作“不掉线”。

跨境人民币业务 2021年，该行推进贸易投资便利化，推动跨境人民币便利化政策在河源落地见效；探索跨境人民币创新试点，提升跨境贸易投资人民币结算占比；推动自贸区FT账户业务落地河源，拓展企业融资渠道；完善跨境资金流动监测预警机制，着力防范跨境资金流动风险。2021年，河源市跨境人民币结算金额86.95亿元，比上年增长36.9%，占本外币跨境收支比例32.3%，比上年提高5.19个百分点，新增跨境人民币结算企业20家（累计326家）；河源辖区相关企业通过FT全功能型跨境双向人民币资金池累计获得境外资金3.08亿元。

金融管理与服务 2021年，该行完善“一站式”纠纷化解机制，将投诉受理、转办、反馈、调解、裁决和回访等环节有机结合，实现金融纠纷调解“零”的突破。反洗钱监管和协助打击洗钱犯罪成效显著，联合市纪委监委、市税务局分别签署《惩治洗钱犯罪、涉税犯罪合作备忘录》；协调推动召开全市反洗钱工作专题会议，健全反洗钱协调机制；推动2宗洗钱罪判决，协助破获一起特大地下钱庄案；会同市财政局等单位联合印发《关于加强河源市会计师事务所反洗钱和反恐怖融资工作的通知》，依法开展反洗钱现场和非现场监管，维护辖区金融秩序。

【外汇管理】 2021年，国家外汇管理局河源市中心支局推进外汇领域改革开放，提升贸易投融资便利化水平，强化外汇市场微观监管，维护外汇市场健康秩序，做好“稳外贸、稳外资”工作，推动地方开放型经济高质量发展。推动货物贸易外汇收支便利化试点政策在河源辖区落地实施；推进“放管服”改革，提升外汇管理服务实体经济能力和水平，推动各项资本项目便利化改革政策落地实施；加强跨境资金流动监测，增强外汇业务非现场监管能力建设；提高跨部门监管合力，与中国人民银行河源市中心支行、河源税务等部门联合签署《联合打击涉税违法犯罪合作备忘录》；打击外汇违法违规行为，零容忍打击非法金融外汇活动。（邝彩辉）

金融管理

【概况】 银行业 2021年，河源市银行业金融机构（分支机构）18家，本外币各项存款余额1567.98亿元，本外币各项贷款余额1671.36亿元；存贷比106.6%，居全省地级市（含深圳市）第2位，比全省平均水平高出30.79个百分点。

保险业 2021年，河源市保险机构（地市级分公司）28家（其中财产险公司16家，寿险公司12家）。全市保费收入42.86亿元。

小额贷款 2021年，河源市小额贷款公司24家，各项贷款余额14.62亿元（注册资本20.42亿元）；累计发放贷款5.22亿元。

融资性担保公司 2021年，河源市持有效经营许可证的4家融资性担保公司注册资本金3.2亿元。

证券业 2021年，河源市9家证券公司营业部总资产85.68亿元，保证金余额7.09亿元，营业总收入9322.36万元。

典当行 2021年，河源市25家典当行，注册资本金合计3.14亿元，典当余额2.78亿元。

【企业融资】 2021年，河源市银行机构新增贷款加权平均利率4.6%，比上年降低0.83个百分点。其中小微企业贷款加权平均利率6.2%，比上年下降0.06个百分点；普惠小微企业贷款加权平均利率5.2%，比上年下降0.14个百分点；推动省中小企业融资平台的接入。是年，该市推动2179家本地企业注册进驻平台，16家银行机构接入平台，发布57款信贷产品，为本地中小微企业线上授信58户，授信金额6.44亿元，放款56户，放款金额5.13亿元；依托中小微企业融资专项资金，协助短期资金周转困难的中小微企业按时转贷，平台受理75家河源辖区企业91笔融资专项资金使用申请，累计发放转贷续贷金额5.05亿元，为企业直接减负975万元。

【企业上市】 2021年，东瑞食品集团股份有限公司正式在深圳证券交易所挂牌上市，是河源市实现A股上市公司“零的突破”。引导和扶持重点企业股改，是年，累计推动全市完成股改企业35家；形成上市后备企业梯队，纳入上市（挂牌）企业后备资源库的企业110家；引导企业开展股权交易，加强与前海股权交易中心和广东股权交易中心战略合作，协助市企业通过股权转让、挂牌融资等方式实现股权直接融资。是年，市有1家企业在A股上市发行，1家企业拟向上交所提交科创板申报材料，在新三板挂牌企业7家，在区域股权中心挂牌企业265家。

【普惠金融】 2021年，河源市推动开展普惠金融户户通，辖内6家农商行与市政数局签订“数字政府”政银合作协议，开通“政务通”功能超级柜台129台，累计发放户户通贷款5246户、24.32亿元；“民宿贷”“一村一品贷”“悦农幸福贷”“兴农e贷”“兴源贷”等特色支农产品累计发放贷款20.98亿元。推动“风貌贷”落地实施，该市银行机构发放农户改善居住环境和支持乡村风貌建设贷款141笔，授信金额7500万元。辖内脱贫小额贷款累计发放4399笔，累计发放金额1.88亿元，贷款余额1.1亿元。

【加强金融风险防范化解】 2021年，河源市金融局开展互联网金融风险专项工作，保持辖内零P2P网贷法人机构确保辖内无新增登记注册P2P法人机构，完成互联网金融专项整治工作。依托省地方金融风险防控监测平台（金鹰）系统，监测该市企业数量6225家，覆盖“7+4”（7：小额贷款公司、融资担保公司、区域性股权市场、典当行、融资租赁公司、商业保理公司、地方资产管理公司。4：投资公司、农民专业合作社、社会众筹机构、地方各类交易所）类地方金融机构，未发现存在涉银行类、涉股权类、涉保险类不稳定矛盾风险。 （程 琪）

银行保险业监督管理

【概况】 2021年，中国银行保险监督管理委员会河源监管分局监管所在辖区银行业金融机构资产总额2097.92亿元，负债总额2002.82亿元，比上年分别增长5.0%、4.5%。其中存款1567.98亿元，贷款1671.36亿元，比上年分别增长1.5%、6.3%。存贷比106.6%，比上年提高4.79个百分点，位居全省（不含深圳，下同）第二。不良贷款余额19.74亿元，比上年增长20.8%；不良率1.18%，比上年提高0.14个百分点。保险业金融机构原保费收入40.33亿元，比上年增长2.7%。赔付支出15.37亿元，增长16.5%。提供风险保障金额62061.49亿元，比上年增长87.8%，增速排在全省第二位。实现承保利润1.30亿元，比上年下降46.3%。

【业务监管】防范化解金融风险 2021年，中国银行保险监督管理委员会河源监管分局推动辖内法人农商行风险化解。把“稳”字贯穿防范化解金融风险全过程，推动信用风险逐步缓释，防止处置风险中的风险；落实金融监管主体责任。通过专题分析会、全面风险排查、非现场监测等方式，全方位掌握辖区法人农商行真实风险状况，分类采取督导、下发监管意见书、严肃查处违法违规行为等举措，履行好监管责任；争取市县两级政府配合。向市、县两级政府领导汇报沟通，与市金融局召开辖内法人农商行风险化解专题会5场次，3次发文向市政府报告获得市领导批示肯定。成立由分管副市长任组长，相关部门主要负责人为成员的河源市农商行系统风险处置工作组，制定风险处置工作方案；压实机构主体责任。通过现场督导、约谈、提出监管意见等方式，督导法人农商行制定和落实风险处置方案。2021年，法人农商行累计处置不良贷款15.97亿元。

加强防控房地产贷款风险。促进房地产市场发展。围绕“稳地价、稳房价、稳预期”的目标，贯彻落实房地产长效机制要求，房地产贷款增速保持平稳增长。引导银行机构支持保障首套房刚性需求，辖内首套房贷款占比超九成；压降问题房企信贷风险。重点关注辖内问题房企新增及余额变动情况，按月监测风险房企名录。2021年，辖内列为问题房企不良贷款已“清零”。

开展车险乱象整治。指导保险行业协会进行车险自律，针对业务数据异常的机构现场核查3家次、监管约谈7家次，督促严格落实“报行合一”和“数据真实”，共同维护车险行业生态。车险综合费用率比上年下降8.2个百分点，省内异地车业务占比同比下降1个百分点。

深化银行业保险业改革创新 巩固车险综合改革成果。推动车险降价、增保、提质。河源辖内机动车险车均保费2205元，比车险综改前减少423元，2021年共向消费者让利2.04亿元；提供9417亿元的保险保障，增长71.5%。引领机构创新绿色金融产品。推出“可再生能源补贴确权贷款”“碳排放权质押融资”“小企业排污贷”等绿色金融产品。指导推动河源辖内设立2家金融机构“零碳网点”。强化银行保险机构合规建设。组织各银行保险机构深入开展“内控合规管理建设年”活动。强化行业自律，指导辖区银行业公会、保险业协会向会员单位发出倡议书，举办专题培训会，促进银行保险机构从业人员将内控合规要求内化于心、外化于行。

【金融服务】2021年，中国银行保险监督管理委员会河源监管分局聚焦重点领域金融支持保障。着力为河源产业升级提供资金保障。专门召开主要银行保险机构监管推进会，引领资金更多投向制造业、战略性新兴产业、省（市）重点工程项目，上述贷款分别比上年增长20.8%、56%、19.2%，高于同期各项贷款增速10个百分点以上。“融湾”“融深”贷款余额283.51亿元，比上年增长17.7%；推动农业保险高质量发展。协助市政府成立河源市农业保险工作小组，合力推动农业保险高质量发展。农业保险保费收入1.88亿元，增长48.8%；提供168.7亿元的风险保障，增长89%；赔付金额1.0亿元，增长124.2%，受益农户达6.38万户次，增长49.4%；农业保险深度1.2%，居全省第二。

聚焦优化乡村振兴金融服务。优化金融服务乡村振兴的体制机制。推动实现普惠金融部门银行机构全覆盖；乡镇银行网点、保险服务全覆盖；行政村实现银行机构基础金融服务全覆盖，金融机构派出专业金融助理161名，深度融入乡村治理。分局连续3年获市乡村振兴考核优秀等次。指导金融机构提升服务供给质量，普惠型涉农贷款余额126.75亿元，比上年增长27.7%，增速比各项贷款增速高22.42个百分点，农户信用贷款余额比上年增长76.8%。产业精准扶贫贷款余额3.66亿元，带动贫困人口2833人，惠及扶贫企业588家。指导机构创新推出21种特色支农产品。配合政府驻镇驻村帮扶工作。分局主要负责人多次带队到分局基层定点联系涉农乡镇——龙川县岩镇镇入乡入户调研。

聚焦促进小微企业融资增量扩面降价。强化监管督导，破解“融资难”。推动银行机构帮助小微企业纾困解难、增强活力。普惠型小微企业贷款余额213.42亿元，比上年增长25%，高出各项贷款平均增速3倍多。小微企业首贷户、信用贷余额分别增长41.7%、28.2%。为25.75亿元的普惠型小微企业贷款办理延期还本付息，纾困企业1473户。开展专项治理，破解“融资贵”。开展银行业涉企收费专项治理活动，推动银行机构落实减费让利政策。普惠型小微企业贷款平均年利率为5.1%，比上年下降0.3个百分点。综合融资成本比上年下降0.5个百分点。银行机构累计为企业减免融资服务费用1000多万元，惠及企业9186户。创新产品，破解“融资慢”。指导金融机构创新推出“小微快贷”多种线上产品，优化流程，简化审批材料25项，平均缩短审批时限50%，企业获贷时间平均缩短4.5天。

聚焦加强金融消费者权益保护。抓台账强查处。确保192件投诉举报件、政府12345转办268件均在法定期限办结。将消保领域问题纳入现场检查重点，开展涉消保领域检查3项。抓评价强调解，对15家机构开展消费投诉处理评价、3家机构开展消费者权益保护监管评价现场核查，督促落实消保主体责任，从源头上防范纠纷发生。联合法院、金融局等部门，成立金融纠纷多元化解机制建设工作小组，指导银行业公会、保险行业协会设立专门纠纷调解委员会，安排调解人员15人，成功调解案件135件，涉及金额768万元。抓统筹强宣传。组织开展“3·15”、防范非法集资、金融知识普及月等5大专题宣教活动，累计发放宣传资料6.59万份，惠及群众37.58万人次，广覆盖、可持续的河源宣教品牌逐步形成。（廖永祥）

金融机构选介

【中国工商银行股份有限公司河源分行】 2021年，中国工商银行股份有限公司河源分行个人客户164万户，各项存款余额201.3亿元，各项贷款余额（含银行卡）273.3亿元，其中：公司贷款余额101亿元，个人贷款余额154亿元，存贷比152%。

确保防疫物资到位 2021年，中国工商银行股份有限公司河源分行抗击疫情的各项金融需求，开辟绿色通道、提升服务效率，落实金融支持政策，打通授信审批“绿色通道”，支持企业恢复产能和扩大生产。该行为企业办理无还本续贷74笔，涉及贷款金额合计9.66亿元。

服务地方经济发展 河源分行按照上级工作要求，通过落实专项资金配置额度方式，优先保障民营企业的信贷规模，提供相对优惠的贷款利率，实现逆周期大幅提升信贷投入，提升对实体经济的支持力度。2021年，公司贷款余额100.5亿元，四行占比35.8%。其中：制造业贷款余额23.44亿元，比上年增加0.8亿元，制造业贷款余额居四行之首；普惠贷款余额19.67亿元，普惠贷款净增3.31亿元。

河源分行秉承“源于社会、回馈社会、服务社会”责任理念，服务乡村振兴战略，加快审批推进乡村振兴项目和涉农领域项目。该行为东源县仙塘镇量身定做移动支付示范镇项目和自来水厂营业收费综合管理系统，推动乡镇移动支付普惠民生发展建设。

坚守资产质量“生命线” 河源分行坚持信贷业务发展，锻造信贷文化，提出市场与风险“两手都要抓，两手都要硬”的经营理念，走“依法合规、科学发展”之路，在市场与风险中探索可持续发展道路。坚持“三主流一主要”（主流市场、主流行业、主流客户，占据主要份额）的信贷发展思路，主动选择客户，把好信贷客户准入关；推行贷后集约化管理，通过管理责任到人、标准化操作实现贷后高效管理；加强风险提示与预警，提升信贷风险的预见及化解能力。

坚守内控案防“安全线” 河源分行按照“主动防、智能控、全面管”管理路径，健全制度体系，推进专项治理，落实责任机制。加强对关键领域和关键业务的内部流程控制把控；持续抓合规文化培育，筑牢思想防线，塑造人人有红线、敬畏红线、坚守红线的工作环境。通过基础控险防案，2021年，河源行连续24年实现零案件、零重大责任事故。（刘文婷）

【中国农业银行股份有限公司河源分行】 2021年，中国农业银行河源分行本外币各项存款178.57亿元；本外币各项贷款279.94亿元，增量35.24亿元，各项贷款、对公贷款、个人贷款增量实现同业“三个第一”；三农贷款增速高于全行贷款增速，普惠领域贷款“两增两控”（两增即单户授信总额1000万元以下（含）的小微企业贷款同比增速不低于各项贷款同比增速，贷款户数不低于上年同期水平，两控即合理控制小微企业贷款资产质量水平和贷款综合）监管指标全面达标。是年，在河源市金融服务乡村振兴考核中获得优秀等级，是四大行唯一获评优秀等级的国有银行；获评市人行授予的河源市金融支持稳企业保就业工作先进单位称号。

服务实体经济 2021年，中国农业银行河源分行紧跟国家战略，优化信贷资源摆布，新增法贷主要投向交通运输、商业服务业、教育和农林牧渔等行业，投放量占46.7%。服务普惠金融，将普惠信贷产品推广重心下沉网点，推广抵押e贷、微捷贷等产品，满足普惠小微企业的融资需求，普惠型小微企业有贷客户数比上年增加4515户，普惠小微企业贷款增加8.54亿元。

服务消费市场 2021年，中国农业银行河源分行预判房地产市场形势，调整住房按揭业务模式，加大与重点开发商楼盘的合作，个人住房贷款余额143.16亿元，增加16.6亿元，余额及增量市场份额同业排名“双第一”；把握消费信贷业务战略机遇期，在汽车、装修、旅游、在线消费等领域，搭建家装联盟、消费商圈联盟等平台，支持居民消费信贷需求，消费类贷款余额7.2亿元，比上年增加1.44亿元。是年，个人贷款比上年增加26.79亿元，增量市场份额为四大行第一，存量市场份额连续5年保持四大行第一。（黄玉琼）

【中国银行股份有限公司河源分行】 2021年，中国银行股份有限公司河源分行辖内营业网点12家，本外币各项存款余额74.10亿元，比上年增长5.4%；本外币各项贷款余额136.14亿元，比上年增长7.8%。

服务地方经济 2021年，中国银行股份有限公司河源分行履行金融服务国家战略、支持实体经济的责任担当，提升综合服务水平，服务实体经济和社会民生，支持普惠金融、民营企业、战略性新兴产业等重点领域，投放企业贷款29.53亿元，其中，民营企业贷款20.71亿元，投放金额占比70.1%。

发展普惠金融 2021年，中国银行股份有限公司河源分行推广知识产权质押融资业务，投放河源市首笔商标权质押贷款，通过知识产权质押形式为20余家企业提供贷款支持。加强与市工信局、市科技局合作，通过科技通宝及“专精特新”系列产品，运用科技局风险分担机制，支持科技型企业发展。加强与市人社局对接，加大融资支持力度，推进“粤菜师傅”“广东技工”“南粤家政”三项工程。是年，中国银行股份有限公司河源分行投放小微企业贷款13.47亿元，占企业贷款总投放量的45.6%。

助力乡村振兴 2021年，中国银行股份有限公司河源分行加大金融产品创新力度，运用“中银集采通宝”“中银惠农通宝”等信贷产品，为涉农项目、涉农中小企业提供少抵押、免抵押信贷支持，覆盖农、林、渔、牧业及相关服务业、农产品批发及运输、农副食品加工、农业技术等行业，投放涉农类企业贷款7.61亿元。

保护消费者权益 2021年，中国银行股份有限公司河源分行加强金融知识宣传，通过走进社区、工厂、校园和乡村，开展网络宣传等渠道，开展金融消费者权益相关知识宣教活动，传播防范电信网络诈骗、防范非法集资、反假货币等金融知识，提高群众防范金融犯罪的能力。加强警银联动，携手打击电信网络诈骗等金融违法犯罪活动，保护金融消费者合法权益，维护金融秩序稳定。（吴可龙）

【中国建设银行河源市分行】 2021年，中国建设银行股份有限公司河源市分行下辖龙川、和平、紫金、连平、东源5个县域综合型支行及分行营业部、源城、高新区等9个市区支行网点，自助设备共114台，覆盖河源全域。

存款业务 2021年，中国建设银行股份有限公司一般性存款余额197.01亿元，其中个人存款余额109.53亿元、企业存款余额87.48亿元。

贷款业务 2021年，中国建设银行股份有限公司河源市分行各项贷款余额235.59亿元，新增10.87亿元。其中个人贷款余额177.26亿元，对公贷款余额58.33亿元。

利润指标 2021年，中国建设银行股份有限公司河源市分行实现拨备前利润7.78亿元，中间业务收入1.86亿元。

住房租赁 2021年，中国建设银行股份有限公司河源市分行成功搭建市政府“粤安居”平台，平台网签备案新增超1700笔，助力市政府实现服务民生、优化营商环境和落实宏观调控的3大目标。

普惠金融 2021年，中国建设银行股份有限公司河源市分行普惠贷款余额23.02亿元，新增5.43亿元。

乡村振兴 2021年9月，中国建设银行股份有限公司河源市分行成功发放全省首笔撂荒地复耕复种贷款，专项用于撂荒地复耕复种，支持企业扩大粮食生产。

社会责任 2021年，中国建设银行股份有限公司河源市分行累计为企业建设公寓或员工宿舍提供资金赋能1245万元，筹集房源440套。

是年，中国建设银行股份有限公司河源市分行与市工业和信息化局举行培育发展战略性产业集群战略合作暨党建结对共建签约仪式，计划五年投放200亿，支持制造业发展。在中国金融文学艺术界联合会组织举办的2021年文学艺术系列展活动中，中国建设银行股份有限公司河源市分行选送的舞蹈《明月当空》获得中国金融舞蹈家协会第三届“金舞飞扬”群众舞蹈视频

大赛一等奖。（王华锋）

【中国邮政储蓄银行股份有限公司河源市分行】 2021年，中国邮政储蓄银行股份有限公司河源市分行下辖5县、1区6个一级支行80个网点，覆盖河源市、县城区及绝大部分农村乡镇，是河源市国有银行中营业网点最多，服务面积最广的一家全功能商业银行。是年，中国邮政储蓄银行股份有限公司河源市分行资产总额204.22亿元。各项存款余额185.40元，各项贷款余额90.09亿元。

落实风控案防 2021年，中国邮政储蓄银行股份有限公司河源市分行开展“内控合规提质增效”活动、营业网点安全管理达标建设、创建“平安邮储”等专项治理活动，开展案件警示教育宣传活动，开展反洗钱及金融消费者权益保护。对80个营业网点开展常规检查118个次，发现整改问题隐患190个，问责整改率100%；累计投入183.05万元增强安全保障；落实监管部门各项重点工作，推进“断卡行动”、落实账户“放管服”、优化企业服务落实情况自查、涉案账户清理、个人身份信息完善、超限账户清理等工作，规范运营管理水平。

服务地方经济 2021年，中国邮政储蓄银行股份有限公司河源市分行坚持业务与服务创新。围绕客户的实际需求，打造行业应用场景“智慧医院”，建成和平县人民医院智慧医院。为解决小微企业主、涉农贷款主体融资难题，开辟绿色通道，在利率执行给予一定的政策倾斜，加大扶贫小额贷款业务投放力度，累计发放扶贫小额贷款525笔1654.5万元，贷款结余308笔、616万元。保障抗“疫”企业融资需求，支援医疗保障企业，守护居民“菜篮子”“米袋子”，发放抗疫贷款10笔5540万元。开展“百行进万企”专项活动，为企业解决融资难、融资慢、融资贵问题。（陈维花）

【中国农业发展银行河源市分行】 2021年，中国农业发展银行河源市分行累计发放各类支农贷款9.08亿元，年末各项贷款余额39.71亿元。

保障粮食安全 2021年，中国农业发展银行河源市分行坚守农业政策性银行主责主业，提升“粮食银行”品牌形象。掌握辖内粮油收储信贷资金需求，做好政策性粮油收储资金供应工作，累计发放粮油储备贷款1.99亿元。加强信贷资金管理，逐企业逐库逐仓检查核实粮油库存，确保库贷挂钩，保障地方粮食安全。

支持乡村振兴 2021年，中国农业发展银行河源市分行加大支农力度，推动城乡融合发展，服务农业农村现代化。累计发放中长期项目贷款7.09亿元，其中，投放城乡一体化贷款4.61亿元，棚户区改造贷款1.04亿元，改善农村人居环境建设贷款0.64亿元，农村路网建设贷款0.41亿元，农村土地流转和土地规模经营贷款0.39亿元。

合规贷款 2021年，中国农业发展银行河源市分行抓合规控风险。加强前后台沟通协调，形成办贷合力，提高审查、审议和审批工作的效率和质量。加强合同监督、贷前条件落实监督和资金支付监督审核工作，确保信贷资金依法合规支付。加强贷后监测和管理，逐企业、逐项目分析贷款存在的风险点，针对性的提出贷后风险防控措施。加强全面风险管理，注重源头管理和风险关口前移，加大风险监测力度。强化内控合规管理，完善内控合规垂直管理改革。开展“一把手讲案防”培训，让案防意识内化于心。结合非法集资风险排查，做好员工行为排查工作，开展扫黑除恶专项活动，让案防管理外化于行。是年，该行资产质量良好，无不良贷款新增,不良贷款继续保持零余额。

运营安全管理 2021年，中国农业发展银行河源市分行落实安全生产要求，落实防疫安保措施，确保人员财产安全。加强安全教育培训，开展防抢劫、火灾逃生等突发事件应急处置演练。狠抓社会治安综合治理暨平安金融创建工作，开展“平安建设宣传月”“119”消防安全宣传月”等活动。强化国安保密管理，落实保密工作领导责任制，坚持保密工作与业务工作同部署、同落实，加强涉密人员管理，建立常态化保密检查工作机制，提升国安保密工作水平。加强信息科技安全管理，加大数据专项治理力度，完善数据质量工作机制。（陈芳）

【广发银行股份有限公司河源分行】 2021年，广发银行河源分行本外币各项存款67.16亿元，比上年下降16%，本外币各项贷款74.31亿元，比上年下降0.65%。

助推“智慧城市”建设 2021年，该行投入2000余万元支持系统建设，成功落地5个智慧项目，包括市财政局“数字财政一体化”、“广东省非税收费一体化平台”、市住建局“智慧工地”、高新区财政局“智慧政务”、市交通运输局“数字工会”项目，推动“智慧城市”建设，为政府、企业、个人提供智能便捷的金融服务。

小微企业贷款 2021年，该行普惠型小微企业贷款余额12.22亿元，比上年净增0.6亿元，任务完成377%；绿色信贷余额1.63亿元，净增0.41亿元，任务完成101%。提供13个岗位支持民生就业。

提升基础管理能力 2021年，该行提升基础管理能力，夯实管理基础，人才结构专业化、年轻化、基层化转型。业务结构进一步优化，制造业贷款占比首次超过批发零售业贷款占比，住房按揭贷款占比首次实现压降。年度内管理工作取得提升，受到总行及外部监管的良好评价，外汇合规和审慎性评级由B级提升至B+级，安全保卫工作在广东省、河源市公安局及总行考评中均为优秀等级，风险管理能力综合评价等级提升至较强的B级。（金育峰）

【河源市农村商业银行系统】 2021年，河源市农村商业银行系统各项存款余额566.64亿元，比上年增长2.3%，各项贷款余额383.82亿元，增长8.7%，存、贷款余额均为河源市场份额首位，纳税3.39亿元。

支农支小 2021年，河源市农商行系统涉农贷款余额265亿元，占各项贷款的69%，增长5.6%；小微企业贷款239亿元，占各项贷款的62%，增长10.3%。以全市23%的贷款市场份额，提供全市40%以上的支农支小额度，“三农”贷款和小微企业贷款保持全市比重最大。其中，普惠型涉农贷款增速18.6%，高于各项贷款增速9.86个百分点，普惠型小微企业贷款增速21.6%，高于各项贷款增速12.84个百分点，户数比上年增加1718户，完成“增量扩面、提质降本”的监管要求。

服务乡村振兴 2021年，河源市农商行系统以打好“勤劳金融”的“阵地战”为着力点，开展农村金融（普惠）户户通工作，加大金融服务乡村振兴力度，构建“村村通政务+户户通金融”乡村服务新格局。

该行建立村银合作共建机制，推动村银党建融合，向全市各行政村派驻389名“金融特派员”，实现行政村全覆盖，参与助力乡村振兴，做好乡村治理和金融宣传服务等工作。加强总对总合作，各农商行联合与市政数局签订“数字政府”政银合作协议，推进政务向基层延伸，开设政务专窗71个，投放政务服务功能的智慧柜台130台，购置1331台“粤智助”政府服务自助机在全市行政村有序布放。深化产业融合，加强与各县区的产业园区对接，为产业园区的农业重点项目、龙头企业提供特色的信贷产品，投放信贷资金25亿元支持农业产业园建设、绿色龙头企业发展以及紫金茶叶、连平鹰嘴桃、龙川油茶等拳头农产品生产经营。推动整村授信工程，为农户经营发展提供资金支持，累计走访农户及企业采集信息12.5万户，建立服务档案13.5万户，授信评级1.1万户，发放贷款57.27亿元。

金融服务 2021年，河源市农商行系统依托资金、品牌、渠道优势，立足当地服务民生，打造“地方百姓银行”。

创新产品服务 2021年，该行根据当地产业特色和客户需求，推出普惠小微贷、幸福贷、生猪贷、民宿贷、蝉茶贷、八宝鱼生贷、粤菜师傅贷等44种信贷产品，满足三农小微多样化的融资需求。推动阳光信贷工程，整合贷款审批流程，开发“阳光信贷”线上平台，让老百姓动动手指就能发起贷款申请，提高贷款审批效率，线上贷款实现“秒贷”，线下零售贷款平均办贷时间缩短至5日。河源农商行成功上线广东非税收入管理一体化平台，成为全省第一家接入省财厅非税平台的金融机构。龙川农商行在龙川县佗城镇上线全省首个移动示范镇“云闪付”App——党费通服务平台。完成所承担的移动支付示范镇建设，龙川县佗城镇获得人民银行广州分行、广东省地方金融监督管理局授予的2021年“广东省移动支付精品示范镇”称号，源城区源南镇、东源县顺天镇、连平县元善镇获得2021年“移动支付示范镇”称号。 （刘　侃）

【汇丰银行（中国）有限公司河源支行】 **经营管理** 2021年，汇丰河源支行与河源当地企业建立良好的业务合作关系，依托汇丰银行的海外网络和国际金融服务优势，为当地企业解决金融方案，主要为企业客户办理本外币流动资金贷款、开立银行承兑汇票、备用信用证等业务，助力本地企业客户可持续发展，满足企业不同的融资需求。是年，汇丰银行河源支行信贷资金全部投放于实体经济，以支持相关企业的经营发展，信贷资产质量均为人行正常类一级贷款，无不良贷款发生。

金融消费者权益保护 2021年，汇丰河源支行履行消费者教育服务的社会责任和义务，开展防范新型电信网络诈骗、“3·15”消费者权益保护教育宣传、反洗钱系列金融消费者权益保护主题宣传活动，提高社会公众防范风险和正确使用金融服务的意识。是年，汇丰河源支行致力为客户提供优质服务，未发生客户投诉事件。 （钟莉殿）

【中国人民财产保险股份有限公司河源市分公司】 2021年，中国人民财产保险股份有限公司河源市分公司保费收入10.24亿元，比上年增长6.8%，市场份额55%，支付赔款6.7亿元，成为河源首家保费规模突破10亿元的保险公司。

乡村振兴保险 2021年，中国人民财产保险股份有限公司河源市分公司加强对农业产业链、供应链全过程的风险保障，承保政府重大保险招标项目，水稻、“三猪（能繁母猪保险、仔猪保险、育肥猪保险）”、蔬菜、水果、农房、林木等系列保险，覆盖全市农、林领域主要农作物和畜禽主要品种。是年，该公司为全市39万多户次农户提供85亿元的农业保险风险保障，为3.4万户次农户支付赔款7000万元。“乡村群众无忧保”防返贫责任保险项目在全省首创推出，为全市建档立卡脱贫户和监测对象提供综合保障，由爱心企业承担所有保费，不额外增加群众和财政负担，开发“乡村振兴保”防返贫保险，巩固脱贫攻坚成果。

实体经济发展 2021年，中国人民财产保险股份有限公司河源市分公司承保一批产业园区、行业项目保险，支持基础设施、重大工程建设，赋能实体经济发展。加强与政府、银行的互动，探索“政银保”贷款保证保险，为企业提供融资便利。推广包括投标保证金、工程类履约、出口信用、关税在内的保证保险，缓解企业资金压力。为企业提供财产险、团体意外伤害保险、企业补充医疗保险等保险保障，保障企业正常生产。

智慧交通 2021年，中国人民财产保险股份有限公司河源市分公司丰富线上承保、理赔功能，提供安全预警、风险排查、交通劝导等服务，降低事故发生概率。率先在全市启动并100%完成重型货车（全市占比45%）智能监控装置免费安装；建成并启用交通劝导站94个，位居全市之首。完善“警保联动”机制，实现“快处、快赔、快撤”覆

2021年11月9日，中国人民财产保险股份有限公司河源市分公司举行普惠型商业补充医疗保险“河源市民保”2.0启动会

（中国人民财产保险股份有限公司河源市分公司 提供）

盖，让“数据多跑路、群众少跑腿”，全年为客户提供快处快赔或承办、协助交管12123办理免检服务3872宗。

大众健康保险 2021年，中国人民财产保险股份有限公司河源市分公司，参与构建多层次医疗保障体系，推动基本医保、大病保险、补充医疗保险、商业健康保险各项制度有效衔接。主承保城乡居民大病保险，独家承保城镇职工大病及补充保险，全年提供风险保障5685亿元，支付赔款3亿元，惠及30万人次。其中，对困难群众赔付10.23万人次，赔付7326万元。普惠型保险“河源市民保”获百万人次投保，2.0版开启报销比例提高、年免赔额降低、带病可保可赔、增加自费报销、续保用户专享“五大升级”（报销比例提高、年免赔额降低、带病可保可赔、增加自费报销、续保用户专享）。

绿色环保 2021年，中国人民财产保险股份有限公司河源市分公司践行国家“双碳”目标（中国提出的两个阶段碳减排奋斗目标，即二氧化碳排放力争于2030年达到峰值和努力争取2060年实现碳中和），推广环境污染、绿色建筑、绿色能源、绿色生态、节能环保等方面的保险。主承保森林保险，签出全市首单古树名木保险（此树位于紫金县古竹镇留洞村党群服务中心）；承保新能源车、光伏发电、水力发电、污水处理等领域保险，助力生态环境保护。

社会治理 2021年，中国人民财产保险股份有限公司河源市分公司参与构建共建共治共享社会治理新格局，对接政府“放管服”职能转变，拓展安全生产、公共卫生、食品安全等治理类保险，通过建立市场化的风险分散机制、矛盾调处机制和权益保障机制，破解社会痛点难点问题。医疗责任、“精病”监护、政府救助、司法救助、诉讼保全、应急救援费用、社会治安、校园安全，以及工程类履约等方面，用保险的方式参与社会矛盾的化解。加强承保企业风险巡查，做实防灾减损、抢险救灾工作，“十三五”以来列支防灾减损费用1568万元。

（刘伟荣）

【中国人寿保险股份有限公司河源分公司】 2021年，中国人寿保险股份有限公司河源分公司保费收入7.96亿元，总保费市场份额33.1%，位列行业第一；累计赔款（含各项给付）1.72亿元，占全市寿险各类给付支出45.3%，理赔件数超1.56万件，理赔服务超1.23万人次。

保险保障 2021年，中国人寿保险股份有限公司河源分公司承保老人险、女性玫瑰公益保险、退伍军人意外保险、文联志愿者保险项目、学生险等民生保险项目，保障人次55多万人，提供保险保障900多亿元；承保企业3164家，提供风险保额130多亿元。

理赔服务 2021年，中国人寿保险股份有限公司河源分公司临柜累计接待客户3.79万人次，日均接待客户量103人，客户平均等候时长5分59秒，下降1分钟，客户满意度99.5%；客户出险到赔款支付额平均时效为42天，比上年平均缩短6天，对于身患重大疾病且满足理赔条件的客户，提供“重疾一日赔”服务，提升客户理赔服务体验。

提升适老服务体验 2021年，中国人寿保险股份有限公司河源分公司率先推出“寿险App尊老模式”“长者来电优先接听”“长者临柜专属陪同”等服务项目，设置老年人专属9.5519坐席，推出销售人员上门服务、开通便捷服务通道等多项便利老年客户的服务举措。联合市卫健局开展“智慧助老”活动177场，帮助安装反欺诈App，服务老人7000多人次；节假日期间，联合民政局分赴各县部分乡镇村居慰问留守老人750人，对全市43名百岁老人开展送温暖活动。

维护消费者合法权益 2021年，中国人寿保险股份有限公司河源分公司围绕“以客户为中心”原则，成立消费者权益保护委员会及工作委员会，推进消费者权益保护各项工作落地，完善消费者权益保护机制，维护消费者合法权益，在“3·15”“7·8”保险公众宣传日、金融知识普及月期间，开展线上宣传、线下进校园、进社区、进农村等活动41次，触达消费者2.3多万人次。

（邱曼芳）

2021年驻河源保险公司一览表

表8

序号	单位名称	地址	单位负责人
1	中国人民财产保险股份有限公司河源市分公司	河源市新市区红星路199号	叶国柱
2	中国人寿保险股份有限公司河源分公司	河源市新市区东华路2号	张　辉
3	天安财产保险股份有限公司河源中心支公司	河源市新市区东华路西面建设大道南边锦天大厦A16楼BCDE号	熊家兴
4	永安财产保险股份有限公司河源中心支公司	河源市新市区建设大道138号怡景豪庭大厦	廖忠瑾
5	泰康人寿保险有限责任公司广东河源中心支公司	河源市新市区205国道东面、文明路北边商汇大厦7层701号	王海燕
6	中国太平洋财产保险股份有限公司河源中心支公司	河源市建设大道东46号	沈　鹏
7	中国平安财产保险股份有限公司河源中心支公司	河源市市区东城西片区越王大道西面、永祥路北边汇景国际商贸中心A栋2001—2003室、2007—2008室	谭剑锋
8	中华联合财产保险股份有限公司河源中心支公司	河源市源城区红星路2号商住房2—3卡门店，二楼1—3卡	鲁　斌
9	大家财产保险股份有限公司河源中心支公司	河源市建设大道与华达街交会处东方明珠大厦四楼（4B）号	廖　淞
10	中国平安人寿保险股份有限公司河源中心支公司	河源市源城区中银大厦5—7楼	徐小钢
11	中国大地财产保险股份有限公司河源中心支公司	河源市建设大道19号友力商务大厦一楼	廖　毅
12	合众人寿保险股份有限公司河源中心支公司	河源市源城区汇景国际中心12楼1202—1204房	彭祥东
13	民生人寿保险股份有限公司河源中心支公司	河源市市区东城西片区越王大道西面、永祥路北边汇景国际商贸中心A栋802号、803号、804号	戴丽玉
14	国泰财产保险有限责任公司广东分公司河源营销服务部	河源市源城区河源大道与永和路交会处海拓大厦9楼	李　明
15	中国人民人寿保险股份有限公司河源市分公司	河源市建设大道怡景豪庭商铺101号	刘　亮
16	富德生命人寿保险股份有限公司河源中心支公司	河源市广晟四季花园综合楼十五楼	周宇君
17	新华人寿保险股份有限公司河源中心支公司	河源市源城区越王大道华达万福基金中银大厦1楼、2楼、25楼及26楼	钟兆平
18	中国人寿财产保险股份有限公司河源中心支公司	河源市源城区新城中片区拆迁安置点（二）S幢第十五卡至第十八卡商铺	邹向锋
19	前海人寿保险股份有限公司河源分公司	河源市市区205国道东面、文明路北边商汇大厦7层701、709号	马广斌
20	华泰财产保险有限公司河源中心支公司	河源市新市区205国道东面、文明路北边商汇大厦19层1909号	李　征
21	太平人寿保险有限公司河源中心支公司	河源市新市区205国道东面、文明路北边商汇大厦14层13A03号	沈建国
22	华夏人寿保险股份有限公司河源中心支公司	河源市长安街北边文昌路东面新河世纪广场19楼	龙日雄
23	华泰人寿保险股份有限公司广东分公司河源中心支公司	广东省河源市区205国道东面、文明路北边商汇大厦8层801、809号	黄振文

续表8

序号	单位名称	地　　址	单位负责人
24	鼎和财产保险股份有限公司河源中心支公司	广东省河源市大同路西永福路南碧洋居A栋108号	黄金锋
25	阳光财产保险股份有限公司河源中心支公司	河源市新市区黄沙大道拆迁回迁点北一排东起1—5卡	何丽伟
26	众诚汽车保险股份有限公司河源中心支公司	广东省河源市明珠开发区河源大道西、创业三路南	吕　凯
27	华安财产保险股份有限公司河源中心支公司	河源市新市区205国道东面、文明路北边商汇大厦第10层第1003号	李达权
28	安盛天平财产保险股份有限公司河源中心支公司	河源市源城区中银大厦2010—2011室	刘延妮
29	太平财产保险股份有限公司河源中心支公司	河源市新市区205国道东面、文明路北边商汇大厦第14层第13A01号	陈楷彬

（刘艳花）

【安信证券股份有限公司河源分公司】 安信证券河源分公司，成立于2006年，下设河源龙川营业部、河源紫金安良大道营业部，在和平、连平地区配备服务团队，2021年，安信证券河源分公司坚持“为客户提供高效服务，为股东持续创造价值，为员工搭建广阔发展平台”的经营理念，稳健经营，合规运作，提升专业能力，重视履行社会责任，为投资者提供股票、债券、融资融券、期货、期权、基金、理财、港股通等丰富的证券投资品种，为企业提供A股及新三板挂牌上市、融资、财务顾问等服务。

业务情况 2021年，两市（深市、沪市）股基交易量1096.75亿元，本地股基市场份额排名第一，纳税总额485.65万元。是年，安信证券河源分公司推进“散户机构化”进程，加大市场研究及优质基金甄选。提升高净值客户参与体验，引进量化私募产品，为客户提供多元化的配置选择。加强理财产品员工培训、加大路演频率，提升员工业务技能及做好客户的培育工作。

投资者教育 2021年，安信证券河源分公司履行社会责任，开展投资者教育及保护工作，助力社会公益事业发展，践行央企的责任和使命。分公司通过“微讲堂”“走进校园”“走进社区”等线上线下联动方式开展投资者教育工作，向投资者、群众、学生等普及证券知识和投资保护知识，引导投资者树立正确的投资观念，全年共举办26场线上投资学堂，受众6500多人次。（张　玲）

经济管理

编辑：曾红艳

发展与协调

【科学编制规划与计划】 2021年，河源市发展和改革局统筹推进全市“十四五”规划编制工作，高质量完成《河源市国民经济和社会发展第十四个五年规划和2035年远景目标纲要》编制，并于7月由市政府印发实施；加强规划衔接协调，根据规划纲要的总体布局，及时出具规划衔接意见，确保全市“十四五”规划工作“一盘棋”；持续跟进规划编制进展情况，及时协调解决规划编制过程中的问题和困难，推动全市规划编制工作有序开展。狠抓规划落地，以市政府名义印发规划纲要分工方案，压实工作责任；做好年度计划编制工作，在全面总结上一年度经济社会发展情况基础上，分析宏观经济环境，科学预测主要经济指标，编制实施《河源市2021年国民经济和社会发展计划》，对2021年发展形势进行深入研判，对主要工作任务进行细致谋划，提出富有针对性的意见和建议。

【重大问题研究与经济运行分析】 2021年，河源市发展和改革局围绕市委、市政府中心工作，结合党史学习教育，高质量完成“河源市建设‘示范区’‘排头兵’的战略路径研究”“以深河共建为牵引推动河源市高质量‘融湾’‘融深’战略路径研究”等多个调研课题，为加快建设幸福和谐美丽河源提供有价值的参考。发挥宏观经济统筹协调职能，做好疫情期间经济运行调度分析工作，每季度协助市委、市政府召开全市经济形势分析会，撰写月度、季度和半年度经济形势分析报告，提出许多具有针对性和可操作性的经济社会发展意见建议，为市委、市政府及市直有关部门决策提供参考。

【项目审批与资金争取】 2021年，河源市发展和改革局持续深化项目审批制度改革，完善网上审批系统，实行“不见面”审批，项目局内审批时间控制在1个工作日内，按照审批权限共审批项目48个、总投资73.41亿元。积极争取上级资金支持，30个项目争取中央预算内资金共1.89亿元，48个项目获得地方政府专项债券资金共66亿元。

【重点项目服务与协调】 2021年，河源市发展和改革局推动建立形成书记分析会、市长专题会、分管市领导行业调度会等项目推进机制，各县区也同步建立相应的工作机制，在全市范围内搭建起一套高位推动、上下联动完整的工作机制，主动服务全市重大项目用地保障，提前介入并研究解决重大项目用地保障等重点难点问题，推动全市固定资产投资实现较快增长。2021年完成固定资产投资924.17亿元，比上年增长8.9%。169个省市重点项目完成投资408亿元，完成年度计划投资的102.7%；其中48个省重点项目完成投资263亿元，完成年度投资计划的112.2%。

【重大项目谋划与建设】 2021年，河源市发展和改革局围绕现代产业、交通、能源、水利、生态环保、城市基础设施等领域，谋划全市“十四五”时期实施建设的重大项目350项、总投资约5669亿元，“十四五”计划投资3300亿元；梳理出河源市近三年需重点推动的重大项目141个，总投资2698.6亿元；安排2022年重点项目190个，总投资322亿元。推动重大项目落地建设，赣深高铁河源段、河源电厂二期、景旺电子二期改扩建项目、龙川县新陆新石英石板材加工项目、河源德润钢铁异地改建项目、深河人民医院等一批总投资超10亿元的重大项目相继建成投产，梅龙高铁、龙寻高速、卓翼科技、农夫山泉三期等重大项目加快建设。 *（赖剑赟）*

财 政

【概况】 2021年，河源市一般公共预算收入84.29亿元，增长5.6%。其中，税收收入50.97亿元，增长3.3%；非税收入33.32亿元，增长9.4%。全市一般公共预算支出345.64亿元，下降6.2%。其中：民生支出261.02亿元，占一般公共预算支出75.5%。全市政府性基金收入82.38亿元，下降19.3%。其中，国有土地使用权出让收入73.24亿元，下降20.9%，占政府性基金预算收入的88.9%。全市政府性基金支出113.86亿元，下降12.1%。其中，国有土地使用权出让收入相关支出43.79万元，下降7.2%。

【财政支持疫情防控】2021年，河源市投入卫生健康支出34.7亿元，其中安排16.7亿元用于优先保障新冠肺炎疫情防控需求，提升基本公共卫生服务质量和水平。

【财政民生保障】2021年，河源市基本民生保障底线。安排困难群众救助补助、残疾人“两项补贴”（困难残疾人生活补贴和重度残疾人护理补贴）、医疗救助财政补助等底线民生资金11.12亿元。保障居民就业，落实就业创业补助资金及职业技能提升行动专项资金1.84亿元，推进落实“粤菜师傅”“广东技工”“南粤家政”三大工程和“农村电商”建设。加强粮食等储备物资管理，确保各项应急物资储备丰足。落实普惠性学前教育扩学位、提质量资金。

【财政经济调控】*提质增效，推动全市经济高质量发展* 2021年，河源市统筹财政资金、壮大可支配财力，向省财政厅争取到地方政府新增债券资金76亿元、再融资债券资金105亿元；争取涉农资金19.16亿元，支持全市522个涉农项目建设。开展基础设施投融资机制改革课题研究。推动盘活5宗闲置国有资产，实现收益1550万元。支持科技创新激发发展。统筹专项资金3192万元支持科技创新发展；兑现河源市促进科技创新若干政策措施补助项目资金2959万元；投入基层科普资金450万元。落实政策提升营商环境。推进“河财扶助”惠企利民平台建设，安排推动工业经济发展专项资金2.3亿元；落实河源市知识产权提供融资增信担保8笔、8609.9万元，推动“政采贷”政策落地，助力解决中小企业融资难、融资贵问题。落实制度性减税政策，全年新增减税降费超过10亿元。

2021年9月24日，河源市财政惠企利民服务平台上线 *（河源市财政局 提供）*

统筹资金 2021年，河源市财政局规范债券资金使用，严控政府债务风险，完成全市隐性债务“清零”任务。巩固脱贫攻坚成果同乡村振兴有效衔接。推动现有财政保障政策有序平稳过渡，坚持把农业农村作为财政支出的优先保障领域，全市筹集财政资金26.92亿元支持乡村振兴。支持污染防治攻坚战，落实东江流域省内生态保护补偿改革机制，争取生态保护补偿资金2.96亿元。统筹安排地质灾害综合治理资金1亿元，实施河源市地质灾害防治。

【财政管理改革】2021年，河源市提高财政数字化管理水平，推动全市“数字财政”综合管理平台执行域、核算域如期上线。在全省率先完成非税系统一体化上线工作。提高财政预算管理水平，开展涵盖预算编制、执行、监督的系列管理改革，铺开零基预算和项目库管理改革，预算管理制度和财政体制完善。落实新一轮市与县（区）财政事权和支出责任划分改革，制定出台《河源市交通运输领域市与县（区）财政事权和支出责任划分改革实施方案》。完成市直77个行政单位的内部控制规范的建设和实施工作。开展2021年全国政府采购代理机构监督评价工作及政府采购备选库、名录库、资格库清理工作。

（朱小文）

公共资源交易

【概况】2021年，河源市公共资源交易中心受理交易项目1804宗，交易总额205.74亿元，节约开支2亿元，增收1.55亿元，增收节支总计3.55亿元。

推动工程交易全面实现全流程电子化 河源市公共资源交易中心从实施现场解密到试行远程解密，从采用纸质投标文件备查到完全取消纸质文件，推进“互联网+公共资源交易”各项改革举措，探索交易新模式，推动实现工程交易全流程电子化。11月19日，市中心工程交易实现100%电子化交易。2021年电子化比率48%，实现技术效果、经济效果和社会效果统一。

推动政府采购项目在广东政府采购智慧云平台交易 河源市公共资源交易中心通过更新开评标室电脑设备，派员到邻市学习先进经验，邀请专家进行专业指导及培训，组织线下模拟测试，对接服务对象，配合采购单位运用广东政府采购智慧云平台系统进行全流程线上操作等一系列措施，使工作人员熟练掌握系统操作。11月11日，该市首个政府采购全流程电子化项目——河源市客家文化公园三期园林绿化管理项目在广东政府采购智慧云平台开标，标志着河源

市政府采购进入全流程电子化时代，实现政府采购项目从采购意向公开、采购计划备案、采购执行、电子开评标、采购合同备案、履约验收、合同支付等各环节的全流程电子化操作。

全力推进网上中介服务超市工作　该中心与市政数局共同组织召开全市网上中介服务超市工作推进会议，研究部署推进工作。在全市举办六场中介服务超市业务培训会议，全面提升项目业主、中介服务机构入驻率，规范网上中介服务超市的运行、服务和监管，促进中介服务提质增效。

2021年11月11日，广东政府采购智慧云平台河源市政府采购项目全流程电子化首标开标仪式　（市公共资源交易中心　提供）

【政府采购】　2021年，河源市公共资源交易完成组织实施政府采购项目58批次，采购预算16.18亿元，中标金额16.14亿元，节约资金434.29万元，节约0.26%。中介服务超市发布项目1119项，选取宗数1081项，中选价7445.47万元。

【建设工程交易】　2021年，河源市公共资源交易招标项目272项，预算价127.86亿元，中标价125.90亿元，节约资金1.96亿元，下浮1.5%。

【国有建设用地使用权及矿业权交易】　2021年，河源市公共资源交易土地挂牌成交180宗，挂牌成交总面积471.38万平方米，总成交额58.29亿元，对比委托价增收0.19亿元，增收0.33%。2021年，河源市公共资源交易矿业权交易3宗，挂牌面积46.50万平方米，成交额5286.65万元。

【产权交易】　2021年，河源市产权交易成交210宗，成交价值为4.11亿元，对比挂牌金额增长1.36亿元，增长49.5%。其中，进场受理新型交易品种转让标的累计38宗，成交25宗，委托挂牌值2.07亿元，成交值3.36亿元，增值1.29亿元，成交价值对比挂牌价值增长62.5%。　（李萍萍）

税务

【概况】　2021年，河源市税务系统共有管户122739户（含企业、个体户及其他管户）。组织税费收入229.06亿元，比上年增长11.3%。组织国内税收收入137.14亿元，增长2.9%。组织费金收入91.92亿元，增长26.7%，其中：社保费收入74.79亿元，增长29.0%；非税收入4.80亿元，增长33.6%；其他收入（工会经费、职业年金收入）12.33亿元，增长12.6%。全市税务部门办理出口产品退（免）税23.95亿元，增长9.9%。

2021年，国家税务总局河源市税务局工会委员会被中华全国总工会授予“2021年全国工会职工书屋示范点”称号；国家税务总局河源市税务局钟靖被中华全国妇女联合会授予“全国巾帼建功标兵”称号；东源县税务局被国家税务总局授予“全国税务系统文明单位”称号；国家税务总局河源市税务局驻连平县绣缎镇金溪村扶贫工作队被中共广东省委、广东省人民政府授予“全省脱贫攻坚先进集体”称号。

【减税降费】　2021年，河源市累计新增减税降费10.23亿元。为86户企业办理增值税留抵退税4.39亿元，减轻企业负担，增强市场主体活力。实施阶段性缓缴。成立政策落实专班，组建“专属纳税服务员”团队，向纳税人宣传辅导105913户次，确保政策落到实处。全市税务系统为煤电供热企业办理专项缓缴税款1423万元，为制造业中小微企业办理延缓缴纳税费1.15亿元。开展税费宣传辅导。结合“便民办税春风行动”，以纳税人缴费人需求为导向开展滴灌式宣传辅导，开展纳税人学堂192场，覆盖纳税人3.9万余人次。线上，依托“两微一网”（微博、微信、门户网站）、电子税务局平台等渠道及时向纳税人推送税费优惠政策；制作《小微企业、个体工商户税费优惠政策指引汇编》等5本税费优惠政策电子书，被国家税务总局微信号采用推广，累计访问量百万人次。

【税收征管改革】　2021年，河源市税务局落实《关于进一步深化税收征管改革的意见》，全方位提高税务执法、服务、监管能力。探索智慧税务，升级信息化平台“河源税宝”，全面搭建6大模块19个专业子库，建立5大层级2518个标签体系，形成“智慧税务”平台架构；上线省税务局“三化”（规范化、标准化、一体化）业务保障平台；配合推进“全电发票”，落实好“首票服务制”，确保受票企业在首次接收全面数字化电子发票时同步接收配套的网格化服务。推进精确执法，以“纳税人全税务生命周期”为链条，创新打造集纳税人基础管理信息智慧监控、税务登记智能管理、“首违不罚”事项智能识别、欠税智能监管台账、前台代开发票异常智能预警、自然人纳税人多层级关联关系智能分析等功能于一体的智能监测体系，其中，精准判别“首违不罚”事项，1199户次纳税人获得纠错机会。制订发挥税收职能服务地方重大发展战略30条措施，建立“首席纳税服务员”机制，组建34个“专属纳税服务团队”，启动“春雨润苗”计划，推出“一企一策”“一产业一方案”“一园区一品牌”个性化服务。打造“税爱未来·深河1家”纳税服务品牌，联合深圳对口帮扶河源指挥部等部门举办“我为纳税人缴费人办实事”圆桌会议。编制《三大产业集群专属纳税服务计划书》，编印《税费政策专属一本通》，为企业提供全方位政策服务。加强精准监管，实施“信用+风险”动态监管，发布42528户纳税人纳税信用等级，2020评价年度1363户纳税人经纳税信用修复实现信用等级提升；打击涉税违法行为，立案检查48户，其中，千万元案件2宗，查补总额7064万元，公布税收“黑名单”案件46户，查处全市首例伪造税收完税证明偷逃车船税案件“5·25”逃税案。完成河源首例非居民个人股权转让纳税调整。推进精诚共治，发挥“以税咨政”作用，联合多部门全面推进“交房即发证”，2021年6月即实现全市全覆盖；通过“信用河源”网站等信用信息公示平台向社会发布5892条行政许可信息、458条行政处罚信息；加强税警联动，破获“12·3”特大虚开苗木发票案，该案系河源建市以来涉嫌虚开金额最大的团伙虚开发票案；联合16家金融机构推进“银税互动”，帮助455户纳税人获得授信贷款3.36亿元。

【税收营商环境优化】 2021年，河源市税务局连续第八年开展“便民办税春风行动”，推动100条“我为纳税人缴费人办实事暨便民办税春风行动”措施100%落地，在2021年河源营商环境评价中，“纳税”（一级）指标在全市16个计分指标中排名第一；是年，广东省纳税人满意度专项调查中排名前进4位，得分提升幅度居全省第一；全市17个办税服务厅平均办税时间10分钟，办税效率在全省排名第六；单笔业务平均办理时间1.4分钟，办税效率在全省排名第二；新办企业纳税人首次领票办理时限由5个工作日压缩至0.5个工作日；采取“快办快退”措施提速退税服务，全市出口退税平均办结时间缩短至2.55天，增值税留抵退税平均办理时间1.47天；1168户次纳税人享受6项税务证明事项告知承诺制；推行财产行为税“十税”（城镇土地使用税、房产税、车船税、印花税、耕地占用税、资源税、土地增值税、契税、环境保护税、烟叶税）合并申报，以及增值税、消费税分别与附加税费整合申报改革；推进“非接触式”办税缴费服务，纳税人可在全市136个银行网点的298台智能柜员机上办理28项常见税费业务；全年电子税务局税费业务量3378176笔，占全市业务总量的88.8%；组建税企群120个，覆盖30531户纳税人；利用河源税务微信号开展“我为改进税收工作献言”线上问卷调查，招募127名纳税服务体验师，持续改进服务；在全市办税服务窗口、自助办税终端、12366热线、电子税务局等渠道全面上线政务服务“好差评”体系，当日快速处理纳税人意见，2021年第三季度在全市政务服务“好差评”常态化测评考核中获得第一名。

【依法治税】 2021年，河源市税务局坚持依法治税，推进增值税专用发票电子化试点扩围，全市核定电子专票纳税人户数达1655户，对1802户首次开具或接受电子专票纳税人开展网格化服务；开展加油站智能税控系统推广工作，全市完成安装上线加油站199户，完成100%；建立服务外资企业服务台账，加强国际税收管理；完成2020年个人所得税经营所得汇算清缴、2020年综合所得汇算、2019年综合所得汇算事后抽查等工作；完成2020年企业所得税汇算清缴工作，做好研发费用加计扣除、高新技术企业、农林牧渔企业和小型微利企业等纳税宣传辅导工作；开展房地产项目清理工作，加强土地增值税管理；自主编印《土地增值税管理一本通》，完成土地增值税管理模块上线应用；加强资源和环境税管理，强化砂石行业资源税管理，引入第三方测绘，是年，砂石资源税大幅增收1272.52万元，增长124.5%；加强施工扬尘环境保护税管理，全市一般性粉尘的环境保护税入库

2021年7月29日，市税务局召开“我为群众办实事”纳税人缴费人座谈会

（市税务局 提供）

300.64万元，是2020年同期的118倍；新增船舶车船税税源223艘；新增耕地占用税税源2.2亿元。加强社会保险费征管，抓好城镇职工社会保险征缴工作，落实新业态人员等特定人员参加工伤保险办法，征收特定人员工伤保险费905笔，涉及8950个缴费人；做好退役士兵社保费征缴工作；做好城乡居民保险费征缴工作，城乡居民基本养老保险、基本医疗保险缴费人数分别达52.53万人、250.19万人。抓好非税收入职责划转和征管，成功划转水土保持补偿费、防空地下室易地建设费等五项非税收入项目征管职责；推广使用非税收入协同工作平台，通过平台征收土地闲置费、水土保持费、防空地下室易地建设费、村镇基础设施配套费271笔3725.93万元；做好2022年1月土地出让金、矿产资源专项收入等4项非税收入征管职责划转的准备工作。加强出口退税管理，对指标异常的68户风险企业开展了预警评估与风险应对；撰写调研报告《浅析含贵金属产品出口骗税手法及打击对策》，在省税务局2021年度新型税收风险研究课题评选活动中获三等奖。加强大企业税收服务和管理，制定《大企业重大复杂涉税事项协调会议制度》等5项制度；升级大企业“首席联络员”机制，在全省税务系统首推由市税务局党委班子成员担任26户大企业“首席联络员”的高端专属纳税服务；与8户大企业签订《税收遵从合作协议》。

2021年11月10日，市税务局、人民银行河源市中心支行、外汇管理局河源市中心支局在市税务局举行《联合打击涉税违法犯罪合作备忘录》签署仪式

（市税务局 提供）

2021年河源市分税费种收入情况表

表9

项目	累计收入（万元）	上年同期收入（万元）	增长（%）	增收额（万元）
税费收入合计	2317674	2083212	11.3	234462
一、税收收入合计	1398439	1357809	3.0	40630
（一）税务部门组织税收收入	1371379	1332919	2.9	38460
其中：中央级	600076	578633	3.7	21443
地方级	771303	754286	2.3	17017
省级	252207	257268	-2.0	-5061
市县级	519096	497018	4.4	22078
其中：市本级	182369	177935	2.5	4434
其中：市直	109158	113334	-3.7	-4176
1.国内增值税	601624	600340	0.2	1284
2.国内消费税	46379	36680	26.4	9699
3.企业所得税	208413	215292	-3.2	-6879
4.个人所得税	100300	96694	3.7	3606
5.资源税	8630	5283	63.4	3347

续表9

项　　目		累计收入（万元）	上年同期收入（万元）	增长（%）	增收额（万元）
6.土地使用税		25990	22055	17.8	3935
7.城市维护建设税		37556	37378	0.5	178
8.印花税		12758	11539	10.6	1219
9.土地增值税		85798	92517	-7.3	-6719
10.房产税		30675	23813	28.8	6862
11.车船税		11962	10465	14.3	1497
12.车辆购置税		67388	54228	24.3	13160
13.耕地占用税		47080	42441	10.9	4639
14.契税		85694	82816	3.5	2878
15.环境保护税		1077	626	72.0	451
16.其他税收		55	752	-92.7	-697
（二）海关代征税收收入		27060	24890	8.7	2170
二、费金收入合计		919235	725403	26.7	193832
（一）社保费收入		747944	579979	29.0	167965
（二）非税收入		48038	35961	33.6	12077
（三）其他收入		123253	109463	12.6	13790
1.工会经费收入		7777	7220	7.7	557
2.职业年金		115476	102243	12.9	13233
出口退（免）税合计		-239499	-217948	9.9	-21551
分县区	源城区	493381	515677	-4.3	-22296
	其中：国内税收	466321	490787	-5.0	-24466
	高新区	159582	134567	18.6	25015
	江东新区	92542	82933	11.6	9609
	东源县	241626	216196	11.8	25430
	和平县	68655	76973	-10.8	-8318
	龙川县	113814	126600	-10.1	-12786
	紫金县	134027	123412	8.6	10615
	连平县	94812	81451	16.4	13361

（赖周鸣）

审计

【概况】 2021年，河源市审计机关审计项目168个，其中审计项目165个，专项审计调查项目3个。出具审计报告和专项审计调查报告249篇，被批示、采用6篇。审计查出主要问题金额107.70亿元，其中违规金额5.16亿元、损失浪费金额57万元、管理不规范金额102.54亿元；审计发现非金额计量问题894个；损益（收支）不实金额7.7亿元；审计发现侵害人民群众利益3万元；审计处理处罚金额10.50亿元，其中应上缴财政4.03亿元、应归还原渠道资金4.23亿元、应调账处理金额2.23亿元、应减少财政拨款或补贴36万元、应缴纳其他资金81万元；移送司法机关、纪检监察机关和有关部门处理事项8件，移送处理人员7人，移送处理金额193万元。审计促进整改落实有关问题资金2.17亿元；审计后挽回（避免）损失912万元。审计提出建议754条；促进被审计单位制定整改措施17项；提交审计信息12篇，被批示、采用7篇次。向社会公告审计结果20篇。

【国家重大政策措施落实情况跟踪审计】 2021年，河源市审计机关对就业创业、民办教育发展、新增地方政府债券资金、“粤菜师傅”工程建设、革命老区和原中央苏区振兴发展等方面重大政策措施落实情况及资金管理使用情况进行跟踪审计，促进各项政策措施落地生效、防范化解隐患风险。

【财政审计】 2021年，河源市审计机关围绕审计全覆盖目标，全力推进财政审计纵向到底、横向到边审计工作。完成市、县（区）2020年度本级财政预算执行情况审计、1个县财政决算审计，对市级83个一级预算单位及其所属203个二级预算单位2020年度的部门预算执行情况和其他财政财务收支情况进行全覆盖审计，促进财政资金提质增效，推动各级各部门规范预算管理、提升预算执行效率和资金使用绩效。

【经济责任审计】 2021年，河源市审计机关开展69个单位85名领导干部经济责任审计，查出主要问题金额5.73亿元，对6个镇（街）开展党政主要领导干部经济责任和自然资源资产离任审计。

【民生审计】 2021年，河源市审计机关加大对民生项目的审计力度，对全市2018年至2020年6月基本公共卫生服务政策落实及相关资金管理使用绩效情况、全市2020年新增财政直达资金情况、全市2020年社会保险基金政策落实、筹集使用和运行管理情况及市本级社会保险基金预算执行情况、全市2020年保障性安居工程资金投入和使用绩效情况、紫金县2018年至2020年乡村振兴相关政策和资金情况进行专项审计及调查，推动补齐民生短板，促进各项惠民富民政策发挥实效，维护人民群众的切身利益。

【绩效审计】 2021年，河源市审计机关对的“6·10”“6·12”救灾复产和灾后重建资金绩效情况、重大城市生活垃圾处理设施建设管理及运营绩效情况、“四好农村路”（公路建设好、管好、护好、运营好）建设政策落实和资金使用绩效情况进行审计，确保政策落实到位，资金使用绩效得到提升。

【信息化建设】 2021年，河源市审计机关大力推进大数据审计工作，强化对大数据审计工作的领导，以科技创新为抓手克服人员不足、全覆盖任务较重的困境，完成市县两级2015—2020年613个被审计单位财务数据及15个被审计单位业务数据采集入库工作。

【内部审计】 2021年，河源市内部审计机构完成审计项目661个，审计发现问题金额3.2亿元，审计发现非金额计量问题592个，审计发现问题整改金额3.2亿元，审计发现非金额计量问题整改602个。

2021年河源市本级及所辖区（市、县）审计工作统计表

表10

审计机关	完成审计项目（个）	审计查出主要问题金额（万元）	审计发现非金额计量问题（个）	审计期间整改金额（万元）	出具审计报告和审计调查报告（篇）	审计处理情况		审计促进整改落实有关问题资金（万元）	审计提出建议（条）
						审计处理处罚金额（万元）	移送处理事项（件）		
河源市 河源市本级	42	590304	425	9211	79	49833	4	1944	122
源城区审计局	22	10531	37	0	35	1867	3	0	61
东源县审计局	17	94043	36	312	25	3696	0	205	59
和平县审计局	22	137747	155	2	28	341	0	28	77
龙川县审计局	27	68670	62	4507	33	239	1	0	120
紫金县审计局	20	34785	91	41	31	21688	0	19553	239
连平县审计局	18	140979	88	0	18	27334	0	0	76

（潘森群）

统 计

【监测预警】 2021年，河源市统计局发挥经济运行监测预警预判职能，紧扣高质量发展主题，围绕建设“示范区”“排头兵”的目标任务，培育“五大产业”（千亿级电子信息产业、百亿级水产业、百亿级先进材料产业、生态旅游业、现代高效农业）、实施“七大行动”（大力实施产业兴市、“融湾”“融深”、乡村振兴、城市提质、形象提升、民生保障、生态优先）重点工作，强化经济形势研判，加强对各县（区）和职能部门日常上报统计数据监控，重点对统计数据出现异常的企业进行核查，每季度季前、季后召开全市统计经济预警监测会和经济分析会，按照统一流程和方法科学核算地区生产总值，及时做好数据发布解读工作。

【统计数据开放】 2021年，河源市统计局创新服务内容和服务方式方法，强化数据公开。按照“公开为常态、不公开为例外”原则，在电视、广播、政府门户网站等平台及时发布月度统计数据、年度《河源市国民经济和社会发展统计公报》等统计信息以及解读文章，为社会公众提供及时、准确的统计调查信息；编印《河源统计年鉴2021》《河源统计分析汇编》《粤东西北主要经济指标对比表》，撰写统计分析报告36篇，完成光盘行动调查、中小学校园安全调查等4个课题调查工作，累计印发《河源统计月报》4200本；强化统计宣传，利用统计开放日等时间节点，创新宣传手段，采用“线下+线上”的形式，将地区生产总值解读、经济形势分析材料制作成宣传资料，通过河源市政府门户网站、《河源日报》、河源电视台《政风行风热线》等平台媒体对外发布。

【统计执法监督】 2021年，河源市统计局坚持依法统计依法治统，巩固“两

2021年9月28日，市统计局、国家统计局河源调查队联合源城区统计局、东源县统计局、国家统计局东源调查队在客家文化公园西门广场举办“第十二届中国统计开放日之河源”活动

（市统计局 提供）

防”（防弄虚作假、防少报漏报）成果，推进统计工作制度化、规范化，确保统计数据真实准确。落实防惩统计造假责任。贯彻中央《关于深化统计管理体制改革 提高统计数据真实性的意见》《统计违纪违法责任人处分处理建议办法》《防范和惩治统计造假、弄虚作假督察工作规定》，严格执行《领导干部违规干预统计工作记录台账》工作机制和《河源市统计违法案件查处规程》《河源市统计违法举报制度》等制度，确保统计造假、弄虚作假责任追究落实到位；加大统计执法监督力度，采取“双随机”抽查的方式，对工业、商贸、服务业、投资等企业和项目开展统计执法检查，做到执法检查经常化、制度化，累计直接检查企业69家。加强对各专业在数据填报过程中出现的异常情况进行常态化执法检查，打击统计违法违纪行为；开展国家统计局统计督察反馈意见整改工作。对标国家统计局督察组反馈意见，提高政治站位，落实主体责任，坚持问题导向，落实问题整改工作，配合纪委等部门做好统计违纪违法涉及人员责任追究工作完善机制，坚持“当下改”与“长久立”同步推进；推进统计信用建设。落实企业统计信用管理制度，在网站建立统计失信企业、统计失信人员信息公示专栏，对统计上严重失信企业及其有关人员的惩戒力度，引导统计调查对象依法统计、诚信统计。全市统计系统332人完成统计从业人员统计信用信息认定和公示工作，8家企业单位被评为2021年度河源市统计诚信示范企业；加强统计执法队伍建设和基层统计机构监督能力建设，开展统计执法业务骨干执法业务培训，督促县（区）级统计局配足配强统计执法人员，选派政治素质好、业务能力强的年轻干部参加执法培训和考试，提升执法证考试合格率。

【第七次全国人口普查】 2021年5月，河源市统计局、河源市第七次全国人口普查领导小组办公室联合发布《河源市第七次全国人口普查公报》。河源市第七次全国人口普查，全面查清河源市人口数量、结构、分布、迁移流动以及居住状况等方面的情况，准确反映人口规模变化趋势、人口结构和布局演变情况、人口社会变迁特征以及居民生活质量等，为各级政府实施宏观调控、制定和调整有关政策、加强人口管理等提供了决策依据和服务。是年，河源市统计局被国务院人口普查办公室授予“第七次全国人口普查先进集体”称号。

（邱伟伟）

市场监督管理

【概况】 2021年，河源市市场监督管理局在围绕优化公平竞争的市场环境、持续“放管服”改革、要素市场机制改革及监管，推进质量强市建设，强化知识产权保护创造运用，抓好疫情防控和市场安全监管，推进市场监管体系和能力现代化。该局在省食品安全评议考核中排名全省第十、粤东西北第三，在省药品安全考核、省“双打”绩效考核中均排名全省第十一，通过省质量工作考核，在全市目标管理责任制考核中获评优秀等次。

【疫情防控】 2021年，河源市市场监督管理局强化集中监管仓规范管理，发挥进口冷链食品疫情防控“首站拦截”作用。完善全流程闭环管控机制，强化各环节全过程管控措施，加强分级分类管控。加强农贸市场、商场超市、餐饮、药店等重点场所安全监管。督促各地落实进口冷链食品“三强化三覆盖”（持续强化冷库、冷链物流企业直接接触人员、产品和环境核酸监测每周全覆盖，其他经营此类产品的农贸市场、食品生产企业、商场超市等场所直接接触人员、产品和环境在原有常态化工作基础上加倍监测；持续强化落实市场环境每日清洁通风消毒全覆盖，做好冷链物流企业车辆清洁消毒）。持续强化进口冷冻肉制品和水产品安全监委会覆盖。加强疫情常态化下的零售药店“哨点”监测工作，督促零售药店落实疫情防控主体责任。加强疫苗储存、运输环节和医用口罩、防护服、红外体温计等疫情防控物资保障和质量安全监管，保障疫情防控药械质量安全。

【“放管服”改革】 2021年，河源市市场监督管理局深化商事制度改革，报请市政府印发《河源市商事主体住所（经营场所）登记管理办法》，推进商事登记智能化申办，推广企业开办“一网通办”，该市企业开办实现1个工作日内办结。推动“证照分离”全覆盖在该市落实落地。是年，全市新登记市场主体40502户；各类市场主体24.27万户，比上年增长11%。牵头推动要素市场运行机制改革及监管工作，撰写《河源市推进要素市场运行机制改革及监管工作调研报告》，编制《河源市推进要素市场运行监管行动方案》呈报市政府印发实施。

【质量强市】 2021年，河源市组织召开全市质量大会，市政府常务会议专题传达学习习近平总书记致中国质量（杭州）大会重要贺信精神暨推进2021年质量强市攻坚会议，组织开展第二届河源市政府质量奖评审工作，推动出台《河源市加快推进质量强市建设实施方案》《河源市政府质量奖管理办法》《开展新型墙体材料行业质量基础设施“一站式”服务工作方案》，开展小微企业质量管理体系认证质量提升行动，推动质量品牌建设和质量提升行动。

【标准化工作】 2021年，河源市市场监督管理局推进企业产品和服务标准自我声明公开和监督制度，286家企业涵盖1429种产品的936项标准在网上自我声明公开。高新区获批国家级消费品标准化试点，新创建省级标准化试点3个，新制定发布地方标准9个、参与制定行业标准11项、团体标准13项，新建成省级农业标准化示范区2个、新增“圳品”（企业自愿申报，经评价合格，符合供深食品标准体系要求的食品和食用农产品）4个（广东聪明人集团有限公司的武值猕猴桃和紫香百香果、广东汇友生态农业有限公司的蓝莓和猕猴桃4个产品）。

【质量基础建设】 2021年，河源市市场监督管理局夯实质量基础，新增社会公用计量标准13个、3C认证证书290张、体系认证证书588张。实施计量惠民行动，对集贸市场与基层医疗卫生单位的17198台件计量器具进行免费检定，受检率100%。市食品药品检验技术中心投入使用，市食检所新扩项156项参数，市药检所取得药品、化妆品检验资质，药品、化妆品常规检项参数覆盖率100%和98%；推进省新型显示器件产业计量检测中心建设，省热泵空调产品检验站新扩项3个类别、80个参数。新获批立项科研项目9个。

【知识产权工作】 2021年，河源市市场监督管理局报请市委市政府印发《关于强化知识产权保护的若干措施》。在全市8个县（区）设立知识产权维权援助工作站，成立河源市知识产权纠纷人民调解委员会，与市法院、市版权局联合建立知识产权纠纷诉调对接工作机

2021年1月6日，河源市市场监督管理局召开全市质量大会

（市场监督管理局 提供）

制。建设新一代电子信息产业集群知识产权运营中心。支持特色优势产品申报地理标志产品及地理标志商标，“龙川山茶油”向国家知识产权局提交地理标志产品保护申请，“东源仙湖茶”“和平猕猴桃”提交地理标志证明商标注册申请。东源县、连平县建成商标培育指导站。新增“中国专利优秀奖”2项，新增广东省知识产权示范企业2家。全市专利授权量4194件、比上年增长11.3%；全市发明专利量708件，每万人口发明专利拥有量为2.49件，PCT国际专利申请量8件、增长33.3%。全市知识产权质押融资登记金额2.94亿元、增长226.8%。

【食品药品安全监管】 2021年，河源市市场监督管理局完善对地方党委和政府食品安全工作评议考核制度。完成食品抽检2.04万批次、完成率119.8%，共快检食用农产15.68批次、完成率106.2%。开展“湿粉统一查”、肉制品质量提升以及食品小作坊提质行动等专项行动，整治保健食品、学校校园及周边食品、农村食品、网络订餐食品等重点行业和区域。开展食品生产环节“让群众吃上放心特色食品”“让群众明明白白吃好油”等“我为群众办实事”系列实践活动，常态化邀请“两代表一委员”走进食品安全监管一线活动，创新组织以“视频+图文”直播形式开展“查餐厅”行动。“明厨亮灶”建设覆盖率91.9%，入网餐饮服务提供者持证率、公示率99%。源城、紫金各有一家超市率先获评省级“放心肉菜示范超市”。报请市政府出台《河源市推动生物医药产业和医疗器械高质量发展实施方案》《河源市推动化妆品高质量发展实施方案》。开展第二类精神药品、网络违法违规销售药品、新冠病毒检测试剂、医用口罩、可用于医疗美容医疗器械等各类特殊化妆品专项检查；药品和化妆品抽样完成100%，发现不合格5批次。监测上报药品、医疗器械、化妆品不良反应报告表4731份。

【特种设备安全监察】 2021年，河源市市场监督管理局强化叉车、起重机械、电梯鼓式制动器隐患排查治理，开展液化石油气瓶充装单位专项检查、快开门式压力容器专项整治“回头看”以及重要时段安全生产大检查；全市液化石油气充装站、在用电梯、大型游乐设施、客运索道等购买安全责任保险率均为100%。共发出安全监察指令书546份、立案查处26宗；共检验特种设备1.5万台、压力管道48千米，出具各类检验报告1.52万份。

【重点产品质量安全监管】 2021年，河源市市场监督管理局开展口罩、非法成品燃料油、建筑用钢筋、摩托车电动自行车等产品专项整治行动。开展车用汽柴油、热轧带肋钢筋、矿渣硅酸盐水泥、定配眼镜等39种产品抽检工作，共抽检产品539批次、不合格发现率3.0%；对监督抽查不合格产品开展“问诊治病”活动，后处理率100%。指导市县新建或改造的钢铁、水泥、陶瓷等重点项目完善体系建设，开展电线电缆、空气能、钢筋等产品质量安全约谈。开展检验检测机构水泥胶砂强度能力验证工作。组织开展系统防范化解道路交通安全风险工作，开展机动车虚假检测专项整治行动。

【公平竞争审查】 2021年，河源市市场监督管理局落实公平竞争审查制度，开展政策措施审查工作，全市各级各部门审查政策措施361份，梳理各类涉及市场主体经济活动的规章、规范性文件和其他政策措施等302份，其中修订3份。建立市反不正当竞争部门间联席会议制度，强化商业秘密保护工作，组织开展“保健”市场乱象整治回头查、重点领域反不正当竞争执法、互联网反不正当竞争治理以及反垄断排查等专项行动。

【价格监管】 2021年，河源市市场监督管理局开展涉企收费专项整治，检查中介机构、行业协会商会、水电气公共事业、商业银行等单位108家，发出责令整改通知书6份，推动相关主体和单位退费336.7万元。强化重大节假日等重点时段和敏感时段的民生价费监管，组织开展客运票价、殡葬、农资、建材、教育、旅游、医疗、粮食、茅台酒、停车场等领域涉企和民生价格收费专项检查，查处价格案件26宗，责令退还多收费用98.3万元。

【行政执法与“双打”】 2021年，河源市市场监督管理局先后开展民生领域“铁拳行动”、“扫黄打非”、市场销售长江流域非法捕捞渔获物、农村假冒伪劣食品、口罩质量安全、“质量月”打击侵犯知识产权和制售假冒伪劣、野生动物等专项整治行动。查处市场领域案件1731宗，移送涉刑案件38宗。常态化开展扫黑除恶斗争，主动摸排涉黑涉恶相关线索5条。

【信用监管】 2021年，河源市市场监督管理局归集全市市场主体数据信息24.31万户，公示各类企业信息504万条，共有1184户（次）企业、1284户（次）农民合作社被列入异常名录，390户列入严重违法失信企业（黑名单），依法对失联的787户企业进行吊销。全市市场监管领域各成员单位以“双随机、一公开”方式共组织检查对象10350户、跨部门联合抽查对象645户，其中通过广东省“双随机、一公开”（是指在监管过程中随机抽取检查对象，随机选派执法检查人员，抽查情况及查处结果及时向社会公开）综合监管平台开展151项计划、217项任务、1748户市场主体的抽查检查，其中完成跨部门联合抽查检查21个计划、24项任务、71户市场主体，完善抽查事项清单725项，实行全过程电子化，实现检查结果100%向社会公示。

【网络和广告监管】 2021年，河源市市场监督管理局牵头组织开展河源市

2021年“网剑行动”，在“双十一”“双十二”期间通过购买服务委托第三方机构开展网络交易监测，共监测发现网站、网店涉嫌违法违规线索85条，督促网络交易第三方平台删除违法商品信息10条、责令整改网站2个次、责令停止平台服务的网店12个次。健全广告联席会议制度，强化公益广告宣传和媒体广告监测，突出民生领域重点广告监管，开展违法违规商业营销宣传、治理规范互联网弹窗、食品、房地产、校外培训等广告专项整治行动。共查处违法广告案件31宗。

【消费维权】 2021年，河源市市场监督管理局优化市场消费环境，畅通消费者投诉渠道，强化消费投诉举报处置工作，共处理消费投诉举报9492件，为消费者挽回经济损失993.79万元。建立“消费维权服务站”114个，发展ODR（在线纠纷解决平台）企业40家，发展“放心消费承诺单位”和“线下无理由退货承诺店”808家。

【“创文”工作】 2021年，河源市市场监督管理局开展农贸市场综合治理行动，全市105个农贸市场纳入综合治理，完成37个，新完成农贸市场升级改造3个。推行“文明餐桌、光盘行动”，江东新区在全市率先创新推行学校食堂“智能化餐厅”新模式，将制止餐饮浪费工作落到实处。开展巩卫创文系列志愿服务活动。

【依法行政工作】 2021年，河源市市场监督管理局依法全面履行政府职能，强化决策规范化，落实法律顾问制度。严格规范公正文明执法，创新行政执法方式，加大监管执法力度，推进行政执法规范化建设。开展法治宣传教育，落实“谁执法谁普法”普法责任制，成立“八五”普法工作领导小组，学习宣传贯彻新施行、新修订法律法规，向社会各界普及宪法、民法典、扫黑除恶和食品药品、特种设备安全、产品质量安全、知识产权、价格检查、公平竞争等市场监管法律法规，将普法融入监管、服务、执法全过程。

【信息新闻宣传】 2021年，河源市市场监督管理局落实意识形态工作责任制，加强主阵地建设。开展系列主题宣传活动，传播市场监管好声音，累计发布《河源日报》专版“市场监管在线”专题报道50期，政务微信87期、310条，河源电视台滚动播放宣传视频127条、音频3892条，报送政务信息458条。

（戴小茜）

价格管理

【强化价格调控】 2021年，河源市居民消费价格指数累计上涨0.4%，价格总水平基本保持稳定。全力做好重要民生商品保供稳价工作，成立相关工作机构。在生猪价格持续下跌时，及时发出预警信息。向市政府专题报告河源市蔬菜市场价格情况。

【价格改革】 2021年，河源市推进管道天然气价格改革。印发《河源市发展和改革局关于调整河源市区管道非居民销售价格有关问题的通知》和《河源市发展和改革局关于调整市区管道燃气居民用气价格及完善气源采购成本与销售价格联动机制有关问题的通知》，将市区管道燃气用气价格由两部制气价调整为单一气价，核定居民配气价格和销售价格，并取消容量气价。同时建立完善管道天然气进销价格联动机制。持续推进农业水价综合改革工作。联合河源市财政局、河源市水务局、河源市农业农村局印发2021年度河源市农业水价综合改革实施方案，将年度工作任务下达至各县区，明确责任分工，压实工作责任。联合财政、水务、农业等部门组成联合督导调研组到县区开展调研督导工作。

【收费行为规范】 2021年，河源市调整防空地下室易地建设费收费标准。河源市发展和改革局 河源市财政局印发《关于调整河源市防空地下室易地建设费收费标准的通知》，从2021年1月1日起调整河源市防空地下室易地建设费收费标准；理顺河源市区住宅物业服务收费政策。河源市发展和改革局会同市住建部门联合印发《关于调整河源市市区住宅物业服务收费政府指导价有关问题的通知》，规范物业服务收费行为，理顺市区物业服务收费价费矛盾；组织开展城镇供水供电供气行业收费清理规范工作。组织各县区各部门开展全面自查自纠，印发《关于清理规范城镇供水供电供气行业有关收费的通知》，明确取消的收费事项。加强教育收费管理。配合“双减”（减轻义务教育阶段学生作业负担和校外培训负担）工作，联合河源市教育局、河源市市场监督管理局出台《关于河源市义务教育阶段线下学科类校外培训收费标准有关问题的通知》，规范校外培训收费管理。对部分民办学校收费进行调整。规范市直非营利性医疗机构停车设施收费管理。统一规范市直非营利性医疗机构停车设施收费标准。

（曾子荣）

国有资产管理

【概况】 2021年，河源市人民政府国有资产监督管理委员会直接监管的企业8家[市国资公司、市城投公司、市交投公司、市水投公司、市物投公司（市市场物管处）、市金叶公司、市城乡公司、市物资公司]；参股一级企业1家（市粤运公司）；与江东新区管委会、灯塔盆地管委会共管企业各1家（市江东开发公司、市灯塔盆地建设公司）。经营业务涵盖国有资产经营、产业投资、城市投资建设、交通投资建设、产业园区投资运营、交通运输、农贸市场、物业管理等行业。

【国企改革】2021年，河源市人民政府

国有资产监督管理委员会推进国企改革行动，印发《河源市国企改革行动实施方案》，部署改革任务6大类，具体措施16项，完成具体措施13项，完成81.3%，达到国务院国资委和省国资委要求完成80%以上的任务要求。完善中国特色现代企业制度，出台《河源市市属国有企业外部董事管理暂行办法》，5家企业实现外部董事占多数。加快国有资本布局优化和结构调整，推动市属国有“大城建”“大交通”“大产业”“大水务”等重点产业平台发展，完成10家市属全民所有制企业的公司制改革工作，推进三类事业单位改革和保安公司混合所有制改革工作。健全市场化经营机制，印发《河源市市属国有企业推行经理层任期制和契约化管理工作方案》《关于推进实施市属国有企业管理人员竞争上岗工作的通知》《河源市市属企业工资决定机制改革实施办法》。

【国资经营】 2021年，河源市人民政府国有资产监督管理委员会直接监管企业资产总额310.35亿元，资产负债率52.5%，所有者权益147.41亿元。是年，实现营业收入4.74亿元，净利润亏损1.61亿元，上交税费1.03亿元。

【民生项目】2021年，河源市人民政府国有资产监督管理委员会监管企业实施民生工程和重点项目15个，总投资额159.33亿元，年度完成投资额14.10亿元，完成投资额29.90亿元。其中，市污水处理厂临时扩容项目完工。

【国资监管】2021年，河源市人民政府国有资产监督管理委员会做好事中事后监管，成立综合监督领导小组列席一级企业党委（支部）会议，参与“三重一大”（重大事项决策、重要干部任免、重要项目安排、大额资金的使用）事项决策监督，对24家市属国有企业及各级子企业进行财务专项检查，规范企业财务管理制度的执行。联合市财政局出台《关于推动县（区）党政机关和事业单位经营性国有资产集中统一监管的实施意见》，指导县区全面推进经营性国有资产集中统一监管工作。出台《河源市市属企业加强债务管理严控债务风险暂行办法》，健全债务风险防控长效机制。加强企业国有产权交易的监督和管理，进场标的368宗，成交210宗，成交价值为41105万元，对比挂牌金额增长13612万元，增长49.5%。推进国资国企在线监管系统建设，11家企业开通系统并完成数据填报工作。

【融资筹资】2021年，河源市人民政府国有资产监督管理委员会融资22.12亿元，完成提款14.64亿元，主要用于项目摘地及建设、股权收购等。其中市国资公司融资10.96亿元，提款5.49亿元；市城投公司融资10.10亿元，提款8.5亿元；市交投公司融资3000万元，提款600万元；市水投公司融资7600万元，提款5900万元。

【综治维稳】 2021年，河源市人民政府国有资产监督管理委员会落实维稳责任，加强不稳定因素排查调处与防范工作。受理来访9宗，办结9宗；网信平台受理信访案件20宗，办结20宗；12345投诉热线受理投诉件42宗，办结42宗。坚持“党政同责、一岗双责、齐抓共管、失职追责”的原则，组织各监管企业签订安全生产责任书，加强安全生产隐患排查治理工作，全系统未发生重大安全生产事故。 （潘　蔚）

城乡建设·自然资源

编辑：曾红艳

住房和城乡建设

【概况】 2021年，河源市住房和城乡建设局坚持以习近平新时代中国特色社会主义思想为指导，全面贯彻中共十九届六中全会精神，坚持抓好抓实住房城乡建设各项重点工作，推动住房城乡建设在“十四五”实现良好开局。是年，该局获得省建设工程优质奖1项，省建设工程优质结构奖5项，省房屋市政工程安全生产文明施工示范工地奖6项，省建设工程项目施工安全生产标准化工地奖6项，省优秀建筑装饰工程奖2项，省市政优良样板工地奖1项。

【建筑业发展】 2021年，河源市住房和城乡建设局加快推进《关于加快河源市建筑业高质量发展的实施意见》的落实，起草《河源市建筑业企业奖励政策实施细则（试行）》和《河源市建筑业骨干企业评选和奖励办法（试行）》，完成征求相关部门意见。是年，全市有4家本地建筑业企业晋升为施工总承包一级资质企业；注册地总专包企业完成建筑业总产值160.89亿元，增长16%。办理房屋建筑工程施工报建330个、建筑面积1134.79万平方米、造价249.21亿元；其中市区房屋建筑工程施工报建数150个、建筑面积669.96万平方米、造价165.44亿元；全市共办理市政工程施工报建73个、造价15.06亿元，其中市区51个、造价5.73亿元。

【绿色建筑与建筑节能】 2021年，河源市城镇新增绿色建筑面积316.47万平方米，占新建建筑比例30.9%。发布《关于进一步加强绿色建筑全过程管控的通知》，重点对绿色建筑规划管理、绿色建筑分部工程质量验收监督、绿色建筑隔热隔声措施督促和施工现场搅拌砂浆的严格监管作出要求。贯彻落实《广东省绿色建筑条例》，开展建筑节能“双随机、一公开”专项检查，重点检查民用建筑工程项目使用预拌砂浆以及执行建筑节能条例、强制性标准的情况。

【工程质量和施工安全】 2021年，河源市住房和城乡建设局把房屋市政工程质量和施工安全监管摆在突出位置，常态化制度化抓好房屋市政工程安全监管。实施建设项目实名制管理，督促施工现场强化安全管理，建立隐患台账，进行闭环处理。全市办理质量监督手续工程251项，建筑面积2297.8万平方米，签署授权书、五方责任主体工程（建设单位项目负责人、勘察单位项目负责人、设计单位项目负责人、施工单位项目经理、监理单位总监理工程师）质量终身责任承诺书251项，竣工验收备案111项，设立永久性标牌111项，一次竣工验收合格率100%。

加强建筑工地监管，持续在重要节日、敏感节点组织各县区住建局、市质安站对辖区建筑工地开展安全隐患大排查，抓好深基坑、高支模、外脚手架、起重机械等危大工程监管。是年，开展综合检查、专项检查、常态化督导76次，累计抽查建筑工地158个，下发整改通知书147份、执法建议书21份，责令9个建筑工地立即停工整改，封停14台塔吊。加强对参建各方主体安全生产行为的监督，督促参建各方依法落实安全生产主体责任。建立“人员履职群”和“危大工程监管群”微信群，加强责任人员履职管理；加强主体责任落实，对不履行安全生产职责的企业及对其相关人进行记分处理，对整改不到位的项目移交市城管执法局。加强对危险性较大的分部分项工程的监督管理，按4个100%（对危大工程检查执法率100%、发现的违法行为依法查处率100%、发现存在安全生产问题企业的复查率100%、各类安全生产违法违规行为举报案件核实查处率100%）要求管理危大工程，对存在危大工程尤其超危工程的项目，从方案、交底到现场落实严格监管，建立危险源台账，确保危大工程整体可控。

加快推进房屋建筑承载体调查和城镇房屋安全风险排查整治工作，印发《河源市城镇房屋建筑安全风险排查整治行动方案》，聘请第三方专业团队负责调查工作技术统筹和审核、技术指导与咨询、成果审核与应用工作。全市调查城镇及农村房屋9.14万栋，建筑面积2515.97万平方米，工作进度排在全省第七。

是年，全市出具结建式防空地下室

设计要点68项，应建人防面积若干平方米，办理结建式防空地下室易地建设审批，完成应收人防工程易地建设费。全年受理建设工程消防设计审查222件、办结219件，受理消防验收161件、办结153件，受理消防验收备案105件、办结104件；办理特殊建设工程消防设计审查意见书22项，审查建筑面积191.6万平方米。

【城建项目建设】 2021年，河源市住房和城乡建设局按照“补短板、抓提升、强管理”总体思路，抓好城建项目谋划，印发实施《河源市区2021年城建项目建设计划（第一批）》，谋划纳入城建项目库的项目77项，估算总投资230.44亿元。统筹推进城建项目建设，完成西优工程一期、中山大道改造工程（一期）、西环路改造、客家文化公园三期等25个项目，累计完成投资64.6亿元。推进“百街千巷”环境综合整治工程、东环路河职院和河源高级中学人行天桥等项目建设。扎实推进代建项目建设，年内代建工程47项，累计建筑面积约66.13万平方米，道路总长15.86千米，排污管道23.45千米，园林绿化8.23万平方米，完成投资89640万元。召开22次市直城建系统调度会，建立完善重大项目涉及规划、用地、用林和环评调度机制。

【房地产市场】 2021年，河源市完成房地产开发投资额275.55亿元，比上年增长4.2%；新建商品房销售面积377.9万平方米、增长4.58%；河源市商品房库存面积496.84万平方米，消化周期为15.77个月。做好问题楼盘的处置工作，推进中心壹号教育城、鸿大城二期等问题楼盘的矛盾纠纷化解工作。完成商品房合同备案20000份；白蚁防治备案83宗，面积484.73万平方米。

2021年，推进行业治乱工作，开展严防经营性贷款违规流入房地产领域专项排查和河源市房地产市场“双随机、一公开”专项检查工作，排查出违规流入房地产领域贷款24笔、涉及金额1155万元，抽查房地产估价机构6家、房地产经纪机构5家、市区在售商品房项目6个，下发整改通知书13份，排查出各类问题14项，逐项进行整改。

【住房保障】 2021年，河源市区新增公租房实物配租40套，完成发放租赁补贴267户。开展全市公租房违规行为排查整改工作，对全市4213户实物配租和193户发放租赁补贴的家庭进行专项排查，排查出335户家庭违规享受公租房、61户不再符合发放住房租赁补贴条件的情况。

【城乡人居环境整治】 2021年，河源市住房和城乡建设局完善农村生活垃圾收运处理体系。规划新建灯塔、船塘片区2座农村生活垃圾无害化填埋场，全市95个乡镇建有101个中转站，8575个自然村配备垃圾收集点32332个，农村生活垃圾收运处理体系覆盖率100%。是年，按照7元/年·人标准落实农村生活垃圾保洁市级财政补助资金2205万元，强化农村生活垃圾处理资金保障。加快推进农村生活污水处理设施建设。全市农村地区建成903座农村分散式污水处理站，处理能力5.9万吨/日，建设污水管网2174.5千米；全市8575个自然村中有2908个村完成生活污水治理任务，全市农村生活污水处理率40%以上。根据省统一部署，组织编制《河源市农村生活污水治理攻坚行动方案》，指导各县（区）开展县域农村生活污水治理专项规划编制工作。

巩固黑臭水体治理成效。扎实做好东埔河综合整治维护管养工作，东埔河（黄子洞河和白岭头河）完成消除黑臭水体任务，完成“初见成效”和“长制久清”评估工作。

【美丽宜居乡村建设】 2021年，河源市住房和城乡建设局农村削坡建房排查整治成效显著。2018—2021年开展9520户整治任务，6396户风险点整治竣工，如期完成省下达该市2020—2021年6260户整治目标任务，省住建厅于2021年11月25日举办粤东片区农村削坡建房风险点整治工作现场培训会，在全省范围推广该市经验做法。

完成农村房屋安全隐患排查整治任务。排查录入农村房屋544599栋，排查录入率100%，完成经营性农村自建房整治73栋，如期完成对行政村各类农村房屋安全隐患排查和存在安全隐患的经营性农村自建房整治阶段性任务。

推进农房管控和乡村风貌提升。该局编印《河源市农村建筑技术与施工安全指引》，免费发放至所有乡镇和行政村，加强指导乡镇开展村民建房活动的安全及质量监督管理。完成22处第一批历史建筑的建档、挂牌工作，组织各县区查缺补漏，扩大普查地域空间范围，延展普查年代区间，完成对现存资源的普查认定。

【工程建设项目审批制度改革】 2021年，河源市住房和城乡建设局推行工程建设项目审批分类改革，实行“一家牵头、并联审批、限时办结”，完善工程建设项目审批管理系统平台建设，全面推行“一网通办”。优化联合验收线上办理流程，推行联合验收电子文书。开展工程建设项目全流程在线审批专项整治，强化工程建设项目全流程在线审批和部门信息协同共享，规范工程建设项目审批行为。是年，全市线上审批的工程建设项目1623个，审批服务办件为6383件，实行并联审批办件为3668件，并联审批率57.5%。 *（袁国省）*

城市管理

【概况】 2021年，河源市城市管理和综合执法完成“创文”、“巩卫”、中央生态环保督察、党政领导离任审计、疫情防控、燃气安全生产监管、垃圾分类、市政设施改造等工作，提升城市环境、城市品质、城市形象。河源市城市

2021年6月15日，河源市城市管理和综合执法局“码上办”应急平台上线
（市城管局 提供）

管理和综合执法局“码上办”应急网络平台上线。

【市政建设】市政工程 2021年，河源市城管理和综合执法局完成西环路口水浸点工程项目，以及红星东路交建设大道渠化路口改造项目等小型项目。完成迎客大道交双下路口及西环路口水浸点工程的建设；推进宝源及老城西区污水治理工程项目，该项目新丰江两岸主管网进入试运行阶段，涉及2号调蓄池建设用地征拆工作完成，正在进行场地平整，下穿京九铁路施工进场；推进旺业路排水排污管道改造工程建设，该项目完成30%；完成红星东路交建设大道渠化路口、公园西路人行道、永康大道（雅居乐段及绿都公司段）人行道等改造项目及康宁路交大同路口完善项目等市政项目。

市政维护 提高市政设施管理水平，城市防汛排涝能力持续提升。组织开展“巩卫”“创文”“系统防范化解道路交通安全风险”等市政设施整治行动，累计修复路面7800平方米，人行道5500平方米，交通指示牌136块，处理井座下凹破损150多处，修复排水排污管道240米，保证市政设施完好率98%以上。

桥梁检测和维护 完成市区34座城市桥梁定期检测，组织省桥梁专家开展地震后及汛期前中后期现场勘查，对城市桥梁组织实施年度检测，确保市区城市桥梁运行良好。

汛期应急排涝 在汛期来临前，提前部署，组织市政养护单位对市区排水管网进行地毯式清疏，累计清疏11000多座，疏通雨污水管线42千米，更换井盖井座510套、安装防坠网1500个，改造10个小型积水点，完成迎客大道交双下路口水浸点整治项目，推进新江市场区域水浸点整治工程建设，修订市区排水防涝应预案，开展市区排水防涝应急演练，特别是应对5月“龙舟水”防城市道路内涝积水等工作开展，被《河源日报》、“河源发布”“河源组工”等媒体报道；是年，市区范围内未出现大面积积水和水浸。

照明亮化方面 全年新增接管路灯1475盏，灯杆541条，累计维修或更换路灯12100余盏，修复路灯线路里程3.06万米，排除路灯控制设备故障150余次，应急处理车辆撞灯杆交通事故13宗，抢修路灯变压器故障7宗，快速处理路灯投诉1000余宗（办结率100%），保持平均路灯亮灯98%以上，路灯设施完好99%以上。

【城市环境卫生】市容保洁 2021年，河源市城市管理和综合执法局作为“创文”“巩卫”的主力军，助力河源以全省排名第二的历史最好成绩完成“巩卫”复审工作，完成“创文”第一阶段工作任务。该局坚持问题导向，贯彻落实该市迎接2021年迎国卫复审工作部署和安排，紧盯关键节点、重要指标、薄弱环节，围绕城市环境卫生中的短板和不足，对城市管理范围的城市清扫保洁、城市绿化养护维护、城市市容秩序整治、城市照明管理、环境综合治理、病媒生物控制等开展专项督查。结合中央环保督察整改，推进市热力发电厂项目建设，中心城区生活垃圾应急转运工作安全有序运行，推进垃圾渗滤液积存减量，城市生活垃圾无害化处理率100%。开展卫生检查考核180余次，发出卫生督查整改通知近500份；转运市中心城区生活垃圾32.88万吨，外运和处理渗沥液9.04万吨，提升城市环境卫生水平。

城市生活垃圾分类 印发《河源市城市生活垃圾分类工作评估办法（2021—2022）》《河源市城市生活垃圾分类示范创建指引》，规范城市生活垃圾分类工作要求、标准，实现公共机构生活垃圾分类全覆盖，源城区上城街道建成1个生活垃圾分类示范片区。在全省考核评估中粤东西北12市排名第四，在全国124个小城市的评估考核中排名第23位。开展全市大型生活垃圾分类主题宣传11次，开展生活垃圾分类党员志愿活动700余次，覆盖居民12.84万户、41万余人。

【城市综合管理执法】查处违法建设 2021年，河源市城市管理和综合执法局严厉打击违法建设，查处违法建设面积71.61万平方米（含历史存量违法建设46.27万平方米），其中拆除面积41.06万平方米，对比省下达该市33.5万平方米的治理任务，治理进度比213.8%。

开展城市“六乱”整治 开展市容环境专项整治行动172次，查处城市“六乱”（乱搭乱建、乱堆乱放、乱设摊点、乱拉乱挂、乱贴乱写乱画、乱扔乱吐）行为72200多宗，拆除违规设置的地锁620多个、没收违规占用公共停车位的雪糕筒3400多个。

做好综合执法工作　履行职责，依法行政，重点做好户外违规广告拆除、大气污染行为治理、赣深高铁沿线路外环境问题排查整改、校园周边秩序维护等工作。拆除违规广告牌500个，查处建筑施工扬尘行为28宗、餐饮油烟超标排放行为82宗、露天烧烤行为2100多宗，现场扑灭露天焚烧点350多处；整治校园周边市容秩序问题780多宗；对赣深高铁（和平段）298处安全隐患问题开展督导治理，完成整治率和销号率100%。

共享电动车管理　探索创新共享电动车管理模式。通过成立共享电动车协会、委托第三方管理、落实重点区域专人值守机制、优化车辆停放点、明确车辆准入运营期限、明确部门管理职责、完善评价监督机制、实行一票否决退出市场机制等8项管理机制，维护市中心城区共享电动车运营管理秩序。以上经验做法在《羊城晚报》、广东人民城管、广东省住建厅、中国建设新闻网、“学习强国”、人民网等媒体平台推广。

【城市供气】燃气安全管理　2021年，河源市城市管理和综合执法局加强燃气安全管理，制定和下发《关于抓好全市燃气安全检查发现问题整改落实工作的通知》《关于开展全市燃气安全生产专项整治行动的通知》等系列文件，督导各级燃气管理部门压实企业安全生产主体责任，抓好全市燃气安全隐患大排查大整治，全面排查各类隐患，及时落实整改，遏制和杜绝各类燃气事故的发生。

燃气安全专项治理　打击燃气违法违规行为。开展液化石油气安全专项行动，排查经营场所隐患74处，即查即改66处，查扣非法运气车辆6辆，整治无证无照经营燃气网点136处，扣押老旧燃气瓶423个。排查餐饮场所1293个，排查隐患260处，整改215处。燃气行业监管不断加强。组织检查人员1159人次，检查企业166家（含供应点），发出整改通知书33份、停业整改通知书1份，排查隐患问题118处，整改落实104处，立案1宗，处罚3.15万元。实现全年零事故目标。（邓丽丽）

代建项目管理

【概况】　2021年，河源市政府代建项目管理局代建工程47项，其中前期项目20项，在建项目15项，准备验收5项，竣工验收7项。累计建筑面积66.13万平方米，道路总长15.89千米，排污管道23.45千米，河道改造1.93千米，园林绿化8.23万平方米，总投资50.07亿元，完成投资8.34亿元。主要有河源市青少年宫、教师发展中心建设项目、河源市博爱学校扩建职业高中部（含市特殊教育指导中心、资源中心）建设项目、河源市中小学科普教育馆建设项目、深河中学三期宿舍楼及饭堂建设项目、宝源片区及老城西区污水治理工程项目、河源市国防教育基地项目、河源职业技术学院实训楼五期项目、河源市东江公园二期项目等，其中深河中学宿舍楼及饭堂建设项目、河源市第四小学建设项目等获得省级奖项。

【推进项目建设】　2021年，河源市政府代建项目管理局推进安全生产大排查大整治，加大对深基坑、高支模、脚手架等危险性较大工程的排查力度，做到排查不到位不放过，整改不到位不放过，整改过程中没有验收不放过。是年，该局开展安全生产检查5次，其中常规季度检查3次，专项检查2次，下发整改通知8份，抓整改落实“回头看”3次。依法依规招标项目。按照《中华人民共和国招标投标法》《中华人民共和国政府采购法》《广东省实施〈中华人民共和国招标投标法〉办法》《河源市市级财政性资金投资建设项目管理办法》等相关规定，结合项目实际需求，审查招标项目前期的现场勘察、图纸设计、工程量清单、招标文件编制等材料，联合审核招标文件编制，做到有法可依、有法必依，确保代建项目招标工作合法合规。

【加快资金审批，推进工程结算】　2021年，河源市政府代建项目管理局切实做好资金管理工作，规范管理工程合同。严把合同审核关，确保合同条款标准化，合同管理规范化，完成合同审批158项。推进工程结算。报送工程分项结算计64项，其中施工结算28项，监理结算15项，设计结算9项，勘察结算4项，其他结算8项。财政部门出具结算审核确认结果57份。（彭芙琳）

城市供水

【概况】　2021年，河源市水业集团发展有限公司主要承担新市区（新丰江以北、东江以西）至市区白岭头、高塘等区域供水任务，供水量4459.18万立方米；年度漏损率9.97%；水费回收率98.67%；管网维修及时率100%；抄表率100%；发展供水用户6431户（居民生活用水5538户，非居民生活用水890户，其他用水3户）。

【企业管理】全面提升供水水质，确保安全优质供水　2021年，因新丰江水库水位下降较大，造成水源水浊度波动较大。为确保从源头到龙头的全过程水质安全，河源市水业集团发展有限公司根据水质变化情况，加强对水源水、出厂水和管网水的水质检测力度，增加水质检测频率，利用在线检测仪器与人工化验检测相结合，及时掌握出厂水和水源水的水质运行动态。做好每日对水源水、出厂水和管网水多个常规项目检测，不定期增加出厂水和管网水抽检次数，并委托第三方检测机构，对季度水质及106项水质进行检验，水质检验结果均显示为合格，确保出厂水和管网水水质符合《生活饮用水卫生标准》（GB 5749—2006）的要求；西环路水厂对加药系统进行改造，由多点加药改为单点加药模式，对滤沙进行更换，提升水质处理效果和供水水质。

定期做好水厂和水质化验等各类设备的维护保养工作，保证设备仪器的安全运行，加强化验人员检测技能培训，全面提升水质检验中心水质检测能力和水平。

节能降耗，绿色运营 2021年，河源市水业集团发展有限公司开展关于节能降耗、绿色运营学习培训活动。对原水管道进行技术改造，科学合理调度水源，提供水资源利用效率；做好老旧管网改造，减少水量损耗；加强供水管网查漏、管网巡查、打击违章用水力度，杜绝水资源浪费，维护良好城市供水秩序；对水厂加药系统改造，提升供水水质，减少电耗和药耗；发现管网漏水情况及时维修，降低管网漏失率；加强员工绿色办公意识，节约使用办公用品，节约用水用电，做到不铺张、不浪费；加强企业内部信息化系统使用，实现无纸化办公等环保效果，节省办公费用成本。

强化水厂星级创建，塑造良好品牌形象 根据集团《制水运营管理标准（试行）》要求，开展水厂制水运营标准化管理工作，以制水运营标准化为抓手，以管理制度为保障，以现代化技术为支撑，强化制水处理全过程的监测和管控，按照水厂“6S”（整理、整顿、清扫、清洁、素养、安全项目）运营管理标准体系，提高水质监控能力和监测水平，做好制水全过程质量控制，确保水厂出厂水水质安全达标，让用户喝上放心水、安全水、优质水。

2021年，制定《2021—2022年度服务品牌建设实施方案》，开展供水服务进社区、慰问农村留守儿童、保护母亲河、慰问困难用户、水厂开放日、品牌创建故事大赛和“榜样的力量”青年报告会等一系列服务品牌创建宣传活动。强化服务意识，提升服务质量，做好用户投诉处理工作，解决用户反映的用水热点、难点、焦点问题，切实以用户满意为中心，改善市区供水环境，全面提高供水服务水平和质量。不断优化“一站式”服务大厅功能，强化客服热线人员和窗口服务岗位教育与培训，构建和谐供用水关系。通过网站、微信公众平台、微博更新公司工作动态40条，发布停水通知、温馨提示14条，更新每日水质检验报告等。

项目全过程管理及成本控制 从立项、设计、招投标、实施、验收等各阶段，严格按照集团固定资产投资管理办法和要求执行，从前期准备、招标工作、施工过程竣工验收和运行等方面，分步骤加强管理与控制，确保工程质量并成本控制。

以信息化兴企为依托，打造智慧水务新模式 以信息化兴企为依托，加快公司信息化建设，加强智慧供水信息系统管理，协调系统开发公司完善供水管网调度、分区计量、管网GIS（地理信息系统）、水力模型等系统建设工作，日常跟踪流量计设备在线情况，按计划巡检流量计、压力传感器、远传采集设备等，并登记台账，做到发现故障及时处理；做好集团OA办公系统、管网监测系统、治安监控系统、营销系统、外勤助手管理平台等维护和升级工作；利用智慧水务系统数据，为市区供水调度、管网检漏、管网改造等工作提供决策依据，提升管理效能。

采取措施，降低供水产销差 把有效降低供水产销差率作为供水管理工作的重中之重。通过加强供水管网查漏降耗管理、加大供水管网巡查力度、违章用水稽查、管网漏点探测工作、对计量水表实行常态化管理、对管网安全隐患进行排查及确保维修及时性等措施，降低管网漏失率。

加强物资采购管理，严把材料质量关 通过中国水务集团电子平台采购网对工程材料进行招标采购，按照集团的采购制度、采购流程、采购规模进行各种材料的采购，以争取供应商的最大优惠政策，降低材料的价格和采购成本，提高采购效率，提高公司利润。根据工作需求，备足备好抢修应急物资，以确保能够及时开展相关工作。

加强安全生产管理，强化安全生产意识 坚持“安全第一，预防为主，综合治理”的安全生产管理方针，强化和落实主体责任，逐级签订安全生产责任书，落实安全生产“一岗双责”（一个工作岗位需承担岗位责任与安全责任）制度，设立安全生产办公室，制定年度安全生产工作计划和实施方案，做到认识到位、责任到人、措施到位。定时召开公司安全生产工作会议，总结好的经验做法，提前部署工作任务，排除安全隐患，牢筑安全生产防线；加大安全生产资金投入，全面做好治安反恐怖“人防、物防、技防”工作措施，确保水厂绝对安全管理目标；加强全员安全生产培训，提高全员安全生产意识，实现零安全生产责任事故的安全生产目标。

加强员工培训，提高员工素质和技能水平 结合公司工作实际，制定《2021年培训计划方案》。根据公司发展的需要和员工多样化培训需求，分层次、分类别，采取线上线下相结合地开展内容丰富、形式灵活的培训学习，增强教育培训的针对性和实效性，确保培训质量。将培训工作计划执行情况列入部门考核任务、学员学习情况列入绩效考核，及时督促员工网络学院、线下培训学习，确保培训工作落实到位、责任到人；开展党史学习教育，提高全体员工提高政治站位。（叶　佳）

市场物业管理

【规范管理】 2021年，河源市市场物业管理处管辖农贸市场9个，分别为中心市场、古亭批发市场、上角市场、龙尾坝市场、卫星市场、城南市场、朱门亭市场、黄沙安置点市场和埔前市场。强化市场管理，采取“一场一策”管理模式，实行定人定岗工作责任制，规范市场经营环境秩序，营造整洁的农贸市场。

【“创文”“巩卫”宣传】2021年，河源市市场物业管理处按照“创文”“巩卫”的工作要求，在管辖的农贸市场分别设置“创文”“巩卫”宣传栏，宣传社会主义核心价值观、未成年人思想道德教育、垃圾分类、公筷公勺、市场诚信经营等公益广告，营造浓厚的宣传氛围。是年，该处投入市场修缮、市场消杀、卫生洁具及日常维护管理、消防、监控设施、食品安全设施、公益广告宣传制作等费用64.4万元。

【加强消防安全管理】2021年，河源市市场物业管理处开展“11·9”消防安全宣传月知识活动，发放宣传资料60多份。11月24日在老城上角举行现场消防演练，邀请维保公司技术人员进行消防知识讲座，指导市场管理人员和市场经营户35人进行现场使用灭火器演练。通过宣传月活动和消防安全演练，提高市场管理人员和市场经营户对基本灭火设施的操作能力和做好消防安全工作的重要性和必要性的认识。

【民生工程解决】2021年，根据“创文”工作要求，结合“我为群众办实事”实践活动，河源市市场物业管理处开发建设上角场地，设置人民路、长塘路“天光墟”，晚上8：00到次日6：00为临时蔬菜经营场所；白天作为中心区域市场车辆停放场所，建立健全长效管理机制，彻底解决了中心城区“天光墟”及中心市场周边停车难的问题。

（邝其波）

不动产登记

【概况】2021年，河源市不动产登记中心颁发不动产权证书43898本（市区，不含县，下同），增长6.1%；不动产登记证明59352份，下降4.2%。办理首次登记5781宗，增长216.8%；面积718万平方米，增长38.7%。办理抵押登记23400宗，下降5.6%；面积1096万平方米，增长12.5%。办理转移登记26442宗，下降4.3%；面积362万平方米，下降7.2%。办理查封登记3132宗，增长69.1%；面积695万平方米，增长13.3%。受理档案查询129864份，增长28.8%。

【“房地一体”农村不动产确权登记】2021年，河源市不动产登记中心与河源日报社合办并刊登政策解答专栏，对相关登记政策疑难点进行详细解读。完成市区（含源城区、江东新区）“房地一体”农村宅基地和集体建设用地使用权权籍调查、数据建库工作。

【不动产登记数据整合】2021年7月1日，河源市不动产登记中心完成项目招投标，国有建设用地使用权宗地落图落宗测量共14028宗，完成11131宗，占比79.4%；商品房、房改房等自然幢落幢25718宗，完成20851宗，完成占比81.1%，累计完成总工作量的80.8%。完成2021年300万元省级奖补的使用。

【规范窗口建设】2021年，河源市不动产登记中心开展“不动产登记+N服务”（不动产登记中心与法院、民生、金融等部门实现协同联动、集成服务，开设“不动产登记+法院”“不动产登记+民生”“不动产登记+金融”“不动产登记+企业”服务），完成系统开发并推广应用。推行“不动产登记+企业”服务模式，实行商品房预告首次登记、一手商品房转移登记等高频业务“全程网办”，为实现高频不动产登记业务“跨省通办”“省内通办”奠定基础。与银行金融部门协调签订合作协议，实现“不动产登记+金融总对总”服务模式，开展不动产抵押业务线上申请办理。实行“不动产登记+法院总对总”模式，实现全市各级法院对被执行人河源市内不动产登记信息查询、不动产查封登记、注销查封登记以及裁定执行信息交互等事项的网上智能办理。推行“不动产登记+民生”服务，群众在办理不动产登记的同时可一并申请办理过户电、水、网络。

（刘俞伶）

【业务受理】2021年，河源市自然资源局推进互联网+不动产登记、不动产登记+金融服务、不动产登记+民生服务等业务应用，通过金融总对总办理业务21516宗，法院总对总567宗，互联网+企业业务12157宗，一窗受理业务14067宗，在线缴费生成缴费单次数3683宗，实现全市范围内不动产登记“一网通办”。印发《河源市不动产登记业务“跨省通办、省内通办”工作实施方案》，实现不动产登记资料查询、不动产抵押权登记、预售商品房预告登记等事项省内通办和跨省通办，实现不动产查封登记等事项省内通办。建立房地产项目“交房即办证”机制，实现交房现场即颁发不动产权证书。加快“房地一体”农村不动产登记收尾。全市应开展“房地一体”农村不动产权籍调查宗数86.08万宗，全部完成权籍调查任务。应登记发证宗数24.96万宗，登记发证24.86万宗，发证率93%，完成房地一体登记发证17.29万宗，发证量位居全省前列。

（骆菲菌）

住房公积金管理

【概况】2021年，河源市住房公积金管委会审议通过《河源市2020年住房公积金归集、使用计划执行情况报告》《河源市住房公积金2020年年度报告》《河源市2020年住房公积金增值收益分配方案的报告》《河源市2021年住房公积金归集、使用计划的报告》《河源市既有住宅增设电梯提取住房公积金规定的报告》《河源市住房公积金增值收益分配办法的报告》《河源市住房公积金管理中心法人内部授权管理规定的报告》《关于重新明确我市住房公积金业务承办银行有关事项的报告》等事项。

2021年，河源市住房公积金新开户607个单位、2.68万人，实际缴存3564个单位、19.88万人。新增归集28.14亿元，比上年增长5.1%；累计归集217.38亿元，比上年增长14.9%；归集余额67.38亿元，增长14.1%；新增办理提取19.8亿元，增长2.5%；累计提取150.01亿元，增长15.2%；新增发放贷款4624笔14.05亿元，分别增长8.8%、7.2%；累计发放贷款4.67万笔、100.39亿元，贷款余额55.92亿元，分别比上年增长11.1%、16.3%、18.5%。

【住房公积金缴存基数调整】 2021年，河源市住房公积金管理中心印发《关于做好2021年度我市住房公积金缴存基数调整工作的通知》，根据相关规定及河源市统计局公布的2020年城镇非私营单位在岗职工月平均工资标准，住房公积金缴存基数不得高于2020年城镇非私营单位在岗职工月平均工资7208元的3倍（即21624元），不得低于现行月最低工资标准（即1410元）。缴存比例最低为5%，最高为12%。调整缴存基数后，河源市住房公积金缴存最高限额为5190元，缴存最低限额为142元。

【公积金提取政策】 2021年，河源市住房公积金管理中心印发《河源市关于既有住宅增设电梯提取住房公积金实施办法》，明确既有住宅增设电梯提取住房公积金的提取对象、提取条件、提取时限及频次、提取金额及提取所需材料、办理程序。印发《关于调整离职提取住房公积金申请材料的通知》《关于进一步规范和简化住房公积金租房提取有关事项的通知》《河源市购房提取住房公积金操作规程》《河源市租房提取住房公积金操作规程》《河源市离职提取住房公积金操作规程》，优化流程，简化要件，加强公积金提取管理。

【住房公积金服务】2021年，河源市住房公积金管理中心依托公积金管理信息系统，新增职工开户、汇缴登记、补缴登记、缴存比例调整、开具住房公积金个人住房贷款全部还清证明、开具异地贷款职工住房公积金缴存使用证明、提前还清住房公积金贷款、购房提取住房公积金等8项业务网上办理；接入“全国公积金”小程序，实现全国公积金异地转移接续掌上办；11月1日起，将“12329”住房公积金热线整合到“12345”政务服务便民热线，采取“双号并行”，提供7×24小时全天候咨询服务。

【公积金跨省通办】 2021年，河源市住房公积金管理中心全面完成住建部要求的个人住房公积金缴存贷款信息查询、出具贷款职工住房公积金缴存使用证明、正常退休提取住房公积金、住房公积金单位登记开户、住房公积金单位及个人缴存信息变更、异地购房提取住房公积金、开具住房公积金个人住房贷款全部还清证明、提前还清住房公积金贷款8项“跨省通办”服务事项，实现“全程网办”。

【公积金信息化建设】 2021年，河源市住房公积金信息管理系统在政务云正式运行，提升住房公积金信息系统网络信息安全防护能力，更好地服务住房公积金缴存单位和职工。 *（黄佩婷）*

自然资源管理

【概况】 2021年，河源市自然资源系统开展“八大攻坚战”（省部署重点任务攻坚战、市部署重点任务攻坚战、局出新出彩任务攻坚战、政治建局攻坚战、从严治局攻坚战、实干强局攻坚战、制度立局攻坚战、创新开局攻坚战），把握“六个抓”（抓党建引领、抓发展保障、抓乡村振兴、抓民生实事、抓资源环境、抓队伍建设），统筹抓好疫情防控和自然资源各项重点工作，推进国土空间规划编制工作，加快土地要素市场化配置改革步伐，强化重大项目土地要素保障，主动服务全市重大项目用地审批，提前介入并研究解决重大项目用地保障重点难点问题，提高重大项目用地审批效率。

加大对乡村产业发展用地的倾斜支持力度，起草《河源市乡村产业项目点状供地实施细则》《河源市集体经营性建设用地入市实施办法（试行）》，助力乡村产业不断发展壮大，着力激活农村土地促进乡村振兴。

【自然资源要素保障】 *用地指标配置保障* 2021年，河源市自然资源局实行用地指标差异化配置，推动空间资源向重大平台、重大项目、重点产业倾斜。是年，争取市级指标264.4公顷，累计使用新增建设用地指标797.3公顷。

重大项目服务保障 出台河源市重大项目用地保障月调度会制度和河源市建设用地审查会审制度。累计完成51个批次用地报批材料和4个单独选址项目报批材料审议，涉及总用地报批面积858.6公顷。办理市级用地预审与选址意见书8宗，面积58.9公顷。

土地资源利用保障 实施产业园区用地整治提升三年行动，推动出台《河源市产业园区用地整治提升行动工作方案》。是年，完成产业园区用地整治提升333.6公顷，累计处置闲置土地164.1公顷，批而未供土地169.5公顷，争取新增建设用地指标125公顷。

土地市场供给保障 全市供应土地245宗，面积864.4公顷，其中挂牌出让192宗，面积521.18公顷；划拨土地53宗，面积343.22公顷，累计收取土地出让金84.81亿元。

矿产资源开发保障 优化矿产资源开发格局，启动新一轮矿产资源总体规划编制，形成《河源市矿产资源总体规划（2021—2025年）》初步成果。加强矿业权登记发证，印发《河源市自然资源局关于加强矿产资源勘查开采监督管理工作的通知》。2021年审议通过新立采矿权14宗，延续变更采矿权8宗，历史遗留问题处置2宗。

【国土空间规划】 *开展国土空间规划编制* 2021年，河源市自然资源局压茬推进市、县级国土空间总体规划编制，开展生态保护红线、永久基本农田和城镇开发边界国土空间规划“三条控制线”的试划工作，完成《河源市国土空间开发保护现状评估》和《河源市资源环境承载能力和国土空间开发适宜性评价》编制，完成市、县级国土空间总体规划现状调研、基础资料收集、建设用地底图底数摸查整理和建设现状“一张图”制订，初步形成该市国土空间总体规划市域层面成果。

完善中心城区规划体系　完成《河源市钓鱼台风光片区控制性详细规划》《河源市城南片区控制性详细规划》《河源市东埔片区控制性详细规划》编制工作，启动推进《河源市水产业园片区控制性详细规划》《河源市源城区工业园控制性详细规划》《河源市高新区中心区控制性详细规划》等6项控规编制修改工作，实现中心城区控制性详细规划全覆盖。

推动村庄规划优化提升　实施村庄规划优化提升试点和三年行动计划，印发《河源市村庄规划全面优化提升三年行动方案》，完成和平县、紫金县、东源县12个优化提升试点村第二轮规划成果。规划引领保障农村宅基地和公共服务设施用地需求，助力乡村振兴。

2021年河源市市区级别基准地价结果表

表11

用途/单价/级别	商服用地			住宅用地			工业用地		公共服务用地（类别一）			公共服务用地（类别二）	
	平均楼面地价	单位面积地价		平均楼面地价	单位面积地价		单位面积地价		平均楼面地价	单位面积地价		单位面积地价	
	元/平方米	元/平方米	万元/公顷	元/平方米	元/平方米	万元/公顷	元/平方米	万元/公顷	元/平方米	元/平方米	万元/公顷	元/平方米	万元/公顷
Ⅰ级	1920	3840	3840	1410	2820	2820	500	499.95	505	1010	1009.95	800	799.95
Ⅱ级	1452	2904	2904	985	1970	1969.95	405	405	340	680	679.95	515	514.95
Ⅲ级	1058	2116	2116.05	736	1472	1471.95	340	340.05	245	490	490.05	400	400.05
Ⅳ级	738	1476	1476	555	1110	1110	285	285	190	380	379.95	305	304.95
Ⅴ级	490	980	979.95	392	784	784.05	—	—	160	320	319.95	270	270
Ⅵ级	272	544	544.05	275	550	550.05	—	—	—	—	—	—	—

说明：商服用地、住宅用地、公共服务用地（类别一）设定容积率为2.0；工业用地设定容积率为1.8；公共服务用地（类别二）设定容积率为1.0

【耕地保护】 2021年，河源市自然资源局落实耕地保护制度。通过省政府对河源市2020年自然资源综合考核测评，全市各项考核指标达标，连续21年实现耕地占补平衡。推进2021年水田垦造，制订《河源市垦造水田三年行动方案（2021—2023年）》和《河源市市级垦造水田工作方案》，全年新增实施垦造水田383.67公顷，保障重大项目、重大平台建设用地占补平衡，实现市级水田指标收益1.39亿元。

【生态保护修复】 2021年，河源市自然资源局推进全域土地综合整治，完成省一级全域土地综合整治试点申报，其中龙川县佗城镇入围省级试点名单。开展矿山石场治理复绿，完成11个矿山石场治理复绿任务，累计治理复绿面积21.4公顷。加快绿色矿山建设步伐，出台《河源市绿色矿山建设工作方案》，全市新增4个矿山达到绿色矿山标准，累计建成绿色矿山32家。

【自然资源执法监督】 2021年，河源市在土地矿产卫片执法工作中，全市新增违法用地共1308宗，新增违法占地面积429.93公顷。全市拆除违法建构筑物6.07公顷，完善用地手续面积258.47公顷（耕地178.86公顷），复耕41.81公顷，复绿105.57公顷，恢复土地原状17.10公顷，扣除国家和省级重大项目后违法整改率68.6%。全市违法占用耕地占新增建设用地占用耕地比例8.9%，卫片执法检查立案查处土地违法案件共立案查处499宗。

【地质灾害综合治理】 2021年，河源市自然资源局推动地质灾害综合治理工作，印发《河源市地质灾害防治三年行动2021年综合治理实施计划》，完成46处大型以上地质灾害治理项目主体工程建设，完成中小型地质灾害综合治理140处，104处地质灾害隐患点专业监测项目通过验收投入运行使用。是年，发布地质灾害气象风险预警123次，其中

2级预警2次、3级预警31次、4级预警90次，发送地质灾害气象预警短信36904条，有效提醒群众防御地质灾害危害，避免伤亡事故发生。累计出动地质灾害巡查人员8544人次，巡查地质灾害隐患点（风险点）累计947处。是年底，发现地质灾害隐患点494处，威胁人民群众60685人，潜在经济损失16.40亿元。

【年度土地变更调查】 2021年，河源市开展调查核实举证图斑21422个，面积6299.7公顷。其中，遥感监测19887个，垦造水田图斑565个，拆旧复垦图斑752个，执法复耕复绿图斑218个。

【测绘信息管理】 2021年，河源市测绘信息管理完成22家测绘资质单位新版乙级测绘资质证书复审换证，协助省自然资源厅完成甲级资质单位测绘作业证局出证74本，核发地图审图号6宗。完成基础测绘"十四五"规划编制。组织测绘队伍参加全省测绘技能竞赛，获得"优秀组织奖""个人二等奖"等6个奖项。 （骆菲茵）

【广东省核工业地质局二九二大队】

业务情况 2021年，广东省核工业地质局二九二大队调整由新组建的广东省地质局管理，是从事铀与非铀地质勘查工作的省属正处级公益二类事业单位。该队主要业务涵盖矿产勘查、规划、地灾调查勘查评估设计治理监测、削坡建房设计、工程勘察、垦造水田、城市地质、旅游地质、生态修复、测绘、地质科普、实验测试等。该队拥有甲级资质14项、乙级资质7项、实验室计量认证证书（13类、102项），模型站计量标准考核证书1项、三级施工资质1项、劳务资质2项。

主要工作 2021年，广东省核工业地质局二九二大队实施的《中央红色交通线（广东段）路线调查研究和标识安装项目》8次在《南方日报》、"学习强国"等多个官方媒体宣传报道。推进河源市及各县区矿产资源"十四五"规划编制工作，优化河源市矿产资源产业布局。承接九龙岗石英矿、长江头石英矿详查及柳城—蓝口石英矿普查等重大矿产勘查项目，助力河源千亿硅产业园发展。完成"东源县蓝口镇牛背脊矿区玻璃用石英岩矿资源储量核实"项目，矿床规模由中型扩大为大型；"梅州市大埔县银湖矿区饰面用辉绿岩详查"项目提交中型辉绿岩矿床1处。实施的广东省地质灾害防治三年行动方案开局试点项目"2019年河源市地质灾害建设项目（学校、医院）勘查设计施工总承包项目（含13个子项目）"，8个子项目获评优秀。承担全省首批类1：5万地灾风险调查评价项目中4个县区的调查评价，全部完成野外验收工作。该队2名技术人员入选"广东省重大地质灾害防治专家组"；选派11人驻市、县区自然资源局开展技术支撑工作，派出技术人员457人次开展地灾应急、排查、巡查、核查工作；指导完成地灾应急演练1次，培训12场，参训人数950人，助力河源突发性自然灾害应急处置工作。实施东源县船塘镇、龙川龙母镇饮用水勘查技术服务公益项目，完成龙母镇永光村扶贫任务。实施海上勘察项目——"惠州港荃湾港区进港航道等级提升工程勘察"；与多地政府部门及客天下、万达集团、龙光集团等国内知名企业合作，完成工程勘察项目85项。为地方拆旧复垦、房地一体化确权登记发证、城市建设选址等工作提供基础测量、环境检测评估等相关服务，助推城市现代化建设。

生态环境保护 2021年，广东省工业地质局二九二大队进一步提升生态文明建设服务能力，首次实施"和平县、连平县、紫金县、源城区、江东新区历史遗留矿山核查"项目；完成该队首个放射性调查项目"龙川县重点矿山天然放射性环境调查与监测"成果报告验收工作；完成军工核设施退役整治"十二五"二期工程项目总验收；17名技术人员被河源市生态环境局聘为"土壤污染状况调查报告技术咨询专家库"专家，6名技术人员被河源市自然资源局聘为"河源市土地整治专家库"专家。 （徐 珍）

土地储备

【概况】 2021年，河源市土地储备中心推进钓鱼台片区、滨江南片区的土地收储工作。累计收储土地30.43万平方米，挂牌出让土地14.5万平方米，完成风光安置小区（二）、中片区安置点（四）和杨梅坪安置点建设。

【土地收储】 2021年，河源市累计完成土地收储30.43万平方米，其中完成土地征收18.93万平方米、土地收回11.5万平方米。

【土地经营】 2021年，河源市土地储备中心围绕年度目标任务，做好市场调查，把握土地市场形势，加强土地出让运作。是年，挂牌出让土地3宗，面积14.5万平方米，出让底价4.98亿元。

【土地开发】 2021年，河源市土地储备中心以解决土地征拆群众安置问题为出发点和落脚点，开展"我为群众办实事"实践活动，完成风光安置小区（二）建设并通过竣工验收，完成中片区安置点（四）和杨梅坪安置点基础建设并交付拆迁群众建设；以惠民生作为工程开发建设的重点，推进市政基础配套设施建设，完成东城西片区F路和滨江南片区风光安置小区（一）配套道路市政工程；推进滨江片区土地储备项目首期市政道路工程、二期市政道路工程、河道改造工程以及东城西片区市民广场安置点地基基础及区内道路工程项目。 （黄集宏）

教育·科学

编辑：李文举

教育综述

【概况】2021年，河源市有各级各类学校1785所。其中，普通高校2所（广东技术师范大学河源校区、河源职业技术学院），中职(含技工，下同)学校15所，特殊教育学校7所，基础教育（高中、初中、小学）学校1188所，幼儿园573所。其中，民办中职学校2所，民办基础教育学校28所（小学3所、九年一贯制15所、十二年一贯制4所、完全中学4所、高级中学2所）。

全市有在校学生699694人。其中，普通高校在校学生20508人，中职学校在校学生31163人（含技工学校在校生9988人），特殊学校在校学生1017人（不含随班就读和送教上门学生），基础教育（高中、初中、小学）在校学生528191人，在园幼儿118815人。此外，民办中职在校学生3189人，占全市中职学校在校学生的10.23%；民办基础教育（高中、初中、小学）在校学生48708人，占全市中小学校在校学生总数的9.22%。

全市有573所幼儿园，其中公办幼儿园223所，民办幼儿园350所（包括普惠性民办幼儿园275所）。全市在园幼儿118815人，其中公办园在园幼儿61378人（包括购买学位9450人、小学附设幼儿班幼儿4262人），公办园在园幼儿占比51.66%；民办园在园幼儿58161人（包括民办普惠性幼儿园44377人）。普惠性幼儿园（即公办幼儿园和普惠性民办幼儿园）在园幼儿105755人，占比89.01%。

全市有在岗教职工57113人。其中，普通高校教职工数646人，中职学校教职工2044人，特殊学校教职工338人，基础教育教职工（含公办临聘和民办）40792人（中学教职工22730人，其中初中专任教师11405人、高中专任教师5522人；小学教职工18062人，其中专任教师17117人），幼儿园教职工13293人，其中专任教师和保育员10109人。

【疫情防控】2021年，河源市深入贯彻落实上级关于疫情防控决策部署，科学精准、从严从紧、扎实有效落实常态化疫情防控各项措施。全市细致筹划，全力做好2021年春、秋季学期师生开学返校工作，通过完善各类工作方案及应急预案、开展应急演练、强化业务培训、落实24小时值班值守等方式，全面升级校园疫情防控工作效能。统筹组织、广泛宣传，大力推进疫苗接种，加固校园防疫安全屏障。高度重视学生心理健康，对重点学生按“一人一案”做好心理疏导，全力防范极端心理危机事件发生。

【“双减”工作】2021年，河源市推进“双减”（减少学生作业负担，减少校外培训负担）工作，推进校外培训机构专项治理，开展13次执法检查，停办194所、取缔141所不符合办学条件的校外培训机构。全市压减184所学科类培训机构，压减率96.34%。严格落实作业管理和考试管理，义务教育阶段学校作业管理办法和建立作业公示制度达标率100%，作业时间总量控制达标率100%；应开展课后服务学校138所，100%开展课后服务和实行“半月报”制度。全力推进原学科类校外培训机构预收费资金监管工作，全市140家培训机构全部实行预收费监管，资金监管率达100%。

【教育队伍水平提升】2021年，河源市选派182名中职学校校长、骨干教师参加2021年中等职业学校教师素质提高培训，选派768名校长、骨干教师参加2021年“新强师工程”省级培训项目。遴选推荐新一轮（2021—2023年）中小学“三名”[名校（园长）长、名班主任、名教师]工作室主持人，新增省“三名”工作室主持人11名，选派204名校长、骨干教师为2021—2023年省级“三名”工作室入室学员。河源市教师赵莉入选省中小学名教师工作室顾问。组织开展南粤优秀教师（优秀教育工作者）评选工作，共35人获评“南粤优秀教师”、3人获评“南粤优秀教育工作者”。印发《2021年河源市教育系统师德建设主题教育活动方案》，深化师德师风建设，全市评选表彰100名市优秀教师、60名市优秀班主任、20名市优秀校长、20名市先进教育工作者及10名“最美教师”。

【教育信息化水平提升】2021年，河源市推动信息技术与教育教学融合创新，完成“河教云”建设，为全市中小学师生建立“网络学习空间”，大力开展跨区域网络协作教研，信息技术与教学实践充分融合。建设互联网环境下基础教育改革试验区，研究确定江东新区为试验区。全市更加注重教育功能场室建设，添置和完善各级各类学校功能场室。

【中小学美育质量全面提升】2021年，广东技术师范大学和广东外语外贸大学对口帮扶连平县4所、龙川县4所、紫金县2所农村学校开展美育教育。全市依托高校优质教育资源支持中小学美育协同发展，通过名师工作室、名师工作坊、培训进修、师徒结对、集体教研等多种形式对支持对口县（区）开展教师队伍建设专项帮扶，提高区域内中小学校美育教师专业水平和教育教学能力等。

【教育精准扶贫】2020—2021学年度春季学期，河源市原建档立卡（不含技工类）等家庭经济困难学生超2万人，发放总金额约3500万元，发放率100%。根据《广东省教育厅 广东省财政厅 广东省乡村振兴局关于做好脱贫家庭学生资助政策衔接的通知》，从2021年秋季学期起，原建档立卡脱贫家庭学生统一纳入国家学生资助政策体系，不再实施广东省户籍原建档立卡学生免学费和生活费补助政策。2021年，全市落实各级各类学生资助补助资金达1.3亿元（除建档立卡生活费补助资金外）。

【重点项目建设】2021年，河源市青少年宫和教师发展中心完成主体封顶，在进行室内外装修；市中小学科普教育馆、市博爱学校扩建职业高中部均完成主体封顶；深河中学三期宿舍楼及饭堂等项目动工建设；河源中学新校区、市田家炳实验中学的迁建工作有序推动。

【全力推动解决“上学难”】2021年，河源市坚定践行以人民为中心的发展思想，通过市委书记主持召开“面对面”解决群众“上学难”座谈会，收集、梳理群众反映“上学难”存在问题，细化工作任务、明确工作责任、确定工作目标，形成“面对面”解决群众“上学难”的长效机制，解决群众身边的操心事、烦心事、揪心事。2021年，认领公开征集群众“上学难”代表性问题303宗，其中，解决74宗，逐步推进解决229宗。

基础教育

【学前教育】2021年，河源市深入巩固提升学前教育“5080”（公办幼儿园在园幼儿数占比50%以上，公办幼儿园和普惠性民办幼儿园在园幼儿数占比达80%以上）攻坚成果。印发《河源市教育局关于落实2021年省民生实事任务巩固学前教育“5080”攻坚成果的通知》，通过新建、改建、扩建幼儿园，增加学位供给，全面完成市十件民生实事。全市完成新建、改建、扩建公办幼儿园18所，新增公办学位4535个。新增普惠性民办幼儿园19所，新增普惠性民办幼儿园学位6785个。

【义务教育】2021年，河源市新增公办学位12780个，其中：新建公办中小学4所，新增学位8160个；改建、扩建公办中小学5所，新增学位4620个。持续做好2021年农村义务教育寄宿制学校建设，完成改建、扩建学校11所，全市新增寄宿制学位2362个。推进中小学集团化办学，先后组建河源市第三小学教育集团、河源市田家炳教育集团，发挥优质教育资源的辐射带动作用。加快推进改薄提升（含寄宿制）项目建设进度，投入各级改薄资金27438.66万元（中央资金7373.29万元，省级资金19897.37万元），总资金支出率93.81%。

【普通高中教育】2021年，河源市实施阳光招生工程，遵守招生工作纪律，加强招生宣传，做到招生计划公开、招生指标公开、录取分数线公开，确保招生过程阳光透明。秋季，河源市普通高中一年级招生人数为25474人，超额完成省厅下达的招生任务。继续推动普通高中学生综合素质评价工作，实施综合素质评价录入信息管理平台工作。2021年，河源市高考清华北大线上线6人，特殊线上线1960人，本科线以上10246人，高出全省平均本科率2个百会分点。

【民办教育】2021年，河源市执行中央办公厅、国务院办公厅《关于进一步规范民办义务教育发展的指导意见》，未审批筹设任何一所民办义务教育学校。印发《河源市规范民办学校发展实施方案》，做好全市民办义务教育学校办学条件和办学规模的核查工作，努力完成市域民办义务教育学校在校生占比不超5%、县域内义务教育学校在校生占比不超15%和进城务工人员随迁子女入读公办义务教育学校占比达85%以上目标。对全市民办义务教育学校校名进行规范管理，并全面完成清理工作。

中等职业教育与终身教育

【职业教育】2021年，河源市委、市政府重视职业教育发展，开展在中职学校设立高职专业学院试点、中高职贯通三二分段培养改革试点工作。河源理工学校、河源市职业技术学校入选广东省高水平中职学校建设单位名单。支持市卫校对接广东食品药品职业学院，河源理工学校、河源市职业技术学校对接河源职业技术学院，设立高职专业学院试点。组织开展以“技能：让生活更美好”为主题的职业教育活动周系列宣传展示活动，全市约2.5万名师生参加。河源市卫生学校、河源理工学校、河源市职业技术学校3所学校的5个专业入选第一、二批中等职业教育“双精准”（校企精准对接、精准育人）示范专业建设名单，并对第一批建设项目进行中期检查。选送一批优秀学生参加广东省教育厅2020—2021年度全省职业院校学生专业技能大赛及第七届中国国际“互联网+”大学生创新创业大赛广东省分赛，获得较好成绩。全市2021年秋季下达各校招生指标14500人，比上年招生指标增加3200人，完成招生数11141人，完成比例76.8%。

2021年3月25日，河源市卫生学校、深河医院联合举办专场招聘会

（李梦龙 摄）

【终身教育】 2021年，河源市构建全民终身教育体系。连续7年组织市县同步开展全民终身学习活动周。是年组织开展以“庆建党百年华诞 谱终身学习新篇”为主题的全民终身学习活动周活动，组织从业人员、社区居民、老年人群参加全民终身学习。推荐龙川县创建社区教育创新区、河源开放大学社区教育基地等4个项目申报2021年省继续教育质量提升工程项目。 （罗婷婷）

【河源市卫生学校】 2021年，河源市卫生学校坚持党建引领，着力抓好疫情防控和教育教学各项工作。学校党委获得广东省首批基础教育党建工作示范校，河源市市直教育系统先进基层党组织等称号。

疫情防控 严格落实上级新冠肺炎疫情防控要求，成立工作专班。建立六级联防联控机制（市教育局、学校、家长、医院、社区、疾控中心），筑牢群防群控屏障，加强防疫安全教育和常态化管理，落实全员接种疫苗等措施。

队伍建设 开展师德师风教育活动，评选师德标兵；组织教师参加智慧职教杯等国家和省、市级培训；开展优秀班主任评选等竞赛活动。是年，14人获南粤优秀教师等省市级称号，50人次在国家和省、市竞赛等竞赛中获奖。

暖心德育 推进暖心德育品牌建设。开展奖助学、暖心结对、心理辅导，以及节日慰问、教工兴趣班和阳光健身等活动，营造温暖校园。是年，852人次获学校奖助学金，6人获国家奖学金，3人获市级优秀学生称号。

深化改革 推进中高职一体化办学管理，职称评聘，星级教师考核，岗位聘任，评优评先培训，成教招生，护考辅导，各类绩效课酬加班补助，校园小额项目定点采购，公开课、示范课和听巡课等10项改革工程。

教学教研 开设婴幼儿托育、中药、医学影像技术三个新专业，加强“双精准”（校企精准对接，实现精准育人）示范专业（护理、药剂）和省级重点专业（护理、药剂）建设，组织教师开展课题研究、编写教材和撰写论文，开展技能竞赛，做好护士执业资格考试线上线下辅导。是年，教师发表论文53篇，新增立项省市级课题4项，结题2项；45人在市技能竞赛中获奖，毕业生护士资格证考试通过率82.82%。

招生就业 是年，学校中职招生1837人，高职专业学院招生471人，高职扩招招生167人，超额完成招生任务。举办深河医院专场招聘会，现场录用50名大专毕业生；联合市人社局举办毕业生供需见面会，2761人达成就业意向，就业意向率94.30%。同时，100多家单位在学校就业网络平台备案发布招聘信息，促进毕业生就业，毕业生就业率98.23%。

成人教育 抓好成教招生宣传，落实成教招生改革方案；探索高职扩招、成教学生线上线下混合教学及管理工作；开展护理、生物技能职业技能等级证书考试和认定工作，承办市人力资源和社会保障局创业培训及社会艺考培训等项目；与市中医药学会、河源健民医院合作举办学术研讨班。

校园建设 如期完成学生公寓空调安装、校园信息化建设（一期）、智能5G电控、环湖步道升级改造、“厕所革命”等项目，打造“科技校园”“智慧校园”“最美校园”。是年，学校被确定为创建广东省文明校园先进学校。

“护职院”筹设 推动护理职业技术学院筹设工作。提交有关材料，向省教育厅申请将筹设“河源护理职业技术学院”纳入省“十四五”教育发展规划。

（王华丽 程 鹏）

【河源理工学校】 河源理工学校成立于2009年，是由河源市委、市政府投资6.2亿元，采用新建河源理工学校与迁建河源市工业学校（建于1998年）合二为一的方式规划和建设的全日制中职学校。2021年，全日制在校生10023人，教职工413人，开设汽车运用与维修、物联网技术、幼儿保育等19个专业。2021年5月，河源理工学校入选广东省

高水平中职学校建设单位名单。

教学教研 该校推行“以赛促学、以赛促教”，2021年学生参加省中职生技能大赛获个人二等奖11人，三等奖34人；参加市中职生技能大赛获一等奖15人，二等奖25人，三等奖38人。以创建“广东省高水平中职学校”为契机，开展“工作过程系统化”课程体系改革和“行动导向”教学模式改革，全年自主开发并投入应用的教学虚拟软件、科研管理平台各1项，教师获得国家专利1项，全校新增结题课题16项，在研课题8项，校本教材4本（其中1本被列入教育部“十三五”规划教材），公开发表论文50多篇。

招生就业升学 该校2021年全日制中职招生4000余人，高职专业学院（与河职院联合设立）学前教育专业录取新生110人，在校生10023人。与15家企业合作实施订单式人才培养模式，开设专班招生950人，订单班级数19个，合作专业9个。为2019级2800名顶岗实习生分批次举办线上和线下招聘会，吸引河、广、深、惠等知名企业提供岗位1万余个，就业率98.5%，对口就业率85.5%，留在河源就业人数占总就业人数75%。高考班学生参加“3+证书”高职高考上线率100%；与5所高职学院联合开展三二分段对接工作，就读全日制大专在校学生302人。

师资队伍建设 该校坚持“请进派出全员提高，教学教研双轮驱动，理论技能内外兼修”的原则，以“三大工程”（素质提升工程，科研引领工程，教师专业发展工程）为载体，组织多形式培训，共外派教师参加国家级、省级教师培训24人次，组织342位教师参加2021年河源市中职教师信息技术应用能力提升工程2.0全员培训，并开展各类校本培训39批次。教师参与各级专业类、德育类竞赛获奖76项，1名教师获评“南粤优秀教师”，1名教师被授予“广东省技术能手”称号。

校园文化建设 在推进文明校园创建过程中，该校形成自身的校园文化特色：在思想道德教育方面形成专业志愿者活动品牌和文明风采教育品牌，全年组织学生开展进社区网格化、交通劝导、义务维修、爱国卫生运动等志愿者服务活动231次，达28682人次参与社会服务，学生参与省中职学生文明风采竞赛获奖26项；在校园活动建设中通过开展社团文艺展演、党史文化长廊、“五节”（文明礼仪节、科技技能节、阳光体育节、文化艺术节、劳动技能节）主题教育等第二课堂活动，营造快乐学习、健康生活的校园氛围；在校园环境建设中开展“三自教育”（自我教育、自我管理、自我发展）值周活动，组织70个班级参与学校日常秩序的维护。

管理服务体系 该校实施“六精工程”（管理团队精练、教师业务精干、学生德技精修、课堂教学精彩、后勤管理精细、校园文化精雅），促进内部治理精细化。建立同疫情防控相适应的校园运行机制和应急预案，通过加强校园出入、食品安全、就餐秩序等方面的管理，保障师生的身心健康和维护校园稳定。通过开展“服务评价”活动，征集和整改学生对学校各食堂、超市服务工作共计35条建议和意见，助推服务工作改进。发挥职教优势，开展汽车检修、电器维修、派送快递、助农直播带货、3D打印科普等“我为群众办实事”技能服务活动，维修汽车1856架次，维修家电183件。全年推进社会考证服务，承接社会各类培训、考务近4万人次。

西餐实训室揭牌 2021年12月17日，河源理工学校与中国烹饪协会世厨联青年厨师委员会合作西餐实训室揭牌。

（邱泽浩）

【河源技师学院】 河源技师学院创办于1988年，2005年迁入新校区办学。学院占地面积21.9万平方米，建筑面积13.2万平方米，2021年有全日制在校生9179人，教职工443人，其中，正高职称1人，副高职称95人。建有数控、模具、汽车维修、电气自动化、电脑美工、会计电算化、服装等实训场所126个。学院秉承“立德·允能”校训，实施“产教融合，校企双制”办学模式，运行ISO 9001教育精细化管理，打造“文化塑心，活动育人”的德育特色品牌，是国家中等职业教育改革发展示范校、国家级高技能人才培训基地、广东省技工院校20所校企合作先进单位。2021年，学院推进“广东技工”“粤菜师傅”“南粤家政”三大工程及“农村电商”特色项目建设，为河源融湾融深，奋力推进“示范区”“排头兵”“两个河源”建设提供技能人才支撑。

教学改革 深入推进“校企双制”办学，2021年新增合作企业15家，新增“中正健康班”“3D打印技术纳思达

2021年12月17日，河源理工学校与中国烹饪协会世厨联青年厨师委员会合作西餐实训室揭牌（河源理工学校 提供）

班”冠名班，新增“校中企”2家，新增实训中心5个，夯实学院相关专业实习实训设施基础。曾祥蓝（国家级）技能大师工作室进驻河源富马硬质合金股份有限公司，促进产教融合。

教学培训成果 2021年，学院在技能竞赛方面，获国家级奖项6项，省级9项，市级62项，其中承办市第十八届中职学校学生技能竞赛，参加16个竞赛项目，获12个项目第一名，成功举办学院第十三届技能节。在教研方面，教师获国家级项目40项，省级27项、市级80项；省级课题结题1项，市级课题结题26项，市级课题立项17项；教师参加第六届全省技工院校教师职业能力竞赛获一等奖2名，二等奖1名，三等奖1名。

社会培训 2021年，开展大学生SYB创业培训，培训660人次。与河源市中正健康管理有限公司共同举办养老护理提升培训班，培训78人次。完成航嘉、富马、瑞信3家企业的新型学徒制培训，共377人次。职业技能等级认定方面，学院成为广东省第一批院校评价机构、广东省第一批社评机构，备案制图员等26个职业（工种），完成职业技能等级认定1877人次。

立德树人 利用国旗下讲话、主题班会、专题讲座、主题团课、文体活动、图书活动、社团活动和爱国卫生运动，引导未成年人树立正确的理想和信仰。结合“我为群众办实事”精神，成立师生志愿服务队，开展义务植树活动、公益一条街志愿服务等活动，传承雷锋精神。

招生就业 录取新生2427人，超额完成省、市有关部门下达的招生指标；创设面试环节，提高生源质量。举办63场次企业招聘双选会，提供4413个就业岗位，岗位供需比4：1，全部顶岗实习生顺利顶岗实习，初次顶岗实习率96.74%，把稳就业出口关。

硬件设施升级改造 2021年，全面升级改造硬件设施，实现学生食堂有空调、热水系统进宿舍，完成6号楼绿化改造、北路两侧绿化、图书馆外观及绿化、篮球场、运动场和主干道的改造升级工程等项目。通过与中国农业银行银校合作方式争取到300万资金，购置140多台智慧黑板，改善教室智能教学设备，提高课堂教学效率。

思政建设中心成立 2021年成立思政建设中心，聘任10名思政讲坛讲师，开展十期思政大讲坛，并送思政课下乡。开展“薪火计划”系列活动，星火学社学生宣讲员深入各系各班开展50余场“党的百年光辉历程”主题宣讲活动，覆盖7个系部2000多名新生。（刘永芳）

高等教育

【河源职业技术学院】 河源职业技术学院属中华人民共和国教育部注册、地方政府投资的一所全日制普通高等学校，亦是广东省示范性高等职业院校。至2021年年底，学校有全日制大专在校生16526人（含高职扩招生3890人）。教职工670人，其中专任教师468人，副高以上职称157人，博士、硕士共361人，“双师素质”教师477人。学校设立机电工程学院、电子与信息工程学院、工商管理学院、老隆师范学院、人文艺术学院、继续教育学院、思想政治理论教学部等7个教学院部；设有应用电子技术、模具设计与制造、旅游管理、服装设计、文秘、学前教育等48个专业；建有电子信息工程技术、旅游管理、学前教育3个省级专业群；建有校内实习基地40个，校外实习基地581个；教学仪器设备总值2.33亿元，图书馆纸质藏书111.75万册。

是年，新调入教师14人，离职教师4人，退休4人。

教学科研 学校以“坚持立足河源、面向广东、融入湾区，以现代制造业和现代服务业类专业为主，工、管、师范类专业协调发展”为专业定位，依托省高水平专业群建设项目，主动服务产业转型升级需求，精准对接河源千亿级电子信息产业集群、百亿级食品饮料及水产业集群、百亿级先进材料产业集群布局，优先发展电子信息工程技术、模具设计与制造、嵌入式技术应用、旅游管理、工商企业管理等区域产业急需专业，加快建设学前教育、食品检验、环境保护等重大民生相关专业，建设6个省级高水平专业群，实现以专业群建设为龙头、带动学校所有专业发展，提升整体办学水平。截至2021年年底，学校拥有中央财政支持实训基地2个，省级实训基地（公共实训中心）10个，省级大学生校外实践教学基地15个；拥有国家骨干专业3个，中央财政支持“高等职业院校提升专业服务产业发展能力项目”专业2个，省级高水平专业群6个，省级示范性专业2个，省级重点专业5个，省级品牌专业3个，国家级现代学徒制试点3个、省级现代学徒制试点9个，高职本科协同育人试点专业5个，1+X证书制度试点专业25个。设有1门国家级精品课程，20门省级精品课程，1门省级优质课程，5门教育部职业院校教学指导委员会精品课程，6个国家专业教学资源库子项目，5部国家规划教材。2021年学生参加全国各类技能竞赛获奖150项，其中，获得省级一等奖23项，二等奖54项，三等奖68项。

科研成果数量质量稳步提升。是年，获得各级各类纵向科研项目立项128项，其中省级以上科研项目39项，《漳溪畲族乡柑橘标准化种植与品牌营销技术服务》《农村电商人才的培育与农产品营销技术服务》等获广东省科技厅立项，《基于人工智能技术的房价批量评估模型及其应用平台研究》《新一代信息技术下淋巴水肿康复医疗智能服装的应用研究》等获广东省教育厅立项；横向技术服务到账金额285万元。专利获授权45项，其中发明专利3项。论文发表245篇，著作、教材出版17部，获河源市自然科学、哲学社会科学优秀成果奖18项。

招生与就业 2021年计划招6007人，实际录取5819人，实际报到5086人；面向中职毕业生高职专业学院自主招生计划150人，实际录取145人，实际报到139人；面向中高职贯通三二分段对口中职学校转段录取180人，报到168人；另有高职扩招计划680人，录取680人，实际报到647人。2021届毕业生总人数4908人，截至2021年年底，学校毕业生总体就业率99.06%。

继续教育和社会培训 2021年，学校各类成人学历教育在校生17348人，社会培训累计超过4.8万余人次。学校高度重视品牌建设，打造村干部大专班等特色品牌项目，构建专本科函授、远程教育、非全日制研究生、自考沟通班、专升本辅导班、社会培训等多位一体的终身教育体系。学校落实乡村人才振兴工作。2021年，村干部素质提升项目开设函授专科班、函授本科班，共录取719人；圆梦计划项目录取257人。村干部素质提升项目因业绩突出，4月，再次被《中国教育报》专题报道；9月，被广东省教育厅认定为“终身教育品牌项目”并向教育部推荐，11月，被认定为“全国终身学习品牌项目”。学校推进学历教育与社会培训并举并重，首次承接省培、国培业务，首次开展幼儿园园长培训。办学教改成果先后受到《中国教育报》、“学习强国”平台等国家级媒体报道5次。

河源职业技术学院2021年三年制大专专业一览表

表12

所在学院	专业名称及方向
电子与信息工程学院	电子信息工程技术、数字媒体技术、计算机网络技术、建筑智能化工程技术、嵌入式技术应用、软件技术、现代移动通信技术、应用电子技术、电气自动化技术、大数据技术、大数据技术（3+2）
机电工程学院	高分子材料智能制造技术、环境工程技术、工业设计、模具设计与制造、汽车智能技术、汽车检测与维修技术、食品检验检测技术、数控技术（3+2）、数控技术、智能控制技术、工业机器人技术
人文艺术学院	商务英语、现代文秘、新闻采编与制作、服装与服饰设计、艺术设计、环境艺术设计、动漫设计、园林技术
工商管理学院	工商企业管理、大数据与会计、酒店管理与数字化运营、旅游管理（3+2）、旅游管理、烹饪工艺与营养、市场营销、农村电子商务、现代物流管理、现代物业管理、财富管理
老隆师范学院	小学数学教育、小学教育、美术教育、体育教育、学前教育、音乐教育、音乐教育（3+2）、小学英语教育、小学语文教育

（周　文）

【广东技术师范大学河源校区】 广东技术师范大学河源校区为广师大与河源市人民政府合作共建的省属公办本科院校，于2020年建成投入使用，总占地面积72.07公顷（1081亩），其中一期占地33.33公顷（500亩），建筑面积约22万平方米,总投资约24亿元。2021年，河源校区在读学生7988人，教职工454人，其中正副高职称124人、博士172人、硕士154人。河源校区采取“1+3”人才培养模式，即学生一年级在河源校区，二至四年级在广州校区。

河源校区按照“以广师大所能,服务河源市所需”的发展理念，致力于成为服务区域经济社会发展的示范校区、职业教育人才“中高本硕”贯通培养的引领校区，为河源市“融湾”“融深”高质量发展提供人才、技术和智力支撑。

河源校区下设电子与信息学院、机电学院、计算机科学学院、汽车与交通工程学院、自动化学院、光电工程学院、网络空间安全学院、数学与系统科学学院、教育科学与技术学院、财经学院、法学与知识产权学院、管理学院、外国语学院、文学与传媒学院、音乐学院、美术学院16个学院，共43个专业，其中通信工程、机械设计制造及其自动化、汉语言文学、会计学为国家级一流本科专业建设点；学前教育、机械电子工程、车辆工程、电气工程及其自动化、软件工程、环境设计、自动化、计算机科学与技术、工艺美术为省级一流本科专业建设点。

精品课程 2021年，河源校区有四门国家级精品课程，分别为教师张辉的《班主任与德育教育》、杨舰的《电子学科教学法》、白崇的《魏晋风度》、黄明睿的《创业之路——带你玩转商业模式》。

校园文化建设 2021年，河源校区选送师生代表组成的合唱团参加河源市“百歌颂中华”、庆祝中国共产党成立100周年活动，获表演示范节目奖。在全省“高校百歌颂中华”活动中获一等奖，在河源“学习强国”主题演讲比赛中获三等奖。学校筹办校区运动会、迎新晚会、少数民族专场晚会等大型活动，举行周末放映厅、课后一首歌、荧光夜跑活动等，丰富学生校园课后文化娱乐活动。

校地企合作 河源校区与河源市政府、河源市教育局在人才交流、师资队伍培养、校地共建、校企合作等方面开展合作。在高层次人才方面，正在探索实现共同引进高层次人才，联合打造博士及高层次人才群体服务河源经济和社会建设平台，实现各类人才的共享共用。在技术研发创新上，依托广师大河源研究院，围绕产业行业关键核心技术需求，共建校企联合研发平台和技术创新联盟，推动实施“百名博士河源行动计划”,引导人才创新要素向相关产业集聚,提升产业技术创新能力。在结对帮扶工作上，深入贯彻落实《广东省推动基础教育高质量发展行动方案》，与河源市实施美育浸润行动计划结对活动，组织美育浸润行动计划团队，面向685名中小学生开展美育浸润工作，围绕“美育课程建设、美育实践活动、美育校园文化建设及美育师资队伍建设”等方面进行精准帮扶。（罗婷婷）

【河源开放大学】 前身是河源市广播电视大学，2018年2月更名为河源开放大学。河源开放大学与河源市职业技术学校实行“两校合一，资源共享”的办学模式。2021年，业余开放教育在读生1283人，全日制中专在校生2518人；教职工214人，其中高级职称54人，中级职称69人，硕士学位56人。学校开设业余本专科学历层次行政管理、法学、汉语言文学、工商管理、计算机信息管理、学前教育等20个专业。

理论学习 该校坚持“修处世美德、习一技之长”的办学理念，围绕“立德树人”这一根本任务，系统学习《教师法》及职业教育各项法律法规，学习新时代教师职业行为十项准则，深刻领会精神内涵，准确把握精神实质，使教职工在工作中能知法、守法、用法，做到依法治校。

师资队伍建设 该校贯彻“人力资源是第一资源”的思想。突出师德师风建设，培养和树立典型，表彰奖励一批优秀教师，营造尊师重教、人才兴校的氛围；研究制订人才引进、培养、使用的实施计划，把品德、知识、能力和业绩作为衡量人才的主要标准，按照专业技术岗位竞聘程序完成专业技术人员的聘任；强化对教师尤其是青年教师的引进和培养力度。2021年，学校通过公开招聘等方式，加强高素质专业化教育人才储备，优化师资结构，充实教师队伍。2021年度，全校教师公开发表论文135篇，课题研究立项6项。

教学改革 该校推进高水平学校建设，抓好教学管理各个环节，注重课堂教学质量，加大教学督查力度，完善教学指导委员会，抓好教学信息反馈，健全教学信息员制度，及时听取并反馈专家和学生的意见与建议；开展教研活动，研究解决教学中存在的问题；通过教学基本功大赛、教学研讨、教改立项等形式，将创新教学方法纳入课堂教学质量评价指标和课程建设评价指标体系中，引导教师进行教学方法和手段的改革创新。根据现代化远程开放教育的基本规律和特征，通过开发远程自主学习平台等方式，将信息技术与教育教学深度融合，推动教育理念变革，促进教育教学模式创新。2021年度，学校组织各类专业技能考证（含培训）2500余人（次）。其中，全国计算机等级考试2场、1200人（通过率45%）；全国英语等级考试1场、62人（通过率60%）。2021年高职高考，该校有235名考生参加考试，其中231人被大专院校录取，录取率高达98.3%。

疫情防控 结合疫情防控常态化管理形势，该校做好各个阶段的疫情防控工作，守住校园疫情防控安全线，保障师生员工的生命安全和身体健康。除做好心理健康教育等常规工作外，学校还有针对性地做好学生人文关怀，精准开展学生思想引领和心理疏导工作，对学生的学习、生活需求进行广泛调研，尽可能帮助学生解决实际困难，满足其正当学习诉求。疫情防控期间，学校对有必要进行核酸检测的学生予以补贴（贫困生检测费用由学校支付，其余学生学校给予每人100元补助），持续为贫困生免费发放口罩。

社会服务 2021年，该校发挥在教育信息技术、数字化资源以及系统办学等方面的优势，探索多元化社区教育、老年教育和各级各类职业教育的教学模式、管理模式及运行机制，开发适合河源市经济社会发展的教育服务项目。除完成上级交付的各级各类培训任务外，结合学校周边社区居民实际需求，学校继续推出“四点半课堂”“周末少儿艺术班”等公益课堂，向双下、新兴、书房前等社区居民提供免费培训项目。“周末少儿艺术班”涵盖绘画、舞蹈、书法、英语、声乐、武术、葫芦丝、小主持人等多个热门专业（方向），累计培训150余人（次）。（朱兴艳）

科学技术

【概况】 2021年，河源市实施科技“融深”“融湾”行动，导入创新资源，强化与“双区”协同创新，打造双区科技成果转化地，全市科技创新事业取得长足进步。全市专利授权量4719件，增长15.2%。其中发明专利授权量152件，增长50.5%。全市组织实施国家、省级种类科技计划项目2项；省级工程技术研究开发中心91个；新增高新技术企业65家，存量达291家。

是年，河源市获得农村科技特派员先进组织实施单位称号，是全省21个地级市中唯一一个获省科技厅现场表彰的地级市。

【重大科技创新平台建设取得突破】 2021年，河源市湾区数字经济技术创新中心（鹏城云网河源节点依托运营单位）、国家航天育种工程技术研究中心河源创新研究院、木本油料资源利用国家重点实验室岭南联合实验室、岭南现代农业实验室河源分中心（灯塔实验室）、广晟广科稀土永磁创新研究院等一批重大科技创新平台落地建设，为河源市数字经济、种业、油茶、稀土等产业发展提供科技支撑。

【公共创新平台建设提质增效】 2021

年，河源市率先在粤东西北地区推行公共创新平台扶持方式和评价机制改革,对河源市公共创新平台实行“分类管理、动态监测、绩效评估”，出台《河源市科技创新公共服务平台“一事一议”项目管理办法》，推动5家校地合作共建的科技创新公共服务平台提质增效。发挥公共创新平台联通产业、企业与大湾区创新资源的“窗口”“桥梁”作用。全年通过公共创新平台引进各类人才近200名，累计服务企业300多家，帮助企业解决技术问题20余项，降低企业研发、生产成本1.3亿元，为企业新增销售额超4亿元，新增利税超5000万元。

【创新主体培育成效明显】2021年，河源市把高新技术企业培育工作作为推进全市制造业高质量发展的重要抓手，实施高新技术企业倍增计划。通过培育一批、引进一批、孵化一批，全市高新技术企业存量由2018年年底的141家增加到291家，高新技术企业实现三年倍增。加强科技型中小企业培育，开展国家科技型中小企业评价库入库申报工作，全年评价入库企业333家。成立河源市高新技术企业协会，依托协会推动社会力量设立“‘创新河源’科学技术奖”并开展首次评奖工作。

【若干重大科技成果落地转化】2021年，河源市构建“双区研发+河源孵化产业化”创新链条，推动湾区重大科技成果在河源市落地转化。推动首届创新创业大赛获奖的20个项目落地，拓湃新能源、广东特瑞思等8个项目在河源市落地孵化、产业化。其中，拓湃新能源项目落地河源市高新区后同年实现纳税。2021年3月，“扬帆计划”华南理工大学教授李国强团队“SABAR 5G体声波滤波芯片”项目在河源落地投产。7月，“珠江人才计划”广东工业大学章国豪团队“5G射频前端芯片及模组”项目在河源落地中试。

【农村科技特派员工作走在全省前列】2021年，河源市实施农村科技特派员制度，推动技术下乡、人才下沉。在全省率先建设“农村科技特派员”之家。建立“三库一平台”（特派员库、技术成果库、技术需求库，服务管理平台），为特派员服务“三农”提供服务，包括成果征集、技术需求征集、线上线下精准对接。面向湾区涉农高校院所征集入库农村科技特派员1597名，开展“千名科技专家进千村”活动，在全市95个镇设立特派员驻镇工作站。

是年，1800多人次农村科技特派员深入河源市农村基层服务“三农”，服务河源市农业经营主体近183家次，开展技术指导、技术培训325场次，培训服务农户约1.5万人次，推广农业新品种47项、新技术85项，解决农业生产技术难题107项。

【科技支撑河源国家农高区创建】2021年，河源市紧扣国家农高区“农”“科”“高”的建设发展要求，发展岭南丘陵绿色低碳农业，在灯塔盆地布局建设一批涉农创新平台。建成省农科院河源分院、华南农业大学新农村发展研究院河源分院、华南农业大学研究生院河源分院、仲恺农业工程学院乡村振兴培训学院、省科学院河源分院、北理工北斗智慧农业研究院、灯塔盆地农业医院、数字农业平台、广东省农科院农产品监测中心灯塔盆地试验站、河源市国家农业科技园区现代农业科技孵化器等涉农平台。

【柔性引才引智力度加大】2021年，河源市以“平台+人才”“项目+人才”方式，共引进河源市产业、企业急需紧缺人才近200名。开展“院士杰青河源行”活动，邀请中科院院士田永君，国家杰出青年、教授黄少铭、王永华等省内外高层次专家到河源调研，为河源市硬质合金产业和油茶产业发展把脉开方。组织召开“广纳英才·智汇河源”科技赋能河源高质量发展科技人才沙龙。制定《河源市高层次科技人才引育若干措施》，营造优越的人才环境，吸引更多科创人才到河源创新创业。

【科技金融支持科技型企业加快发展】2021年，河源市科技信贷风险准备金达3984万元，新增贷款额1.525亿元，累计贷款总额达5.013亿元，为河源市科技型企业提供低门槛、低成本、高效率的科技贷款，有力支撑科技型企业加快发展。

【科技创新环境不断优化】2021年，河源市推进科技体制机制改革，出台《河源市技术要素市场化配置改革行动方案》，针对重点改革事项，启动国家技术转移人才培养基地合作办学点建设。

（黄　翠）

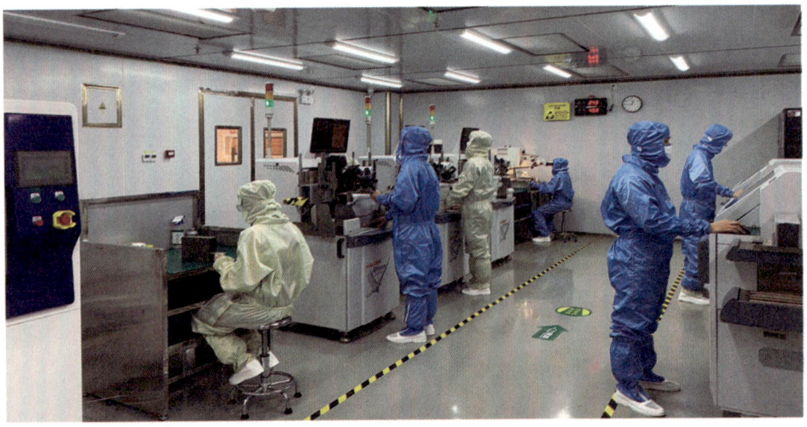

2021年7月，“5G射频前端芯片及模组”项目在河源落地中试

（市科技局 提供）

社会科学

【概况】 河源市社会科学界联合会（市社科联）原名河源市社会科学学会联合会，成立于1997年11月18日。2014年9月，河源市社科联召开第二次代表大会，更名为河源市社会科学界联合会，为正处级参公事业单位。2021年，县区一级除和平县外还没有社会科学界联合会。河源市社科联所辖社科类社会组织有25个，其中学会4个、协会5个、研究会6个、促进会8个、联谊会2个。

【理论学习宣传】 2021年，河源市社会科学界联合会发挥社科理论界思想引领作用，强化理论学习宣传与阐释。围绕学习贯彻中共十九大和十九届六中全会精神，结合党史学习教育要求，全面落实市委七届十三次全会精神，先后组织召开全市社科理论工作者专题学习座谈会9次；组织撰写并发表理论文章173篇，在电视台开设“社科专家话党史”节目，联合河源日报社开设理论专版，推出一批理论学习成果，普及社会科学理论。通过专题学习座谈，深入领会中共十九届六中全会精神和习近平总书记重要讲话精神，全面准确把握习近平新时代中国特色社会主义思想的丰富内涵和习近平治国理政新理念、新思想、新战略，把全市社科工作者的思想统一到中央、省委精神上，统一到市委、市政府重大决策部署上。同时，汇编河源市社科理论工作研究成果，出版《凝心聚力谋发展》《河源市经济社会发展分析与研究报告》二部理论成果专著，为市委、市政府提供决策参考。

【课题规划立项】 2021年，河源市社会科学界联合会围绕“融深”“融湾”建设、疫情防控、经济社会发展、“六稳”“六保”、生态文明建设、乡村振兴战略实施、苏区精神弘扬和红色文化资源开发等重点难点问题方面做好课题规划，发布《课题指南》，组织社科研究工作者围绕《课题指南》选题开展研究。全年完成社科规划课题立项145项，其中15项为重点项目、101项为一般项目、29项为自筹资金项目。全年结题71项。同时，围绕建党史学习教育，设立5个党史学习教育重点研究课题，列入2021年哲学社会科学课题规划进行专题研究。

【学术研讨】 2021年，河源市社会科学界联合会委派市内专家学者参加国内不同层次的学术研讨会，特别是在“两地”文化研究方面发布观点及论文30多篇。建立健全与国内客属地区赣州、梅州、龙岩、三明、深圳、贺州、惠州等地的信息交流机制。

【社科普及宣传】 2021年，河源市社会科学界联合会创新社科普及工作思路与方法，开展多项社会科学普及活动。举办“社会科学普及周”活动启动仪式。仪式现场举行省社科普及示范基地经验交流发言、市级社科普及基地授牌等仪式，市辖社科团体和科普基地负责人、相关企业负责人等近百人参加此项活动。社科普及周贯穿全年，以“兴起党史学习教育热潮，迎接党的百年华诞”为主题，举办主题日活动、参观党史学习主题展与文化巡演、巡回讲座、学术研讨会、专题研究、广播专题访谈等活动形式等20多场活动。

【社科团体管理】 2021年，河源市社会科学界联合会依法加强市属社科类学术团体、民间组织的日常管理和业务指导，完善《河源市学会管理工作制度》《工作沟通联系制度》，出台《社团管理工作制度》，加强对社科团体的管理，严格落实社团年检、换届选举和社团审批等工作，加强意识形态管控，对社团举办的论坛、研讨会、讲座进行审核把关。

【社会科学普及基地建设】 2021年，河源市新增5个社科普及基地，分别是“河源市河源中学、河源市源城区源西中学、河源市源城区雅居乐中学、河源市源城区粤多点教育培训有限公司、和平县东江画境美丽乡村体验园”。同时，河源市21个基地入选省级基地。其中，省级标准基地9个、省级提升型基地6个、省级孵化型基地6个。由于社科普及工作成绩突出，5月全省社科普及工作会议上，河源市与深圳市、清远市在会上作工作经验交流发言。

（黄友斌）

文化·卫生健康·体育

编辑：李文举

文化综述

【概况】 2021年，河源市有县级以上公共图书馆7个、文化馆7个、乡镇（街道）综合文化站100个、行政村（社区）综合性文化服务中心1436个。其中，特级文化站6个，一级文化站21个，二级文化站73个；市图书馆、源城区图书馆、和平县图书馆被评为国家一级馆，市文化馆和源城区文化馆被评为国家一级馆。公共文化基础设施基本实现市、县、镇、村四级全覆盖，每万人拥有公共文化设施面积1236平方米。

【公共服务建设】 2021年，河源市推动各级文化场馆提档升级，完成东源县总分馆建设，县级文化馆图书馆总分馆制建设建成率100%。完成公共图书馆城乡一体化服务体系建设，实现市、县公共图书馆资源流通共享、通借通还，数字文化馆建设进一步完善。全年推动13家“馆校共享图书”服务点建设，建成3家“粤书吧”，其中，“万绿湖·粤书吧”被评为2021年度“粤书吧”建设最佳实践案例。建成4个基层综合性文化服务中心和旅游咨询中心融合试点。新建、改扩建旅游厕所23座。在实现1436个行政村(社区)综合性文化服务中心全覆盖的基础上，2021年度全市提升55个行政村（社区）综合性文化服务中心的服务质量和管理水平。

【文化惠民活动】 2021年，河源市文化广电旅游体育部门以“庆祝中国共产党成立100周年”为主线，围绕“我们的中国梦”——文化进万家、“我们的节日”“疫情防控”等主题，以“大美河源·百姓舞台”、“文艺轻骑兵下基层”、“书香河源全民阅读”、诗文朗诵会、展览等形式，举办“共产党·恩情长”群众音乐歌会，全市组织开展“百歌颂中华”“风雅颂”“河源发声”“我最OK”等歌咏活动以及文艺赛事100场次，提升河源文化的影响力。结合传统节日，组织开展“忠信吊灯习俗”、“畲族蓝大将军出巡节”民俗活动线上直播、“非遗闹元宵”、“非遗非集市”、“自然与文化遗产日”系列活动以及地方戏曲进乡村进校园展演等活动110场次。推动数字阅读、“微阅读”手机客户端，举办阅读推广活动1775场。联合举办“深莞惠+汕河”流动大舞台五地文艺展演、东莞河源两地非遗墟市等交流活动8场次，丰富群众文化生活，提高群众获得感和幸福感。

【文艺精品创作】 2021年，河源市文化广电旅游体育局紧扣“庆祝中国共产党成立100周年”主题，创排大型花朝戏《血田英魂》、木偶戏《十万挑夫上赣南》，以客家山歌大赛、群众艺术花会、民歌民乐及语言类赛事活动为抓手，结合实际创作《古邑欢歌》《绿油飘香》《水下坝》《镜花水缘》等优秀作品，在省级赛事中分别获得“优秀原创作品”、广东省群众戏剧曲艺花会铜奖、入选广东省第五届客家新民歌创作大赛十大金曲、广东全民才艺大比拼总决赛铜奖。在2021年“永远跟党走，逐梦新时代”广东省第十四届百歌颂中华歌咏活动中，紫金县女子合唱团、源城区合唱团分别获银奖、铜奖，有3人分别获个人金、银、铜奖，这是河源市历届以来取得的最好成绩。

【文化遗产保护利用】 2021年，河源市文化广电旅游体育局推动创建首批市级传统工艺工作站，建立“楼镇彩扎非遗扶贫工坊”，推动传统工艺振兴项目忠信花灯创新转化。通过深入实施《河源市2020年—2022年优秀传统文化艺术体育进校园三年行动计划》，营造浓厚文化氛围。启动第一批河源市文化产业园区建设，推动文化企业集聚发展。颁布实施《河源市革命旧址保护条例》，全市6处省级以上革命文物保护单位获得保险捐赠。全市18个市级非遗项目申报第八批省级非遗项目；龙川县黎咀镇（手擎木偶戏）获2021—2023年度“广东省民间文化艺术之乡”称号；河源市客家山歌擂台赛列入广东省2021年“非物质文化遗产宣传展示重点活动”；东源乐村石楼等8处不可移动文物成功申报广东省第十批文物保护单位；仙坑登云书院遗址保护获得2019—2020年中国建筑设计奖·历史文化保护传承创新三等奖，并获中国建筑学会“历史文化保护传承创新专项奖”；东源县仙坑村荣封第修缮工程获评2020年度全国古迹保护优秀案例（全国当年有4个项目入选）。截至2021年年底，全市2688处不可移动文物中，有全国重点文物保护单位2处，省级文物保护单位28处，市级文物保护单位72处，县级文物保护单位301处。2021年，河源博物馆新增文物及藏品562套、776件。全市有市级以上非物质文化遗产代表性项目111项，其中国家级代表性项目2项（花朝戏、灯彩—忠信花灯）、省级代表性项目17项；省级非遗传承基地3所（花朝戏、忠信花灯、龙川手擎木偶戏），省级非遗生产性保护示范基地1个（河源市绿纯酿酒厂），市级传承基地16所；有市级以上传承人92人，其中国家级代表性传承人1人（钟石金），省级代表性传承人17人。

【文旅融合发展】 2021年，河源市文化广电旅游体育部门在“融湾”“融深”和融入横琴、前海两个合作区建设方面迈出可喜步伐。通过“万绿河源”微信公众号等平台推出《阮啸仙故居》《紫金苏区革命遗址群》《黄居仁故居》等10个红色旅游微视频宣传作品。坚持线上线下推广宣传有声图书馆，参与“粤学党史·粤爱党——打卡广东红”活动。通过组团参加2021广东国际旅游产业博览会和深圳文博会，举办河源市“两晚三天”经典旅游线路、精品民宿七市精准推介活动，源城南片区景区景点加快“串珠成链”，文旅融合实现新突破，促进文旅经济复苏和乡村振兴。

【市场监管维稳】 2021年，河源市文化广电旅游体育局出台《河源市民宿管理实施细则》，全市完成民宿登记160家，创新多部门联合监管机制。开展扫黑除恶常态化行业整治，保持“扫黄打非”、知识产权保护、校园周边整治等的高压态势，全年组织开展专项整治行动12次，出动执法人员6144人次，检查各类场所1397家次；强化重点领域安全保障，开展安全生产大检查7次，发现并整改风险隐患46处。全年高密度、严要求做好常态化疫情防控工作。强化安全播出工作，实现全年安全播出零事故，安全生产零事故目标。 *（刘崇昱）*

文物博物

【概况】 2021年，河源市有博物馆9家（公办7家：河源市博物馆、源城区博物馆、东源县博物馆、和平县博物馆、龙川县博物馆、和平县博物馆、紫金县博物馆；民办2家：河源市鸿志中基客家文化博物馆、河源市万绿湖博物馆）。有一般不可移动文物2688处，其中公布名录1361处（源城区184处、东源141处、和平437处、连平138处、龙川210处、紫金209处、江东新区42处）。有可移动文物71202件（套）。其中河源市博物馆39303件（套），河源市源城区博物馆224件（套），河源市鸿志中基客家文化博物馆1110件（套），东源3186件（套），和平14499件（套），连平8647件（套），龙川1978件（套），紫金2255件（套）。有一级文物3件（套），在河源市博物馆。二级文物63件（套）。其中河源市博物馆26件（套）；东源5件（套）；和平7件（套）；龙川17件（套）；连平8件（套）。三级文物638件（套）。其中河源市博物馆110件（套）；东源79件（套）；和平124件（套）；龙川170件（套）；紫金27件（套）；连平128 件（套）。

【文物保护单位】 2021年，河源市有各级文物保护单位403处。其中全国重点文物保护单位2处[龟峰塔、香港文化名人大营救指挥部旧址（福建会馆）]、省级文物保护单位28处、市级文物保护单位72处、县级文物保护单位301处。

2021年河源市全国重点文物保护单位一览表（2处）

表13

序号	区县	名　称	保护级别	年　代	详细地点	类　别	公布时间及批次
1	源城区	龟峰塔	国家级	南宋（1132年）	南堤路龟峰山上	古建筑	2005年第六批
2	龙川县	香港文化名人大营救指挥部旧址	国家级	清代	近现代重要史迹	近现代重要史迹	2019年10月第八批

2021年河源市省级文物保护单位一览表（28处）

表14

序号	区县	名　称	保护级别	时　代	类　别	公布时间及批次
1	源城区（1处）	河源石峡恐龙蛋化石埋藏地遗址	省级	白垩纪晚期	古遗址	2002年7月第四批
2	东源县（3处）	阮啸仙故居	省级	清	近现代重要史迹及代表性建筑	1989年6月第三批
3		荣封第	省级	清	古建筑	2019年5月第九批
4		仙坑村八角楼	省级	清	古建筑	2012年10月第七批

续表14

序号	区县	名　称	保护级别	时　代	类　别	公布时间及批次
5	和平县（6处）	浰东小筑	省级	民国	近现代重要史迹及代表性建筑	2012年10月第七批
6		淞沪抗日和籍烈士纪念碑	省级	民国	近现代重要史迹及代表性建筑	2015年12月第八批
7		林寨建筑群（大夫第、司马第、当铺、颍川旧家、广文第、谦光楼）	省级	清	古建筑	2015年12月第八批
8		福谦楼	省级	清	古建筑	2019年5月第九批
9		高安楼	省级	清	古建筑	2019年5月第九批
10		江广桥	省级	清	古建筑	2019年5月第九批
11	龙川县（8处）	坑子里遗址	省级	新石器时代	古遗址	1978年7月第一批
12		正相塔（老塔）	省级	唐宋	古建筑	1978年7月第一批
13		下塔	省级	宋	古建筑	1989年6月第三批
14		龙川考棚	省级	清	古建筑	2015年12月第八批
15		龙川学宫	省级	清	古建筑	2008年11月第五批
16		越王井与南越王庙	省级	明清	古建筑	2015年12月第八批
17		胜利村塔	省级	明	古建筑	2015年12月第八批
18		闽粤赣边五兴龙县苏维埃政府旧址	省级	民国	近现代重要史迹及代表性建筑	2015年12月第八批
19	紫金县（3处）	德先楼	省级	清	古建筑	2010年5月第六批
20		邓瓒先故居	省级	清—民国	近现代重要史迹及代表性建筑	2015年12月第八批
21		紫金县苏维埃政府旧址	省级	1927年	近现代重要史迹及代表性建筑	2019年5月第九批
22	连平县（7处）	黄潭寺遗址	省级	新石器晚期	古遗址	1989年6月第三批
23		圣迹苍岩摩崖石刻	省级	宋	石窟寺及石刻	2012年10月第七批
24		小水村风雨桥	省级	清	古建筑	2015年12月第八批
25		合水塔	省级	明	古建筑	2015年12月第八批
26		国民革命军六十二军七十五师上岩、岩下军事仓库旧址	省级	民国	近现代重要史迹及代表性建筑	2015年12月第八批
27		长沙大夫第	省级	清	古建筑	2019年5月第九批
28		茶壶耳屋	省级	清	古建筑	2019年5月第九批

2021年河源市市级文物保护单位一览表（72处）

表15

序号	区县	名　称	保护级别	责任单位	公布时间
1	源城区（8处）	望郎回摩崖石刻	市级	源西街道办事处	2011年7月
2		李焘故居	市级	上城街道办事处	2006年9月
3		逍遥岩石刻	市级	源南镇人民政府	1995年12月
4		上城草行丘屋	市级	上城街道办事处	2006年9月
5		河滩头新石器遗址	市级	源西街道办事处	2011年7月
6		鸣凤桥	市级	上城街道办事处	1995年12月
7		飞鸾桥	市级	上城街道办事处	1995年12月
8		邝妃墓	市级	源南镇人民政府	2011年7月

续表15

序号	区县	名　称	保护级别	责任单位	公布时间
9	东源县（15处）	文阁塔	市级	黄村镇下�村民委员会	2006年9月
10		奎阁塔	市级	柳城镇下坝村民委员会	2006年9月
11		义峰苏公祠	市级	义合镇苏氏理事会	2011年7月
12		东山苏公祠	市级	义合镇苏氏理事会	2011年7月
13		新山下老围龙屋	市级	双江镇高陂村委会	2011年7月
14		永定桥	市级	涧头镇东坝村民委员会	2011年7月
15		壹修堂	市级	蓝口镇塘心村民委员会	2011年7月
16		曾田文笔塔	市级	曾田镇玉湖村民委员会	2011年7月
17		颜检墓	市级	锡场镇河洞村民委员会	2011年7月
18		叶景亭墓	市级	康禾镇仙坑古村落四角楼理事会	2011年7月
19		赵佗故城遗址	市级	双江镇桥头村民委员会	2011年7月
20		山下村八角楼	市级	叶潭镇山下村民委员会	2011年7月
21		咸水塘国共谈判旧址	市级	蓝口镇长江头村民委员会	2011年7月
22		乐村石楼	市级	蓝口镇乐村村民委员会	1986年9月
23		光裕堂	市级	叶潭镇文径村民委员会	2006年9月
24	和平县（14处）	龙子山古墓群	市级	阳明镇丰道村民委员会	2011年7月
25		浰源白氏宗祠	市级	浰源镇黄田村民委员会	2011年7月
26		谢屋背遗址	市级	大坝镇上镇村民委员会	2011年7月
27		两头塘遗址	市级	大坝镇上镇村民委员会	2011年7月
28		彰洞塔	市级	合水镇彰洞村民委员会	2011年7月
29		嘉禾岗黄屋	市级	大坝镇高发村民委员会	2011年7月
30		中心围	市级	下车镇兴隆村民委员会	2011年7月
31		五眼桥	市级	下车镇镇山村民委员会	2011年7月
32		白面嶂紫微宫	市级	下车镇云峰村民委员会	2011年7月
33		活民井	市级	阳明镇城西村民委员会	2011年7月
34		庆良草庐	市级	优胜镇新联村民委员会	2011年7月
35		蟹形围赖氏宗祠	市级	青州镇星和村民委员会	2011年7月
36		罗福拱桥	市级	长塘镇四围村民委员会	2011年7月
37		聚星围	市级	林寨镇新兴村民委员会	2011年7月
38	龙川县（9处）	牛背岭遗址	市级	佗城镇三印村民委员会	2011年7月
39		罗昌儒墓	市级	罗氏宗亲会	2011年7月
40		城隍庙	市级	佗城镇佗城村民委员会	2011年7月
41		锡嘏厦	市级	麻布岗镇大长沙村民委员会	2011年7月
42		黄居仁故居	市级	铁场镇桥头村民委员会	2011年7月
43		叶卓故居	市级	登云镇东山村民委员会	2011年7月
44		长盛桥	市级	麻布岗镇大长沙村民委员会	2011年7月
45		珠树分荣叶屋	市级	丰稔镇黄岭村民委员会	2011年7月
46		横街朱氏宗祠	市级	佗城景区管委会	2011年7月

续表15

序号	区县	名　称	保护级别	责任单位	公布时间
47	紫金县（11处）	海陆紫苏维埃政府旧址	市级	紫金县博物馆	2011年7月
48		黄海龙将军祠	市级	紫金县博物馆	2011年7月
49		桂山石楼（长春楼）	市级	紫金县博物馆	2011年7月
50		紫金县总农会、炮子乡农会旧址	市级	紫金县博物馆	2011年7月
51		火带径节孝牌坊	市级	紫金县博物馆	2011年7月
52		诰增大夫质厚邓公祠	市级	紫金县博物馆	2011年7月
53		通奉第	市级	紫金县博物馆	2011年7月
54		佛母宫	市级	紫金县博物馆	2011年7月
55		天禄楼	市级	紫金县博物馆	2011年7月
56		刘名载墓	市级	紫金县博物馆	2011年7月
57		选安楼	市级	紫金县博物馆	2011年7月
58	连平县（12处）	上洋遗址	市级	陂头镇人民政府	2011年7月
59		燕岩古寺	市级	陂头镇人民政府	2011年7月
60		颜伯焘墓	市级	元善镇新龙村民委员会	2011年7月
61		文天祥二女墓	市级	三角镇人民政府	1995年12月
62		白云楼	市级	大湖镇盘石村民委员会	2011年7月
63		大湖寨	市级	大湖镇湖东村民委员会	2011年7月
64		福兴桥	市级	忠信镇柘陂村民委员会	2006年9月
65		东山塔	市级	元善镇石龙村民委员会	2011年7月
66		水西摩崖石刻	市级	田源镇肖屋村民委员会	2011年7月
67		文节书院	市级	元善镇城西社区居民委员会	2011年7月
68		谦吉楼	市级	陂头镇夏田村荣树经济社	2011年7月
69		塔岭烈士墓园	市级	绣缎镇人民政府	2011年7月
70	江东新区（3处）	广东青年抗日先锋队紫金支队队部旧址	市级	古竹文化站	2006年9月
71		宾公家塾	市级	临江镇文化站	2011年6月
72		邝愈平墓	市级	城东街道和平村民委员会	2012年12月

2021年河源市县级文物保护单位一览表（301处）

表16

序号	区县	名　称	保护级别	责任单位	公布时间
1	东源县（41处）	慎修堂	县级	黄村镇下�村民委员会	2010年9月
2		通天岩摩崖石刻	县级	仙塘镇坭坑村民委员会	2010年9月
3		铁门省斋公祠	县级	黄田镇黄田村民委员会	2010年9月
4		南园大夫第	县级	仙塘镇红光村民委员会	2010年9月
5		双田敬慎堂	县级	新港镇双田畲族村民委员会	2010年9月
6		柳溪书院	县级	仙塘镇红光村民委员会	2010年9月
7		洋潭村水口塔	县级	涧头镇洋潭村民委员会	2010年9月
8		蓝大将军墓	县级	漳溪乡下蓝村民委员会	2010年9月

续表16

序号	区县	名　称	保护级别	责任单位	公布时间
9	东源县（41处）	黄鼎古墓	县级	漳溪乡嶂下村民委员会	2010年9月
10		赵廷客墓	县级	半江镇综合服务中心	2010年9月
11		上莞碧寿洞更新世哺乳动物化石遗址	县级	上莞镇新南村民委员会	2010年9月
12		萝溪书院	县级	船塘镇老围村民委员会	2010年9月
13		粤赣边支队司令部旧址	县级	上莞镇新南村民委员会	2010年9月
14		中共东江后特委文秀塘旧址	县级	黄村镇永新村民委员会	2010年9月
15		曲龙乡农民协会旧址	县级	康禾镇曲龙村民委员会	2010年9月
16		中共河源县委旧址	县级	叶潭镇儒步村民委员会	2010年9月
17		河源人民政府旧址	县级	上莞镇太阳村民委员会	2010年9月
18		河源县委成立旧址	县级	叶潭镇叶潭村民委员会	2010年9月
19		下山屋	县级	船塘镇小水村民委员会	2010年9月
20		民主堂	县级	柳城镇柳城村民委员会	2010年9月
21		白礤大夫第	县级	灯塔镇白礤村民委员会	2010年9月
22		永盛古桥	县级	灯塔镇结游草村民委员会	2021年4月
23		半埔村下新屋	县级	叶潭镇半埔村民委员会	2021年4月
24		李白村忠行堂	县级	上莞镇李白村民委员会	2021年4月
25		花树下老屋	县级	骆湖镇红花村民委员会	2021年4月
26		车头山村双庆堂	县级	蓝口镇车头山村民委员会	2021年4月
27		仙坑村明德堂	县级	康禾镇仙坑村民委员会	2021年4月
28		仙坑村行恕堂	县级	康禾镇仙坑村民委员会	2021年4月
29		李氏祥合公祠	县级	黄田镇醒群村民委员会	2021年4月
30		礼洞村四角楼	县级	黄田镇礼洞村民委员会	2021年4月
31		仙坑村崇德堂	县级	康禾镇仙坑村民委员会	2021年4月
32		仙坑村逢源屋	县级	康禾镇仙坑村民委员会	2021年4月
33		仙坑村中书第	县级	康禾镇仙坑村民委员会	2021年4月
34		仙坑村务本堂	县级	康禾镇仙坑村民委员会	2021年4月
35		仙坑村百护堂	县级	康禾镇仙坑村民委员会	2021年4月
36		仙坑村蛇龙屋	县级	康禾镇仙坑村民委员会	2021年4月
37		仙坑村宝盒屋	县级	康禾镇仙坑村民委员会	2021年4月
38		仙坑村端本堂	县级	康禾镇仙坑村民委员会	2021年4月
39		仙坑村司马第	县级	康禾镇仙坑村民委员会	2021年4月
40		登云书院遗址	县级	康禾镇仙坑村民委员会	2021年4月
41		儒步村中和堂	县级	叶潭镇中和堂理事会	2021年4月
42	和平县（66处）	华表塔	县级	彭寨镇彭镇村民委员会	1983年8月第一批
43		仙人桥	县级	阳明镇珊瑚村民委员会	1983年8月第一批
44		福音堂	县级	阳明镇城东村民委员会	1983年8月第一批
45		中流砥柱	县级	阳明镇城东村民委员会	1983年8月第一批
46		中共和平县第一个党支部旧址	县级	热水镇九连村民委员会	1983年8月第一批

续表16

序号	区县	名　称	保护级别	责任单位	公布时间
47	和平县（66处）	九连山区人民自卫总队旧址	县级	热水镇九连村民委员会	1983年8月第一批
48		连和县人民政府旧址	县级	青州镇山塘村民委员会	1983年8月第一批
49		和平县革命烈士纪念碑	县级	阳明镇城西村民委员会	1983年8月第一批
50		卢屋嘴遗址	县级	阳明镇新社村民委员会	1986年9月第二批
51		小陂山遗址	县级	阳明镇新社村民委员会	1986年9月第二批
52		曾村垠遗址	县级	阳明镇新社村民委员会	1986年9月第二批
53		下陈山遗址	县级	大坝镇水背村民委员会	1986年9月第二批
54		梁屋垠遗址	县级	彭寨镇聚史村民委员会	1986年9月第二批
55		社径山遗址	县级	大坝镇石陂村民委员会	1986年9月第二批
56		子顶山遗址	县级	大坝镇水背村民委员会	1986年9月第二批
57		大岭头岗遗址	县级	林寨镇街镇社区居民委员会	1986年9月第二批
58		石林坪遗址	县级	大坝镇水背村民委员会	1986年9月第二批
59		周屋山遗址	县级	阳明镇新社村民委员会	1986年9月第二批
60		羊公寨遗址	县级	大坝镇高发村民委员会	1986年9月第二批
61		三角山遗址	县级	阳明镇新社村民委员会	1986年9月第二批
62		东山岭遗址	县级	阳明镇城东村民委员会	1986年9月第二批
63		大丘面古墓群	县级	彭寨镇彭镇村民委员会	1986年9月第二批
64		冬天腊石刻	县级	上陵镇中洞村民委员会	1986年9月第二批
65		九公庙	县级	浰源镇山下村民委员会	1986年9月第二批
66		高泉寺	县级	阳明镇城西村民委员会	1986年9月第二批
67		雪山嶂庙	县级	优胜镇上潭村民委员会	1986年9月第二批
68		进士坊	县级	下车镇兴隆村民委员会	1986年9月第二批
69		东瓜峯仙人桥	县级	长塘镇陶锡村民委员会	1986年9月第二批
70		油竹坝石桥	县级	优胜镇优镇村民委员会	1986年9月第二批
71		石氏墓地	县级	下车镇和一村民委员会	2010年8月第三批
72		方华故居	县级	热水镇中兴村民委员会	2010年8月第三批
73		周刚如故居	县级	贝墩镇三多村民委员会	2010年8月第三批
74		和东区行政委员会旧址	县级	古寨镇河东村民委员会	2010年8月第三批
75		彰洞村古建筑群	县级	合水镇彰洞村民委员会	2010年8月第三批
76		新联村古建筑群	县级	优胜镇新联村民委员会	2010年8月第三批
77		大坝村古建筑群	县级	东水镇大坝村民委员会	2010年8月第三批
78		老卢屋	县级	大坝镇水背村民委员会	2010年8月第三批
79		楼下曾屋	县级	大坝镇鹅塘村民委员会	2010年8月第三批
80		鹅塘大屋	县级	大坝镇鹅塘村民委员会	2010年8月第三批
81		司前朱屋	县级	大坝镇水背村民委员会	2010年8月第三批
82		司背朱屋	县级	大坝镇水背村民委员会	2010年8月第三批
83		南石老屋	县级	大坝镇汤湖村民委员会	2010年8月第三批
84		仰照第	县级	大坝镇石陂村民委员会	2010年8月第三批

续表16

序号	区县	名　称	保护级别	责任单位	公布时间
85	和平县（66处）	上中宪第	县级	林寨镇明星村民委员会	2010年8月第三批
86		下中宪第	县级	林寨镇明星村民委员会	2010年8月第三批
87		文明第	县级	林寨镇明星村民委员会	2010年8月第三批
88		兰台居	县级	上陵镇百龙村民委员会	2010年8月第三批
89		家燕大夫第	县级	下车镇兴隆村民委员会	2010年8月第三批
90		安定居	县级	下车镇兴隆村民委员会	2010年8月第三批
91		杨梅塘围	县级	下车镇群丰村民委员会	2010年8月第三批
92		中共九连地区工作委员会旧址	县级	青州镇永丰村民委员会	2010年8月第三批
93		营下拱桥	县级	长塘镇中村村民委员会	2010年8月第三批
94		“工合”旧址	县级	阳明镇城东村民委员会	2010年8月第三批
95		梅坝贞节坊	县级	礼士镇梅坝村民委员会	2010年8月第三批
96		石圳新屋	县级	热水镇中兴村民委员会	2010年8月第三批
97		乌石头老屋	县级	阳明镇新塘村民委员会	2010年8月第三批
98		乌石头新屋	县级	阳明镇新塘村民委员会	2010年8月第三批
99		黄氏宗祠	县级	阳明镇城西村民委员会	2010年8月第三批
100		铁潭黄姓祖屋	县级	阳明镇星星村民委员会	2010年8月第三批
101		三条圳新屋	县级	阳明镇珊瑚村民委员会	2010年8月第三批
102		孔屋	县级	阳明镇城西村民委员会	2010年8月第三批
103		仁修楼	县级	大坝镇水背村民委员会	2010年8月第三批
104		德星堂	县级	东水镇云星村民委员会	2010年8月第三批
105		癸西桥	县级	下车镇兴隆村民委员会	2010年8月第三批
106		三攸第	县级	阳明镇城东村民委员会	2010年8月第三批
107		秀山庄	县级	长塘镇中村村民委员会	2010年8月第三批
108	龙川县（79处）	石福岩洞群	县级	登云镇石福村民委员会	1962年5月
109		铙拔寨遗址	县级	贝岭镇罗陂村民委员会	1962年5月
110		太乙岩	县级	霍山旅游风景区管委会	1962年5月
111		燕仙岩观音宫	县级	贝岭镇罗陂村民委员会	1962年5月
112		玉麟洞寺	县级	铁场镇珊田村民委员会	1962年5月
113		祥云岩洞寺	县级	新田镇新田村民委员会	1962年5月
114		翰林石室	县级	老隆镇江边村民委员会	1986年9月
115		龙台寺	县级	老隆镇莲南村民委员会	1986年9月
116		文峰塔	县级	麻布岗镇大长沙村民委员会	1986年9月
117		联平摩崖石刻	县级	细坳镇联平村民委员会	1986年9月
118		松树岗象形文摩崖石刻	县级	细坳镇贵湖村民委员会	1986年9月
119		百岁街叶氏宗祠	县级	佗城镇佗城村民委员会	1986年9月
120		百岁街郑氏宗祠	县级	佗城镇佗城村民委员会	1986年9月
121		龙川县第十区农民协会旧址	县级	车田镇车田村民委员会	1986年9月
122		龙川县苏维埃政府旧址	县级	佗城镇三印村民委员会群众	1986年9月

续表16

序号	区县	名　称	保护级别	责任单位	公布时间
123	龙川县（79处）	铁龙沙坪乡苏维埃政府旧址	县级	上坪镇梅坑村民委员会	1986年9月
124		水贝黄氏大宗祠	县级	老隆镇水贝村民委员会	1986年9月
125		龙川县革命烈士陵园	县级	龙川县退役军人事务局	1986年9月
126		牛角塘遗址	县级	丰稔镇左拔村民委员会	1986年9月
127		东瑶古窑址	县级	佗城镇东瑶村民委员会	1986年9月
128		将军寨遗址	县级	车田镇丰石村民委员会	2010年7月
129		盘雁古道	县级	贝岭镇上盘村民委员会、雁化村民委员会	2010年7月
130		高进烽火台遗址	县级	黄石镇高进村民委员会	2010年7月
131		师祖地	县级	廻龙镇群光村民委员会	2010年7月
132		洋溪桥	县级	老隆镇水上新村社区居民委员会	2010年7月
133		老隆当铺	县级	龙川县原粮食局	2010年7月
134		黄沙坑李屋	县级	紫市镇紫市村民委员会	2010年7月
135		长桥杨屋	县级	紫市镇新南村民委员会	2010年7月
136		锡嘏厦私塾	县级	麻布岗镇大长沙村民委员会	2010年7月
137		黄坑司马第	县级	麻布岗镇阁前村民委员会	2010年7月
138		矮车河拱桥	县级	麻布岗镇赤贝村民委员会	2010年7月
139		步下王氏宗祠	县级	麻布岗镇壮士村民委员会	2010年7月
140		长祥碉楼	县级	麻布岗镇大长沙村民委员会	2010年7月
141		广业楼	县级	贝岭镇宫下村民委员会	2010年7月
142		青莲第	县级	贝岭镇上盘村民委员会	2010年7月
143		恩荣第	县级	上坪镇青云村民委员会	2010年7月
144		世荣第	县级	上坪镇青云村民委员会	2010年7月
145		高岭邓屋	县级	登云镇高南村民委员会	2010年7月
146		沙径口拱桥	县级	细坳镇小参村民委员会	2010年7月
147		佗城西门石桥	县级	佗城镇佗城村民委员会	2010年7月
148		仙塔桥	县级	佗城镇塔西村民委员会	2010年7月
149		印月桥	县级	佗城镇新渡村民委员会	2010年7月
150		苏堤	县级	佗城镇佗城村民委员会	2010年7月
151		龙川县商会	县级	龙川县佗城景区管委会	2010年7月
152		横街骆氏宗祠	县级	佗城镇佗城村民委员会	2010年7月
153		佗城西门码头	县级	龙川县佗城景区管委会	2010年7月
154		横街8号黄屋	县级	佗城镇佗城村民委员会	2010年7月
155		后堂街司马第	县级	佗城镇佗城村民委员会	2010年7月
156		九善公宗祠	县级	鹤市镇富石村民委员会	2010年7月
157		景鹤居	县级	四都镇四都村民委员会	2010年7月
158		张堂司马第	县级	龙母镇张堂村民委员会	2010年7月
159		文昌祠	县级	岩镇平越村民委员会	2010年7月
160		左拔大夫第	县级	丰稔镇左拔村民委员会	2010年7月

续表16

序号	区县	名　称	保护级别	责任单位	公布时间
161	龙川县（79处）	梅塘角叶屋	县级	丰稔镇黄岭村民委员会	2010年7月
162		黄岭碉楼	县级	丰稔镇黄岭村民委员会	2010年7月
163		和畲文武阁塔	县级	黎咀镇和畲村民委员会	2010年7月
164		楠木坑文昌塔	县级	赤光镇南龙村民委员会	2010年7月
165		丰豫围	县级	赤光镇潭芬村民委员会	2010年7月
166		乐善堂	县级	赤光镇新淳村民委员会	2010年7月
167		铁东大夫第	县级	铁场镇铁东村民委员会	2010年7月
168		都府第	县级	铁场镇桥头村民委员会	2010年7月
169		黄江背古井	县级	铁场镇梓江村民委员会	2010年7月
170		玉猪坳古井	县级	铁场镇石坑村民委员会	2010年7月
171		青云石桅杆	县级	上坪镇青云村民委员会	2010年7月
172		蕴庐	县级	老隆镇水贝村民委员会	2010年7月
173		水贝明经第	县级	老隆镇水贝村民委员会	2010年7月
174		横街11号骑屋	县级	佗城镇佗城村民委员会	2010年7月
175		佗城影剧院	县级	龙川县佗城景区管委会	2010年7月
176		萧殷故居	县级	佗城镇新渡村民委员会	2010年7月
177		四角楼骑屋	县级	黄石镇黄石村民委员会	2010年7月
178		星光陈氏宗祠	县级	佗城镇佗城村民委员会	2010年11月
179		盘古大王神坛	县级	细坳镇黄龙村民委员会	2012年6月
180		半径农民协会旧址	县级	细坳镇半径村民委员会	2012年6月
181		黄烈故居	县级	登云镇天云村民委员会	2012年6月
182		小参村农民协会	县级	细坳镇小参村民委员会	2014年12月
183		李云山故居	县级	细坳镇小参村民委员会	2014年12月
184		粤赣苏区食盐储运中转站	县级	细坳镇小参村民委员会	2014年12月
185		龙母战斗指挥部旧址	县级	龙母镇大塘村民委员会	2015年9月
186		仰天堂	县级	上坪镇金龙村民委员会	2015年9月
187	紫金县（56处）	中国工农革命军第二师师部旧址	县级	紫金县博物馆	2013年8月
188		中国工农红军第十一军四十九团团部旧址	县级	紫金县博物馆	1987年6月
189		苏区革命烈士纪念碑（烈士墓）	县级	紫金县博物馆	1987年6月
190		血田	县级	紫金县博物馆	1987年6月
191		中国工农革命军第四师第十团开会遗址	县级	紫金县博物馆	2009年4月
192		孙友松墓	县级	紫金县博物馆	1987年6月
193		骆八十娘墓	县级	紫金县博物馆	1987年6月
194		钟镇鲁墓	县级	紫金县博物馆	1987年6月
195		杨茂墓	县级	紫金县博物馆	1987年6月
196		钟丁先墓	县级	紫金县博物馆	1987年6月
197		杨鼎墓	县级	紫金县博物馆	1987年6月
198		紫金县学生会、县总农会旧址	县级	紫金县博物馆	1987年6月

续表16

序号	区县	名　称	保护级别	责任单位	公布时间
199	紫金县（56处）	紫金县农民协会旧址	县级	紫金县博物馆	2009年4月
200		紫金县革命烈士纪念碑（烈士墓）	县级	紫金县博物馆	2009年4月
201		廖督才墓	县级	紫金县博物馆	1987年6月
202		上濑文笔塔	县级	紫金县博物馆	2005年3月
203		百岁牌坊	县级	紫金县博物馆	2005年3月
204		石坑张氏宗祠（九龙祖屋）	县级	紫金县博物馆	2010年6月
205		红军兵工厂旧址	县级	紫金县博物馆	2009年4月
206		红军医院旧址	县级	紫金县博物馆	2009年4月
207		战壕遗址	县级	紫金县博物馆	2009年4月
208		红军号兵训练所旧址	县级	紫金县博物馆	2009年4月
209		东江红军独立师指挥部旧址	县级	紫金县博物馆	2009年4月
210		龙炮区联队旧址	县级	紫金县博物馆	2009年4月
211		红军亭	县级	紫金县博物馆	2009年4月
212		朱乙朱豹烈士纪念碑	县级	紫金县博物馆	2009年4月
213		张子玉烈士纪念碑	县级	紫金县博物馆	2009年4月
214		钟一朋烈士纪念碑	县级	紫金县博物馆	2009年4月
215		状元峰石刻	县级	紫金县博物馆	2010年6月
216		烈三张公祠	县级	紫金县博物馆	2010年6月
217		龙归寺遗址	县级	紫金县博物馆	2010年3月
218		甘泉胜迹石刻	县级	紫金县博物馆	2010年6月
219		立本堂	县级	紫金县博物馆	2010年6月
220		南岭钟氏总祠	县级	紫金县博物馆	2010年6月
221		廖氏宗祠	县级	紫金县博物馆	2010年6月
222		安贞桥	县级	紫金县博物馆	2010年6月
223		天保楼	县级	紫金县博物馆	2010年6月
224		刘尔崧刘琴西故居	县级	紫金县博物馆	2011年1月
225		文昌殿	县级	紫金县博物馆	2011年1月
226		咸水交通站	县级	紫金县博物馆	2011年1月
227		和兴楼	县级	紫金县博物馆	2010年5月
228		培德楼	县级	紫金县博物馆	2010年5月
229		杜氏宗祠	县级	紫金县博物馆	2013年12月
230		钟灵钟子廉故居	县级	紫金县博物馆	2013年12月
231		叶穗墓	县级	紫金县博物馆	2020年10月
232		龙窝节孝牌坊	县级	紫金县博物馆	2020年8月
233		冼氏荣封第	县级	紫金县博物馆	2020年8月
234		好义康赵宫	县级	紫金县博物馆	2020年8月
235		碧云古洞	县级	紫金县博物馆	2020年8月
236		义容谭氏宗祠	县级	紫金县博物馆	2020年8月

续表16

序号	区县	名　称	保护级别	责任单位	公布时间
237	紫金县（56处）	彭坊林氏老屋	县级	紫金县博物馆	2020年8月
238		张燕堂故居	县级	紫金县博物馆	2020年8月
239		中坝穀饴楼	县级	紫金县博物馆	2020年8月
240		双下黄应珍墓	县级	紫金县博物馆	2020年8月
241		义容谭氏祖墓	县级	紫金县博物馆	2020年8月
242		河塘甘氏宗祠	县级	紫金县博物馆	2020年8月
243	连平县（52处）	窑头山下遗址	县级	田源镇人民政府	1986年10月
244		朝山遗址	县级	隆街镇人民政府	1986年10月
245		大坪山遗址	县级	大湖镇人民政府	1986年10月
246		八斗种遗址	县级	绣缎镇人民政府	1986年10月
247		仙塔遗踪	县级	元善镇人民政府	1986年10月
248		辉公地坪遗址	县级	上坪镇人民政府	1986年10月
249		沉坑口遗址	县级	忠信镇人民政府	1986年10月
250		牛栏坑遗址	县级	忠信镇人民政府	1986年10月
251		矮山遗址	县级	忠信镇人民政府	1986年10月
252		黄岭山遗址	县级	高莞镇人民政府	1986年10月
253		刘观汉夫妇合葬墓	县级	元善镇石龙村民委员会	2010年7月
254		练恕墓	县级	元善镇新龙村民委员会	1986年10月
255		刘凤喈墓	县级	高莞镇高村村民委员会	1985年4月
256		光下卓屋	县级	元善镇警雄村民委员会	2010年7月
257		广济桥	县级	大湖镇罗经村民委员会	1985年4月
258		活水塔	县级	大湖镇人民政府	2010年7月
259		赖氏宗祠	县级	隆街镇立新村民委员会	2010年7月
260		文林第	县级	隆街镇沐河村民委员会	2010年7月
261		天保第	县级	绣缎镇金溪村民委员会	2010年7月
262		绣缎文笔塔	县级	绣缎镇人民政府	1985年4月
263		内莞桥	县级	内莞镇人民政府	1985年4月
264		河帅第	县级	元善镇城西社区居民委员会	1986年10月
265		吉水庙	县级	元善镇石龙村民委员会	1986年10月
266		上坪谢氏祖祠	县级	上坪镇惠西村民委员会	1986年10月
267		上坪水口塔	县级	上坪镇人民政府	1985年4月
268		古坑四角楼	县级	上坪镇古坑村民委员会	2010年7月
269		上坪风水塔	县级	上坪镇人民政府	1985年4月
270		五福桥	县级	忠信镇人民政府	1985年4月
271		司前寨	县级	忠信镇司前村民委员会	2010年7月
272		上坐村下楼角	县级	忠信镇上坐村民委员会	2010年7月
273		溪南大夫第	县级	油溪镇上楼角经济社	2010年7月
274		溪西儒林第	县级	溪山镇溪西村民委员会	2010年7月

续表16

序号	区县	名　称	保护级别	责任单位	公布时间
275	连平县（52处）	松秀围	县级	陂头镇夏田村松秀围经济社	2010年7月
276		德馨围	县级	陂头镇夏田村德馨经济社	2010年7月
277		陂头文笔塔	县级	连平县陂头镇人民政府	1985年4月
278		北合楼	县级	陂头镇连光村北合经济社	2010年7月
279		火烧坝城堡	县级	陂头镇官岭村厅下经济社	1985年4月
280		贵东水口桥	县级	陂头镇人民政府	1985年4月
281		新下奉政第	县级	忠信镇新下村民委员会	2010年7月
282		横水大夫第	县级	内莞镇横水村民委员会	2010年7月
283		上坪水口桥	县级	上坪镇东阳村民委员会	1985年4月
284		步云桥	县级	元善镇人民政府	2010年7月
285		季老屋	县级	隆街镇隆东村民委员会	2010年7月
286		张义兴围屋	县级	隆街镇镇南村民委员会	2010年7月
287		池村屋	县级	高莞镇徐村村民委员会	2010年7月
288		桅杆屋	县级	高莞镇丁村村民委员会	2010年7月
289		胜合屋	县级	高莞镇高陂村民委员会	2010年7月
290		野鸭潭摩崖石刻	县级	油溪镇人民政府	1985年4月
291		中共连平县第一个党支部旧址	县级	大湖镇人民政府	2010年7月
292		隆街革命烈士纪念碑	县级	隆街镇人民政府	2010年7月
293		大湖、三角战役革命烈士纪念碑	县级	绣缎镇人民政府	1986年10月
294		西山瀑布	县级	元善镇人民政府	1986年10月
295	江东新区（7处）	中共东江特委旧址	县级	古竹文化站	1987年6月
296		中共东江后方特委旧址	县级	古竹文化站	1987年6月
297		中共东江特委第一次党代会旧址	县级	古竹文化站	1987年6月
298		邹氏宗祠	县级	古竹文化站	2010年6月
299		潮沙许氏宗祠	县级	古竹文化站	2010年6月
300		邬大昕墓	县级	临江镇文化站	2012年
301		关帝庙	县级	临江镇文化站	2013年

（刘崇昱）

【河源市博物馆】 河源市博物馆（河源恐龙文博园）位于市区滨江大道龟峰公园内，占地面积6万多平方米，是国家二级博物馆、国家AAAA级旅游景区，内有河源恐龙博物馆（中国古动物馆恐龙蛋馆）、河源市博物馆、全国重点文物保护单位龟峰塔及其附属建筑龟峰古刹，以及大型恐龙梦幻世界雕塑墙、钢铁恐龙创意雕塑、客家建筑文化墙展示区等景点。2021年9月24日，河源市博物馆被广东省社科联评为广东省人文社会科学普及基地（标准基地）；10月11日，被河源市教育局评为第二批河源市中小学生研学实践教育基地（优秀传统文化）。

文物征集保护 2021年，河源市博物馆新增藏品1158套/1975件（枚），包含文物577套/1267件、资料74套/144件、恐龙蛋化石507套/564枚，其中获河源和平籍乡贤王恒及其夫人冯杰以广州迪士普音响博物馆的名义捐赠珍贵文物和文档资料1002件，这是河源建市后国有博物馆获企业捐赠文物数量最多的一次；何国晖捐赠何健生革命文物及资料59件；修复二级文物1件、三级文物4件、未定级文物2件。

文物考古 2021年，河源市博物馆开展新丰江、枫树坝等水库出露区及周边田野调查工作，采集新石器时期石箭镞、石锛以及明代渡口碑刻等文物标本一批。2021年4月7日，河源市博物馆工作人员在龙川县岩镇田野调查中发现13枚西汉时期陶饼，属河源地区首次发

2021年6月22日，何健生革命文物捐赠仪式举行，何国晖（中）向河源市博物馆捐赠何健生革命文物及资料59件（市博物馆 提供）

现。8月18日，河源市博物馆考古人员在河源市东源县双江镇田野调查中发现雨痕化石，属河源市乃至中国南方地区首次发现。10月25日至11月13日，南方海洋科学与工程广东省实验室（珠海）海洋考古创新团队联合广东省文物考古研究所、河源市博物馆组成南方海洋考古创新团队，开展万绿湖水域水下考古勘测作业，对包括东源县新回龙镇古岭、老回龙、老锡场等8个历史古墟在内的9大水域进行高分辨率扫测，扫测面积近7000万平方米，先后发现5处新石器晚期古人类活动遗迹，出土新石器晚期的石锛、石箭镞、圆形石器以及零碎陶片等文物一批。

科研文创 2021年，河源市博物馆参与中国恐龙考察“中国中生代陆生脊椎动物化石调查研究”，推进“广东河源恐龙蛋化石群”科研项目；完成《河源文博（第六、七期）》《河源市博物馆2020年鉴》《“我眼中的河源恐龙文博园”摄影大赛获奖作品画册》《潮涌东江 党旗飘扬——河源市革命文物专题展图录》等书刊画册编印；完成“6600万年前的回响——日晷”恐龙文化主题贵金属产品等文创产品开发。文博宣传推介 2021年，河源市博物馆通过自主策划、合作引进等方式举办18场专题展览，其中《庆祝中国共产党成立100周年：潮涌东江 党旗飘扬——河源市革命文物专题展览》入选2021年广东省弘扬社会主义核心价值观主题展览、广东省庆祝中国共产党成立100周年精品展览推介名单；依托馆藏资源继续组织开展好文博讲座、道德讲堂、博趣手工、公益夏令营、小小讲解员、语言学堂等品牌教育活动113场次；配合举办及承办广东省第52个“世界地球日”主题活动、“河源市第十六批保护恐龙蛋化石有功单位及人员表彰大会”等重要活动；加大媒体宣传力度，通过省、市主要平面媒体宣传报道64篇，市级以上电视台采播新闻35条；文博志愿者全年服务时长5333.17小时；全年接待游客472119人次。

重点项目建设 2021年，河源市博物馆完成龟峰塔塔身栏杆及副阶周匝梁架抢险加固工程、龟峰塔数字化保护项目，启动龟峰塔沉陷观测项目；完成一批库房重型文物架及展厅新增展柜的采购安装；完成720漫游（“云”游恐龙文博园）数字化建设；完成场馆网络提质改造工程；完成创文小品、公益广告、文博园绿化等多个环境整治项目。

（蒋安春）

广播电视事业

【河源广播电视台】 河源广播电视台于2005年3月改制成立，是隶属中共河源市委宣传部领导的正处级公益二类事业单位。2021年，该台拥有2个广播频率（综合广播、旅游广播）、2个高标清同播电视频道（综合频道、公共频道）、1家网络广播电视台，以及以“智慧河源”客户端为龙头的“三微两端”、“民生一线”抖音号等新媒体矩阵。其中，“智慧河源”客户端下载用户量30多万户，日均活跃量5万户左右。有自办栏目36个，日产节目约19小时，其中电视栏目10个，日产节目约3小时；广播栏目26个，日产节目约16小时，覆盖河源市“五县一区”及周边城市受众近500万人次。拥有包括“6+2”讯道数字标清电视转播车和广播直播车等采编播设备，有600平方米和800平方米演播厅各1个。

新闻宣传 2021年，河源广播电视台播出广播电视新闻20045条，新媒体发布相关信息9614篇、视音频11109个；向“学习强国”App推送文字、视频作品634条，中央总台各频道栏目播发河源广播电视台新闻29条，省台各频道频率播发河源广播电视台稿件717条，均排在全省地市台前列。

主题宣传成效凸显。专题专栏开展建党百年宣传，策划一组以新闻专栏、一批微视频、一部精品纪录片、一系列“红歌”快闪、一场国旗下的讲话等为重点的“五个一”宣传项目，推出《如果革命文物会说话》《我的爷爷奶奶》《百名党员话初心》等系列融媒报道，制作播出“线上重走长征路”小程序、互动H5《河源七一献礼·一颗红心献给党》、短视频《我宣誓》和系列红歌快闪短视频等20多个融媒产品。创新“自选动作”，做好党史学习教育宣传，策划推出《百年前的这些河源青年，干了惊天动地的大事》等爆款短视频、《百年传承校园行——国旗下的讲话》等系列融媒报道；聚焦“我为群众办实事”主题，策划开办《记者跑腿》等为民便民服务类新闻栏目。

精品生产佳作迭出。创作文献微纪录片《河源红》、广播剧《起红谣》等一批庆祝建党百年文艺精品；大型航拍纪录片《飞越河源》在第八届广东省网络文化精品宣传推广活动中被评为“城市印记主题网络文化精品”，为河源市唯一上榜作品；脱贫攻坚题材纪录电影《厚土之上》入围中国纪录片学院奖，先后在省台新闻频道、国际频道播出；《河源红》获2021年第14届深圳青年影像节“建党百年”单元最佳纪录片奖。该台有17个作品获得省级奖项，有8个作品获客家地区广播电视播音主持作品奖。

传播能力不断提升。河源广播电视台网站全年发布各类信息19003条，“智慧河源”App发布新闻稿件7871篇，网站和智慧河源总点击量2000万人次；该台官微发布微信1612条，总点击量614.7万人次；微博1635条，总点击量476.3万人次；新媒体平台拥有粉丝量超过90万人，“触电”App和“南方+”号共上传新闻1329条，总阅读量1913万人次，其中官微单篇推文的最高点击量45万人次。特别是2021年2月正式开通微信视频号，粉丝量达23754人，总点击量3400万人次，单条最高点击量403万人次。

经营发展　2021年，受经济下行、网络冲击和疫情叠加等因素影响，河源广播电视台广告收入严重下滑，经济形势严峻。该台在开源节流和争取各方支持的同时，整合全台经营力量、打通全媒传播平台，探索开展“媒体+”多元业务，构建“广电+”生态体系，通过线上线下相结合的方式，为政府、企业以及用户提供融媒服务，构筑“全网经营”模式，拓展收入来源。先后举办“乡村振兴河源大擂台”、深圳帮扶河源工作感动人物分享活动、高考经验交流会、河源广电首届消费博览会、河源乡村振兴农产品展销会和首届“霸王花炒粉王”大赛等大型活动。

事业建设　推进广电技术体系布局优化和改造升级。加快融媒体移动采编支持系统和千秀峰发射台防雷设施建设步伐，完成广电中心大楼至桂山千秀峰微波通道的搬迁改造和“智慧河源”App的升级及高清化配置工作，组织对桂山、茶亭山两座铁塔进行维修保养，采购部分4K专业设备和网络安全设备，优化省无线数字电视发射系统和电台发射信号系统，及时抢修并更换雷击故障设备，提前在汛期前完成发电机整体搬迁和天馈线系统维护工作。

开展迎接中国共产党成立100周年安全大检查大整治。做好播控机房值班值守、摄录编播传输发射设备巡查检查，以及演播、转播、网络等功能系统监管监控，开展网络安全漏洞隐患排查和整改加固，推进信息系统等级保护，完善广播电视及网络安全播出应急调度能力和技术防护能力建设，自查自纠、立行立改，完成中国共产党成立100周年广播电视和网络视听安全播出保障任务，实现零秒停播。（胡　萍）

【广东省粤东721转播台】　2021年，广东省粤东721转播台担负着中央人民广播电台第一套节目和广东新闻台节目2个频点的中波广播覆盖任务。一套地面数字电视试验播出频率。

是年，该台按照国家广电总局、广东广播电视台和广东省广播电视技术中心的整体要求和部署，完成两套节目的安全优质转播工作任务，实现安全优质高效播出，确保重要节日、重大活动、重要时段的节目传输覆盖，促进广东省社会经济的进步和发展。加强硬件设施建设和设备更新改造工作，为实现安全优质播出提供技术保障。抓住安全优质转播工作这一重点，围绕“不间断、高质量、既经济、又安全”的维护工作方针及省技术中心的“全功率、满调制、高质量”的要求，开展各项转播工作任务。全年没有出现任何安全生产事故，连续15年获省广播电视技术中心考核一级台站。（欧阳少银）

【广东省广播电视网络股份有限公司河源分公司】　2021年，广东省广播电视网络股份有限公司河源分公司（以下简称河源广电网络公司）传输电视节目113套、广播节目10套，其中高清电视节目70套，4K电视节目5套，标清电视节目38套。完成FTTH（光纤到户）改造覆盖用户数近3万户，累计FTTH网改覆盖用户数超20万户。新楼盘建设完成1.7万户，累计新楼盘覆盖用户数超10万户。网络质量平均基本指标为91.3%，网络质量平均较优指标为82.54%。互动渗透率42%，比上年增长6.44%。宽带渗透率39.19%，增长3.63%。

安全保障　河源广电网络公司做好庆祝中国共产党成立100周年安全保障工作。精心组织交叉检查和开展应急演练以及组织“回头看”复查等工作，做细做实广播电视播出安全、网络安全、内容安全、安全生产等领域安全隐患排查整治工作。完成庆祝中国共产党成立100周年大会、“七一勋章”颁授仪式、《伟大征程》文艺演出等多场活动的安全保障工作，实现安全保障“零事故”目标，完成市委宣传部和市文广旅体局有关龙川、连平、和平银视三县安全保障电视信号的政治任务。

政企业务　河源广电网络公司政企业务以综治视联网、南粤云平台门户、智慧广电·乡村振兴及智慧社区为拓展方向。完成全市“政法一张网”的建设、保障综治视联网运营；加大电视平台门户业务推广力度，优化信息平台，电视门户平台于2021年9月正式上线；开展智慧广电·乡村振兴推广工作，跟进新时代文明实践中心、农村应急广播、平安镇村等项目；基于省广电网络公司开发的智慧社区平台，成功参与智慧楼盘建设，做好配套工程与光纤入户融合发展规划工作。

创文、老旧小区三线改造　为巩固提升全国文明城市创建成果，河源广电网络公司主动配合落实创文各项工作任务。派出不少于12人常规整治队伍，对河背、高埔、埔前、新塘、白岭头等行政村和中心城区新江街道办城乡接合部、背街小巷和农贸市场周边的“三线”乱拉乱挂、违章交越、无序搭挂等问题开展整治工作，确保人民群众生命财产安全，改善农村人居环境，建设生态宜居美丽乡村。同时，完成碧水湾、市公安局宿舍、广源楼等老旧小区线缆落地改造和大桥路、新丰江美食街精品示范街线缆落地迁改工作，切实为改善城区人居环境，打造美丽“新城”贡献力量。（欧瑜旋）

档案工作

【概况】 2021年，河源市各级档案部门深入贯彻习近平总书记对档案工作的重要指示批示精神，全面推进档案治理、资源、利用、安全体系建设。全年开展档案监督检查102次，举办档案专业培训9期，举办展览9个，接收档案16751卷、1112178件，接待社会各界查档人数和提供利用9687人次、19411卷（件）。

【档案宣传教育】 2021年，河源市以国际档案日、国家宪法日为契机，市、县两级档案局、档案馆通过举办流动展览、线上讲座、档案业务培训、户外咨询等方式开展系列档案宣传教育活动，并通过《河源日报》、河源电视台、“学习强国”、“南方+”等媒体平台进行报道宣传，扩大档案法治宣传的社会影响力，提高民众档案法律意识。是年，河源市开办展览9个，接待参观展览群众12705人次，接受业务咨询近万人次，发放宣传资料近3万份，媒体报道宣传25次；举办档案专业人员岗位培训班1期，共102人参加培训；举办档案专题培训班8期，近2000人次参加培训。

【档案法治建设】 2021年，河源市完善档案行政执法公示、全过程记录、重大档案行政执法决定法制审核3项制度，规范档案执法工作；通过联合有关部门开展专项检查、对重点部门跟踪检查等方式，依法对县（区）档案馆和机关、团体、企业事业单位和其他组织开展监督检查，确保档案法落地见效。抽调市、县档案局、档案馆业务骨干组成评价组，开展2021年度河源市县级综合档案馆业务建设评价工作，对现场评价的情况进行汇总，形成评价意见和问题清单，督促各县（区）档案馆做好整改工作。全年，河源市开展档案监督检查102次。

【档案服务建设】 2021年，河源市各级档案局、档案馆发挥档案部门的积极主动性，利用红色档案服务庆祝中国共产党成立百年、党史学习教育，全面开展脱贫攻坚、疫情防控档案归集工作，开展重大事件、重要政务活动的声像档案拍摄录制工作，全面推进档案资源开发和档案服务利用工作，为服务河源市中心工作提供档案支撑。

庆祝中国共产党成立100周年、党史学习教育服务 市档案馆收集、整理中国共产党建立后河源地方党组织的重要档案史料，编纂3辑《中国共产党河源地方史重要文献选编》，为河源市党史学习教育提供本土红色教材。市、县档案馆利用红色档案举办“百年恰是风华正茂”“奋斗百年路·启航新征程”“档案话百年·记忆现今朝”“和平红色记忆”“百年恰是风华正茂·龙川县百年奋斗历程图片展”等展览，共接待党史学习教育团队163批次，参观达7830人次。

重点档案归集指导服务 全市档案局、档案馆开展脱贫攻坚和疫情防控档案的监督指导和接收工作。市档案局制发《河源市精准扶贫档案整理工作实施细则》《河源市疫情防控档案整理和移交工作指南》，联合市档案馆、市扶贫工作局、市卫生健康局开展现场督查，有效保障脱贫攻坚和疫情防控档案整理质量和整理效率。2021年，市、县两级档案馆完成脱贫攻坚和2020年度疫情防控档案的接收，共接收脱贫攻坚档案191867件、7855卷、47100张，疫情防控档案16346件、836张。

拍摄服务 市档案馆做好重大事件、重要政务活动的声像档案拍摄录制工作。2021年，累计派员拍摄活动730场次，整理归档数码照片7528张，剪辑制作视频96个小时，为记录建设幸福和谐美丽河源留存重要的声像档案。

档案资源开发和利用服务 市、县档案馆通过加大对到期档案接收进馆、红色档案征集、涉密档案解密、档案开放鉴定工作力度，优化馆藏结构，改善服务环境，提供优质高效的档案查阅利用服务。2021年，市、县综合档案馆共接收档案16751卷、1112178件，收集

2021年6月9日，国际档案日街头宣传活动 （市档案局 提供）

1921—1987年有关中共河源地方史档案文献资料1731件，对3724件涉密档案开展密级变更、解密工作，完成3521卷档案的开放鉴定工作，抢救重点档案117卷、5411页，接待社会各界查档人数和提供档案利用9687人次、19411卷（件）。

【档案信息化建设】 2021年，河源市市、县档案馆推进数字档案馆建设，各馆的数字档案资源进一步丰富。市档案馆及源城区、东源县、和平县、龙川县、紫金县档案馆将数字化资源与数字档案管理系统进行挂接，可通过数字档案管理系统实现查档、接收、编目、鉴定、划控、审核、辅助编研等档案管理工作。市档案馆建立档案信息资源共享平台，完成93家试点单位的推广应用。截至年底，市档案馆、源城区档案馆、东源县档案馆、和平县档案馆、龙川县档案馆、紫金县档案馆、连平县档案馆纸质档案数字化分别完成469万页、225.6万页、292.6万页、377万页、400万页、550万页、50万页。

【档案安全建设】 2021年，河源市档案局强化档案安全考核，将档案安全工作纳入平安河源建设考核内容，对各县（区）、市直单位档案安全工作进行考核，推动档案工作责任落实。制发《河源市机关企事业单位档案工作责任清单》，全面落实档案工作责任制，对机关、企事业单位档案工作实行清单化管理。 （杨 薇）

【河源市档案馆】 2021年，河源市档案馆围绕市委中心工作，以推动档案事业转型发展、高质量发展为主题，全面推进档案资源体系、利用体系、安全体系建设，各项工作取得显著成效。

主题档案展览 市档案馆坚持用好用活红色档案资源，把红色档案的开发利用与党性教育、“四史”（党史、新中国史、改革开放史、社会主义发展史）教育、革命传统教育和爱国主义教育结合起来，围绕服务庆祝中国共产党成立100周年和党史学习教育，举办“百年恰是风华正茂——主题档案文献展”和“奋斗百年路 启航新征程——河源百年党史重要档案文献展”，以展览的形式讲好百年来中国共产党人坚守初心使命的故事，解读百年大党何以风华正茂的成功密码和力量所在。展览共接待各县区领导班子、市直各单位参观团队150批次，累计接待参观人数6205人，成为河源市各级党组织开展党史学习教育的主要阵地。

档案资政服务 2021年，市档案馆联合市委党史研究室编纂《中国共产党河源地方史重要文献选编》（共3辑），收录的档案文献从不同角度记录和反映自1921年中国共产党成立至2021年河源地方党组织的重大活动、事件和重要人物等，全景呈现河源地方党组织的奋斗历程和光辉业绩，成为河源市党史学习教育本土红色教材。扎实推进重大战略、重大工程、重大活动等重点领域档案工作，做好脱贫攻坚和疫情防控两类档案的收集工作，全年，接收脱贫攻坚档案4860件、疫情防控工作档案3912件。

声像档案 市档案馆开展河源市重大事件、重要政务活动的现场拍摄录制工作，完成“2021年河源两会”“中共河源市委七届十二次全会”“河源市庆祝2021年中国农民丰收节”“广东省推进撂荒耕地复耕复种现场会”等重要政务活动和重大活动的拍摄录制工作。全年派员拍摄活动730场次，整理归档数码照片7528张，剪辑制作视频96小时，制作《市委重要政务活动剪影》《市政府重要政务活动剪影》，为记录河源经济社会发展留存重要的声像档案。

档案资源建设 市档案馆将党史学习教育与馆业务工作相融合，全方位、多层次地开展档案资源建设，持续加大红色档案的征集接收、抢救修复和整理保管工作力度，前往省档案馆和惠州、韶关以及河源市五县一区档案馆和史志部门收集相关档案文献资料，收集整理1921—1987年有关中共河源地方史档案文献资料共1731件。同时市档案馆广泛收集征集有地方特色、反映民风民俗、体现高质量发展成果的重大活动档案、专门档案、名人档案和客家文化档案，加大民生档案接收力度，优化馆藏结构和丰富馆藏档案资源，满足群众查档需要。2021年市档案馆接收文书档案10775卷、71307件。

档案保管利用 市档案馆推进“广东省区域性（河源）档案修裱中心”各项工作，科学制定国家重点档案抢救计划，承担起河源及周边地区档案馆的重点档案抢救修裱任务，全年累计抢救重点档案117卷、5411页。持续做好涉密档案管理，全年完成移交进馆3724件涉密档案密级变更、解密清理和涉密文件归档管理工作。依法加强档案开放鉴定力度，按照新修订《档案法》的要求，

2021年6月，河源市档案馆联合市委党史研究室编纂发行《中国共产党河源地方史重要文献选编》（共3辑） （市档案馆 提供）

分批次启动对自形成之日起满25年的馆藏档案开放鉴定工作，完成馆藏档案94个全宗3521卷档案开放鉴定。此外，市档案馆加强档案服务品牌建设，结合党史学习教育“我为群众办实事”活动，改善服务场所，创新服务形式，推出电话查档、节假日预约查档、利用成效回访等服务方式，为机关和社会人士编史修志、工作参考、解决纠纷、劳动保障等工作提供档案材料。2021年市档案馆累计接待社会各界查档人数3582人次，提供利用档案资料8689卷、3037件。

档案信息化建设 市档案馆持续推进河源市数字档案馆（室）二期项目建设，建成馆藏档案数据库及数字档案馆、数字档案室管理系统，完成93家试点单位系统推广工作及信息系统等保定级备案工作，完成馆藏纸质档案全文数字化469万页，逐步实现馆藏档案智能化管理。同时，创新电子文件归档和电子档案管理模式，通过市数字档案馆（室）管理系统构建起全市的数字档案管理体系，建立档案信息资源共享重要平台。截至2021年年底，完成90个全宗单位118699件、363.59吉字节电子文件接收进馆工作。各试点单位利用该系统和电子政务网络，建立起与档案馆在线的连接通道，为各单位和群众查阅利用档案提供便捷高效的服务。

档案安全管理 市档案馆履行档案安全管理职责，改善档案安全管理的设施设备，加强档案库房安全管理，建立健全人防、物防、技防三位一体的档案安全工作新格局。加强档案信息安全管理，规范开放档案和政府公开信息的审核，定期开展应急安全演练和安全专项督查，实地排查档案保管安全隐患，全面提升工作人员应急处置执行及协作能力，杜绝档案安全事故和失泄密事件的发生，确保档案绝对安全。 *（赖怡铖）*

报 刊

【《河源日报》】 2021年，河源日报社坚持以习近平新时代中国特色社会主义思想为指导，深入贯彻落实中共十九大和十九届历次全会精神，做好党的建设、新闻宣传、经营管理、改革创新等工作，完成各项工作目标任务。

主题宣传 策划“党旗正红——庆祝建党100周年”“百年征程 红动河源”“百年百镇行”“百年百校”“五城耀粤赣 融抱大湾区——走进多彩河源”等大型主题报道，推出庆祝中国共产党成立100周年主题版面300多个（包括大型成就性特刊），原创新闻报道1000多篇，推出河源市党史学习教育“红色薪火永相传”活动小程序、“红色精神微家书”等图解、动漫、H5、短视频、小程序等融媒产品超过200个，全网总阅读量超1亿人次，为全市庆祝中国共产党成立100周年活动营造浓厚氛围。

新闻品质 围绕市委2021年重点工作部署，以具体的项目建设为切入点，结合市委全会和市两会精神，阐述2021年河源市在交通设施、工业园区、重点项目、都市经济、商贸服务业等方面的具体部署和行动，展现河源发展活力，开启新的征程。围绕重要活动，全景式看发展。先后聚焦2021年春季重大项目集中动工活动、河源市2021年美丽乡村民宿招商推介会、河源市2021年电子信息产业招商推介会、东瑞公司上市、市委农村工作会议暨全市实施乡村振兴战略推进会、脱贫攻坚表彰会、水产业园规划发布、卓翼科技投产等，浓墨重彩推出重点报道，包括综述性报道、深度报道，全景式展现活动成果、发展亮点。

媒体融合 打造包括客户端、微信、网站、视频号等“报刊网端屏”全媒体传播平台，所有新媒体平台粉丝量300万+。由河源日报社运营的“河源发布”每月平均阅读量100万+，在全省政务微信排行榜中，居前十名，先后获广东省十大最具影响力政务微信、广东政务新媒体年度城市传播力奖、广东年度政务微信影响力人气奖、广东政务微信运营指数榜单前十等，连续多年入围全国两会南方号影响力排行榜15强。顺势布局短视频。2021年6月组建视频部，在运营《河源日报》视频号的基础上，2021年7月正式运营《河源日报》抖音号，推进视频内容持续化生产输出，提升视频新闻产品生产能力。

外宣工作 策划大型外宣活动，联动省内外媒体聚焦河源。在赣深高铁即将开通运营之际，河源日报社与深圳报业集团、赣南日报社、东莞报业传媒集团、惠州报业传媒集团创新性共建赣深高铁五城党媒战略合作关系，自筹经费50万元，争取到将“五城耀粤赣 融抱大湾区”大型联合采访活动首站放在河源举行。高铁开通期间，近20家粤赣两省主流媒体走进多彩河源，聚焦历史文化、红色文化、全域旅游、产业发展、乡村振兴等，综合利用文字、图片、H5、短视频、直播等全媒体形式，在报纸、客户端、微信等平台持续推出丰富的报道，共计刊发宣传河源的全媒体产品300多件。坚持向“学习强国”“南方+”“网易”“今日头条”等平台供稿，讲好河源故事，展示河源形象，推介河源环境。全年在“学习强国”发布文章、图集、视频725篇（个）；向“南方+”平台供稿3300多篇，其中在首页上推送的文章有近百篇；加大与“今日头条”合作力度，该平台全年共选用报社推送消息1000多条，总阅读量超过千万人次。

业务经营 河源日报社优化经营方式，推进市场开发和经营创收，基本实现预期营收目标。加强经营业态由平面广告向视频等新媒体的转型，成立创意视觉部，加强视频产品生产。加强客户新闻服务意识，强化宣传服务工作。不断开拓新的客户和经营领域。

基础建设 通过“引进一批”“培养一批”“提拔一批”的方式，培养选拔德才兼备、忠诚干净担当的高素质人才，人才队伍更加优化、合理。顺应新时代传播形势的发展，完成河源市政府新闻发布厅建设，丰富河源市发布载体。 *（吴俊杰　黄小星）*

【《河源晚报》】 宣传报道 2021年，河源晚报社精心策划组织庆祝中国共产党成立100周年主题报道。开设《奋斗百年路 启航新征程》大栏目，做好《百年征程 红色河源》《寻访“红色记忆”》《沿着高速看河源》等子栏目的宣传报道，为河源市庆祝中国共产党成立100周年营造舆论氛围。做好中共十九届六中全会精神的宣传报道。开设“学习贯彻中共十九届六中全会精神”专题专栏，多角度阐释、深层次解读全会精神，迅速形成规模、形成声势，营造学习宣传贯彻全会精神氛围。做好中共河源市第八次代表大会、市委八届二次全会精神的宣传报道。开设“贯彻落实市第八次党代会精神”专栏宣传报道，全面宣传未来五年河源市经济社会发展目标和新一届市委领导班子就如何加快高质量发展的新思路、新举措；宣传报道各级各部门以贯彻党代会精神为动力，大干当前，谋划今后五年奋斗目标举措。做好河源市党史学习教育活动的宣传报道。开设《学党史 悟思想 办实事 开新局》《党史小故事》等子栏目的宣传报道。《河源：以党史学习教育成果解百姓“急难愁盼”》《河源青年探访老党员，听故事、学党史》等一大批稿件被“学习强国”广东学习平台首页推荐。2021年，有300多篇稿件被“学习强国”广东学习平台采用。做好乡村振兴系列报道，深入农村基层用镜头、用文字讲好河源市乡村振兴工作故事。推出“河源古竹：荔枝红了，农民笑了！品种改良让荔农尝到甜头”“河源柘陂村：以产业融合促发展，村民迈向小康快车道”等一批高质量的宣传报道。做好河源市创建文明城市宣传报道。

平台建设 完成《河源晚报·教育周刊》扩容提质和数字化平台建设。将《教育周刊》更名为《新少年》，投入近10万元建设《新少年》公众号和数字报，《新少年》发行量、影响力都得到提升。添置必要的融媒体设备。相继投入10多万元购买摄影、摄像、电脑等设备，为制作融媒产品提供设备支持。精心制作晚报视频号、抖音号、现场云直播等平台作品。2021年，报社围绕中国共产党成立百年推出一批有特色、有亮点的短视频，23个原创“党史小故事”短视频，全平台累计播放量50万+。全平台阅读量超100万人次的作品有4个，6月30日推出的《庆祝建党100周年，河源街头气氛热烈、风景如画》视频产品，成为“七一”期间的爆款产品，总播放量252.1万；国庆推出的《新中国72岁华诞·河源祝福祖国》短视频，各平台总播放量15万+。

意识形态工作 严格落实意识形态工作责任制。把意识形态工作纳入报社总体工作一起部署、一起谋划、一起落实、一起考核，坚持每月召开意识形态工作专题研究会，及时研判意识形态安全、网络安全方面存在的问题，做好风险隐患排查防范。落实网络安全责任制，严格执行24小时专班制度，完善工作日志台账，及时发现并处置2021年7月份网络受攻击事件。加强内容把关，全平台严格执行“三审三校”制度，对重要稿件、视频，主要领导亲自审核，领导班子成员带班审读。举行意识形态安全应急演练。2021年，举行2次意识形态安全应急演练，提升应对突发意识形态安全事件的能力。

经营情况 开拓经营市场，加大发行工作力度。2021年下半年，《新少年》发行数量近7万份，比上年增加近1万份。加强活动策划。2021年，报社完成“高考爱心直通车”“文明交通零违法”“网络安全宣传周”“南国书香节”“‘学习强国’学习平台推广”等品牌活动；策划“河源首届少儿才艺大赛”及“我为群众办实事·2021社区公益行”等系列活动。巩固与市直机关事业单位的合作。特别是与深河指挥部的合作。探索团队化运营模式。视频团队、主播团队、舆情团队等3个团队实现经营收入78万元。是年，报社经济总收入为1457万元，比上年增加85万元，增长6.1%。

队伍建设 报社首次拿出编制公开招聘4名全日制本科生和2名本科应届毕业生。鼓励员工提升学历。报社制定《河源晚报社激励在岗人员积极参加专业技能培训、提升学历、职称评审制度》。

（黄向民）

【《河源乡情报》】 2021年，河源乡情报社围绕中心、服务大局，坚守主阵地、弘扬主旋律，在主题宣传、融合发展、队伍建设等方面进行探索，开展工作。

意识形态工作 报社重视意识形态工作，明确班子成员“一岗双责”的责任和要求，把意识形态工作纳入党建工作责任制和年度内部管理考核内容，要求全体党员干部职工要准确把握当前意识形态领域形势，防范和处理好意识形态领域各种问题，增强做好意识形态工作的自觉性、坚定性，以高度的政治敏锐性和强烈的政治责任感，做好意识形态领域工作。每月开展意识形态分析研判，每周强调意识形态工作重要性，推动意识形态工作落地见效。

主题宣传及外宣工作 2021年3月后，报社围绕“礼赞建党百年”主题，结合河源市开展党史学习教育的部署安排，开辟“百年征程 红动河源”专栏，向海内外讲好河源红色故事，宣传好党的百年光辉历程中的河源元素、河源贡献，展现在中国共产党领导下河源的新发展、新变化、新成就；策划推出《红心向党·礼赞百年——河源外事大事记》系列报道，向海内外展示河源建市后外事工作的成就；组织采访在党50年老党员，聆听老党员讲述回忆为国家建设和社会进步付出热血、挥洒汗水的在党岁月。促进融媒发展，打造外宣平台。报社作为河源市重要外宣平台，围绕河源市中心工作，在2021年度策划一系列宣传报道专题，为讲好河源故事、传递河源声音、展现河源风采，引导国际社会更好地认识河源、读懂河源贡献应有的力量。报社利用全媒体平台，转发中央、省、市疫情防控权威消息，全年各平台刊发消息86篇；公益广告

1200多篇。同时与市委外办合作推出《领保伴你行》专栏，对世界各国的疫情防控消息及各领事馆安全提醒消息进行实时播报，提醒在外公民注意防范。2021年，全媒体平台共宣传报道相关领保知识、新闻及疫情防控宣传169期。围绕河源市党代会、两会、高铁开通、深河医院开业等重要节点，推出“河源出发：和你一起乘高铁”等一系列新媒体产品。

经营效益 2021年，报社与相关部门合作宣传，推出多个精品专题报道和媒体产品。与深河指挥部、市委宣传部合作编撰《深圳对口帮扶河源 帮扶干部人物志》；与市创森办、市林业局合作编撰《河源古树名木》；与市生态环境局合作编撰内部刊物《河源生态环境》（4期）；与市府办合作完成《政策图解》（5篇）工作；与市消防救援支队合作举办119消防宣传月启动仪式及颁奖晚会；与相关单位共同策划宣传全民国家安全教育日等等，提高社会效益和经济效益。（朱锦初）

网络媒体

【源河客户端】 河源日报社移动互联网传播平台源河客户端，是河源市委、市政府权威信息发布的移动媒体平台，于2016年11月30日正式上线。源河客户端设有首页、视频、互动、本地等板块，设置推荐、读报、学习、专题、热点、财经、教育等频道，及时传递党委、政府权威声音，为广大市民提供“与你相关”的新闻、服务、互动、生活等资讯服务。截至2021年12月，源河新闻客户端累计装机量近10万人次，月平均发稿量超过600篇，成为河源政务发布新平台、对外宣传新窗口、媒体融合新力量。

2021年，源河新闻客户端围绕市委、市政府中心工作和“融湾”“融深”建设，加大对庆祝中国共产党成立100周年、党史学习教育、创建全国文明城市等的报道力度，推出“党旗正红——庆祝建党100周年”“百年征程红动河源”“百年百镇行”“百年百校”“五城耀粤赣 融抱大湾区——走进多彩河源”等系列重磅专题报道，发布稿件数量超过2000篇。在疫情防控关键时期，源河客户端发力疫情防控报道，持续3个多月坚持24小时实时发布，每日平均发布稿件20篇，日平均阅读量超过3万人次。其中，阅读量10万+的文章有5篇。此外，平台还推出系列新媒体产品，包括H5、海报、动漫、视觉新闻等。“云祭扫”、微家书、“创文”曝光台等，受到广泛关注。

（吴俊杰　黄小星）

【河源晚报社旗下媒体平台】 河源晚报社1995年1月成立，是河源市三大主流媒体之一。2021年，河源晚报社拥有《河源晚报》《新少年》、“万绿湖FM”App客户端、河源新闻网、河源晚报微信公众号、“河源新少年”微信公众号、河源晚报抖音号、腾讯视频号、微博、户外阅报栏等平台。《河源晚报》周一至周五出版，《新少年》每周出版1期（暑假、寒假休刊），其他平台全天候推送、播报。（黄向民）

【河源网络广播电视台】 河源网络广播电视台于2013年9月投入运营，是河源广播电视台下属分支机构。2021年，河源网络广播电视台拥有“智慧河源”App、PC端网站、新浪腾讯官方微博以及官方微信等“三微（微信、微博、微视频）两端”、官方抖音号等新媒体平台；总用户及粉丝数超过64万名，网站及App等新媒体平台总访问量超18亿人次。

“智慧河源”App是经市委、市政府立项，河源广播电视台打造的移动客户端，于2016年6月1日正式上线，定位于城市综合服务，在线提供便民服务，下载用户量30多万户，日均活跃量5万户左右。（胡　萍）

卫生健康

【概况】 2021年，河源市有卫生机构2116个，其中医院类机构69个、基层医疗机构1996个；有床位20429张，其中医院类机构床位2122张、基层医疗机构床位5041张，全市每千常住人口床位数7.19张；卫生机构在岗职工26213人，其中卫生技术人员21484人，含执业（助理）医师7134人、注册护士10101人，全市每千常住人口执业（助理）医师数、注册护士数分别为2.51人、3.56人。全市诊疗量1452.24万人次，出院量42.18万人次。出生人口21935人，出生人口性别比118.91（女性为100），出生率7.74‰，自然增长率2.12‰。

【常态化疫情防控有力有效】 2021年，面对严峻复杂的新冠肺炎疫情形势，河源市坚持把人民群众生命安全和身体健康放在首位，坚持“外防输入、内防反弹”总策略和“动态清零”总方针，做好疫情分析研判、专业指导、流行病学调查、健康教育、核酸检测和疫苗接种等工作，取得阶段性成果，未出现本土病例。推进新冠病毒核酸检测能力建设，全市有具备检测能力的新冠核酸检测机构38家，检测人员250人，单日最大检测能力6万管。落实重点人群免疫保障，截至2021年12月31日，全市累计接种新冠病毒疫苗493.47万剂次，累计接种239.86人，全人群接种覆盖率84.52%，全程接种率79.17%，无严重不良反应和群体性不良反应发生。

【医改工作深化】 **加快推进公立医院改革** 2021年，河源市加快推进公立医院改革，以市人民医院为试点，在全市二级以上公立医院推行现代医院管理制度改革，逐步建立完善相关体制机制，医院管理规范化、精细化、科学化水平明显提升，医疗服务质量和服务能力提高。

深化药品耗材集中采购制度改革和

全面医保制度改革 加大药品耗材集采力度，加强集采管理，全市有167家医疗机构（含31家非公立医疗机构）加入药品跨区域联合集中采购，有药品配送企业52家，有效订单5.18亿元，节省采购费用2.97亿元。健全全民医保制度，新增河源市民保，市民市内外就医均可带病参保，重大疾病群体、困难群体大病费用分段报销比例增长到60%至95%，医疗救助比例增长到80%以上。

大力宣传河源医改成效 河源市卫生健康局与《河源日报》社签订合作协议，开设卫健之窗专栏宣传河源市医改成效，累计报道15篇，其中5篇被“学习强国”采纳，全年在中央和省级、市级各类媒体宣传报道医改工作75篇，营造良好的医改工作氛围。医共体建设成效显著，河源市及和平县分别被省通报表扬为全省医共体建设工作成效明显的四个地市之一、七个县域之一。和平县紧密型县域医共体试点入选“中国改革2021年度地方全面深化改革典型案例”，是广东省唯一一个入围的医改典型案例。

【医疗卫生服务能力持续提升】

市级龙头医院做大做强 河源市人民医院被列入全省高水平医院建设名单，并于2021年4月与省人民医院签订帮扶协议，加挂“广东省人民医院河源医院”牌子，省人民医院的首批专家团队入驻，开展“医、教、研、管”全方位指导。由深圳市投资16亿元援建，与暨南大学合作运营的深河人民医院于2021年12月29日正式开业运营，暨南大学首批平移专家团队38人、行政管理团队5人、医疗护理专家团队31人、招录人员458人全面入驻医院。市中医院成立“骨伤诊疗中心”“中医正骨中心”“中西医结合康复中心”3个市级区域诊疗中心。

中医药事业不断深化 2021年，河源市推进中医药事业发展。加快推进中医院重点项目建设，河源市中医院二期内科大楼主体工程完工；紫金县中医院二期项目建成使用，连平县中医院异地新建项目基本完成，龙川县中医院参与创建“三甲”中医医院。紫金县、连平县、龙川县成功创建全国基层中医药工作先进单位。持续提升基层中医药服务能力，河源市中医院与广东省第二中医院开展技术合作，成为广东省第二中医院中医住院医师规范化培训基地协同单位，建成“非物质文化遗产传承实践基地”2个、“名医工作室”4间；河源市妇幼保健院与广东省中医院结成协作医院。深入推进基层中医药适宜技术推广，组织培训21次，覆盖921人次。成立中医药防治专班，全程参与新冠肺炎防治，保障集中隔离人员及时服用“粤抗一号”方等中药，全年发放中药3183剂次，约300人次服用，做到“应服尽服”。

卫生健康人才队伍壮大 2021年，河源市继续实施“医疗卫生创优”工程，奖励全市高层次卫生专业技术人才，营造鼓励创新、创先争优的人才发展环境，市直医疗机构引进（含柔性引进）博士研究生8名、硕士研究生49名、正高级职称人员9名、副高级职称人员17名。推进卫生人才“组团式”紧密型帮扶工作，河源市人民医院对口支援东源县人民医院、东源县第二人民医院、连平县第二人民医院，深圳市人民医院、北京大学深圳医院、深圳市中医院、深圳市宝安中医院、深圳市第二人民医院、广州中医药大学第一附属医院6家“三甲”医院“组团式”紧密型帮扶河源市8家县级医院，开展技术柔性支持，实现“三甲”公立医院医疗资源下沉，精准提升受援医院服务能力。

强基工程项目建设加快推进 持续实施基层医疗卫生服务能力提升工程，8家县级公立医院、3家中心卫生院升级改造完成并投入使用，1206间村卫生站规范化建设全面完成，5个县级急救医疗体系标准化建设项目建成使用；全市基层医疗机构床位数增加一倍，业务用房和设备配置等基本达到国家最新要求。市直卫生健康系统5个补短板项目建设稳步推进，市疾控中心、市公共卫生医学中心新建项目工程勘察和环评工作基本完成，工程设计方案报送审批；市妇女儿童医疗中心新建项目、市精卫中心二期项目完成初步规划设计；市人民医院三期（综合大楼）项目完成项目立项。

远程医疗信息化建设稳步实施 推进“互联网+医疗健康”便民惠民服务改革，市人民医院和全市90%的二级医院建成医院服务号，可提供智能预约挂号、导医分诊、检查检验结果查询、取药配送、移动支付、报告查询等服务，实现“一键诊疗”，基本建成河源市区域全民健康信息综合管理平台，社保卡实现电子支付，微信挂号实现在线诊查费自动直接报销。全市所有乡镇卫生院均接入广东省全民健康信息综合管理平台，市人民医院、市中医院、市妇幼保健院成功与省远程医疗平台对接，病案数据、影像信息与省平台内的84家医疗机构（其中三级医院29家）实现互联互通，各级医疗机构之间可通过线上进行视频会议、远程会诊、方案共享。

【公共卫生服务综合能力显著增强】

基本公共卫生服务项目扎实开展 2021年，河源市人均基本公共卫生服务经费补助标准提高到79元。联合市财政局对五县二区开展市级基本公卫绩效考核工作，采取线上线下相结合方式，开展基本公卫服务项目和“优质服务基层行”活动培训，组织市级专家团队深入基层卫生机构开展培训、带教、坐诊等指导工作，引导基层卫生机构推行医防融合管理和家庭医生签约服务，提升基本公共卫生服务水平。河源市参加首届广东省基本公共卫生服务职业技能竞赛并取得第12名和“团体优秀奖”。

疾病预防控制工作平稳推进 2021年，河源市报告法定传染病22种，报告传染病总发病率1063.40/10万、死亡率3.63/10万,其中无甲类传染病报告，乙类传染病发病率362.16/10万、死亡率3.63/10万，丙类的发病率701.24/10万，死亡率为零。40种法定报告传染病中有

18种报告数为零。以乡镇（街道）为单位，适龄儿童国家免疫规划、疫苗接种率均达95%以上，慢性非传染性疾病防控工作稳步开展，严重精神障碍患者管治工作综合排名全省第二，结核病防治工作进步显著，各项指标基本达到省的要求，艾滋病得到有效遏制，一直处于低流行水平，地方病、寄生虫病防治成果得到巩固，健康监测工作全面铺开，流感病毒、诺如病毒、鼻病毒等引起的聚集性疫情均能快速、科学、有效处置并得到及时有效控制。

爱国卫生运动广泛开展 2021年，河源市通过组织开展爱国卫生专项行动、新冠肺炎疫情防控爱国卫生专项行动、第33个爱国卫生月活动、病媒生物防制统一行动等爱国卫生运动，巩固全国卫生城市成果，全年创建“广东省卫生县”5个、“广东省卫生镇”10个、“广东省卫生村”624个、“河源市卫生镇”38个、“河源市卫生村”632个，并以全省第二名的历史最好成绩，通过国家卫生城市复审。

【全生命周期健康服务持续推进】 妇幼健康工作持续强化 2021年，河源市为全市孕产妇进行唐氏综合征筛查18961人，地中海贫血筛查23159人、严重致死致残结构畸形筛查17992人，新生儿遗传代谢性疾病筛查（含甲状腺功能减低症、G6PD缺乏症、苯丙酮尿症、先天性肾上腺皮质增生症筛查）24811人，新生儿听力筛查29368人。全市开展“两癌”免费筛查，完成宫颈癌筛查56769例、乳腺癌筛查53692例（发现癌症及癌前病变214人）。

促进人口与家庭发展 2021年，河源市加强人口监测，提高核实人口数据质量，确保人口信息及时、全面和准确。开展《中共中央 国务院关于优化生育政策促进人口长期均衡发展的决定》宣传，落实《广东省人民代表大会常务委员会关于修改〈广东省人口与计划生育条例〉的决定》，做好三孩生育政策实施前后奖励扶助和制约处罚措施的衔接。全市“一孩”出生8250人，占比37.61%；“二孩”8287人，占比37.78%；“三孩及以上”5398人，占比24.61%。严格按照标准核实“四项奖扶”（农村部分计划生育家庭奖励、计划生育家庭特别扶助、城镇独生子女父母计划生育奖励、农村计划生育节育奖励）对象，按规定及时、足额、公开发放计划生育奖励扶助金，全市有24423人纳入奖扶范围，奖励扶助2898万元。

职业健康工作不断加强 2021年，河源市基本建成以市职业病防治院为重点，各县区疾控中心为基础的市、县两级职业病防治技术网络体系。有职业病诊断资质的机构1家（河源市职业病防治院），职业健康检查机构3家，各县区指定一间综合性或专科医疗机构、临床医院开展职业健康检查技术服务。全市有序推进职业健康核心指标常规监测，完成职业健康检查人数为27450人，上传个案数27420例，全市个案上传率99.9%。河源市强化职业健康监管执法，开展石英砂行业专项整治、乙酸甲酯危害专项整治工作，针对矿山、冶金、建材等重点行业开展尘毒危害专项治理。2021年度全市卫生监督机构开展职业卫生现场检查425家，下发意见书623份，实施行政处罚46件，罚款37.9005万元，简易程序案件3件。

老龄健康工作扎实有效 2021年，河源市继续扩大“银龄安康行动”覆盖面，全市老年人参保人数39.3万人，其中统保参保人数36.6万人，自付费参保人数2.7万人，自付费覆盖率4.9%，累计总体覆盖率71.4%；理赔323.6万元，理赔5015人次（不含社保局取数直赔部分）服务1310个村居，服务群众超39万人次。源城区埔前镇陂角村和江东新区东环学府社区成功创建全国示范性老年友好型社区；连平县中医院医养中心以集中供养，为入住失能五保老人提供医疗、护理、康复、养老一体化服务模式受到省卫健委好评，并在2021年全省医养结合工作现场会上作经验介绍发言。

（李晓静）

医疗保障工作

【概况】 2021年，河源市医疗保险参保人员309.99万人，医疗保险收入396334万元，支出407914万元，全年基本医疗统筹基金平稳运行。

【医疗保险基金平稳运行】 截至2021年12月31日，河源市医疗保险参保人员309.99万人，其中城镇职工基本医疗保险、生育保险和城乡居民基本医疗保险参保人数分别为43.52万人、40.81万人和266.47万人，比上年分别增长14.23%、24.34%和–1.32%；享受待遇人数分别为15.77万人、1.98万人和71.58万人。全年基本医疗统筹基金平稳运行，期初余额303421万元，收入396334万元，支出407914万元，当年收支结余–11580万元（缺口主要是支付疫苗及接种费用、核酸检测费用，滚存结余291841万元）。

城乡居民基本医疗保险 2021年期初余额193764万元，全年累计收入234581万元，完成年初预算252026万元的93.08%，全年支出268672万元，完成年初预算278316万元的96.53%，当期收支结余–34090万元，期末滚存结余159673万元，可支付月份7.5个月。

职工基本医疗保险 2021年期初余额109657万元，全年累计收入161753万元，完成年初预算147115万元的109.95%，全年累计支出139243万元，完成年初预算138279万元的100.7%，当期收支结余22510万元，期末滚存结余132167万元，可支付月份11.7个月。清理所属期应付未付个账注资款11804万元，及可支付月数为10.7个月。

【疫情防控安全保障】 2021年，河源市医疗保障系统夯实疫情防治“医保后盾”，在医保基金中上划4.08亿元用于新冠疫苗接种费用，实现“钱等苗”的目标。聚焦重大民生政策，落实预付机制，继续实施阶段性降费政策，除河源市机关事业单位、社会团体外，其他用人单位阶段性降费政策继续执行城镇职工医保单位缴费费率下降1%的降费政策至2021年12月31日，支持企业发展。发挥职能支持“联防联控”。组织全市医保定点药店开展购买感冒发热药品实名登记，织密联防联控网。制定核酸和抗体检测价格，落实新冠肺炎核酸检测试剂集中采购以及新冠疫苗注射器专项采购工作，并将核酸检测费用纳入医保支付，配合做好应检尽检防控工作。划出医保服务“安全距离”。疫情期间推行“网上办”“电话办”“邮寄办”等非接触式办理方式，将医保门诊特定病种处方用量延长至3个月，减少患者到医院配药次数和交叉感染风险。2021年，市内医保结算1849717人次，结算金额450901.69万元；省内异地医保结算103671人次，结算金额158814.61万元。

2021年7月28日，河源市区域点数法总额预算和按病种分值付费培训暨评议组织工作会议召开
（市医疗保障局 提供）

【深化医疗保障支付方式改革】 2021年，河源市医疗保障系统印发区域点数法总额预算和按病种分值付费（DIP）结算办法，拟定加成系数、辅助目录设置规则等政策，完成DIP付费国家试点改革。进行医共体建设，印发紧密型医共体医保支付方式综合改革试点实施细则，建立健全考评激励机制，评估结果与结余留用机制挂钩；对医共体实施总体付费，完成和平县医共体省级试点改革。参照国家技术规范成组标准，考虑中医操作与诊断的关系，以诊断编码进行聚类形成8个中医操作综合病种，完成中医病种支付改革。

【规范药品耗材目录管理】 2021年，河源市医疗保障系统落实国家组织药品耗材集中采购工作。推进国家集采5批次药品共218个品种和1批医用耗材的落地采购工作。2021年各批次国家组织药品集中带量采购，河源市共节省药品和耗材费用支出约2.97亿元，综合降幅为82.05%。推进药品、耗材带量采购的常态化。做好人工晶状体、冠状动脉球囊扩张导管类医用耗材、新型冠状病毒核酸检测相关医用耗材、新冠病毒疫苗接种注射器、超声刀、人工关节等药品耗材的带量采购工作。全年节省药品费用约1.26亿元，综合降幅为20.82%。推动结余留用政策见效落地。牵头草拟《河源市关于国家和省组织药品集中采购工作中医保资金结余留用实施细则》。对河源市开展国家组织药品集中采购和使用试点扩围工作中有采购任务的109家定点医疗机构进行考核，并按规定向考核合格医疗机构拨付结余留用金额228万元。调整医疗服务项目价格。经过成本监审（测算）、专家论证、公开征求意见、集体研究、合法性审查，开展社会风险评估后。2021年12月7日，经市政府同意，《关于理顺〈河源市公立医疗机构医疗服务项目价格（2021年版）〉有关事项的通知》正式印发实施。

【医保基金监督】 2021年，河源市医疗保障系统加强医保基金行政执法监督。成立河源市医疗保障局行政处罚案件审核委员会，对河源辖区内立案查处的重大行政处罚案件进行集体审核。开展医保基金专项检查和省级交叉检查。专项检查辖区内32家定点医疗机构，核定违规医保基金总金额为2239.64万元。截至12月31日，完成退款的医院有20家，退还医保基金525.07万元。代表省医保局组队到珠海市开展飞行检查，查处医院3家，核定违规医保基金2756.65万元。做好医保基金监管专项治理省级交叉检查发现问题后续整改工作。及时追回违规使用的医保基金249.33万元，针对同类问题举一反三开展筛查复查，同时加强长效机制建设，避免同类问题再次发生。加快完成2020年医保基金专项审计反馈问题剩余问题整改。截至2021年12月31日，完成整改的事项有36项，完成部分整改的2项，整改完成率95%，总计追回资金6781.42万元。加大对违法违规使用医保基金案件曝光力度。促进案件查办规范化、案件曝光常态化、警示教育经常化。曝光违法违规使用医保基金案例3件。

【城乡居民基本医疗保险征缴工作稳步推进】 2021年，河源市医疗保障系统利用电视、公告、宣传单张、媒体等方式做好城乡居民医保征缴宣传工作。通过进农村、进社区、进医院、进小区、进公共场所宣传，提高知晓率，扩大覆盖面。采用市医疗保障局成立征缴工作专班，设置6个督导组，实行局领导包县督导，及时深入各县、镇、村了解征缴工作进展情况、存在的问题，督促推进参保工作有序开展。是年，河源市参加城乡居民医保缴费人数为266.47万人。

【医疗保障经办服务体系建设】2021年，河源市医保经办系统于3月18日从社保部门全面承接医保经办业务后，全面加快医保经办机构行风建设和标准化建设，建立完善全市统一的经办项目、经办标准、经办规程等经办管理体系。优化门诊异地就医服务。扩大包括门诊医疗费用在内的异地就医直接结算服务覆盖面。重点推进省内异地就医生育保险医疗费用直接结算。加强异地就医服务管理，提升备案审核效率。推动跨省通办、省内通办，推动医保服务便捷高效。加强医保行风建设和问题整改。通过上门督导、人员培训、规范标准、项目支持等方式，加强县镇（街）医保经办机构行风建设及问题整改工作的指导。规范经办大厅设置与服务，畅通政务服务便民热线，落实全市统一的经办服务规程。加大经办业务培训力度。全面推进群众“少跑腿”，数据“多跑路”。在政务服务平台上线33项公共服务事项。开通43项医保公共服务项目对接“国家医保”App、粤省事、粤医保的医保服务项目，印制发放60万张“便民医保”联系卡和制作悬挂5000个“便民医保”指引。

【医保领域民生改革任务稳步落实】2021年，河源市医疗保障系统推动国家区域点数法总额预算和按病种分值付费（DIP）试点城市工作。这项国家试点工作广东省内仅有广州、深圳、珠海、汕头、河源5市。DIP改革工作于12月15日实现付费结算。拓展门诊特定病种保障。将门诊特定病种从28类增加到52类。提高门特保障水平，减轻患者的负担。推进医共体付费改革。指导河源市和平县制定紧密型医共体医保支付方式综合改革试点实施细则、绩效考核等政策。通过对医共体基础数据、家庭医生服务质量指标，防止出现虹吸现象、建立双向转诊等项目实施考评，确定评估结果，落实医保基金“总额付费、结余留用、合理超支分担”的医保支付方式。此项改革被纳入2021年市委重点改革工作。推进河源市首席数据官制度试点工作。河源市医疗保障局是市直行政单位5个试点之一。做好个人参保信息授权查询和使用试点工作，将试点工作方案报国家医保局审批。河源市是此项试点工作的全国12个试点地区之一，也是广东省唯一试点地区。

【医疗保障信息化建设】 2021年3月18日，河源市医疗保障局举行国家医疗保障信息平台河源上线暨医保经办工作职责交接仪式。国家医疗保障信息平台在河源市正式上线运行。9月30日，河源市实现跨省异地就医普通门诊直接联网结算。

（卓玉灵）

卫生监督

【概况】2021年，河源市各级卫生监督机构做好新冠肺炎疫情防控各项工作，严厉打击违法违规公共卫生行为，查处医疗卫生行业案件375件，简易程序案件284件，普通程序案件91件，累计罚款118.62万元，没收违法所得1.77万元。

【新冠肺炎疫情防控】 加强集中隔离场所疫情防控卫生监督 2021年，河源市卫生监督部门严格落实新冠肺炎疫情防控工作，多次对河源市使用的9间集中隔离场所进行全面卫生监督检查，出动检查人员210人次，检查集中隔离场所40间次和备用储备隔离场所60间次，发出责令整改卫生监督意见书15份，责令暂时停止集中隔离场所5间，严防疫情感染风险。

开展预防接种单位卫生监督 全面开展医疗机构预防接种场所和临时接种点的卫生监督检查，出动检查人员80人次，检查医疗机构预防接种场所20间和临时接种点2间，督促整改完善预防接种各项工作，确保预防接种安全。

全面排查发热门诊（诊室）疫情防控工作 加强疫情防控“哨点”监测工作，开展发热门诊（诊室）专项卫生监督，出动检查人员125人次，检查医疗机构发热门诊（诊室）30间次，监督指导医疗机构整改完善，落实“早发现、早报告、早隔离、早治疗”，确保疫情筛查、医疗救治工作有序开展。

全面加强基层医疗机构预检分诊“哨点”筛查卫生监督 开展民营医院、诊所、门诊部、卫生院、卫生站等无发热诊室的基层医疗机构监督检查，监督指导医疗机构整改完善，出动检查人员200人次，检查医疗机构260间次，发出卫生监督意见书110份，当场警告医疗机构6间，停止相关诊疗活动医疗机构6间。

强化医疗机构院感管理卫生监督 印发《关于进一步加强医疗机构感染防控管理工作的通知》，全面开展市管医疗机构院感防控管理卫生监督检查，出动检查人员120人次，检查医疗机构45间，督促医疗机构完善院感组织架构、督导制度、培训、督导等工作，严防院感事件发生。

加强中医医疗机构监督检查 协助市中医药管理局、市卫生健康局开展全市中医专项监督检查，出动检查人员46人次，检查中医医疗机构12间次，责令停业整顿中医医疗机构3间，责令暂时停止发热门诊诊疗活动中医院5间，发出卫生监督意见书8份，督促完善疫情防控各项工作落实，确保中医医疗机构疫情防控安全。

开展公共场所卫生监督检查 对人员相对集中的重点公共场所（车站、商场、旅游景点、住宿场所、影剧院等）进行重点检查和监督巡查，检查30间（其中公共场所26间，集中供水4间），发出卫生监督意见书46份，出动卫生监督人员125人次。

开展省督导单位回头查检查工作 对广东省新冠肺炎疫情防控指挥办抽查的源城区、龙川县6家（其中源城区4家，龙川县2家）密闭通风不良场所疫情防控常态化问题整改落实情况进行“回头看”检查，执法人员现场指出存在的问题，提出具体的整改措施并发放卫生监督意见书6份，责令相关单位限期整改落实。

加强县区疫情防控督导 市卫生监督所先后二十多次组织和配合省卫生健康委、省卫生监督所、市委督查室到各县区开展疫情防控督导工作，共派出卫生监督员66人次，检查定点收治医院、集中隔离点、工矿企业、社区小区、学校以及车站、商场、酒店、药店、交通防疫点等重点场所135间次，发出卫生监督意见书22份，指导并督促县区相关单位按照工作指引做好疫情防控工作，落实疫情防控措施。

【“双随机、一公开”随机监督】2021年5月，国家下发双随机任务后，河源市卫生监督所组织协助市卫生健康局下发实施方案，组织全市卫生监督机构落实监督工作。2021年度国家级双随机任务755件，截至11月13日，全市双随机任务完结率100%，提前半个月完成任务。本年度国家双随机任务中有30家单位因停止经营而关闭，监督完成率96.42%，实施行政处罚案件42件。本年度市级职业卫生双随机任务108宗，于11月30日前全面完成监督任务。

【以案促管工作】2021年，河源市各级卫生监督机构查处医疗卫生行业案件375件（医疗卫生60件、传染病防治46件、职业卫生44件、放射诊疗21件、公共场所193件、学校卫生8件、生活饮用水2件、消毒产品1件），简易程序案件284件，普通程序案件91件，累计罚款118.62万元，没收违法所得11次累计没收1.77万元，没收非法财物6次，移送司法机关2次，通过加大处罚力度，严厉打击违法违规公共卫生行为，维护良好公共卫生市场秩序。

【职业卫生监督执法】2021年，河源市对职业卫生实施分级分类管理。年初组织县区完成对全市415家申报用人单位的分级分类管理，并将分类情况报省卫生监督所，逐步完善分类分级管理工作机制。加强职业卫生执法的市县联动。全市查处职业卫生案件44件，罚款37万元。结合疫情防控、复工复产、卫生监督稽查等工作，市卫生监督所组织市县开展执法联动，发现问题及时移交县区案件线索查处，通过执法联动查处职业卫生违法案件4件，罚款15.9万元。及时化解风险隐患。协助市卫生健康局及时介入3起劳资职业病诊断异议纠纷，公平公开开展调处工作。对发现疑似职业病的企业单位及时进行现场检查，消除风险隐患。加强职业卫生培训工作，组织监督员培训，全市职业卫生监督员人均培训次数超过6次，对6个县区700多家企业的1200名负责人或管理人员进行培训，强化企业职业病防治主体责任意识，提高全市职业危害申报率。

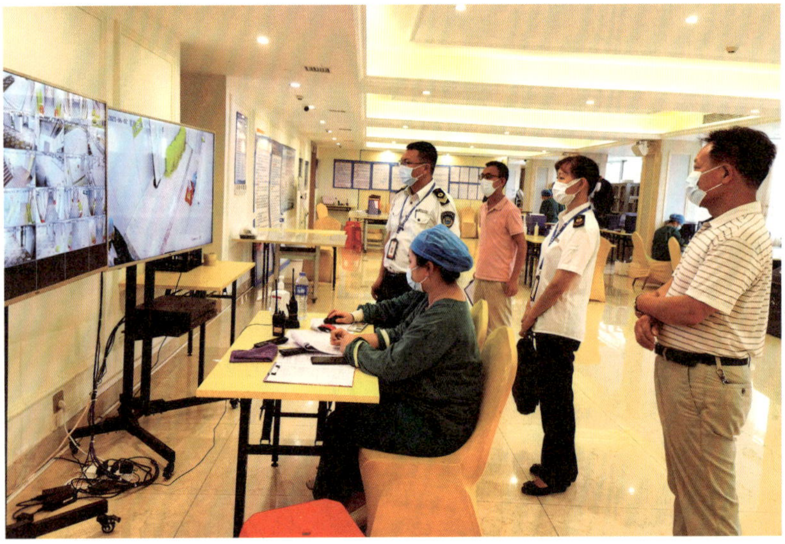

2021年5月，河源市卫生监督所对河源市集中隔离场所进行监督检查，确保内部防控、场所消毒、应急演练落实到位（市卫生监督所 提供）

【放射卫生监督执法】2021年，河源市开展全市放射专项检查工作。重点对放射诊疗许可、放射诊疗建设项目和放射工作人员管理不符合规定的行为进行查处。通过专项整治，实施放射卫生行政处罚20件，其中一般程序案件5件，罚款5000元，对11家未取得放射诊疗许可的医疗机构实施暂停放射诊疗活动。组织开展放射性危害因素调查工作。组织两级监督机构开展对全市132家放射诊疗机构（不含口腔诊所）的自查、现场核查工作，11月15日调查工作全面完成，相关数据报送河源市职业病防治院录入系统。严格落实许可审查制度。市卫生监督所全年开展5家医疗机构（含介入）的放射许可现场审查，严格按许可审查程序把好放射诊疗准入关口。

【市区医疗机构依法执业管理】加强医疗机构医疗广告管理 2021年，河源市印发《关于加强医疗机构医疗广告管理的通知》，全面开展城区医疗机构医疗广告检查，出动检查人员36人次，检查医疗机构12间，发出卫生监督意见书12份，移交2宗违规医疗广告线索至市场监管部门，督促医疗机构加强医疗广告宣传管理，依法依规开展医疗广告。

开展医疗机构不良执业行为管理和过度诊疗监督工作 加强医疗机构依法执业管理，开展医疗机构不良执业行为管理和过度诊疗监督检查，出动检查人员120人次，检查医疗机构51间次，查处违法医疗机构2间，分别给予记分4分和18分，核查违法线索6条，当场警告医师3人、个人罚款1人、单位罚款2间。

【消毒卫生管理】2021年，河源市加强春节期间消毒产品监督检查，出动检查人员85人次，检查相关单位72间，其中消毒产品生产企业12间、经营单位

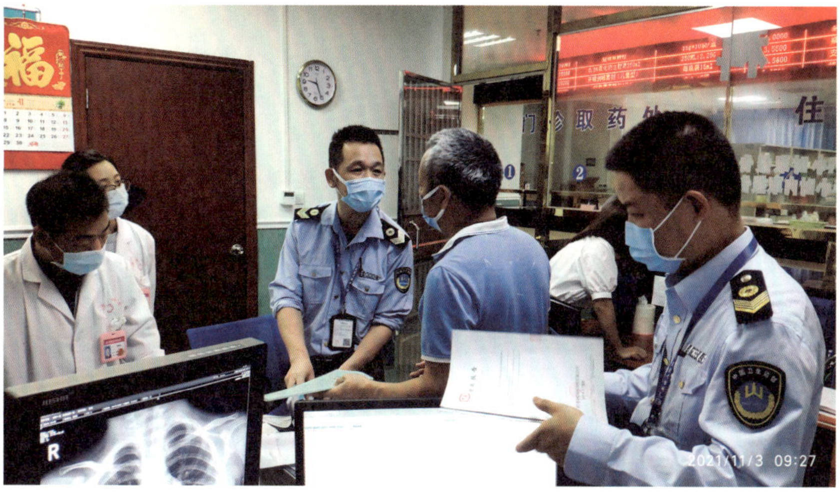

2021年11月3日，河源市卫生监督所对医院进行放射专项调查，查阅相关检测报告并讨论该医院在放射防护方面的工作　（市卫生监督所 提供）

10间、使用单位50间，督促相关单位完善消毒产品管理。开展三八妇女节消毒产品专项检查，在城区加强妇用消毒产品的专项监督检查，出动检查人员20人次，检查消毒产品生产企业2间和商场药店8间，排查妇用消毒产品80余件次，未发现有不合格的相关妇用消毒产品。全面检查消毒产品生产企业管理情况，检查企业11间，查处违法生产消毒产品企业1间，立案罚款0.48万元。加强餐饮具集中消毒单位监督检查，查处1间餐饮具消毒不合格的单位。

【生活饮用水卫生监督检查】 2021年，河源市卫生监督所加强对辖区内4家集中式供水单位日常卫生监督管理工作，规范卫生管理制度，提高管理人员的卫生安全和责任意识，保证水厂供水水质符合卫生标准。开展全市生活饮用水卫生专项监督检查。协助市卫生健康局开展上、下半年全市生活饮用水卫生监督，分别对五县一区23家供水（点）单位进行监督检查和监督抽检，对检查中发现的问题提出卫生监督意见。

【游泳场所专项监督检查】 2021年，河源市卫生监督所开展辖区内游泳场所专项监督检查，并与疾控机构紧密配合，做好游泳池水样的采集与检测工作。市直管辖的游泳场所9家，水质合格率100%。国家双随机任务游泳场所9家，合格率100%。

【学校卫生监督】 2021年，河源市卫生监督所开展春秋季学期开学前校园疫情防控大排查工作。春秋季学期开学前，对市直管的24所学校进行全面的检查，促进市区学校环境卫生、饮用水卫生和新冠肺炎疫情防控等工作，防止学校突发公共卫生事件的发生。落实中考、高考期间医疗卫生保障工作，为中考、高考保驾护航。该所成立中考、高考期间学校卫生安全保障工作领导小组，对市直属初中、高中的住宿场所、生活饮用水以及学校周边的公共场所进行全面卫生监督检查。中考、高考期间，学校卫生安全保障工作领导小组全体成员24小时待命。开展校园周边环境综合治理专项整治工作。参加由市教育局牵头的校园周边环境综合治理专项整治工作。这次行动对市直管的24所学校的安保情况、校园及200米范围内的治安、食品、卫生、消防、交通、文化环境等情况进行全面的排查整治。

【卫生许可证的受理发证情况】 2021年，河源市卫生监督所协助市卫生健康局行政审批科进行公共场所卫生许可证、放射诊疗许可证和消毒产品生产许可证的受理发放共11份，其中公共场所6份，集中式供水单位2份，消毒产品3份。

【“创文”“巩卫”监督】 2021年，河源市卫生监督所根据市委、市政府“创文”“巩卫”工作要求，重点协助源城区对“四小”（小浴室、小美容美发、小歌舞厅、小旅馆）行业进行3轮地毯式检查，出动监督员1025人次，检查876间（公共场所651间、医疗机构225间），责令立即整改206间，督促相关单位完善“巩卫”“创文”宣传、控烟管理、环境卫生、健康教育等工作，巩固卫生城市成果，争创文明城市。

【广东省血液安全培训基地建设】 2021年，河源市卫生监督所根据《广东省卫生健康委办公室关于建设广东省卫生监督实训基地的通知》和2021年全市卫生健康重点工作要求，印发《关于做好河源市建设省级血液安全专业卫生监督实训基地工作的通知》，多次联合省卫生监督所对3个实训教学点调研检查，邀请使用师资人员9人，举办3期实训班，培训卫生监督学员90人，通过血液安全卫生监督执法技能实训的教学实践结合、法律专业结合、交流讨论结合，引导卫生监督员熟悉掌握血站、单采血浆站、医院临床用血质量控制管理和卫生监督执法知识，提升卫生监督员血液安全管理知识水平和执法能力。

（季长源）

疾病预防控制

【概况】 河源市疾病预防控制体系的基本框架是由市、县、乡（镇）三级防疫机构组成，2021年年底，全市疾控系统有疾病预防控制中心7个（其中市级1个、县区级6个），乡镇卫生院/街道社区卫生服务中心防保所112个；市、县（区）疾病预防控制中心共有在职人员403人，人员学历构成为研究生3人、本科161人、大专173人、中专55人、高中或以下11人；职称构成为高级49人、中级72人、师级155人、士级63人、非医师类职称和无职称64人；全市乡镇卫生院防保所（街道社区卫生服务中心）有防保人员554人，其学历构成为本科及以上52人、大专289人、中专210人、高中及以下3人，职称构成为高级14人、中级57人、师级218人、士级247人、非医师类职称和无职称18人。

【卫生检验能力提升】2021年，河源市疾病预防控制中心购置流式细胞仪、实时荧光定量PCR仪、多重病原微生物核酸检测系统等实验室设备。开发新检测项目。是年，市疾控中心实验室完成水中诺如病毒富集检测（新方法）、食品中甲醇（新方法）、水中三氯苯、毒死蜱新项目的开展，并进行水中半挥发性物质测试。全力参加国家、省、市实验室间比对和能力验证活动。市疾控中心共参加新型冠状病毒肺炎核酸检测、全省流感病毒核酸检测、碘缺乏病实验室质量控制考核等累计20次、91个样品、37个项目、137项次的验证，所有考核结果均合格。

【传染病疫情直报系统】2021年，按发病日期统计，河源市通过疾病监测信息报告管理系统共报告法定传染病22种，报告传染病总发病率为1063.40/10万、死亡率为3.63/10万,其中无甲类传染病报告，乙类传染病发病率为362.16/10万、死亡率为3.63/10万，丙类的发病率701.23/10万，死亡率为零。40种法定报告传染病中有18种报告数为零。市、县疾病预防控制中心依法开展传染病监测工作，会同市卫生健康局对全市传染病报告质量开展专项检查，推动及时报告、准确报告、减少漏报、规范管理、提高质量；对辖区法定报告单位通过传染病疫情和突发公共卫生事件网络直报系统报告的数据及时进行审核。全市疾控机构及时核实和处理预警或异常信息，发现突发公共卫生相关事件及时开展疫情现场调查和处置；定期分析研判疫情发展趋势，编制相关监测分析报告报上级疾控中心；开展每季度风险评估，编制评估报告报送市、县卫生健康行政部门。

【重点传染病防控】2021年，河源市无新型冠状病毒肺炎病例报告，处置复阳病例1例。市、县（区）疾控中心落实新冠肺炎疫情防控及各类监测工作，开展住院严重呼吸道感染病例监测260份、重点场所及重点人群监测47060份、流感样病例监测1040份、粤港跨境货车司机“三点一线”（接驳点、跨境运输货物作业点、住宿点及沿线）场所监测11201份、集中隔离场所的人员及环境的常规监测9041份。落实艾滋病防控技术单位的各项职责，开展宣教咨询、检测、病例管理、心理支持、高危干预、哨点监测、培训督导和职业暴露处置等工作，协助戒毒维持治疗门诊业务开展，指导工作人员门诊信息系统使用、患者检测、药品管理等工作。2021年全市无登革热病例报告。为做好登革热防控工作，3—11月，组织全市各乡镇开展媒介伊蚊监测工作，根据监测结果提前介入，指导防控工作，并根据全省防控形势的变化，升级防控策略，加强疑似病例监测、病原检测、蚊媒密度监测、防蚊灭蚊指导、工作督导等。2021年，全市疾控机构落实人感染禽流感的防控措施，疫情监测、疑似病例调查及其标本检测、活禽市场外环境样本采集检测、风险评估、风险处置等工作。一是开展冬春季节市场环境禽流感病毒污染状况季节性监测，每周在活禽及鸟类批发市场档口或居民肉菜市场禽类销售档口进行环境样品采集。二是市疾控中心及监测医院每周开展住院严重急性呼吸道感染病例监测。12月，东源县发生一起人感染禽流感疫情事件，经分型确认为H9N2感染，这是河源市检出的第一例人禽流感H9N2疫情。

全市疾控机构落实季节性流感、手足口病、感染性腹泻、水痘、狂犬病等防控工作，并高度重视国际重点传染病的防控，特别是埃博拉出血热、中东呼吸综合征、寨卡病毒病等对健康危害严重的传染病，经监测，河源市全年未发现上述国际重点传染病疑似病例。

【消毒监测与病媒生物控制】2021年，市、县疾控中心对部分医疗卫生机构（诊所）、托幼机构进行消毒质量监测和消毒指导。对68所医疗机构开展消毒效果监测，共采样品494份。对61所托幼机构开展消毒效果监测，共采样品912份。对2家医疗机构（市人民医院、市妇幼保健院）每月开展新生儿NICU肠道病毒采样检测工作，共采样571份，检测结果均阴性。对医疗机构每两周开展污水新冠病毒监测，共采集集中隔离场所污水267份，新冠病毒核酸检测均为阴性。河源市重点开展登革热媒介伊蚊密度监测，全市共设置BI监测点105个，MOI监测点105个，为科学开展媒介伊蚊杀灭工作提供杀虫剂合理选择依据。

【慢性非传染性疾病防治】2021年，河源市重点开展糖尿病、高血压和居民健康档案的管理，其中全市居民规范化电子健康档案覆盖率74.36%；健康档案动态使用率53.83%；全市高血压管理率96.99%、规范管理率78.72%、血压控制率73.24%；全市2型糖尿病管理率89.86%、规范管理率76.87%、血糖控制率61.27%。2021年全市完成建设健康社区56个、健康单位3个、健康学校5个、健康食堂3个。市疾控中心在临江学校食堂开展的为期3年的“减盐活动特色项目干预活动”圆满结题。通过一系列的宣传活动、知识讲座、主题活动等，13所学校（幼儿园）721人减盐知晓率显著提高，4631人食盐人均摄入量得到降低。

【地方病及寄生虫病防治】2021年，河源市按省疾控中心下发的监测方案开展碘缺乏病监测工作。一是在全市范围内30所小学随机抽取1200名8～10岁儿童进行尿碘、盐碘含量检测检查，监测结果显示：2021年河源市8～10岁儿童的尿碘中位数为239.4微克/升，各县（区）儿童尿碘中位数基本在正常范围内（尿碘中位数≥150微克/升且低于100微克/升的比例不超过20%）；儿童碘盐覆盖率99.58%，合格碘盐食用率98.92%，儿童甲肿率1.00%。二是全市范围内随机抽取600名孕妇进行尿碘、盐碘含量监测。2021年全市实际监测孕妇610名，监测结果显示：2021年河源市孕妇尿碘中位数为168.0微克/升，其中紫金县、和平县的孕妇尿碘中位数低于正常值（≤150微克/升），需提示注意加强补碘；孕妇碘盐覆盖率99.84%，合格碘盐食用率99.34%。开展饮水型地方性氟中毒防治工作，按照《饮水型地方性氟中毒监测方案（2019年版）》要求，河源市龙川县、紫金县、和平县、东源县四个病区县共开展水氟监测64份水样，均符合国标GB 5749—2006水氟含量要求，共开展儿童氟斑牙监测512人份，未检出氟斑牙。2021年，河源市重点开展疟疾、肝吸虫病及土源性线虫病监测工作。一是疟疾“三热”病人血检工作。全年全市共开展血检3393例。二是媒介监测工作。紫金县作为疟媒介监测点共开展12次蚊媒种群调查及密度调查。三是重点寄生虫病监测工作。龙川县作为流动监测点共监测人群粪便1358份样品，其中检测结果显示肝吸虫病感染人数511人，感染率37.63%，阿苯达唑服药率95%。

【免疫规划】2021年3月起，河源市全面启动新冠病毒疫苗大规模人群接种。市、县疾控中心全力保障接种工作安全有序开展，对接种工作人员开展多次的新冠病毒疫苗接种技术培训，并到接种现场进行指导。截至2021年12月31日，全市累计接种新冠病毒疫苗493.47万剂次，累计接种239.86万人，全人群接种覆盖率84.52%，全程接种率79.17%。通过组织全市加强免疫规划宣传、加强基层培训、强化基层督导、加强流动儿童管理、规范预防接种门诊建设等措施，推动全市免疫规划工作的开展。全市完善各项管理制度、措施，规范疫苗流通、接种、管理的各环节工作。全市儿童免疫规划疫苗报告接种率95%以上，针对疫苗可预防疾病发病率得到有效控制。全市连续30年无野毒株引起的脊髓灰质炎病例、连续34年无白喉病例、其他疫苗可预防疾病控制在较低水平。2021年全市共调拨免疫规划疫苗54.90万支，调拨非免疫规划疫苗15.13万支。与此同时，全市重点落实脊髓灰质炎防控和AFP病例监测、病毒性肝炎防控、麻疹防控、急性脑膜炎及脑炎监测等疫苗可预防疾病监测工作，并督促全市各托幼机构和学校开展儿童预防接种证查验，组织全市预防接种单位做好疑似预防接种异常反应监测及接种率专项调查。2021年，河源市把保障新冠病毒疫苗配送和供应作为疫情防控工作的重中之重，全年接收新冠病毒疫苗100批次，下发新冠疫苗2462批次，调拨新冠疫苗214批次。免疫规划疫苗以“省—市—县—乡镇”的模式逐级免费供应，2021年全市调拨免疫规划疫苗54.90万支；非免疫规划疫苗由各县在公共资源交易平台采购后供应给辖区预防接种单位，市疾控中心负责源城区及江东新区各预防接种单位的非免疫规划采购及配送。

【突发公共卫生事件应急处置】2021年，河源市市、县疾控中心完善突发公共卫生风险评估、风险处置和突发事件应急处置机制，及时处理各类突发事件，全年报告突发公共卫生事件相关信息67起，其中64起为传染病疫情，1起为食物中毒事件，2起为其他公共卫生事件。接到报告后，各相关疾控中心均迅速行动，及时派出流行病学、卫生检验、消毒杀虫等相关技术人员赶赴现场进行调查、控制和处理，相关事件得到有效处理。

【公共卫生危害因素监测】2021年，河源市开展公共卫生危害因素监测工作。一是开展饮用水监测，完成城乡饮用水卫生监测点368个共监测水样1690份，完成水龙水监测点178个共监测水样732份。二是市、县疾控中心开展食品污染及食品有害因素监测，完成食品化学污染物及有害因素监测样品140份，食品微生物及其致病因子监测样品164份。三是做好食源性疾病病例监测及主动监测、食源性疾病事件监测工作。四是市、县疾控中心密切配合卫生执法部门对委托的公共场所进行卫生监测，共监测公共场所48间，完成游泳池水48份共288项次检测，完成学校饮用水监测、双随机监测等水样29份共174项次的检测。

【学校卫生与学生常见病防治】2021年，河源市推进学校卫生与学生常见病防治工作。一是学生常见病和健康影响因素监测。2021年完成全市（市直、源城区、龙川县）所有监测点学校的学生常见病和健康因素的现场监测工作，监测18所学校的5255名学生，监测结果显示视率不良检出率62.69%、近视检出率43.7%、龋齿检出率35.82%、血压偏高检率12.91%、脊柱弯曲异常检出率2.14%、营养不良检出率11.78%、超重检出率11.31%、肥胖检出率7.41%。二是学校教学环境卫生与饮用水监测。对23所学校（中小学13所、幼儿园10所）抽查教室采光照明和水质监测，开展学校卫生综合评价。三是学生因病缺勤监测情况。2021年全市有91条预警，预警症状主要为：发热（59条）、发热+咳嗽/咽痛（19条）、呕吐（7条）、腹泻（4条）、皮疹（2条）。四是学生近视等常见病干预。市疾控中心与河源光明眼科医院分别在源城区雅居乐中学、源城区高莲小学、河源理工学校、河源市第一中学、河源市田家炳实验中学开展“灵动儿童，阳光少年行动”——专家进校园行动，通过讲座、现场问答、派发宣传资料等形式进行学生近视、肥胖、脊柱侧弯等健康问题的干预。（邝茹丹）

市直医疗机构选介

2021年9月3日，广东省人民医院河源医院揭牌，首批专家正式入驻

（市人民医院 提供）

【河源市人民医院】 河源市人民医院（广东省人民医院河源医院）创建于1906年，三级甲等综合性医院，国家住院医师规范化培训基地，广东省高水平医院建设单位，广东省高等医学院校教学医院，国家标准爱婴医院，全国卒中联盟协作医院，研究生联合培养基地，中国胸痛中心，国家高级卒中中心，广东省博士工作站，广东省人民医院合作共建单位。医院占地总面积13万平方米，编制床位1486张，总开放床位1426张。2021年，门急诊1336771人次，出院人数50103人次，手术14956人次。

疫情防控 完成全院在岗职工新冠疫苗“应接尽接”工作。严抓预检分诊工作，落实首诊负责制。增设门诊楼内、外科通道预检分诊点；10月20日全面启用健康申报卡及电子陪护证，成为省内首批启用健康申报卡及电子陪护证的医疗机构。提升核酸检测能力，建成800平方米市新冠核酸检测基地，拥有快速核酸检测设备2台，其他核酸检测仪器12套，增加有资质的临床基因扩增检验技术人员至34人，日检测能力达到1万份/天，完成30万人次核酸检测工作。加强病房关口管理。在各个病区关口通道增设门禁系统，完善“特殊情况紧急探视流程”，落实原则上不陪护，非必要不探视；加强发热门诊管理，强化哨点监测作用。在原发热门诊基础上，扩建儿童发热门诊，严格落实发热门诊就诊患者“应检尽检”工作，严格做好不同类型的就诊人员分区等候。根据国家、省、市疫情防控要求，院感工作和发热门诊实行提级管理，由院长直管院感工作，业务副院长直管发热门诊工作。

医疗水平快速提高 9月3日，广东省人民医院河源医院正式挂牌，省医13名专家正式入驻。13名专家分别担任医、教、研、管多部门领头人。专科水平迅速提升。省医团队迅速开展冠状动脉慢性完全闭塞性病变（冠脉CTO）、腹腔镜胰下十二指肠切除术（LPD）、巨大脾切除+胆囊切除术、3D腹腔镜下胆总管囊肿切除术+肝总管—空肠吻合术等数十例河源首例新技术。该院作为国内分会场参加亚太心血管介入学会和Asia PCR两大顶级国际心血管学术组织联合举办的亚太心血管介入学会年会（AICT-Asia PCR），并受邀参加在第32届长城心脏病大会、亚洲心脏大会上进行心脏介入手术直播和汇报；同时强化区域联动，首次与省介入性心脏病学会联合主办2021年珠三角青年心血管峰会，推动河源市的心血管诊疗水平。优化流程，改善患者就医体验，缩短无痛胃肠镜预约时间，提高诊疗无痛率，无痛诊疗率由20%多增长至40%。

加强医疗质量管理，提升医疗技术服务水平 提升专科建设水平。相继开设神经内科睡眠医学门诊，9月肾内科（含血液净化中心）、风湿免疫科分科，12月，呼吸内科更名为呼吸与危重症医学科，烧伤科更名为烧伤整形和创面修复外科；同时对骨科进行学科调整，3个病区统一管理，烧伤整形和创面修复外科纳入骨科管理。骨科再次入选“广东医院最强科室推荐·2021”（非大湾区）。4—5月，该院胸痛中心、卒中中心分别获批国家级标准PCI版“中国胸痛中心”“国家高级卒中中心”；11月获批“中国房颤中心”。创伤中心救治能力增强，严重创伤（多发伤）患者救治成功率95.5%；危重儿童和新生儿救治中心和危重孕产妇救治中心作用日益显现。

加强护理质量管理，提升护理技术及服务水平 推进专科护理项目管理，开设腹膜透析护理专科门诊及伤口造口护理专科门诊，推进6个专科护理项目管理，涉及抗凝剂安全注射、吞咽功能评估、DVT风险评估与预防等；开展B超引导下隧道式PICC置管+腔内电图导管尖端定位技术等。

感控管理 强化感控培训考核及演练。全年开展相关应急处置演练3次。抓好重点环节、重点人群与高风险因素管理。全院I类手术切口感染率低于国家标准要求；重点部门感控管理方面，强化隔离病区、发热门诊、PCR实验室、新生儿病房等院感高风险区域的清洁消毒工作。强化职业防护意识。开展个人防护用品穿脱强化培训考核及新冠病毒职业暴露应急处置演练，并加强日常工作中个人防护用品规范使用的指导及督查，全年未发生职业防护不当而引起的感染事件。有序开展各项传染性疾病监测任务。作为国家级哨点医院，2021年报告流感样病例（ILI）共12173例；食源性疾病与感染性腹泻病例监测，填报病例监测信息71例；采集粪便标本并检测沙门/志贺菌病人数43

例，报送食源性致病分离株43例。加强艾滋病、结核病定点医院规范化建设。医疗队伍建设启动绩效薪酬改革，制定《引进人才“伯乐奖”奖励办法》《高层次人才引进及管理办法》《高层次专业技术人才考核方案》，强化多渠道人才引进等措施，营造引才、聚才的良好环境。全年招聘92人（卫生类技术人员86人），其中全日制博士研究生1人、硕士研究生5人、本科52人。全院专业技术人员1636人（含省医团队，下同），其中卫生类1572人、高级职称265人（其中正高69人）、博士7人、硕士研究生119人。

开展医保便捷工作　3月，陆续实现河源和省内异地门特、门诊诊金、生育保险即时报销工作；10月，利用医保电子凭证，实现线上医保挂号及医保个账支付功能；11月，门特线上医保报销、线下处方和检查治疗单医保扫码付费功能正式上线。

打造智慧医院　通过2021年国家电子病历四级复审。全面推动国家临床版2.0疾病诊断编码（ICD-10）、国家临床版3.0手术操作编码（ICD-9-CM3）在临床中的使用，规范诊断书写，推进临床数据规范化管理的“四统一”。利用医保电子凭证实现线上医保挂号——缴费——统筹报销一个账支付—扫码支付等服务功能，让参保人一键缴费、免排队、零接触，享受便捷的门诊全流程医保线上服务。信息系统通过改造按医嘱子类给医生设置组套自动带出相关收费供医生选择，减少操作误差。开发上线门慢门特病种一站式申请审批功能。开发挂号线上自助报道、电子发票自助机打印功能。开发医保控费系统，涵盖事前预防、事中提醒、事后分析功能，实现给予医生提醒，预防违规数据发生，实现医保病种、医疗费用和医疗成本的信息化管控。

荣誉　放射科团队获广东省医师协会放射科医师分会第一届神经影像技能大赛二等奖；张文胜获第18届中国脑血管病论坛大会第一届面向县市级医院之取栓病例比赛优秀病例奖和人气病例奖。急诊护理团队获评省优秀护理集体。放射科获“评踪侠影”杯青年放射医师临床技能大赛广东站”团队优胜奖；黎艳获“第十九届全国头颈病例大赛”三等奖。何锦照、陈子华、徐福兴、张惠琪、吴永忠、詹小涛获评第五届“南粤好医生”；何玉莱、叶新萌作为河源市手术室代表获省手术室护理服务竞赛三等奖；神经外科获第二届全国高血压脑出血救治病例评选大赛一等奖；李子娣在广药内科论坛病例大赛中获一等奖。　（吴　拓　吴　珊）

【河源市深河人民医院】　河源市深河人民医院（暨南大学附属第五医院）是省委、省政府部署、由深圳对口全额帮扶河源市建设的三级综合医院及重点民生项目。项目于2017年4月动工建设，总投资16亿元，采取“深圳建设、整体移交”的模式，为深圳投资规模最大的对外援建项目之一。项目是河源市政府与暨南大学“校地共建、管办分离”的一次有益探索；是双方贯彻落实广东省委、省政府大力推进精准帮扶、促进粤东西北协调发展、建设健康广东、推动全省一体化发展决策部署的重要举措；是服务国家“健康中国战略”，加快“健康河源”、建设“粤东地区卫生高地”的具体实践。

深河人民医院位于河源市江东新区东环路与迎宾路交叉口，占地面积约12.94万平方米，按三级医院规模，分两期建设。一期工程包括医疗综合区的门诊楼（4层）、医技楼（4层）、住院楼（14层），后勤综合区的办公楼含实验室（9层）、宿舍楼（10层），总建筑面积15.84万平方米，总病床数800张，其中地下建筑面积4.32万平方米，机动车停车位883个；二期建设容纳1500张病床约21层住院部大楼，建筑总面积约10.20万平方米。一期工程竣工后，于2021年12月29日，正式投入运营。

医疗队伍　2021年，暨南大学首批平移专家团队38人、行政管理团队5人、医疗护理专家团队31人、招录人员458人全面入驻医院。此外，经省人力资源和社会保障厅批准，该院依托暨南大学临床医学流动站成立博士后创新实践基地，对博士后进行联合培养，有两名博士后进站。

科室概况　门诊科室包括：肾内风湿科、心血管内科、神经内科、肿瘤科、消化内科、骨科、普外科（胃肠外科、肝胆外科、甲状腺乳腺外科）、神经外科、泌尿外科、心脏血管外科、妇科、产科、儿科、康复医学科、全科医学科、皮肤科、眼科、耳鼻喉科、健康管理中心及特诊中心。住院部开设科室包括：肾内风湿科、心血管内科、神经内科、肿瘤科、消化内科、骨科、普外科（胃肠外科、肝胆外科、甲状腺乳腺外科）、神经外科、泌尿外科、妇科、眼科、耳鼻喉科、特诊中心病区。医技科室开设范围包括：检验科、影像科、病理科、超声科、心电图室、脑电图室、肌电图室。　（罗思如）

【河源市中医院】　2021年，河源市中医院推行无节假日门诊，增设20多个专科专病门诊，开设儿科、妇科夜诊、中医护理门诊。有干部职工657人，其中卫生专业技术人员528人，占86%；正高职称24人，副高职称100人，中级职称130人；博士研究生1人，硕士研究生36人，本科学历247人；广东省名中医3人，广东医学杰出青年2人。门诊、急诊43.2万人次，出院1.15万人次,手术例数4448台,病床使用率82.3%，药占比19.7%。

疫情防控常态化　是年，该院坚持疫情防控与业务发展两手抓，落实疫情常态化防控，抓好预检分诊、发热诊室、住院探视陪护等管理，优化核酸检测流程；从6月份起一直为市隔离基地的隔离人员提供“粤抗一号”中药代煎、配送服务。

提高医疗质量服务水平　修订《病历书写质控管理制度》等近20项医疗质

2021年8月27日，河源市中医院联袂河源广播电视台打造的首档融媒体短视频医学科普节目《河源中医说》正式上线　（市中医院 提供）

量安全制度与规定，调整医疗质量安全管理目标分类考核标准，全面修订《临床诊疗指南》《技术操作规范》《中医优势病种实施方案》《临床路径实施方案》；坚持落实医疗质量查房和病历质控等工作，开展手术专项检查和危急值PDCA管理，持续改进医疗质量缺陷，甲级病案率99.95%，无丙级病历。实行门诊住院一条龙管理，加强亚专科建设，内分泌科、脾胃病科、风湿肾病科独立运营，急诊医学科和ICU业务融合，骨伤科3个病区扩展为6个病区，外科开设创面修复专科；成立“河源市骨伤诊疗中心”“河源市中医正骨中心”“河源市中西医结合康复中心”3个市级区域诊疗中心，依托骨伤和康复专科联盟，以义诊、技术指导、专业讲座等方式到县区开展“中心走基层”活动。全年开展义诊活动20余场，服务群众2000余人，举办中医特色诊疗技术培训班3场，培训市县基层医疗机构医务人员200余人。与省中医院、省第二中医院建立技术协作关系，在技术指导、柔性引进专家团队、中医师承等方面达成一致意见；省第二中医院院长刘军等4位专家的“名医工作室”和肌骨同治疗法、岭南飞针2项“非物质文化遗产传承实践基地”落户河源市中医院。新增22个中医优势病种，其中9个病种实施中医临床路径管理；新增3个中医护理方案和3项中医护理技术，全年完成中医护理操作近70万人次；十子益肾颗粒研发工作有序推进，收集整理临床验方6个，其中4个通过院内小试。

推进“三甲”创建 各级各部门先后多次邀请专家开展“三甲”创建工作检查指导，以大培训、大考核、大执行、大监管为抓手，对医疗业务的流程规范、核心制度贯彻执行、应急演练等进行重点提升；治未病中心通过AAAA服务等级评审。

加强人才队伍建设 实施“人才兴院”战略，推行人才培养“走出去”和人才培训“引进来”，面向全国高薪招聘学科带头人，引进急诊科、肛肠科、病理科、妇科、乳腺科、心血管病科、针灸科7名学科带头人，选派25名技术骨干进修，派出146人次参加短期培训班，举办7场学科带头人专题报告会。

推动科研教学工作 成功创建省第二中医院中医住院医师规范化培训基地协同单位，启动广东省普通高等医学教育教学医院评审工作，实现河源市中医院本科实习生“零的突破”，全年接收实习生164名，接收下级医院进修医师8名；申报省中医药管理局课题6项、市级课题14项，举办国家级继续教育项目2项、省级9项、市级7项，发表论文59篇。

培育中医药文化品牌 搭建包括河源电视台、《河源日报》、《河源晚报》等主流媒体和医院微信号、视频号、抖音号、直播间等新媒体以及线下《中医大讲堂》等宣传矩阵。与河源广播电视台联合推出的《河源中医说》融媒体栏目，致力中医药科普宣传，年内推出节目57期，栏目打造的“河源黄药师”引起中国新闻社记者的关注，采写的有关报道被环球网、人民网等20多家央媒、省媒和地方媒体转载。河源广播电视台对河源市中医院宣传工作的新闻报道被“学习强国”采用。（黄敏锋）

【河源市妇幼保健院】 2021年，河源市妇幼保健院有干部职工787人，其中卫生技术人员645人，副高以上职称159人（其中正高23人，副高136人），硕士研究生17人，享受国务院特殊津贴专家1人。总诊疗599627人次，其中门诊510439人次，急诊89188人次，危重病人抢救成功率99.66%。

是年，该院产科被评为“全国巾帼文明岗”，获全国产科手术操作及缝合技能大赛——粤东区域“特等奖”、省赛“二等奖”。获省第三届妇幼公共卫生项目主题宣传作品征集大赛优秀组织单位奖，作品获得抖音类一等奖与最具人气奖；新生儿复苏团队获省级技能竞赛二等奖；手术室获省人文护理服务竞赛三等奖。王静、欧阳培元等19位医师获岭南名医称号；刘巧玲获省优秀护士，市总工会命名“徐迎春创新工作室”和“李莉创新工作室”。

疫情防控 规范预检分诊管理，全面实施非急诊预约挂号，严格执行“一人一诊一室”，增设住院楼层人员值守，借助智能化门禁系统，严控住院陪护；优化就诊流程，缩短检测时间，提高核酸采集准确性和时效性，混检能力达10万人次/日。

专科建设 新开设中医科、心理、营养专科门诊、高危儿专科门诊、新生儿专科护理门诊。继续拓展儿童过敏、内分泌和慢性咳嗽哮喘等儿科亚专科业务，全面升级危重孕产妇救治中心，产前诊断中心通过省级复审，乳腺专科服务流程完成优化。成功创建省级孕产期保健特色专科。通过调配中医医疗资源，开设中医夜间门诊服务，满足群众就医需求。成功开展脊髓性肌萎缩检测、串联质谱筛查和纤支镜检查等10余项新技术新项目，其中3个新项目达到全市领先水平，填补市级专科领域空白。

医联帮扶合作 开启与省中医院合作，推动落实医疗技术、人才培养、教学科研、医院管理等方面深度合作，构建“中医+妇幼”的新模式，开创省中医院进妇幼的先河。与紫金县妇幼保健院共同组建远程影像诊断合作团队，开展会诊823人次，先后接收4名医生进修学习，技术指导3次，开展指导乳腺钼靶检查技术和子宫输卵管造影检查技术，填补紫金县医疗技术空白。与江东新区、东源县妇幼保健院签订对口支援合作协议，选派业务专家开展坐诊会诊、教学查房工作。

大部制改革 深化国家卫健委“大部制”改革理念，推广新形势下妇幼保健机构大保健管理模式，依据保健与临床功能定位、科室设置、业务管理、学科建设、特色服务等特点，建立孕产保健部、妇女健康部、儿童健康部三大部，逐步形成以“部”为中心、二级专科全面发展、医疗保健深度融合的良好格局。

医疗服务 开展全院“人文服务，礼仪相待”服务礼仪培训，从医患沟通入手全面深化医学人文建设。细化各科诊疗门诊，让患者“按症索医”“按病索医”，全面实行非急诊预约就诊模式，提供分时段预约挂号服务，开通老年患者就医绿色通道，提供一对一服务。在妇产门诊安装自助签到机，改善就诊舒适度。全面启用诊间支付、核酸检测自助开单、电子健康申报和电子陪护证申领，提升病房管理效率，让数据多“跑路”，群众少“跑腿”。开展舒适化医疗服务，全年开展无痛诊疗7543例，分娩镇痛率占阴道分娩的70%，增长22.04%。解决地贫患者长期“跟药跑”问题。 （李镇富）

体 育

【概况】 2021年，河源市有市、县（区）体育行政机构8个，其中市文化广电旅游体育局1个[内设机关科室13个（含机关党委）、直属行政单位1个、直属事业单位9个]，县（区）体育行政部门7个。

市体育运动学校和市水上运动管理中心共有专职教练员25人、专职文化教师37人、管理人员16人。全市有体育运动学校1所，县（区）体育传统项目学校4所（省级4所）。全市有1个省级训练基地、1个单项后备人才重点基地和5个重点班。全市青少年运动员注册人数809人。2021年全市新注册运动员165人，省锦标赛参赛人员322人，授予一级运动员7人次、二级运动员5人次。全年全市运动员参加省级以上赛事获得金牌15枚、银牌26枚、铜牌 29枚，有5人受到省级以上表彰。

至2021年年底，全市拥有各类体育场地10812个，其中，室外场地9666个、室内场地1146个，人均体育场地面积2.73平方米（全省为2.55平方米）。全市有足球场279个，平均每万人拥有足球场地达0.98块以上（高于省下达河源市2025年目标任务0.9块）。全市建成社区体育公园96个，完成省定贫困村健身路径255条；建有篮球场4334个、排球场125个、乒乓球场2225个、羽毛球场1119个；全民健身路径配置达1000个行政村以上，自行车道、登山步道、古驿道等总长1006千米；城乡普遍建成15分钟健身圈，新建居住区和社区体育设施覆盖率90%，公共体育场地设施免费低收费开放率100%，具备开放条件的公办学校体育场地设施向社会开放比例50%以上，形成各级各类体育设施布局合理、互为补充、覆盖面广、普惠性强的网络化格局。成立河源市国民体质监测中心，各县（区）体质监测站建设不断完善，全市101个乡镇（街道）设立社会体育指导员服务站（其中，26个服务站通过省级评估，达到A类服务站标准）；全市共有社会体育指导员8010人，平均每万人拥有社会体育指导员26人；全市经常参加体育锻炼人数超过131万人，占人口总数的42%。

【群众体育】 公共体育场地建设提质增效 2021年，河源市废旧新建市区、源城区、和平、东源、江东新区等7个体育公园，完善户外体育设备设施。全市完善社会足球场建设28个，其中新建社会足球场地5个。东源县体育馆、市体校人行天桥和水上运动中心训练房、船库及下水码头工程建设顺利推进。对市体育馆、市网球场部分设施进行升级改造，加强安全管理。按照党史学习教育的要求，开展“我为群众办实事”活动，为30个行政村配置体育器材，在40多个村镇安装篮球架45副、乒乓球台80张、户外健身路径45套。市体育场馆管理中心被评为2021年市级青年文明号先进单位。

全民健身组织队伍不断完善 河源市文化广电旅游体育局指导全市单项体育协会、体育俱乐部做好年审、换届等工作，推动社会体育组织健康发展。全年举办3期社会体育指导员培训班，培训二级社会体育指导员150人，线上再培训社会体育指导员1000人。市体质测定与运动健身指导站每周二至周六全天开放，免费为市民开展体质测试，全年指导群众开展科学健身2万多人次，完成省体育局交给河源市的国民体质监测任务，完成国民体质监测样本3600例。加大对县区各乡镇社会体育指导员服务站的评估管理，围绕建设河源市社会体育指导员服务总站这一重点工作，开展系列社会体育指导员开展志愿服务活动。全市健身气功普及推广工作得到加强。

体育惠民便民活动深入 开展2021年，河源市文化广电旅游体育局开展高危险性体育项目、公共体育场馆和赛事活动安全大检查，开展高危体育项目救生员培训工作，督促各县区加强行业安全管理。结合“创文”要求，推动传统体育项目进校园，制订《河源市文化艺术体育进校园三年行动计划》，打造“非遗小达人”“蓝家拳”“狮舞操”等传统体育项目品牌。举办河源市游泳、篮球社会体育指导员、2021年河源市国民体质监测等业务培训，提升全民健身服务指导水平。举办“河源市第九届广场舞”表演赛，全市13支表演队300余名选手参加，网络直播吸引10万多人次在线观看；举办2021中国广东标准舞·拉丁舞巡回赛（河源站）暨第三届河源市标准舞·拉丁舞锦标赛、广东联盟杯七人制足球赛“粤民投杯”河源赛区暨河源市第八届七人制超级足球赛和河源市“运宝杯”游泳比赛。通过举办全市男子篮球联赛、2021年广东省男子篮球联赛（河源赛区）等赛事活动，营造全民健身氛围，提升河源办赛能力。参加全省男子篮球联赛进入“八强”。珠江啤酒·2021广东省男子篮球联赛在恩平市体育中心举行，河源队以103：76胜江门队，晋级八强。

2021全市男子篮球联赛精彩纷呈　坚基集团·2021年河源市男子篮球联赛由市文化广电旅游体育局主办，河源市体育场馆管理中心、河源市篮球协会共同承办，全市的8支代表队100多名运动员参赛。比赛历时6天，开展19场激烈对决，展现“奋斗拼搏，勇争第一”的精神。这次比赛采取网上直播形式，吸引近20万名球迷线上线下观看。

2021年12月11日，河源市首届游泳比赛在河源市泳跃游泳馆举行（市文广旅体局 提供）

【竞技体育】 参加省青少年锦标赛再创佳绩　2021年，河源市派出322名运动员参加广东省青少年锦标赛13个大项比赛，获得15金、26银、29铜，总分1433.1分的成绩。其中：皮划艇（激流回旋）锦标赛，河源市代表队获得7金、8银、3铜、团体总分第一名；青少年皮划艇（静水）锦标赛甲组男子1000米单人划艇夺得冠军；速度轮滑项目锦标赛获得5金、8银、2铜，总分246分的成绩，全省排名第三，并获体育道德风尚奖。

加强市体校等竞技体育阵地建设　2021年，市体校加强重竞技等拳头项目训练，为教育教学、培养优秀体育后备人才奠定基础。市水上运动管理中心抓好水上运动项目的训练工作，参加省级比赛多次获得好成绩。

【文旅体融合】 2021年，河源市文化广电旅游体育局开创文旅体融合发展新局面，对外交流和宣传推广成效显著。河源市在抖音、网易、腾讯、澎湃新闻、“南方+”等市外主流媒体及市内媒体开展河源文旅体宣传报道，还在深圳地铁、口岸、机场、粤赣高速等设置户外广告，开通移动、电信、联通外地手机短信提醒服务，全方位、多平台宣传推介河源文化旅游体育资源和城市形象，提高河源的知名度和美誉度。

【体育市场】 2021年，河源市体育彩票销售逆势增长，全年销售额2.93亿元，筹集体彩公益金2084.47万元，体育彩票网点达到264个。助力“创文”“巩卫”，市体育场馆管理中心常态化开展国民体质测试，先后承办全民健身日系列活动、广东省福利彩票公益宣传系列体育活动、2021年广东联盟杯“粤民投”市第八届七人制超级足球赛、珠江啤酒·2021广东省男子篮球联赛（河源赛区）、市首届体育舞蹈锦标赛·暨第24届广东省体育舞蹈锦标赛选拔赛、市“客家杯”青少年跆拳道锦标赛、劲酒健康跑中国、河源小金鱼·2021儿童平衡车秋季赛等一系列大型文体赛事活动，拉动体育消费，为文广旅体经济复苏注入新活力。（刘崇昱）

外事·侨务·台港澳事务

编辑：王瑞峰

外 事

【党对外事工作领导新突破】2021年，中共河源市委外事工作委员会办公室实地走访涉外企业，听取企业意见建议，现场为企业排忧解难。加强对县（区）外事工作的指导和调研，建立各县（区）镇（街）和涉外企业外事工作联络员制度，使河源市外事工作延伸至镇（街），完善县（区）外事工作数据库，夯实外事基层基础工作。

【服务地方】 2021年，河源市做好涉外疫情防控各项工作，助力河源市复工复产和经济社会发展工作，畅通外国人来华邀请函申办“快捷通道”，为12个企业共30名外籍管理人员办理到华邀请函；在“河源发布”“河源外事”公众号发布中英文版本《河源市外籍人士接种新冠病毒疫苗公告》，引导外籍人士主动参与疫苗接种工作。

【对外交流】 2021年，河源市通过线上线下共同发力，开展对外交流交往和民间外交，巩固友城的交流基础，增进与友城间的友谊。1月，市长林涛与韩国安城市市长金补罗互录新年祝福视频，为对方送去新年祝福；3月，林涛又通过贺信形式祝贺韩国安城市成功举办“第24届安城市市民日”活动；同月，九州日中文化协会会长张晶到访河源市，先后到中共河源市委外事工作委员会办公室、河源市青少年宫和河源市第三小学进行参观交流，对河源市组织参加日中青少年书画作品大赛给予肯定；5月28—29日，奥地利驻广州总领馆商务领事兼代馆长穆娥到访河源市，副市长何伟良会见穆娥一行；12月，市长何国森和安城市市长金补罗互录新年祝福视频，巩固两地互为友城的交流基础，增进双方的友谊。

【对外宣传】 2021年，河源市做好线上线下推进领事保护预防性宣传，既在线上通过“河源外事”微信公众号、《河源乡情报》等外事宣传平台宣传报道领保知识100多期，又在线下深入到涉外企业和乡镇开展现场宣传。

聚焦庆祝中国共产党成立100周年主题，以提高国际传播力为引领，发挥《河源乡情报》等外事宣传平台作用，推出《百年征程·红动河源》等专栏系列报道及宣传视频，同时利用海外华人华侨、海外侨团社团等多种资源渠道，讲好中国故事、广东故事、河源故事。

（张丽烨）

侨 务

【概况】 2021年，河源市通过微信视频、报刊宣传等方式，在14个国家和地区宣传推广“粤菜师傅·四海同享”品牌项目，提升河源知名度和美誉度。支持东源县黄村镇、龙川县登云镇、紫金县中坝镇创建“广东美丽侨村”。协调省侨心慈善基金会为东源县康禾镇卫生院捐赠“侨心救护车”1辆。 *（赖二招）*

【为侨服务】 2021年，河源市侨联坚持为侨服务宗旨，把“我为群众办实事”与服务侨界有机融合，努力为侨办好事、办实事。开展“侨爱南粤·新春送暖”活动。组织慰问困难归侨、侨眷60人，发放慰问金5.5万元。开展困难归侨帮扶救助工作，落实省级专项资金16.35万元。开展侨界公益爱心活动。开展“侨爱心·光明行”公益活动，义诊筛查10710人次，帮助800名困难白内障患者免费实施手术。开展“护耳防聋·让爱有声”“侨心善行”等公益活动，联系侨团侨企捐赠总价值100万元的医疗设备和价值30万元的药品。做好脱贫攻坚、乡村振兴各项工作。发动侨界为2021年“广东扶贫济困日”捐款5万元，完成挂点和平县彭寨镇五星社区的精准扶贫工作任务，安排副科级干部驻镇帮镇扶村。全力落实“创文”工作任务。克服人员少、网格大、环境杂的现实困难，每周开展“创文”“创卫”、交通劝导志愿服务，不折不扣完成“创文”网格任务。落实维护侨益工作。通过现场咨询、印发资料和微信等网络平台，宣传宪法和涉侨法律法规。市侨联联合河源市中级人民法院探索建立涉侨纠纷多元化解机制，提高维护侨益水平。 *（程水山）*

台港澳事务

对台工作

【服务台企台商】 2021年，中共河源市委台港澳工作办公室抓好常态化的新冠肺炎疫情防控工作，利用座谈交流会、政策宣导会、微信群，发送提醒函（20次）、慰问信、倡议书以及推送《广东省启动台湾同胞新冠病毒疫苗接种工作》文件等，宣传疫苗接种有关政策，落实在河源120名台胞接种疫苗工作。开展“惠台暖企”活动，中共广东省委台湾工作办公室副主任陈东升、方涛，中共河源市委常委叶少军率队到兴莱鞋业、万盟医保等台企走访慰问调研，中共河源市委台港澳工作办公室领导慰问裕弘实业等4家困难台企及3名困难台胞。会同市直部门组织召开“十四五”规划实施、“粤台农林34条”、促进民营经济高质量发展等专题政策宣导会3场，鼓励用好政策，助力企业发展。结合“我为群众办实事”实践活动，协调解决台资企业土地权籍变更、有序用电等问题7宗次，帮助台湾同胞解决困难求助事项5宗次。解决河源兴佳实业公司土地产权证办理纠纷，获中共广东省委台湾工作办公室表扬函通报表扬。

【对台交流交往】 2021年，中共河源市委台港澳工作办公室加强线上交流，保持与台湾河源客家文化经贸交流协会的联系。开展线下活动。河源市委台港澳工作办公室牵头，会同梅州、惠州市委台港澳工作办公室承办省第八届台湾青年岭南行“客家文化体验之旅”活动，两岸60多名青年参与，反响热烈，展演节目获总闭营仪式成果展演三等奖，中共河源市委台港澳工作办公室获第八届台湾青年岭南行优秀组织奖。

【招商引资工作】 2021年，中共河源市委台港澳工作办公室组织台商参加省“台商走电商”培训活动、省台资企业资本市场培训活动、粤台农林合作交流活动和东莞台湾名品博览会等，利用此机会宣传推介河源市投资环境及政策优势。全年新增登记联系4家台资企业、2家台资个体工商户。

【涉台宣传工作】 2021年，中共河源市委台港澳工作办公室组织召开市委对台工作领导小组会议、2021年全市台港澳工作会议，传达贯彻全省对台工作会议精神以及省委、市委常委会会议有关精神，总结2020年全市台港澳工作，部署河源市2021年台港澳工作主要任务。组织全市台商台胞学习宣传《中国共产党统一战线工作条例》和习近平总书记在庆祝中国共产党成立100周年大会上重要讲话精神，增强台商在河源市稳定发展的信心。联合市区5所大中专院校举办第八届“台湾知识进校园”系列活动，讲好故事，发出强音，宣传效果突出。全年刊发《河源台港澳工作信息》48期，被“粤台视窗”网站采用22篇，被中共中央台湾工作办公室网站采用6篇。

【台企协会管理】 2021年，中共河源市委台港澳工作办公室指导推动河源市台湾同胞投资企业协会换届。河源市台湾同胞投资企业协会于9月10日举行第九届理监事就职典礼，顺利换届。同时，结合形势和任务需要，推动创建河源市台胞之家，新增一个沟通服务平台。发动台资企业、河源市台湾同胞投资企业协会在“6·30”广东扶贫济困日捐款9.1万元。

港澳工作

【服务港澳同胞】 2021年，中共河源市委台港澳工作办公室担负起港澳台组、河源市支援香港抗疫工作专班的牵头重任，结合具体工作实际，制定下发工作方案，细化工作职责分工，落实疫情防控责任。宣传疫苗接种有关政策，落实在河源港澳同胞704人接种疫苗工作。结合“我为群众办实事”实践活动，跟进协助市领导批示的《关于港资企业在河源市遇到的问题》港商求助案等4宗次，帮助港澳同胞解决困难求助、港人福利“广东计划”申请等求助事项15宗次。协助港企精电公司到市高新区考察联系投资扩厂事宜，引导港澳资项目落户发展。发动港资企业、市侨商会在“6·30”广东扶贫济困日捐款10万元。

【涉港澳交流交往】 2021年，中共河源市委台港澳工作办公室组织召开在河源香港河源社团骨干座谈会2次，与香港工联会惠州工联咨询服务中心进行工作互动2次，专门拜会香港河源社团总会有关人士，宣传最新政策措施，增进感情交流联谊。澳门紫金联谊会、澳门东源同乡会、澳门龙川同乡联谊总会发出邀请参加其换届（成立）理监事就职庆典活动。加强政策法规宣传，对在河源港澳同胞开展学习宣传《全国人民代表大会关于完善香港特别行政区选举制度的决定》及香港基本法附件一《香港特别行政区行政长官的产生办法》和附件二《香港特别行政区立法会的产生办法和表决程序》，发展壮大港澳同胞爱国统一力量，增强港澳同胞国家意识和爱国精神。

【因公赴港澳办证工作】 2021年，中共河源市委台港澳工作办公室强化规范港澳通行证的审批办证、管理工作。经河源市人民政府同意修改下发《河源市“因公往来香港澳门特别行政区通行证”管理实施细则的通知》《关于进一步加强和规范因公临时赴港澳审批办证管理工作的通知》。联系协调河源市外商投资企业协会作为主报单位，为粤港直通车企业和司机解决办证申报难题。全年审核报批办理因公人员赴港澳通行证（签注）264批、1171人次。 （谢小明）

社会生活

编辑：王瑞峰

人 口

【概况】 2021年，河源市常住人口284.09万人，比上年增长0.19%；城镇人口比重49.8%，比上年增长1.25个百分点。河源市户籍人口371.93万人，比上年降低0.07%。

【户籍人口】 2021年，河源市户籍人口371.93万人，比上年降低0.07%。男性人口191.62万人，女性人口180.31万人，总人口性别比（以女性为100，男性对女性的比例）106.27。0~17 岁人口94.84万人，18~34岁人口87.36万人，35~59岁人口133.05万人，60岁及以上人口56.68万人。全年出生人口34488人，死亡人口11294人。户籍人口区域分布：源城区34.0万人，紫金县84.94万人，龙川县97.28万人，连平县41.04万人，和平县55.99万人，东源县58.69万人。

【常住人口】 2021年，河源市常住人口284.09万人，比上年增长0.19%。城镇人口141.33万人，占常住人口49.75%。常住人口区域分布：源城区70.75万人，紫金县54.97万人，龙川县59.41万人，连平县28.49万人，和平县35.36万人，东源县35.11万人。

（徐惠芬）

人力资源和社会保障

综 述

【概况】 河源市人力资源和社会保障局主要履行贯彻落实中共中央和省委有关人力资源和社会保障工作的方针政策和决策部署；编制、组织实施和监督检查河源市人力资源和社会保障事业发展规划、政策；拟定和组织实施河源市人力资源市场发展规划；负责促进就业工作，拟定统筹城乡的就业发展规划；统筹建立覆盖城乡的社会保障体系；负责就业、失业、社会保险基金预测预警和信息引导；执行事业单位人员工作收入分配政策；指导事业单位人事制度改革；负责有突出贡献中青年专家、享受政府特殊津贴专家推选工作；拟定并组织实施农民工工作综合性规划；组织实施劳动、人事争议调解仲裁制度和劳动关系政策；指导、监督检查和协调全市人力资源和实惠保障执法工作。

2021年，全市人社系统以习近平新时代中国特色社会主义思想为指导，贯彻落实市委、市政府和省人社厅决策部署，在就业创业、社会保险、人事人才、劳动关系等方面取得显著的成效。

【工资福利】 2021年，河源市根据国家、省市人社工作部署，紧扣党史学习活动，统筹推进各项年度重点改革工作，落实各项工资福利政策。做好工资统发各项日常工作。2021年共审批正常晋升4615人，核定新进人员工资530人，核定退休费106人，核定抚恤金、丧葬费44人，兑现机关单位职务晋升工资12人，兑现事业单位岗位聘用工资552人，核准遗属困难补助3人次。处理来信来函18件，回复人大建议政协提案2件。做好退休人员基本养老金调整工作。根据《2021年调整退休人员基本养老金的通知》，自2021年1月1日起，调整退休人员基本养老金。共调整机关事业单位养老金279人，并补发2021年1—6月增资额，按时完成调整养老金待遇任务。机关退休人员人均增资218元，事业退休人员人均增资173元，涉及财政资金36.7万元。做好工资年报统计汇总工作。根据国家、省工作安排，河源市人力资源和社会保障局统筹安排、协调县区，完成2021年度全市工资年体报统计汇总工作。此次年报工作涉及1860个单位，共58247人。落实中共中央、国务院及省委省政府“义务教育老师工资不低于或高于公务员”的要求，会同组织、财政、教育等部门，严格核算工资水平，调整优化财政教育支出结构，落实市直中小学校教师绩效考核奖励，稳步提高临聘教师工资待遇。共对市直953名义务教育教师追补2020年工资差额306万元。根据市目标责任制考核情况，核定机关绩效考核奖金，同时核定增加事业单位奖励性绩效工资、核定机关事业单位退休人员慰问金。共核定、核定增加290个单位7543人，涉及资金1.6亿元。根据《市委全面深化改革委员会2021年重点改革工作安排》部署，落实“两个允许”（允许医疗卫生机构突破现行事业单位工资调控水平；允许医疗服务收入扣除成本，并按规定提取各项基金后主要用于人员奖励）要求，对市直4家公立医院2021年绩效工资总量进行核定，规范公立医院薪酬分配制度。

【社会保障体系发展】 2021年，河源市人力资源和社会保障局把为人民群众谋幸福作为工作的重中之重，坚持民生是最大的政治，从人民群众最需要、最期盼的事入手，兜牢民生底线，兴办民生实事，推动社会保障更公平更可持续。深入实施全民参保计划。全市三大险种累计参保241.38万人次，其中参加企业养老保险、机关养老保险、城乡居民养老保险、工伤保险、失业保险人数分别比上年增长3%、-1%、-1%、10%、6%。优化社保经办服务，社保重点业务全部实现网上办理。社保制度改革深入推进。全力做好失业保险待遇发放，做好稳岗补贴发放，推进职业年金实账积累，落实退休“中人”新办法待遇计发，启用新办法计发待遇。社保待遇水平稳步提高。

【信息化建设】 2021年，河源市信息化项目平稳推进。做好数据库管理工作。提升对“T+1”交换库的维护能力，在疫情期间，通过社保“T+1”数据库为河源市的就业扶贫、高校毕业生就业管理、企业稳岗补贴发放等工作提供精准有效的参保数据，平均每个月比对匹配社保数据库5次以上。优化“智慧人社”功能。完成自助终端系统的查询及相关证明打印功能整体优化，提升设备的利用率；与支付宝合作，在现有“智慧人社”电子社保卡体系下拓展应用，实现电子社保卡展码线下扫码消费、线上申办社保卡应用。完成基础设施的部署优化。立足已有设备，配合新上线的防火墙，优化网络拓扑，从完善出口策略、中立区隔离、无线管理优化、细分vlan等方面入手，采取多项措施，合理配置资源，优化网络拓扑，使网络资源的利用更加合理高效，为信息服务能力的提升提供有力的技术保障。河源市第三代社会保障卡换发。自2020年8月河源市发行第三代社保卡后，至年末，换发第三代社会保障卡超过18万张，第三代社保卡换发工作稳步推进。2021年年底，河源市通过公开招投标，原有的社保卡合作银行工商银行、农业银行、中国银行、建设银行、广发银行、邮储银行、河源农商银行、东源农商银行、龙川农商银行、紫金农商银行、连平农商银行、和平农商银行继续作为河源市社保卡合作银行，新增交通银行、广州农商银行作为河源市社保卡合作银行，社保卡服务银行扩大。

人事人才

【人才资源开发】 2021年，河源市人力资源和社会保障局把人才作为推动经济发展的第一资源，创新招才引智机制，加强人才队伍建设，激发人才创新创造活力。实施高层次人才引进培育工程。配合组织部开展“河源市百名博硕士党政储备人才引育工程”公开招聘活动，共吸引339名博士硕士报名参加，择优录用53人，其中博士32人，硕士21人。完成河源市享受政府特殊津贴人员和广东省百千万人才工程国家级人员选拔工作，建设广东省博士工作站20个、博士后科研工作站新设站3个。加强基层人才队伍建设。实施“乡村工匠”工程，落实乡土人才培训评价标准政策，2021年评定乡村工匠专业人才200名。实行乡村专业人才职称评聘倾斜政策，提高基层医疗卫生、中小学、农村农业等领域专业人才待遇。做好“三支一扶”工作，2021年招募220名“三支一扶”高校毕业生服务基层，助力乡村振兴。深化事业单位人事管理改革。推进中小学“县管校聘”管理体制改革，提高中小学教师高级岗位结构比例。完成全省首次事业单位集中公开招聘。推进公立医院薪酬制度改革，完善公立医院薪酬总量核定及薪酬分配办法。提升人才服务水平。强化高层次人才“一站式”窗口服务，为河源市高层次人才提供落户安居、医疗保障等服务；指导市人才驿站开展企业走访活动，2021年走访企业13家，举办开展线下活动共3场，帮助企业引进急需紧缺人才。技能人才队伍进一步夯实。强化技能人才培养，加强重点专业和特色专业创建，深化产教融合、校企合作，开拓对外交流合作新路径，着力打造技能人才发展品牌，推动“粤菜师傅”“南粤家政”“广东技工”三项工程显效应：全市开展“粤菜师傅”培训16310人次，开展“南粤家政”培训13556人次，开展农村电商“一村一品”带头人提升培训和常规类培训2164人；建成河源家政一条街和深河农村电商产业园，建成60个农村电商基层示范服务站，培养农村电商带头人超过304人，带动就业3000人以上。全力以赴抓好人事人才管理。完成河源市享受政府特殊津贴人员和广东省百千万人才工程国家级人员选拔工作，做好广东省博士后工作站、博士后科研工作站新设站申报工作。推进中小学“县管校聘”管理体制改革，提高中小学教师高级岗位结构比例。完成全省首次事业单位集中公开招聘。推进公立医院薪酬制度改革，完善公立医院薪酬总量核定及薪酬分配办法。全市组织人事考试32项，考生人数39246人，比上年增长33.5%，76147人次，增长19.5%。其中公务员招录笔试、事业单位招聘应届毕业生、“双百工程”社工招聘笔试和面试、司法局公证处公开招聘考试等5项，考生人数26555人，44919人次；专业技术人员职业资格考试27项，比上年增加4项，考生人数9854人，31228人次。全市组织专项职业能力考核437批次，报考总人数15781人，获证13819人。全市职业技能等级认定共获证12545人。

【事业单位人事制度改革】 2021年，河源市人力资源和社会保障局根据《关于印发〈事业单位岗位设置管理试行办法实施意见〉的通知》和《关于印发〈广东省事业单位岗位设置管理实施意见〉的通知》的规定，对全市事业单位的岗位设置和人员聘用情况进行全面审核，推进事业单位岗位设置和人员聘用工作。2021年，共审核195个事业单位的岗位设置工作，其中市直单位39个，县区单位156个，124个事业单位首次岗位设置，71个事业单位变更岗位设置。共审核认定114个市直事业单位人员聘用结果，共聘用1192人。其中，管理岗位聘用388人，专业技术岗位聘用781人（高级岗位148人，中级岗位317人，初级岗位316人），工勤技能岗位 23人。

【专业技术人才队伍建设】 2021年，河源市全力做好博士、博士后工作站，博士后创新实践基地的管理服务工作。至2021年年底，河源市有经国家批准的2家博士后科研工作站（河源市高新技术开发区管理委员会博士后科研工作站、广东富阳生物科技有限公司博士后科研工作站），获省批准的2家博士后创新实践基地[广州金霸建材有限公司东源分公司和河源市深河人民医院（暨南大学附属第五医院）]和38个广东省博士工作站[河源市人民医院、河源市源城区工业园企业服务中心、河源职业技术学院、河源广工大协同创新研究院、东源广工大现代产业协同创新研究院、广东省通讯终端产品质量监督检验中心、广东富阳生物科技有限公司、广东省弘朝科技有限公司、西可通讯技术设备（河源）有限公司、广东汉能薄膜太阳能有限公司、河源中光电通讯技术有限公司、广东美晨通讯有限公司、豪劲塑胶包装制品有限公司、河源市中启通讯科技有限公司、广东美丽康保健品有限公司、广东佳泰药业股份有限公司、河源富马硬质合金股份有限公司、龙川纽恩泰新能源科技发展有限公司、广东埃纳生医学科技有限公司、广东正信硬质材料技术研发有限公司、广东迈诺工业技术有限公司、河源市灯塔盆地国家现代农业示范区管理委员会、广东金宇环境科技股份有限公司、广东云谷科技有限公司、河源市源城区龙岭创业孵化基地发展有限公司、河源市众拓光电科技有限公司、广东雄达实业发展有限公司、广东立国制药有限公司、河源力友通讯科技有限公司、广东盈冠科技有限公司、河源市深河人民医院（暨南大学附属第五医院）、河源市中医院、河源湧嘉实业有限公司、铭镭激光智能装备（河源）有限公司、河源市吉龙翔生物科技有限公司、盛嘉伦橡塑（河源）有限公司、龙川绿油农业发展有限公司、东瑞食品集团股份有限公司]。

劳动就业

【就业创业】 2021年，河源市人力资源和社会保障局树立就业就是最大民生的理念，坚持实施就业优先战略和更加积极的就业政策，营造鼓励大众创业、万众创新的良好环境，促进各项就业创业扶持政策贯彻落实，确保就业局势总体稳定。2021年，河源市城镇新增就业2.88万人，完成年度任务115.5%，城镇登记失业率控制在3%以内，省下达的各项就业指标均超额完成，就业局势总体稳定。源城区丰源社区被认定为第五批国家级充分就业社区。释放政策红利促就业创业。贯彻落实3.0版促进就业政策，开展“送政策、送资金、送服务”活动，发放社会保险补贴、岗位补贴、职业培训补贴、一次性创业资助、租金补贴等政策补贴超过8222万元，惠及各类群体超过7.58万人次。全市632家企业获得失业保险稳岗补贴，发放创业担保贴息贷款185笔、6303.3万元。稳定重点群体就业基本面。推进实施高校毕业生就业创业行动，全市大中专院校毕业生就业率超过97%，困难毕业生100%实现就业。全市就业困难人员实现就业2458人，失业人员再就业7516人，零就业家庭实现动态清零。开展“春风行动”等系列招聘活动，化解企业用工难问题，累计举办各类招聘会374场次，参会企业8454家次，累计提供25.3万多个岗位。拓展就业创业“新空间”。打破灵活就业人员参加企业养老保险户籍限制，完善灵活就业人员参加失业保险和单项参加工伤保险制度。举办首届“南粤家政”技能大赛和广东省首届马兰花创业培训讲师大赛河源市创业培训讲师选拔赛，以赛引领，营造创新创业热潮。

【劳动保障监察执法】 2021年，河源市人力资源和社会保障局扎实抓好专项治理，积极防范风险，推动矛盾纠纷治理及时合理有效解决，努力构建新型和谐稳定劳动关系。抓好特别防护期信访维稳工作。严格落实24小时专人值班、领导带班和“零报告”制度。打好治欠保支攻坚战。开展劳资纠纷风险隐患排查和工资支付情况专项执法检查工作，统筹多部门建立“河源市欠薪预警信息交换微信群”，打击和震慑拒不支付劳动报酬违法犯罪行为。2021年，全市受理各类劳动者举报投诉案件3823宗，为3.84万名劳动者追回被拖欠或克扣工资待遇等5.14亿元，举报投诉案件和欠薪案件结案率稳定在100%，未发生劳动保障领域重大群体性突发事件和极端恶性事件。 （*黄晓华*）

社会保险

【概况】 2021年，河源市社会保险基金管理稳扩面，保待遇，各项政策有效执行。

扩面参保稳步推进 截至2021年12月底，全市三大险种累计参保241.38万人次，其中参加企业养老保险、机关养老保险、城乡居民养老保险、工伤保险、失业保险人数分别为34.98万人、7.32万人、131.54万人、38.54万人、29万人，参保任务数完成率分别达102%、99%、101%、109%、104%。

社保待遇按时足额发放 截至2021年

12月底，全市享受社保待遇57.20万人次，比上年增长2%；全年社保基金待遇支出52.95亿元，增长6%。河源市工伤保险待遇社保卡发放全省排名第一，在省社会保险基金管理局《关于全省工伤保险长期待遇社会化发放进展情况的通报（第四期）》中，受到省社会保险基金管理局通报表扬。

社保待遇及时调整　2021年度企业职工和机关事业单位养老保险退休人员基本养老金调整工作如期完成。对河源市8.63万企业退休人员实行待遇调整并即时发放到位，发放待遇6298万元。企业退休人员基本养老金实现17年连涨，2021年月人均养老金增加到2051元，比上年增长4%。

【经办业务提效破局】　2021年，河源市实现50项社保业务“市内通办”。实现50项社保业务“市内通办”，参保人在任一网点均可申请办理市内社保业务。“不见面”“互联网+社保”服务成效明显。通过加大宣传力度，引导广大群众通过广东政务服务网、“粤省事”微信小程序、“广东人社”App、自助终端机等平台办理养老保险待遇资格认证、定期失业金和失业补助金申领、失业签到、个人参保凭证打印、参保登记及缴费等社保业务，让“数据多跑路，群众少跑腿”；深化“一网通办”和“全流程网办”，推进社保经办个性化服务，解决特殊群体办事难点。经办业务简政便民深入推进。减少办理社保相关业务所需的死亡证明、火化证明、解除劳动合同、亲属关系证明等材料，对“依靠因工死亡职工生前提供主要生活来源的证明”等27个证明事项实行告知承诺制。经办服务多方合作持续优化。与河源市农村商业银行展开合作，以银行网点为阵地，以柜台为渠道搭建城乡居保业务经办平台，实现网点柜台办理城乡居保业务；经办业务与市政务服务中心无缝对接，实行政务中心前台受理，社保后台审核处理办法，办理效率明显提高。

【社保政策落地落实】　2021年，河源市扎实做好失业保险待遇发放。截至2021年12月底，全市发放失业金2.35万人次，发放失业保险定期待遇3299万元；发放非广东省一次性待遇215人次，发放金额185.27万元；发放失业补助金1.52万人次，发放金额996.57万元。做好稳岗补贴发放。截至2021年12月底，为全市632家企业发放失业保险稳岗补贴1237.58万元。做好职业年金实账积累。截至2021年12月底，全市计划做实5.02亿元，做实4.92亿元。做好退休“中人”新办法待遇计发。截至2021年12月底，退休中人3933人，启用新办法计发待遇3590人，启用比例为91.3%。做好企业养老保险过渡性养老金重核。对符合重核范围的53937人进行重核数据的校核和确认。截至2021年12月底，全市完成三批共50717人的数据确认，其中8447人无需补发，42270人补发待遇共1821万元，剩余3220人待修正数据后重核发放待遇。做好工伤保险经办工作。一方面，落实工伤联网结算，全市33家工伤保险医疗服务协议机构均完成工伤联网结算端口改造，完成测试并申报上线，实行工伤联网结算。另一方面，推进工伤预防项目实施，截至2021年12月底，举办工伤预防宣传培训班25场，参加培训人数2500余人，预防宣传覆盖人数19800余人，工伤预防费支出67.68万元。

2021年，河源市社会保险基金管理局到紫金县水墩镇开展社保志愿服务活动

（市社保局 提供）

【织密基金安全网】　开展专项排查，扫清基金防控的风险“点”　2021年，河源市制定开展社会保险基金管理问题风险排查工作方案，对养老金发放异常、待遇核定和发放、待遇发放内部控制、基金财务管理、待遇资格认证管理、信息系统联网应用、合作银行协议管理、经办稽核和基金监督、业务档案、行政审核审批认定鉴定、重复领取待遇等13大类、51小项进行全面排查，建立台账，对发现的问题逐一整改。

加强内控检查，拉紧基金防控的审核“线”　截至2021年12月底，全市业务经办数量73262件，日常稽核内控检查业务41287件，检查率56%（按要求不低于20%的比例）；发现未按业务规程经办业务837件，全部完成整改。

核查疑点数据，缩小基金支出的筛网“格”　截至2021年12月底，省社会保险基金管理局下发河源市城乡居民养老、企业职工养老、机关养老、失业和工伤保险疑点数据114.77万条，核实112.51万条，核实率98.03%，其中需修正的数据31.89万条，修正数据18.48万条。

制定防控措施，织密基金安全的防控“网”　印发《关于切实加强社会保险经办业务风险防控工作的通知》《关于进一步规范登录省集中式一体化信息系统方式的通知》《关于规范业务权限配置管理的通知》《关于加强失业保险待遇核发风险防控的通知》和《关于加强机关事业单位养老保险待遇审核等有关问题的通知》等11项防控措施。河源市八项考核指标排名全省前列，在省社会保险基金管理局《关于广东省社会保险基金风险防控"清数"和"筑墙"行动开展情况的通报（第2期）》中，受到省社会保险基金管理局通报表扬。

（曾辉祥）

民 政

社会救助

【低保救助】 2021年，河源市享受低保救助32445户、80372人。其中城镇居民2762户、5829人，人月均补差671.08元；农村村民29683户、74543人，人月均补差441.13元，全市支出城乡低保资金4.37亿元。全市按时完成低保提标任务，低保标准和补差达到省规定标准。

【特困供养】 2021年，河源市纳入城乡特困人员供养救助13326人，其中城市特困人员供养救助372人，人月均基本生活标准为1359元，农村特困人员供养救助12954人，人月均基本生活标准为936元，全市支出城乡特困人员救助供养金1.51亿元。全市按时完成特困供养提标任务，城乡特困人员基本生活标准达到当地城乡最低生活保障标准的1.6倍以上，达到省规定标准。

基层治理和社区建设

【城乡社区治理】 2021年，河源市加强社区综合服务设施建设，提高社区服务供给能力，所有村（居）委会均建立有公共服务站（党群服务中心），村（社区）综合服务设施覆盖率100%，面积达标率（每户30平方米以上）100%。全面完成服务终端建设，将"一门式""一网式"政府服务模式延伸到村（居）委会。与市社会组织委员会联合在源城区新城片区16个社区开展"五社联动"建设社区治理创新示范点活动。有效推进智慧社区建设试点工作，推动"互联网+社区"发展。开展社区"万能章"专项整治行动，市级层面出台基层自治组织出具证明事项正面清单4项、负面清单24项。

【基层治理】 2021年，河源市全面完成第八届村委会和第七届社区居委会换届选举工作。加强基层治理体系和治理能力现代化建设，会同市委组织部开展加强基层治理体系和治理能力现代化建设专题调研。部署开展乡镇政府服务能力建设试点、街道服务管理创新、基层治理创新典型案例征集工作。开展村级议事协商创新实验，东源县灯塔镇灯塔村被确定为全国村级议事协商创新实验试点单位。规范村规民约和居民公约，河源市所有村（居）民委员会修订完善村规民约（居民公约）；开展"约好粤来"主题优秀村规民约（居民公约）征集宣传活动，选出10篇优秀村规民约（居民公约）。年初与村（居）换届同步选优配强村（居）监督委员会成员，按要求落实村务监督委员会成员补贴待遇。

社会福利事业

【社会福利工作】 2021年，河源市围绕市委、市政府的工作部署和上级部门的工作要求，以"融湾"为纲、"融深"为牵引，把加快发展养老服务业作为推进河源市"示范区""排头兵"建设的重要工作，从政策、规划、项目、投入和队伍建设等方面加强养老服务体系建设，构建居家社区机构相协调、医养康养相结合的养老服务体系，养老服务由兜底型逐步向普惠型迈进。对全市范围内97家养老院进行大检查、大整治，提升养老服务质量。推进适老化改造工作，助力河源市养老服务高质量发展，截至2021年年底，完成876户困难老年人家庭的改造。2021年，河源市推进"广东兜底民生服务社会工作双百工程"（以下简称"双百工程"），全市建成101个社会工作站、260个服务点，整合人员及新招社工1246名，实现乡镇（街道）社会工作站100%覆盖，村居覆盖率72%。"双百工程"社会工作立足镇街、深入村居，以社区为本，以家庭为视角，以需求为导向，为有需要的群众、家庭、社区打通为民服务"最后一米"，为留守老人、最低生活保障人员、特困人员、困难和重度残疾人、生活无着流浪乞讨人员、留守和困境儿童等民政对象，以及贫困户、涉法青少年和其他需要提供服务的人群，开展心理疏导、人文关怀、能力提升、生计发展、关系调适、社会融入、社区发展等专业化个性化服务。"双百工程"社会工作用自己脚踏实地的行动，服务于民，破解基层民政服务力量薄弱、社会工作发挥作用不明显等难题，着力推进社会工作专业化、本土化发展，推动河源社会工作发展再上新台阶，为建设幸福和谐美丽河源作出应有的贡献，赢得社会各界的好评。

【慈善公益事业】 2021年，河源市慈善总会开展一系列慈善活动。为深入学习贯彻习近平总书记"七一"重要讲话精神，巩固脱贫攻坚成果，弘扬慈善文化，推动党史学习教育"我为群众办实事"实践活动的开展，切实帮助困难群众子女解决上学难问题。市慈善总会开展2021年金秋助学活动。金秋助学资助对象：户籍在河源市，2021年参加全国普通高考并被本科院校录取的低保家庭学生。资助金额：每人一次性发放助学金2000元。资助对象129人次。

做好"善治河源，大爱救心"活动 做好全市贫困家庭18周岁以下先天性心脏病患者的材料收集工作，及时联系中国人民解放军南部战区总医院。2021年

9月17日联合中国人民解放军南部战区总医院，开展2021年18岁以下先天性心脏病贫困患者和65岁以下风湿性心脏病贫困患者义诊活动。河源市区和龙川两个义诊点，义诊人数共计66人。

做好“联爱工程”活动 做好河源市罹患白血病困难儿童公益项目活动，对未登记在册的白血病困难儿童进行登记，联合深圳市恒晖公益基金会开展进行的“联爱工程”，解决因病致贫这一社会难点问题。活动从2017年10月至2021年12月，有136名白血病儿童得到救助，救助总金额481.37万元。

做好“爱心送光明”活动 “爱心送光明”活动，是为帮助河源地区患有白内障的优抚对象、五保低保户和其他困难群众免费进行复明手术而开展的一项慈善活动。手术对象：河源市军烈属、伤残军人等重点优抚对象、五保、低保对象和其他困难家庭白内障患者。手术费用全免，承办医院是河源市光明眼科医院（由其全程负责）。2021年，河源市慈善总会联合河源光明眼科医院在各县区开展“爱心送光明”义诊活动，全年举办筛查活动880场，筛查16961人，其中白内障5744人。

【福利彩票】 2021年，河源市深化“福彩事业是党的事业”，彰显福利彩票人民性、国家性、公益性，把习近平总书记关于彩票工作的重要批示精神转化为福彩事业发展方向、政策举措和工作方法。立足福彩主责主业、加快转型发展、开拓创新、锐意进取，努力克服疫情影响和政策调整所带来负面冲击。2021年销售福利彩票2.11亿元，筹集市级福彩公益金2300万元，为推动河源市福利事业、公益事业和民生保障事业作出贡献。

专项社会事务管理

【社会组织管理】 2021年度，河源市本级新注册社会组织41家；注销社会组织26家。

培育发展社会组织 突出培育重点。落实中央两办《关于改革社会组织管理制度促进社会组织健康有序发展的意见》和广东省《实施意见》，对行业协会商会类、科技类、公益慈善类、城乡社区服务类社会组织进行直接登记，2021年度市本级直接登记社会组织达8家。减轻社会组织负担。推进河源市政府职能转变和深化行政审批制度改革，从2017年开始，全市性社会组织法定代表人离任审计以及注销清算审计事项不再由社会组织申请人提供相关报告，由市民政局采取政府购买服务方式委托会计师事务所开展相关审计工作，不仅减轻社会组织的费用负担，也利于登记管理机关加强对社会组织的监督管理，促进社会组织规范化建设。2021年，完成15家社会组织法定代表人离任审计。开展社会组织培训工作。线上举办二期全市社会组织负责人培训班，由社会组织登记管理机构负责人、会计师事务所专家针对社会组织政策法规、登记业务、财务管理等方面的内容开展培训，超过5000人次进行观看。

加大社会组织监管力度 开展打击整治非法社会组织专项行动。与公安等14个部门成立河源市打击整治非法社会组织专项行动协调小组，联合制定河源市《专项行动实施方案》；通过网络平台和深入镇、村、社区开展铲除非法社会组织滋生土壤政策宣传贯彻，浓厚专项行动社会氛围；2021年，全市民政部门查处涉嫌非法社会组织14家。开展规范社会组织法人治理暨“僵尸型”社会组织专项整治。创新编制《河源市规范社会组织法人治理专项整治自查自纠工作基本指引》，指导全市共1252家社会组织完成自查自纠；对131家社会组织进行现场检查、督促477家存在问题的社会组织完成整改、引导66家社会组织进行注销登记、对7家社会组织涉嫌违法行为进行立案调查；共排查“僵尸型”社会组织32家，完成注销登记19家、整改13家。开展行业协会商会“我为企业减负担”专项行动。引导全市有22家行业协会商会实施优惠举措，减轻企业负担金额765.11万元，惠及818家企业。开展规范行业协会商会收费专项清理整治。联合市发展和改革局、市市场监管局成立河源市行业协会商会乱收费专项清理整治协调小组，联合转发专项清理整治工作文件；有78家行业协会商会对自身涉企收费项目进行自查；对超过4档会费标准情况的5家行业协会商会进行督促整改；对行业协会商会收费目录清单在“信用中国”网站进行公示，接受社会监督。

【区划地名管理】 2021年，河源市综合评估2017年后的政治、经济、文化建设等方面的效果，对2013年以来的行政区划设置情况进行调研，被省民政厅转报区划地名司。加强和改进河源市界线签约委托管理工作，牵头完成市级界河源—梅州线的联检工作，指导完成2条县级界线的年度联检，防范化解界线领域风险隐患，确保界线周边地区稳定发展。依法依规按程序办理地名命名、地名核准等行政许可事项，对全市一批住宅区建筑物和新增城市道路进行标准命名。继续推进地名普查成果转化，协助国家和省编纂标准地名词典和地名志。聚焦“洋”地名，持续推进清理整治工作。更新完善国家地名数据库，补录2020年新增地名信息，提升地名公共服务水平。

【殡葬管理】 2021年，河源市继续加大殡葬管理工作力度。继续实施政府免费葬政策，2021年全市由政府免除殡葬基本服务费用共15874宗，免费金额3094.71万元（其中：省级下达401万元；市级财政和市级福利彩票公益金下达 600万元；县区级负担2093.71万元）。全市实施殡葬基本服务由政府免费提供政策，减轻办丧负担，群众受惠，得到群众的普遍好评。继续督促各地做好殡葬服务机构新冠肺炎疫情防控工作。开展清明节期间群众性祭扫服务保障工作，4月3—5日，全市前往殡葬服务机构祭扫63936人次，其中到殡仪馆祭扫42841人次，经营性公墓祭扫人数21095人次。深入开展安葬（放）设施违规建设经营综合整治行动，出台《河源市安葬（放）设施违规建设经营综合整治工作方案》，召开专题会议部署推动。至2021年年底，紫城镇完成整改复绿，和平县彭寨镇光溪村、公白镇正在整改中。妥善处理彭寨镇光溪村违建公墓被广东新闻媒体报道事件，后续工作正在推进。开展殡仪馆火化机尾气排放综合治理，出台《河源市殡仪馆火化机尾气排放治理工作方案》，加强督导。市殡仪馆、连平县殡仪馆于2020年年底完成烟气净化系统设备安装，紫金县殡仪馆于2021年上半年完成烟气净化设备安装。至2021年年底，龙川、和平、东源馆基本完成火化机尾气排放装置项目建设，相关检测工作正在进行中。开展殡葬违法用地执法卫片（图斑）整治行动。召开专题会议部署推动，下发督办函和整改通知，加强督导，配合市审计部门开展违法用地审计调查，函复关于督促落实殡葬违法用地整改情况。河源市需整治的殡葬违法用地图斑共273宗。至2021年年底，完成整改162宗，剩余111宗。出台《河源市殡葬事业发展“十四五”规划（2021—2025年）》。加快推进紫金县殡仪馆新馆建设，至2021年年底，新馆各项建设任务基本完成，于12月26日开始试运营。联合有关部门开展全市公益性骨灰存放设施和经营性公墓年度检查，并通报检查结果。积极争取上级资金扶持殡葬事业。

【残疾人“两项补贴”】 **提高残疾人“两项补贴”水平** 2021年，河源市提高困难残疾人生活补贴、重度残疾人护理补贴标准，分别从2020年的175元/人·月、235元/人·月提高到2021年的181元/人·月、243元/人·月。残疾人“两项补贴”费每月按时足额通过社会化方式发放。2021年残疾人“两项补贴”1—12月发放困难残疾人生活补贴293717人次（其中12月在享24664人），发放金额5352.66万元。发放重度残疾人护理补贴651911人次（其中12月在享56334人），发放金额1.6亿元。落实2021年度残疾人“两项补贴”市级配套资金。2021年市财政下达残疾人“两项补贴”市级配套资金1044.96万元。

做好精神障碍社区康复服务工作 与残联部门密切配合，依托全市3家残疾人托养中心及104个残疾人社区康园中心为240多名精神障碍患者开展社区康复和托养服务，为智力、精神和重度肢体残疾人提供日间照料、辅助性就业等基本公共服务。

扩大保障对象范围 根据河源市经济社会的发展，对残疾人“两项补贴”的范围适时拓面，全面将非重度智力、精神类残疾人纳入重度护理补贴范围，扩面新增三、四级精神智力类，至2021年年底在享人数达6566人。

做好残疾人“两项补贴”全省通办、跨省通办工作 此项工作从2021年4月15日起在全国范围内试运行，4月22日起正式实施。河源市自正式实施以来情况较好，没有收到群众的投诉。至2021年年底河源市源城区有4宗重度残疾人护理补贴办理跨省通办。

【儿童福利工作】 2021年12月，河源市农村留守儿童系统在册人数为22124人，孤儿312人（集中供养57人，散居孤儿255人），事实无人抚养儿童2514人。

做好困境儿童保障工作 提高孤儿和事实无人抚养儿童基本生活保障水平。2021年孤儿基本生活最低养育标准集中供养和分散水平分别为1883元/人·月和1227元/人·月，事实无人抚养儿童和艾滋病儿童基本生活保障标准按分散供养孤儿养育标准（源城和江东新区散居孤儿最低养育标准达1450元/人·月），2021年共发放孤儿基本生活费578.37万元，事实无人抚养儿童基本生活费3515.33万元。2021年市财政共下达孤儿生活费市级配套资金60.46万元。开展孤儿和事实无人抚养儿童身份认定跨省通办工作。从2021年6月30日起实施，孤儿和事实无人抚养儿童认定采取任意地受理申请，户籍地负责审核的形式办理。开展事实无人抚养儿童助学实践活动。其中教学辅导10人、课外辅导110人、高考生心理辅导4人、高考志愿填报辅导18人、享受事实无人抚养儿童助学金33人。做好“福彩圆梦 孤儿助学工程”工作。2021年9—12月，分别各县区入户走访18户受助对象，孤儿“助学工程”自2019年实施以来，全市有51名孤儿享受助学金，累计发放孤儿助学金57.08万元。

做好儿童福利机构各项工作 推进儿童福利机构优化提质和创新转型高质量发展。联合市编办等9个单位出台《河源市儿童福利机构优化提质和创新转型高质量发展工作初步方案》，保留

2021年“六一”儿童节到来之际，河源市民政局组织志愿者到江东新区临江镇开展慰问留守儿童和困境儿童志愿服务活动 （市民政局 提供）

源城区、龙川县、连平县儿童福利机构；经河源市民政局与和平县民政局、源城区民政局进行专题协商，将和平县2名孤弃儿童托养到源城区社会福利院。严格执行儿童福利领域重大事项报告制度，及时发现并上报有关情况。做好福利机构消防安全工作。落实民政服务机构消防安全专项整治三年行动实施方案，严格执行儿童福利机构消防安全防控政策和标准。做好新冠肺炎疫情防控工作。继续开展儿童福利机构疫情防控各项工作，加强管理、严格措施。开展家庭寄养专项清理清查工作。至2021年年底，河源市家庭寄养儿童共有5名，其中龙川县福利院儿童部3名、和平县福利院1名、连平县民政局社会福利院1名。2021年5月31日，龙川县儿童福利院搬迁至新院。

做好未成年人保护工作　2021年7月，出台《关于成立河源市未成年人保护工作领导小组的通知》。起草《河源市民政局关于成立河源市未成年人救助保护中心的请示》，争取成立河源市未成年人救助保护中心，并督促县区（管委会）尽快成立县区未成年人救助保护中心。

其他专项工作　开展孤儿、事实无人抚养儿童档案和收养登记档案管理专项工作，举办全市儿童福利工作培训班，开展“关爱女童护苗成长”保护女童人身权益工作。累计开展未成年人保护法宣传和留守和困境儿童关爱保护“政策宣讲进村（居）”活动1009场。

【留守妇女工作】　2021年，河源市民政局加强农村留守妇女关爱服务工作。继续督促县区加强农村留守妇女关爱服务工作。2019年后，河源市民政局根据民政部等13部委《关于加强农村留守妇女关爱服务工作的意见》文件精神，把督促各地开展农村留守妇女信息摸排录入，推进农村留守妇女关爱服务工作列入每年一项重要民政工作。2021年，继续组织开展农村留守妇女摸底排查,至2021年年底全市农村留守妇女2660人。

【救助管理】　2021年，河源市救助管理站共救助流浪乞讨人员201人次，护送特殊困难的受助人员返乡36人次。疫情常态化防控期间，河源市救助管理站结合“寒冬送温暖”活动，对市区街面流浪乞讨人员进行延伸救助，共出动车辆32台次，派出工作人员91人次，站外救助4人次。

【婚姻登记管理】　2021年，河源市民政局婚姻登记管理工作在全省2021年民政重点工作综合检查中获得省民政厅的通报表扬。

做好婚姻登记管理工作　出台《河源市婚姻登记“全城通办”实施方案》，从2021年6月21日起全市实施婚姻登记“全城通办”。2021年全市婚姻登记“跨省通办”办理69对；“全城通办”办理741对。依法合规做好婚姻登记工作。2021年，全市的婚姻登记量为28560件，服务对象共56412人。继续执行停征婚姻和收养登记费政策。在周六上午以及重大节假日和2月14日、5月20日、11月11日等特殊日子开展婚姻登记服务。

加强婚姻登记标准化建设　河源市各县区按照婚姻工作规范化建设和国家“3A”婚姻登记机关标准，对各登记机关的设置、办公环境等方面进行规范。至2021年年底，各县区婚姻登记历史数据补录基本完成，档案电子化工作有序进行。各县区婚姻登记机关所有窗口配备具有身份证读卡、人脸识别、指纹比对等一体化智能设备。

推进婚俗改革工作　协调河源江东新区社会事务局以“我们的节日·七夕节”为主题开展两场活动；各县区通过宣传单、民政公众号、广播电视、新媒体等手段，加强婚俗领域移风易俗宣传，通过政府引导，村规民约等方式推进婚俗改革，倡导新事新办，简约、适当的婚俗礼仪。

【收养登记】　2021年，河源市民政局依法依规做好收养登记工作。2021年全市办理收养登记35宗。（巫　权）

2021年河源市协会、商会、民办非企业名单

一、协会（225个）

河源市钓鱼运动协会
河源市戏剧家协会
河源市集邮协会
河源市青少年科技教育协会
河源市珠算协会
河源市价格和产业品牌发展协会
河源市劳动模范协会
河源市老年人体育协会
河源市赏石文化协会
河源市网球协会
河源市农民专业合作社协会
河源市武术协会
河源市风景园林协会
河源市电梯行业协会
河源市餐饮协会
河源市文博协会
河源市乒乓球交流协会
河源市消毒行业协会
河源市青年流行音乐协会
河源市警察协会
河源市农副产品流通行业协会
河源市建筑和装饰材料行业协会
河源市巾帼志愿者协会
河源市农村妇女经济发展行业协会
河源市安全生产协会
河源市侨商投资企业协会
河源市咖啡行业协会
河源市街舞协会
河源市文化艺术交流协会

河源市游泳协会
河源市爆破行业协会
河源市电子商务协会
河源市企业诚信协会
河源市水利水电协会
河源市快递行业协会
河源市自驾旅游协会
河源市金融消费权益保护协会
河源市跆拳道协会
河源市白蚁防治协会
河源电力企业管理协会
河源市摄影家协会
河源市太极拳协会
河源市诗词协会
河源市消防工程企业协会
河源市国际标准舞协会
河源市机动车教练员协会
河源市社会体育指导员志愿者协会
河源市手机产业协会
河源市再生资源协会
河源市汽车及维修行业协会
河源市羽毛球协会
河源市美容美发行业协会
河源市新闻工作者协会
河源市生产力促进协会
河源市农业产业化龙头企业协会
河源市促进龙川发展协会
河源市预拌混凝土协会
河源市酒类行业协会
河源市道教协会
河源市民间文艺家协会
河源市台湾同胞投资企业协会
河源市观赏石盆景协会
河源市自行车协会
河源市信鸽协会
河源市保险行业协会
河源市体育舞蹈协会
河源市曲艺家协会
河源市女企业家协会
河源市钓鱼协会
河源市标准化协会
河源市质量协会
河源市注册会计师协会
河源市勘察设计行业协会
河源市建筑业协会
河源市舞蹈家协会
河源市音乐家协会
河源市律师协会
河源市城镇供水协会
河源市矿业协会
河源市书法家协会
河源市翻译工作者协会
河源市作家协会
河源市燃气行业协会
河源市旅游饭店业协会
河源市保健美容行业协会
河源市老年人协会
河源殡葬协会
河源市乒乓球协会
河源市特种设备协会
河源市房地产业协会
河源市青年志愿者协会
河源市青年企业家协会
河源三宝特产协会
河源市旅游区（点）协会
河源市交通运输协会
河源市篮球协会
河源市林业产业协会
河源市广告协会
河源市象棋协会
河源市收藏家协会
河源市围棋协会
河源市太阳能协会
河源市足球协会
河源市养猪行业协会
河源市信息协会
河源市互联网网吧行业协会
河源市法官协会
河源市女法官协会
河源市民营企业协会
河源市环境保护产业协会
河源市民俗摄影协会
河源市旅行社协会
河源市东江民乐协会
河源市美术家协会
河源市海外交流协会
河源市家庭文化交流协会
河源市外商投资企业协会
河源市高尔夫球协会
河源市气象防灾减灾协会
河源市网络文化协会
河源市户外运动协会
河源市茶业行业协会
河源市烹饪行业协会
河源市自由搏击协会
河源市社会体育指导员协会
河源市有机产业行业协会
河源市风筝协会
河源公共外交协会
河源市路亚及海钓协会
河源市抗癌协会
河源市佛教协会
河源市计算机信息网络安全协会
河源市海归协会
河源市青年影视文化协会
河源市营养师协会
河源市跳绳协会
河源市基督教协会
河源市龙舟协会
河源市生态环境保护志愿者协会
河源市物流运输行业协会
河源市美容养生行业协会
河源市导游协会
河源市测绘地理信息协会
河源市青年摄影家协会
河源市航模协会
河源市木球协会
河源市太极拳健身协会
河源市二手车流通行业协会
河源市科学育儿协会
河源市流行音乐协会
河源市旅游产品协会
河源市茶叶协会
河源市侨界中外文化艺术交流协会
河源市侨界海外留学归国人员协会
河源市农村创业青年协会
河源市棋类协会
河源市心理健康服务协会
河源市登山户外运动协会
河源市青年主持人协会
河源市心理咨询师协会
河源市模具机械行业协会
河源市水上运动协会
河源市广场舞协会
河源市业余无线电协会

河源市休闲体育运动协会
河源市网球交流协会
河源市个体劳动者私营企业协会
河源市石材协会
河源市传统村落保护与发展协会
河源市航拍协会
河源市机器人协会
河源市商业协会
河源市轮滑协会
河源市礼仪协会
河源市青少年体育舞蹈协会
河源市特殊资产管理协会
河源市农贸市场行业协会
河源市物业管理行业协会
河源市房地产中介行业协会
河源市机动车辆检测行业协会
河源市龟鳖协会
河源市环境艺术设计行业协会
河源市健康养生协会
河源市青少年舞蹈协会
河源市人防行业协会
河源市禁毒协会
河源市有害生物防制行业协会
河源市互联网协会
河源市采购协会
河源市油茶行业协会
河源市河湖保护志愿者协会
河源市高新区科学技术协会
河源市网络作家协会
河源市硬笔书法协会
河源市职工乒乓球协会
河源市家庭服务业协会
河源市劳务派遣行业协会
河源市科普教育研学协会
河源市通信行业协会
河源市国土空间规划协会
河源市影视协会
河源市社会工作发展促进会
河源市民宿行业协会
河源市知识产权协会
河源市中小学生研学旅行协会
河源市代理记账行业协会
河源市语言艺术研究会
河源市易制毒化学品管理协会
河源市女性创业促进会
河源市钢铁行业协会
河源市消费扶贫协会
河源市精神残疾人及亲友协会
河源市职业技能培训协会
河源市农村电子商务协会
河源市科幻艺术协会
河源市版权协会
河源市民营医院协会
河源市家庭教育指导协会
河源市肢残人协会
河源市葫芦丝陶笛协会
河源市高新技术企业协会
河源市地方金融协会
河源市旗袍协会
河源市保安协会
河源市红十字志愿者协会

二、商会（21个）：

河源市兴宁商会
河源市河北商会
河源市娄底商会
河源市企业商会
河源市江西乐平商会
河源市安徽商会
河源江西商会
河源市浙江商会
河源市嘉应商会
河源市中小企业商会
河源市广西商会
河源市湖北商会
河源市青年商会
河源市潮汕商会
河源市贵州商会
河源市高新区商会
河源市五华商会
河源市四川商会
河源市丰顺商会
河源市湖南商会
河源市河南商会

三、民办非企业单位（362个）：

河源市振邦职业培训学校
河源市领航职业技能培训学校
河源市年丰生态种养技术试验中心
河源市丰江白蚁防治研究所
河源市艺术培训中心
河源市业余体校青少年体育俱乐部
河源市白蚁技术防治开发中心
河源市医学会门诊部
河源市青少年乒乓球俱乐部
河源画院
河源长安医院
河源市古典名著油画系列创作室
河源市河源棋院
河源市坚基绿韵客家艺术团
河源市清洁生产中心
河源市中农大网络教育中心
河源市中小企业服务中心
河源美术研究院
河源市雕塑院
河源市太阳能技术应用研究所
河源市前程计算机操作员培训中心
河源市曹润莲美容美发培训学校
河源市金太阳文化艺术中心
河源市精诚仪器设备检测技术服务中心
河源市市政工程技术服务咨询中心
河源市浩博培训中心
河源市工商企业信息咨询服务中心
河源市东浩职业技能培训中心
河源市南国书香门第文化艺术培训中心
河源市第二职业技能鉴定所
河源市现代职业技术学校
河源市河源书画院
河源市启慧文体家教中心
河源市新河实验学校
河源市张婧古筝艺术中心
河源济民医院
河源市环保服务中心
河源市产业发展研究服务中心
河源市达德教育培训中心
河源市环宇电脑培训中心
河源市爱旋律少儿艺术团
河源市为尔开舞蹈艺术培训中心
《河源日报》小记者培训中心
《河源日报》书画院
河源市民乐团
河源市景程网络教育中心
河源市残疾人社会工作培训中心
河源市清洁生产中心
河源市东正职业技能培训学校
河源市音乐家琴行文化艺术培训中心
河源市珠江琴行文化艺术培训中心

河源市一中国家级青少年体育俱乐部
河源市河中青少年体育俱乐部
河源市阳光起点文化艺术培训中心
河源市远大职业技能培训中心
河源市朗朗文化艺术培训中心
河源市原生态食用菌研究所
河源市特蕾新艺术幼儿师范学校
河源市米乐舞蹈工作室
河源市金珠少儿舞蹈培训中心
河源市创艺文化艺术培训中心
河源市顺景汽车驾驶员职业技能培训学校
河源市舞星舞蹈培训中心
河源市大汉艺博院
河源市顺天源成人教育培训中心
河源市科技经济评估服务中心
河源市朗朗少儿合唱团
河源市腾飞武术馆
河源三针康复医院
河源恒信口腔医院
河源市大中会计培训中心
河源市再生资源回收服务中心
河源市信源职业培训学校
河源市远东文化艺术培训中心
河源市东江画院
河源市九洲驾驶员职业培训学校
河源市河源经贸学校
河源市新苗早期干预中心
河源市河卫职业培训学校
河源市云竹楼书画院
河源市星河少儿电视艺术团
河源客家文化少年新闻学院
河源市南开网球俱乐部
河源市力扬跆拳道馆
河源市成才文化服务中心
河源市友缘体育舞蹈培训中心
河源市弘毅培训中心
河源市小主人文化交流中心
河源现代中医医院
河源市艺海书画院
河源市瑞迪文化艺术培训中心
河源市阳光乒乓球俱乐部
河源阳光义工服务队
河源市岭南书画研究院
河源市现代教育培训中心
河源市东方教育培训中心
河源市青少年乒乓球训练中心
河源市职工服务中心
河源市心启航智能训练中心
河源市第四职业技能鉴定所
河源盈智志愿者服务中心
河源市爱心妈妈工作站
河源市鸿志中基客家文化博物馆
河源市艺腾跆拳道馆
河源市创业义工队
河源东江眼科疾病防治所
河源市东江文化艺术团
河源市童心文化艺术培训中心
河源市合唱团
河源市繁绿林业种苗研究所
河源市仁爱天下志愿者联盟服务中心
河源市兰茶坊书画院
河源市康民健康咨询服务中心
河源市爱心公益社会服务中心
河源市大自然微生物研究所
河源嘉客公益服务中心
河源老玩童长者服务中心
河源市建爱歌舞团
河源市博海文化艺术培训中心
河源市东江文化艺术培训中心
河源市河合职业技能培训学校
河源市阳明客家艺术团
河源北极星文化艺术培训中心
河源市文创纯糯原液研发中心
河源巴伐利亚教育培训中心
河源市启明星文化艺术培训中心
河源豫章文化艺术研究院
河源市绿意职业培训学校
河源世界乐器文化展览馆
河源市和美文化艺术培训中心
河源市恒丰畜牧种苗繁殖研究所
河源市家政服务网络中心
河源市乐天社志服务队
河源市建爱公益服务队
河源市建爱书画院
河源市好日子职业培训学校
河源市客家古邑歌舞团
河源市盆地一号生物绿色防控研究院
河源市陆驰篮球俱乐部
河源市茂群文化艺术培训中心
河源市颍川服务队
河源市万绿湖导游义工队
河源市金石教育培训中心
河源市缤缘书画院
河源市翰逸斋画院
河源市星艺舞蹈艺术团
河源市现代妇医慈善志愿者服务队
河源市红星羽毛球俱乐部
河源市恒信口腔医院志愿者服务队
河源市东方书画院
河源市越王书画院
河源市环万绿湖骑行俱乐部
河源市众爱志愿者服务中心
河源市紫藤花舞蹈艺术培训中心
河源市育才文化艺术培训中心
河源市39文化艺术中心
河源市梧桐树艺术中心
河源市雅心志愿者服务中心
河源市光明慈善志愿者服务中心
河源市一铭文化艺术培训中心
河源市育良社会工作服务中心
河源市华威农业科技研究所
河源市春风助学服务中心
河源市美玉舞蹈培训中心
河源市红丝带社会服务中心
河源市家家乐慈善公益服务中心
河源市瑜之舞培训中心
河源市金榜文化艺术培训中心
河源市扬爱残疾人爱心公益服务中心
河源市行者文明实践志愿者服务中心
河源万绿湖博物馆
河源市河教少儿文化艺术研究所
河源市三禹绿色建材技术研究院
河源市河教青少年公益服务中心
河源市良基家长文化公益服务中心
河源市尚客志愿者服务队
河源市积善之家公益服务中心
河源市师学世家文化艺术培训中心
河源市文顺驾驶员职业培训学校
河源市百家旺职业培训学校
河源市星火职业培训学校
河源市圆苹果文化艺术培训中心
河源市南粤青少年文化艺术培训中心
河源市点点青少年关爱中心
河源市现代农业科技研究所

河源市民华社会工作服务中心
河源市客韵民族艺术团
河源市瑞康儿童康复中心
河源市江中职业培训学校
河源市富农职业培训学校
河源市中灏职业培训学校
河源市深能合和电力义工服务队
河源市客家人青少年体育俱乐部
河源市中心壹号教育城义工队
河源市惠众职业培训学校
河源市启程足球俱乐部
河源市清华园文化艺术馆
河源市友源职业培训学校
河源市惠信职业培训学校
河源市新凌嘉新能源材料研究院
河源市源创职业培训学校
河源市南国书香门第慈善公益服务中心
河源市万绿歌舞团
河源市同济安康颐养院
河源市悦心职业培训学校
河源市阳光学苑文化艺术培训中心
河源市蔚蓝义工队
河源市百草轩职业培训学校
河源市星光民间艺术团
河源市绿点职业培训学校
河源市国柠现代农业研究院
河源市亮点志愿者服务中心
河源市德爱慈善服务中心
河源市星光特殊儿童康复中心
河源市中正健康职业培训学校
河源市中美心理研究所
河源市和缘志愿者慈善服务队
河源市春之声歌舞团
河源市星河高科职业培训学校
河源市厚德志愿者慈善服务中心
河源市宝树轩志愿者慈善服务中心
河源市八七志愿者慈善服务队
河源市明亮志愿者慈善服务队
河源友好医院
河源市启梦文化艺术培训中心
河源市思学苑文化艺术培训中心
河源市声音志愿者服务队
河源市时代慈善志愿者服务队
河源市喜洋洋婚庆职业培训学校
河源市善行慈善志愿者服务队
河源市书香世家文化艺术培训中心
河源市创业创新服务中心
河源市德善社会工作服务中心
河源市携爱慈善志愿者服务队
河源市益剪志愿者服务队
河源市同心慈善服务队
河源市杰才职业培训学校
河源市优优文化艺术中心
河源市客家体育俱乐部
河源市中马泰新生物研究所
河源市国爱志愿服务队
河源市翔龙职业培训学校
河源市建协职业培训学校
河源市美晨智能研究院
河源市正德中学
河源市翰育生态科技研究院
河源市弘霞客科技研究院
河源市童年生物科技研究院
河源市然生新材料研究院
河源市霸王花绿色食品研究院
河源市海川水环境研究院
河源市颢禾环境治理研究院
河源市河芝源微生物制品研究所
河源中立法律服务社
河源市大学城教育培训中心
河源市兴河职业培训学校
河源市裕森农林科学技术研究所
河源市正能量志愿服务队
河源市感恩有你公益服务队
河源市天佑慈善服务中心
河源市前海企业上市服务中心
河源市华伦近视弱视研究所
河源市素心公益义工队
河源康华中医医院
河源市金品农业科技创新研究院
河源市爱迪尔化妆职业培训学校
河源市绿兴农业科技研究院
河源市万绿禾缘文化艺术团
河源市弈园棋牌时尚运动俱乐部
河源市拜博东华口腔医院志愿服务队
河源市南方书画艺术中心
河源市三针康复中心
河源市数农科技研究院
河源市万绿禾缘文化艺术培训中心
河源市响铛铛艺术培训中心
河源市岭南湖畔教育培训中心
河源市熙研健康产业研究院
河源市慧君儿童康复中心
河源市融和农业科技研究院
河源市深河创新产业研究院
河源市大爱慈善服务中心
河源市源日通光热技术新材料研究院
河源市牙博仕志愿者服务中心
河源市百美果蔬深加工研究院
河源市省科院研究院
河源巴伐利亚医疗健康养生医院
河源市艾卡乐足球俱乐部
河源市六艺棋牌运动俱乐部
河源市匠人生物科技研究院
河源市数码港智能照明研究院
河源市一片天社会工作服务中心
河源市天和第三代半导体产业技术研究院
河源市丝语文化艺术培训中心
河源市百搭社会工作服务中心
河源市飞跃青少年体育俱乐部
河源市美丽苑职业培训学校
河源市新思成艺术教育培训中心
河源市诠景视觉文化遗产会馆
河源市医事志愿者服务中心
河源市潼米儿童康复中心
河源市她力量妇女儿童服务中心
河源市星途艺术培训中心
河源市立国新医药研究院
河源市鹏禧赛鸽俱乐部
河源市龙才职业培训学校
河源市她力量职业培训学校
河源东埔医院
河源市地瓜户外运动俱乐部
河源市星星语儿童发育障碍康复评估中心
河源市德爱教育研究院
河源市河星体体育俱乐部
河源市退役军人志愿者服务队
河源市甜雅蕙职业培训学校
河源市百利职业培训学校
河源市快姨职业培训学校
河源市杜鹃花职业培训学校
河源市亿居职业培训学校
河源市扬航艺术培训中心
河源市鼎盛职业培训学校
河源市鸿运柏林职业培训学校

河源市弘霞客职业培训学校
河源市百搭现代职业培训学校
河源新宝医院
河源市红柚子文化艺术中心
河源市河保保安职业培训学校
河源市西可职业培训学校
河源市餐协职业培训学校
河源市曾大姐职业培训学校
河源市万绿灯塔职业培训学校
河源市东华实验学校
河源市深大湾区研究院
河源广赋创新学校
河源市熙润职业培训学校
河源市广师大研究院
河源市喜阳职业培训学校
河源市卫国职业培训学校
河源市南开高级中学
河源市三针和顺职业培训学校
河源市唐荟职业培训学校
河源市百信职业培训学校
河源市湾区数字经济技术创新中心
河源市东江壹号职业培训学校
河源市退役军人艺术团
河源市华南职业培训学校
河源市科特派数字乡村研究院
河源市北斗智慧农业研究院
河源市零道智控职业培训学校
河源市三针残疾人托养服务中心
河源市灯塔盆地仲恺乡村振兴职业培训学院
河源市博瑞职业培训学校
河源市健民职业培训学校
河源市家家乐职业培训学校
河源市鲲鹏职业培训学校
河源市退役军人应急救援队
河源市龙川第一实验学校
河源市万绿退役军人就业创业服务中心
河源市阳光度职业培训学校
河源市华南油茶产业研究院
河源市博众职业培训学校
河源市守望儿童康复中心
河源市柏瑞康职业培训学校
河源市胜达职业培训学校

（陈　凯）

退役军人事务

【服务保障体系建设】 2021年，河源市构建由市、县、镇、村四级1554个退役军人服务中心（站）组成的退役军人服务保障体系。创建全国示范型和广东省星级示范退役军人服务中心（站），截至11月，全市108个退役军人服务中心（站）达到全国示范型和广东省星级示范型退役军人服务中心（站）标准，其中59个达到五星级标准，视频连线验收12个村（社区）服务站。举办全市退役军人服务中心（站）能力提升培训班，建立退役军人法律援助服务机制，与市法律援助处联动设立驻市退役军人服务中心工作站。

【政策制度落实】 2021年，河源市健全优抚机制，制定军人、军属、退役军人和其他优抚对象基本优待目录清单和优待对象工作责任清单，印发《关于进一步做好义务兵优待相关工作的通知》。提高义务兵优待标准，制定《河源市烈士评定申报审核工作制度》，烈士评定更加规范科学。核查比对重点优抚对象数据，动态采集管理退役军人和其他优抚对象信息，录入信息采集系统。落实落细优抚政策待遇，落实优抚抚恤补助自然增长机制，标准平均比省定标准高出16.9%。按计划及时下拨退役军人、优抚对象及军休各项优抚资金和优待抚恤补助，发挥省退役军人应急救助机制纾困解难作用。强化烈士纪念设施管理保护。借助烈士纪念设施信息系统，对全市1322处烈士纪念设施开展普查和维修保护工作，联合市检察院加大对烈士纪念设施的保护力度，连平大湖、三角战役革命烈士纪念碑和和平革命烈士陵园被列入国家“十四五”规划重点维修烈士纪念设施。做好部分退役士兵社保接续工作，为退役士兵补缴社保。高标准完成安置任务，为符合政府安排工作条件的军转干部、退役士兵落实工作单位及相应待遇。发放自主择业军转干部住房补贴。

【就业创业】 2021年，河源市借助政务服务平台畅通退役士兵返乡报到“一站式”办理渠道，接收自主就业退役士兵。开展退役军人学历提升行动，宣传推动“退役军人学历提升计划”，为退役士兵就读河源职业技术学院和中等职业学校创造条件。分2期对当年度接收报到的退役士兵进行适应性培训。搭建退役军人就业创业平台，联合市人社局举办退役军人、军人家属专场招聘会，为退役士兵及军人家属提供就业创业服务。联合市教育局、人力资源和社会保障局对河源职业技术学院、河源技师学校开展退役士兵教育培训情况监督检查。

【双拥工作】 2021年，河源市通过发送市委、市政府春节慰问信、《致全体退役军人的一封信》等方式传达党和政府的关怀。组织开展“八一”建军节拥军优属、帮扶援助主题走访慰问等活动，市、县两级党委、政府慰问驻河源部队，送去慰问物资；市县退役军人事务部门慰问功臣模范等，发放慰问金（物资），市退役军人事务部门慰问龙川县、紫金县光荣院和龙川县军供站。引导社会化双拥新模式，以河源市爱国拥军促进会、河源市退役军志愿者服务队、河源市退役军人艺术团为依托，鼓励和引导企业、社会组织、个人等社会力量为退役军人提供支持和帮助，送去慰问金（含物品）。聚力营造浓厚双拥氛围，召开全市双拥模范表彰暨新一轮创建工作动员大会，表彰88个双拥模范单位（个人），部署新一轮双拥创建工作。开展《中华人民共和国退役军人保障法》主题演出、“双拥在基层”等宣传活动，出版4期《河源双拥》杂志，将党史学习教育和庆祝中国共产党成立100周年融入双拥工作各环节，营造浓厚“荣军”氛围。助力部队训练备战。全面落实拥军优属政策，开展“为部队办实事”活动，市委主要领导率领市直相关单位负责人、驻地地方主要负责人到驻河源部队，现场协调解决征地历史遗留、部队出入通道、军地协作机制、改善生活用水等问题。

【思想政治引领】 2021年，河源市强化退役军人思想政治教育。开展《中华人民共和国退役军人保障法》学习宣传月、“老兵永远跟党走”建党100周年系列活动、“我为群众办实事”实践活动等，以丰富的载体彰显退役军人退役不褪色、离军不离党的优秀品质，引导退役军人听党话、感党恩、跟党走。退役军人党员结对帮扶走深走实，全市市县镇（含机关）领导干部、团体组织或单位（含企业）、个人与辖区内退役军人进行结对帮扶。常态化联系退役军人深入开展，全市退役军人事务系统常态化联系退役军人，走访退役军人。“优秀退役军人典型代表”建功乡村振兴。推动退役军人在村（社区）“两委”、民兵连中担任职务，“兵支书”发挥退役军人特有优势，投身乡村振兴、乡村治理工作。 *（魏舟扬）*

民族·宗教

【民族工作】 2021年，河源市深入贯彻中央民族工作会议精神，贯彻落实河源市《关于推动民族地区加快高质量发展实施方案》，投入各级各类资金4600多万元，加快完善民族地区基础设施，推进产业落地落实，提高公共服务水平，少数民族群众获得感、幸福感、安全感持续增强。依托统战工作平台、民族团结进步教育基地，开展社会主义核心价值观教育实践活动和民族团结进步宣传教育活动6场次，促进民族团结和睦，构筑中华民族共有精神家园。东源县新港镇双田畲族村获评广东省第一批民族宗教法治工作基层联系点；东源县新港镇南湖中心校入选全省开展铸牢中华民族共同体意识示范教学活动的试点学校。指导东源县举办首届民宿招商推介会暨双田畲族村“蓝大将军”出巡民俗文化活动，传承发展民族特色文化，支持民族地区高质量发展。

【宗教工作】 2021年，河源市建立宗教事务网格化管理机制，压实宗教工作管理责任，探索建立以网格为面、以场所为点的“点面”结合管理模式，建立宗教活动场所建设行为监管联动机制，对宗教活动场所建设的监管力度加大。印发《河源市宗教活动场所规范化建设指引（试行）》，加强对宗教活动场所规范化管理。毫不松懈做好宗教领域常态化疫情防控和应急响应工作，压紧压实各级属地管理责任和宗教活动场所疫情防控主体责任，全市宗教领域始终保持疫情“零输入、零感染”。*（赖二招）*

区·县

编辑：吴静文

源城区

【基本情况】 建置沿革　县治自南朝齐永明元年（483）设置。1988年1月，经国务院批准撤销河源县，设置河源市（地级市）。原河源县被分拆为源城区和郊区（后改为东源县）。原河源县的东埔镇、源城镇、埔前镇和高埔岗农场划为源城区辖区，其余划为郊区（今东源县）管辖。从1988年1月至1997年2月，河源市源城区下辖源城镇、东埔镇、埔前镇和高埔岗农场。1997年3月经广东省人民政府批准，撤销源城镇和东埔镇，设置上城、新江、东埔、源西4个办事处和源南镇，保留埔前镇和高埔岗农场建制。2003年12月，为适应街道工作的需要，改办事处为街道办事处。埔前镇、源南镇和高埔岗农场未更名。2011年3月，经省人民政府批准，设立高埔岗街道办事处，管辖原国营高埔岗农场所属范围。全区有46个社区居民委员会、28个村民委员会。

位置面积　位于广东省东北部，河源市最南端。以老城区为中心，东与紫金县临江镇接壤，南至埔前镇，与博罗县石坝镇相邻，西与东源县新港镇交界，北与东源县仙塘镇相连。源城区处于北纬23° 31′ 21″ ~23° 51′，东经114° 31′ 34″ ~114° 45′ 4″ 。源城区总面积361.5平方千米，其中市区规划面积120平方千米。源城区是粤东北的交通枢纽，水陆交通比较发达。境内国道205、河（河源）惠（惠州）高速公路纵贯南北，河（河源）汕（汕头）公路横跨东西，国道205（东环路）、西环路、粤赣高速公路及河（河源）龙（龙川）高速公路分别从城区的东西两边通过；中国南北第二大动脉京（北京）九（九龙）铁路以及广（广州）梅（梅州）汕（汕头）铁路连接城区。东江航运上可达龙川，下可通惠州、广州。

民族、人口、语言　源城区有31个民族，除汉族外，有30个少数民族。2021年年末，常住人口70.75万人，户籍人口34万人。源城区属客家方言区，语言受正统客家话及白话（广州话）的影响较大，有的词语读音与梅州话相似，少数词语与广州话相近，但全区语言总体上属客家方言。

地形地势　源城区的地势为南北走向的长方块状地形，中间高，南北两端低。北面是东江与新丰江的汇合处，是两江冲积而成的盆地。中间是低丘陵地带。南面为东江冲积而成的埔前小平原，地势平坦。西面是桂山山脉，东面是流经源城区全境的东江。

主要河流　源城区境内河流，统属于珠江水系东江干流水系。一级支流新丰江和东江干流穿越境内，两江河段（源城）的河流比降落差不大，流速较缓慢，河面较宽阔。除东江、新丰江河段外，还有埔前河、七寨河、木京河、高塘水、赤坑水、洪洞水、万洞水、蓝田水、香车河、双下水河流10条，其集水面积不大，均在100平方千米以下。其中埔前河、七寨河、香车河是源城区较大的河流，集水面积都在40平方千米以上。

气候特征　源城区属亚热带季风气候区，环境质量总体保持优良水平。上半年盛行东北季风，天气较为干冷；下半年盛行西南和东南季风，高温多雨。源城区历年平均温度21.4℃，历年极端最高温度38.8℃，历年极端最低温度级-5.58℃；历年平均年降雨量1582.0毫米，历年平均年雨日148天；历年平均年日照时数1866.6小时，年平均相对湿度76.9%。源城区热量充足，雨水充沛，日照充足，气候资源丰富，适宜种植亚热带作物。

土地资源　源城区土地总面36146.64公顷，其中耕地面积1864.84公顷，林地面积18709.16公顷，园地面积2188.81公顷，草地面积898.77公顷。东江、新丰江纵贯全境。

动植物资源　生物资源丰富，主要分布于大桂山省级自然保护区内。区内有野生维管植物198科、660属、1280种，分别占广东省维管植物280科、1645属、7055种的70.7%、40.1%和18.1%。区内包括国家重点保护植物7科、7属、7种，均为二级保护植物，占广东省国家重点保护野生植物的10.9%。区内珍稀濒危植物有10科、11种。野生动物种类有水体浮游动物43种、脊椎野生动物215种，隶属33目、83科、168属。区内属国家重点保护动物，珍稀濒危动物

21种，其中国家一级重点保护动物2种，国家二级重点保护动物19种。省级重点保护动物11种。受国家保护的有益或者有重要经济、科学研究价值的陆生野生动物102种。

矿产资源 所属区域发现矿产11种，主要有铜、铁、铅、锌、稀土、萤石矿、硅石矿、建筑用砂石或砖瓦黏土、矿泉水、地热水等，有矿产地19处。其中通过地质勘查探明储量的矿产6种，主要有萤石矿、硅石矿、建筑用砂石、砖瓦黏土、矿泉水、地热水等。有2个总流量36万立方米的中型地下热水矿；12个普通萤石矿；1个总资源量为63万立方米的小型砖瓦黏土矿；1个资源量125万立方米的小型建筑用砂矿；3个总资源量137.5立方米的小型建筑用石料矿；1个资源量1.3万立方米的小型矿泉水矿；1个资源储量112万吨的小型铁矿。全区有持证矿山4家。

水力资源 源城区地处南亚热带，气温高，雨量充沛。区内有东江、新丰江、埔前河、七寨河、香车河等21条河流，河流长度151.27千米，流域面积708.51平方千米。水库22宗，集雨面积153.94平方千米，设计库容3446.2万立方米。电站13宗，电站装机容量7885千瓦。源城区水资源丰富，多年平均径流深1000～1200毫米，多年平均径流量150亿立方米，多年平均水资源总量3.94亿立方米，可开发利用水资源总量1.59亿立方米。

旅游资源 有南宋时期的龟峰塔、河源革命烈士陵园、鳄湖、高埔岗温泉度假村、化龙路商业街、太平古街、新丰江电站大坝、巴伐利亚庄园；大桂山生态旅游区有野趣沟旅游区，有春沐源岭南生态小镇、客天下水晶温泉、七寨湖公园；位于新丰江上的亚洲高喷，主喷水柱高169米。近几年来，在岩前等地先后发掘有恐龙蛋、骨骼和脚印化石群。

【经济发展概况】 2021年，源城区生产总值302.98亿元，比上年增长9.2%，三次产业结构调整优化为1.1∶29.5∶69.4，其中，第一产业增加值3.44亿元，增长3.1%；第二产业增加值89.44亿元，增长21.1%；第三产业增加值210.10亿元，增长5.0%。固定资产投资增长10.6%。社会消费品零售总额136.21亿元，增长7.5%。城镇居民人均可支配收入35680元，增长4.0%；农村居民人均可支配收入26455元，增长12.1%。

农业 全区完成农林牧渔业总产值5.93亿元，增长0.9%。肉类产量7454吨，出栏生猪406头，出笼三鸟596.64万只，粮食产量11344.6吨，水果产量5064吨，蔬菜产量41442吨。

工业 全区全社会工业增加值68.26亿元，比上年增长22.8%。规模以上工业总产值279.81亿元，增长23.1%；规模以上工业增加值66.65亿元，增长23.0%。

对外贸易 全区实际利用外资1.22亿元，比上年增长20.0%，外贸进出口总额76.7亿元，比上年增长21.0%。其中出口总额53.3亿元，比上年增长20.3%；进口总额23.4亿元，比上年增长22.5%。

旅游 全区接待旅游286.12万人次，增长31.1%，实现旅游总收入23.99亿元，增长11.6%。

【社会事业发展概况】 *教育* 2021年，源城区小学适龄儿童入学率100%、毕业率100%；初中毛入学率119.5%；残疾青少年儿童义务教育入学率97.2%以上；初中毕业生升学率98%，高中阶段教育毛入学率98.6%。源城区获评省推进教育现代化先进区，埔前中学、源西中学、下角小学、高莲小学、太阳升小学、雅居乐小学和公园西小学被评为“全国青少年校园足球特色学校”，区实验中学、龙光城小学、新风路幼儿园、黄子洞小学等新、改（扩）建项目如期建设，学校基础设施建设不断健全完善。

文化体育 举办源城区首届“非遗墟市”活动，筹备启动博物馆建设，区文化馆、图书馆均获国家一级馆，72个村（社区）基层综合性文化服务中心全面建成，率先在全市实现基层综合性文化服务中心建设100%全覆盖，公共文化服务能力攀升。体育事业蓬勃发展，全民健身活动深入推进。

社会保障与福利 全区参加城乡居民基本养老保险65560人，参加机关养老保险6833人，参加企业职工基本养老保险73552人，参加失业保险58121人，参加工伤保险 71120人。

重大项目建设 2021年，源城区60个重点项目（含省市重点项目23个）全年完成总投资96.8亿元，完成年度目标任务的101.1%，河源春沐源·岭南生态旅游度假区、河源春沐源·岭南生态农业观光建设项目、河源客天下国际旅游度假区、源南龙光实验中学、河源鹏城·科技生态园、广州大学附属中学（河源）巴伐利亚庄园实验学校二期等省市重点项目进展顺利，28个重点项目超额完成年度投资任务。

【埔前镇】 位于源城区最南端，东临东江，西靠桂山，北接高埔岗街道。辖16个村民委员会、2个社区居民委员会。户籍人口5.33万人，常住人口9.9万人。总面积130.7平方千米，耕地面积0.14万公顷，林地面积0.64万公顷。打造春沐源岭南生态小镇、上村村红色文化教育基地、东兴旺农场旅游精品路线，被评为广东省休闲农业与乡村旅游示范镇。坪围村被评为“全国文明村镇”，陂角村入选“全国乡村旅游重点村”，上村村入选“广东省文化和旅游特色村”。形成光伏发电、生态养殖、电商创业园、无花果和花卉种植等扶贫产业。建档立卡的贫户均实现脱贫，坪围村获“全国脱贫攻坚先进集体”称号。2021年，规模以上工业总产值71.77亿元，比上年增长35.1%；规模以上工业增加值20.77亿元，增长54.4%；固定资产投资额增长20.4%。

【源南镇】 东临东江，南接埔前镇、高埔岗街道，西靠桂山自然保护区、新丰江水库，北接源西、上城、新江街道。辖5个村民委员会、2个社区居民委员会及2个镇直村小组。总面积96.45平方千米。常住人口6.2万人，户籍人口2.4万人。东江、新丰江纵横境内。京九铁路、阿深高速公路、205国道在辖区过境。有野趣沟风景区、桂山自然保护区、市级文物保护单位阿婆庙等旅游休闲胜地；矿产资源有萤石、铅矾土、瓷土、稀土和碳石等。2021年，规模以上工业总产值5.82亿元，比上年增长2.4%；规模以上工业增加值1.66亿元，增长13.0%；固定资产投资额增长28.0%。

【上城街道】 东靠东江，南接源南镇，西临新江街道，北临新丰江。辖6个社区居民委员会。总面积4.1平方千米。常住人口4.6万人。有龟峰塔、鳄湖公园、中山公园、革命烈士陵园、阮啸仙纪念碑、市博物馆等。2021年，规模以上工业总产值10.13亿元，比上年增长13.9%；规模以上工业增加值2.14亿元，增长10.2%；固定资产投资额下降0.4%。

【东埔街道】 位于河源市区中心，东倚东江，南靠新丰江，西接205国道，北通东源县。总面积38平方千米。辖3个村民委员会、15个社区居民委员会。总人口24.8万人。有亚洲高喷、客家文化公园等。有坚基购物广场、万隆城购物中心两个全市最大商业综合体。有叶绿野美术馆、桃花水母大剧院、全民健身广场等。2021年，规模以上工业总产值9.44亿元，比上年增长12.5%；规模以上工业增加值2.27亿元，增长13.3%；固定资产投资额增长39.3%。

【新江街道】 位于市区老城商贸中心。总面积3.7平方千米。辖6个社区居民委员会。常住人口3.58万人。205国道贯穿辖区。有中心市场、城南市场等7个大型农贸市场和化龙商业中心、儿童城、好万家电器城等大型商业设施，建有汇豪国际、滨江金利等多家星级酒店，形成滨江餐饮美食、农副产品集散和小商品批发特色商圈，是市区传统的商贸旺地。2021年，规模以上工业总产值3.04亿元，比上年增长15.9%；规模以上工业增加值0.88亿元，增长13.6%；固定资产投资额下降11.8%。

【源西街道】 东至河源大道，南至新丰江，西至东源县新港镇，北至东埔街道办事处高塘村。辖4个村民委员会、12个社区居民委员会。总面积63平方千米。常住人口17.60万人。205国道、老广梅路、粤赣高速、京九铁路、广梅汕铁路贯穿全境。有保利·响水国际旅游生态度假区、笔架山公园、望郎回风景区、新塘生态美丽乡村、香车体育产业园等景区。2021年，规模以上工业总产值11.70亿元，比上年增长1.1%；规模以上工业增加值2.99亿元，下降4.5%；固定资产投资额下降50.7%。

【高埔岗街道】 位于源城区南端。总面积10.5平方千米。辖3个社区居民委员会。总人口2万多人，户籍人口3800多人，94%以上为新丰江水库移民。有企业23家，其中上市企业1家（广东雅达电子股份有限公司），筹备上市企业1家（广东家顺康实业有限公司），国家AAAA级生态旅游景区2家（巴伐利亚庄园和客天下·水晶温泉度假区），国家AAA级旅游景区1家（大水井特色民宿文化旅游区）。2021年，规模以上工业总产值7.29亿元，比上年增长13.5%；规模以上工业增加值2.59亿元，增长12.4%；固定资产投资额增长4.9%。

2021年源城区领导成员名单

中共源城区委员会

书　记：
- 邓卓文（　—2021.8）
- 孙　锋（2021.8—　）

副书记：
- 王　巍（　—2021.8）
- 许西湖（　—2021.8）
- 刘国才
- 黄焕辉

常　委：
- 何远航（　—2021.8）
- 林振芳（　—2021.8）
- 缪允东（　—2021.8）
- 李　琦（　—2021.8）
- 曹其捷（挂职）
- 邓小林（　—2021.8）
- 黄　晰（　—2021.8）
- 钟伟林
- 江伟良
- 曹新华
- 陈　炜
- 疏　纲
- 张斯霞

源城区人大常委会

主　任：
- 李国兴（　—2021.8）
- 刘贞华（2021.8—　）

副主任：
- 欧志平
- 周小平
- 肖良东
- 杨振荣
- 邝以文
- 赵友方
- 黄小青
- 赖志忠
- 黄治安

源城区人民政府

区　长：
- 刘国才

副区长：
- 缪允东
- 张国基
- 邱瑞勇
- 范志君（女）
- 刘小平
- 曹新华

黎映花
张斌松
吴 健
邓彬斌
黄模周

政协源城区委员会

主 席：
邱瑞勇（ —2021.8）
陈农心（2021.8— ）

副主席：
黄日辉
陈丽芳
叶锦通
谢伟东
朱良聪
杨辉强

中共源城区纪律检查委员会
源城区监察委员会

书 记、主 任：
何远航（ —2021.5）
黄小华（2021.5— ）

（朱国祥）

东源县

【基本情况】 建置沿革 东源县的前身为原河源县的主体。河源县成立于南朝齐永明元年（483），立县1500余年。1988年1月，经国务院批准，河源撤县建市分区，将原河源县3个镇划为源城区，其余24个乡镇划为郊区。1993年11月8日，经国务院民政部批准撤销河源市郊区，建立东源县，县城设在仙塘镇木京。经省民政厅批准，2002年撤销久社镇，其辖区划归黄田镇；2003年撤销三河镇和黄沙镇，其辖区划归船塘镇；2021年，全县辖20个镇1个民族乡，258个村民委员会、28个社区居民委员会。

位置面积 东源县位于广东省东北部、东江中上游，东邻龙川县、五华县，南接河源市源城区和紫金县，西连龙门县、新丰县，北靠和平县、连平县，地处北纬23° 22′～24° 15′，东经114° 19′～115° 22′。辖区东西长130千米，南北宽66.6千米，总面积4070平方千米。新丰江、东江及国道205、广梅汕铁路、京九铁路、梅龙高速公路、粤赣高速公路、汕昆高速公路贯穿县境南北。

地形、气候 东源县地形为东西宽、南北窄，地势北高南低；东西两侧多山，南北以丘陵为主，山岭与谷地相间。海拔1000米以上的山峰有七目嶂、缺牙山、桂山、燕子岩、鳌鱼峰、蝉子顶、五指山等7座，其中以黄村镇与五华、龙川县交界的七目嶂为最高，主峰海拔1318米。境内河流众多，东江及其支流新丰江贯穿全境。河道管护工作线多面广，共有中小河流151条，河流总长达1607千米（不含东江，东江流经县境内长70千米）。集雨面积100平方千米以上的河流有10条，总长度343千米；集雨面积在100平方千米以下、50平方千米以上的河流21条，总长356千米；50平方千米以下的河流120条，总长908千米。2021年，年平均气温为23.6℃，较常年平均气温（22.0℃）偏高1.6℃；极端最高气温为38.7℃，极端最低气温为1.2℃；年降水总日数为107天，其中暴雨日数4天；年总降水量为1146.0毫米，较常年平均（1910.1毫米）偏少40%；年日照时数为1953.8小时，较常年（1754.5小时）平均偏少11.0%；年平均相对湿度为67.2%，较常年平均（73.7%）偏低6.5%。

人口、民族 2021年，东源县年末户籍人口58.69万人，常住人口35.11万人。民族主要为汉族，其次为畲族。

土地资源 全县有耕地2.54万公顷，园地1.13万公顷，林地30.86万公顷，草地0.49万公顷，水域4.13万公顷。

水资源 全县水域面积4.13万公顷，其中河流（湖泊）水面0.71万公顷，水库水面2.83万公顷，坑塘水面0.28万公顷，内陆滩涂面积1187.57万公顷。水资源总量54.15亿立方米，降水量1146.0毫米，人均水资源量1.3万立方米。总供水量和总用水量均为2.66亿立方米。

矿产资源 全县发现矿种25种，其中能源矿产1种，为地热矿；金属矿产10种，分别为铁、钛、铜、铅、锌、钴、钨、锡、钽、稀土；非金属矿产11种，分别为磷、硫铁矿、萤石、水泥用灰岩、玻璃用脉石英、高岭土、陶瓷土、建筑用辉绿岩、花岗岩、饰面用花岗岩、大理岩；水气矿产1种，为矿泉水。

热矿水资源 县内有热矿水矿产地12处，其中闭坑5处，开发利用1处。主要分布在黄田、叶潭、蓝口、康禾、仙塘等镇。温度普遍较高，一般在50℃～90℃，日开采量6484立方米；水质属重碳酸钙低矿化水，含有多种有益于人体健康的微量元素及硫黄等。

动植物种类 县内动物种类有150种，其中属国家二级重点保护野生动物10种。植物种类749种。

旅游资源 东源县有万绿湖、桂山、镜花缘、水月湾、龙凤岛、镜花岭、送水观音、客家风情馆、万绿谷、苏家围·东江画廊、南园古村、东江野战俱乐部、黄龙岩、阮啸仙故居、叶园温泉、康泉十八16个开放景区，乡村旅游民宿共有167家，其中112家审核登记发证，星级乡村旅游民宿11家（梨花屋舍、康汇·酒坊民宿、绿湖春生态农庄、阳光绿源生态农庄、竹里馆民宿、赖家湾民宿、双江田园农庄、三里长峡农家庄、乐栈民宿、碉楼山庄、黄家客栈），广东省乡村民宿示范点4家（竹里馆、梨花屋舍、万绿客家驿站、酒坊民宿）。

名优特产 东源县主要土特产品有：上莞仙湖茶、康禾茶、石坪茶、蓝口礤头茶、霸王花米排粉、“望郎回”板栗、绿纯客家娘酒、黄田米酒、灵芝、五指毛桃、蜂蜜等。客家十大名菜有：东江盐焗鸡、红焖猪肉、东江酿豆腐、上汤桂花鱼、客家酿三宝、娘酒醉河虾、清煲草鱼、水晶鸡、薯丝煲、咸香鸭。

【经济发展概况】 2021年，东源县地区生产总值167.19亿元，比上年增长20.7%；工业总产值217.61亿元，增长8.6%；农业总产值45.81亿元，增长23.1%；地方财政一般预算收入13.39亿元，增长12.6%；实现外贸进出口总额55亿元，增长11.1%；社会消费品零售总额43.61亿元，增长7.4%；旅游总收入8.2亿元，增长11.1%；人均生产总值4.78万元，增长25.5%。

农业 全县农林牧渔业累计总产值45.8亿元，比上年增长18%。粮食播种面积2.54万公顷，总产量15.38万吨；完成撂荒耕地复耕复种面积0.39万公顷。水产养殖面积1000公顷，总产量1.15万吨；生猪年存栏23.6万头；水稻综合机械化率67.2%。茶叶、板栗、蓝莓、马铃薯、油茶、山桐子、种猪、种鸡、种鸽、淡水鱼、种鹅、发酵蔬菜12个种业基地建设有序推进，其中完成蓝莓、板栗、茶叶、生猪、油茶、马铃薯6个种业基地建设。农业龙头企业140家、家庭农场296家、县级以上农民专业合作社166家，其中2021年申报国家龙头企业1家、省级龙头企业4家、市级龙头企业8家、县级龙头企业18家。有全国名特优新农产品3个（茶叶、板栗、蓝莓），“三品一标”认证农产品78个；有“粤字号”农业品牌26个，其中新增3个。制定《东源县农村土地承包经营权流转奖补实施方案（试行）》，出台《东源县农村宅基地审批管理实施细则（试行）》。

工业 全县新增规模以上工业企业15家，规上工业企业总数108家。完成规上工业总产值217.61亿元，比上年增长9%；规上工业增加值54.22亿元，增长20.6%；工业固定资产投资33.4亿元，增长3.1%。帮助力升树灯、东聚能源等18家企业申请上级扶持资金3982万元。引进主导产业24个，其中高新技术企业15个，总投资金额81.1亿元；新增国家高新技术企业7家，省级以上“星创天地”17家，省级企业技术中心33家，市级以上研发机构6家，市级农业科技创新中心2家。建设完成电商公共服务体系，县、乡、村三级物流体系及农村电商培训体系。建成5G基站182个（移动122个、电信60个），有5G终端用户2.64万户。全域纳入光网全覆盖规划自然村50个，覆盖率100%。

林业 全县完成水源（水土保持）森林建设工程1560公顷（含封山育林），完成中央森林抚育工程2057公顷，森林碳汇重点生态工程建设种植100公顷，省级森林碳汇抚育工程1800公顷。种植火焰木、白玉兰、紫薇等多种花色树种树苗1000多株，全县义务植树3万多株。签订桉树整治协议120宗，发证面积2667公顷，发证蓄积17.16万立方米。核发林木采伐许可证1660张，发证面积4981公顷。开展森林松材线虫病防治示范工程建设3330公顷，完成松材线虫病除治1.11万公顷。

水利水电 全县河长巡河1.6万人次。投入“清漂”资金586.62万元，清理水面漂浮物1.26万吨，清理河道长度249.9千米。开展水浮莲收购试点，收购水浮莲78.68万千克，惠及群众2393人。集中供水工程覆盖258个行政村。基本完成涉及11个乡镇、36个行政村、189个小组、15827户、75923人的农村集中供水全覆盖任务。依法对全县取用水企业核发、换发取水许可证，办理取水许可审批60件。开展取用水管理专项行动和用水统计调查工作，完成核查登记802宗，其中办理取水许可证185宗。

旅游 全县旅游接待147.12万人次，旅业总收入8.2亿元。出台《东源县省级全域旅游示范区工作实施方案》，推行“东源惠游一卡通”；拍摄制作《万绿之都 活力东源》《万绿湖 月光曲》东源文旅宣传片。完成全县112家民宿登记发证。

【社会事业发展概况】 教育 2021年，东源县有学校124所，职业学校2所，完全中学1所，高级中学2所，初级中学17所，九年一贯制学校7所，完全小学67所，教学点27所，特殊学校1所。职业学校在校学生990人，中小学校在校学生52814人，其中，高中生9497人，初中生13874人，小学生29443人；幼儿园63所，在园幼儿12574人。推动仙塘镇中心幼儿园新建项目、东源县第二幼儿园改扩建项目，开办崇伊学校附属幼儿园，新增100个公办学位。回收11所民办幼儿园转为公办幼儿园，与2所住宅小区配套幼儿园签订转普惠性民办园协议。“三残”（智残、体残、肢残）儿童少年毛入学率98%。引进25名河职院定向培养农村小学教师和2名省定向培养粤东西北中小学教师，从县城学校中选派30名教师对口到乡镇学校支教，组织协调省派22位教师到东源县支教工作，推动教师轮岗交流制，对符合条件的154位教师进行轮岗交流，均衡乡镇学校的师资配置。

文化广电体育 全县文化广电旅游体育局推动基层综合性文化服务中心提质提效，黄田镇白溪村、康禾镇曲龙村等11个基层综合性文化服务中心建设达标，完成柳城镇、仙塘镇以及仙塘镇观塘村等3块社会足球场地和东源公园（全民健身广场）篮球场建设，县博物馆临时展厅、县文化馆非物质文化遗产展厅建成并于7月1日前对外开放，阮啸仙故居三堂屋和仙坑村八角楼文物本体完成修缮；县级文保护单位乐村石楼、双田敬慎堂等4处文物完成抢险加固；创作一批文艺精品，其中《跟娘回家》获“风雅颂第六届广东省朗诵大赛（河源赛区）”金奖，《竹板欢歌》获“2021年河源市第九届广场舞表演赛”金奖、优秀创作奖，《欢腾粤赣边》获“2021年‘河源发声’第三届音乐作品创作大赛”一等奖，《东江如画》获“‘河源发声’河源市第二届原创歌曲创作大赛”一等奖。

卫生 全县有各级各类医疗卫生机构377所，其中县级公立医院3家（县人民医院、县中医院、县妇幼保健院），乡镇卫生院21所，公共卫生机构3所，村卫生站306个，其他类医疗机构44个（民营医院、门诊部和诊所）。医疗机构医护人员1615人，开放病床数2133张，其中县级公立医院671张，乡镇卫生院957张，其他医疗机构505张。累计接种新冠疫苗547345剂次，273897人，其中完成全程接种256437人（灭活疫苗两剂次218633人、灭活疫苗第三剂次33421人、腺病毒载体疫苗1354人、CHO细胞疫苗三剂次3029人）。3岁以上人群接种率81.28%，其中3~11岁人群接种率83.60%，12~59岁人群接种率84.64%，60岁以上人群接种率65.90%。

环境保护　全县环境空气质量AQI（空气质量指数）优良率提升至99.4%。市考核断面10个水质达标率70%，优良率（达到或优于Ⅲ类水）的比例100%，新丰江水库、东江干流水质长期稳定在国家地表水Ⅰ、Ⅱ类标准，辖区内集中式饮用水水源地水质达标率100%，万绿湖获“广东省十大最美河湖”。明确船塘老围村杨成坑水库饮用水源地、船塘铁坑村朱坑水库饮用水源地、漳溪汶水塘水源地等需划定饮用水源保护区3个。完成全县新增5个集中式饮用水水源保护区规范化建设和管理工程立项及入库工作；核实对市排查的102个排口。建成村级污水处理设施148座；新增建成污水管网58.12千米。完成整改排污企业110家。完成汽修企业个体纳入省固体废物云申报系统84家。实施《东源县2021年度受污染耕地安全利用工作方案》，对Ⅱ类耕地（202.88公顷）进行安全利用，对Ⅲ类耕地（13.82公顷）严格管控。

交通　赣深高铁主线于12月10日如期通车，完成投资8亿元，高铁河源北站广场及连接线工程同步投入使用，完成投资约3.8亿元，蓝口工业大桥、义合阮啸仙纪念大桥建成通车，完成“四好农村路”建设22千米、农村公路生命防护工程109千米、危桥改造2座。全县2500多台重型货车100%安装智能视频监控报警装置并按要求接入省监控平台，投入120多辆农村客运车辆，实现全县21个乡镇、258个建制村100%客运通车，发展短途化公交，新开通城乡公交线路8条（县城至新港镇、义合镇、黄田镇、康禾镇、曾田镇、赣深高铁河源北站的公交线路；109路线：市技工学校—万绿湖风景区；107线：市汽车客运站—万绿湖风景区）。

人力资源和社会保障　完成新增城镇就业3504人、失业人员再就业886人、帮扶就业困难人员就业554人、创业252人，创业带动就业853人，城镇登记失业率保持3.0%以内。实现认定高层次人才32人，发放人才补贴累计40万元。开展各类人才沙龙活动18场次，累计参加人员1000多人次。完成事业单位公开招聘8场，聘用事业单位工作人员107人。完成管理人才聘用92人，专业技术人才聘用43人，工勤技能岗位聘用22人。纳入公益一类事业单位编制的乡镇卫生院工作人员693名，接收毕业生719人；招募46名“三支一扶”大学生服务基层。完成档案专项审核628宗。完成34名教师初中级职称考核认定（其中中级6人、助理级28人）。完成机电工程系列工程人员初级职称考核认定17人次。完成林业工程系列工程人员初级职称考核认定12人次。发放社保补贴、岗位补贴、创业资助等补贴1303.96万元，发放创业担保贷款27笔、781万元，惠及4054人次。开展“春风行动”企业用工招聘会28场次（其中招聘长廊10场、春风行动8场、广深珠高速专场1场、线上招聘9场），累计提供就业岗位5.8万个，现场达成意向1240人。开展“粤菜师傅”培训班18期，培训795人；开展“南粤家政”培训班24期，培训837人。完成职业技能鉴定1204人，获得职业资格证书1029人。各险种总参保38.74万人次，基金总收入16.86亿元，总支出15.8亿元，累计结余1.06亿元。参加机关事业单位养老保险9772人，企业职工养老保险5.1万人，失业保险4.02万人，工伤保险5.9万人。城乡居民养老保险参保22.74万人，续缴8.91万人。

安全监管　全县发生各类生产经营性安全事故24起。受理烟花爆竹类许可证申请72宗，非煤矿山2宗，危险化学品类7宗；符合发证条件的烟花爆竹申请的有72宗，非煤矿山发证2宗、危险化学品类7宗。开展党员和公职人员签订《东源县党员和公职人员森林防火承诺书》工作，签订10万份。印制《森林防火告知书》《禁火令》横幅等宣传资料20万份。排除隐患点2171个。编制修订总体应急预案和专项应急预案29个，落实企业预案备案132家。开展森林防灭火、抗洪抢险、食品安全等各类应急演练30多场次。

【仙塘镇】　仙塘镇是东源县县城所在地，东邻义合镇，南连紫金县临江镇，西接新港镇、源城区源南镇，北靠灯塔镇。属半丘陵、半平原地区，地势东北高西南低。总面积164.1平方千米，耕地面积639.48公顷。辖13个村民委员会、4个社区居民委员会，户籍总人口3.85万人。京九铁路和广梅汕铁路、国道205、粤赣高速公路经过境内。东江从东北至西南贯穿境内，河道长12千米。镇内年产萤矿500万吨以上，高岭土储量3000万吨以上；有温泉资源和瓷土资源各1处；有南园古村、温泉山庄、东江野战俱乐部、东江画廊等旅游景点。有禾溪仙人塘葡萄采摘、观塘公园樱花桃花赏花、到吉民宿为代表的特色乡村旅游项目。有镇综合文化站2个，占地面积898平方米，建筑面积2220平方米。2021年，工业总产值71.4亿元；农业总产值0.93亿元，农民人均可支配收入1.93万元。

【灯塔镇】　位于东源县中部，为灯塔盆地腹地。东邻骆湖镇、曾田镇，南与义合镇、仙塘镇交界，西连双江镇、涧头镇，北与顺天镇接壤。镇域多为丘陵，地势东南高西北低。牛皮山为镇内最高山，海拔827米。总面积198.35平方千米，山地面积1.47万公顷，耕地面积1966.67公顷。辖13个村民委员会、1个社区居民委员会，总人口4.29万人。矿产资源主要有稀土、瓷土、铁矿。有农业企业6家，建立8个种养基地。主要农副产品有葡萄、鹰嘴蜜桃、杨梅、竹笋、有机蔬菜等。工业以钢铁、陶瓷、木业加工、矿产加工为主。2021年，工业总产值22亿元，农业总产值4.36亿元，农民人均可支配收入1.84万元。

【双江镇】 位于东源县中部，属新丰江库区镇。东邻灯塔镇，南连新港镇，西接新丰江水库、锡场镇，北靠涧头镇、半江镇。属山地丘陵区，双江河由南向北流入新丰江水库，境内河道长9千米。总面积121.29平方千米，山林面积1.2万公顷，耕地面积760.38公顷。辖11个村民委员会、1个社区居民委员会，总人口1.6万人。有石灰石、稀土等矿产资源和蜂蜜、西瓜、葡萄、蓝莓、柑橘、杨梅、百香果、火龙果、蜜柚、米酒等特产，有秦南越王“赵佗故城”遗址，中三叠世晚期菊花石化石群，古驿道主线长15.5千米、支线长26.5千米。有桥头圩遗址、白鹭湿地长廊、珠坑村马腰磜瀑布等旅游景点。全镇有农业种植基地5个。2021年，农业总产值1.43亿元，农民人均可支配收入8920元。

【涧头镇】 位于东源县西北部，属新丰江库区镇。东连灯塔镇、顺天镇，南邻双江镇，西与半江镇交界，北接连平县。总面积174.11平方千米，山地面积1.41万公顷。其中生态公益林1.12万公顷，森林覆盖率80.77%；耕地面积1006.5公顷，其中水田面积322.2公顷。辖12个村民委员会、1个社区居民委员会，总人口1.81万人。镇内矿产资源有铁矿、金矿，特产有石坪茶、客家娘酒、河鲜等。有农业企业3家，茶叶基地种植面积304.7公顷，总产量231.87吨。有水电站4座，总装机容量3755千瓦。文化遗迹有“将军府”“永定桥”。2021年，农业总产值1.52亿元，农民人均可支配收入1.37万元。

【顺天镇】 位于东源县北部，东邻船塘镇、骆湖镇，南接灯塔镇，西连涧头镇，北与连平县忠信镇交界。属灯塔盆地中心区域。总面积114.28平方千米，地处丘陵地带，山地面积5900公顷，耕地面积2000.93公顷。辖11个村民委员会、1个社区居民委员会，总人口2.45万人。官（渡）汕（头）公路、粤赣高速公路穿境而过，忠信河、黄沙河在境内交汇后流入新丰江。土特产有柠檬、板栗、蓝莓、茶油等。建有现代农业示范区1个，农业产业园6个。2021年，工业总产值2.02亿元，农业总产值3亿元，农民人均可支配收入2.11万元。

【骆湖镇】 位于东源县境中北部，东邻漳溪畲族乡、曾田镇，南接灯塔镇，西连顺天镇，北与船塘镇交界。总面积98.5平方千米，山地面积6686.67公顷，耕地面积1315.89公顷。辖9个村民委员会、1个社区居民委员会，总人口2.23万人。镇域地势东南高、西北低，属丘陵地区。属灯塔盆地中心区域。广（州）梅（州）公路与河（源）船（塘）公路在境内交会。境内主要河流石马河全长20千米。镇内矿产资源有石灰石、瓷土、稀土及铅、锌矿，土特产有板栗、花生、茶叶。有较大型的农业龙头企业3个、新落户现代农业龙头企业3个、较大型种植基地4个、新型建材工业企业6家。2021年，工业总产值24.54亿元，农业总产值4.94亿元，农民人均可支配收入1.84万元。

【上莞镇】 位于东源县东北部，东与柳城镇、龙川县义都镇交界，南连曾田镇，西接漳溪畲族乡，北和船塘镇毗邻。总面积97.49平方千米，山地面积6866.67公顷，生态公益林面积5669.13公顷，耕地面积1213.27公顷。辖13个村民委员会、1个社区居民委员会，总人口3.67万人。该镇是广东省茶叶专业镇、广东省优质茶叶示范基地，出产的“仙湖茶”茶叶是广东省名牌产品。茶叶种植面积1577.47公顷，年产量690吨。镇内石灰石资源丰富，探明储量逾1亿吨。有工业企业22家，规模以上工业及建材企业3家，其中，以和兴（旋窑）水泥厂为龙头的建材工业区逐步形成。2021年，工业总产值3.69亿元，农业总产值2.68亿元，农民人均可支配收入1.51万元。

【曾田镇】 位于东源县东北部，东接蓝口镇、柳城镇，南连黄田镇，西邻骆湖镇、灯塔镇，北与上莞镇、漳溪畲族乡接壤。总面积139.57平方千米，林地面积1.18万公顷，耕地面积890.7公顷。辖9个村民委员会、1个社区居民委员会，总人口1.96万人。境内南部有缺牙山，最高山峰蝉子顶，海拔1125米。矿产资源有锡矿、钨矿、瓷土、石英砂，其中瓷土储量2000多万吨。特产有香菇、木耳、茶叶、蜂蜜、柿、毛竹等。2021年，工业总产值9600万元，农业总产值1.39亿元，农民人均可支配收入1.4万元。

【柳城镇】 位于东源县东部，地处东江中上游。东与龙川县佗城镇交界，南连蓝口镇，西邻曾田镇，北靠上莞镇。东江、205国道、河龙高速、京九铁路、广梅汕铁路穿境而过。总面积98.55平方千米，生态公益林面积4049.17公顷，耕地面积1083.93公顷，其中水田面积750.47公顷。辖9个村民委员会、1个社区居民委员会，总人口2.16万人。有“鱼米之乡”之称。有石英石、稀土、硅、铁矿、石灰石等资源，其中石英石储量1.5亿吨。有厂矿企业60家，其中，规模以上企业7家。农副产品有油茶、绿茶。油茶种植面积666.67公顷，年产量470吨；绿茶种植面积266.67公顷，年产量212吨。有建于北宋时期的文笔塔及清代古建筑民主堂各1处。2021年，工业总产值3.22亿元，农业总产值2.29亿元，农民人均可支配收入1.82万元。

【船塘镇】位于东源县北部，东北与和平县交界，东南与上莞镇相邻，南接漳溪畲族乡，西南与骆湖镇、顺天镇，西北与连平县相依。船塘街是附近乡镇较大的商品集散地。总面积192.29平方千米，耕地面积4466.67公顷。辖21个村民委员会、3个社区居民委员会，总人口7.39万人。有河源市七大蔬菜基地之一主固村、福坑村；有全市最大的板栗基地，面积6666.67公顷，种植农户1.2万户，其中千亩基地6个；引进农产品加工企业4家。该镇工业以林、农副产品加工为主，有针织厂、板栗加工厂、米面加工厂8家。是“全省休闲农业与乡村旅游示范镇”。是省级“板栗专业技术创新试点镇”“板栗专业镇”；被农业部认定为第七批“全国一镇一品示范村镇”。矿产资源主要有铁矿、瓷土；土特产有“黄沙梨”、板栗、柿、黄沙李等。船塘中心卫生院被改造为东源县第二人民医院。2021年，工业总产值9000万元，农业总产值6.49万元，农民人均可支配收入1.95万元。

【漳溪畲族乡】 位于东源县北部，东连上莞镇、船塘镇，南接骆湖镇、曾田镇，西依骆湖镇，北与船塘镇交界。该乡是东源县畲族主要聚居地，河源市唯一的少数民族乡，全省唯一的畲族乡。辖区总面积68.42平方千米，山地面积4800公顷，耕地面积1390.7公顷。辖10个村民委员会、1个社区居民委员会，总人口2.06万人，其中畲族人口7000人。镇内资源有森林、石灰石、黏土等，石灰石储量1亿吨以上，黏土储量0.8亿吨。主要特产有蒜头、板栗、油茶、山楂、三黄鸡等。旅游景区有“黄龙岩”风景区。畲族特色风俗“蓝大将军出巡”被列入广东省非物质文化遗产名录，汶水塘捕鱼节、显烈公巡游节被列入河源市非物质文化遗产名录。2021年，工业总产值10.94亿元，农业总产值1.9亿元，农民人均可支配收入1.94万元。

【黄村镇】 位于东源县东南部，东与龙川县紫市镇、五华县长布镇相邻，南与紫金县中坝镇交界，西连康禾镇，北接叶潭镇。该镇有海拔千米以上山峰10座，其中东北部与龙川县、五华县交界的七目嶂为全县最高峰，主峰海拔1318米。辖区总面积234.85平方千米，山地面积2.13万公顷，耕地面积1200公顷。辖16个村民委员会、1个社区居民委员会，总人口5.5万人。矿产资源主要有锌、铝、钨、金、锡、钾、硫铁矿、萤石、稀土、瓷土等。温泉资源丰富，水温高达92℃，日流量8600立方米。该镇是广东省“用材林基地”和“杉树基地”之一。农副特色产业产品主要有山楂、生姜、南华李、米酒、腐竹、苦斋、灵粉、咸菜等。黄村圩是相邻县乡镇的商品集散地。2021年，农业总产值1亿元，农民人均可支配收入1.93万元。

【叶潭镇】 位于东源县境东部，东邻龙川县紫市镇，南连黄村镇，西接康禾镇，北与蓝口镇、龙川县交界。总面积164.83平方千米，山地面积1.27万公顷，耕地面积933.3公顷。辖13个村民委员会、1个社区居民委员会，总人口3.8万人。最高峰峣嶂红花顶海拔1028米。主要矿产资源有萤矿、石英石、瓷土等。文物史迹有儒步村中共河源县委旧址。农作物主要有水稻、大豆、花生等，农副产品主要有叶潭腐竹、峣嶂茶叶、叶潭柚。有柚子种植基地4个，年产830吨；茶叶基地1个，种植面积12.8公顷，产量15吨。腐竹加工企业2家，年产腐竹508吨。2021年，农业总产值2.3亿元，农民人均可支配收入1.42万元。

【蓝口镇】 位于东源县东部、东江中上游，东邻叶潭镇，南连康禾镇、黄田镇，西接曾田镇，北与柳城镇毗邻。东江自东向西南方向流过。205国道、河龙高速公路、省道石黄线及广梅汕、京九铁路穿境而过。总面积196.97平方千米，山地面积1.47万公顷，耕地面积1473.33公顷。辖22个村民委员会、2个社区居民委员会，总人口4.44万人。主要矿产资源有石英石、稀土、瓷土，其中石英石矿储量1亿吨，稀土矿储量500万吨。有工业企业38家，其中规模以上7家；有农业种养基地4个，特产有茶叶、蔬菜、四大家鱼、蜂蜜、柠檬、柑橘等，其中四大家鱼养殖水面积39.86公顷，年产量576.19吨。2021年，工业总产值21.89亿元，农业总产值1.67亿元，农民人均可支配收入2.07万元。

【康禾镇】 位于东源县东南部，东邻叶潭镇、黄村镇，南与紫金县黄塘镇、紫城镇交界，西连黄田镇，北与蓝口镇接壤。总面积230.93平方千米，林地面积2.11万公顷，耕地面积980.13公顷。辖11个村民委员会、1个社区居民委员会，总人口2.54万人。有锡、萤石、水晶、瓷土、钾长石等矿产资源和省级自然生态保护区。有康泉十八国际生态旅游城项目和四角楼、八角楼为代表的客家文化古建筑群。特产“康禾贡茶”有千年历史，为清康熙至嘉庆年间宫廷贡品，远近闻名。是“广东省茶果专业镇”“广东森林小镇”“康禾温泉国家森林公园”。该镇有水电站20座，总装机容量10060千瓦；有农业产业企业6个。2021年，工业总产值856万元，农业总产值1.53亿元，农民人均可支配收入1.36万元。

【黄田镇】 位于东源县东南部、东江中上游。东邻康禾镇，南接紫金县黄塘镇，西连义合镇，北与蓝口镇、曾田镇交界。河龙高速、京九铁路、广梅汕铁路、东江贯穿境内。辖区总面积245.24平方千米，耕地面积1091.62公顷。辖17个村民委员会、2个社区居民委员会，总人口2.61万人。有铁、钨、萤石、瓷土等矿产和温泉、矿泉水。有金黄田等酿酒规模以上企业4家、广东金宇环境科技有限公司矿业金属公司1家、水电站7座，有现代农业企业、庄园5家，有国家AAAA级旅游景区——叶园温泉旅游度假村和东江两岸15千米的绿竹长廊。特产有油茶、陈村茶、蜂蜜、黄竹和“黄田米酒”，黄田米酒年产量5500吨。2021年，工业总产值5.49亿元，农业总产值1.07亿元，农民人均可支配收入1.35万元。

【义合镇】 位于东源县南部、东江中上游，东邻黄田镇，南和紫金县柏埔镇交界，西连仙塘镇，北接灯塔镇。东江、河梅高速公路、京九铁路、广梅汕铁路穿境而过。总面积179.13平方千米，山地面积1.43万公顷，耕地面积1236.47公顷。辖9个村民委员会、1个社区居民委员会，总人口2.09万人。矿产资源主要有铀矿、稀土矿、锡矿、萤矿，主要旅游景点有苏家围客家乡村旅游区、阮啸仙故居，境内有东江国家级湿地公园。有工业企业5家，建有赤灵芝产品生产基地，种植面积0.4万公顷；农副产业产品有义合鸭、酸竹笋、赤灵芝、红心蜜柚、水蜜桃等。2021年，工业总产值2800万元，农业总产值1.25亿元，农民人均可支配收入1.11万元。

【新回龙镇】 位于东源县西南部、新丰江水库区南边陲，属新丰江库区镇。东邻新港镇，南与源城区埔前镇、博罗县公庄镇交界，西连龙门县蓝田瑶族乡、平陵镇，北接锡场镇。总面积389.87平方千米，山地面积2.67万公顷，水域面积1.36万公顷，耕地面积458公顷。辖10个村民委员会，总人口9681人，常住人口3000人。主要矿产资源有钨、锡、铅、锌和稀土矿。有小水电站9家，总装机容量3210千瓦。有种植基地4个。主要特产有绿竹、茶叶、葡萄、火龙果、灵芝、香菇、木耳、蓝莓、金银花、柠檬、蜂蜜、鱼干、笋干。是绿竹产业专业镇，绿竹面积1333.33公顷。有以原生态万绿谷休闲旅游度假风景区为依托的四大旅游区。2021年，工农业总产值3023.08万元，农民人均可支配收入2.5万元。

【锡场镇】 位于东源县西部，属新丰江水库区镇。东邻双江镇、新港镇，南接新回龙镇，西连龙门县蓝田瑶族乡，北与半江镇、新丰县码头镇交界。因富藏锡矿而取名锡场。总面积402.36平方千米，山地面积4.25万公顷，耕地面积407.62公顷。辖11个村民委员会、1个社区居民委员会、林场1个，总人口1.12万人。主要矿产资源有稀土矿、锡矿、煤矿和石英石，境内有"大叶山"省级珍贵动植物自然保护区和建于清道光年间的颜检墓。镇内企业以小水电站为主，有小水电站10家，有农业产业园5个。特色农副产品有桂花鱼、灵芝、香菇、木耳、蜂蜜、鱼干、柑橘、百香果、高山油茶、药材，其中灵芝种植分布在6个行政村，年产量300吨，被评为河源市"灵芝专业镇"。主要旅游景点有库区"三里长峡"，有休闲生态旅游农家乐山庄7家。2021年，农业总产值2795.67万元，农民人均可支配收入1.91万元。

【半江镇】 位于东源县西北部、新丰江水库上游。东邻涧头镇、双江镇，南连锡场镇，西和新丰县石角镇、马头镇接壤，北与新丰县大席镇、连平县田源镇交界。属新丰江库区镇。总面积253.22平方千米，水域面积39.15平方千米，地表水质达国家Ⅰ类标准。耕地面积122.9公顷，其中水田面积99.26公顷。辖9个村民委员会，总人口9913人。矿产资源有铁、锡、钨、稀土矿，农副产品有大灵芝、香菇、木耳、蜂蜜、茶叶、柑橘、百香果等。森林、水力资源丰富，被誉为"北回归线上的绿洲"。该镇有农工企业23家，其中规模以上企业3家，有小型水电站9座，装机容量7000千瓦。2021年，工业总产值4000万元，农业总产值417万元，农民人均可支配收入1.23万元。

【新港镇】 位于东源县西南部，属新丰江水库区镇。东与仙塘镇交界，南连河源市源城区，西与新回龙、锡场镇接壤，北与双江镇相邻。总面积166.16平方千米，耕地面积364.97公顷。辖9个村民委员会、3个社区居民委员会，总人口1.91万人。主要矿产有瓷土、稀土、石灰石。有万绿湖旅游码头、"得绿寨"、"水月湾"、"镜花岭"、"客家风情小镇一条街"等旅游景点。是国家级生态乡镇、"中华蜜蜂之乡""省级生态示范镇""省级太阳能推广和应用示范镇"。2021年，农业总产值3932.15万元，农民人均可支配收入1.52万元。

2021年东源县领导成员名单

中共东源县委员会

书　记：
孔德胜（　—2021.8）
秦卫民（2021.8—　）
副书记：
秦卫民（　—2021.8）
刘大荣（2021.9—　）
常　委：
张晓玲
孙起成
张衍彪（　—2021.4）
刘云锋（2021.6—　）
陈文华（　—2021.8）
邓小林（2021.8—　）
缪运传（　—2021.1）
张松新（2021.3—　）
侯桂鸿（2021.9—　）
李海峰
赖建军
王卓勇（　—2021.8）
罗振宇（2021.10—　）

东源县人大常委会

主　任：
程晓华（　—2021.1）
缪运传（2021.1—2021.8）
张　辉（2021.9—　）
副主任：
李浩平（　—2021.9）
陈维安（　—2021.11）
吴健毅（　—2021.11）
邓声波（　—2021.1）
杨　雄（　—2021.11）
陈文华（2021.11—　）
叶永强（2021.11—　）
郭先建（2021.1—　）
邱如东（2021.1—　）
陈延军（2021.11—　）
邱易生（2021.11—　）

东源县人民政府

县　长：

秦卫民（　—2021.8）

刘大荣（2021.11—　）

副县长：

张衍彪（　—2021.4）

刘云锋（2021.6—　）

候桂鸿（2021.9—　）

赖建军（兼，2021.8—　）

王维红

范志君（2021.9—　）

蓝锦建

张　铭（2021.6—　）

张志雄（　—2021.9）

吴尚清（2021.9—　）

陈飞燕（2021.11—　）

郭周正（　—2021.9）

叶永强（　—2021.9）

政协东源县委员会

主　席：

黄海泉（　—2021.8）

黄镜明（2021.9—　）

副主席：

王蓝天（　—2021.11）

许小强

李添鸿

刘永辉

潘国贵（2021.1—　）

朱新良（2021.11—　）

张凌峰（2021.11—　）

潘刚明（　—2021.11）

中共东源县纪律检查委员会
东源县监察委员会

书记、主任：

李海峰

（陈志玲　欧阳小丽　赖超清　钟志超）

和平县

【基本情况】 建置沿革　和平县于明正德十三年（1518）置县，县城设于和平峒羊子埔（阳明镇），定名“和平县”，属惠州府辖。1949年5月24日，和平县解放。先属东江行政专区，后粤北行政专区，1956年改属惠阳地区专员公署，1958年11月，与连平县合并后称连平县，县政府设在忠信；1960年7月，县政府迁回阳明镇改称和平县，属韶关地区专员公署。1962年6月连平和平分县，恢复和平县建制，改属惠阳地区专员公署。1988年河源撤县设市后，为河源市所辖。

位置、面积　和平县地处北纬24° 5′~24° 42′，东经114° 41′ ~115° 16′，位于广东省东北部，东江上游，粤赣边境的九连山地区。东连龙川县，南邻东源县，西毗连平县，北与江西省定南县、龙南县接壤。古称是“联络闽广，带控龙南、安远，要害之地”，当今是京九铁路入粤第一县、广东沿海地区向内地辐射的一个窗口。和平县辖17个镇（阳明、大坝、长塘、下车、上陵、优胜、贝墩、古寨、彭寨、合水、公白、青州、浰源、热水、东水、礼士、林寨），216个村民委员会、29个社区居民委员会、1个市属国营黎明林场。县城设于阳明镇。总面积2292.08平方千米（按照河源市土地空间规划测量标准）。

人口、民族　2021年，和平县常住人口35.36万人。民族主要为汉族，一小部分为畲族。

地形　和平县境地形复杂起伏较大，大致西北高东南低。西北部崇山峻岭，中部和东南部是丘陵地，中间有峡谷平原，各占全县总面积的比例是47.8∶45.8∶6.4。西北部最高峰风吹蝴蝶嶂（浰源镇境内）海拔1272米，东南最低点浰江河峡谷平原海拔75米。

气候　和平县地处粤北九连山区，属中亚热带季风气候，具有气候温和、雨量充沛、光照充足、霜期较短、生长季长、季风明显的气候特点。年平均气温19.7℃，最冷月平均气温10.0℃，最热月平均气温27.5℃，历年极端最高气温38.6℃，极端最低气温-4.5℃；雨量充沛，年平均降雨量1717.1毫米，降雨集中期为2—9月，占全年降雨量89%；年平均相对湿度80%，最小相对湿度10%；无霜期长，年平均无霜期308天；全年日照1666.3小时，日照百分率38%；年平均风速1.9米/秒，最多风向为NNE（北北东）风；年平均蒸发量1479.8毫米；年雷暴日数73.2天。主要气象灾害有低温阴雨、暴雨洪涝、干旱、寒露风及低温冻害等。

河流　和平县境内河道属珠江大流域，县内流域面积2284平方千米。主要河道有一级河浰江1条，总长128.26千米；二级河鱼潭江、和平水、定南水3条，共长111千米。境内最大的河流为浰江河，从西北至东南流经境内浰源、热水、合水、阳明、公白、彭寨、林寨、东水等镇，长128.26千米，流域面积1677平方千米，年均流量41.96米^3/秒，主要支流有：和平水、鱼潭江水、油竹坝水、彭寨水、长塘水、定南水等。

自然资源　主要有土地、森林、水力、矿产（含地热）等四大类。有土地资源23.11万公顷，可耕地1.5万公顷；有林地16.9万公顷，植物品种900余种，森林覆盖率75.40%；水力资源理论蕴藏量10.7万千瓦，可开发的有6.3万千瓦；矿产资源有石灰石、膨润土、高岭土、稀土、铁、铀等30多种，量多且质优，热量较高的地热主要有12处。

旅游资源　和平县主要旅游景点有热龙温泉度假村、热水漂流、荣佳国韵度假村、林寨古村、兴隆客家民俗村、阳明公园等。拥有AAAA级景区1处、AAA级景区1处，中国传统村落4个、省级传统村落8个，省级非遗项目4项，省级文保单位11处，有广东省乡村休闲游精品线路（古村新韵乡村休闲游）1条、广东省历史文化游径1条，广东省文化和旅游特色村2个、广东省森林康养基地1个等。2021年，和平县被认定为第四批广东省全域旅游示范区。

【经济发展概况】 2021年，和平县地区生产总值127.87亿元，比上年增长2.1%。农业总产值41.71亿元。规模以上工业增加值14.50亿元。地方一般公共预算收入6.19亿元。社会消费品零售总额40.80亿元。城镇居民、农村居民人均可支配收入分为2.88亿元、1.86亿元，增长8.6%、13.2%。65个重点项目建设加快推进，省、市重点项目投资完成24.4亿元。

农业农村 全县粮食种植面积2.11万公顷，粮食总产量12.46万吨。猕猴桃、腐竹、生猪及肉鸡养殖等特色农业产业加快发展，和盛食品、天生卫康等农业产业项目加快建设。“一区两园”农业发展平台示范带动效益逐步扩大，猕猴桃省级现代农业产业园入选广东省现代农业产业园十大科技创新示范园，贝墩镇（豆制品）入选全国“一村一品”示范镇。有14个“一村一品，一镇一业”项目纵深推进，新增省级重点农业龙头企业2家，培育全国名特优新农产品1个，有14个农产品入选“粤字号”农业品牌目录。和平绿茶被列入2021年第二批全国名特优新农产品名录。和平县百香果、猕猴桃入选“第三批全国名特优新农产品”名录。农产品线上销售额2.7亿元，比上年增长70.7%。“四好农村路”建设、人居环境整治等工作有序实施。实施镇垃圾中转站、行政村垃圾收集点升级改造。全面启动乡村风貌提升工作，建设示范带3条和创建美丽宜居村45个，带动美丽乡村升级发展，其中粤赣高速沿线美丽乡村示范带、粤赣交界生态宜居美丽乡村示范带高标准建成。

工业 推进工业园区北扩和大坝集聚区基础设施建设，5G智慧园区建设开展，清理盘活闲置用地35.73公顷、闲置厂房2万平方米。新增规上工业企业2家。围绕重点产业和主导产业大招商、招大商，新引进项目16个，其中超1亿元以上项目9个，新投产项目9个。投资10亿元以上的智能型网络钢厂、钟表科创城、高岭土新材料生产基地等项目加快建设。

旅游服务业 成功创建广东省全域旅游示范区，热龙温泉度假村获评省级旅游度假区，古树森林康养基地获评省级休闲农业与农村旅游示范点。接待旅游者69.29万人次，旅游总收入5.35亿元。

【社会事业发展概况】 科技教育文化卫生 2021年，和平县新增高新技术企业2家，科技型中小企业入库15家。科技平台建设持续加强，深入科技下乡工作，开展产学研合作，推动6家企业分别与华南农业大学、省农科院等高校院所签订产学研合作协议。“双减”（减轻义务教育阶段学生作业负担和校外培训负担）工作有效落实，校长职级制、教师“县管校聘”改革逐步铺开。新改扩建一批学校，增加优质学位1660个。开展文化惠民、体育健民活动，公共文体服务场所提档升级，县文化馆晋升国家二级馆。从严从细抓好常态化疫情防控，新建集中隔离场所投入使用。推进国家紧密型县域医共体（试点县）建设，全县二级以上公立医院全面取消药品和耗材价格加成。县人民医院传染楼扩建、县疾控中心公共卫生实验大楼建设加快推进，县妇幼保健院新院建成试业。

生态文明建设 实施桉树林退出改造工程，完成水源林改造面积580.47公顷、森林抚育面积1.07万公顷，森林覆盖率75.40%。严格落实森林限伐管理，强化森林病虫害监测预防。森林管护机制不断完善，森林火灾发生率逐步下降，破坏森林资源违法行为被有力整治。和平县纵深入推进河（湖）长制，开展“五清”（清理非法排污口、清理水面漂浮物、清理底泥污染物、清理河湖障碍物、清理涉河湖违法建筑）、“清四乱”（对河湖管理范围内乱占、乱采、乱堆、乱建等问题进行清理整治）专项行动，完成万里碧道建设5条、河道清理135千米，饮用水源保护区水质达标率及地表水水质优良比例均排在河源全市前列。农村集中供水实现全县自然村全覆盖，农村饮水安全问题得到解决。

扩容提质 完成高铁新区核心区、福和产业转移园三期（产业集聚区）等多个区域控制性详细规划。开通5G网络站点200个，县城建成区及各镇圩镇中心实现5G网络连续覆盖。南园、福和2个农贸市场投入使用，和平河完成清淤蓄水，完成“三旧”（旧城镇、旧厂房、旧村庄）改造面积2.6公顷，老城背街小巷完成升级改造5处，城市公厕、供水管网及消防设施改造稳步推进。县建筑垃圾综合处理场项目建设推进。开展“两违”（违法用地和违法建筑）专项整治，查处违法用地15.8万平方米，拆除违法建筑27宗。

交通建设 推进综合交通运输网络规划建设，赣深高铁建成通车，“两路一广场”（和平县城高铁站前大道、纬二路、和站前广场）、大环城公路二期项目加快建设，和平北站配套设施加快完善，国省道路面改造、旅游路资源路建设，完成农村公路生态示范线路50.9千米。开展铁路沿线安全、货运乱象整治工作，交通秩序有效改善。

深化体制改革 “数字政府”建设纵深推进，“全能型一窗式”服务窗口正式运行，政务服务实现“一网通办”，新登记商事主体3004户。实行投资项目并联审批、重点项目“马上办”机制，营业执照申办压缩至0.5个工作日，企业开办时间压缩至1个工作日，97个工建项目审批事项实现“一窗通办”，1944个事项实现跨域通办。深化国资国企改革，支持国企做大做强，有3家县属国有企业公司完成体制改革。落实国家、省、市各项减税降费政策措施，全年减税降费6400万元。

民生福祉 全年民生领域支出31.8亿元，占一般公共预算支出的82.2%。培训“粤菜师傅”“南粤家政”“广东技工”“农村电商”4471人次，新增城镇就业4815人。社会福利中心加快建设，66个社会工作服务站（点）投入使用。

【阳明镇】 位于和平县中部，是县城所在地和中心镇之一，是全县的政治、经济、文化中心。面积186.24平方千米。耕地面积1066.67公顷，山林面积13133.33公顷。辖22个村民委员会、10个社区居民委员会。人口20.8万人，户籍人口10.5万人，常住人口14.8万人，流动人口5万多人。赣深高铁、京九铁路、粤赣高速公路、省道忠定公路、和洋公路贯穿全镇。有阳明公园（阳明博物馆）、高泉寺、仙女灵石、福音堂、淞沪抗日和籍烈士纪念碑等旅游景点。2021年，全镇农林牧渔业总产值4.15亿元，其中农业产值2.01亿元，林业总产值0.93亿元，牧业产值1.09亿元，渔业产值0.07亿元，农业服务产值0.05万元。阳明镇司法所获得“全国模范司法所”称号。

【大坝镇】 位于和平县北部，毗邻和平县城，东邻优胜镇，南依阳明镇，西接热水、浰源镇，北靠上陵镇，是和平县革命老区镇。面积182.09平方千米。辖15个村民委员会、1个社区居民委员会。人口4.3万人。有林面积14493.33公顷，耕地面积1060公顷。有香菇、木耳、竹笋、椪柑等特产。有高岭土（瓷土）、稀土、铁矿等矿产资源和丰厚的温泉资源。有福和产业转移园大坝工业区，占地面积139.33公顷。京九铁路、赣深高铁、和平县城大环城路经过该镇。主要旅游景点有天上人间温泉度假村、水背村古村落、嘉禾岗围龙屋、半坑五花嶂、京九铁路第一特高铁架桥等。2021年，农林牧渔业总产值3.04亿元，粮食总产量9017.6吨。镇级公共预算财政收入3534.31万元。水背村被评为第二批全国乡村治理示范村。

【上陵镇】 位于和平县北部，东与下车镇毗邻，南与大坝镇接壤，西北与江西省定南县相连，面积146.65平方千米，其中山地面积1.23万公顷，耕地面积800公顷。辖17个村民委员会、1个社区居民委员会。人口3.11万人。粤赣高速公路从该镇经过，设有上陵出口。有竹笋、香菇、木耳、油茶、椪柑、百香果等特色农副产品。建有翠山村丰产高效毛竹示范基地，其中“翠山竹海”处打造成为具有观光和竹工艺品加工的特色品牌——集休闲娱乐为一体的旅游胜地阶段。2021年，农林牧渔业总产值2亿元，粮食总产量6.61万吨。

【下车镇】 位于和平县东北部，是广东省中心镇之一。下车镇地形以丘陵为主，主要河流属东江水系，境内长20千米。面积134.46平方千米，辖11个村民委员会、1个社区居民委员会。人口3.11万人。农林牧渔业总产值2.59亿元，粮食总产量7869吨。农村居民人均可支配收入1.85亿元。经济以农业为主，盛产大米、猕猴桃、香菇、木耳、油茶、毛竹等农副产品。

【长塘镇】 位于和平县东北部，东与龙川接壤，南与贝墩相连，西毗优胜，北邻下车，面积170.84平方千米。辖12个村民委员会、1个社区居民委员会，耕地面积1400公顷，山地面积1.33万公顷。人口2.44万人。建成优质稻基地1个，甜玉米基地2个，油茶基地1个。建有龙陂、苏光、罗福等水电站。有面积6平方千米的稀土矿带段。旅游资源有雪山嶂、赤石嶂、木龙嶂等。2021年，农林牧渔业总产值3.01亿元，粮食总产量1.03万吨。

【优胜镇】 位于和平县东北部，东邻长塘镇、贝墩镇，南依彭寨镇，西接上陵镇、大坝镇、阳明镇，北靠下车镇，面积114.44平方千米。省道229线贯穿全镇。辖8个村民委员会、1个社区居民委员会。人口1.77万人。优胜河斜贯全境，总落差近300米。矿产资源蕴藏量较大的有稀土、瓷土等。2021年，农林牧渔业总产值1.94亿元，粮食总产量6596.6吨。

【贝墩镇】 位于和平县东部，东与龙川县车田镇交界，南与古寨镇接壤，西与彭寨镇相连，北与优胜、长塘镇毗邻，面积132.45平方千米，辖15个村民委员会、1个社区居民委员会。人口3.17万人。有老园、崩凶、聂子石3座县属水力发电站。有各类温泉泉眼有30多处，流量大，温度在80℃~93℃，其中地处贝墩街北100米处“沸墩”，高约5米，形似鼓，墩顶上终年涌出沸水，水温87℃。有稀土、氟石矿、铁矿等资源。有沸墩、铁扇关门、仙女嶂、九峰嶂等旅游资源。主要有贝墩米酒、豆腐、腐竹、牛肉干等特产。2021年，农林牧渔业总产值2.44亿元，粮食总产量8180吨。贝墩镇（豆制品）入选第11批全国“一村一品”示范村镇名单。

【古寨镇】 位于和平县东南部，东邻龙川县黄石镇，南、西紧连彭寨镇，北毗贝墩镇。面积64.28平方千米，其中耕地面积633公顷。辖7个村民委员会、1个社区居民委员会。人口1.50万人。东江支流——鱼潭江流经镇域，全长22千米，最大河宽200多米，建有古寨水电站，装机容量1600千瓦。有河沙、山石、稀土、瓷土等矿产资源。该镇河东村是中共 和东分工委、和东行政委员会、粤赣湘边纵队东二支六团团部所在地，打造为红色旅游景点——九连“小延安”。有河源市龙峰生态农业有限公司、丰江生态有限公司、古寨葡萄种植基地等特色生态农业基地。2021年，农林牧渔业总产值1.84亿元，粮食总产量4216.8吨。

【彭寨镇】 位于和平县的东南部，东与古寨、贝墩两镇以及龙川县交界，南与林寨、东水接壤，西与公白、阳明相邻，北与阳明、优胜相接。面积208.83平方千米。辖27个村民委员会、4个社区居民委员会，人口7.18万人。是广东省的中心镇，全国重点镇。主要特产有万家香优质大米、松脂、高山茶油、高山脐橙、百香果等。有稀土矿、石灰石、温泉等自然资源。有省非物质文化遗产“墩头蓝”纺织技艺以及万家寨、熊家嶂、尖石峰、“十八围”等旅游景点。河源市巨型稻首次在和平县和平粮仓彭寨基地试种成功，每亩产量600千克。彭寨镇土厘村（优质稻）、聚史村（百香果）、西长村（水产养殖）入选第二批省级“一村一品、一镇一业”专业村名单。2021年，农林牧渔业总产值4.01亿元，粮食总产量1.29万吨。

【林寨镇】位于和平县东南部，东邻东水，南连礼士，西依公白，北接彭寨。面积93.05平方千米。辖11个村民委员会、1个社区居民委员会。人口3.06万人。京九铁路自西北向东南穿镇而过，有四级火车站1个。林寨遗存有古巷、古井、古墙、古道、古寺、古亭、古桥、古树“老八古”文物旧址，有林寨古村、留云古寺、天后宫、七叠泉、撑腰石、云外赏、响水滩、蟾蜍石等旅游景点。主要农产品有果蔗、柿子、板栗、青瓜、萝卜、苦瓜、油菜等，获“和平县名优特蔬菜示范镇”称号，有饮誉东江的客家八酿：酿香菇、酿豆腐、酿菜卷、酿腐卷、酿荷包蛋、酿草包、酿苦瓜干、酿三宝，竹木、黏土、瓷土、铁矿等自然资源，有装机容量1200千瓦的水电站1座。2021年农林牧渔业总产值2.51亿元，粮食总产量6092.2吨。石镇村(油茶)入选第二批省级“一村一品、一镇一业”专业村名单，林寨镇石镇村入选第二批广东省文化和旅游特色村名单。

【东水镇】位于和平县最南端，东江、浰江汇合处。东与龙川县黄石镇交界，南临龙川县四都、义都镇，西与和平县林寨镇、礼士镇接壤，北靠和平县彭寨镇。面积153.86平方千米。辖19个村民委员会（含1个少数民族村）、1个社区居民委员会，人口3.06万人。京九铁路贯穿6个行政村，全长16千米，四级火车站关闭。赣深高铁经过5个行政村，全长8.7千米。融入灯塔盆地国家现代农业示范区规划布局，扩大增坑“盘皇茶”品牌产业，增坑、莫丰、中心村马增茶种植面积88.67公顷。主要水果有百香果、柚子。有养猪、养牛、养羊、养鸡、养鱼等养殖场196个。有罗营口水电站、东水水电站、月坑水电站、蕉坑水电站。旅游资源有大坝古村落、上坝村美术写生培训基地。2021年，农林牧渔业总产值2.38亿元，粮食总产量9380.4吨。

【礼士镇】位于和平县最南端，东邻林寨、东水两镇，西南与东源县船塘镇为邻，西北与公白镇接壤，面积74.12平方千米。辖8个村民委员会、1个社区居民委员会，人口2.15万人。有下涧村农业观光园项目、澄心村虎竹嶂梯田花海风景区项目、荷花产业项目3个初具规模的农业观光采摘旅游产业项目。矿产资源有矿泉水、瓷土、稀土等。2021年，农林牧渔业总产值2.05亿元，粮食总产量4794.2吨。下涧村（白莲）入选第二批省级“一村一品、一镇一业”专业村名单。

【公白镇】位于和平县南部，东与礼士镇接壤，南部与东源县船塘镇交界，西与连平县绣缎镇毗邻，北与合水镇、阳明镇、彭寨镇相邻，面积64.41平方千米。辖7个村民委员会、1个社区居民委员会，人口1.36万人。地势西北高，东南低，境内丘陵遍布，面积占60%，是灯塔盆地北部边缘地带。2021年，农林牧渔业总产值1.62亿元，粮食总产量4348.8吨。

【合水镇】位于和平县南部，南邻连平县绣缎镇，东北接和平县阳明镇，西接和平县青州镇、热水镇，素有和平县南大门之称。面积135.85平方千米。辖12个村民委员会、1个社区居民委员会，人口2.99万人。主要经济作物有水稻、油茶、百香果、玉米、蔬菜、花生等，其中油茶种植面积约2000公顷，年产油约105万千克。风景名胜有丰岭村的狮子岩洞和寺庙、彰洞村古村落、丰洋村石人坑石人峰、兴径村客家围龙屋博山老屋、和平县黄石坳省级自然保护区等。2021年，农林牧 渔业总产值2.17亿元，粮食总产量5014.6吨。兴径村（玫瑰花）入选第二批省级“一村一品、一镇一业”专业村名单。

【青州镇】位于和平县西南部，地处粤东北的九连山腹地，东邻合水镇，南依连平县绣缎镇，西接连平县内莞镇、高莞镇，北靠热水镇，面积119.49平方千米。辖10个村民委员会、1个社区居民委员会，人口1.86万人。有省级重点农业龙头企业1家，市级重点龙头企业2家，市级农民专业合作示范单位1家。青州镇地势较高，平均海拔475米，大部分高山达600米以上，素有和平“西藏”之称。特色农产品主要有茶叶、油茶、猕猴桃、柰李、百香果、澳洲坚果、八角等。旅游资源有连和县人民政府旧址、中共九连工委旧址、中共九连工委军政干部培训班旧址等革命遗址，有500年历史的青州“蟹形围屋”和“永兴围”客家古建筑，粤赣古道、万亩樱花茶园、称猴桃和百香果观光采摘园等。其中粤赣古道（青州段）长约33.4千米，保存较好的近10千米，主干线横穿片田、星和、星联3个行政村。2021年，农林牧渔业总产值1.74亿元，粮食总产量4216.6吨。

【热水镇】位于和平县西部，东与阳明镇相邻，南与青州镇、合水镇相邻，西与连平县九连镇相邻，北与浰源镇相邻。是革命老区镇。面积172.51平方千米，耕地面积351.5公顷，山林面积1.31万公顷。辖7个村民委员会、1个社区居民委员会，人口1.86万人。盛产香菇、木耳、茶叶、五指毛桃等特产。有黄峰斗电站、峰山嘴电站、九连电站、石圳电站、九宫庙电站。主要旅游景点有热龙旅游度假村、热水漂流、中共和平县第一支部旧址、兴隆民俗文化村、方华故居、紫微帝庙、蝴蝶峰度假村等。2021年，农林牧渔业总产值1.76亿元，粮食总产量2631吨。南湖村馨洞居精品民宿入选首批广东省乡村民宿示范点名单。

【浰源镇】 位于和平县西北部山区，系东江支流浰江的源头，故称“浰头”。面积158.88平方千米，耕地1129公顷，山林1.31万公顷。辖8个村民委员会、1个社区居民委员会，人口2.26万人。矿产有天然水晶石、钾矿石、石英石、稀土、乌矿、萤石矿、煤矿等，土特产有野生香菇、木耳、灵芝草、砚仔塘茶叶、高山油（茶油）、蜂蜜、竹笋等。旅游资源有浰源水口九公庙（明代建筑物，和平县第二批文物保护单位），还有和平县旧八景之一的李田仙岩，白氏宗祠、文峰塔、陈万大将纪念亭、九连山主峰“风吹蝴蝶”、“千担坝”陈迹、农民起义领袖池仲容故居遗址以及九庵十三庙等。2021年，农林牧渔业总产值2.16亿元，粮食总产量5096.6吨。新街村(油茶)入选第二批省级“一村一品、一镇一业”专业村名单。

2021年和平县领导成员名单

中共和平县委员会

书　记：

陈劲松（　—2021.8）

邓卓文（2021.8—　）

副书记：

钟志坚（　—2021.9）

陈志斌（　—2021.7）

张衍彪（2021.9—　）

王在腾（2021.9—　）

常　委：

黄伟章（　—2021.8）

张庆祥（　—2021.7）

吴粤杰（　—2021.7）

陈逢春（　—2021.7）

何东辉（　—2021.7）

余　雄（　—2021.7）

陈　雄

曹敏捷

邝茂华

郑新桥（2021.7—　）

谢筱刚（2021.7—　）

刘定州（2021.7—　）

朱俊威（2021.8—　）

巫资香（2021.9—　）

和平县人大常委会

主　任：

朱仁恩

副主任：

张庆祥（2021.11—　）

陈定波

徐南安

黄月胜

陈奕铭

陈瑞怡

叶小芳

和平县人民政府

县　长：

钟志坚（2021.01—2代县长，2021.2—9任县长）

张衍彪（2021.9—11代县长，2021.11—任县长）

常务副县长：

张庆祥（　—2021.8）

郑新桥（2021.8—　）

副县长：

邓益成（　—2021.4）

吴维红（　—2021.8）

朱俊威（　—2021.8）

洪炎雄（　—2021.8）

陈　君（2021.1—　）

谢火桥（2021.4—　）

陈　雄（2021.8—　）

姚家芳（2021.8—　）

黄志翔（2021.8—　）

熊　超（2021.8—　）

巫资香（2021.11—　）

政协和平县委员会

主　席：

吴扶峰

副主席：

黄小练（　—2021.11）

叶汉青

徐朝晖（2021.2—　）

何育文（2021.11—　）

副主席：

黄若华（　—2021.11）

杨建华

陈新页

周　娟（2021.11—　）

中共和平县纪律检查委员会 和平县监察委员会

书记、主任：

余　雄（　—2021.7）

刘定州（2021.7—，任纪委书记；2021.11—，任监委主任）

（朱李松）

龙川县

【基本情况】 建置沿革 秦始皇三十三年（前214）平定南越始置龙川县。置县之初，疆域辽阔，包括现在的龙川、五华、兴宁、东源、源城、和平、连平等县境以及新丰、陆丰、紫金、江西省寻乌等县（市）的部分地域。东晋咸和六年（331）至明正德十三年（1518）间，龙川先后分置兴宁、河源、雷乡、新丰、和平等县。自明嘉靖至今县境疆域基本稳定无大变化。1949年5月，龙川解放，隶属东江行政委员会，1952年属粤东行政专员公署，1956年属惠阳地区专员公署，1959年属韶关地区专员公署，1963年恢复惠阳地区专员公署，龙川属之。1988年，设立河源市，龙川属之。

位置面积 龙川县位于广东省东北部，东江和韩江上游，东接兴宁、五华县，西南连和平、东源县，北界江西省。地处北纬23° 50′ 57″ ~24° 47′ 03″，东经115° 03′ 13″ ~115° 35′ 18″ 。全县境域东西宽54千米，南北长103千米，总面积3081.31平方千米。境内有梅河、河惠莞、汕昆高速公路，国道205穿县而过，赣深高铁在龙川设站，京九、广梅汕铁路在县城老隆交会，为南北交通枢纽之一和客货流集散地。

人口、民族 龙川县有24个镇，315

个村民委员会，42个社区居民委员会。2021年年末，全县总户数29.17万户，户籍人口97.28 万人。其中，男性50.17万人，女性47.11万人。常住人口59.41万人，人口密度为193人/平方千米。其中，城镇人口20.16万人，农村人口39.25万人。民族主要以汉族为主，其次为畲族。

地形、地势 龙川县地形以山河相间，山间谷地、丘陵盆地、江河冲击地交错分布。主要以山地、丘陵为主，占全县总面积的85.7%，谷地平原占14.3%。地势南北高、中间低，似马鞍形。

主要山脉 龙川县山脉以四周向中间递减高程，西北较高，东南较低。全县有海拔500米以上山峰43座，海拔1000米以上的山峰有七目嶂、野猪嶂、金石嶂、大帽山、羊里嶂、火星嶂6座。其中最高峰是位于县境东南部紫市镇与东源县、五华县交界处的七目嶂，海拔1318米。

主要河流 龙川境内的河流，统属于珠江水系和韩江水系。属珠江水系的有东江干流及其支流，其中集雨面积在100平方千米以上的支流有安远水、小金水、流田水、沙洲水、黄麻布水、车田河、小庙河7条。属韩江水系支流有铁场河、鹤市河、桥头水3条。

气候特征 龙川县气候属中亚热带季风气候，季风明显，光照充足，雨量充沛。2021年，龙川年平均气温22.1℃，较常年偏高1.0℃，高温日数（日最高气温≥35℃）64天，较常年偏多31天，为有气象记录以来最多。极端最高气温为38.3℃，极端最低气温为-1.5℃。年降水量为886.4毫米，较常年（1651.8毫米）偏少46%，为有气象记录以来最少。年日照时数为2528.2小时，较常年偏多46%。年平均气温略偏高，高温日数偏多，降水偏少，日照时数偏多。

矿产资源 龙川县有铁、钨、锰、铜、锡、瓷土等矿产20余种，分布于全县24个镇，其中铁矿储量1500万吨，世界五大名石之一的黑色花岗石储量1500万立方米，钨矿早有开采利用。

水力资源 龙川县地处东江和韩江上游，水力资源丰富，年平均径流量23.33亿立方米，水力资源开发潜力大，蕴藏量41.39万千瓦，境内建有广东第二大水力发电厂——枫树坝水电站、装机容量20万千瓦。县属较大的水力发电站还有枕头寨电厂和位于东江流域黎咀镇的龙潭水电站以及黄石镇的稔坑水电站。

森林资源 龙川县属亚热带季风气候，阳光雨量充足，森林资源丰富。境内有坪山林场、红星林场2个市属林场和1个县属鹤畲林场。2021年，全县林业用地面积23.44万公顷，占总面积的76%；森林面积22.83万公顷；森林覆盖率74.04%；森林总蓄积886.43万立方米。植物品种繁多，有木本植物500多种，以优良乡土树种壳斗科为主。陆地野生植物有700多种。野生动物主要有兽类、飞禽类和两栖爬行类。

矿泉温泉资源 位于龙川黎咀梅子坑天然矿泉年流量27万吨，含有多种人体所需的矿物质和微量元素，其品质可与法国维希矿泉媲美，是中国稀有的碳酸型天然饮用和医疗矿泉。全县有温泉资源4处，分布于佗城、贝岭、车田、上坪4镇。其中佗城塔西温泉和贝岭含水温泉开发利用，发展成为旅游度假区。

旅游资源 龙川县山川锦绣，旅游资源较为丰富。有4500多年历史的坑子里文化遗址，有建于秦朝南宋时期的越王井、正相塔、佗城学宫、考棚等一批省、市重点文物保护单位。古有鳌湖秋月、鳌峰雪霁、太乙仙岩、东山暮钟、龙潭飞瀑、梅村横舟、龙台晚眺和合溪温泉等老八景。有国家AAAA级旅游景区——霍山旅游景区和国家AAA级旅游景区——佗城景区、五色茶岭景区、绿油花果树小镇，以及九龙潭瀑布、七峰山旅游度假村、鳌山溪谷生态旅游区、知青部落、鹿湖生态旅游区等一批旅游景点。

名优特产 龙川县是全国特色农业加工基地。主要特产有牛筋糕、天然矿泉水、柿饼、茶叶、茶油、竹席、米酒、客家黄酒、香菇、木耳、柑橘、腐竹等，其中有国家级农产品区域公用品牌1个——龙川山茶油，全国名特优新农产品——龙川茗茶，“广东老字号”老隆牛筋糕有300多年历史。

【经济发展概况】 2021年，龙川县生产总值170.25亿元，比上年增长2.9%。其中，第一产业增加值33.85亿元，增长1.5%；第二产业增加值39.23亿元，下降5.7%；第三产业增加值97.17亿元，增长7.2%。规模以上工业完成工业总产值134.68亿元，下降4.1%；工业增加值26.11亿元，下降10.0%。农业总产值49.38亿元，下降5.2%；社会消费品零售总额61.39亿元，增长7.1%；旅游总收入8.79亿元，下降6.4%。外贸进出口额31.3亿元，下降3.7%；实际利用外商直接投资2508万元，下降53.2%。地方一般公共预算收入8.33亿元，增长6.1%；完成税收总收入11.38亿元，下降10.1%。城镇常住居民人均可支配收入2.65万元，增长6.9%，农村常住居民人均可支配收入1.92万元，增长9.4%。

农业 2021年，龙川县农业总产值49.38亿元，下降5.2%。耕地面积3.02万公顷，粮食播种面积3.52万公顷，粮食产量23.88万吨。推动现代农业产业园创建，油茶产业园通过复检验收，丝苗米产业园获评省级特色产业现代农业产业园。启动整线推进现代农业产业园建设试点工作，龙母盆地现代农业示范区建设初步形成。推进撂荒复耕复种4766公顷。发展特色产业村，培育打造“一村一品、一镇一业”项目64个。新增市级以上农业龙头企业3家，龙川茗茶获评全国名特优新农产品、龙川山茶油获评农产品区域公共品牌，越王贡米等7个品牌获评省农业名牌产品。

工业 完成全社会工业增加值28.10亿元，比上年同期下降6.7%。全县有规模以上工业企业82家。规模以上工业总产值134.68亿元，下降4.1%；工业增加值26.11亿元，下降10.0%。成立宝龙工业园用地整治提升和扩园土地征收工作指挥部，加快产业园区扩容，新增园区面积66余公顷，完成33宗产业用地整治提升，升级“代办制”为“包办制”，为54家企业解决事项102宗。加快建设景旺电子二期等项目；完成园区工业投资28.77亿元，引进项目14个，其中纽恩泰烘干机投资额5亿元。工业园实现工业总产值108.12亿元，下降5.4%；规模以上工业增加值21.33亿元，下降5.2%；税收2.73亿元，下降34.1%。深圳宝安（龙川）产业转移工业园累计完成产值88.13亿元，下降1.6%；增加值为16.54亿元，增长0.6%；税收为1.83亿元，下降36.8%。宝龙、宝塘、梅村、新城工业小区“四小区”实现工业总产值19.99亿元，实现工业增加值4.79亿元，实现税收0.9亿元。

第三产业 成功创建广东省全域旅游示范区，霍山景区成功创建国家级AAAA级旅游景区。全年接待旅游总112.69万人次，比上年下降3.3%，旅游总收入8.79亿元，下降6.4%。依托国家级电子商务进农村示范县平台，建立县镇两级平台与农业企业合作模式，加强与京东、阿里巴巴等企业合作，实现电子商务交易额12.08亿元，增长10%，其中农产品网络销售额1.29亿元，增长11%。金融机构年末各项存款余额272.50亿元，下降1.4%，各项贷款余额196.1亿元，增长6.1%。

【社会事业发展概况】 **教育** 2021年，龙川县推动农村义务教育寄宿制学校建设，19所学校已完成。新增普惠性幼儿园学位780个、公办义务教育学位900个。高考高分考生人数和本科人围率在全市各县区均排名第一。有298个办学单位。幼儿园147所；中小学校122所，其中完全小学79所（另有农村小学教学点214个），初级中学27所，九年一贯制学校10所，普通高中6所（含完全中学2所）；特殊教育学校1所；技工学校、中等职业技术学校各1所；乡镇成人文化技术学校24所；开放大学1所；学生德育基地1所。基础教育在校学生13.50万人。其中，在园幼儿2.39万人；在校中小学生11.11万人（其中小学生5.96万人、初中生3.49万人、普通高中在校生1.66万人）；特殊教育学校在校生138人；中职在校生730人；技工学校在校生1481人。

文化 完善公共文化服务体系，推进24个镇文化馆、图书馆分馆和72个村级文化馆、图书馆服务点建设，完成分馆、村服务点的设备配送、安装和调试、验收工作。推动文艺精品创作，选送《绿油飘香》节目获2021年广东省群众艺术花会（戏剧、曲艺）大赛活动大赛铜奖。有98处县级以上文物保护单位，其中国保1处（福建会馆），省保10处，市保7处。非物质文化遗产项目52项，其中被列入省级非物质文化遗产名录3项（龙川手擎木偶戏、龙川杂技、廻龙李埔马灯舞）、市级非物质文化遗产名录19项；非遗传承基地3个，其中省级基地1个（龙川手擎木偶传承基地），市级2个（龙川杂技和客家山歌传承基地）。

卫生 县人民医院被评定为全国县级医院综合服务能力500强，新街门诊部投入使用；县人民医院、中医院均市三级医院审核；县保健院被广东省妇女联合会授予广东省“巾帼文明岗”称号。医疗卫生公立单位33个，其中县级综合医院3间（县人民医院、县第二人民医院、县老隆人民医院），中医院、妇幼保健院、精神病医院、慢病院、疾控中心各1间，镇卫生院24间和康复医院1间。设有病床4604张，平均每千人口6.62张。出生人口8280人，人口出生率8.51‰，自然增长率5.44‰。

乡村振兴 巩固拓展脱贫攻坚成果与乡村振兴有效衔接，驻镇帮镇扶村工作顺利开展。推进农村人居环境综合整治，打造“四小园”（小花园、小菜园、小果园、小公园）示范点6946个。“厕所革命”成效明显，农村生活污水治理率75%。整治农村削坡建房风险点801个。完成水利基础设施投资1.69亿元，农村集中供水实现自然村全覆盖。完成“龙川1号公路”示范环线130千米，创建“四好农村路”省级示范县。

环境保护 全面落实河湖长制、林长制，配合完成中央第四生态环境保护督察组到龙川督察工作，52宗交办案件均办结。持续开展饮用水源地、重点流域水环境综合治理，枫树坝水库水质长期保持在国家地表水Ⅰ、Ⅱ类标准，东江干流水质达标率100%，韩江流域鹤市河断面水质持续好转，推进两渡河流域综合整治项目，县级以上及乡镇集中式生活饮用水水源水质达标率100%，环境空气质量优良率99.7%。工业危险废物、医疗危险废物安全处置率100%，环境空气质量优良率99.7%。

社会保障 民生支出57.7亿元，占一般公共预算的84.7%。民生十件实事顺利推进，学前教育“5080”（公办幼儿园在园幼儿人数占比50%，公办幼儿园、普惠性民办幼儿园在园幼儿人数占比80%）攻坚行动、建设东路改造、县城卓峰路建设等33项基本完成。落实县委书记、县长“面对面”解决群众“急难愁盼”问题机制，解决一批看病难、饮水难等民生问题。困难群众兜底保障精准有效，儿童福利院项目全面启用。纵深推进“广东技工”“粤菜师傅”“南粤家政”工程，新增城镇就业0.36万人，城镇登记失业率控制在3%以内。全面推动农村义务教育寄宿制学校建设，19所学校已完成。新增普惠性幼儿园学位780个、公办义务教育学位900个。

基础设施建设 推进综合交通运输网络规划设计，赣深高铁正式通车运行，迎宾大道全线贯通。龙梅高铁、龙寻高速、高铁新城综合交通枢纽及配套工程有序推进。国道205线至龙川西高铁站连接线、高铁新城下穿赣深高铁道路、国道205线龙川东出口至佗城等项目相继完成。推进通用机场、铁路综合物流园等项目，东江航道达到复航条件，初步构建华南地区交通枢纽。基本完成两渡河、水坑河4.66千米清淤整治项目，新建碧道14.3千米；推动全县24个镇204个行政村12.56万无集中供水人口集中供水工程全部开工建设，完成工程量的95%。加快网架建设，建成220千伏赣深铁路龙川西牵引站接入系统工程，完成110千伏丰稔、35千伏廻龙输变电工程线路的整体移交；按期投产152个配网工程项目，项目投产率100%。创新创业中心加快建设；引进项目23个、计划投资181亿元。获得省级技改奖补资金1573万元。新增高新技术企业4家、省级以上研发机构1家，入库科技型 中小企业32家，推动17家企业开展技术改造。

【龙川霍山旅游风景区被评定国家AAAA级旅游景区】 2021年5月27日，龙川霍山旅游风景区被广东省文化和旅游厅评定为国家AAAA级旅游景区。霍山位于龙川县中部，因汉代著名学者霍龙在此隐居传播文化得名，是广东七大名山之一。方圆10平方千米，海拔550米，有48峰、27岩、13奇石、11泉池、8大洞府，以酒瓮凌云、雄狮吼龙、太乙仙岩、横岩傲雾、一线曙光、吊谷上棚、地下花园、船头观日、砻衣接佛、玉麟玩月十景为最，素有"朝在罗浮暮在霍"之称。是广东省最长的水泥栈道、玻璃栈道。

【赣深高铁龙川西站首发】 2021年12月10日，赣深高铁龙川西站首发通车仪式在龙川西站站前广场举行。赣深高铁正线全长436.37千米，设计最高时速350千米。全线设13个车站，龙川西站位列其中。龙川西站，位于龙川县佗城镇，站房总建筑面积19980平方米，站台雨棚总建筑面积21600平方米，为河源段内最大站点。采用线正下站型，共设4站台12股道，其中正线4条、到发线8条，站台长度450米、宽度12米。

【老隆镇】 位于龙川县南部、东江上游，为龙川县城，广东省首批中心镇之一，是全县经济、政治、文化和交通的中心，国道205、赣深高铁、河梅高速、汕昆高速、河惠莞高速公路穿境而过，京九铁路和广梅汕铁路在此接轨并设华南地区最大的编组站，东接通衢、登云两镇，西连义都镇，南邻佗城镇，北通丰稔、四都两镇。面积119.6平方千米，耕地面积794公顷。辖14个村民委员会、15个社区居民委员会，人口14.05万人。2021年，农业总产值1.69亿元，税收收入9.71亿元。境内有福建会馆、革命烈士纪念碑、龙台寺、水坑生态风景区、江边文化广场、惠群体育公园、羊山岽公园、龙山公园等名胜古迹。

【佗城镇】 位于县境最南端，龙川秦代古县城，为广东省首批历史文化名城，中华人民共和国成立以前历为龙川政治、经济、文化中心，县治所在地。面积218平方千米，耕地面积2003.2公顷。辖17个村民委员会、1个社区居民委员会，人口4.78万人，姓氏179个。该镇毗邻东源县，距县城、铁路编组站（广梅汕、京九铁路）8.5千米，河梅高速公路龙川西出口距镇区1.5千米，东江、205国道、河梅高速、汕昆高速公路在境内经过。佗城现存赵佗故居、越王庙、越王井、考棚、正相塔、孔庙、姓氏祠堂、坑子里文化遗址、龙川县苏维埃政府旧址等一批历史文物，先后被省市评定为"古邑文化与旅游专业镇""广东省休闲农业与乡村旅游示范镇"和"岭南魅力名镇"。有佗城景区（国家AAA级旅游景区）、鳌山溪谷生态旅游区、龙川塔西温泉度假村等旅游景点。2021年，农作物播种面积2421.2公顷，粮食总产量9353吨，农业总产值2.30亿元，税收总收入5481.2万元。

【义都镇】 位于龙川县西南部，北与和平县相邻，汕昆高速穿境而过。面积106.4平方千米，耕地面积902.8公顷。辖9个村民委员会、1个社区居民委员会，人口3.10万人。农副产品主要有茶油和茶叶。农业品牌有义都桂林茶，茶叶种植面积400余公顷，生产总值4000多万元。境内有鳌山、龙潭飞瀑等旅游景点，长兴村香火龙被评为首批河源市非物质文化遗产。2021年，农作物播种面积1602.4 公顷，粮食总产量7299吨，农业总产值1.72亿元，税收总收入87.3万元。

【四都镇】 位于龙川县中部偏西的东江河上游，京九铁路穿镇而过，境内有鹿湖生态旅游区。面积80.57平方千米，耕地面积929.98公顷。辖8个村民委员会、1个社区居民委员会，人口2.07万人。主要农产品有水稻、花生、黄豆、茶油、柿子，农副产品主要有茶油和柿饼。该镇有"柿子之乡"之称，种植柿子面积670公顷，年产量2000吨以上。2021年，农作物播种面积1306.87公顷，粮食总产量5961吨，农业总产值1.31亿元，税收总收入192.9万元。

【丰稔镇】 位于县城北郊，广梅汕铁路途径境内，河惠莞高速公路穿镇而过，设有丰稔高速出入口。面积136.5平方千米，耕地面积1847.67公顷。辖15个村民委员会、1个社区居民委员会，人口4.17万人。主要农产品有油茶、枇杷、柚子、丝苗米等。境内有五色茶岭景区（国家AAA级旅游景区），中国传统村落、广东省文化和旅游特色村、广东省古村落——黄岭村等旅游景点。2021年，农作物播种面积2613.8公顷，粮食总产量12177吨，农业总产值2.76亿元，税收总收入821.1万元。

【登云镇】 位于龙川县东南部，东邻五华岐岭，西接老隆镇，南连通衢镇，北临铁场镇，地处长深高速与河惠莞高速交会口，设有高速出入口，梅龙高铁穿境而过。面积67平方千米，耕地面积795.67公顷。辖7个村民委员会、1个社区居民委员会，人口2.41万人。镇内矿产、水电资源丰富，主要农特产品有柰李、无核柿等，景点有蓝关、韩公祠、叶卓故居、玳瑁山等。境内有省级深圳宝安（龙川）工业转移园部分园区。

2021年，农作物播种面积1001.6公顷，粮食总产量5398吨，农业总产值1.26亿元，税收总收入3262.1万元。

【鹤市镇】 位于龙川县东南部，是龙川县东南五镇的经济、文化、商贸、物流中心，是全国优质水稻高产示范区，广东省首批中心镇之一。河惠莞高速公路穿镇而过，设有鹤市服务区。面积51.8平方千米，耕地面积1035公顷。辖9个村民委员会、1个社区居民委员会，人口2.95万人。建有蔬菜种植基地1个，水稻高产创建示范点2个。2021年，农作物播种面积1627.87公顷，粮食总产量7591吨，农业总产值1.79亿元，税收总收入553.9万元。

【通衢镇】 位于龙川县东南部，东北与五华县双头、岐岭镇毗邻，面积100.7平方千米。耕地面积866.93公顷。辖17个村民委员会、2个社区居民委员会，人口3.78万人。主要种植水稻、番薯、黄豆、花生等作物，主要农特产品有旺茂果蔗、玳瑁菊花、华城黑米、锦太黑米等。深圳宝安（龙川）工业产业转移园位处该镇辖区梅城、梅东和华城村。2021年，农作物播种面积2261.47公顷，粮食总产量1.10万吨，农业总产值1.79亿元，税收总收入199.6万元。

【紫市镇】 位于龙川县最南端，是龙川、五华、东源三县边境农村商品集散地，是广东省体育先进镇、广东省教育强镇。面积112平方千米，耕地面积1230.36公顷。辖9个村民委员会、1个社区居民委员会，人口3.23万人。有茶叶、油茶、雅寄米酒等特色名优产品，主要景点有七峰山旅游度假村。2021年，农作物播种面积1930.4公顷，粮食总产量9106吨，农业总产值1.67亿元，税收总收入52万元。

【黄布镇】 位于龙川县南部，东邻鹤市镇，西连佗城镇，南临东源县叶潭镇，北接通衢镇，河惠莞高速公路贯通全镇，设有黄布高速出入口。面积56.14平方千米，耕地面积845.60公顷。辖6个村民委员会、1个社区居民委员会，人口2.94万人。主要资源有金属矿、瓷土、石灰石、滑石等。其中欧江村是广东省古村落和广东省第一批30个“红色村”党建示范点之一，村内有黄海龙将军故居、南宋古墓、金兰书院、韩文公祠遗址、金安围南角的“大教场”等古迹以及仙寨乡苏维埃政府旧址红色教育基地。2021年，农作物播种面积1276.6公顷，粮食总产量6208吨，农业总产值1.56亿元，税收总收入23.1万元。

【铁场镇】 位于龙川县中部，东面毗邻兴宁市、五华县。广梅汕铁路横贯，国道238线经圩镇连接兴宁、五华境内的国道205，是“两市、三县、九镇”的交界点。面积251平方千米，耕地面积2554.97公顷，辖30个村民委员会、3个社区居民委员会，人口7.84万人，是全县人口最多、地域最广的镇。国家AAAA级旅游景区霍山旅游风景区东南面在该镇辖区内，是省级森林公园。“东江三杰”之一黄居仁为该镇桥头村人，其故居是河源市文物保护单位和河源市爱国主义教育基地。2021年，农作物播种面积4556.53公顷，粮食总产量2.34万吨，主要农产品有眉豆、腐竹、板栗、三华李等，农业总产值3.92亿元，税收总收入160.4万元。

【田心镇】 位于龙川县境中部偏东、韩江上游，东连兴宁市大坪镇。面积88.6平方千米，耕地面积1965.33公顷，辖16个村民委员会、1个社区居民委员会，人口4.43万人。主要农特产品有八宝鱼生、田北鹰嘴桃、松林三红蜜柚等。主要景点有霍山旅游风景区（国家AAAA级旅游景区、省级森林公园、广东省七大名山之一）、塔丰下塔（千年古塔）、陂角文笔塔、甘陂畲族风情等。2021年，农作物播种面积2407.47公顷，粮食总产量1.24万吨，农业总产值2.51亿元，税收总收入103.7万元。

【龙母镇】 位于龙川县中部，韩江上游，省道隆江线公路纵贯全镇，是龙川县中部地区的商贸中心。河惠莞高速公路穿镇而过，设有龙母高速出入口、霍山高速出口，龙母停车区1个。面积148.21平方千米，耕地面积1950.07公顷。辖17个村民委员会、1个社区居民委员会，人口5.46万人。主要特产有高山茶油、腐竹、柑橘、脐橙、鱼生等。2021年，农作物播种面积3068.6公顷，粮食总产量1.59万吨，农业生产总值3.10亿元，税收总收入436.4万元。

【赤光镇】 位于龙川县中部，地处隆江公路、赤枫公路、甘赤公路的交会处，河惠莞高速公路穿镇而过，设有赤光高速出入口。面积134.5平方千米，耕地面积1446.67公顷。辖16个村民委员会、1个社区居民委员会，人口4.66万人。主要农产品有高山茶油、绿茶、杨梅等，境内有枫树坝省级自然保护区、国家AAA级旅游景区绿油花果树小镇。2021年，农作物播种面积2167.73公顷，粮食总产量1.05万吨，农业总产值2.31亿元，税收总收入247.8万元。

【廻龙镇】 位于龙川县中部，东与兴宁市大坪镇交界，北与兴宁市罗岗镇相连，是全省八大革命老区之一。面积83.8平方千米，耕地面积1003公顷。辖14个村民委员会、1个社区居民委员会，人口3.51万人。农作物主要以水稻为主，经济作物有油茶、玉米、花生、高山茶油等。大塘村的闽粤赣边五兴龙县苏维埃政府旧址是广东省重点文物保护单位，广东省爱国主义教育基地，于2016年被列入全国红色旅游景点景区名录。2021年，农作物播种面积1712.27公顷，粮食总产量8345吨，农业总产值1.84亿元，税收总收入42.3万元。

【黄石镇】 地处东江上游，龙川中西部，南临四都镇，东接黎咀镇，西临和平县东水镇，北靠车田镇，东江河贯穿全境，面积118平方千米，耕地面积1246.40

公顷。辖10个村民委员会、1个社区居民委员会，人口2.05万人。素有“油茶之乡”之称，是广东省油茶专业镇，有油茶林2666.67公顷，规模化油茶种植基地4个，油茶龙头企业2个，茶油品牌2个，油茶种植专业合作社25个，其中省级油茶种植专业合作社2个，是龙川县现代农业（油茶）产业园核心区之一。2021年，农作物播种面积1227.87公顷，粮食总产量5989吨，农业总产值1.50亿元，税收总收入76.4万元。

【黎咀镇】 位于龙川县中北部，东江上游河畔。面积127.74平方千米，耕地面积1231.80公顷。辖18个村民委员会、1个社区居民委员会，人口3.32万人。黎咀为龙川矿泉水产地，年流量27万吨。坪山林场、枫树坝自然保护区分别在南北两边，辖区内有龙潭库区。该镇文化底蕴深厚，虎口村的手擎木偶戏和金狮狮头制作技艺分别被列入广东省第三批省级非物质文化遗产名录和河源市第二批非物质文化遗产名录。2021年，农作物播种面积2163.07公顷，粮食总产量1.03万吨，农业总产值2.11亿元，税收总收入233.4万元。

【车田镇】 位于龙川县境西北部，毗邻和平县长塘、贝墩镇，是龙川县的粮食生产大镇和竹木制品的主要产地。面积312.02平方千米，耕地面积3239.76公顷。辖23个村民委员会、2个社区居民委员会，人口6.51万人。水力资源丰富，建有神龙寨、新村水库、石牛栏水电站等12座水利设施。主要特产有车田豆腐、车田米酒、车田花生、车田牛肉干等。2021年，农作物播种面积4997.4公顷，粮食总产量2.59万吨，农业总产值4.18亿元，税收总收入298.2万元。

【岩镇】 位于县境东北部、东江上游，北与兴宁市罗浮镇接壤，东西南三面为省属枫树坝水库所环绕，国道236线及河惠莞高速贯穿全镇，设有岩镇高速出入口。面积121.64平方千米，耕地面积709.6公顷。辖6个村民委员会、1个社区居民委员会，人口2.13万人。主要农副产品有茶油、柑橘、蜂蜜、鹌鹑蛋、腐竹、魔芋粉等。矿产资源丰富，有石灰石、煤、锰、稀土等。2021年，农作物播种面积1201.87公顷，粮食总产量5363吨，农业总产值1.25亿元，税收总收入134万元。

【新田镇】 位于龙川县东北部，东与兴宁罗岗相连，北与兴宁罗浮为邻，南与廻龙镇相邻，西与赤光镇接壤，河惠莞高速公路贯穿而过，地处枫树坝库尾，是省级生态示范镇。面积71.3平方千米，耕地面积515.80公顷。辖6个村民委员会、1个社区居民委员会，户籍人口1.81万人。主要农特产品有油茶、托里茶、蜂蜜等。建有雷公畲老水电站、梨树下水电站。2021年，农作物播种面积925.67公顷，粮食总产量3979吨，农业总产值1.06亿元，税收总收入29.7万元。

【麻布岗镇】 位于龙川县北部，东江上游，东连兴宁市罗浮镇，广东省首批中心镇之一，县域副中心，是龙川县上半县的经济文化交流中心和商品集散地，河惠莞高速公路穿镇而过，设有麻布岗高速出入口。面积179.06平方千米，耕地面积1787.73公顷。辖16个村民委员会、1个社区居民委员会，户籍人口4.49万人。主要农特产品有绿茶、魔芋粉、富硒大米、油茶等。有大小水电站21个，主要矿产资源有铁、钨、铅锌、萤石、稀土、铀、铜、铷等。大长沙村是省级古村落。2021年，农作物播种面积2802.67公顷，粮食总产量1.46万吨，农业总产值2.65亿元，税收总收入906.7万元。

【贝岭镇】 地处县境北部，是一个集移民区、老区、山区的农业镇。面积104.99平方千米，耕地面积812.07公顷。辖8个村民委员会、1个社区居民委员会，人口1.91万人。主要特产有松香、桐油、蝉花（壳）、香菇、木耳、笋干等。境内有铁矿、萤石、铅锌、稀土、氟、瓷土、石灰石等矿产资源以及上盘、含水地热温泉资源。2021年，农作物播种面积1228.07公顷，粮食总产量5481吨，农业总产值1.32亿元，税收总收入57.4万元。

【细坳镇】 位于龙川县北部山区，地处东江上游河畔，东与上坪镇接壤，南与贝岭镇相邻，西与和平县相连，北与江西省定南县天九镇毗邻，素有“赣入粤第一镇”之称，属“九山半水半分田”的粤北山区镇。面积142.59平方千米，耕地面积740.78公顷。辖12个村民委员会、1个社区居民委员会，人口2.30万人。是河源市市级毛竹专业镇。矿产、林业、水力资源丰富，盛产蝉花、蝉蛹、灵芝、香菇、木耳等特色农产品。该镇文化底蕴深厚，小参村是广东省古村落、革命老区村。2021年，农作物播种面积1321.67公顷，粮食总产量5990吨，农业总产值1.45亿元。

【上坪镇】 地处龙川县北部，毗邻江西省定南县、寻乌县及广东省兴宁市，河惠莞高速公路贯穿全镇，设有仰天堂高速出入口。面积210.63平方千米，耕地面积1396.73公顷。辖13个村民委员会、1个社区居民委员会，人口3.40万人。是省级金桔专业镇，有金桔、脐橙、猕猴桃、百香果种植基地，主要特色农特产品有金桔、香菇、灵芝、竹笋等。有水电站19座，总装机容量7820千瓦，年发电量2700万千瓦时。境内有金、银、铅、锌、铁、锰、铜、稀土等矿产资源和热水温泉资源，主要景点有野猪嶂、青云省级古村落等。2021年，农作物播种面积2147.2公顷，粮食总产量10755吨，农业总产值2.05亿元。

2021年龙川县领导成员名单

中共龙川县委员会

书　记：

黄海生（—2021.10）

孔德胜（2021.10— ）

副书记：

杨利华（—2021.8）

刘　力（2021.8— ）

张新发（—2021.3）

朱以威（2021.3— ）

常　委：

曾乐晖（—2021.8）

谢　骥（—2021.7）

张百松（—2021.9）

谢文丰（—2021.8）

吴　卫（2021.8— ）

杨　勇（2021.3— ）

涂远泽（2021.8— ）

蔡东艺

叶金水

黄勇花（—2021.8）

张明明（2021.9— ）

叶伟雄（2021.7— ）

叶书利（2021.8— ）

邹　静（2021.8— ）

曾庆辉（—2021.3）

龙川县人大常委会

主　任：

刘天瑞（—2021.9）

陈如发（2021.9— ）

副主任：

廖小文（2021.9— ）

张　波（—2021.11）

陈俊强

骆伯青

朱良聪（—2021.8）

叶　慧（2021.3— ）

钟　锐

曾忠平（2021.11— ）

龙川县人民政府

县　长：

杨利华（—2021.8）

刘　力（2021.9— ）

常务副县长：

蔡东艺

副县长：

廖小文（—2021.8）

吴　卫（2021.8— ）

魏勇军（—2021.8）

陈文忠（—2021.8）

曾锦标（—2021.8）

李桂生（—2021.8）

涂远泽（—2021.8）

张明明（2021.9— ）

吴维红（2021.8— ）

苏西超（2021.5— ）

邹树元（2021.8— ）

何瑞棠（2021.8— ）

陈育晚（2021.8— ）

欧阳晓（2021.8— ）

党组成员：

叶书利（2021.11— ）

邱志飞

政协龙川县委员会

主　席：

叶文锋（—2021.8）

廖洪滨（2021.9— ）

副主席：

曾乐晖（2021.11— ）

李志宏

魏勇军（2021.11— ）

苏　起

陈文忠（2021.11— ）

钟惠强（2021.7— ）

杨日华（—2021.11）

叶　慧（—2021.1）

杨远平（2021.3—2021.11）

陈肖英（2021.4—2021.8）

中共龙川县纪律检查委员会 龙川县监察委员会

书记、主任：

谢　骥（—2021.7）

叶金水（2021.7— ）

（朱光进　曾　璐）

紫金县

【基本情况】 建置沿革　紫金地域，春秋时属百越地，战国属楚，秦代起属南海郡博罗、龙川两县地，隋唐为归善、兴宁两县地，宋元为归善、长乐两县地。明隆庆三年（1569）置永安县，属惠州府。1912年属广东省都督府。因该县名与福建省延平府永安县同名，且其建县于明景泰三年（1452），早于该县117年，1914年，民国政府批准永安县改为紫金县（因县城有紫金山而得名），属潮循道。1926年，隶属东江各属行政公署。1937年，隶属第四行政督察区，1949年，改属第二行政督察区。1949年5月紫金县解放，隶属于东江专区。1952年改属粤东行政区，1956年隶属惠阳专区，1959年改属汕头专区，1963年复属惠阳地区，1988年改属河源市。

位置、面积　紫金县位于广东省东中部，河源市东南部、东江中游东岸。东接五华县，西与博罗县隔东江相望，西南与惠州市惠城区相接，南与惠州市惠东县相邻，东南与陆河县相连、与海丰县毗邻，西北与河源市源城区接壤、北与东源县交界。全县境域东西长88.6千米、南北宽64千米，面积3635.13平方千米（含江东新区古竹镇、临江镇）。

人口、方言　2021年，紫金县有16个镇、245个村民委员会、27个社区居民委员会（不含江东新区古竹镇、临江镇）。年末户籍人口75.47万人。传统用语为客家方言。

地形、地势　紫金县地形以山地、丘陵为主，面积3046平方千米，占全县总面积的84%，河谷、盆地、水域占16%。地势东高西低，南北两面山峦重叠，地势较高；中部较低并向东西两翼倾斜，构成不大对称的马鞍形，归属不同流向的东江和韩江两条水系。

主要山脉　紫金县平均海拔300米，县城海拔为140.8米。山脉属粤东莲花山体系，海拔在1000米以上的高山有16座。武顿山，又名乌凸，位于南岭镇南端，与陆河县交界，与文笔峰相邻，是紫金县第一高峰，韩江上游琴江的发源地，主峰海拔1232.9米，山势雄伟，烟雾缭绕，与文笔峰左右并峙，成为奇观。乌禽嶂，紫金县第二高峰，地处紫金县南部九和镇边界、惠东县东北部，主峰海拔1186.2米，山上办有国营紫金县东风营采场。

主要河流 紫金县东部为韩江水系，集雨面积占全县面积的22.9%；中、西部为东江水系，集雨面积占全县面积的77.1%。流域面积在100平方千米以上的河流（不含东江）有14条。东江，经龙川、河源流入紫金，从紫金县西部边境的临江、古竹两镇边沿流过，流入惠州市惠城区境，紫金县境内流过长54千米。河上一般行驶100吨以下船只，枯水期行驶20吨船只，是紫金县内主要水运航道，沿线有临江港和古竹港。

秋香江，东江一级支流，位于紫金县中部，是县内主要河流。发源于紫城镇与龙窝镇、水墩镇交界的榴墩嶂。自东向西流经紫城、瓦溪、九和、蓝塘、凤安、好义、古竹7个镇，在古竹镇的榄溪村汇入东江。干流长144千米，流域面积1669平方千米，其中本县境内为1590.5平方千米，占全县土地面积的46%。

气候特征 紫金县处于属亚热带季风气候区。气候温和，光照充足，雨量充沛。季风明显，夏长冬短，四季分明。年平均气温20.5℃，年平均降水量1733.9毫米，年平均日照时数1705.7小时，年平均雷暴日为88.9天。2021年平均气温22.5℃，年降水量1110毫米；年日照总时数2553.9小时，年平均相对湿度72.7%。

水力资源 紫金县水力资源理论蕴藏量13.28万千瓦，可开发利用14.05万千瓦，年发电3.8亿千瓦时，每平方千米电能蕴藏量151.7千瓦，高于全省平均水平。其中东江水系（不包括东江干流）可开发利用水力资源11.56万千瓦，韩江水系可开发利用水力资源2.49万千瓦。至2021年底，全县建成100千瓦以上水电站151座，总装机容量8.53万千瓦（含东江风江电站）；全县小水电发电能力2.5亿千瓦时（不含东江干流及江东新区古竹镇、临江镇）。

土地资源 2021年全国第三次土地调查统计，全县土地面积3228.13平方千米(32.28万公顷，不含江东新区古竹镇、临江镇)。林地面积27.47万公顷，水域面积0.5万公顷，耕地1.97万公顷，园地0.63万公顷，居民点及工矿用地0.92万公顷，交通用地0.27万公顷，未利用土地0.53万公顷。实有耕地总资源1.97万公顷，其中水田1.83万公顷（不含江东新区古竹镇、临江镇）。

林木资源 林木以松、杉及白梨、赤梨、石斑木、荷树、檫树、香樟、山苍树和竹为主。常见的有173科、843种。林业用地总面积25.96万公顷（不含东江林场和下石林场），其中有林地面积24.44万公顷，林木年总生长量66.65万立方米，活立木蓄积量1501.55万立方米，森林覆盖率76.7%，林木绿化率76.7%（不含江东新区古竹镇、临江镇）。此外，有省级白溪自然保护区，面积5755.5公顷。

矿产资源 紫金县矿产丰富，其中铁矿、钨、锡、瓷土、石灰石等矿，早在明清时期就开采利用。2021年，全县有25种矿种，主要矿点（矿区）73处，其中有工业开采价值的矿产14种34处。优势矿种是铁、钨、锡、瓷土。铁矿主要分布在西北部义容青溪宝山嶂、官田和黄塘镇大林輋等地。石灰岩主要产地有黄塘大林輋、上义白水磜、义容青溪宝山嶂等，计算储量4.2亿吨。瓷土分布在县境东部为多，储量丰富。苏区镇永光村、黄布村，中坝镇良庄村，紫城镇新庄村、黄花村、榕林村、士贵村，水墩镇南山凹下，龙窝镇黄田村、好义镇板子坝等地均有瓷土开采。

温泉资源 全县有温泉资源5处。九和温泉，分布在紫金县城以南40千米的九和镇热水、幸福两村。其中，热水温泉流量为每日1198吨，温度60℃～80℃，最高86℃；水质属重碳酸钠钙镁型淡水，水中二氧化碳含量每升100毫克以上。幸福温泉，分布在稻田低洼地上(小地名蒋口塘)，泉流量每日1000吨，水温81℃～83℃，最高85℃。敬梓温泉，位于敬梓圩下角的河滩中，有泉眼10余个，日喷流量200～300吨，水温80℃以上。义容温泉，位于义容镇西北部汀村中田自然村（小地名热汤子），距义容圩15千米。日流量300～400吨，温度80℃以上。上义温泉，位于上义镇白水磜河沥与飞云磜河交汇处经西约100米处河边（当地称观音河），水温40℃。此外，水墩碳酸气矿泉，泉水具微酸味，游离二氧化碳含量每升1143.82毫克，pH值6.2，水温23℃，属重碳酸钙镁钠型碳酸汽水；泉流量每日19吨，是珍贵优质的天然矿泉水。

旅游资源 全县有旅行社4家，三星级宾馆1家，正式对外营业的旅游景区有御临门温泉度假村。可供游客自助免费参观的景点有：紫金县博物馆、孙中山祖籍纪念馆、苏区红色旅游景点、紫金观、广东省激流回旋训练基地、万寿寺、南母寺、德先楼、桂山石楼等。

【经济发展概况】 2021年，紫金县完成地区生产总值143.33亿元，比上年增长10.5%。社会消费品零售总额44.30亿元，增长7.9%。外贸出口额5.1亿元，增长54.9%。工业总产值35.61亿元，增长18%。全社会工业增加值21.1亿元，增长12.4%。规模以上工业增加值2.01亿元，增长11.2%。地方一般公共预算收入8.90亿元，增长5.3%。固定资产投资增长14.9%。

农业 农林牧渔业总产值56.88亿元，比上年增长11.61%。完成紫金客茶谷省级现代农业产业园规划设计方案编制，“一核一带四圈多园”布局基本形成。推进茶产业规模化、标准化、品牌化建设，新增茶叶种植面积666.67公顷，综合产值12亿元，“紫金蝉茶”获评全国乡村特色产品、2021粤字号农产品百县百品县域公用品牌优秀品牌，7款茶样获评“中茶杯”金奖，国字号、粤字号获奖总数量排名全省前列，“红色紫金——蝉茶飘香”入选全国百条红色茶乡旅游精品路线，茶产业成为紫金县农业的主导产业和富民产业。

工业　紫金县实现规模以上工业总产值78.75亿元，比上年增长26.3%。紫城工业园首期基本建成，二期中部片区完成征地5.8平方千米，基础设施加快建设；蓝塘产业新城完成征地4.3平方千米、场地平整2平方千米，首期6.68平方千米的基础设施启动建设。引进勤进达实业、精盛金属等入园项目16个、投资总额158亿元。开展暖企助企行动，推动正合智能科技等19个签约项目动工建设，金盛兰、优维等15个在建项目投产，新增规上工业企业15家。新增国家级高新技术企业4家、市级工程技术中心1家，首个广东省博士工作站挂牌成立，投入15.49亿元推动博辉包装等11家企业完成技改创新，带动工业经济加快发展。

旅游　全县旅游接待45.7万人次，旅游总收入3.88亿元，分别比上年增长5.2%和0.9%。

【社会事业发展概况】　教育　2021年，紫金县投入3.5亿元，完成3所寄宿制学校改扩建任务，建成深圳龙华紫金实验学校、城南实验幼儿园，推动佑文中学等一批教育重点项目加快建设，新增幼儿园公办学位1200个、民办普惠学位510个、公办义务教育学位2520个，成功创建国家级体育特色学校3所、省级艺术特色学校1所、市级文明校园3所。开展全托管办学教育改革试点，龙华区高素质支教队伍全面接管紫金中学和深圳龙华紫金实验学校，带动一批清华、北大等高校毕业的优质教师资源融入紫金教育队伍，“委托办学改革激活教育一池春水”项目入选河源市2021年度全面深化改革优秀案例。

文化　县科技馆建成投用，推进县新“三馆一中心”、苏区革命旧（遗）址群整体提升工程和红二、四师会师旧址公园等项目建设，公共文体设施建设实现全覆盖，16个镇文化站达到省二级标准。开展文艺演出、送戏下乡、电影放映等公共文化惠民活动，创作推出《血田英魂》等一批优秀花朝戏作品，“红色紫金”故事深入人心。

卫生健康　做好常态化疫情防控，加强疫情全流程应急演练，有效防范境外和国内重点地区疫情输入，全县超七成目标人群完成新冠疫苗接种。推进医共体建设，县人民医院远程会诊中心、胸痛中心和卒中中心建成投用，县中医院整体搬迁改造项目基本完成，县中医院发热门诊、传染病及可转换病区投入运营。“互联网+医疗”建设推进，完成县、镇、村远程医疗建设任务，组建家庭医生团队71个，受益人口22.6万人，中医药技术服务实现全覆盖，获2021年县级全国基层中医药工作先进单位。

乡村振兴　2020年乡村振兴考核在粤北5市40个县（区）中排名第二。流转土地面积4067公顷，4183个农村集体经济组织完成登记赋码。完成撂荒耕地复耕复种任务，建成高标准农田2567公顷，农业机械化率增长至46.5%，粮食、蔬菜、水果种植面积分别为28913.33公顷、8546.67公顷和5200公顷，产量分别实现17.36万吨、19.3万吨和7.5万吨，主要农作物农药减量控害技术示范与推广项目获评省农业技术推广一等奖，新增无公害农产品认证主体19家、绿色食品认证主体3家。发展“一村一品、一镇一业”，成功创建省级专业镇1个、专业村18个，新增重点农业龙头企业13家、家庭农场10家。实现农业总产值54.34亿元、比上年增长12.2%，创十年来新高，总量前移一位、跃居全市第一，农村居民人均可支配收入连续四年超全国平均水平。提升“四好农村路”及“城乡交通运输一体化”全国示范县创建成果，完成县乡公路改造48千米、生命安全防护工程45千米，245个行政村通客车率100%。新建村级污水处理站11个，新增污水处理管网14.53千米，治理河长10.81千米，完成农村集中供水攻坚任务，自然村集中供水覆盖率99%，10.17万人口饮水安全问题得到解决。投资7.3亿元，建成500千伏梅州抽水蓄能（开关站）工程、500千伏源和电厂二期接入系统工程等一批电网工程。完成13处大型、63处中小型地质灾害点综合治理，紫金县农村削坡建房风险点排查整治经验在全省推广。基本完成“三清三拆三整治”任务，新建垃圾中转站16个，农村卫生保洁、无害化卫生户厕实现全覆盖，干净整洁村、美丽宜居村占比分别达到100%和50%，环境整治三年行动验收考核在粤北片区排名前列。九和金光大道、龙窝“彭牌嶂”等美丽乡村风貌提升示范带全面发力、多点开花，打造美丽宜居示范村32个，“红色基因·古韵茶香”线路入选“广东美丽乡村精品线路”，龙窝镇彭坊村入选广东省文化和旅游特色村。

交通建设　主动对接深圳都市圈和惠州“丰”字交通规划，推进综合交通运输网络规划建设，河惠汕高速、国道236线龙潭至升平段等项目前期工作有序推进，省道120线蓝塘产业新城段项目加快建设，“融湾”“融深”战略通道不断拓展。

民生　全年民生投入资金42亿元，占一般公共预算支出的88%，十件民生实事基本完成，推动发展成果更多更好地惠及广大群众。健全完善社会救助体系，提高低保、特困人员、孤儿基本生活补贴和残疾人两项补贴保障水平，发放城乡低保金、特困救助供养金等2.16亿元；县残疾人康复综合服务中心、殡仪馆新馆建成投用，镇级社会工作服务站实现全覆盖。实施“粤菜师傅”“南粤家政”“广东技工”三大工程，带动城镇新增就业3188人、促进创业203人，城镇登记失业率控制在2.4%以内。

【大型现代花朝戏《血田英魂》首演】　2021年7月13日，紫金县举行庆祝中国共产党成立100周年大型现代花朝戏《血田英魂》首演。该剧由国家一级导演梅晓执导；国家一级舞美设计师陈庆文担任舞美设计；国家一级舞美灯光设计师刘凤恕担任灯光设计及操控；国家一级舞美服装设计师黄海忠担任服装设计；国家一级舞美化妆造型师方国良担任人物造型设计。该戏讲述热血青年张民强带头抗租，还一把火烧了地主邱金富的粮仓，之后逃往海丰。一年后，张民强把彭湃在海丰推行的农民运动经验带回紫金，掀起轰轰烈烈的农民运动。岂料，地主邱金富勾结反动派卷土重来，酿成惨无人道的“血田惨案”。该剧以“田”为线索，围绕百姓盼田、争田、分田到最后的血田而展开，歌颂早期紫金革命群众不屈不挠、抗战到底的革命精神。

【龙华·紫金委托办学学校揭牌】 2021年9月7日，龙华·紫金委托办学学校揭牌仪式在深圳龙华紫金实验学校举行，学校位于紫城镇新安社区鲤子塘。深化龙华区对口紫金县“全口径、组团式、融入式”教育帮扶模式，助力紫金县乡村振兴与基础教育高质量发展。深圳龙华紫金实验学校围绕“一厅（报告厅）、一园（龙紫实百草园）、三博（客家非遗博物馆&戏剧教室、紫金红色文化博物馆和党建会议室、紫金蝉茶博物馆&茶艺教室）、六中心（悦读中心、创客中心、生活中心、信息中心、科普中心、行政中心）”，精心设计学习场域。

【紫金县科技馆开馆】 2021年9月28日，2021年“中国流动科技馆”广东省巡展活动·紫金站启动仪式暨紫金县科技馆开馆仪式在紫金县科技馆举行。巡展以“体验科学、探究科学”为主题，集科学性、知识性、趣味性于一体，设置有声光体验、电磁探秘、运动旋律、机械韵律、汽车生活、科普体验箱、移动球幕影院、3D打印和VR体验等60余件科普互动展品。

【紫城镇】位于紫金县中部，是县委、县政府驻地，全县的政治、经济、文化中心。境内交通便利，汕湛高速、河惠莞高速穿境而过，汕湛高速在境内设紫金东、紫金西2个出入口；河惠莞高速在境内设紫城入口。省道紫海线、惠紫线、紫五线贯穿境内；紫金至龙川公路建成通车。面积384.8平方千米，耕地面积2846公顷，其中撂荒复耕面积232.6公顷。辖31个村民委员会、12个社区居民委员会，人口16.34万人。2021年，地区生产总值50.81亿元，比上年增长8.1%；农业总产值4.97亿元，比上年增长5.1%；工业总产值37.7亿元，比上年增长8.6%。第三产业产值8.14亿元，比上年增长7.5%。地方一般公共预算收入2.25亿元，税收总收入1.17亿元。茶叶种植面积800公顷，比上年增长17.6%。该镇历史文化悠久，旅游资源丰富，是“东江三杰”之一刘尔崧的故乡。有县城祠堂街、紫金观（天后宫）、曹源庵、广福庵、县总农会旧址、刘尔崧纪念馆、刘易城公祠、烈士纪念馆、中山公园、千家寨公园、白溪省级自然保护区、鸡公嶂和状元峰县级自然保护区、散滩水库风景区等文化古迹及自然旅游景点。

【中坝镇】位于紫金县东北部，东邻五华县长布镇，北与东源县黄村镇接壤，国道355线、省道120线穿境而过。面积176.32平方千米，山地面积1.4万公顷，耕地面积1406.67公顷，其中撂荒复耕面积126.8公顷。辖13个村民委员会、1个社区居民委员会，人口4.94万人。水稻种植面积（早、晚）1238.4公顷。茶叶种植面积65公顷，砂糖橘种植面积23.33公顷，春甜桔种植面积13.3公顷，南药27.67公顷。矿产资源丰富，瓷土、稀土、钽铌矿和萤石矿存储量高，主要分布在乐平村、良庄村，锰铁矿、萤矿、绿柱石等其他矿产资源有待开发。该镇是孙中山先祖入粤祖籍地，建有紫金中坝孙中山纪念馆，有县重点文物保护单位紫金中坝孙氏开基祖孙友松墓、妣骆八十娘墓和中坝孙中山祖籍纪念馆。

【敬梓镇】位于紫金县东北部，东邻五华县华阳、长布等镇相邻，西北部毗连中坝镇，南接水墩镇。汕湛高速公路在该镇设有出入口，国道355线穿境而过。面积110.3平方千米，林地面积8677.57公顷，耕地面积1087.66公顷，其中撂荒复耕面积134.01公顷。辖13个村民委员会、1个社区居民委员会，人口3.6万人。2021年，生产总值4.95亿元，一般公共预算收入2917.8万元，农村居民人均可支配收入实现1.53万元。该镇推进产业“一村一品”工作，发展有三红蜜柚、牛大力、金寨杨梅、坤茶、客家皇茶、油茶等特色产业。镇内敬梓温泉，温泉水温52℃~60℃，日供可开发利用的地热水约1500立方米；有始建于南宋淳祐四年（1244）市级文物保护单位黄海龙将军祠，有县级文物保护单位文昌殿；还有清代岭南才子宋湘祖坟“卧狮摇铃”、廖氏宗祠和中联圩附近的“三谷围”风景区。

【水墩镇】 位于紫金县东南部。东邻五华县龙村、华阳镇，西南连紫城、龙窝镇，南连龙窝镇，北邻中坝、敬梓镇。境内有汕湛高速公路途经该镇，并设有黎坑村出口。面积115.4平方千米，山地面积9871公顷，耕地面积967.42公顷，其中撂荒复耕面积120.25公顷。辖10个村民委员会、1个社区居民委员会，人口2.78万人。该镇围绕“一村一品”特色产业，发展茶叶、红肉蜜柚、百香果等特色农业。主要资源有花岗岩、锡矿、矿泉水和高岭土等，其中铁嶂锡矿有数百年开采历史。文化遗迹有群丰村被住建部评为“国家级古村落”，雅布村清代杨茂总兵墓、上璜坑武榜眼和廉州游击将军杨鼎墓。

【龙窝镇】 位于县境东南部，东邻水墩镇水口村、龙村镇吉祥村（五华县），西连瓦溪镇九树村，南接苏区镇、南岭镇及惠东县宝口镇，北界紫城镇横坑村及水墩镇秋溪、群丰村。面积422平方千米，其中山地面积2.47万公顷，耕地面积3166.67公顷。辖33个村民委员会、1个社区居民委员会，人口

8.49万人。2021年，生产总产值12.02亿元，农村人均年收入1.8万元。茶叶种植总面积1600公顷，有龙王绿、鹰峰山等千亩以上生态茶叶基地4个，茶叶加工生产线36条，茶叶总产值3.92亿元。萱梓绿牌红茶和琴江源有机红茶在“中茶杯”第十一届国际鼎承茶王赛中荣获“国字号”金奖。以茶叶、南药、葡萄、灵芝、蜜柚、放养鸡等特色产业为基础，推进“一村一品”发展。聚焦茶旅融合，打造以“红色基因·古韵茶香”为主题的美丽乡村精品旅游线路，加快陶园鸣记田园综合体、承龙茶旅文化园、大榕树耕读文化园一期等景观节点打造，推动美丽乡村建设。

【苏区镇】 位于紫金县东南部边陲，东与南岭镇相连，西北接壤龙窝镇，西南与惠州市惠东县宝口镇、高潭镇毗邻，国道236线自西向东贯穿全境。该镇被评为河源市文明镇，是韩江的发源地，是东江革命根据地之一，是广东省内著名的革命老区。面积125平方千米，其中山地面积1.2万公顷，耕地面积960公顷。辖8个村民委员会、1个社区居民委员会，人口2.35万人。2021年，生产总产值3.07亿元，农林牧渔业总产值1.98亿元，人均可支配收入1.83万元。茶叶种植面积86.67公顷，其中青林峰连续三年被评为“广东十大好春茶（绿茶类）”。该镇对革命旧遗址群整体提升和创建国家AAA级旅游景区，启动农民运动陈列馆和瞻仰区、体验区、参观区建设，于7月1日正式开馆。现有革命遗址20处，保存完好的有红屋（紫金县苏维埃政府旧址）、“血田”、革命烈士纪念碑和中国工农革命军第二师师部旧址等。该镇被授予广东省爱国主义教育基地、广东省中共党史教育基地和广东省党员教育基地。

【南岭镇】 地处紫金县东南部，东接陆河县，南与海丰县毗邻，西南与惠东县接壤，北与龙窝镇及五华县相接。面积100.2平方千米，耕地面积600公顷，山地面积9066.67公顷。辖6个村民委员会、1个社区居民委员会，人口1.94万人。2021年，生产总值1.7亿元，其中农业总产值1.29亿元，工业总产值4100万元。粮食播种面积405公顷，水稻总产量4050吨。茶叶种植面积533.33公顷。注册品种有粤紫茗茶、金丰号、南岭峰、沐林听风、尚农、夫人峰、森艺等9个。茶叶总产值4000万元。有文天祥屯兵南岭时留下的甘泉胜迹，后人为纪念文天祥所建太忠庙；有省文物保护单位德先楼；县级重点文物保护单位钟氏总祠；有紫金县第一高峰武顿山（主峰海拔1233米），是韩江上游琴江的发源地，武顿山脉为市级自然保护区。

【瓦溪镇】 位于紫金县中部，秋香江中游，东邻龙窝镇，南接惠东县宝口镇，西连义容、九和镇，北毗紫城镇。省道120线沿秋香江贯穿全境，汕湛高速公路、河惠莞高速公路经过该镇并设有互通枢纽。面积230平方千米，耕地面积1313.33公顷，林地面积1.78万公顷。辖16个村民委员会、1个社区居民委员会，人口3.45万人。2021年，工农业生产总值2.23亿元。有铅锌矿、稀土矿、砷矿和竹木、松脂等自然资源。秋香江贯穿全境，围澳河流向西北汇入秋香江，水资源丰富，建有小水电站21座，发电1085万千瓦。境内有南母寺，始建于南宋淳熙五年（1178），距今有800多年历史。

【九和镇】 位于紫金县中南部，东邻瓦溪镇，西接蓝塘镇，北毗义容青溪，南部与惠东县接壤。省道120贯穿境域。汕湛高速公路、河惠莞高速公路穿境而过，均有互通的出入口。面积254.97平方千米，其中山地面积2016万公顷，耕地面积1430.6公顷。辖13个村民委员会、1个社区居民委员会，人口3.2万人。水稻种植面积1495.2公顷，撂荒复耕面积97.93公顷，水稻总产量9711.3吨。县级以上农业龙头企业3家、农民专业合作社78家、家庭农场6家。规模种植红肉蜜柚333.33公顷、南药106.67公顷、春甜桔80公顷、茶叶44.67公顷。境内有AAAA级旅游景区御临门温泉度假村，金光荷鹭欢乐谷、鹅峰山、乌禽嶂等景区可供休闲。

【蓝塘镇】 位于紫金县西南部，东邻九和，西连凤安、上义，南临惠东县，北毗义容。省道120线、43线贯穿全境，汕湛高速公路蓝塘设有出入口、紫惠高速公路蓝塘北出入口。面积301.9平方千米，耕地面积2933.33公顷。辖26个村民委员会、1个社区居民委员会，人口8.7万人。2021年，粮食种植面积3631.33公顷，总产量2.23万吨。该镇推进“一村一品”工作，发展有养鸽、中华橘橙、牛大力、三红蜜柚等特色产业。蓝塘土猪、春甜桔、蜜柚类等特色产业健康发展，年末生猪存栏46950头，牛存栏2444头，家禽存栏36.14万羽。蓝塘产业新城入园在建企业2家，分别是河源德润钢铁有限公司项目和紫金新奥能源清洁有限公司项目。其中河源德润钢铁有限公司年产600万吨优特钢的省重点项目首批产值2亿元。有市级重点文物保护单位、市爱国主义教育基地、市反腐倡廉历史教育基地——邓缵先故居。

【凤安镇】 位于紫金县西南部，东邻蓝塘镇，西接好义镇，北毗古竹镇、义容镇，南部与上义镇交界。面积130平方千米，其中耕地面积1213.33公顷，山地面积8466.67公顷。辖11个村民委员会、1个社区居民委员会，人口2.8万人。镇内有村民专业合作社36家、家庭农场3家、农业生产专业个体户260余户。2021年，农业总产值2.24亿元，农民人均可支配收入1.8万元，比上年增长3%。境内有瑶琴生态森林、蛇坑生态长廊、公王顶等原生态区常年早晨云雾缭绕，素有“梦韵凤安”之称。主要特产有腊味、春甜桔、贡柑、有机绿茶、松谷髻、无公害蔬菜、花生油、三叉苦以及鸡骨草茶等。境内有历史名人明朝解元钟丁先故居彼岸庵和钟丁先墓。

【好义镇】位于紫金县西南部，西部和南部与惠州市惠城区接壤。镇政府位于老圩坳。秋香江、省道S120线穿境而过，河惠莞高速途径好义镇，境内有高速出入口。面积92.88平方千米，耕地面积573.33公顷，山地面积480公顷。辖8个村民委员会、1个社区居民委员会，人口1.67万人。2021年，完成财税收入1372.66万元。“三黄胡须鸡”存栏量超250万只，春甜桔、百香果、蜜柚等优质水果种植面积507.93公顷。境内有爱国主义教育示范基地好义烈士墓园，主要景点东华古寺。

【上义镇】位于紫金县西南部，东与蓝塘镇相邻，南与惠东县多祝镇相连，西与惠州市惠城区横沥镇接壤，北与好义连接。面积178平方千米，耕地面积1012.3公顷，林地面积2.32万公顷。辖7个村民委员会、1个社区居民委员会，人口2.55万人。2021年，地区生产总值4.52亿元，其中工业总产值1.49亿元，农民人均纯收入1.68万元，粮食总产量8061吨。主要名胜古迹遗存有招元村庵角自然村的石岳峰，捲蓬村的飞云磜，捲蓬村下楼自然村的九厅十八井，吉洞村上洞自然村的七十二墩，有东江纵队第七支队游击区遗址。

【义容镇】位于紫金县西部，东毗紫城、瓦溪、九和镇，西邻江东新区古竹镇，南接凤安镇、蓝塘镇，北连柏埔镇、黄塘镇、江东新区临江镇。境内有省道340（中石线）穿过镇域，省道230（义凤路）南起省道120，北接省道340。汕湛高速公路有义容、蓝塘（青溪）两个互通出入口。面积356.2平方千米，山地面积2.98万公顷，耕地面积2855.77公顷，其中撂荒复耕面积23.33公顷。辖24个村民委员会、1个社区居民委员会，人口5.99万人。2021年，粮食播种面积2891.27公顷，总产量1.71万吨。该重点培育农牧种植业，有农产品加工企业“绿健源公司”，年产番薯粉丝300吨；有壮大宝金猪场、兴泰猪场、鼎鸿猪场、温氏鸡场、天翔达鸽场等龙头企业；有象牙粘、量子现代农业、袁氏稻米益生菌技术、“南药”、桑葚、春甜桔等种植基地。境内旅游景点有天子嶂、汀村温泉、宝山电视塔、大保爷山、东江人民抗征大队长春中队（赖炎部队）战斗遗址、南洋村的咸水交通站、南洋到汀村的古道等。

【柏埔镇】位于紫金县境西北部，东与黄塘镇相邻、西与江东新区毗邻，南与义容镇相邻，北与东源县义合镇交界。省道242河汕线东西贯通全境。面积134.90平方千米，耕地面积1296.6公顷。辖14个村民委员会、1个社区居民委员会，人口3.69万人。镇内有驰名的“黄毛嶂山茶”“蓝野猪”和稀土矿、花岗岩、石英石等物产与资源。2021年税收收入1879.66万元，比上年增长5%。镇有复兴南药、南昌沃柑两个“一村一品”项目，均完成验收；复兴村成功申请省级“一村一品”示范村。全镇复耕复种撂荒耕地222公顷，复耕率96.4%。引进紫金恒基建材有限公司（二期）项目落户柏埔，年创税收近1000万元；总投资约3800万元的环保型公路沥青混凝土搅拌站投产；总投资2.1亿元的裕霸食品公司项目开工建设。方湖村坑角自然村建有革命烈士龚远香纪念亭。福田村建有朱熹纪念馆，纪念馆西侧山岗相传有明代古塔、陈氏祖屋南周堂。枚中村是著名书画家“紫金女子”周世聪祖籍地，村内建有周氏老屋等古迹。

【黄塘镇】位于紫金县西北部，东连紫城，西接柏埔，南毗义容，北邻东源县康禾、黄田镇，国道355线贯穿全境。面积224.8平方千米，耕地面积1224公顷，林地面积19200公顷。辖12个村民委员会、1个社区居民委员会，人口4.3万人。粮食种植面积1714.93公顷，总产量1.05万吨。2021年，税收总收入1.06亿元。完成1个镇级和8个村级的电商服务站点的建设，农产品上行年度增速达80%以上，曹坑村、庙前村和腊石村被评为县优秀示范村。境内有广东省激流回旋黄塘训练基地。

2021年紫金县领导成员名单

中共紫金县委员会

书　记：
　　廖继聪（　—2021.8）
　　黄春彭（2021.8—　）
副书记：
　　邓红卫
　　钟建政（　—2021.6）
　　何远航（2021.6—　）
常　委：
　　黄伟明（　—2021.8）
　　张志勇（　—2021.8）
　　谢秉波（挂职，　—2021.7）
　　钟伟权（　—2021.8）
　　李　冰（　—2021.8）
　　罗春响（挂职，2021.7—　）
　　赖智明
　　俞美清（2021.8—　）
　　叶小锋
　　蒋亮明
　　陈　飞
　　蓝　诗（2021.8—　）
　　黄少波（2021.8—　）
　　徐　敏（2021.8—　）

紫金县人大常委会

主　任：
　　叶竞祥（　—2021.11）
　　刘向红（2021.11—　）
副主任：
　　张绍平
　　邓妙香（　—2021.6）
　　黄荫雄
　　简建华
　　黄清香（　—2021.11）
　　黄庆忠（2021.11—　）
　　罗惠珍（2021.2—　）
　　黄其添（2021.11—　）

紫金县人民政府

县　长：

邓红卫

常务副县长：

黄伟明（　—2021.8）

蓝　诗（2021.8—　）

副县长：

黎映花（　—2021.1）

郭军阳（　—2021.6）

梁鹏程（挂职，　—2021.7）

郑裕庭

黄少波（　—2021.8）

肖奇聪（2021.1—　）

陈燮军（2021.6—　）

俞美清（2021.8—　）

沈　然（2021.8—　）

郑远程（2021.8—　）

罗春响（挂职，2021.10—　）

政协紫金县委员会

主　席：

刘向红（　—2021.11）

黄玉珍（2021.11—　）

副主席：

张海星

钟亦雄

赖伟军

龚子岳

黄庆忠（　—2021.11）

谢运畅

甘志峰（2021.11—　）

中共紫金县纪律检查委员会
紫金县监察委员会

书记、主任：

叶小锋

（黄海波　林力锋　罗　杏　黄定平）

连平县

【基本情况】 建置沿革 明崇祯七年（1634），设置连平州。州治设在元善镇，属惠州府。清宣统三年（1911）九月，连平改州为县，属惠州府。1914年6月属潮循道，1925年属东江行政区，1936年9月属第六区（区址：韶关），1947年改属第七区（区址：兴宁）。1949年6月2日，连平县人民政府成立，县政府设在忠信长安旅店。6月25日，迁至元善镇。1949年10月1日，中华人民共和国成立，连平属东江专区（区址：惠州）。1952年，改属粤北行政区（区址：韶关）。1956年，改属惠阳专区。1958年11月，连平、和平两县合并，仍称连平县，隶属韶关专区。1959年11月，陂头（包括贵东）划给翁源县辖。1960年4月，隆街（包括田源、溪山、崧岭）划给新丰县辖。7月，惠化、上坪划给新丰县辖；连平县委、县人委机关迁至和平阳明镇，连平县改称和平县，隶属韶关专区。1962年6月，原划给新丰、和平两县的公社（镇）重归连平，恢复连平县建制，仍属韶关专区，县委、县人委机关设在元善镇。1963年6月，连平县改属惠阳专区。1967年6月，陂头（包括贵东）从翁源县划归连平县辖。至此，原连平县境复原。1988年1月，河源建市后，连平县改属河源市管辖。2021年，连平县有13个镇、159个村民委员会、16个社区居民委员会。

位置面积 连平县地处粤北九连山区，河源市西北部，东江流域上游；东邻和平县，南连东源县、新丰县，西接翁源县，北与江西省龙南、全南两县交界。国道105线、358线（原省道341官灯线），省道230定忠线，粤赣高速、大广高速、汕昆高速、武深高速公路贯穿境内。该县是国道105线和大广高速公路入粤第一县，地理坐标为北纬24° 05′ 48″ ~24° 28′ 08″ 、东经114° 14′ 44″ ~114° 56′ 51″ 。县域总面积2275.07平方千米。其中中、低山地面积15.43万公顷，丘陵6.02万公顷，平原和阶地1.9万公顷，水域面积3000公顷，耕地面积2.0286万公顷，分别占总面积的65.3%、25.5%、8%、1.3%、8.9%。

人口、民族 2021年，连平县常住人口28.51万人，户籍人口41.04万人。连平县人口绝大多数属汉族，祖先从中原辗转迁入县境内。2021年，县境内有31个少数民族。其中畲族自明代起迁入县境，以蓝姓为主，主要分布在元善、内莞、陂头、高莞和油溪等镇，由于长期与汉族杂居，其语言和生活习惯与汉族基本相同。其他少数民族均是因工作或婚姻关系由外地迁入。

地形、气候 连平县境内山丘绵亘，地势北高南低，九连山脉在境内分别向西和西南方向延伸。北、中部多为中低山，西南部大多是丘陵地带，东南部以谷底盆地为主。山地、丘陵、盆地占全县总面积的90%以上。连平县属中亚热带季风气候，主要特征是：夏冬长、春秋短，气候温和，四季分明；光照充足，热量丰富，雨量充沛，降水季节明显。2021年，境内年日照总时数1842.7小时，降雨量1048.4毫米，平均气温20.9℃。

矿产资源 境内矿产主要有煤、铁、铜、铅、锌、锡、钨、金、银、磷、石墨、黏土、稀土、陶瓷土、大理石、硅石、白云岩、石灰岩、玄武岩、辉绿岩、花岗岩等，是广东省黑色金属和有色金属储量较为丰富的一个县，被誉为“粤北有色金属之乡”。储藏量位居全省第一的广东大顶铁矿和华南地区最大的锯板坑钨矿均坐落在县内。

水资源 连平县有大小河流72条。其中集雨面积10平方千米以上的有62条，100平方千米以上的有8条，分属东江和北江两大水系。水资源总量26.23亿立方米，人均水资源6550立方米。

动、植物资源 境内有两栖爬行动物20多种、哺乳动物20多种、鸟类50多种、昆虫100多种。属国家一级保护动物的有金雕、黄腹角雉、白颈长尾雉、黑鹿、巨蜥（五爪金龙）、蟒蛇（南蛇）、云豹、金钱豹8种。属国家二级保护动物的有白鹇（银鸡）、原鸡（原花鸡）、灰鹤、花田鸡（花秧鸡）、褐翅鸦鹃（毛鸡）、小鸦鹃（小毛鸡）、蛇雕、穿山甲、七间狸、斑林狸、金猫、水鹿、河鹿、上树獐等18种。野生植物主要有1368种，其中苔藓8科、8属、8种，蕨类36科、72属、121种，裸子植物5科、7属、7种，被子植物152科、617属、1232种（双子叶植物127科、489属、1022种，单子叶植物25科、128属、210种）。珍稀植物有银杏、水杉、三尖杉、粉背兰、古榕等。

旅游资源 连平有“连平新八景”（圣迹苍岩、黄牛仙峰、银梅峰林、西山瀑布、新河泛绿、上坪桃源、戈罗耸翠、六祖禅踪）、粤赣古驿道、陂头“广东小桂林”、南山公园、醒狮围龙屋、滨河路亲水步道、上坪桃花山、三角石源百亩荷花、大湖花海等景区（点）。

名优特产 连平县主要有香菇、火蒜、茶叶、笋干、山楂、板栗、茶树菇、木耳、草菇、灵芝、山茶油、蜂蜜、薯丝粉、陂头米丝、忠信花生、客家娘酒、上坪吊篓酒、九连山精米、鹰嘴蜜桃等特产。

【经济发展概况】 2021年，连平县地区生产总值97.82亿元，比上年增长5.5%；规上工业增加值17.94亿元，增长13.7%；一般公共预算收入7.49亿元，增长44.9%；税收总收入9.48亿元，增长16.4%；外贸进出口总额7.8亿元，增长27.9%。

农业 全县农业总产值31.91亿元，比上年增长8.4%。推进“一县数园、一镇一业、一村一品”建设，完成鹰嘴蜜桃省级现代农业产业园创建，成功申报花生省级现代农业产业园，恒大援建美丽乡村示范项目移交运营，新增国家级和省级专业镇各1个、省级专业村28个，建成市级以上“菜篮子”基地18个，7个特色农产品入选全国名特优新农产品名录。完成947公顷撂荒耕地复耕复种，粮食播种面积、总产量分别增长3.5%和2%，粮食作物产量稳定在9万吨以上。农业总产值31.9亿元。

工业 2021年，连平规上工业总产值80.5亿元，比上年增长64.3%。推进园区用地整治提升行动，盘活闲置低效用地28.2公顷，引进超亿元项目11个，成功推动单体投资超百亿元的万洋众创城等一批项目落地建设。深圳南山（连平）共建产业园一期、二期、三期基本建成，“飞地经济”规模不断壮大。全县新增规上工业企业3家，新增限上商贸企业2家。

第三产业 成功创建省级电子商务进农村示范县，县镇村三级电商物流服务体系全面打通，电子商务、在线消费、直播带货等成为新业态新模式。开展“汽车下乡”“家电下乡”以及“全国年货节”主题购物节等促消费专场活动。启动“乡村振兴+全域旅游”发展规划，成功收储九连山原始森林度假村，成功举办桃花节、蜜桃节、鹰嘴蜜桃“最佳带货王”大赛等系列节庆活动，推动现代农业、民俗文化与乡村旅游多业态融合发展，田源镇肖屋村获评广东“文化和旅游特色村”。全年接待游客59.25万人次，旅游收入比上年增长15%。

【社会事业发展概况】 教育 2021年，连平县元善镇中心小学校本部升级组建成县实验小学，有效缓解县城学位紧张问题。加大资金投入，完善19所寄宿制学校建设。高考成绩取得重大突破，本科上线率、高优率均创历史新高，其中连平中学高考本科上线率62.3%。“双减”工作扎实推进。改造农村义务教育寄宿制学校31所，新增中小学校学位2160个。小学生入学率100%，初中生入学率100%，高中阶段毛入学率95.20%。有中小学（含幼儿园）168所，其中幼儿园76所、小学66所、教学点34个、初级中学（含九年一贯制学校3所）22所、高中3所，中等职业技术学校1所；特殊教育学校1所。在校（园）学生59204人，其中幼儿园12071人、小学27752人、初中13350人、高中5899人。在职在岗专任教师3918人，其中幼儿园601人、中小学3281人。

文化 建成新时代文明实践中心（所、站）189个，完成7个村级文化服务中心达标提升建设，新增省、市“非遗”代表性项目名录3个，大湖镇何新屋入选第七批广东省古村落。

卫生 县人民医院新院基本完成装修，整体搬迁工作加快推进。深化医药卫生体制改革，推进紧密型县域医共体建设，获“全国基层中医药工作先进单位”称号，成功创建全市唯一一个省级慢性病综合防控示范区。通过省级卫生县城复审，成功创建市级卫生镇6个、省级卫生村36个。

城镇建设 推进县城提质扩容，东河片区、惠化片区征地拆迁历史遗留问题全面解决。启动合水桥重建，打通碧桂园断头路、富民三路断头桥，全面贯通东河大道，富民大道在春节前建成通车。县城供水管网升级改造工程顺利实施，县城新水厂一期工程加快推进，应急供水工程在近日建成使用，长期困扰县城居民饮水难问题得到解决。档案馆建成使用，县城2个农贸市场完成升级改造，收储盘活一批低效闲置土地，碧桂园、国际酒店等周边环境得到整治提升。开展文明城市创建活动，城市品质持续提升。

乡村振兴 推动巩固脱贫攻坚成果与乡村振兴有效衔接，开展驻镇帮镇扶村工作，在全市率先实行“一月一镇”乡村振兴现场会工作制度和乡村振兴示范项目评选激励制度，形成“1+5+N”乡村振兴长效管理机制。按照全域全覆盖原则，选派128名干部驻全县13个镇实施“党政机关+企事业单位+科技力量+志愿者+金融助理”组团式扶村工程。农村人居环境综合整治以及示范村、示范带建设推进，打造一批“四小园”“美丽庭院”，“厕所革命”、农村集中供水全覆盖攻坚任务全面完成，新建改造“四好农村路”15千米。生态宜居美丽乡村创建成效显著，忠信镇柘陂村、司前村分别获得全市乡村振兴大擂台“十强”总决赛第三名和第六名的好成绩。

生态环境 坚持生态优先、绿色发展，打好污染防治攻坚战，抓好中央环保督察问题整改，办结督察组交办案件36宗，办结率94.7%，一批群众关心关注的生态环境问题得到有效解决。全面落实河（湖）长制，常态化开展巡河检查，持续推进“清四乱”专项行动，清理河道283.9千米、水域面积101平方千米。镇级污水处理设施全面投入运行，大气污染防治和固体废弃物监管全面加强，主要河流水质达标率100%、空气质量优良率100%，均保持全省前列。推行林长制，绿化造林、桉树林改造推进，采伐退出桉树林467公顷，累计完成水源林建设987公顷、森林抚育1660公顷，森林覆盖率74.7%。落实绿色低碳发展要求，完成能耗双控目标和污染减排任务。

社会事业和民生保障　全年民生支出29.22亿元、占全县一般公共预算支出的82.4%，“十件民生实事”基本完成。纵深推进“粤菜师傅”“广东技工”“南粤家政”三大工程，开展职业技能培训1845人次，新增城镇就业3279人，城镇登记失业率控制在2.5%以内。加强民生保障，低保、特困人员、孤儿基本生活补贴和残疾人两项补贴进一步提高。扩大医保覆盖面，优化医保“便民化”支付。推进“社工双百”工程，拓宽兜底民生保障渠道。做好常态化疫情防控，有效防范境外和国内重点地区疫情输入。推进疫苗接种工作，接种疫苗47.51万剂次、22.83万人，其中完成全程接种21.72万人，3岁以上人群接种率超过80%。有序推进地质灾害隐患综合治理三年行动计划，如期完成78个隐患点治理任务。

【连平县田源镇肖屋村入选第二批广东省“文化和旅游特色村”名单】 2021年1月，连平县田源镇肖屋村入选第二批广东省“文化和旅游特色村”名单。连平县田源镇肖屋村结合乡村传统文化、自然生态、特色产业等文化和旅游资源，进一步完善旅游公共服务设施和接待服务要素，整体提升乡村旅游发展水平，发挥乡村文化、乡村旅游的促进作用，助力乡村振兴。

【广东省首例、国内罕见的双连拱变截面隧道——连平县内莞隧道全线贯通】 2021年8月4日，广东省首例、国内罕见的双连拱变截面隧道——连平县内莞隧道全线贯通。国道105线河源市连平县内莞镇显村至大陂村路段长约3千米，依山而建。该段公路每逢暴雨便极易发生泥石流、塌方等地质灾害，给群众出行带来极大不便。作为“6·10”洪水灾毁改线项目，河源市对该路段的高边坡进行综合整治，并新修一座内莞大桥，开挖一条内莞隧道。在勘探过程中，工程师发现内莞隧道进口偏压，左、右幅埋深不一致，导致围岩压力不一致。施工地质条件差，围岩破碎，裂隙大。加上临近国道施工造成交叉干扰，该隧道施工难度较大。相关人员经过反复研究，最后决定采用“双连拱变截面”的设计建设内莞隧道。“双连拱变截面”隧道呈“Y”字形，入口道路与一般隧道无异，往出口会慢慢分叉成的两道。这种设计在广东是首例，在国内一级公路中也较为罕见。

【元善镇】 位于县境中部，是县委、县政府所在地，全县政治、经济、文化和旅游中心，面积285.32平方千米。辖15个村民委员会、5个社区居民委员会，人口7.72万人。镇域森林、矿产、水力资源丰富，连平河为新丰江支流，有水力发电站30座，总装机容量2.1万千瓦。2021年，全镇农业总产值3.95亿元。盛产水稻、蔬菜、水果、花生、大豆、茶叶、蘑菇、禽畜、水产等。文物古迹有黄潭寺古人类遗址、东山塔、文节书院和牟爷祠等，属市、县级重点文物保护单位。

【上坪镇】 位于县境北部，东邻和平县，南接内莞、元善两镇，西以黄牛石主峰为界与江西省全南县接壤，北面毗邻江西省龙南县，素有“两省四县结合部”之称，面积301平方千米。辖15个村民委员会、1个社区居民委员会，人口3.4万人。该镇是国道105线与大广高速“入粤第一镇”。2021年，全镇农业生产总值2.51亿元。上坪鹰嘴蜜桃和高山茶叶是该镇绿色生态产业和特色品牌。该镇主要特色景点有石狗坳、鸡啼石、风吹蝴蝶、黄牛石、桃花山等，文物古迹有廊桥、水口桥、水口塔、古坑四角楼、风水塔等。

【内莞镇】 位于县境东北部，东邻和平县，南靠油溪、高莞镇，西连元善镇，北接上坪镇，面积231平方千米。辖11个村民委员会，人口1.93万人。国道105线穿境而过，省道513线贯穿全镇8个行政村，距离大广高速连平北出口5千米，距离昆汕高速连平东出口5千米。内莞镇风景秀丽，喀斯特地貌景观、圣迹苍岩景区、一河两岸特色古树风光、田园风光等景色怡人，美称“小桂林”。2021年，全镇农业总产值1.54亿元。

【陂头镇】 位于县境西北部，东临元善镇，南挨隆街镇，西接韶关市翁源县，北依江西省全南县，面积364.32平方千米。辖16个村民委员会、1个社区居民委员会，人口3.48万人。国道358线及汕昆高速贯穿境内并设有出入口。镇域物产丰富，盛产优质米、米粉、蔬菜、莲藕等农副产品，被誉为“连平粮仓”和“菜篮子”。该镇历史文化底蕴深厚，各自然村（围屋）古建筑甚多，主要有古遗址、古桥、古塔、窑址、古城堡、寺庙、寨围、祠堂、民居等68处。2021年，全镇农业总产值3.31亿元。

【溪山镇】 位于县境西南部，北接元善镇，东南与田源镇相连，西南毗邻隆街镇，面积111平方千米。辖9个村民委员会，人口1.85万人。镇交通便利，区位优势较为突出，大广高速与国道105线贯穿境内。特色水果有百香果、火龙果、葡萄、蓝莓、小番茄、三华李等。溪山春牛舞是首批“河源市非物质文化遗产”之一。文物古迹有百高四角楼、溪东水口庙、溪西儒林第等。红色革命遗址有茶峻山党支部遗址、牛形径战斗遗址、智毙“大炮焰”战斗遗址等。2021年，全镇农业总产值1.52亿元。

【隆街镇】位于县境西南部，东邻田源镇，南依新丰县马头镇，西连韶关市翁源县，北与溪山镇接壤，是连平县中心镇之一，有连平“南大门”之称，面积274平方千米。辖20个村民委员会、1个社区居民委员会，344个经济合作社，人口5.3万人。国道105线、大广高速南北贯穿，武深高速横跨东西，构成“两纵一横”公路网。境内主要河流属东江水系，全长77.85千米。建成39座水力发电站，总容量110千伏和3.5万伏变电站各1座。有长沙村大夫第、立新村赖氏宗祠、沐河村文林第、镇南村张义兴围屋等，有红色革命纪念设施隆街革命烈士纪念碑，属省、县级重点文物保护单位。盛产花生油、茶叶、甘蔗、丝苗米、砂糖橘、火龙果、优质水产、百叟酱油、东坑生姜、崧岭佛手瓜等优质农副产品。隆街镇象湖茶园坐落于九连山脉雷公寨生态保护区，被评为岭南最美茶园。2021年，全镇农业总产值3.89亿元。

【田源镇】位于县境东南部，地处新丰江畔，东、南与新丰县相连，西邻隆街镇，北与溪山、元善镇接壤，面积129.78千米。辖7个村民委员会和112个自然村，人口1.4万人。该镇经济以农业为主，盛产砂糖桔、早熟李、铁皮石斛等。有国家AAA级旅游景区九连山原始森林度假村、田东千年古榕、“连平八景”之一戈罗耸翠、肖屋鱼梁等著名景点，发展全域旅游具有得天独厚条件和优势。2021年，肖屋村鱼梁习俗入选省级非物质文化遗产名录，肖屋村入选广东省文化和旅游特色村，新河村成功申报“红色村”党建示范工程。2021年，全镇农业总产值2.17亿元。

【油溪镇】位于县境东南部，东邻高莞、忠信镇，南依东源县，西靠元善、田源镇，北接内莞镇，面积300平方千米。辖18个村民委员会、1个社区居民委员会，人口3.74万人。汕昆高速公路和国道358线（原省道341灯官线）贯穿境内。有水稻、花生、蒜头、大豆、茶叶、有机葡萄等农产品，有丰富的矿产、山林、水力资源，广东省最大铁矿企业——大顶铁矿位于辖区内，有白芽嶂林场、九潭河、九嶂石坪自然生态保护区。2021年，全镇农业总产值1.51亿元。

【忠信镇】位于县境东南部，东连三角镇，南界东源县，西靠油溪镇，北邻高莞镇，面积151平方千米。辖5个社区居民委员会、12个村民委员会，人口5.9万人。该镇地处粤北九连山南端、灯塔盆地北端。地势平坦，土地肥沃，气候宜人，素有“忠信小平原”之称。地理和交通条件优越，粤赣高速、昆汕高速和国道358线等公路纵横境内。该镇素有“鱼米之乡”的美誉，盛产水稻、花生、大蒜、玉米、蔬菜等农产品，土特产火蒜、花生、客家娘酒被誉为“忠信三宝”。该镇水资源和矿产资源丰富，境内建成小型水库6座、水电站4座，有铁矿、金矿、钨矿、铜矿、煤矿、石灰石等。2021年，全镇农业总产值3.48亿元。

【高莞镇】位于县境东南部，东北部与和平县青州镇接壤，东与大湖镇相连，西北毗邻内莞镇，西南与油溪镇为邻，南与忠信镇相连，面积62.5平方千米。辖10个村民委员会，人口2.48万人。该镇水资源丰富，高莞河从北向南纵贯全镇。矿产资源有钨矿、铁矿和河沙、石灰石等，名胜古迹有凤凰山、麒麟山、灵鹫庵、下寮庵等。2021年，全镇农业总产值2.22亿元。

【三角镇】位于县境东南部，东邻大湖镇，西依忠信镇，南接东源县船塘镇、顺天镇，面积44.6平方千米，为县生态工业园所在地。辖9个村民委员会，人口1.76万人。境内粤赣、汕昆高速公路和国道358线纵横交错并设有进出口（互通枢纽）。经济以农业为主，主要种植水稻、花生、大蒜、水果等。2021年，全镇全镇农业总产值1.65亿元。

【大湖镇】位于县境东南部，东邻绣缎镇，南接东源县，西依三角镇、忠信镇，北与和平县相连，面积78.5平方千米。辖8个村民委员会、1个社区居民委员会、161个经济社，人口2.38万人。国道358线贯穿全镇，粤赣高速公路纵跨镇域4个行政村并在湖东村设有互通出口，距离汕昆高速忠信出口5千米。该镇历史人文资源丰富，拥有红色文化、古色客家、绿色生态“三色”优势资源，丰富的古村落、古建筑和文化遗产资源。2021年，全镇农业总产值2.61亿元。

【绣缎镇】位于县境东南部，地处连平、和平、东源三县交界处，面积62.15平方千米。辖9个村民委员会、1个社区居民委员会，人口1.57万人。粤赣高速、国道358线两条交通大动脉穿镇而过，镇政府距粤赣高速大湖出口2千米。该镇红色古迹众多，有市级文物保护单位塔岭烈士陵园，县级文物保护单位文笔塔、天保第、八斗种遗址、大湖三角战役革命烈士纪念碑及“不可移动文物保护单位”古驿道，有狮子脑战斗遗址、塔岭战斗遗址、大田战斗遗址和倒流水党支部遗址。2021年，全镇农业总产值1.53亿元。

2021年连平县领导成员名单

中共连平县委员会

书　记：

　陈贤亮

副书记：

　林文泉（—2021.7）

　邓小强（2021.7—）

钟　斌（—2021.7）

邓　山（2021.7—）

常　委：

洪　纲（—2021.10）

吴　卫（—2021.8）

邹永东（—2021.3）

谢国定（—2021.7）

潘鹏飞（—2021.8）

朱文东（—2021.8）

莫剑波（—2021.7）

黄运腾（2021.7—）

张志勇（2021.8—）

钟茂开

周善怀（2021.8—）

李世锋

吴秋菊（2021.3—）

伍晋龙

戴妮娜（2021.8—）

王　峰（2021.9—）

连平县人大常委会

主　任：

黄文影（2021.9—）

朱焕荣（—2021.8）

副主任：

谢爱明（2021.9—）

严雨华（2021.3—）

黄锦平（2021.3—）

刘国棠（2021.11—）

刘伟明（2021.11—）

周善怀（—2021.9）

曾耀棠（—2021.1）

徐少杰（—2021.1）

张华宪（—2021.11）

谢金凤（—2021.11）

连平县人民政府

县　长：

林文泉（—2021.7）

邓小强（2021.7—）

常务副县长：

谢国定（—2021.7）

黄运腾（2021.7—）

副县长：

洪　纲（—2021.10）

谢爱明（—2021.10）

谢石庭

谢金凤（—2021.2）

张斌松（—2021.8）

吴红媚（—2021.8）

戴妮娜（2021.8—）

王　峰（2021.11—）

罗中正（2021.8—）

阳　曜（2021.8—）

李鸿飞（2021.8—）

邱文波（2021.8—）

政协连平县委员会

主　席：

曾丽霞（—2021.8）

李浩平（2021.9—）

副主席：

李健群（—2021.11）

吴少群（—2021.11）

周善钦（—2021.11）

曾建平

蓝志高

杨　伟（2021.11—）

廖振辉（2021.11—）

曾晓敏（2021.11—）

熊剑伟（2021.11—）

中共连平县纪律检查委员会 连平县监察委员会

书记、主任：

钟茂开

（梁焕新　简　旭）

河源江东新区

【基本情况】 河源江东新区位于东江东岸，于2014年5月20日正式挂牌成立，辖临江镇、古竹镇和城东街道，总面积434平方千米，常住人口13.25万人。

2021年，江东新区推进城市扩容提质，加快建设滨江新城、高铁新城、科技产业新城（新区产业园）和古竹新城。中骏世界城大型商业综合体建成开业，深河人民医院建成运营。

风景名胜主要有：秋香晚泊（永安八景之一）、梧峰夕照（河源八景之一）、越王山、梧桐山公园、江东新区滨江生态景观长廊、道姑岩、鸡啼石山、洗头石盘。红色革命遗址有中共东江特委旧址、陈家祠、中共东江特委第一次党代会旧址、中共东江后方特委旧址、水东抗日井等19处。市级非物质文化遗产：三月初二北帝公巡游节、临江镇关帝庙会，区级非物质文化遗产：古竹镇杨氏隆益月饼制作技艺、古竹镇越王传说、临江镇关帝庙。

【经济发展概况】 2021年，江东新区地区生产总值71.74亿元，比上年增长3.5%。工业增加值17.21亿元，下降13.4%。固定资产投资增长7.5%；社会消费品零售总额18.73亿元，增长7.5%；实际利用外商直接投资40457万元。地方一般公共预算收入3.97亿元，增长13.1%。新增规模以上工业企业5 家（圆满科技、凯中精密、精方科技、鸿智电子、恒晶新材料），投产工业项目3个（凯中精密、广东精方、金海诚）。

【产业转移工业园】 河源江东新区产业转移工业园（下称产业园），位于东江东岸，总规划面积21平方千米，其中起步区开发建设6.93平方千米。至2021年年底，园区投入建设资金约36.4亿元，完成土地征收约526公顷，完成“三通一平”的用地面积约2.5平方千米，出让土地约100公顷。签约项目45个，合同总投资额约360亿元，其中10亿元以上项目5个。园区发展现代优势产业集群，加快形成新一代电子信息、高端装备制造、汽车零部件、医药健康、新材料等主导产业。

【经贸活动】 2021年3月30日，河源市委、市政府举办河源市2021年春季重大项目集中动工活动，江东新区动工项目17个，总投资71亿元，项目涵盖工业类、商业类、公共基础设施等。9月

26日，江东新区举办2021年第三季度重大项目集中动工暨招商项目签约活动。签约项目7个，总投资83.8亿元，其中10亿元以上项目4个。项目涵盖工业类、商业类等。动工项目10个，总投资69.8亿元。12月10日，河源市委、市政府举办2021年高铁经济系列经贸活动。江东新区签约项目9个，总投资168亿元，其中10亿元以上项目4个。项目涵盖工业类、服务业类等。动工投产项目22个，总投资181亿元。

【河源市高铁新城开发建设指挥部、深河科技园开发建设指挥部在江东新区揭牌成立】 2021年5月25日，河源市高铁新城开发建设指挥部、深河科技园开发建设指挥部在江东新区揭牌成立。河源市高铁新城开发建设指挥部负责指导高铁新城范围内规划布局、土地开发、项目谋划、工程建设和招商引资等工作，协调开发建设其他相关工作，设5个工作小组。深河科技园开发建设指挥部主要负责审议深河科技园的发展战略、园区规划、开发建设和产业政策，统筹解决项目开发建设的重大问题，执行各项工作任务，设4个工作组。

【临江镇】 临江镇位于江东新区中部，与河源市国家级高新技术开发区隔江相望，迎客大桥、东江大桥横跨东江，东环路、迎客大道、河紫路、临古路穿境而过，东江干流及主要支流（柏埔河）径流而过，区位优越，交通便利。面积135平方千米，常住人口3.91万人，辖10个村民委员会、2个社区居民委员会。2021年，赣深高铁全面建成通车，高铁东站交通枢纽同步投入使用，深河人民医院建成开业运营，国道205线东移、东环 路升级改造、东江东路、迎客大道、老临古路等交通基础设施升级改造加快建设。

【古竹镇】 古竹镇位于江东新区南部，东江中游东岸。面积278.1平方千米，常住人口4.31万人，辖18个村民委员会和1个社区居民委员会。古竹素有“鱼米之乡、工业重镇、商贸之埠”之美誉，是第一批中国特色小镇、全国重点镇、省教育强镇、省级经济开发区、省中心镇、省级眼镜生产专业镇、省卫生先进镇。旅游资源丰富，有越王山风景区、河源石窟景区、道姑岩景点，红色文化景点有中共东江特委旧址、陈家祠、中共东江特委第一次党代会旧址、中共东江后方特委旧址等。2021年，古竹镇推进乡村振兴，“中草药种植、葡萄园、双坑土鸡”三大特色农产业发展向好，补齐民生短板，基本完成临时应急备用引水、旅游大道硬底化、闭环路沥青路面铺设、雅色村村庄提升工程等项目建设。

【城东街道】 城东街道于2017年9月获省政府批复成立，面积20.69平方千米，户籍人口1.2万人，常住人口5.03万人，辖2个村民委员会、2个社区居民委员会。城东街道位于江东新区北部，毗邻市中心城区，东南接临江镇，西至东江东岸，北靠东源县仙塘镇。2021年，建成中骏世界城、猪八戒网河源市“互联网+”大众创业万众创新综合示范园区等多个项目，推进梧桐山公园二期、保利·东塔、胜利桥北三旧改造、大坑片区市政道路工程、紫金桥头和桥北片区综合开发等项目建设。

2021年河源江东新区领导成员名单

中共河源江东新区委员会

书　记：

孙宇红

副书记：

朱永生

巫志宏

委　员：

邱韶阳

袁作平

朱文东（2021.8—　）

黄志辉

疏　纲（　—2021.8）

丘云飞

刘小业

李通文

邱兆珣

李立明

河源江东新区管理委员会

主　任：

朱永生

副主任：

袁作平

朱文东（2021.8—　）

黄志辉

疏　纲（　—2021.8）

刘小业

总经济师：

丘云飞

中共河源江东新区纪律检查委员会

书　记：

邱韶阳

（邓锦钱）

市高新技术开发区

【经济运行】 2021年，河源国家高新区实现规上工业总产值537.7亿元，比上年增长9.4%；规上工业增加值133.3亿元，增长15.2%；固定资产投资96.5亿元，增长26.1%；税收15.9亿元，增长18.6%；地方一般公共预算收入3.83亿元，下降12.3%；地方一般公共预算支出10.92亿元，增长1.5%；外贸进出口总额108.5亿元，下降7.7%；实际利用外资1.8亿元，增长4%；社会消费品零售总额6.7亿元，比上年同期增长7.8%。新增规上企业21家，净增15家。规上工业总产值、规上工业增加值、外贸进出口总额分别占全市36.5%、38.1%、35.4%，规上工业增加值贡献率46.6%。园区被评为国家外贸转型升级基地、信息终端设备制造创新型产业集群，全省首批特色产业园区，在省北部生态区47个省产业园综合评价考核中排名第一。是年，国家高新区中综合评价排名99位，参评以来排名提升42位、全省国家级高新区中排名进位幅度最大。

【产业建设】 2021年，河源国家高新区聚焦电子信息、食品饮料和水经济、机械与模具三大主导产业，推动优势产业规模和集群效应逐步显现。新引进项目44个，投资总额201.2亿元，其中超亿元项目37个，超10亿元项目4个；投产项目23个。电子信息行业实现产值346.1亿元，占全市70.1%。水经济产业产值41.1亿元，占全市86.6%。另外，禾望电气、京泉华科技、富博机电、速源冷链车等一批优质项目的储备为产业发展增量储能。新开工项目34个，投资总额161.5亿元，新纳统项目109个，占固投在库项目83.2%。省市重点项目13个，总投资72.2亿元，完成投资24.3亿元。推动卓翼科技、尚雷仕等34个新签约项目转开工，推动红苹果、龙亿达等21个在建项目加快建设。工业企业开展技改，纳统技改项目63个，投资总额51.2亿元。盘活低效用地和可提升产业用地13.2公顷，盘活易普自动化、欣南通讯等低效闲置项目。征收土地70公顷，征收房屋（附属物）约10万平方米，全面完成深河产业城A区二期、B区一期土地房屋征收工作，确保乔丰、红苹果、今麦郎等一大批项目动工建设；推进B区二期（含205国道东移项目）、综合保税区（含起步区）土地房屋征收工作。

【科技创新】 2021年，河源国家高新区高新技术企业净增26家，高新技术企业存量95家，占全市32.5%。科技型中小企业入库136家，比上年增加17家，占全市40.8%，增长14.3%；规上工业企业研发机构占比59%，高技术制造业增加值占比60.6%，先进制造业增加值占比77.3%；授权专利1218项，占全市25.8%，居全市第一，其中有效发明专利210件，占全市29.2%，居全市第一；知识产权公共服务平台上线试运营；推动西可通信建设“5G+工业互联网”标杆示范企业初见成效，新增省知识产权示范企业1家、市知识产权示范企业2家，5家企业通过知识产权质押融资4100万元。推动创新载体增量提质。推动深大湾区（河源）研究院、广技师河源研究院试运营、河源新一代电子信息产业知识产权运营中心落地建设，鹏城实验室河源节点项目建设基本完成。重新修订促进人才优先发展实施意见，累计投入资金超千万元，多措并举招才引才育才，引进博士生18名、硕士研究生7名。与本地院校深入合作搭建政校企人力资源共建平台，举办职业技能大赛、手机创新周暨手机设计大赛等赛事活动。

【产城融合】 2021年，河源国家高新区推进园区配套建设，商务会议中心建成投用，体育综合体完成主体工程建设，图书馆主体工程加快建设，白鹭岛项目、中央活力区基础设施工程、江滩公园和邻里中心工程等基本完成建设，科技五路升级改造、高新七路及深河A区道路加快推进，路灯亮化率95%以上。谋划突破平台建设，跨江发展产业发展方向、规划范围和起步区选址初步明确。综保区开展修建性详细规划、产业规划编制和一期用地征拆。水经济产业园建设正式启动，水经济产业规划、水经济产业园国土与空间规划和水经济产业扶持政策出炉。创智产业园、中创科技园等一批产业平台建成开园，南山共建园意向入驻企业21家，有9家进场装修，模具城统建厂房、大数据产业园等一批产业平台加快建设。

【营商环境】 2021年，河源国家高新区持续优化营商环境，“一枚公章管审批、一支队伍管执法”改革进一步深化，全面压缩行政审批时限至3个工作日，持续推行“容缺+承诺制信任”审批。为工业企业提供刻制公章、白蚁防治等6项免费服务，有效压缩企业筹建时间，降低前期成本；深化投资项目在线审批监管平台应用，工程建设项目全程网上验收。制定扶持大型骨干企业、支持老企业焕发新活力等政策，激励投产企业扩大产能、加大投资。提升服务企业能力，落实“四个一”企业服务制度，对重点新开工项目每周通报进度，主动帮助企业协调解决影响建设、经营的“卡壳”问题。搭建全市首个企业供需平台，园区企业在平台上可发布供应产品、需求产品、设备共享等信息，帮助产业链上下游企业就近配套、就近交易。

【园区企业选介】 中兴通讯（河源）有限公司 中兴通讯（河源）有限公司（中兴通讯（河源）生产研发培训基地）由中兴通讯股份有限公司投资建设，于2010年7月签约落户河源国家高新区，项目位于粤赣高速河源出口以西，桂山大道以南，总占地面积近200万平方米，总投资约100亿元，分三期建设，是中兴通讯唯一的集研发、生产、培训于一体的综合性科研产业化基地，是省委、省政府关注的重大双转移项目，也是深圳市对口帮扶河源的重点建设项目。主要生产固网设备、高/中/低端交换机&路由器、POWER电源产品、视讯产品等。目前一期工程竣工投产，完成33条生产线搬迁，累计完成投资20亿元，用工人数3500人，2021年实现工业总产值67亿元。

卓翼科技（河源）有限公司 卓翼科技（河源）有限公司于2021年4月注册落户河源国家高新区，属深圳市卓翼科技股份有限公司全资子公司，位于河源国家高新区扬子路南边、新陂路西边、祥景路北边的润业精密制造产业园，主要生产、研发、销售通信设备、智能家庭网关、光通信设备、网络设备等产品。项目投资总额50亿元，分两期投资，一期总建筑面积10.2万平方米，于2021年10月投产；二期总建筑面积51万平方米。今麦郎河源生产基地 今麦郎河源生产基地项目于2019年3月落户河源国家高新区，总投资13.5亿元，占地

20公顷，规划建设全国单体厂房最大的面品、饮品生产基地，分面品、饮品两期建设。其中二期饮品生产基地于2021年3月正式动工，部分设备进场调试，安装生产线3条。

农夫山泉广东万绿湖有限公司　农夫山泉广东万绿湖有限公司由农夫山泉股份有限公司投资建设，于2004年4月落户。该公司天然水生产线和热灌装饮料生产线均是国际国内最先进的技术设备，主要从德国、法国、意大利等国引进。农夫山泉在河源国家高新区投资建成两个生产基地。其中，农夫山泉广东第一生产基地占地26.67公顷，2021年实现产值19.92亿元，纳税3.2亿元；农夫山泉广东第二生产基地项目占地约20公顷，总投资约11亿元，主要生产经营饮用天然水系列、农夫果园系列、运动饮料系列、茶饮料系列等，于2019年6月投产，总规模生产线11条。河源国家高新区购地建设农夫山泉广东生产基地三期项目。

红苹果家具（河源）有限公司　红苹果家具（河源）有限公司由深圳天诚家具有限公司投资建设，2018年5月落户河源国家高新区，项目总占地面积约5万平方米，总建筑面积约为10万平方米，总投资15亿元，建设红苹果家具制造生产研发基地。该公司是一家以“红苹果”为核心品牌，集研发、设计、生产、营销、服务于一体的现代化专业板式家具和床褥制造企业，是国内最具规模的家具生产企业之一。

河源市华益盛模具有限公司　河源市华益盛模具有限公司由深圳市华益盛模具股份有限公司投资建设，该项目总投资5亿元，占地约8.9万平方米，建筑面积12万平方米，含厂房6栋、办公楼1栋、宿舍1栋。该公司是一家以设计、生产、加工、制造大型汽车注塑模具以及检验夹具为主的企业。

华冠科技（河源）有限公司　华冠科技（河源）有限公司于2019年2月签约落户河源国家高新区，由深圳市溢旭电子有限公司投资建设。该公司是一家专业从事SMT（表面组装技术）、测试、组装等高端通讯、数码产品OEM（原始设备制造商）加工的国家高新技术企业，主要客户有中国移动、传音科技、华勤科技等。产品包括：手机、平板电脑、智能终端电子产品、电子探测器、影碟机、家庭影院等。该项目总投资5亿元，占地面积约4.3万平方米，建筑面积约11万平方米。项目分两期建设。

优利德科技（河源）有限公司　优利德科技（河源）有限公司由优利德科技（中国）股份有限公司投资建设，主要研发、生产电子电工测试仪表、温度及环境测试仪表、测绘测量仪表、电力及高压测试仪表以及测试仪器等产品，该项目总投资5亿元，占地约2万平方米，建筑面积约7.8万平方米（分两期建设），一期项目于2021年12月正式投产。该公司是亚洲最具规模的仪器仪表公司之一，也是国内仪器仪表公司领军企业、中国第一家获得英国劳氏质量认证机构颁发ISO 9001品质检验证书的国际性专业测试仪表制造商，拥有“优利德”等知名品牌以及专利231项，产品远销全球90多个国家和地区。全面投产后，提升河源国家高新区现代仪器仪表和关键精密测试仪器等领域的产业厚度。

乔丰科技实业（河源）有限公司　乔丰科技河源生产基地由乔丰科技实业（深圳）有限公司投资建设，该项目占地5公顷，总投资10亿元，建筑面积约22.2万平方米，主要建设一栋研发办公楼、三栋厂房、两栋宿舍。该项目于2021年11月进场施工。

河源市艾佛光通科技有限公司　艾佛光通项目由广州市艾佛光通科技有限公司投资建设，该公司是一家集研发、生产及销售5G通信核心元器件体声波滤波器芯片的高新技术企业。该公司拥有国际领先技术的5G高频滤波芯片研发中心，拥有以国家科技创新领军人才、国家长江学者、国家重点研发计划首席科学家等20多位博士为核心的国际一流科学家技术团队，获发明专利100余项，国际PCT（专利合作条约）专利20余项。主要客户有华为、中兴通讯等知名手机终端厂商。项目总投资5亿元，占地1.47公顷，建筑面积约2.2万平方米。项目于2021年7月正式进场动工，已全面竣工，部分设备到位调试。（*聂燕民*）

人物·荣誉

编辑：王瑞峰

全国五一劳动奖章

吉　波　男，1975年9月生，和平长盛电机有限公司研发部经理。他从重庆大学毕业后，应聘到长盛电机公司工作。先后担任过车间技术员、助理工程师、研发部主管、研发部经理等职务。负责着公司的微电机产品开发、科技管理、技术革新管理等多个方面的工作，为公司的新产品开发作出了突出的成绩，多次获公司先进科技工作者、优秀员工等称号，为了保证研发部各项工作的顺利开展，他始终坚持不断地学习，用新形势下的新知识、新内容来丰富、充实和提高自己的业务水平和管理能力，先后主持参与研究了公司十几项微电机科研课题，均获公司技术革新奖励。其中“汽车用高性能特种电机规模化生产技术”获河源市2016年度科技进步二等奖，2018年被评为“和平工匠”，2019年获广东省五一劳动奖章。在公司19项实用新型专利中，他担任着不可或缺的角色；在公司新产品研开发方面有着卓越贡献。2021年，获全国五一劳动奖章。

全国工人先锋号

中国石化广东河源石油分公司黄沙加油站　黄沙加油站主要以销售汽油为主，共有18名员工。2020年销售成品油1.35万吨，同比增长7.3%。该班组始终坚持以人为本抓安全，以服务为主抓经营，高标准，严要求，在做好优质、高效服务的同时确保安全零事故。先后获“全国安康杯优胜班组”“广东省模范加油站”“河源市青年文明号”等荣誉。一是紧跟形势发展，强化学习教育聚心。创新学习方式，开展“持续攻坚创效”“服务之星”“党史学习教育”等活动。2020年，通过建言献策分享有效经营建议30余条，推动班组经营工作在攻坚克难上取得突破性进展，保障班组安全运行。二是加强班组建设，提升员工综合素质。坚持“以赛促训，以赛强能”，把“安康杯”和“安全生产万里行”有机结合，组织全员参与安全技能实操，提高员工应急处理能力；坚持自查自纠，强化安全基础管理，2019—2020年，发现问题125个，整改率100%。三是优化油站环境，提升油站服务质量。推出优化“环境+服务”机制，改善油站硬件设施，美化油站周边环境；成功打造户外劳动者爱心驿站，为户外劳动者提供免费Wi-Fi、免费热水、免费充电、便民药箱等暖心服务。2021年，获全国工人先锋号称号。

广东省五一劳动奖章

黄　涛　男，广东梅县人，1972年出生，中共党员，河源市烟草专卖局（公司）党组书记、总经理。任职以来，开通“局长信箱”，集中精力抓党建促发展、守市场强监管、调状态稳经营、带队伍激活力、夯基础强管理，开展卷烟市场需求、20支直营店建设、专卖市场监管、精益物流、干部队伍建设等调研28次，解决工作问题19个，回应员工关切8个，有力促进各项工作深入开展。敢于啃下辅助用房科学合理规划使用项目、金叶大厦三、四层办公楼产权问题的解决和退休人员社会化管理等硬骨头，迎难而上解决制约河源烟草高质量发展的痛点、难点、堵点问题。全面对接广东烟草高质量发展战略实施河源烟草行动计划，在巡视整改、主题教育、打假打私、疫情防控等工作中冲锋在前、身体力行。2021年，获广东省五一劳动奖章。

杨龙峰　男，1971年1月生，中共党员，河源市人民医院内科第三支部书记、呼吸内科副主任、主任医师。自新冠肺炎疫情发生后，杨龙峰担任广东省新冠肺炎医疗救治专家组成员、河源市专家组副组长，“白天+黑夜”的工作模式成为常态；长时间的过度劳累，导致抵抗力下降而患上带状疱疹，常常忍受着激烈的神经痛，仍然一直战斗在一线。他确诊了河源市人民医院首例“肺奴卡菌病”和罕见病“马尔尼菲青霉菌感染肺炎”；在气管镜下成功为一高龄患者取出光滑圆型异物，也是河源市人民医院首次在气管镜下取出这种类型的气管异物。医德医风高尚，不为金钱所动，不开大处方、不收受病人财物，廉洁行医。潜心科学研究。在新冠肺炎疫情期间，申报“新型冠状病毒感染的肺炎患者的临床特征及其早期诊断价值”课题在河源市科技局科研立项，并获得河源市科技局30万元的资助；在担任呼吸内科二区主任3年期间，每年举办广东省继续教育项目：粤东地区慢性气道疾病规范化诊治及护理管理研讨会；取得2018年广东省卫生计生适宜技术推广项目1项：无创正压机械通气的应用；参与的科研项目“有创—无创序贯机械通气治疗呼吸衰竭的临床研究”获河源市科技进步二等奖。2021年，获广东省五一劳动奖章。

甘凤梨 女，1985年10月生，群众，河源市东源鹰牌陶瓷有限公司后勤主管。自入职以来认真学习，用心思考，在平凡的岗位上，勤奋刻苦，扎实工作。严格要求自己，出色地完成上级交办的各项工作任务，除了负责公司后勤工作，还兼顾工会、员工薪酬、工伤跟进处理及项目申报等工作，工作成效显著，受到公司领导同事的一致好评。充当企业与员工沟通的桥梁，经常同员工谈心，关心员工。能够正确看待个人和集体的利益关系，服从大局。经常组织员工开展趣味活动，活跃业余生活。2016年被评为河源市优秀工会工作者，2018年获鹰牌集团优秀员工奖。2021年，获广东省五一劳动奖章。

吴芸丽 女，1980年6月出生，中共党员，广东和平县人，初中历史高级教师。从事教育一线21载，始终坚守和平情怀，做到人在和平、心在和平、奉献在和平。曾被评为县优秀教育工作者、教育能手、突出贡献之星星级教师和河源市优秀教师。2018年，获南粤优秀教师称号。教育教研工作的楷模。注重特色教学，课堂教学方法多样、风趣幽默，深受学生喜爱，所教班级成绩名列前茅。注重学科建设，帮助青年教师成长。注重教学研究，参与课题研究成果丰硕，2017年获得全市历史学科微课制作大赛初中组一等奖，教学论文分别在2017年、2018年获得河源市中学组一等奖。和谐示范校园建设的楷模。制定学校德育总体规划，制订初中三年每个学期具体德育内容和活动安排，注重提升德育团队管理，培养一批市县优秀班主任；结合办学理念提出“生命德育”教育模式；落实“立德树人”根本任务，上好“思政课”，每学期参与师生达5000人次。关爱留守儿童成长的楷模。参与“留守儿童心理教育与辅导”课程制作，为学生及家长排忧解难。联合创办“心理健康服务协会”，服务师生及家长达2000人次，被县人民检察院聘为未成年人代理家长。2021年，获广东省五一劳动奖章。

王子起 男，1968年生，1989年4月参加工作，河源思比电子有限公司设备技术员。2017年初，公司计划新增LCD（液晶显示器）生产线，王子起负责纯水房、空压机、制冷房、配电房等外围设施的安装。经常主动加班到晚上12点，第二天还正常上班。正是他这种忘我的拼搏精神，带动了所有项目的积极前行，使公司LCD生产线按时正常投产，为公司创造了新的利润增长点。2017年6月，因公司大量增加生产设备导致空压机负荷量变大，致使空压机房室内温度达到50多度，存在较大的隐患。公司领导决定投入数十万资金改建空压机房，但王子起提出了“环保循环降温方法”，将空压机房的室内温度降至30度左右，总投入不超过5000元。2018年初，王子起发现公司的厕所用水和喷洒花卉用水都是自来水，建议将上述两种用水改为用纯水生产过程中的废水（浓水）。经领导批准，以极少的成本改造后，每年节省自来水6000吨。2019年7月21日，王子起在当日的例行电气检查过程中，发现一楼的配电柜有橡胶烧焦味，便对电柜中的几十条线路逐一检查，发现其中一组线路因老化而胶皮烧焦，及时进行更换老化的线路，确保了安全生产。2020年，当选为河源最美新时代工人。2021年，获广东省五一劳动奖章。

邹　翔 男，1981年10月出生，广西桂林人，中共党员，高级工程师，中国建筑第八工程局有限公司南方公司粤东分公司副经理兼河源城市经理部经理。邹翔肩负着建设河源的重要责任，其项目的质量标准化和规范化、精细化、信息化管理均呈现出绿色施工、智慧建造的建筑新业态。2020年，项目承办河源市安全、质量、文明施工现场观摩活动，在近千名业内人士的参观下通过河源市安全文明施工示范工地的评选。邹翔依托重大节点策划主题宣传，在国庆节编排创意舞蹈，创作快闪视频在各大媒体广泛发布，展现建筑行业的新形象，并策划关爱“小候鸟”筑梦之旅央视宣传报道。在各级领导和社会各界的关注下，“特区速度”“铁军精神”“工匠文化”成为河源项目在区域内的特色名片，品牌影响力不断攀升。同时，河源基础设施项目构建起“党建+”的工作模式，发扬党员模范带头作用快速推进项目建设工作。2020年5月，中建八局南方公司受邀参加河源城市建设项目招商推介会，并作为代表签署战略合作协议，助力河源加快成为粤港澳大湾区世界级城市群有机组成部分。2021年，获广东省五一劳动奖章。

李京和 男，1980年9月生，大专学历，汉族，群众，广东家园建筑工程有限公司施工员。2003年参加工作，在工作中勤勉尽责，遵守公司的规章制度，严格按照规定履行工作职责，忠于企业，团结、协作、诚信；熟练掌握有关政策及相应的法律法规，精通本岗位业务，努力学习，不断提高自身的业务素质，在团队建设和管理中勇于创新，积极营造和谐的人际关系，深受领导、同事的认可。担任施工员期间对新材料、新工艺、新方法敢于应用，多年来为公司节约成本、提高效益作出贡献，连续多年被公司评为优秀工作标兵，参与施工管理的多个项目被评为广东省房屋市政工程安全生产文明施工示范工地、河源市房屋市政工程安全生产文明施工优良样板工地等。由于工作突出，2012年、2013年连续两年被评为河源市建筑管理、质量安全先进个人。2021年，获广东省五一劳动奖章。

广东省五一劳动奖状

河源市客天下文化旅游管理有限公司餐饮部 2020年，受新冠肺炎疫情影响，河源客天下整个公司投入紧张的抗疫斗争中。其中餐饮部为保障出品安全卫生零接触，减少中间接触环节，厨房员工主动提出直接送餐到客房的做法，受到客人的一致好评。在年初确定餐饮部全年任务1955万元，实际完成1621万元，全年完成率82.92%，在2月至4月闭园无法经营的情况下能取得这样的好成绩，公司给予很高的评价。每年餐饮部为河源职业技术学院酒店管理毕业生提供完善的就业实习培训岗位，至2020年培养实习生100多人，其中提升为中层管理岗位人员16人。公司每年组织献爱心捐款活动、义务献血活动及慰问困难职工活动时，餐饮部员工积极参与，展示餐饮部全体员工蓬勃向上的精神面貌。在2018年河源市职工职业技能大赛中公司获优秀组织奖，其中餐饮部多名员工在中式摆台及自创菜式项目中获岗位技术能手称号。在由广东省餐饮服务行业协会及广东省粤菜产业发展促进会等联合举办的2020年粤菜师傅职工职业技能大赛中，餐饮部获金奖。2021年，获广东省五一劳动奖状。

东瑞食品集团股份有限公司生产部 东瑞生产部是一个吃苦耐劳、艰苦奋斗的集体。养殖基地大多设地处偏远的山区，交通不便，生活艰苦，生产部职工发挥不怕脏不怕累精神，扎根基地扎实工作。2020年该集体出栏生猪30万头，产值12.5亿元，上缴利税996万元。该集体共有500名一线生产工人，平均每个工人一年养殖贡献600头猪。2021年，获广东省五一劳动奖状。

连平县九连山源丰生态农业有限公司制茶车间 象湖茶叶基地（制茶车间）位于连平县隆街镇径头村雷公寨生态自然保护区，面积达1000余亩（67公顷），引进优质茶品种，采用有机栽培、加工模式，2018年、2019年、2020年连续三年茶叶获得有机认证。2014年获得连平首届名优绿茶品比大赛一等奖。传承客家炒青绿茶技艺，研制出烘青绿茶、红茶，至2021年年底，在研发绿茶小饼茶。年产有机茶叶0.75万千克，茶叶产品畅销连平县、河源市区、惠州市和珠三角地区。“九连山象湖园”牌茶叶于2019年获广东省名牌产品称号。茶叶产业产生经济效益数十万元，为公司发展提供有力支撑。为农户提供产前、产中、产后技术服务和技术培训，采用订单种植，解决农户销售难题，产生示范效应，带动当地10多户农户种植茶叶100多亩（6.67公顷），产值近百万元。象湖茶叶基地每年种茶、制茶直接解决60名农民就业（其中贫困户20名），年人均工资收入约3.6万元。以象湖茶叶基地为基础发展生态旅游、休闲度假旅游等特色产品，带动片区发展，为农户稳定增收和贫困户稳定脱贫提供有力产业支撑，带动周边区域经济发展。2021年，获广东省五一劳动奖状 。

河源海事局委员会 2017—2021年，河源海事局保障13万艘次船舶安全进出港，275.4万人次安全出行。参与2019年“6·10”“6·12”抗洪抢险，完成“6·14”河源东江大桥垮塌落水车辆和人员搜救。推动成立河源市水上搜救中心和河源市水上搜救志愿者队伍，共抢救遇险船舶27艘，救助遇险人员55人。组织发动干部超过150人次，深入社区一线对超过1万余户家庭进行摸排登记。推进大政务格局形成，推出便民措施14项，保障紫金桥重建和赣深高铁等市重点工程复工复产。推动东江复航扩能升级，协助地方政府拆除餐饮船和转移安置相关人员。先后派出5名驻村干部精准帮扶贫面上村，共投入扶贫资金约53.3万元，34户贫困户如期完成脱贫任务。连续13年开展水上交通安全知识进校园活动，沿江、沿湖地区超过10万名师生家长接受教育，事迹获学习强国报道。曾获省文明单位、省青年文明号、直属海事系统先进职工之家、市工会先进职工小家、市巾帼文明岗荣誉。涌现出省优秀团员、直属海事系统优秀共产党员等先进典型。2021年，获广东省五一劳动奖状。

河惠莞管理中心 河惠莞管理中心所辖河惠莞高速公路龙川至紫金段（简称龙紫段）全长152千米，位于粤东北山岭区，从北往南经原中央苏区龙川、东源、紫金三县，是一条名副其实的“苏区扶贫路”。于2017年1月全线开工，2020年1月1日正式通车运营。相关事迹如下：

一、实施“3+3”工作法，项目按期保质顺利通车。

（一）“3明确”，谋篇布局下好“先手棋”。一是明确定位，强化党建引领。龙紫段全线涉及设计、施工、监理、检测等共26家参建单位、1.5万参建人员。龙紫段以支部互联互建为抓手，将全线26个党组织158名共产党员紧紧串联在一起，成立劳动竞赛专项工程党员督导小组8个，设置党员先锋岗158个。二是明确目标，压紧压实任务。确立“三步走”综合劳动竞赛思路：开展第一期劳动竞赛，以“奋战90天，高起点开好局”为主题，重点完成临建工程；开展第二期劳动竞赛，以“奋战90天，高效率保目标”为主题,重点冲刺年度产值目标；开展第三期劳动竞赛，以“砥砺奋进，高质量保通车”为主题，重点攻克控制性工程建设难点。三是明确机制，注重全员参与。管理中心制定实施方案5项，计提劳动竞赛奖金7248万元，优质优价奖金5000万元。劳动竞赛期间，各级工会制定“技术比武”及“最美工匠”评选等实施方案。

（二）“3聚焦”，瞄准目标打好“组合拳”。一是聚焦临建工程，以竞赛促开局。第一期劳动竞赛以高起点建设临建工程为主。赤竹坪隧道是项目控制性工程之一，隧道用电采用永临结合方案。成立“永临结合突击小分队”翻山越岭，克服陡峭山林750米高差，用120匹骡马组成骡队运输材料共计2000多吨，永临用电建设比原计划提前9个月完成。仅耗时55天顺利完成全线临建工程。二是聚焦产值目标，以竞赛克难题。第二期劳动竞赛以冲刺年度产值为主。管理中心通过组建隧道开挖突击班组24小时施工，节假日“不打烊”，至竞赛结束时完成年度建安产值的102%，超额完成任务。同时，全面推行施工安全标准化和“平安工地”“安全生产标杆”建设，实行互联网+安全模式，提高安全管理的效率和安全管理水平。项目被评为2018年度公路水运工程省级“平安工地”典型项目。三是聚焦项目攻坚，以竞赛保通车。第三期劳动竞赛保通车为主，以控制性工程为核心，攻克施工难题。枫树坝大桥是项目的关键控制性工程，主桥跨越广东省第二大水库——枫树坝水库，水深达60余米，施工难度极大，且紧临枫树坝省级自然保护区，环保要求高。管理中心组织参建各方进行施工组织、技术方案专家论证十余次，优化施工工艺，采用旋挖钻进行桩基施工，工效提升两倍；在龙川砂石料断供情况下，数次前往临近省份调研、协调解决地材问题，最终该控制性工程提前一个半月实现合龙，为项目如期建成通车打下坚实基础。同时，管理中心注重工艺创新和绿色，打造微创新工艺14项，并成为广东省第一批“绿色公路建设典型示范项目”的试点项目。

二、传承“苏区精神”，勇担社会责任。

自2017年开始每年植树节，联合地方公路养护中心在乡道、县道旁植树，累计植树3500多株；2020年11月，管理中心组织35名志愿者先后走进丰稔镇成塘村、排东村开展“厕所革命”、垃圾分类、森林防火宣传活动和义务清洁活动，用实际行动践行“绿水青山就是金山银山”的时代理念。

2021年，获广东省五一劳动奖状。

中国移动通信集团广东河源市区分公司 突出表现有：党建考评从2016年至2020年连续4年优秀，2018年被河源市直工委评为党建工作示范点。2019年被省公司评为广东公司2019年度“六好”党支部。参加4/5G网络建设竞赛，共建设4G基站163个，5G基站449个，完成网络黑点攻坚53个，完成机房选址36个，完成数量、完成比例均为全市第一；2020年共完成免租站点86个（含基站、室分、微小），每年可节约86.88万元的成本费用，完成量全市第一。

2020年市区全年家宽累计净增份额达79.4%，全市第二；累计家宽份额到达57.5%，5G套餐客户数占全市43.5%，主通客户渗透率全市第一，全年累计套餐升档办理量挑战目标完成率全市第一。实现政企市场发展持续攀升，呈现“三高”。增幅高：全省第四，河源第一。产能高：客户经理人均产能逆袭，从全市倒数第一到全市第一。声浪高：全市ICT项目拓展签约5G大单：成功拓展签约大项目1个，签约金额457.92万元，在分公司中，拓展的第一个百万级大项目，河源公司首个5G大单（超300万元）。

在新冠肺炎疫情中市区分公司组成6支防控突击队，第一时间为8个单位开通和对讲业务，为2个单位开通5G+热成像测温业务，为57家单位提供云视迅会务等服务保障。2021年，获广东省五一劳动奖状。

中国工商银行股份有限公司河源分行 至2020年12月，工行河源分行个人客户158万户，各项存款余额201.7亿元，居四行首位，各项贷款余额(含银行卡)263.1亿元，总量在当地四大国有商业银行中连续13年居第一。2020年，为疫情防控重点的卫生防疫、医药用品、物资保障等等客户授信3.7亿元，为9家抗疫企业发放抗疫贷款1.5亿元。为受疫情影响还款付息困难企业调整还款计划171户共12.4亿元；为暂时还款困难个人客户延后还款期限2667人次，延后还款金额909万元，调整还款计划107笔，调整贷款余额4300万元。加强对实体经济的支持力度。2020年，制造业贷款余额22.4亿元、幸福产业贷款余额16.7亿元，环保产业贷款余额3.8亿元，普惠金余额16.3亿元，累计发放普惠企业信用贷款1.4亿元。响应市委、市政府产业信用金融促进会的倡议，率先加大信用贷款发放力度，通过主动减费让利等方式，想方设法给降低企业融资成本。自2014年起连续6年进入全国二级分行经营30强，按照省行30强测算。2021年，获广东省五一劳动奖状。 *（陈　浩）*

奖项荣誉

第八届全国道德模范提名奖（1名）

胡　珍（女）龙川县人民医院护理部主任

2021年第一季度
“广东好人”名单（2名）

见义勇为（1名）

罗于人 龙川县公安局警察训练大队辅警

敬业奉献（1名）

黄　宁（女） 东源县万绿松种养专业合作社销售与推广经理

2021年第三季度
“广东好人”名单（4名）

助人为乐（1名）

马磊磊 河源海关预警科科长

敬业奉献（3名）

叶健林 市消防救援支队龙川县公安消防大队龙川中队中队长助理

刘天娇 河源市国有红星林场护林员

张友金 市消防救援支队源城区文昌路消防救援站站长助理

2021年第四季度“广东好人”名单（1名）

见义勇为（1名）

黄善良 龙川县机关事务管理局车辆管理股科员

2021年“中国好人”（1名）

2021年4月榜 诚实守信（1名）

邓亮新 紫金县邓氏亮堂肉丸店经营者

2021年广东省新时代好少年名单（1名）

廖智慧 女 河源市第一中学学生

2021年广东省学雷锋志愿服务先进典型（5个）

最美志愿者（1个）

黄新辉 市红十字会志愿者公益宣传服务队

最佳志愿服务项目（2个）

“360心灵卫士”守童心护成长项目

“共创文明城市·共建书香社区”项目

最佳志愿服务组织（1个）

市红十字会志愿者公益宣传服务队

最美志愿服务社区（1个）

东源县仙塘镇建设路社区

2021年岭南童谣获奖名单（1个）

《小小蒲公英》省级原创童谣优秀作品二等奖

（肖巧玲）

2021年河源市乡村振兴局获省部级以上荣誉名单

黄陈强（全国脱贫攻坚先进个人，授予单位：中共中央、国务院）

黄运彬（全省脱贫攻坚先进个人，授予单位：广东省委、省政府）

王伟元（全省脱贫攻坚先进个人，授予单位：广东省扶贫开发领导小组）

钟振宇（全省脱贫攻坚先进个人，授予单位：广东省扶贫开发领导小组）

（黄陈强）

2021年度河源市共青团系统单位个人获省部级以上表彰荣誉名单

共青团河源市委员会被团省委评为2021年度广东共青团工作先进单位

全市共青团系统单位个人获得团中央表彰荣誉（共5个）

中华人民共和国河源东源海事处被共青团中央评为第20届全国青年文明号

河源市公安局出入境办证大厅被共青团中央、公安部评为第20届全国青年文明号

龙川县霍山风景区票务部被共青团中央、文化和旅游部评为第20届全国青年文明号

河源理工学校交通运输教学部团总支被共青团中央评为全国五四红旗团支部

和平县福和高级中学团委书记叶志生被共青团中央评为全国优秀共青团干部

全市共青团系统单位获得省级表彰荣誉（共31个）

2020—2021年度广东五四红旗团委（2个）

河源市源城区埔前镇团委

河源市连平县连平中学团委

2020—2021年度广东五四红旗团支部标兵（1个）

河源市紫金县人民医院团支部

2020—2021年度广东五四红旗团支部（3个）

广东电网有限责任公司河源供电局调控中心团支部

河源市紫金县敬梓镇甘田村团支部

河源市东源县双江中心学校团总支

2021年活力在基层优秀团组织（2个）

河源市龙川县新城初级中学团委

河源市紫金县第二中学团委

2021年度广东省青年文明号标兵号（1个）

东源税务局第一税务分局

2021年省级非公团建示范组织（2个）

广东美晨通讯有限公司

广东雅达电子股份有限公司

2021年省级非公团建示范园区（1个）

深圳盐田（东源）产业转移工业园

广东省示范性志愿服务组织（1个）

河源市志愿者联合会

省第八届“创青春”创业大赛“青农优品”十大品牌（1个）

连平县酸匠青梅汤

2020—2021年度“广东省少先队先进学校”（3个）

河源市第一小学

河源市第三小学

河源市源城区下城小学

2020—2021年度“广东省少先队红旗大队”（5个）

河源市源城区高莲小学大队

河源市和平县阳明镇第一小学大队

河源市龙川县老隆镇维嘉学校大队

河源市紫金县中山实验学校大队

河源市江东新区临江中心小学大队

2020—2021年度“广东省少先队红旗中队”（9个）

河源市河源中学实验学校（小学

部）大队雄鹰中队

河源市第二小学大队四（7）中队

河源市博爱学校大队启聪3中队

河源市第二中学大队五（3）中队

河源市深圳中学河源实验学校大队八（7）中队

河源市源城区城南小学大队六（7）中队

河源市源城区越王小学大队扬帆中队

河源市龙川县老隆镇第三小学大队三（11）中队

河源市龙川县铁场镇中心小学大队三（1）中队

全市共青团系统个人
获得省级表彰荣誉（共54个）

2020—2021年度
广东省优秀团干部（3个）

李旭军 共青团河源市委员会

凌玉婷 共青团河源市委员会

吴　朗 河源市源城区新江社区卫生服务中心

2020—2021年度广东省
百佳团支部书记（2个）

赖扬帆 中华人民共和国河源海关

杨　杰 河源市龙川县财政局

2021年“广东省向上向善好青年”（3个）

刘飞翔 共青团河源市委员会

谢增县 河源市连平县趣田野生态农业有限公司

刘家洛 河源市和平县广东汇丰源实业有限公司

2020—2021年度
广东省优秀共青团员（14个）

袁新越 中国移动广东河源分公司

黄冬婷 河源职业技术学院老隆师范学院

林　茂 河源市龙川县龙母镇退役军人服务站

黄　鑫 河源市和平县华强（和丰）中学

官素雅 河源中学实验学校

何可易 河源市田家炳实验中学

李　洋 河源市连平县连平中学

刘姿余 河源高级中学

许周权 河源市体育运动学校

杨玉灵 河源市紫金中学

袁小婷 河源市和平县职业技术学校

刘　颖 河源市龙川县田家炳中学

黄　亮 河源理工学校

陶媛媛 共青团河源市委员会

第六届“最美南粤少年”（2个）

钟锶颖 河源市第一中学

陈姝含 河源市源城区雅居乐小学

第六届“最美南粤少年”
提名奖（2个）

徐尚然 河源市源城区高莲小学

许周权 河源市体育运动学校

2020—2021年度
“广东省优秀少先队辅导员”（4个）

陈红梅 河源市源城区公园东小学大队辅导员

罗运明 河源市博爱学校大队辅导员

张云谦 河源市第一中学大队辅导员

杨清清 河源中学实验学校小学部少先队中队辅导员

2020—2021年度
“广东省优秀少先队员”（24个）

寸京云 河源市源城区汇景诚信小学大队三（1）中队

郑安然 河源市源城区高莲小学大队四（3）中队

蓝梓铭 河源市源城区宝源学校大队五（1）中队

凡芳瑜 河源市源城区公园西小学大队六（5）中队

王语菲 河源市源城区深圳中学河源实验学校大队八（2）中队

廖心越 河源市源城区德爱学校大队四（5）中队

何彦洁 河源市源城区下城学校大队六（4）中队

杨富尧 河源市龙川县老隆镇维嘉学校大队六（4）中队

魏天鸿 河源市龙川县老隆镇第三小学大队五（6）中队

张旖旎 河源市龙川县老隆镇第二小学大队六（2）中队

叶梦好 河源市连平县第二小学学校大队五（1）中队

叶炜圳 河源市连平县隆街镇中心小学大队四（2）中队

梁宝淳 河源市东源县崇文学校大队五（9）中队

陈姝贝 河源市东源县第一小学大队四（6）中队

刘吉铖 河源市和平县阳明镇第三小学大队五（3）中队

殷培钰 河源市和平县阳明镇第一小学大队五（1）中队

黄贵臻 河源市紫金县城第一小学大队六（5）中队

赖烨麟 河源市紫金县城第六小学大队五（8）中队

邱芷莹 河源市第一小学大队四（8）中队

冯梓晴 河源市第二小学大队六（6）中队

吴居正 河源市第三小学大队五（6）中队

唐岱阳 河源职业技术学院附属小学大队六（4）中队

廖家俊 河源广大附中巴伐利亚学校大队七（5）中队

范祖名 河源中学实验学校（小学部）大队五（6）中队

（温思静）

2021年河源市妇联工作所获省部级以上荣誉名单

全国三八红旗集体（1个）

河源市图书馆

全国最美家庭（2个）

郑尔君家庭

蔡光明家庭

全省乡村振兴驻镇帮镇扶村优秀巾帼队员（1个）

袁丽丽 驻东源县灯塔镇连塘村第一书记兼驻镇帮镇扶村工作队员，河源市妇女联合会宣传部部长

广东省三八红旗工作室（1个）

河源市巾帼志愿者协会

广东省巾帼文明岗（6个）

河源市紫金县喜辰职业培训学校

河源市源城区行政服务中心

河源市东源县中医院内镜中心

河源市连平县人民法院诉讼服务中心

河源市博物馆宣传教育部

广东电网有限责任公司河源供电局电力调度控制中心通信网络运行班

广东省三八红旗手（3个）

黄惠银 河源市和平县妇女联合会党组成员、副主席

李　莉 河源市妇幼保健院产科副主任

曾贵芳 河源市中级人民法院民事审判第一庭审判员

广东省三八红旗集体（2个）

河源市百搭家政服务有限公司

河源市紫金县凤安镇仁里村嫂种养农民专业合作社

广东省巾帼创业基地（1个）

河源市紫金县梅子坳斗记茶叶种养农民专业合作社

第十六届广东省“十大优秀书香家庭”（1个）

雷明江家庭

广东省“十大最美家庭”（1个）

古志奋家庭

广东省百户最美家庭（5个）

黄晓珍家庭

刘天娇家庭

杨圣玉家庭

周俊杰家庭

谢江帆家庭

（吴　璁）

2021年度河源市公安系统获省部级以上荣誉或项目情况表

表17

序号	类别	姓　名	单　位	荣　誉
1	个人	经广鑫	河源市公安局刑警支队民警	新时代南粤刑侦之星
2	个人	何成辉	河源市公安局江东分局刑侦大队大队长	新时代南粤刑侦之星
3	个人	陈伟明	河源市公安局刑警支队辅警	新时代南粤辅警之星
4	个人	欧阳佳	河源市公安局源城分局辅警	新时代南粤辅警之星
5	个人	赖志锋	连平县公安局辅警	新时代南粤辅警之星
6	个人	曹生龙	河源市公安局刑警支队	全国扫黑除恶成绩突出个人
7	个人	郑晓田	河源市公安局源城分局	全国公安机关成绩突出个人
8	个人	何瑞棠	龙川县公安局局长	全国公安机关成绩突出个人
9	个人	诸智勇	河源市公安局警训处	全省优秀人民警察
10	个人	郑晓田	河源市公安局源城分局情报指挥中心	全省优秀人民警察
11	个人	郭嘉琪	河源市看守所	全国公安机关监管部门成绩突出个人
12	集体		河源市戒毒所病残吸毒人员收治大队	全省优秀公安基层单位

续表17

序号	类别	姓　名	单　位	荣　誉
13	集体		河源市公安局出入境办证大厅	全国青年文明号
14	集体		河源市公安局技侦支队二大队	全国公安机关我为群众办实事成绩突出集体
15	集体		河源市公安局大数据办公室“‘和家园’护万千家园——河源公安践行‘共建共治共享’社会治理新理念”项目	第九届广东省市直机关“先锋杯”工作创新大赛二等奖
16	集体		河源市公安局新侦支队“全时空‘金钟罩’——精准反诈新机制”项目	第九届广东省市直机关“先锋杯”工作创新大赛三等奖
17	集体		东源县公安局仙塘派出所	第二批广东“枫桥式公安派出所”
18	集体		东源县公安局仙塘派出所新洋潭警务区	广东省“岭南标杆警务室”

（宋永鸿）

2021年度河源市检察机关获省部级以上荣誉或项目情况表

表18

序号	表彰奖励事项名称	受奖集体名称、受奖个人姓名职务	授奖单位	授奖时间
1	扫黑除恶专项斗争个人三等功	袁国梁　河源市龙川县人民检察院第一检察部一级检察官	广东省人民检察院	2021年1月
2	个人嘉奖	朱海波　河源市东源县人民检察院第一检察部一级检察官	广东省人民检察院	2021年1月
3	广东省扫黑除恶专项斗争先进工作者	卢维科　河源市和平县人民检察院第一检察部一级检察官	广东省扫黑除恶专项斗争领导小组	2021年4月
4	在2019—2020年脱贫攻坚工作中表现突出个人	蔡浩斌　河源市人民检察院法警支队副支队长、三级警长	中共广东省委农村工作领导小组	2021年6月
5	在2019—2020年脱贫攻坚工作中表现突出个人	钟楚琦　河源市东源县人民检察院三级警长	中共广东省委农村工作领导小组	2021年6月
6	广东省脱贫攻坚先进个人	刘丽娜　河源市龙川县人民检察院办公室一级科员	广东省委、省政府	2021年6月
7	2020年度政工信息工作先进个人	杨林华　河源市人民检察院政治部四级主任科员	广东省人民检察院	2021年7月
8	第三批全省检察业务尖子	周越华　河源市人民检察院案件管理室四级检察官助理	广东省人民检察院	2021年7月
9	广东省零酒驾示范单位	河源市人民检察院	广东省道路交通安全工作联席会议办公室	2021年7月
10	第一届广东省检察机关控告申诉业务能手	叶日康　河源市人民检察院第四检察部四级检察官助理	广东省人民检察院	2021年8月
11	第一届全省检察机关行政检察业务竞赛标兵、优秀文书奖	张　聪　河源市东源县人民检察院第二检察部主任	广东省人民检察院	2021年8月
12	个人三等功	蓝　聪　河源市人民检察院第二检察部主任、四级高级检察官	广东省人民检察院	2021年10月

续表18

序号	表彰奖励事项名称	受奖集体名称、受奖个人姓名职务	授奖单位	授奖时间
13	广东省法学会检察学研究会第十五届年会论文三等奖	马 佳 河源市人民检察院案件管理室主任	广东省人民检察院	2021年10月
14	集体嘉奖	和平县人民检察院涉黑案办案团队	广东省人民检察院	2021年10月
15	全国维护妇女儿童权益先进集体	河源市人民检察院	全国妇女联合会	2021年12月
16	“法润人心”法治文艺作品铜奖	龙川县人民检察院	广东省司法厅 广东省普法办公室	2021年12月

（谢重瑶）

2021年度河源市法院系统获省部级以上荣誉或项目情况表

表19

序号	获奖集体/个人	表彰项目	授奖单位	授奖时间
1	东源县人民法院行政审判庭	全省法院先进集体	广东省高级人民法院	2021年1月
2	东源县人民法院灯塔人民法庭	最美人民法庭	广东省高级人民法院	2021年11月
3	骆 平	全省法院先进个人	广东省高级人民法院 广东省人力资源和社会保障厅	2021年1月
4	田伟恩	全省法院先进个人	广东省高级人民法院 广东省人力资源和社会保障厅	2021年1月
5	谢瑞丹	全省法院先进个人	广东省高级人民法院 广东省人力资源和社会保障厅	2021年1月
6	雷志平	人民法院扫黑除恶专项斗争先进个人	最高人民法院	2021年5月
7	朱世杰	2019—2020年脱贫攻坚突出贡献个人	中共广东省委农村工作领导小组	2021年8月
8	黄远青	最美基层法官	广东省高级人民法院	2021年11月
9	田伟恩	全国法院先进个人	最高人民法院	2021年12月

（叶璐璐）

2019—2021年河源市消防救援支队获省部级以上荣誉和立功人员一览表

表20

序号	姓名	部职别	所获荣誉	简要事迹
1	张友金	河源市源城区文昌路消防救援站站长助理	2021年第三季度“广东好人”	15年来，参加4900余天的训练，“传帮带”300余名新队员，参与处置1100余次灭火救援战斗，勇救被困群众100余人，挽回经济损失1000多万元。曾先后立个人三等功4次，获部消防局“优秀士兵”“改革转制教育整训先进个人”和广东省消防救援总队执勤岗位练兵先进个人、训练标兵、优秀共产党员等荣誉

续表20

序号	姓名	部职别	所获荣誉	简要事迹
2	叶健林	河源市龙川县老隆消防救援站代理站长助理	2021年第三季度广东好人	从事消防救援事业15年，多次参加总队比武竞赛。2019年10月，被总队抽调参加为期1年的新招录消防员带训工作。为备战2021年总队比武工作，支队抽调10名消防员在老隆消防站开展集训，叶健林参与到比武集训工作中去，与集训队员们统一训练、统一生活，把好训练关。训练期间，他儿子放学后经常哭着喊着要跑去训练场上找爸爸，叶健林多次“狠心”赶走孩子。曾先后立三等功2次，获部消防局先进个人2次、总队先进个人4次、总队优秀共产党员2次
3	李　波	河源市消防救援支队元善消防站副站长（四级指挥员）	三等功（2020年）	在2020年6月9日的连平县大湖镇洪灾救援行动中，李波在每一个急难险重的关头都挺身而出，冲锋在前，一轮又一轮的在洪水中穿梭、搜寻、救援，营救被困群众16人，转移疏散群众45人。灾情过后，李波仍然坚守在前沿执勤一线，奔赴在护送转移、清理淤泥、冲洗地板的每一个现场
4	林达锌	河源市消防救援支队元善消防站二级消防士	三等功（2020年）	在2020年6月9日连平县大湖镇油村水灾救援行动中，林达锌奋不顾身，舍生忘死，临危不乱，始终战斗在救灾第一线、最危险的水域里，出现在最无助的村庄前
5	谢振威	河源市消防救援支队连平中队副中队长（四级指挥员）	二等功（2019年）	2019年6月10日，连平县遭受百年一遇的特大洪涝灾害，上坪、内莞等多镇严重受灾。时任连平中队副中队长的谢振威带领第一批队员奔赴灾区开展救援。他身先士卒，带领救援队伍从6月10日上午8时至13日22时，连续高强度工作80个小时，营救群众63人，疏散危险区域群众200余人
6	张　爽	河源市消防救援支队龙川中队副中队长（四级指挥员）	三等功（2019年）	在2019年6月10日龙川县抗击城市内涝的战斗中，张爽率领抗洪抢险小组出警20余起，营救被困群众20余人，疏散群众200余人。尤其是在6月10日老隆镇东江酒店对面发生山体滑坡事故救援中，从死神手中抢回来2个人
7	石千禄	河源市消防救援支队东源中队中队长（三级指挥员）	三等功（2019年）	2019年6月10日至14日，河源市各县区遭遇强降雨、山洪暴发、河水暴涨，同时发生山体滑坡、泥石流等次生灾害。灾情发生后，石千禄请缨，带领东源中队精干力量赴连平县重灾区开展抗洪抢险救援工作。在内莞镇围屋救援中，主动承担难度最大、情况最复杂、被困群众处境最危险的围屋内部救援工作，只身一人冒险探路，为围屋内的被困群众开辟一条生命通道，一个晚上营救被困群众10余名。在孤岛救援中，第一个横渡过河，淋着雨在孤岛坚守一整天。坚持5个昼夜，将所有被困群众转移到安全区
8	王　瞳	河源市消防救援支队特勤中队四级消防士	三等功（2019年）	2019年6月10日，河源市连平县多处连降特大暴雨，多个乡镇河水暴涨、致使多地发生山体滑坡、房屋倒塌、墙垣断裂、地基下沉，水利、道路、电力、通信等基础设施遭到严重性破坏。此次救援行动，王瞳在抗洪抢险第一线，连续作战四天四夜，冒着生命危险，辗转旗石村、新陂村、石陂村和三洞村等地，顶着瓢泼大雨在齐腰深的洪水中转移被困群众，先后疏散转移被困群众900余人

续表20

序号	姓名	部职别	所获荣誉	简要事迹
9	赵凌海	河源市消防救援支队司令部参谋长	三等功（2019年）	2019年6月10日至14日，受强降雨影响，河源连平、龙川等地多处受灾。赵凌海第一时间赶赴灾区，身先士卒、深入抢险一线靠前指挥调度，与指战员一同战斗5个昼夜，救出、转移被困群众3000余人
10	林名杰	河源市消防救援支队龙川中队三级消防士	三等功（2019年）	2019年6月10日，河源市龙川县连夜遭遇强暴雨袭击，多地出现河水暴涨。两渡河、果园新村、龙城等地，由于地势较低，河水直接倒灌街道巷道，数千户居民淹泡在洪水里。龙川中队出动处置灾情险情，林名杰随队辗转龙川县城老城区果园新村和大地街等灾害地区进行抢险救援。救援时，由于连续长时间下蹲，他的腰部疼痛难忍，徒手挖掘时，石头砖块像刀片划过他的手，但他没有叫苦，忍痛挖掘，直至此次救援结束，连续战斗近10小时，营救群众20余人，疏散200余人
11	江沛祝	河源市消防救援支队连平中队二级消防士	三等功（2019年）	2019年，在“6·10”连平县上坪镇抗洪救灾战斗中，江沛祝始终战斗在第一线。在旗石村救援时，整个村被洪水围困水位淹到二楼，村里有200余人被困，江沛祝请缨，“队长，我先上”。他先后通过绳索横渡用橡皮艇解救被困群众16人；强渡急流区挺进学校疏散转移被围困学生老人，一人背出10多名老人和小孩；与其他队员一起徒手扒开木板泥沙瓦砾，救出被房屋倒塌淹埋的老人
12	张志华	河源市消防救援支队和平中队中队长助理（三级消防士）	三等功（2019年）	2019年9月3日12时15分，粤赣高速往江西方向和平大路岗隧道油罐车追尾。河源市消防救援支队和平中队调派压缩空气泡沫消防车、抢险救援消防车各一辆，共12名指战员赴现场处置。在处置过程中，张志华请缨，先后在13时30分许、14时30分许，进入隧道进行侦查。在这次抢险救援中，张志华冒着生命危险始终战斗在抢险一线，发扬了“不怕苦、不怕死”的革命精神和连续战斗的作风，为消防队伍树立了良好的形象
13	邓良钊	河源市消防救援支队特勤中队中队长（二级指挥员）	三等功（2019年）	2019年6月10日，河源市连平县多处连降特大暴雨，山洪咆哮，百年不遇。连平县多处严重受灾。河源市消防救援支队特勤中队出动一台消防车和6名熟悉水性的指战员，由中队长邓良钊带队，携带200余件抗洪器材增援连平县上坪镇旗石村旗石小学。邓良钊带领两名队员，利用绳索横渡方式疏散楼内60余名被困群众。随后带领队员进入旗石村，徒手搬开压下来的房屋梁柱，把老人救出。在接下来的5小时内，带领队伍继续疏散20余名村民。邓良钊提出并利用橡皮艇连在一起形成一座“桥”让被困群众从上面通过。与队员一起把15米三节拉梯展开造了第二条“桥”，让1200余名被困群众疏散出来

（刘文杰）

2021年河源广播电视台获省部级表彰奖励一览表

表21

获奖单位（个人）	获奖名称	获奖等次	评奖单位	获奖时间
河源广播电视台（谢雨、周凤娟、王杰、刘澈、邓妮）	《“土味”大喇叭开始广播啦》	在2020年度广东省广播影视奖中获网络视听公益广告作品类三等奖	广东省广播电视局	2021年6月
河源广播电视台（江礼贤、陈伟兵、冯轩、江悦北）	《厚土之上》	在2020年度广东省广播影视奖中获纪录片类三等奖	广东省广播电视局	2021年6月
河源广播电视台（苏琳琳、梁小群、廖璐）	《河源市首个无人机直播水稻示范田迎来丰收》	在2020年度广东省广播影视奖中获电视短消息类三等奖	广东省广播电视局	2021年6月
河源广播电视台（陈思思、冯轩、陈伟兵、廖运林、黄亮）	《“90后”男护士削发明志出征湖北》	在2020年度广东省广播影视奖中获新媒体新闻短视频类三等奖	广东省广播电视局	2021年6月
河源广播电视台（练楚茹、邹俊钦、黄世翻、张文裕）	《龙川“米贝新村”今天落成启用57户受灾群众入住新家迎来新生活》	在2020年度广东省广播影视奖中获广播长消息类三等奖	广东省广播电视局	2021年6月
河源广播电视台（刘金明、曾佳颖、郑志豪）	《你好，深圳！好兄弟河源有话要对你说》	在2020年度广东省广播影视奖中获全媒体传播作品类三等奖	广东省广播电视局	2021年6月
河源广播电视台（陈盛开、焦洋、陈赣）	《河源两位女抗疫英雄洒泪话削发故事》	在2020年度广东省广播影视奖中获广播新闻访谈节目类三等奖	广东省广播电视局	2021年6月
河源广播电视台（饶荣盛、廖璐、张文裕、江国强）	《夫妻同心，家业万金——彭生根和他的田园梦》	在2020年度广东省广播影视奖中获广播新闻专业类三等奖	广东省广播电视局	2021年6月
河源广播电视台（练楚茹、邹俊钦、吴丽红、熊鑫、王诗齐）	《包彩媚：从“帮扶对象”到“帮扶干部”》	在2020年度广东省广播影视奖中获电视新闻专题类三等奖	广东省广播电视局	2021年6月
河源广播电视台（吴静燕、陈盛开、王振宇、廖健英）	《不负韶华——对话“最美基层高校毕业生”刘天娇》	在2020年度广东省广播影视奖中获广播社教节目类三等奖	广东省广播电视局	2021年6月
河源广播电视台（王振宇、张昭、邹颖、张炜聪）	《致敬不平凡的教育家》	在2020年度广东省广播影视奖中获广播公益广告长作品类三等奖	广东省广播电视局	2021年6月
河源广播电视台（杨一慧、高伟、袁伟敏、周凤娟）	《你不愁找工 我不愁找人 河源高新区探索“共享用工”新模式》（消息）	获2020年度广东新闻奖二等奖	广东省新闻工作者协会 广东省新闻学会	2021年7月
河源广播电视台（谢雨、周凤娟、王杰、刘澈、邓妮）	《“土味”大喇叭开始广播啦》（融合创新）	获2020年度广东新闻奖三等奖	广东省新闻工作者协会 广东省新闻学会	2021年7月
河源广播电视台（江礼贤、陈伟兵、冯轩、黄亮、江悦北、张斌、陈思思、芦艳）	《河源红》	在第14届深圳青年影像节中获“建党百年”单元最佳纪录片	中国电视艺术家协会 中共深圳市委宣传部 深圳市文学艺术界联合会	2021年12月
河源广播电视台（谢雨、巫丽香、王杰、汪希静、成龙、曾敏、黄亮、骆新银、欧阳春艳）	《飞越河源》	在第八届广东省网络文化精品宣传推广活动中被评为“城市印记主题网络文化精品”	广东省委网信办 广东省文明办	2021年12月
河源广播电视台		被评为“飞越广东”合作创新奖	广东广播电视台	2021年5月

（胡　萍）

2021年河源市文学艺术界获省级以上荣誉一览表

表22

序号	单位、人员	获得荣誉
1	市舞蹈家协会	获庆祝中国共产党成立100周年“童心向党——广东省第六届少儿舞蹈大赛”组织奖
2	市流行音乐协会	获得广东省流行音乐协会2021年度“优秀委员会”荣誉
3	蓝彬文、叶金煌	分别获得广东省流行音乐协会2021年度“广东优秀音乐人”称号
4	高 鹏、丘胜华、梁 山	分别获2021年度广东省优秀音乐家奖

2021年河源市文学艺术界获省级以上奖项一览表

表23

序号	作　品	获得奖项	备注
1	吴楚生《身残志坚脱贫奔小康》	“学习强国”广东学习平台“走向我们的小康征文”三等奖	文学类
2	范修奎《为祖国献身不后悔》	获甘肃省文联“庆建党百年·谱敬老新篇章”征文优秀奖	
3	谢雅娜（网名“楼星吟”）《彩虹在转角》	入选“广东现实题材网络文学精品项目”作品	
4	曾善辉《咏鞋》	获2021年“岭南杯”诗词大赛优秀奖	
5	潘苏文演奏的花朝戏《好梦难圆·姑娘生来不爱花》、广东音乐《平湖秋月》	获广东省第十届中青年戏剧演艺大赛器乐类铜奖	戏剧类
6	杨丹娜、钟瑞娴《第一书记的妙招》	获广东省第十届中青年戏剧演艺大赛表演类参演奖	
7	欧阳山、王海明（合作）民族管弦乐《古邑欢歌》	获2021年“广东音乐新经典工程”原创民乐新作品征集活动“优秀原创作品”	音乐类
8	花朝戏《迟开的玫瑰》选段“九不亏”（指导老师：杜丽英、陈思彤；参演选手：蒋诗宇、陈珂莹）	获第十二届广东省少儿戏曲小梅花荟萃活动集体节目评选三等奖	
9	郑荣新《水坝下》	获2021年广东省第五届客家新民歌创作大赛“十大金曲奖”	
10	郑荣新《你总比别人坚强》	获2021年庆祝建党100周年“寻找广东好歌曲”征集活动“优秀歌词”奖	
11	河源市舞蹈家协会原创舞蹈作品《我的舞蹈梦》	获广东省第七届岭南舞蹈大赛小舞剧（非专业组）第一名，同时还获“表演银奖、创作铜奖、作品铜奖、最佳主演奖、最佳舞美灯光奖、最佳服装设计奖”等6个奖项	舞蹈类
12	河源市舞蹈家协会选送舞蹈《青草牧春牛》	获庆祝中国共产党成立100周年童心向党——广东省第六届少儿舞蹈大赛表演金奖	
13	叶国强《青春无悔·断发战疫》 黄永聪《苗乡古韵》	分别入选“百年辉煌，武汉记忆”——庆祝中国共产党成立100周年全国美术作品展	美术类
14	张垚萍《星空》	获第二届全国小幅漆画展入会资格作品	
15	钟伟勇《和合》 黄斯嘉（河职院）《心象》	分别入选第二届全国小幅漆画展	

续表23

序号	作　品	获得奖项	备注
16	肖 琦《漫时光》	获“新时代、新使命、新征程”奋进粤港澳大湾区——全国中国画、油画作品展入会资格作品	美术类
17	曹欢欢《美好生活》	获“时代之光”——第五届全国油画展入会资格作品	
18	叶国强《绿色报道之十》	入选光辉历程——第五届上海合作组织国际美术双年展（特展）	
19	陈俊峰《匠心打造幸福路线》	入选“抱石风骨·首届中国画双年展”	
20	何苏华《松林之风》	入选2020厦门全国（小幅）工笔画双年展	
21	钟伟勇《奔腾的少年》	入选第三届中国（宁波北仑）青年漆画大展	
22	卢春远《微风吹过》	入选“家园·乡情”——“古堰画乡”首届全国风景油画双年展	
23	卢春远《美好时光》	入选“诗意江南”——全国油画（风景、静物）作品展	
24	邝伟芳《砥砺奋进新征程》	入选第二十四届全国版画作品展	
25	曾秀花《饮水资源》、尹艳芳《丝路情》	分别入选中国新兴版画运动90周年——全国版画作品展	
26	刁俊琼《洞见·崛起》、邝伟芳《承》、邹武军《扶贫攻坚之光伏发电》	入选青年精神——2021中国工业版画三年展	
27	管 艺《民以食为天》	获第九届广东省版画作品展优秀奖	
28	邝伟芳《承》、宋丽萍《褓·护》、温兴庆《光荣之家》、肖 浩《启航·承载》、谢浩《抗疫·中国援助》、尹艳芳《家乡的期待》、郑平欢《光辉记忆》，喻 涛、温兴庆（合作）《见证·最美逆行者》	分别入选第九届广东省版画作品展	
29	涂志平《真理之光》 温兴庆《星火相传》、曾秀花《饮水思源》	分别入选广东省庆祝中国共产党成立100周年美术作品展	
30	刁俊琼《洞见·崛起》、管艺《二重奏·动力》、邝伟芳《砥砺奋进新征程》、王婷《助力·整装待发》、温兴庆《不忘初心》、叶真评《振兴·展新颜》、尹艳芳《学习强国》、邹武军《红色物语之邮政袋》	分别入选庆祝中国共产党成立100周年暨纪念新兴版画运动90周年——岭南版画大展	
31	潘润娜《书写新中国系列五》	入选“多元并进”——广东省当代油画创作探索提名展	
32	王慧芬《古文观止选抄》	获得第七届广东省“南雅奖”书法篆刻展金奖	书法类
33	俞金海《古人论书选抄》	入选2021年全国书法年展	
34	唐雪恩《习近平语》	获第二届麻姑山全国颜体书法大展优秀奖	

续表23

序号	作品	获得奖项	备注
35	周翠薇《诗品序九则》	获第七届广东省“南雅奖”书法篆刻展入展	书法类
36	蓝俊强《穆堂陶瓷印》、湛志锋《雨崩神泉》	获第七届广东省“南雅奖”书法篆刻展入展提名	
37	蓝俊强《穆堂印稿》	入选西泠印社第十届篆刻评展	
38	张文锋《哭阮啸仙、贺昌同志诗》、林冠明《谒刘尔崧》、王永刚《谒阮啸仙故居感吟》、许远林《谒河源革命烈士陵园阮啸仙雕像》、唐华《东江英雄传》	分别入展庆祝中国共产党成立100周年系列书法展《奋斗百年路·启航新征程》广东书法大展	
39	温雄辉《学书感怀行草条幅》 王慧芬《韩愈散文》	分别入展“岭南书脉——广东书法院学术提名展”（优秀中青年书法家作品展）	
40	邓立嘉《送武进韦明府》	入展全国第三届大学生书法篆刻展	
41	王慧芬《古文观止选抄》	入展广东省首届青年书法篆刻作品展	
42	叶水招《弘扬伟大建党精神选抄》	入展弘扬伟大建党精神广东书法特展	
43	叶水招《节录小窗幽记》	入展“奋斗百年路，启航新征程”粤港澳女书法家书法篆刻作品展	
44	曾伟国《执子之手与子偕老》	获2021年第二届“金辉杯摄影大赛”三等奖	摄影类
45	曾伟国《幸福的日子》	获2021年第二届“金辉杯摄影大赛”优秀奖	
46	杨作炬山歌小戏《第一书记的妙招》	获广东省群众文艺作品评选戏剧类三等奖	曲艺类
47	杨作炬表演唱《绿油飘香》	获2021年广东省群众艺术花会（戏剧曲艺）铜奖	
48	张久平作曲歌曲《幸福乡村》	获“庆祝中国共产党成立100周年——寻找广东原创好歌曲”征集活动的“优秀原创作品”	

（黄伟忠）

2021年河源市博物馆获省部级以上荣誉或项目一览表

表24

序号	项目名称	授奖机关名称	批准日期
1	2021年广东省弘扬社会主义核心价值观主题展览（《潮涌东江 党旗飘扬——河源市革命文物专题展》）	广东省文物局	2021年5月
2	广东省庆祝中国共产党成立100周年精品展览（《潮涌东江 党旗飘扬——河源市革命文物专题展》）	广东省委宣传部 广东省文化和旅游厅	2021年6月
3	广东省人文社会科学普及基地（标准基地）	广东省社科联	2021年9月

（蒋安春）

社会经济统计资料

编辑：曾红艳

统计公报

2021年河源市国民经济和社会发展统计公报

河源市统计局　国家统计局河源调查队

2022年3月29日

2021年，是党和国家历史上具有里程碑意义的一年，也是河源改革发展历史上具有重要意义的一年。河源坚持以习近平新时代中国特色社会主义思想为指导，认真贯彻党中央、国务院各项决策部署和省委、省政府各项工作要求，坚持稳中求进工作总基调，全面贯彻新发展理念，坚定不移推动高质量发展，紧紧围绕建设全省绿色发展示范区、融入粤港澳大湾区生态排头兵和幸福和谐美丽河源的目标任务，奋力拼搏，勇毅前行。全年经济运行总体平稳，顺利完成年度主要目标任务，实现“十四五”良好开局。

一、综合

根据广东省地区生产总值统一核算结果，2021年河源实现地区生产总值（初步核算数）1273.99亿元，比上年增长8.0%。其中：第一产业增加值153.81亿元，增长8.0%，对地区生产总值增长的贡献率12.0%，拉动地区生产总值增长1.0个百分点；第二产业增加值463.15亿元，增长11.1%，对地区生产总值增长的贡献率47.9%，拉动地区生产总值增长3.8个百分点；第三产业增加值657.02亿元，增长6.1%，对地区生产总值增长的贡献率40.1%，拉动地区生产总值增长3.2个百分点。三次产业结构由上年的12.0∶34.8∶53.2调整为12.1∶36.4∶51.5，第一产业、第二产业所占比重比上年分别提高了0.1和1.6个百分点。人均地区生产总值44886元，

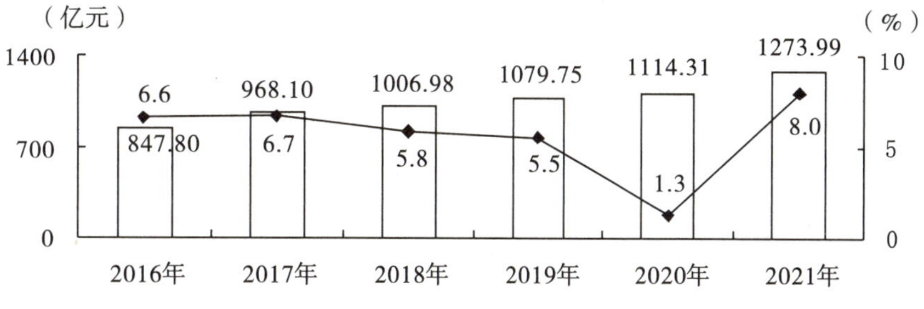

图1　2016—2021年地区生产总值及增长速度

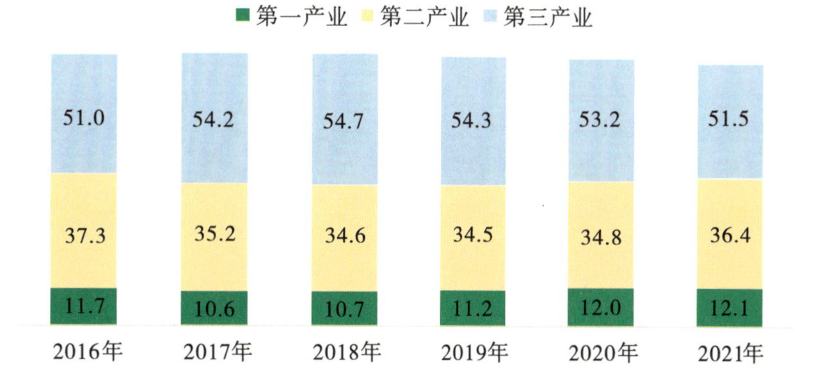

图2　2016—2021年三次产业结构图（%）

增长8.2%。

分县域看，河源下辖东源、和平、龙川、紫金及连平5个行政县，县域地区生产总值合计751.25亿元，占全市地区生产总值的59.0%，经济总量比上年增加83.02亿元。

年末全市常住人口284.09万人，比上年末增加0.53万人，其中城镇常住人口141.33万人，常住人口城镇化率49.75%，比上年末提高1.25个百分点。年末户籍总人口371.93万人，比上年末减少0.25万人。

全年全市地方一般公共预算收入84.29亿元，比上年增长5.6%。一般公共预算支出345.64亿元，比上年下降6.2%；其中：住房保障支出12.24亿元，增长38.5%；社会保障和就业支出56.25亿元，增长2.7%。民生类支出261.02亿元，占一般公共预算支出的比重为75.5%。税收收入139.84亿元，比上年增长3.0%，其中国内消费税、资源税、房产税、车辆购置税、环境保护税分别比上年增长26.4%、63.4%、28.8%、24.3%和72.0%。

全年城镇新增就业28874人，就业困难人员实现再就业2458人，安置下岗失业人员再就业7516人。年末城镇实有登记失业人员10415人，城镇登记失业率2.57%。组织劳动力培训31650人。全市8个省级产业转移工业园共接纳本地劳动力74013人。实施创业培训1136人，创业带动就业6022人。

全年居民消费价格总水平（CPI）比上年上涨0.4%，分类别看，食品烟酒价格下降1.5%，衣着价格下降2.4%，其他用品和服务价格下降0.6%，居住价格上涨2.3%，生活用品及服务价格上涨0.5%，交通通信价格上涨3.1%，教育文化娱乐价格上涨1.4%，医疗保健价格上涨1.0%。工业生产者出厂价格指数（PPI）比上年上涨3.9%。商品零售价格比上年上涨1.1%。

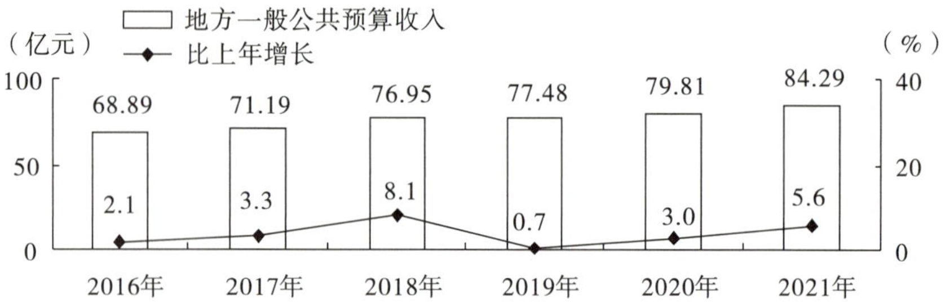

图3 2016—2021年地方一般公共预算收入及增长速度

2021年居民消费价格比上年涨跌幅度情况表

表25

指　标	价格指数（上年=100）	比上年涨跌幅度（%）
居民消费价格	100.4	0.4
服务价格指数	101.1	1.1
消费品价格指数	100.0	
食品烟酒	98.5	-1.5
食品	97.4	-2.6
其中：粮食	100.1	0.1
食用油	111.9	11.9
菜及食用菌	103.0	3.0
畜肉类	81.9	-18.1
禽肉类	97.8	-2.2
水产品	108.3	8.3
奶类	103.4	3.4
茶及饮料	101.2	1.2
烟酒	104.5	4.5
在外餐饮	99.5	-0.5
衣着	97.6	-2.4
居住	102.3	2.3
生活用品及服务	100.5	0.5
交通和通信	103.1	3.1
教育文化和娱乐	101.4	1.4
医疗保健	101.0	1.0
其他用品和服务	99.4	-0.6
商品零售价格	101.1	1.1

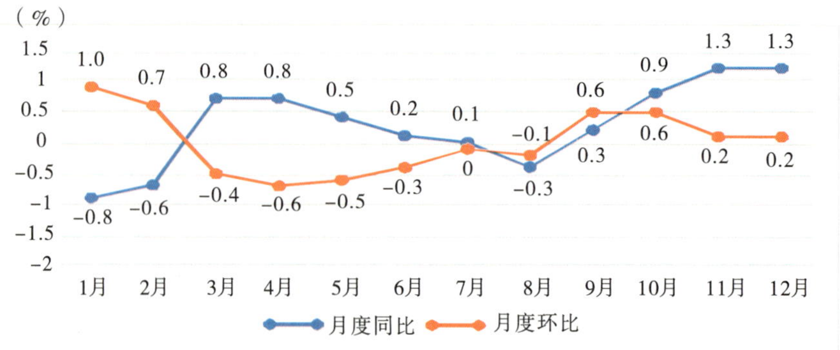

图4 2021年居民消费价格月度涨跌幅度

二、农业

农林牧渔业总产值240.26亿元，比上年增长8.7%；其中：农业产值133.11亿元，增长1.6%；林业产值37.23亿元，增长11.8%；牧业产值59.45亿元，增长31.7%；渔业产值6.57亿元，增长4.1%；农林牧渔专业及辅助性活动产值3.90亿元，增长14.9%。

全年粮食种植面积为13.3万公顷，比上年增加41公顷。糖料种植面积606公顷，比上年减少498公顷；油料种植面积2.43万公顷，比上年增加399公顷；蔬菜种植面积3.93万公顷，比上年增加968公顷。全年粮食总产量81.15万吨，其中稻谷77.36万吨，增长1.0%。花生产量7.87万吨，增长2.9%；甘蔗产量4.64万吨，下降43.6%；蔬菜及食用菌产量79.76万吨，增长2.4%；水果产量44.84万吨，下降2.8%；茶叶产量8185吨，增长11.4%。水产品总产量4.71万吨，增长1.9%。

全年猪牛羊禽肉产量17.54万吨，比上年增长23.0%。其中，猪肉产量10.1万吨，增长45.1%；禽肉产量7.01万吨，增长3.2%。年末生猪存栏75.82万头，增长28.6%；生猪出栏129.31万头，增长42.2%。

全年农机补贴401.88万元。年末农业机械总动力80.9万千瓦，比上年增加0.24万千瓦。农村用电量14.28亿千瓦时，比上年增长14.9%。全市现有实施“公司+农户+基地”经营模式的市级以上农业龙头企业276家，其中本年新增36家（国家级1家，省级14家、市级21家）。辐射带动农户38.6万户，户均增收3250元。

2021年主要农产品产量及其增长速度情况表

表26

产品名称	计量单位	产　量	比上年增长（%）
粮食	万吨	81.15	1.2
#稻谷	万吨	77.36	1.0
花生	万吨	7.87	2.9
甘蔗	万吨	4.64	-43.6
蔬菜及食用菌	万吨	79.76	2.4
水果	万吨	44.84	-2.8
茶叶	吨	8185	11.4
生猪存栏量	万头	75.82	28.6
生猪出栏量	万头	129.31	42.2
出售和自宰家禽	万羽	5102.57	3.4
肉类总产量	万吨	17.54	23.0
#猪肉	万吨	10.1	45.1
禽肉	万吨	7.01	3.2
水产品总产量	万吨	4.71	1.9

三、工业和建筑业

全年实现全社会工业增加值359.45亿元，比上年增长12.7%。年末全市共有规模以上工业企业597家，比上年末增加6家，其中年产值超亿元的200家。实现规模以上工业增加值349.53亿元，增长12.5%。分三大门类看，采矿业增加值增长7.2%；制造业增加值增长11.3%；电力、热力、燃气及水的生产和供应业增加值增长27.9%。分所有制类型看，国有企业增长5.3%，集体企业下降37.4%，股份制企业增长4.8%，外商及港澳台商投资企业增长27.8%，其他经济类型企业下降29.3%。分轻重工业看，轻工业增长9.0%，重工业增长13.9%。

高技术制造业增加值120.73亿元，比上年增长13.5%，其中，电子及通信设备制造业增长19.6%，计算机及办公设备制造业增长10.2%，医疗及仪器仪表制造业下降40.6%，医药制造业下降69.2%。

先进制造业增加值176.06亿元，比上年增长10.8%，其中，高端电子信息制造业增长20.6%，先进装备制造业增长8.9%，先进轻纺制造业增长9.3%，新材料制造业下降11.8%，石油化工产业下降16.7%，生物医药及高性能医疗器械业下降64.1%。

优势传统产业增加值65.11亿元，比上年增长4.4%，其中，家用电力器具制造业增长14.8%，纺织服装业增长13.3%，食品饮料业增长12.0%，家具制造业增长3.8%，建筑材料业增长3.2%，金属制品业下降37.6%。

六大高耗能行业增加值比上年增长12.0%，其中，电力、热力生产和供应业增长30.3%，黑色金属冶炼及压延加工业增长8.0%，非金属矿物制品业增长2.2%，化学原料和化学制品制造业下降16.7%，有色金属冶炼及压延加工业下降23.1%。

全市规模以上工业实现营业收入1363.77亿元，增长13.7%，利润总额50.07亿元，下降5.7%。资产负债率59.24%，比上年提高4.39个百分点；资本保值增值率101.77%，比上年下降3.2个百分点；流动资产周转率2.49次；成本费用利润率3.84%，下降0.8个百分点；全员劳动生产率22.09万元/人年，比上年提高16.7%；产品销售率95.08%，比上年提高0.6个百分点。

全市工业园区规模以上工业企业459家，比上年减少22家；实现工业增加值287.05亿元，增长10.3%；实现入库税收30.63亿元，增长9.2%。

全年全社会建筑业增加值89.36亿元，按可比价格计算，比上年增长4.1%。总承包和专业承包完成建筑业总产值160.89亿元，增长16.0%。年末具有资质等级以上建筑施工企业164家，比上年增加4家。

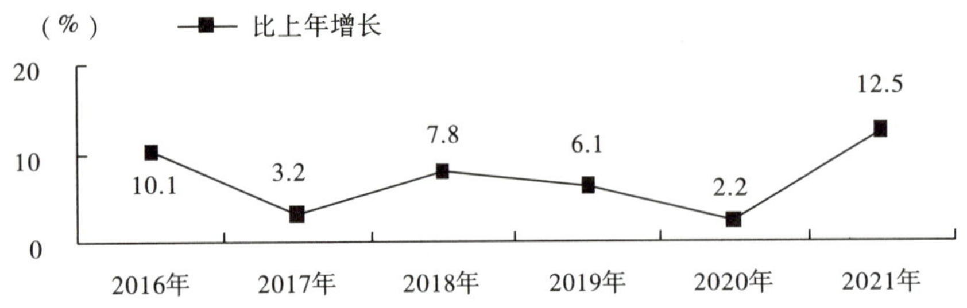

图5 2016—2021年规模以上工业增加值增长速度

2021年主要工业产品产量及其增长速度情况表

表27

产品名称	计量单位	产　量	比上年增长（%）
铁矿石原矿量	万吨	702.76	43.8
发电量	亿千瓦时	106.51	51.5
软饮料	万吨	294.36	26.0
服装	万件	748.00	-14.3
人造板	万立方米	8.84	26.9
皮革鞋靴	万双	980.00	12.6
化学原料药	吨	641	-17.0
中成药	吨	8329	-3.4
塑料制品	吨	65770	22.0
水泥	万吨	345.90	7.7
瓷质砖	万平方米	1805.75	31.5
钢材	万吨	239.53	-0.3
模具	万套	38.61	7.2
粗钢	万吨	177.54	-8.5

四、服务业

全年全市批发和零售业增加值126.58亿元，增长6.9%；住宿和餐饮业增加值22.29亿元，增长17.6%；交通运输、仓储和邮政业增加值21.24亿元，增长30.3%；金融业增加值75.33亿元，下降0.9%；房地产业增加值144.58亿元，增长1.5%。现代服务业增加值338.94亿元，增长4.9%。

全年规模以上服务业企业实现营业收入68.75亿元，比上年增长25.8%；利润总额1.72亿元，比上年增长275.1%。分行业看，信息传输、软件和信息技术服务业营业收入增长45.7%，卫生和社会工作营业收入增长36.3%，教育业营业收入增长29.2%，租赁和商务服务业营业收入增长15.7%，科学研究和技术服务业营业收入增长2.3%，居民服务、修理和其他服务业营业收入增长0.6%。

全年旅客运输总量991.70万人，增长26.7%，旅客运输周转量10.93亿人千米，下降1.5%；货物运输总量6548.25万吨，增长49.8%，货物运输周转量56.01亿吨千米，增长53.9%。

年末全市公路通车里程17332.7千米，其中高速公路里程712.4千米，分别比上年增加771.2和53.8千米。年末全市民用汽车保有量达51.4万辆，比上年末增长10.4%，其中，私人汽车46.75万辆，增长10.5%。民用轿车保有量32.1万辆，增长11.6%，其中，私人轿车30.32万辆，增长12.4%。

全年完成邮电业务总量32.42亿元，比上年增长31.0%。其中，邮政业务总量6.79亿元，增长24.1%；电信业务总量25.63亿元，增长33.0%。年末电话总用户305.61万户，比上年末增长5.3%；其中，固定电话用户31.68万户，移动电话用户273.93万户。年末4G移动电话用户231.56万户，比上年末增加6.27万户。年末（固定）互联网宽带接入用户84.15万户，比上年末增加41.23万户。年末移动互联网用户227.77万户，增长7.0%。

五、固定资产投资

全年固定资产投资比上年增长8.9%。分产业看，第一产业投资比上年增长42.2%，第二产业投资增长8.6%，第三产业投资增长7.8%。民间投资增长7.1%，占固定资产投资的比重为57.0%。基础

2021年旅客运输量与货物运输量及其增长速度情况表

表28

指标	计量单位	总　量	比上年增长（%）
旅客运输总量	万人	991.70	26.7
公路	万人	974.11	27.4
水运	万人	17.59	-2.8
旅客运输周转量	万人千米	109335.04	-1.5
公路	万人千米	108753.47	-1.4
水运	万人千米	581.57	-14.7
货物运输总量	万吨	6548.25	49.8
公路	万吨	6504.85	49.9
水运	万吨	43.40	29.9
货物运输周转量	万吨千米	560055.50	53.9
公路	万吨千米	549704.50	54.5
水运	万吨千米	10351.00	29.4

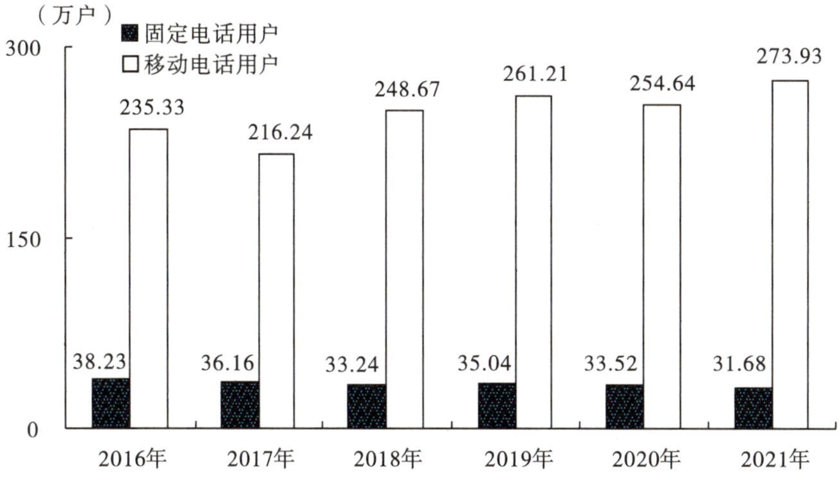

图6 2016—2021年年末固定电话用户和移动电话用户

设施投资增长15.4%，占固定资产投资的比重为33.6%，其中，城市建设投资增长38.9%。高技术制造业投资增长15.3%，先进制造业投资增长19.0%。

全年完成重点项目投资占年度投资计划的102.4%。共安排169个重点建设项目，其中，年度投资额在1000～5000万元之间的项目3个，年度投资额在5000万～1亿元之间的项目38个，年度投资总额1亿元以上的项目128个。

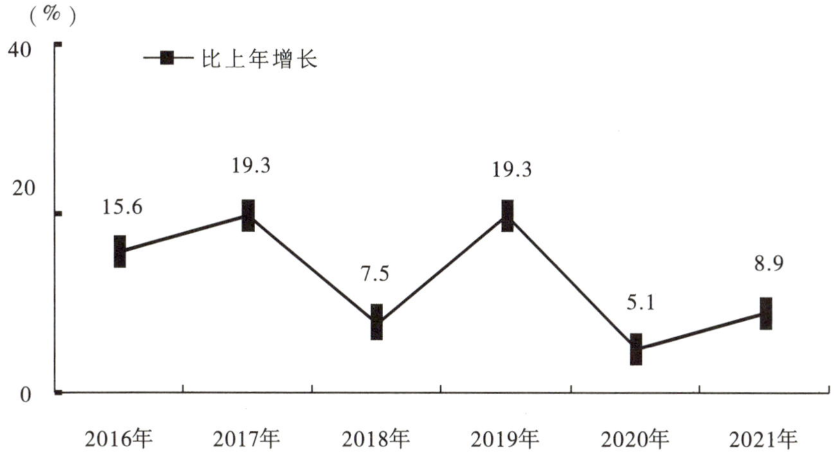

图7 2016—2021年固定资产投资增长速度

97个项目完成或超额完成年度投资任务，部分生产性项目、全局性重大项目建设取得突破性进展，紫金县紫城工业园二期基础设施项目、龙川县幸福新城基础设施项目、今麦郎饮品河源生产基地、源城区时进科技生产项目、和平县朋友高科环保涂料生产项目等62个项目顺利开工建设；赣深高铁、河源电厂二期、景旺电子二期改扩建项目、盐田东源共建现代物流园（首期）项目、深河人民医院等36个项目相继竣工或投产。

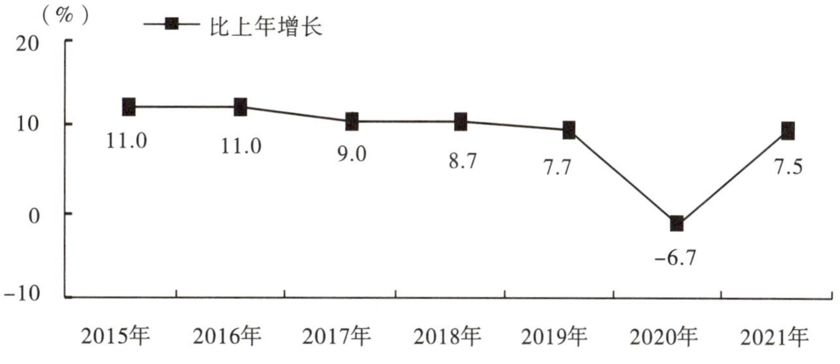

图8 2016—2021年社会消费品零售总额增长速度

全年完成房地产开发投资275.55亿元，增长4.2%。按用途分、商品住宅投资212.24亿元，增长4.9%；办公楼投资2.18亿元，下降64.5%；商业营业用房投资30.43亿元，增长17.8%。全市商品房销售面积399.77万平方米，下降9.7%；商品房销售额262.65亿元，下降10.3%。

全年完成城镇保障性安居工程住房投资额2.08亿元，比上年下降67.9%。

全年新增11万伏及以上变电设备84.6万千伏安，输电线路444.66千米；新增输电线路442.047千米，新增配套线路130.477千米。全年新建公路80千米。新增5G基站 5680座。

六、国内贸易

全年社会消费品零售总额387.62亿元，比上年增长7.5%。按经营地统计，城镇消费品零售额294.75亿元，增长7.1%；乡村消费品零售额92.87亿元，增长8.5%。从消费类型看，商品零售357.13亿元，增长7.4%；餐饮收入30.49亿元，增长8.3%。限额以上单位实现零售额122.26亿元，增长6.7%。

七、对外经济

全年货物进出口总额306.9亿元，比上年增长4.7%。其中，出口总额246.6亿元，增长1.9%；进口总额60.3亿元，增长17.8%。

年末，全市工商登记在册的外商及

2021年限额以上批发零售业商品销售分类情况表

表29

指　标	总量（万元）	比上年增长（%）
合计	1054623	4.2
粮油、食品类	63984	9.8
饮料类	10641	26.0
烟酒类	17646	47.5
服装、鞋帽、针纺织品类	10523	10.3
化妆品类	2271	5.1
金银珠宝类	11475	29.0
日用品类	21237	16.7
五金、电料类	1316	-0.9
体育、娱乐用品类	161	21.5
书报杂志类	11912	13.0
家用电器和音像器材类	34744	-3.4
中西药品类	50940	2.5
文化办公用品类	11153	-8.1
家具类	5656	-13.4
通信器材类	9993	-30.8
石油及制品类	399894	0.1
建筑及装潢材料类	8264	9.3
机电产品及设备类	5122	59.5
汽车类	375352	7.2
其他未列明商品类	2340	-17.0

2021年货物进出口总额及其增长速度情况表

表30

指　标	总量（万元）	比上年增长（%）
货物进出口总额	306.9	4.7
货物出口额	246.6	1.9
其中：一般贸易	66.0	-2.6
加工贸易	119.7	18.9
其余方式	60.9	-17.2
货物进口额	60.3	17.8
其中：一般贸易	19.4	6.9
加工贸易	39.2	24.1
其余方式	1.6	16.6
货物净出口额（出口减进口）	186.3	-2.5

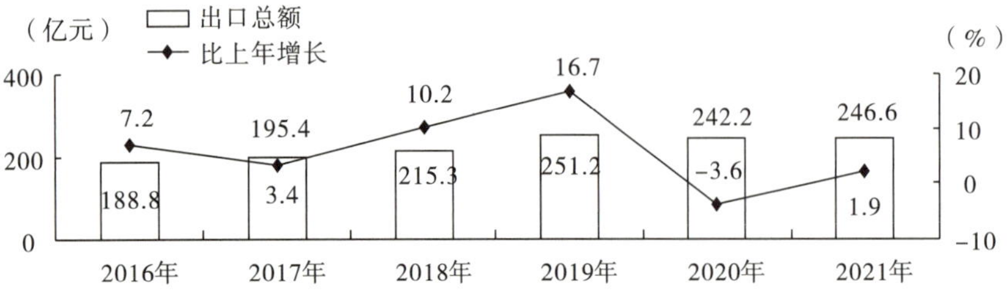

图9　2016—2021年出口总额及增长速度

港澳台商投资企业2297家，比上年增加290家。全年签订利用外商直接投资项目28个，实际利用外商直接投资10.61亿元，比上年增长64.2%。

八、金融

年末全市金融机构本外币各项存款余额1567.98亿元，比上年末增长1.5%；其中，住户存款余额1045.01亿元，增长9.9%。年末金融机构本外币各项贷款余额1671.36亿元，比上年末增长6.3%。年末个人综合消费贷款余额为150.15亿元，比上年增长12.2%；个人住房贷款余额712.15亿元，增长9.1%。年末全市金融机构不良贷款余额19.74亿元，比上年增长20.9%，不良贷款率1.18%，比上年末上升0.14个百分点。金融机构税后净利润32.44亿元，增长16.2%。

全市入驻证券经营机构（营业部）9家。证券代理交易额2209.00亿元，比上年增长11.4%。证券客户交易结算资金余额6.37亿元，下降5.6%；指定与托管证券市值为73.02亿元，增长26.5%；年末证券投资者开户数（资金户）为29.71万户（其中B股1221户），比上年末增长0.5%。

全市保险公司29家，其中财产保险主体17家，人寿保险主体12家。全年实现保费收入42.95亿元，比上年增长2.9%。其中，财产保险保费收入18.79亿元，增长8.1%，人身保险保费收入24.15亿元，下降0.8%。全年共支付各项赔款及给付15.95亿元，增长16.7%。其中，财产保险赔款支出11.37亿元，增长15.9%，人身保险赔付支出4.58亿元，增长18.7%。

九、人民生活和社会保障

全年全体居民人均可支配收入24627元，比上年增长10.5%，扣除价格因素，实际增长10.1%。其中，城镇居民人均可支配收入30446元，比上年增长8.7%，扣除价格因素，实际增长8.3%；农村居民人均可支配收入19146元，比上年增长10.6%，扣除价格因素，实际增长10.2%。城乡居民收入

2021年年末全部金融机构本外币存贷款及其增长速度情况表

表31

指　标	年末数	比上年增长（%）
金融机构各项存款余额	15679844	1.5
境内存款	15570144	1.5
住户存款	10450134	9.9
非金融企业存款	2182827	-9.5
机关团体存款	2637117	-11.6
财政性存款	265395	-37.8
非银行业金融机构存款	34671	953.6
境外存款	109700	0.6
金融机构各项贷款余额	16713578	6.3
境内贷款	16691244	6.3
住户贷款	10148595	11.1
短期贷款	701128	10.3
中长期贷款	9447467	11.1
企（事）业单位贷款	6542649	-0.3
短期贷款	1942087	-11.7
中长期贷款	4040510	1.4
境外贷款	22334	-2.5

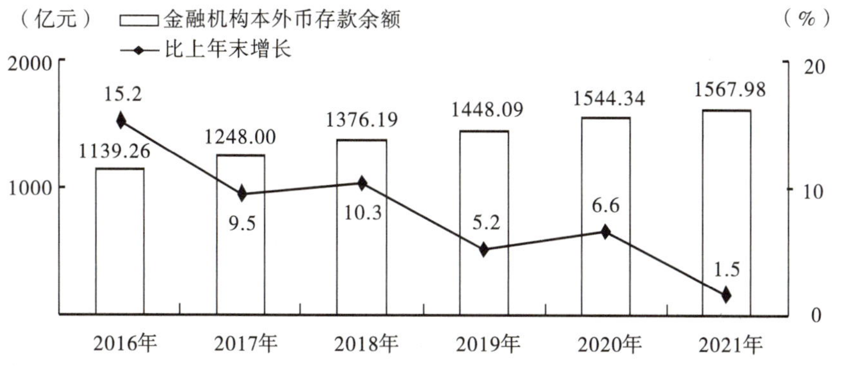

图10　2016—2021年金融机构本外币存款余额及增长速度

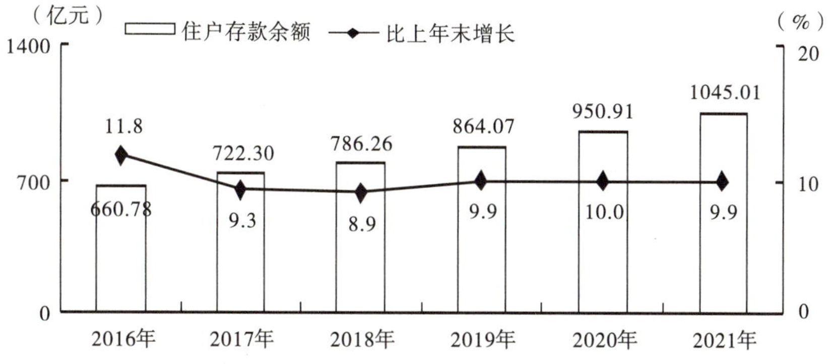

图11　2016—2021年住户存款余额及增长速度

差距由上年的1.62：1缩小为1.59：1（农民收入为1）。全体居民人均消费支出18030元，增长12.7%，扣除价格因素，实际增长12.3%。其中，城镇居民人均消费支出20165元，增长10.1%，扣除价格因素，实际增长9.7%；农村居民人均消费支出16020元，增长14.5%，扣除价格因素，实际增长14.0%。全体居民恩格尔系数为39.7%，城镇居民恩格尔系数为39.2%，农村居民恩格尔系数为40.2%，分别比上年回落1.1、0.7和1.5个百分点。

年末全市参加城镇基本养老54.30万人，其中，职工42.3万人，净增0.89万人；离退休人员11.99万人，净增0.64万人。参加城镇基本失业保险29.00万人，净增1.75万人，失业保险金标准为1458元/月，增加189元/月。参加工伤保险38.54万人，净增3.52万人，其中参保农民工15.85万人，净增5.08万人。参加生育保险40.81万人，净增7.99万人。年末参加城乡居民医疗保险的人数266.49万人，减少3.55万人；参加城镇职工医疗保险的人数43.52万人，净增5.42万人；城乡居民医疗保险基金支出总额26.87亿元，受益人口达71.58万人。

全市享受低保救济的困难群众达8.03万人，其中城镇0.58万人，农村7.45万人。共发放低保救济金4.37亿元，比上年增长12.8%。全市各类收养性社会福利单位床位692张，收养救助人员336人。全年销售社会福利彩票2.11亿元，筹集社会福利公益金0.23亿元，分别比上年下降15.1%和14.8%。全市城乡社区服务机构和设施306个，其中社区居委会193个。

十、教育和科学技术

全市共有幼儿园575所，在园幼儿11.84万人，比上年增加0.03万人；小学363所，在校学生30.36万人，学龄人口入学率100%；普通中学200所，其中，初级中学165所，高级中学35所；初中在校学生15.79万人，初中学龄人口入学率100%，高中在校学生7.47万人，比上年增加0.56万人，高中阶段教育毛入学率由上年96.6%提高至97.4%；本市各类中等职业教育学校12所，在校生2.60万人,比上年增加0.38万人；全市普通高等教育院校2所，在校生2.45万人，比上年增加0.39万人。

全年全市专利授权量4719件，同比增长15.2%；其中发明专利授权量152件，同比增长50.5%。全市每万人口发明专利拥有量为2.54件。全市共组织实施国家、省级各类科技计划项目2项；省级工程技术研究开发中心91个；高新技术企业292家，本年新增66家。

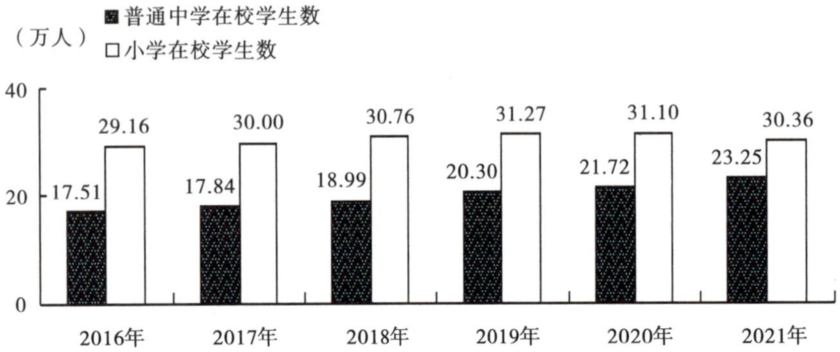

图12 2016—2021年各类教育在校学生数

十一、文化、旅游、卫生和体育

年末全市共有群众文化事业机构124个，其中文化馆7个、乡镇（街道）文化站100个；年末全市共有各类专业艺术表演团体5个；县级以上公共图书馆7个，馆藏量达252.51万册（件），全年总流通101.4万人次；博物馆9个，历史文物藏品7.09万件；档案馆8个，馆藏量66.6万卷，增长17.3%；开放各类档案4.77万卷，比上年增长3.2%。广播电视台6座，年末全市有线电视用户43.65万户，比上年下降3.0%。出版各类报纸2种，发行1577.38万份。

全年接待旅游总人数650.19万人次，比上年增长2.3%。其中，国内游客649.69万人次，增长2.4%；入境游客0.5万人次，下降46.2%。旅游住宿设施接待过夜游客317.87万人次，增长3.7%。全年实现旅游总收入51.09亿元，下降4.2%。年末，全市各类旅行社61家；已评定的星级饭店16家，其中五星级饭店1家，四星级饭店2家；A级旅游景区21个，其中AAAA旅游景区9个。

全市共有各类卫生机构2116个（含农村卫生站及村级医疗点），其中医院、卫生院166个，专科疾病防治机构7个，妇幼保健院7个，疾病预防控制中心7个，卫生监督检验机构6个。各类卫生机构拥有床位20429张，比上年增长9.6%；其中医院、卫生院床位17769张，增长11.4%。各类卫生技术人员21484人，增长7.5%，其中执业医师4790人，增长7.1%；执业助理医师2344人，增长11.2%；注册护士10101人，增长12.3%。全市建立农村卫生站及村级医疗点1509个。全年无偿献血28039人次，献血量936.80万毫升。

全市农村清洁卫生水普及率100%；农村自来水普及率99.8%，农村卫生厕所普及率99.8%。

全市体育健儿在参加省级以上各类重大比赛中，共获得金牌16枚、银牌27枚，其中获得全国体育比赛金牌1枚。全年共举办各类群众体育竞赛和体育活动78次，体育人口达60.44万人。

十二、资源、环境和安全生产

全市水资源总量57.31亿立方米，比上年减少64.75亿立方米。年降水量1153.18毫米，比上年下降17.8%。年末全市大型水库蓄水总量48.51亿立方米，比上年减少21.16亿立方米。

全市规模以上工业综合能源消费量252.63万吨标准煤，比上年增长52.9%，单位工业增加值能耗同比上升2.7%。全社会用电量115.76亿千瓦时，增长16.5%；其中，工业用电量62.64亿千瓦时，增长15.1%。

全年完成低产低效林改造面积4583公顷（含茶油低改）。年末实有封山育林面积15.45万公顷，增长6.8%。全民义务植树682.63万株。共有自然保护地97个，面积33.4万公顷，占全市土地面积21%。其中自然保护区52个，面积26.3万公顷；森林公园33个，面积3.9万公顷；湿地公园11个，面积2.87万公顷；地质公园1个，面积0.33万公顷。全市水环境质量保持优良水平，10个国考省考断面水质优良率、达标率均为100%，其中新丰江水库断面水质保持国家地表水Ⅰ类标准、东江干流断面水质保持国家地表水Ⅰ—Ⅱ类标准。全市集中式饮用水源水质达标率100%，新丰江水库被评为“2021年广东省十大美丽河湖”。全年市区空气质量优良率96.7%，市区空气质量优良天数达到353天，酸雨频率为零。全市污水处理总量8047.30万立方米，比上年增长7.1%；污水处理率92.86%，比上年提高1.22个百分点；城市生活垃圾无害化处理率100%。

全年共发生生产安全事故120起，死亡84人，受伤125人。其中：道路交通事故111起，死亡73人；工矿商贸生产安全事故9起，死亡11人。

注：

1.此公报中2021年数据为初步统计数。

2.除注明外，所有增长或下降速度均为同上年相比较。

3.地区生产总值、三次产业及相关行业增加值绝对数按现价计算，增长速度按可比价计算。

4.规模以上工业企业是指年主营业务收入2000万元及以上工业法人企业；固定资产投资包括各种经济类型所有500万元以上项目投资和房地产开发投

资；限额以上商贸企业是指主营业务收入2000万元及以上的批发业、年主营业务收入500万元及以上的零售业、年主营业务收入200万元及以上住宿和餐饮业法人单位及大个体户。

5.规模以上服务业范围是：（1）年营业收入2000万元及以上服务业法人单位。包括：交通运输、仓储和邮政业，信息传输、软件和信息技术服务业，水利、环境和公共设施管理业3个门类和卫生行业大类；（2）年营业收入1000万元及以上服务业法人单位。包括：租赁和商务服务业，科学研究和技术服务业，教育3个门类，以及物业管理、房地产中介服务、房地产租赁经营和其他房地产业4个行业小类；（3）年营业收入500万元及以上服务业法人单位。包括：居民服务、修理和其他服务业，文化、体育和娱乐业2个门类，以及社会工作行业大类。

6.先进制造业包括高端电子信息制造业、先进装备制造业、石油化工产业、先进轻纺制造业、新材料制造业、生物医药及高性能医疗器械。高技术制造业包括医药制造业，航空、航天器及设备制造业，电子及通信设备制造业，计算机及办公设备制造业，医疗仪器设备及仪器仪表制造业，信息化学品制造业。六大高耗能行业包括石油、煤炭及其他燃料加工业、化学原料及化学制品制造业、非金属矿物制品业、黑色金属冶炼及压延加工业、有色金属冶炼及压延加工业、电力热力的生产和供应业。

资料来源：此公报中城镇就业、登记失业率、社会保障数据来自市人力资源和社会保障局；财政数据来自市财政局；公路运输数据来自市交通局；进出口数据由河源海关统计；外资数据来自市商务局；国际互联网用户、邮电业务总量等数据来自邮政及通信部门（单位）；旅游、图书馆、博物馆、文化馆、广播、电视、体育等数据来自市文化广电旅游体育局；货币金融数据来自市人民银行；教育数据来自市教育局；专利数据来自市科技局；户籍人口数据、道路交通事故数据来自市公安局；卫生数据来自市卫生健康局；低保、社会救助、福利彩票数据来自市民政局；档案数据来自市档案馆；林业自然保护区等数据来自市林业局；环境监测数据来自市生态环境局；水资源数据来自市水务局；安全生产数据来自市应急管理局；城市污水处理等数据来自市住房城乡建设局；保险业数据来自市银保监分局；农机总动力、水产品产量等数据来自市农业农村局；出版报纸数据来自市委宣传部。

统计图表

1987年以来河源市国民经济和社会发展主要指标情况表

表32

年 份	全市土地面积(平方千米)	人口密度(人/平方千米)	城镇居民人均住房建筑面积(平方米/人)	农村居民人均住房建筑面积(平方米/人)	城镇人口比例(%)	年末社会从业人员(万人)
1987	15826	166			12.20	97.11
1988	15826	164			12.66	98.51
1989	15826	163			12.99	99.62
1990	15826	161			13.05	100.11
1991	15826	159			13.48	101.46
1992	15826	157			14.53	102.30
1993	15826	155			15.66	105.67
1994	15826	153	5.84	13.71	16.88	106.89
1995	15826	152	9.03	16.51	18.10	108.10
1996	15826	150	9.23	17.94	19.62	109.96
1997	15826	148	9.42	16.32	21.15	112.22
1998	15826	146	9.78	17.21	22.80	114.38
1999	15826	145	10.67	19.98	24.57	115.53
2000	15826	143	14.17	20.40	26.49	118.22
2001	15826	151	15.15	21.90	27.93	119.31
2002	15826	157	18.12	22.90	29.04	121.81
2003	15826	163	24.69	24.30	30.13	122.69
2004	15826	170	27.21	24.83	31.42	125.34
2005	15826	176	28.11	27.54	32.47	118.20
2006	15642	180	28.90	28.05	40.12	120.05
2007	15642	176	32.23	28.92	40.12	124.74
2008	15642	183	30.43	29.07	40.50	127.96
2009	15642	184	30.47	29.70	40.50	130.55
2010	15642	189	31.38	27.55	40.06	137.25
2011	15642	188	32.95	28.97	40.34	135.31
2012	15654	188	37.54	28.82	40.44	134.41
2013	15654	188	32.33	33.30	40.70	132.43
2014	15654	187	41.70	36.94	40.86	130.85
2015	15654	186	40.19	39.65	41.92	131.40
2016	15654	185	39.66	39.57	42.38	131.42
2017	15654	184	40.84	41.01	42.81	132.79
2018	15654	183	42.52	48.84	44.59	132.12
2019	15654	182	43.40	48.00	46.13	134.19
2020	15654	181	43.20	48.30	48.50	134.50
2021	15654	181	41.10	44.70	49.75	135.13

说明：人口密度、城镇人口比例按年末常住人口计算；2006—2019年城镇人口比例、年末社会从业人员依2020年第七次全国人口普查数据平滑调整；因2013年国家推行城乡住户调查制度改革，2012年及以前城镇居民人均住房面积为市区数据，2013年及以后是全市城镇居民人均数据

续表32

单位：万人

年 份	常住人口	源城	东源	和平	龙川	紫金	连平	年平均常住人口
1987	263.35	12.73	45.86	40.82	72.25	60.31	31.38	264.89
1988	260.32	13.09	44.88	40.55	71.17	59.36	31.25	261.84
1989	257.32	13.66	44.15	40.31	70.11	58.28	30.81	258.82
1990	254.36	14.47	41.42	41.22	68.61	56.96	31.68	255.84
1991	251.43	15.16	40.31	40.61	67.62	56.31	31.41	252.90
1992	248.53	15.88	39.23	40.00	66.63	55.66	31.13	249.98
1993	245.67	16.63	38.16	39.39	65.63	55.00	30.85	247.10
1994	242.84	17.41	37.12	38.77	64.64	54.33	30.57	244.26
1995	240.04	18.22	36.09	38.16	63.64	53.66	30.28	241.44
1996	237.27	19.06	35.08	37.54	62.63	52.98	29.98	238.66
1997	234.54	19.94	34.09	36.92	61.63	52.29	29.67	235.91
1998	231.83	20.84	33.11	36.30	60.62	51.60	29.36	233.19
1999	229.16	21.79	32.15	35.68	59.60	50.89	29.05	230.50
2000	226.78	22.79	31.27	35.08	58.65	50.23	28.76	227.97
2001	238.80	24.46	33.36	36.25	60.91	53.89	29.92	232.79
2002	248.10	25.90	35.14	36.94	62.41	57.02	30.70	243.45
2003	257.77	27.41	37.00	37.62	63.92	60.32	31.50	252.94
2004	269.16	29.15	39.15	38.51	65.78	64.11	32.47	263.47
2005	278.24	30.68	40.99	39.00	67.00	67.44	33.13	273.70
2006	281.47	33.94	43.87	38.79	67.31	64.21	33.35	279.86
2007	274.96	35.61	40.40	37.69	67.04	62.55	31.67	278.22
2008	285.48	39.01	43.18	37.60	67.87	65.50	32.32	280.22
2009	287.12	42.04	44.53	37.57	67.83	62.40	32.75	286.30
2010	295.82	46.53	44.11	37.54	69.70	64.16	33.78	291.47
2011	294.81	47.73	43.82	37.32	69.34	63.41	33.19	295.32
2012	294.32	49.49	43.41	37.21	69.09	62.46	32.66	294.57
2013	293.84	51.54	42.93	36.91	68.88	61.45	32.13	294.08
2014	293.23	52.16	42.73	36.72	68.61	61.22	31.79	293.54
2015	291.24	55.38	42.23	36.22	67.52	59.11	30.78	292.24
2016	289.13	56.78	41.71	35.83	66.81	57.82	30.18	290.19
2017	287.38	58.02	40.67	35.59	66.03	57.59	29.48	288.26
2018	285.89	61.84	38.32	35.51	63.89	57.28	29.05	286.64
2019	284.83	65.90	36.36	35.45	61.43	56.80	28.89	285.36
2020	283.56	70.41	34.79	35.38	59.46	55.01	28.51	284.20
2021	284.09	70.75	35.11	35.36	59.41	54.97	28.49	283.83

说明：1987—1989年数据由本市根据1990—1995年人口增长情况推算，1990年以来数据由省核定；2006—2009年数据依2010年第六次全国人口普查数据平滑调整；2010—2019年数据依2020年第七次全国人口普查数据平滑调整

续表32

单位：人、‰

年份	户籍总人口	源城	东源	和平	龙川	紫金	连平	人口自然增长率
1987	2644482	125519	462716	409924	725558	605621	315144	8.10
1988	2682852	134921	462529	417963	733511	611812	322116	8.18
1989	2713092	144001	465553	424941	739280	614484	324833	7.29
1990	2763132	149276	467927	431025	757312	627547	330045	12.70
1991	2786017	159436	465483	436803	761994	629100	333201	11.26
1992	2832868	170615	463922	441336	772969	646001	338025	9.88
1993	2877844	177314	467791	445148	780981	666553	340057	9.50
1994	2911144	182838	470052	449916	787315	678512	342511	9.26
1995	2943953	189385	471767	453608	794406	688618	346169	10.23
1996	2994540	203983	474419	458688	811401	695797	350252	10.07
1997	3056221	229791	477864	465698	824051	704514	354303	9.62
1998	3114960	247521	482304	467228	833849	726943	357115	7.63
1999	3146282	262044	478336	469682	839444	737305	359471	6.91
2000	3219411	292996	484904	478086	847919	749897	365609	8.74
2001	3249132	303736	488718	480943	853116	754862	367757	6.11
2002	3317350	308204	511845	483069	858378	785593	370261	6.51
2003	3341265	300533	516760	487534	861319	801607	373512	9.67
2004	3332087	286867	519987	480120	867758	801020	376335	7.05
2005	3373571	290515	522831	483988	877272	820527	378438	9.61
2006	3412560	299306	554501	490553	892348	792823	383029	9.58
2007	3354253	290634	522703	489204	902053	780914	368745	6.99
2008	3466401	297434	553547	498381	923685	815597	377757	19.35
2009	3489849	298324	570076	509873	937448	789355	384773	12.83
2010	3583877	311790	569053	522004	970915	812159	397956	23.39
2011	3667833	308805	586144	539353	985970	840369	407192	16.76
2012	3550586	289892	549309	528599	956164	826911	399711	-2.45
2013	3609453	302509	560448	536285	970892	835016	404303	13.17
2014	3652891	306495	568995	544573	980334	843617	408877	14.46
2015	3664136	314019	573506	549220	978752	838028	410611	16.41
2016	3733183	318338	585540	558703	995973	858010	416619	24.24
2017	3729548	321261	586243	557916	992072	858188	413868	8.28
2018	3727644	325381	585906	560648	986583	855281	413845	9.65
2019	3726959	331030	586539	560832	981756	853305	413497	8.46
2020	3721774	336163	585889	559988	976776	851487	411471	5.41
2021	3719327	339976	586867	559910	972796	849410	410368	6.23

续表32 单位：万元

年 份	地区生产总值（当年价）	第一产业	第二产业	工业	建筑业	第三产业
1987	117866	62823	27675	21452	6223	27368
1988	167023	88565	40833	31945	8888	37625
1989	198624	110177	45062	36812	8250	43385
1990	208802	110237	50274	39237	11037	48291
1991	221268	113423	52186	41250	10936	55659
1992	280574	126978	80075	60514	19561	73521
1993	352411	148471	110917	79434	31483	93023
1994	472044	218746	117104	82014	35090	136194
1995	560911	263909	130780	90413	40367	166222
1996	625838	292818	140749	95013	45736	192271
1997	682079	298145	156832	110031	46801	227102
1998	758687	315354	178108	134067	44041	265225
1999	818896	323640	188412	145062	43350	306844
2000	872194	303595	209918	163109	46809	358681
2001	972821	323075	245771	192142	53629	403975
2002	1096324	334865	279327	217123	62204	482132
2003	1280242	354415	358131	277644	80487	567696
2004	1603001	398457	533526	427688	105838	671018
2004(新)	1603001	406861	533526	427688	105838	662614
2005	2048070	424214	804601	664801	139800	819255
2006	2580842	381841	1248870	1095889	152981	950131
2007	3294873	438497	1738445	1557311	181134	1117931
2008	3953749	515158	2142566	1960707	181859	1296025
2009	4011682	516977	2051888	1879016	173990	1442818
2010	4440288	586931	2081869	1902176	180716	1771489
2011	5199507	701753	2376470	2157284	220295	2121285
2012	5914227	757673	2604370	2364874	240638	2552185
2013	6689223	806693	2926050	2632403	294843	2956480
2014	7348400	867525	3173597	2824031	350899	3307278
2015	7686840	933398	3104332	2688427	416918	3649110
2016	8477967	991263	3161164	2671707	490408	4325541
2017	9681005	1024556	3412109	2838051	575155	5244340
2018	10069775	1078367	3484856	2811489	674383	5506552
2019	10797541	1210676	3723225	2970066	754187	5863640
2020	11143058	1335246	3883419	3108232	776152	5924394
2021	12739851	1538127	4631502	3738820	893603	6570222

说明：1.2018年，根据全国第四次经济普查结果和广东省统计局地区生产总值统一核算要求，对历史年份全市生产总值进行了修订。此年鉴中的数据是修订后的数据。2.三次产业划分：2004—2008年地区生产总值核算采用国民经济行业分类标准（GB/T4754-2002）；2009年起，三次产业分类依据国家统计局2018年制定的《三次产业划分规定》执行

续表32　　　　单位：%

年 份	地区生产总值产业构成	第一产业	第二产业	工业	建筑业	第三产业
1987	100.0	53.3	23.5	18.2	5.3	23.2
1988	100.0	53.0	24.5	19.1	5.4	22.5
1989	100.0	55.5	22.7	18.5	4.2	21.8
1990	100.0	52.8	24.1	18.8	5.3	23.1
1991	100.0	51.3	23.6	18.6	5.0	25.1
1992	100.0	45.3	28.5	21.6	6.9	26.2
1993	100.0	42.1	31.5	22.5	9.0	26.4
1994	100.0	46.3	24.8	17.4	7.4	28.9
1995	100.0	47.1	23.3	16.1	7.2	29.6
1996	100.0	46.8	22.5	15.2	7.3	30.7
1997	100.0	43.7	23.0	16.1	6.9	33.3
1998	100.0	41.6	23.5	17.7	5.8	34.9
1999	100.0	39.5	23.0	17.7	5.3	37.5
2000	100.0	34.8	24.1	18.7	5.4	41.1
2001	100.0	33.2	25.3	19.8	5.5	41.5
2002	100.0	30.5	25.5	19.8	5.7	44.0
2003	100.0	27.7	28.0	21.7	6.3	44.3
2004	100.0	24.9	33.3	26.7	6.6	41.8
2004(新)	100.0	25.4	33.3	26.7	6.6	41.3
2005	100.0	20.7	39.3	32.5	6.8	40.0
2006	100.0	14.8	48.4	42.5	5.9	36.8
2007	100.0	13.3	52.8	47.3	5.5	33.9
2008	100.0	13.0	54.2	49.6	4.6	32.8
2009	100.0	12.9	51.1	46.8	4.3	36.0
2010	100.0	13.2	46.9	42.8	4.1	39.9
2011	100.0	13.5	45.7	41.5	4.2	40.8
2012	100.0	12.8	44.0	40.0	4.1	43.2
2013	100.0	12.1	43.7	39.4	4.4	44.2
2014	100.0	11.8	43.2	38.4	4.8	45.0
2015	100.0	12.1	40.4	35.0	5.4	47.5
2016	100.0	11.7	37.3	31.5	5.8	51.0
2017	100.0	10.6	35.2	29.3	5.9	54.2
2018	100.0	10.7	34.6	27.9	6.7	54.7
2019	100.0	11.2	34.5	27.5	7.0	54.3
2020	100.0		34.8		7.0	53.2
2021	100.0		36.3		7.0	51.6

续表32

单位：%

年份	地区生产总值指数（以上年为100）	第一产业	第二产业			第三产业
				工业	建筑业	
1987						
1988	119.0	115.2	125.9	127.1	121.9	121.8
1989	118.1	119.4	114.9	114.6	115.9	118.1
1990	105.7	103.6	105.6	102.8	115.5	110.9
1991	103.9	100.4	102.2	101.7	103.9	113.3
1992	121.0	110.3	140.9	139.9	144.0	124.9
1993	115.2	103.8	130.2	124.0	148.7	120.5
1994	113.8	106.9	109.5	107.9	113.4	128.5
1995	112.4	108.8	111.7	108.1	120.1	117.6
1996	110.0	106.8	108.7	107.2	111.8	114.8
1997	111.9	106.1	110.7	114.0	104.1	119.0
1998	110.8	106.7	111.9	116.2	102.2	113.9
1999	111.7	106.3	113.4	115.0	109.2	115.4
2000	110.7	106.5	113.1	114.6	109.2	112.4
2001	111.7	108.3	117.9	118.1	117.0	110.8
2002	114.6	106.6	117.6	117.2	118.9	119.4
2003	116.5	105.2	129.2	129.4	128.4	117.1
2004	117.5	103.6	134.5	137.7	123.4	115.3
2005	122.9	102.6	145.6	149.6	130.1	117.1
2006	127.9	102.4	152.8	161.9	109.6	116.7
2007	122.6	105.4	134.6	137.6	112.9	115.1
2008	110.3	104.1	112.4	115.2	88.8	109.7
2009	109.9	103.0	110.0	111.1	98.7	112.4
2010	112.5	103.3	113.9	115.2	97.9	113.5
2011	113.2	105.1	115.8	116.3	111.0	112.8
2012	111.5	104.7	114.2	115.0	105.2	110.4
2013	112.1	104.4	114.5	114.5	114.9	111.2
2014	108.6	104.7	110.8	110.5	114.9	106.7
2015	106.3	103.8	104.3	103.2	117.9	109.7
2016	106.6	102.3	105.4	104.0	115.0	108.6
2017	106.7	104.1	101.6	100.3	109.3	111.4
2018	105.8	104.5	106.0	105.6	108.4	105.9
2019	105.5	106.2	105.9	105.4	108.1	105.1
2020	101.3	105.9	101.9	102.9	96.6	99.9
2021	108.0	108.0	111.1	112.8	104.1	106.1

说明：地区生产总值指数按可比价格计算

续表32

单位：元、%

年份	人均地区生产总值（当年价）	人均地区生产总值指数（上年=100）	地区生产总值指数（以1987年为100）	第一产业	第二产业			第三产业
						工业	建筑业	
1987	445		100.0	100.0	100.0	100.0	100.0	100.0
1988	638	120.4	119.0	115.2	125.9	127.1	121.9	121.8
1989	767	119.4	140.5	137.5	144.7	145.7	141.3	143.8
1990	816	107.0	148.5	142.5	152.8	149.7	163.2	159.5
1991	875	105.1	154.3	143.1	156.1	152.3	169.5	180.7
1992	1122	122.4	186.8	157.8	220.0	213.0	244.1	225.7
1993	1426	116.6	215.1	163.8	286.4	264.2	363.0	272.0
1994	1933	115.1	244.8	175.1	313.6	285.0	411.7	349.6
1995	2323	113.7	275.2	190.5	350.3	308.1	494.4	411.1
1996	2622	111.3	302.7	203.5	380.8	330.3	552.8	471.9
1997	2891	113.2	338.7	215.9	421.5	376.6	575.4	561.6
1998	3254	112.1	375.3	230.3	471.7	437.6	588.1	639.6
1999	3553	113.1	419.2	244.9	534.9	503.2	642.2	738.1
2000	3826	111.9	464.1	260.8	605.0	576.7	701.3	829.7
2001	4179	109.3	518.4	282.4	713.3	681.0	820.5	919.3
2002	4503	109.6	594.1	301.1	838.8	798.2	975.6	1097.6
2003	5062	112.1	692.1	316.7	1083.7	1032.8	1252.7	1285.3
2004	6084	112.8	813.2	328.1	1457.6	1422.2	1545.8	1482.0
2005	7483	118.3	999.4	336.6	2122.3	2127.6	2011.1	1735.4
2006	9222	125.1	1278.3	344.7	3242.8	3444.6	2204.1	2025.2
2007	11843	123.3	1567.2	363.3	4364.8	4739.8	2488.5	2331.0
2008	14109	109.5	1728.6	378.2	4906.1	5460.3	2209.8	2557.1
2009	14012	107.6	1899.7	389.6	5396.7	6066.4	2181.0	2874.2
2010	15234	110.5	2137.2	402.4	6146.8	6988.4	2135.2	3262.2
2011	17607	111.7	2419.3	423.0	7118.0	8127.6	2370.1	3679.7
2012	20078	111.8	2697.5	442.8	8128.8	9346.7	2493.4	4062.4
2013	22746	112.2	3023.9	462.3	9307.5	10702.0	2864.9	4517.4
2014	25034	108.8	3283.9	484.1	10312.7	11825.7	3291.7	4820.1
2015	26304	106.8	3490.8	502.5	10756.1	12204.1	3880.9	5287.6
2016	29216	107.3	3721.2	514.0	11336.9	12692.3	4463.1	5742.3
2017	33585	107.4	3970.5	535.1	11518.3	12730.3	4878.2	6397.0
2018	35131	106.4	4200.8	559.2	12209.4	13443.2	5287.9	6774.4
2019	37838	106.0	4431.9	593.8	12929.8	14169.2	5716.2	7119.9
2020	39209	101.8	4491.0	628.8	13171.6	14580.1	5521.9	7113.2
2021	44886	108.2	4850.3	679.1	14633.6	16446.3	5748.3	7547.1

说明：人均地区生产总值按常住人口计算；人均地区生产总值指数、地区生产总值指数按可比价格计算

续表32 单位：万元、%

年 份	农业总产值（当年价）	指数（上年=100）	全部工业生产总值（当年价）	规模以上	全部工业生产总值指数（上年=100）	规模以上	规模以上工业增加值（当年价）	指数（上年=100）
1987	90011		53249	44581			18069	
1988	129128	113.9	80354	65808	131.2	126.8	26483	125.1
1989	162432	110.3	96251	77277	113.8	108.4	29580	111.1
1990	177732	102.7	101041	83630	104.0	108.3	31259	101.9
1991	191885	105.3	112625	95184	117.7	121.7	32863	101.6
1992	212013	108.9	151791	129765	123.5	124.2	48210	139.3
1993	250811	104.2	204225	174222	121.6	119.0	60283	123.2
1994	379632	109.1	276504	229709	138.1	136.7	61644	107.0
1995	461908	108.9	296039	237771	110.3	106.4	64476	107.6
1996	522728	108.1	325071	251992	107.2	106.9	68332	108.1
1997	560483	107.7	360101	279103	108.5	105.2	76524	112.5
1998	532189	108.6	445001	283327	120.2	120.9	82801	113.7
1999	562587	107.7	470542	312813	114.0	117.9	91213	117.1
2000	458611	104.2	535055	358130	115.0	116.6	106643	119.8
2001	481696	105.3	622424	421696	118.4	121.0	129596	116.7
2002	499297	103.3	711966	491716	117.4	119.3	151908	119.8
2003	538935	105.9	915210	678223	133.1	144.9	209476	138.2
2004	621338	102.5	1422810	1165474	134.2	144.8	335635	143.3
2005	655949	105.1	2139860	1821021	144.8	150.4	577847	166.2
2006	619747	105.0	3461159	3102259	158.9	167.4	1019278	173.3
2007	715792	105.1	5154073	4723454	144.5	147.8	1478014	140.7
2008	847981	104.4	5709577	5195623	101.4	101.5	1676707	107.2
2009	857812	103.3	6483428	6046828	122.1	125.1	1894441	121.5
2010	960458	103.4	7051916	6587416	129.7	131.7	1918272	119.0
2011	1152437	104.6	8831986	8137056	120.1	121.1	2175813	120.1
2012	1231944	104.2	10351088	9536630	116.6	116.6	2451635	118.2
2013	1300001	103.7	12283193	11401354	118.7	119.6	3184075	117.3
2014	1384754	103.9	14972906	14023038	116.4	117.2	3253581	118.0
2015	1485870	103.5	15433470	14430203	106.8	106.8	3275689	108.2
2016	1572828	102.0	17131175	15991840	108.3	108.6	3510000	110.1
2017	1609015	103.7	14927988	13459366	105.3	105.6	2791790	103.2
2018	1686358	104.3	14830760	13337573	105.9	106.2	2772742	107.8
2019	1894428	105.6	15064520	13529118	106.6	106.8	2799229	106.1
2020	2127609	106.3	13093594	12446146	101.2	101.2	2849093	102.2
2021	2405575	107.4	15472254	14596804	110.5	110.5	3457723	112.5

说明：1.“农业总产值”从2000年起不包含农村家庭兼营工业；从2006年起按第三次全国农业普查口径计算；“农业总产值指数”按可比口径计算。2.在规模以上工业总产值、增加值中，1997年以前为乡及乡以上工业，1998年后为规模以上工业（1998—2006年为全部国有工业企业和年销售收入500万元以上的非国有工业企业，2007—2010年为年主营业务收入500万元及以上工业法人企业，2011年起为年主营业务收入2000万元及以上工业法人企业）；“规模以上工业增加值”2009年及以前用生产法计算，2010年后用收入法计算（2009年的收入法数据为1541237万元）；此表工业总产值的2010年、2011年总量数据依2012年年报数作了平滑调整

续表32

年份	主要农产品产量（吨）					主要工业品产量			
	粮食	花生	肉类	水果	水产品	铁矿石（原矿量，万吨）	发电量（万千瓦时）	水泥（万吨）	电话单机（万部）
1987	717500	20000	40796	15927	5118	49.68	115372	15.36	
1988	737299	20287	49062	19829	5457	69.46	139600	19.79	
1989	796071	23398	53601	27813	6082	72.07	142061	24.09	
1990	844876	25321	59013	40775	8323	67.52	153390	28.81	
1991	848620	26014	68441	56557	9993	126.96	86538	43.42	
1992	895838	27784	81048	65689	11137	107.19	176998	61.07	
1993	894724	33001	81875	69442	15446	149.54	187761	81.06	
1994	935899	35715	79823	77519	16333	125.41	163999	91.89	
1995	997850	34839	87087	84465	18243	95.32	222471	85.84	
1996	1087160	37228	96041	92302	21040	157.18	182446	71.54	24.60
1997	1194159	39449	103204	103208	23549	316.04	252689	59.38	58.19
1998	1277803	42064	60893	108625	25604	425.60	277261	59.71	40.55
1999	1309803	49648	66834	149619	26642	236.80	113150	64.99	31.22
2000	1269273	52878	83216	148033	27886	422.99	139126	73.23	137.51
2001	1177969	54787	85776	172837	30797	462.52	216392	81.40	127.65
2002	1055206	58529	97917	200141	30198	386.87	139197	120.71	139.93
2003	1045754	61261	100131	208245	30387	309.69	182435	124.52	88.32
2004	1012815	61209	104667	243891	32157	428.77	170800	134.87	97.85
2005	1022779	53925	112428	283408	35348	655.70	243859	135.84	131.85
2006	808772	54373	102315	173208	29875	781.40	335945	148.57	173.63
2007	854479	57668	112891	183258	30948	825.00	268406	214.57	261.22
2008	843310	57642	121202	197724	34517	890.00	273769	161.20	381.30
2009	848969	57058	127102	220005	37015	662.74	622159	111.20	384.50
2010	829104	57865	133044	230813	38644	690.13	880137	182.88	272.55
2011	835519	60383	132068	252912	40217	1048.48	1054621	183.81	395.70
2012	844331	62236	134548	267832	40852	1119.84	859766	158.75	436.95
2013	782128	65245	133203	313976	42110	601.00	981139	153.00	481.83
2014	793417	67433	133749	329475	44002	665.42	865985	197.20	554.87
2015	771356	68629	134142	344705	44979	618.51	808626	195.69	505.01
2016	762507	68566	133317	363903	40955	363.97	1039578	195.32	592.67
2017	785370	70504	132387	389196	41827	463.87	968155	246.83	495.65
2018	774850	73111	134953	416057	42612	328.17	872730	185.55	210.61
2019	793342	75580	132556	437169	44856	419.28	919964	195.28	511.83
2020	801601	76476	142642	461371	46189	488.55	702781	150.58	474.12
2021	811542	78680	175426	448420	47058	702.76	1123200	345.91	585.90

说明：从2006年起，农产品产量用第三次全国农业普查调整数；“发电量”是全社会产量，其他工业产品产量是规模以上产量

续表32

年份	工业企业单位数（个）	“三资”企业	从业人员年平均人数（人）	资产总额（万元）	负债总额（万元）	利税总额（万元）	亏损企业亏损额（万元）
1987	713		43033			7193	257
1988	732		45021			16441	343
1989	775		46258			16046	932
1990	685		46996			16439	3647
1991	625		51014			12744	3024
1992	578		51831			26628	3544
1993	686	37	50488			30474	5468
1994	707	58	52394			23108	7312
1995	674	94	50849			16290	14328
1996	654	74	50560	477903	284543	8622	16146
1997	589	80	46488	538843	330526	17436	13432
1998	186	29	35650	506147	279062	17989	13683
1999	193	31	35564	606026	383048	3625	16719
2000	148	29	33221	580247	330464	24672	6605
2001	143	34	33735	595608	359691	36714	8248
2002	144	39	35427	705260	375472	41361	8480
2003	163	52	43003	909376	491428	51628	29544
2004	199	67	61440	1220570	648487	111554	18521
2005	228	84	77180	1526100	791977	239621	15916
2006	286	105	108511	2034986	1092523	371658	15944
2007	360	129	121798	2834502	1455631	717158	27785
2008	419	162	130572	3901640	1729736	674983	46229
2009	411	157	135591	4306660	2432984	741358	37120
2010	440	162	153192	5350700	2905892	1088081	41862
2011	361	136	138032	5677745	3171332	1515028	39298
2012	383	146	142013	6482037	3624444	932267	48417
2013	436	159	149583	7611857	4358533	1159305	37712
2014	513	166	162237	8346603	4709711	1006939	59403
2015	575	170	169959	9274585	5229242	1157664	75303
2016	589	163	173634	10131077	5459862	1275317	53073
2017	602	160	163140	9811678	5415695	969087	53400
2018	611	158	161369	9745959	5222983	896090	78355
2019	567	144	155337	9677341	5374200	942146	43246
2020	581	133	153184	9824487	5293379	925896	44672
2021	623	137	166281	11864216	7077623	950602	146382

说明：此表统计范围为规模以上工业企业：1997年以前为乡及乡以上工业，1998年后为规模以上工业（1998—2006年为全部国有工业企业和年销售收入500万元以上的非国有工业企业，2007—2010年为年主营业务收入500万元及以上工业法人企业，2011年起为年主营业务收入2000万元及以上工业法人企业）

续表32 单位：万元

年份	地方一般公共预算收入	地方一般公共预算支出	税收总收入	人均地方一般公共预算收入（元）	人均地方一般公共预算支出（元）
1987	4025	12499	4488	15	47
1988	6059	14689	5752	23	56
1989	7292	20468	6376	28	79
1990	8509	22306	5170	33	87
1991	9879	25438	5120	39	101
1992	11063	37226	8994	44	149
1993	13179	36635	12569	53	148
1994	13055	48003	17064	53	197
1995	17553	60576	22390	73	251
1996	15530	85494	23336	65	358
1997	17525	104001	26079	74	441
1998	20327	104027	28839	87	446
1999	23022	117938	32877	100	512
2000	25548	155774	41411	112	683
2001	31429	170155	57153	135	731
2002	34720	219803	66286	143	903
2003	43544	255588	88617	172	1010
2004	58629	299846	113973	223	1138
2005	85177	370047	171763	311	1352
2006	125367	458544	236571	448	1639
2007	151558	558471	298182	545	2007
2008	176110	632029	364525	628	2255
2009	201839	792403	393477	705	2768
2010	250906	945488	496035	861	3244
2011	313667	1100404	625121	1062	3726
2012	376403	1344731	768195	1278	4565
2013	487872	1697211	870585	1659	5771
2014	604671	2106054	992682	2060	7175
2015	674801	2683846	1076497	2309	9184
2016	688934	2939538	1087701	2374	10130
2017	711903	2821581	1216574	2470	9788
2018	769518	3311462	1354589	2685	11553
2019	774780	3702171	1357105	2715	12974
2020	798053	3617614	1357809	2808	12729
2021	842982	3470800	1398439	2970	12229

说明：人均地方一般公共预算收支按常住人口计算

续表32

单位：万元

年份	金融机构本外币存款余额	住户存款	金融机构本外币贷款余额	金融机构人民币存款余额	住户存款	金融机构人民币贷款余额	人均本外币住户存款（元）
1987	37012	21237	71166	37012	21237	71166	80
1988	67417	29155	112714	67328	29069	112699	111
1989	83222	39613	135234	82928	39353	133946	153
1990	118033	60326	163555	116813	59575	161441	236
1991	154794	85497	206196	153352	84134	202113	338
1992	221778	143256	262456	218695	141977	254917	573
1993	284411	200764	351027	278182	199185	338155	812
1994	358894	269844	427257	352887	266793	402685	1105
1995	442834	340893	498011	438834	339356	482445	1412
1996	548583	440442	548078	541988	437626	516799	1846
1997	714432	553992	855686	705869	551091	829955	2348
1998	787168	641455	870624	782788	637258	847120	2751
1999	860031	694352	761339	852680	687572	748822	3012
2000	906626	713182	630491	895355	699599	603710	3128
2001	1047718	809847	640728	1031158	794092	627144	3479
2002	1294784	941138	701369	1276983	924302	688297	3866
2003	1555421	1085461	792979	1539195	1070148	781588	4291
2004	1774737	1272270	932050	1758919	1257377	929926	4829
2005	2059399	1463599	1081322	2042030	1451170	1079941	5347
2006	2375192	1712384	1308878	2351728	1700211	1306496	6119
2007	2865514	1876665	1740165	2845654	1867874	1725225	6745
2008	3347582	2241389	2013293	3322872	2233760	1997617	7999
2009	4095868	2636044	2942590	4081165	2628390	2806834	9207
2010	5000191	3143292	3386886	4968293	3136356	3353229	10784
2011	5613649	3645238	3892553	5592194	3638207	3852240	12344
2012	6385834	4162902	4728913	6346165	4155191	4682107	14132
2013	7542392	4801426	5731840	7499707	4793065	5693092	16327
2014	8759215	5314910	6990064	8668649	5306690	6923219	18107
2015	9888954	5910920	8010819	9859396	5900976	7958656	20227
2016	11392577	6607752	8880791	11305577	6595261	8861587	22771
2017	12480009	7223048	10184353	12353522	7211921	10162081	25058
2018	13761916	7862580	11541687	13660553	7851807	11510368	27431
2019	14480913	8640713	13461232	14386488	8631136	13435954	30280
2020	15443354	9509088	15721682	15303499	9499498	15672280	33460
2021	15679844	10450134	16713578	15512134	10440903	16641271	36819

说明：人均本外币住户存款按常住人口计算

续表32

单位：万元、%

年份	固定资产投资				社会消费品零售总额		
		新建	扩建改建	房地产开发		城镇	乡村
1987	18981	4031	4929		51062	25394	25668
1988	27449	8230	7852		72773	36191	36582
1989	25377	10708	5398		84910	43024	41886
1990	31609	12153	4361	856	81602	41213	40389
1991	44191	14182	5699	499	87934	55251	32683
1992	68429	29381	11143	2465	112635	74061	38574
1993	135325	45622	19123	26937	146339	105195	41144
1994	181508	72573	33862	18091	187655	109584	78071
1995	199134	74467	27203	39361	228947	135967	92981
1996	228470	95548	47501	24861	254150	131501	122649
1997	226454	90131	54193	18535	275887	144751	131137
1998	213585	101893	28367	7392	316245	164534	151711
1999	231766	102285	35870	9077	354003	188155	165848
2000	265425	118407	32689	10902	389085	210606	178478
2001	337976	162003	32198	26551	436470	240522	195948
2002	414227	168574	40628	41413	489837	270841	218996
2003	562865	251303	51998	46396	551369	309560	241809
2004	796166	331425	50742	92004	638485	357572	280913
2005	1126091	593383	115544	95795	744130	421922	322209
2006	1771666	844139	170205	159983	870508	524046	346462
2007	2328569	1119358	195199	195819	1028097	654898	373200
2008	1747925	822215	124190	183583	1220869	814953	405915
2009	1981479	963300	209500	201839	1351832	946282	405550
2010	2427374	1351883	432488	231947	1535360	1097782	437578
2011	2373363	1218388	548734	588032	1753265	1285143	468122
2012	2785868	1613052	435700	671264	1938330	1465377	472953
2013	3427305	1891625	472090	891801	2164382	1666574	497808
2014	4532859	2487468	694570	1008317	2420655	1881576	539079
2015	5641350	3233823	804554	1285928	2713078	2085080	627998
2016	6522908	3757929	804115	1757240	2992887	2292379	700508
2017	7784670	4271617	1045986	2239337	3278063	2509782	768281
2018	7.5	7.2	22.0	-1.2	3569304	2730875	838430
2019	19.3	21.0	4.0	16.9	3868273	2959616	908657
2020	5.1	3.0	17.2	2.2	3607395	2751440	855955
2021	8.9	10.7	-5.7	4.2	3876226	2947515	928711

说明：1.2010年以前“固定资产投资”为“全社会固定资产投资”，从2011年起固定资产投资项目统计起点由50万元提高至500万元，且不含农村农户投资（2010年的新口径数据为2028093万元）；2009年及以前的“新建”“扩建、改建”分别为“基本建设”“更新改造”数据。2.2018年起固定资产投资暂只公布增速数据。3.1992—2018年社会消费品零售总额数据根据全国第四次经济普查资料进行调整

续表32

年份	旅游接待总人数（万人次）	国内游客	入境游客	旅游总收入（亿元）	旅游外汇收入（万美元）	旅游宾馆（酒店）（家）	星级以上	旅游宾馆（酒店）床位（张）	旅行社（家）
1987	2.3			0.20					
1988	3			0.26					
1989	6			0.40					
1990	9			0.51					
1991	12			0.62					
1992	19			0.76					
1993	27			0.96					
1994	32			1.33	36.7				
1995	37			1.72	48.0				
1996	43			2.23	52.7				
1997	51			4.64	64.1		12	1377	12
1998	88.74	87.58	0.85	5.29	773.0		13	1482	15
1999	104.90	103.80	1.10	6.08	1100.0		13	1482	15
2000	134.48	129.90	4.58	7.08	1329.3		24	2400	15
2001	175.12	170.85	4.27	8.32	1685.2		31	2660	17
2002	224.22	218.74	5.48	12.04	1633.6		35	9365	18
2003	234.83	232.15	2.68	12.20	630.4	315	38	12656	18
2004	318.89	315.15	3.74	15.10	807.6	317	36	13886	19
2005	393.52	389.58	3.94	18.29	849.8	332	37	15725	21
2006	500.38	496.38	4.00	22.31	877.91	347	39	16951	22
2007	622.28	618.09	4.19	26.94	1068.26	350	40	16969	27
2008	723.10	719.12	3.98	31.02	930.66	479	29	26737	29
2009	840.44	836.31	4.13	35.84	1267.47	487	30	27672	29
2010	1065.57	1061.08	4.49	46.08	1388.52	439	30	28504	31
2011	1390.25	1385.34	4.91	61.09	839.36	467	23	30967	33
2012	1650.57	1644.80	5.77	132.42	926.16	641	23	69082	37
2013	1908.42	1902.20	6.22	152.75	1058.46	670	23	51773	44
2014	2201.47	2195.60	5.88	177.01	1100.19	681	21	49830	42
2015	2536.81	2529.18	7.62	211.01	1419.72	615	19	48309	42
2016	2855.03	2846.99	8.04	237.76	1701.21	699	19	47078	44
2017	3201.03	3193.39	7.64	272.86	1574.45	606	20	44771	47
2018	3586.74	3578.31	8.43	316.82	2240.34	637	19	49684	49
2019	4020.57	4010.32	10.25	357.66	4097.64	688	18	55825	50
2020	635.41	634.48	0.93	53.35	172.34	715	18	58652	55
2021	650.19	649.69	0.50	51.09	92.95	743	16	60896	74

说明：旅游相关指标数据由旅游部门提供；2003年起，旅游宾馆（酒店）数据包含社会旅馆

续表32

单位：万美元

年份	进出口总额	进口总额	出口总额	签订利用外资协议（宗）	协议规定利用外资	实际利用外资	外商直接投资
1987				31	290	133	130
1988				35	1557	658	564
1989	610	20	590	23	1233	427	216
1990	1192	79	1113	22	1080	348	239
1991	3384	354	3030	48	4024	660	643
1992	6373	918	5455	166	20909	1601	1591
1993	9333	2853	6480	505	86901	8056	8056
1994	21452	6523	14929	141	30382	7601	7601
1995	20669	10081	10588	76	13275	10173	7370
1996	15770	10019	5751	53	6188	7003	6964
1997	16881	6672	10209	40	11069	7094	6641
1998	19105	6544	12561	48	5128	7552	7140
1999	14346	5608	8738	38	3187	8136	7605
2000	16048	6713	9335	40	5005	9229	8410
2001	17789	8498	9291	49	9498	10609	9183
2002	23037	9855	13182	125	34605	13291	12549
2003	29734	14147	15587	136	41542	17568	17348
2004	34537	14796	19741	152	43973	18190	16065
2005	52764	23173	29591	118	42956	18792	18157
2006	99634	43880	55754	111	50661	23817	23817
2007	155745	66231	89514	135	46240	29206	29206
2008	197082	72425	124657	115	22002	32166	32166
2009	222571	81298	141273	29	16677	22705	22705
2010	271637	100117	171520	88	9409	16846	16846
2011	279339	87734	191605	94	19243	17875	17875
2012	292553	97291	195262	73	24287	19710	19710
2013	323198	98538	224660	85	30291	21113	21113
2014	395492	130600	264892	97	32911	22619	22619
2015	403058	119798	283260	26	34328	14424	14424
2016	393737	108542	285195	35	36450	9502	9502
2017	384900	96400	288500	453	68480	10407	10407
2018	407812	83460	324352	636	134159	9619	9619
2019	437793	75086	362707	87	319288	59558	59558
2020	424698	74161	350537	40	247419	64591	64591
2021	475032	93287	381745	28	220494	106059	106059

说明：1.进出口总额从2001年起改用海关数据，之前为外贸业务统计数。2001年外贸出口总额业务数为23773万美元，其中进口额8645万美元，出口总额15128万美元。2.从2004年起利用外资指标按国家商务部统计口径，2004年原统计口径数据为：协议外资45673万美元，实际利用外资23403万美元，外商直接投资21278万美元，2019年起实际利用外资单位为万元人民币

续表32

年份	公路通车里程（千米）	国道	省道	客运量（万人）	旅客周转量（万人千米）	货运量（万吨）	货物周转量（万吨千米）	机动车辆拥有量（万辆）	汽车
1987	3588.0			873	63000	371	25095	0.29	0.19
1988	3690.8	218.0	650.8	1015	62787	581	52240	0.97	0.33
1989	3690.8	218.0	650.8	1192	106324	475	42765	1.24	0.33
1990	3690.8	218.0	650.8	994	85648	544	42499	1.59	0.40
1991	3753.8	218.0	654.9	1537	138197	662	43478	1.65	0.44
1992	3757.3	221.5	654.9	1240	112613	778	57296	2.00	0.48
1993	6448.4	222.5	654.7	1253	128993	505	41979	2.60	0.50
1994	7360.6	234.0	654.2	1661	157807	932	74320	4.78	0.75
1995	7653.5	217.7	654.2	1665	155864	1003	65809	5.97	1.01
1996	8421.2	217.7	636.8	1784	184809	997	85407	6.65	1.08
1997	8425.3	216.6	636.1	2094	191288	1279	107872	7.68	1.25
1998	8394.9	215.1	911.1	2381	208729	1432	120450	9.06	1.48
1999	8394.5	215.1	910.7	2418	220296	1692	147360	11.31	1.46
2000	8822.8	217.3	910.7	2683	252137	1934	169147	11.82	1.41
2001	8867.8	213.5	874.6	1333	222239	578	62148	13.93	1.77
2002	8886.4	213.5	874.6	1686	326478	941	83566	21.34	2.23
2003	8902.7	213.5	874.5	1702	330850	920	78243	25.93	2.00
2004	8902.7	213.4	874.7	1986	349369	923	81396	28.96	2.49
2005	13394.7	213.4	891.5	2069	369687	986	84807	31.39	3.70
2006	13416.7	213.4	891.5	2286	389732	1070	93301	29.53	3.38
2007	13522.4	213.4	874.7	2445	415803	1145	100668	31.77	4.11
2008	13889.2	213.4	875.3	2872	335391	1959	298952	33.96	4.97
2009	14647.6	213.7	854.1	3025	347451	2025	305251	35.90	6.06
2010	14721.0	213.7	853.9	3294	381796	2244	340223	38.36	7.56
2011	14731.7	213.7	853.5	3878	441055	2698	407444	39.81	9.17
2012	15250.7	213.7	853.5	4653	534112	3296	503919	40.95	10.83
2013	15345.0	213.7	853.5	2406	273876	4789	632136	40.64	12.35
2014	15585.0	213.7	853.5	2922	334868	5755	766013	43.14	14.48
2015	15795.3	213.7	936.8	2877	332271	5519	738118	45.79	18.40
2016	15825.2	1069.5	454.6	3223	370175	6203	826398	44.32	23.87
2017	16018.2	1278.6	1482.6	3527	410456	6702	900214	58.07	30.65
2018	16235.7	1289.2	1482.6	3654	431596	6861	946523	60.11	36.72
2019	16561.5	783.1	1482.6	2980	375536	4634	376401	67.07	42.20
2020	17332.7	783.1	1486.7	783	111025	4372	363897	74.52	46.56
2021	17362.8	783.1	1486.7	992	109335	6548	560056	85.65	51.39

说明：客、货运输量的四个指标数据，2000年以前为统计部门专业数，2001年以后为交通部门抽样调查数（只含公路、水路，不包铁路）；2008年抽样调查范围调整，表中四个运输量指标原口径数据分别为2556万人、444133万人千米、1237万吨、109687万吨千米；2013年起，按国家制度调整统计口径

续表32

年份	邮电业务总收入（万元）	邮电业务总量（万元）	移动电话交换机总容量（万门）	固定电话用户（万户）	移动电话用户（万户）	固定电话普及率（户/百人）	移动电话普及率（户/百人）
1987	890	902		0.69		0.26	
1988	1236	1253		1.01		0.39	
1989	1394	1413		1.34		0.52	
1990	1813	1838		1.65		0.64	
1991	2680	2508		2.50		0.99	
1992	4002	3736		3.06	0.02	1.26	0.01
1993	6698	6419		4.49	0.08	1.82	0.03
1994	10464	11416		6.20	0.32	2.54	0.13
1995	15023	17696		8.27	0.67	3.43	0.28
1996	22971	23617	1.2	10.21	1.09	4.28	0.46
1997	28979	28479	1.2	14.34	1.63	6.08	0.69
1998	35015	36120	3.8	17.79	2.43	7.63	1.04
1999	44483	47613	3.9	21.22	3.94	9.21	1.71
2000	51234	62620	4.3	28.13	8.84	12.34	3.88
2001	62447	72031	12.7	34.10	21.49	14.65	9.23
2002	72017	93290	31.4	39.89	33.34	16.39	13.69
2003	77467	111215	45.5	44.96	46.61	17.77	18.43
2004	81124	161500	83.3	55.00	56.06	20.88	21.28
2005	91487	161700	106.0	58.88	68.96	21.51	25.20
2006	98858	228771	140.9	62.87	75.54	22.46	26.99
2007	112531	254967	193.4	69.15	80.95	24.85	29.10
2008	127086	302500	211.0	67.85	85.29	24.21	30.44
2009	135074	351278	235.0	61.22	96.70	21.38	33.78
2010	143596	463250	387.0	57.99	104.26	19.90	35.77
2011	193681	193578	451.0	55.06	120.24	18.54	40.48
2012	179226	237531	467.0	52.74	140.04	17.60	46.74
2013	194146	296864	379.0	50.46	167.36	16.69	55.35
2014	186980	336437	440.0	44.13	235.55	14.47	77.22
2015	188560	418503	440.0	41.50	231.28	13.52	75.37
2016	192706	688223	440.0	38.23	235.33	12.42	76.47
2017	198204	509893	440.0	36.16	216.24	11.72	70.07
2018	251709	1035799	473.0	33.24	248.67	10.75	80.41
2019	270637	1707215	420.0	35.04	261.21	11.30	84.27
2020	290644	2172627	420.0	33.07	254.64	11.66	89.80
2021	326120	3502034	420.0	32.03	273.93	11.27	96.42

说明：1.邮电业务总量：2000年及以前按1990年不变价计算，2001—2010年按2000年不变价计算，从2011年起按2010年不变价格计算（2010年按2010年不变价计算的数据为169471万元）。2.移动电话交换机总容量：原邮电局1995年以前用惠州市的交换机，1999—2001年联通公司用梅州市的交换机，表中1996—2001年数据为移动公司数据（不包括联通公司）。3. 2014年以来当地电话用户、移动电话用户用河源市数据。4.邮电业务总收入：邮政业务收入2017年及以前采用邮政公司汇总数据，从2018年起采用邮政管理局汇总数据（含快递业务收入）

续表32

单位：元

年 份	单位从业人员年末人数（万人）	在岗职工	在岗职工年平均工资	全体常住居民人均可支配收入	全体常住居民恩格尔系数(%)	城镇常住居民人均可支配收入	城镇常住居民恩格尔系数(%)	农村常住居民人均可支配收入	农村常住居民恩格尔系数(%)
1987	13.20		1146					417	61.2
1988	13.59		1317					520	53.9
1989	14.45		1576					621	52.5
1990	15.47		1742					707	54.2
1991	16.13		1902					752	54.9
1992	16.66		2219					845	51.0
1993	17.35		2725					1060	50.9
1994	17.95		3848					1553	47.6
1995	18.12		4678					1880	52.9
1996	18.58		4953					2178	49.2
1997	19.28	15.22	4983					2480	50.2
1998	19.09	14.52	6042					2387	51.3
1999	18.80	14.64	6926					2547	48.4
2000	18.48	14.56	7678					2782	47.0
2001	17.96	14.66	9054					2985	46.5
2002	17.69	14.84	10221					3158	46.0
2003	18.37	15.63	12494					3322	43.8
2004	17.28	16.99	14472					3515	47.9
2005	19.04	18.85	16132			8489		3764	47.7
2006	21.25	21.11	17358			9533	38.4	4072	47.5
2007	22.32	22.11	20105			10600	41.5	4431	48.2
2008	23.33	22.90	22058			11343	40.7	4729	47.9
2009	24.79	24.35	23803			12138	42.1	5013	49.3
2010	24.68	24.67	26379	8172		11834	41.9	5678	48.1
2011	24.59	24.57	31232	9391		13235	45.1	6775	48.0
2012	23.77	23.72	35747	10628		14836	43.6	7818	49.1
2013	25.39	24.95	41098	11924	42.8	16557	42.0	8825	43.6
2014	26.20	25.91	45423	13283	42.7	18246	41.9	9884	43.5
2015	27.07	26.71	51456	14548	42.4	20016	41.5	10803	43.3
2016	27.90	27.14	56513	16077	42.0	21817	41.2	12046	42.8
2017	28.10	27.47	61561	17718	41.5	23780	40.6	13301	42.4
2018	28.90	28.15	68940	19397	40.6	25492	39.9	14620	41.5
2019	27.23	26.28	71939	21052	39.8	27129	39.1	16030	40.6
2020	26.90	25.76	86494	22291	40.8	28018	39.9	17313	41.7
2021	29.11	27.62	89802	24627	39.7	30446	39.2	19146	40.2

说明：1. 1987—1997年的“在岗职工平均工资”为“职工平均工资”数据；2. 2009年及以前“农村常住居民人均可支配收入”为“农村居民人均纯收入”数据。1998—2002年“农民人均纯收入”为调整数，1997年以前为未调整数；3.河源市从2006年起开展城镇住户调查（2005—2009年数据为市区数）；4.2013年，国家推行城乡住户调查一体化改革，2010—2013年城乡居民收入数据为按新制度调整数

续表32

年份	河源市水电		省属水电装机容量		全市用电量（万千瓦时）		
	装机容量（万千瓦）	发电量（万千瓦时）	新丰江（万千瓦）	枫树坝（万千瓦）		工业用电量	农村用电量
1987	9.02	24350	30.25	15.0			6427
1988	9.25	23925	30.25	15.0	8104	3969	7888
1989	9.47	24693	30.25	15.0	17888	10244	8980
1990	9.76	27531	30.25	15.0	19401	12763	9677
1991	10.38	16179	30.25	15.0	39296	25122	9854
1992	12.22	33776	30.25	15.0	40485	24774	10259
1993	12.59	35822	30.25	15.0	52985	31557	8158
1994	13.31	35396	30.25	15.0	66999	41735	9688
1995	13.59	37300	30.25	15.0	69912	44694	10958
1996	14.93	36792	31.50	15.0	74824	44778	11814
1997	16.21	47603	31.50	15.0	75869	44837	13227
1998	16.98	46560	31.50	15.0	84793	47173	12954
1999	18.52	34519	31.50	15.0	87285	49195	14291
2000	19.53	49983	31.50	15.0	92712	54693	14927
2001	20.33	54512	31.50	15.0	99431	61233	15983
2002	22.13	35720	31.50	15.0	128789	78443	17242
2003	23.52	42643	31.50	15.0	193951	126286	18399
2004	28.40	49737	31.50	15.0	227720	150995	20553
2005	30.50	71851	31.50	15.0	239029	169507	23383
2006	31.97	98515	31.50	15.0	301076	214244	26639
2007	33.30	98549	33.50	15.0	374635	264686	28763
2008	38.68	119617	33.50	18.0	389553	258432	32728
2009	42.89	90208	33.50	18.0	439363	314550	37419
2010	54.41	149976	33.50	18.0	515174	374686	40911
2011	59.31	113076	33.50	20.0	589140	429686	44617
2012	60.76	171369	35.50	20.0	583814	400374	55267
2013	61.32	195183	35.50	20.0	655998	426779	62083
2014	62.07	160474	35.50	20.0	743834	468950	67451
2015	63.60	144771	35.50	20.0	780579	476114	69619
2016	64.60	273137	35.50	20.0	833425	510426	72065
2017	65.11	175098	35.50	18.0	862622	517937	75316
2018	65.88	113831	35.50	17.6	898403	531189	75375
2019	66.29	209084	35.50	17.6	973929	569621	81906
2020	67.79	133400	35.50	20.0	993775	544291	92258
2021	68.19	57390	35.50	17.6	1157580	626384	98777

说明："全市用电量""工业用电量"数据由河源市供电局提供

续表32

年份	普通高等学校在校学生数(人)	中等职业学校在校学生数(人)	普通中学在校学生数(万人)	小学在校学生数(万人)	科技活动机构数(个)	从事科技活动人员(人)	科技经费支出总额(万元)	医院卫生院床位(张)	卫生技术人员(人)
1987			9.92	33.90					
1988		6308	8.94	35.29				3197	5109
1989		5992	8.72	37.27				3277	5180
1990		6146	9.16	38.60				3310	5357
1991		5797	9.69	39.69				3370	5273
1992		4468	10.27	40.09				3411	5635
1993		3692	11.16	40.42				3473	5782
1994		3540	13.13	40.50				3458	6008
1995		3824	15.26	39.59				3528	6215
1996		3912	17.60	38.53				3502	6548
1997		4367	19.13	37.50				3566	7097
1998		5234	19.65	36.53				3694	7218
1999		6349	19.30	35.57				3740	7788
2000		7971	19.29	34.95	20	200	3993	3720	8135
2001	1210	8295	19.00	35.59	20	211	3960	3776	8189
2002	1560	8601	19.30	36.43	19	192	4552	3878	7873
2003	2230	9140	20.58	37.11	19	189	4607	3586	7236
2004	3595	11685	21.22	36.39	19	187	3265	4100	7804
2005	5373	12424	22.10	35.69	17	153	2626	4014	7929
2006	6424	14318	22.86	34.25	18	170	429	4220	8177
2007	7233	16420	22.98	31.17	18	178	519	4237	8388
2008	8368	28858	23.92	28.76	17	185	605	4632	8923
2009	10147	28910	24.14	26.85	17	175	809	5376	9535
2010	11868	51907	24.12	25.51	17	147	682	5918	10232
2011	11875	52527	22.98	24.91	17	141	1066	7146	10900
2012	12289	51538	21.33	24.75	16	133	1066	7649	11526
2013	12398	49250	19.57	24.77	16	131	1233	8623	12277
2014	12686	41832	18.54	26.05	16	133	1199	9299	12599
2015	11350	35369	17.64	27.75	16	126	1009	9881	14146
2016	12085	32181	17.51	29.16	16	135	1806	11058	15708
2017	12015	39005	17.84	30.00	17	177	2202	12196	16625
2018	12347	28746	18.99	30.76	17	175	1910	13276	17612
2019	13307	21202	20.30	31.27	17	152	2179	14547	19059
2020	20508	31735	21.72	31.10	18	217	2521	15953	19991
2021	16452	27200	23.25	30.36	17	206	2700	17769	21484

说明："科技"指标统计范围为国有科技机构

续表32

年份	年末职工参加基本养老保险人数(万人)	年末职工参加基本医疗保险人数(万人)	城镇居民最低生活保障人数(人)	生产安全事故死亡人数(人)	亿元地区生产总值生产安全事故死亡人数(人)
1987					
1988	6.1				
1989	8.3				
1990	8.6				
1991	9.5				
1992	10.8				
1993	11.5				
1994	12.2				
1995	14.6				
1996	14.4				
1997	15.3				
1998	15.1				
1999	12.1				
2000	17.4				
2001	18.4				
2002	18.7	5.1	14979	321	2.93
2003	18.7	6.0	16717	241	1.88
2004	19.5	7.1	19197	219	1.37
2005	21.4	10.4	19161	180	0.88
2006	25.3	11.6	20961	151	0.59
2007	27.7	12.5	21676	139	0.42
2008	31.2	20.0	31489	110	0.28
2009	32.57	22.21	31309	122	0.30
2010	34.14	23.95	31585	124	0.28
2011	41.46	25.44	31944	123	0.24
2012	43.43	27.18	30301	122	0.21
2013	44.93	28.24	19652	120	0.18
2014	73.04	28.97	19979	128	0.17
2015	68.72	30.11	19176	110	0.14
2016	71.71	31.38	13149	120	0.14
2017	49.67	33.34	9537	133	0.14
2018	40.03	34.89	6865	113	0.11
2019	35.95	36.18	5996	105	0.10
2020	52.77	38.10	5977	112	0.10
2021	42.30	43.52	5829	84	0.07

建市以来河源市国民经济主要指标年均增长速度情况表

表33

单位：%

指标 \ 年份	1988—1990年	1991—1995年	1996—2000年	2001—2005年	2006—2010年	2011—2015年	2016—2020年
地区生产总值	14.1	13.1	11.0	16.6	16.4	10.3	5.2
第一产业	12.5	6.0	6.5	5.2	3.6	4.5	4.6
第二产业	15.2	18.1	11.5	28.5	23.7	11.9	4.2
#工业	14.4	15.5	13.4	29.8	26.9	11.8	3.6
建筑业	17.7	24.8	7.2	23.5	1.2	12.7	7.5
第三产业	16.8	20.8	15.1	15.9	13.5	10.2	6.1
人均地区生产总值	15.4	14.5	12.3	12.4	15.0	10.3	5.7
地方一般公共预算收入	28.3	15.6	7.8	27.2	24.1	21.9	3.4
税收总收入	4.8	34.1	13.1	32.9	23.6	16.8	4.8
金融机构本外币存款余额	47.2	30.3	15.4	17.8	19.4	14.6	9.3
#住户存款	41.6	41.4	15.9	15.5	16.5	13.5	10.0
金融机构本外币贷款余额	32.0	24.9	4.8	11.4	25.7	18.8	14.4
农林牧渔业总产值	8.9	7.3	7.2	4.4	4.3	4.0	4.4
工业总产值	15.8	21.9	12.9	29.2	29.8	15.6	5.4
#规模以上工业	14.2	21.2	13.3	35.4	32.8	16.1	5.7
规模以上工业增加值	12.3	15.0	14.2	35.7	30.5	16.3	5.8
固定资产投资额	18.5	44.5	5.9	33.5	16.6	22.7	13.2
社会消费品零售总额	16.9	22.9	11.2	13.8	15.6	12.1	5.9
旅游接待总人数	57.6	32.7	29.4	24.0	22.0	18.9	-24.2
旅游总收入	36.6	27.5	32.7	20.9	20.3	35.6	-24.0
进出口总额		76.9	-4.9	26.9	38.8	8.2	1.1
#进口		163.7	-7.8	28.1	34.0	3.7	-9.1
出口		56.9	-2.5	26.0	42.1	10.6	4.4
签订利用外资协议数	-10.8	28.1	-12.0	24.2	-5.7	-21.6	9.0
实际利用外商直接投资	22.5	98.5	2.7	16.6	-1.5	-3.1	0.7
在岗职工平均工资	15.0	21.8	10.4	16.0	10.3	14.3	10.9
农村常住居民人均可支配收入	19.2	21.6	10.7	6.2	8.6	13.7	9.9
水电装机容量	0.5	1.4	2.3	3.1	6.6	2.4	0.7
#本市水电装机容量	2.7	6.8	7.5	9.3	12.3	3.2	1.3
全市用电量	9.5	17.7	5.9	20.7	16.6	8.7	4.9
公路通车里程	0.9	15.7	2.9	8.7	1.9	1.4	1.9
邮电业务总收入	26.8	52.6	27.8	12.3	9.4	5.6	9.0
固定电话用户	33.7	38.0	27.7	15.9	-0.3	-6.5	-4.2
移动电话用户			67.5	50.8	8.6	17.3	1.9

说明：1.此表所列时间段按国家五年规划期划分（下同）；2.地区生产总值及分产业增加值、人均地区生产总值、工农业总产值、规上工业增加值等指标的年均增长速度按可比价计算

1993年以来河源市分区县生产总值及产业构成情况表（源城区）

表34

年份	地区生产总值（当年价，万元）	工业增加值	地区生产总指数（%）上年=100	工业增加值	地区生产总值三大产业构成（%）	人均地区生产总值（当年价，元）	人均地区生产总值指数（%）上年=100
1993	64799	23854	118.3	133.5	12.4：54.4：33.2	3986	113.0
1994	74708	20087	107.8	91.5	15.0：43.1：41.9	4389	103.0
1995	90070	24225	118.8	120.8	13.8：43.0：43.2	5056	113.5
1996	102643	24741	111.2	107.1	14.7：38.2：47.1	5507	106.3
1997	120807	28997	113.8	112.6	13.3：36.8：49.9	6195	108.8
1998	126724	34146	110.0	119.5	11.4：34.2：54.4	6215	105.1
1999	127842	35996	105.2	113.3	11.7：33.8：54.5	5998	100.6
2000	148463	40394	133.2	116.8	10.5：33.7：55.8	6661	127.3
2001	179479	54856	120.1	136.4	10.3：37.9：51.8	7597	113.3
2002	215893	67604	121.6	127.8	9.7：41.0：49.3	8574	114.1
2003	286800	91965	131.2	137.9	7.4：41.9：50.7	10760	124.0
2004	377720	125712	125.7	130.6	6.2：43.9：49.9	13356	118.5
2004（新）	377720	125712	125.7	130.6	6.3：43.9：49.8	13356	118.5
2005	521014	194925	134.6	149.3	4.3：46.9：48.8	17416	127.2
2006	713547	341331	137.9	172.0	2.2：54.1：43.7	22084	127.6
2007	946105	451084	127.3	128.0	1.8：53.1：45.1	27206	118.3
2008	1140423	557914	111.8	113.2	1.7：54.1：44.2	30566	104.2
2009	1302295	651341	121.9	131.0	1.5：53.8：44.7	32136	112.2
2010	1477047	694682	119.1	125.6	1.4：51.0：47.6	33353	109.0
2011	1796310	820132	115.2	114.7	1.2：50.7：48.1	38114	108.3
2012	2060353	889756	113.5	115.8	1.1：48.4：50.5	42385	110.1
2013	2362766	984987	113.0	116.7	1.0：46.9：52.1	46774	108.7
2014	2926239	1399080	122.7	141.1	0.9：51.6：47.5	56437	119.6
2015	3096910	1411616	109.0	109.3	0.8：49.9：49.3	57596	105.1
2016	3449393	1488796	106.8	106.2	0.8：48.4：50.8	61508	102.4
2017	3914177	1647835	106.7	106.5	0.7：47.0：52.3	68191	104.3
2018	4053709	1612523	107.2	106.4	0.7： 46.1：53.2	67641	102.7
2019	4275756	1676953	104.4	103.6	0.8： 45.1：54.1	66945	98.0
2020	4460779	1705609	102.7	101.4	0.7：43.8：55.5	65450	96.3
2021	5227377	2157074	110.3	118.6	0.7:47.0:52.3	74063	106.5

说明：1.1993—2003年数据按2004年第一次全国经济普查口径调整；2005—2007年数据按2008年第二次全国经济普查口径调整；2009—2012年数据按2013年第三次全国经济普查口径调整（下同）。2.2006—2009年人均地区生产总值及指数依2010年第六次全国人口普查数据平滑调整（下同）。3. 2004—2012年地区生产总值核算采用国民经济行业分类标准（GB/T4754-2002），2013年起采用国民经济行业分类标准（GB/T4754-2011）（下同）

1993年以来河源市分区县生产总值及产业构成情况表[源城区（不含高新区、城东）]

表35

年份	地区生产总值(当年价，万元)	工业增加值	地区生产总指数(%)上年=100	工业增加值	地区生产总值三大产业构成(%)	工业增加值占地区生产总值比重(%)
1993	25500	4651	113.0	136.1	31.5：30.8：37.7	18.2
1994	35742	6605	116.2	118.3	31.4：30.8：37.8	18.5
1995	41347	7339	115.9	120.0	30.1：29.6：40.3	17.7
1996	47531	7950	109.2	108.6	31.9：23.1：45.0	16.7
1997	53041	8664	110.7	109.3	30.4：20.8：48.8	16.3
1998	58004	10411	113.0	115.1	24.8：22.3：52.9	17.9
1999	63892	13726	113.5	133.3	23.3：25.7：51.0	21.5
2000	75340	15070	113.3	96.5	20.8：25.6：53.6	20.0
2001	88292	18162	116.0	121.1	21.0：26.4：52.6	20.6
2002	101175	21290	114.3	121.3	20.7：28.6：50.7	21.0
2003	127340	25497	120.9	121.5	16.7：27.9：55.4	20.0
2004	161432	44357	119.3	156.5	14.4：35.4：50.2	27.5
2004(新)	161432	44357	119.3	156.5	14.8：35.4：49.8	27.5
2005	213327	68429	130.5	148.5	10.5：40.4：49.1	32.1
2006	280060	110707	132.9	158.9	5.6：45.1：49.3	39.5
2007	385406	174564	131.3	152.7	4.5：50.0：45.5	45.3
2008	478396	222293	114.8	116.5	4.1：51.5：44.4	46.5
2009	601330	247832	125.1	106.9	3.2：44.4：52.4	41.2
2010	648337	210469	115.8	122.9	3.1：35.9：61.0	32.5
2011	809132	249232	117.1	117.1	2.7：34.1：63.2	30.8
2012	978709	262056	114.7	114.0	2.3：30.1：67.6	26.8
2013	1190685	283367	117.9	119.9	2.1：27.5：70.4	23.8
2014	1387560	401814	115.1	137.9	1.8：32.5：65.7	29.0
2015	1547651	416209	110.1	113.7	1.7：31.5：66.8	26.9
2016	1805630	434708	118.0	106.7	1.5：33.0：65.5	24.1
2017	2206080	458534	109.2	103.2	1.2：28.7：70.1	20.8
2018	2470071	449262	109.7	103.2	1.1：28.2：70.7	18.2
2019	2597803	506481	104.9	113.5	1.2：28.1：70.7	19.5
2020	2652460	489177	102.0	96.5	1.3：26.0：72.7	18.4
2021	3029828	652983	109.2	126.4	1.1：29.5：69.4	21.6

1993年以来河源市分区县生产总值及产业构成情况表（东源县）

表36

年 份	地区生产总值（当年价，万元）	工业增加值	地区生产总指数（%）上年=100	工业增加值	地区生产总值三大产业构成（%）	人均地区生产总值（当年价，元）	人均地区生产总值指数（%）上年=100
1993	59540	13038	108.3	129.7	53.7：26.0：20.3	1539	111.3
1994	86867	14597	116.2	130.0	57.6：21.0：21.4	2308	119.4
1995	87084	8529	98.9	61.8	63.5：15.8：20.7	2379	101.8
1996	87181	7034	103.0	86.1	63.3：14.5：22.2	2450	106.0
1997	87575	7981	106.2	115.0	62.0：14.9：23.1	2532	109.3
1998	89543	8434	104.7	107.9	55.7：15.4：28.9	2665	107.8
1999	97816	8608	111.9	106.1	53.8：15.4：30.8	2998	115.2
2000	107803	11251	111.8	126.0	48.2：17.1：34.7	3400	115.0
2001	121474	14313	113.6	129.0	45.4：19.2：35.4	3759	111.4
2002	135460	17252	114.1	126.0	43.5：20.6：35.9	3955	107.7
2003	156874	24100	115.5	143.1	36.9：23.9：39.2	4349	109.7
2004	195215	40180	117.9	160.1	33.7：28.3：38.0	5127	111.7
2004（新）	195215	40180	117.9	160.1	34.5：28.3：37.2	5127	111.7
2005	248169	66978	124.1	160.4	28.8：36.0：35.2	6193	117.9
2006	321744	124934	129.9	183.2	21.2：45.9：32.9	7583	122.7
2007	432898	202418	129.2	156.9	17.4：52.8：29.8	10274	130.1
2008	524021	264998	110.8	119.8	16.8：55.6：27.6	12539	111.7
2009	528436	266018	109.9	110.7	16.2：55.3：28.5	12050	104.8
2010	544203	240568	109.9	113.3	18.2：49.1：32.7	12279	108.7
2011	648976	286018	114.6	119.4	18.6：48.3：33.1	14761	115.5
2012	732082	315534	112.2	117.7	17.8：47.1：35.1	16785	113.1
2013	812175	356711	112.0	118.2	16.8：48.1：35.1	18813	113.2
2014	902033	388261	107.8	107.2	16.4：48.3：35.3	21061	108.7
2015	891215	340854	100.1	94.2	17.8：42.7：39.5	20980	100.9
2016	982969	346372	107.1	106.4	17.3：40.1：42.6	23421	108.4
2017	1175308	312491	111.0	86.8	14.7：31.4：53.9	28534	113.1
2018	1238574	336523	106.6	112.6	14.3：32.1：53.6	31360	111.1
2019	1314465	360134	104.3	106.4	15.0：33.9：51.1	35203	110.3
2020	1395052	389247	104.5	107.1	16.2：35.5：48.3	39214	109.6
2021	1671914	504171	112.6	121.2	17.5：37.6：44.9	47837	114.6

1993年以来河源市分区县生产总值及产业构成情况表（和平县）

表37

年 份	地区生产总值（当年价，万元）		地区生产总指数（%）上年=100		地区生产总值三大产业构成（%）	人均地区生产总值（当年价，元）	人均地区生产总值指数（%）上年=100
		工业增加值		工业增加值			
1993	42154	6574	111.7	114.5	56.3∶22.5∶21.2	1062	113.3
1994	53090	5910	110.0	107.7	59.1∶16.8∶24.1	1358	111.8
1995	61036	7225	109.1	102.5	55.8∶18.1∶26.1	1587	110.8
1996	69019	8781	113.1	109.0	58.7∶19.7∶21.6	1823	114.9
1997	78128	10117	113.9	129.1	55.6∶19.9∶24.5	2099	115.9
1998	90903	12590	113.7	117.7	50.9∶20.4∶28.7	2483	115.6
1999	103220	15814	112.9	114.2	49.3∶21.6∶29.1	2868	114.8
2000	105818	18841	111.9	120.4	40.2∶24.5∶35.3	2991	113.8
2001	119385	21338	112.3	111.0	38.2∶24.2∶37.6	3347	111.4
2002	129818	21647	110.4	105.1	37.5∶22.9∶39.6	3547	107.6
2003	148378	25161	112.5	116.3	35.7∶23.1∶41.2	3980	110.4
2004	176619	32113	114.3	123.1	33.9∶24.4∶41.7	4640	112.0
2004（新）	176619	32113	114.3	123.1	35.0∶24.4∶40.6	4640	112.0
2005	206669	37942	111.8	113.7	31.7∶25.7∶42.6	5333	109.8
2006	250591	69254	123.5	179.3	23.6∶37.8∶38.6	6443	123.1
2007	307834	101810	117.6	142.4	22.3∶43.4∶34.3	8050	119.6
2008	355266	130343	106.2	117.1	22.3∶43.5∶34.2	9437	107.8
2009	389039	145871	112.5	118.8	20.5∶44.1∶35.4	10351	112.7
2010	446934	154149	110.7	113.2	20.8∶40.3∶38.9	11901	110.8
2011	540006	192604	115.9	128.3	20.2∶40.7∶39.1	14427	116.2
2012	606997	207068	111.5	116.9	19.3∶39.4∶41.3	16289	112.0
2013	706988	227082	113.7	116.1	17.6∶39.1∶43.3	19077	114.4
2014	772682	218055	104.9	97.6	17.5∶37.8∶44.7	20988	105.6
2015	836133	211874	109.2	106.7	17.5∶37.0∶45.5	22927	110.3
2016	935583	195950	107.6	97.4	17.4∶33.4∶49.2	25970	108.9
2017	1089620	206626	108.3	101.6	15.4∶31.7∶52.9	30513	109.2
2018	1180233	220147	109.2	110.5	15.4∶32.3∶52.3	33199	109.7
2019	1271157	226989	105.6	102.7	16.4∶31.5∶52.1	35827	105.8
2020	1188631	187498	94.7	82.0	19.3∶28.8∶51.9	33563	94.8
2021	1278721	170771	102.1	85.3	19.9∶25.6∶54.5	36153	102.2

1993年以来河源市分区县生产总值及产业构成情况表（龙川县）

表38

年份	地区生产总值（当年价，万元）	工业增加值	地区生产总指数（%）上年=100	工业增加值	地区生产总值三大产业构成（%）	人均地区生产总值（当年价，元）	人均地区生产总值指数（%）上年=100
1993	86031	19416	118.0	119.6	35.9：33.5：30.6	1301	119.7
1994	123804	21324	117.0	109.9	45.3：25.3：29.4	1901	118.9
1995	154843	28118	113.6	121.5	48.2：23.2：28.6	2414	115.4
1996	173561	27290	112.7	108.2	49.0：21.4：29.6	2749	114.5
1997	176522	28807	110.2	107.8	43.8：21.0：35.2	2841	112.0
1998	185431	32707	106.7	109.0	38.2：22.4：39.4	3034	108.4
1999	210515	37256	114.5	111.3	34.8：22.4：42.8	3502	116.4
2000	229781	43865	111.2	110.4	30.5：23.9：45.6	3886	113.1
2001	248750	41953	108.2	95.5	30.6：22.1：47.3	4161	107.0
2002	268587	43726	109.7	107.7	29.3：21.1：49.6	4356	106.4
2003	310300	57647	115.6	132.8	27.4：24.3：48.3	4913	112.8
2004	382906	87783	116.1	136.1	25.0：29.7：45.3	5904	113.1
2004(新)	382906	87783	116.1	136.1	25.4：29.7：44.9	5904	113.1
2005	459484	135493	115.6	148.5	23.0：35.6：41.4	6921	112.9
2006	538595	198840	118.9	144.2	18.1：44.1：37.8	8020	117.6
2007	630382	251913	112.7	122.7	18.3：47.2：34.5	9384	112.6
2008	753718	329335	109.6	119.6	18.0：50.1：31.9	11174	109.2
2009	691683	250982	106.4	105.1	20.1：43.6：36.3	10194	105.8
2010	727033	216435	109.6	112.0	21.3：36.1：42.6	10573	108.1
2011	821664	235310	108.2	112.1	23.0：34.0：43.0	11819	107.0
2012	938668	256535	110.5	113.9	21.9：31.8：46.3	13562	111.0
2013	1033100	286066	110.0	115.1	20.7：32.7：46.6	14976	110.4
2014	1095617	275893	103.1	98.3	20.9：30.8：48.3	15937	103.5
2015	1134505	239236	103.3	93.9	21.8：26.4：51.8	16668	104.3
2016	1236798	215901	106.2	93.8	20.1：23.1：56.8	18414	107.7
2017	1415613	246881	107.4	107.4	17.8：23.8：58.4	21313	108.6
2018	1479029	244385	104.3	106.8	17.9：22.9：59.2	22768	106.7
2019	1625011	289516	108.1	118.2	18.3：25.5：56.2	25934	112.1
2020	1586768	280602	97.4	96.2	20.8：24.3：54.9	26251	100.9
2021	1702466	288485	102.9	96.3	19.9：23.0：57.1	28644	104.6

1993年以来河源市分区县生产总值及产业构成情况表（紫金县）

表39

年 份	地区生产总值（当年价，万元）	工业增加值	地区生产总指数（%）上年=100	工业增加值	地区生产总值三大产业构成（%）	人均地区生产总值（当年价，元）	人均地区生产总值指数（%）上年=100
1993	78423	9792	109.0	133.4	69.5：16.4：14.1	1417	110.3
1994	101982	11434	110.5	111.0	71.4：14.7：13.9	1866	111.8
1995	122522	12795	109.7	111.2	70.8：13.6：15.6	2269	111.0
1996	141050	16662	111.2	111.1	67.1：15.1：17.8	2645	112.6
1997	149326	18736	110.5	113.6	66.2：15.2：18.6	2837	111.9
1998	147747	21805	112.0	120.3	60.0：18.1：21.9	2844	113.5
1999	157713	23575	110.4	116.6	57.4：18.0：24.6	3078	111.8
2000	169856	24158	106.7	104.2	55.4：17.1：27.5	3359	108.1
2001	186999	26673	110.5	111.8	52.3：16.8：30.9	3592	107.4
2002	197425	27134	109.3	105.6	49.7：16.4：33.9	3560	102.6
2003	225040	29993	113.8	113.0	46.7：15.8：37.5	3836	107.5
2004	270393	49290	115.8	163.5	43.2：20.4：36.4	4346	109.2
2004（新）	270393	49290	115.8	163.5	44.0：20.4：35.6	4346	109.2
2005	322871	76413	119.0	148.8	36.5：28.1：35.4	4909	112.5
2006	361522	114533	118.1	147.2	28.3：34.8：36.9	5492	118.0
2007	435810	151688	115.1	128.3	26.3：37.8：35.9	6876	119.5
2008	530149	197255	111.2	119.0	25.8：39.5：34.7	8280	110.0
2009	552644	205378	107.2	110.9	25.0：39.1：35.9	8642	107.4
2010	623892	207007	111.6	113.6	24.9：35.2：39.9	9859	112.8
2011	724089	229336	112.2	117.0	25.7：33.9：40.4	11352	111.3
2012	818733	246465	110.9	117.7	24.3：31.8：43.9	13009	112.4
2013	911378	270475	111.1	113.3	23.0：31.9：45.1	14710	112.9
2014	980237	266159	103.2	98.0	22.8：30.3：46.9	15982	104.3
2015	1051655	246016	106.9	101.3	22.7：28.4：48.9	17480	109.0
2016	1182988	231552	105.7	98.4	21.3：23.3：55.4	20234	108.8
2017	1338241	245984	105.5	101.7	19.5：22.7：57.8	23191	106.9
2018	1364302	256438	105.4	109.7	20.1：22.6：57.3	23754	105.9
2019	1497999	256310	106.9	100.0	20.2：21.6：58.1	26262	107.7
2020	1638383	352831	104.2	114.0	19.9：28.8：51.3	29307	106.3
2021	1881146	394147	108.7	104.7	20.9：29.8：49.3	34209	110.5

1993年以来河源市分区县生产总值及产业构成情况表[紫金县（不含临江、古竹）]

表40

年 份	地区生产总值（当年价，万元）	工业增加值	地区生产总指数（%）上年=100	工业增加值	地区生产总值三大产业构成（%）	人均地区生产总值（当年价，元）	人均地区生产总值指数（%）上年=100
2018	985058	95281			24.5：14.3：61.2		
2019	1106916	105131	109.4	111.0	24.1：14.3：61.5	22678	110.6
2020	1228711	189979	104.5	123.1	23.7：22.7：53.6	25775	107.0
2021	1432894	232965	110.5	115.0	24.5：24.8：50.7	30614	112.5

1993年以来河源市分区县生产总值及产业构成情况表（连平县）

表41

年份	地区生产总值(当年价，万元)	工业增加值	地区生产总指数（%）上年=100	工业增加值	地区生产总值三大产业构成（%）	人均地区生产总值（当年价，元）	人均地区生产总值指数（%）上年=100
1993	44407	6483	111.9	112.6	53.6：19.6：26.8	1433	113.0
1994	57430	7985	120.0	137.5	53.4：18.3：28.3	1870	121.1
1995	70335	9090	119.8	106.6	52.8：19.4：27.8	2312	121.0
1996	78512	9851	111.8	108.9	52.2：19.0：28.8	2606	112.9
1997	93321	14487	111.4	123.1	51.4：23.0：25.6	3129	112.5
1998	102473	23551	101.3	138.3	44.6：29.2：26.2	3472	102.4
1999	111301	30247	110.8	126.7	37.8：32.4：29.8	3811	111.9
2000	132876	35750	110.6	125.7	26.4：37.1：36.5	4597	111.7
2001	136915	40493	106.6	112.0	25.7：37.4：36.9	4666	105.1
2002	141466	46420	108.4	117.6	23.8：38.9：37.3	4667	104.7
2003	153279	52000	110.4	112.4	22.9：39.6：37.5	4929	107.8
2004	200809	92603	113.6	131.1	18.5：50.1：31.4	6278	110.5
2004(新)	200809	92603	113.6	131.1	18.8：50.1：31.1	6278	110.5
2005	281934	159610	128.0	152.2	14.1：60.2：25.7	8596	124.8
2006	379181	248912	133.5	153.2	10.3：68.4：21.3	11407	131.7
2007	521550	371107	132.6	144.5	8.9：73.7：17.4	16043	135.5
2008	648240	477613	114.0	117.7	8.4：75.4：16.2	20261	115.9
2009	535000	348341	97.7	92.5	10.1：67.2：22.7	16444	96.1
2010	607982	378076	108.2	105.7	10.3：64.0：25.7	18277	105.8
2011	652280	381155	110.6	110.3	11.0：60.5：28.5	19480	109.9
2012	740336	435538	108.7	111.3	10.8：60.6：28.6	22486	110.5
2013	862288	509651	110.4	109.9	11.0：60.8：28.2	26618	112.2
2014	652701	259900	73.9	54.9	16.2：43.5：40.3	20422	74.9
2015	658040	223000	99.0	87.9	17.4：38.9：43.7	21034	101.2
2016	674401	177310	99.5	89.1	19.4：30.8：49.8	22126	102.2
2017	740965	171163	101.1	85.3	19.4：28.2：52.4	24840	103.3
2018	753928	141473	102.1	87.9	20.2：24.9：54.9	25762	104.1
2019	813150	160165	106.4	116.2	21.0：25.8：53.2	28069	107.5
2020	873442	192445	101.3	106.0	21.6：26.9：51.5	30434	102.3
2021	978228	224173	105.5	109.9	22.9：27.2：49.9	34324	106.3

1993年以来河源市分区县生产总值及产业构成情况表（江东新区）

表42

年份	地区生产总值(当年价，万元)	工业增加值	地区生产总指数（%）上年=100	工业增加值	地区生产总值三大产业构成（%）	人均地区生产总值（当年价，元）	人均地区生产总值指数（%）上年=100
2018	475651	163351			7.0：36.3：56.7		
2019	538751	152439	109.5	93.0	6.8：30.0：63.2	42589	105.6
2020	666912	164332	109.0	106.5	5.4：29.1：65.5	51202	105.8
2021	717356	170860	103.5	97.4	6.0：29.4：64.6	54304	102.0

2021年河源市分区县地区生产总值情况表

表43

指　　标	计量单位	全　市		2021年分区县			
		2020年	2021年	源城区	#不含高新区、城东	东源县	和平县
地区生产总值	万元	11143058	12739851	5227377	3029828	1671914	1278721
农林牧渔业	万元	1349349	1554470	34785	34436	296662	257035
工业	万元	3108232	3738820	2157074	652983	504171	170771
建筑业	万元	776152	893603	301285	241656	123896	156153
批发和零售业	万元	1137224	1265801	528494	459778	92822	189894
交通运输、仓储和邮政业	万元	154243	212370	49001	44791	23407	32882
住宿和餐饮业	万元	184108	222873	60766	50536	36153	22325
信息传输、软件和信息技术服务业	万元	157800	222253	211158	119729	1163	3046
金融业	万元	708804	753328	547264	175076	68245	17339
房地产业	万元	1372400	1445818	502800	434927	261372	127684
租赁和商务服务业	万元	110919	125684	64437	47571	10388	7287
科学研究和技术服务业	万元	78014	86571	63889	57886	2667	2759
水利环境和公共设施管理业	万元	49817	61045	15713	14292	3224	7103
居民服务修理和其他服务业	万元	181785	201380	78194	72150	12260	25048
教育	万元	698639	777818	215414	237114	94539	101344
卫生和社会工作	万元	351603	398005	152711	132583	26087	44181
文化体育和娱乐业	万元	24144	26788	14230	8281	1273	4723
公共管理社会保障和社会组织	万元	699826	753223	230162	246039	113586	109147
第一产业	万元	1335246	1538127	34708	34359	292166	254954
第二产业	万元	3883419	4631502	2458101	894420	628026	326843
第三产业	万元	5924394	6570222	2734568	2101049	751722	696924
地区生产总值指数	上年=100	101.3	108.0	110.3	109.2	112.6	102.1
农林牧渔业	上年=100	105.9	108.1	102.9	103.1	116.2	104.3
工业	上年=100	102.9	112.8	118.6	126.4	121.2	85.3
建筑业	上年=100	96.6	104.1	109.9	108.2	105.9	91.3
批发和零售业	上年=100	92.5	106.9	106.6	107.0	103.7	108.5
交通运输、仓储和邮政业	上年=100	92.5	130.3	125.7	125.1	130.2	130.4
住宿和餐饮业	上年=100	77.5	117.6	115.8	114.9	119.5	113.0
信息传输、软件和信息技术服务业	上年=100	121.7	118.4	118.8	117.0	116.7	110.6
金融业	上年=100	107.3	99.1	98.6	100.2	109.3	101.4
房地产业	上年=100	98.3	101.5	98.9	96.9	107.3	101.5
租赁和商务服务业	上年=100	94.1	105.4	106.6	105.7	106.6	103.1
科学研究和技术服务业	上年=100	104.5	103.1	102.9	102.4	103.0	102.9
水利环境和公共设施管理业	上年=100	112.4	118.3	113.1	111.0	112.9	121.7
居民服务修理和其他服务业	上年=100	97.3	106.0	107.7	107.1	105.7	104.5
教育	上年=100	109.1	107.2	107.4	106.3	106.2	111.6
卫生和社会工作	上年=100	109.5	108.8	108.7	108.6	106.9	116.8
文化体育和娱乐业	上年=100	86.4	108.6	110.2	110.2	107.9	106.0
公共管理社会保障和社会组织	上年=100	101.6	106.5	105.7	106.0	104.3	110.1
第一产业	上年=100	105.9	108.0	102.9	103.1	116.3	104.2
第二产业	上年=100	101.9	111.1	117.5	121.1	117.9	88.0
第三产业	上年=100	99.9	106.1	104.7	105.0	107.5	109.1

续表43

指标	计量单位	2021年分区县				
		龙川县	紫金县	#不含临江、古竹	东源县	其中：江东新区
地区生产总值	万元	1702466	1881146	1432894	978228	717356
农林牧渔业	万元	341428	399923	355899	224637	44280
工业	万元	288485	394147	232965	224173	170860
建筑业	万元	103911	166289	123270	42070	40107
批发和零售业	万元	221254	162871	115166	70465	52788
交通运输、仓储和邮政业	万元	42206	21270	12827	43604	9395
住宿和餐饮业	万元	39749	49877	36013	14003	14394
信息传输、软件和信息技术服务业	万元	1598	4242	3619	1046	1105
金融业	万元	55308	46492	46279	25680	10693
房地产业	万元	195906	225928	172263	135128	114969
租赁和商务服务业	万元	25926	13409	9259	4236	7731
科学研究和技术服务业	万元	8564	5623	4591	3068	4195
水利环境和公共设施管理业	万元	5557	21104	9151	8345	12906
居民服务修理和其他服务业	万元	30093	40595	30785	15190	16337
教育	万元	164205	141530	111837	60786	157409
卫生和社会工作	万元	86656	56395	47631	31975	9843
文化体育和娱乐业	万元	2048	2816	2798	1698	63
公共管理社会保障和社会组织	万元	89572	128632	118540	72125	50283
第一产业	万元	338453	393625	350522	224221	43356
第二产业	万元	392308	560078	356143	266146	210666
第三产业	万元	971705	927442	726228	487860	463335
地区生产总值指数	上年=100	102.9	108.7	110.5	105.5	103.5
农林牧渔业	上年=100	101.6	111.4	111.2	109.5	120.8
工业	上年=100	96.3	104.7	115.0	109.9	97.4
建筑业	上年=100	89.0	125.7	124.4	89.6	121.4
批发和零售业	上年=100	109.0	104.7	109.8	107.3	97.0
交通运输、仓储和邮政业	上年=100	132.2	136.6	137.3	130.8	130.2
住宿和餐饮业	上年=100	119.2	119.7	118.9	117.6	121.9
信息传输、软件和信息技术服务业	上年=100	109.8	113.7	113.8	117.5	113.6
金融业	上年=100	99.5	103.2	103.2	103.5	120.2
房地产业	上年=100	104.9	103.7	103.6	95.0	97.1
租赁和商务服务业	上年=100	103.8	103.6	103.8	104.0	103.4
科学研究和技术服务业	上年=100	102.9	105.9	106.1	103.3	102.9
水利环境和公共设施管理业	上年=100	121.1	119.5	118.1	123.2	108.0
居民服务修理和其他服务业	上年=100	105.8	104.4	103.7	105.6	104.1
教育	上年=100	105.3	109.3	107.1	101.8	106.2
卫生和社会工作	上年=100	107.1	108.8	108.5	104.4	103.7
文化体育和娱乐业	上年=100	107.4	107.2	107.2	107.3	107.2
公共管理社会保障和社会组织	上年=100	103.2	104.4	104.2	100.8	101.9
第一产业	上年=100	101.5	111.4	111.2	109.2	120.9
第二产业	上年=100	94.3	110.0	118.0	106.2	101.1
第三产业	上年=100	107.2	106.9	107.0	103.7	103.1

说明：指数按可比价格计算

2016年以来河源市分区县农林牧渔业总产值情况表（现行价）

表44　　单位：万元

项　目	年　份	全　市	源城区	#不含高新区、城东	东源县	和平县
农林牧渔业	2016	1572828	49143		279080	259494
	2017	1609015	48429		280527	264262
	2018	1686358	49302		287110	284975
	2019	1894428	57248	55948	320105	325220
	2020	2127609	56832	56161	372268	365051
	2021	2405575	59881	59293	458052	417136
农业	2016	877093	22818		151314	130439
	2017	925921	23303		155950	136036
	2018	974814	24503		161545	147512
	2019	1064478	27243	26456	178570	161140
	2020	1130624	31888	31486	196025	169910
	2021	1332609	33862	33485	245481	191847
林业	2016	254822	488		34506	53822
	2017	267625	1616		35757	57344
	2018	291378	1499		35326	65428
	2019	328565	1411	1411	37017	78017
	2020	349477	389	389	42156	82937
	2021	417148	871	871	68888	109515
牧业	2016	373056	24434		76008	68835
	2017	343725	22029		71153	63634
	2018	344153	21804		71292	63983
	2019	419326	27079	26565	81962	77797
	2020	557811	22913	22643	108024	103349
	2021	551362	23347	23139	114648	104524
渔业	2016	44179	1268		10368	3357
	2017	46107	1340		10269	3970
	2018	48186	1341		10915	4513
	2019	51282	1348	1348	13656	4401
	2020	55536	1466	1466	16259	4607
	2021	65469	1619	1619	18334	6282
农林牧渔专业及辅助性活动	2016	23678	135		6884	3042
	2017	25636	142		7397	3279
	2018	27827	154		8032	3539
	2019	30776	167	167	8899	3865
	2020	34161	176	176	9805	4248
	2021	38987	182	180	10701	4968

说明：2016年数据经第三次全国农业普查结果调整（下同）

续表44

项目	年份	龙川县	紫金县	#不含临江、古竹	连平县	其中：江东新区
农林牧渔业	2016	387608	395957		201425	
	2017	388939	407545		219299	
	2018	407166	427071		230732	
	2019	458926	474040	417277	258885	58066
	2020	519885	520487	460999	293086	60159
	2021	493817	657637	568815	319052	89409
农业	2016	191423	234371		146729	
	2017	196338	246127		168164	
	2018	207272	259077		174904	
	2019	222067	284450	251720	191008	33517
	2020	230035	302695	270204	200071	32893
	2021	251965	398169	349800	211286	48746
林业	2016	94674	62081		9251	
	2017	98750	65600		8559	
	2018	104904	71256		12966	
	2019	123221	73515	65581	15385	7934
	2020	136025	70519	66859	17451	3660
	2021	100490	106051	94040	31332	12011
牧业	2016	84534	79979		39267	
	2017	75772	75060		36082	
	2018	76230	74767		36075	
	2019	94480	92836	82713	45170	10637
	2020	132814	123090	105225	67621	18135
	2021	117561	125860	103934	65422	22134
渔业	2016	12662	10502		5900	
	2017	13309	11010		6195	
	2018	13574	11379		6463	
	2019	13386	11521	7318	6969	4203
	2020	14512	11124	7598	7568	3526
	2021	16722	12526	8214	9986	4312
农林牧渔专业及辅助性活动	2016	4314	9024		278	
	2017	4770	9749		298	
	2018	5186	10592		324	
	2019	5773	11720	9945	352	1775
	2020	6499	13059	11113	374	1946
	2021	7079	15031	12828	1026	2205

2016年以来河源市分区县农林牧渔业总产值指数情况表

表45 单位：上年=100

项 目	年 份	全 市	源城区	#不含高新区、城东	东源县	和平县
农林牧渔业	2016	102.0	97.3		102.7	105.1
	2017	103.7	103.1		102.7	103.9
	2018	104.3	102.6		101.3	105.5
	2019	105.6	104.5	104.5	105.2	108.2
	2020	106.3	103.0	104.1	109.9	105.8
	2021	107.4	100.7	100.9	115.9	106.9
农业	2016	103.0	103.4		103.7	104.3
	2017	105.1	105.8		103.7	105.2
	2018	105.0	105.5		102.5	107.1
	2019	105.7	104.1	104.1	108.1	105.7
	2020	105.0	117.7	119.6	108.9	104.4
	2021	102.7	100.1	100.2	103.4	98.0
林业	2016	102.5	56.7		102.7	110.9
	2017	104.7	336.1		102.7	105.8
	2018	105.0	91.7		95.1	104.7
	2019	112.3	95.7	95.7	106.2	122.3
	2020	107.8	27.2	27.2	115.7	106.6
	2021	97.2	190.2	190.4	135.6	102.0
牧业	2016	99.2	94.1		101.3	102.0
	2017	99.6	95.8		101.3	99.3
	2018	102.2	100.6		101.4	102.5
	2019	99.6	105.8	105.8	95.1	100.3
	2020	108.1	92.3	92.9	109.0	108.0
	2021	123.1	99.7	99.9	133.8	124.4
渔业	2016	100.9	84.7		95.4	110.0
	2017	101.1	102.9		95.7	115.0
	2018	101.7	97.1		101.4	111.9
	2019	106.4	100.3	100.3	124.8	99.9
	2020	106.1	100.4	100.4	115.2	100.9
	2021	103.5	104.4	104.4	100.2	126.1
农林牧渔专业及辅助性活动	2016	107.5	121.5		105.9	107.4
	2017	106.7	103.4		105.9	106.2
	2018	106.2	106.4		106.2	105.6
	2019	107.0	104.9	105.2	107.2	105.6
	2020	108.2	102.7	103.0	107.4	107.1
	2021	113.7	103.0	101.9	108.7	116.5

说明：此表指数按可比价格计算，2016年数据经第三次全国农业普查结果调整（下同）

续表45

项目	年份	龙川县	紫金县	#不含临江、古竹	连平县	其中：江东新区
农林牧渔业	2016	101.4	101.0		103.5	
	2017	102.2	104.0		107.9	
	2018	104.7	103.7		105.5	
	2019	105.7	105.3	105.3	104.6	105.0
	2020	105.6	105.8	106.7	105.5	98.7
	2021	94.8	114.7	111.6	108.4	148.6
农业	2016	101.9	102.8		105.6	
	2017	102.9	105.0		111.2	
	2018	104.2	105.1		103.6	
	2019	104.9	105.4	105.4	104.8	105.4
	2020	102.6	105.4	106.3	102.7	97.2
	2021	101.9	109.2	107.5	96.9	148.2
林业	2016	104.1	101.5		102.4	
	2017	104.3	104.7		94.5	
	2018	106.2	103.0		150.4	
	2019	113.7	107.1	107.1	110.9	107.1
	2020	111.0	100.4	106.7	114.8	48.3
	2021	60.0	130.2	121.8	147.2	328.2
牧业	2016	97.6	96.1		96.7	
	2017	98.3	100.6		99.6	
	2018	104.5	100.1		104.3	
	2019	97.5	103.5	103.5	100.1	103.6
	2020	105.6	112.0	107.5	114.2	144.7
	2021	117.0	120.6	116.5	131.0	122.1
渔业	2016	101.2	93.7		102.4	
	2017	101.5	101.2		101.4	
	2018	100.2	100.1		102.7	
	2019	102.7	100.9	100.9	110.8	100.9
	2020	102.9	99.2	106.7	105.3	86.2
	2021	100.1	101.3	97.2	114.0	122.3
农林牧渔专业及辅助性活动	2016	110.0	105.1		107.0	
	2017	108.9	106.4		105.8	
	2018	106.4	106.3		106.2	
	2019	107.7	107.0	107.0	105.1	107.1
	2020	109.7	108.6	108.9	103.6	106.9
	2021	108.5	114.6	115.0	273.2	112.9

河源市对外经济主要指标情况表

表46　　　　单位：万元

指　　标	全　市			2021年分区县	
	2020年	2021年	增长%	源城区（不含高新区、城东）	高新区
一、进出口总额（亿元）	293.3	306.9	4.7	76.7	108.5
#出口总额	242.2	246.6	1.9	53.3	88.8
进口总额	51.1	60.2	17.8	23.4	19.7
二、签订利用外资协议(合同)数(个)	40	28	-30.0	9	3
外商直接投资	39	28	-28.2	9	3
合资经营企业	12	19	58.3	5	1
合作经营企业					
外资（独资）企业	27	9	-66.7	4	2
外商投资股份制					
外商其他投资	1				
三、协议（合同）规定利用外资额	247419	220494	-10.9	41777	2708
外商直接投资	241778	220494	-10.9	41777	2708
合资经营企业	41881	155537	271.4	4033	19
合作经营企业					
外资（独资）企业	199897	64957	-67.5	37744	2689
外商投资股份制					
外商其他投资	5641				
四、实际利用外商投资	64591	106059	64.2	12245	17878
外商直接投资	64591	106059	64.2	12245	17878
合资经营企业	5945	16948	185.1	5446	25
合作经营企业	295				
外资（独资）企业	58351	89111	52.7	6799	17853
外商投资股份制					
外商其他投资					
五、外商投资企业情况					
工商登记数（个）	2007	2297	14.4		
投资总额（万美元）	935684	1081710	15.6		
注册资本（万美元）	532417	672893	26.4		

说明：1.进出口数据由河源海关统计，外资数据由市商务局提供（下同）。2.外商投资企业情况无县区数

续表46

指标	2021年分区县					
	东原县	和平县	龙川县	紫金县（不含高新区、城东）	连平县	江东新区
一、进出口总额（亿元）	55.0	5.7	31.3	5.7	7.8	16.2
#出口总额	49.5	5.5	23.7	5.1	6.5	14.3
进口总额	5.5	0.2	7.6	0.6	1.3	1.9
二、签订利用外资协议（合同）数（个）	3	3	3	1	3	3
外商直接投资	3	3	3	1	3	3
合资经营企业	2	3	1	1	3	3
合作经营企业						
外资（独资）企业	1		2			
外商投资股份制						
外商其他投资						
三、协议（合同）规定利用外资额	9613	679	8779	14274	6903	135761
外商直接投资	9613	679	8779	14274	6903	135761
合资经营企业	4715	679	150	5430	5250	135261
合作经营企业						
外资（独资）企业	4898		8629	8844	1653	500
外商投资股份制						
外商其他投资						
四、实际利用外商投资	20966	1600	2508	8367	2038	40457
外商直接投资	20966	1600	2508	8367	2038	40457
合资经营企业	5925	545		1382	1594	2031
合作经营企业						
外资（独资）企业	15041	1055	2508	6985	444	38426
外商投资股份制						
外商其他投资						
五、外商投资企业情况						
工商登记数（个）						
投资总额（万美元）						
注册资本（万美元）						

2021年河源市分区县固定资产投资增长速度情况表

表47

单位：%

指　　标	全　市		2021年分区县			
	2020年	2021年	源城区	#不含高新区、城东	高新区	东源县
固定资产投资总额	5.1	8.9	12.5	10.6	26.1	14.9
按产业分						
第一产业	71.6	42.2				89.4
第二产业	3.1	8.6	9.2	3.1	15.1	3.1
工业	3.1	8.6	9.2	3.1	15.1	3.1
第三产业	4.5	7.8	13.9	13.1	41.5	15.1
按登记注册类型分						
内源性经济投资	7.0	7.1	5.6	1.4	22.1	15.9
国有经济	2.4	14.8	30.0	-7.5	56.2	20.0
集体经济	43.1	-68.3				7.1
私营个体经济	-1.8	46.2	49.6	50.0	118.0	59.4
外源性经济投资	-23.6	47.2	190.5	448.0	64.8	2.4
港澳台商投资	-34.1	55.5	196.7	421.9	61.1	47.8
外商投资	39.9	23.4	165.6	739.1	75.5	-15.0
民间投资	9.5	7.1	3.8	1.6	19.9	17.4
按构成分						
建安工程	3.5	9.2	18.7	16.2	33.1	19.1
设备、工器具购置	18	7.3	-8.0	-21.5	21.0	5.7
其他费用	2.9	9.1	14.2	24.5	-28.7	1.8
按资金来源分						
国家预算内资金	25.7	-18.4	56.3	40.8		-16.7
国内贷款	2.1	18.9	5.9	1.8	3.4	9.8
债券						
利用外资	-60.8	469.6				
自筹资金	7.0	11.2	-2.2	-46.1	26.7	41.0
其他资金	9.2	11.4	27.8	20.9	162.2	-0.7
房屋建筑面积						
施工面积	-9.8	16.2	24.9	30.1	-21.0	16.0
其中：住宅	7.6	13.3	22.9	29.4	-18.9	12.2
竣工面积	52.9	-26.7	-47.1	-46.9		-3.0
其中：住宅	89.5	-33.5	-51.0	-42.5		-14.3

说明：资金来源不包含5000万元以下项目数据（下同）

续表47

指标	2021年分区县					
	和平县	龙川县	紫金县	#不含临江、古竹	连平县	其中：江东新区
固定资产投资总额	-9.9	5.0	15.0	14.9	4.1	7.5
按产业分						
第一产业	3.6	-85.2	16.7	13.6	265.4	329.1
第二产业	13.8	-28.0	52.6	81.8	16.4	-19.4
工业	13.8	-28.0	52.6	81.8	16.4	-19.4
第三产业	-21.2	22.2	3.8	-19.3	-26.4	9.5
按登记注册类型分						
内源性经济投资	-9.4	5.7	16.5	18.4	4.2	7.2
国有经济	-23.6	37.4	-2.6	-31.0	33.1	43.6
集体经济						
私营个体经济	54.6	-42.3	314.5	289.3	-14.3	51.4
外源性经济投资	-68.8	-2.7	-35.8	-59.2	-17.1	31.6
港澳台商投资	-68.8	-2.7	-35.8	-59.2	-41.5	31.6
外商投资						
民间投资	0.3	-15.0	35.9	65.8	-10.9	-3.0
按构成分						
建安工程	-10.7	2.2	13.7	10.6	-5.5	11.3
设备、工器具购置	-18.8	-16.9	114.6	136.9	116.0	44.7
其他费用	11.3	225.3	-26.9	-19.8	23.9	-15.8
按资金来源分						
国家预算内资金	-37.0	77.1	-65.0	-73.5	50.2	-84.0
国内贷款	5129.3	-12.0	10.5	-30.8	-41.3	72.1
债券						
利用外资			-16.7			-16.7
自筹资金	5.5	-0.7	47.6	1.6	23.1	3.9
其他资金	-14.6	32.9	1.9	-6.8	6.9	5.2
房屋建筑面积						
施工面积	-38.9	11.0	32.1	39.9	-24.9	23.9
其中：住宅	-37.1	2.8	35.3	40.7	-21.1	21.6
竣工面积	-90.2		403.4	-29.7		105.6
其中：住宅	-91.1		320.8	-29.7		50.8

2021年河源市分区县社会消费品零售总额情况表

表48

单位：万元

指标	全市			2021年分区县		
	2020年	2021年	增长%	源城区	#不含高新区、城东	高新区
总计	3607395	3876226	7.5	1488020	1362101	66569
一、按销售单位所在地分						
城镇	2751440	2947515	7.1	1153583	1065602	59846
乡村	855955	928711	8.5	334437	296499	6723
二、按行业分						
商品零售	3325986	3571340	7.4	1451201	1335043	61137
餐饮收入	281409	304886	8.3	36819	27058	5432

续表48

指标	2021年分区县						
	东源县	和平县	龙川县	紫金县	#不含临江、古竹	连平县	其中：江东新区
总计	436161	407963	613853	570983	443028	359246	187306
一、按销售单位所在地分							
城镇	331482	281915	466774	439657	337587	274104	130206
乡村	104679	126048	147079	131326	105441	85142	57100
二、按行业分							
商品零售	392545	363339	565543	468206	354422	330506	168806
餐饮收入	43616	44624	48310	102777	88606	28740	18500

（卢　伦）

名 录

编辑：王瑞峰

河源市领导班子成员名单

中共河源市委员会

书　记：

丁红都（　—2021.6）

林　涛（2021.6—　）

副书记：

林　涛（　—2021.6）

何国森（2021.6—　）

边立明（2021.1—2021.8）

方　明（2021.12—　）

常　委：

黎意勇（　—2021.8）

方　明（　—2021.12）

叶春球（　—2021.12）

叶少军（　—2021.12）

边立明（　—2021.1）

李云涛（　—2021.3）

朱蔚蔚（　—2021.10）

刘　渤（挂职）

李　洋（2021.10—　）

刘东豪（2021.8—　）

张和志

方文华（2021.3—　）

江海鹰（2021.10—　）

孔德胜（2021.7—　）

廖继聪（2021.12—　）

陈贤亮（2021.12—　）

中共河源市人大常委会党组

党组书记：

丁红都（　—2021.6）

林　涛（2021.6—　）

党组副书记：

吴善平

党组成员：

黎意勇（2021.8—　）

罗小聪

陈荣卓

胡为达（　—2021.1）

徐先龙

钟壬旺

河源市人大常委会

主　任：

丁红都（　—2021.6）

林　涛（2021.6—　）

常务副主任：

吴善平

副主任：

罗小聪

吴素香

陈荣卓

胡为达（　—2021.2）

徐先龙

中共河源市人民政府党组

党组书记：

林　涛（　—2021.6）

何国森（2021.6—　）

党组副书记：

黎意勇（　—2021.8）

刘东豪（2021.8—　）

党组成员：

刘　渤

林少威（　—2021.8）

何伟良

赖小卫（　—2021.6）

刘东豪（　—2021.8）

江海鹰（2021.6—　）

赵　峰（2021.9—　）

岳　阳（2021.11—　）

谢春艳（2021.11—　）

骆世文（　—2021.11）

谢劲辉（2021.11—　）

河源市人民政府

市　长：

林　涛（　—2021.6）

何国森（2021.6—　）

常务副市长：

黎意勇（　—2021.8）

刘东豪（2021.8—　）

副市长：

刘　渤

林少威（　—2021.8）

庞启彪（　—2021.11）

何伟良

赖小卫（　—2021.6）

刘东豪（　—2021.8）

曹建忠（2021.11—　）

江海鹰（2021.6—2021.11）

赵　峰（2021.9—　）

岳　阳（2021.11—　）

谢春艳（2021.11—　）

中共河源市政协委员会党组

党组书记：

张丽萍（女，　—2021.1）

钟挥锷（2021.1—　）

党组副书记：

叶少军

何伟强（　—2021.9）

党组成员：

李衍楠

黄添胜

刘振林

何安琼（女）

政协河源市委员会

主　席：

张丽萍（女，　—2021.2）

钟挥锷（2021.2—　）

副主席：

何伟强（　—2021.9）

黄晨光

唐汉芳

李衍楠

肖朋添

刘伟德

黄添胜

刘振林

中共河源市纪律检查委员会

书　记：

方　明（　—2021.12）

李　洋（2021.12—　）

副书记：

肖伟星（　—2021.10）

徐学章（　—2021.1）

李小明（2021.1—　）

阳胜国（2021.12—　）

张炜超（2021.11—　）

河源市监察委员会

主　任：

方　明

副主任：

肖伟星（　—2021.11）

徐学章（　—2021.4）

李小明（2021.1—　）

阳胜国（2021.12—　）

张炜超（2021.12—　）

河源市人民检察院

党组书记、检察长：

蔡永珊（　—2021.11）

刘旭东（2021.11—　）

河源市中级人民法院

党组书记、院长：

周定挺（　—2021.9）

党组书记、代理院长：

王庆丰（2021.9—　）

河源市领导机关秘书长、副秘书长、纪检监察组组长名单

中共河源市委秘书长、副秘书长、纪检组组长

秘书长：

张和志（兼，　—2021.7）

孔德胜（兼，2021.7—　）

常务副秘书长：

黄吉文

副秘书长：

邓　勇

曾伟军

陈甫逸飞

张建旺

陈冠洲（挂职）

纪检组组长：

何其发

河源市人大常委会秘书长、副秘书长

秘书长：

钟壬旺

副秘书长：

吴继新

朱小强（2021.4—　）

吴荣辉

河源市人民政府秘书长、副秘书长，派驻市政府办公室纪检监察组组长

秘书长：

骆世文（　—2021.12）

谢劲辉（2021.12—　）

副秘书长：

谢劲辉（2021.10—2021.12）

邝伟毅

吴志鸿

邱慧娜（　—2021.4）

殷乘胜

古国辉

叶文娟（2021.4—　）

李树青（挂任）

冯伟斌（　—2021.11）

陈劲松（2021.8—　）

派驻市政府办公室纪检监察组组长：

杨　革

政协河源市委员会秘书长、副秘书长

秘书长：

何安琼（女）

副秘书长：

朱少道（　—2021.12）

廖洪滨（　—2021.9）

刘仕钦（2021.9—　）

刘质佳（2021.9—　）

河源市市直单位领导名单

河源市人民代表大会法制委员会

主任委员：

胡为达（　—2021.2）

副主任委员：

李鹏章

河源市人民代表大会社会建设委员会

主任委员：

陈荣卓

副主任委员：

黄小柳（　—2021.7）

黄咏梅

林伟雄

河源市人大常委会法制工作委员会

主　任：

李鹏章

副主任：

戴妮娜（　—2021.8）

河源市人大常委会财政经济工作委员会

主　任：

黄焕明

副主任：

谢小宇

河源市人大常委会城乡建设环境与资源保护工作委员会

主　任：

陈伟雄

副主任：

黄光波

河源市人大常委会农村农业工作委员会

主　任：

何伟光

副主任：

陈伟勇

河源市人大常委会教科文卫侨工作委员会

主　任：

黎海波（　—2021.8）

凌金文（2021.8—　）

副主任：

赖石林

河源市人大常委会选举联络人事任免工作委员会

主　任：

邝卫人

副主任：

李小清

河源市人大常委会监察和司法工作委员会

主　任：

黄咏梅

副主任：

曾宪伟

政协河源市委员会提案法制委员会

主　任：

吴金水（女）

副主任：

张　源

政协河源市委员会经济委员会

主　任：

朱南忠

副主任：

梁向东

政协河源市委员会农业和农村委员会

主　任：

袁成章（　—2021.9）

吴胜生（2021.12—　）

副主任：

吴胜生（　—2021.12）

政协河源市委员会人口资源环境委员会

主　任：

黄福平（　—2021.9）

黄聚平（2021.9—　）

副主任：

姜玉华（女）

政协河源市委员会科教卫体委员会

主　任：

郑伟华

副主任：

颜彩玲（女）

政协河源市委员会港澳台侨外事委员会

主　任：

缪国健

副主任：

邱晓红（女）

政协河源市委员会学习文史民族宗教委员会

主　任：

罗良海（2021.4—　）

副主任：

刘文达

政协河源市委员会联络工作委员会

主　任：

叶发兴

副主任：

刘质佳（　—2021.9）

中共河源市委组织部

部　长：

边立明（　—2021.5）

张和志（2021.5—　）

常务副部长：

刘贞华（　—2021.8）

副部长：

李晓云（兼）

邓小强（兼，　—2021.7）

吴志平

陈海青

陈　炜（　—2021.7）

部务委员：

葛志伟（2021.8—　）

陈怿昶（2021.3—　）

纪检监察组组长：

黄　武

中共河源市委宣传部

部　长：

朱蔚蔚（　—2021.11）

江海鹰（2021.11—　）

常务副部长：

叶振廷

驻部纪检监察组组长：

刘　斌

副部长：

邹庆光

俞美清（　—2021.8）

李　冰（2021.8—　）

陈德鹏

河源市精神文明建设委员会

主　任：

林　涛

第一副主任：

何国森

常务副主任：

江海鹰

副主任：

孔德胜

吴素香

赵　峰

庞启彪

何伟良

李衍楠

河源市精神文明建设委员会办公室

主　任：

叶振廷

副主任：

徐南敏

中共河源市委统一战线工作部

部　长：

叶少军

常务副部长：

谢海航（　—2021.10）

黄海生（2021.10—　）

副部长：

黄聚平（兼市工商联党组书记、常务副主席，　—2021.8）

徐耀目（兼市工商联党组书记、常务副主席，2021.8—　）

杨友平（兼市民族宗教局局长）

谭丽娟（兼市侨务局局长）

市纪委监委驻部纪检监察组组长：

罗小忠（　—2021.6）

黄日江（2021.6—　）

中共河源市委机构编制委员会

主　任：

丁红都（　—2021.6）

林　涛（2021.6—　）

副主任：

林　涛（　—2021.6）

何国森（2021.6—　）

边立明（　—2021.9）
委　员：
张和志
孔德胜（2021.7—　）
骆世文
袁辉强
骆　超
邓小强（　—2021.8）
林文泉（2021.8—　）

中共河源市委机构编制委员会办公室

主　任：
袁辉强
副主任：
蓝红扬
张永红
崔新友

中共河源市委政策研究室

主　任：
邓　勇
副主任：
陈甫逸飞
董福军（2021.3—　）
张剑辉

河源市乡村振兴局

党组书记、局长：
钟志坚（　—2021.2）
钟建政（2021.6—　）
党组书记：
邓春华（2021.3—2021.5）
党组成员、副局长
徐军民
李进强
张佰朗
王伟元
谢国定（2021.8—　）

中共河源市委全面深化改革委员会办公室

主　任：
张和志（　—2021.7）
孔德胜（2021.7—　）
常务副主任：
邓　勇
副主任：
简勇光
邓先明

中共河源市委党校（河源市行政学院、河源市社会主义学院）

校（院）长：
张和志（市委常委、组织部部长）
常务副校（院）长：
邱寿强（　—2021.3）
邹永东（2021.3—　）
副校（院）长：
林惠鹏
张小苑
校委委员：
王星辉

中共河源市委党史研究室河源市地方志办公室

主　任：
黄小青
副主任：
黄　彬
黄振中

中共河源市委老干部局

局　长：
李晓云
副局长：
何寿均
何燕飞

中共河源市直属机关工作委员会

书　记：
蓝智慧（　—2021.8）
孔德胜（2021.8—　）
常务副书记：
黄亿芳（2021.8—　）
副书记：
李小迎
白贵华
陈志斌（2021.7—　）
纪监工委书记：
李小迎

河源市信访局

局　长：
李洪钧（　—2021.8）
张春荣（2021.9—　）
副局长：
陈锦璇
吕伟兵（　—2021.2）
张春荣（　—2021.9）
孙文锋（2021.10—　）
周文梁（2021.9—　）

河源市水库移民工作局

党组书记、局长：
张　辉（　—2021.8）
钟作新（2021.8—　）
党组成员、副局长
段孝亮（　—2021.8）
刘可忠
陈佩胜（2021.8—　）

河源市政务服务数据管理局

党组书记、局长：
朱雪中
党组成员、副局长：
陈志广（　—2021.10）
刘启增（　—2021.6）
吴　健（　—2021.11）
张志雄（2021.8—　）
陈桂华（2021.11—　）
张　原（2021.11—　）

河源市应急管理局

党委书记、局长：
黄春彭（　—2021.9）
吴新国（2021.9—　）
党委委员、副局长：
袁仕华（　—2021.8）
黄文影（　—2021.8）
张　翼（　—2021.7）
刘辉星
罗志鸿
张飞轮（2021.8—　）
陈文炸（2021.8—　）
党委委员、总工程师：
刘伟荣
党委委员、市地震局局长：
陈志广（2021.10—　）
党委委员：
邱炳云

河源市消防救援支队

党委书记、政治委员：
高　罡
党委副书记、支队长：
周鹤鸣
党委委员、副支队长：
周　理

易　斌
李继刚
纪委书记、副政治委员：
苗春国
党委委员、政治部主任：
陈裕富

中共河源市委、河源市人民政府接待办公室

主　任：
吴新国（　—2021.9）
黎志伟（2021.9—　）
副主任：
黎志伟（　—2021.9）
张松新（　—2021.4）
邓华丽（2021.9—　）

河源市机关事务管理局

党组书记、局长：
黄亿芳（　—2021.8）
蓝智慧（女，2021.8—　）
党组成员、副局长：
利振庭
陈如发（　—2021.8）
丘燕梅（女）
谢文丰（2021.8—　）

河源市人民政府驻北京联络处

主　任：
缪允东
副主任：
蓝伟东
具瑞新

河源市人民政府驻广州办事处

主　任：
杨通达
副主任：
王志华

河源市工商业联合会（总商会）

主　席（会长）：
欧小鲁
党组书记、常务副主席（常务副会长）：
黄聚平（　—2021.8）
徐耀目（2021.8—　）
副主席（副会长）：
罗金柱
徐耀目（　—2021.8）
陈远添
秘书长：
蓝爱平（女）
兼职副主席：
刘长涛
袁建康
赖运宏
肖永文
朱荣业
赖志华
李文东（2021.11—　）
廖希中（2021.11—　）
李　浩（2021.11—　）
蔡学东（2021.11—　）
谢　伟（2021.11—　）
周省强（2021.11—　）
邓小智（2021.11—　）
缪国乐（2021.11—　）
邓昌有（2021.11—　）
古云海（2021.11—　）
廖东帆（2021.11—　）
王煌英（2021.11—　）
林向通（2021.11—　）
易新河（2021.11—　）
周明毅（2021.11—　）
兼职副会长：
廖进富
朱昆明
许建青
郑汉辉
王余生（2021.11—　）
何　艇（2021.11—　）
魏志勇（2021.11—　）
蔡雪辉（2021.11—　）
朱醒悟（女，2021.11—　）
邓　涛（2021.11—　）
张博铖（2021.11—　）
何伟国（2021.11—　）
唐怀金（2021.11—　）
马文欢（2021.11—　）
苏开安（2021.11—　）
余少光（2021.11—　）
张俊生（2021.11—　）
何伟国（2021.11—　）
名誉会长：
王志海
丘宏锋
黄勋文
梁汉文
王　江
黄宇海（2021.11—　）
游建扬（2021.11—　）
叶志浓（2021.11—　）
郭东林（2021.11—　）
肖伯福（2021.11—　）

河源市总工会

主　席：
陈荣卓
党组书记、常务副主席：
谢红英（女）
党组成员、副主席：
向更祥
刘志灵
党组成员、经费审查委员会主任：
黄燕霞

中国共产主义青年团河源市委员会

书　记：
袁华丽
副书记：
黎　丹
钟广鹏

河源市妇女联合会

主　席：
吴艺珍
副主席：
曾洪虹
周丽娴
挂职副主席：
刘立恒
兼职副主席：
林文晖
黄燕霞
刘越香
黄艳芸
陈春燕

河源市残疾人联合会

理事长：
吴文生
副理事长：
欧阳登
庄建辉

河源市归国华侨联合会

党组书记、主席：

李茂辉（ —2021.8）

党组书记：

邹仕选（2021.9— ）

党组成员、主席候选人：

李洪钧（2021.8— ）

党组成员、副主席：

邬国猷

邓谷香

河源市关心下一代工作委员会

主　任：

欧阳培强

副主任：

陈成威

傅跃进

阮伟标

欧阳伟雄

何燕飞

秘书长：

何燕飞（兼）

中共河源市委政法委员会

书　记：

叶春球

第一副书记：

林少威（ —2021.9）

赵　峰（2021.9— ）

常务副书记：

钟作新（ —2021.8）

黄伟章（2021.8— ）

副书记：

郑志崇

黄镜明（ —2021.8）

骆长春

徐子雄（2021.9— ）

专职委员：

骆石万

赖东娣

中共河源市委依法治市委员会办公室

主　任：

叶春球（ —2021.12）

陈贤亮（2021.12— ）

副主任：

钟作新（ —2021.8）

罗良海（ —2021.2）

黄伟章（2021.8— ）

李庆铎（2021.2— ）

河源市公安局

党委书记、局长：

林少威（ —2021.8）

赵　峰（2021.9— ）

党委副书记、常务副局长：

曾尚策（ —2021.2）

专职副书记：

黄乃兴（ —2021.11）

党委委员、市纪委监委驻市公安局纪检监察组组长：

李小明（ —2021.5）

郭军阳（2021.5— ）

党委委员、副局长：

肖　戈（党委委员，—2021.11，副局长， —2021.12）

党委委员、指挥中心主任：

幸运杰

党委委员、副局长：

黄福民

党委委员、政治处主任：

王海珊

党委委员、副局长：

刘芳毅（2021.1— ）

李杭州（2021.1— ）

刘启增（2021.5— ）

于海涛（挂职，2021.4— ）

党委委员、源城分局局长：

张国基（ —2021.4）

河源市人民检察院

检察长：

蔡永珊（ —2021.11）

刘旭东（2021.11— ）

副检察长：

高　波（ —2021.11）

纪检监察组组长：

赖小勇

副检察长；

李春辉（2021.12— ）

曾少平

何　敏

政治部主任：

吴宇峰

河源市中级人民法院

党组书记、院长：

周定挺（ —2021.9）

党组书记、代理院长、副院长：

王庆丰（2021.9— ）

党组副书记、副院长：

林文晖

党组成员、副院长：

张小洁

邓志军

党组成员、市纪委监委驻市法院纪检监察组组长：

潘　涛

党组成员、政治处主任：

雷江辉

河源市司法局

局　长：

罗良海（ —2021.2）

李庆铎（2021.3— ）

副局长：

刘　军

陈建辉

练　斌

涂少辉（ —2021.8）

郭周正（2021.8— ）

黄丽琴

政治处主任：

肖　佳

河源市退役军人事务局

党组书记、局长：

李庆铎（ —2021.2）

徐学章（书记：2021.2— 局长：2021.4— ）

党组成员、副局长：

黄东平

钟林发

吴慧先

广东省新丰江林业管理局（河源新丰江万绿湖风景区管理委员会）

书　记：

陈文华（县委常委兼，—2021.8）

邓小林（县委常委兼，2021.8— ）

副书记、局长（主任）：

赖建军（ —2021.3）

刘伟忠（2021.3— ）

副书记：

黄伟平（兼纪委书记）

党委委员、副局长（副主任）：

何文才

张　浩

赖达东（2021.12— ）

党委委员：

陈镜深（兼办公室主任）

河源市生态环境局

局　长：

徐智敏

副局长：

张少忠

纪检组组长：

廖群辉

副局长：

潘志刚

高丽云

总工程师：

谢立忠

副局长：

杨碧瑜（2021.1— ）

生态环境督察整改办公室主任：

邹树元（ —2021.8）

廖文彦（2021.8— ）

河源市农业农村局

农办主任：

邓春华（2021.4— ）

叶志亮（ —2021.4）

农办专职副主任：

甘桂强

党组书记：

邓春华（2021.4— ）

叶志亮（ —2021.4）

局　长：

邓春华（2021.8— ）

叶志亮（ —2021.08）

副局长：

邓道宇

赖国先

张法周

李　琳（挂任，2021.9— ）

杨建伟

纪检组组长：

叶雪光（ —2021.6）

罗小忠（2021.6— ）

总农艺师：

廖海林

总畜牧兽医师：

吴秋菊（ —2021.3）

河源市林业局

党组书记、局长：

何志锋

党组成员、副局长：

赖明源

朱建明

潘鹏飞（2021.8— ）

孙伟兵（2021.11— ）

党组成员、林业总工程师：

郑建洪

党组成员、市公安局森林分局局长：

张少锋

河源市水务局

党组书记、局长：

张金城

党组成员、副局长：

廖辉光

廖利城

陈　安

赖少略

总规划师：

王小飞

河源市人民政府万绿湖水资源开发管理办公室

主　任：

何少华

副主任：

杨建利

黄海斌

中共河源市灯塔盆地农业高新技术产业示范区工作委员会

书　记：

赖小卫（ —2021.9）

钟志坚（2021.9— ）

副书记：

孔德胜（ —2021.7）

邓春华（ —2021.4）

张衍彪（2021.4—2021.8）

许西湖（2021.7— ）

廖伟强（2021.9— ）

委　员：

刘小峰

黄少立（兼任纪工委书记）

梁金伟

朱春松

周星星（挂职）

吴利民

蔡建辉

河源市灯塔盆地农业高新技术产业示范区管理委员会（筹）

主　任：

孔德胜（ —2021.7）

许西湖（2021.7— ）

常务副主任：

邓春华（ —2021.4）

张衍彪（2021.4—2021.8）

廖伟强（2021.9— ）

副主任：

黄少立（兼任纪工委书记）

梁金伟

蔡建辉

河源市灯塔盆地国家现代农业示范区管理委员会

主　任：（空缺）

副主任：

刘小峰

周星星（挂职）

吴利民

纪工委书记：

朱春松

河源市工业和信息化局

党组书记、局长：

叶金镜

纪检组组长：

廖群辉

副局长：

黄运腾（ —2021.7）

廖伟胜

李超武

张　敏

黄伟明（2021.7— ）

总经济师：

姚良发

河源市交通运输局

党组书记、局长：

马国波

党组成员、副局长：

邹亚宏

廖振福

廖日强

曾明泉

丁大朋（挂职，2021.4— ）

党组成员、纪检组组长：

刘定州（ —2021.7）

肖丽花（2021.8— ）

总工程师：

唐勤学

党组成员、交通运输综合事务中心负责人：

胡国平

河源市公路事务中心

党组书记、主任：

钟作文（ —2021.7）

党组书记：

钟　斌（2021.7— ）

党组成员、副主任：

谢炳冬（ —2021.10）

高仕忠

钟伟权（2021.8— ）

黄佳生

杨　群（2021.10— ）

党组成员、总工程师：

王建新

河源市交通运输综合事务中心

主要负责人：

胡国平

河源市粤运绿都公共交通有限公司

党支部书记、总经理：

周贵辉

河源市邮政管理局

党组书记、局长：

张为民

河源市供销社

主　任：

邱其标

副主任：

钟文高

李锦祥

河源市商务局（河源市口岸局）

党组书记：

黄远程

党组成员：

徐智彪

黄海平

邓　山（ —2021.7）

何勇强（ —2021.3）

周金苔

袁志雄

黄子立（2021.3— ）

田洪刚（挂职）

局　长:

黄远程

副局长:

黄海平

邓　山（ —2021.7）

何勇强（ —2021.3）

周金苔

黄子立（2021.3— ）

田洪刚（挂职）

线口纪检组组长：

许建平（ —2021.7）

叶雪光（2021.7— ）

中国国际贸易促进委员会河源市委员会

会　长:

徐智彪

副会长:

袁志雄

河源市金融局

党组书记：

叶志亮（2021.4— ）

局　长:

黄罡星（2021.10— ）

副局长:

具锦标（ —2021.9）

邹永强

河源市发展和改革局

党组书记：

谢劲辉（ —2021.10）

谢海航（2021.10— ）

局　长:

谢劲辉（ —2021.10）

谢海航（2021.11— ）

党组成员、副局长：

李南雄

党组成员：

张新发（2021.3— ）

高辉强（2021.7— ）

党组成员、纪检组组长：

许建平（ —2021.6）

叶雪光（2021.6— ）

党组成员、副局长：

张新发（2021.7— ）

高辉强（2021.8— ）

吴中洋

蓝　诗（ —2021.7）

党组成员、总经济师：

邬　健（ —2021.5）

河源市财政局

党组书记、局长：

骆　超

党组成员、副局长：

温文忠

诸鸿伟

李桂生（2021.8— ）

朱小文

党组成员、派驻纪检组组长：

黄　晰

总会计师：

唐　丰

河源市公共资源交易中心

主　任:

钟　军（ —2021.7）

谢　骥（2021.7— ）

副主任：

李远惠

廖永青

高铁华

钟汉环

钟振万

河源市审计局

党组书记、局长：

张河敏

党组成员：

贺新彬

党组成员、总审计师：

谢统鹏

党组成员、副局长：

何仕军（2021.8— ）

张素珍（2021.1— ）

吴月胜
袁卓周
郑新桥（ —2021.8）

河源市经济责任审计工作联席会议办公室主任：
贺智峰（2021.10— ）

河源市统计局

党组书记、局长：
蓝战山

党组副书记、副局长：
黄汉鹏
黄超平

党组成员、总统计师：
梁小菊

党组成员、副局长：
吴群阳

河源市市场监督管理局

党组书记、局长：
谢新添

党组成员、副局长：
刘益东
钟剑鸿
严小波
蒙立新

党组成员、市纪委监委派驻纪检监察组组长：
黄日江（ —2021.6）
朱小明（2021.6— ）

总工程师：
钟惠智

食品药品安全总监：
伍志勇

河源市人民政府国有资产监督管理委员会

党委书记：
陈志才

党委副书记、主任：
冯永康

党委委员、副主任：
廖满堂
殷新伟
黄罡星（ —2021.9）

党委委员、纪委书记：
杨　港

河源市住房和城乡建设局

党组书记：
凌金文（ —2021.8）

党组副书记、局长：
邵卫根

党组成员、副局长：
吴学双

党组成员、纪检组组长：
张日城

党组成员、副局长：
王永汉（ —2021.9）

总工程师：
沈　然（ —2021.8）

河源市城市管理和综合执法局

党组书记、局长：
许西湖（ —2021.7）
杨　威（2021.7— ）

党组成员、副局长：
谢仕强
刘彪平
何超明
葛志伟（ —2021.8）
叶　豪（2021.8— ）

河源市水业集团发展有限公司

董事长：
王小沁

副董事长：
刘　科

总经理：
石　艳

河源市人民政府代建项目管理局

局　长：
叶建勋

河源市市场物业管理处

处　长：
吕建科

河源市不动产登记中心

主　任：
叶　豪（ —2021.9)
具锦标 (2021.9—)

河源市住房公积金管理中心

主　任：
傅运光

河源市自然资源局

党组书记：
杨　志

局　长：
刘　涉

党组成员、副局长：
温文中
李伟中
张伟岳
李法南

党组成员：
黄燕飞

党组成员、总工程师：
吴　瑛

河源市土地储备中心

主　任：
廖伟强（ —2021.10）
陈志田（2021.10— ）

河源市教育局

党组书记、局长：
陈农心（ —2021.8）
杨利华（2021.8— ）

党组成员：
吴粤杰（2021.7— ）

党组成员、副局长：
钟小明
张东辉
黄汝荐（2021.10— ）

党组成员、纪检组组长：
黄学赞

党组成员：
张金坤

副局长：
姚家芳（ —2021.8）

河源市卫生学校

党委书记、校长：
张金坤

河源理工学校

校　长：
李雄伟（2021.1— ）

河源技师学院（河源市高级技工学校）

院　长：
张海锋

河源职业技术学院

党委书记：
韦　荣

党委副书记、院长：
陈德清

党委副书记：

叶国英

副院长：

赖小景

王小宁

张国勇

袁光华

河源开放大学

党委书记、校长：

许建国（　—2021.11）

党委副书记、副校长：

蔡杰忠（学校负责人，2021.11—　）

党委副书记、纪检组组长：

刘汝亮

副校长：

赖思平

党委委员、副校长：

邱锦军

河源市科学技术局

党组书记、局长：

欧阳仕文

党组成员、副局长：

吴仕延

刘小平（2021.7—　）

副局长：

韦锐辉

河源市科学技术协会

主　席：

吴素香

党组书记：

陈新华

党组成员、副主席：

潘振伟

骆锐亮

党组成员：

成美清

河源市社会科学界联合会

党组书记：

刘路红（　—2021.7）

曾丽霞（2021.8—　）

主　席：

刘路红

党组成员、专职副主席：

黎建庭

党组成员：

庞　彪

兼职副主席：

张小苑

杨建平

袁光华

谢雄青

河源市文化广电旅游体育局

党组书记、局长：

梁伟光

党组成员、副局长：

李远飞

骆满星

曾志伟

张美芳

总工程师：

黄海平

河源市文学艺术界联合会

主　席：

刘伟德

党组书记：

黄刚毅（女）

党组成员、专职副主席：

王文巧

兼职副主席：

叶国强

罗志勇

肖　蓼（女）

陈裕红（女）

河源广播电视台

台　长：

邹仕选（　—2021.9）

总编辑：

谢　雨

副台长：

刘志常

廖晓棠

甘　露

吴丽萍

总工程师：

钟来全

河源市档案馆

馆　长：

廖琼中（　—2021.3）

邱寿强（2021.3—　）

副馆长：

李映芬（2021.4—　）

河源日报社

社　长：

曾淑梅

总编辑：

杨建平

副社长、副总编辑：

彭志良

郭志军

董福军（　—2021.3）

朱国良

胡剑廷（2021.4—　）

河源晚报社

社　长、总编辑：

刘石妹

河源市卫生健康局

党组书记：

周　鑫

局　长：

黄春垒

党组成员、副局长：

杨　锋

党组成员、市纪委监察委派驻市卫生健康局纪检组组长：

朱振强

党组成员、副局长：

曾德和

叶树知

副局长：

余笑梅

河源市医疗保障局

党组书记：

曾永贞（　—2021.9）

肖伟星（2021.9—　）

党组成员、局长：

曾永贞

党组成员：

陆　琛

党组成员、副局长：

马国雄

叶常波

刘红权

河源市卫生监督所

所　长：

吕伟兵（2021.1—　）

河源市疾病预防控制中心

主　任：

王　海

河源市人民医院

院　长：

李志忠（　—2021.8）

何鹏程（2021.9—　）

党委书记：

殷汉华

副院长：

黄建斌

谢景来

何锦照

谢贤生

侯宝华（2021.9—　）

纪委书记：

周志达

河源市深河人民医院（暨南大学附属第五医院）

院　长：

李志忠

党委副书记（负责工作）：

陈祖辉

河源市中医院

院　长：

王步云

河源市妇幼保健院

党委书记：

王　静

党委副书记、院长：

欧阳培元

中共河源市委外事工作委员会办公室

主　任：

邱志军

副主任：

黄玉珍（　—2021.8）

吴树民

陈仕辉（2021.8—　）

中共河源市委台港澳工作办公室

主　任：

王爱平

副主任：

蓝晓军

河源市人力资源和社会保障局

党组书记、局长：

邓小强（　—2021.7）

林文泉（2021.7—　）

党组成员：

张春慧

副局长：

张春慧（　—2021.8）

张文胜

罗文才

李　君

张燕雄

纪检组组长：

许建平（2021.6—　）

河源市社会保险基金管理局

局　长：

邓小强[主持全面工作（邓小强是市委组织部副部长，市人社局党组书记、局长），—2021.7]

张春慧（2021.8—　）

河源市民政局

党组书记、局长：

张小可

党组成员、副局长：

钟达庆

副局长：

李秀青

党组成员、市社会组织党委专职副书记：

赖松兴

党组成员：

李　琦

党组成员、副局长：

曾　利

河源市红十字会

专职副会长：

游伊里

中共河源市高新技术开发区工作委员会

书　记：

孙　锋（　—2021.8）

骆世文（2021.11—　）

副书记：

刘大荣（　—2021.9）

朱小强（　—2021.4）

陈志中（2021.11—　）

邱慧娜（2021.4—　）

委　员：

李先昌

彭锦益

陈志中（　—2021.11）

邹元涛

邓彬斌（　—2021.8）

市纪委派驻市高新技术开发区纪检组组长：

彭锦益

河源市高新技术开发区管理委员会

主　任：

刘大荣（　—2021.9）

陈志中（2021.11—　）

副主任：

李先昌

陈志中（　—2021.11）

邹元涛

邓彬斌（　—2021.8）

中央、省属驻河源市单位领导名单

中华人民共和国河源海关

关　长：

王秀军（　—2021.10）

刘志红（2021.11—　）

广州海关党委派驻纪检组组长：

严　敏

缉私分局局长：

史清杰

副关长：

吴文君

唐千里

郭　英

中华人民共和国河源海事局

党委书记、局长：

郑良东

党委副书记、纪委书记：

叶水峨

党委委员、副局长：

赖志平

梅　馥

党委委员：

陈德峰

国家税务总局河源市税务局

党委书记、局长：

李保中（ —2021.1）

梁杰文（2021.4— ）

党委委员、副局长：

石小辉（ —2021.12）

许志诚（2021.5— ）

邬坤辉（ —2021.3）

刘怀滇

陈建洪

党委委员、纪检组组长:

陈振华（2021.8— ）

曾思敏（ —2021.6）

党委委员、总会计师:

叶绿宽

党委委员、总经济师:

李伟辉

河源市气象局

党组书记、局长：

朱华松

党组成员、副局长：

陈蔚翔（ —2021.1）

汤冬平（2021.2— ）

黄　荣（2021.6— ）

党组成员、纪检组长：

钟伟雄（ —2021.2）

苏伟标（2021.6— ）

副局长：

黄　荣（ —2021.5)

河源供电局

党委书记、副总经理：

黄伟杰

党委副书记、局长（总经理）：

彭　刚（2021.1— ）

党委委员、副总经理、工会主席：

罗家华

党委委员、副总经理：

曾培亮

刘兆辉

陶飞达（ —2021.1）

欧阳旭东（2021.4— ）

党委委员、纪委书记：

蔡　雄

广东省核工业地质局二九二大队

大队长：

蓝恒春

党委书记：

李祖飞

副大队长：

任家茂

杨仁广

总工程师：

朱晓琼

广东粤电新丰江发电有限责任公司

党委书记、董事长：

陈绍群

总经理、党委副书记：

吴振光（ —2021.7）

周喜安（2021.9— ）

党委副书记、纪委书记：

许洪文

党委副书记、工会主席：

魏清华

副总经理：

王业凌

杨暹群

叶建和

广东粤电枫树坝发电有限责任公司

党委书记、执行董事、总经理：

连志伟

党委副书记、纪委书记、工会主席：

钟安庸

副总经理：

丘俊华

邓伟国

林锦明

河源电厂

董事长：

马迎辉（ —2020.12）

易勇智（2020.12— ）

党委书记、总经理：

刘宝富

中国石化销售股份有限公司广东河源石油分公司

经　理：

陈莲英

党委书记：

夏世平（ —2021.3）

副经理：

利耀新

楼国浩

刘庆林

河源市粤运汽车运输有限公司

党委书记、董事长：

黄志军

总经理：

张永全

中国邮政集团公司河源市分公司

党委书记、总经理、市寄递事业部总经理：

王　钒（ —2021.4）

王　力（2021.4—2021.9）

莫月雁（2021.9— ）

党委委员、副总经理：

陈　蕾（ —2021.6）

党委委员、副总经理：

黄前飞（2021.6— ）

党委委员、副总经理、市寄递事业部常务副总经理：

蔡连福

党委委员、纪委书记、副总经理：

张业能

党委委员、副总经理：

朱胜君

中国移动通信集团广东有限公司河源分公司

总经理：

郭思远

副总经理：

冯日旺

何宇雄

张丁丁（ —2021.8）

欧阳技

中国联合网络通信有限公司河源市分公司

总经理、党委书记：

陈　鑫

副总经理、党委委员：

翁振铭（ —2021.5）

黄志艺

梁　俊（2021.9— ）

副总经理：

付晓东

纪检组组长、党委委员：
朱国相（ —2021.4）
周定洪（2021.6— ）

中国电信股份有限公司河源分公司

总经理、党委书记：
叶辉中（ —2021.1）
副总经理、党委副书记：
胡楚城（2021.2起主持全面工作）
副总经理、党委委员、工会主席：
陈锦蕃（ —2021.1）
吴海潮（2021.2— ）
副总经理、党委委员：
黄湘漪（ —2021.1）
吴海潮（2021.1— ）
范铨斌
曹鹏飞（2021.11— ）
副总经理、党委委员、纪委书记：
禹　鑫（ —2021.1）
黄湘漪（2021.1—2021.2）
党委委员、纪委书记：
吴东锋（2021.2— ）

中国铁塔股份有限公司河源市分公司

总经理、党委书记：
杨碧泉
纪委书记、党委委员、副总经理：
付添喜
党委委员、副总经理：
刘　胜

广东省河源市烟草专卖局（公司）

党组书记、局长、总经理：
黄　涛
党组成员、副总经理：
区思坚（ —2021.10）
党组成员、副局长：
何国晖
党组成员、副总经理：
郭子麟
党组成员、纪检组组长：
钟青泉
党组成员、副总经理：
张栋梁（ —2021.11）

广东省盐业集团河源有限公司

执行董事：
魏辉泉（ —2021.9）
黄冠生

副总经理：
王　敏
李　剑（2021.11— ）

中国人民银行河源市中心支行

行　长：
谭　霖（ —2021.1）
陈洁文（2021.1— ）
副行长：
诸金兴
李焕明
陈舒文
工会主任：
张云萍
纪委书记：
林　胜

中国银行保险监督管理委员会河源监管分局

党委书记、局长：
林炜东（ —2021.6）
张志翔（2021.6— ）
副局长：
熊道恒（ —2021.12）
副局长、工会主席：
卓素芬
纪委书记：
王怡靓（2021.3— ）

中国工商银行股份有限公司河源分行

党委书记、行长：
熊　焘（ —2021.2）
金稳涛（2021.2— ）
党委委员、副行长：
李爱华（ —2021.8）
陈淦林（2021.9— ）
黄　伟
曾岳腾
党委委员、纪委书记：
夏银波

中国农业银行股份有限公司河源分行

党委书记、行长：
陈跃辉
党委副书记、纪委书记：
冯聪荣
党委委员、副行长：
李永锋
林万里
涂伟东

中国银行股份有限公司河源分行

党委书记、行长：
马天飞
党委委员、副行长：
周启全
李俊仁
李月云（2021年6月任党委委员、10月任副行长）
党委委员、驻行纪检组长：
王　宇
主办级高级业务经理：
钟建高

中国建设银行股份有限公司河源市分行

行　长：
吴广明（ —2021.1）
石仁苍（2021.1— ）
副行长：
汪献忠
蓝　利
刘　治（2021.5— ）
罗　超（2021.10— ）
李　胜（ —2021.4）
驻河源市分行纪检组组长：
冯　兵

中国邮政储蓄银行股份有限公司河源市分行

党委书记、行长：
黄海舰
党委委员、副行长、工会主席：
蔡建新
党委委员、副行长、纪委书记：
周　明
党委委员、副行长：
钟向辉

中国农业发展银行河源市分行

党委委员、副行长（代为履行行长职责）：
黄建强（ —2021.2）
党委书记、行长：
黄建强（2021.2— ）
党委委员、副行长：
高素萍（ —2021.8）
钟伟平

广发银行股份有限公司河源分行

行　长：

张　华（　—2021.1）

陈里东（2021.1—　）

副行长：

陈炳福

张华新

王富鑫

中共河源市农村商业银行系统委员会

党委书记：

谢永伟

党委副书记：

罗小勇

党委委员、纪委书记：

詹德泉

汇丰银行（中国）有限公司河源支行

行　长：

黄茂清（　—2021.9）

林　鹏（2021.9—　）

副行长：

肖韶兴

中国人民财产保险股份有限公司河源市分公司

党委书记、总经理：

叶国柱

中国人寿保险股份有限公司河源分公司

总经理：

杨彦昌（　—2021.7）

副总经理（主持工作）：

张　辉（2021.7—　）

安信证券股份有限公司河源分公司

总经理：

张如滨

广东省粤东721转播台

台　长：

罗红光

广东省广播电视网络股份有限公司河源分公司

党委书记、总经理：

谢振标（　—2021.12）

党委副书记、常务副总经理：

廖新民（　—2021.12）

党委副书记、纪委书记、工会主席：

冯永根

党委委员、副总经理：

叶惠能（主持全面工作：2021.12—　）

民主党派领导名单

中国国民党革命委员会河源市委员会

主　委：

刘伟德

副主委：

赖思平

姚家芳

黄正阳（兼专职秘书长）

陈伟娟

委　员：

赖弥平

何志越

张福田

张玫姣

王云全

中国民主同盟河源市基层委员会

主　委：

庞启彪

副主委：

刘　涉

王　方

余笑梅

刘永辉

委　员：

曾惠华

郭发祥

谭湘德

中国民主建国会河源市总支部委员会

主　委：

李添鸿

副主委：

谢石庭

康国华

委　员：

邹映池

刘瑞海

朱永锋

廖　雯

马　佳

中国民主促进会河源市基层委员会

主　委：

谢运畅

副主委：

张建中

游玉文

委　员：

何天宇

张莉莉

罗晓霞

何　金

中国农工民主党河源市基层委员会

主　委：

黄建斌

副主委：

温达雄

朱小勇

陈雁威

委　员：

郭小玲

叶　慧

杨建雄

中国致公党河源市总支部委员会

主　委：

颜彩玲

副主委：

邹春良

廖志刚

委　员：

黄　玲

杨丽梅

梁小燕

九三学社河源市基层委员会

主　委：

唐汉芳

副主委：

范志君

袁光华

委　员：

吴丽琴

温婉琳

杨碧瑜

2021年新任副厅级以上领导名单

中共河源市委员会

何国森　男，汉族，中共河源市委副书记、市人民政府党组书记、市长。

李　洋　男，汉族，中共河源市委常委，中共河源市纪律检查委员会书记。

方文华　男，汉族，中共河源市委常委，河源军分区大校政治委员。

江海鹰　女，汉族，中共河源市委常委、市委宣传部部长，市人民政府党组成员。

孔德胜　男，汉族，中共河源市委常委、市委秘书长、市委全面深化改革委员会办公室主任（兼），市直属机关工作委员会书记，中共龙川县委书记。

廖继聪　男，汉族，中共河源市委常委。

陈贤亮　男，汉族，中共河源市委常委，中共连平县委书记。

河源市人民政府

曹建忠　男，汉族，河源市人民政府副市长。

赵　峰　男，汉族，河源市人民政府党组成员、副市长，市公安局党委书记、局长、督察，市委政法委第一副书记。

岳　阳　男，汉族，河源市人民政府党组成员、副市长。

谢春艳　女，汉族，河源市人民政府党组成员、副市长。

河源市中级人民法院

王庆丰　男，汉族，河源市中级人民法院党组书记、副院长、代院长。

河源市人民检察院

刘旭东　男，汉族，河源市人民检察院党组书记、副检察长、代检察长。

说明：1.本名录名单除民主党派由市委统战部提供外，其余均由各单位提供。2.新任副厅级以上领导名单由市委组织部提供。

附 录

编辑：王瑞峰

规范性文件选编

中共河源市委关于制定河源市国民经济和社会发展第十四个五年规划和二〇三五年远景目标的建议

（2020年12月29日中国共产党河源市第七届委员会第十一次全体会议通过）

2021年1月4日

“十四五”时期是我国开启全面建设社会主义现代化国家新征程的第一个五年，是全省奋力在新征程中走在全国前列、创造新的辉煌的第一个五年，是河源加快“示范区”“排头兵”和“两个河源”建设的关键阶段。中国共产党河源市第七届委员会第十一次全体会议认真学习贯彻党的十九届五中全会精神，深入贯彻习近平总书记对广东系列重要讲话和重要指示批示精神，全面落实省委、省政府工作要求，就制定河源市国民经济和社会发展第十四个五年规划和二〇三五年远景目标提出以下建议。

一、全面建成小康社会，在全面建设社会主义现代化国家新征程中奋力谱写“示范区”“排头兵”和“两个河源”新篇章

1.决胜全面建成小康社会取得决定性成就。“十三五”时期，在以习近平同志为核心的党中央坚强领导下，在省委、省政府的正确领导下，河源市委切实增强“四个意识”、坚定“四个自信”、做到“两个维护”，深入贯彻落实“1+1+9”工作部署，积极抢抓“双区”建设重大机遇，坚持以“融湾”为纲、“融深”为牵引，加快建设绿色发展的示范区，争当融入粤港澳大湾区的生态排头兵，努力走出生态河源、现代河源相得益彰的发展新路，团结带领全市广大干部群众有力有序有效应对新冠肺炎疫情、中美经贸摩擦等严重冲击，成功抗击“6·10”“6·12”两次有记录以来最严重的洪涝灾害，经济实力、科技实力、综合实力迈上新台阶。经济发展取得新突破，全市地区生产总值突破千亿元大关，2016—2019年全市地区生产总值年均增速居北部生态发展区五市第一，固定资产投资增速持续居全省前列，累计完成量是“十二五”时期的2.27倍。发展质量有了新提升，质量强市建设稳步推进，产业转型升级步伐加快，东源、江东新区产业转移工业园被认定为省级高新区，国家高新技术企业是“十二五”时期的7倍多，先进制造业增加值占规上工业增加值比重超过50%。改革开放迈开新步伐，供给侧结构性改革深入推进，市县党政机关机构改革和乡镇街道管理体制改革顺利完成，数字政府改革等创造型、引领型改革成效显著，商事登记便利度排全省前列，国际贸易“单一窗口”实现全覆盖，营商环境进一步优化，与115家大型企业签订超1.5万亿元的战略合作协议。“融湾”“融深”质量效益加快提升，基础设施“硬联通”加快推进，体制机制“软联通”有序推进，产业协同发展不断深入，深河对口帮扶向市场合作提升，深河产业共建落地投资额超亿元工业项目连续3年居全省前列。都市经济带动战略深入实施，中心城区“1+6”空间规划体系不断完善，“三江六岸”生态城市功能廊道、高铁新城、钓鱼台片区等重点板块建设扎实推进，城市功能品质不断改善，带动县域经济不断发展壮大，城乡融合发展水平明显提升。三大高质量发展平台加快打造，灯塔盆地在建设国家现代农业示范区的同时，成为国家优秀农业科技园区，正加速向国家农高区迈进；东江航道恢复河源段通航，与“双区”实现江海联运、铁水联运迈出关键步伐；高铁枢纽即将投入使用，为传统交通站点向综合交通枢纽转变奠定了基石。脱贫攻坚取得决胜成果，累计投入扶贫资金46.3亿元，38568户107372相对贫困人口全部脱贫，255个相对贫困村全部出列。绿色发展优势持续提升，成为首批国家级“绿水青山就是金山银山”实践创新基地，成功创建省林业生态市，生态环境质量保持全省前列；“六水”体系建设框架已成雏形，全域旅游的“河源样本”正在形成。人民幸福“心城”建设取得新进展，城镇新增就业人口累计超过18万人，2016—2019年居民人均可支配收入年均增速居北部生态发展区五市第一，教育、医疗卫生、社保、食品药品等民生事业显著进步，文化事业和文化产业蓬勃发展，精神文明建设取得新成就。社会保持和谐稳定，城乡基层社会治理效能显著提高，风险防范和应急处置机制不断健全，平安河源、法治河源建设成效明显。河源“十三五”规划主要目标任务即将完成，全面建成小康社会胜利在望，全市人民精神面貌更加奋发昂扬，各项事业取得新的重大进展，为开启全面建设社会主义现代化新征程奠定坚实基础。

2.“十四五”时期河源发展面临的新机遇新挑战。当今世界正经历百年未有之大变局，国际力量对比深刻调整，新冠肺炎疫情影响广泛深远，世界进入动荡变革期。中华民族伟大复兴战略全局统筹展开，我国已转向高质量发展阶段，经济长期向好的基本面没有改变，继续发展具有多方面优势和条件。进入新发展阶段，“两个大局”深度联动构成“十四五”时期河源发展环境的主基调。河源紧邻“双区”的区位优势、持续提升的生态优势和空间大、资源丰富的区域优势，“融湾”“融深”步伐加快的发展趋势，朝气蓬勃、欣欣向荣的发展态势，必将为全省打造新发展格局的战略支点提供更有力服务。同时，河源经济体量小、处于产业链中低端水平，创新链、产业链、供应链有待加快建立完善，城乡、区域、精神文明和物质文明发展不平衡，生态环保、民生保障、社会治理、农业农村、安全发展等领域还存在不少短板弱项，应对外部风险冲击的压力更大。要胸怀“两个大局”，深刻认识社会主要矛盾变化带来的新特征新要求，深刻认识错综复杂的国际环境带来的新矛盾新挑战，深刻认识河源经济发展面临所有的“危”都源自发展质量不高、所有的“机”都要通过高质量发展才能抓住，增强机遇意识和风险意识，保持战略定力，坚定必胜信念，发扬斗争精神，树立底线思维，笃定心志办好自己的事，努力在危机中育先机、于变局中开新局。

3.到二〇三五年基本实现社会主义现代化远景目标。展望二〇三五年，河源的经济实力、科技实力、综合竞争力将大幅增强，经济总量和城乡居民人均收入迈上新的大台阶，人均地区生产总值达到更高水平，实力雄厚、特色鲜明的“示范区”“排头兵”地位更加凸显，形成“两个河源”新格局，在粤东粤西粤北率先振兴，基本实现社会主义现代化，到2050年与全国全省同步实现社会主义现代化。建成现代化经济体系，基本实现新型工业化、信息化、城镇化、农业现代化。治理体系和治理能力现代化基本实现，人民群众平等参与、平等发展权利得到充分保障，法治河源、法治政府、法治社会基本建成，中国特色社会主义制度优势更加彰显。社会文明程度达到新高度，社会主义精神文明与物质文明更加协调，基本建成文化强市、健康河源和更高水平的平安河源，教育、人才、体育工作取得显著成效。绿色发展优势持续提升，绿色生产生活方式总体形成，美丽河源基本建成。形成对外开放新局面，“融湾”“融深”质量效益显著提升。人民群众生活更加美好，中等收入群体比重显著提高，基本公共服务均等化水平显著提升，城乡区域发展差距和居民生活水平差距显著缩小，人的全面发展、全体人民共同富裕取得更为明显的实质性进展。

二、“十四五”时期经济社会发展指导方针和主要目标

4.“十四五”时期经济社会发展指导思想。高举中国特色社会主义伟大旗帜，深入贯彻党的十九大和十九届二中、三中、四中、五中全会精神，坚持以马克思列宁主义、毛泽东思想、邓小平理论、“三个代表”重要思想、科学发展观、习近平新时代中国特色社会主义思想为指导，全面贯彻党的基本理论、基本路线、基本方略，深入贯彻习近平总书记对广东系列重要讲话和重要指示批示精神，统筹推进“五位一体”总体布局，协调推进“四个全面”战略布局，坚定不移贯彻新发展理念，坚持稳中求进工作总基调，以推动高质量发展为主题，以深化供给侧结构性改革为主线，以改革创新为根本动力，以满足人民日益增长的美好生活需要为根本目的，持之以恒落实“1+1+9”工作部署，坚持以“融湾”为纲、“融深”为牵引，立足新发展格局，加快建设现代化经济体系，推进治理体系和治理能力现代化，统筹发展和安全，全域全面服务全省打造新发展格局的战略支点，“示范区”“排头兵”成效初显，“两个河源”格局基本形成，经济实力、发展活力大幅提升。

5.“十四五”时期经济社会发展必须遵循的原则。

——坚持党的全面领导。坚决维护习近平总书记党中央的核心、全党的核心地位，坚决维护党中央权威和集中统一领导，坚持和完善党领导经济社会发展的体制机制，坚持和完善中国特色社会主义制度，提高贯彻新发展理念、构建新发展格局能力和水平，为实现高质量发展提供根本保证。

——坚持以人民为中心。坚持人民主体地位，坚持共同富裕方向，始终做到发展为了人民、发展依靠人民、发展成果由人民共享，维护人民根本利益，激发全市人民的积极性、主动性、创造性，促进社会公平，增进民生福祉，不断实现人民群众对美好生活的向往。

——坚持新发展理念。把新发展理念贯穿发展全过程和各领域，服务全省率先探索构建新发展格局，切实转变发展方式，加快推动质量变革、效率变革、动力变革，实现更高质量、更有效率、更加公平、更可持续、更为安全的发展。

——坚持深化改革开放。以更大魄力在更高起点上推进改革开放，坚持摸着石头过河和落实顶层设计相结合，加强治理体系和治理能力现代化建设，破除制约高质量发展、高品质生活的体制机制障碍，强化有利于提高资源配置效率、有利于调动全社会积极性的重大改革开放举措，持续增强发展动力和活力。

——坚持系统观念。加强前瞻性思考、全局性谋划、战略性布局、整体性推进，坚决服从服务全国全省发展大局，坚持全市一盘棋，更好发挥各级各方面积极性，办好发展安全两件大事，着力固根基、扬优势、补短板、强弱项，注重防范化解重大风险挑战，实现发展质量、结构、规模、速度、效益、安全相统一。

6.“十四五”时期经济社会发展主要目标。锚定二〇三五年远景目标，综合考虑国内外发展趋势和河源发展条件，坚持目标导向和问题导向相结合，坚持守正和创新相统一，确保年均经济增速不低于全国、全省平均水平，形成优势区域重点发展、生态功能区全面保护的新格局，今后五年要努力实现以下主要目标。

——经济发展更加高质量。经济逐步迈入高质量发展轨道，在质量效益明显提升的基础上，增长潜力充分发挥，内需潜力充分释放，经济结构更加优化，创新能力显著提升，产业基础高级化、产业链现代化水平明显提高，农业基础更加稳固，供与需、内与外、城乡区域发展更趋平衡更加协调，生态产业体系初具雏形，现代化经济体系建设取得重大进展。

——改革开放更加全面深入。社会主义市场经济体制更加完善，高标准市场体系基本建成，市场主体更加充满活力，产权制度改革和要素市场化配置改革取得重大进展，公平竞争制度更加健全，制度型开放取得重要进展，高质量发展体制机制进一步健全。

——社会更加文明进步。社会主义核心价值观深入人心，人民群众思想道德素质、科学文化素质和身心健康素质明显提高，公共文化服务体系和文化产业体系更加健全，人民群众精神文化生活日益丰富，文化软实力明显增强，文化自信更加坚定。

——生态环境更加美丽。国土空间开发保护格局清晰合理、优势互补，生产生活方式绿色转型成效显著，能源资源利用效率大幅提高，主要污染物排放总量持续减少，生态环境优势持续提升，生态系统安全性稳定性显著增强，城乡人居环境明显改善，宜业宜居宜游的“双区”后花园加快打造，绿色生态屏障更加牢固。

——人民生活更加幸福。实现更加充分更高质量就业，居民收入增长和经济增长基本同步，分配结构明显改善，城乡收入差距持续缩小，基本公共服务均等化水平明显提高，全民受教育程度不断提升，多层次社会保障体系更加健全，卫生健康体系更加完善，脱贫攻坚成果巩固拓展，乡村振兴战略全面推进，人民群众的获得感成色更足、幸福感更可持续、安全感更有保障。

——治理效能更加显著。平安河源、法治河源达到更高水平，社会主义民主法治更加健全，社会公平正义进一步彰显，行政体系更加完善，政府作用更好发挥，行政效率和公信力显著提升，社会治理特别是基层治理水平明显提高，社会融合加速推进，防范化解重大风险体制机制不断健全，突发公共事件应急能力和自然灾害防御能力明显提升，发展安全保障更加有力，高效能治理与高质量发展相互促进。

三、坚持创新驱动发展，打造更高水平的发展新引擎

坚持创新在现代化建设全局中的核心地位，深入实施创新驱动发展战略，强化锻造长板和补齐短板齐头并进、自主创新和开放创新相互促进、科技创新和制度创新双轮驱动，提高区域科技和产业创新水平，加快推动科学技术现代化。

7.增强科技创新能力。落实科技创新强省行动纲要，对接融入全省打造世界级重大科技基础设施集群。引进重大科技基础设施、国家级创新研发平台在河源设立分支机构，重点建设深圳鹏城实验室大湾区未来网络试验与应用环境河源节点等高水平创新平台。围绕战略性支柱产业、新兴产业和未来产业发展，优化实施重点领域科技专项，在新一代信息技术、高端装备制造、前沿新材料、生物医药与健康、现代农业等产业领域补齐短板、锻造长板。

8.强化企业创新主体地位。建立完善以企业为主体、市场为导向、产学研深度融合的技术创新体系，促进各类创新要素向企业集聚。深入实施新一轮高新技术企业倍增计划，持续推动高新技术企业“树标提质”，高水平建设共性技术平台。推动科技企业孵化器提质增效，实现科技企业孵化器县（区）全覆盖。完善企业创新服务体系，“靶向”引进一批瞪羚企业，培育一批科技型中小微企业，打造一批细分行业“单打冠军”。发挥企业家在科技创新中的重要作用，鼓励企业加大技术研发投入，对企业投入基础研究实施税收优惠。

9.激发人才第一资源活力。实施更加开放的人才政策，加快培育和引进创新型人才。完善引才体制机制，探索柔性引才模式，以“平台+人才”“项目+人才”“双薪双聘”等方式，持续引进国内外高水平的创新创业领军人才和科研团队。实施“珠江人才计划”“广东特支计划”等人才工程，依托项目引才育才，大力培育高技能人才，壮大我市专业人才队伍。建立完善青年人才发展体系。提升人才管理服务质量和水平，建立健全以创新能力、质量、实效、贡献为导向的科技人才评价体系。大力弘扬科学家精神。

10.系统深化科技创新体制改革。加快科技管理职能转变，完善科技评价机制和科技奖励制度。改进科技项目组织管理方式，建立完善“揭榜制”，推动重点领域项目、基地、人才、资金一体化配置。实施最严格的知识产权保护制度，健全成果转化精准对接机制，打通科技成果转化“最后一公里”。完善金融支持创新体系，建立完善政府引导性质投融资机构，为初创型科技企业、科技成果转化提供投融资服务，促进新技术产业化规模化应用。弘扬科学精神，普及科学知识和创新文化，营造崇尚创新的社会氛围。

四、加快发展现代产业，建设更高水平的现代化经济体系

坚持把发展着力点放在实体经济上，提高产业链供应链现代化水平，构建实体经济、科技创新、现代金融、人力资源协同发展的现代产业体系，夯实现代化建设的物质基础。

11.推动制造业高质量发展。深入实施制造业高质量发展“六大工程”，推动更多企业进入广东制造业500强。建立完善制造业创新体系，切实提高制造业创新能力。加快建立制造业高质量发展综合评价指标体系，促进各区域、各领域、行业和产业的协调发展。坚持“稳链”“补链”“强链”“控链”和“建链”相结合，建立重点领域龙头企业和配套核心企业两张清单，培育发展产业生态主导型企业、产业链“链主”企业，提高产业链根植性、稳定性和竞争力。大力培育新技术、新产业、新业态、新模式，推动互联网、大数据、人工智能等同各产业深度融合，促进平台经济和共享经济健康有序发展。推动食品饮料、矿产资源精深加工等传统产业高端化、智能化、绿色化发展。实施质量提升行动，建立完善高标准质量管理体系和质量基础设施体系，建设公共技术服务平台，鼓励企业主动制定实施先进标准。

12.培育发展战略性支柱产业和新兴产业。建立完善战略性产业集群“五个一”工作体系，大力发展纳入省“双十”产业集群布局的“6+4”战略性支柱产业和新兴产业集群。积极承接“双区”新一代信息技术产业外溢资源，壮大智能终端设备、第五代移动通信、数据储存与应用等产业，全力打造新一代电子信息千亿级产业集群。充分发挥灯塔盆地现代国家农业示范区引领辐射作用，重点发展现代农业与食品、生物医药与健康产业集群。持续推进中心城区“一区四园”一体化发展、各县产业园区提档升级，建设一批承载大项目、大产业、大集群的专业化、特色化园区，提升发展汽车、先进材料、现代轻工纺织、精密仪器设备等产业集群。加快未来产业和新兴产业发展布局，加强重点区域、重点产业、重点企业招商引资，深度对接半导体与集成电路产业、前沿新材料产业、激光与增材制造产业集群的产业链供应链分工。

13.建设生态休闲旅游高地。推进文化和旅游融合发展，制定旅游发展专项规划。加快重大旅游项目建设，规划建设市全域旅游游客集散中心，推动万绿湖创建国家AAAAA级旅游景区，打造全省标志性旅游景点。鼓励引导打造一批文旅体综合体，扶持具有地方特色、带动力强的特色文旅项目。积极开发红色旅游、工业旅游、乡村旅游、民族民俗旅游等精品旅游线路，大力发展农业观光、休闲、度假等多元化康养旅游产品，规范发展民宿业态，打造自然生态优美、文化底蕴深厚、旅游资源充分利用的大湾区世界级旅游目的地、省级全域旅游示范区。

14.大力发展现代服务业。对标国际国内一流水平，加快提升服务业发展能级和竞争力。以信息技术、工业设计、电子商务、咨询调查、法律服务、现代物流等为重点，大力发展总部经济，推动生产性服务业向专业化和价值链高端延伸。加快健康、养老、托幼、体育、家政、物业等服务业发展，推动生活性服务业向精细和高品质升级。加强公益性、基础性服务业供给。积极推动省中小企业融资平台的接入和建设，优化金融服务和产品，加大对中小微企业的金融支持力度，促进金融更好服务实体经济。推动现代服务业同先进制造业、现代农业深度融合发展。

15.加快数字化发展。推进数字产业化和产业数字化，推动数字经济和实体经济深度融合，规划建设数据产业园、数据集聚区。加快数字政府、数字社会建设，提升科学决策、城市管理、社会生活等数字化智能化水平。支持企业参与数字领域规则和标准制定。加快河源数字经济技术创新中心等数字基础设施建设，加强数字化发展的支撑保障。提升全民数字技能，实现信息服务全覆盖。全面提升数字安全水平，谋划建设联合异地灾备数据基地，完善重要数据灾备中心功能，深度对接粤港澳大湾区大数据信息服务需求，构建具有区域特色的大数据产业链。

五、立足新发展格局，塑造更高水平的高质量发展新优势

坚持扩大内需战略基点，扭住供给侧结构性改革，同时注重需求侧改革，发挥河源南北连接大湾区与长三角经济圈、东西连接海峡西岸经济区与东盟桥头堡的独特优势，不断增强畅通国内大循环和联通国内国际双循环功能，打造融入“双循环”的节点城市、重要通道，为现代化建设拓展新空间。

16.推动畅通国内大循环。深度融入强大国内市场，使生产、分配、流通、消费各环节更多依靠国内市场实现畅顺循环。优化供给结构，改善供给质量，提升供给体系对国内需求尤其是湾区市场需求的适配性。推动金融、房地产同实体经济均衡发展，实现上下游、产供销有机衔接，促进农业、制造业、建筑业、服务业、能源资源等产业门类关系协调。破除妨碍生产要素市场化配置和商品服务流通体制机制障碍，降低全社会交易成本。强化扩大内需的政策支撑，形成需求牵引供给、供给创造需求的更高水平动态平衡。大力拓展经济纵深，深化泛珠三角区域合作，加强与闽赣等周边区域的经济互动。

17.促进国内国际双循环。积极推动内需和外需、进口和出口、引进外资和对外投资协调发展，培育国际合作与竞争新优势。深入实施贸易高质量发展“十大工程”，加快发展服务贸易、数字贸易，促进跨境电商、市场采购贸易等聚集发展，努力实现贸易新业态五年倍增。促进内外贸法律法规、监管体制、经营资质、质量标准、检验检疫、认证认可等相衔接，推进同线同标同质。提升出口质量，增加优质产品进口。

18.全面促进消费升级。培育发展消费新产品、新业态、新模式，加快推动线上线下消费有机融合，大力发展无接触交易服务。推动大型商贸综合体建设，打造若干特色商圈和特色商业街，培育一批优质品牌商贸企业。巩固提升传统消费，积极开展汽车、家电下乡，推动汽车等消费品由购买管理向使用管理转变，促进住房消费健康发展。发展服务消费、夜间经济，提振住宿餐饮消费，扩大县（区）城镇消费，带动农村消费。优化消费政策，落实带薪休假制度，扩大节假日消费。强化市场秩序监管和消费者权益保护，营造安全放心消费环境。

19.加大有效投资力度。优化投资结构，保持投资合理较快增长。加快补齐基础设施、市政工程、农业农村、公共安全、生态环保、公共卫生、物资储备、防灾减灾、民生保障等领域短板，建设有利于城乡区域协调发展的重大项目。推进第五代移动通信、物联网、工业互联网等新型基础设施建设。完善能源产供储销基础设施建设，积极发展清洁能源，实施天然气利用“县县通工程”，推动东源岑田抽水蓄能电站建设。积极推进建设防汛抗旱水利提升工程和农村饮用水安全工程。大力推动阿里巴巴（广东河源）云计算数据中心、深河国际模具城等重大项目投资，继续引导企业设备更新和技术改造。提升投资领域要素配置的效能，完善“项目跟着规划走、要素跟着项目走”的保障机制，健全“发改+财政、国土、国资”的“1+3”重大项目联动机制，发挥政府投资撬动作用，激活民间投资活力。

20.加快建设现代流通体系。高效融入国内国际交通运输大网络，加快构建河源“12131”交通圈。全面提升与周边省市通联水平，扎实推进梅龙高铁建设，积极推进厦昆、韶河汕、龙汕、梧揭铁路和龙寻、梅河韶高速公路规划建设。构建快速畅通的市域公路网络，推动国省公路升级改造，创建“四好农村路”示范市，加快打造中心城区、各县城、中心镇、产业园区等重要板块之间市域1小时交通圈。依托高铁各站点建立综合客运枢纽，发展城乡智慧公共交通，加快谋划市域轨道交通，构建方便快捷的公交通勤圈。完善提升东江航运系统，大力发展江海联运和铁水联运。加快航空布局规划，着力打造“1+3+4+N”机场体系，畅通国内国际综合运输通道。优化物流基础布局，推进无水港、物流园规划建设，系统谋划多式联运、客货运输等交通物流体系，构建内外融通的商贸物流网，提升通达水平。加快建设重要产品追溯体系和应急物流体系。

六、更大魄力更高起点推进改革开放，构建更高水平的“双区”战略腹地

把“双区”建设作为新时代河源改革开放的重大平台，利用“双区”建设整体效应、集聚效应、协同效应、战略效应、辐射引领效应带来的重大机遇，积极借势借力，破除体制机制障碍，推进更大范围、更宽领域、更深层次对外开放，打造成为“双区”发展的重要战略腹地。

21.推进创造型、引领型改革。在聚焦要素市场化配置、创新链产业链融合发展、激发市场主体活力、优化营商环境、推进投资贸易便利化、民生服务供给体制、生态环境和城市空间统筹治理等方面，实施一批战略战役性改革和创造型、引领型改革，不断深化供给侧结构性改革，推动改革举措系统集成、协同高效。全面对接、服务、学习深圳实施综合改革试点，探索建立区域互动、优势互补的改革联动机制，及时复制推广深圳综合改革试点成功的经验做法。全面激发基层改革创新活力，积极开展改革试点探索，打造一批改革特色品牌，提高改革综合效能。

22.打造市场化法治化国际化营商环境。以数字政府改革建设为先导推进营商环境综合改革，加快打造珠三角平均水平的营商环境。全面激发市场主体活力，深化国资国企改革，做强做优做大国有资本和国有企业。优化民营经济发展环境，落实公平竞争审查机制，坚决破除各种隐性壁垒，鼓励参与重大战略、重大项目、重大产业。加快转变政府职能，深入实施“放管服”改革，全面实行政府权责清单制度，推进政务服务标准化、规范化、便利化，建设职责明确、依法行政的政府治理体系。高标准推进数字政府改革建设，全力推进政务服务改革。完善要素市场化配置体制机制，推进要素市场制度建设。加强“信用河源”建设，构建覆盖全社会的征信体系。健全政商交往行为规范指引，构建亲清政商关系。深化行业协会、商会和中介机构改革。大力弘扬企业家精神、劳模精神和工匠精神。

23.以软硬联通加速“融湾”“融深”。加快构建高水平互联互通基础设施网络，强化“融湾”“融深”体制机制保障，加快形成全面开放新格局。优化对接省“12312”现代化交通体系，加快构建与“双区”“水陆空铁”一体化综合交通运输体系。全力推进赣深高铁、长深高速公路改扩建项目建设，积极推进广河客专、深河高铁、河揭高铁、赣广高铁、深惠城际延伸至河源项目和河惠深、广紫、河惠汕高速公路等规划建设，加快打造河源至广州、深圳“2+2+1”高快速通道，构建河源到大湾区、深圳都市圈及周边城市高铁1小时交通圈，高速公路2小时交通圈。持续推进体制机制“软联通”，坚持规则衔接与发展对接，以促进人员、信息、资本等要素双向自由流动为突破口，提升高度协同发展水平，强化对“双区”资源配置的共享和承接能力，让“融湾”“融深”的“链接”更加畅通。统筹用好深圳建设先行示范区、广州实现老城市新活力和“四个出新出彩”的利好叠加效应，强化重大平台、科技创新、公共服务、社会治理等领域合作，吸引大湾区资金、人才、技术等各类要素向河源集聚。

24.加快形成与“双区”深度融合的产业链供应链。紧密对接“双区”产业布局，形成与“双区”有机联系、深度融合的产业链、供应链，将其打造成为“双区”现代产业重要战略腹地。注重发挥河源与“双区”在资源互补、人员往来、产业联系等方面的比较优势，积极用好政策引导、市场机制和深河对口帮扶机制，大力发展“飞地经济”，加快推进市高新区与深圳南山共建深河特别合作区试验区，规划建设深河科技园，全面启动深河特别合作区规划建设。以对接“双区”产业分工体系、资源配置体系为主渠道，推广“‘双区’总部研发设计+河源制造基地”等产业协同发展新模式，对接“双区”龙头企业特别是“链主”企业，形成与“双区”紧密衔接、互为支撑的产业分工合作关系。

25.全面增强“融湾”“融深”创新体系实力。主动对接“双区”创新体系，积极承接“双区”科技成果转移转化，着力打造粤港澳大湾区国际科技创新中心和广深港澳科技创新走廊重要拓展区。深化与“双区”协同创新，着力构建“‘双区’研发+河源孵化及产业化”的产业链条，加快建设一批加速器、中试基地、产业化基地，促进大湾区高科技成果在河源转化和产业化。提升自主创新能力，激励企业与“双区”高校、科研院所、研发机构全面对接，引进或共建工程技术研究中心、院士工作站、博士工作站等高端研发机构和重点实验室、省级农业研究实验室等高端平台，打造高水平科技创新载体。

26.深度融入“双区”“大网络”“大市场”。找准融入大湾区建设的重要途径，探索新型的开放型经济发展模式，形成对产业链、供应链、价值链的系统支撑。深度对接湾区经贸网，健全招商工作体系，充分发挥海外粤商会、“双区”城市河源商会、协会的桥梁与纽带作用，支持企业通过广交会、高交会、进博会等平台开拓市场，形成与“双区”深度融合的经贸“大网络”。积极对接湾区“大市场”，加快建立完善食品安全监管体制和溯源制度，对标“圳品”标准，推动优质农产品、生态产品直供“双区”，加快打造大湾区重要的“米袋子”“菜篮子”“果盘子”“水缸子”“茶罐子”和“油瓶子”。

27.推进与“双区”基本公共服务一体化。以构建与大湾区一体化基本公共服务体系为着力点，建设好“双区”宜业宜居宜游的“后花园”，加快打造成为“双区”优质生活圈重要承载地。强化与大湾区优质教育资源对接合作，推动与大湾区各类学校开展合作办学。加强基本公共卫生服务合作，积极引进“双区”高端优质医疗卫生资源，推动重大疫情、突发公共卫生事件联防联控。加强中医药合作，立足河源资源禀赋和发展基础，助力大湾区中医药高地建设。拓展文化交流，积极与“双区”城市开展非遗文创、文化保护、文博藏品巡展等交流合作，共筑文化发展高地。积极探索与大湾区建立社会治理合作机制。

七、培育三大高质量发展平台的竞争力和带动力，开创更高水平的发展新局面

积极推动三大高质量发展平台建设，充分发挥龙头带动作用，集聚重大项目、培育重大产业，形成核心竞争力，持续提高对全市经济增长的贡献率，辐射带动全市发展。

28.把灯塔盆地打造成为引领河源未来农业农村高质量发展的综合平台。依托2200平方千米的灯塔盆地与湾区大市场相结合，高标准把灯塔盆地建设成为示范广东、领先全国、面向世界的现代农业示范区，引领河源未来农业高质量发展，带动1.2万平方千米的生态河源全面发展。全力创建国家农业高新技术产业示范区，打造现代农业农村发展新高地。统筹抓好“五个体系”建设，强化管理体系，理顺管理体制机制，出台支持灯塔盆地农高区建设政策措施；优化规划体系，加快推动碎片化的开发建设串珠成线、连块成带、集群成链；明晰发展体系，加快推进优势产业特色化、集约化、规模化发展，打造具有国际竞争优势的农业高新技术产业集群；提升交通体系，加快打通“动脉血管”、完善“南下融湾”通道；建设水网体系，加快推进东江流域水安全保障提升工程、灯塔盆地垦造水田、顺天河碧道等项目建设，提高灯塔盆地农业生产能力。着力构建更加完善的生态体系、市场体系、资源体系、物流体系、政策体系、创新体系、空间布局体系等。建设一批现代农业科技平台、科技创新中心、成果转化中心，重点建设华南农业大学灯塔盆地研究生院、华南农业大学河源分校区、岭南现代农业科

学与技术广东省实验室灯塔盆地分中心，积极创建全国智慧农业示范区。鼓励 各县（区）积极借鉴灯塔盆地的成功做法和先进经验，培育各自的“灯塔模式”。

29.把江海联运、综合保税区、市高新区打造成为支撑河源未来产业高质量发展的功能平台。依托综合保税区、东江航道与“双区”构建更高水平的互联互通，以市高新区为主平台，引领全市产业园区紧密对接大湾区产业布局，打造粤北开放型经济高地。加快推动东江航道扩能升级及河源港建设，推动港产城有效衔接、联动协同，推动与“双区”城市建立联运机制，实现江海联运、铁水联运。高标准推进河源综合保税区申建工作，系统推进东源保税物流中心（B型）投入运营，积极推进龙川保税物流中心（B型）申报，争创跨境电子商务综合试验区。推动市高新区加快打造产业新城、科技新城，吸引“双区”制造业加快向河源转移，提升未来产业形态。

30.把高铁新城综合枢纽、江东新区打造成为带动河源未来城市高质量发展的区域平台。加快高铁新城重要综合交通枢纽和江东新区发展核心区建设，把高铁新城作为未来城市发展的核心区域，带动3000多平方千米的现代河源提升城市发展能级，引领都市经济高质量发展。以“三江六岸”为纽带，提升城市功能、结构、形态，夯实都市经济带动战略核心载体。加快江东新区开发建设，科学推进片区综合开发，重点加快紫金桥头、紫金桥北、胜利桥北片区等项目建设。以高铁新城、钓鱼台片区作为改变河源未来城市形态的“双核”，高标准建设高铁新城综合枢纽，推进河源东站综合交通枢纽工程，加快国道205改线工程、国道355线改建工程等交通基础设施建设，科学实施高铁新城周边用地连片开发，将高铁新城打造成为全市内外交通枢纽、中央商务区和未来行政中心。加快钓鱼台片区规划建设，加速推进“三桥十路”等市政设施建设，有序推进公共服务设施规划建设，打造集恐龙文化展示、商务办公、旅游服务、生态居住等功能于一体的“城市客厅”，与高铁新城形成“一江连两核”的城市发展新格局，带动老城区强化文化底蕴和历史根基、城市北区建设区域性综合服务中心、城市西部打造健康休闲旅游功 能带、东源县城实现市区城市功能一体化。

八、优先发展农业农村，推进更高水平的乡村振兴

坚持把解决好“三农”问题作为重中之重，全面实施乡村振兴战略，做实“六好”文章，通过“融湾”“融深”让好区位找到好出路、灯塔盆地开发建设让好平台对接好区域、建好“四好农村路”让好产品进入好市场、美丽乡村和全域旅游开发让好山水提供好生活、水系连通工程让好资源卖给好客户、用好乡村振兴战略政策让好政策带来好光景，提高农业农村现代化水平，加快解决发展不平衡不充分问题。

31.提高现代农业发展水平。坚持科技兴农、质量兴农、品牌兴农，推动农业供给侧结构性改革，大力发展富民兴村产业。坚持藏粮于地、藏粮于技，落实最严格的耕地保护制度，加大农业水利设施、高标准农田建设力度，谋划建设粤东北综合农副产品批发中心，保障粮食安全和重要农产品有效供给。实施现代种业提升工程，健全动物防疫、农作物和森林病虫害防治体系。围绕大区域、大品牌、全产业链，发展“跨县集群、一县一园、一镇一业、一村一品”现代农业产业体系，实施现代农业产业园能级提升行动，大力创建农业产业强镇、优势特色产业集群和特色农产品优势区，在特色果蔬、茶叶、高山茶油、花卉、南药等方面培育更多高附加值的优质产品，做大做强“万绿河源”农产品区域公用品牌。开展粮食节约行动。推动农村一二三产业融合发展，发展数字农业和智慧农业，积极培育产业融合类农业园区，创新发展都市型休闲农业和乡村旅游，大力发展农村电子商务，拓展农民增收空间。

32.实施乡村建设行动。统筹城乡规划、建设和发展，推动农村面貌全面提升。把乡镇建成服务农民的区域中心，加快推动城乡基本公共服务标准统一、制度并轨。加快完善乡村供水、供电、道路、信息网络、农田水利、冷链物流、仓储保鲜等基础设施，提升农房建设质量。实施信息进村入户工程，推进实现村级益农信息社全覆盖，打造“河源农业一张图”。持续改善农村人居环境，全面推进农房管控和乡村风貌提升，加大农村改厕、生活垃圾处理和污水治理投入力度，科学治理“空心村”，保护和发展客家古村落，推进生态宜居美丽乡村示范创建，发展乡村美丽经济。推进乡风文明建设，提升农民科技文化素质，培育高素质农民队伍，推动农民全面发展。

33.深化农村改革。健全城乡融合发展机制，推动城乡要素平等交换、双向流动。落实第二轮土地承包到期后再延长三十年政策。探索农村土地所有权、承包权、经营权分置有效实现形式，推动农村土地承包经营权有序流转。深化宅基地、农村集体产权等制度改革，发展新型农村集体经济。探索建立城乡统一的建设用地市场，积极探索实施农村集体经营性建设用地入市制度，强化土地出让收入优先支持乡村振兴政策。建立土地征收公共利益用地认定机制，缩小土地征收范围。构建新型助农服务体系，培育壮大农业龙头企业、农民合作社等新型农业经营主体。健全农村金融服务体系，发展农业保险。

34.实现巩固拓展脱贫攻坚成果同乡村振兴有效衔接。健全农村低收入人口帮扶机制，推动实施新一轮对口帮扶和“万企帮万村”行动。健全防止返贫监测机制，加强扶贫项目资金资产管理和监督，保持财政投入力度总体稳定。管好用好扶贫资产资金和项目，建立“三农”投入稳定增长机制。健全解决相对贫困问题长效机制，完善农村社会保障和救助制度。

九、推动绿色发展，建设更高水平的美丽河源

深入践行习近平生态文明思想，牢固树立绿水青山就是金山银山理念，深入实施可持续发展战略，打好生态文明建设持久战，巩固提升生态优势，建设好一江清水、青山翠岭、空气常新的美丽河源。

35.筑牢全省绿色生态屏障。全力创建国家生态文明建设示范市、国家森林城市，确保生态环境质量持续走在全省前列。深入打好污染防治攻坚战。强化区域空气质量会商和联防联控，确保空气质量排在全省前列。持续推进新丰江水库水质保护、东江新丰江河源段水环境综合整治，确保水环境质量持续领跑全省。强化土壤污染防治源头管控，实施化肥农药使用量负增长行动。建立覆盖城乡的环保基础设施体系。推进省级碧道示范点建设，解决好万里碧道建设“岸”的问题，高质量建设江河安澜、秀水长清的万里碧道。实施新一轮绿化河源大行动，保护森林资源和森林生态安全，加强森林防灭火工作，全面推进桉树林改造，加快国家储备林建设。优化整合自然保护地，构建生态功能区生态廊道和生物多样性保护网络，加强松材线虫等外来物种管控。

36.拓展“两山”转化有效路径。加快建立生态产品价值实现机制，推动生态要素向生产要素转变，形成集生态旅游、生态产业、生态科技、生态文化等为一体的多元生态资源创新利用格局。加快全国首批“绿水青山就是金山银山”实践创新基地建设。推进“水系、水运、水能、水资源、水产业、水环境”等“六水”体系建设，系统谋划山林文章，加速生态优势转化为产业优势和经济优势。规范有序开发矿产资源，发展矿产品精深加工产业。支持小农户和规模经营主体发展林下经济，培育林下经济示范基地。

37.推动绿色低碳发展。统筹布局和优化提升生产、生活、生态空间，建立和完善生态保护红线、环境质量底线、资源利用上线和生态环境准入清单“三线一单”生态环境空间分区管控体系。培育壮大环保产业，推动绿色技术创新和推广清洁生产，推进绿色化改造，发展绿色建筑。积极发展清洁能源，建设清洁低碳、安全高效、智能创新的现代化能源体系。倡导简约适度、绿色低碳的生活方式，开展绿色生活创建活动。实施节水行动，强化水资源刚性约束。推动废旧物资循环利用，全面推进垃圾分类和减量化、资源化。

38.构建现代环境治理体系。建立健全绿色发展政策体系，更好运用法律、经济、行政、技术等手段提高环境治理效能。实施最严格的生态环境保护制度，全面实行排污许可制，强化环境保护、节能减排降碳约束性指标管理，推进用水权、用能权、排污权、碳排放权市场化交易，加强生态环境保护督察。充分发挥河湖长制作用，推进林长制，建立完善生态监管体系。持续深化生态环境保护“放管服”改革，进一步理顺市、县（区）、镇生态环境一体化管理机制。加强跨界跨区域生态环境保护合作与交流，全面贯彻落实东江流域省内生态保护补偿机制，推动建立深圳都市圈生态环境治理信息共享和治理联动机制。

十、深度参与“一核一带一区”建设，推进更高水平的区域协调发展

深入实施主体功能区战略和新型城镇化战略，立足“一核一带一区”建设具体实践，通过打造天蓝地绿、山清水秀、环境优美的生态河源和产业兴旺、经济发达、人民富裕的现代河源，优化资源要素配置与生产力空间布局，加快形成主体功能明显、优势互补、高质量发展的区域经济布局。

39.完善国土空间规划体系。立足资源环境承载能力，充分发挥河源既有“区”的本质、又有“核”的特质的独特优势，逐步形成城市化地区、农产品主产区、生态功能区三大空间格局，优化重大基础设施、重大生产力和公共资源布局。完善中心城区“1+6”空间规划体系，扎实推进“三江六岸”生态城市功能廊道建设，统筹城市北区、老城区、江东新区、高新区、城市西部和东源县城六大片区发展。构建“一主两副四组团”城市空间格局，提升中心城区辐射带动力，培育灯塔盆地和古竹—义容两个城市副中心，推动和平、龙川、紫金、连平四个县城提质发展，抓好县域副中心和中心镇建设，促进市域均衡发展。

40.全面提升城市功能品质。深入实施都市经济带动战略，加快都市经济发展，推动现代要素向中心城区集中集聚。完善城市功能要素，科学规划建设一批重大商务功能载体、基本公共服务设施、地下综合管廊等一批重大城市功能项目。提升城市交通系统，加速形成城市道路骨架网，大力推进交通管理智能化，构建通畅的交通微循环系统。深入推进“百街千巷”综合整治，有序推进老城区基础设施升级改造，整体提升城市基础设施的现代化服务水平。加快推进智慧城市建设，推广数字化、可视化、感知化、互联化和智能化技术。实施绿化美化提升工程，建成色彩靓丽城市景观，打造“既有颜值、更有内涵”的精致城市。

41.深入推进以人为核心的新型城镇化。树立全周期管理理念，统筹城市规划、建设、管理，使城市更健康、更安全、更宜居。实施城市更新行动，建立高质量城市生态系统，强化历史文化保护、塑造城市风貌，加强城镇老旧小区改造和社区建设，增强城市防洪排涝能力，建设海绵城市、韧性城市。加快城市治理体系和治理能力现代化，加强城市治理中的风险防控，以“绣花”功夫提升城市管理科学化精细化智能化水平。坚持房子是用来住的、不是用来炒的定位，有效增加保障性住房供给，促进房地产市场平稳健康发展。推进县城城镇化补短板强弱项，加快县城公共服务设施、环境卫生基础设施、市政公用设施提级扩能，抓好东源县国家县城新型城镇化示范建设。分类引导中小城镇发展，通过规划引导、市场运作，将具有特色资源、区位优势的小城镇培育成为专业特色镇，引导一般小城镇完善基础设施和公共服务，增强服务农村、带动周边功能。深化户籍制度改革，推动完善财政转移支付和城镇新增建设用地规模与农业转移人口市民化挂钩政策，推动完善基本公共服务与常住人口挂钩机制，加快农业转移人口市民化。

42.推动县域经济高质量发展。实施强县行动，把县域作为推进打造生态经济发展新标杆的重要阵地，立足资源禀赋，聚焦产业共建和产城融合，做大做强县域主导产业。按照各县发展功能定位，宜农则农、宜工则工、宜游则游，积极探索"农业+""旅游+""生态+"等县域经济发展模式。突出各县产业特色和产业定位，推进各县产业园区提档升级，加强与"双区"产业衔接联动，形成1—2个特色主导产业，促进县域经济集约集聚、高端高效发展。加快发展电子商务、现代智能物流等现代服务业，打造一批各具特色的产城融合区。

十一、推动文化大发展大繁荣，建设更高水平的文化强市

坚持马克思主义在意识形态领域的指导地位，坚定文化自信，坚持以社会主义核心价值观引领文化建设，推动"两个文明"协同发展，围绕举旗帜、聚民心、育新人、兴文化、展形象的使命任务，促进满足人民文化需求和增强人民精神力量相统一，进一步凸显文化在现代化建设中的地位和作用。

43.提高社会文明程度。推动形成适应新时代要求的思想观念、精神面貌、文明风尚、行为规范。深入实施习近平新时代中国特色社会主义思想传播工程，引导全社会坚定主心骨。推动理想信念教育常态化制度化，加强党史、新中国史、改革开放史、社会主义发展史教育，加强爱国主义、集体主义、社会主义教育，深化中国特色社会主义和中国梦宣传教育。弘扬党和人民在各个历史时期奋斗中形成的伟大精神，发扬"老区精神+特区精神"的新时代河源精神，推进公民道德建设。加快全国文明城市创建步伐，高标准推进新时代文明实践中心建设。健全志愿服务体系，支持青年志愿服务组织全面发展。提倡艰苦奋斗、勤俭节约，开展以劳动创造幸福为主题的宣传教育。加强家庭、家教、家风建设。加强网络文明建设和网络空间治理，培育积极健康的网络文化。

44.提高公共文化服务水平。全面繁荣新闻出版、广播影视、文学艺术、哲学社会科学事业。大力实施作品质量提升工程，加强现实题材创作生产，打造一批文艺精品力作。推进媒体深度融合，构建网上网下一体、内宣外宣联动的主流舆论格局，扎实推进全媒体传播工程，做强新型主流媒体，建强用好县级融媒体中心，加快推进河源融媒文化创意基地项目建设。充分发挥"学习强国"作用，营造浓厚学习氛围。推动中华优秀传统文化创造性转化、创新性发展，深入挖掘和开发河源客家文化，加强文物古籍、自然遗产、非物质文化遗产、红色革命遗址保护利用，加强历史文化名镇、名村、名街和不可移动文物保护管理。统筹城乡文化设施建设布局，大力推进市美术馆、市科技馆新馆等文化设施项目建设。促进公共服务均等化，推进城乡公共文化服务体系一体建设，创新实施文化惠民工程，广泛开展群众性文化活动，推动"全民阅读"等公共文化数字化平台建设。

45.大力发展文化产业。坚持把社会效益放在首位、社会效益和经济效益相统一，深化文化体制改革，完善文化产业规划和政策，壮大文化市场主体，扩大优质文化产品供给，融入粤港澳大湾区文化产业圈建设。扶持发展文艺高新技术企业，加快发展数字文化、文化创意、演艺娱乐、文化会展、文化衍生品制造等文化产业。大力推动省级、市级文化产业示范园创建，谋划建设文化创意产业孵化基地。积极参加深圳文博会、广州文交会，全方位展示河源优秀文化形象。加强对外文化交流，讲好河源故事，传播河源声音。

十二、改善人民生活品质，打造更高水平的人民幸福"心城"

坚持以人民为中心的发展思想，尽力而为、量力而行，健全基本公共服务体系，不断提高社会建设水平，促进人的全面发展和社会全面进步，扎实推动全体人民共同富裕的现代化。

46.普遍提高人民收入水平。坚持按劳分配为主体、多种分配方式并存，提高劳动报酬在初次分配中的比重，让更多普通劳动者通过自身努力进入中等收入群体。健全与经济发展相适应的最低工资标准调整机制、工资水平决定及合理增长机制。健全各类生产要素由市场决定报酬的机制，探索通过土地、资本等要素使用权、收益权增加中低收入群体要素收入。多渠道增加城乡居民财产性收入。

47.实现更加充分更高质量就业。强化就业优先政策，坚持经济发展就业导向，扩大就业容量，提升就业质量，促进充分就业，保障劳动者待遇和权益。高质量推动"粤菜师傅""广东技工""南粤家政"三项工程，加快实施"农村电商""乡村工匠""高素质农民培育"重点工程，健全终身职业技能培训制度。健全就业公共服务体系，持续推进"市县镇村"四级公共就业服务平台建设，规范发展人力资源市场，完善高校毕业生、异地务工人员、退役军人、特困家庭等重点群体就业支持体系。增加公益性岗位、就业援助和托底安置。建立健全政府、工会、企业共同参与的新型劳动关系协调机制，构建和谐劳动关系。深入实施"大众创业、万众创新"，完善促进创业带动就业、多渠道灵活就业的保障制度，支持和规范平台就业、网络就业、共享用工等新就业形态，健全就业需求调查和失业监测预警机制。

48.促进教育高质量发展。全面贯彻党的教育方针，落实立德树人根本任务，加强师德师风建设，培养德智体美

劳全面发展的社会主义建设者和接班人。健全学校家庭社会协同育人机制，深入实施校长和教师队伍水平提升工程，提升教师教书育人能力素质，重视青少年身体素质和心理健康教育。坚持教育公益性原则，办好办强公办义务教育，加大学位供给，全面开展农村学校达标建设，推进城乡义务教育优质均衡发展，加快提高基础教育水平。推动学前教育普惠普及安全优质发展，全面促进普通高中教育提质升级，协调发展中等职业教育和普通高中教育，扶持发展高职教育。提升特殊教育基础能力，推进适龄残疾儿童少年教育全覆盖。增强职业教育适应性，深化职普融通、产教融合、校企合作，探索中国特色学徒制和订单培养。推动新时代教育评价改革，深化教育领域综合改革，建立新时代教育评价体系。加快完善校园信息技术基础设施，发展远程教育、网络教育，推动优质教育资源共享，建设智慧校园。支持和规范民办教育发展，规范校外培训机构。完善终身学习体系。

49.建设全覆盖可持续的多层次社会保障体系。加快发展以基本养老保险为基础、以企业（职业）年金为补充、个人储蓄性养老保险和商业养老保险相衔接的多层次、多支柱养老保险体系，对接养老保险全国统筹，实施渐进式延迟法定退休年龄。完善工伤保险制度。健全重特大疾病医疗保险和救助制度，强化基本医疗保险、大病保险、医疗救助有机衔接，鼓励发展补充医疗保险和商业健康保险，完善异地就医结算。推进社保转移接续便利化，强化社保基金监管和经办服务。统筹健全社会救助、福利慈善、优抚安置等制度，加强对困难群体和特殊群体的关爱帮扶，完善基本民生保障兜底机制。贯彻男女平等基本国策，规划建设妇女儿童活动中心，保障妇女儿童合法权益。健全退役军人工作体系和保障制度。

50.全面推进健康河源建设。把保障人民群众健康放在优先发展的战略位置，贯彻预防为主的方针，深入实施健康河源行动，提高全方位全周期健康服务水平。完善公共卫生应急管理体系和突发公共卫生事件监测预警处置机制，加强公共卫生机构建设。深化医药卫生体制改革，坚持从以治病为中心转向以健康为中心，完善居民健康促进政策，深入开展爱国卫生运动，完善全民健身公共服务体系。提升医疗服务水平，创新医疗服务模式，加强精神卫生服务体系建设。推进医疗资源扩容和区域均衡布局，加快市疾控中心迁址新建、市公共卫生服务中心、市妇女儿童医疗中心、市人民医院三期和市精神卫生中心二期工程等项目建设。加强村居基层医疗体系建设。深化医疗、医保、医药联动改革，完善分级诊疗制度、医防协同机制，深化公立医院改革。规范发展社会办医，发展远程医疗、网络医院。坚持中西医并重，大力发展中医药事业。提升健康教育、慢性病管理和残疾康复服务质量，加强精神卫生和心理健康服务。

51.实施积极应对人口老龄化国家战略。落实人口长期发展战略，提高优生优育服务水平，发展普惠性托育服务体系，降低生育、养育、教育成本，促进人口长期均衡发展，提高人口素质。推动养老事业和养老产业协同发展，加强养老服务设施规划建设，建设市老年人综合服务中心和居家养老服务信息平台，健全基本养老服务体系，发展普惠型养老服务和互助性养老，支持家庭承担养老功能，培育发展养老新业态，构建居家社区机构相协调、医养康养相结合的养老服务体系。完善老年社会福利和社会救助体系，加强养老服务综合监管。加快发展银发经济，发展智慧智能养老产品和服务。推动养老机构应急救援建设。

52.加强和创新市域社会治理。健全党组织领导的自治、法治、德治相结合的城乡基层治理体系，建设人人有责、人人尽责、人人享有的社会治理共同体。全面促进社会融合，不断拓展外来人口参与社会治理的途径方法，发挥群团组织和社会组织在社会治理中的作用。完善少数民族流动人口服务管理体系，全面深入持久开展民族团结进步创建工作。加强城乡社区治理和服务体系建设，加强基层社会治理队伍建设，构建网格化管理、精细化服务、信息化支撑、开放共享的基层管理服务平台。落实"小切口大变化"民生实事办理制度，持续推进畅顺春运、平安高考、"厕所革命"、制止餐饮浪费等。

十三、统筹发展和安全，建设更高水平的平安河源

坚持总体国家安全观，把安全发展贯穿发展各领域和全过程，加强国家安全体系和能力建设，防范和化解影响现代化进程的各种风险，把河源建设成为全省最安全稳定、最公平公正、法治环境最好的地区之一，筑牢现代化建设的安全基石。

53.确保经济安全。加强经济安全风险预警、防控机制和能力建设，实现重要产业、基础设施、战略资源、重大科技等关键领域安全可控，推动稳增长和防风险长期均衡。提高产业弹性和抗冲击能力，打造具有更强创新力、更安全可靠的产业链供应链。确保粮食安全，保障能源和战略性矿产资源安全。维护水利、电力、供水、油气、交通、通信、网络、金融等重要基础设施安全。着力防范化解金融、债务领域风险，防止经济领域风险向社会、民生等领域传导。

54.保障人民生命安全。提高安全生产水平，完善和落实安全生产责任制，强化企业主体责任，加强安全生产监管执法，有效遏制危险化学品、矿山、建筑施工、交通等重特大安全事故。确保城乡居民饮用水安全，提高供水品质。强化生物安全保护。保障食品药品安全。提高防灾减灾抗灾救灾能力，发展巨灾保险，有效防范台风、洪涝等自然灾害。完善应急管理体系，健全重大疫情防控机制，提高基层应急管理水平和公众自救互救能力，加强重要物资保障

体系和储备基础设施建设。

55.维护社会稳定和安全。正确处理新形势下人民内部矛盾，坚持和发展新时代“枫桥经验”，健全规范群众诉求表达、利益协调、权益保障机制，深化信访制度改革，构建源头防控、排查梳理、纠纷化解、应急处置的社会矛盾综合治理机制。健全社会心理服务体系和危机干预机制。坚持专群结合，创新社会动员机制，形成更加开放、灵活、有效的群防群治格局。加强立体化、智能化社会治安防控体系建设，补齐政法基础设施短板，坚决防范和打击暴力恐怖、黑恶势力、新型网络犯罪和跨国犯罪，建立常态化扫黑除恶机制，保持社会和谐稳定。

十四、加强党的全面领导和党的建设，确保全面建设社会主义现代化沿着正确方向前进

实现“十四五”规划和二〇三五年远景目标，必须坚持党的全面领导，深入贯彻新时代党的建设总要求，推动全市党员、干部增强“四个意识”、坚定“四个自信”、做到“两个维护”，广泛凝聚推动发展的强大合力，把现代化建设更加有力地向前推进。

56.把“两个维护”落实到全面建设社会主义现代化的全过程各方面。坚持把党的政治建设摆在首位，始终把学习贯彻习近平新时代中国特色社会主义思想作为头等大事和首要政治任务，坚持用党的创新理论“铸魂”，全面落实第一议题制度。坚决贯彻落实习近平总书记、党中央决策部署，严格执行省委坚决落实“两个维护”十项制度机制，进一步严明政治纪律和政治规矩，严守“三个决不允许”。更加自觉运用习近平总书记教给的世界观方法论谋划发展、推动工作，完善“大学习、深调研、真落实”工作方法，持之以恒实施“1+1+9”工作部署，用工作体现忠诚老实，用发展体现担当负责，用解决问题体现落实成效。

57.以高质量党建引领全面建设社会主义现代化。落实全面从严治党主体责任、监督责任，提高党的建设质量。学习运用中国共产党一百年的宝贵经验，教育引导广大党员、干部坚持共产主义远大理想和中国特色社会主义共同理想，永葆初心与使命。全面贯彻新时代党的组织路线，落实省新一轮加强基层党组织建设三年行动计划，优化提升“头雁”工程，扩大基层党的组织覆盖和工作覆盖，以更高标准、更大力度推动基层党组织全面进步全面过硬。坚持党管干部原则，落实好干部标准，建设政治过硬、具备领导现代化建设能力的干部队伍，提高党员、干部落实新发展理念、构建新发展格局的能力，加强对敢担当善作为干部的激励保护，以正确用人导向引领干事创业导向。完善人才工作体系，培养造就德才兼备的高素质人才。锲而不舍落实中央八项规定精神，持续纠治形式主义、官僚主义，切实为基层减负。深化运用监督执纪“七个看”和问责“六字诀”，统筹推进纪律监督、监察监督、派驻监督、巡察监督，加强政治监督，强化对公权力运行的制约和监督，一体推进不敢腐、不能腐、不想腐，深入整治群众身边腐败和作风问题，营造风清气正的良好政治生态。

58.推进社会主义政治建设。强化党领导一切的工作机制，发挥党总揽全局、协调各方的作用，支持人大、政府、政协、监察机关、司法机关依法依章程履职尽责。坚持和完善人民代表大会制度，加强人大对“一府一委两院”的监督，保障人民依法通过各种途径和形式管理国家事务、管理经济文化事业、管理社会事务。坚持和完善中国共产党领导的多党合作和政治协商制度，加强人民政协专门协商机构建设，提高建言资政和凝聚共识水平。充分发挥工会、共青团、妇联等人民团体的桥梁纽带作用，把各自联系的群众紧紧凝聚在党的周围。完善大统战工作格局，做好民族和宗教工作，充分发挥民主党派、工商联和无党派人士、新的社会阶层人士作用，凝聚港澳台同胞和海外侨胞力量，巩固和发展大团结大联合局面。

59.推进法治河源建设。全面贯彻习近平法治思想，强化科学立法、严格执法、公正司法、全民守法，运用法治思维和法治方式深化改革、推动发展、化解矛盾、维护稳定、应对风险。加强城乡建设与管理、环境保护、历史文化保护等领域立法，严格规范公正文明执法，促进司法公正，深入开展法治宣传教育，建设德才兼备的高素质法治工作队伍，加快建设现代公共法律服务体系，让法治成为社会共识和基本准则，努力建设更高水平的法治河源。

60.健全规划制定和落实机制。制定市和各县（区）“十四五”规划纲要和专项规划，形成定位准确、边界清晰、功能互补、统一衔接的规划体系。健全政策协调和工作协同机制，完善规划实施监测评估机制，把规划实施情况作为绩效考核重要依据，确保中央、省委和市委关于“十四五”发展的决策部署落到实处。

实现“十四五”规划和二〇三五年远景目标，意义重大，任务艰巨，前景光明。全市广大党员干部群众要更加紧密地团结在以习近平同志为核心的党中央周围，不忘初心、牢记使命、接续奋斗，以一往无前的奋斗姿态、风雨无阻的精神状态，在全面建设社会主义现代化国家新征程中奋力推动“示范区”“排头兵”和“两个河源”建设！

河源中长期青年发展规划（2021—2025年）

2021年2月20日

为深入贯彻中共中央、国务院《中长期青年发展规划（2016—2025年）》及省委、省政府《广东中长期青年发展规划（2018—2025年）》精神，促进青年更好成长、更快发展，依据有关法律法规和政策文件，结合我市经济社会发展的总体目标要求和青年发展需求，制定本规划。

本规划所指“青年”的年龄范围是14～35周岁（规划中涉及婚恋、就业、未成年人保护等领域时，年龄界限依据相关法律法规的规定）。

一、总体要求

以习近平新时代中国特色社会主义思想为指导，全面贯彻党的十九大和十九届二中、三中、四中、五中全会精神，深入学习贯彻习近平总书记对广东系列重要讲话和重要指示批示精神，坚持党管青年原则，牢牢把握为实现中华民族伟大复兴中国梦而奋斗的时代主题，坚持中国特色社会主义群团发展道路，积极推进河源共青团深化改革。充分照顾青年的特点和利益，优化青年成长环境，服务青年紧迫需求，维护青年发展权益，促进青年全面发展，引导青年成长为中国特色社会主义事业的合格建设者和可靠接班人。到2025年，具有河源特色的青年发展政策体系和工作机制更加完善，全市青年思想政治素养和全面发展水平明显提升。

二、发展领域、发展目标、发展措施

（一）加强青年思想引领

1.加强理想信念教育。深入开展共产主义、中国特色社会主义和中国梦学习宣传教育，开展习近平新时代中国特色社会主义思想学习教育，引导广大青年增强“四个意识”、坚定“四个自信”、做到“两个维护”。面向大中学生骨干、团干部、新经济组织和新社会组织青年等重点领域青年群体，加强理想信念教育，深入实施青年马克思主义者培养工程。充分发挥思想政治理论课、德育课在青年学生思想政治教育中的主渠道作用，普遍设立中学团校，深化团队衔接和推优入党工作，规范升国旗仪式、成人仪式、入团入队仪式等礼仪制度。广泛开展“最美南粤少年”“向上向善好青年”“最美志愿者”等主题活动，选树一批青少年榜样。

2.培育和践行社会主义核心价值观。全面推进社会公德、职业道德、家庭美德、个人品德建设，大力弘扬社会主义核心价值观，传播时代正能量。依托河源红色革命资源，加强爱国主义教育基地建设，推动青年红色旅游和学生研学旅行健康快速发展。深化民族团结进步教育。深入开展形式多样的青年群众性精神文明创建活动。推进青年信用体系建设。

3.强化网上思想引领。加强青年思想教育互联网阵地建设，壮大网络主流声音，广泛开展青少年网络素养教育，鼓励将网络素养教育纳入学校课程，广泛开展青年网络文明志愿行动和中国好网民活动，引导青年科学、依法、文明、理性用网。

（二）推动青年教育发展

1.促进教育公平和均衡发展。加大公共教育和优质教育资源投入力度，巩固推动基础教育优质均衡发展，大力发展普惠性学前教育，加强优质特色高中、高校建设。积极实施“乡村教师支持计划”，突出农村基层师资力量配备，全面加强教师队伍建设，突出教师职业道德和业务能力培训。推动设立共青团、少先队教研员，推广建设少先队带头人工作室和中学名团干工作室，将大中小学共青团、少先队工作纳入教育督导和教师继续教育课程体系。

2.强化社会实践教育。加强青少年社会实践阵地建设，广泛开展大中专学生“三下乡”科技创新、志愿服务等青少年社会实践活动，引导广大青少年在三大高质量发展平台、乡村振兴、产业发展一线不断增强“四个自信”。充分发挥大中小学综合实践活动课程育人功能，科学设计开展校内实践育人活动，全面实施中小学每周1课时少先队活动课、高校共青团“第二课堂成绩单”制度，加强新时代大中小学生劳动教育。

3.促进青年终身学习。构建灵活开放的终身教育培训体系，大力发展继续教育、职业技能培训、远程教育，深入实施新生代产业工人在职学历提升“圆梦计划”，鼓励支持成人高校、开放大学和高等职业院校等面向流动青年、贫困青年和残疾青年等群体开展形式多样的职业培训和文化素质教育活动。创新青年人才选拔培养、评价任用、激励保障机制，为各类青年人才提供更大平台和更多机会。

（三）提升青年身心素质

1.提高青年体质健康水平。施行青少年体育健身活动状况调查发布制度和体质健康水平监测报告及公开发布制度，健全大中小学生健康体检制度。实施健康校园行动计划，发挥学校体育考核评价体系的导向作用，将学生参与体育健身活动情况和体质健康指标纳入学校教育综合水平评估范畴，保证青少年体育课时和课外锻炼时间，基本实现青少年熟练掌握至少两项运动技能。

2.提升青年群体健康水平。推进社区体育公园、农村运动场地等各类便民体育设施和场所建设，方便青年就近开展体育健身运动。提升各类青年群体健康水平，开展健康监测，做好青年职业病的预防和治疗工作。加强社区卫生服务机构建设，加大传染病宣传和防治力度，营造良好生活环境。引导青年养成健康文明的生活习惯，逐年降低青年甲乙类传染病发病率及视力不良、龋齿、肥胖发生率等，提升青年控烟率。

3.加强青年安全教育和生命教育。把青年生命安全和应急避险教育纳入学校教育重要范畴，定期组织青年开展安全培训和演练，提高应对自然灾害、事故灾难、公共突发事件的安全意识和自我保护技能。逐年降低青年群体因交通事故、溺水、生产安全事故等导致的意外伤害发生率和致死率。推广青年安全示范岗教育实践活动，加强青年职业安全和安全生产教育。

4.加强青年心理健康教育和服务。加强对青年的人文关怀和心理疏导，重点抓好学校心理健康教育，在高校、中学和职业学校普遍设置心理健康辅导咨询室，有条件的学校配备专职心理健康教育师资队伍。进一步壮大心理健康志愿者队伍，加强青少年心理健康服务，重点关注不良行为青少年、闲散青少年、流浪乞讨青少年、服刑在教人员未成年子女、留守青少年等青年群体的心理健康问题，帮助他们健康成长。加强青少年网络心理健康教育，开设网上心理咨询辅导栏目。推进以社区卫生机构为基础的精神卫生工作，支持高校和医疗机构开展青年心理健康问题研究的学科建设和临床专科建设，落实青年精神障碍患者人文关怀和社区康复服务。

（四）引导青年树立正确婚恋观

1.帮助青年树立正确的婚恋观和家庭观。引导青年树立文明、健康、理性的婚恋观，将婚恋教育纳入高校教育体系。发挥大众传媒社会影响力，广泛传播积极正面的婚恋观念，鲜明抵制落后、庸俗、封建的婚恋观念，推广举办集体婚礼等新式婚庆。引导青年树立正确的家庭观念，传承优良家教家风，培育家庭文明。

2.切实服务青年婚恋交友。将服务青年婚恋交友纳入职工工作、青年工作、妇女工作，推广建设青年婚恋交友公益平台，常态化开展健康、精准、务实的青年婚恋交友公益活动。依法整顿婚介服务市场，规范社会化青年交友信息平台，严厉打击婚托、骗婚等违法婚介行为和低俗、涉黄的交友网络平台。

3.引导青年优生优育。加强对青少年、育龄青年女性及高危人群的性安全、性健康及性道德的宣传教育和干预工作，加大青年免费婚前检查、孕前优生健康检查和产前检查知识宣传推广力度。提高生殖健康意识，提倡科学避孕。完善青年艾滋病和性病的防治工作机制，切实降低发病率。

（五）服务青年创业就业

1.加强青年就业服务。完善青年就业和劳动保障机制，创造公平、有序就业环境。加强就业辅导和职业生涯发展规划指导，建立健全就业失业动态监测和就业政策效果评估机制，加大对实习见习、新就业形态的支持力度，深化实施“展翅计划”大学生就业创业能力提升行动，重点面向贫困家庭子女、青年失业人员、退役青年军人和残疾青年等群体开展就业能力培训。

2.推动青年创新创业实践。推动制定促进青年创业的政策措施，落实支持青年创业的税收优惠和补贴政策，形成具有竞争力和吸引力的青年创业激励机制和政策体系。依托高校、工业园区推进青年创新创业基地建设，支持青年创新创业园区申报创建国家和省、市创业孵化基地和众创空间，鼓励和支持各类创业孵化器、加速器、众创空间和小型微型企业创业创新基地提供优惠条件吸引青年创业者，广泛开展青年创客交流活动。市优秀企业家培养工程（清华班）倾斜支持创新能力强发展前景好的青年企业家。大力培育孵化大学生科技创新项目，深入开展“挑战杯”竞赛等，支持大学生科技作品专利申请和成果转化。鼓励企业与高校共建创新平台，建设青年创业导师团队，引导人才、资金、技术、信息等创新要素向企业集聚。深入开展青年创新创业大赛活动，为青年创新创业提供更多服务和支持；深入开展农村青年创业致富带头人培养，支持青年返乡创业。

（六）推进青年文化发展

1.支持青年文化精品创作。实施青年文化精品工程，推动相关机构每年创作生产一批兼具思想性、艺术性、观赏性及河源特色的青年题材微电影、动漫、图书等文化产品。打造和扶持一批有影响力的青年网络新媒体产品展播平台，鼓励和支持有条件的报刊、电台、电视台、新闻网站、电影院线设立青年栏目、节目，丰富青年题材报道，增加优秀青年文化精品的宣传内容、频次、时间。

2.丰富青年文化活动。加大政府投资、资助或将拥有版权的文化产品无偿用于公益性青年文化活动和服务的力度，鼓励和支持各类文化单位面向青年免费或低收费提供文化服务，保障公共文化设施免费开放。鼓励各类青年文化阵地、青年文化团体等承接青年文化服务。深入开展校园文化艺术节等活动，推广全民阅读。科学规划建设青年文化活动阵地，大力扶持青年文体设施建设运营，加快推进青少年宫建设。

3.落实青年文化人才培养计划。加强后备文化人才队伍建设，鼓励优秀青年文化人才参与创作，广泛凝聚签约作家、自由撰稿人、独立制片人、独立演员歌手、自由美术工作者等青年群体，激发其创作活力。

（七）促进青年社会融入

1.健全党领导下的以共青团为主导的青年组织体系和工作机制。坚持党建带团建，把党建带团建工作纳入党委领导班子党建工作考核，机关、学校、农村、社区、国有企业、社会组织、非公企业等符合建团条件的都应建立团的基层组织。强化共青团在青联组织中的引领作用和对学联组织的指导，强化共青团组织体系的育人荐才功能。

2.引导青年有序参与政治生活和社会公共事务。支持共青团、青联、学联等依法承接政府职能转移，更好参与青年社会事务管理和服务。引领青年有序参与政治生活和社会公共事务，建立健全各级人大代表、政协委员青少年事务联系机制，支持共青团、青联代表和带领青年积极参与人大、政府、政协、司法机关、社会有关方面的各类协商，重点增进新生代产业工人、青年企业家、青年社会组织骨干、青年新媒体从业人员、高校青年教师、归国留学青年等群体的政治认同和社会参与。

3.引导青年社会组织健康有序发展。加强对青年社会组织的政治引领，支持引导各类青年社会组织以合适方式参与政府购买服务，改进对青年社会组织的联系服务和监督管理，引导青年社会组织健康有序发展。鼓励和支持专业社工及志愿者参与青少年事务社会工作，全面构建青少年事务社工服务体系。

4.鼓励青年在经济社会发展中充分发挥生力军和突击队作用。激励青年在各行各业积极创新，形成发展新动力。激励青年集体广泛开展青年文明号创建活动，立足岗位，争先创优。鼓励青年积极参与“保护母亲河”等生态环境保护行动，组织动员广大青年投身乡村振兴战略，激励广大青年在构建“示范区”“排头兵”和“两个河源”建设中建功立业。

5.深化青年志愿服务。深化青年志愿服务和公益行动，支持青年志愿服务组织发展，引导青年党团员普遍成为注册志愿者并发挥示范作用，鼓励大中学生常态化开展志愿服务，力争到2025年实现实名注册青年志愿者总数突破20万人，人年均志愿服务时数不低于10小时，推动青年成为志愿服务主力军。

6.促进与粤港澳大湾区青年交流融合。深化实施“青年同心圆计划”，建设粤港澳大湾区青年河源创业孵化基地，推动河源与粤港澳大湾区青年交往交流、交心交融，为粤港澳大湾区青年来河源学习、就业和生活提供更多便利，支持河源青年融入粤港澳大湾区建设。

（八）维护青少年合法权益

1.健全青少年权益保护机制。深入贯彻实施《中华人民共和国未成年人保护法》《中华人民共和国预防未成年人犯罪法》以及教育、就业创业、社会保障等领域涉及青少年权益的法律法规，加大执法检查力度。健全青少年权益保护机制，充分发挥共青团、青联组织等代表和反映青年普遍性利益诉求的作用。建立健全防止校园欺凌的长效机制。完善未成年人社区矫正制度，健全覆盖侦查、起诉、审判、刑事执行全过程的涉罪未成年人帮教机制，支持专业的社工和志愿者协助开展各类青少年司法类社会工作服务。

2.依法严厉打击侵害青少年合法权益行为。严厉打击拐卖、性侵害、遗弃、虐待等侵害未成年人合法权益的违法犯罪行为，加大《中华人民共和国民法典》对青少年群体保护措施宣传力度。大力开展青少年禁毒工作，依法惩处涉及青少年的毒品违法犯罪活动。加大宣传《中华人民共和国网络安全法》和未成年人网络保护条例，严厉打击各类涉青少年网络违法犯罪，定期开展“净网”专项整治行动。加强校园周边环境综合治理和安全防范工作。

3.预防青少年违法犯罪。加大青少年法治宣传教育力度，落实“谁执法谁普法”的普法责任制，建立法官、检察官、行政执法人员、律师在法律实施过程中面向青少年开展法治教育的制度规范。推动建立青少年法治教育实践基地，配齐配强中小学校兼职法治副校长、辅导员，进一步增强青少年宪法意识和法治观念。深化各级“青少年维权岗”创建活动，发挥“12355”青少年综合服务热线功能。加强青少年事务社工队伍建设。依托社会治安综合治理信息系统，建立完善各级重点青少年群体动态排查以及信息导入共享机制，提升重点青少年群体管理服务功能。关爱留守和流动青少年，建立健全流浪未成年人发现报告及受理救助机制，对发现的流浪未成年人实现100%受理。

（九）加强青年社会保障

1.维护青年发展权益。加强青年教育培训、医疗卫生、劳动就业、社会保障等重点领域政策法规的贯彻实施，加大执法检查和监督力度，及时了解和研判青年发展状况，推动及时有效解决 青年实现发展权益面临的现实困难和 突出问题，切实保障和落实青年的发展权利。

2.加强青年劳动者权益保障。完善青年就业和劳动保障权益保护机制，改善青年劳动者的工作条件和工作环境。依法保障青年的休息休假权，落实年休假、探亲假、婚丧假等带薪休假制度。全面落实女性青年在怀孕、生育和哺乳期间依法享有的休假等各项权利。

3.加强各类青年群体社会保障。加强对退役青年军人的政治引领、组织吸纳和生活关怀，完善退役青年军人服务保障体系。支持残疾青年群体逐步融入普通教育，落实残疾青年入学保障及资助政策。完善残疾青年就业培训机制，鼓励残疾青年就业创业。健全救助服务管理工作机制，加大对流浪未成年人的救助力度和对农村留守少年儿童的关爱保护力度，为符合条件的家庭困难的失学、失业、失管青年提供就业、就学、就医、生活等方面的救助。

三、组织保障

（一）加强组织领导。建立健全党管青年的制度，把党建带团建工作纳入党委领导班子党建工作考核，加强团的基层建设。县级以上党委和政府建立本级青年工作联席会议机制，负责推动本规划在本地的落实，协调解决规划落实中的问题，县级以上团委具体承担组织协调职责。各有关部门要根据规划结合职责积极促进青年发展，形成工作合力。在规划实施中，各级党委和政府要积极回应和解决青年关心的问题，多为青年办实事、解难事。

（二）保障青年发展投入。各级各部门要加大青少年事业发展投入，在场地、经费、项目上给予支持，促进青少年基本公共服务均等化。各县（区）要根据本地财力情况落实经费保障，注重多层次、多渠道筹集资金，充分整合社会资源，鼓励社会资本参与青年事业，助力青年发展，形成全社会关心、支持青年发展的良好社会氛围。

（三）激励改革创新。鼓励基层共青团组织大胆创新、先行示范，通过改革创新不断激发共青团和青年工作的制度效能，努力建设符合“示范区”“排头兵”和“两个河源”建设定位的现代化青年组织。广泛动员社会各界关心青年成长，服务青年需求，维护青年权益，促进青年全面发展，努力形成青年人人都能成才、人人皆可出彩的生动局面，为“示范区”“排头兵”和“两个河源”建设贡献青春智慧和力量。

关于强化知识产权保护的若干措施

2021年4月9日

为进一步强化我市知识产权保护工作，提升知识产权保护水平，深入贯彻落实中央办公厅、国务院办公厅《关于强化知识产权保护的意见》和省委办公厅、省政府办公厅《关于强化知识产权保护的若干措施》等文件精神，结合我市实际，提出以下措施。

一、总体要求

以习近平新时代中国特色社会主义思想为指导，全面贯彻党的十九大和十九届二中、三中、四中、五中全会精神及中央经济工作会议精神，深入学习贯彻习近平总书记视察广东系列重要讲话和重要指示批示精神，围绕“示范区”“排头兵”和“两个河源”建设使命任务，树牢保护知识产权就是保护创新的理念，坚持严格保护、统筹协调、重点突破、同等保护，不断完善知识产权保护体系，促进保护能力和水平整体提升，优化营商环境，创建国家知识产权试点城市。到2022年，侵权易发多发现象得到有效遏制，权利人维权难局面明显改观。到2025年，我市知识产权营商环境进一步优化，知识产权保护体制机制更加完善，知识产权保护意识明显提高，知识产权制度激励创新的保障作用得到更加有效发挥。

二、强化制度制约，确立知识产权严保护政策导向

1.加大侵权假冒行为惩戒力度。严厉打击各类侵权假冒行为，开展以打击侵犯商业秘密、假冒注册商标、跨国境制售假、侵犯重点领域著作权等犯罪为重点的3年专项行动。对侵犯知识产权的案件，提前介入指导侦查工作，依法快捕快诉。开展关键领域、重点环节、重点群体行政执法专项行动，严厉打击商标、专利、著作权、地理标志、植物新品种等各类侵权假冒行为。开展重点领域反不正当竞争执法专项行动，严厉打击市场混淆、侵犯商业秘密等不正当竞争行为。完善行政裁决工作机制，加强行政裁决能力建设，加大专利侵权纠纷行政裁决力度，提升行政裁决效能。重点打击商标恶意注册、非正常专利申请、作品著作权重复登记及滥用知识产权排除、限制竞争等行为。

2.完善证据标准和知识产权信用体系。充分发挥“两法衔接”平台的作用，推进行政执法和刑事司法案件立案标准协调衔接，健全案件移送程序和办案合作制度，明确证据标准和证据指引，降低权利人维权成本。完善知识产权诚信体系，将行政处罚、抽查检查结果通过“信用广东网”、广东省行政执法信息公示平台统一归集、依法公示。实施失信联合惩戒措施，积极引导失信企业开展信用修复工作。

3.完善新业态新领域保护制度。加强新业态新领域知识产权保护。加强本地特色产品入网销售等电商平台知识产权保护。支持社会组织开展重点产业知识产权涉外风险防控体系建设。进一步健全进出口企业律师服务信息库信息，为重点产业知识产权涉外风险防控体系建设提供法律咨询与服务。重点保护河源传统文化、传统知识、非物质文化遗产、文化文物创意产品等领域知识产权。

三、加强社会监督共治，构建知识产权大保护工作格局

4.建立健全社会共治模式。建立健全知识产权纠纷多元化解机制，开展知识产权纠纷在线诉调对接工作。充分发挥人大、政协监督作用，重点关注社会反映强烈的知识产权保护问题。完善广

东省知识产权保护中心维权援助（河源）分中心建设，推行知识产权专家援助制度。推动维权援助服务体系向基层延伸，在县（区）设立维权援助工作站。鼓励和引导河源仲裁委员会、河源公证处积极拓展知识产权保护相关业务。鼓励行业协会、商会、知识产权服务机构建立自律自管机制，制定重点行业、重点领域知识产权保护指引，加强对知识产权服务业的监管力度。

5.强化重点领域源头保护。建设区域产业知识产权分析评议中心，实施重点产业、重点领域专利导航工程，发展知识产权密集型产业。鼓励制造业企业实施技术创新、技术改造，实现转型升级。引进和培育知识产权运营机构，加强知识产权储备运营。完善产学研合作机制，鼓励高校、科研机构建立知识产权成果转移、转化管理体系。引导企业、社会组织申请各类国际知识产权，加强知名品牌培育。加强版权执法巡查，规范市场行为，开展联合执法检查，全力保护版权工作健康发展。加强地理标志产品保护和运用，推动特色农产品等区域品牌发展。

四、优化协作衔接机制，突破知识产权快保护关键环节

6.加强跨部门跨区域办案协作。健全行政执法与刑事司法衔接工作联席会议机制，不断提升“两法衔接”平台参与打击侵犯知识产权行为的能力，拓宽多元化知识产权行政裁决、纠纷解决方式。通过完善信息共享平台，实现信息共享、践行衔接实施办法、完善工作指引、纵深监督层级，不断加大知识产权保护力度。

7.推动简易案件和纠纷快速处理。监督指导电商平台、专业市场、展会、各类网站等建立知识产权侵权快速处理机制，推行知识产权保护规范化市场管理标准，落实知识产权保护责任。借鉴广交会知识产权保护模式，推广应用全省展会知识产权保护指引，做好各类展会展前、展中、展后知识产权维权援助工作。加强快速处理证据保全、公证取证工作。

8.推动建设知识产权快保护机构。依托基层市场监管部门设立知识产权纠纷调解站，聚焦优势重点产业领域，提供快速确权、快速维权等服务。拓宽各类社会监督渠道，提高知识产权举报投诉受理和处理能力。鼓励利用调解方式快速解决纠纷，推动各级知识产权纠纷调解机构发挥实效。

五、健全涉外沟通机制，塑造知识产权同保护营商环境

9.加强与“双区”交流合作。主动对接“双区建设”，加强在知识产权保护、纠纷调解、专业人才培养等领域的交流合作，充分利用“双区”知识产权服务资源，提升我市知识产权司法保护、审判技术水平，增强我市企业知识产权海外风险应对能力。进一步发挥创新平台、高校、科研院所作为对接“双区”创新资源的“窗口”和“桥梁”作用，推动“双区”科技成果在我市转化运用。学习借鉴“双区”先进工作经验与典型案例，适时宣传推广。

10.加强海外维权援助服务。加强与国家海外知识产权纠纷应对指导中心分中心广东省相关服务点业务联系，增强我市重点产业知识产权涉外风险防控能力。依托广东省知识产权保护中心维权援助（河源）分中心，为中小微企业提供知识产权海外申请、布局和维权援助等公共服务。鼓励保险机构通过窗口指导、调研走访等形式，结合本地实际拓展知识产权海外保险业务。

11.依法同等保护知识产权。对我市的各类型企业、单位和个人的知识产权一视同仁、同等保护。加强对我市外商投资企业的法律宣传工作，促进知识产权境内保护和进出口保护协同，严格执行公平竞争审查制度，维护公平良性竞争秩序。

六、加强基础条件建设，有力支撑知识产权保护工作

12.加强基础平台建设。搭建知识产权公共服务平台，建设知识产权维权援助、举报投诉、保护信息监测等功能，积极对接相关资源，增强知识产权公共服务能力。推动市、县（区）、镇（街）三级行政执法主体上线广东省行政执法信息平台和行政执法监督网络平台，提高行政执法效能。依托省知识产权保护中心技术力量，提供知识产权鉴定、侵权判定咨询意见，增强专利侵权案件处理能力。加强知识产权专家库建设，充分发挥专家在行政执法、侵权判定等方面的技术支撑作用。

13.加强专业人才队伍建设。加强知识产权行政执法和司法人员职业化专业化建设。鼓励高校建立知识产权培训基地，提供知识产权保护、企业知识产权管理、知识产权运营等各类知识产权人才培训和咨询服务。鼓励有条件的高校开展知识产权相关专业建设，推动知识产权相关学科融合发展，加强知识产权学历教育和继续教育建设。

14.加大资源投入和支持力度。各县（区）要加大知识产权保护资金投入，加强对知识产权保护、运用、公共服务的支持。推进市高新区创建国家知识产权示范园区，鼓励各县（区）、园区创建国家知识产权强县工程试点示范县（区）、试点示范园区。推动知识产权行政执法和司法装备现代化、智能化建设。鼓励重点产业、企业以市场化方式设立知识产权维权援助互助基金，提升自我维权能力和水平。

七、加大组织实施力度，确保工作任务落实

15.加强组织领导。全面加强党委和政府对知识产权保护工作的领导。强化知识产权保护工作协调机制，健全市知识产权战略实施工作联席会议制度、市知识产权联席会议等知识产权保护议事协调工作机制，统筹推进各项政策措施和重点工作落实。市场监管部门要会同有关部门完善保护工作机制，建立任务落实台账，加强协调指导和督促检查，确保各项任务落地见效。重大问题要及时按规定请示报告。

16.狠抓贯彻落实。各县（区）、市有关部门要全面贯彻中央决策部署和省、市工作安排，将知识产权保护工作

纳入重要议事日程，落实知识产权保护属地责任，定期研究知识产权保护工作，加强体制机制建设，制定配套措施，落实人员经费。要定期开展评估，确保各项措施落实到位。

17.强化评价激励。建立健全评价制度，将知识产权保护绩效纳入党委和政府目标考核及营商环境评价体系。建立年度知识产权保护水平评估制度。鼓励各县（区）充分利用现有奖励制度，大力褒奖知识产权保护先进工作者和优秀社会参与者。完善侵权假冒举报奖励机制。

18.加强宣传引导。各县（区）、各部门要跟踪和挖掘知识产权保护典型案例，及时总结推广先进经验。开展形式多样的知识产权主题宣传教育活动，增强全社会特别是创新创业主体知识产权保护意识和能力，营造良好的知识产权保护氛围，推动形成新时代知识产权保护工作新局面。

河源市加强党的基层组织建设三年行动计划实施方案（2021—2023年）

2021年4月25日

为深入贯彻习近平总书记关于加强基层党建的重要论述精神，持续加强党的基层组织建设，根据《广东省加强党的基层组织建设三年行动计划（2021—2023年）》有关要求，现结合实际制定本方案。

一、总体要求

坚持以习近平新时代中国特色社会主义思想为指导，全面贯彻党的十九大和十九届二中、三中、四中、五中全会精神，深入贯彻习近平总书记对广东系列重要讲话和重要指示批示精神，认真贯彻新时代党的建设总要求和新时代党的组织路线，以党的政治建设为统领，以完善上下贯通、执行有力的组织体系为重点，以提高基层党建工作质量为主线，以更高标准、更严要求、更实举措把各领域基层党组织锻造得更加坚强有力，为在开启“十四五”新征程中推进“示范区”“排头兵”和“两个河源”建设提供坚强组织保证。

二、主要目标

2021—2023年分别以“完善组织体系开启新征程”“提升党建引领基层治理效能”“高质量党建推动高质量发展”为主题，不断扩大基层党的组织覆盖和工作覆盖，不断提升基层党组织建设制度化、规范化、科学化水平，不断增强基层党组织的政治领导力、思想引领力、群众组织力、社会号召力。通过3年努力，大抓党建、大抓基层的氛围更加浓厚，全面从严治党主体责任更加落实，党组织领导的基层治理体系更加完善，基层党组织和党员的作用发挥更加充分，党的执政基础更加牢固。

三、主要任务

（一）坚持党的全面领导，增强基层党组织政治领导力

1.坚持把政治建设摆在首位。严格执行省委坚决落实“两个维护”十项制度机制，增强“四个意识”、坚定“四个自信”、做到“两个维护”。充分发挥基层党组织政治功能，不断提高党员干部政治判断力、政治领悟力、政治执行力，确保党中央决策部署贯彻落实到基层。

2.巩固农村基层党组织领导地位。深入贯彻落实《中国共产党农村基层组织工作条例》，强化乡镇党委、村党组织对农村各类组织和各项工作的全面领导。深化乡镇体制改革，推动下放更多管理职权到乡镇一级。选优配强村党组织书记，积极稳妥推行实现“三个一肩挑”。落实村各类组织向村党组织报告工作制度和重大事项决策“四议两公开”制度，强化村党组织对村民小组、村民理事会、老人会、乡贤会、慈善会等的领导管理监督。

3.健全街道社区党组织领导机制。完善街道“大工委”、社区“大党委”工作机制，强化街道党工委抓党建、抓治理、抓服务职能，推进街道赋能减负增效，推动驻地单位、两新组织党组织与街道党工委有效对接、互联互通。增强社区党组织政治功能，优化社区党组织设置，健全社区党组织兼职委员制度。推动机关、国有企业、事业单位党组织和在职党员到社区报到。

4.强化机关、国有企业和事业单位等领域基层党组织的领导。落实机关工委统一领导、单位党组（党委）具体领导机关党建的要求，推动当好“三个表率”，巩固深化模范机关创建成果。加强对党忠诚教育，发展积极健康的机关政治文化。完善“双向进入、交叉任职”国有企业领导体制，加快建立各司其职、各负其责、协调运转、有效制衡的国有企业公司治理机制。完善高校党委领导下的校长负责制，落实中小学

校、公立医院党组织领导的行政领导人负责制。健全公立医院党委会议、院长办公会议议事决策规则，推动二级及以上公立医院实行书记、院长分设。压实行业管理部门、业务主管单位和属地党组织抓两新组织党建责任。

（二）坚持用习近平新时代中国特色社会主义思想凝心铸魂，增强基层党组织思想引领力

5.推动党员在学懂弄通做实上下功夫。把学习贯彻习近平新时代中国特色社会主义思想、习近平总书记重要讲话和重要指示批示精神作为首要政治任务，常态化推进“大学习、深调研、真落实”。加强理想信念宗旨教育，实施年轻干部理论水平提升工程。县级以上党委落实党员教育培训工作规划，持续实施习近平新时代中国特色社会主义思想教育培训计划。

6.推动党员干部不忘初心、牢记使命。坚持把不忘初心、牢记使命作为加强党的建设的永恒课题和全体党员干部的终身课题，全面落实关于巩固深化“不忘初心、牢记使命”主题教育成果的若干举措。开展建党100周年庆祝活动，广泛开展“党旗在基层一线高高飘扬”系列活动。深入开展党史、新中国史、改革开放史、社会主义发展史教育。

7.健全党员教育长效机制。落实“第一议题”“三会一课”、组织生活会等制度，常态化开展党章党规学习。坚持党员领导干部领学带学督学，发挥新时代文明实践中心、党员教育基地、廉政教育基地、红色村示范点作用。

8.提高党员集中培训质量。加强党员教育培训课程体系建设，利用“党建网”“党建为村”和学习强国平台等载体，开发新课程，增强培训实效。开展镇街党（工）委书记任期培训、新任村（社区）党组织书记和驻镇驻村干部岗位培训，抓好基层党组织书记县级年度轮训、村（社区）党员镇街党校年度轮训。

9.加强党员教育阵地建设。坚持每年创建一批市级镇街党校示范点。推进“啸仙干部学院”建设。在现有的革命遗址、烈士陵园、红色村、各类专项教育基地中，培育打造并组织认定一批功能完善、特色鲜明、实用管用的党员教育基地。

10.提高村干部学历水平。继续举办村干部大专学历教育班，聚焦全面实施乡村振兴战略，不断改进教学方式和教学内容。鼓励新当选村“两委”干部特别是村党组织书记报读大专班。

（三）坚持党的群众路线，增强基层党组织群众组织力

11.完善联系服务群众工作机制。严格贯彻落实《关于加强党员干部联系服务群众工作的实施方案》，健全市县镇村四级党员干部联系服务群众工作体系。坚持以基层党组织为主渠道落实投向基层的各类资源和服务，把党群服务中心建设成为党领导基层治理和服务群众的坚强阵地。

12.健全党组织领导的自治、法治、德治相结合的乡村治理体系。完善以村党组织为领导，村民自治组织和村务监督组织为基础，集体经济组织和农民合作组织为纽带，其他经济社会组织为补充的村级组织体系，加强党领导下的村民小组建设。深化党建带团建、带妇建，夯实基层团组织建设，推动“强基层妇联·促乡村振兴”农村基层妇联连片（灯塔盆地东源片区）试点建设。开展权责清单管理，探索基层纪检监察组织与村务监督委员会有效衔接。健全党全面领导下的村规民约，充分发挥村规民约和村民主体作用，推广新时代“枫桥经验”，加强乡村人民调解员队伍建设，推进乡村法治建设，弘扬客家优秀传统文化，深化文明村镇创建活动。

13.提升党建引领城市基层治理水平。推行“多网合一”，完善基层治理“一张网”。健全党组织领导的居民自治、民主协商、群团带动、社会参与机制，构建“四级联动”的街道社区治理格局，提升城市基层治理精准化、精细化水平。

（四）坚持党建引领重大任务落实，增强基层党组织社会号召力

14.大力抓党建促乡村振兴。强化乡镇党委龙头作用，开展乡村建设行动，实施“人才下乡、干部返乡、能人回乡”计划，做好巩固拓展脱贫攻坚成果同乡村振兴有效衔接。因地制宜发展壮大村级集体经济，重点抓好122个试点村的产业项目，推动全市基本实现村级集体经济年收入达到10万元以上目标。建立市县优秀年轻干部到镇村实践锻炼的工作机制，持续和完善向镇村选派工作队、第一书记的制度。

15.推进红色村党建示范工程项目。继续提高第一批6个红色村的建设质量，全力抓好东源县船塘镇老围村、义合镇下屯村和龙川县廻龙镇大塘村3个全国组织振兴试点村建设。实施红色村倍增计划，2021年新增打造7个红色村，发挥好红色村示范引领作用，支持老区、苏区和民族地区全面振兴发展。

16.强化党建引领经济社会发展。围绕中心工作找准基层党组织发挥作用的切入点，推动党建工作融入经济社会发展，凝心聚力落实“1+1+9”工作部署，抢抓“双区”建设等重大机遇，围绕“融深”“融湾”，投身新发展格局，塑造高质量发展新优势。

17.坚持以党建夯实社会稳定基础。持续开展基层正风肃纪反腐行动，推进扫黑除恶常态化，建立防范和整治“村霸”问题长效机制，加大抓党建促农村宗教治理工作力度。防范化解各领域重大风险，守好意识形态安全“护城河”。

（五）强化组织建设，提升组织体系战斗力

18.深化基层党组织规范化建设。修订基层党组织规范化建设工作指引，规范基层党组织设置，理顺基层党组织隶属关系，严格执行基层党组织按期换届制度。以村（社区）为重点开展新一轮软弱涣散基层党组织排查整顿工作，不设比例、应整尽整、动态销号。在应对重大突发事件、完成急难险重任务一线成立临时党组织。分领域推进基层党建示范点建设。

19.拓展农村、城市基层党组织建设。实施农村党建“整镇推进、整县提升”示范县镇创建活动，推动“强镇带村、强村带组”。坚持以行政村为基本单元设置党组织，加大在村民小组、农村合作经济组织和社会组织中建立党组织力度。实施城市基层党建“整区提升、示范引领”行动，推动源城区提升“城市基层党建示范区”创建质量、江东新区探索区域党建联建工作机制、市高新区培育一批非公企业党建工作示范点。加强社区物业党建联建，推进在住宅小区、管理网格、物业服务企业建立党组织。

20.加强机关、国有企业和事业单位党组织建设。坚持围绕中心、建设队伍、服务群众，推动机关党建与业务工作有机融合，从严从实抓好巡察发现问题的专项整改。健全机关党委、机关纪委议事规则和工作规则。开展国有企业“五强五化”示范创建活动，推动国有企业把党组织建在生产经营单元、项目工地和重组混改企业上。修订完善国有企业董事会、经理层决策事项清单，落实好国有企业党组织前置研究讨论企业重大经营管理事项清单。理顺县级教育工委体制机制，指导高校党委依托重大项目组、课题组、科研平台或学生公寓等设置师生党支部。落实支部建在公立医院科室上的设置要求，推动公立医院党建“四有”工程。

21.健全两新组织党建工作长效机制。织密行业党建和区域党建“两张网”，坚持“六项创新机制”，拓展底数摸排和组织建设“双同步”工作，着力在有形覆盖的基础上推进有效覆盖。指导“小个专”企业、互联网企业、快递物流业、注册会计师等行业加快成立党委。稳妥推进党建工作要求写入社会组织章程，完善行业协会商会党建工作机制。加强律师行业党建工作。

（六）强化队伍建设，提升基层党员干部人才支撑力

22.深化基层党组织“头雁”工程。做好村（社区）“两委”换届工作“后半篇文章”，全面实施村（社区）党组织书记县级党委组织部门备案管理，全面落实村（社区）“两委”成员资格联审机制。推动机关、事业单位党支部书记由所在部门或单位党员主要负责人担任，国有企业基层党组织书记重点从优秀经营管理骨干党员中选拔，高校基层党组织书记重点从教学、科研、管理带头人和优秀辅导员中选拔，两新组织党组织书记重点从管理层中选拔。探索选派行业管理部门、业务主管单位或属地乡镇（街道）在职（退休）党员干部到两新组织党组织担任第一书记。健全社区工作者职业体系，设立社区专职工作者岗位等级序列，按规定落实薪酬待遇。

23.实施后备干部“雏雁”工程。按照村推、镇选、县审查的程序，从外出的大学毕业生、退役军人、外出务工经商人员等群体中选拔一批优秀年轻的后备干部，与村（社区）干部同工同酬，结合实际择优使用，不断优化村（社区）干部队伍结构。

24.强化对村干部的激励措施。开展优秀基层党组织书记表彰，选拔优秀村（社区）党组织书记进入乡镇（街道）公务员队伍，加大从优秀村（社区）“两委”干部中招聘乡镇（街道）事业编制人员的力度，吸引更多优秀人才返乡。逐年提高村干部的工作生活补贴标准，落实正常离任村干部补助。

25.深化党员先锋工程。坚持把政治标准放在首位，落实政治审查制度，进一步提高发展党员质量。拓宽农村发展党员渠道，适时全面推开农村发展党员违规违纪问题排查整顿。注重在产业工人、青年农民、高知识群体、大学生以及两新组织从业人员等群体中发展党员，加强对优秀人才的政治吸纳。推行基层一线岗位党员佩戴党员徽章，引导党员结合职业特点发挥带头作用。创新流动党员管理机制。加强各级党代表联络服务工作。

26.加强乡镇（街道）干部队伍建设。规范乡镇领导干部选拔任用，不断优化领导班子和干部队伍结构。做好2021年乡镇领导班子换届工作，选优配强乡镇领导班子特别是党委书记。积极招录优秀大学毕业生到镇街工作，加强镇街干部的教育培训。

27.加强党务工作者队伍建设。增强县级组织部门、镇街抓基层党建工作力量。配齐配强基层党委专职副书记、组织委员和专职党务工作者。加大选派党建工作指导员力度，规范队伍管理，强化激励保障。加强党建研究机构和智库队伍建设。

（七）强化制度建设，提升制度执行力

28.持续抓好建章立制。建立健全涵盖组织设置、组织生活、组织运行、组织管理、组织监督等的完整组织制度体系。坚持问题导向，不断完善优化制度机制。

29.加强制度执行。严格落实党内法规执行责任制，常态化开展执行制度的监督检查与专项评估。把制度执行力作为干部选拔任用、考核评价和基层党建述职评议考核、党建工作考核的重要标准，推动广大干部严格按制度开展工作。

（八）强化基础保障，提升基层党组织和党员发挥作用集群力

30.优化经费保障机制。各级财政部门要落实经费保障，重点保障基层组织运行、党员教育培训、服务群众和阵地建设。机关单位要在办公经费中专设党建工作经费。强化两新组织党建经费保障，落实行业党委工作经费。严格落实预算绩效管理。从严规范党费收缴使用管理。

31.加强基层阵地建设。深化党群服务中心实体化功能化建设，推动乡镇（街道）公共服务中心升级改造为党群服务中心。探索建立各领域基层党建学院，加快推进乡镇“五小”场所建设，加强村民小组活动阵地建设。

32.加快党建信息化建设。健全基层党建信息化标准体系，推进各级各领域党建信息化平台互联互通。深化“党建为村”平台建设。探索建立全市村干部信息管理系统。

33.加强党内激励关怀。加大评选表彰优秀共产党员、优秀党务工作者和先

进基层党组织力度，依规依纪保障党员权利，关爱基层党员干部，关怀帮扶老党员、困难党员和长期承担急难险重任务党员，落实因公殉职党员、因公伤残党员抚恤保障政策。

四、组织领导

（一）压实主体责任。党委（党组）书记是抓党建工作第一责任人，要发挥领导把关、示范带头、推动落实作用，深入实际、挂点蹲点、下抓两级，帮助解决实际问题。各级党的建设工作领导小组及其办公室协助本级党委统筹协调党的建设各项工作，开展党建工作述职评议考核。

（二）推动计划落实。各级党委（党组）和机关工委、教育工委、国资委党委、两新工委等要结合实际制定落实举措。各级组织部门要细化工作任务，完善制度机制，加强分类指导，强化过程管理，推动基层党建各项任务落地见效。

（三）加强督促检查。各级党的建设工作领导小组及其办公室要加强督促检查，推动问题整改，对工作不实、开展不力、基层党组织软弱涣散依然严重、党组织弱化虚化边缘化问题仍然突出的，依纪依规予以问责。

（以上资料由市委办 提供）

河源市大病保险实施细则

2021年3月14日

为切实减轻我市城乡居民、城镇职工基本医疗保险（以下简称城乡居民、城镇职工医保）参保人因病住院医疗费用的负担，在基本医疗保障的基础上，继续实施城乡居民、城镇职工大病保险制度（以下简称大病保险），对大病患者发生的高额医疗费用给予进一步保障，根据《国务院办公厅关于全面实施城乡居民大病保险的意见》（国办发〔2015〕57号）、《广东省人民政府办公厅关于进一步完善我省城乡居民大病保险制度的通知》（粤府办〔2016〕85号）等文件规定，结合我市实际，制定本实施细则。

一、总体要求

根据国家、省工作部署和进一步完善我市城乡居民、城镇职工基本医疗保障制度的实际需要，通过竞争择优委托具有资质的商业保险机构承办大病保险。充分发挥商业保险机构的专业优势，着力提高大病保险的运行效率、运行质量和服务水平，不断增强重特大疾病保障能力，为基本医疗保险提供有益补充，防范和解决参保人因病致贫、因病返贫问题，提高全民医疗保障水平，促进互助共济和社会公平。

二、实施原则

大病保险坚持“以人为本、保障大病”的原则，不断提高大病保险服务的可及性。大病保险实行市级统筹，统一筹资标准、待遇水平、承办机构和资金管理。

三、筹资机制

（一）筹资标准。统筹考虑本地经济社会发展水平、基本医疗保险筹资能力、参保人员患大病发生高额医疗费用情况、大病保险保障水平等因素，科学做好资金测算，合理确定大病保险的筹资标准。城乡居民、城镇职工大病保险具体保费年度筹资标准由医保部门测算报市政府审定后执行。

（二）资金来源。分别从城乡居民医保基金和城镇职工医保基金中划出一定比例作为大病保险资金。城乡居民、城镇职工医保基金有结余时，利用结余筹集大病保险资金；结余不足或没有结余时，在年度筹集的基金中予以安排。完善城乡居民、城镇职工医保基金的多渠道筹资机制，保证制度的可持续发展。

（三）资金拨付。筹集的大病保险资金（扣除5%的质量保证金后）按季度（年度内新增参保人按月）拨付给承保的商业保险机构（保证金的支付方式在与保险公司签订协议中另行明确）。

四、保障对象

大病保险保障对象为城乡居民、城镇职工医保参保人员（含随父母享受城乡居民医保待遇的新生儿）。其中，城乡居民医保参保人具体分为一般人群，脱贫人口和最低生活保障对象，特困供养人员、孤儿等三类；城镇职工医保参保人具体分为一般人群和困难职工。国家、省、市对医疗救助对象有新规定的，按国家、省、市有关规定执行。

五、保障范围

（一）支付范围。

城乡居民、城镇职工医保参保人发生的，符合基本医保规定的当年累计住院医疗费用和门诊特定病种项目费用总额，经基本医疗保险报销后，超过大病保险起付标准以上的个人自付部分（不包括住院起付线），纳入大病保险支付范围。

（二）起付标准。

1.一年度内参保人只承担一个大病起付标准；

2.参加城乡居民、城镇职工医保的一般人群，大病保险起付标准为市统计局公布的上一年度我市城乡居民人均可支配收入数的一半；

3.参加城乡居民医保的脱贫人口和最低生活保障对象，参加城镇职工医保的困难职工，大病保险起付标准为一般人群的30%；

4.参加城乡居民医保的特困供养人员、孤儿，大病保险起付标准为一般人群的20%。

（三）报销比例。

1.参加城乡居民、城镇职工医保的一般人群：起付标准以上至5万元（含5万元）部分，报销比例为60%；超过5万元小于10万元部分（含10万元），报销比例为65%；10万元以上部分报销比例为75%。

2.参加城乡居民医保的脱贫人口和最低生活保障对象，参加城镇职工医保的困难职工：起付标准以上至5万元（含5万元）部分，报销比例为75%；超过5万元小于10万元部分（含10万元），报销比例为80%；10万元以上部分报销比例为85%。

3.参加城乡居民医保的特困供养人员、孤儿：起付标准以上至5万元（含5万元）部分，报销比例为85%；超过5万元小于10万元部分（含10万元），报销比例为90%；10万元以上部分报销比例为95%。

（四）年度最高支付限额。

一般人群大病保险年度最高限额为上上年度我市城镇居民年人均可支配收入标准的6倍。参加城乡居民医保的脱贫人口、最低生活保障对象、特困供养人员、孤儿，参加城镇职工医保的困难职工等不设年度最高支付限额。

随着筹资、管理和保障水平的不断提高，逐步提高大病保险的支付比例。

六、风险调节

遵循收支平衡、保本微利的原则，科学测算和合理控制商业保险机构盈亏率，因基本医疗保险政策调整而产生的政策性亏损按照合同规定处理，非政策性亏损由商业保险机构承担。

（一）设定商业保险机构盈利率为当年大病保险筹资总额的2.5%（包括运营成本），超过2.5%以上盈利返还给城乡居民、城镇职工医保基金。

（二）设定商业保险机构亏损率为当年大病保险筹资总额的2.5%；若当年亏损率超过2.5%，超出部分由基金与承保公司分别按1：1比例分担。

（三）政策性亏损的具体条款，按照国家、省、市有关规定，由市医疗保障事业管理中心在大病保险协议中予以明确。

七、承办管理

市医保局按照《中华人民共和国政府采购法》等法律法规规定以及政府公开招标程序，通过公开招标依法确定承办全市大病保险的商业保险机构。

（一）资质条件。

1.承办大病保险的商业保险机构必须符合法律规定的经营健康保险业务的条件，且依法取得承办大病保险业务的资质，在我国境内经营健康保险专项业务5年以上，具备充足的偿付能力。

2.商业保险机构总部同意其分支机构参与承办当地的大病保险业务，并提供业务、财务、信息技术等支持，能够实现大病保险业务专户管理、单独核算。拟承办大病保险的商业保险分支机构参与招标前连续3年未受到过监管部门或其他行政部门的重大处罚，具有良好的市场信誉。

3.在我市设立中心支公司以上分支机构，具备完善的服务网络；配备医学等专业背景的专职工作人员，具有较强的医疗保险专业服务能力。

（二）合同管理。

1.合同签订。市医疗保障事业管理中心按照招标文件与中标商业保险机构签订承办大病保险合同，明确双方的责任义务、筹资和保障水平，依法建立质量保证机制，规范退出流程。

2.合同履行。为保证大病保险平稳运行，合同期限原则上不低于3年。合同期间，如遇政策性调整等问题，经合同双方协定可做相应动态调整。

（三）结算管理。

商业保险机构要以方便参保人为原则，在财务管理、费用审核及结算等环节做好与基本医疗保险的衔接。要不断优化理赔服务流程，依托医疗保险信息系统，为参保人提供"一站式"即时结算服务，实现资源共享、结算同步、监管统一，为患者提供便捷的医疗费用结算服务，及时足额支付参保人大病保险待遇。

（四）管理服务。

商业保险机构根据参保人分布情况，设立服务网点或流动服务站；充分发挥自身人才、技术和管理优势，协助政府做好大病保险政策宣传、业务咨询、医保服务管理等工作，提高经办能力和效率；协助医疗保障部门加强住院巡访，查处冒名就医等虚假医疗和骗保行为等；协助医疗保障部门加强诊疗过程控制、审核医疗费用支出，提高基金的使用效能。

（五）履约规范。

除法律规定或者合同另有约定外，合同成立后，商业保险机构不得解除合同。商业保险机构中途不得单方退出。商业保险机构不依合同履行责任的，3年内不得承办本行政区域范围内的大病保险业务。保险监管部门依法作出行政处罚。商业保险机构若下一合同期不再参与投标，须提前半年通知招标人，并配合市医疗保障局妥善做好衔接过渡工作。建立担保机制，明确商业保险机构总部对分支机构承办大病保险业务的连带责任。

（六）信息管理。

严格按照《社会保险个人权益记录管理办法》，加强大病保险信息管理，加强参保人信息安全保护，明确交换信息的使用范围，商业保险机构对因管理大病保险获取的个人信息承担保密责任，不得将个人信息用于管理大病保险业务以外的其他用途，不得向第三方交换。经市医疗保障局授权，可依托医保信息系统按规定进行必要的信息交换和数据共享。

八、强化监管

（一）加强大病保险工作的日常监管。医疗保障部门要将大病保险资金收支纳入医保基金预算和决算管理，规范大病保险费拨付流程，确保资金安全；通过日常抽查、建立投诉受理渠道等方式进行监督检查，及时查处违法违约行为，督促商业保险机构按合同要求提高服务质量和水平；探索建立大病保险政策调整影响评估机制。财政、审计部门要加强资金管理，严格相关审计，确保资金规范合理使用。保险监管部门要做好从业资格审查、服务质量与日常业务监管。

（二）加强对医疗机构和医疗费用的全面管控。卫生健康、医疗保障部门要加强对医疗机构、医疗服务行为和质量的监管，加强对相关医疗服务和医疗费用的监控，保障医疗服务质量，防控不合理医疗行为和费用发生。商业保险机构要切实履行好协议职责。

（三）加强多方参与的社会监督。建立社会多方参与的信息公开、投诉受理的监管制度，发挥媒体、公众的监督作用。建立公示制度，市医疗保障事业管理中心将与商业保险机构签订合同的情况，以及筹资标准、待遇水平、支付流程和大病保险年度收支情况等，通过网站、微信等方式向社会公开，接受社会监督。

本实施细则自2021年5月1日起实施，有效期5年。实施过程中，如遇国家、省政策调整的，按调整后的规定执行。

河源市进一步稳定和扩大就业若干政策措施

2021年10月15日

为深入贯彻习近平新时代中国特色社会主义思想和中共十九大及十九届二中、三中、四中、五中全会精神，扎实做好“稳就业”工作、全面落实“保居民就业”任务，强化就业优先政策，推动实现更加充分更高质量就业，确保全市就业大局稳定和经济社会持续健康发展，根据《广东省进一步稳定和扩大就业若干政策措施》（粤府〔2021〕13号）精神，结合我市实际，制定以下政策措施。

一、减轻企业负担稳定就业岗位

（一）按照国家和省统一部署，平稳有序实施企业职工基本养老保险缴费比例、缴费基数统一政策，保持企业社会保险缴费成本预期稳定。*（市人力资源和社会保障局、市税务局负责，排第一位的为牵头单位，下同）*

（二）职工基本医疗保险统筹基金累计结余（剔除一次性预缴基本医疗保险费）可支付月数超过9个月时，可阶段性降低用人单位缴费费率，实施期限至2021年12月31日。我市原阶段性下调工伤保险费率政策实施至2021年4月30日，2021年5月1日起按照省级统筹工伤保险行业基准费率标准有关规定执行；2021年5月1日至2022年4月30日，在工伤保险省级统筹行业基准费率和浮动费率政策的基础上，实施阶段性下调工伤保险费率50%的政策。将阶段性降低失业保险费率政策、失业保险浮动费率政策实施期限延长至2022年4月30日。*（市人力资源和社会保障局、市财政局、市医保局、市税务局负责）*

（三）继续按照不高于2017年征收标准（现行标准），向没有接收残疾人就业的用人单位征收残疾人就业保障金，实行分档减缴和暂免征收优惠政策，实施期限至2022年12月31日（即征收所属期为2021年度）。*（市残联、市财政局、市税务局负责）*

二、推动经济发展扩大就业供给

（四）实施就业优先政策，强化产业、财政、投资、消费、金融等政策与就业政策的协同联动。实施重大产业就业影响评估，明确重要产业规划带动就业目标。加快发行使用地方政府专项债券，优先用于基础设施领域补短板项目。加快在建铁路项目特别是高速铁路建设投资进度。实施城镇老旧小区改造、棚户区改造、农村危房改造等工程，支持城市停车场设施建设。*（市发展和改革局、市工业和信息化局、市财政局、市住房城乡建设局、市交通运输局、市商务局、市金融局负责）*

（五）扩大短期出口信用保险承保规模，根据市场化原则适度降低保险费率。推广国际贸易“单一窗口”信用保险模块应用，扩大小微企业出口信用保险覆盖面。*（市商务局、市金融局负责）*

（六）支持企业建立国际营销服务网络，鼓励企业申报国家级国际营销服务公共平台。*（市商务局负责）*

（七）落实定向降准政策，用好中国人民银行再贷款、再贴现等货币政策工具，加强对涉农、小微、民营企业等资金支持。*（市金融局、人行河源市中心支行负责）*

（八）对政府性融资担保机构新增单户担保金额1000万元及以下、平均年化担保费率不超过1.5%的小微企业融资担保业务，按年度业务发生额的0.5%给予补助，从省财政专项资金中列支。*（市金融局、市财政局负责）*

三、鼓励创业和多渠道灵活就业

（九）深化“一照多址”改革，允许企业在本市范围内登记多个经营场所，免办分支机构登记。个体工商户从事网络经营的，可将网络经营地址登记为经营场所；承租市场摊位的，可用市场主办方营业执照作为住所使用证明。*（市市场监管局负责）*

（十）加大创业担保贷款力度，创业带动5人以上（含5人）就业或经营家政企业的借款人，个人最高贷款额度提高至50万元。借款人需贷款金额超过创业担保贷款最高额度的，可采取创业担保贷款和普通商业贷款组合贷款的形式进行贷款，对其中的创业担保贷款提供担保和贴息。将借款人条件中本人及其配偶名下小额消费贷款（含信用卡消费）限额由5万元提高至10万元。有失业保险参保记录的借款人的个人创业担保贷款利息给予全额贴息。由此额外产生的贴息资金支出从全市已提取失业保险基金中列支。*（市人力资源和社会保障局、市财政局、人行河源市中心支行负责）*

（十一）各级创业孵化基地为普通高等学校、中等职业学校、技工院校学生（在校及毕业5年内），出国（境）留学回国人员（领取毕业证5年内），港澳台青年，就业困难人员，返乡创业人员，退役军人等6类人员提供1年以上创业孵化服务并孵化成功的，可按每户每年3000元标准申请补贴，补贴期限不超过2年。对获省授牌的港澳青年创新创业基地，参照省级示范性创业孵化基地给予奖补。鼓励各县（区）结合当地特色举办各类创新创业大赛。*（市人力资源和社会保障局、市财政局负责）*

（十二）实施灵活就业特定人员参加工伤保险办法，按照国家和省部署开展新业态从业人员职业伤害保障试点。鼓励经营性人力资源服务机构为有“共享用工”需求的企业提供免费对接服务，按调剂用工人数给予就业创业服务补助。*（市人力资源和社会保障局、市财政局、市税务局负责）*

四、促进高校毕业生等群体就业

（十三）全力抓好高校毕业生、异地务工人员、就业困难人员等重点群体就业。深入实施高校毕业生就业创业促进计划，稳定毕业生政策性供给，加大异地务工人员“三稳”力度，确保零就业家庭动态清零。*（市人力资源和社会保障局、市教育局负责）*

（十四）开展南粤春暖“稳岗留工”专项行动，聚焦异地务工人员和重点企业，送温暖留心、强政策留岗、稳生产留工、优服务留人。巩固脱贫攻坚成果，保持过渡期内政策稳定，稳定脱贫劳动力在我市就业。*（市人力资源和社会保障局）*

（十五）保持机关、事业单位招聘应届高校毕业生规模稳定。进一步扩大国有企业招聘应届高校毕业生数量，并向困难家庭高校毕业生适当倾斜。组织基层教师、基层医疗卫生技术人员等专项招聘。*（市委组织部、市人力资源和社会保障局、市国资委负责）*

（十六）实施“社工双百工程”，开发一批社会工作服务岗位，2022年年底前实现全市乡镇（街道）、村（居）100%全覆盖，优先吸纳高校毕业生及取得高级工和技师（高级技师）职业资格证书的我省技工院校、中等职业学校的毕业生就业。*（市民政局负责）*

（十七）按照省的部署实施教师特岗计划、“三支一扶”计划、“西部计划”、“山区计划”等基层服务项目，按规定落实定向招录公务员和事业单位人员等政策。*（市委组织部、市教育局、市人力资源和社会保障局、团市委负责）*

（十八）每两年开展一次基层公共就业创业服务岗位招聘。加大基层就业补贴落实力度，鼓励更多高校毕业生到我市就业。对在我市就业的出国（境）留学人员，参照高校毕业生落实有关扶持政策。*（市人力资源和社会保障局、市财政局负责）*

（十九）对超比例安排残疾人就业的用人单位给予奖补，所需资金从残疾人就业保障金中列支。*（市残联负责）*

（二十）健全保障农民工工资支付工作机制，加大执法检查力度，严厉查处打击欠薪违法行为，切实维护劳动者合法薪酬权益。加强监察执法，依法惩处侵害女职工孕期、产期、哺乳期特殊劳动保护权益行为。*（市人力资源和社会保障局负责）*

五、对就业困难群体实施托底帮扶

（二十一）对符合领取失业保险金条件的失业人员，及时发放失业保险金。对领取失业保险金期满仍未就业且距离法定退休年龄不足1年的人员，可继续发放失业保险金直至法定退休年龄。加强基层公共就业服务平台建设，每月开展1次针对辖区内登记失业人员、就业困难人员的跟踪调查服务。完善失业人员分级分类帮扶机制，建立健全企业岗位储备库，精准开展岗位推荐和就业服务。加强经贸摩擦、重大项目、专项治理、机器换人等对就业影响的跟踪应对，对可能造成规模性失业的，提前制定工作预案及应对措施。*（市人力资源和社会保障局、市财政局负责）*

（二十二）将鼓励用人单位吸纳脱贫人口就业的吸纳就业补贴、社保补贴和岗位补贴政策实施期限延长至2021年12月31日。开发一批农村保洁、治安、护路、管水、扶残助残、养老护理、林区管护、公共卫生、公共基础设施维护、乡村快递收发等乡村公共服务类岗位，兜底安置就业困难人员等易返贫致贫人口，按规定落实乡村公益性岗位补贴。*（市人力资源和社会保障局、市财政局、市农业农村局负责）*

六、发挥“粤菜师傅”“广东技工”“南粤家政”“农村电商”等工程促进就业功能

（二十三）将“粤菜师傅”培训项目（工种）纳入职业技能提升培训补贴范围，开发一批粤菜美食制作、包装、推介等就业岗位，组织开展“粤菜师傅”招聘活动。*（市人力资源和社会保障局负责）*

（二十四）职业院校、技工院校在

校学生参加学校组织的免费职业技能评价并取得职业资格证书或职业技能等级证书的，学校按每人200元标准申请一次性职业技能鉴定补贴；中等职业学校、技工院校应届毕业生到我市就业，符合条件的可申请每人5000元标准的基层就业补贴。*（市人力资源和社会保障局、市财政局负责）*

（二十五）推进家政服务业通用基础标准、服务标准、管理标准等标准研制。2021年建设5个基层家政服务站，每个服务站给予20万元奖补。支持“河源家政一条街”建设，对入驻家政企业申请贷款给予免担保支持，充分发挥“河源家政一条街”平台作用，开展市级家政服务龙头企业、家政服务诚信示范企业、家政服务培训示范基地评选，促进我市家政企业做大做强。加强“融湾”“融深”工作力度，实现我市家政从业人员与大湾区市场无缝对接，支持符合条件的员工制家政企业申请最高额度500万元的创业担保贷款，引进一批外籍家政培训师，实施“南粤家政”技能培训合格证书制度。*（市人力资源和社会保障局、市发展和改革局、市财政局、市商务局、市市场监管局、人行河源市中心支行负责）*

（二十六）加快推进“乡村工匠”工程，推动乡村工匠创业孵化基地整合建设。实施“乡村工匠”培养行动、评价激励行动、就业创业行动、服务“三农”发展行动。加强乡村工匠实用技能人才职业教育，鼓励各类培训机构开展技能培训，加大校企合作联合培养力度。建立健全“乡村工匠”培养标准和技能评价体系，支持乡村工匠参与职称评定，开展乡村工匠技能大赛。完善就业创业扶持政策，拓宽就业创业渠道，提高公共就业创业服务水平。支持乡村工匠服务农业发展，支持乡村工匠服务美丽乡村建设。*（市人力资源和社会保障局、市农业农村局负责）*

（二十七）大力推进“农村电商”工程，2021年扶持建设1家农村电商产业园，按规定给予100万元的一次性补助；在村（居）建设一批农村电商基层示范站，按规定给予每个示范站10万元标准的一次性补助。上述所需资金在中央和省补助就业创业资金中列支。*（市人力资源和社会保障局、市财政局、市农业农村局负责）*

七、大力提升劳动力技能水平

（二十八）聚焦制造业高质量发展，大力推进职业技能提升行动。将国家动态发布的新职业纳入我市补贴性职业技能培训评价范围，对急需紧缺、尚无国家职业技能标准的新职业，由行业企业自主开发评价规范，按程序备案后实施。*（市人力资源和社会保障局负责）*

（二十九）实施高职扩招专项行动，支持在岗员工提升学历和技能。*（市教育局、市人力资源和社会保障局负责）*

（三十）加强技工院校基础能力建设，扩大招生规模。*（市人力资源和社会保障局负责）*

（三十一）深化产教融合、校企合作，在职业院校、技工院校全面推行现代学徒制和企业新型学徒制，院校（不含公益一类院校）可将技能培训所得收入的一定比例纳入学校公用经费。支持各类企业特别是规模以上企业或者吸纳就业人数较多的企业设立职工培训中心，鼓励企业与职业院校、技工院校共建实训中心、教学工厂。*（市人力资源和社会保障局、市教育局负责）*

（三十二）支持企业申报高技能人才培训基地和技能大师工作室，按规定给予补助。围绕省十大战略性支柱产业集群和十大战略性新兴产业集群发展需求，开展企业员工职业技能培训。*（市人力资源和社会保障局负责）*

（三十三）大力实施新型农业经营主体带头人、农业经理人、青年农场主、农业专业大户、家庭农场主、农民合作社领办人、农业企业骨干等培训，引导青年农民工、中高等院校毕业生、退役军人、科技人员等返乡下乡人员加入高素质农民队伍。*（市农业农村局、市人力资源和社会保障局、市退役军人事务局负责）*

八、强化公共就业服务供给

（三十四）推动公共就业服务均等化，劳动者可按规定选择在户籍地、常住地、就业地、参保地办理失业登记，按规定享受就业创业扶持政策和服务。*（市人力资源和社会保障局负责）*

（三十五）加强业务流程再造和数据共享交换，实现重点群体税收优惠“免申即享”。*（市税务局、市政务服务数据管理局负责）*

（三十六）健全就业服务专员制度，为有需求的重点用工企业、先进制造业企业、高新技术企业、劳动密集型企业提供招工用工、政策咨询、职业技能培训及评价、劳动关系协调等服务和指导；通过购买服务方式提供上述服务的，按规定对提供服务的社会力量给予就业创业服务补助。有序引导公共就业服务机构、高校就业指导机构、经营性人力资源服务机构组织开展线下线上公益性人力资源供需对接活动，按规定给予就业创业服务补助。加强省际劳务协作，对组织开展省际招聘对接、就业创业培训、返乡返岗专车专列等协作活动的公共就业服务机构，按规定给予就业创业服务补助。对开展跨区域有组织劳务输出的经营性人力资源服务机构、劳务经纪人，可给予就业创业服务补助。*（市人力资源和社会保障局、市财政局负责）*

（三十七）按照国家和省统一部署，探索建立城镇调查失业率、用工需求按月统计发布制度。扩大就业监测范围，建立新就业形态人员就业信息采集制度，对按要求提供数据信息的企业给予适当补助。*（市人力资源和社会保障局、市财政局、市统计局、国家统计局河源调查队负责）*

九、强化就业工作组织领导

（三十八）各县（区）政府（管委会）要建立健全就业工作组织领导机制，加强对城镇新增就业等就业工作主要指标的分析运用，结合经济结构调整、产业集群建设等工作进一步挖掘就业潜力，统筹做好本地区就业工作；要抓紧出台配套贯彻意见，细化实化扶持政策，确保各项政策落到实处；要加强就业补助资金等促就业资金的使用管理，调整优化支出结构，强化资金绩效管理，优先保障涉企涉民支出；要多维度加强重点企业重点行业就业监测，完善化解失业风险的政策储备和应对预案。*[各县（区）政府（管委会）、市财政局、市人力资源和社会保障局负责]*

（三十九）要加强就业创业典型表彰激励，对被评为创业型城市、农村劳动力转移就业示范县、公共就业创业服务示范城市的，在资金分配上给予适当倾斜；对被评为全国创业孵化示范基地、国家级充分就业社区、国家级高校毕业生就业见习示范单位的，按规定给予适当资金奖补。*[各县（区）政府（管委会）、市财政局、市人力资源和社会保障局负责]*

本政策措施自印发之日起实施，有效期2年。此前规定与本政策措施不一致的，按本政策措施执行。涉及省规定调整的，按省新规定执行。

河源市商事主体住所（经营场所）登记管理办法

2021年11月19日

第一章 总则

第一条 为规范我市商事主体住所（经营场所）登记管理，进一步放宽各类商事主体住所（经营场所）登记条件，合理释放和运用各类场地资源，推进商事登记便利化，优化营商环境，根据《中华人民共和国民法典》、国务院《注册资本登记制度改革方案》和《广东省商事登记条例》等规定，结合我市实际，制定本办法。

第二条 本办法适用于河源市行政区域内商事主体住所（经营场所）的登记管理。

本办法所称商事主体，包括公司、合伙企业、个人独资企业、个体工商户、非公司企业经营单位、来华从事经营活动的外国（地区）企业、农民专业合作社，以及企业分支机构。

商事主体住所是指商事主体主要办事机构所在地，是商事主体的法定地址，是文书送达地址和确定司法、行政地域管辖的依据，是商事主体的法定登记事项。

商事主体经营场所是指其开展经营活动的场所。

第三条 商事登记机关（以下简称登记机关）对申请人提交的住所（经营场所）使用证明、住所（经营场所）信息申报等材料实行形式审查；申请人对其提交材料的真实性、合法性、有效性负责，并承担因隐瞒事实、提供虚假材料等行为引起的法律责任。

第四条 商事主体在住所（经营场所）从事经营活动，应当遵守法律、法规、规章以及本市的相关规定，不得扰乱市场经济秩序，不得损害社会公共利益。

第二章 住所（经营场所）要求

第五条 商事主体应当依法取得住所（经营场所）的使用权，并对住所（经营场所）的合法性、安全性负责。

第六条 商事主体住所（经营场所）应当是固定场所，并与其经营范围、从事的经营活动相匹配。法律法规和规章另有规定的，从其规定。

第七条 法律、法规、规章设置经营场所禁设区域的，商事主体不得将禁设区域场所申请登记为住所（经营场所）。

第八条 商事主体住所（经营场所）的地址应当按市、县（区）、镇（街道）、村（社区）、街（路）、门牌、房号格式申请，做到规范、明确。无门牌号的，应当对住所（经营场所）所处位置进行详细描述。

对于面积较大的商务楼宇办公场所分隔出的多个独立空间，每个独立空间编制不同编号对外出租的，该独立空间可以作为承租商事主体的住所（经营场所）申请登记。

第九条 商事主体住所（经营场所）依法应当经住房和城乡建设、自然资源、公安、消防、生态环境、文化广电旅游体育、教育、卫生健康、市场监管、应急管理等相关部门许可或备案方可开展经营活动的，开展经营活动前应当依法办理许可或备案。

第十条 违法建筑、危险建筑和列入政府公告征收、拆迁的建筑，不得申请为商事主体的住所（经营场所）。

被认定为违法建筑、危险建筑和列入政府公告征收、拆迁的建筑物，申请人通过隐瞒、提交虚假材料等手段获得住所（经营场所）登记的，其领取的营业执照不得作为申请征地拆迁补（赔）偿的依据。

第三章　住所（经营场所）登记

第十一条　商事主体住所（经营场所）应当经登记机关登记；商事主体住所（经营场所）发生变化的，应当自变更决议或者决定作出之日起三十日内向登记机关申请变更登记；涉及到本办法第二章第九条需取得相关部门许可或备案的，依法及时到相关部门办理变更手续。

第十二条　商事主体在申请设立登记或者住所（经营场所）变更（备案）登记时，应当分别按下列情形提交住所（经营场所）使用证明：

（一）使用自有房产的，提交房屋产权证明复印件。

（二）使用非自有房产的，提交业主房屋产权证明复印件和房屋租赁协议复印件或者无偿使用证明。

（三）使用宾馆、饭店的，提交房屋租赁协议复印件和宾馆、饭店的营业执照复印件。

（四）使用军队房产的，提交房屋租赁协议复印件和《军队房地产使用许可证》复印件。

（五）仅通过互联网开展经营活动的个体工商户，可提交电子商务平台出具的经营场所使用证明。

（六）未取得房屋产权证明的，提交房屋竣工验收证明复印件、经备案的购房合同复印件，房屋权属查询证明或者行政机关、企事业单位为自有房屋出具的证明或者当地人民政府或者其派出机构、各类经济功能区管委会或居（村）民委员会等出具的相关证明。

商事主体申请登记的住所（经营场所）属转租、分租的，须同时提交房屋所有权人同意材料。

第十三条　我市分类试行住所（经营场所）自主申报承诺制，对未能提供房屋产权证明，或其他相关使用证明的，可以实行自主申报承诺制，申请人提交住所（经营场所）申报信息表和房屋所有权人出具的房屋权属声明作为住所（经营场所）使用证明，商事主体法定代表人或负责人和房屋所有权人对申报信息和房屋权属分别作出承诺。

第十四条　为便于事中事后监管，按照申报承诺制登记的住所（经营场所），登记机关在住所栏统一标注“申报承诺”字样。

第十五条　下列情形不适用住所（经营场所）申报承诺制：

（一）拟申请从事下列经营项目的：加工制造、沐足洗浴、美容保健、歌舞娱乐、游艺网吧、住宿业、餐饮服务、医疗器械、药品、教育培训、托育托管、养老服务、医疗服务、商务秘书服务、再生资源回收和处理、民用爆炸物品、烟花爆竹、危险化学品、放射性物品等生产经营活动的；

（二）以法定用途为住宅的商品房、政府保障性住房、军队房产作为住所（经营场所）的；

（三）以不动产权证书记载用途为医院、学校、教堂、车库、车房等作为住所（经营场所）的；

（四）商事主体从事涉及市场监管总局颁布的《企业登记前置审批事项目录》和《企业变更登记、注销登记前置审批事项指导目录》中所列事项的经营范围的；

（五）电子商务经营者集中办公区域登记的。

第十六条　经登记机关登记的企业住所只能有一个，企业可以在住所以外增设多个经营场所。

增设的经营场所与企业住所属于同一登记机关管辖的，可以向登记机关申请经营场所备案或者设立分支机构。但在住所以外的经营场所从事《企业登记前置审批事项目录》和《企业变更登记、注销登记前置审批事项目录》中列明的经营项目的，应当向登记机关申请设立分支机构。

增设的经营场所与企业住所不属于同一登记机关管辖的，依法应当向经营场所所在地的登记机关申请设立分支机构。

第十七条　符合下列情形之一的，同一地址可以登记为多个商事主体的住所。

（一）电子商务经营者集中办公区域登记的；

（二）在各类经济功能区内，经经济功能区管委会同意的；

（三）同一地址登记的多个商事主体之间股东（投资人）相同或有投资关联关系的；

（四）符合集群注册登记的。

同一门牌号码，但属不同楼层、不同房间的地址，不视为同一地址，申请人在办理申请时应当在地址后加以明确和区分。

第十八条　县（区）以上人民政府或有关部门批准设立的工业园、科技园、产业园、孵化器、战略性新兴产业基地等园区内或者高校、市级以上科研单位，其建设或运营单位可以以“一址多照”形式为入驻企业提供住所托管服务，实行住所（经营场所）集群注册登记模式。

申请集群注册登记的企业，应当提供托管方营业执照或者批准成立文件以及托管协议，明确由托管方为入驻的商事主体提供代收公函文书、信函、邮件等住所托管服务，登记机关在其营业执照住所（经营场所）后标注“（集群登记）”字样。

经营范围涉及《企业登记前置审批事项目录》和《企业变更登记、注销登记前置审批事项目录》以及从事生产加工、餐饮服务、旅业、娱乐服务、网吧、药品、医疗器械、危险化学品、民用爆炸物品、烟花爆竹、放射性物品等特定行业或者法律法规规定需要特定经营场所方能开展经营活动的商事主体，不适用集群注册登记模式。

第十九条　原商事主体已经不在其登记住所（经营场所）开展经营活动且未办理住所（经营场所）变更登记或注销登记的，经登记机关调查核实将原商事主体列入经营异常名录或标记为经营异常状态后，该地址可以申请登记为新商事主体的住所（经营场所）。申请人申请住所（经营场所）登记时，应当另外提交房屋所有权人出具的声明材料。

第四章 住改商特别规定

第二十条 允许商事主体将住宅在不改变房产性质的情况下，作为商事主体的住所（经营场所）办理登记。

商事主体将住宅作为住所（经营场所）登记的，除遵守法律、法规以及管理规约外，还应当经有利害关系的业主一致同意。

第二十一条 商事主体将住宅作为住所（经营场所）登记的，不得从事污染环境、危及公共安全、生命财产安全和影响其他业主正常生活等的生产经营活动。

第二十二条 商事主体将住宅作为住所（经营场所）登记的，实行告知承诺制，由登记机关告知其将住宅改变为经营性用房的相关法律法规和规章规定，除提交本办法第三章规定的住所（经营场所）使用证明外，还应当征得有利害关系的业主一致同意后，提交《住改商登记承诺书》。

第五章 监督管理

第二十三条 各级市场监管部门依法处理商事主体登记住所（经营场所）与实际情况不符的问题。通过登记的住所或者经营场所无法与商事主体取得联系的，应当自查实之日起10个工作日内作出将其列入经营异常名录或者标记为经营异常状态的决定，并在企业信用信息公示系统向社会公示。

实行住所（经营场所）申报承诺制的，按照“双随机、一公开”监管方式抽查检查企业，提高抽查的比例和频次。

第二十四条 各有关部门应当按照“谁审批谁监管、谁主管谁监管”的原则，加强对商事主体的监督管理。

第二十五条 对于商事主体提交虚假住所（经营场所）材料的行为，登记机关按照有关法律、法规和规章的规定予以查处，对涉嫌犯罪的，依法移送司法机关追究刑事责任。

登记机关应当建立诚信档案，对作出不实承诺或者违反承诺的商事主体，申请人（包括商事主体、商事主体的法定代表人或负责人、经办人）3年内不适用申报承诺制和告知承诺制。

商事主体违反本办法规定，除依照有关法律法规和规章规定处理外，纳入信用管理。

第六章 附则

第二十六条 本办法由市市场监管局会同有关部门负责解释。市市场监管局根据本办法制定相关文书格式样本并向社会公开。

第二十七条 本办法自2022年1月1日起施行，2026年12月31日失效（有效期5年）。

（何维莉）

重要文件目录

2021年中共河源市委重要文件一览表

表49

序号	时间	文件编号	标　题
1	2021年1月4日	河委发〔2021〕1号	中共河源市委关于制定河源市国民经济和社会发展第十四个五年规划和二〇三五年远景目标的建议
2	2021年1月20日	河委发〔2021〕3号	中共河源市委、河源市人民政府关于调整市区财政管理体制的通知
3	2021年2月20日	河委发〔2021〕5号	中共河源市委、河源市人民政府关于印发《河源中长期青年发展规划（2021—2025年）》的通知
4	2021年3月17日	河委办发〔2021〕2号	中共河源市委办公室、河源市人民政府办公室印发《关于促进民营经济高质量发展的若干政策措施》的通知
5	2021年4月9日	河委办发〔2021〕3号	中共河源市委办公室、河源市人民政府办公室印发《关于强化知识产权保护的若干措施》的通知
6	2021年4月25日	河委办发〔2021〕4号	中共河源市委办公室关于印发《河源市加强党的基层组织建设三年行动计划实施方案（2021—2023）》的通知

（王爱章）

2021年河源市人民政府重要文件一览表

表50

序号	文件名称	文号
1	关于印发河源市护林员和专业森林消防队伍管理办法的通知	河府〔2021〕3号，HFG-2021-002
2	关于印发河源市深化环境影响评价制度改革实施方案的通知	河府〔2021〕4号，HFG-2021-003
3	关于印发河源市消防救援队伍职业保障实施细则（试行）的通知	河府〔2021〕5号，HFG-2021-004
4	关于印发河源市民宿管理实施细则的通知	河府〔2021〕6号，HFG-2021-005
5	关于授予江东新区第三批市级经济和社会管理权限的通知	河府〔2021〕7号
6	关于印发河源市政府规章立法后评估办法的通知	河府〔2021〕22号，HFG-2021-010
7	关于印发河源市民兵事业费使用管理暂行办法的通知	河府〔2021〕27号
8	关于印发河源市"三线一单"生态环境分区管控方案的通知	河府〔2021〕31号，HFG-2021-011
9	关于修订印发河源市政府质量奖评审管理办法的通知	河府〔2021〕34号，HFG-2021-012
10	关于划定禁止使用高排放非道路移动机械区域的通告	河府〔2021〕36号，HFG-2021-013
11	关于调整我市部分专利资助政策的通知	河府〔2021〕42号，HFG-2021-014
12	关于印发河源市军人随军家属就业安置实施办法的通知	河府〔2021〕43号
13	关于印发河源市进一步稳定和扩大就业若干政策措施的通知	河府〔2021〕48号，HFG-2021-017
14	关于印发河源市制造业数字化转型实施方案及若干政策措施的通知	河府〔2021〕52号
15	关于印发河源市商事主体住所（经营场所）登记管理办法的通知	河府〔2021〕64号，HFG-2021-020
16	关于印发河源市区工业用地使用权供应管理办法的通知	河府〔2021〕65号，HFG-2021-021
17	关于印发河源市产业发展规划（2021—2030）的通知	河府〔2021〕67号
18	关于调整我市最低工资标准的通知	河府〔2021〕71号，HFG-2021-022
19	关于印发河源市中心城区建设用地停车位配建管理暂行办法的通知	河府办〔2021〕1号，HFG-2021-001
20	关于印发河源市鼓励农村承包土地经营权流转奖补实施方案的通知	河府办〔2021〕3号，HFG-2021-006
21	关于印发河源市支持鼓励商贸流通业高质量发展促进消费增长若干措施的通知	河府办〔2021〕4号，HFG-2021-007
22	关于印发河源市大病保险实施细则的通知	河府办〔2021〕7号，HFG-2021-009
23	关于印发河源市产业园区用地整治提升行动工作方案的通知	河府办〔2021〕16号
24	关于印发河源市深化农村公路管理养护体制改革实施方案的通知	河府办〔2021〕21号
25	关于进一步完善我市被征地农民养老保障政策有关问题的通知	河府办〔2021〕23号，HFG-2021-016
26	关于印发河源市公共消防设施管理办法的通知	河府办〔2021〕25号，HFG-2021-018
27	关于印发河源市出租屋消防安全管理暂行规定的通知	河府办〔2021〕27号，HFG-2021-019
28	关于印发河源市交通运输领域市级与县（区）财政事权和支出责任划分改革实施方案的通知	河府办〔2021〕32号

（何维莉）

其他文献

2021年河源市社区居民委员会设置情况表

表51

单位：个

县（区）	乡镇（街道）	数量	社区居民委员会名称
源城区（46个）	埔前镇	2	圩镇社区居民委员会
			兴业社区居民委员会
	源南镇	2	双下路社区居民委员会
			明珠社区居民委员会
	上城街道	6	上城社区居民委员会
			下城社区居民委员会
			下角社区居民委员会
			公园社区居民委员会
			新兴社区居民委员会
			南湖社区居民委员会
	新江街道	6	上角社区居民委员会
			城西社区居民委员会
			卫星社区居民委员会
			城南社区居民委员会
			朱门亭社区居民委员会
			龙尾坝社区居民委员会
	东埔街道	15	丰源社区居民委员会
			建设大道社区居民委员会
			长安街社区居民委员会
			红星路社区居民委员会
			东升路社区居民委员会
			兴源路社区居民委员会
			文明路社区居民委员会
			永和路社区居民委员会
			广场社区居民委员会
			永安社区居民委员会
			永福路社区居民委员会
			永康社区居民委员会
			永祥社区居民委员会
源城区（46个）	东埔街道	15	文昌社区居民委员会
			永昌社区居民委员会
	源西街道	12	新港路南社区居民委员会
			新港路北社区居民委员会
			新江一路社区居民委员会
			新江二路社区居民委员会
			新江三路社区居民委员会
			光明社区居民委员会
			江源社区居民委员会
			站前社区居民委员会
			康乐路南社区居民委员会
			康乐路北社区居民委员会
			岭塘社区居民委员会
			石坪社区居民委员会
	高埔岗街道	3	新陂社区居民委员会
			大水井社区居民委员会
			新作塘社区居民委员会
东源县（28个）	仙塘镇	4	街镇社区居民委员会
			建设路社区居民委员会
			深业路社区居民委员会
			崇文社区居民委员会
	灯塔镇	1	街镇社区居民委员会
	双江镇	1	街镇社区居民委员会
	涧头镇	1	街镇社区居民委员会
	顺天镇	1	街镇社区居民委员会
	漳溪畲族乡	1	社区居民委员会
	骆湖镇	1	街镇社区居民委员会
	船塘镇	3	街镇社区居民委员会
			三河社区居民委员会

续表51

县（区）	乡镇（街道）	数量	社区居民委员会名称
东源县（28个）	船塘镇	3	黄沙社区居民委员会
	上莞镇	1	街镇社区居民委员会
	曾田镇	1	街镇社区居民委员会
	柳城镇	1	街镇社区居民委员会
	蓝口镇	2	街镇社区居民委员会
			新圩社区居民委员会
	叶潭镇	1	街镇社区居民委员会
	黄村镇	1	街镇社区居民委员会
	康禾镇	1	街镇社区居民委员会
	黄田镇	2	街镇社区居民委员会
			久社街镇社区居民委员会
	义合镇	1	街镇社区居民委员会
	锡场镇	1	街镇社区居民委员会
	新港镇	3	新源社区居民委员会
			安源社区居民委员会
			硼楼社区居民委员会
和平县（29个）	阳明镇	10	东城社区居民委员会
			东山社区居民委员会
			南堤社区居民委员会
			西城社区居民委员会
			福丰社区居民委员会
			福东社区居民委员会
			河西社区居民委员会
			河东社区居民委员会
			翠竹社区居民委员会
			福和社区居民委员会
	大坝镇	1	街道社区居民委员会
	上陵镇	1	街镇社区居民委员会
	下车镇	1	街镇社区居民委员会
	长塘镇	1	街镇社区居民委员会
	贝墩镇	1	街道社区居民委员会
	林寨镇	1	街道社区居民委员会
	东水镇	1	街镇社区居民委员会
	彭寨镇	4	街镇社区居民委员会
和平县（29个）	彭寨镇	4	大塘面社区居民委员会
			红星社区居民委员会
			五星社区居民委员会
	热水镇	1	街镇社区居民委员会
	优胜镇	1	街镇社区居民委员会
	古寨镇	1	街镇社区居民委员会
	礼士镇	1	街镇社区居民委员会
	公白镇	1	街道社区居民委员会
	合水镇	1	街镇社区居民委员会
	青州镇	1	街镇社区居民委员会
	浰源镇	1	街镇社区居民委员会
龙川县（42个）	老隆镇	15	市东社区居民委员会
			市南社区居民委员会
			市北社区居民委员会
			居民新村社区居民委员会
			水坑社区居民委员会
			乌石下社区居民委员会
			眠牛形社区居民委员会
			华新社区居民委员会
			附城社区居民委员会
			两渡河社区居民委员会
			老隆港社区居民委员会
			水上新村社区居民委员会
			吉祥一路社区居民委员会
			吉祥二路社区居民委员会
			泰华城社区居民委员会
	鹤市镇	1	鹤市社区居民委员会
	紫市镇	1	紫市社区居民委员会
	赤光镇	1	赤光社区居民委员会
	廻龙镇	1	廻龙社区居民委员会
	铁场镇	3	铁场社区居民委员会
			石坑社区居民委员会
			谷前社区居民委员会
	麻布岗镇	1	麻布岗社区居民委员会

续表51

县（区）	乡镇（街道）	数量	社区居民委员会名称
龙川县（42个）	岩　镇	1	岩镇社区居民委员会
	贝岭镇	1	贝岭社区居民委员会
	龙母镇	1	龙母社区居民委员会
	义都镇	1	义都社区居民委员会
	佗城镇	1	佗城社区居民委员会
	通衢镇	2	通衢社区居民委员会
			锦归社区居民委员会
	黎咀镇	1	黎咀社区居民委员会
	车田镇	2	车田社区居民委员会
			郑马社区居民委员会
	黄石镇	1	黄石社区居民委员会
	丰稔镇	1	丰稔社区居民委员会
	四都镇	1	四都社区居民委员会
	新田镇	1	新田社区居民委员会
	细坳镇	1	细坳社区居民委员会
	上坪镇	1	上坪社区居民委员会
	登云镇	1	登云社区居民委员会
	黄布镇	1	黄布社区居民委员会
	田心镇	1	田心社区居民委员会
紫金县（27个）	紫城镇	12	西城社区居民委员会
			安民社区居民委员会
			永安社区居民委员会
			通惠社区居民委员会
			城东社区居民委员会
			九田社区居民委员会
			上坝社区居民委员会
			城南社区居民委员会
			安良社区居民委员会
			新安社区居民委员会
			附城社区居民委员会
			乌石社区居民委员会
	中坝镇	1	中坝社区居民委员会
	龙窝镇	1	龙窝社区居民委员会
	苏区镇	1	苏区社区居民委员会
紫金县（27个）	南岭镇	1	南岭社区居民委员会
	瓦溪镇	1	瓦溪社区居民委员会
	九和镇	1	九和社区居民委员会
	蓝塘镇	1	蓝塘社区居民委员会
	凤安镇	1	凤安社区居民委员会
	好义镇	1	好义社区居民委员会
	上义镇	1	上义社区居民委员会
	义容镇	1	义容社区居民委员会
	黄塘镇	1	黄塘社区居民委员会
	柏埔镇	1	柏埔社区居民委员会
	水墩镇	1	水墩社区居民委员会
	敬梓镇	1	敬梓社区居民委员会
连平县（16个）	油溪镇	1	蕉园社区居民委员会
	忠信镇	5	径口社区居民委员会
			官陂社区居民委员会
			栗园社区居民委员会
			黄岭社区居民委员会
			老街社区居民委员会
	大湖镇	1	新街社区居民委员会
	绣缎镇	1	老街社区居民委员会
	隆街镇	1	街道社区居民委员会
	上坪镇	1	街道社区居民委员会
	陂头镇	1	街道社区居民委员会
	元善镇	5	南湖社区居民委员会
			城东社区居民委员会
			城南社区居民委员会
			城西社区居民委员会
			城北社区居民委员会
江东新区（5个）	城东街道	2	河紫路社区居民委员会
			东环学府社区居民委员会
	临江镇	2	临江社区居民委员会
			高铁新城社区居民委员会
	古竹镇	1	古竹社区居民委员会

2021年河源市村民委员会设置情况表

表52　　　　单位：个

县（区）	乡镇（街道）	数量	村民委员会名称
源城区（28个）	埔前镇	16	河背村民委员会
			杨子坑村民委员会
			南陂村民委员会
			双头村民委员会
			中田村民委员会
			赤岭村民委员会
			莲塘岭村民委员会
			坪围村民委员会
			埔前村民委员会
			上村村民委员会
			高围村民委员会
			陂角村民委员会
			高埔村民委员会
			大塘村民委员会
			泥金村民委员会
			罗塘村民委员会
	源南镇	5	双下村民委员会
			白田村民委员会
			榄坝村民委员会
			风光村民委员会
			墩头村民委员会
	东埔街道	3	高塘村民委员会
			太阳升村民委员会
			东埔村民委员会
	源西街道	4	黄子洞村民委员会
			新塘村民委员会
			白岭头村民委员会
			庄田村民委员会
东源县（258个）	仙塘镇	13	禾溪村民委员会
			热水村民委员会
			仙塘村民委员会
			红光村民委员会
			徐洞村民委员会
东源县（258个）	仙塘镇	13	木京村民委员会
			龙利村民委员会
			东方红村民委员会
			坭坑村民委员会
			新洋潭村民委员会
			观塘村民委员会
			古云村民委员会
			龙尾村民委员会
	灯塔镇	13	白砾村民委员会
			黄埔地村民委员会
			高车村民委员会
			柯木村民委员会
			新光村民委员会
			灯塔村民委员会
			结游草村民委员会
			安平村民委员会
			连塘村民委员会
			梨园村民委员会
			玉井村民委员会
			黄土岭村民委员会
			下围村民委员会
	双江镇	11	黄陂村民委员会
			兰溪村民委员会
			高陂村民委员会
			双江村民委员会
			新田村民委员会
			桥头村民委员会
			寨子村民委员会
			寨下村民委员会
			桥联村民委员会
			下林村民委员会
			增坑村民委员会
	涧头镇	12	涧新村民委员会

续表52

县（区）	乡镇（街道）	数量	村民委员会名称
东源县（258个）	涧头镇	12	大往村民委员会
			新中村民委员会
			涧头村民委员会
			新田村民委员会
			礤娥村民委员会
			洋潭村民委员会
			乐源村民委员会
			新坝村民委员会
			东坝村民委员会
			乐平村民委员会
			长新村民委员会
	顺天镇	11	枫木村民委员会
			横塘村民委员会
			白沙村民委员会
			牛生塘村民委员会
			党演村民委员会
			大坪村民委员会
			沙溪村民委员会
			牛潭村民委员会
			金史村民委员会
			二龙岗村民委员会
			滑滩村民委员会
	漳溪乡	10	上蓝村民委员会
			下蓝村民委员会
			中联村民委员会
			群星村民委员会
			东华村民委员会
			井贝村民委员会
			井口村民委员会
			日光村民委员会
			嶂下村民委员会
			鹊田村民委员会
	骆湖镇	9	峰木村民委员会
			杨坑村民委员会
东源县（258个）	骆湖镇	9	骆湖村民委员会
			江坑村民委员会
			红花村民委员会
			上欧村民委员会
			下欧村民委员会
			小水村民委员会
			致富村民委员会
	船塘镇	21	船塘村民委员会
			岭头村民委员会
			流石村民委员会
			凹头村民委员会
			老围村民委员会
			新寨村民委员会
			龙江村民委员会
			铁坑村民委员会
			许村村民委员会
			李田村民委员会
			主固村民委员会
			福坑村民委员会
			三河村民委员会
			石岗村民委员会
			积良村民委员会
			竹楼村民委员会
			车头村民委员会
			群丰村民委员会
			黄沙村民委员会
			青丰村民委员会
			小水村民委员会
	上莞镇	13	太阳村民委员会
			新南村民委员会
			江田村民委员会
			冼川村民委员会
			新轮村民委员会
			下寨村民委员会

续表52

县（区）	乡镇（街道）	数量	村民委员会名称
东源县（258个）	上莞镇	13	新民村民委员会
			常美村民委员会
			李白村民委员会
			百坝村民委员会
			苏杨村民委员会
			两磜村民委员会
			仙湖村民委员会
	曾田镇	9	玉湖村民委员会
			新东村民委员会
			池田村民委员会
			曾田村民委员会
			梅花村民委员会
			石湖村民委员会
			银坑村民委员会
			横坑村民委员会
			蒲田村民委员会
	柳城镇	9	上坝村民委员会
			下坝村民委员会
			围星村民委员会
			柳城村民委员会
			石侧村民委员会
			上洞村民委员会
			黄洞村民委员会
			赤江村民委员会
			柳星村民委员会
	蓝口镇	22	乐村村民委员会
			秀水村民委员会
			车头山村民委员会
			铁场埔村民委员会
			土陂村民委员会
			齐坑村民委员会
			蓝口围村民委员会
			角塘村民委员会
			塘心村民委员会
东源县（258个）	蓝口镇	22	花径村民委员会
			鹊坝村民委员会
			大围村民委员会
			派头村民委员会
			老埔场村民委员会
			长江头村民委员会
			榄子围村民委员会
			培群村民委员会
			磜下村民委员会
			地运村民委员会
			杨柳村民委员会
			牛背脊村民委员会
			磜头村民委员会
	叶潭镇	13	红坑村民委员会
			双头村民委员会
			双下村民委员会
			双坪村民委员会
			儒耆村民委员会
			儒步村民委员会
			文径村民委员会
			吉布村民委员会
			叶潭村民委员会
			车田村民委员会
			半埔村民委员会
			琏石村民委员会
			山下村民委员会
	黄村镇	16	三洞村民委员会
			正昌村民委员会
			欧屋村民委员会
			黄村坳村民委员会
			黄村村民委员会
			红十月村民委员会
			梅龙村民委员会
			万和村民委员会

续表52

县（区）	乡镇（街道）	数量	村民委员会名称
东源县（258个）	黄村镇	16	铁岗村民委员会
			祝岗村民委员会
			下漆村民委员会
			上漆村民委员会
			邬洞村民委员会
			宁山村民委员会
			永新村民委员会
			板仓村民委员会
	康禾镇	11	彰教村民委员会
			曲龙村民委员会
			星社村民委员会
			南山村民委员会
			大禾村民委员会
			仙坑村民委员会
			黎顺村民委员会
			若坝村民委员会
			田心村民委员会
			陈坑村民委员会
			雅陶村民委员会
	黄田镇	17	黄坑村民委员会
			方围村民委员会
			陈村村民委员会
			醒群村民委员会
			久社村民委员会
			新联村民委员会
			水头村民委员会
			黄田村民委员会
			良田村民委员会
			良村村民委员会
			礼洞村民委员会
			桂花村民委员会
			乌坭村民委员会
			鹤塘村民委员会
			清溪村民委员会

县（区）	乡镇（街道）	数量	村民委员会名称
东源县（258个）	黄田镇	17	白溪村民委员会
			坑口村民委员会
	义合镇	9	超阳村民委员会
			中洞村民委员会
			高楼村民委员会
			南浩村民委员会
			义合村民委员会
			曲滩村民委员会
			上屯村民委员会
			香溪村民委员会
			下屯村民委员会
	新回龙镇	10	东星村民委员会
			南山下村民委员会
			小径村民委员会
			立溪村民委员会
			径尾村民委员会
			十洞村民委员会
			留洞村民委员会
			下洞村民委员会
			甘背塘村民委员会
			洞源村民委员会
	锡场镇	11	水库村民委员会
			林禾村民委员会
			林石村民委员会
			禾石坑村民委员会
			杨梅村民委员会
			乌桂村民委员会
			三洞村民委员会
			长江村民委员会
			厚洞村民委员会
			河洞村民委员会
			治溪村民委员会
	半江镇	9	横輋村民委员会
			左拔村民委员会

续表52

县（区）	乡镇（街道）	数量	村民委员会名称
东源县（258个）	半江镇	9	鱼潭村民委员会
			竹园村民委员会
			西溪村民委员会
			积洞村民委员会
			樟溪村民委员会
			珠坑村民委员会
			半江村民委员会
	新港镇	9	泮坑村民委员会
			双田畲族村民委员会
			龙镇村民委员会
			斗背村民委员会
			樟下村民委员会
			青溪村民委员会
			杨梅村民委员会
			晓洞村民委员会
			李田村民委员会
和平县（216个）	阳明镇	22	七窖村民委员会
			中洞村民委员会
			书塘村民委员会
			均上村民委员会
			梅径村民委员会
			城东村民委员会
			梅埔村民委员会
			均联村民委员会
			星星村民委员会
			城西村民委员会
			富联村民委员会
			聚兴村民委员会
			大楼村民委员会
			均通村民委员会
			龙湖村民委员会
			谢洞村民委员会
			坪地村民委员会
			新社村民委员会
和平县（216个）	阳明镇	22	珊瑚村民委员会
			丰道村民委员会
			雅水村民委员会
			新塘村民委员会
	大坝镇	15	坪溪村民委员会
			超田村民委员会
			龙狮村民委员会
			水背村民委员会
			半坑村民委员会
			石谷村民委员会
			石陂村民委员会
			老镇村民委员会
			汤湖村民委员会
			高发村民委员会
			合水村民委员会
			金星村民委员会
			上镇村民委员会
			石井村民委员会
			鹅塘村民委员会
	上陵镇	17	丰溪村民委员会
			百龙村民委员会
			富良村民委员会
			罗村村民委员会
			下陵村民委员会
			米福村民委员会
			江口村民委员会
			寨西村民委员会
			三乐村民委员会
			中洞村民委员会
			翠山村民委员会
			上陵村民委员会
			瑞州村民委员会
			新民村民委员会
			增公村民委员会

续表52

县（区）	乡镇（街道）	数量	村民委员会名称
和平县（216个）	上陵镇	17	桃源村民委员会
			黄沙村民委员会
	下车镇	11	和二村民委员会
			雪一村民委员会
			镇山村民委员会
			群丰村民委员会
			兴隆村民委员会
			狮形村民委员会
			云峰村民委员会
			河排村民委员会
			石含村民委员会
			和一村民委员会
			雪锋村民委员会
	长塘镇	12	暖水村民委员会
			赤岭村民委员会
			阳坑村民委员会
			中畬村民委员会
			四围村民委员会
			田吉村民委员会
			秀河村民委员会
			黄沙村民委员会
			龙陂村民委员会
			苏光村民委员会
			中村村民委员会
			陶锡村民委员会
	贝墩镇	15	树华村民委员会
			石村村民委员会
			共荣村民委员会
			电光村民委员会
			武联村民委员会
			新南村民委员会
			贝溪村民委员会
			强新村民委员会
			慎行村民委员会
和平县（216个）	贝墩镇	15	河溪村民委员会
			大塘村民委员会
			三多村民委员会
			南坝村民委员会
			上溪村民委员会
			下溪村民委员会
	林寨镇	11	石江村民委员会
			石镇村民委员会
			兴井村民委员会
			楼镇村民委员会
			明星村民委员会
			中洞村民委员会
			山前村民委员会
			中前村民委员会
			新兴村民委员会
			严村村民委员会
			杨洞村民委员会
	东水镇	19	增坑村民委员会
			莫丰村民委员会
			中心村民委员会
			宋龙村民委员会
			长热村民委员会
			甘蕉村民委员会
			显塘村民委员会
			成源村民委员会
			六联村民委员会
			新坪村民委员会
			云星村民委员会
			梅花村民委员会
			上坝村民委员会
			大坝村民委员会
			大田村民委员会
			澄村村民委员会
			董源村民委员会

续表52

县（区）	乡镇（街道）	数量	村民委员会名称
和平县（216个）	东水镇	19	软坑村民委员会
			新桥村民委员会
	彭寨镇	27	马塘村民委员会
			土厘村民委员会
			兴隆村民委员会
			聚史村民委员会
			玉水村民委员会
			墩史村民委员会
			西长村民委员会
			细中村民委员会
			彭镇村民委员会
			同兴村民委员会
			龙安村民委员会
			长沙村民委员会
			岭西村民委员会
			水口村民委员会
			公和村民委员会
			寨下村民委员会
			星丰村民委员会
			隆周村民委员会
			光溪村民委员会
			三溪村民委员会
			群联村民委员会
			惠宏村民委员会
			二六村民委员会
			泮溪村民委员会
			川九村民委员会
			九子村民委员会
			梅园村民委员会
	热水镇	7	北联村民委员会
			田心村民委员会
			联丰村民委员会
			中兴村民委员会
			南湖村民委员会
和平县（216个）	热水镇	7	下径村民委员会
			九连村民委员会
	优胜镇	8	秀溪村民委员会
			优镇村民委员会
			新联村民委员会
			上潭村民委员会
			鱼溪村民委员会
			新石村民委员会
			石坝村民委员会
			优二村民委员会
	古寨镇	7	丰和村民委员会
			三联村民委员会
			南兴村民委员会
			前程村民委员会
			河东村民委员会
			水西村民委员会
			梅华村民委员会
	礼士镇	8	梅坝村民委员会
			大塘村民委员会
			下涧村民委员会
			新丰村民委员会
			龙水村民委员会
			澄心村民委员会
			黄茅村民委员会
			三联村民委员会
	公白镇	7	东联村民委员会
			塘角村民委员会
			新石村民委员会
			美塘村民委员会
			新陂村民委员会
			新江村民委员会
			新聚村民委员会
	合水镇	12	珊坪村民委员会
			合水村民委员会

续表52

县（区）	乡镇（街道）	数量	村民委员会名称
和平县（216个）	合水镇	12	大罗村民委员会
			西坑村民委员会
			三联村民委员会
			兴径村民委员会
			政和村民委员会
			金坑村民委员会
			丰洋村民委员会
			中和村民委员会
			彰洞村民委员会
			丰岭村民委员会
	青州镇	10	星和村民委员会
			星兴村民委员会
			星联村民委员会
			星塘村民委员会
			永丰村民委员会
			先锋村民委员会
			片田村民委员会
			新建村民委员会
			山塘村民委员会
			船埠村民委员会
	浰源镇	8	黄田村民委员会
			新街村民委员会
			赤龙村民委员会
			山下村民委员会
			李田村民委员会
			曲潭村民委员会
			洪浰村民委员会
			塘尾村民委员会
龙川县（315个）	老隆镇	14	老隆村民委员会
			涧洞村民委员会
			联亨村民委员会
			莲塘村民委员会
			官坑村民委员会
			红桥村民委员会

县（区）	乡镇（街道）	数量	村民委员会名称
龙川县（315个）	老隆镇	14	岭西村民委员会
			联新村民委员会
			水贝村民委员会
			莲南村民委员会
			板塘村民委员会
			江边村民委员会
			浮石村民委员会
			月乐堂村民委员会
	义都镇	9	长兴村民委员会
			红星村民委员会
			新潭村民委员会
			中心村民委员会
			红旗村民委员会
			新联村民委员会
			桂林村民委员会
			星光村民委员会
			新岭村民委员会
	佗城镇	17	佳派村民委员会
			胜利村民委员会
			塔西村民委员会
			高润村民委员会
			枫深村民委员会
			灵江村民委员会
			大江村民委员会
			梅村村民委员会
			佗城村民委员会
			新渡村民委员会
			东瑶村民委员会
			亨渡村民委员会
			上蒙村民委员会
			叶布村民委员会
			三印村民委员会
			东坑村民委员会
			坪田村民委员会

续表52

县（区）	乡镇（街道）	数量	村民委员会名称
龙川县（315个）	黄布镇	6	欧江村民委员会
			新布村民委员会
			金鱼村民委员会
			大广村民委员会
			宦境村民委员会
			松洋村民委员会
	鹤市镇	9	莲坑村民委员会
			富石村民委员会
			河布村民委员会
			大佳村民委员会
			社坑村民委员会
			鹤联村民委员会
			鹤市村民委员会
			罗乐村民委员会
			芝野村民委员会
	紫市镇	9	仁里村民委员会
			秀田村民委员会
			旺田村民委员会
			新北村民委员会
			新南村民委员会
			紫市村民委员会
			新民村民委员会
			民乐东村民委员会
			民乐西村民委员会
	通衢镇	17	广福村民委员会
			梅东村民委员会
			双寨村民委员会
			旺茂村民委员会
			梅城村民委员会
			寨背村民委员会
			旺宜村民委员会
			华城村民委员会
			葛藤村民委员会
			儒南村民委员会
龙川县（315个）	通衢镇	17	华新村民委员会
			玳瑁村民委员会
			玳峰村民委员会
			太楼村民委员会
			高湖村民委员会
			锦归村民委员会
			锦太村民委员会
	登云镇	7	天云村民委员会
			新街村民委员会
			东山村民委员会
			双桥村民委员会
			梅花村民委员会
			高南村民委员会
			石福村民委员会
	麻布岗镇	15	上溪村民委员会
			阁前村民委员会
			富州村民委员会
			大长沙村民委员会
			瑚径村民委员会
			龙池村民委员会
			小长沙村民委员会
			向前村民委员会
			联中村民委员会
			大塘面村民委员会
			红阳村民委员会
			壮士村民委员会
			赤贝村民委员会
			赤化村民委员会
			大古村民委员会
	丰稔镇	15	丰亨村民委员会
			罗洋村民委员会
			左拔村民委员会
			丰稔村民委员会
			名光村民委员会

续表52

县（区）	乡镇（街道）	数量	村民委员会名称
龙川县（315个）	丰稔镇	15	丰联村民委员会
			成塘村民委员会
			十二排村民委员会
			黄岭村民委员会
			礼堂村民委员会
			高坑村民委员会
			莲东村民委员会
			莲风村民委员会
			排东村民委员会
			排峰村民委员会
	四都镇	8	福光村民委员会
			新龙村民委员会
			新四村民委员会
			新川村民委员会
			黄沙阁村民委员会
			四都村民委员会
			上榴村民委员会
			下榴村民委员会
	铁场镇	30	瑞厚村民委员会
			均厚村民委员会
			珊田村民委员会
			梓江村民委员会
			铁场村民委员会
			葛州村民委员会
			通亨村民委员会
			讴田村民委员会
			铁东村民委员会
			和田村民委员会
			东湖村民委员会
			塘江村民委员会
			丰光村民委员会
			黄田村民委员会
			凭辇村民委员会
			江头村民委员会
龙川县（315个）	铁场镇	30	龙湖村民委员会
			桥头村民委员会
			双丰村民委员会
			周塘村民委员会
			石坑村民委员会
			中径村民委员会
			谷前村民委员会
			罗坳村民委员会
			秀中村民委员会
			茅辇村民委员会
			新和村民委员会
			社贝村民委员会
			黄花村民委员会
			秀联村民委员会
	岩 镇	6	联城村民委员会
			平越村民委员会
			东方村民委员会
			山池村民委员会
			鹊塘村民委员会
			郑坑村民委员会
	龙母镇	17	藕塘村民委员会
			张堂村民委员会
			双华村民委员会
			珠塘村民委员会
			花井村民委员会
			张乐村民委员会
			白佛村民委员会
			小庙村民委员会
			大庙村民委员会
			上洋田村民委员会
			洋田村民委员会
			赤塘村民委员会
			成邦村民委员会
			龙邦村民委员会

续表52

县（区）	乡镇（街道）	数量	村民委员会名称
龙川县（315个）	龙母镇	17	大塘村民委员会
			永光村民委员会
			白石村民委员会
	田心镇	16	田北村民委员会
			松林村民委员会
			田心村民委员会
			上寨村民委员会
			东江村民委员会
			田东村民委员会
			下輋村民委员会
			东塘村民委员会
			长坑村民委员会
			塔丰村民委员会
			上扬村民委员会
			三友村民委员会
			陂角村民委员会
			东友村民委员会
			东坑村民委员会
			甘陂畲族村民委员会
	新田镇	6	径塘村民委员会
			大岭村民委员会
			福斗村民委员会
			新田村民委员会
			源三村民委员会
			双柳村民委员会
	细坳镇	12	细坳村民委员会
			月光正村民委员会
			大河村民委员会
			联平村民委员会
			贵湖村民委员会
			永安村民委员会
			楠木村民委员会
			黄花村民委员会
			半径村民委员会
龙川县（315个）	细坳镇	12	黄龙村民委员会
			张田村民委员会
			小参村民委员会
	黄石镇	10	黄石村民委员会
			高进村民委员会
			龙江村民委员会
			长洲村民委员会
			公洞村民委员会
			黄沙村民委员会
			龙南村民委员会
			新德村民委员会
			杉河村民委员会
			五星村民委员会
	廻龙镇	14	东北村民委员会
			罗丰村民委员会
			罗中村民委员会
			岐岭村民委员会
			罗回村民委员会
			罗南村民委员会
			大塘村民委员会
			万光村民委员会
			群光村民委员会
			万塘村民委员会
			骆歧村民委员会
			园田村民委员会
			罗明村民委员会
			罗西村民委员会
	黎咀镇	18	石东村民委员会
			龙潭村民委员会
			满东村民委员会
			满村村民委员会
			珠头石村民委员会
			魏洞村民委员会
			蒲村村民委员会

续表52

县（区）	乡镇（街道）	数量	村民委员会名称
龙川县（315个）	黎咀镇	18	大地村民委员会
			和围村民委员会
			西园村民委员会
			和輋村民委员会
			虎口村民委员会
			宜坑村民委员会
			南坑村民委员会
			联民村民委员会
			夏径村民委员会
			皮潭村民委员会
			梅州村民委员会
	赤光镇	16	双洋村民委员会
			浮下村民委员会
			新淳村民委员会
			潭芬村民委员会
			再头村民委员会
			瑶坑村民委员会
			石圳村民委员会
			再森村民委员会
			再香村民委员会
			沥口村民委员会
			輋乾村民委员会
			南龙村民委员会
			下輋村民委员会
			大洋村民委员会
			再乐村民委员会
			梅光村民委员会
	车田镇	23	车田村民委员会
			大同村民委员会
			叶塘村民委员会
			官天岭村民委员会
			四联村民委员会
			增坑村民委员会
			园塘村民委员会
龙川县（315个）	车田镇	23	共和村民委员会
			莲塘村民委员会
			马輋村民委员会
			鹤輋村民委员会
			嶂石村民委员会
			赤木村民委员会
			樟州村民委员会
			教丰村民委员会
			郑马村民委员会
			石下村民委员会
			汤湖村民委员会
			郑里村民委员会
			郭岭村民委员会
			径光村民委员会
			黄埠村民委员会
			丰石村民委员会
	上坪镇	13	金龙村民委员会
			回龙村民委员会
			石湖村民委员会
			上坪村民委员会
			小灰村民委员会
			双富村民委员会
			龙田村民委员会
			新村村民委员会
			梅坑村民委员会
			吉祥村民委员会
			热水村民委员会
			青云村民委员会
			青化村民委员会
	贝岭镇	8	石马村民委员会
			石芬村民委员会
			古石村民委员会
			宫下村民委员会
			上盘村民委员会
			罗陂村民委员会

续表52

县（区）	乡镇（街道）	数量	村民委员会名称
龙川县（315个）	贝岭镇	8	米贝村民委员会
			雁化村民委员会
紫金县（245个）	紫城镇	31	城西村民委员会
			林田村民委员会
			蓝坑村民委员会
			中洞村民委员会
			白溪村民委员会
			荷岗村民委员会
			南岗村民委员会
			龙湖村民委员会
			龙潭村民委员会
			士贵村民委员会
			榕林村民委员会
			鹧鸪村民委员会
			石坑村民委员会
			仙湖村民委员会
			上澄村民委员会
			璜光村民委员会
			升平村民委员会
			升车村民委员会
			璜坑村民委员会
			上书村民委员会
			下书村民委员会
			乌石村民委员会
			中埔村民委员会
			衙前村民委员会
			水澄村民委员会
			龙鸣村民委员会
			石陂村民委员会
			新庄村民委员会
			横径村民委员会
			上庄村民委员会
			黄花村民委员会
	中坝镇	13	广福村民委员会
紫金县（245个）	中坝镇	13	松梓村民委员会
			富坑村民委员会
			袁田村民委员会
			中心村民委员会
			发昌村民委员会
			上石村民委员会
			贺光村民委员会
			径口村民委员会
			良庄村民委员会
			塔凹村民委员会
			北坑村民委员会
			乐平村民委员会
	敬梓镇	13	南村村民委员会
			柑坑村民委员会
			中联村民委员会
			田头村民委员会
			冯坑村民委员会
			扬眉村民委员会
			甘田村民委员会
			联和村民委员会
			洋高村民委员会
			陂头村民委员会
			塘美村民委员会
			敬梓村民委员会
			正联村民委员会
	水墩镇	10	群丰村民委员会
			秋溪村民委员会
			雅布村民委员会
			黄畲村民委员会
			水墩村民委员会
			水口村民委员会
			陂湖村民委员会
			段布村民委员会
			上璜坑村民委员会

续表52

县（区）	乡镇（街道）	数量	村民委员会名称
紫金县（245个）	水墩镇	10	黎坑村民委员会
	龙窝镇	33	琴口村民委员会
			洋头村民委员会
			琴南村民委员会
			东坑村民委员会
			黄竹塘村民委员会
			五星村民委员会
			公柘村民委员会
			公村村民委员会
			光明村民委员会
			庆丰村民委员会
			慎田村民委员会
			上坑村民委员会
			龙窝村民委员会
			琴江村民委员会
			礼坑村民委员会
			竹径村民委员会
			黄洞村民委员会
			官田村民委员会
			琴星村民委员会
			莲塘村民委员会
			桂山村民委员会
			高坑村民委员会
			牌楼村民委员会
			茶松村民委员会
			南畲村民委员会
			双下村民委员会
			黄田村民委员会
			彭坊村民委员会
			嶂下村民委员会
			罗洞村民委员会
			红星村民委员会
			宝洞村民委员会
			梅园村民委员会
紫金县（245个）	苏区镇	8	青溪村民委员会
			龙上村民委员会
			黄布村民委员会
			永光村民委员会
			永坑村民委员会
			炮子村民委员会
			赤溪村民委员会
			小北村民委员会
	南岭镇	6	庄田村民委员会
			王告村民委员会
			瑞邱村民委员会
			东溪村民委员会
			高新村民委员会
			彩头村民委员会
	瓦溪镇	16	公坑村民委员会
			洪田村民委员会
			九树村民委员会
			椒坑村民委员会
			茶岗村民委员会
			红光村民委员会
			墩头村民委员会
			高田村民委员会
			围澳村民委员会
			半岗村民委员会
			瓦溪村民委员会
			四联村民委员会
			下濑村民委员会
			上濑村民委员会
			上东村民委员会
			新龙村民委员会
	九和镇	13	在上村民委员会
			在南村民委员会
			热水村民委员会
			双罗村民委员会

续表52

县（区）	乡镇（街道）	数量	村民委员会名称
紫金县（245个）	九和镇	13	幸福村民委员会
			黄砂村民委员会
			龙塘村民委员会
			九和村民委员会
			金光村民委员会
			芫芬村民委员会
			五一村民委员会
			官坑村民委员会
			富竹村民委员会
	蓝塘镇	26	塘田村民委员会
			和睦村民委员会
			龙渡村民委员会
			河塘村民委员会
			白沙村民委员会
			告坑村民委员会
			加元村民委员会
			元吉村民委员会
			双兴村民委员会
			半径村民委员会
			汉塘村民委员会
			市北村民委员会
			罗塘村民委员会
			留塘村民委员会
			砂塘村民委员会
			自然村民委员会
			百罗村民委员会
			石城村民委员会
			建联村民委员会
			南山村民委员会
			大村村民委员会
			布心村民委员会
			博雅村民委员会
			茜坑村民委员会
			蓝塘村民委员会

县（区）	乡镇（街道）	数量	村民委员会名称
紫金县（245个）	蓝塘镇	26	长塘村民委员会
	凤安镇	11	竹塘村民委员会
			横排村民委员会
			上坑村民委员会
			佛岭村民委员会
			仁里村民委员会
			东龙村民委员会
			凤民村民委员会
			觉民村民委员会
			下石村民委员会
			回龙村民委员会
			黄洞坑村民委员会
	好义镇	8	双全村民委员会
			高尚村民委员会
			远光村民委员会
			吉田村民委员会
			小古村民委员会
			积良村民委员会
			鹿塘村民委员会
			宜良村民委员会
	上义镇	7	招元村民委员会
			叶西村民委员会
			郊田村民委员会
			上义村民委员会
			光辉村民委员会
			吉洞村民委员会
			捲蓬村民委员会
	义容镇	24	龙腾村民委员会
			下告村民委员会
			南坑村民委员会
			青水村民委员会
			宝山村民委员会
			汀村村民委员会
			联光村民委员会

续表52

县（区）	乡镇（街道）	数量	村民委员会名称
紫金县（245个）	义容镇	24	西平村民委员会
			坪輋村民委员会
			下青溪村民委员会
			安全村民委员会
			均安村民委员会
			东平村民委员会
			大同村民委员会
			中兴村民委员会
			黄洞村民委员会
			大新村民委员会
			新民村民委员会
			和平村民委员会
			华星村民委员会
			桥田村民委员会
			夏棠村民委员会
			南洋村民委员会
			塘面村民委员会
	黄塘镇	12	嶂拔村民委员会
			曹坑村民委员会
			庙前村民委员会
			拱桥村民委员会
			车前村民委员会
			铁嶂村民委员会
			腊石村民委员会
			锦口村民委员会
			澄田村民委员会
			长岌村民委员会
			上黄塘村民委员会
			下黄塘村民委员会
	柏埔镇	14	枚中村民委员会
			永丰村民委员会
			洋坑村民委员会
			东升村民委员会
			东方村民委员会
紫金县（245个）	柏埔镇	14	福田村民委员会
			方湖村民委员会
			群星村民委员会
			良洞村民委员会
			复兴村民委员会
			利民村民委员会
			南昌村民委员会
			新丰村民委员会
			大鲁村民委员会
连平县（159个）	油溪镇	18	溪南村民委员会
			下扬村民委员会
			兴中村民委员会
			大东村民委员会
			富乐村民委员会
			茶新村民委员会
			大塘村民委员会
			彭田村民委员会
			金龙村民委员会
			油东村民委员会
			小溪村民委员会
			上镇村民委员会
			官桥村民委员会
			新溪村民委员会
			长潭村民委员会
			九潭村民委员会
			长丰村民委员会
			石背村民委员会
	忠信镇	12	上坐村民委员会
			大陂村民委员会
			司前村民委员会
			西湖村民委员会
			新下村民委员会
			中洞村民委员会
			柘陂村民委员会

续表52

县（区）	乡镇（街道）	数量	村民委员会名称
连平县（159个）	忠信镇	12	水潽村民委员会
			东升村民委员会
			黄花村民委员会
			曲塘村民委员会
			大坪村民委员会
	高莞镇	10	二联村民委员会
			徐村村民委员会
			丁村村民委员会
			太平村民委员会
			高村村民委员会
			中平村民委员会
			西南村民委员会
			河西村民委员会
			高陂村民委员会
			右坑村民委员会
	三角镇	9	桐岗村民委员会
			向阳村民委员会
			阳江村民委员会
			白石村民委员会
			石马村民委员会
			塘背村民委员会
			新村村民委员会
			石源村民委员会
			新民村民委员会
	大湖镇	8	盘石村民委员会
			湖西村民委员会
			湖东村民委员会
			五禾村民委员会
			油村村民委员会
			罗经村民委员会
			活水村民委员会
			库区村民委员会
	绣缎镇	9	沙径村民委员会
			坳头村民委员会
连平县（159个）	绣缎镇	9	金溪村民委员会
			民主村民委员会
			红星村民委员会
			尚岭村民委员会
			新建村民委员会
			塔岭村民委员会
			建民村民委员会
	隆街镇	20	隆兴村民委员会
			隆东村民委员会
			镇南村民委员会
			隆河村民委员会
			梅洞村民委员会
			东埔村民委员会
			三坑村民委员会
			立新村民委员会
			古石村民委员会
			贵岭村民委员会
			东坑村民委员会
			龙埔村民委员会
			沐河村民委员会
			百叟村民委员会
			岑告村民委员会
			双头村民委员会
			沙心村民委员会
			长沙村民委员会
			径头村民委员会
			沙圳村民委员会
	溪山镇	9	茶山村民委员会
			岐山村民委员会
			丰盘村民委员会
			软坑村民委员会
			百高村民委员会
			马洞村民委员会
			溪西村民委员会

续表52

县（区）	乡镇（街道）	数量	村民委员会名称
连平县（159个）	溪山镇	9	东水村民委员会
			东罗村民委员会
	田源镇	7	长翠村民委员会
			田西村民委员会
			田东村民委员会
			新河村民委员会
			永吉村民委员会
			水西村民委员会
			肖屋村民委员会
	上坪镇	15	中村村民委员会
			古坑村民委员会
			小水村民委员会
			旗石村民委员会
			新镇村民委员会
			东南村民委员会
			东阳村民委员会
			惠西村民委员会
			西坪村民委员会
			下楼村民委员会
			布联村民委员会
			新陂村民委员会
			石陂村民委员会
			下洞村民委员会
			三洞村民委员会
	陂头镇	16	资溪村民委员会
			陂头村民委员会
			夏田村民委员会
			金中村民委员会
			连光村民委员会
			连星村民委员会
			官岭村民委员会
			李坑村民委员会
			腊溪村民委员会
			三水村民委员会
连平县（159个）	陂头镇	16	分水村民委员会
			贵塘村民委员会
			蒲田村民委员会
			塘田村民委员会
			大华村民委员会
			花山村民委员会
	元善镇	15	醒狮村民委员会
			前锋村民委员会
			警雄村民委员会
			新龙村民委员会
			鹤湖村民委员会
			密溪村民委员会
			增坝村民委员会
			河坝村民委员会
			东联村民委员会
			江面村民委员会
			留潭村民委员会
			东河村民委员会
			邓村村民委员会
			石龙村民委员会
			大埠村民委员会
	内莞镇	11	塘兴村民委员会
			横水村民委员会
			显村村民委员会
			大陂村民委员会
			莞中村民委员会
			小洞村民委员会
			蓝州畲族村民委员会
			大水村民委员会
			高湖村民委员会
			蕉坪村民委员会
			桃坪村民委员会
江东新区（30个）	城东街道	2	和平村民委员会
			胜利村民委员会

续表52

县（区）	乡镇（街道）	数量	村民委员会名称
江东新区（30个）	临江镇	10	塘排村民委员会
			光凹村民委员会
			胜利村民委员会
			梧峰村民委员会
			年丰村民委员会
			澄岭村民委员会
			联新村民委员会
			前进村民委员会
			桂林村民委员会
			禾坑村民委员会
	古竹镇	18	上洞村民委员会
			下洞村民委员会
			吉安村民委员会
			平渡村民委员会
江东新区（30个）	古竹镇	18	留洞村民委员会
			雅色村民委员会
			孔埔村民委员会
			雁头村民委员会
			榴坑村民委员会
			双坑村民委员会
			潮沙村民委员会
			榄溪村民委员会
			蓼坑村民委员会
			水东村民委员会
			槎岭村民委员会
			四维村民委员会
			新围村民委员会
			上联村民委员会

2021年河源市村（居）民委员会设置情况表

表53

区县	乡镇	街道	居委会	村委会
源城区	2	5	46	28
东源县	21		28	258
和平县	17		29	216
龙川县	24		42	315
紫金县	16		27	245
连平县	13		16	159
江东新区	2	1	5	30
合计	95	6	193	1251
	101		1444	

（巫　权）

2021年河源市户籍人口姓氏一览表

表54

姓氏	人数	姓氏	人数	姓氏	人数	姓氏	人数	姓氏	人数	姓氏	人数
黄	410946	许	21809	谭	7370	管	1872	于	575	劳	157
陈	215113	卢	20778	诸	7321	官	1832	万	556	梅	157
刘	212244	冯	19246	宋	7117	揭	1673	易	548	冉	155
张	210798	巫	18597	崔	6403	涂	1559	华	527	容	150
叶	184550	余	17207	赵	5889	姚	1522	韩	507	章	143
李	169247	戴	17101	熊	5681	毛	1497	鲁	504	萧	138
曾	143486	欧阳	16834	白	5424	翟	1460	柯	497	孟	136
钟	129380	曹	16074	高	5421	翁	1456	葛	434	祝	135
谢	118536	唐	15631	包	5096	莫	1407	秦	410	倪	132
吴	103488	潘	15422	麦	5036	覃	1395	庞	406	代	127
杨	94604	甘	15166	韦	4978	裴	1321	农	379	盘	126
赖	81948	贺	15121	冼	4504	池	1140	申	340	蒲	120
朱	79054	胡	13879	吕	4413	雷	1139	姜	338	扬	116
邹	70352	刁	13565	傅	4189	汪	1136	向	334	闫	116
邓	67428	郭	13296	卓	4026	陆	1131	段	310	占	112
王	67317	凌	13022	沙	3817	任	1074	宁	265	喻	110
廖	63998	马	13014	颜	3810	陶	1005	连	257	鲍	109
何	62729	严	11933	付	3455	童	926	史	236	全	109
罗	60870	邬	11482	阮	3120	季	921	符	231	河	103
周	53127	杜	11175	简	2734	夏	859	危	226	房	100
骆	45628	殷	10828	顾	2642	孔	847	湛	223	安	99
袁	41091	黎	10691	詹	2614	饶	836	卜	222	匡	98
徐	40886	古	10393	俞	2581	吉	827	邵	218	嵇	95
林	40101	游	10211	柳	2536	侯	793	施	218	焦	92
温	36290	龚	10174	具	2429	成	736	岑	215	滕	90
梁	34599	范	9739	方	2421	丁	724	兰	200	邢	88
郑	32790	程	9569	薛	2385	聂	709	尤	200	植	88
彭	31615	苏	9152	田	2289	金	705	关	199	常	84
邱	29042	缪	9137	庄	2261	文	684	钱	199	屈	83
肖	26938	蔡	8756	石	2144	纪	661	贾	192	谌	83
丘	26879	利	7657	洪	2082	康	659	阳	179	候	81
江	26536	孙	7576	沈	2082	蒙	625	幸	178	艾	80
蓝	25524	伍	7551	龙	2019	董	592	樊	169	晏	80
欧	22269	邝	7490	乐	1954	汤	579	左	163	潭	79
魏	22172	练	7461	蒋	1901	尹	579	舒	161	郝	76

续表54

姓氏	人数	姓氏	人数	姓氏	人数	姓氏	人数	姓氏	人数	姓氏	人数
武	76	麻	46	司	28	况	17	檀	12	薛	8
辛	76	明	46	鲜	28	权	17	部	12	奚	8
齐	74	邡	46	超	26	帅	17	胥	12	昝	8
阙	74	和	45	奉	26	支	17	狄	11	上官	8
车	73	招	45	窦	26	卞	16	旷	11	边	7
桂	72	楚	44	扶	25	宫	16	相	11	补	7
霍	72	靳	44	零	25	寇	16	巢	10	淡	7
戚	72	瞿	44	皮	25	师	16	列	10	宦	7
乔	71	党	43	应	25	褚	16	糜	10	母	7
盛	70	封	42	凡	24	花	15	操	9	柒	7
岳	69	卿	42	曲	24	伦	15	伏	9	钦	7
闻	68	谈	41	泮	24	城	14	冀	9	旺	7
区	67	闵	40	但	23	巩	14	荆	9	旋	7
谷	66	敖	39	敬	23	冼	14	居	9	彦	7
佘	66	米	39	羊	23	宣	14	朴	9	苑	7
鞠	63	祁	39	贝	22	雍	14	陀	9	月	7
粟	60	席	39	郎	22	元	14	贤	9	侬	7
班	59	原	39	桑	22	资	14	伊	9	蔺	7
牛	59	娄	38	阎	22	庹	14	印	9	淦	7
闭	58	臧	37	司徒	22	豆	13	於	9	蹇	7
冷	58	费	36	燕	21	克	13	巴	8	虢	7
项	58	玉	36	商	20	来	13	别	8	都	6
宾	57	鄢	36	县	20	穆	13	储	8	盖	6
仇	57	苗	35	云	20	隋	13	归	8	戈	6
牟	55	苟	34	查	19	腾	13	惠	8	国	6
单	53	时	33	东	19	郁	13	井	8	经	6
耿	53	甄	31	满	19	紫	13	篮	8	亢	6
柏	52	辜	30	卫	19	谯	13	厉	8	那	6
毕	52	漆	30	香	19	眭	13	廉	8	普	6
路	51	茹	30	银	19	昌	12	税	8	浦	6
尧	50	禹	30	宗	19	革	12	索	8	味	6
禤	48	柴	29	习	18	姬	12	屠	8	咸	6
荣	48	虞	29	佟	18	解	12	先	8	闲	6
芦	47	庾	29	丰	17	晋	12	祖	8	修	6
尚	47	隆	28	景	17	南	12	菅	8	雪	6

续表54

姓氏	人数	姓氏	人数	姓氏	人数	姓氏	人数	姓氏	人数	姓氏	人数
栾	6	莊	4	鸥	3	东方	3	立	2	扎	2
阿	5	胥	4	澎	3	梁丘	3	粱	2	寨	2
布	5	首	4	强	3	诸葛	3	疗	2	战	2
迟	5	宿	4	青	3	凃	2	寥	2	夭	2
初	5	泰	4	蕖	3	八	2	鹿	2	佗	2
过	5	轩	4	绕	3	伴	2	洛	2	郜	2
计	5	言	4	生	3	宝	2	茂	2	郏	2
将	5	羽	4	世	3	泊	2	睦	2	鄞	2
留	5	衷	4	铁	3	沉	2	钮	2	茆	2
楼	5	仲	4	未	3	赤	2	帕	2	荀	2
谬	5	字	4	蔚	3	崇	2	渠	2	呙	2
磨	5	亓	4	位	3	除	2	却	2	颜	2
乃	5	芮	4	续	3	催	2	汝	2	睿	2
戎	5	晁	4	寻	3	德	2	山	2	铙	2
五	5	颉	4	英	3	奠	2	慎	2	翦	2
亚	5	竺	4	赢	3	放	2	疏	2	綦	2
义	5	皇甫	4	犹	3	公	2	水	2	訾	2
优	5	令狐	4	佑	3	弓	2	松	2	乐正	2
邸	5	保	3	宇	3	拱	2	塘	2	司马	2
阚	5	暴	3	展	3	勾	2	桐	2	旻	1
藏	4	丛	3	忠	3	广	2	脱	2	奥	1
多	4	达	3	竹	3	哈	2	弯	2	拜	1
凤	4	带	3	仵	3	罕	2	宛	2	斑	1
富	4	番	3	俸	3	杭	2	巍	2	邦	1
庚	4	干	3	仝	3	宏	2	乡	2	北	1
海	4	观	3	九	3	红	2	校	2	表	1
赫	4	户	3	间	3	后	2	刑	2	步	1
衡	4	尖	3	逯	3	怀	2	选	2	茬	1
杰	4	梨	3	杞	3	皇	2	牙	2	产	1
靖	4	粟	3	贲	3	坚	2	宴	2	淳	1
老	4	貌	3	扈	3	缪	2	要	2	寸	1
犁	4	门	3	艮	3	科	2	冶	2	刀	1
陵	4	慕	3	暨	3	朗	2	阴	2	妒	1
律	4	年	3	羿	3	勒	2	盈	2	娥	1
平	4	浓	3	黄	3	里	2	愉	2	鄂	1

续表54

姓氏	人数	姓氏	人数	姓氏	人数	姓氏	人数	姓氏	人数	姓氏	人数
芳	1	腊	1	俏	1	完	1	早	1	鈡	1
妨	1	励	1	琴	1	望	1	泽	1	怡	1
仿	1	历	1	秋	1	围	1	增	1	澮	1
纺	1	翚	1	壬	1	尉	1	炸	1	濮	1
风	1	莲	1	仁	1	沃	1	粘	1	甯	1
府	1	炼	1	人	1	乌	1	樟	1	婵	1
附	1	凉	1	妊	1	溪	1	镇	1	缑	1
贡	1	聊	1	润	1	线	1	阵	1	璩	1
光	1	料	1	若	1	消	1	只	1	閤	1
贵	1	吝	1	萨	1	信	1	智	1	榻	1
锅	1	灵	1	森	1	形	1	中	1	昊	1
果	1	庐	1	啥	1	雄	1	种	1	敕	1
好	1	禄	1	韶	1	秀	1	主	1	祺	1
合	1	络	1	神	1	研	1	自	1	沓	1
黑	1	买	1	绳	1	仰	1	纵	1	镟	1
呼	1	茅	1	蕭	1	窑	1	蒯	1	瘳	1
湖	1	卯	1	圣	1	移	1	仉	1	褶	1
虎	1	美	1	侍	1	仪	1	衮	1	蚩	1
化	1	庙	1	释	1	蚁	1	诔	1	笪	1
汲	1	妙	1	淑	1	因	1	隗	1	箫	1
加	1	娜	1	书	1	营	1	郇	1	裘	1
驾	1	纳	1	束	1	勇	1	鄱	1	隽	1
矫	1	能	1	斯	1	油	1	奂	1	雒	1
接	1	尼	1	思	1	酉	1	苻	1	第五	1
节	1	暖	1	肃	1	鱼	1	莘	1	呼延	1
姐	1	殴	1	所	1	吁	1	蒿	1	慕容	1
介	1	佩	1	桃	1	誉	1	拮	1	宇文	1
京	1	芶	1	添	1	裕	1	逓	1	钟离	1
巨	1	漂	1	铜	1	远	1	弋	1		
堪	1	千	1	筒	1	越	1	哏	1		
可	1	乾	1	图	1	允	1	郎	1		
扩	1	潜	1	屯	1	载	1	岱	1		

说明：全市共818个姓。数据由河源市公安局提供

（宋永鸿）

2021年河源市旅游景区景点一览表

表55

序号	属地	景区景点名称	等级	开业时间	地址
1	市直（2个）	河源恐龙文博园	AAAA	2010年11月	源城区滨江大道龟峰塔下
2		新丰江大坝旅游区	AA	1994年5月	源城区新江三路298号
3	源城区（10个）	河源巴伐利亚庄园	AAAA	2014年11月	源城区巴伐利亚庄园
4		客天下水晶温泉国际旅游度假区	AAAA	2015年10月	源城区龙源大道1号
5		大水井特色民宿文化旅游区	AAA		源城区高埔岗街道
6		春沐源小镇			源城区埔前镇
7		野趣沟旅游区	AAA	2002年	桂山旅游大道8千米处
8		陂角村全国乡村旅游重点村		2019年	源城区陂角村
9		福源果场		2013年	源城区埔前镇上村凹子龙
10		东兴旺果场		2006年	源城区埔前镇坪围村
11		红峰旺果场		2015年	源城区埔前镇坪围村
12		埔前镇上村村			源城区埔前镇上村村
13	东源县（16个）	万绿湖景区	AAAA	1999年3月	东源县新港镇港中路17号
14		苏家围·东江画廊客家乡村旅游区	AAAA	2002年	东源县义合镇苏围村
15		叶园温泉旅游区	AAAA	2011年12月	东源县黄田镇良田村
16		黄龙岩畲族风情旅游区	AAA	2003年1月	东源县漳溪畲族乡上蓝村
17		东江野战俱乐部	AAA	2005年8月	东源县仙塘镇东方红村
18		万绿湖龙凤岛		1998年	东源县新港镇杨梅管理区龙屋尾
19		万绿湖镜花岭		1998年	东源县新港镇杨梅管理区龙屋尾
20		万绿湖水月湾		1998年1月	东源县新港镇杨梅管理区龙屋尾
21		桂山风景区		1998年8月	桂山旅游大道16千米处
22		镜花缘旅游区		2002年2月	东源县新港镇万绿湖旅游码头
23		阮啸仙故居		2004年	东源县义合镇下屯村
24		南园古村旅游区		2004年5月	东源县仙塘镇红光村
25		万绿湖客家风情馆		2006年9月	东源县新港镇万绿湖旅游码头

续表55

序号	属地	景区景点名称	等级	开业时间	地址
26	东源县（16个）	广东康泉十八国际生态健康旅游城		2016年1月	东源县康禾镇
27		万绿谷休闲度假旅游区		2017年12月	东源县新回龙镇东星村
28		仙坑村全国乡村旅游重点村		2020年	东源县康禾镇仙坑村
29	和平县（5个）	和平热龙温泉度假村	AAAA	2005年	和平县热水镇南湖村
30		和平热水漂流			和平县浰江上游
31		和平荣佳国韵温泉度假村	AAA	2005年12月	和平县大坝镇汤湖村
32		兴隆民俗文化村		2005年5月	和平县热水镇北联村
33		和平林寨古村		2011年4月	和平县林寨镇石正村
34	龙川县（8个）	龙川霍山旅游风景区	AAAA	1998年10月	龙川县田心镇
35		龙川佗城景区	AAA	2011年3月	龙川县佗城镇学宫旁
36		龙川五色茶岭景区	AAA		龙川县丰稔镇丰稔村
37		龙川水坑生态旅游娱乐区	AA		龙川县水坑生态旅游娱乐区
38		龙川七峰山旅游度假村		2005年	龙川县紫市镇
39		龙川县知青部落龙飞度假村		2009年	龙川县通衢镇旺茂村
40		龙川绿油花果树小镇	AAA		龙川县赤光镇大洋村
41		龙川鳌山溪谷生态旅游区		2020年10月	龙川县佗城镇塔西村
42	紫金县（3个）	紫金御临门温泉度假村	AAAA	2006年4月	紫金县九和镇幸福村
43		紫金县红色苏区旅游景区			紫金县苏区镇
44		紫金客茶谷			紫金县紫城镇蓝坑村
45	连平县（4个）	九连山原始森林度假山庄	AAA	2007年	连平县田源镇
46		连平县新河漂流			连平县田源镇
47		连平圣迹苍岩旅游区			连平县内莞镇
48		连平县上坪桃园			连平县上坪镇
49	江东新区（1个）	越王山风景度假区	AAA	2017年1月	江东新区古竹镇留洞村
50	高新区（1个）	农夫山泉工业旅游点			源城区源南镇双下村

说明：河源市共50个旅游景区，其中A级旅游景区21个：AAAA级旅游景区有9个，AAA级旅游景区有10个，AA级旅游景区有2个。2021年，和平温泉之都获省级旅游度假区

2021年河源市旅游星级饭店一览表

表56

属地	酒店名称	星级	客房数（个）	床位数（张）	餐位数（个）	地址
市区	翔丰国际酒店	五	245	340	860	河源市源城区沿江东路1号
	新江大酒店	三	184	306	1000	河源大道北新城汽车站对面
	华瑞酒店	三	84	139	500	河源市兴源路1号
	新丽源大酒店	三	100	129	700	河源市新市区红星路与大同路交会处
源城区	假日酒店	四	220	338	1360	河源市宝源山庄沿江路10号
	滨江金利大酒店	四	160	320	1200	河源市源城区碧水居地段
	新丰江酒店	二	46	83	220	广东省新丰江水电厂内
东源县	金利大酒店	三	80	160	300	河源市河源大道南17号
和平县	世纪大酒店	三	348	556	550	河源市和平县城和平大道88号
	海天大厦	二	150	280	500	和平县城东山路101号
龙川县	旅游大酒店	三	69	125	550	龙川县经济开发区5号小区
	霍山宾馆	三	100	173	330	龙川县老隆镇老龙大道
紫金县	紫金宾馆	三	79	135	500	紫金县紫城镇秋江路36号
连平县	南方酒店	三	93	144	950	连平县城官灯公路与105国道交会处
	星悦湾大酒店	三	62	116	280	河源市连平县滨河路1号
	馥桂苑大酒店	三	58	112	530	连平县连平大道中

（刘崇昱）

2021年河源市广东省古村落一览表

表57

序号	属地	所在镇	村名	参加评选批次	参加评选时间	备注
1	和平县（9个）	林寨镇	兴井村	第一批	2008年	
2		优胜镇	新联村	第三批	2012年	
3		合水镇	彰洞村			
4		下车镇	兴隆村			
5		大坝镇	水背村			
6		东水镇	大坝村			
7		彭寨镇	墩头村	第五批	2016年	
8		热水镇	北联村			
9		大坝镇	高发村	第七批	2021年	
10	龙川县（6个）	麻布岗镇	大长沙村	第三批	2012年	

续表57

序号	属 地	所在镇	村 名	参加评选批次	参加评选时间	备 注
11	龙川县（6个）	丰稔镇	黄岭村	第三批	2012年	小三村于2013年4月更名为小参村
12		细坳镇	小三村			
13		上坪镇	青云村			
14		黄布镇	欧江村			
15		岩 镇	山池村	第五批	2016年	
16	东源县（4个）	义合镇	苏家围	第一批	2008年	
17		康禾镇	仙坑村	第三批	2012年	
18		义合镇	下屯村			
19		蓝口镇	塘心村			
20	连平县（4个）	大湖镇	大湖寨	第三批	2012年	
21		陂头镇	夏田村			
22		油溪镇	茶新村			
23		大湖镇	何新屋	第七批	2021年	
24	紫金县（2个）	水墩镇	群丰村	第三批	2012年	
25		龙窝镇	桂山村			

（黄伟忠）

河源市第七次全国人口普查公报[1]（第一号）

——全市常住人口情况

河源市统计局　河源市第七次全国人口普查领导小组办公室

2021年5月22日

根据《中华人民共和国统计法》《全国人口普查条例》规定，我国进行了第七次全国人口普查[2]。在以习近平同志为核心的党中央坚强领导下，在市委、市政府统一部署下，在各地区各有关部门的大力支持下，在全市各级普查机构和普查人员的共同努力下，在广大普查对象的积极配合下，河源市第七次全国人口普查圆满完成现场登记工作，汇集了丰富翔实的普查数据，取得重要阶段性成果。根据第七次全国人口普查结果，现将2020年11月1日零时河源市常住人口[3]的基本情况公布如下：

一、常住人口

全市常住人口[4]为2837686人。

二、人口增长

全市常住人口与2010年第六次全国

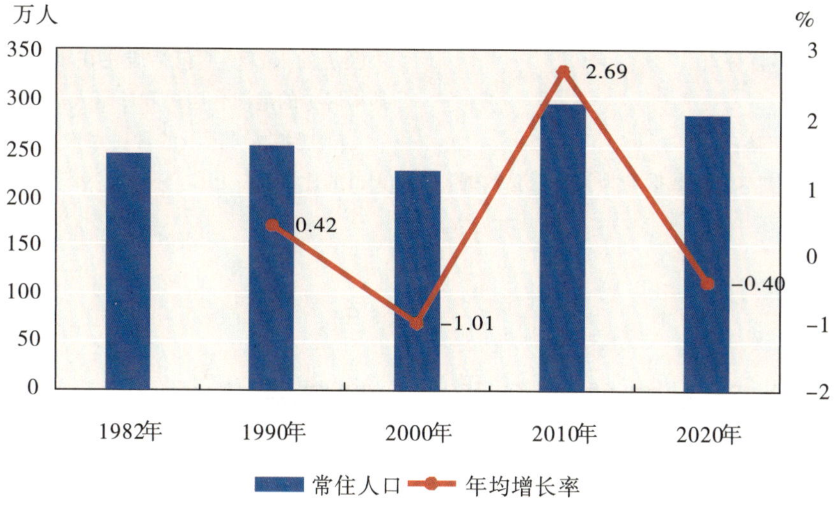

图1 历次人口普查常住人口及年均增长率

人口普查的2953019人相比，10年共减少115333人，下降3.91%。

三、户别人口

全市共有家庭户[5]874581户，集体户48830户，家庭户人口为2635277人，集体户人口为202409人。平均每个家庭户的人口为3.01人，比2010年第六次全国人口普查的3.91人减少0.90人。

注释：

[1]本公报数据均为初步汇总数据。

[2]普查标准时点为2020年11月1日零时，普查对象是普查标准时点在中华人民共和国境内的自然人以及在中华人民共和国境外但未定居的中国公民，不包括在中华人民共和国境内短期停留的境外人员。

[3]常住人口包括：居住在本乡镇街道且户口在本乡镇街道或户口待定的人；居住在本乡镇街道且离开户口登记地所在的乡镇街道半年以上的人；户口在本乡镇街道且外出不满半年或在境外工作学习的人。

[4]全市常住人口是指市内6个县（区）的人口，不包括居住在市内6个县（区）的港澳台居民和外籍人员。

[5]家庭户是指以家庭成员关系为主、居住一处共同生活的人组成的户。

河源市第七次全国人口普查公报[1]（第二号）

——地区人口情况

河源市统计局　河源市第七次全国人口普查领导小组办公室

2021年5月22日

根据第七次全国人口普查结果，现将2020年11月1日零时河源市6个县（区）常住人口[2]有关数据公布如下：

一、地区人口

6个县（区）中，人口超过50万人的县（区）有3个，在30万~50万人之间的县（区）有2个，少于30万人的县（区）有1个。

分区域看，城区人口为703607人，占全市人口的24.80%，县域人口为2134079人，占全市人口的75.20%。

二、地区人口变化

与2010年第六次全国人口普查相比，6个县（区）中，有5个县的人口减

各地区人口

表58　　单位：人、%

地区	人口数	比重[3]	
		2020年	2010年
全 市	2837686	100.00	100.00
源城区	703607	24.80	15.74
紫金县	551095	19.42	21.69
龙川县	595471	20.98	23.56
连平县	285224	10.05	11.42
和平县	353903	12.47	12.68
东源县	348386	12.28	14.91

少。人口减少较多的3个县依次为：龙川县、东源县、紫金县，分别减少100209人、92071人、89343人。

分区域看，与2010年第六次全国人口普查相比，城区人口所占比重增长9.06个百分点，县域人口所占比重下降9.06个百分点。

注释：

[1]本公报数据均为初步汇总数据。

[2]全市常住人口是指市内6个县（区）的人口，不包括居住在市内6个县（区）的港澳台居民和外籍人员。

[3]指各县（区）的常住人口占全市人口的比重。

河源市第七次全国人口普查公报[1]（第三号）

——人口性别构成情况

河源市统计局 河源市第七次全国人口普查领导小组办公室

2021年5月22日

根据第七次全国人口普查结果，现将2020年11月1日零时河源市6个县（区）的人口性别构成情况公布如下：

一、全市人口性别构成

全市常住人口[2]中，男性人口为1448488人，占51.04%；女性人口为1389198人，占48.96%。总人口性别比（以女性为100，男性对女性的比例）由2010年第六次全国人口普查的100.24上升为104.27。

二、地区人口性别构成

全市6个县（区）中，人口性别比在105~110之间的县（区）有2个，在105以下的县（区）有4个。

注释：

[1]本公报数据均为初步汇总数据。

[2]全市常住人口是指市内6个县（区）的人口，不包括居住在市内6个县（区）的港澳台居民和外籍人员。

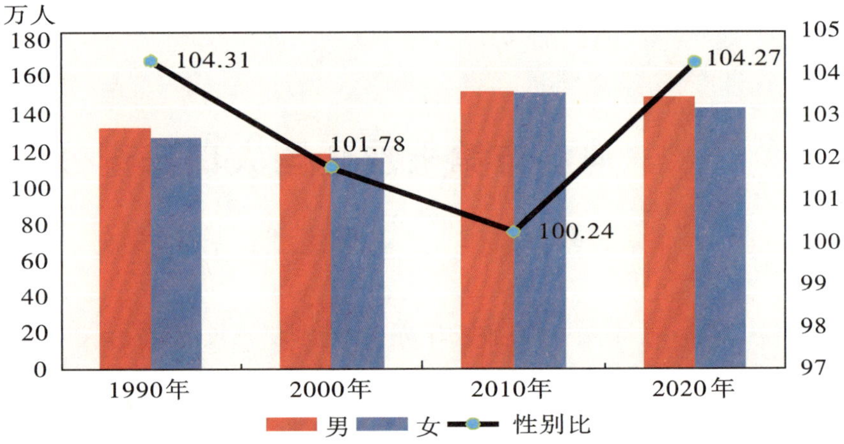

图1 历次人口普查人口性别构成

各地区人口性别构成

表59 单位：%

地区	占常住人口比重		性别比
	男	女	
全 市	51.04	48.96	104.27
源城区	51.32	48.68	105.41
紫金县	50.98	49.02	104.00
龙川县	50.42	49.58	101.67
连平县	50.60	49.40	102.44
和平县	50.88	49.12	103.60
东源县	52.20	47.80	109.19

河源市第七次全国人口普查公报[1]（第四号）

——人口年龄构成情况

河源市统计局　河源市第七次全国人口普查领导小组办公室

2021年5月22日

根据第七次全国人口普查结果，现将2020年11月1日零时河源市6个县（区）人口年龄构成情况公布如下：

一、全市人口年龄构成

全市常住人口[2]中：0~14岁[3]人口为717521人，占25.28%；15~59岁人口为1652923人，占58.25%；60岁及以上人口为467242人，占16.47%，其中65岁及以上人口为333218人，占11.74%。与2010年第六次全国人口普查相比，0~14岁人口的比重提高1.29个百分点，15~59岁人口的比重下降4.88个百分点，60岁及以上人口的比重提高3.59个百分点，65岁及以上人口的比重提高2.16个百分点。

二、地区人口年龄构成

6个县（区）中，15~59岁人口比重在65%以上的县（区）有1个，在60%~65%之间的县（区）有1个，在60%以下的县（区）有4个。

全市各县（区）65岁及以上老年人口比重均超过7%，其中，和平县65岁及以上老年人口比重超过14%。

注释：

[1]本公报数据均为初步汇总数据。

[2]全市常住人口是指市内6个县（区）的人口，不包括居住在市内6个县（区）的港澳台居民和外籍人员。

[3]0~15岁人口为759901人，16~59岁人口为1610543人。

全市常住人口年龄构成

表60　　单位：人、%

年龄	人口数	比重
总计	2837686	100.00
0~14岁	717521	25.28
15~59岁	1652923	58.25
60岁及以上	467242	16.47
其中：65岁及以上	333218	11.74

各地区人口年龄构成

表61　　单位：%

地区	占总人口比重			
	0~14岁	15~59岁	60岁及以上	其中：65岁及以上
全市	25.28	58.25	16.47	11.74
源城区	23.25	66.07	10.68	7.07
紫金县	27.82	54.39	17.79	12.89
龙川县	26.08	54.82	19.10	13.93
连平县	24.93	56.07	19.00	13.21
和平县	27.12	53.57	19.31	14.07
东源县	22.46	60.96	16.58	12.06

河源市第七次全国人口普查公报[1]（第五号）

——人口受教育情况

河源市统计局　河源市第七次全国人口普查领导小组办公室

2021年5月22日

根据第七次全国人口普查结果，现将2020年11月1日零时河源市6个县（区）的人口受教育基本情况公布如下：

一、受教育程度人口

全市常住人口[2]中：拥有大学（指大专及以上）文化程度的人口为240638人；拥有高中（含中专）文化程度的人口为417454人；拥有初中文化程度的人口为1134591人；拥有小学文化程度的人口为721007人（以上各种受教育程度的人口包括各类学校的毕业生、肄业生和在校生）。与2010年第六次全国人口普查相比：每10万人中拥有大学文化程度的由4061人增加为8480人；拥有高中文化程度的由13375人增加为14711人；拥有初中文化程度的由43989人下降为39983人；拥有小学文化程度的由24308人增加为25408人。

二、平均受教育年限[3]

与2010年第六次全国人口普查相比，全市常住人口中，15岁及以上人口的平均受教育年限由8.98年增加至9.58年。

6个县（区）中，平均受教育年限在10年以上的县（区）有1个，在9年至10年之间的县（区）有5个。

三、文盲人口

全市常住人口中，文盲人口（15岁及以上不识字的人）为53246人，与2010年第六次全国人口普查相比，文盲人口减少27758人，文盲率[4]由2.74%下降为1.88%，下降0.86个百分点。

各地区每10万人口中拥有的各类受教育程度人数

表62　　单位：人/10万人

地区	大学（大学及以上）	高中（含中专）	初中	小学
全　市	8480	14711	39983	25408
源城区	15200	19609	36485	18334
紫金县	5664	11857	42473	27167
龙川县	6873	14120	40532	27478
连平县	6831	12806	38757	29071
和平县	5903	12093	39276	30400
东源县	6078	14565	43892	25307

各地区15岁及以上人口平均受教育年限

表63　　单位：年

地区	2020年	2010年
全　市	9.58	8.98
源城区	10.72	10.31
紫金县	9.13	8.71
龙川县	9.37	8.86
连平县	9.06	8.66
和平县	9.01	8.55
东源县	9.28	8.65

注释：

[1]本公报数据均为初步汇总数据。

[2]全市常住人口是指市内6个县（区）的人口，不包括居住在市内6个县（区）的港澳台居民和外籍人员。

[3]平均受教育年限是将各种受教育程度折算成受教育年限计算平均数得出的，具体的折算标准是：小学=6年，初中=9年，高中=12年，大专及以上=16年。

[4]文盲率是指市内6个县（区）常住人口中15岁及以上不识字人口所占比例。

河源市第七次全国人口普查公报[1]（第六号）

——城乡人口和流动人口情况

河源市统计局　河源市第七次全国人口普查领导小组办公室

2021年5月22日

根据第七次全国人口普查结果，现将2020年11月1日零时河源市人口城乡分布及流动情况公布如下：

一、城乡[2]人口

全市常住人口[3]中：居住在城镇的人口为1376168人，占48.50%；居住在乡村的人口为1461518人，占51.50%。与2010年第六次全国人口普查相比，城镇人口增加193779人，乡村人口减少309112人，城镇人口比重提高8.46个百分点。

二、流动人口[4]

全市常住人口中，人户分离人口[5]为1009881人，其中，市辖区内人户分离[6]人口为68864人，流动人口为941017人。流动人口中，外省流入人口为151161人，省内流动人口为789856人。

与2010年第六次全国人口普查相比：人户分离人口增加641222人，增长173.93%；市辖区内人户分离人口增加49690人，增长259.15%；流动人口增加591532人，增长169.26%。

注释：

[1]本公报数据均为初步汇总数据。

[2]城镇、乡村是按国家统计局《统计上划分城乡的规定》划分的。

[3]全市常住人口是指市内6个县（区）的人口，不包括居住在市内6个县（区）的港澳台居民和外籍人员。

[4]流动人口是指人户分离人口中扣除市辖区内人户分离的人口。

[5]人户分离人口是指居住地与户口登记地所在的乡镇街道不一致且离开户口登记地半年以上的人口。

[6]市辖区内人户分离人口是指地级市所辖的区内和区与区之间，居住地和户口登记地不在同一乡镇街道的人口。

（卢　伦）

主题索引

编辑：王瑞峰

说 明

一、本索引采用主题分析法，款目按汉语拼音字母（同音字按声调）顺序排列。

二、文中的类目题、分目题用黑体字标明。表格在其款目后注明“表”。

三、索引款目后的数字表示内容所在的页码，数字后的拉丁字母（a、b、c）表示栏别（即版面的1、2、3栏）。

四、同一主题的内容在文中多次出现时，在其款目后用不同的页码标明。

五、本索引范围不包括彩页图片、特载、大事记、人物·荣誉、名录、附录等类目。

A

B

C

数字与字母